Erzbischof Johannes Dyba – „Unverschämt katholisch“

QUAESTIONES **NON** DISPUTATAE

Begründet von Johannes Bökmann
Herausgegeben von Msgr. Ulrich-Paul Lange

Die Kirche allein bewahrt uns vor der erniedrigenden Knechtschaft, ein Kind seiner Zeit zu sein.
G. K. Chesterton

Band VI

Gotthard Klein / Monica Sinderhauf

Erzbischof Dyba – „Unverschämt katholisch“

2002

Gotthard Klein / Monica Sinderhauf (Bearb.)

Erzbischof Johannes Dyba
„Unverschämt katholisch“

VERLAG FRANZ SCHMITT · SIEGBURG

Die Deutsche Bibliothek – CIP-Einheitsaufnahme

Klein, Gotthard: Erzbischof Johannes Dyba – „unverschämt katholisch“/
Gotthard Klein/Monica Sinderhauf (Bearb.). – 3. Aufl. –
Siegburg: Schmitt, 2002 (Quaestiones non disputatae; Bd. 6)
ISBN 3-87710-263-8.

Herstellung: Verlag Franz Schmitt
Titelbild: Franz E. Möller/ullstein-bild
ISBN 3-87710-263-8
ISSN 0943–478 X

Inhalt

Vorwort

„Die Kirche hat eine riesige Botschaft: das Heil, das endlose Glück des Menschen. Deswegen sollte sie nicht dastehen, als würde sie alte Semmeln verkaufen. Sie muß mit mehr Selbstbewußtsein auftreten. Sie sollte *unverschämt katholisch* sein". Dieser Aufgabe hatte sich Erzbischof Johannes Dyba verschrieben. Den einen galt er als der „Löwe von Fulda", für die anderen war er der gnadenlos intolerante „Ajatollah von der Rhön".

Eine repräsentative Auswahl der umstrittenen Äußerungen des Bischofs von Fulda und Katholischen Militärbischofs möchte dieses Lesebuch nun in einem einzigen Band zugänglich machen. Bekannte Wortmeldungen durften nicht fehlen; der Leser erwartet sie mit Recht in dieser „Nachlese". Die Äußerungen Dybas sind nicht nach bestimmten Fragekreisen sortiert, sondern werden streng chronologisch abgedruckt. Über die biographische Perspektive hinaus erhält der Leser somit einen abwechslungsreichen Einblick in Kirche und Gesellschaft der beiden vergangenen Jahrzehnte.

Entsprechend der Vorliebe des Bischofs für Prägnanz wurden kurze Texte bevorzugt ausgewählt. Ausführliche Grundsatzreferate des Bischofs oder Texte, die unserer Ansicht nach ausschließlich auf der Zuarbeit seiner engsten Mitarbeiter in Sekretariat, Generalvikariat oder Militärbischofsamt beruhen, sind nicht aufgenommen worden. Nach Möglichkeit werden die Dokumente daher in ihrem von Dyba selbst autorisierten Wortlaut ungekürzt abgedruckt. Nachschriften des gesprochenen Wortes wurden nur behutsam redigiert. Um der leichteren Lesbarkeit willen wurde durchgängig die „alte" Orthographie verwendet. Dem Leser werden aber auch noch andere Hilfen geboten. Wo es nötig schien, wurden Sachverhalte oder Diskussionen, die heute nicht mehr ohne weiteres als bekannt vorausgesetzt werden können, in den Fußnoten erläutert. Diese knappen Kommentare stammen von den Bearbeitern, zum Teil auch die Überschriften. Die ursprünglichen Titel sind dann in den Fußnoten nachgewiesen, Interviewfragen kursiv gesetzt, Auslassungen durch „..." gekennzeichnet, Anreden, Gruß- und Segensformeln in Ansprachen, Predigten oder Hirtenworten (wie „Ihr Bischof Johannes") in der Regel weggelassen. Den Quellennachweis zu jedem Dokument findet man in der jeweils ersten Fußnote, die mit * hervorgehoben ist. Die Lebensdaten der erwähnten Personen sind im Register aufgeführt, das Dybas Äußerungen auch nach Orten und Sachen erschließt.

Allen Verlagen und Rechteinhabern ist zu danken, daß sie den Abdruck so bereitwillig gestattet und dadurch diese Veröffentlichung ermöglicht haben. Unser herzlicher Dank gilt ferner den Leitern und Mitarbeitern der benutzten Archive und Bibliotheken, insbesondere aber allen, die uns freundliche Auskunft gaben oder uns hilfreich unterstützten. Dankbar sind wir nicht zuletzt der Fördergemeinschaft „Theologisches“ e.V. und dem Verlag Franz Schmitt für die großzügige Realisierung dieser Dokumentation.

Berlin, im November 2001 G. K. M. S.

Vorwort zur dritten Auflage

Für die Neuauflage, die dank reger Nachfrage und großzügiger Hilfe von Seiten der Fördergemeinschaft „Theologisches“ e. V. erscheinen kann, wurden einige wenige Versehen auf Seite 592 korrigiert.

Berlin, im Dezember 2002 G. K. M. S.

Johannes Dyba (1929–2000)

Eine biographische Skizze

I. Von Berlin nach Heiligenstadt

Johannes Felix Nikolaus Dyba war zeitlebens stolz darauf, ein Sonntagskind zu sein. Am 15. September 1929 wurde er in Berlin-Pankow geboren und am darauffolgenden Sonntag in der dortigen Pfarrkirche St. Georg auf den Namen Johannes des Täufers getauft. Er war das dritte von vier Kindern des Lehrerehepaares Felix und Johanna Dyba.

Der Vater stammte aus einer kinderreichen Handwerkerfamilie, die während der großen Ost-West-Migration in der zweiten Hälfte des 19. Jahrhunderts in Berlin seßhaft geworden war – aus dem Posener Land kamen die väterlichen und aus Oberschlesien die mütterlichen Vorfahren. Im proletarischen Wedding aufgewachsen, erkämpfte sich der Vater Felix Dyba[1] den sozialen Aufstieg. Mit dem Besuch der obligatorischen Volksschule hatte sich der vielseitig begabte Schüler nicht zufriedengegeben, sondern war auf die Realschule gewechselt und bestand erfolgreich die Ausbildung am Lehrerseminar. Seit 1901 war er im Gemeindeschuldienst in Berlin tätig. Doch neben seinen pädagogischen Alltagspflichten holte er die Reifeprüfung nach, absolvierte ein komplettes naturwissenschaftliches Studium und erwarb die Lehrbefähigung für die Fächer Mathematik, Physik, Chemie/Mineralogie und Biologie/Zoologie. Nach pädagogischen Wanderjahren unterrichtete er seit 1918 als Studienrat am Realgymnasium in Niederschönhausen. Als praktizierender Katholik engagierte sich der eigenwillige und impulsive Felix Dyba in der Jugend-, Friedens- und Siedlungsbewegung. In seinem Unterricht griff er reformpädagogische Anliegen auf. Er war Leiter des Vereins Esperanto-kundiger Lehrer[2]. „Wegen Notlage des Staates“ wurde Dyba 1924 in den einstweiligen Ruhestand versetzt. Er selbst argwöhnte, seine pazifistische Einstellung (er war seit 1921 Mitglied des Friedensbundes Deutscher Katholiken) sei wohl für diese Maßnahme ausschlaggebend gewesen. Er gab nun Privatstunden, dozierte an der Katholischen Volkshochschule über Esperanto und Astronomie und war auch als Versicherungs-

[1] Felix Dyba (* Berlin 29. Juli 1881, † Berlin-Tegel 13. November 1967).

[2] Er veröffentlichte u. a.: ĈIES Internacia Esperanta Stenografio, I. Parto: Korespondada Skribo, II. Parto: Raportista Skribo, Berlin o.J. Vgl. auch Felix Dyba, Esperantisten – sonderbare Menschen, in: Vom frohen Leben 6, 1927, H. 5, Februar 1927, S. 149–151.

vertreter tätig. Inzwischen 44 Jahre alt, heiratete er die vierzehn Jahre jüngere Lehrerin Johanna Brüll. Das Paar hatte sich im Gesprächskreis Carl Sonnenscheins, des Berliner „Großstadtapostels", kennengelernt, der dann auch bei der kirchlichen Doppelhochzeit am 30. Juni 1925 assistierte. (Auch Dybas jüngere Schwester Hedwig hatte am selben Tag geheiratet.)

Johanna Brüll[3] war nicht weniger temperamentvoll als ihr Gatte. Die Vorfahren stammten aus dem niederrheinischen Boslar, einem Dorf im Jülicher Land. Der Vater hatte 32 Jahre lang das Königliche katholische Gymnasium in Heiligenstadt geleitet. Zu ihrer angeheirateten Berliner Verwandtschaft scheint die musisch und sprachlich talentierte Lehrerin, die am Katholischen Lyzeum in Charlottenburg Deutsch und Englisch unterrichtet hatte, nur spärlichen Kontakt unterhalten zu haben; man war sich der sozialen und mentalen Unterschiede nur zu bewußt. Auch der familiäre Alltag war alles andere als konfliktfrei. Die Eltern stritten sich häufig und gerne. „Und weil mein Vater und meine Mutter gleich temperamentvoll waren," bekannte der Sohn Johannes Dyba, „knisterte es manchmal ziemlich im Gebälk, und es gingen schon mal Gewitter los. Wir Kinder fanden das nicht so herrlich, wir waren doch manchmal tief bedrückt. Und dann erinnere ich mich, samstagnachmittags waren sie auf einmal weg. Und wenn sie dann wiederkamen, fing alles neu an: ‚Ach, Felix, es ist ja alles gut'. ‚Ach, Hanna, dann laß uns wieder anfangen'. Ein Friede, ein Glück im Haus, und dann roch es auch bald wieder nach Streuselkuchen. Ja, das kann ich nie vergessen und das hat mir die Kraft des Bußsakramentes viel deutlicher klargemacht, als hundert Pastoraltheologen das je könnten"[4].

Schon bald nach der Geburt ihres dritten Kindes bezog die Familie das neuerbaute Haus Moorweg 82 in der St.-Joseph-Siedlung. Am Rande der Reichshauptstadt halbwegs zwischen Tegel und Waidmannslust gelegen, war hier – nicht zuletzt dank starker publizistischer Schützenhilfe Carl Sonnenscheins – eine katholische Siedlung entstanden[5]. Vorsitzender des Katholischen Grundbesitzer-Vereins auf der Siedlung wurde Felix Dyba. In diesem fast dörflich anmutenden Refugium, das eine relativ geschlossene katholische Sozialisation in der Berliner Diaspora ermöglichte[6], wuchs Johannes Dyba auf. „Für die Ideen der katholischen Jugendbewegung, wie sie sich vorzugsweise im Quickborn darstellten, aufgeschlossen"[7], pflegte die Familie Kontakte zu den Familien Alfons Erb in Waidmannslust, Maximilian Stöhr in Hermsdorf und Viktor Engelhardt in Neu-Tegel. Beziehungen bestanden auch zur Familie Dr. Ignaz Gentges, dessen Haus eine Art

---

[3] Johanna Brüll, verh. Dyba (* Heiligenstadt 17. August 1895, † Berlin-Tegel 20. August 1970).

[4] Predigt im Oktober 1983; Druck: Worte in die Zeit. Predigten, Ansprachen, Beiträge. Im Auftrag des Bischöflichen Domkapitels hrsg. v. Werner Kathrein, Frankfurt a. M. 1994 (zitiert: Worte in die Zeit), S. 33.

[5] Vgl. Josef Treffert, Erste katholische Siedlung Berlins. Ihre Entstehung und Entwicklung ..., Berlin 1932.

[6] Vgl. Felix Raabe, Berlin – Lubichow und zurück. Bilder einer bedrohten Jugend 1939–1949, München 1986, S. 15–23.

[7] Freundliche Mitteilung von Dr. Felix Raabe, Meckenheim, am 19. März 2001, auch zum folgenden.

„kultureller Mittelpunkt“ der Siedlung war, sowie zur Familie des Publizisten Heinrich Bachmann. Als Nachbarn zur Rechten hatten die Dybas die Familie Serve, deren Sohn Gerhard 1934 als dritter Theologe aus der Siedlung zum Priester geweiht wurde, aus der Nachbarsfamilie zur Linken ging ebenfalls ein Priesteramtskandidat hervor, Kurt Müller, der im Krieg fiel.

Ostern 1936 kam Johannes Dyba auf die (noch) katholische Volksschule in Tegel[8]. Nach ein paar Probetagen wurde er dank seiner Vorkenntnisse bereits in die zweite Klasse versetzt. Unterrichtet wurden Jungen und Mädchen gemeinsam in gemischten Klassen. Rektor der Schule war „Maxe“ Jähnert, ein aus Schlesien zugezogener Laienkatholik der Pioniergeneration – Lehrer, Organist, Chorleiter, Rendant und Zentrumspolitiker in Personalunion – , dem Gemeindeschule und Seelsorgestelle in der Tegeler Diaspora ihre Entstehung verdankten[9]. Am Weißen Sonntag des Jahres 1937 ging Johannes Dyba erstmals zur hl. Kommunion und wurde danach Ministrant.

Nach insgesamt nur zwei Volksschuljahren kam er auf die Oberschule für Jungen in Berlin-Tegel, die 1906 errichtete Humboldt-Oberrealschule. Er war erst acht Jahre alt. Die Aufnahme in das Gymnasium der Jesuiten „am Lietzensee“, das sein älterer Bruder Franz[10] besuchte, war nicht mehr möglich gewesen, da diese Schule gemäß dem kirchenfeindlichen Willen des NS-Regimes „abgebaut“ werden mußte. Als Oberschüler trat Johannes Dyba dem katholischen Jugendbund „Neudeutschland“ bei, der dem Programm der „neuen Lebensgestaltung in Christus“ verpflichtet war[11]. Zusammen mit acht weiteren Jungen eines 1938 neu aufgebauten „Fähnleins“ – Fähnleinführer war der schon erwähnte Kurt Müller – gehörte er zur ND-Gruppe St. Georg Tegel-Hermsdorf. Dybas bündische Prägung, seine Vorstellung von katholischer Jugendarbeit in Opposition zum herrschenden Zeitgeist mag hier grundgelegt worden sein. Im Juli 1939 wurde der Bund „Neudeutschland“ verboten. Wegen fortschreitenden Lehrermangels konnte sein Vater Felix Dyba 1940 in den Schuldienst zurückkehren, obwohl er zu Beginn des „Dritten Reiches“ aus politischen Motiven in den endgültigen Ruhestand versetzt worden war. Die ersten Auswirkungen des Bombenkrieges veranlaßten schließlich die besorgten Eltern, zunächst ihre beiden Töchter[12] nach Heiligenstadt ins Internat zu geben. Von Frühjahr 1941 bis Sommer 1942 kam dann auch Johannes Dyba ins Eichsfeld und besuchte die Oberschule in Heiligenstadt. Unterdessen war er am 22. Mai 1941 zusammen mit 132 anderen Firmlingen vom Berliner Bischof Konrad

---

[8] Zur Geschichte der 1913 gegründeten katholischen Gemeindeschule in Tegel vgl. Franz Czempiel (Hrsg.), Handbuch für das katholische Schulwesen Berlins und die Verbandsprovinzen Brandenburg-Pommern, Berlin 1925, S. 116 und 118.

[9] 1937 mußte er der „Entkonfessionalisierungs“-Politik der Machthaber, die auf eine Umwandlung katholischer Volksschulen in nationalsozialistische Deutsche Schulen drängten, weichen. Zu Jähnerts Biographie vgl. Petrusblatt, Nr. 24–26, 10. Juni–24. Juni 1956 (Maria Grote).

[10] Franz Dyba (* Berlin 22. April 1926, † gefallen Ostfront 1945).

[11] Vgl. Rolf Eilers, Konfession und Lebenswelt. 75 Jahre Bund Neudeutschland 1919–1994, Mainz 1998.

[12] Maria (Mia) Dyba verh. Hagemann (* Berlin 16. Juli 1927) und Barbara (Bärbel) Dyba verh. Roth (* Berlin 5. März 1936).

Graf von Preysing in seiner Heimatkirche in Tegel gefirmt worden. Aus dem wenig geliebten Heiligenstädter Intermezzo im Sommer 1942 wieder nach Berlin – dessen Luftkriegslage sich trügerisch beruhigt hatte – zurückgekehrt, wirkte sich nun die Mobilisierung der „Heimatfront“ immer störender auf den Schulalltag aus. Der Einsatz als Erntehelfer im schlesischen Leisersdorf bot eine willkommene Abwechslung, verlangte dem schmächtigen Dyba aber „harte Arbeit“ ab. Nach einem Hundebiß erkrankte er im Oktober 1942 sehr schwer an Diphtherie, die ihn an den Rand des Grabes brachte und schließlich in Berlin-Biesdorf stationär behandelt werden mußte. Eine Kur im schlesischen Herzbad Kudowa verschaffte Linderung, ein Schuljahr war verloren und schlimmer noch: ein Herzfehler blieb ihm erhalten. Als nach den Herbstferien 1943 seine Tegeler Schule im Rahmen der Erweiterten Kinderlandverschickung (KLV) evakuiert wurde, blieb Dyba auch weiterhin in Berlin und besuchte als Fahrschüler die Oberschule in Velten. Beim Großangriff der Royal Air Force vom 26. November 1943 auf den Norden Berlins wurde das Eigenheim der Familie Dyba durch Bombentreffer schwer beschädigt. Am Ende dieser achttägigen „Schlacht um Berlin“ des britischen Bomberkommandos waren etwa 3 800 Tote, 10 000 Verletzte und 570 Vermißte zu beklagen. Zu den mehr als 454 000 Obdachlosen und Evakuierten gehörte auch die Familie Dyba. Johannes Dyba kam nun doch, was seine Eltern bisher erfolgreich hatten verhindern können, in das der Aufsicht der Hitlerjugend unterstehende KLV-Lager seiner Schule in Binz auf Rügen. Mochten auch manche Aspekte des Lageralltags wie etwa das obligatorische Segelfliegen jugendlichem Erlebnisdrang entgegengekommen sein, so sah sich Dyba, der unter der Trennung von seiner Familie litt, nun verstärkt nationalsozialistischer Indoktrination ausgesetzt. Gegen seine Überzeugung mußte er im April 1944 schließlich der HJ beitreten, „um – wie er meinte – nicht aus dem Lager hinaus- und obdachlos auf die Straße gesetzt zu werden“[13]. Erst nach einem Jahr gelang es den Eltern, die „nach vielen Irrfahrten“ in Heiligenstadt eine Bleibe gefunden hatten, ihren Sohn wieder zu sich zu holen. Kurz vor Weihnachten 1944 traf Johannes Dyba endlich in Heiligenstadt ein. Fortan lebte er wieder im Kreise seiner Familie und besuchte die örtliche Oberschule. (Seine bisherigen Mitschüler, soweit sie im KLV-Lager verblieben waren, wurden 1945 nach Dänemark evakuiert und blieben dort bis April 1947 interniert.) Den Einmarsch der Amerikaner in Heiligenstadt am 9. April 1945 erlebte Johannes Dyba, der als 15jähriger noch zum „Volkssturm“ eingezogen worden war, aber vor Kampfhandlungen verschont blieb, schachspielend mit seinem Vater. Sein Bruder Franz, der Priester hatte werden wollen, fiel – wahrscheinlich im Januar 1945 – 18jährig als Rekrut an der Ostfront.

In der Zeit des Umbruchs wurde Johannes Dyba Dolmetscher und Telefonist der amerikanischen Militärkommandantur. Die „größte Enttäuschung“ stand ihm allerdings noch bevor: Nach knapp drei Monaten zogen die Amerikaner ab. Die

[13] S. unten Anlage S. 548. – Vgl. dazu Gerhard Kock, „Der Führer sorgt für unsere Kinder ...“. Die Kinderlandverschickung im Zweiten Weltkrieg, Paderborn u. a. 1997, S. 161: „Alle KLV-Teilnehmer wurden automatisch Mitglieder der Hitlerjugend, wenn sie es nicht bereits vor ihrer Verschickung gewesen waren“.

Russen rückten am 5. Juli 1945 in Heiligenstadt ein. Als die Schulen einen Monat später wieder ihre Tore öffneten, besuchte Dyba Klasse 11 der Oberschule[14]. Zwei Jahre später bestand er am 27. Juni 1947 die Reifeprüfung mit überdurchschnittlichem Erfolg.

Bei dem noch nicht ganz 18jährigen war inzwischen ein reges Interesse an Öffentlichkeit und Politik erwacht. Hatte er in den Augen seiner Berliner Schulkameraden als eher introvertiert gegolten, so fühlte er sich in der Nachkriegsgesellschaft zur politischen Mitgestaltung herausgefordert. Im Eichsfeld, das nahezu ganz katholisch war, unterstützte die Kirche von Anfang an offen die CDU, die hier als Fortsetzung der Zentrumspartei in nur wenig veränderter Gestalt galt[15]. Ganz auf dieser Linie entfaltete Dyba seit Mai 1946 bemerkenswerte Aktivitäten für die Christdemokraten, deren Anliegen er auch in die als überparteilich firmierende Freie Deutsche Jugend zu übernehmen trachtete. In der politischen Arena trat sein rhetorisches Talent zutage. Größere Probleme mit der sowjetischen Besatzungsmacht ergaben sich erst im Umfeld der Kommunal- und Landtagswahlen im Herbst 1946. Nach eigenen Angaben wurde Dyba zweimal vorläufig festgenommen und verwarnt. Ausschlaggebend für das Einschreiten der Sicherheitskräfte scheint Dybas doppelbödige Absicht gewesen zu sein, durch Mitarbeit in der FDJ Spielraum zum Ausbau der katholischen Jugendarbeit zu nutzen[16]. Auch werden schulinterne Intrigen ehemaliger nationalsozialistischer Parteigenossen gegen seinen als „Hilfslehrer" an der Oberschule in Heiligenstadt angestellten Vater, der sich im Selbststudium zum Russischlehrer fortbildete[17], eine Rolle gespielt haben. Als Opfer des Nationalsozialismus hatte sich Felix Dyba vergeblich einige Hoffnungen auf die Leitung der Oberschule oder der Volkshochschule in Heiligenstadt gemacht. Durch die heftigen Auseinandersetzungen um seine Person dann auch gesundheitlich angeschlagen, kehrte er endgültig 1949 mit seiner Frau und der jüngsten Tochter nach Berlin zurück und unterrichtete hier noch zwei Jahr am Canisius-Kolleg der Jesuiten. Seine Frau wurde Lehrerin an einer Sonderschule für geistig und körperlich Behinderte in Berlin-Hermsdorf.

---

[14] Vgl. Karl J. Hüther, Vom Jesuitenkolleg zum Staatlichen Gymnasium in Heiligenstadt ..., Heiligenstadt 1995.

[15] Vgl. Wolfgang Tischner, Katholische Kirche in der SBZ/DDR 1945–1951. Die Formierung einer katholischen Subgesellschaft im entstehenden sozialistischen Staat, Paderborn u. a. 2001; Ralf Thomas Baus, Die Christlich-Demokratische Union Deutschlands in der sowjetisch besetzten Zone 1945 bis 1948. Gründung, Programm, Politik, Düsseldorf 2001.

[16] Vgl. dazu Lebenslauf, wohl Heidelberg, 9. Januar 1953 (Collegium Albertinum): „Zu der Tätig keit in der F.D.J. muß gesagt werden, daß sich Anfang 1946 die Pläne der sowjetzonalen Machthaber noch nicht so klar überschauen ließen. Damals war die F.D.J. die einzig erlaubte ‚überparteiliche' Jugendorganisation, in der wir glaubten, den christlich-demokratischen Einfluß geltend machen zu müssen. Als die kommunistische Herrschaft auch in der F.D.J. durchbrach, behielt ich meine Ämter im Einverständnis mit der C.D.U. und den katholischen Jugendgruppen bei; dadurch konnten wir unsere eigene, mehr und mehr illegale, Arbeit weitgehend decken."

[17] Vgl. Felix Dyba, Die direkte Methode im russischen Sprachunterricht, in: Die neue Schule. Blätter für demokratische Erneuerung in Unterricht und Erziehung 2, 1947, Nr. 17, S. 622–624.

II. Auf Umwegen zum Priestertum

Als Johannes Dyba an der thüringischen Landesuniversität Jena nicht zum Jurastudium zugelassen wurde und dann auch noch um seine eigene Sicherheit fürchten mußte[18], floh er in der Nacht vom 7. zum 8. Juli 1947 über die Zonengrenze und kam über Eschwege nach Fulda. Wider alle Hoffnung war bei den Parteifreunden der CDU in Fulda keine Hilfe zu erhalten. Zu der wiedergegründeten Universität in Mainz war wegen einer akuten Typhussperre auch kein Durchkommen, so daß sich Dyba mit dem „Mut der Verzweiflung" über Würzburg nach Bamberg wandte. Beim Rektor der Hochschule Professor Benedikt Kraft erreichte er schließlich die Zusage der Immatrikulation, eine Wohnung fand sich in dem zwölf Kilometer von Bamberg entfernten Hirschaid[19]. Doch wurde er zu seinem Leidwesen wegen illegalen Grenzübertritts in Haft genommen und nach Bamberg ins Landgerichtsgefängnis verbracht. Erst nach etwa einer Woche, in der sein Optimismus zusehends schwand, erlangte er dank geschickter Verteidigung seine Freiheit wieder. Nach einem Semester als Gasthörer für Philosophie begann Dyba das Studium der Rechts- und Staatswissenschaften an der Philosophisch-Theologischen Hochschule, die seit ihrer Wiedereröffnung Ende Oktober 1945 um juristische, geisteswissenschaftliche und naturwissenschaftliche Fächer erweitert, bis in die frühen fünfziger Jahre de facto eine Universität war. Nach dem ersten Semester verzog Dyba aus Hirschaid und fand in Bamberg selbst, im „Deutschen Haus" in der Oberen Königstraße 4, einem früheren Hotelbau, der in kirchlichen Besitz gekommen war, Unterkunft. Seinen Lebensunterhalt bestritt er vornehmlich mit Nachhilfestunden. Während der Semesterferien war er als Werkstudent tätig, zeitweilig arbeitete er in einer Glockengießerei. Im Juni 1948 wurde Dyba in den Allgemeinen Studentenausschuß (AStA) der Bamberger Hochschule gewählt. Noch zeitintensiver war eine andere Nebenbeschäftigung, die seiner Überzeugung entsprang und seinem Temperament durchaus entgegenkam: Als Wanderredner machte Dyba im April 1948 Wahlkampf im Bamberger Land für die neugegründete CSU, die sich hartnäckiger Attacken von seiten der Bayernpartei, WAV und KPD zu erwehren hatte. Selbstbewußt scheute er vor öffentlichen Auseinandersetzungen nicht zurück. Im gleichen Jahr trat er der deutschen Sektion der Europa-Union („Union Européenne des Féderalistes") bei und gelangte in den Vorstand des Bamberger Kreisverbandes[20]. Relativ spät, aber dafür um so inniger, fand Dyba Zugang zu den Studentenkorporationen. Die katholische Studentenverbindung Fredericia Bamberg im CV[21] nahm ihn am 14. Mai 1949 in ihre Reihen auf.

---

[18] Lebenslauf, wohl 1949 (Duke University Archives): „As neither German Communists nor Russian police tolerated this activity I was arrested twice. At last, in July 1947, I had to leave the Soviet zone to avoid indefinite imprisonment".

[19] Bei Witwe Margareta Spranger und ihrer Tochter Klara in der Rathausstraße 7.

[20] Vgl. allgemein Karlheinz Koppe, Das grüne E setzt sich durch. 20 Jahre Europa-Union Deutschland 1946–1966, Köln 1967.

[21] Siegfried Schieweck-Mauk, Lexikon der CV- und ÖCV-Verbindungen, Würzburg 1997, S. 306–310.

Höhepunkt seines Jurastudiums wurde dann ein Auslandsaufenthalt in den Vereinigten Staaten. Im Rahmen des Demokratieförderprogramms der amerikanischen Regierung kam er für ein Studienjahr an die Duke University in Durham im Bundesstaat North Carolina. Bei seiner Ankunft in New York gerade 20 Jahre alt geworden, war Dyba der jüngste der 12 deutschen Durham-Stipendiaten. Als Student an der „Graduate School of Arts and Sciences" belegte er juristische, politische und historische Kurse mit dem Schwerpunkt im Völkerrecht, das zu seinem „juristischen Lieblingsfeld" wurde. Im Sommer 1950 besuchte er einen „international administration course" an der University of Denver (Colorado), der sich mit den Vereinten Nationen beschäftigte. Mehrwöchige Reisen durch die Vereinigten Staaten, Mexiko und Kanada schlossen sich an. Während des Auslandsaufenthalts verfeinerte „John F. Dyba", wie er scherzhaft genannt wurde, nicht nur seine Sprachkenntnisse. Auch in materieller Hinsicht markierte das Stipendium einen Wendepunkt. Ein geschickter Umtausch seiner Dollarreserven nach der Rückkehr enthob ihn der gröbsten finanziellen Sorgen.

In Bamberg war nun kein Bleiben mehr für ihn, es zog ihn nach Heidelberg[22]. Dyba stieß zur Studentenverbindung „Arminia"[23], wurde im Wintersemester 1951/52 ihr „Fuchsmajor" und scheint an „Becherklang, Liederschall und Pfeifenqualm" mitunter Gefallen gefunden zu haben. Er beteiligte sich an der Gründung des Heidelberger Hochschulrings christlich-demokratischer Studenten, kam in den Bundesvorstand des RCDS und war hier zeitweilig Pressereferent. Auch gehörte er dem CDU-Kreisvorstand in Heidelberg an. 1951 leitete er das Forum politicum. Manchen tagespolitischen Streit hat er offensichtlich „mit nahezu demagogischer Eloquenz" ausgefochten[24]. Das erste juristische Staatsexamen wurde im Juni 1952 mit der Note „befriedigend" bestanden, die Arbeit an der völkerrechtlichen Dissertation[25] bei dem bekannten Staatsrechtslehrer Walter Jellinek begonnen. Inmitten fröhlicher Zechereien, politischer Diskussionen und zielstrebigem Studium sah sich Dyba plötzlich „am Scheideweg, als Jurist entweder in die Politik oder in die Wirtschaft zu gehen, Parteireden zu halten oder viel Geld zu verdienen". Nach inneren Kämpfen gelangte er schließlich zu der Überzeugung, daß ihn „eine weltliche Laufbahn, wie sie auch ausfallen möge, nie ganz ausfüllen oder befriedigen könnte". Nachdem er „einmal richtig durchgeglaubt" hatte, kam er zu dem Entschluß, daß er sein Leben „für die höchste Chance einsetzen sollte, die einem Menschen von Gott geboten wird: das Priestertum. Also keine enttäuschte Liebe und kein Blitz vom Himmel, sondern einfache Konsequenz aus dem Glauben", die aber Eltern, Freunde und Bundesbrüder nicht wenig überraschte. Er bewarb sich als Priesteramtskandidat – in Fulda und Köln zugleich. Als die Antwort aus Fulda über die Maßen kühl ausfiel, begann Dyba im Sommersemester

---

[22] Er nahm Wohnung bei Witwe Amalie Baumbusch in der Mönchgasse 7.

[23] S. Schieweck-Mauk (Anm. 21), S. 91–98.

[24] K[arl] H[offmann], Johannes Dyba – 25 Jahre Priester, in: Heidelberger Arminenblätter, Nr. 104, April 1984, S. 32–34, hier 33.

[25] Der Einfluß des Krieges auf die völkerrechtlichen Verträge, Heidelberg, Diss. iur. 1954, XIV, 102 Bll.

1953 sein Theologiestudium in Bonn[26] und bezog das Theologenkonvikt „Collegium Albertinum“[27].

Gegenüber seinem bisherigen großzügigen studentischen Lebensstil mußte er nun zur Einübung in das geistliche Leben einen vergleichsweise strengen Tagesablauf beachten: 5.45 Uhr Aufstehen, 6.10 Uhr Prim, 6.50 Uhr Hl. Messe, von 8 bis 13 Uhr sowie 14 bis 18 Uhr Vorlesungen, Seminare und Studium, ab 21 Uhr galt Silentium. Vom Direktor Dr. Daniels mit besonderem Wohlwollen bedacht, genoß Dyba, der noch im Konvikt als „leidenschaftlicher Spieler“ beschrieben wird, aufgrund seiner Vorbildung und seines Auftretens eine Ausnahmestellung; er wurde zum Semestersenior gewählt. In das Gemeinschaftsleben des Konvikts fügte er sich offensichtlich mit erstaunlicher Selbstverständlichkeit ein. Die für das Studium der Theologie unerläßliche griechische Sprache war nachzuholen, das Hebraicum legte er freiwillig ab, nebenher wurde der juristische Doktorhut „cum laude“ erworben und vor allem mußte der übliche theologische Vorlesungs- und Seminarzyklus absolviert werden, was wohl ohne übermäßige Mühen vonstatten ging. An der Universität hörte Dyba so bekannte Gelehrte wie die Kirchenhistoriker Klauser und Jedin, in der Dogmatik Auer und in der Moraltheologie Schöllgen. Das Theologische Abschlußexamen bestand er in Philosophie mit der Note 1–2, in Theologie mit der Note 2. Unmittelbar anschließend erfolgte 1957 der „Introitus“ ins Priesterseminar[28], das sich noch in Bensberg befand, aber ein Jahr später nach Köln verlegt wurde. Am Ende des viersemestrigen Kurses stand im Januar 1959 wiederum ein Examen, das Dyba „nur“ mit der Note 2–3 absolvierte. Nach den üblichen Exerzitien wurde er schließlich am Fest Mariä Reinigung („Lichtmeß“) 1959 zusammen mit 20 anderen Kandidaten im Kölner Dom durch Kardinal Frings zum Priester der Erzdiözese Köln geweiht.

III. Im Dienst der Weltkirche

Als Neupriester kam Johannes Dyba zur pastoralen Aushilfe zunächst nach St. Pankratius in Junkersdorf bei Köln und wurde dann Kaplan an St. Antonius in Wuppertal-Barmen. Nach knapp zwei „glücklichen“ Priesterjahren wurde er, der eigentlich viel lieber in der Seelsorge geblieben wäre, Ende September 1960 zum Dienst in der Weltkirche freigestellt, die sich im Zuge des konziliaren „Aggiornamento“ anschickte, den kurialen Behördenapparat in Rom zu internationalisieren.

---

[26] Zur Ortswahl vgl. Dybas Zulassungsgesuch, Heidelberg, 9. Januar 1953 (Collegium Albertinum, Bonn): „Zwar ist mein Geburtsort Berlin, doch bin ich dort seit 1941 nicht mehr fest ansässig und habe mich im Verlauf der Kriegs- und Nachkriegsjahre hauptsächlich im Gebiete der Diözesen Fulda, Bamberg und Freiburg aufgehalten. Nun würde ich – mit Wunsch und Willen auch meiner Eltern – mein zukünftiges Wirkungsfeld am liebsten in der Erzdiözese Köln suchen; es ist die Heimat meiner mütterlichen Familie (Brüll), aus der in dieser Erzdiözese in den letzten fünfzig Jahren fünf Priester hervorgegangen sind“.

[27] Wilfried Evertz (Hrsg.), Im Spannungsfeld zwischen Staat und Kirche. 100 Jahre Priesterausbildung im Collegium Albertinum, Siegburg 1992.

[28] Norbert Trippen (Hrsg.), Das Kölner Priesterseminar im 19. und 20. Jahrhundert. Festschrift zur Feier des 250jährigen Bestehens am 29. Juni 1988, Siegburg 1988.

Dyba nahm Wohnung im deutschen Priesterkolleg beim Campo Santo, studierte Kirchenrecht an der Lateran-Universität und erwarb mit einer Dissertation bei dem früheren vatikanischen Diplomaten und Lehrbeauftragten für Internationales öffentliches Recht Luigi Borettini seinen zweiten Doktorgrad[29]. Zugleich besuchte er den zweijährigen Studienkurs der 1701 als Accademia dei Nobili Ecclesiastici gegründeten Päpstlichen Diplomatenakademie[30]. Im Gegensatz zu seinen Mitstudenten wurde er dann nicht an eine Vertretung des Hl. Stuhles in ein fernes Land versetzt, sondern als Attaché („addetto") in die deutschsprachige Abteilung der damaligen II. Sektion des Päpstlichen Staatssekretariats übernommen[31]. Hier war er zunächst mit diplomatischen Büroarbeiten betraut. Bei der Beantwortung oder Übersetzung von Eingaben kam sein ausgeprägtes Sprach-und Stilgefühl zur vollen Entfaltung. Mit der zunächst reichlich bemessenen Freizeit[32] war es dann aber endgültig vorbei, als Dyba 1966 zum verantwortlichen „Leiter" der deutschsprachigen Abteilung aufrückte. Er war der mit Abstand jüngste Abteilungsleiter im Päpstlichen Staatssekretariat und erhielt zudem die Würde eines Päpstlichen Geheimkämmerers bzw. Ehrenkaplans („Monsignore"). Die epochale Kurienreform Papst Pauls VI.[33] bedeutete für die Mitarbeiter nicht nur eine erhöhte Arbeitsbelastung und ein gesteigertes Arbeitstempo, sondern führte auch zu einer umfassenden personellen Umbesetzung, bei der Johannes Dyba zu seiner großen Überraschung Ende 1967 in den Außendienst versetzt wurde. Er kam an die Apostolische Nuntiatur in Argentinien, dessen Revolutionsjunta im Jahr zuvor die Beziehungen zum Hl. Stuhl in einem Konkordat geregelt hatte. Mit nachgeordneten Routineaufgaben betraut, wurde Dyba auf seinem neuen Posten in Buenos Aires nicht recht glücklich.

Als sein Schwager Dr. med. Karl-Heinz Hagemann 1968 Opfer eines Verkehrsunfalls wurde, war Dyba ernstlich bestrebt, seiner nun zur Witwe gewordenen Schwester mit ihren beiden kleinen Kindern in der prekären Lage beizustehen. Er erwog, aus dem Dienst des Hl. Stuhls auszuscheiden und die vakante Pfarrei St. Marien in Neuss zu übernehmen. Dank einer Intervention des von ihm bemühten Kardinals Frings wurde er schließlich nach Europa zurückgeholt und als Botschaftssekretär an die Nuntiatur in Den Haag versetzt. Von hier aus ergab sich nun die Möglichkeit, seine Schwester und ihre Kinder regelmäßig in ihrem rheinischen

---

29 Die Gründe für die einseitige Aufhebung von internationalen Verträgen und Konkordaten, Rom, Lateran-Univ., Diss. iur. utr. 1962, 207 Bll.

30 La Pontificia Accademia Ecclesiastica 1701–1951, Vatikanstadt 1951.

31 Vgl. auch zum folgenden Karl-Josef Rauber, Johannes Dyba im Dienst des hl. Stuhles (1962–1983), in: Kinder Gottes sind wir. Zum Gedenken an Erzbischof Johannes Dyba, Bischof von Fulda 1983–2000. Im Auftrag des Bischöflichen Domkapitels hrsg. v. Werner Kathrein, Fulda 2001 (zitiert: Kinder Gottes sind wir), S. 32–39.

32 Lebenslang ging er seiner philatelistischen Leidenschaft nach, einem vom Vater ererbten „Familienhobby". In der für ihn typischen jähen Weise verkaufte Dyba 1985 seine Sammlung vatikanischer Briefmarken; der Erlös kam der Mission zugute. Seine „legendäre" Sammlung von mehr als 26 000 lithographischen Ansichtskarten deutscher Städte und Ortschaften wurde nach seinem Tod zugunsten wohltätiger Zwecke der katholischen Kirche versteigert.

33 Paul VI., Apostolische Konstitution „Regimini Ecclesiae Universae", 15. August 1967. Vgl. Nachkonziliare Dokumentation, Bd. 10 und 47, Trier 1968 und 1976.

Domizil zu besuchen. In den Niederlanden wurde er Beobachter aufwühlender innerkirchlicher Spannungen, die sich auf dem „Pastoraal Concilie“ in Noordwijkerhout (1966–1970) entluden[34]. Die Fragmentarisierung des niederländischen Katholizismus („ontzuiling“) mündete in eine fortschreitende Entkirchlichung ein, die in ihrer Radikalität im europäischen Vergleich wohl ohne Vorbild war. Diese historische Lehrstunde prägte Dybas kirchenpolitisches Koordinatensystem nachhaltig und bewog ihn dazu, sich in innerkatholischen Auseinandersetzungen eher auf konservative Kräfte mit einem traditionellen Glaubens- und Kirchenverständnis zu stützen.

Nach vier Jahren diplomatischer Tätigkeit in den Niederlanden wurde Dyba im Sommer 1972 als „uditore“ an die Nuntiatur in Kinshasa, dem ehemaligen Léopoldville, versetzt. In einer kirchenpolitisch besonders heiklen Lage avancierte er 1973 zum interimistischen Geschäftsträger, zumal der Apostolische Nuntius vom Diktator Mobutu als Doyen des Diplomatischen Korps abgesetzt und deshalb vom Hl. Stuhl abberufen wurde. In Zaïre (Kongo), dem flächengrößten Staat Zentralafrikas mit einem starken katholischen Bevölkerungsanteil von über 40 Prozent, wurde die Kirche im Rahmen einer großangelegten Authentizitätskampagne vom „laizistischen“ Regime bedrängt. Der Erzbischof von Kinshasa Kardinal Malula war seines Lebens nicht sicher und mußte mehrfach Zuflucht in Rom suchen. Durch Kardinal Malula lernte Dyba auch die Problematik der liturgischen Zaïrisierung („Inkulturation“) aus nächster Nähe kennen, die den traditionsverbundenen Dyba entsetzte.

Schon bald nach dem Eintreffen des neuen Missionschefs wurde Dyba 1974 als Nuntiaturrat („consigliere“) nach Kairo versetzt. Angesichts der nach dem Jom-Kippur-Krieg eingeleiteten Öffnungspolitik Anwar as-Sadats galt die kirchliche Situation in dem islamisch geprägten Ägypten damals als weitgehend entspannt, wenn auch die Lage der christlichen Minderheit durch Übergriffe militanter Muslime auf Dauer gefährdet blieb. Dramatisch verliefen dann im Januar 1977 die „Brotunruhen“, der schwerste Aufstand in Ägypten seit der Revolution von 1952.

Nach zehn Jahren im diplomatischen Außendienst wurde Dyba 1977 – im Jahr zuvor war er Päpstlicher Ehrenprälat geworden – als „höherer Beamter erster Klasse“ an die Kurie nach Rom berufen und zum Vize-Sekretär („sotto-segretario“) der Päpstlichen Kommission „Justitia et Pax“ ernannt, die von dem afrikanischen Kardinal Gantin geleitet wurde. Diese Studienkommission war 1967 von Papst Paul VI. begründet und nun auf Dauer errichtet worden. Ihre Aufgaben lagen in der Erforschung und Förderung aller Bestrebungen zur Verbesserung der Lebensbedingungen der Armen in aller Welt, der Verteidigung der Menschenrechte und der Sicherung des Friedens. Obwohl Dyba durch seinen langjährigen Aufenthalt in Lateinamerika und Afrika über einschlägige Erfahrungen und Kenntnisse verfügte, lag ihm die neue Bürotätigkeit nicht sonderlich. Bei Papst Johannes Paul II. fand er schließlich „ein geneigtes Ohr, als er in einer Audienz den Wunsch vortrug, wieder in die Diplomatenlaufbahn des hl. Stuhls zurückversetzt zu werden,

---

[34] Pastoraal Concilie van de Nederlandse Kerkprovincie, hrsg. vom Katholiek Archief, Tl. 1–7, [Amersfoort 1967–1970].

um in einer Nuntiatur tätig sein zu können“[35]. Er wurde 1979 zum Pro-Nuntius in Liberia und Gambia sowie zum Delegaten für Guinea und Sierra Leone ernannt. Mit dem neuen Amt war die Erhebung zum Titularerzbischof von Neapolis in Proconsulari (Nebeul-Kedim) verbunden. Am 13. Oktober 1979 empfing Johannes Dyba im Kölner Dom vor über 4 000 Menschen die Bischofsweihe aus der Hand des Kardinalstaatssekretärs Casaroli, seinem ehemaligen Professor an der Pontificia Accademia Ecclesiastica. Mitkonsekratoren waren der Kölner Kardinal Höffner und Erzbischof Lourdusamy, der Sekretär der Kongregation für die Glaubensverbreitung. Mit großer Eindringlichkeit verwies Dyba in seiner Ansprache von der Domkanzel auf die Schwierigkeiten des päpstlichen Diplomaten, der zwar gelernt habe, in vielen Sprachen zu sprechen, aber in allen Sprachen nach Möglichkeit von Gott schweigen müsse. „Der Verzicht auf die Verkündigung der Frohen Botschaft kann dann schon ein Stich ins Fleisch sein“. Als eine weitere „Wunde“ bezeichnete es Dyba, daß er in seinen Priesterjahren so vielen Menschen begegnet sei, die glücklich hätten sein können, es aber nicht waren, da ihnen das Gefühl fehlte, Kinder Gottes zu sein. „Filii Dei sumus – Kinder Gottes sind wir“. Diese Stelle aus dem ersten Johannesbrief, die Dyba zu seinem bischöflichen Wahlspruch erwählte, empfahl er den Gläubigen als „zentrale Wirklichkeit des Lebens“: „Jeder einzelne von uns ist von Gott gewollt, geliebt und von ihm erwartet“.

Als Repräsentant des Hl. Stuhles für vier westafrikanische Staaten mit recht unterschiedlichen politischen Systemen und Religionsverhältnissen[36] nahm Dyba seinen Amtssitz im liberianischen Monrovia und überreichte dort am 20. Dezember 1979 Staatspräsident Tolbert sein Beglaubigungsschreiben. Nur wenige Monate später wurde der Präsident von aufständischen Unteroffizieren getötet. „Im Verlauf des Putsches gewährte Dyba einem bedrohten Politiker Asyl in seiner Residenz“[37]. Beim neuen Staatschef, dem Vorsitzenden des „Volkserlösungsrates“ Doe, gelang es Dyba 1981 nach eigenen Angaben, durch eine persönliche Intervention zehn zum Tode verurteilte Studentenführer vor der sicheren Hinrichtung zu retten. Weniger spektakulär, aber für die Nachhaltigkeit seelsorglichen Handelns von besonderer Bedeutung war dann ein Jahr später die von Dyba in päpstlichem Auftrag vollzogene Errichtung der kirchlichen Hierarchie mit der Erzdiözese Monrovia und dem Suffraganbistum Cape Palmas, die aus der Obhut der obersten römischen Missionsbehörde, der Kongregation für die Glaubensverbreitung, in die Selbständigkeit entlassen wurden.

Viel schwieriger als in Liberia, mit der ältesten Repräsentanz des Hl. Stuhles in Afrika überhaupt, erwies sich die kirchliche Lage in der ehemals französischen Kolonie Guinea. Dort wurde die katholische Kirche vom Regime des Diktators Ahmed Sékou Touré zeitweilig hart bedrängt, die weißen Missionare waren 1967

---

[35] Karl-Josef Rauber, Johannes Dyba im Dienst des hl. Stuhles, in: Kinder Gottes sind wir (Anm. 31), S. 38.

[36] Vgl. Luitpold A. Dorn, Nuntius, wo der Pfeffer wächst. Erzbischof Johannes Dyba vertritt den Vatikan in vier afrikanischen Staaten, in: Der Sonntag, Nr. 24, 12. Juni 1983, S. 2 f.

[37] Erwin Gatz, Dyba, Johannes, in: Ders. (Hrsg.), Die Bischöfe der deutschsprachigen Länder 1945–2001. Ein biographisches Lexikon, Berlin 2002, S. 231–233.

des Landes verwiesen worden. In einem Schauprozeß wurde der einheimische Erzbischof von Conakry Tchidimbo zu Unrecht einer Verschwörung gegen den Staatschef bezichtigt, verurteilt und dann unter entwürdigenden Verhältnissen acht Jahre in einem Lager in Boiro inhaftiert, ehe er 1979 durch die Intervention des Hl. Stuhles freikam. Obwohl unschuldig, verzichtete Tchidimbo aus pastoralen Erwägungen auf eine Rehabilitierung und ging außer Landes[38]. Ein Neuaufbau der kirchlichen Hierarchie in Guinea, den Dyba als Apostolischer Delegat begleitete, war nun ansatzweise wieder möglich, forderte ihm aber erhebliche Geduld und politisches Fingerspitzengefühl ab. Wenig Schwierigkeiten hatte Dyba dagegen als Delegat in Sierra Leone und Nuntius in Gambia, den beiden ehemaligen englischen Kolonien mit einem jeweils geringen katholischen Bevölkerungsanteil, wenn auch die politische Lage in Gambia angesichts sozialistischer Putschversuche angespannt blieb. Am 25. März 1981 weihte Nuntius Dyba in Banjul den einheimischen Spiritanerpater Michael J. Cleary zum Bischof.

Als päpstlicher Gesandter mußte Dyba viele Dinge der Lebensführung selbst in die Hand nehmen, die in entwickelten Ländern selbstverständliche Voraussetzung der Amtsführung sind. Der Schriftverkehr mit der römischen Zentrale und den Staatsregierungen der vier Länder war nicht nur zeitweilig eigenhändig an der Schreibmaschine zu erledigen – eine an der Kurie damals nicht unübliche Arbeitsweise, die Dyba auch später noch in Fulda zu handhaben wußte. Fast täglich waren Bittsteller zu empfangen, Besprechungen mit Bischöfen, Missionaren, Ordensfrauen, Regierungsvertretern oder anderen Botschaftern zu halten, Empfänge und Gegenbesuche zu absolvieren. Dabei ging es in erster Linie um die Unterstützung der Ortskirchen mit Rat und Tat, um Entwicklungshilfe aus Deutschland – die Hilfswerke „Missio“ und „Misereor“, die Erzdiözese Köln oder die Bundesbrüder vom CV waren da besonders gefragt –, um den diplomatischen Schutz der kirchlichen Sendung oder um die Förderung der Beziehungen zwischen dem Hl. Stuhl und den staatlichen Behörden. Bei diesem klassischen Repertoire ließ Dyba es nicht bewenden. Er praktizierte vielmehr eine ungewöhnlich intensive Reisetätigkeit. Unter extremen klimatischen Bedingungen – die Pfefferküste galt wegen ihres mörderischen Klimas in Äquatornähe nicht ohne Grund als das „Grab des weißen Mannes“ – besuchte er selbst entlegene Missionsstationen, galt es doch, Priester und Gläubige in ihrem Glaubenseifer zu ermutigen und in ihrem Zusammenhalt mit der katholischen Weltkirche und dem Nachfolger des heiligen Petrus zu bestärken.

IV. Bischof von Fulda und Katholischer Militärbischof

Dybas unkonventionelle Amtsführung, Geradlinigkeit und Zivilcourage blieben innerkirchlich nicht unbeachtet, zumal sie dem charismatischen Führungsstil des regierenden Papstes ganz zu entsprechen schienen. „Beinah wie weiland Ezechiel,

[38] Vgl. die Erinnerungen von Raymond-Marie Tchidimbo, Noviciat d'un évêque. Huit ans et huit mois de captivité sous Sékou Touré, Paris 1987.

der ja auch am Schopf emporgehoben wurde, um an dem heiligen Ort zu landen, an dem er das Wort Gottes künden sollte", fühlte sich Johannes Dyba, als man ihm die Berufung zum Bischof von Fulda antrug. Die päpstliche Bestätigung der Wahl des Domkapitels erfolgte am 4. Juni 1983 mit Dybas Ernennung zum Fuldaer Bischof unter Beibehaltung des persönlichen Titels eines Erzbischofs. „Die ungewöhnlichste katholische Bischofsernennung seit Menschengedenken"[39] bot Anlaß zu mancherlei Spekulation in der Öffentlichkeit. So wurde etwa gemutmaßt, daß Dyba nach der schon bald anstehenden Emeritierung Kardinal Höffners den Kölner Erzstuhl übernehme und damit die Fuldaer Cathedra für Josef Leinweber, den noch etwas zu jungen Wunschkandidaten von Alt-Bischof Schick, freimache. Andere Pressestimmen fragten: „Wird ein neuer Kurienkardinal aufgebaut?". Allen Mutmaßungen oder Befürchtungen zum Trotz stellte sich Johannes Dyba mit ungeteilter Hingabe der neuen pastoralen Aufgabe in Fulda. Bei der Amtseinführung am 4. September entwickelte Johannes Dyba vor mehr als 10 000 Menschen auf dem Domplatz ein ergreifend schlichtes Regierungsprogramm[40]: „Wir wollen der Welt zeigen, daß es möglich ist, in dieser unserer Kirche glücklich zu sein – denn es ist ja Seine Kirche, die Er uns geschenkt hat. Durch Seinen Geist getragen, steht sie durch die Jahrhunderte. ... Aber was unsere Kirche heute braucht, sind nicht so sehr Pharisäer, die sie dauernd auf die Probe stellen, nicht so sehr Schriftgelehrte, die sie dauernd kritisieren, nicht so sehr Tempelbeamte, die selbst das Allerheiligste nicht betreten und auch die anderen noch davon abhalten – nein, was diese Kirche braucht, sind vielmehr Jünger, die dem Herrn folgen mit der ganzen Hingabe ihrer selbst, Jünger, die einander lieben und in dieser Liebe Kirche bauen und Kirche bilden in unserer Zeit. Was diese Kirche braucht, sind Heilige – viele kleine und, so Gott will, auch ein paar große –, die ihr den Weg weisen. Was diese Kirche braucht, sind wir, Menschen wie du und ich, Kinder Gottes, die sich freuen, im Schifflein Petri zu sitzen, auch und gerade, wenn es einmal stürmisch wird, die dann nicht gleich vom Untergang jammern, weil sie ja wissen, Gott der Allmächtige ist mit uns, alle Tage, bis an das Ende der Welt. ... Das ist keine leichte Aufgabe, da wollen wir uns nichts vormachen. Das ist ein Aufbruch, bei dem uns der Wind ins Gesicht bläst, ein Aufbruch gegen sinkende Zahlen und sinkenden Mut – stromaufwärts! ... wie ein afrikanisches Buschfeuer soll die Freude der Kinder Gottes unser ganzes Bistum ergreifen und entflammen als das Signal zum großen Aufbruch. Und ein solches Freudenfeuer darf dann auch über die unnatürliche Grenze schlagen, die unser Bistum geteilt hat, und unsere Brüder und Schwestern im Eichsfeld und in Thüringen erfassen".

Die ersten Reaktionen der Gläubigen fielen ermutigend zustimmend aus. „Das ist der Mann, den wir brauchen – der trifft den richtigen Ton – mit dem können wir was aufbauen – er ist wunderbar", faßte die Kölner Kirchenzeitung ihr Stimmungs

[39] Luitpold A. Dorn, Ratlosigkeit über eine Wahl, in: Deutsches Allgemeines Sonntagsblatt, Nr. 26, 26. Juni 1983.
[40] S. unten S. 32–36.

bild zusammen[41]. Differenzierter urteilte Wochen später die „Süddeutsche Zeitung“: „In seiner neuen Diözese hat sich freilich die ängstliche Vermutung, mit einem in der Seelsorgearbeit praktisch unerfahrenen Diplomaten vielleicht doch nicht ganz richtig bedient worden zu sein, fürs erste gelegt. Nicht zuletzt sorgt die ganz und gar nicht funktionärsmäßige, sondern eher schon jungenhafte persönliche Ausstrahlung Dybas dafür, daß ihm die Herzen verhältnismäßig schnell zufliegen. Andererseits wurde mittlerweile auch manchem deutlich, daß sich hinter dem oft sympathisch-unkonventionellen Auftreten Dybas durchaus ein harter katholischer Kern verbirgt. So wies der neue Bischof die Mitglieder der Friedensbewegung Pax Christi kurz nach seiner Amtseinführung an, sich ‚aus der Grauzone zwischen grobem Unfug und Landfriedensbruch‘ herauszuhalten – eine Formulierung, die nicht nur ihrer forschen Zuspitzung wegen noch manches konfliktträchtige Signal aus Fulda verspricht“[42].

Innerhalb der Deutschen Bischofskonferenz leitete Dyba sechs Jahre lang, von 1983 bis 1989 die Arbeitsgruppe neues Kirchenrecht, deren Aufgabe darin bestand, das Gesetzeswerk des Codex Iuris Canonici von 1983 für die deutschen Verhältnisse anzupassen[43]. Ferner war er Mitglied der Gremien für das Bischöfliche Hilfswerk „Misereor“ und für den Dialog mit den Weltreligionen. Vor allem arbeitete er in der Kommission Weltkirche mit, deren Leitung er langfristig liebend gerne übernommen hätte. Die ersehnte Plattform für überregionale Aktivitäten erhielt er dann doch, als er am 30. November 1990 zugleich Katholischer Militärbischof für die Deutsche Bundeswehr wurde. Auch in der Welt des Militärischen, die ihm bisher fremd war, reüssierte er rasch. Das Vertrauen von politischer wie militärischer Führung der Bundeswehr konnte er ebenso erlangen wie auch den Zugang zu den einfachen Soldaten finden, nicht zuletzt bei den alljährlichen Internationalen Soldatenwallfahrten nach Lourdes[44]. Das bewährte und konkordatär gesicherte Militärseelsorgesystem wurde nach der staatlichen Wiedervereinigung Deutschlands auch für die „neuen“ Bundesländer übernommen. Die drastische Reduzierung, die veränderte Zielsetzung und die damit verbundene Umstrukturierung der deutschen Streitkräfte, insbesondere die Beteiligung an riskanten internationalen Friedensmissionen, bedeuteten für die Militärseelsorge eine neue Herausforderung, der sich Dyba auch als Militärbischof entschieden stellte. Mehrfach besuchte er

41 A. W., Erzbischof Dyba mit offenen Armen aufgenommen, in: Kirchenzeitung für das Erzbistum Köln, Nr. 36, 9. September 1983.

42 Rainer Stephan, Ein Amt für viele Karrieren. Die neuen Oberhirten für Fulda, Hildesheim, Mainz und Speyer, in: Süddeutsche Zeitung, Nr. 289, 16. Dezember 1983. – Vollständiger Wortlaut der zitierten Dyba-Äußerung unten S. 36–39.

43 Vgl. Winfried Aymans, Johannes Dyba als Vorsitzender der Arbeitsgruppe neues Kirchenrecht der Deutschen Bischofskonferenz, in: Kinder Gottes sind wir (Anm. 31), S. 63–68.

44 Vgl. „Meinen Frieden gebe ich Euch“. Aufgaben und Alltag der Katholischen Militärseelsorge. Festschrift für den Katholischen Militärbischof für die Deutsche Bundeswehr Erzbischof Dr. Dr. Johannes Dyba Bischof von Fulda. Hrsg. v. Jürgen Nabbefeld, Köln 1999; Ernst Niermann, Erzbischof DDr. Johannes Dyba, Kath. Militärbischof für die Deutsche Bundeswehr (1990–2000), in: Kinder Gottes sind wir (Anm. 31), S. 74–79; Jürgen Nabbefeld, Vier Bilder aus fünf Jahren guter Zusammenarbeit, in: Mit Bonifatius verbunden (Anm. 58), S. 46 f.

Soldaten, die sich auf Auslandseinsätzen befanden, etwa in Kambodscha (1993), Kroatien und Bosnien (1996 und 1997), im Kosovo und in Mazedonien (1999).

Von 1991 bis 1999 war er Mitglied des Zentralbüros für die pastorale Koordinierung der Militärordinariate in Rom; am 27. Oktober 1993 wurde Dyba in die Bischofskongregation in Rom berufen und damit an der Auswahl von Bischofskandidaten für die Weltkirche beteiligt. Aus der Hand des Bundesministers der Verteidigung Rühe erhielt er am 15. September 1994 das Große Bundesverdienstkreuz.

Als Bischof von Fulda führte Dyba „einen leidenschaftlichen Kampf für die Unverfälschtheit des Glaubens, für die moralischen Grundsätze der Kirche und für die Anerkennung der kirchlichen Autorität"[45]. Möglichst vielen Menschen wollte er die Freude der Kinder Gottes in der Kirche und in der Einheit mit dem Nachfolger des hl. Petrus, dem Papst in Rom, nahebringen: bei Firmungsreisen, Wallfahrten, bei der zentralen Bonifatiusfeier in Fulda und den anderen kirchlichen Festen und Jubiläen. Eindringlich wußte er Kindern und Jugendlichen von seinen Abenteuern als Glaubensbote in Afrika zu erzählen. „Nachdem ich ein gutes Dutzend Rebellionen und Revolten in Südamerika und Afrika überlebt habe, ist das hier doch beinahe wie Vorruhestand". Geistige Orientierung, Halt im Glauben und materielle Hilfen wollte er gerade den vielfach angefochtenen Familien, Müttern und Hausfrauen geben. Als erstes Bistum in Deutschland führte Fulda 1995 das Familienwahlrecht bei Pfarrgemeinderatswahlen ein. Eine besondere Förderung erfuhr durch ihn die Heranbildung kirchentreuer Priester. Er setzte ein vielbeachtetes Signal, als er den Priestern wieder den Vorrang in der Seelsorge vor den hauptamtlichen Laientheologen einräumte[46]. Als Großkanzler förderte er die ausschließlich Priesteramtskandidaten vorbehaltene Theologische Fakultät Fulda, die 1999 ihre endgültige Anerkennung durch den Hl. Stuhl erhielt[47]. Bei der Ausübung der Leitungsvollmacht beschränkte er sich in der Regel auf die Wahrung der Richtlinienkompetenz und ließ dem Verwaltungshandeln der Bistumskurie einen bemerkenswerten Spielraum.

Die Überprüfung der Kirchlichkeit wohldotierter katholischer Verbände führte zu einem langjährigen Streit mit dem BDKJ und zur Etablierung einer eigenständigen „Katholischen Jugend im Bistum Fulda". Nach längerem Zögern unterstützte Dyba schließlich die „neuen geistlichen Bewegungen" und tolerierte selbst die kirchlich nicht anerkannten Marienverehrer von Medjugorje in seiner Diözese. Das nach seinem Tod im Juni 2001 erstmals in Fulda veranstaltete Glaubensfest des „Forums Deutscher Katholiken" wird auf seine Anregung zurückgeführt.

---

45 Offizieller Nachruf der Weihbischöfe Kapp und Schick, Fulda, 24. Juli 2000, in: Kinder Gottes sind wir (Anm. 31), S. 10.

46 Kirchliches Amtsblatt für die Diözese Fulda 100 (1984), Nr. 111, S. 45: „Der Titel ‚Seelsorger' ist ... den Priestern vorbehalten, die die hl. Weihe empfangen haben. Die Mitarbeit in der Seelsorge, wozu die Laien berufen werden und kraft Taufe und Firmung befähigt sind, verleiht nicht den Anspruch oder das Recht den Titel ‚Seelsorger(-in)' zu führen"; s. unten S. 55, Anm. 2.

47 Vgl. Aloysius Winter, Erzbischof Dr. Dr. Johannes Dyba und die Theologische Fakultät Fulda, in: Kinder Gottes sind wir (Anm. 31), S. 55–57.

V. Unverschämt katholisch

Klein und schlank von Gestalt, eloquent und polyglott, ungeduldig und reisefreudig, couragiert und offen gegen jedermann, war Johannes Dyba ein Bischof mit einem ungewöhnlichen Lebenslauf. Weniger gelehrter Theologe als wortgewaltiger Verkünder des Evangeliums mit eher traditionellen Frömmigkeitsformen, durchaus zu diskreter wie spontaner Nächstenliebe fähig, legte er den Hauptakzent seines bischöflichen Dienstes auf die kirchenpolitische Aktion. Mit seinen polarisierenden Wortmeldungen fand er über das katholisch-konservative Lager hinaus auch bei Teilen der evangelikalen Bewegung lebhafte Zustimmung, während dagegen nicht wenige in Kirche und Gesellschaft seinen Konfrontationskurs mitunter ebenso vehement beanstandeten.

Zur singulären Bischofsgestalt im deutschen Episkopat wurde Dyba, als er „an St. Michael", am 29. September 1993, den Ausstieg aus der Einbindung in das staatliche Abtreibungssystem erklärte[48], die Ausstellung kirchlicher „Tötungslizenzen" im Bistum Fulda unterband und statt dessen ein diözesanes Beratungs- und Hilfsnetz für schwangere Frauen in Notlagen aufbaute, das eine ihn selbst überraschende positive Resonanz bei den Betroffenen fand. Wie keine andere Entscheidung, die auch innerkirchlich angefeindet wurde, offenbarte Dybas Alleingang die Spaltung der Bischofskonferenz in der Frage des Lebensschutzes, die erst nach sechsjährigem Streit[49], der die Glaubwürdigkeit der Kirche nachhaltig beschädigte, durch päpstliches Eingreifen ganz im Sinne Dybas entschieden wurde, ohne dann allerdings vollends zur Ruhe zu kommen[50]. Auch auf anderen gesellschaftlichen Konfliktfeldern, etwa der rechtlichen Privilegierung homosexueller Beziehungen, scheute Dyba vor deutlichen Stellungnahmen nicht zurück („menschenunwürdige Praktiken widernatürlicher Unzucht") und mußte dafür nicht nur Hohn und Spott, sondern auch tätliche Angriffe hinnehmen. Am 8. November 1991 wurde er in Marburg durch die Straßen gejagt, getreten, geschlagen und bespuckt. Noch schmerzlicher als solche körperlichen Angriffe mag Dyba die mangelnde Solidarität etlicher Bischofskollegen empfunden haben, die zwar ähnlich dachten wie er, aber dann doch nicht den Mut fanden, für ihre Überzeugung in der Öffentlichkeit einzustehen. Solche gelegentlich – aus der Warte des „einsamen Rufers in der Wüste" – geäußerte Enttäuschung vermochte aber seinen Elan nicht zu lähmen.

Resignation war Dybas Sache nicht. Ehrgeizig, streitbar, nicht selten scharfzüngig, „bisweilen durchaus begabt zur Gemeinheit"[51], schlagfertig, aber auch Lebensfreude ausstrahlend, spontan, humorvoll und unbekümmert präsentierte er ohne papierne Stützen seine Auffassungen. Dabei suchte er – ohnehin kein Freund

---

[48] S. unten S. 282–285. – Bundesweites Aufsehen hatte bereits am 28. Dezember 1988 das viertelstündige Trauer- und Mahngeläut für die abgetriebenen Kinder im Bistum Fulda hervorgerufen, s. unten S. 138 f.

[49] Vgl. Manfred Spieker, Kirche und Abtreibung in Deutschland. Ursachen und Verlauf eines Konflikts, Paderborn u. a. 2000.

[50] S. unten S. 506–508: „Donum mortis".

[51] Matthias Matussek, Die Axt Gottes, in: Spiegel-Reporter, Nr. 11, November 1999, S. 108–111, hier 109.

dicker Bücher – häufiger und intensiver als andere Bischöfe den Zugang zur medialen Öffentlichkeit, die er als Herausforderung für sich annahm. („Wir werden uns wohl mit den Massenmedien immer schwertun, weil wir nicht nur Triebbedürfnisse befriedigen wollen".) Einen nicht unbeträchtlichen Teil seiner täglichen Arbeitszeit widmete er dem Öffentlichkeitsauftrag der Kirche[52]. Er warb für den fröhlichen Optimismus der Kinder Gottes, geißelte die defensive Strategie des aufgeblähten kirchlichen Apparats, predigte eine „neue Mütterlichkeit", kritisierte die moralische Degeneration der Gesellschaft und plädierte für die Wiederentdeckung der Kardinaltugenden als den Angelpunkten des sittlichen Lebens – bilderreich und bibelfest, unterhaltsam und publikumswirksam, allerdings um den Preis der Vereinfachung und Vergröberung. „Er überraschte durch seine spontanen Einfälle und treffenden Formulierungen und brachte die kompliziertesten politischen und theologischen Zusammenhänge mit wenigen Worten auf den Punkt. Viele schätzten seine klare Sprache und seine bildhaften Vergleiche, entrüsteten sich aber – manchmal sicherlich mit Recht – über das ‚Wie' seiner Verkündigung. ... So manchen Zeitgenossen hat er mit seiner drastischen Bildhaftigkeit hart vor den Kopf gestoßen"[53]: „Früher hatten Eltern vier Kinder, heute hat ein Kind vier Eltern". „Wenn Unzucht und Korruption modern sind, dann muß die Kirche noch viel altmodischer werden". Oder im Hinblick auf den BDKJ: „Die Basis stimmt, die Spitze spinnt". „Mit der Jugend habe ich keine Probleme, doch mit den Mittelalterlichen, deren Beruf es ist, Jugend zu sein". „Ich persönlich glaube, daß Christus aus Liebe zu den Kindern die Frau nicht ins Priesteramt gerufen hat". „Bei großem Unrecht muß die Kirche ihre Mahnung auch an die große Glocke hängen". „Wir müssen nicht gesellschaftliche Positionen verteidigen, sondern neue Christen gewinnen. Nicht begehren, sondern bekehren!".

Als „römischer Berliner rheinischer Prägung"[54] und Abraham a Santa Clara im Bischofsgewand kannte er Zweideutigkeit nicht. „Der durchtrainiert wirkende Mann strahlt verschmitzte Gelassenheit aus," charakterisierte der SPD-Politiker Peter Glotz den „päpstlichen Raufbold" Johannes Dyba, „dazu eine selbstverständliche, unaufgeregte Professionalität. So rabulistisch, brutal simplifizierend und unversöhnlich er vor der Kamera agiert – im kleinen Kreis, nach Erfüllung des göttlichen Agitationsauftrags, zeigt der doppelt promovierte Jurist Präzision, Verhandlungsgeschick und klug dosierten Witz. ... Das Erlebnis der Weltkirche mag Dybas Verachtung für den europäischen Liberalismus erklären; entschuldigen kann es den publizistischen Fanatismus des Bischofs nicht. Auch wenn man sich klarmacht, daß dieser Mann bewußt die Rolle des Provokateurs gewählt hat, und wenn man ihm zubilligen will, daß der letzte Grund seines Wütens etwas Unerörterbares ist, nämlich sein Glaube, bleibt Dybas Aggressivität gefährlich. Denn dieser Priester nimmt bei der Art der Polemik die Verletzung seiner Gegner in

---

52 Mit besonderer Vorliebe hat er – abgesehen von seiner monatlichen Kolumne im „Bonifatiusboten" – in der Tageszeitung „Die Welt" und der Zeitschrift „Weltbild" veröffentlicht.

53 Winfried Abel, Erinnerungen an Bischof Dyba, in: Kinder Gottes sind wir (Anm. 31), S. 43–48, hier 46.

54 Herder-Korrespondenz 37, 1983, S. 340.

Kauf“[55]. Nach Ansicht des Vorsitzenden der Bischofskonferenz, Bischof Lehmann, habe sich Erzbischof Johannes Dyba „leidenschaftlich für die Wahrheit und Klarheit des Glaubens eingesetzt. Nirgends war er entschiedener und kraftvoller, unerschrocken und, wenn es ihm nötig schien, auch hart. Er haßte geradezu ein verwaschenes Christsein und eine zwiespältige, lasche Auffassung von Kirche“[56]. „Auch wenn seine Worte nicht allen gefielen, so mußten dennoch – wie Kardinal Ratzinger hervorhob – alle seine Redlichkeit anerkennen. Er hat das Wort des Glaubens gelegen und ungelegen aufgerichtet und dafür Schläge eingesteckt, die im Schutz der öffentlichen Meinung oft sehr bösartig sein konnten. Er war nicht unverwundbar, er hat darunter gelitten, aber der Glaube war ihm das Leiden wert“[57].

Seit 1998 verstärkten sich gesundheitliche Probleme, von denen er allerdings kein Aufhebens machte. Den schweren Atem konnte er jedoch nicht mehr verbergen. Im Juli 2000 kündigte er seinen baldigen Rückzug aus dem Amt des Militärbischofs an. In den frühen Morgenstunden des Sonntags, am 23. Juli 2000, ist Johannes Dyba plötzlich und unerwartet verstorben. Fünf Tage später wurde er im Dom zu Fulda in der Johanneskapelle beigesetzt[58].

---

[55] Peter Glotz, Johannes der Vorläufer. Johannes Dyba, Erzbischof von Fulda, fordert die katholische Kirche auf, die Umsetzung des neuen Abtreibungsparagraphen zu boykottieren, in: Die Woche, Nr. 38, 15. September 1995.

[56] Wort des Dankes und des Abschieds von Bischof Karl Lehmann im Dom zu Fulda, 28. Juli 2000, in: Kinder Gottes sind wir (Anm. 31), S. 29.

[57] Kondolenzschreiben von Kardinal Joseph Ratzinger, Vatikanstadt, 25. Juli 2000, in: Kinder Gottes sind wir (Anm. 31), S. 25.

[58] Vgl. Gedenkschrift des Fuldaer Domkapitels von Werner Kathrein (Anm. 31), S. 10–30. Der Magistrat der Stadt Fulda, die am 1. März 2001 die repräsentative Kastanienallee in Johannes-Dyba-Allee umbenannte, veröffentlichte ebenfalls eine Gedenkschrift: Mit Bonifatius verbunden – den Menschen zugetan! Zur Erinnerung an Leben und Wirken von Erzbischof DDr. Johannes Dyba und Bischof Prof. Dr. Dr. h.c. Eduard Schick, Red.: Michael Schwab u. a., Fulda 2001 (zitiert: Mit Bonifatius verbunden).

Dokumentation

Dem Recht des Menschen auf glückliche Vollendung verpflichtet*

Sehr geehrter Herr Ministerpräsident Börner, verehrte Anwesende!

Ich danke der Hessischen Landesregierung und Ihnen, Herr Ministerpräsident Börner, für Ihre Bereitschaft, mich zur Entgegennahme des im Reichskonkordat vorgesehenen Treueides[1] zu empfangen, unbeschadet des beiden Teilen bekannten Rechtsstandpunktes der Hessischen Landesregierung in Bezug auf die Weitergeltung dieses Konkordats[2].

Das Ihnen eidlich bekräftigte Versprechen beziehe ich auch auf die außerhalb der hessischen Landesgrenzen liegenden Teile der Diözese Fulda[3].

Bei einer Gelegenheit wie dieser ließe sich vieles zum Verhältnis zwischen Staat und Kirche sagen. Bitte, gestatten Sie mir, heute einmal weder die Rechte des Staa-

---

* Ansprache anläßlich der Eidesleistung am 30. August 1983 in der Dienstvilla des hessischen Ministerpräsidenten in Wiesbaden (Bischöfliche Pressestelle Fulda); Überschrift von den Bearb. – Vgl. dazu den Bericht von H[einz] K[eiter], in: Bonifatiusbote, Nr. 37, 11. September 1983.

[1] Artikel 16 des Reichskonkordats vom 20. Juli 1933 lautet: „Bevor die Bischöfe von ihrer Diözese Besitz ergreifen, leisten sie in die Hand des Reichsstatthalters in dem zuständigen Lande bzw. des Reichspräsidenten einen Treueid nach folgender Formel: ‚Vor Gott und auf die heiligen Evangelien schwöre und verspreche ich, so wie es einem Bischof geziemt, dem Deutschen Reich und dem Lande ... Treue. Ich schwöre und verspreche, die verfassungsmäßig gebildete Regierung zu achten und von meinem Klerus achten zu lassen. In der pflichtgemäßen Sorge um das Wohl und das Interesse des deutschen Staatswesens werde ich in Ausübung des mir übertragenen geistlichen Amtes jeden Schaden zu verhüten trachten, der es bedrohen könnte' ". In der verfassungsrechtlichen Praxis nach 1945 wird der Bischofseid durch den Ministerpräsidenten entgegengenommen; in der Eidesformel wird „Deutsches Reich" durch „Deutschland" ersetzt; bei länderübergreifenden Diözesen werden alle Länder genannt, auf deren Gebiet sich die jeweilige Diözese erstreckt und deren Vertreter bei der Entgegennahme des Treueids anwesend sind.

[2] Zu der unter den Bundesländern singulären Rechtsauffassung des Landes Hessen, das die Fortgeltung des Reichskonkordats und damit die Rechtsgültigkeit und Anwendbarkeit von Artikel 16 Reichskonkordat bestreitet, vgl. Ulrike Marga Dahl-Keller, Der Treueid der Bischöfe gegenüber dem Staat. Geschichtliche Entwicklung und gegenwärtige staatskirchenrechtliche Bedeutung, Berlin 1994, S. 160–164.

[3] Kleinere Gebietsanteile der Diözese befinden sich in Bayern und Niedersachsen. Die in Thüringen gelegenen Anteile des Bistums Fulda wurden seit 1946 durch einen eigenen Generalvikar bzw. Weihbischof mit Sitz in Erfurt und schließlich seit 1973 durch einen Apostolischen Administrator „permanenter constitutus" verwaltet. Nach der staatlichen Wiedervereinigung Deutschlands wurde 1994 der Thüringer Teil der Fuldaer Diözese verselbständigt und zum Bistum Erfurt erhoben; nur das Dekanat Geisa, das bereits vor der Säkularisation zur Reichsabtei Fulda gehört hatte, wurde wieder der Diözese Fulda angegliedert.

tes noch die Rechte der Kirche als solche ins Licht zu rücken, sondern einen Blick auf die Rechte des Menschen beiden Institutionen gegenüber zu werfen.

Der Mensch als Bürger hat das Recht, vom Staat Schutz und die Schaffung der materiellen und kulturellen Vorbedingungen für ein friedliches Leben, ein menschenwürdiges Dasein und seine freie Entfaltung zu verlangen.

Der Mensch, der sich zu einer Kirche bekennt – und das tut ja doch immer noch die große Mehrheit in diesem Lande – hat das Recht, von ihr zu erwarten, daß sie ihm den Sinn des Lebens aufweist, daß sie ihm, über all seine irdischen Möglichkeiten hinaus, den Weg in die Höhe zeigt, die Möglichkeit, nicht nur zu einem befreiten, sondern zu einem erlösten Menschen zu werden.

So wissen sich beide, Staat und Kirche, dem Recht des Menschen auf glückliche Vollendung verpflichtet.

In einer Hinsicht, so will es mir scheinen, haben es die Diener des Staates dabei schwerer als die Diener der Kirche: ist ja doch die göttliche Offenbarung, aus der letztere ihr Mandat herleiten, weit weniger Schwankungen unterworfen als der Wählerwille, der im demokratischen Staat Autorität verleiht. Auf der anderen Seite haben es die Diener der Kirche aber insofern schwerer, als sie mehr verlangen müssen: nicht nur einen minimalen Grundkonsens, sondern die persönliche Hingabe an höchste Werte.

Wir leben in einer Zeit, in der die Menschenrechte im Vordergrund des Interesses stehen, in der aber gleichzeitig der Pegel des Grundkonsenses in eine früher unvorstellbare Tiefe abgesunken ist – wie viele Jahre ist es eigentlich her, da man vom Frankfurter Flughafen ohne alle Sicherheitskontrollen wie selbstverständlich abfliegen konnte?

Da kann es nicht ausbleiben, daß der Dialog um die Schutzwürdigkeit bestimmter menschlicher Rechte und Werte auch einmal lebhafter wird – vor allem die Frage nach der Schutzbedürftigkeit elementarer Rechte und Werte, ohne die ein Leben in Freiheit und Menschenwürde nicht mehr gesichert erscheint. Wo ist die Grenze, an der auch ein weltanschaulich neutraler Staat zum Schutz unverzichtbarer Werte aufgerufen ist? Wo sind die Grenzen des Rechtes einer Minderheit, etwa im Medienbereich, gegenüber der manipulierbaren Mehrheit?

Keiner von uns wird sich dieser Auseinandersetzung entziehen können, die das Leben selbst uns aufdrängt. An einem Tag wie diesem möchte ich aber dem Wunsch Ausdruck geben, daß sie immer persönlich fair und am Wohl der Menschen, um die es geht, orientiert bleiben möge. Seien Sie in diesem Sinne meiner steten und aufrichtigen Bereitschaft zum Gespräch wie zur Arbeit an gemeinsamen Anliegen zum Wohl der uns anvertrauten Menschen versichert.

Das Bewußtsein der Mitte nicht verlieren*

Herr Erzbischof, über zwanzig Jahre waren Sie im diplomatischen Dienst des Heiligen Stuhls tätig. Nach der Wahl des Domkapitels von Fulda hat Sie der Papst aus der vatikanischen Diplomatie freigestellt und zum Bischof jener Diözese ernannt, deren Kathedrale das Grab des Deutschen-Apostels Bonifatius birgt. Sie werden damit einmal im Jahr Gastgeber der Vollversammlung der deutschen Bischöfe sein. Ihre Berufung als päpstlicher Diplomat auf einen Bischofssitz in Deutschland ist zweifellos ungewöhnlich. Was hat Sie am stärksten berührt, als Sie zum ersten Mal von Ihrer Berufung auf den traditionellen Sitz der Deutschen Bischofskonferenz informiert wurden?

Das war die Freude darüber, nach 21 Jahren im Dienst der Kurie endlich wieder in die unmittelbare Seelsorge zurückkehren zu dürfen. Denn ich bin ja nach glücklichen, aber allzu kurzen Kaplansjahren eher im Gehorsam an die Kurie gegangen, die damals von Papst Johannes XXIII. gerade internationalisiert wurde. Sie werden sich erinnern: In aller Welt forderte man die Internationalisierung, aber nur wenige waren bereit, personelle Opfer dafür zu bringen.

Mit welchen Erwartungen blicken Sie nun auf Ihre künftige Tätigkeit? Welche vorrangigen Aufgaben haben Sie sich gestellt?

Ich erwarte, auf ein Gottesvolk zu treffen, das in den letzten Jahrzehnten mancher Krise ausgesetzt war, so manche traditionelle Stütze und frühere Bindung verloren hat und nun in vielen Bereichen nach neuen Anfängen sucht. Als eine vorrangige Aufgabe würde ich es betrachten, vom Hirtenamt her wieder ein wenig mehr Sicherheit zu geben, Frieden zu schaffen und viel mehr Freude. Vor allem aber: Klar zu machen, daß die überall angestrebte „Selbstverwirklichung" sich nicht in einer horizontalen Bewegung erschöpfen darf, sondern den göttlichen Heilswillen für jeden einzelnen Menschen ergreifen und erfüllen muß.

Können Sie schon absehen, mit welchen Aufgaben Sie unter Berücksichtigung Ihrer weltkirchlichen und diplomatischen Erfahrung innerhalb der Bischofskonferenz sich besonders beschäftigen werden?

Nein, es wäre wohl etwas verfrüht, sich darüber zu äußern. Natürlich interessieren mich unsere Verflechtungen und Verpflichtungen in bezug auf die Weltkirche, wie auch – nicht erst seit meiner Zeit bei „Justitia et Pax" – die Fragen des Friedens, der Gerechtigkeit und der Moral im Völkerrecht. Aber wo das jüngste und letzte Mitglied der Bischofskonferenz sich konkret einordnen darf, das wird sich im Einvernehmen mit den bischöflichen Mitbrüdern ergeben.

Der jenseits der Staatsgrenzen der Bundesrepublik liegende Teil Ihrer Diözese ist zwar verwaltungsmäßig verselbständigt unter dem Apostolischen Administrator Bischof Joachim Wanke, jedoch hat der Heilige Stuhl bei dieser Neuordnung keine

---

* KNA, Das Interview, Nr. 38, 3. September 1983: „Das Bewußtsein der Mitte nicht verlieren". Dyba will Sicherheit, Frieden und viel mehr Freude vermitteln (Interview: Alfons Waschbüsch); Bonifatiusbote, Nr. 36, 4. September 1983.

endgültige territoriale Abgrenzung vorgenommen, um keine vorgreifende Entscheidung gegen die Einheit der deutschen Nation zu schaffen. Wie sehen Sie dieses Problem im Zusammenhang mit Ihrer Tätigkeit als Bischof von Fulda?

Das Bistum Fulda liegt in Deutschlands Mitte – von der Bundesrepublik aus gesehen aber an der Peripherie. Diese politische Gegebenheit müssen wir, was ihre territorialen und juristischen Konsequenzen betrifft, aushalten. Die Hauptsache ist, daß wir das Bewußtsein der Mitte nicht verlieren und die Hoffnung wachhalten, einmal, von allen deutschen Stämmen umgeben, auch wieder Mitte zu sein.

Ihr bischöflicher Wahlspruch lautet „Kinder Gottes sind wir"[1]. Was verbinden Sie mit diesem Wahlspruch und was will Ihr bischöfliches Wappen mit dem Bären und den drei Kronen besagen?

Der Wahlspruch aus dem ersten Johannesbrief[2] soll das frohe Bewußtsein wecken, daß wir als Kinder Gottes von Ihm gewollt, geliebt, gerufen und erlöst sind. Das ist der höchste Adel des Menschen, der aber von allzu vielen ebenso unentdeckt bleibt wie der Schatz im Acker[3], über den wir tagtäglich einherlaufen. Der Bär im Wappen weist auf Berlin als meine irdische Heimat hin, die drei Kronen weisen auf Köln hin, meine geistliche Heimat: Im Kölner Dom habe ich 1959 die Priesterweihe und 1979 die Bischofsweihe empfangen. Dazu tritt jetzt das Stiftskreuz von Fulda für Amt und Aufgabe.

Kinder Gottes sind wir*

Wie einem zumute ist, wenn einem gerade der Bonifatiusstab überreicht worden ist und man so in eine jahrhundertealte Tradition eintritt, kann man kaum beschreiben. Das kann man auch in keinem Konzept vorhersehen.

Das ist ja, als ob der Himmel der Kirchengeschichte sich plötzlich auftäte und der heilige Bonifatius selbst schaute herab – und hinter ihm die gewaltige Schar all der Gelehrten, der Helden und Heiligen, die sein Werk durch die Jahrhunderte fortgeführt haben. Da kann man schon erschrecken und sich fragen: Wer bist du denn eigentlich, daß du jetzt hier stehst?

Wenn ich aber mitten in dieser geschichtsmächtigen Vision meinem unmittelbaren Vorgänger in die Augen schaue – der ja noch in Fleisch und Blut vor uns steht, der selbst den Bonifatiusstab durch seine Zeit getragen hat, der auf einem großen Konzil gesprochen, der Kirche als Gelehrter gedient und ihr in den Neuüberset-

---

[1] Filii Dei sumus.

[2] 1 Johannes 3,1.

[3] Vgl. Matthäus 13,44.

* Predigt bei der Amtseinführung am 4. September 1983 vor über 10 000 Gläubigen auf dem Domplatz in Fulda; Bonifatiusbote, Nr. 37, 11. September 1983; Druck: Johannes Dyba, Worte in die Zeit. Predigten, Ansprachen, Beiträge. Im Auftrag des Bischöflichen Domkapitels hrsg. v. Werner Kathrein, Frankfurt a. M. 1994 (zitiert: Worte in die Zeit), S. 9–15.

zungen der Heiligen Schrift ein die Zeiten überdauerndes Werk hinterlassen hat[1] –, dann fasse ich Mut, dann lege ich die Hand an diesen Stab im Vertrauen auf den allbarmherzigen Gott: Er hat mich im Glauben durch Rom wie durch Holland geführt, Er hat mich den Kongo und die Pfefferküste überleben lassen – und dann hat Er mich plötzlich nach Fulda befördert, beinah wie weiland Ezechiel, der ja auch am Schopf emporgehoben wurde, um an dem heiligen Ort zu landen, an dem er das Wort Gottes künden sollte[2].

Und so, meine lieben Brüder und Schwestern hier in Fulda, ist mir Euer Bistum zu dem heiligen Ort geworden, an den der Herr mich gesandt hat.

Und es ist ja wahrhaftig ein heiliger Ort: Hier begann die Geschichte des Christentums für die deutschen Gaue östlich des Rheins. Erinnert Ihr Euch noch an das, was der Heilige Vater selbst vor knapp drei Jahren an dieser Stelle gesagt hat? „Viele sagen, diese Geschichte neige sich jetzt ihrem Ende zu. Ich aber sage Euch: Diese Geschichte des Christentums in Eurem Land soll jetzt neu beginnen, und zwar durch Euch“[3].

Damit ist die Aufgabe ganz klar umrissen, die jetzt vor uns steht. Was aber können wir tun, damit aus der Kälte wieder Wärme wird, aus dem Abstieg wieder Aufstieg und aus der Gleichgültigkeit wieder Begeisterung?

Das Konzil haben wir gehalten. Die Synoden auch, die Räte und Körperschaften sind konstituiert. Alle Zentralstellen, Planstellen, Leit- und Schaltstellen sind besetzt, von der Organisation her ist alles bestens vorbereitet – manchmal mehr als das –, und doch beschleicht uns oft das Gefühl einer gewissen Leere, als ob die Grundwasser sinken, als ob der ganze Boden, auf dem wir stehen, doch absackt, als ob da eigentlich der zündende Funke fehlt, der allein dem so gut organisierten Volk Gottes den letzten Impuls zum Aufbruch geben könnte.

Das ist es ja auch, was einem nach langen Jahren in der Dritten Welt bei der Rückkehr nach Deutschland so auffällt: Aus allen Leitungen kommt Wasser, überall gibt es Licht und Strom und Luxus, alle Leute sind satt und gut angezogen, jeder hat seine eigene Wohnung, sein eigenes Bett und fast jeder hat ein Auto. – Und trotzdem, bei all diesem im Vergleich zur übrigen Welt fast unglaublichen Wohlstand, bei dieser fabelhaften Organisation: wie wenig wirklich glückliche Gesichter sieht man doch! Und wie viele unzufriedene, verbitterte und vor Angst zerstörte Gesichter. Und wie bestürzend ist es, zu sehen, wie wenig wir Christen uns abheben von dem allgemeinen Bild. Wir Kinder Gottes, die Erlösten, denen das Reich Gottes verheißen ist, wie viele verkrampfte und gleichgültige Gesichter gibt es auch bei uns. Ja, selbst bei den Jüngern Christi, den Priestern und Ordensleuten, gibt es doch zuviele, die eher kritisch die Stirn runzeln oder übermüdet abwinken, als

---

[1] Eduard Schick, von 1974 bis 1982 Oberhirte von Fulda, war seit 1962 Beauftragter der Fuldaer/Deutschen Bischofskonferenz für die „Einheitsübersetzung der Heiligen Schrift“ (erschienen: Stuttgart 1980) und seit 1971 Präses der Päpstlichen Kommission für die Herausgabe der „Nova Vulgata“ (erschienen: Vatikanstadt 1979).

[2] Ezechiel 8,3.

[3] Predigt von Papst Johannes Paul II. bei der Eucharistiefeier auf dem Domplatz in Fulda am 18. November 1980; Druck: Verlautbarungen des Apostolischen Stuhls, Nr. 25, S. 151–156, hier 154.

durch das Leuchten ihres Gesichtes zu zeigen, daß der Finger Gottes sie berührt hat.

Liebe Brüder und Schwestern, ich werde nie vergessen, was mir in meinem ersten Priesterjahr einmal passiert ist, und zwar beim Religionsunterricht. Da ging es um die Eucharistie, daß der lebendige Gott wahrhaft gegenwärtig wird und wir ihm begegnen, ja uns mit ihm vereinen können. Nun ja, im ersten Priesterjahr ist man noch ganz frisch, spricht man mit einer gewissen Begeisterung, und so habe ich mich dann wohl auch ziemlich angestrengt und alles versucht, daß da etwas überspringt. Jedenfalls meldet sich da am Ende der Stunde ein Junge, so 14 Jahre, und sagt: „Ja, Herr Kaplan, wenn das wirklich alles wahr ist, was Sie da sagen – ja? –, daß Gott selbst bei uns ist und sogar in uns ist – ja? – ja, also dann versteh' ich eins nicht, dann versteh' ich nicht, wieso die Priester nicht alle verrückt werden vor Freude!"[4]

Wieso werden wir eigentlich nicht alle verrückt vor Freude? Wenn das, was wir künden, wirklich wahr ist – wenn das, was wir tun, Wirklichkeit ist, müßte diese wunderbare Wirklichkeit uns nicht von Grund auf verändern? Wenn Gott uns so nah ist – nein, verrückt wird Er uns nicht machen, aber selbst der Hauch am Rande des ewigen innergöttlichen Freudensturmes müßte uns doch packen, uns emporheben, uns so mit Freude erfüllen, daß das doch nicht einfach unbemerkt im Alltag verlaufen kann. Er ist da! Das muß uns doch zum Strahlen bringen – und nicht nur uns Priester, sondern alle, die dem lebendigen Gott begegnen.

Wenn Gott mich erschaffen hat, wenn Er mich erlöst hat, wenn Er mir die ewige Seligkeit bereitet, darf Er dann nicht erwarten, daß ich mich wenigstens darüber freue? Begreifen wir eigentlich, welch unglaublicher Undank das ist, wenn wir weiter so schwarzgallig und miesepetrig auf seiner schönen Erde herumlaufen?

Kinder Gottes sind wir, von Ihm gewollt, von Ihm geliebt – und was ist unsere Zukunft, unsere endgültige Bestimmung? Doch nichts anderes als die vollkommene Freude bei Gott, die ewige Seligkeit! Da sollten wir uns nicht freuen? Hören wir Christus selbst: „Das alles habe ich zu euch gesagt, auf daß meine Freude in euch bleibt und eure Freude vollkommen werde!"[5]. Und darum nennen wir all das, was Er uns gesagt hat, ja auch die Frohbotschaft.

Meine lieben Brüder und Schwestern im Bistum Fulda, mit dieser Frohen Botschaft komme ich heute zu Euch, eine andere habe ich nicht. Ich bin so glücklich, da zu sein, ich bin so glücklich, daß Ihr da seid – von nun an wollen wir als Kinder Gottes zusammen glücklich sein: Das ist das ganze Programm. Wir wollen der Welt zeigen, daß es möglich ist, auch in unserer Zeit glücklich zu sein – denn Er ist da. Wir wollen der Welt zeigen, daß es möglich ist, in dieser unserer Kirche glücklich zu sein – denn es ist ja Seine Kirche, die Er uns geschenkt hat. Durch Seinen Geist getragen, steht sie und widersteht sie – durch die Jahrhunderte. Damit wir aber in dieser Kirche miteinander glücklich sein können, müssen wir endlich einmal aufhören, dauernd auf ihr herumzuhacken. Diese Kirche, das Geschenk Gottes an uns,

[4] Vgl. auch Dybas Beitrag: Verrückt vor Freude, in: Michael Müller (Hrsg.), Von der Lust, katholisch zu sein. 15 persönliche Bekenntnisse, 3. Aufl., Aachen 1993, S. 209–215.

[5] Johannes 15,11.

soll man lieben und achten. Sie ist ja, gerade auch heute, für so viele Völker ein Zeichen der Hoffnung – und für so manche Völker, deren Kultur in einer Krise, deren Wirtschaft im Schlamm steckt und deren Politik mit Kugeln und Stacheldraht gemacht wird –, das einzige Zeichen der Hoffnung und menschlicher Erlösung.

Wer dieser Kirche angehört durch die Taufe, wer dieser Kirche die Treue hält in lebendigem Glauben, der ist gezeichnet für das Gottesreich der ewigen Herrlichkeit. Und wenn wir über etwas in unserem Leben stolz und glücklich sein können, dann darüber, daß Gott uns in diese seine Familie gerufen hat. In ihr wollen wir unser Opfer bringen, für sie wollen wir in die Bresche springen, ihr wollen wir auch wieder einmal Hymnen singen[6] – was wir ein wenig zu lange vergessen haben! Das schließt nicht aus, daß wir miteinander alles tun, um auch ihre menschlichen Unvollkommenheiten immer wieder zu korrigieren und zu verbessern, was es zu verbessern gibt. Aber was unsere Kirche heute braucht, sind nicht so sehr Pharisäer, die sie dauernd auf die Probe stellen, nicht so sehr Schriftgelehrte, die sie dauernd kritisieren, nicht so sehr Tempelbeamte, die selbst das Allerheiligste nicht betreten und auch die anderen noch davon abhalten – nein, was diese Kirche braucht, sind vielmehr Jünger, die dem Herrn folgen mit der ganzen Hingabe ihrer selbst, Jünger, die einander lieben und in dieser Liebe Kirche bauen und Kirche bilden in unserer Zeit. Was diese Kirche braucht, sind Heilige – viele kleine und, so Gott will, auch ein paar große –, die ihr den Weg weisen. Was diese Kirche braucht, sind wir, Menschen wie du und ich, Kinder Gottes, die sich freuen, im Schifflein Petri zu sitzen, auch und gerade, wenn es einmal stürmisch wird, die dann nicht gleich vom Untergang jammern, weil sie ja wissen, Gott der Allmächtige ist mit uns, alle Tage, bis an das Ende der Welt.

Wie hatte der Heilige Vater gesagt? „Die Geschichte des Christentums in eurem Land soll jetzt neu beginnen und zwar durch euch, durch euer Zeugnis im Geist des heiligen Bonifatius!". Das ist keine leichte Aufgabe, da wollen wir uns nichts vormachen. Das ist ein Aufbruch, bei dem uns der Wind ins Gesicht bläst, ein Aufbruch gegen sinkende Zahlen und sinkenden Mut – stromaufwärts! Aber wir haben ja gesehen, wo wir die Kraft für diesen Kurswechsel finden: sie liegt schon in uns verborgen.

Wenn wir uns nur dessen bewußt werden, daß wir Kinder Gottes sind, wenn wir nur einmal wirklich begreifen, was das heißt: von Ihm gewollt, von Ihm geliebt, von Ihm gerufen zu sein, dann haben wir endlich den Schatz entdeckt, den Er für uns verborgen hat von Ewigkeit her. Und was tat der Mann, als er den Schatz im Acker fand? Christus selbst sagt es uns: Voll Freude ging er hin, verkaufte alles, was er hatte, und kaufte den Acker[7]. So fassungslos vor Freude ist er, daß es ihm gar nicht mehr schwerfällt, daß es ihm gar nicht mehr weh tut, all den übrigen Krempel dranzugeben – denn er hat ja das Ganze gefunden, das Große, die Fülle, den Sinn seines Lebens, die Freude, die jetzt anfängt und nie mehr aufhört in Ewigkeit. Diese Freude trägt, diese Freude gibt uns die Kraft, die Geschichte des Christentums neu zu beginnen, von dieser heiligen Stätte aus, dem Grab des heiligen Bonifatius.

---

[6] Vgl. etwa Gertrud von Le Fort, Hymnen an die Kirche, München 1924.

[7] Vgl. Matthäus 13,44.

Ihr habt alle sein Grabmal gesehen. Das sieht doch aus, als habe er ein Signal gesehen, als habe er selbst die Worte des Papstes gehört und wolle nun hervorkommen, um bei diesem Neuanfang dabeizusein. Im Geiste ist er dabei – vor allem aber sind wir dabei, jeder einzelne von uns, denn keiner von uns ist zufällig hier, einen jeden hat Gott an diesen Ort und in diese Stunde gerufen. Ja, Ihr sollt dabeisein, wenn wir nun gemeinsam neu beginnen, auf daß der Geist des heiligen Bonifatius zu Ende des zweiten Jahrtausends wieder neu aufbreche als der Geist von Fulda.

Dieser Geist der Freude an Gott und an der Kirche soll Euer Herz erfüllen, wenn Ihr morgen wieder heimkehrt in Eure Familien, an Eure Arbeitsplätze, in Euren Alltag. Die Freude der Kinder Gottes sollt Ihr mitnehmen, wenn Ihr heimkehrt nach Kassel, nach Marburg, nach Hanau, nach Hünfeld und ins Freigericht, nach Eschwege und Amöneburg oder wohin auch immer ... Alle Orte unseres Bistums, selbst den kleinsten, sollt ihr anstecken mit dieser Freude – und das „anstekken“ meine ich wörtlich – wie ein afrikanisches Buschfeuer soll die Freude der Kinder Gottes unser ganzes Bistum ergreifen und entflammen als das Signal zum großen Aufbruch. Und ein solches Freudenfeuer darf dann auch über die unnatürliche Grenze schlagen, die unser Bistum geteilt hat, und unsere Brüder und Schwestern im Eichsfeld und in Thüringen erfassen.

Fürchtet euch nicht! Wir sind ja nicht Kinder der Angst, die durch den sauren Regen in den Untergang marschieren. Wir sind Kinder Gottes, die aufbrechen in Sein Reich, in das Land des Friedens und der Gerechtigkeit, in das Land des Lebens, der Fülle und der Freude ohne Ende – denn Gott, unser Gott ist da! Alleluja. Amen.

Erst die Bekehrung, dann der Friede*

Woran mir liegt, ist, daß wir gleich am Anfang dieses „heißen“ Herbstes[1] einmal die Lage gemeinsam überschauen; daß Sie mir gestatten, ein paar Punkte, die ich für wichtig halte, hier vorzutragen. Gerade auch als Hirte, der verantwortlich und mitverantwortlich ist. Sie kennen ja sicher das Wort der Bischöfe zum Frieden „Gerechtigkeit schafft Frieden“[2], und das ist auch der erste der fünf Punkte, die ich Ihnen heute vorlegen möchte:

---

* Ansprache bei der Jahrestagung von Pax Christi im Bistum Fulda am 24. September 1983 in Bad Soden-Salmünster; Druck: Worte in die Zeit, S. 16–23. – Vgl. auch das Interview mit Michaela Pilters und Walter Tauber im Hessischen Rundfunk am 9. Oktober 1983 (Teildruck: Publik-Forum, Nr. 24, 21. Dezember 1983, S. 6).

1 Angesichts der von der Sowjetunion betriebenen Modernisierung ihrer auf Europa gerichteten Mittelstreckenraketen hatten die NATO-Staaten am 12. Dezember 1979 in Brüssel den „Doppelbeschluß“ gefaßt, einerseits von 1983 an atomare Mittelstreckenraketen in Europa zu stationieren; andererseits sollten der Sowjetunion zuvor Rüstungskontrollverhandlungen angeboten werden. Gegen das atomare Wettrüsten demonstrierten Hunderttausende von Menschen. Für Oktober 1983 hatten die Rüstungsgegner zu einer „Aktionswoche“ aufgerufen; die Abschlußkundgebung fand mit etwa 300 000 Teilnehmern am 22. Oktober im Bonner Hofgarten statt.

2 Wort der Deutschen Bischofskonferenz zum Frieden „Gerechtigkeit schafft Frieden“, 18. April 1983. Druck: Die deutschen Bischöfe, Nr. 34.

Friede ist nicht anders möglich denn als Frucht der Bekehrung. „Gerechtigkeit schafft Frieden" sagt in etwa dasselbe. Ich möchte hinweisen auf das bekannte Friedensthema „Schmiedet Schwerter um zu Pflugscharen", das ja besonders jenseits der Grenze aufgenommen worden ist[3]. Dieses Thema ist aus Jesaja 2. Ich bin immer gern direkt am Text: „Am Ende der Tage wird es geschehen: Der Berg mit dem Haus des Herrn ... zu ihm strömen alle Völker. Viele Nationen machen sich auf den Weg; sie sagen: Kommt, wir ziehen hinauf zum Berg des Herrn ... Er zeige uns seine Wege, auf seinen Pfaden wollen wir gehen"[4].

Also die Bekehrung der Völker zu Gott. Er zeigt den Weg. „Zu ihm strömen sie". „Auf seinen Pfaden wollen wir gehen". Und dann heißt es weiter. „Dann schmieden sie Pflugscharen aus ihren Schwertern und Winzermesser aus ihren Lanzen. Man zieht nicht mehr das Schwert, Volk gegen Volk, und übt nicht mehr für den Krieg"[5]. Friede als Frucht der Bekehrung zu Gott. Als Frucht der Bekehrung des einzelnen haben wir den inneren Frieden – hier nun wird als Folge der Bekehrung der Völker zu Gott der allgemeine Friede verheißen. Wohlweislich in dieser Reihenfolge: erst die Bekehrung, dann der Friede. Das ist nicht umkehrbar. Da steht nicht, „schmiedet erst einmal ein paar Schwerter um zu Pflugscharen und dann wird der große Frieden ausbrechen". Man muß sich also diese Texte, die wir in der Friedensarbeit verwerten, gut ansehen.

Da komme ich gleich zu einem weiteren Punkt, der auch mit der Heiligen Schrift zu tun hat und das ist der Einsatz der Bergpredigt[6] für die Friedensarbeit. Da möchte ich eine Diskussion wiedergeben, die ich mit einer Studentengruppe in Bonn letztes Jahr hatte. Da hieß es: „Ja, Sie als Bischof, Sie sind doch sicher dafür, daß die Bergpredigt voll zum Tragen kommt".

Ja, wenn die Bergpredigt voll zum Tragen kommen soll, dann dürfte es keine Abtreibung mehr geben. Dann dürfte es keine Pornographie mehr geben. Dann dürfte es viele Dinge, die wir heute haben, nicht mehr geben. Dann müßten wir eigentlich alle Heilige sein. „Na ja", sagten diese Studenten, „dann wollen wir das einmal nicht so generell fassen und nicht so voll hineingehen, aber hier, wo steht, halte auch die andere Wange hin – die Stellen sind bekannt[7] –, und wenn Dich einer eine Meile preßt, geh mit ihm weitere zwei, und wenn Dir einer den Rock nimmt, gib ihm auch den Mantel. Wir wollen also einmal nur diese Stellen herausnehmen". „Gut", sagte ich, „also diese Stelle, wo es heißt: halte auch die andere Wange hin! Wer von Euch tut das in seinem persönlichen Leben?". Nun kann man ja über die Jugend heute sagen, was man will. Eines aber kann man ihr nicht vorwerfen, daß sie nicht ehrlich wäre. Sie ist ehrlich, ehrlicher als einem manchmal lieb ist. Und da

---

[3] Seit November 1981 kursierten in der DDR Aufnäher mit dem „Symbol der Friedensdekade", dem stilisierten Bibelwort „Schwerter zu Pflugscharen". Die Staatsorgane der DDR verboten und bekämpften dieses Friedenssymbol, manche Träger des Aufnähers wurden wegen oppositionellen Verhaltens belangt.

[4] Jesaja 2,2f.

[5] Jesaja 2,4.

[6] Matthäus 5,1–7,29.

[7] Matthäus 5,39–41.

sagen sie: „Gut, das geben wir zu. In unserem privaten und persönlichen Leben haben wir uns dazu noch nicht durchgerungen“.

Wie steht es dann im sozialen Leben? Nehmen wir wieder dieselbe Stelle der Bergpredigt: Nehmen wir einmal an, die Unternehmer sagen: „Mehr als vier Prozent sind nicht drin“. Kommen dann die Gewerkschaften und sagen: „Ach was, vier Prozent, so wie die Dinge heute liegen, genügen zweieinhalb“? Unwahrscheinlich. Oder umgekehrt: Wenn die Gewerkschaften sagen: „Neun Prozent“, kommen dann die Unternehmer und sagen: „Das war doch ein gutes Jahr, und es steigt doch alles, deshalb zwölfeinhalb“? Nein, das geben wir auch zu. Von den politischen Parteien wollen wir erst gar nicht reden. Im sozialen Leben findet das auch nicht statt.

Und im internationalen Leben? Nehmen wir einmal an, die Amerikaner kommen und sagen, in der Pfalz wollen wir hundert Pershing-Raketen aufstellen. Bergpredigt! Gehen wir da hin und sagen: „Na, da ist ja jede Menge Platz, da könnt ihr 200 aufstellen“? Natürlich nicht, das wäre ja heller Wahnsinn. Also, wie und wo wollen wir die Bergpredigt denn nun anwenden? Erst mal nur ein Stück, nur einen Teil aus der Bergpredigt und auch der soll nicht gelten im persönlichen Leben, der gilt nicht im sozialen Leben, der gilt auch nicht im internationalen Leben etwa gegenüber den Amerikanern, sondern nur – wenn wir es einmal richtig durchdenken – gegenüber der Sowjetunion. Und das nenne ich „Mißbrauch der Bergpredigt“. Privat wenden wir sie nicht an. Wie es im Sozialen ist, haben wir gesehen. Im internationalen Bereich habe ich noch nie jemanden gesehen, der die Bergpredigt den Amerikanern gegenüber anwenden wollte, wohl aber gegenüber der Sowjetunion.

Und da kommen wir zu Punkt 3. Er betrifft die „Flucht vor der Wirklichkeit“, Flucht vor der Wirklichkeit in alle möglichen ideologischen Steckenpferde. Ich meine, wenn wir den Frieden anstreben, dann müßten wir die Wirklichkeit so nehmen, wie sie ist, wir dürfen nicht zu denen gehören, die die Fähigkeit der Wirklichkeit, sich der Theorie anzupassen, überschätzen. Nehmen wir ein Beispiel, gleich ein ganz heißes: Wir reden vom „Ost-West-Konflikt“. Und wir reden vom Wettrüsten. Und das sieht so aus: Das sind zwei Riesen, die aufeinander losgehen wollen, die sich beide hochschaukeln und überrüsten. Was ist denn nun eigentlich der Grund für die große Angst, für den großen Unfrieden in der Welt? Die Wirklichkeit ist die: Man darf sie heute kaum noch aussprechen: Wir haben da eine Großmacht, deren erklärte Doktrin und deren immer wieder wiederholte Intention es ist, die Welt zu erobern. Die Welt zu erobern nicht für irgendeine harmlose Geschichte, für den Vegetarismus oder so was, sondern die Welt zu erobern im Namen einer gottlosen und geistlosen Ideologie, eines menschenverachtenden Systems. Das haben wir auf der einen Seite, das läßt sich gar nicht leugnen, weil das ja immer wieder erklärt und immer wieder gezeigt wird. Wir haben auf der anderen Seite eine Großmacht, hochaufgerüstet, die das durch ihren atomaren Abwehrschirm verhindern will. Wir haben auf einer Seite eine Großmacht, die die Hälfte unseres Volkes hinter Mauer und Stacheldraht absperrt. Und wir haben auf der anderen Seite eine Großmacht, der wir unsere Freiheit und unseren wirtschaftlichen Aufschwung verdanken; die Jüngeren hier wissen das nicht mehr, die Älteren wissen das sehr wohl. Ich meine, das kann man nicht vergleichen. Es ist zutiefst unwahr, wenn man so tut, als ginge es da um zwei gleichwertige Dinge. Es geht nicht um zwei gleichwertige Dinge. Es geht um eine Macht, die seit 1945 ein Volk nach dem anderen unterjocht und 1968 noch die Tschechoslowakei unterworfen hat. Und heute? Von Afghanistan brauche ich nicht zu reden, von Südkorea auch nicht. Man muß sich der Wirklichkeit stellen.

Ich komme damit zu Punkt 4. Der Punkt vier sollte eigentlich heißen: „Fürchtet euch nicht". Ich möchte einleiten mit Lukas 12: „Euch aber, meinen Freunden, sage ich: Fürchtet euch nicht vor denen, die den Leib töten, euch aber sonst nichts tun können. Ich will euch zeigen, wen ihr fürchten sollt: Fürchtet euch vor dem, der nicht nur töten kann, sondern die Macht hat, euch auch noch in die Hölle zu werfen. Ja, das sage ich euch: ihn sollt ihr fürchten"[8].

Bei der großen Angst, die heute die Welt erfüllt, müssen wir unterscheiden. Wir sehen, die große Angst besteht vor denen, die den Leib töten können. Wahre Gottesfurcht existiert sehr wenig. Davor, daß Gott uns zur Verantwortung ziehen könnte, weil wir als Volk und Gesellschaft unseren Nachwuchs abschlachten, weil wir unsere Jugend der Pornographie ausliefern, weil wir von Gott abgefallen sind, weil wir habgierig und neidisch geworden sind, weil wir die wahre Begeisterung für Gott verloren haben, davor hat keiner Angst. Und deshalb möchte ich den heutigen Zustand eigentlich so markieren: Jede Menge Angst und kein bißchen Gottesfurcht.

Die Angst vor den Menschen, die Angst und die Feigheit sind keine christlichen Tugenden. Da können wir uns getrost etwa an Psalm 27 halten:

„Der Herr ist mein Licht und mein Heil: Vor wem sollte ich mich fürchten?
Der Herr ist die Kraft meines Lebens: Vor wem sollte mir bangen?
Mag ein Heer mich belagern: Mein Herz wird nicht verzagen.
Mag Krieg gegen mich toben: Ich bleibe dennoch voll Zuversicht"[9].

Was die Menschenfurcht angeht, da erfüllen wir ein Übersoll. Die Gottesfurcht aber wird vergessen. Glauben wir denn, wir könnten durch Raketenzählerei und durch irgendwelche äußeren Aktionen den Frieden herbeizwingen, wenn wir ihn nicht von Gott geschenkt bekommen, als Frucht unserer Hinwendung zu Gott? Wir dürfen, was Menschen angeht, ruhig mutig sein. Was Gott angeht, da sollten wir Furcht haben.

Damit komme ich zum fünften und letzten Punkt: Was ist Friede Christi, was ist Pax Christi? Das ist ein anspruchsvoller Auftrag. Den können wir nicht mit ein paar Aktionen und Demonstrationen erledigen.

---

[8] Lukas 12,4 f.
[9] Psalm 27(26),1.3.

Sie haben gehört, daß die Deutsche Bischofskonferenz erklärt hat, gegen demokratische Mehrheitsentscheidungen gibt es kein Widerstandsrecht[10]. Ich halte es nicht für sinnvoll, wenn unsere katholischen Friedensfreunde auf allen möglichen Vehikeln Trittbrett fahren. Ich halte es nicht für sinnvoll, wenn sie sich, wie Kardinal Höffner es nannte, vor Karren spannen lassen, von denen man nicht weiß, wer sie lenkt. Und bei denen man im übrigen auch nicht weiß, wohin sie fahren. Was ich aber sehen möchte, ist, daß sich die Mitglieder von Pax Christi aus dieser ganzen Grauzone zwischen grobem Unfug und Landfriedensbruch heraushalten. Das ist nicht unser Weg und das ist nicht unser Terrain. Wir haben eine viel größere Aufgabe. Nun werden Sie sagen: „Sag uns aber endlich einmal, was sollen wir denn nun machen?". Ich glaube, wir können der Welt keinen größeren Friedensdienst leisten, als wirklich Christen zu sein, als wirklich der Welt zu zeigen, daß wir erst als Kinder Gottes untereinander Brüder werden. Solange wir nicht die Umkehr zu Gott vollzogen haben und uns als Kinder Gottes auffassen, gilt der alte römische Satz „homo homini lupus"[11] – wir sind dann alle Konkurrenten. Erst wenn wir die Umkehr zu Gott vollzogen haben, sind wir untereinander Brüder. Erst wenn die Völker die Umkehr zu Gott vollzogen haben – Jesaja ist da ganz klar –, können wir Brüder werden, können wir Frieden finden. Den Frieden werden wir von Gott als Geschenk erhalten, nicht durch „actio" und „actiones", sondern durch „passio", nämlich eine Leidenschaft für den Frieden. Denn wir können ihn nicht erzwingen. Das ist nicht machbar. Er kommt als Geschenk Gottes, als Frucht der Bekehrung. Das ist natürlich ein Weg, der viel anspruchsvoller ist, der viel härter ist, der viel mehr und viel Wesentlicheres von uns fordert: Wirklich Christ sein. Der Weg mag sehr schwer sein, aber es erleichtern uns diesen Weg – wenn wir einmal kirchenrechtlich sprechen – zwei „Dispensen": Auf diesem Weg können wir uns dispensieren von allen kurzatmigen Initiativen und Aktionen, die irgendwelche schnellen Ergebnisse zeigen wollen. Wir können ruhig werden und uns auf das Wesentliche konzentrieren. Und zweitens können wir uns dispensieren von der Angst. Wir brauchen nicht von Angst angetrieben zu sein. Wenn wir Kinder Gottes sind, wissen wir darum, daß er der Herr der Geschichte ist, daß die Welt nicht eher in die Luft fliegt, als er es zuläßt.

In diesem Sinn möchte ich Ihnen zum Schluß ein Zitat zur Überlegung vorlegen, das im Neuen Testament steht, und zwar wieder bei Lukas: „Es werden Zeichen sichtbar werden ... und auf der Erde werden die Völker bestürzt und ratlos sein ... Die Menschen werden vor Angst vergehen in der Erwartung der Dinge, die über

[10] Wort der Deutschen Bischofskonferenz zum Frieden „Gerechtigkeit schafft Frieden", 18. April 1983, Nr. 5.3.6.: „Demokratisch legitimierte Mehrheitsentscheidungen, die sich auf Gerechtigkeit und Recht berufen können, verlangen, gerade von Christen respektiert zu werden. Das gilt besonders für den Fall, daß sie mit dem eigenen Urteil im Einzelfall nicht übereinstimmen. Gruppen und Initiativen, die Entscheidungen der Politiker als falsch empfinden, müssen immer wieder prüfen, ob die Methoden ihres Einspruchs oder Protests ihren christlichen Friedenswillen glaubhaft bezeugen. Wir bitten sie, Wege zu wählen, von denen sie begründet sagen können, daß sie gewaltfrei bleiben, den Grundwerten des Grundgesetzes verpflichtet sind und nicht zu gesetzwidrigen Handlungen führen".

[11] Der Mensch ist für seinen Mitmenschen ein Wolf (vgl. Plautus, Asinaria 495).

die Erde kommen ...". Und was sollen wir da nun tun? Auch das steht da: „Wenn all das beginnt, dann richtet Euch auf und erhebt Eure Häupter, denn Eure Erlösung ist nahe"[12].

Werte aufzeigen*

Da ich heute die Ehre habe, vor den Gesetzgebern unseres Landes zu sprechen, darf ich vielleicht einige Worte zur Verantwortung des Gesetzgebers – vor Gott und den Menschen – sagen.

Die Gesetzgebung ist ja nicht ein Handwerk wie jedes andere. Mit dem, was Sie tun, greifen Sie ein in die Geschicke der Menschen, greifen Sie ein und bestimmen zu einem wesentlichen Teil die Entwicklung unserer Gesellschaft und unseres Volkes.

Mit den Gesetzen, die Sie machen, können Sie Ehe und Familie schützen oder preisgeben, können Sie Jugend fördern oder vogelfrei erklären für alle möglichen Geschäftemacher, können Sie gewachsene Kulturen auf dem Gebiet von Schule und Erziehung pflegen oder niederwalzen.

Mit den Gesetzen, die Sie machen, sollen Sie den Menschen ihre freie und volle Entfaltung ermöglichen. Mit den Gesetzen, die Sie machen, können Sie die Menschen aber auch in eine immer größere Abhängigkeit führen, ja sie in fortschreitendem Maße entmündigen und entwurzeln.

Früher galt es ja als sprichwörtliche Weisheit, „die Kirche im Dorf" zu lassen. Heute ist zwar die Kirche oft noch im Dorf, aber Schule und Rathaus hat man der Gemeinde genommen, natürliche Gemeinschaft der angeblich höheren Rentabilität und leichteren Regierbarkeit geopfert. Das ist ja nur ein Symptom für die Nivellierung und Entwurzelung, die auf geistigem und sittlichem Gebiet fortschreitet. Da aber sind Sie, die Gesetzgeber, die sich nicht nur menschlichem Beifall, sondern Gott selbst verantwortlich wissen, unmittelbar betroffen: In einer Gesellschaft, die sich pluralistisch nennt, die also nur noch Meinungen kennen, aber keine absolute Wahrheit mehr anerkennen kann, sollen Sie die Ihnen anvertraute Wahrheit verkörpern.

In einer Gesellschaft, die sich permissiv nennt, die also nur noch Spielregeln kennt, aber keine höchsten und allgemein verpflichtenden sittlichen Werte mehr anerkennen kann, sollen Sie die Werte aufzeigen, die der hohen Berufung des Menschen entsprechen.

Wir stehen in einer Zeit, in der wir uns bewußt werden, daß wir durch alle möglichen Eingriffe, die dem Fortschritt dienen sollten, durch Flurbereinigung und Uferbefestigungen, durch Pflasterungen und Kanalisationen den Lebensraum der Pflanzen und Tiere schwer geschädigt haben. Die neue Gesetzgebung ist in Vorbe-

[12] Lukas 21,25.26.28.

* Predigt am 13. Oktober 1983 beim ökumenischen Gottesdienst zur Eröffnung der 11. Legislaturperiode des Hessischen Landtags in der Marktkirche in Wiesbaden; Druck: Worte in die Zeit, S. 26–28.

reitung: Amsel, Drossel, Fink und Star sollen ihre natürliche Umwelt zurückerhalten. Wäre es da nicht an der Zeit, auch einmal daran zu denken, was wir am Menschen gesündigt, am Menschen versäumt haben?

Denken Sie daran, welch hohen Rang das Gesetz in der christlich-abendländischen Tradition stets eingenommen hat – es war nicht anders denkbar denn als Partizipation am göttlichen Ordnungswillen, und nicht anders zu rechtfertigen denn als Artikulation eines in Gott begründeten ewigen Gesetzes in der jeweiligen geschichtlichen Situation.

Nietzsche sagt einmal: „Was haben wir getan, als wir die Erde von der Sonne losgekettet haben?"[1] Müssen wir nicht heute fragen: Was haben wir getan, als wir die menschliche Ordnung von Gott losgekettet haben? Wenn wir dem Menschen die Würde der Gotteskindschaft nehmen, machen wir ihn da nicht zum Freiwild für alle möglichen wirtschaftlichen und politischen Interessen, statt zum Subjekt, zum Objekt, auch für den Gesetzgeber? Denken Sie doch bei aller künftigen Gesetzgebung daran: Es darf nicht darum gehen, den Menschen erfaßbarer, berechenbarer, abhängiger, käuflicher oder regierbarer zu machen, sondern menschlicher, freier, sittlicher und glücklicher!

Wahrlich eine schwere Aufgabe und eine große Verantwortung. Aber Sie haben trotzdem keinen Grund, sich zu fürchten: Hinter Ihnen stehen zwei Jahrtausende christlicher Kultur, die dieses Land und diesen Kontinent geprägt haben. Hinter Ihnen steht die Frohbotschaft Christi selbst, von der es heißt: Himmel und Erde werden vergehen – um wieviel mehr die ideologischen Eintagsfliegen, die uns heute belästigen – „Himmel und Erde werden vergehen, aber meine Worte werden nicht vergehen!"[2].

Das Antlitz der Erde erneuern*

Der Frühling ist schließlich doch mit Macht gekommen. Die Wasser von unten, die Sonne von oben, sie verwandeln das Antlitz der Erde – es sprießt und blüht allenthalben. Und doch hat es wohl noch nie einen Frühling bei uns gegeben, der von so vielen Alarmstufen begleitet war, wie dieser. „Der Mai ist gekommen, die Bäume sterben aus ...". Mit zunehmendem Erschrecken nehmen wir die Schäden wahr, die wir der Natur zugefügt haben. Die massiven Schadstoff-Emissionen der modernen Industriegesellschaft verseuchen Luft und Wasser in einem Maße, das die Natur nicht mehr verkraften kann. Nun beginnt der Wald zu kranken, und ganze Arten von Pflanzen und Tieren drohen auszusterben.

Auch innerhalb der Kirche haben wir mit der Feier des Osterfestkreises das geistliche Leben erneuert. Die Ausströmung des Heiligen Geistes am Pfingstfest

---

[1] Friedrich Nietzsche, Die fröhliche Wissenschaft, Abschnitt 125.

[2] Matthäus 24,35; Markus 13,31; Lukas 21,33.

* KNA, Katholische Korrespondenz, Nr. 20, 15. Mai 1984: Zum Pfingstfest. „Das Antlitz der Erde erneuern". Menschliche Pläne mit Gott durch Gottes Plan mit den Menschen ersetzen. Von Erzbischof Johannes Dyba. Druck: Der Fels 15 (1984), H. 7/8, S. 19 f.; Worte in die Zeit, S. 41–45 (ohne den letzten Absatz).

soll das Geschehen vollenden: „Herr, sende aus deinen Geist – und du wirst das Antlitz der Erde erneuern!“[1]. Wenn aber die geistige Landschaft dem Auge ebenso sichtbar wäre wie die natürliche, würden wir mit Entsetzen den grausamen Kahlschlag wahrnehmen können, der sich in der Seelenlandschaft unseres Volkes ausbreitet: weithin stumpfe Unwissenheit in religiösen Dingen und Gleichgültigkeit gegenüber der existentiellen Herausforderung des Christentums. Auch hier sind ganze Arten vom Aussterben bedroht, so etwa die Ordensschwestern. Jahr für Jahr müssen weitere Krankenhäuser und Schulen aufgegeben werden, weil es an Nachwuchs fehlt.

Die Ursachen dafür sind denen für das Sterben in der Natur durchaus vergleichbar: wir haben ein Milieu geschaffen, das geistlichem Wachstum kaum noch eine Chance läßt. Denn wie Pflanzen und Tiere klares Wasser und frische Luft brauchen, wenn sie leben und gedeihen sollen, so braucht zumal der junge Mensch eine saubere Atmosphäre, damit er klar sehen und in ungestörter Freiheit den wesentlichen Entscheidungen seines Lebens entgegenwachsen kann. In welchem Maße diese Atmosphäre heute aber bis ins letzte Dorf hinein verpestet und verseucht ist, wird gegenwärtig ja durch das Geschehen auf dem Videomarkt überdeutlich. Aber selbst von solchen Exzessen abgesehen – die Tatsache, daß im breiten Alltagsprogramm der Massenmedien heute gelebt, geliebt, gespielt und gestorben wird, als ob es einen Gott überhaupt nicht gäbe, muß auf die Dauer geistliche Dimensionen verkümmern lassen. Müssen wir also vor diesem Zeitalter kapitulieren, hat der Heilige Geist heute keine Chance mehr?

Dabei sind wir vor knapp 20 Jahren noch mit so großem Optimismus dieser Welt gegenübergetreten. Auf das „aggiornamento“ wurden große Hoffnungen gesetzt. Der Welt wollte man sich öffnen, ja die Welt umarmen und dem Geiste neue Gassen bahnen. Nun, die Umarmung hat in vielfacher Form stattgefunden. Für den verbreiterten Dialog mit Nichtkatholiken, Nichtchristen, Nichtglaubenden, Laien und Muslimen über Gerechtigkeit, Frieden, Kunst und Kultur wurde allein in Rom ein gutes halbes Dutzend neuer Kurialbehörden geschaffen, die in großer Emsigkeit Tagungen und Treffen, Kongresse und Gespräche organisieren mit dem dazugehörigen Ausstoß an Veröffentlichungen. Dem entsprach die Entwicklung in unserem Lande.

Zweifellos sind so auch auf einzelnen Gebieten Fortschritte erzielt worden und ist das Kirche-Welt-Verhältnis heute entspannter denn zuvor. Aber wenn man das Gesamtbild und den jetzigen Zustand der Kirche betrachtet, wird man doch dem ernüchternden Schluß kaum ausweichen können, daß am Ende dieses Prozesses weit mehr weltlicher Geist in die Kirche eingedrungen ist, als Heiliger Geist in die Welt. Wir stehen mit unserer Botschaft vom göttlichen Geist einsamer denn je der Welt gegenüber, jedenfalls in den wohlhabenden Ländern der westlichen Hemisphäre, und alle Aktivität in die Breite darf uns darüber nicht hinwegtäuschen.

Wer kritisch den Gründen dieser Entwicklung nachspürt, kommt bald zu der Erkenntnis, daß guter Wille und Gesprächsbereitschaft offensichtlich allein nicht ausreichen, um die Wende zum Besseren herbeizuführen. Auf dem Weg von der

---

[1] Vgl. Psalm 104(103),30.

„Droh“botschaft zur „Froh“botschaft haben wir uns mit allen Aspekten der Frage beschäftigt, was die heutigen Menschen von der Kirche erwarten. Diese Erwartungen zu ergründen, erforderte ein ständiges Schauen nach rechts und nach links, ein ständiges Fragen und Diskutieren. Diese Erwartungen zu erfüllen, schien nur über den Abbau von Forderungen und den Ausbau von kirchlichen Servicesystemen möglich zu sein. Dabei geriet die viel wesentlichere Frage in den Hintergrund, was denn Gott von den heutigen Menschen erwartet. Um diese Erwartung zu ergründen, braucht es den Blick nach oben, Ruhe und Einkehr. Um diese Erwartung aber zu erfüllen, braucht es den ganzen Menschen, seine Umkehr und Hingabe.

Die Überbewertung der eher sekundären Frage nach den Erwartungen der Zeitgenossen und die Vernachlässigung der primären Frage nach der Erwartung Gottes führte dann zu jener Entwicklung in die Breite, der keine vergleichbare Entwicklung in Höhe und Tiefe entsprach. So haben wir heute in der Kirche: viele Pastoralexperten – aber zu wenig Heilige; viele Medienexperten – aber kaum noch Propheten; viele Theologen – aber wenig Priester; viel Engagement und finanzielle Opfer – aber wenig Gehorsam; viel Kritik – aber wenig Begeisterung; einen riesigen kirchlichen Apparat – aber schrumpfendes kirchliches Leben.

„Herr, sende aus deinen Geist – und du wirst das Antlitz der Erde erneuern“. Das gilt auch heute noch. Gottes Geist lebt in seiner Kirche, sein Heilswille ist ungebrochen. Aber der Heilige Geist kann nur zum Durchbruch kommen in Menschen, die sich von ihm erfassen lassen, sich ganz und gar packen lassen. Ein Blick in die Kirchengeschichte zeigt uns deutlich, daß es immer wieder einzelne waren, Heilige vor allem, die etwas in der Kirche bewegen konnten, die neue Impulse und wahren Fortschritt gebracht haben. Das waren stets Menschen, die sich dem Geist Gottes ganz ausgeliefert hatten und durch die er so mit aller Kraft wirken konnte. Daneben blieb bedeutungslos, ob es Männer oder Frauen, Amtsträger oder Laien waren: daß der Heilige Geist aus ihnen sprach, hat ihren Worten und Taten in der Kirche Kraft verliehen und Durchbruch verschafft, nicht die Erkämpfung irgendwelcher Rechte oder Positionen.

Alles hat seine Zeit. Nach einer Zeit des grenzenlosen Sich-Ausbreitens im Dialog sollten wir uns vielleicht wieder einmal konzentrieren im Gebet, wieder einmal still werden, den Blick in die Höhe richten. Aus der Höhe allein kann der Geist kommen, der unsere Tiefen befruchtet. Am Anfang muß immer die Frage stehen: „Herr, was willst du, das ich tun soll?“. Nur wer das, vom Heiligen Geist beschenkt, erkannt hat, kann dem Volke Gottes eine Hilfe auf dem Wege sein. Eigene Rezepte nützen ja nichts. Denn das Volk soll ja nicht sich selbst finden, sondern, wie es schon Jesaja sagt, den Berg des Herrn. „Er zeige uns seine Wege, auf seinen Pfaden wollen wir gehen“[2]. Heute werden viele Wege ausprobiert, aber nur auf dem einen, den Christus selbst als schmal und steil beschreibt, können wir in den großen Frieden ziehen. Gottes Straße müssen wir aber nicht erst bauen, sie ist schon da, wir müssen sie nur finden. Und da sie steil ist, können wir sie nur gehen, wenn wir viel Gepäck zurücklassen. Auf diesem Weg zu Ihm werden wir froher, freier und einfacher werden, eben Kinder, Kinder Gottes.

---

[2] Jesaja 2,3.

Vergessen wir es nicht: auch der Turmbau zu Babel war ein Gemeinschaftsunternehmen, mit viel gutem Willen und großem Materialaufwand begonnen. Menschliche Pläne mit Gott, aber nicht Gottes Plan mit den Menschen. Ohne den Heiligen Geist können bei aller Anstrengung nur Machwerke entstehen. Im Heiligen Geist allein kann Kirche gebaut werden, Kirche, die das Antlitz der Erde erneuern wird – auch heute noch.

Ein wenig eichenfällenden Mut*

Liebe Brüder und Schwestern in Christus, die ihr aus den Pfarreien der Stadt Fulda und aus dem Bistum gekommen seid, auf daß wir gemeinsam die Bonifatiuswallfahrt 1984 eröffnen. Wenn wir in Fulda das Fest des heiligen Bonifatius feiern, dann feiern wir ja nicht irgendein altes, verstaubtes Jubiläum, sondern dann feiern wir das Fest unseres Glaubens, des Glaubens, den Bonifatius unseren Vorfahren vor zwölfeinhalb Jahrhunderten gebracht hat als Bote Gottes. Denn damals geschah das in unseren Landen, wovon wir eben in der ersten Lesung aus der Apostelgeschichte gehört haben: „Ich habe dich als Licht aufgestellt für die Heiden, damit du das Heil seiest bis an die Enden der Erde. Als die Heiden das hörten, freuten sie sich und alle wurden gläubig, die für das ewige Leben bestimmt waren“[1]. Und so geschah es durch alle Generationen bis auf den heutigen Tag. Alle wurden gläubig, die für das ewige Leben bestimmt waren.

Und wenn heute wir hier stehen, um unseren Glauben zu bezeugen, dann heißt das eben auch, daß wir diejenigen sind, die für das ewige Leben bestimmt sind, die Erwählten aus unserer Zeit. Und das soll uns mit einer ganz großen Freude erfüllen, einer heimlichen Freude, ja man möchte sagen, einer unheimlichen Freude, ja auch einer offenen Freude. Was Millionen und Milliarden Menschen verborgen geblieben ist, das ist uns offenbart worden: unser Gott, sein Heil, sein Ruf.

Bonifatius hat Kirche gegründet hier im Herzen Deutschlands. Und heute dürfen wir hier stehen und diese Kirche sein. Alle Strukturen ringsumher haben sich inzwischen verändert, selbst das Bild der Natur ist verändert worden. Kulturen sind gewachsen, reif geworden, überreif und vergangen. Das Bild der modernen Technik zeichnet die Gegenwart. Reiche und Regime sind gekommen und vergangen, Wahrheiten und Erkenntnisse, die man für endgültig hielt, sind gewelkt und belächelnswert geworden. Alles kommt und geht, die Kirche aber ist geblieben. Und die Kirche bleibt, weil sie eben keine bloß menschliche Gemeinschaft ist, sondern das Volk Gottes auf Erden. Von Gott zusammengerufen und gegründet, von seinem Heiligen Geist geführt, auf daß dieses Volk sich nicht in der Welt verliert, sondern den Weg zu Gott findet.

Daß die Kirche Volk Gottes ist, garantiert ihr, daß sie bestehen bleibt. Daß sie auf dem Weg bleibt, auf dem rechten Weg zu Gott, daß sie den Menschen alles

---

* Predigt zur Eröffnung der Bonifatiuswallfahrten am 3. Juni 1984 auf dem Domplatz in Fulda. Druck: Worte in die Zeit, S. 35–40.

[1] Apostelgeschichte 13,47 f.

anbieten kann an Gnade und Wahrheit und Hilfe in den Sakramenten. Ja, wer der Kirche vertraut, hat auf Gott gebaut und wird in Ewigkeit nicht enttäuscht werden. Daß sie Volk Gottes ist, garantiert der Kirche aber nicht, daß sie ohne Belästigung und Verfolgung in dieser Welt bleiben wird, ohne Druck von außen oder Spaltungen von innen. Einzelne werden immer wieder protestierend abfallen. Es wird Reibungen geben, Unvollkommenheiten, menschliches Versagen, Fehlentwicklungen, unter denen auch wir heute leiden. Deshalb ist es gut, wenn wir uns heute, da das Kirchenbild bei vielen Menschen getrübt und verschwommen ist, einmal darüber klar werden, was katholische Kirche eigentlich ist und wo sie sich von ihrer Struktur her von allen menschlichen Zusammenschlüssen, auch vom Staat, unterscheidet.

In der Welt herrscht die Gewalt, auch wenn sie im demokratischen System vom Volk ausgeht. Das Herrschaftsprinzip ist die Gewalt, und deshalb ist es gut, daß die Gewalten geteilt sind, wie wir es in unserem Regierungssystem haben.

In der Kirche dagegen herrscht der Geist Gottes. Der Geist Gottes ist nicht teilbar. Und deshalb sollen wir in der Kirche alle eins sein. Das ist das Gebet des Herrn, daß alle eins seien[2]. „Ein Leib und ein Geist werden in Christus", wie es im Kanon heißt[3]. Es ist also nicht dasselbe Prinzip, das wirkmächtig ist in der Welt und in der Kirche. Im Staat und in der Politik regiert daher die Mehrheit, in der Kirche regiert allein die Wahrheit. Die Wahrheit, die uns Gott geoffenbart hat. Diese Wahrheit regiert notfalls auch gegen die Mehrheit. Wie oft hat der Herr im Lauf der Geschichte seine Propheten ausgesandt, um ihre Stimme zu erheben gerade gegen die Mehrheit, die von Gott abgefallen war. So hat er auch den heiligen Bonifatius zu uns gesandt. Als er kam, hatte er keine mehrheitsfähige Botschaft, sondern er mußte sich mit der Wahrheit und der Botschaft, die er brachte, mühsam durchsetzen. Und als er die Donareiche bei Geismar fällte, da war das kein von der Mehrheit umjubelter Akt, sondern ein Wagnis gegen die Mehrheit.

Heute feiern wir seinen Mut. Warum Mut? Darin liegt es ja schon. Mut war es doch, weil er es gegen die große Mehrheit tat. Heute feiern wir seinen Mut, damals aber wurde gegen ihn geschnaubt und gelästert, bis man ihn schließlich erschlagen hat. Die Kirche hat ja diese Schar von Märtyrern nur, weil es immer wieder Menschen gab, die sich in der Minderheit und notfalls allein mit Gott für die Wahrheit gegen die Mehrheit stellten. Weil wir aber der Wahrheit treu sein müssen, werden wir eben oft in dieser Welt keine Mehrheit finden, sondern in der Minderheit bleiben. Oft sogar in der verfolgten Minderheit. Sei es in der großen Verfolgung einer staatlichen Christenverfolgung, sei es in der Verfolgung durch Milieu und Medien, die die Botschaft Christi und die, die sie unverkürzt verkünden, der Lächerlichkeit preisgeben. Deshalb wird es auch keinem Bischof, der dieses Namens würdig sein will, in dieser Zeit erspart bleiben, einmal ein ernstes und womöglich sogar ein hartes Wort sprechen zu müssen. Nur die falschen Propheten haben von alters her dem Volk nach dem Mund geredet und nach billigem Lorbeer geheischt. Gott aber

---

[2] Vgl. Johannes 17,21.

[3] Drittes Hochgebet (Meßbuch 1975): „Stärke uns durch den Leib und das Blut deines Sohnes und erfülle uns mit seinem Heiligen Geist, damit wir ein Leib und ein Geist werden in Christus".

beauftragt seine Boten oft mit Botschaften und Forderungen, die hart an den Mann zu bringen sind, die hart klingen, weil sie menschliche Trägheit, menschlichen Widerstand, menschliche Gedanken durchdringen, emporreißen sollen, zu göttlichen Gedanken, zur Nachfolge des Herrn. Solche Botschaft, solche Worte auszusprechen, ist oft schwer. Und die Menschen, die sie aussprechen wollen, stehen in der Versuchung, zu flüchten, sich davor zu drücken. Jonas flüchtete bis in den Bauch des Fisches. Jeremia fing an zu stammeln und zu zittern. Und wir wissen es aus der Kirchengeschichte, daß viele Hirten und Bischöfe oft nicht den Mut hatten, das Wort voll oder rechtzeitig auszusprechen.

Man darf unseren Bischöfen ruhig ein wenig von dem eichenfällenden Mut des heiligen Bonifatius wünschen. Denn sollte es in unserer Zeit leichter sein, das Wort Gottes zu vertreten? In unserer Zeit, in der doch so viele von Opfer und Überwindung nichts mehr wissen wollen. In der vielen Tugend überhaupt kein diskutabler Begriff mehr ist – Reinheit, Hingabe, Zucht und Maß. Christus selbst hat es doch erfahren müssen, daß seine Worte als hart, ja unerträglich empfunden wurden und viele ihn kritisierten, ja ihm den Rücken kehrten. Als er dann seine Apostel fragte: „Wollt auch ihr weggehen?“, antwortete Petrus: „Herr, zu wem sollen wir gehen? Du hast Worte des ewigen Lebens!“[4].

Das ist der eigentliche Grund, weshalb Kirche besteht, weshalb wir hier sind: Er hat uns Worte des ewigen Lebens gegeben! Nur die Kirche hat das Wort Gottes, die Kirche allein kann uns die Hoffnung geben, die die Welt nicht geben kann. Sie kann uns diese Hoffnung nur geben, weil sie so ist, wie sie ist, von Gott gegründet und nicht Menschenwerk. Darum wollen wir auch nicht versuchen, sie zu Menschenwerk zu machen, zu einem sozialen Zweckverein zur Verwirklichung aktueller Anliegen, sondern wir wollen froh sein, daß Gott sie uns geschenkt hat, so wie sie ist: göttlich, erhaben, von Menschen unabhängig. Vergeßt es nie: Wer auf die Kirche vertraut, hat auf Gott gebaut! Eine größere Sicherheit gibt es nicht auf der ganzen Welt. Und so wollen wir gemeinsam Kirche Gottes sein. In unerschütterlichem Glauben, in einer Hoffnung, die weit über alles hinausgeht, was die Welt bieten kann. In der Liebe, die uns zu Gott führt und zueinander, und auch in der Freude der Kinder Gottes, die alle Erbärmlichkeiten dieser Welt übersteigt. In dem wunderbaren Bewußtsein: Herr, wir sind dein Volk. Du hast es gerufen vor zwölfeinhalb Jahrhunderten durch Bonifatius. Du hast uns gerufen heute aus unserer Zeit, aus unserer Generation. Du hast uns gerufen, schau, wir sind da. Herr, wir vertrauen auf dich. Du wirst uns emporreißen aus allem Jammer und aller Sünde und aller Schwäche. Du wirst uns emporreißen in dein Heil. Und Herr, wir versprechen dir, wir versprechen es dir heute: in Fulda sollst du Treue finden, wie du sie in den Jahrhunderten gefunden hast, so auch jetzt und alle Zeit und in Ewigkeit.

---

[4] Johannes 6,67 f.

Leben aus vorgegebenen Quellen*

I. Was heißt „Leben aus vorgegebenen Quellen"?

Mancher sträubt sich vielleicht im Innern gegen eine solche Formulierung. Nicht aus vorgegebenen Quellen möchten wir leben, sondern aus eigener Kreativität; nicht vorgefundene Antworten übernehmen, sondern selbständig nach Lösungen suchen.

Der moderne Mensch suchte sich doch zu emanzipieren von den vorgegebenen, traditionellen Handlungs- und Lebensmodellen und Normen. Er wollte eine neue, eigene, ursprüngliche Freiheit gewinnen und genießen. Dabei geriet eines oft in Vergessenheit: Wir Menschen erschaffen uns auch heute – trotz aller ungeahnten Möglichkeiten moderner Technologie und Wissenschaft – nicht selbst.

Wir sind vielmehr Ge-schaffene. Dies meine ich zunächst noch gar nicht im eigentlich religiösen Sinn, etwa der christlichen Schöpfungslehre. Es geht vielmehr um ein anthropologisches Urdatum: Der Mensch findet sich in der Welt, in seinem Leben vor. Er hat zwar eine aktive, eine dynamische Dimension seiner Existenz, viel entscheidender aber ist seine pathische Dimension. Wir alle verdanken unser Da-sein anderen, nämlich unseren Eltern; wir alle verdanken aber auch unser So-sein zum größten Teil anderen. Das Ich des Kindes erwacht am Du der Mutter, das Ich des jungen Menschen wächst in der Begegnung mit einem Gegenüber, das Ich des Erwachsenen erhält sich in der Beziehung zum anderen. Oder nehmen wir das Beispiel der Sprache: – Sprache gehört doch zum Proprium des Menschen gegenüber allem übrigen Leben – eben diese Sprache aber empfangen wir zuallererst, und bevor wir ein eigenes Wort wissen, sind wir Ant-wortende.

An dieses anthropologische Urdatum knüpft der Glaube an: Christlich glauben und leben heißt ant-worten, heißt: sich auf das Wort (λόγος) einlassen. Heißt also nicht: Selbst zunächst ein Wort finden, sondern hinhören und sich beschenken lassen. In diesem Sinn ist die „Quelle" des Christen der rufende und sprechende Gott selbst. Gott ist der, der gibt, der schafft, der wirkt. Die alten Theologen nannten ihn „actus purus". Wir sind die, die empfangen, vorfinden, beschenkt werden. „Bei dir sind die Quellen des Lebens", sagt der Psalmist[1]. Wir könnten sagen: „Du bist die Quelle unseres Lebens".

Eine Quelle muß freilich auffindbar sein, muß begreifbar sein, muß erfahren werden können. Deshalb ist es entscheidend, daß Gott als Quelle unseres Lebens nicht eine platonische Idee bleibt. Gott wurde vielmehr für uns zur erfahrbaren Quelle in der Geschichte. Am deutlichsten sagt dies der Hebräerbrief, wenn es dort zu Beginn heißt: „Viele Male und auf vielerlei Weise hat Gott einst zu den Vätern gesprochen durch die Propheten; in dieser Endzeit aber hat er zu uns gesprochen

* Statement auf dem Forum „Leben aus uns vorgegebenen Quellen" am 5. Juli 1984 im Rahmen des 88. Deutschen Katholikentages in München; Druck: Dem Leben trauen, weil Gott es mit uns lebt. 88. Deutscher Katholikentag vom 4. bis 8. Juli 1984 in München. Dokumentation, Paderborn 1984, S. 459–461.

[1] Psalm 36(35),10.

durch den Sohn, ... durch den er auch die Welt erschaffen hat; ... er trägt das All durch sein machtvolles Wort"[2].

Und dieses Erfahren-werden in der Geschichte setzt sich fort im Wirken der Kirche, die der durch die Zeit fortschreitende Christus ist. Das ist gemeint, wenn wir von „Schrift und Tradition" als den Quellen unseres katholischen Christseins sprechen: Nicht toter Buchstabe, sondern lebendiger Strom, der vom Heiligtum ausgeht und überall dort, wo er hinkommt, Heilung und Gesundung verbreitet, wie es in der Vision bei Ezechiel deutlich wird[3].

II. Die Quellen sind verschüttet

Nun ist es heute aber so, daß diese Quellen für viele scheinbar unzugänglich geworden sind. Dafür gibt es viele aktuelle Gründe, aber auch tiefe geistesgeschichtliche Ursachen. Fortschritt und Wohlstand suggerieren dem Menschen, auf diese Quellen verzichten zu können. Er sättigt sich mit dem, was er meint im Überfluß selbst produzieren zu können (der Verlust der Bindung an einen natürlichen Lebensrhythmus spielt dabei eine große Rolle). Er erfreut sich an dem, was die von ihm gestaltete Welt hervorgebracht hat. Er hat den Hunger nach wertvolleren Gütern, er hat die Freude an göttlichen Werten weitgehend verloren.

Zutiefst aber dürfte dieser Verlust der Quellen seinen Grund in dem Freiheitsdrang des modernen Menschen haben. Wie der verlorene Sohn im Evangelium[4], so sprach der moderne Mensch zu seinem Gott: „Laß mich ziehen!". Er tauschte das Gut des Wohnens im Vaterhaus gegen eine liederliche Freiheit in der Fremde, in der Ungebundenheit, und er merkt erst langsam, daß diese Freiheit gleichbedeutend ist mit dem Verlust der Quellen und deshalb Hunger und Durst ihn überkommen. Darin gleicht unsere Zeit der des Jeremia, die er im Namen Gottes anklagt: „Mein Volk hat doppeltes Unrecht verübt: Mich hat es verlassen, den Quell des lebendigen Wassers, um sich Zisternen zu graben, Zisternen mit Rissen, die das Wasser nicht halten"[5].

III. Zurück zu den Quellen

In dieser Situation kann man sich nur die Schlußfolgerung aus dem Lukas-Evangelium zu eigen machen: „Ich will mich aufmachen"[6]. Es ist notwendig, sich an die Quellen zu erinnern und zu ihnen zurückzukehren, wenn man den Sinn des Lebens und damit sein Glück finden will.

Die Frage nach der Bekehrung ist und bleibt die ewige und ewig aktuelle Schicksalsfrage. Bekehrung ist nicht nur im Neuen Testament als zentrale Forderung enthalten, sondern als wichtiges Thema auch immer Gegenstand der Kirchengeschichte – meist unter dem Stichwort „Reform" gewesen. Reform aber heißt

---

[2] Hebräer 1,1 f.
[3] Ezechiel 47.
[4] Vgl. Lukas 15,11–32.
[5] Jeremia 2,11 ff.
[6] Lukas 15,18.

zunächst Rückbildung, also Formung nach einem ursprünglichen idealen Zustand, heißt Rückkehr zur „forma Christi et Apostolorum“.

Worin nun kann diese Bekehrung konkret bestehen? Ernst machen damit, daß Gott für mich ein Wort, einen Sinn bereithält. Sich öffnen, ein hörender Mensch werden. Ein verfügbarer Mensch sein. Das heißt aber auch, zunächst einmal klar erkennen, auf wievielerlei Weise dieses Wort Gottes heute blockiert wird: durch unser gesellschaftliches Milieu, durch die von den Massenmedien geschaffene Atmosphäre, aber auch durch unsere eigene Trägheit und Bequemlichkeit, unsere persönlichen Lebensgewohnheiten.

Wenn ich dann so auf dem Weg zum Wort bin, werde ich staunen können über Gottes Handeln und Sprechen in der Geschichte. Das heißt: die Heilige Schrift entdecken und neu erfahren als Gottes Wort, das sich nicht allein durch die historisch-kritische Methode erschließen läßt, sondern das ich als Gottes Wort an mich in jeder Situation meines Lebens immer wieder neu erfahren kann.

Die lebendige Schrift – das ist Tradition – in der konkreten Kirche lieben lernen. Das heißt: die Kirche in ihrem eigentlichen Wesen neu zu sehen und sie nicht nur mit soziologischen Kategorien zu beschreiben und mit gesellschaftswissenschaftlichen Methoden zu kritisieren. Da sollten wir dann die „Mutter“ Kirche wiederentdecken; denn wie unsere leibliche Mutter Quelle des Lebens für uns war, ist die Kirche die Quelle unseres geistlichen Lebens.

So vollzieht sich der Weg zum Leben aus den Quellen in diesem Dreisprung: aus den Quellen leben *wollen*, aus den Quellen leben *können*, aus den Quellen *leben*.

Geist der Liebe zur Kirche*

Wenn wir an Pater Rupert Mayer denken, weiß ich nicht, ob wir uns von einer Art Heimweh, einer gewissen Nostalgie freisprechen können. Er war die große Vaterfigur, der Fels in der Brandung seiner Zeit. Und gerade in einer Zeit, da das Wort Pater Delps mehr denn je gilt: „Wer fühlt sich noch sicher? Welcher Boden trägt noch?“, fragen wir mit ihm: Wo sind die großen Seher, die großen Denker, die großen Künder, die großen Gestalter? Wo ist eine solche Gestalt, wie sie Pater Rupert Mayer seinerzeit war? Und es ist klar, daß wir uns nicht damit begnügen können, die Erinnerung an ihn wachzurufen, sondern daß es gilt, den Geist, den er in seiner Zeit entfacht hat, in unserer Zeit zu entfachen, den Mut, den er gezeigt hat in seiner Zeit, in unserer Zeit zu zeigen. Den Mut zu zeigen zu klaren Wahrheiten, auch wenn sie keinen Applaus bringen. Damals war es riskant und gefährlich, solche Wahrheiten auszusprechen. Heute ist es vielleicht nicht mehr so gefährlich, es droht kein KZ mehr, aber trotzdem hat man den Eindruck, daß da doch oft eine Lähmung sei, daß der Mut, die Wahrheit auszusprechen, auch heute weithin fehlt.

Im Predigtbuch von St. Michael über die für das Jahr 1933 zu haltenden Predigten findet sich der Eintrag: Einheit der Kirche – Katholizität der Kirche.

---

* Predigt bei der Pater-Rupert-Mayer-Gedächtnisfeier am 6. Juli 1984 im Rahmen des 88. Deutschen Katholikentages in der St.-Michael-Kirche in München; Druck: Worte in die Zeit, S. 46–51.

Das ist ja gerade das Wunderbare an der Kirche Gottes, daß sie eine einzige katholische und apostolische Kirche ist. Eine Kirche Gottes für alle Völker – und daher ist sie von den Nationalisten und engstirnigen Chauvinisten aller Zeiten stets bekämpft worden: Vor 200 Jahren war sie den Franzosen nicht napoleonisch genug, vor 50 Jahren war sie den Nazis nicht germanisch genug, und heute ist sie manchen nicht holländisch genug.

Und dann die Einheit der Kirche – wie oft ist sie angegriffen worden im Lauf der Jahrhunderte. Wie oft ist man gegen sie Sturm gelaufen. Zur Zeit Rupert Mayers suchte man die Einheit der Kirche von außen her zu sprengen. Heute ist sie eher von innen bedroht – und innere Krankheiten sind für die Kirche immer gefährlicher als äußere und sichtbare Verletzungen.

Da redet man heute von Amtskirche und Basis, von Hierarchie und ‚Kirche von unten'. Da wird von den Ideologen künstlich eine Kluft aufgerissen, die es in der Kirche nicht gibt und nicht geben kann: denn es gibt nur die eine Kirche – uns geschenkt durch das Kreuzesopfer Christi –, und in ihr gibt es kein oben oder unten, nur einer ist oben, das ist Gott – und unten sind wir alle zusammen: Papst, Bischöfe, Priester, Kolpingbrüder, Studenten, Hausfrauen, Pfarrgemeinderäte – all wir armen Sünder zusammen sind in einem Boot, im Schifflein Petri. So sind wir *eine* lebendige, leidende, triumphierende, von Gott so gewollte Kirche, zu der wir alle gehören.

Und wenn deshalb heute jemand von ‚Amtskirche' spricht und mit dem Finger auf sie zeigt, dann zeigt er damit, daß er vom wahren Wesen der Kirche überhaupt nichts begriffen hat. Amtskirche gibt es nicht. Es gibt nur eine Kirche: die Kirche Christi.

Und was sollen wir von der ‚Kirche von unten' halten? Kirche von unten – das ist ja ein Widerspruch in sich: Kirche ist eben kein Menschenwerk, das man von unten aufbauen könnte. Kirche ist uns von Gott geschenkt durch Jesus Christus: Er hat Petrus eingesetzt. Er hat den Aposteln und ihren Nachfolgern die Vollmacht verliehen, in seinem Namen zu sprechen, zu binden und zu lösen. Nichts davon können wir selbst tun oder erzwingen, alles kommt als Geschenk Gottes – von oben!

Aber es gibt ja nichts Neues unter der Sonne. Immer wieder wollen es die Menschen mal selbst und von sich aus versuchen. Und so ist der Versuch ‚Kirche von unten' nicht neu: Das hat es in der Heilsgeschichte schon früher gegeben. Ich erinnere hier nur an zwei besonders deutliche Beispiele in der Geschichte, da man versucht hat, Kirche ‚von unten' zu bauen:

Das erste Mal beim Turmbau zu Babel. „Dann riefen sie: Auf bauen wir uns eine Stadt und einen Turm mit einer Spitze bis zum Himmel ...", heißt es in der Genesis[1]. Vergessen wir's nicht: Auch der Turmbau zu Babel war ein Gemeinschaftsunternehmen, mit viel gutem Willen und großem Materialaufwand begonnen. Menschliche Pläne mit Gott, aber nicht Gottes Plan mit den Menschen!

Ein weiteres Beispiel wird uns berichtet im Buch Numeri: Korach und 250 führende Männer aus der Gemeinde rotteten sich gegen Mose und Aaron zusammen und sagten zu ihm: „Ihr nehmt euch zuviel heraus. Alle sind heilig, die ganze

---

[1] Genesis 11,4.

Gemeinde, und der Herr ist mitten unter ihnen. Warum erhebt ihr euch über die Gemeinde des Herrn?"[2].

Als Mose das hörte, warf er sich auf sein Gesicht nieder und sagte zu Korach: „Ist es euch noch zu wenig, daß der Herr euch aus der Gemeinde herausgehoben hat ... Wollt ihr auch noch das Priesteramt?"[3]. „Morgen wird der Herr zeigen, wer zu ihm gehört, wer der Heilige ist ... Ihr nehmt euch zuviel heraus: Wen der Herr erwählt, der darf sich ihm nähern"[4]. Und er rief Gott an, das Urteil zu sprechen: Die Erde öffnete sich und verschlang sie mit ihrem ganzen Gefolge, denn nicht gegen Aaron, gegen den Herrn hatten sie gemurrt!

Und diese Lektion wird dann auch im Neuen Testament wiedergegeben, wenn es hier heißt: „Und keiner nimmt sich eigenmächtig diese Würde, sondern er wird von Gott berufen so wie Aaron"[5].

Und so wird auch die Initiative ‚Kirche von unten' wieder verschwinden, wie sie gekommen ist. Ein Jammer ist es nur, daß da inzwischen so viele gutwillige junge Menschen – und zum Teil ja auch manche Ältere – in die Irre geführt werden. Daß da so viel Energie, die wir für den Aufbau der Kirche brauchten, für Abriß, Spaltung und Spannung eingesetzt wird.

Denn darum geht es den Initiatoren ja doch, diesen zu Ideologen abgesunkenen Theologen, wenn sie *selbst* erklären, daß sie das „hierarchische Konzept unterlaufen und durchbrechen" wollen. Darum geht es ja doch, wenn der „Vorwärts" seinem Artikel zum Katholikentag den Titel gibt: „Milieuschädigungen als wünschbares Vorhaben"![6] Soll uns das nicht aufhorchen lassen? „Unterlaufen, durchbrechen, schädigen" – nun „von unten". Die Kirche hat schon andere Anstürme überlebt. Die aber gegen sie angerannt sind, sind allemal als Rinnsale ohne Quelle im Wüstensand der Geschichte versickert.

Und damit wollen wir uns wieder Rupert Mayer zuwenden. Was hätte er, der die Kirche so heiß und herzlich liebte, wohl zu solchen Initiativen ‚von unten' gesagt, die statt Sicherheit Zweifel, statt Einheit Spaltung, statt Vertrauen Mißtrauen propagieren? Wir wissen ja, daß er sich manchmal sehr klar und kräftig ausgedrückt hat. Ich glaube, er hätte gesagt: Jetzt reicht es uns aber! Jetzt reicht's aber – das ist ja wie ein saurer Regen mit diesen Theologen ohne Herz, mit diesen Ideologen ohne Freude, mit diesen Kritikern, die alles in Frage stellen außer sich selbst!

Wir aber wollen uns an den Geist erinnern, den Pater Rupert Mayer in seine Zeit hinein gepredigt hat, hier von der Kanzel von St. Michael aus: den Geist der Liebe zur Kirche, der Dankbarkeit, den Geist der Treue zur Kirche. Da sind die katholischen Männer von 1984 genauso drängend gefordert wie die Generation katholi-

---

[2] Numeri 16,3.

[3] Numeri 16,9f.

[4] Numeri 16,5.7.

[5] Hebräer 5,4.

[6] Herbert Prauß, Milieuschädigungen als wünschbares Vorhaben. Politische Großveranstaltungen wird es auf dem 88. Katholikentag in München diesmal nicht geben, in: Vorwärts, Nr. 26/27, 28. Juni 1984: „Katholikentage der Gegenwart tragen dazu bei, das sprichwörtliche konservative katholische Milieu, das punktuell noch innerkirchlichen Alltag prägt, anzuschlagen. Die letzten Katholikentage haben diesem Milieu beachtliche Stöße versetzt".

scher Männer, die Pater Rupert Mayer wachgerufen hat. In einer Zeit, in der von allen Seiten auf die Kirche eingeschlagen und auf ihr herumgetrampelt wird, sollten katholische Männer wieder einmal aufstehen und Farbe bekennen. Wo sie stehen, soll auch heute Kirche geliebt und geachtet werden! Wo katholische Männer in der Verbandsarbeit stehen, sollen diese Verbände *in* der Kirche, *mit* der Kirche und *für* die Kirche arbeiten und sich nicht der Kirche *gegenüber* kritisch postieren.

Und warum soll dies so sein? Weil Christus uns selbst das Wesen der Kirche geoffenbart hat. Weil das der Auftrag Christi ist, der gesagt hat: „Wer euch hört, hört mich, wer euch ablehnt, lehnt mich ab“[7]. Die Apostel und ihre Nachfolger sprechen eben nicht in eigener persönlicher Autorität, sondern vertreten die Autorität Christi und des Vaters. Und deshalb sollen wir diese Autorität achten, weil ja gerade sie es ist, die uns Antwort gibt in unseren Zweifeln, Frieden und Sicherheit in der Verwirrung unserer Zeit.

Und darum gilt: Ein Kirchenverständnis, das zur einen katholischen und apostolischen Kirche führt, entspricht dem Gebot Christi. Ein Kirchenverständnis aber, das zu 300 verschiedenen Kirchen führt, zur Kirche von oben und unten, von rechts und links, für schwarz und weiß, nach Ländern und Rassen kann nicht das wahre, christliche Kirchenverständnis sein. Und deshalb dürfen wir uns auch ruhig wieder einmal freuen darüber, daß wir zu dieser einen katholischen Weltkirche gehören.

Und da wir so bei der Freude sind, noch ein letztes Wort aus der Offenbarung Christi: „Das alles habe ich zu euch gesagt, auf daß meine Freude in euch sei und eure Freude vollkommen werde!“[8].

Dazu hat Christus ja die Kirche gestiftet, daß wir in ihr glücklich werden, daß wir durch sie das Heil erlangen. Sie ist nichts anderes als der durch die Zeiten fortschreitende Christus. Durch sie und durch sie *allein* empfangen wir sein Wort, seine Sakramente!

Darum hat auch kein rechtes Kirchenverständnis, wer sich an ihr nicht freuen kann! Denn es ist ja die Kirche, die Gott uns geschenkt hat, seine Kirche, die da steht und widersteht durch die Jahrhunderte.

Wer dieser Kirche angehört durch die Taufe, wer dieser Kirche die Treue hält in lebendigem Glauben, der ist gezeichnet für das Gottesreich der ewigen Herrlichkeit. Und wenn wir über etwas in unserem Leben stolz und glücklich sein können, dann darüber, daß Gott uns in diese seine Familie gerufen hat.

Glaube braucht das lebendige Beispiel*

Herr Erzbischof, am 4. September 1983 wurden Sie in das Amt des Bischofs von Fulda eingeführt. Damals sprachen Sie von „Flitterwochen“, die Sie antreten. Wie sehen Sie heute, ein Jahr danach, Ihr Verhältnis zu Ihrer Diözese?

---

7 Lukas 10,16.

8 Johannes 15,11.

* Bonifatiusbote, Nr. 38, 16. September 1984: Glaube braucht das lebendige Beispiel. Interview mit Erzbischof Dr. Johannes Dyba anläßlich seiner Amtseinführung vor einem Jahr.

Vor einem Jahr war ich voller Erwartung, was mich an kirchlichem Leben im Bistum Fulda erwarten würde. Heute bin ich zuerst voller Freude darüber, was ich an lebendigem Glauben in den Gemeinden vorgefunden habe, dann aber auch voller Dankbarkeit darüber, wie die Gläubigen des Bistums ihren neuen Bischof aufgenommen haben. Ihre offenen Herzen und ihre treue Verbundenheit haben bewirkt, daß ich mich heute in Fulda ganz daheim fühle.

Wenn Sie Ihre einjährige Amtszeit überblicken: was hat sich da bei Ihnen selbst verändert? Welche Vorstellungen sind stärker in den Vordergrund getreten, und was beurteilen Sie heute anders?

Ich glaube, ich darf eher von Vertiefungen als von Veränderungen meiner Vorstellungen sprechen: Die Notwendigkeit einer geistigen Sinngebung, einer tieferen Verwurzelung des Lebens in Gott, als das, was ich unter dem Leitwort „Kinder Gottes sind wir" bei meiner Einführung sagte, wird mir täglich bewußter. Allerdings ist es in der heutigen tausendfach abgelenkten Wohlstandsgesellschaft schwieriger als man es erwarten sollte, den Sinn für das Wesentliche der Frohbotschaft Gottes zu wecken.

In Ihren Ansprachen weisen Sie oft darauf hin, daß viele Wertvorstellungen der Christen hier sich kaum unterscheiden von denen, die in unserer übrigen Gesellschaft gelebt werden. Sie vermissen vor allem die Entwicklung von Alternativen zum herrschenden Zeitgeist. Sollten Christen besonders einen Kontrast in dieser Gesellschaft darstellen, damit man ablesen kann, wie sich ihr Lebensstil von anderen unterscheidet?

Der hl. Paulus sagt uns im Römerbrief: „Gleicht euch dieser Welt nicht an, sondern erneuert euch, damit ihr erkennen könnt, was der Wille Gottes ist!"[1]. Dieses Wort der Schrift gilt natürlich auch heute. Gerade in einer pluralistischen Gesellschaft, die so viele Wege zu angeblicher „Befreiung" des Menschen anbietet, müssen Christen zeigen, wo in Wirklichkeit der Weg, die Wahrheit und das Leben zu finden sind – und das nicht nur als bloßen Protest gegen diese Welt, sondern als Beitrag zu ihrer Erlösung.

„Die Wahrheit ist auch gegen die Mehrheit zu verkünden", so haben Sie es einmal in einer Ihrer Predigten formuliert. Nun kann man die Wahrheit wohl nicht nur alleine erkennen, sondern sie muß stets, vermittelt durch Sprache, Gemeinschaft und Dialog, zu suchen sein. Ist Ihnen genug Gelegenheit gegeben, einen solchen Dialog zu führen?

Die Wahrheit kann man überhaupt nicht alleine erkennen, sondern nur im Dialog mit dem lebendigen Gott. Der Dialog mit den Gläubigen und mit den Gremien soll dann dazu dienen, der uns von Gott geoffenbarten Wahrheit zum Durchbruch zu verhelfen. Dafür hat ein Bischof heute reichlich Gelegenheit, und mit Kontaktfreude hat mich der liebe Gott in reichem Maße beschenkt. Aber leider hat auch der Tag des Bischofs nur 24 Stunden ...

---

[1] Vgl. Römer 12,2.

Für den heutigen Menschen sind Freiheit, Mündigkeit, Kreativität von hohem Rang. Demgegenüber betonen Sie Autorität, Gehorsam, die Vorgegebenheit der Quellen, Dankbarkeit. Läßt sich beides nicht miteinander verbinden?

Freiheit, Mündigkeit und Kreativität sind in der Tat in aller Munde, so sehr, daß sie schon in Gefahr geraten, zu Schlagworten ausgewalzt zu werden, die die Wirklichkeit eher verdecken als ihr zu entsprechen. Dagegen sind andere Werte, ohne die sich kein sinnvolles Leben aufbauen läßt, eher in Vergessenheit geraten. Was liegt da näher, als auf das Vergessene hinzuweisen, um so aus einseitigen Trends wieder lebbare Alternativen zu machen?

Weniger ins öffentliche Bewußtsein sind die Sorgen getreten, die sich die Gruppe der Pastoralassistenten um ihre berufliche Zukunft im Bistum Fulda macht, da nur wenige von ihnen in ein festes Angestelltenverhältnis übernommen werden können. Meinen Sie nicht, daß den jungen Theologen auch eine Chance für die pastorale Arbeit, etwa zur Stärkung des Laienengagements gegeben werden sollte? Ist es nicht wichtig, gerade in unserer Zeit ein Miteinander von Priestern und Laientheologen zu fördern?

Es ist in unserer Zeit wichtig, das Miteinander von Priestern und Laien zu fördern. Inwieweit allerdings der im letzten Jahrzehnt gemachte Versuch, dazwischen einen hauptamtlichen Laientheologenstand anzusiedeln, der Kirche einen Fortschritt beschert oder überhaupt Zukunft hat, ist zweifelhaft. Sicher ist er keine Lösung für die Weltkirche, war er doch nur in den wenigen Teilkirchen möglich, die bei gleichzeitigem Mangel an geistlichen Berufen über reichliche Geldmittel verfügten. Was die Möglichkeiten im Bistum Fulda angeht, hat Weihbischof Kapp die Ergebnisse monatelanger Gespräche und Überlegungen in einer Presseerklärung zusammengefaßt, die den Stand der Dinge genügend deutlich werden läßt[2].

Die hohe Präsenz von jungen Menschen auf dem letzten Katholikentag in München kann doch nicht darüber hinwegtäuschen, daß die Weitergabe des Glaubens und seiner Wertvorstellungen an die nachfolgende Generation nicht mehr so recht gelingt. Ausstieg aus der Wirklichkeit und Flucht in Scheinwelten, der Verlust gemeinsamer geschichtlicher Erfahrungen und damit einer gemeinsamen Sprache sind dafür die Ursache. Wo möchten Sie ansetzen, daß „Tradition“, also der Prozeß der Überlieferung, wieder gelingt?

Tradition als lebendige Weitergabe des Glaubens gelingt wohl nur auf dem Weg gläubig vorgelebten Christseins. Hier scheint es mir als eine zentrale Aufgabe, alle Gläubigen, besonders aber die Priester, Eltern und Erzieher zu ermutigen, das Wagnis eines glaubensbewußten und glaubensgemäßen Lebens einzugehen. Mangels solcher Beispiele macht die Jugend sich Idole, die nicht tragen können: das sind die Götzen unserer Zeit. Wie nur mitreißende Fußballer für den Fußball begeistern können, so können auch nur in ihrem Glauben glückliche und überzeugende Chri-

---

[2] Vgl. Fuldaer Zeitung, Nr. 181, 6. August 1984: Bremse für einen noch jungen Beruf. Warum die Diözese Fulda bei der Anstellung von Pastoralreferenten ein langsames Tempo wählt.

sten für den Glauben begeistern. Oder anders gesagt: nur wer den Schatz im Acker[3] gefunden hat, kann andere zu ihm führen.

Was wird für Sie im kommenden Jahr die wichtigste Aufgabe in der Diözese sein?
Die Förderung von Priester- und Ordensberufen.

Der Dienst des Priesters kann nicht ersetzt werden*

Ein Fasten, wie Gott es liebt, bedeutet Umkehr zu Gott und Hinwendung zum Menschenbruder. Es ist ein Aufbruch zu den Quellen des Lebens und zu den Wurzeln des eigenen Menschseins, zu Familie und Gemeinschaft und zu den Brüdern und Schwestern in der ganzen Welt.

Auch die „Wende", von der wir im öffentlichen Leben sprechen, ist eine Art notwendiger Umkehr, aber nur durch ein kompliziertes System politischer Kompromisse und gegenseitiger Kontrollen durchsetzbar.

In unserer katholischen Kirche wissen wir um die Kostbarkeit der freien Entscheidung. Der Christ wird nicht zur Umkehr gezwungen, aber er ist geliebt und deshalb gerufen, gesucht, eingeladen, ermutigt und auch gefordert, immer wieder den Weg des Heiles zu gehen, immer wieder einen weiteren Schritt auf Gott hin zu tun.

Für diese Mühe um den Menschen hat Gott stets Menschen eingesetzt. Sein Geist berief die Führer des Alten Bundes und die Propheten. Immer drängender wiesen diese alle hin auf „den, der da kommen soll"[1]. Jesus von Nazareth offenbarte die ganze Liebe Gottes zu den Menschen, bezeugte sie in Wort und Tat bis hin zu seinem Tod am Kreuz. In Jesus ist Gott selbst unser Bruder geworden. Er ist wahrer Gott und wahrer Mensch, unser Mittler und Erlöser.

Als guter Mensch, als bester aller Menschen wird Jesus erstaunlicherweise heute von vielen anerkannt und vielleicht auch geliebt. Aber die uns das Zeugnis über ihn zuerst gegeben haben, wurden dazu befähigt durch die Begegnung mit ihm als dem Auferstandenen und durch die Kraft des von ihm gesandten Heiligen Geistes. Wir wüßten nichts von Jesus, wenn es nicht Zeugen gegeben hätte, die bis in das Martyrium hinein daran festhielten, daß er ihnen nach seinem Tod am Kreuz verklärt erschienen ist, daß sie den von ihm verheißenen Heiligen Geist empfangen haben, daß in seinem Namen Vergebung der Sünden geschenkt wird, daß er der von Gott eingesetzte Richter der Lebenden und Toten ist. Sie verkündeten uns Jesus als den Sohn des lebendigen Gottes.

Nach den ursprünglichen Zeugen aber hat Gott in allen Jahrhunderten Menschen gerufen, die in der Nachfolge der Apostel das Wort Gottes zu den Menschen gebracht haben. Sie alle konnten das nicht aus eigener Kraft, sondern nur kraft ihrer

---

[3] Vgl. Matthäus 13,44.

* Fastenhirtenbrief 1985 des Bischofs von Fulda, 20. Februar 1985; Druck: Kirchliches Amtsblatt für die Diözese Fulda 101 (1985), Nr. 43, S. 13–15 (am ersten Fastensonntag, 24. Februar 1985, zu verlesen); Bonifatiusbote, Nr. 9, 3. März 1985.

[1] Matthäus 11,3; Lukas 7,19; Johannes 6,14.

Berufung durch den lebendigen Gott und kraft des Heiligen Geistes, der sie weihte, führte und stärkte. Da sie sich selbst Gott ganz hingegeben hatten, konnte Gott Großes durch sie wirken, und so wurden uns heilige Männer und Frauen geschenkt, wie ein Bonifatius und ein Sturmius, eine Lioba und eine Elisabeth, und mit ihnen unzählige andere Unbekannte und Ungenannte, die ihrer Berufung folgend Kirche in unserem Lande auferbauten und die Flamme des Glaubens wachhielten. Mütter und Väter, Priester und Ordensleute, bewußte Christen alle: Jeder von uns hat ja seine je eigene Gabe von Gott, und mit ihr trägt er dazu bei, daß der ganze Leib auferbaut werde in Liebe.

All dieser Kräfte bedarf es, wenn auch in unserer Zeit die Frohe Botschaft vom Reiche Gottes die Menschen erreichen und erlösen soll. Wir kennen die Zeichen unserer Zeit, die uns einen Glaubensverlust auf breiter Front anzeigen. Man muß nicht alle Statistiken auswendig wissen, um zu sehen, wie es bei uns steht. Der so ganz im Materiellen wurzelnde Optimismus, dem sich viele Menschen in den letzten Jahren überlassen haben, ist sehr oft einer niederdrückenden Sorge gewichen. Was in der propagierten „Befreiung von allem, was dich kaputt macht", als irdisches Glück und menschliches Verstehen versprochen und verheißen wurde, brach nur zu oft in bitterer Traurigkeit über zerrissene Familienbande, im Verlust menschlicher Orientierung und Bindung und schließlich im Zweifel am Sinn des Lebens zusammen.

Nun wird bereits vieles von vielen getan, um den Auswirkungen der Krise entgegenzuwirken. In verstärktem Maße engagieren sich Gemeindemitglieder in ihrer Kirche. Der Beitrag eines jeden ist willkommen und nötig; die Dienste in Liturgie und Katechese, in Erziehung und Bildung, in Kinderheimen und Krankenhäusern, für behinderte Menschen, für ausländische Mitbürger, für ältere Menschen, um nur einiges zu nennen.

Aber über all diese menschlichen und kirchlichen Dienste hinaus brauchen wir heute mehr denn je geistliche Berufe, denn wie der Papst es uns gerade in Fulda so klar zugerufen hat: Der Dienst des Priesters kann nicht durch andere Dienste ersetzt werden. Ja, ein Priester kann nicht ersetzt werden, auch nicht durch diplomierte Theologen, denn es ist ja nicht die theologische Ausbildung, sondern die persönliche Entscheidung zur Nachfolge und ihre Bestätigung durch das Weihesakrament, die zum Priestertum und zum Amt in der Kirche befähigen. So hat Christus ja auch nicht die Weisen oder Schriftgelehrten seiner Zeit zu Aposteln berufen, sondern die Menschen, die bereit waren, um des Reiches Gottes willen alles zu verlassen und sich ihm ganz und ungeteilt hinzugeben. Denn der Priester muß ja „das Herz und die Hände frei haben für ... Jesus Christus, ungeteilt für ihn da sein und seine Liebe zu allen tragen"[2].

Durch die Ehelosigkeit um des Himmelreiches willen setzt er ein Zeichen – ein Zeichen, dem heute auch widersprochen wird[3], gewiß –, das aber doch in einzigartiger Weise die Freiheit der Kinder Gottes offenbart in dieser so vielfach versklav-

---

[2] Predigt Papst Johannes Pauls II. im Dom zu Fulda, 17. November 1980; Druck: Verlautbarungen des Apostolischen Stuhls, Nr. 25, S. 108–115, hier 111.

[3] S. unten S. 248–250.

ten Welt. Daher sagt die Synode der Bischöfe mit Recht: „Eine geringere Zahl von Priestern, die dafür dieses leuchtende Lebenszeugnis geben, wird deshalb mit größerer apostolischer Fruchtbarkeit wirken als eine größere Zahl anderer"[4].

Wir alle wissen um die Krise bei den geistlichen Berufen. In Lärm und Hektik unserer Zeit hören zu wenige junge Menschen den Ruf Gottes. Andere haben nicht den Mut, ihm zu folgen. Zwar gibt es bereits ermutigende Zeichen eines Umdenkens. Die Zahl der Priesteramtskandidaten steigt auch in Fulda. Doch bedarf es noch vieler weiterer, um die Lücken zu schließen und die ganze Fülle kirchlichen Lebens in unserem Bistum entfalten zu können.

Dazu kommt, daß viele Priester ohne Kaplan oder mit der Sorge um mehrere Gemeinden belastet über ihre Kräfte beansprucht sind. Deshalb möchte ich allen, besonders aber den durch Alter oder Krankheit geschwächten Mitbrüdern von ganzem Herzen für die Treue und Hingabe danken, mit der sie ihren Dienst erfüllen.

Wir haben zu wenig Priester. Die Leidtragenden sind vor allem unsere Pfarrgemeinden. Denn es ist ein Verlust mit tiefgreifenden Folgen, wenn die heranwachsenden jungen Menschen keinen Kaplan mehr erleben, der in seiner jugendlichen Verbundenheit mit ihnen doch so oft begeistern und mitreißen konnte, der sie ermutigte, den rechten Weg immer wieder zu suchen und zu finden.

Es ist ein Verlust für die Gemeinde, wenn ihr kein eigener Pfarrer mehr gegeben werden kann oder wenn die Kontakte zu einem überbeanspruchten Priester nicht mehr in der Zeit und Sammlung erfolgen können, die ein Vater für seine Familie haben sollte.

Es ist ein Verlust für unsere Kranken und oft vereinsamten Menschen, wenn ihnen der Trost Gottes nicht mehr durch einen Priester zugesprochen werden kann.

Ja, der Priester ist in vielen Jahrhunderten dem Volke Gottes ein Diener und Wegweiser gewesen zur Deutung des eigenen Lebens. Er hat ihnen die Schätze Gottes ausgeteilt, auch wenn er diesen Schatz in dem irdenen Gefäß menschlicher Unvollkommenheit trug. Doch durch seine Hingabe und seine Weihe erfüllt ihn der Herr mit Gnade, erhebt ihn zu einer einzigartigen Würde: Er stellt unter uns Jesus Christus dar.

Auch unsere Zeit hat Anrecht auf solche Größe. Und die Kirche hat durch Christus ein Anrecht auf das Geschenk dieses Menschen: auf den Menschen, der sich selbst ganz an Gott verschenkt[5].

Liebe Brüder und Schwestern! Bei meiner Einführung in Fulda vor 1½ Jahren habe ich uns allen einen neuen Aufbruch gewünscht. Jeder Aufbruch aber braucht Menschen, die aufstehen und vorangehen, um das Volk in das Land Gottes zu führen.

Und diese Menschen rufe ich heute. Sie sollen aber wissen: In Zeiten der Not ist die Kirche noch nie durch ein weniger, sondern immer durch ein Mehr an Opferbe-

---

[4] Römische Bischofssynode 1971, Trier 1972, Nr. 20, hier S. 63.

[5] Vgl. Predigt Papst Johannes Pauls II. im Dom zu Fulda, 17. November 1980; wie oben, hier S. 114.

reitschaft und Christushingabe erneuert worden. Mit Ersatzlösungen kommen wir nicht weiter. Christi Jünger zu sein kostet das Herz, billiger geht es nicht. Der aber, der alles fordert, ist auch bereit, alles zu geben: Kraft und Gnade, Friede und Freude und Liebe in einem Ausmaß, das wir kaum fassen können.

Wer also spürt, daß Gott ihn rufen will, der lasse sich nicht beirren durch aller Welt Menschen und Meinungen, auch nicht durch die Versuchung, lieber nichts zu riskieren, nichts zu opfern, nicht aufzufallen, sich nichts vorzumachen – und wie die Einwände gegen die Entscheidung auch immer heißen mögen. Wenn der Blick Gottes euch trifft, nehmt die Herausforderung zur Größe an – denn Gott ist getreu; der, der euch ruft, schenkt auch Gelingen und Vollendung.

Wir alle aber, liebe Brüder und Schwestern im Bistum Fulda, wollen unseren kommenden Priestern und Ordensleuten den Weg frei machen. Hier gilt es auch bei uns, Steine des Unverständnisses aus dem Weg zu räumen. Die Mentalität der Massenmedien, der modernen Konsumgesellschaft, hat uns alle nicht unbeeinflußt gelassen. Sie hat kein Verständnis für den Verzicht um des Reiches Gottes willen, weil sie das Reich Gottes nicht kennt. Sie kann nicht begreifen, was sich nicht in Geld und Macht, Genuß oder Prestige ausdrückt. Vielleicht ist es darum auch gut, daß das Priesterwerden heute nicht mehr mit einem Gewinn an sozialem Prestige verbunden ist. Trotzdem gilt, daß Gott dem Menschen kein größeres Geschenk, keine größere Gnade, keine größere Chance geben kann als diesen seinen Ruf: „Ich habe dich bei deinem Namen gerufen, mein bist du!“[6]. Sich Gott zu weihen ist Einstieg in die Wirklichkeit, nicht Ausstieg oder Abstieg. Wenn wir das begreifen, werden wir die Atmosphäre verändern und einen neuen Aufbruch möglich machen.

Meine Lieben, Gott kennt unsere Situation. Matthäus berichtet uns im Evangelium: „Als Jesus die vielen Menschen sah, hatte er Mitleid mit ihnen; denn sie waren müde und erschöpft wie Schafe, die keinen Hirten haben. Da sagte er zu seinen Jüngern: Die Ernte ist groß, aber es gibt nur wenig Arbeiter. Bittet also den Herrn der Ernte, Arbeiter für seine Ernte auszusenden“[7]. Dieser Aufruf des Herrn sei unser Gebet für die Fastenzeit: Laßt uns den Herrn der Ernte bitten, ihn anzuflehen, ja bestürmen, daß er aus unserer Mitte, aus unserer Gemeinde, aus unseren Familien Menschen erweckt, die seinem Anruf folgen.

Voll Freude auf dem Weg*

Die Fronleichnamsprozession, die wir jetzt im Anschluß an das heilige Opfer durch die Stadt führen, ist für uns eine liebgewordene Tradition. Aber so mancher wird sich in unserer Zeit doch fragen: was kann Menschen heute, in dieser modernen Zeit, eigentlich veranlassen, mit Pauken und Trompeten durch die Stadt zu ziehen und eine solche Prozession abzuhalten? Paßt das eigentlich noch in unsere Zeit? Was ist eigentlich der tiefere Grund dafür?

---

[6] Jesaja 43,1.
[7] Matthäus 9,37–38.
* Predigt am 6. Juni 1985 auf dem Domplatz in Fulda. Druck: Worte in die Zeit, S. 56–58.

Es gibt eigentlich nur einen wirklichen Grund: das ist die Freude an Gott, daß Er da ist. Die Freude an der Gegenwart Gottes unter uns, in seiner Nähe, treibt uns an diesem Tag aus den Mauern der Kirche hinaus in unseren Alltag, auf die Straßen unserer Zeit, um einmal diese Freude deutlich werden zu lassen.

Das ist ein Gedanke, den viele verloren haben, die Gott nur noch auf den Schattenseiten des Lebens begegnen, wenn es dunkel wird, wenn sie in Not geraten, sie einmal ins Krankenhaus müssen oder am Grab ihrer Lieben stehen. Manche vielleicht auch noch, wenn sie etwas nostalgisch Heimweh haben nach ihrer Jugendzeit. Dann erinnern sie sich, daß einmal Gott in ihrem Leben eine Rolle gespielt hat. Aber daß Gott, daß seine Gegenwart ein Grund der Freude sein kann, das erfahren nur die, die im Kontakt mit ihm bleiben. Nur die, die wirklich als Kinder Gottes leben.

Früher, in den alten Liedern, wurde vom „Jammertal" gesungen: „In diesem Jammertal, durch das wir pilgern" – die Älteren erinnern sich noch an diese Lieder. Und dann wurde das Jammertal gestrichen, das war eigentlich nicht mehr aktuell, man mußte der Welt etwas positiver gegenüberstehen[1]. Aber, wenn wir heute die neuen Propheten sehen, die jetzt das Sagen haben, da ist das Jammertal eigentlich wiedergekommen, freilich von ganz anderer Seite. Wie dem auch sei, ob es das alte Jammertal oder das neue ist: Wir wissen, Gott ist bei uns, und wir können durch dieses Tal ziehen in dem Bewußtsein: Er trägt uns, Er ist mit uns! Wir sind voller Hoffnung. Voller Freude gehen wir unserem Ziel entgegen. Er hat aus der Ewigkeit, aus der Herrlichkeit eine Brücke geschlagen in dieses Tal. Und so begeben wir uns auf diese Fronleichnamsprozession als „Volk Gottes auf dem Weg" – gerufen, aber noch nicht am Ziel, aufgebrochen, aber noch unterwegs. Und wir wissen auch um die Gefahren dieses Weges, wie oft es auf diesem Weg auch monoton und mühsam werden kann.

Aber da kommt er uns zu Hilfe in der Kraft seiner eucharistischen Gegenwart: Brot und Wein – er speist uns. Wir wissen um den Propheten Elia, der auch unterwegs war und müde wurde und aufgeben wollte, sich in die Wüste verzog und sterben wollte, wie der Engel des Herrn kam und ihm die Speise des Herrn reichte, und er in der Kraft dieser Speise aufbrach und wanderte, bis er zum Berg des Herrn kam[2]. Und diese Speise reicht der Herr auch uns. Wann immer wir müde sind und schwach und kraftlos, stärkt er uns in diesem Sakrament.

So wollen wir nun aufbrechen in dem frohen Bewußtsein: Gott ist da! Er ist in unserer Welt, in unserem All. Er begründet das All, er begründet den Himmel und alle seine Kräfte. Cherubim und Seraphim jubeln ihm zu. Er ist da auf unserer Erde, Er hat sie geschaffen und hat sie uns gegeben: alle Quellen, alle Länder, alle Pflanzen, alle Tiere – er hat sie uns gegeben und uns anvertraut. Er ist da in unserer Stadt. Deshalb führt unser Weg ins Freie, deshalb wollen wir unsere Straßen und Häuser einmal schmücken, damit sie vom Jubel des Herrn erfüllt werden. An diesem einen

---

[1] Etwa im Refrain des Bonifatiusliedes „Wie heilig hast du ..." (Text und Melodie: Fuldaer Gesangbuch 1778); vgl. Gotteslob. Katholisches Gebet- und Gesangbuch für das Bistum Fulda (1975), Nr. 891, hier: „Erdental".

[2] Vgl. 1 Könige 19.

Tag soll es offenbar werden: der Herr wohnt mitten unter uns, der Herr wohnt in unserer Stadt. Die Freude am Herrn soll unsere Häuser und unsere Herzen erfüllen und jubeln lassen.

Volk Gottes*

Das Volk Gottes füllt wieder den Dom zu Fulda und es sind immer festliche Tage, Tage der Gnade und Freude, wenn wir uns hier im Dom zusammenfinden. Aber heute sind beim Volke Gottes ja auch noch seine Hirten versammelt – ein Privileg, das wir alljährlich nur in Fulda genießen – und ich glaube sagen zu dürfen, daß die Kirche von Fulda dieses Privileg zu schätzen weiß, ja, daß unsere Gläubigen ihre Oberhirten hier stets mit ganz besonderer Herzlichkeit empfangen, in alter Treue und stets neuer Freude.

Die Vollversammlungen der Deutschen Bischofskonferenz sind ja Meilensteine der neueren Kirchengeschichte, sie markieren die Schritte der Kirche in Deutschland durch die Zeit. Und so fragen wir uns natürlich an einem Tag wie dem heutigen, am Schluß einer solchen Konferenz: Wie geht es weiter in dieser bewegten Zeit? Wohin führen die Hirten das Volk Gottes? Da aber berühren wir heute doch schon den ersten Stein des Anstoßes: Sollen die Hirten denn überhaupt noch „führen"? Kann das Volk Gottes sein Schicksal nicht selbst in die Hand nehmen? Gehört die ganze Hierarchie nicht zu den Strukturen, von denen wir uns befreien müßten?

Wie wir alle wissen, hat das Zweite Vatikanische Konzil ja unter den vielen möglichen Bezeichnungen für die Kirche die des „Volkes Gottes" besonders hervorgehoben. Ja, die Kirche ist Volk Gottes als das Bundesvolk des Neuen Testamentes, so wie das Volk Israel das Bundesvolk des Alten Testamentes war. Ihr gilt das Wort Gottes: „Ich will euer Gott sein und ihr sollt mein Volk sein"[1].

Gott hat aber sein Volk nie ohne Hirten gelassen – denn das ist ja die Urversuchung des Volkes Gottes: wieder so sein zu wollen wie die anderen Völker auch! Die Auserwählung wird immer wieder zur Wüstenwanderung, damals wie heute. Die Menschen werden der Ausgeliefertheit an Gott und an sein Wort, der beständigen Gleichheit dessen, was von ihm herkommt, der Nahrung Gottes müde und überdrüssig. Sie möchten wieder sein, wie alle anderen Leute auch; diese Versuchung kehrt in der Geschichte des Volkes Gottes immer wieder und ist doch gerade in unseren Tagen ganz deutlich geworden.

Da Gott aber sein Volk liebt, ja eifersüchtig liebt, wie es in der Schrift heißt, und es bewahren will vor dem Rückfall in die Gottlosigkeit, ruft er es immer wieder zur Ordnung, er mahnt es, klagt es an, straft es, er rüttelt und schüttelt es. Und dieser

* Predigt bei der feierlichen Schlußandacht der Herbst-Vollversammlung der Deutschen Bischofskonferenz am 26. September 1985 im Fuldaer Dom. Druck: Pressedienst der Deutschen Bischofskonferenz, Dokumentation 4/85, 27. September 1985, Anlage 3; Bonifatiusbote, Nr. 40, 6. Oktober 1985: „Wir brauchen ein Volk Gottes, das sich um seine Hirten sammelt".

[1] Jeremia 7,23; 11,4.

Streit Gottes mit seinem Volk wird auf dem Rücken seiner Hirten ausgetragen: der Patriarchen und Propheten im Alten Bund und der Apostel und ihrer Nachfolger im Neuen Bund. Gott erwählt sie und sendet sie, damit sie dem Volke Gottes Wort und Gottes Willen künden, damit sie es im Namen Gottes führen in das Land seiner Verheißung.

Sie handeln im Auftrag Gottes und in seiner Vollmacht: „Und jetzt geh! ... Führe mein Volk heraus!", sagt er zu Mose[2]. „Wer euch hört, der hört mich, und wer euch ablehnt, der lehnt mich ab"[3], sagt Christus zu den Aposteln – kann Gott sich deutlicher mit denen identifizieren, die er sendet? Und zu Petrus: „Ich werde dir die Schlüssel des Himmelreiches geben; was du auf Erden binden wirst, das wird auch im Himmel gebunden sein und was du auf Erden lösen wirst, das wird auch im Himmel gelöst sein"[4]. – Kann eine Vollmacht deutlicher überhaupt ausgesprochen werden?

Es gibt also kein Volk Gottes ohne Leitung durch die von Gott berufenen Hirten. In den besten Zeiten wissen die Hirten das Volk Gottes hinter sich, und man kann gemeinsam in Freude und Zuversicht auf Gott hin fortschreiten.

Es hat aber immer Zeiten gegeben, und es wird sie immer wieder geben, in denen man die Autorität und Vollmacht der von Gott eingesetzten Hirten und Lehrer in Frage stellt, um selbst den Weg zu bestimmen. Schon Mose mußte das erleben. Schauen wir einmal in das Buch Numeri, Kapitel 16: „Korach ... Datan und Abiram ... erhoben sich gegen Mose, zusammen mit 250 führenden Männern aus der Gemeinde, angesehenen Abgeordneten der Versammlung. Sie rotteten sich gegen Mose und Aaron zusammen und sagten zu ihnen: ‚Ihr nehmt euch zu viel heraus. Alle sind heilig, die ganze Gemeinde, und der Herr ist mitten unter ihnen. Warum erhebt ihr euch über die Gemeinde des Herrn?' "[5]. Das ist über dreitausend Jahre her und klingt doch wie aus unseren Tagen! Da wird Hierarchie in Frage gestellt. Wir wissen, wie die Geschichte weitergeht: Mose ruft Gott zum Richter an und die ganze Rotte Korach versinkt im Erdboden ... Nun, ganz so drastisch werden Auseinandersetzungen dieser Art heute ja nicht mehr beendet; aber es ist doch interessant, feststellen zu können, daß sich die als neueste Sichtweisen kritischer Systemforscher vorgetragenen Ideen immer wieder als Aufgüsse längst überwundener Irrlehren vergangener Jahrhunderte entpuppen.

Noch einmal zum Volk Gottes hier und jetzt. Wir haben gesehen, daß das Volk Gottes und seine Hirten zusammengehören, da Gott ja durch die von ihm berufenen Hirten sein Volk zusammenruft, zusammenhält und auf seinen Weg führt. Wie kommt es dann, daß heute vielfach Volk Gottes und Hierarchie gegeneinander ausgespielt werden, ja daß Hierarchie geradezu als Schimpfwort verwendet wird und ihre Mitglieder als Klassengegner angefeindet werden? Dem liegt zugrunde die absurde Verfälschung des Begriffs des Gottesvolkes von einer klaren theologischen Kategorie in eine politische Maxime. Tatsächlich ist ja die Rolle des Volkes im staat-

---

[2] Exodus 3,10.
[3] Lukas 10,16.
[4] Matthäus 16,19.
[5] Numeri 16,1–3.

lich-politischen Bereich grundverschieden von der Rolle des Volkes im religiös-kirchlichen Bereich. In der Kirche gilt: „Nicht ihr habt mich erwählt, sondern ich habe euch erwählt!“[6]. Der Herr erwählt sich sein Volk, gibt ihm seine Hirten und die Rolle des Volkes Gottes ist es, dem Herrn zu dienen (Strukturprinzip: Berufung von oben).

Ganz anders im politischen Bereich. Da wählt das mündig gewordene Volk sich selbst seine Führung und die ist dem Volk gegenüber zur Rechenschaft verpflichtet (Strukturprinzip: Aufbau von unten).

Wer das Volk Gottes nach dem politischen Strickmuster der Demokratie von unten her aufbauen wollte, käme zu einer Kirche ohne Gott, ohne Berufung und Verheißung, zu einem bloßen Debattierclub, einem Turmbau von Babel. Deshalb ist die politische Theologie unserer Tage in ihrem Kern auch zutiefst unchristlich, weil sie das eigentliche Wagnis scheut, auf die radikale Herausforderung dessen nicht eingeht, der da sagt: „Suchet zuerst das Reich Gottes und seine Gerechtigkeit, dann wird auch alles andere dazu gegeben“[7].

Es kann nicht darum gehen, eine bessere Gesellschaft zu schaffen, die dann den Menschen erlösen soll; vielmehr ist es Aufgabe der Kirche, erlöste Menschen zu schaffen, die dann eine friedliche und menschenfreundliche Gesellschaft bilden können.

Daß die politische Theologie ihre Anhänger einmal genauso enttäuschen wird wie ihre mannigfachen Vorgängerinnen von Byzanz über Joachim von Fiore bis zu Savonarola und Thomas Müntzer ist uns zur Stunde nur ein schwacher Trost. Vorerst verwirrt sie noch Gemüter und Begriffe, indem sie die Kirche als Institution der Gesellschaftskritik, die Basis als Offenbarungsquelle, die Neulektüre der Bibel, die Umschreibung der Theologie, marxistische Analyse und hermeneutische Experimente aller Art propagiert. Wo immer aber solche Unruhe und Unsicherheit sich verbreiten, wo immer Grundwahrheiten unseres Glaubens vernebelt und verfälscht werden, müssen die Bischöfe als die vor Gott Verantwortlichen mahnen, warnen und klarstellen. Und das, meine lieben Gläubigen, ist oft keine leichte Aufgabe. Manchmal ist man doch versucht, der dauernden Auseinandersetzung auszuweichen, nicht zu stehen wie eine eherne Mauer nach dem Vorbild des Jeremia, sondern zu fliehen, nach dem Beispiel des Jona. Aber das wäre Verrat an unserem Auftrag, das Wort Gottes ohne Scheu und Abstriche zu verkünden, sei es gelegen oder ungelegen. „Auf deine Mauern, Jerusalem, habe ich Wächter gestellt. Weder bei Tag noch bei Nacht dürfen sie schweigen!“, spricht der Herr bei Jeremia[8].

Und so stehen wir nun mitten in der geistigen Auseinandersetzung unserer Zeit. Wir haben den Aufbruch des Konzils erlebt. Wir haben den Einbruch erlebt, den Mißverständnisse und Mißdeutungen konziliaren Wollens uns gebracht haben. Noch ist der Prozeß nicht abgeschlossen – da ruft der Heilige Vater zwanzig Jahre

---

[6] Johannes 15,16.
[7] Matthäus 6,33.
[8] Jeremia 62,6.

nach dem Konzil eine Sondersynode zusammen, die uns Orientierung und Wegweisung bringen soll[9].

Nun, was die einen vielleicht hoffen und die anderen befürchten, wird nicht eintreten: die Kirche wird nicht mehr auf die Zeit vor dem Konzil zurückgehen. Sie kann aber auch nicht mehr – und das sollte niemand übersehen – auf die unruhigen Jahre nach dem Konzil zurückgehen; wir können weder 1968 stehen bleiben noch das Jahr 1975 konservieren. Vielmehr müssen wir als pilgerndes Gottesvolk immer wieder aufbrechen, aufbrechen in das dritte Jahrtausend, voranschreiten in die Zukunft Gottes.

Wenn der ganze politisch-theologische Spuk demnächst vergessen sein wird, müssen wir zu diesem Aufbruch bereit sein. Dazu brauchen wir eine unverfälschte, ideologiefreie Lehre und eine Theologie, die sich von einengenden Adjektiven und verzerrenden Vorsilben befreit hat. Dazu brauchen wir ein Volk Gottes, das sich wieder um seine Hirten sammelt und zu ihnen steht – nicht wie das murrende Volk Israel bei den bitteren Wassern von Meriba[10], sondern wie das aufbruchsbereite Bundesvolk am Sinai[11].

Meine lieben Brüder und Schwestern, es gibt ja heute unheimlich viele Christen, die den Bischöfen beistehen durch ihr überlegenes Urteil und ebenso klare wie ausdauernde Kritik. Derart Beistand haben wir heute ja im Überfluß, fast mehr als man verkraften kann. Denn die Bischöfe sind ja auch nur Menschen und wenn sie im Namen Gottes sein Volk auf den rechten Weg rufen, freuen sie sich natürlich auch über eine positive Antwort und ein Zeichen des Vertrauens. Ja, wenn wir treu und fest zusammenstehen, werden wir auch heute Licht der Welt sein können, Volk Gottes, dem das Erbe und das Heil und die Seligkeit verheißen ist.

Darum liebe Brüder und Schwestern, laßt uns eins werden und eins sein in der Wahrheit, laßt uns eins sein im Brotbrechen, laßt uns eins sein in der Liebe Christi als seine Jünger, seine Getreuen, als sein einiges und heiliges Volk!

Der Tod, eine zweite Geburt*

Im Monat November, der mit Allerheiligen und Allerseelen beginnt, gedenken wir unserer Toten, gedenken wir des Todes. Das ist kein Gedanke, der besonders beliebt ist. Für alle Menschen bleibt der Tod zunächst das Grauen, die finstere Grube, das unentrinnbare Ende nach kurzem Aufleben. Viele schieben am liebsten den Gedanken an den Tod ganz beiseite, suchen dem Unentrinnbaren eben doch

---

[9] Diese außerordentliche Generalversammlung der Bischofssynode tagte vom 24. November bis 7. Dezember 1985 in der Vatikanstadt.

[10] Vgl. Exodus 17,2.7.

[11] Vgl. etwa Exodus 19,7–15.

* Predigt am 10. November 1985 beim Vespergottesdienst in der Michaelskirche in Fulda (von der ARD um 17 Uhr übertragen: „Tod, wo ist dein Stachel?"); Druck: Worte in die Zeit, S. 59–61. Leicht veränderter Nachdruck, in: Die Zukunft unseres Lebens. Antworten auf den Tod, 2. Aufl., Aschaffenburg 1994, S. 62 f.

eine Weile zu entrinnen, eine falsche Zeit herauszuschlagen, die nicht bleiben und nicht bestehen kann.

Jesus Christus aber, der menschgewordene Sohn Gottes, hat uns gezeigt, daß der Tod nicht das Ende unseres Lebens ist, sondern der Anfang des endgültigen, des ewigen Lebens. Er selbst ist von den Toten auferstanden und er, der Sieger über den Tod, hat uns verheißen: „Wenn ich über die Erde erhöht sein werde, werde ich alle an mich ziehen“[1].

Das ist bis auf den heutigen Tag der kennzeichnende Unterschied zwischen Gläubigen und Ungläubigen: Menschen, die an Gott und seine Verheißung nicht glauben, gehen ihr ganzes Leben lang dem Ende entgegen. Wenn der blühende Höhepunkt einmal überschritten ist, gibt es nur noch den allmählichen Verfall der Kräfte, eines nach dem anderen muß aufgegeben werden – und am Ende steht der Sarg.

Ganz anders ist es beim Glaubenden. Sein Leben ist nicht allmählicher Abbruch, sondern Aufbruch. Ein immer neuer Aufbruch vom Vergänglichen in das Unvergängliche, vom Irdischen in das Überirdische – vom Kleinen, Erbärmlichen, Verhafteten in das Große, Freie, Vollkommene. Und je älter der Mensch wird, desto näher kommt er eben nicht dem Ende, sondern dem neuen Anfang.

Was ist das für ein neuer Anfang? Was ist das für eine Ewigkeit, die da vor uns liegt? Nun, es ist die ewige Seligkeit, ewige Herrlichkeit, die Gott uns verheißen hat. Wenn Jesus den Seinen sagt: „Das alles habe ich euch gesagt, auf daß meine Freude in euch sei und eure Freude vollkommen werde“[2] – dann heißt das eben, daß alle christliche Botschaft und Lehre Frohbotschaft ist, daß seine Freude uns ergreift und unser ganzes Leben so zur Vorschau und Vorschule der ewigen und unendlichen Freude werden soll.

Darum ist auch nichts falscher als der Vorwurf, der Blick auf das Jenseits und die Ewigkeit solle uns bloß ablenken von den Problemen unserer Zeit. Nein, ganz im Gegenteil, die Gewißheit, daß Gott uns in sein Heil ruft, soll uns die Kraft geben, unser irdisches Leben anzupacken, die Probleme dieser Welt mit der Gelassenheit und der Sicherheit dessen zu lösen, der weiß, daß über all dem ein ewiger Vater thront. Nichts auf Erden ist doch lähmender und krankmachender als Hoffnungslosigkeit. „No future“ heißt es in der traurigen Generation der Gottfernen, in der die Jungen schon so alt aussehen und die Alten sich jugendlich tünchen und die das Leben in ihrer aufgeregten Angst vor dem Ende schon jetzt ungenießbar werden läßt.

Wenn wir aber an Gott glauben, dann haben wir eine Zukunft, ja mehr als eine Zukunft: Ewigkeit, ewige Seligkeit. Leben wir also, so leben wir dem Herrn, sterben wir, so sterben wir dem Herrn. Und mit Paulus können wir sagen: „Tod, wo ist dein Stachel? Tod, wo ist dein Sieg?“[3]. So ist der Tod für den Gläubigen wie eine zweite Geburt: Wenn ein Kind geboren wird, muß es seinen gewohnten, geschützten, aber dunklen Lebensraum im Mutterschoß verlassen. Durch Schmerz und

---

[1] Johannes 12,32.
[2] Johannes 15,11.
[3] 1 Korinther 15,55.

Schrei hindurch wird es von seiner bisherigen Existenz getrennt, um in eine neue Welt hineingeboren zu werden: da gibt es Licht, Luft, freie Bewegung – lauter ganz neue Dimensionen, die im Mutterleib unvorstellbar waren.

Ebenso wird es sein, wenn Gottes Ewigkeit einbricht in unsere Zeit, wenn aus unserem Vergänglichen Unvergängliches wird, wenn wir aus unserem irdischen Leben emporgehoben werden in das ewige Leben. „Was kein Auge gesehen und kein Ohr gehört hat ..., das hat Gott denen bereitet, die ihn lieben!", heißt es im Korintherbrief[4]. So wenig ein Embryo sich die Welt vorstellen kann, die auf ihn zukommt, so wenig können wir uns die Ewigkeit vorstellen, die auf uns zukommt. Aber wir können uns auf sie vorbereiten, freuen können wir uns darüber, daß am Ende unseres Lebens nicht der Tod steht, nicht eine ungewisse Not, sondern das Leben, das Gott uns verheißen hat – und wenn wir an ihn glauben, wenn wir ihn lieben, dann heißt das ewiges Leben, ewige Herrlichkeit. Diese Gewißheit soll uns schon jetzt leben lassen, aufleben lassen in Freude.

Priestersein*

Was soll man in einer solchen Stunde sagen? Ich glaube, man kann das, was hier geschieht, nicht tiefer, voller, wunderbarer zum Ausdruck bringen, als es der heilige Paulus im Epheserbrief getan hat: „Gepriesen sei Gott, der Gott und Vater unseres Herrn Jesus Christus. Denn er hat uns erwählt vor der Erschaffung der Welt. Er hat uns aus Liebe im voraus dazu bestimmt, seine Söhne zu werden durch Jesus Christus. Er hat uns mit allem Segen seines Geistes gesegnet durch unsere Gemeinschaft mit Christus im Himmel"[1]. Denn das ist ja die Freude, die wir heute feiern, daß der Herr drei aus unserer Mitte erwählt hat, um das Priestertum zu empfangen. Daß drei junge Christen den Ruf Gottes gehört haben, dem Ruf Gottes gefolgt sind und nun als Jünger an den Stufen seines Altares stehen.

Jahre der Selbstprüfung, Jahre der Prüfung durch die Kirche liegen hinter ihnen. Sie haben den Ruf aufgenommen, sind ihm gefolgt, haben sich geprüft, haben durchgehalten und jetzt soll das Große an ihnen geschehen, mit allem Segen seines Geistes sollen sie gesegnet werden. Allen Segen, den die Kirche geben kann, will sie ihnen geben. Den Ruf des Höchsten haben sie gehört und das Höchste, was Menschen auf dieser Erde zustoßen kann, das soll an ihnen geschehen: Sie sollen zu Priestern des lebendigen Gottes geweiht werden, zu Priestern in seiner Kirche. Es gibt nichts Größeres. Sie sollen eintreten in die Gemeinschaft mit Christus im Himmel. Christus ruft sie in seine Gemeinschaft, in seine Jüngerschaft, in sein Leben. So sehr sollen sie mit Christus eins werden, daß, wenn sie ein Wort verkünden, es Christi Wort sein wird. „Wer euch hört, hört mich"[2] – so weit geht diese

---

[4] 1 Korinther 2,9.

* Predigt bei der Priesterweihe am 8. Dezember 1985 im Dom zu Fulda; Druck: Worte in die Zeit, S. 62–65.

[1] Vgl. Epheser 1,3–5.

[2] Lukas 10,16.

Einheit. Sie sollen ein Wort verkünden und für die Lehre der Kirche einstehen. Sie sollen in seinem Namen die Menschen befreien von Schuld und Sünde.

Die Gesetzeslehrer und Schriftgelehrten zur Zeit Christi haben sehr deutlich gespürt, was da plötzlich geschehen soll, als Christus sagte: „Geh hin in Frieden, deine Sünden sind dir vergeben“[3]. Sie waren aufgewühlt. Sie sagten: „Wer kann Sünden vergeben als Gott allein?“[4]. Ja, Gott allein. Daran sollten wir den Menschensohn erkennen, den Sohn Gottes. Und er überträgt diese Vollmacht auf seine Jünger: „Empfanget den Heiligen Geist. Wem ihr die Sünden nachlasset, denen sind sie nachgelassen, und denen ihr sie behaltet, denen sind sie behalten“[5]. Welch furchtbare, welch wunderbare Vollmacht! In der Gemeinschaft mit Christus im Himmel allein kann sie ausgeübt werden. Und dann werden sie Gott gegenwärtig werden lassen auf den Altären, in unserer Zeit, in unseren Kirchen. Sie werden sprechen: „Das ist mein Leib“. Nicht einmal: „Das ist der Leib unseres Herrn Jesus Christus“. Nein: „Das ist mein Leib“. So weit geht diese Einheit, so weit geht diese Gemeinschaft: „mein Leib, mein Blut“. Wenn sie es sprechen, spricht es Christus. Unser Leib soll sein Leib werden, unser Blut sein Blut – sacerdos alter Christus[6].

Von nun an haben alle Menschen das Recht, in ihnen Christus zu begegnen. Sie werden nicht mehr leben können wie andere Menschen, nachdem das an ihnen vollzogen ist. Sie werden aufgenommen in die Lebensgemeinschaft, in die Schicksalsgemeinschaft mit Christus. Sie werden sprechen, wirken, leiden, frei machen in seinem Namen. Es gibt keinen Vergleich zum katholischen Priestertum auf der ganzen Welt.

Und wenn wir sehen, was das eigentlich heißt, Priester zu sein in der katholischen Kirche, dann müssen wir uns doch fragen in dieser unserer Zeit: Kann man das denn überhaupt? Ist das denn überhaupt noch menschenmöglich? Es ist natürlich nur möglich in der Kraft dessen, der ruft. Nur so! Denken wir an den Ruf, der an die ergingen ist, deren Fest wir heute feiern[7]. Maria selbst erzittert: „Wie kann das geschehen?“[8]. Aber – die Botschaft des Engels ist an sie ergangen. Der Ruf ist da. Und ihre Antwort: „Sieh, ich bin die Magd des Herrn. Mir geschehe nach deinem Wort“[9].

Mehr braucht man eigentlich gar nicht zu verstehen, als daß Gott ruft. Alles werden wir nie begreifen. Die Abgründe eines solchen Rufes, die Mysterien einer solchen Berufung – wir werden sie nie ganz verstehen und begreifen. Aber die Tatsache des Rufes ist da. Und wenn Gott mich ruft, dann darf ich Ja sagen. Und wenn Gott mich berührt, dann darf ich mich ihm hingeben. Das geschieht in der heiligen Weihe. Wenn der Bischof die Hand auf sie legt, dann ruft Christus, dann ruft seine Kirche und dann können sie mit einer ganz großen Sicherheit, mit einem ganz gro-

---

[3] Vgl. Matthäus 9,2; Markus 2,5; Lukas 5,20.
[4] Markus 2,7.
[5] Johannes 20,22 f.
[6] Der Priester – ein zweiter Christus.
[7] Die Kirche begeht am 8. Dezember das Hochfest der ohne Erbsünde empfangenen Jungfrau und Gottesmutter Maria.
[8] Lukas 1,34.
[9] Lukas 1,38.

ßen Frieden eingehen auf diesen Ruf. Die Zeit der Prüfung ist vorbei, die Zeit der Erfüllung beginnt.

Vielleicht werden wir nie im ganzen Leben voll begreifen, was das eigentlich heißt, so von Gott gerufen zu sein. Aber wenn ich begriffen habe, daß ich berufen bin, dann gehe ich den Weg und dann kann ich ihn gehen. Wiederum Paulus sagt: „Ich kann alles in dem, der mich stärkt"[10]. Ich kann alles in der Kraft, in der Gemeinschaft des Glaubens. Christus drückt es noch wagemutiger aus, möchte man sagen: „Wenn ihr den Glauben habt eines Senfkornes, werdet ihr Berge versetzen, ihr werdet alles können, wenn ihr den Glauben habt an mich, wenn ihr in mir bleibt und ich in euch"[11].

Und wie oft hat er Menschen, die zu ihm kamen, gesagt: „Wie du geglaubt hast, so geschehe dir"[12]. „Wie ihr glaubt, so wird euch geschehen"[13]. Wenn ihr im Glauben an Christus bleibt, ganz und fest, dann werdet ihr Priester sein können nach dem Herzen des Herrn. Dann werdet ihr als Priester glücklich werden können, dann werdet ihr als Priester glücklich machen können. „Wie du geglaubt hast, so wird dir geschehen". Es ist der höchste Ruf, der an einen Menschen ergehen kann.

Christus ruft in dieser Stunde und wir wollen uns freuen aus ganzem Herzen, daß Kirche sichtbar wächst unter uns. Und wir wollen den Herrn bitten, daß er viele Herzen öffnet für diesen seinen Ruf, damit Kirche weiter lebt, weiter wächst im Geiste dessen, der sie gegründet hat. Jetzt aber, liebe Weihekandidaten, so spricht der Herr, der euch erschaffen hat, der euch geformt hat: „Fürchte dich nicht, denn ich habe dich losgekauft, ich habe dich bei deinem Namen gerufen, du bist mein"[14].

Keine Ersatz-Kleriker, sondern Vollblut-Laien*

Herr Erzbischof, 20 Jahre nach dem Konzil hat eine außerordentliche Bischofssynode[1] in Rom Bilanz gezogen. Welchen Kurs wird die Kirche jetzt nehmen?

Es gibt im menschlichen Leben wie auch in der Geschichte nie ein Zurück. Wie das Ergebnis der Synode zeigt, ist die Kirche auch heute bereit, voranzuschreiten und zwar ganz im Sinne des Zweiten Vatikanischen Konzils, dem es ja doch um eine verstärkte Durchdringung der Welt mit den Inhalten der christlichen Botschaft ging, nicht aber um deren Anpassung an den Zeitgeist.

Dann ist das Konzil also noch nicht verwirklicht?

---

[10] Philipper 4,13.

[11] Vgl. Matthäus 17,20; 21,21 f.; Johannes 15,4.7.

[12] Matthäus 8,13.

[13] Matthäus 9,29.

[14] Jesaja 43,1.

* Weltbild, Nr. 26, 20. Dezember 1985, S. 14 f.: Keine Ersatz-Kleriker, sondern Vollblut-Laien (Interview: Heinz Georg Sommer und Eugen Georg Schwarz).

[1] Aus Anlaß des 20. Jahrestages nach Abschluß des Zweiten Vatikanischen Konzils berief Papst Johannes Paul II. eine außerordentliche Generalversammlung der Bischofssynode ein; sie tagte vom 24. November bis 7. Dezember 1985 in der Vatikanstadt.

Die Kirche sähe sicher anders aus, wenn das Konzil bereits verwirklicht wäre, so aber stehen neben guten Fortschritten auch einige Fehlentwicklungen, oft gerade in den Ländern, die sich am meisten auf das Konzil berufen haben. Ich denke besonders an das schwindende Bewußtsein vom göttlichen Wesen der Kirche und ihrer Sakramente. Das zeigt sich ganz konkret daran, daß Taufen und Eheschließungen zurückgehen, die Beichte vielerorts fast ganz ausfällt und der größere Teil der Theologiestudenten die Priesterweihe nicht mehr anstrebt.

Muß deshalb eine Kurskorrektur der Kirche folgen, oder sogar „Restauration“[2], wie in letzter Zeit zu hören war?

Die „Restauration“ ist zum Reizwort gemacht worden und damit wenig hilfreich. Wenn man ein Haus immer nur restauriert, wird es zum Museum, wenn man es nie restauriert, wird es zur Ruine. Beides soll die Kirche nicht werden. Darum muß sie bewahren, was ihr von Christus anvertraut wurde, und sich zugleich ständig erneuern. Denn von jeder Generation ist eine neue Entscheidung für den Glauben gefordert.

Wird diese Entscheidung nicht schwergemacht, wenn der normale Gläubige auf die Leitung seiner Kirche keinen Einfluß hat?

Die Leitung der Kirche ist den Bischöfen als Nachfolger der Apostel anvertraut. Die Kirche ist eben keine menschliche Institution, kein Verein, der durch Mehrheitsentscheidung regiert wird, sondern gründet in der Stiftung Jesu Christi. Auf diesen Charakter der Kirche als Mysterium hat ja die Synode ganz besonders hingewiesen. Demokratische Prinzipien, die in Staat und Gesellschaft gelten, können deshalb auf die Kirche nicht ohne weiteres übertragen werden.

Beim Konzil hatte man überlegt, dem Papst bei der Leitung der Kirche einen ständigen Bischofsrat zur Seite zu stellen[3]. Dieser Vorschlag kam jetzt wieder in die Diskussion.

Wenn ein Anliegen des Konzils voll verwirklicht wurde, dann ist es die Internationalisierung der römischen Kurie. Was soll da noch ein zusätzlicher ständiger Bischofsrat in Rom? Die jetzige Form der Bischofssynoden hat doch gerade den Vorteil, daß die Teilnehmer frisch vom Felde kommen mit all den Problemen und Erfahrungen in ihren Ortskirchen.

Wenn die Laien auf die Leitung der Kirche keinen Einfluß nehmen, welche Möglichkeiten bleiben ihnen dann noch?

---

[2] Nach Äußerungen Kardinal Joseph Ratzingers (Rapporto sulla fede, Turin 1985; dt. Übers.: Zur Lage des Glaubens. Ein Gespräch mit Vittorio Messori, München 1985, insbesondere S. 12) war eine Debatte um eine mögliche „Restauration“ in der Kirche entstanden. Vgl. etwa die Leitartikel von Karl-Heinz Weger, „Löscht den Geist nicht aus!“, und Wolfgang Seibel, Restauration, in: Stimmen der Zeit 203 (1985), S. 145 f. bzw. 577 f.

[3] II. Vatikanisches Konzil, Dekret „Christus Dominus“, 28. Oktober 1965, Nr. 5. Diesem Anliegen des Konzils entsprach bereits Papst Paul VI. weitgehend mit der Einrichtung der Bischofssynode als Repräsentativorgan des Episkopats (Motu proprio „Apostolica sollicitudo“ vom 15. September 1965); vgl. cann. 342–348 CIC.

Ganz enorme. Etwa dreiviertel aller getauften Katholiken in unserem Land kommen nur selten oder überhaupt nicht zur Kirche. Kein Priester kann sie mehr erreichen, wohl aber gläubige Laien: am Arbeitsplatz, in der Schule, in der Freizeit.

Innerhalb der Kirche sollten Laien also schweigen?

Nein. Was wir brauchen, sind aber nicht in erster Linie Ersatz-Kleriker, sondern vielmehr Vollblut-Laien. Solche, die ihr Apostolat bewußt als Laien ausüben. Also nicht in die Sakristei stürzen, um noch einen Zipfel vom Altartuch zu erhaschen, sondern hinausgehen „auf die Felder“. Wir müssen endlich aufhören, immer nur die Messer zu wetzen, statt die Ernte einzuholen.

Was kann die Kirche tun, wenn ihrer Lehre immer mehr Menschen nicht mehr folgen?

Sie muß sich vor allem davor hüten, in Panik zu verfallen und mit „Gefälligkeitsangeboten“ die Leute bei der Stange halten zu wollen. Die Botschaft Christi muß auch gegen den Strom des Zeitgeistes verkündet werden, „sei es gelegen oder ungelegen“, wie der Apostel Paulus schreibt[4]. Manche haben vergessen, daß uns Christus keine Mehrheit verheißen hat. Er hat uns die Wahrheit anvertraut und denen, die sie verkünden, gesagt: „Fürchte Dich nicht, Du kleine Herde“[5].

Die Kirche wird also keine Kompromisse eingehen, zum Beispiel beim § 218?

Der Schutz und die Würde des menschlichen Lebens können nicht zur Diskussion gestellt werden. Arme Völker, etwa in Afrika, halten uns für entmenscht, weil in einem der reichsten Länder der Welt über 200 000 Abtreibungen im Jahr geschehen.

Kann dieser Zustand politisch geändert werden?

Die politisch Verantwortlichen haben bisher zu wenig getan, trotz finanzieller Verbesserungen für die Familie. Wir werden aber so lange international Schlußlicht bei der Geburtenrate sein, wie ein Kind nur als finanzielle Belastung empfunden wird, nicht aber als menschliche Erfüllung. Dagegen hilft nur das Beispiel einer funktionierenden Familie – auch eine hervorragende Aufgabe für gläubige Laien.

In welcher Partei können sich gläubige Katholiken heute noch aufgehoben fühlen?

Ich weiß nicht, ob man sich in einer Partei „aufgehoben“ fühlen sollte. Christen sind herausgefordert, in der Partei mitzuarbeiten, in der sie die besten Voraussetzungen sehen, christliche Wertvorstellungen zu verwirklichen.

In der Öffentlichkeit ist die Kirche aber immer weniger vertreten.

Die Öffentlichkeit wird heute entscheidend von den Medien und hier besonders vom Fernsehen geprägt. Dort sind christliche Lebenseinstellungen kaum zu sehen. Deshalb muß für die Kirche die Nachwuchsförderung im Medienbereich absolute Priorität haben. Es ist unhaltbar, daß wir mit dem Fernrohr übers Land gehen müs-

---

[4] 2 Timotheus 4,2.

[5] Lukas 12,32.

sen, um einen Journalisten zu finden, der gleichzeitig berufliche Qualifikation und kirchliche Überzeugung mitbringt.

Dann muß die Kirche auch die finanziellen Voraussetzungen für eine effiziente Medienpolitik schaffen.

Man hätte in der Vergangenheit vielleicht weniger in Backsteine investieren sollen und mehr in die Medien. Dann könnten wir heute mehr anbieten als nur eine Kritik- und Kontrollfunktion.

Wie steht es mit der innerkirchlichen Kommunikation?

Das Zusammengehörigkeitsgefühl in allen Teilen der Weltkirche ist größer als man oft denkt. In Afrika werden zum Beispiel bei der musikalischen Gestaltung des Gottesdienstes selbstbewußt die eigenen Stammestexte und zugleich das lateinische Credo gebraucht. Man ist stolz darauf, zur einen universalen Kirche zu gehören. Keiner dort will den Wert einer weltumfassenden Kirche aufgeben für eine Zersplitterung in nationale Kirchen oder den Zerfall in Bewegungen.

Kind der Armen*

Liebe Brüder und Schwestern! Liebe Zuhörerinnen und Zuhörer im Hessenland und jenseits der Grenze, die unser Vaterland durchzieht!

Wir sind hier zusammengekommen, um miteinander in der Christmette das Weihnachtsfest zu feiern, das Fest der Ankunft unseres Herrn Jesus Christus, der Menschwerdung des Sohnes Gottes, das Fest der Liebe und des großen ewigen Friedens.

Während wir hier im Lichterglanz sitzen, vor uns die Krippe, die das weihnachtliche Geschehen versinnbildlicht, und den Altar, auf den der ewige und lebendige Gott herniedersteigen wird in dieser Stunde, laden wir gleichsam all die Menschen zu uns ein, die jetzt den Gottesdienst am Radio mithören:

- all die Kranken, die selbst nicht mehr zur Christmette gehen können,
- alle, die auch in dieser Nacht im Dienst oder auf Reisen sein müssen und so von daheim getrennt sind,
- alle, die sich einsam und elend fühlen und vielleicht voll Wehmut an frühere lichtvollere Weihnachtstage denken,
- und schließlich auch alle, die sich vielleicht nur zufällig eingeschaltet haben, um einfach ein weihnachtliches Programm zu hören.

Ihnen allen gilt wie uns in dieser Stunde die Freudenbotschaft des Weihnachtsfestes: „Ein Kind ist uns geboren, ein Sohn ist uns geschenkt. Auf seinen Schultern ruht die Weltherrschaft“[1]. Gott selbst kommt zu uns, Er hat seinen eingeborenen Sohn auf unsere Erde gesandt, um uns nicht verlorengehen zu lassen, sondern um uns heimzuholen, heimzuholen in Sein Reich, für das Er uns bestimmt und erschaf-

---

* Predigt in der Christmette am 24. Dezember 1985 im Dom zu Fulda (vom Hessischen Rundfunk übertragen); Druck: Worte in die Zeit, S. 66–70.

[1] Jesaja 9,5.

fen hat. Sind wir aber bereit, uns heimholen zu lassen, uns ganz in seine Arme zu werfen?

In der ersten Weihnachtsnacht, damals zu Bethlehem, in der für die ganze Weltgeschichte entscheidenden Nacht – ist Er gekommen –, nicht in Macht und Pracht und Herrlichkeit, sondern als Kind der Armen, um zu zeigen, daß es ihm nicht um die Mittel geht, um das Äußere, um das, was vor den Menschen zählt – sondern um das, was vor Gott gilt – und da gilt allein das Herz.

Er ist gekommen, den Armen die Frohe Botschaft zu bringen, die Armen zu erlösen, die Armen reich zu machen – aber was heißt das, die Armen? Sind wir damit ausgeschlossen, weil es uns ja doch ganz gut geht? Ob einer arm ist vor Gott, das hat nur wenig mit der Brieftasche und den Kontoauszugen zu tun. Das hat, ich habe es schon gesagt, mit dem Herzen zu tun.

Arm vor Gott, das sind die Menschen, die versklavt sind an ihre Schwächen und Sünden, die sich nicht mehr befreien können von ihren Leidenschaften, nicht mehr losreißen können aus ihrer Erbärmlichkeit. Arm sind die Menschen, die nicht von Herzen lieben können und auch nicht mehr geliebt werden, die keine Menschen haben, die ihnen vertrauen und keine Menschen, denen sie vertrauen können. Arm sind die Menschen, deren Leben keinen Sinn mehr hat, die keine Hoffnung, kein Ziel und keine Zukunft mehr haben. Arm sind die Menschen, die Gott nicht kennen oder Gott verloren haben. Arm aber sind wir alle, soweit wir nicht in der ganzen Fülle Gottes leben. Arm ist jeder, der sich vor Gott verbirgt, der sein Herz festhält, der Angst hat vor der großen Herausforderung, die da heißt: „Du sollst den Herrn, deinen Gott, lieben aus deinem ganzen Herzen, aus deiner ganzen Seele und aus all deinen Kräften – und deinen Nächsten wie dich selbst“[2].

Darum kommt Gott in dieser Nacht zu uns allen, sucht er jeden einzelnen von uns, wo und in welcher Lebenssituation er auch immer sei. Er will jeden von uns beschenken, will jeden von uns reich machen – überreich! Nicht mit irgendwelchen irdischen oder vergänglichen Gaben – Er schenkt uns alles, Er schenkt sich selbst. Wenn wir das doch in dieser Stunde begreifen könnten: Gott ist ein Menschenkind geworden – damit wir Kinder Gottes werden können! Vor diesem großen Weihnachtsdrama, vor dieser Entscheidung, alles zu gewinnen oder aber leer auszugehen, steht seit der Nacht von Bethlehem jede Generation, die von der Frohen Botschaft getroffen wird, so wie wir heute.

„Er kam in sein Eigentum“, heißt es bei Johannes, „aber die Seinen nahmen ihn nicht auf. Allen aber, die ihn aufnahmen, gab Er die Macht, Kinder Gottes zu werden“[3]. Das ist Gottes Angebot an mich hier, jetzt und heute. Überall auf der Welt wird in der Heiligen Nacht dasselbe Evangelium verkündet von der Geburt des Kindes, von den Hirten, die der Glanz des Herrn umstrahlte und die dann aufbrachen und das Kind fanden. Das ist das Wesentliche: wer diese Botschaft hört, der horcht auf und bricht auf, um ihn zu finden.

Wenn wir ihn aber wirklich finden wollen, wenn wir das Wort Gottes hören wollen, ist das Erste das Aufhorchen, das Hinhören. Um zu hören, braucht man aber

---

[2] Matthäus 22,37.39.
[3] Johannes 1,10–12.

Stille. Wenn es um uns herum und in uns lärmt und schreit, sind wir in der Gefahr, Gottes Stimme nicht zu hören, sie zu überhören. Die Heilige Nacht ist die ‚Stille Nacht'. „Als tiefes Schweigen das All umfing, kam dein allmächtiges Wort, o Herr"[4]. Alles Große wächst in der Stille. Wenn ein Baum wächst, geschieht es in der Stille. Wenn er umfällt, macht er Krach. Und so ähnlich ist es mit vielen Menschen.

Nun wissen wir aber alle, daß unsere Zeit nicht still ist. Es dröhnt und knattert und lärmt in den Straßen und in der Luft und oft genug auch in unseren Wohnungen. Deshalb müssen wir gerade in unserer Zeit immer wieder ganz bewußt die Stille suchen, uns befreien aus der Hektik des Alltags und schweigen vor Gott. Stille aber ist mehr als kein Lärm. Stille ist die Stille des Ohres, des Mundes, des Herzens: Schweigen, um zu hören, Schweigen, um zu begreifen. Kann ich das überhaupt noch? Der Mensch braucht zwei Jahre, um sprechen zu lernen, aber 50 Jahre reichen oft nicht aus, um das Schweigen zu lernen.

Nur so aber, nur in der Stille, werden wir seine Stimme hören, werden wir den Sinn unseres Lebens begreifen, werden wir überhaupt erst Mensch werden können. Wer wirklich das Glück der Weihnacht erfahren will, der sollte sich in diesen weihnachtlichen Tagen, noch vor Beginn des Neuen Jahres diese Stunde der Stille schenken. Ruhig werden, sich öffnen dem Sinn des Ganzen, dem Strom der göttlichen Liebe. Eine solche Stunde kann mein ganzes Leben verändern. Gott gibt mir die Macht, sein Kind zu werden. Er ist bereit, mir alles zu schenken: seinen Frieden, seinen Segen, seine Liebe, seinen Geist, seine Freude, seine Unendlichkeit. Eine solche Stunde, in der ich Ja sage zur Wahrheit, Ja sage zur Wirklichkeit, Ja sage zum lebendigen Gott. Dann ist der Friede da. Eine solche Stunde wünsche ich uns allen in dieser Weihnachtszeit. Denn nur wer solche Stille durchschritten hat, wer Gott gefunden hat im Innersten seines Herzens, der kann auch mit vollem Herzen einstimmen in den Jubel des Gottesdienstes, der kann Frieden bringen und Freude ausstrahlen in Familie und Gemeinde, der begreift und lebt, was heute vom Himmel schallt: „Ehre sei Gott in der Höhe und Friede auf Erden den Menschen seiner Gnade!"[5].

Mittragen am Kreuz des Herrn*

Wenn man heute in die Medienwelt schaut, ist man überrascht, wie viele Forderungen von allen Seiten gestellt werden. Wenn man die ersten Seiten der Zeitungen liest oder Nachrichten hört: Immer wieder Forderungen an den Staat, an die Gesellschaft, an die Parteien – und auch an die Kirche. Forderungen von allen möglichen Verbänden und Interessenvertretungen. Und man hat manchmal den Eindruck, daß selbst in der Kirche junge Verbände, die früher Avantgarde waren, die früher aufopfernd kämpften, heute, je weniger sie noch da sind, um so mehr fordern.

---

4 Weisheit 18,14 f.

5 Lukas 2,14.

* Predigt am 24. Juni 1986 im Fuldaer Dom bei der Diözesan-Altenwallfahrt zum Abschluß der Bonifatiuswallfahrten; Druck: Worte in die Zeit, S. 71–75.

Unter diesem Schwall von verschiedenen, mehr oder weniger berechtigten Forderungen, ist jene Frage, die immer wieder kommt, der wir uns auch stellen sollen: Was wollen die Menschen von der Kirche heute? Dabei kommt eigentlich zu kurz die andere, wesentliche Frage: Was will Gott von den Menschen heute, was will Gott von mir? Denn das ist die einzige Forderung, die wirklich wesentlich ist, auf die es einmal ankommt an dem Tag, da Gottes Ewigkeit einbricht in unsere Zeit. An dem Tag, an dem wir vor ihm stehen werden, wird es überhaupt nicht mehr darauf ankommen, was wir alles gefordert haben. Noch nicht einmal darauf, was wir alles erreicht haben, sondern darauf: Habe ich dem entsprochen, was Gott von mir wollte? Deshalb ist das für jeden einzelnen von uns die entscheidende Frage: Was will Gott von mir? Da er mich ins Dasein gerufen hat, hat er mir einen Auftrag gegeben.

Wir finden das ganz deutlich im Leben Johannes des Täufers – das ist eine ganz klare Berufung, eine Berufung vom Mutterleib an, wie es in der Schrift heißt: „Noch bevor du geboren warst, noch als du im Schoß deiner Mutter warst, habe ich dich berufen, habe ich dich gekannt“[1]. Überlegen wir einmal, was das bedeutet für die heutige Diskussion über Abtreibung, wenn man fragt: Sind das Menschen oder sind das keine Menschen? „Noch bevor du geboren warst, kannte ich dich. Noch als du im Schoß deiner Mutter warst, habe ich dich berufen“. Vom Mutterleib an ist da von Gott gewolltes Leben.

Bei Johannes war das eine ganz große Berufung. Wir hörten, daß schon bei seiner Geburt sich die Menschen fragten: „Was wird wohl aus diesem Kinde werden?“[2]. Bei unserer Geburt hat wahrscheinlich nicht die ganze Provinz gefragt: Was wird aus dem oder was wird aus der werden? Aber unsere Eltern haben sich gefragt: Was wird wohl aus diesem Kinde werden? Aus diesem Kind, das Gott uns geschenkt hat, das Gott gewollt hat, das Gott berufen hat zu einem Leben als Kind Gottes.

Und das ist die Frage, die wir uns stellen müssen: Bin ich das geworden, was Gott von mir erwarten konnte? Er schenkt uns ja die ganze Zeit unseres Lebens als Zeit der Gnade, um ihm entgegenzuwachsen, um das zu werden, das zu sein, das zu tun, wozu er uns berufen hat. Da gibt es verschiedene Lebensalter: Die Jugend, danach den ersten Existenzkampf, wo viele so gehetzt sind, daß sie das Eigentliche oft über Jahre hinaus vergessen. Dann gibt es die relative Freiheit Ihrer Generation, der Alten, von denen viele schon vom täglichen, stündlichen Streß, der regelmäßigen Arbeit nach der Uhr befreit sind und sich das Leben etwas beliebiger einrichten können. Die etwas mehr Übersicht haben, etwas mehr Klarheit, etwas mehr Ruhe. Aber das heißt ja nicht, die Hände in den Schoß legen und die Zeit vorbeitreiben lassen; sondern jede Stunde unseres Lebens, die Gott uns schenkt, schenkt er uns, um in dieser Stunde sein zu sein und sein zu werden. Überlegen wir einmal, wieviel Gutes wir in der Zeit, die Gott uns noch schenkt, noch tun können, in unseren Familien, in unseren Gemeinden, in den Kirchengemeinden, auch in den politischen Gemeinden. Wieviel Gutes an den Menschen, mit denen wir zu tun haben.

---

[1] Jesaja 49,1; Jeremia 1,5.

[2] Lukas 1,66.

Überlegen wir einmal mit Gott und vor Gott, was wir aus der Fülle des Lebens, aus der Fülle der Erfahrungen, aus der Fülle des Herzens noch alles tun können, um Gottes Reich gegenwärtig werden zu lassen in unserer Zeit, welches Zeugnis wir ablegen können für unseren Glauben.

Ich möchte nur einen Punkt nennen. Überlegen wir einmal, was es heute heißt, da die Treue allenthalben nachläßt, da die Menschen alles auf Zeit, probeweise und vorübergehend haben wollen, wenn wir in der Kirche und einer neuen Generation gegenüber Zeugnis dafür geben, was Treue ist: Treue zu Gott, Treue zu unseren Mitmenschen, Treue zu unserer Kirche. Dazu sind Sie aufgerufen, dieses Zeugnis abzulegen durch Ihr Leben.

Ein Bischof hat viele Pflichten: am Schreibtisch und im Bistum unter den Menschen. Am Schreibtisch – das ist meist nicht so interessant. Aber eine der liebsten Pflichten ist es mir, wenn zwei oder dreimal im Monat die Mappe mit den Bild-Glückwünschen für die Goldenen Hochzeiten kommt. Jedes Mal, wenn man den Segenswunsch zeichnet, atmet man auf und denkt: das gibt es eben doch noch! Wieder zwei Menschen, die 50 Jahre einander treu waren, durch dick und dünn, in guten und schlechten Tagen. Das gibt es auch heute noch. Das soll es aber auch in 50 Jahren noch geben! Wenn wir da nicht zu einem neuen Aufbruch kommen in unserer Kirche, zu einer neuen Besinnung auf das, was Treue heißt, dann wird mein – ich weiß nicht wievielter – Nachfolger in 50 Jahren als Bischof von Fulda nicht mehr viele goldene Hochzeitsglückwünsche unterschreiben können. Das wäre doch eine trostlose Entwicklung.

Sehen Sie, da sind Sie gerufen, präsent zu sein mit allen Kräften, die der Herr Ihnen gibt. Es sind anderer Kräfte als die der Jugend. Aber es sind Kräfte des Gebets, Kräfte der Treue, Kräfte auch des Leidens, des angenommenen Leidens, das Teilnahme ist am Kreuztragen Christi. Und wenn es den einen weniger und den anderen mehr trifft, sei es körperlich, sei es seelisches Leiden, so muß er wissen, daß Gott es ihm zumutet, daß das nichts anderes heißt, als daß der Herr meint: Ich glaube, du bist reif, ein wenig von meinem Kreuz mitzutragen. Und es gibt keine größere Aufgabe in unserer Kirche, als mitzutragen am Kreuz des Herrn. Deshalb wollen wir das alles auch nicht abweisen als lästige Alltagserscheinung, was da auf uns zukommt in diesen Jahren, sondern wir sollen den letzten Sinn dahinter sehen: Daß es der Herr ist, der mich mit seinem Kreuz berührt. Wir sind dem Herrn nie näher, als wenn er uns unter sein Kreuz ruft!

Das ist meine Bitte an Sie alle, daß Sie der Kirche diesen großen Dienst tun, der Kirche in diesem Bistum, der Kirche auf der ganzen Erde, die darauf angewiesen ist, Kreuzträger zu haben, sonst ist sie ihrer Sendung untreu: Daß wir dieses Mysterium, das mit Alter und Leid auf uns zukommt, recht begreifen und darin den Herrn erkennen, der uns ruft in eine große Zukunft.

Wir wissen alle, daß in dieser Zeit die Zukunft vor vielen Menschen steht wie eine finstere Mauer. Dem, der an Gott glaubt, ist eine Zukunft verheißen, auf die er vertrauen kann, auf die er sich freuen kann. Denn uns hat der Herr gerufen in das ewige Leben. Alle, die an ihn glauben, die ihm vertrauen und die ihm treu sind, wird er in sein ewiges Leben führen. Wir werden es in wenigen Minuten hören: „Wer von diesem Brot ißt, wird in Ewigkeit leben"[3]. Das ist unsere Zukunft: nicht Abbruch, Tod und Grab, sondern ewiges Leben in der Herrlichkeit unseres Herrn, in der ewigen Freude. So wie Jesus Christus, der Sohn Gottes, selbst eingegangen ist in die Herrlichkeit über das Kreuz, so werden auch wir eingehen in die Ewigkeit über Kreuz und Tod, aber in dem sicheren Bewußtsein, daß wir beim Herrn sind, ob wir leben, ob wir sterben. Und da kann mir ja eigentlich gar nichts mehr passieren. Was soll mir zustoßen, wenn ich als Kind Gottes in der Hand Gottes bleibe?

Apostolische Kirche, missionarische Kirche*

Die Kirche feiert heute das Fest ihrer ersten und größten Apostel, Petrus und Paulus. Sie feiert das Fest der Apostelfürsten an einem Tage, fast als wage sie nicht zu entscheiden, welchem der beiden höhere Ehre gebühre: dem, den der Herr den Felsen seiner Kirche genannt hat[1] – oder dem, der den Ruf des Evangeliums als erster in die heidnische Welt hinausgetragen hat, dem Völkerapostel.

Da ist zunächst Petrus. Von Anfang steht seine Gestalt unter dem Geheimnis der Berufung durch Gott, die den armen Fischer vom See Genesareth zum Haupt der Kirche, zum Stellvertreter Christi auf Erden machte. Da versagt alles Warum. Gewiß war Petrus ein Mensch, den jeder gern haben mußte, ein froher, fleißiger, aufgeschlossener und grundehrlicher Charakter, der seinem Meister mit rührender Treue anhing. Aber seinesgleichen gab es gewiß Dutzende unter dem Fischervolk am See. Langsam erst wird ihm in der Gefolgschaft Jesu klar, welche Aufgabe ihm zugedacht ist. Als aber die Stunde schlug, wo sein Bekenntnis sich bewähren sollte, da versagt er aus Furcht vor den Menschen. Dennoch hat der Heiland gerade ihn so hoch erhoben. Solche Liebe entzieht sich aller deutelnden Vernunft; sie ist unergründlich, weil sie göttlich ist.

Seit sein Bruder Andreas ihn zu Jesus führte und dieser ihn aufgenommen, ja ihm einen neuen Namen gegeben hatte, gehört sein Herz Christus, dessen göttliche Größe er erahnt, selbst wenn er sie nicht erklären konnte. Er folgt ihm. Um seinetwillen verläßt er Frau und Heim, sein Fischerboot und seinen Beruf, um nur immer bei ihm sein zu können. Ja, Petrus ist von Jesus begeistert. Er ist sich ganz sicher, daß er für seinen Herrn und Meister durch dick und dünn gehen wird. Als Jesus ihn auf die künftigen Prüfungen hinweist, antwortet er im Brustton der Überzeugung: „Und wenn alle an dir Anstoß nehmen – ich niemals! Und wenn ich mit dir sterben müßte, ich werde dich nie verleugnen"[2]. Zunächst scheint er das auch wahrzumachen – bei der Gefangennahme Jesu ist er es, der als einziger das Schwert zieht, um seinen Meister da herauszuhauen.

---

[3] Johannes 6,52.

* Ansprache bei der katholischen Morgenfeier im Hessischen Rundfunk am 29. Juni 1986 (Bischöfliche Pressestelle Fulda); Überschrift von den Bearb.; Textfassung leicht überarbeitet.

[1] Vgl. Matthäus 16,18.

[2] Matthäus 26,33.35.

Dann aber kommt die finsterste Stunde seines Lebens – eine einfache Magd, die Türhüterin des Hohenpriesters genügt, um den starken Mann zu Fall zu bringen. Bei Lukas heißt es da: „Petrus folgte von weitem. Eine Magd aber schaute ihn genau an und sagte: ‚Der war auch mit ihm zusammen'. Petrus aber leugnete und sagte: ‚Frau, ich kenne ihn nicht'". Als er das zum dritten Mal wiederholte und beteuerte, daß er mit diesem Menschen überhaupt nichts zu tun habe, krähte der Hahn. Da wandte sich der Herr um und blickte Petrus an. Und der ging hinaus und weinte bitterlich[3].

Diesen Blick des Herrn hat Petrus sein ganzes Leben lang nicht mehr vergessen. In der Reue über seine Schuld hat Petrus aus tiefster Erniedrigung zurückgefunden zur Liebe Gottes. In der Verzweiflung über seine Schuld hat Judas dagegen zum Strick gegriffen. Darin liegt der entscheidende Unterschied: Ein jeder von uns, so tief er auch gefallen sein mag, kann erlöst werden, wenn er nur in tiefer und echter Reue den Blick Gottes sucht und die Hand Gottes ergreift. So wird aus dem ungestümen und selbstsicheren Petrus der wahre Fels. Die Erfahrung der eigenen Ohnmacht und Erbärmlichkeit und der alles übersteigenden Gnade und Kraft Gottes läßt ihn zu einem neuen Menschen werden, der – vom Heiligen Geist erfüllt – vor die Menschen tritt, der Lahme heilt und Ungläubige bekehrt, den weder Gefangenschaft noch Geißelung noch Todesdrohung schrecken können. Er wird das, wozu der Herr ihn ausersehen hat: Der erste Hirte seiner Kirche.

Paulus, vor seiner Bekehrung Saulus genannt, war kein einfacher Mann aus dem Volk. Er kam aus der Pharisäerschule des Gamaliel, war dort ein Musterschüler gewesen und ein Eiferer für das Volk Israel. In den ersten Christen sah er nur Abtrünnige vom alten Glauben, und so verfolgte er sie mit fanatischem Haß. Er war Zeuge der Ermordung des Stephanus, die er für eine Gott wohlgefällige Tat, für ein gerechtes Gericht hielt. Ja, in der Apostelgeschichte heißt es[4]: Saulus wütete mit Drohung und Mord gegen die Jünger des Herrn. Er stöberte selbst in allen Städten Judäas die Christen auf, um sie gefesselt nach Jerusalem zu bringen. So war er gerade unterwegs nach Damaskus, um die dortigen Christen zu fangen, als auch ihn der Blick des Herrn traf, allerdings auf ganz andere Weise als den Petrus. Nach dem Bericht der Apostelgeschichte geschah es, als er sich bereits Damaskus näherte, daß ihn plötzlich ein Licht vom Himmel umstrahlte. Er stürzte zu Boden und hörte wie eine Stimme aus der Höhe zu ihm sagte: „Saul, Saul, warum verfolgst du mich?" Er antwortete: „Wer bist du, Herr?" Dieser sagte: „Ich bin Jesus, den du verfolgst. Steh auf und geh in die Stadt, dort wird dir gesagt werden, was du tun sollst". In Damaskus wurde ihm dann gesagt, wofür ihn der Herr berufen hatte. Das wurde ihm gesagt von dem Boten des Herrn, Hananias, dem der Herr selbst über Paulus geoffenbart hat: „Dieser Mann ist mein auserwähltes Werkzeug. Er soll meinen Namen vor Völker und Könige und die Sohne Israels tragen. Ich werde ihm auch zeigen, wieviel er für meinen Namen leiden muß".

Die Wandlung des Saulus zu Paulus ist einer der ganz seltenen Fälle, in denen Gott die Bekehrung eines Menschen gleichsam erzwingt, durch ein wunderbares

---

[3] Vgl. Lukas 22,54–62.
[4] Vgl. Apostelgeschichte 9,1–19.

Eingreifen vom Himmel her. Paulus blieb tagelang blind, aß und trank nicht und begriff in diesen Tagen, daß Gott selbst sein Schicksal bestimmt hatte, das da hieß: Missionsauftrag und Leiden um Christi willen.

Und so sollte er dann aufbrechen, um seine großen Missionsreisen anzutreten, die ihn, Eroberungszügen gleich, quer durch die ganze zivilisierte Welt der damaligen Zeit führten. Er war der große Wegbahner des Christentums in der Antike, der unermüdlich von Stadt zu Stadt vorstieß, überall den Glauben an Christus verbreitete, überall neue Gemeinden gründete. Sowie aber eine Gemeinde auf eigenen Füßen stand und Vorsteher für sie gefunden waren, zog es ihn – trotz aller Trauer des Abschiedes – immer wieder zu neuen Gestaden, zu neuen Gründungen. In den Briefen aber, die er aus der Ferne an seine Gemeinden schrieb, an die Römer, Korinther, Galater, Epheser, Kolosser und Thessalonicher, hat er uns einen unermeßlichen Schatz an christlicher Botschaft und Offenbarung, Lehre und Weisheit hinterlassen, einen Schatz, den die Kirche stets als Geschenk des Heiligen Geistes betrachtet und in die Heilige Schrift aufgenommen hat.

In einem dieser Briefe schildert er rückschauend die Drangsale, die er erdulden mußte: „Mühsale ohne Zahl, häufige Kerkerhaft, schwerste Mißhandlungen und Todesgefahren. Fünfmal erhielt ich von den Juden die 39 Hiebe, dreimal wurde ich ausgepeitscht, einmal gesteinigt, dreimal erlitt ich Schiffbruch, eine Nacht und einen Tag trieb ich auf hoher See. Dazu die vielen Wanderungen, gefährdet durch Flüsse, gefährdet durch Räuber, gefährdet durch das eigene Volk, gefährdet durch Heiden, gefährdet in der Wüste, gefährdet auf dem Meer, gefährdet durch falsche Brüder. Ich erduldete Mühsal und Plagen, durchwachte viele Nächte, ertrug Hunger und Durst, häufiges Fasten, Kälte und Blöße, ganz abgesehen von dem täglichen Andrang zu mir und der Sorge um die Gemeinden. Wo ist denn einer schwach, ohne daß ich mit ihm leide?“[5]

Vor solchen Worten kann man nur verstummen. Woher nahm der heilige Paulus die Kraft zu diesem Werk, das doch beinah über alles Menschenmaß hinauszugehen scheint? Auch in dieses Geheimnis läßt er uns einen Einblick tun, wenn er sagt: „Ich bin überzeugt davon, daß die Leiden der gegenwärtigen Zeit *nichts* bedeuten im Vergleich zu der Herrlichkeit, die an uns offenbar werden soll“[6].

Es scheint, als ob er in den Himmel geschaut habe, der sich vor Damaskus einmal über ihm geöffnet hatte, als ob er den Himmel offen sah, wie einst Stephanus – und aus dieser Vision die Kraft erhielt, von der er sagte: „Ich kann alles in dem, der mich stärkt“[7].

Diese beiden Männer stehen am Anfang der Kirche: Petrus und Paulus. Sie verkörpern das Wesentliche an der Kirche, damals wie heute: Petrus – ihr hierarchisches Fundament und Paulus – ihre missionarische Dynamik.

Das Wort von der Hierarchie wird heute vielerorts nicht mehr gern gehört, und doch bezeichnet es die von Gott selbst gegebene Grundstruktur der Kirche, wie sie

---

[5] Vgl. 2 Korinther 11,23–29.

[6] Römer 8,18.

[7] Philipper 4,13.

Jesus Christus gegründet und uns geschenkt hat. Wir sprechen ja von der einen, heiligen, katholischen und apostolischen Kirche.

Apostolische Kirche, das heißt aber die von den Aposteln und ihren Nachfolgern geleitete Kirche. In ihr regiert der Heilige Geist durch die, denen Gott selbst seine Schlüsselgewalt, Binde- und Lösegewalt verliehen hat, nicht aber irgendwelchen Gremien, die sich von der Basis her bilden könnten.

Wir sind heute oft versucht, die Kirche in politische Kategorien zwängen zu wollen, über die sie weitaus erhaben ist. Sie ist ja kein Gebilde unserer Gesellschaftsordnung, kein menschlicher Verein. Wäre sie das, so würde in ihr zu Recht die Mehrheit entscheiden. Die mit dem Zeitgeist wechselnden Mehrheiten würden sie hierhin und dorthin reißen in der Geschichte. Ja, sie wäre dem Verfall und Untergang geweiht wie alle menschlichen Zusammenschlüsse, Reiche und Bewegungen auf dieser Welt.

Nun aber ist die Kirche nicht menschliche Gründung, sondern göttliche Stiftung und in ihrer Grundstruktur unantastbar. „Nicht ihr habt mich erwählt, sondern ich habe euch erwählt", sagt der Herr[8]. Darum bestimmt in der Kirche nicht unser Wille, sondern sein Wille, entscheidet nicht die Mehrheit, sondern allein die Wahrheit, und das notfalls auch gegen die Mehrheit.

Das ist ja gerade das Große und Erhabene an unserer Kirche, daß in ihr Christus fortlebt durch alle Zeiten. In seiner Kirche schenkt er uns sein Wort, das uns Weg, Wahrheit und Leben ist[9]. In seiner Kirche schenkt er uns seine Sakramente, in denen er uns immer wieder erneuert, befreit, stärkt und emporreißt in sein göttliches Leben. In seiner Kirche schenkt er uns auch immer wieder neue Apostel, Männer, die, wie die Jünger zur Zeit Jesu, auch heute bereit sind, alles aufzugeben, um Christus nachzufolgen, Männer, die er beruft, um sein Wort zu künden, seine Sakramente zu spenden, seine Kirche zu leiten, in seinem Namen zu binden und zu lösen in unserer Zeit.

Apostolische Kirche, das heißt aber auch immer missionarische Kirche: So wie Paulus unzählige Männer und Frauen seiner Zeit dafür begeistert hat, lebendige Zeugen dieser Kirche zu sein, so ist es heute unsere Aufgabe, das Licht des Glaubens, der Hoffnung und der Liebe in unsere Zeit zu tragen, in unsere Familien, in unsere Gemeinden, in unsere Gesellschaft.

Noch einmal zurück zu den beiden Apostelfürsten. In Rom treffen Petrus und Paulus wieder zusammen. Über beiden hängt die düstere Drohung der Christenverfolgung des Kaisers Nero. Im Schweigen der Nacht, im Dunkel der Katakomben sammelt Petrus die Christen um sich. Viele Gläubige, viele Getreue hat er in jenen Jahren sterben sehen von der Hand des Henkers oder vom Biß wilder Tiere. Paulus liegt im Gefängnis, auch Petrus wartet auf den Tod, wie er auf das Ende der Welt wartet, ohne Angst, ohne Unruhe, mit einer unerschütterlichen Zuversicht. Er stirbt am Fuße des vatikanischen Hügels, mit dem Kopf nach unten an das Kreuz geschlagen. Wo sein Blut floß, erhebt sich heute die Kuppel des Petersdomes in den Himmel und verkündet den Sieg des Glaubens (dessen Banner Gott den

---

[8] Johannes 15,16.
[9] Vgl. Johannes 14,6.

Händen eines armen Fischers anvertraute). Paulus aber fällt unter dem Schwert des Henkers, wahrscheinlich im Jahre 67. Das Schwert konnte den Leib töten, den Geist dieses Mannes aber nicht auslöschen.

Während das Römerreich in Trümmer sank, triumphierte das Reich Gottes, dem er den Weg bereitet hatte. Unsterblich blieb seine Lehre, unsterblich wie die Liebe, die er gelebt und der er seinen Hochgesang im 1. Korintherbrief gewidmet hat. Da sagt der Apostel: „Ich zeige euch jetzt noch einen anderen Weg, einen, der alles übersteigt. Wenn ich in den Sprachen der Menschen und Engel redete, hätte aber die Liebe nicht, wäre ich dröhnendes Erz oder eine lärmende Pauke. Und wenn ich prophetisch reden könnte und alle Geheimnisse wüßte und alle Erkenntnisse hätte, wenn ich alle Glaubenskraft besäße und Berge damit versetzen könnte, hätte aber die Liebe nicht, wäre ich nichts. Und wenn ich meine ganze Habe verschenkte, und wenn ich meinen Leib dem Feuer übergäbe, hätte aber die Liebe nicht, nützte es mir nichts. Die Liebe ist langmütig, die Liebe ist gütig. Sie ereifert sich nicht, sie prahlt nicht, sie bläht sich nicht auf. Sie erträgt alles, glaubt alles, hofft alles, hält allem stand. Die Liebe hört niemals auf“[10].

In dieser Liebe und Treue der Apostel aber und in ihrer Gewißheit auf die ewige Freude wollen auch wir Kirche sein in unserer Zeit.

Die Kirche braucht Heilige*

Wenn wir uns heute versammelt haben, um das Fest der heiligen Hildegard von Bingen zu feiern, die vor über 800 Jahren hier gelebt und gewirkt hat, dann nicht nur, um irgendein altes Jubiläum zu feiern. Nicht um Vergangenes geht es hier, sondern darum, heute den Glauben zu bekennen, den die heilige Hildegard bekannt und bezeugt hat. Denselben Glauben!

Heute das Licht zu schauen, dessen Spiegel sie gewesen ist. Dasselbe Licht!

Heute sich dem Geist zu öffnen, der die heilige Hildegard erfüllt und durchdrungen hat. Demselben Geist!

Heute die Kirche zu lieben, die sie geliebt hat, für die sie aus der ganzen Kraft ihres Herzens eingetreten ist. Dieselbe Kirche!

Hildegard steht strahlend und unübersehbar in der Reihe der großen heiligen Frauen, die Gott immer und zu allen Zeiten seiner Kirche geschenkt hat. Groß aber wurde sie nicht etwa durch eigene Ansprüche und Forderungen, sondern der Beginn ihrer Größe war ihre Demut vor Gott.

Und das ist das erste große Beispiel, das Hildegard ihren Schwestern und den Frauen aller Zeiten hinterlassen hat: Frauen, die der Kirche wirklich dienen wollen, suchen nicht sich selbst, machen sich nicht selbst zum Thema, sondern schenken sich ganz Gott. Sie schenken sich dem Nächsten, und aus der Hingabe erwächst Größe, Heiligkeit und Wirksamkeit. Aus der Selbstbehauptung erwächst gar

---

[10] 1 Korinther 13,1–4.7–8.

* Predigt beim Hildegardisfest am 17. September 1986 in Eibingen; Druck: Worte in die Zeit, S. 76–80.

nichts, denn ein Mensch, der sich selbst nicht aufgeben will, hat keine Zukunft im Reiche Gottes.

Und so ist sie aus ihrer Hingabe heraus zu einer Großen geworden in ihrer Zeit, ja für alle Zeiten. Denn das eben zeigt uns die Unterscheidung der Geister. Wer aus sich selber und für sich selbst spricht, der zündet ein Strohfeuer an. Er mag die Menschen seiner Zeit eine Zeitlang blenden, fesseln, alarmieren, aber wenn seine Zeit abgelaufen ist, bleibt nur noch Asche, in alle Winde verweht. Wer aber aus dem Geist Gottes spricht, dessen Wort bleibt wahr und bedeutsam und wirksam für alle Zeit. Das ist das Wort der Propheten, der Apostel, der Evangelisten, der Heiligen aller Zeiten. Das ist das Feuer, das der Geist Gottes auf die Erde wirft und das brennen soll in unseren Herzen.

Weil sie vom Geiste Gottes empfangen und uns weitergeschenkt sind, sind auch die Worte und Offenbarungen der heiligen Hildegard für uns heute noch so aktuell.

Hildegard hatte die Vision von der Kirche in ihrer göttlichen Vollkommenheit wie in der menschlichen Erbärmlichkeit. „Ich sah sie", schreibt Hildegard 1170, „von solcher Schönheit, daß Menschengeist es nicht zu fassen vermochte. Ihre Gestalt ragte von der Erde bis zum Himmel ... – aber ihr Antlitz war mit Staub bedeckt, ihr Mantel zerrissen, ihre Schuhe beschmutzt. Ja, mit lauter, klagender Stimme schrie sie zum Himmel hinauf: ‚Horch auf, Himmel: Mein Antlitz ist besudelt! Trauere Erde: Mein Kleid ist zerrissen! Erzittere Abgrund: Meine Schuhe stehen im Schmutz!' "[1].

Hildegard hat an diesem Zustand der Kirche in ihrer Zeit gelitten. Und sie hat in ihrer leidenschaftlichen Liebe für die Kirche alles Mögliche und Unmögliche getan, um das Antlitz dieser Kirche wieder strahlen zu lassen. Sie ist vor Kaiser und Könige, vor Päpste und Bischöfe getreten, um das wahre Kirche-Sein einzufordern. Dieser Kirche, die von Ewigkeit her im Vater verborgen war und aus dem Blute Christi geboren wurde. – Und heute? Christus ja, Kirche nein? Wird da nicht das Antlitz der Kirche verdunkelt? Kirche von oben, Kirche von unten? Wird da nicht ihr Gewand zerrissen?

Hildegard hat den Theologen ihrer Zeit zugerufen: „Ihr solltet Feuersäulen sein, die den Menschen leuchten durch das Feuer der Lehre – der Lehre der Kirche"[2]. Was würde sie heute zu Theologieprofessoren sagen, die ihre eigenen Weisheiten der Lehre der Kirche voranstellen, die mit ihrem akademischen Gezänk die Gläubigen verwirren?

Und was hat Hildegard den Seelenhirten ihrer Zeit zugerufen? „Ihr müßtet die starken Eckpfeiler sein, die die Kirche stützen. Allein ihr liegt am Boden und seid kein Halt für die Kirche. ... Und ihr sagt: Wir können unmöglich alles schaffen"[3].

Was würde sie zu den heutigen sagen, wenn sie in die Versuchung geraten, Probleme zu unterlaufen, Entscheidungen aufzuschieben oder abzuschieben, das Kreuz Christi der Welt zu verschleiern, klare Worte zu scheuen aus Angst vor dem Widerspruch der Welt? Die heilige Hildegard hat klare Worte wahrhaftig nicht

---

[1] Hildegard an Werner von Kirchheim, 1170 (CCM XCI, epist. CXLIX R).
[2] Hildegard an die Hirten der Kirche, 1163(?) (CCM XCI, epist. XV R).
[3] Ebd.

gescheut. Und auch nicht die Konsequenzen solcher Worte. Sie ist in ihren Forderungen immer aufs Ganze gegangen, denn sie wußte, daß Erneuerung der Kirche nie durch ein Weniger, sondern immer nur durch ein Mehr an Hingabe erreicht worden ist. In ihrem Brief an den Klerus von Köln sagt sie den kirchlich ‚Engagierten': „Ihr aber laßt euch durch jeden daherfliegenden weltlichen Namen lahmlegen. Mit eurem leeren Getue verscheucht ihr aber bestenfalls im Sommer ein paar Fliegen"[4].

Sollte das womöglich auch für uns gelten? Für uns, die wir so große und breite kirchliche Apparate und pastorale Programme aufgebaut haben und doch so wenig erreichen an Begeisterung und Wachstum? Wenn es überhaupt einen Sinn haben soll, hier im September 1986 das Gedächtnis einer Hildegard von Bingen zu feiern, dann nur, wenn wir ihren Geist wiederaufleben lassen in unserer Zeit. Wenn wir bereit sind, seine Kirche, unsere Kirche, wieder zu lieben mit der ganzen Glut einer heiligen Hildegard – statt sie mit einer Flut von Kritik zu überziehen.

Wer sind wir denn, was haben wir denn vollbracht, daß wir uns anmaßen, diese Kirche zu kritisieren, diese Kirche, die Er uns geschenkt hat als seinen Leib, durch die Er uns alles schenkt, das Wort, das uns erlöst und befreit, und die Sakramente des ewigen Lebens? Wenn wir über eines in unserem Leben froh und glücklich sein dürfen, dann darüber, daß Er uns in seine Kirche berufen hat, daß wir dieser Kirche angehören dürfen, die alle Hoffnung und alle Verheißungen in sich trägt.

Ist nicht jetzt die Stunde gekommen, sich aus ganzem Herzen zur Kirche zu bekennen? Denn „wer mich vor den Menschen bekennt", so spricht der Herr, „den werde auch ich bekennen vor meinem Vater, der im Himmel ist"[5].

Was unsere Kirche heute braucht, sind nicht so sehr Pharisäer, die sie dauernd auf die Probe stellen, nicht so sehr Schriftgelehrte, die sie dauernd kritisieren, nicht so sehr Tempelbeamte, die selbst das Allerheiligste nicht betreten und auch die anderen noch davon abhalten. Was diese Kirche braucht, sind vielmehr Jünger, die dem Herrn folgen mit der ganzen Hingabe ihrer selbst, Jünger die einander lieben und in dieser Liebe Kirche bauen und Kirche bilden in unserer Zeit. Was diese Kirche braucht, sind Heilige – viele kleine, und so Gott will, auch ein paar große –, die ihr den Weg weisen. Was diese Kirche braucht, sind wir, Menschen wie du und ich, Kinder Gottes, die sich freuen, im Schifflein Petri zu sitzen, auch und gerade, wenn es einmal stürmisch wird, die dann nicht gleich vom Untergang jammern, weil sie ja wissen, Gott der Allmächtige ist mit uns alle Tage bis an das Ende der Welt.

Darum wollen wir die heilige Hildegard bitten, daß sie unsere schwache und kümmerliche Liebe zur Kirche verdoppele, verdreifache, ja verhundertfache. Denn wir müssen unserer trauernden, angstvollen und freudlosen Welt heute klarmachen, daß es einen Weg gibt hinaus aus allen Bedrängnissen und Gefahren, daß es einen Weg gibt, der in den Frieden führt und in das Glück, daß Gott auch heute noch uns einen solchen Weg geschenkt hat: die eine, heilige, katholische und apostolische Kirche.

---

[4] Ebd.
[5] Matthäus 10,32.

Gib der Hoffnung ein Gesicht*

Auf die Frage „wer ist denn mein Nächster?" hat Jesus nicht mit eingehenden pastoraltheologischen Ausführungen geantwortet, sondern er zeigte uns das konkrete Beispiel des barmherzigen Samariters[1]. So steht mir auch bei dem Thema „Gib der Hoffnung ein Gesicht" sofort ein menschliches Gesicht vor Augen, ein Mensch, den ich im tropischen Regenwald Afrikas kennenlernen durfte: Das war die junge Kanadierin Teresa H. [=Hicks]. Als 20jährige Studentin hatte sie sich für ein freiwilliges Jahr für die Leprastation im Inneren Liberias gemeldet. Als ich sie kennenlernte, war sie 30, neunmal hatte sie inzwischen ihre Verpflichtung erneuert. Bei ihrer Ankunft wurden die Patienten auf der Station zwar medizinisch versorgt, waren aber sonst zu einem völlig passiven Dasein verurteilt, bloße Medikamentenempfänger, Almosenempfänger, ohne Aussicht darauf, je im Leben wieder eine wirkliche Aufgabe zu haben.

Teresa änderte das alles. Sie begann ein landwirtschaftliches Selbsthilfeprogramm sozusagen aus dem Sumpf zu stampfen. Reisfelder wurden angelegt, dann die ersten Gemüsebeete. Kaninchen wurden angeschafft, schließlich erbettelte sie sogar zwei Schweine. Ein Freund aus dem kanadischen Westen opferte seine Ferien und legte Fischteiche an – so kamen die Patienten der Leprakolonie zu ihrer eigenen Farm. Teresa fand für jeden eine geeignete Aufgabe, je nach dem Grad seiner mehr oder weniger fortgeschrittenen Verstümmelung. Die rechtzeitig eingelieferten Kranken konnten noch fast volle Arbeit leisten, aber ich habe auch einen Schwerstverstümmelten gesehen, der als „Feldhüter" eingesetzt war und mit Hingabe bunte Fähnchen schwenkte, um die Krähen von den frischbesäten Furchen zu verscheuchen. Ja, die Leprakranken fanden sogar den Mut, eine eigene Fußballmannschaft zusammenzustellen, die den stolzen Namen „Teresas Krieger" trägt.

Teresa selbst ist nach zehn Jahren nun einem Missionsorden beigetreten, um ihren Einsatz endgültig zu machen, die Erleichterung ihrer „Anhänger" war unbeschreiblich. Und nun findet sie offene, ja, durstige Herzen, wenn sie nicht nur den täglichen Reis ausstreut, sondern den Samen des Wortes Gottes, der Frohen Botschaft, die ja allein jedem menschlichen Leben den eigentlichen Sinn und die letzte Erfüllung geben kann.

Ich muß ehrlich gestehen, daß ich von dem, was Mission heute noch sein kann, eigentlich keine rechte Ahnung hatte, bevor ich solche Schwestern und solche Missionare kennengelernt habe. Und davon gibt es viele Tausende in der ganzen Welt, ein Schatz der Kirche, über den wir uns freuen, den wir hüten und pflegen und vermehren sollten! Für diese Menschen stellt sich die Frage Mission „oder" Entwicklungshilfe gar nicht. Die Kirche hat von jeher Entwicklungshilfe geleistet, längst bevor sie zu Beginn der sechziger Jahre von unserer politischen und kirchlichen Öffentlichkeit entdeckt wurde. Missionare waren es, die in den vielen Ländern

* KNA, Katholische Korrespondenz, Nr. 39, 30. September 1986, S. 3: „Gib der Hoffnung ein Gesicht". Gedanken zum Sonntag der Weltmission am 26. Oktober 1986. Von Erzbischof Johannes Dyba.

[1] Das Gleichnis vom barmherzigen Samariter: Lukas 10,29–37.

Afrikas und Asiens die ersten Schulen und Krankenhäuser erbauten, die Wege ins Landesinnere bahnten und menschlichen wie solidarischen Fortschritt brachten. Als ein deutscher Entwicklungshelfer unlängst in ein großes zentralafrikanisches Land kam und fragte: „Wie viele sind denn hier katholisch?", konnte man ihm zu Recht antworten: „Praktisch alle, die lesen und schreiben können".

Um aber kein Mißverständnis aufkommen zu lassen – die Missionare und Schwestern sind natürlich hinausgezogen, um das Reich Gottes zu verkünden. Dafür setzen sie sich der Hitze und den Sümpfen, der Armut, den Moskitos und tückischen Krankheiten aus, um den Menschen das Heil zu bringen. Aber dort wie hier bewahrheitet sich die Verheißung Christi: „Suchet zuerst das Reich Gottes und seine Gerechtigkeit – und alles andere wird euch dazugegeben werden!"[2]. Ja, wahrhaftig, wo wir mit der Botschaft Christi den Menschen den Sinn des Lebens erschließen und ihren Herzen eine neue, ungeahnte Hoffnung schenken, rühren sich die Hände wie von selber, um menschenwürdige Zustände zu schaffen. Das ist wie bei der Anweisung der alten Weisen zum Schiffbau: wenn du willst, daß Schiffe gebaut werden, dann kümmere dich nicht um Nägel, Balken und Taue – sondern entzünde in den Menschen die Sehnsucht auf das große, weite Meer!

Wer je das Glück hatte, Missionaren vor Ort zu begegnen, trifft dort Menschen, die fröhlich und mit großer Selbstverständlichkeit schwere Belastungen auf sich nehmen, Menschen, denen das Joch Christi wirklich leicht geworden ist, Menschen, die überzeugen, weil sie sich selbst vergessen und nur Christus und seine Botschaft verkünden und leben. Menschen, die Zeichen der Hoffnung setzen in so vielen Ländern und für so manche Völker, deren Kultur in einer Krise, deren Wirtschaft im Schlamm steckt und deren Politik mit Kugeln und Stacheldraht gemacht wird – da ist oft die Kirche das einzige Zeichen der Hoffnung und menschlicher Erlösung. Und wenn wir heute so gern von Befreiung sprechen, sollten wir nicht vergessen, daß das Christentum für die Menschen, die aus den urtümlichen Natur- und Geisterreligionen kommen, eine wahrhafte Befreiung ist – aus der versklavenden Herrschaft des Aberglaubens und unzähliger Tabus, aus namenloser Angst vor Schemen und Schimären, aus uns oft unvorstellbaren finsteren Abhängigkeiten. Und nur gelebtes Christentum kann ja schließlich auch befreien von den neuen Gefahren und Abhängigkeiten, die mit dem modernen Materialismus, der beinahe zwangsweisen Ansteckung mit den Degenerationserscheinungen der westlichen Zivilisation auf die jungen Völker zukommen.

Mission, der Auftrag Christi an die Kirche, der Auftrag Christi an uns alle, ist heute, da die Zeichen des Bösen ihre Schatten so deutlich über die Erde werfen, so aktuell wie eh und je. Das große und befreiende Werk der Missionare kann aber nur gelingen, wenn es in der Heimat fest verwurzelt ist. Hier müssen die Quellen sich öffnen, aus denen der Mission immer wieder neue Menschen, neue Begeisterung und alle nötigen Mittel zufließen. Wer in oder für die Mission aktiv wird, sei es durch persönlichen Einsatz, sei es durch das Gebet, sei es durch materielle Opfer, erfüllt den Willen des Herrn, gehört zur Schar um Christus. Dazu braucht man nicht einmal zu warten, bis man ein vollkommener Christ ist. Selbst von uns armse-

---

[2] Lukas 12,31.

ligen, immer wieder versagenden Menschen läßt sich Gott helfen, wenn es um das Heil unserer Brüder und Schwestern geht. Wollten wir nicht immer schon einmal in unserem Leben Größe zeigen? Vielleicht ist dies der Augenblick, wirklich einmal etwas Großes zu tun – in unserem persönlichen Opfer. „Gib der Hoffnung ein Gesicht“ lautet die Herausforderung des Jahres. Wenn Christus den Menschen anrührt, meint er es vielleicht noch viel persönlicher: „Gib der Hoffnung Dein Gesicht!“.

Frieden*

Solange wir zurückdenken können, gab es Friedenskonferenzen, Friedensgespräche aller Art, Gipfeltreffen der Staatsmänner – und doch ist die Welt heute mehr denn je zerrissen von Mißtrauen und Unsicherheit, voller Angst vor der Katastrophe eines neuen Weltkrieges.

Über Jahrzehnte hinweg zogen sich die Abrüstungsverhandlungen der Großmächte – und doch sind heute ihre Arsenale gewaltiger, ihre Rüstungsausgaben höher denn je. Ja, es hat sogar den Anschein, als ob manche der Friedensbewegungen und Friedensinitiativen unserer Zeit eher zusätzliche Polarisierung in unsere Gesellschaft tragen, mehr Unfriede als Frieden schaffen.

In diese scheinbar ausweglose Situation hinein ergeht der Aufruf des Papstes zu einem Gebetstag für den Frieden, zu dem er alle Religionen, ja alle Menschen guten Willens einlädt: Der 27. Oktober 1986 soll von Assisi, der Stadt des heiligen Franziskus aus, gewissermaßen zu einem Einkehrtag für die ganze Welt werden[1].

Ich glaube nicht, daß dieser Aufruf des Heiligen Vaters nur als ein Tribut an den Trend der Zeit zu verstehen ist. Ebensowenig dürfte er als eine Art Ersatz für das verschiedentlich geforderte Friedenskonzil zu verstehen sein, das ja nicht zu verwirklichen ist, weil der Begriff des Konzils sowohl in der katholischen wie in der orthodoxen Kirche einen geschichtlichen und theologischen Stellenwert hat, der eine noch so gutgemeinte Instrumentalisierung für politische Zwecke ausschließt.

Nein, dieser Appell des Papstes zielt auf das Wesentliche, trifft den Punkt, der das Scheitern aller bisherigen Bemühungen verursacht hat: die Gottlosigkeit und Gottferne der Menschen. Denn „für die Gottlosen gibt es keinen Frieden“, läßt Gott schon seine Propheten verkünden[2] – da mögen sie schreien, verhandeln oder demonstrieren, solange sie wollen. Gottlosigkeit bei uns? Ja, wer hat uns denn gesagt, daß Gott einem Volk den Frieden schenken will, das in einem unbarmherzi-

---

* Das Wort des Bischofs. Frieden, in: Bonifatiusbote, Nr. 40, 5. Oktober 1986; Druck: Worte in die Zeit, S. 81–83. – Mit diesem Beitrag eröffnete Dyba die monatliche Kolumne „Das Wort des Bischofs“, die – wie der Bonifatiusbote, Nr. 39, 28. September 1986 ankündigte – Themen „im Laufe des Kirchenjahres“ ansprechen sollte. Darüber hinaus wollte der Bischof richtungweisend Fragen beantworten, „die in der Pfarrgemeinde, im Pfarrgemeinderat, in Elternversammlungen, auf Katholikentagen, in kirchlichen Verbänden und in den Familien diskutiert werden“.

[1] Vgl. Johannes Dörmann, Der theologische Weg Johannes Pauls II. zum Weltgebetstag der Religionen in Assisi (27. Oktober 1986), Bd. I–II/1–3, Senden 1992.

[2] Jesaja 48,22.

gen Krieg gegen das von Gott ins Dasein gerufene Leben Hunderttausende von Kindern im Mutterleib abschlachtet. Blut, das zum Himmel schreit, vermischt mit Friedensrufen?

Der Prophet Jesaja zeigt uns aber auch den wahren und einzigen Weg zum Frieden. In seiner großartigen Vision heißt es da: „Viele Nationen machen sich auf den Weg; sie sagen: Kommt, wir ziehen hinauf zum Berg des Herrn und zum Haus des Gottes Jakobs. Er zeige uns seine Wege, auf seinen Pfaden wollen wir gehen. ... Dann schmieden sie Pflugscharen aus ihren Schwertern und Winzermessern aus ihren Lanzen. Man zieht nicht mehr das Schwert, Volk gegen Volk, und übt nicht mehr für den Krieg“[3].

Der Friede ist also eine Frucht der Bekehrung zu Gott. Nur als Folge der Bekehrung der Völker wird der allgemeine Friede verheißen. Wohlweislich in dieser Reihenfolge: erst die Bekehrung, dann der Friede – das ist nicht umkehrbar. „Ehre sei Gott in der Höhe – und Friede den Menschen auf Erden“, heißt die Weihnachtsverheißung, in der gleichen Reihenfolge: ohne Anerkennung und Anbetung Gottes gibt es keinen Frieden für die Menschen auf Erden.

Was heißt das konkret? Ich glaube, wir können der Welt keinen größeren Friedensdienst leisten als den, wirklich Christen zu sein. Denn erst als Kinder Gottes können wir einander zu Brüdern und Schwestern werden. Solange wir die Umkehr zu Gott nicht vollzogen haben, bleiben wir gespalten, einander gegenübergestellt als Konkurrenten, Drohende und Bedrohte, einander bekämpfende Klassen.

Das ist natürlich ein Weg, der viel anspruchsvoller ist als irgendwelche ungeduldigen Aktionen, der viel mehr und viel Wesentlicheres von uns fordert – wirkliches Christsein, Buße tun, Umkehr! Und doch, wer ihn einschlägt, wird sofort spüren, daß er auf dem wahren Wege ist. Denn die erste Frucht der persönlichen Bekehrung ist ja der innere Frieden der Seele, ein Geschenk Gottes, das uns frei, sicher und glücklich werden läßt – schon jetzt und nicht erst zum ungewissen Datum eines allgemeinen Weltfriedens. Menschen die sich in Gottes Hand wissen, brauchen auch keine Angst vor der Zukunft zu haben, denn sie wissen, daß Gott allein der Herr der Geschichte ist und sie lenken wird zum Heile derer, die an ihn glauben.

In dieser frohen Gewißheit der Kinder Gottes wollen wir in das Gebet der Kirche einstimmen, in das Gebet um die Bekehrung des eigenen Herzens, um die Bekehrung des eigenen Volkes, um die Bekehrung gottferner Völker und Gesellschaften, auf daß wir in der Anerkennung des einen Gottes zu einer friedlichen Menschheitsfamilie werden.

Gemeinschaft der Heiligen*

Wenn wir das Fest Allerheiligen feiern, dann gedenken wir nicht nur der vielen großen Heiligen des Kirchenjahres, sondern gerade auch der unzähligen ungenannten und unbekannten Heiligen, die Gott in allen Jahrhunderten seiner Kirche ge-

---

[3] Jesaja 2,3–4.

* Das Wort des Bischofs: Gemeinschaft der Heiligen, in: Bonifatiusbote, Nr. 44, 2. November 1986.

schenkt hat. In ihnen, den Zeugen, die das Wort Gottes in ihre Zeit trugen, den Müttern, die sich für ihre Kinder aufgeopfert haben, allen, die an ihrem Arbeitsplatz in aller Stille ihre Pflicht getan haben und ihren Nächsten eine Hilfe waren, ja in allen, die ihrem Herrn treu blieben bis ans Ende, hat Gott uns immer wieder Licht und Beispiel gegeben für unseren Weg zu ihm.

In den frühen Jahrhunderten des Christentums hat man besonders die Märtyrer mit großer Ehrfurcht und Liebe verehrt. Ihr Blutzeugnis für den Glauben hat die Menschen tief ergriffen, hat den Glauben für viele erst glaubwürdig gemacht und die Kirche in den Völkern feste Wurzeln schlagen lassen. Und doch – die Märtyrer sind keine Figuren aus der Vergangenheit. Es ist ebenso wahr wie erschütternd, daß es in noch keinem Jahrhundert der Geschichte so viele Märtyrer gab wie in unserem 20. Jahrhundert, das sich so aufgeklärt und fortschrittlich gibt. Das beginnt mit der grausamen mexikanischen Kirchenverfolgung in den ersten Jahrzehnten und zieht sich über die Massenverfolgungs- und Vernichtungskampagnen der Kommunisten wie der Nationalsozialisten in einer breiten, blutigen Spur bis auf den heutigen Tag hin[1].

Noch vor wenigen Wochen[2] stand ich am Grabe eines Märtyrers, den Geheimpolizisten unserer Tage erst vor zwei Jahren auf unvorstellbar grausame Weise umbrachten – am Grabe des Kaplans Jerzy Popiełuszko in Warschau[3]. Er hätte schweigen können, wie so viele es ihm rieten, selbst solche, die es „gut" mit ihm meinten. Aber er hat nicht geschwiegen und ist als Zeuge der Wahrheit, die es zu verkünden galt, in den Tod gegangen. Heute halten Hunderte und Tausende Ehrenwache an seinem Grabe, und wenn man unter ihnen steht, spürt man auf eine unbeschreibliche Weise, wie der Geist des Heiligen die Menschen ergreift, wie man untereinander eins wird in der Entschlossenheit, mutig und treu zu der Kirche zu stehen, für die Popiełuszko sein Leben hingegeben hat.

Ja, so soll aus den Heiligen „Allerheiligen" werden, aus der Kirche die Gemeinschaft der Heiligen, wie wir es im Credo bekennen. Und zu dieser Gemeinschaft der Heiligen gehören wir alle, ein jeder von uns – welch eine Herausforderung!

Wir alle haben uns ja für unser Leben einiges vorgenommen, haben unsere kleineren oder größeren Pläne für die Zukunft. Gehört die Heiligkeit dazu? Und warum eigentlich nicht? Werden wir, die wir so selbstverständlich auf Gottes Barmherzigkeit in der Ewigkeit hoffen, auch nur einen einzigen stichhaltigen Grund dafür vorbringen können, daß wir in unserem Leben die ganz große Liebe, die alles entscheidende Hingabe, die wirkliche Nähe Gottes nicht einmal wahrhaft gesucht haben?

---

[1] Vgl. Robert Royal, The Catholic Martyrs of the Twentieth Century. A Comprehensive World History, New York 2000; Helmut Moll (Hrsg.), Zeugen für Christus. Das deutsche Martyrologium des 20. Jahrhunderts, Bd. 1–2, 3. Aufl., Paderborn u.a. 2001.

[2] Anläßlich der Reise einer deutschen Bischofsdelegation vom 25. bis 27. August 1986 nach Warschau und Tschenstochau. Vgl. dazu auch das Interview von Dietmar Kuschel mit Dyba, in: Bonifatiusbote, Nr. 36, 7. September 1986: Die Polen haben keine Kirche von unten.

[3] Jerzy Popiełuszko, Kaplan an der Pfarrei Hl. Stanislaus Kostka in Warschau-Żoliborz, wurde am 19. Oktober 1984 durch Mitarbeiter des polnischen Sicherheitsdienstes entführt und dann ermordet. Der Seligsprechungsprozeß wurde 1996 eröffnet.

Wenn der hl. Paulus an die Mitglieder der Urgemeinden schreibt, so nennt er sie „die von Gott geliebten, die berufenen Heiligen“[4]. So ist ein jeder Christ ein berufener Heiliger, ganz besonders aber derjenige, der in der Kirche mitwirken will. Heute hört man oft von „mündigen“ Christen, und das ist gut so – aber warum hört man kaum noch von „frommen“ Christen? Noch höher sind wohl die „engagierten“ Christen anzusetzen, sollten das nicht vielleicht die „heiligmäßigen“ sein? Würde nicht vielleicht das den vom Konzil gewünschten und von uns allen so ersehnten Durchbruch in der Kirche herbeiführen, wenn wir alle, die wir Kirche sein und darstellen wollen, zuerst den Ruf Christi zur Heiligkeit ernst nähmen und in unserem Leben verwirklichten?

Dann wird Allerheiligen zu unserem eigenen Fest: Denn in den Augen Gottes sind wir ja alle berufene Heilige, Menschen, die er unendlich liebt und auf deren Antwort er wartet, um unser Leben in sein Leben, unsere Zeit in seine Ewigkeit, unsere Erbärmlichkeit in seine Herrlichkeit zu nehmen. Und nur wenn wir darauf eingehen, werden wir Gemeinschaft der Heiligen sein, Kirche nach dem Herzen Gottes!

Anfangen*

Eine der größten Gnaden, die Gott uns Menschen schenkt, ist die Gnade eines neuen Anfangs. Er schenkt sie uns immer wieder, im kleinen wie im großen. Da liegt das neue Jahr nun vor uns wie früher ein neues Schulheft, und wer erinnert sich nicht an den stets erneuten Vorsatz: Jetzt aber keine Kleckse mehr und den Rand gleichmäßig einhalten! Vielleicht haben wir die erste Seite auch glücklich geschafft, aber dann – war es Seite 2 oder 3? – mußte doch wieder gelöscht, radiert, verbessert werden ...

Ähnlich geht es uns ja auch immer wieder mit den vielen guten Vorsätzen für das neue Jahr. Eine Weile scheint alles besser zu gehen, und dann haben die alten Schwächen uns wieder, beginnt wieder der alte Schlendrian. Leider betrifft das ja nicht nur kleinere Schönheitsfehler, sondern auch wichtige und wesentliche Dinge, die wir wirklich einmal ändern wollten und müßten. Und die Erfahrung des immer wieder erneuten Versagens kann dann zu Mutlosigkeit, ja Verzweiflung führen – man schafft es ja doch nie und ist versucht, ganz aufzugeben. Eine solche Niedergeschlagenheit aber ist viel schlimmer als unser tatsächliches Versagen. Denn der, der seine Jünger gelehrt hat[1], nicht siebenmal, sondern siebenmal siebzigmal zu verzeihen, ist ja doch in seiner unendlichen Liebe und Barmherzigkeit auch bereit, uns immer und immer wieder zu vergeben und uns einen neuen Anfang zu schenken, wenn wir nur aus ehrlichem Herzen darum bitten. Er hat ja unseren Fall schon vorausgesehen, als wir noch selbstbewußt und sicher waren. Er kennt all unsere Tiefen und Höhen und wartet auf uns, daß wir ihn wieder suchen. So hat ja auch Petrus

---

[4] Vgl. u. a. Römer 1,7.

* Das Wort des Bischofs: Anfangen, in: Bonifatiusbote, Nr. 1, 4. Januar 1987.

[1] Matthäus 18,22.

ihn wieder gesucht nach seinem schweren Fall – Judas aber ist verzweifelt, ist vor ihm geflohen in die Finsternis.

Die Sicherheit der Vergebung und einen ganz neuen und mächtigen Anfang schenkt Gott uns im Empfang des Bußsakramentes. Deshalb sollten wir die hl. Beichte niemals als lästige Pflicht empfinden, sondern als die große Chance zu immer neuem Beginn und Fortschritt in unserem Leben. Aber auch von den kleineren Unfällen und alltäglichen Schwächen sollten wir uns nicht entmutigen lassen. Wie sagt der hl. Paulus? „Darum werden wir nicht müde; wenn auch unser äußerer Mensch aufgerieben wird, der innere erneuert sich Tag um Tag"[2].

Das geschieht im Gebet, in den Sakramenten, in der Hinwendung zu Gott, der unser Leben ja ganz in seinen Händen trägt. Also nicht daran entscheidet sich unser Leben, daß wir nie wieder hinfallen – sondern daran, daß wir stets und immer wieder aufstehen!

Wenn aber Gott immer wieder bereit ist, uns eine neue Chance zu geben, sollten auch wir bereit sein, unseren Nächsten die Chance zu einem neuen Anfang zu geben. Wie vieles ließe sich da retten in angeschlagenen Ehen, wie vieles ließe sich da heilen in unseren Familien, wie vieles ließe sich glücklicher gestalten in unseren Beziehungen zu Nachbarn und Kollegen. Auch da gibt der hl. Paulus uns eine goldene Regel, die uns und unseren Nächsten das Leben unsagbar erleichtern könnte: „Die Sonne soll über eurem Zorn nicht untergehen"[3]. Würden wir ein gebrochenes Wasserrohr nicht noch am gleichen Tag reparieren? Um wieviel mehr sollte das gelten für ein gebrochenes Herz.

Darum also geht es: Wir werden nicht ohne Schuld, nicht ohne Rückschläge, nicht ohne Konflikte leben können – eines aber können wir: uns immer wieder aufrichten, immer wieder einen neuen Anfang suchen für uns und für die anderen. Und das nicht nur am Neujahrstag, sondern, wenn es sein muß, 365mal – an jedem neuen Morgen, an dem Gott uns seine Sonne und seine Liebe aufgehen läßt in diesem Jahre des Heils.

Narren?*

Nach diesem Wahlkampf[1] haben wir den Karneval wohl verdient. Es fastnachtet allerorten und in den urtümlich katholischen Gegenden unseres Landes natürlich am stärksten. Als Bischof kann ich nur hoffen, daß die gläubigen Diözesanen nun die Zeit finden, sich einmal recht von Herzen und überschwenglich zu freuen. Das rechte Lachen lockert ja von tief innen, vom Zwerchfell her, Körper und Geist. Wenn man das ganze Jahr über gefordert ist, alle möglichen und unmöglichen

---

[2] 2 Korinther 4,16.

[3] Epheser 4,26.

* KNA, Im Gespräch, RMD 1461, 30. Januar 1987: Narren?; Bonifatiusbote, Nr. 5, 1. Februar 1987; Druck: Worte in die Zeit, S. 84 f.

[1] Bei den Bundestagswahlen am 25. Januar 1987 behauptete sich die bisherige Regierungskoalition aus CDU/CSU und FDP.

Leute und Anliegen „ernstzunehmen“, ist es eine rechte Wohltat, einmal – mit kirchlicher Erlaubnis – davon befreit zu sein.

Wohlgemerkt: Nur wer um das Wesentliche weiß, kann sich über das Unwesentliche im Humor befreit erheben. Und wieviel Unwesentliches und Zweitrangiges bedrängt uns im Alltag immer wieder, nimmt uns ins Joch gesellschaftlichen und beruflichen Zwanges, macht den Blick trübe, den Mund zu und das Rückgrat krumm? Wenn in den närrischen Sitzungen Tusch und Applaus ertönen, so doch immer dann, wenn einer ins Schwarze getroffen hat, wenn einer eine Wahrheit ausgesprochen hat, die man im zivilen Leben nicht mehr auszusprechen wagt. Im Zeitalter des Absolutismus wurde den Hofnarren zu diesem Zweck Straffreiheit für ihre Äußerungen zugesichert. Heute meinen wir, freier zu sein, wenn wir die von den öffentlichen Medien, von Presse, Funk und Fernsehen verbreiteten oder tolerierten Meinungen vertreten. Aber versuche mal einer, gegen den Strom zu schwimmen, die Wahrheit zu sagen, wie er sie sieht – er wird bald merken, daß er der schützenden Narrenkappe bedarf, um nicht ernstlich verletzt zu werden.

Darf ich aus der Schule plaudern? In zwanzig Jahren auf dem spiegelglatten Parkett des vatikanischen diplomatischen Dienstes ist mir nicht so oft bedeutet worden: „Das darf man aber nicht sagen!“ wie in einem einzigen Jahr als Bischof in Deutschland.

Lachen und Ernst, Feiern und Fasten gehören zusammen wie Einatmen und Ausatmen. Immer gehören beide Dimensionen des Menschseins zusammen, wer nur eine gelten läßt, wird entweder lächerlich oder sauertöpfisch. Darum wünsche ich all unseren Gläubigen diese Ganzheit: Daß sie sich aus dem frohen Bewußtsein der Kinder Gottes, die sich in seiner Hand geborgen wissen, lächelnd erheben können – und ab und zu auch über sich selbst ...

Fasten*

Das Fasten, in der Kirche der letzten Jahrzehnte vernachlässigt und fast schon in Vergessenheit geraten, wird von der Heilkunde wiederentdeckt. Vielfältig sind die Angebote der verschiedenen Systeme und Kurhäuser. Aber während wir beim kosmetischen oder reinen Gesundheitsfasten nur einige Pfunde verlieren, winken uns, wenn wir der Einladung der Kirche zum wahren Fasten im Geiste Christi folgen, ungeahnte Gewinne: eine gestärkte Selbstbeherrschung, ein vertieftes Verstehen unseres Seins und unserer Grenzen – die vielleicht gar nicht so erbärmlich eng sind, wie wir es bisher immer annahmen – und vor allem, eine größere Nähe zu Gott. Eben jene heilmachende Kraft, die wir nur im Fasten und Beten empfangen können und die uns in unserem christlichen Alltag oft so bitterlich fehlt.

Inmitten einer Welt, die uns mit tausend Stimmen drängt, uns an die Dinge zu verlieren, sich einmal selbst zu finden in der Distanz von den Dingen, Genüssen und Versuchungen der Welt – ist das nicht eine Herausforderung, die wert wäre, angenommen zu werden? Ich meine, es sollte keinen Menschen und schon gar kei-

---

* Das Wort des Bischofs: Fasten, in: Bonifatiusbote, Nr. 10, 8. März 1987.

nen Christen geben, der nicht wenigstens einmal im Leben die Erfahrung eines wirklichen Fastens gemacht hat, das heißt eines Heilfastens von ein bis zwei Wochen. Da können sich ganz neue Dimensionen des Lebens erschließen, von denen der vor sich hin trottende Alltagsmensch nie etwas erfahren wird. Wie wäre es mit einem Teil des Urlaubs?

Die allermeisten von uns bleiben aber auch in dieser Fastenzeit in den Alltagsstreß eingespannt. Wir alle aber sind aufgerufen, einen neuen Schritt auf Gott hin zu tun, damit wir am Ende der Fastenzeit freier und Gott näher sind als heute. Was tun – wo mit dem Befreiungsversuch beginnen? Ich glaube, gerade da, wo wir uns am meisten beherrscht wissen wider unseren eigentlichen Willen, sei es beim Essen, sei es beim Trinken, beim Rauchen, Fernsehen oder auch beim vielen Reden, das ja bekanntlich selten ohne Sünde abgeht. Hier kann jetzt weder ein Diätplan noch eine Merktafel folgen. Jeder sollte seine eigene Schwäche ehrlich ins Auge fassen und für die Fastenzeit einen guten, wenn auch bescheidenen Vorsatz durchzuhalten suchen. Denn es ist viel besser und ermutigender, einen kleineren Vorsatz zu halten, als einen ganz großen zu brechen. Und das ist ja die gesicherte Erfahrung aus Jahrhunderten christlichen Vollkommenheitsstrebens: Allein aus der Treue im Kleinen erwächst die Kraft für das ganz Große.

Ob es uns gelingen wird, uns ein wenig zu befreien von der Last unserer schlechten Gewohnheiten? Frei zu werden für die Freude der Kinder Gottes? Wenn wir es wirklich wollen – Gott wird uns nicht im Stich lassen –, er wartet ja geradezu auf unseren Anlauf. „Mit dir erstürme ich Wälle, mit meinem Gott überspringe ich Mauern“[1]. In der Fastenzeit!

Protestieren*

Im Bischofshaus zu Fulda häuft sich die Protestpost. „Als Bischof“, so wird mir bedeutet, müsse ich protestieren gegen die Zustände in Südafrika und Chile, Guatemala und El Salvador, gegen Walfang, Wackersdorf und Waldsterben, Autobahnausbau und Mercedes-Prüfstrecke, Atomenergie und Strahlenmolke, Mülldeponie und Mülltransport, Frauen in der Bundeswehr und Zivildienst, Verkabelung und Volkszählung ... Wenn ich allen Anforderungen nachgekommen wäre, hätte ich allein in den letzten sechs Monaten 41mal Protest erheben müssen.

Ich möchte die in mir aufkommenden Zweifel nur an einem Beispiel verdeutlichen – weil der Platz nicht für die vielen reicht –, an dem am häufigsten beschworenen übrigens: Südafrika. Kein Zweifel, daß das System der Apartheid weder rechtens noch christlich ist und daß sich in Südafrika vieles ändern muß. Aber nehmen wir einmal an, die südafrikanische Polizei würde eines der berüchtigten „homelands“ umzingeln, es mit einer Mauer, Stacheldraht und Wachtürmen umgeben und jeden Schwarzen, der zu entkommen sucht, unbarmherzig niederschießen – wie würde die Welt da aufschreien in berechtigtem, flammendem Protest: Und doch

[1] Psalm 18(17),30.
* Das Wort des Bischofs: Protestieren, in: Bonifatiusbote, Nr. 14, 5. April 1987.

wäre das nur die Herstellung des Zustandes, den wir 25 Kilometer von Fulda entfernt haben – seit nunmehr 26 Jahren! Und wie begegnen wir denen, die 17 Millionen Deutschen die Selbstbestimmung verweigern? Mit Demonstrationen und Sanktionen? Oder nicht vielmehr mit tausend Blumen, ergebenem Lächeln, Entspannungsübungen und Geschenken? Wird da nicht mit zweierlei Maß gemessen?

Sollten wir nicht auch Südafrika eine „Entspannungspause" gönnen, nachdem wir schon den Iran, Vietnam und Kambodscha vom Regen in die Traufe protestiert und dann ihrem tödlichen Schicksal überlassen haben? Nachdem zur Zeit Tausende von schwarzen Flüchtlingen aus „befreiten" Nachbarstaaten wie Moçambique in Südafrika Rettung suchen, weil in ihren Ländern Hunger, Elend und Marxismus wüten? Dürfen wir so sicher sein, daß es richtig ist, vom sicheren Europa aus Südafrika in ein blutiges Finale hineinzupeitschen?

Warum ich als Bischof ein so hochpolitisches Thema aufgreife? Nun, weil heute derartiges politisches Engagement eine Art Ersatzreligion bei uns zu werden droht. Weil wir den Balken im eigenen Auge nicht sehen und die Splitter in den Augen der anderen beklagen. Wir sind, nächst den Schweizern, mittlerweile das reichste Volk dieser Erde geworden – und töten doch jährlich über eine Viertelmillion unserer Kinder wegen „sozialer Notlage". Eine Grausamkeit, eine Lebensfeindlichkeit, eine Undankbarkeit, die zum Himmel schreit. Ein deutscher Bischof mußte sich aus Brasilien sagen lassen: „Ihr Deutschen steht auf einem Berg von vielen Millionen Leichen und predigt von dieser schauerlicher Höhe aus anderen Völkern die Moral". Ja wirklich, haben sich manche unserer Jugendverbände, Gremien und Kommissionen nicht geradezu zu universalen Anklagebehörden entwickelt, die fast täglich ihre Urteile über die ganze Welt schleudern? (Die Frage, was man von einem Kirchentag[1] halten soll, den angesichts eines katastrophalen Glaubensabfalls und eines geradezu seuchenartigen Sittenverfalls in unserem Volke Bankverbindungen zum Ende der Welt primär beschäftigen, sei hier nur in ökumenische Klammern gesetzt.)

„Du Heuchler! Zieh zuerst den Balken aus deinem Auge, dann magst du versuchen, den Splitter aus dem Auge deines Bruders zu ziehen!"[2] Sollten wir nicht zuerst für Freiheit und Selbstbestimmung der eigenen Landsleute, für das Lebensrecht unserer eigenen Kinder, für die guten Sitten im eigenen Lande eintreten, bevor wir uns über Verhältnisse in fernen Ländern entrüsten?

Wir haben Recht auf einen Neuanfang*

Seit dem Konzil wird der Beichtstuhl mehr und mehr zum verwaisten Ort. Worauf führen Sie diese Entwicklung zurück?

---

[1] 22. Deutscher Evangelischer Kirchentag vom 17. bis 21. Juni 1987 in Frankfurt am Main.
[2] Matthäus 7,5.
* Bonifatiusbote, Nr. 15, 12. April 1987: Wir haben Recht auf einen Neuanfang. Interview mit Fuldaer Oberhirten über Wert des Bußsakramentes (Interview: Ernst Schlögel).

Zunächst darf ich das Wort von den „verwaisten Beichtstühlen" etwas differenzieren. Es gilt einmal nur für unseren mitteleuropäischen Raum – und selbst da nicht gleichermaßen für alle Gebiete und Diözesen. Manche Beobachter sprechen sogar schon wieder von einem neuen Trend zur Beichte. Damit soll nicht in Abrede gestellt werden, daß es gerade bei der Beichte einen schweren Einbruch gegeben hat.
Der erste Grund dafür dürfte wohl in dem geschwundenen Sündenbewußtsein des modernen Menschen zu sehen sein. Er erhebt den Anspruch auf Autonomie im sittlichen Handeln und strebt danach, das, was eine permissive öffentliche Meinung zuläßt, auch auszukosten, frei von „weltanschaulichen Bindungen", von „Dogmen" oder gar „religiösen Vorurteilen". Er wird darin bestärkt durch die Massenmedien, die praktisch einstimmig jede Verkündigung der Kirche im sittlichen Bereich als eine „Einmischung" der Kirche in die Privatangelegenheiten des einzelnen ablehnen.
Ein zusätzlicher Grund liegt wohl auch in der Verunsicherung der Gläubigen durch die teils stark auseinanderlaufende Haltung und Beurteilung von seiten der als Beichtväter angegangenen Priester. Hier ein Schockerlebnis, dort ein „Kommen Sie doch nicht mit solchen Bagatellen" – das wirkte zerstörend auf die Beichtwilligkeit der Gläubigen. Deshalb sollte man heute der Ausbildung beziehungsweise Fortbildung guter Beichtväter wohl besondere Aufmerksamkeit widmen.

Wie müßte denn ein Beichtvater unserer Zeit auf den Gläubigen eingehen, wenn er ihm wirklich helfen will?

Von einem alten erfahrenen Priester stammt die Formel: „Auf der Kanzel wie ein Löwe – im Beichtstuhl wie ein Lamm". Im Grunde ist damit das Wesentliche gesagt: Bußsakrament ist das Sakrament der Barmherzigkeit Gottes. Jesu Umgang mit dem sündigen Menschen, sein Gleichnis[1] vom Vater, der den reuigen Sohn aufnimmt und ehrt, bleibt für alle Zeit das Grundmodell für einen Beichtvater. Wenn Sie trotzdem nach einer speziellen Eigenschaft des Beichtvaters unserer Zeit fragen, würde ich sagen: Zuhören können und Hoffnung geben.

Manche – auch Theologen – sind der Ansicht, die Bußandacht könne die Einzelbeichte ersetzen. Wie steht die Kirche dazu?

Die Bußandacht mit Generalabsolution ist vorgesehen bei extremen Notsituationen, wie Krieg, unmittelbarer Todesgefahr oder Unmöglichkeit der Einzelabsolution. Die Deutsche Bischofskonferenz hat ausdrücklich festgestellt, daß diese Voraussetzungen bei uns nicht vorliegen[2], so daß diese Möglichkeit – abgesehen von Todesgefahr einer größeren Gruppe, etwa bei einem Bergwerksunglück – bei uns entfällt. Die Bußandacht ohne Absolution kann die Einzelbeichte natürlich erst recht nicht ersetzen.

---

[1] Das Gleichnis vom verlorenen Sohn: Lukas 15,11–32.
[2] Die Vollversammlung der Deutschen Bischofskonferenz hatte am 21. September 1976 in Fulda „endgültig beschlossen, die Generalabsolution in den deutschen Diözesen nicht einzuführen".

Denn die sakramentale Lossprechung erfordert eine persönliche Begegnung mit dem gekreuzigten Herrn Jesus Christus durch die Vermittlung seines beauftragten Dieners, des Priesters. Ich muß aus der anonymen Masse heraus, muß mich persönlich vom Heiland berühren lassen, so wie die Menschen, die sich zu Jesus hingedrängt haben, ihn berührt haben, sein Wort gehört haben: „Deine Sünden sind dir vergeben“[3]. „Ich will, sei rein“[4]. „Jüngling, ich sage dir, steh auf“[5]. „Frau, dein Glaube hat dich gesund gemacht“[6]. Die Gewißheit der Lossprechung, die mir in der Beichte zuteil wird, kann ich in anderen Bußformen nie erlangen.

Worin liegt dann der Wert der Bußandacht?

Zunächst dient die Bußandacht der Besinnung und Gewissenserforschung. Sie kann nicht nur als Vorbereitung zum Bußsakrament führen, sondern auch darüber hinaus wie jede Andacht, etwa die eucharistische oder die Marienandacht, die Haltung der Umkehr festigen und geistlichen Fortschritt ermöglichen. Schließlich macht die gemeinsame Bußandacht deutlich, daß Sünde immer auch eine ekklesiologische Dimension hat: Jede noch so „private“ Sünde ist ein Dorn im Leib Christi, der die Kirche ist.

Was könnte man suchenden Christen sagen, die noch Scheu vor der Beichte haben?

Wir alle wissen doch, wie sehr wir uns immer wieder verstricken in Schwäche und Sünde und schlechte Gewohnheiten. Und da sollten wir das Bußsakrament nicht bloß als Last und Vorschrift sehen, sondern als das, was es wirklich ist: die Chance zu einem neuen Anfang. Es ist das Sakrament der Befreiung, der Erlösung, und wir haben als Gläubige ein von Gott geschenktes Recht, das wir von unserer Kirche einfordern können: das Recht auf einen neuen Anfang mit all den starken und helfenden Gnaden, die uns so nur in diesem Sakrament zuteil werden.

Praktisch aber – denen, die von früher her noch wissen, was beichten heißt, würde ich sagen, die Zeit ist reif. Und wenn ihr die alten Formeln nicht mehr auswendig wißt, das ist gar nicht schlimm, man kann heute auf ganz neue, persönliche Weise beichten. Und ihr, die ihr eigentlich noch gar nicht recht wißt, was das heißt: beichten gehen – habt einmal den Mut, euch diesem Sakrament zu stellen und seine heilende Kraft zu erfahren, eine Kraft ohne die man auf die Dauer seelisch verkrüppelt.

Was halten Sie in diesem Zusammenhang vom Beichtgespräch?

Gerade bei dem nach langer Zeit erstmals wieder Beichtenden kann ein Beichtgespräch sehr hilfreich sein. Es darf aber nicht dazu führen, den Wert der Beichte vom Verlauf des Gesprächs oder der Gesprächsführung von seiten des Priesters abhängig zu machen. Für eine Erneuerung der Beichtpraxis wird das Beichtgespräch sehr wichtig sein. Jeder Katholik soll aber auch wissen, daß er das Recht hat, in einer anonymen Beichte die ganze Gnade und Größe dieses Sakraments zu empfangen.

---

[3] Vgl. Matthäus 9,2; Markus 2,5; Lukas 5,20.
[4] Vgl. Matthäus 8,3; Markus 1,41; Lukas 5,13.
[5] Vgl. Matthäus 9,6; Markus 2,11; Lukas 5,24; Johannes 5,8.
[6] Vgl. Matthäus 9,22; Lukas 7,50.

Niemand muß sich als rückständig betrachten, der gegenüber einem Beichtgespräch Reserven empfindet.

Wann und wie oft ist ein Katholik eigentlich verpflichtet, zur Beichte zu gehen?

Wenn es um die reine Verpflichtung geht, so gilt, daß jede schwere Sünde gebeichtet werden muß, bevor man wieder zum Tisch des Herrn tritt und daß jeder Katholik zum Empfang des Bußsakraments einmal im Jahr gehalten ist. Für eine echte Gewissensbildung scheint mir dieses Minimum allerdings kaum ausreichend. Wer als Kind Gottes leben und in froher Zuversicht seiner Vollendung entgegensehen will, wird öfter die Chance der Reinigung und eines neuen Anfangs wahrnehmen. Keiner von uns käme ja wohl auf die Idee, nur das zum Überleben gerade noch nötige Minimum zu essen oder zu trinken; sondern wir erquicken uns an den guten Gaben des Lebens nach Herzenslust. Warum sollte das im geistlichen Leben anders sein?

Petrus in Deutschland*

In der dritten Osterwoche kommt Papst Johannes Paul II. ein zweites Mal nach Deutschland[1]. Er kommt, um die Bande der Liebe und der Einheit, die uns mit der Mutterkirche in Rom und mit allen Kirchen des katholischen Erdkreises verbinden, zu stärken. Er kommt aber auch, um die katholische Kirche in Deutschland in den unerschrockenen Zeugen des Glaubens zu ehren, die ihr in den ehrlosen Zeiten der nationalsozialistischen Diktatur wahrhaftig Ehre gemacht haben. Daher die Seligsprechung der jüdischen Konvertitin und Ordensfrau Edith Stein in Köln und des nie vergessenen Männerseelsorgers Pater Rupert Mayer in München. Daher der Besuch in Münster, der Stadt des Bischofs, der, auch als andere schwiegen, ein klares Wort wagte, Clemens August Kardinal von Galen. Drei Menschen, die Passion, Aktion und Bekenntnis des katholischen Glaubens in besonders deutlicher Weise verkörpern.

Im Lärm der Medien, der um den Papstbesuch entfacht wird, sollten wir nicht vergessen, daß mit dem Papst nicht nur irgendein Großer dieser Erde zu uns kommt, auch nicht der „Showmaster Gottes", sondern kein anderer als der Nachfolger Petri und der Stellvertreter Christi auf Erden. Deshalb sollten wir seinen Worten unsere Ohren und vor allem unsere Herzen öffnen, denn er bringt die Botschaft des Herrn für unser Volk und unsere Zeit.

Petrus und seine Nachfolger haben aber stets das Schicksal ihres Herrn geteilt. Wie er, der Eckstein, in seiner Zeit zum Stein des Anstoßes wurde, wie er von den Kritikern seiner Zeit hinterfragt, verhöhnt und verurteilt wurde, so sind auch die Apostel Christi immer wieder zum Zeichen des Widerspruchs geworden, durch alle Generationen und Zeiten, bis auf den heutigen Tag. So darf es uns nicht verwundern, wenn sich heute „kritische" Geister erheben, um den Papst zu beurteilen

* Das Wort des Bischofs: Petrus in Deutschland, in: Bonifatiusbote, Nr. 18, 3. Mai 1987.

[1] Der zweite Pastoralbesuch des Papstes in Deutschland fand vom 30. April bis 4. Mai 1987 statt.

und ihm alle möglichen Etiketten anzuhängen. Unser Papst ist weder konservativ noch reaktionär, sondern er ist katholische Mitte mit all ihrer Herausforderung, mit all ihrer Verheißung und mit all ihrem Segen. Unser Papst ist auch nicht Sprecher irgendeiner römischen „Teilkirche", wie es unlängst von relativ hoher Warte zu hören war, sondern – mit allem Respekt vor den Hunderten von christlichen Religionsgemeinschaften und Teilkirchen, die im Laufe der Geschichte von Menschen gegründet und aus der Kirche herausgeführt wurden, sei es gesagt – von Gott berufene Stimme der Una Sancta, der von Christus gegründeten katholischen und apostolischen Kirche.

So wollen wir den neuerlichen Besuch des Papstes in unserem Land mit großer Bereitschaft und mit echter katholischer Freude erleben. Möge unsere Liebe und Treue zu dem, der im Namen Christi zu uns spricht, alle Neider und Nörgler beschämen – ja, besser noch, sie überzeugen, auf daß wir alle „ein Leib und ein Geist werden in Christus"[2]!

Katholisch sein, jung sein, Gemeinde sein*

Liebe KJG-Mitglieder!

Ich wollte Sie hier als Ortsbischof in Fulda begrüßen, das ja eine Tradition hat durch seine Lage in der Herzmitte des katholischen Deutschlands, durch das Bonifatiusgrab und als Tagungsort der Bischofskonferenz. Wir verstehen uns aber nicht nur als „Grabeshüter", sondern als Zeugen des Glaubens, den Bonifatius unseren Vorfahren gebracht hat. Und es gibt hier viele Möglichkeiten, dem Sinn, der Herausforderung und der Freude des Katholischen auf den Grund zu kommen in Besinnung und Begegnung; aber ich fürchte, Sie werden vielleicht zu solchen Begegnungen gar nicht kommen können, wenn ich sehe, mit welchen Mengen theoretischer Papiere Sie hier eingedeckt sind.

Hunderte von Seiten – ich muß Ihnen gestehen, als ich mich darin vertieft habe, bin ich doch sehr betroffen geworden. Nicht nur von dem, was da drin steht, obwohl auch das zu einiger Verwunderung Anlaß geben könnte, sondern von dem, was da nicht drin steht. Mehrere hundert Seiten: Ich lese nichts von Gott, von Papst, von Marianischem Jahr, von Ostern und Pfingsten. All das, was die Kirche in dieser Zeit lebt, kommt darin gar nicht vor.

Ich habe mich wirklich ernsthaft gefragt, ob man bei solcher Vorgabe es als Bischof verantworten kann, zu einem Grußwort anzutreten. Ich habe mich aber dann doch dazu entschlossen, weil ich meine, wenn Jugendliche Fragen stellen, sollten Bischöfe auch antworten, selbst wenn das unter kritischen Umständen und vorbelasteten Situationen geschieht.

---

[2] Drittes Hochgebet (Meßbuch 1975): „Stärke uns durch den Leib und das Blut deines Sohnes und erfülle uns mit seinem Heiligen Geist, damit wir ein Leib und ein Geist werden in Christus".

* Grußwort bei der KJG-Bundeskonferenz am 10. Juni 1987 in Fulda (Bischöfliche Pressestelle Fulda); Überschrift von den Bearb.

Was ich Ihnen eigentlich wünschen wollte: Daß Sie auch hier auf dieser höheren, ja der höchsten Verbandsebene wieder das werden, was sich in neuen Aufbrüchen der Basis ja schon ganz deutlich abzeichnet. Ich habe in den letzten Monaten mit einer ganzen Anzahl von Jugendgruppen gesprochen – vorgestern erst war die letzte KJG-Gruppe im Bischofshaus. Ich bin mit vielen Jugendlichen ins Gespräch gekommen, mit der KJG und anderen Gruppen. Ich will es einmal ungeschützt und deutlich sagen: Die haben mit diesen ideologischen Papieren, diesem ganzen „Simsalabim", wie sie es nennen, überhaupt nichts „am Hut". Die wollen katholisch sein, wollen jung sein und Gemeinde sein, eben „KJG". Aber in der Kirche fühlen sie sich zu Hause und suchen da auch Heimat und Geborgenheit. Das gibt mir doch wieder Mut, wenn ich an diese Aufbrüche denke, die in den Gemeinden zu verzeichnen sind. Aber gerade darum bin ich noch betroffener, wenn ich den Riesenabstand sehe zwischen diesen Menschen, die Sinn suchen und dabei sind, Sinn zu finden, und dem, was hier an Papieren vorgelegt wird. Denn das, was hier über Sexualität gesagt wird, das läßt die Lehre der Kirche völlig außer acht bzw. setzt sich souverän über jede Lehre der Kirche hinweg. Was hier über das Recht der Frau zur Abtreibung, der „freien Wahl" gesagt wird, geht an allem vorbei, was wir in Kirche und Gesellschaft in den letzten Jahren erarbeitet und erkannt haben.

Ich meine, ich sollte darauf hinweisen, daß diese Tage hier in Fulda für die Jugendarbeit in der Kirche eine historische Bedeutung haben können: Ob Sie eben noch Kirche, junge Kirche, katholische Kirche bleiben, ob Sie im Strom der Kirche bleiben – oder ob Sie sich als eine Art von sich überzeugter Sekte aus der Kirche abmelden.

Ich habe mit vielen Jugendlichen gesprochen, die gesagt haben, man müsse den Mut haben zum Träumen. Sie haben mir auch viele Träume vorgetragen. Da habe ich auch mal Mut gekriegt zu einer christlichen Utopie. Ich möchte meinen „Traum" von Begegnung mit der KJG an den Schluß stellen: Daß wir all diese Tonnen Papier zusammenpacken und damit ein riesiges Freudenfeuer entflammen. Dann hätten wir auch einmal Zeit und könnten in diesem herrlichen Frühsommer einen ganzen Tag lang durch die Rhön wandern, herrliche klare Rhönluft atmen und einen freien Kopf bekommen. Und dann träume ich, wie wir gemeinsam in nächtlicher Sühnewallfahrt vor dem Bonifatiusgrab erscheinen und da der Pfingstgeist uns anrührt, der da sagt: „Seht, ich mache alles neu!"[1] Sie sehen, auch mit 57 kann man noch träumen ...

Es sind Ideologen am Werk*

Es gibt so etwas wie einen stillschweigenden Exodus aus der Kirche. Die Leute bleiben einfach weg. Beunruhigt Sie das nicht?

---

[1] Offenbarung 21,5.

* Die Welt, Nr. 161, 15. Juli 1987: Erzbischof Johannes Dyba: Es sind Ideologen am Werk (Interview: Gernot Facius).

Wir haben ja seit einer Reihe von Jahren diese „Gott-ist-tot-Propaganda“ oder „Man kann Christus ohne Kirche haben“. Der theoretische und praktische Materialismus, unter dessen Einfluß unsere Jugend zunehmend geraten ist, wirkt sich natürlich aus. Und er wirkt sich aus in einem Verlust an Autorität, und zwar auf allen Gebieten, und in einem mangelnden Willen zu festen persönlichen Bindungen. Das stellen wir auch auf staatlichem und gesellschaftlichem Gebiet fest bis hin zur „Ehe ohne Trauschein“. Die Austrittszahlen sind bei dieser Entwicklung nicht überraschend. Stellen Sie sich einmal vor, es gäbe die Möglichkeit eines Austritts aus dem Staat mit den entsprechenden Konsequenzen beim Finanzamt. Was da heute passieren würde! Das wären dieselben, die aus der Kirche austreten.

Im evangelischen Bereich sind die Austritte vielfach die Antwort auf eine Politisierung der Kirche. Dies ist in der katholischen Kirche ja nicht so. Aber vielerorts wird die Frage gestellt: Kommt das spezifisch Katholische noch zum Ausdruck?

Ja, das stimmt. Einmal haben wir nicht diese Protest-Austrittsbewegung wegen Überpolitisierung. Zum anderen spüren wir, daß da, wo die katholische Kirche wirklich noch sichtbar und deutlich katholisch ist, die Austritte nicht annähernd so stark sind wie da, wo sie sich, wenn man es mal so sagen will, gehen läßt und dem Zeitgeist nach Möglichkeit entgegenkommt. Dieses „Entgegenkommen“ bringt in Hinsicht auf den Zusammenhalt des Kirchenvolkes also gar nichts.

Es gibt Organisationen und Verbände, die ein eigentümliches theologisches und auch politisches Verständnis artikulieren. Stichwort Bundesleitung der Katholischen Jungen Gemeinde (KJG) ...

Es geht natürlich nicht darum, die Eigentümlichkeiten aufzuheben. Das ist ja etwas Positives, daß die verschiedenen Verbände, von den Pfadfindern über den Katholischen Frauenbund bis hin zu den charismatischen Bewegungen, eigentümliche Seiten haben und auch zum Ausdruck bringen. Es geht darum, daß der Grundkonsens im Glauben gewährleistet ist. Das heißt: ein Glaube, sieben Sakramente und eine einheitliche Leitung. Erst wenn daran gerüttelt wird, dann wird die Sache kritisch. Auf diesem breiten Grundkonsens des einigenden Glaubens und der einheitlichen Leitung der Kirche können sich ohne weiteres Eigentümlichkeiten entwickeln.
In Kochbüchern heißt es, man nehme, und dann stellt man sich zusammen, was man gerne zu sich nehmen möchte. Und das geht eben nicht bei einem Glauben, der uns geoffenbart und damit vorgegeben ist. Und viele von diesen Krisen, die wir jetzt haben, entstehen einfach daraus, daß selbst engagierte Christen glauben, sie müßten sich ihren Glauben neu mixen. Sie sehen nicht, daß man beim Glauben die Schuhe der eigenen Meinung ausziehen, hören und anbeten muß.

Von Ihnen stammt im Hinblick auf die KJG-Bundesleitung das Zitat: „... die spukken doch dauernd Gift und Galle gegen die Kirche“. Ist absehbar, daß die Kirche einmal den „großen Schnitt“ machen muß?

Es gibt ein biblisches Kriterium für die Frage, wann ein Schnitt vorzunehmen ist. Bei Johannes heißt es: „Jede Rebe an mir, die keine Frucht bringt, schneidet er ab, und jede Rebe, die Frucht bringt, reinigt er, damit sie mehr Frucht bringt"[1]. Es kann meiner Meinung nach nicht um den großen Schnitt gehen, denn es gibt ja auch viele gute Entwicklungen. Natürlich ist es möglich, daß kleine, einzelne Schnitte fällig und überfällig werden. Wir hatten hier ein Beispiel im Bistum, wo etwa die Christliche Arbeiterjugend zu einem Minigrüppchen verkümmert ist, hauptsächlich einseitige politische Propaganda machte und dafür noch Hunderttausende von Mark an Kirchensteuergeldern bezog. Da mußte also ein Schnitt vorgenommen werden. Wir haben jetzt eben den Fall der KJG-Bundesleitung, die trotz wiederholter Aufforderungen von seiten der Bischöfe zu einer fundamentalen Neuorientierung eben den Schritt in die Mitte der Kirche nicht findet, sondern den ganzen Verband immer wieder in die falsche Richtung stößt.

Können Sie das an einem Beispiel belegen?

Als Beispiel kann man etwa die Politisierung der Kinderstufenarbeit nehmen, die von der KJG-Bundesleitung immer wieder forciert wird, obwohl sie in breiten Schichten des Verbandes eindeutig abgelehnt wird. Es sind also wirklich Ideologen am Werk. Woher haben die ihre starke Stellung? Die haben ihre Möglichkeiten zu solcher Einflußnahme natürlich aus der Trägheit der „normalen" Mitglieder, weil viele einfache, treue Mitglieder sich nicht vordrängen, wenn es um Ämter und Leitungsaufgaben geht. Eine Parallelerscheinung hatten wir ja oft bei den AStA-Wahlen an den Hochschulen.

Diese Ideologen fordern die Freigabe der Abtreibung, ein von Tabus befreites Ausleben der Sexualität. Wie weit haben sie sich von der Kirche entfernt?

Ja, was hier gesagt wird, läßt die Lehre der Kirche völlig außer acht beziehungsweise setzt sich souverän darüber hinweg. In den Papieren ist nichts von Gott, vom Papst, von Ostern, Pfingsten oder vom Marianischen Jahr zu finden, ja überhaupt kein eigentlich kirchliches Thema.

Papierproduktion statt Nachdenken über den Glauben?

Es werden viel zu viele Papiere produziert – eigentlich fast in allen Verbänden. Wir brauchen aber keine theoretischen Papiere, die nur die Funktionäre beschäftigen, sondern wir müssen neue Aufbrüche an der Basis unterstützen. Wir haben ja heute im Gegensatz zur rebellierenden Jugend der sechziger Jahre oder der resignierenden Jugend der siebziger Jahre eine ausgesprochen suchende Jugend, eine aufbrechende Jugend. Aber man muß ihr letzthin Wege zeigen, die zum Sinn des Lebens führen. Der Unterschied ist doch der, daß die Jugend in den sechziger Jahren praktisch Antworten auf alle Fragen hatte und die Jugend der siebziger Jahre, wenn man das so pauschal sagen darf, am Sinn überhaupt verzweifeln zu müssen glaubte, während die Jugend heute Sinn und Antworten sucht. Und das ist natürlich für die Kirche eine ganz enorme Chance. Es gilt eben jetzt, wieder die Verbindung zu finden zwischen der Jugend, die Sinn sucht, und der Kirche, die Sinn hat, weil Gott ihr

---

[1] Johannes 15,2.

diesen Sinn offenbart und anvertraut hat. Das kann man nicht mit theoretischen Papieren.

Stichwort „feministische Theologie". Auch in der katholischen Kirche wird sie zum Thema ...

Der Feminismus ist natürlich keine Theologie, sondern ein Summarium teils berechtigter, teils indiskutabler und falscher Forderungen[2]. Ich frage mich, ob jemand wirklich weiß, was Feminismus eigentlich ist. Aber für eine Theologie, die sich als Wissenschaft ernst nimmt, ist „feministisch" natürlich überhaupt kein anwendbares Adjektiv. Sie können vor eine Wissenschaft nicht das Adjektiv „feministisch" setzen. Sie können zum Beispiel nicht von einer feministischen Mathematik sprechen. Dadurch, daß eine Frau herausbekommt, daß die Wurzel aus 81 neun ist, wird die Mathematik nicht feministisch. Die Vernunft schließt eigentlich schon aus, von feministischer Theologie zu sprechen. Sehen Sie, ich bin ein totaler Gegner jeder Apartheid und deshalb auch der Apartheid in der Theologie. Wo kämen wir denn hin, wenn wir „feministische" und „maskulinistische" Theologie betreiben wollten. Theologie von oben, Theologie von unten. Das wäre das Ende der Theologie. Das, was da geboten wird, ist keine Theologie, das sind Phantasien, die also nicht unter den Begriff der Wissenschaft subsumiert werden können. Also, Feminismus ist keine Lösung für die Kirche, und feministische Theologie gibt es als Wissenschaft nicht. Das heißt natürlich nicht, daß es keine berechtigten Anliegen von Frauen gäbe, die durchaus ernst genommen werden müssen.

Ein gravierender Vorwurf gegen die Kirche lautet: Die Frau wird diskriminiert, weil ihr der Zugang zu gewissen Ämtern verwehrt wird. Mit Beifall wurde auf der Konferenz der Katholischen Frauengemeinschaft die Forderung begleitet, das „Amt vom Sockel zu holen und es mitten unters Volk in die Gemeinde zu stellen".

Solche Forderungen zeugen einmal von schlechter Beobachtungsgabe. Denn unsere Priester haben doch immer unter dem Volk gelebt, und die meisten Priester sind volkstümlich im besten Sinne des Wortes gewesen. Denken Sie etwa auch an die neuere Literatur, an Zuckmayers „Seelenbräu"[3] oder an den „Don Camillo" bei Guareschi[4]. Unsere Priester stehen nicht auf einem Sockel, das kann ich auch für das Bistum Fulda uneingeschränkt versichern. Es ist allerdings so, daß häufig die vom Sockel sprechen, die selber gerne auf den Sockel steigen wollen.
Zweitens zeugt eine solche Forderung von einem falschen Kirchenbild. Denn das Amt hat ja seinen Platz mitten in der Gemeinde, und das Amt in unserer Kirche ist

---

[2] Vgl. auch KNA, Das Interview, Nr. 237, 13. Oktober 1986: Absage an feministische Theologie. Erzbischof Dyba: Rolle der Frau als Mutter neu würdigen (Interview: Alfons Waschbüsch). – Anlaß für dieses Interview war der „Hambacher Disput 1986" zum Thema „Gleichberechtigung von Mann und Frau – Wirklichkeit oder Traum?". Träger der Veranstaltung, die am 11. Oktober 1986 stattfand, war die Landeszentrale für politische Bildung in Mainz, Schirmherr der damalige Ministerpräsident Bernhard Vogel. Als Podiumsgast hatte sich Erzbischof Dyba engagiert zu Wort gemeldet.

[3] Carl Zuckmayer, Der Seelenbräu. Erzählung, Stockholm 1945; Verfilmung 1947.

[4] Giovanni Guareschi, Mondo piccolo: Don Camillo, Mailand 1948 (dt. Übers.: Don Camillo und Peppone, Salzburg 1950); Verfilmung 1951.

Dienst, Berufung und Dienst. Dieses falsche Kirchenbild zeigt sich auch bei denen, die von Amtskirche sprechen und damit ja Kirche eigentlich spalten. Es gibt bei uns keine Amtskirche, keine Kirche von oben und keine Kirche von unten, keine Männerkirche, keine Frauenkirche. Es gibt die una sancta catholica, zu der alle gehören, der Papst wie die Hausfrau, die Sekretärin wie der Theologieprofessor. Dieses Amt, das da vergeben wird, ist wirklich nicht Herrschaft, sondern Dienst. Und das kann ich Ihnen sagen: wahrhaftig kein leichter!

Ist der Fall der Theologin Uta Ranke-Heinemann[5] eine Ausnahmeerscheinung oder steht er für eine theologische Richtung?

Eine Ausnahmeerscheinung, auch wenn diese Ausnahmeerscheinungen sich natürlich zu häufen scheinen. Aber da kommen Sie gerade auf das Problem: Sie scheinen sich zu häufen, weil natürlich die Medien über diese Ausnahmeerscheinungen berichten und nicht über die Hunderte von Professoren, die still ihren Dienst am Glauben und an den Gläubigen tun. Ich glaube nicht, daß Frau Ranke-Heinemann repräsentativ für eine bestimmte theologische Richtung ist. Sie hat in den vergangenen Jahren so gut wie nichts mehr publiziert und keinerlei Rolle in der Theologie unseres Landes gespielt. Es ist ein trauriger Fall einer wissenschaftlichen und persönlichen Desintegration. Es gibt eben einzelne, die sich über die Lehre hinwegsetzen, damit ihrem Auftrag untreu werden und dann ihre eigenen Produkte selbst vermarkten. Wenn sie nicht als Märtyrer dauernd profiliert werden, würden sie praktisch gar nichts mehr umsetzen.

In der Rückschau auf den Besuch des Papstes[6] gab es manche Kritik. Es war von einem „Papst zum Angucken" die Rede, nicht von einem „Papst zum Anfassen". Sollte nicht künftig die Möglichkeit eines Dialogs starker ins Auge gefaßt werden?

Dialog? Der Papst hat das Amt zu verkünden, zu heiligen und zu leiten. Und das erwarten die Gläubigen auch von ihm, wenn er kommt. Mir fällt auf, daß diejenigen, die dann immer sofort den Dialog auf päpstlicher Ebene fordern, sonst eigentlich den Dialog mit den Priestern und Bischöfen kaum suchen. Wir sind immer hier, wir sind immer bereit zum Dialog, aber es gibt Leute, die in den Dialog anscheinend nur auf der höchsten päpstlichen Ebene einsteigen können. Was der Papst den Menschen sagen will, finden wir ja in seinen Enzykliken, in seinen Hirtenschreiben, in seinen Audienzen, in seinen Predigten. Ich habe nicht den Eindruck, daß die Leute, die ihm mangelnden Dialog vorwerfen, sich allzu sehr mit seinen Aussagen beschäftigen. Ein Gespräch mit dem Papst unter vier Augen oder in kleinen Gruppen gibt es natürlich auch, aber das muß man sich durch entsprechendes Interesse und durch entsprechende Leistung verdienen. Wenn der Papst

[5] Als zuständiger Ortsordinarius hatte Bischof Hengsbach am 15. Juni 1987 der Professorin für katholische Theologie an der Gesamthochschule Essen Uta Ranke-Heinemann die kirchliche Lehrbefugnis entzogen.

[6] Papst Johannes Paul II. hatte Deutschland vom 30. April bis 4. Mai 1987 besucht. Die Predigten und Ansprachen des Papstes bei diesem zweiten Pastoralbesuch in Deutschland dokumentiert Nr. 77 der Verlautbarungen des Apostolischen Stuhls.

mit allen Leuten diskutieren sollte, die sich bei uns für bedeutsam halten, müßte er wohl jedes Jahr drei Monate allein in Deutschland verbringen.

Sie sind wahrscheinlich das Mitglied des deutschen Episkopats, das sich in Afrika am besten auskennt. Hierzulande wird auch von den bischöflichen Hilfswerken von einem „dringend notwendigen Neuansatz in der Entwicklungshilfe" gesprochen. Können Sie sich darunter etwas vorstellen?

Ich bin ein Praktiker. Hierzulande gibt es sehr viele Theoretiker. Und da habe ich es nicht ganz leicht. Aber: Jesus hat ja nicht eine Ideologie zur Veränderung des Römischen Weltreiches gepredigt, sondern er hat den Leuten geholfen. Er hat sie geheilt, ihnen Nahrung gegeben. Auch bei unserer Entwicklungshilfe – bei den kirchlichen Werken, auf die wir sehr stolz sein können – müssen wir uns darauf konzentrieren, wirklich praktische Hilfe zu leisten. Das heißt: Saatgut, Äcker, Krankenhäuser und nicht nur Vorträge über Saatgut, Äcker und Krankenhäuser.

War es richtig, daß die katholische Kirche nicht in den Chor der Sanktionsbefürworter eingestimmt hat?

Das war richtig. Die Sanktionen sind ja nur ein Einzelproblem. Die südafrikanische Bischofskonferenz selbst hat ja eine Kommission eingesetzt zur Prüfung der Frage, ob Sanktionen der richtige Weg sind. Und es ist doch eigenartig, daß die Ergebnisse dieser Beratung die südafrikanischen Bischöfe daran zweifeln lassen, ob oder wieweit Sanktionen der richtige Weg sind, während hier Jugendverbände etc. bereits Patentrezepte für die einzig wahre Lösung haben. Persönlich meine ich, daß man mit Sanktionen die Situation eher verhärten wird.

Ist Apartheid nur auf diesen schmalen politischen Ausschnitt Südafrika beschränkt?

Es gibt in Afrika, und vor allem in schwarzafrikanischen Ländern, eine Apartheid, die in ihrer Schärfe und Härte oft über das hinausgeht, was in Südafrika praktiziert wird. Denken Sie etwa an Burundi, wo 10 Prozent Tutsi 90 Prozent Bahutu mit Entschiedenheit beherrschen. Denken Sie an die Massaker der siebziger Jahre, wo diese Apartheid in Burundi noch einmal auf blutige Weise verfestigt wurde. Denken Sie an die Stammesfehden in anderen schwarzafrikanischen Ländern. Denken Sie aber auch an die Apartheid, in der Christen in kommunistischen Ländern isoliert und degradiert werden. Ich bin natürlich sehr unglücklich mit dem Apartheidsystem, wie es jetzt noch in Südafrika aussieht. Aber ich meine, wir müßten als Christen Wege finden in Südafrika, die zu einem friedlichen Zusammenleben führen. Das ist natürlich nicht mit Terror und mit Gewalt möglich, die wir ja auch woanders ablehnen.

Ich finde es außerordentlich bedauerlich, daß in Afrika einige Millionen Weiße über viele Millionen Schwarze herrschen und diese keine Selbstbestimmung haben. Ich finde es aber genauso bedauerlich, daß in unserem eigenen Vaterland ein Dutzend kommunistischer Marionetten über 17 Millionen Deutsche herrscht und diese überhaupt keine Selbstbestimmung haben. Und wenn ich mich über das eine errege, sollte ich über das andere nicht schweigend hinweggehen. Das wäre sonst unglaubwürdig. Wir müssen natürlich sehen, wie es der zäirische Präsident

Mobutu einmal ausgedrückt hat, daß wir in Europa die letzten Kolonien dieser Welt haben und nicht in Afrika. Wir müßten zunächst mal die brennenden Probleme vor der eigenen Tür und im eigenen Land sehen, bevor wir die Jagd auf Sündenböcke in aller Welt aufnehmen.

Herr Erzbischof, bei der Anti-Aids-Kampagne hat der Staat Warnungen der Kirche bislang nicht ernst genommen. Es konzentriert sich fast alles auf das Herausstreichen der technischen Möglichkeiten der Aids-Verhütung. Empört Sie das?

Hier wirkt sich die Tatsache verheerend aus, daß man seit Jahrzehnten einen Umgang mit der Sexualität ohne moralische oder ethische Normen sucht beziehungsweise propagiert. Und deshalb wird auch bei der Lösung solcher Probleme die moralische Dimension außer acht gelassen. Wer Sexualität auf möglichst luststeigernde Sexualtechnik reduziert, der kann Aids nur als ein mit technischen Mitteln zu behebendes Problem verstehen, wie wir es ja heute selbst von C-Politikern erleben. Ich glaube, daß man sagen kann: Aids ist vielleicht ein Zeichen dafür, daß Gott die Menschen noch nicht aufgegeben hat; daß er sie wieder einmal zur Besinnung ruft. Denn eine menschliche Sexualität ohne moralische und ethische Normen ist unmenschlich.

Ist es vielleicht deshalb zu dieser einseitigen Kampagne gekommen, weil es auch in der CDU keine starke christliche Gruppe gibt, die Anregungen aus der Kirche in die Politik einbringt?

Ja, das stimmt insofern, als wir heute leider mehr aktive Christen haben, die Anliegen und Anregungen aus der Politik in die Kirche einbringen wollen, als dem eigentlichen Anliegen des Konzils zu entsprechen. Es fordert nämlich die Laien dazu auf, aus dem Geist und dem Schatz der Kirche Impulse in Staat, Gesellschaft und Politik einzubringen. Es ist die Ursache vieler heutiger Schwierigkeiten, daß der Wunsch von Papst Johannes XXIII., daß wir als Kirche die Welt umarmen, nicht erfullt worden ist. Das Gegenteil ist eingetreten: Wir lassen uns von der Welt umarmen, und manchmal eben auch so weit, daß uns jede kirchliche Puste auszugehen droht.

Sie sehen gar kein Hoffnungszeichen?

Ganz im Gegenteil. Ich sehe ohne Angst und optimistisch in die Zukunft der Kirche. Die Ursachen des Pessimismus liegen ja gerade in dem Denken in rein menschlichen Kategorien, das Gott nicht genügend zutraut und nicht mehr Christus als den Herrn der Geschichte sieht. Meine Kritik an bestimmten Erscheinungen soll nur darauf hinweisen, daß wir noch manchen ideologischen Schutt wegräumen müssen, um den überall – in den Gemeinden, Verbänden und auch in der Jugend – neu aufkeimenden Kräften Raum zur Entfaltung zu geben.

Feministische Theologie?*

Ein Schlagwort, das immer häufiger auftaucht. Es heißt, daß in Kassel sogar ein „Zentrum für feministische Theologie" aufgebaut werden soll. Viele fragen, was davon zu halten sei.

Zunächst: Der Feminismus ist natürlich keine Theologie, sondern ein Summarium teils berechtigter, teils indiskutabler und falscher Forderungen. Zur Zeit schäumen feministische Strömungen so wild daher, daß wohl keiner recht definieren kann, womit man es eigentlich zu tun hat. Aber soviel ist sicher – für eine Wissenschaft, die sich als solche ernst nimmt, ist „feministisch" überhaupt kein anwendbares Adjektiv. Wer von feministischer Mathematik sprechen würde, fiele der Lächerlichkeit anheim. Dadurch, daß eine Frau herausfindet, daß die Wurzel aus 49 sieben ist, wird Mathematik nicht zu einer feministischen Wissenschaft.

Schließlich ist die Theologie Wissenschaft von Gott, wogegen Forschungen, die in erster Linie die Frau zum Gegenstand haben, in der Anthropologie, der Soziologie, der Psychologie und der Medizin ihren Platz haben. So schließt eigentlich die Vernunft schon aus, von „feministischer" Theologie zu sprechen.

Dazu kommt, daß solche Versuche innerhalb der Kirche spaltend wirken und Atmosphäre vergiften. Wo kämen wir denn hin, wenn wir „feministische" und „maskulinistische" Theologie betreiben wollten, Theologie von oben, Theologie von unten. Das wäre ja die Einführung der Apartheid in Theologie und Kirche, das Ende der Theologie. So ist denn auch das, was uns neuerdings aus Kassel geboten wird, etwa von Elga Sorge[1] und ihren Mitstreiterinnen, keineswegs Theologie, sondern eher Thea-Phantasie mit einer bedenklichen Tendenz zur Blasphemie. Auf gut deutsch: Es sind Verrücktheiten.

Also, Feminismus ist keine Lösung für die Kirche, und feministische Theologie gibt es als Wissenschaft nicht. Das heißt natürlich nicht, daß es in der Kirche nicht große Theologinnen gegeben hätte und immer noch gibt. Denken wir an eine Hildegard von Bingen, die uns gelehrt hat, uns zur Schau der göttlichen Wege zu erheben und nicht grübelnd und berechnend an der Erde zu kleben. Denken wir an Katharina von Siena, die mit ebensoviel Mut wie Demut die Geschichte des Papsttums in entscheidender Stunde beeinflußt hat. Denken wir an Theresa von Avila, die in Treue durch schier endlose Alltagsjahre dem Herrn diente, bis er sich ihr in der mystischen Kreuzesstunde offenbarte und damit einen weltumfassenden Heilsprozeß in Gang setzte, der bis in unsere Zeit voll Kraft und Wirksamkeit geblieben ist: ist ja doch Edith Stein – die ihre Wissenschaft vom Kreuz nicht nur entwickelt, sondern uns auch in erschütternder Weise vorgelebt hat bis zum Tode – ganz deutlich von der großen heiligen Theresa, deren Namen sie zu ihrem eigenen

---

* Das Wort des Bischofs: „Feministische" Theologie?, in: Bonifatiusbote, Nr. 30/31, 26. Juli/2. August 1987. Mit Literaturempfehlung Dybas: Barbara Albrecht, Jesus – Frau – Kirche, Vallendar-Schönstatt 1983 sowie „Hochsommerprämie": „Die ersten zehn Schreiberinnen erhalten das Büchlein gratis aus dem Bischofshaus".

[1] Elga Sorge, Studienleiterin am Pädagogisch-Theologischen Institut in Kassel, die sich selbst als „Göttin" apostrophiert haben soll, schied 1989 aus dem Dienst der Evangelischen Kirche von Kurhessen-Waldeck aus.

machte, angestoßen, ja „berufen“ worden. Auch in allerneuester Zeit gibt es begnadete Theologinnen, die den Rahmen des Gewöhnlichen sprengen, die wir aber – wie etwa eine Adrienne von Speyr – vielleicht überhaupt erst entdecken müssen ...

Doch welch abgrundtiefer Unterschied zwischen diesen Frauen, die für sich selbst nichts und für Gott alles wollten – und so von Gott erhoben wurden –, und denen, die heute ihre eigenen Forderungen in den Mittelpunkt stellen – und morgen vergessen sein werden. Denn nicht darauf kommt es an vor Gott, daß wir Mann oder Frau sind, sondern allein darauf, daß wir bereit sind, unser Leben hinzugeben um seinetwillen, denn dann und nur dann wird uns ewiges Leben geschenkt werden in unvorstellbarer Freude und Fülle.

Das Grundrecht des Kindes: Familie!*

Zeit der Ernte – Zeit des Danksagens. In den letzten 40 Jahren sind wir vom Abgrund des Elends hinweg zu einem der reichsten Völker dieser Erde geworden. Äußert sich das in Dankbarkeit und Lebensfreude? Wir wissen es: Deutschland steht bei der Zahl, in der sich eigentlich Hoffnung und Zuversicht verkörpern müßten, bei der Geburtenrate seines Volkes, am Ende der ganzen Welt. Eines der reichsten Völker dieser Erde sind wir geworden und doch das lebensfeindlichste und kinderfeindlichste, das Volk mit der niedrigsten Geburtenrate und Hunderttausenden von Abtreibungen im Jahr.

Wer Kinder tötet, tötet die Zukunft des eigenen Volkes. Kinder sollen nach dem Willen Gottes, ihres Schöpfers, aufwachsen in Familien, denen sie geschenkt werden.

Familien – wir wissen, wie unsere neue Gesetzgebung die Zerreißung der Familien begünstigt, ihre Entfaltung aber beengt. Wir wissen, wie viele „Ehen ohne Trauschein“ heute, ja man kann gar nicht sagen: „geschlossen“ werden, denn sie werden ja gar nicht geschlossen. Ehe ohne Trauschein – was heißt das eigentlich? Ohne Trauschein, das heißt: da sind Menschen, die sich nicht trauen und sich deshalb auch nicht trauen lassen. Wo aber kein Trauen ist, da ist auch keine Treue. Da können die Nestwärme und die Sicherheit, die Kinder brauchen, um gesund aufzuwachsen, nie entstehen. Solange es nur um die beiden Partner geht, ist das ihr kalkuliertes Risiko. Aber wenn wir nach dem Nachwuchs aus solchen Probeverhältnissen fragen: Entweder darf der Nachwuchs gar nicht zur Welt kommen, oder – wo die Kinder doch zur Welt kommen dürfen – kommen sie da nicht schon als Waisen auf Widerruf zur Welt? Denn wo der Vater jederzeit den Hut vom Nagel nehmen und sagen kann: „Das war's“, und wo die Mutter sich mit einem neuen Freund davonmachen kann, wo bleibt da das Recht des Kindes auf eine sichere und glückliche Jugendzeit?

Wir müssen heute die Grundrechte der Familie wieder einfordern. Hat die Frau nicht ein Recht auf die Treue des Vaters ihrer Kinder? Hat der Vater nicht ein

* Das Wort des Bischofs: Das Grundrecht des Kindes: Familie!, in: Bonifatiusbote, Nr. 40, 4. Oktober 1987.

Anrecht auf die Treue der Mutter seiner Kinder? Haben die Kinder nicht ein Grundrecht auf die Treue ihrer Eltern? Wie steht es denn in den furchtbaren Fällen, in denen heute Kinder gefragt werden: „Mit wem willst du jetzt gehen, mit deinem Vater oder mit deiner Mutter?“ Und die Kinder zerbrechen daran. Sie lieben ja beide, und sie brauchen beide.

Einem Kinde eine solche Zerreißprobe aufzuerlegen, das ist Folter. Und wie viele Kinder in unserem Lande werden heute seelisch gefoltert dadurch, daß sie kein Zuhause, kein Nest und keine Wärme mehr haben und damit keine Zukunft. Haben unsere Kinder nicht ein Recht darauf, in einer gesunden und sicheren Atmosphäre aufzuwachsen?

So meine ich, wenn wir von Grundrechten sprechen, ja wenn unsere Politiker Menschenrechte an allen Enden der Welt einfordern, sollten wir die Grundrechte unserer Familien, unserer eigenen Kinder nicht vergessen, und hier sollten wir in einer großen und heiligen Allianz mit und in der Kirche zusammenstehen und für diese Grundrechte mutig, ja viel mutiger und deutlicher als bisher, einstehen.

Geistig-geistliche Allianz*

Fulda als bonifatianisches Land ist benediktinisches Land. Bonifatius war Benediktiner. Er plante Fulda als ein Musterkloster. Ein Vorbild wie Montecassino sollte es sein. Recht bald entstanden dann auch die ersten Frauenklöster, allerdings noch nicht bei uns, sondern in Ochsenfurt – und in Tauberbischofsheim das Kloster der heiligen Lioba. Warum so weit weg? Wegen der kriegerischen Sachsen; Fulda war doch mehr Frontgebiet. Die Benediktinerinnen wollte man etwas geschützter ansiedeln, daher weiter im Süden.

Erst im 17. Jahrhundert haben wir die Benediktinerinnen hier. Dann allerdings als einziges Kloster sogar ununterbrochen durch die Säkularisation – bis auf das relativ kurze Exil, dessen Beendigung vor einhundert Jahren wir heute feiern[1].

Da sind wir nun beim Thema! Die preußische Regierung hielt ein beschauliches Kloster für überflüssig. Auch heute wird oft skeptisch, wenn auch zunehmend interessiert, ja fasziniert nach dem Wert eines solchen Klosters gefragt. Paßt das überhaupt noch in unsere Zeit? Oder ist es womöglich wieder eine große Alternative für die Zukunft?

Ich glaube, wir alle, die wir hier sind, wissen, daß schon die bloße Existenz dieses Klosters ein unermeßlicher Wert für uns ist. Dieses stille Kloster in der Nonnen-

* Predigt am 18. Oktober 1987 in der Abteikirche St. Maria in Fulda anläßlich des 100. Jahrestags der Rückkehr des Konvents aus dem französischen Exil (Bischöfliche Pressestelle Fulda); Überschrift von den Bearb.; Textfassung leicht überarbeitet.

[1] Der Fürstabt von Fulda, Johann Bernhard Schenk von Schweinsberg, begründete 1626 ein Benediktinerinnenkloster in Fulda als Tochter von Zella (Eichsfeld). Während des „Kulturkampfes“ wurde das Fuldaer Kloster 1875 im Rahmen der gegen katholische Orden und Klöster gerichteten Ausnahmegesetzgebung durch den preußischen Staat aufgehoben. Der Konvent ging ins Exil nach Drouville bei Nancy. 1887 wurde das Frauenkloster in Fulda wiederbesiedelt und 1898 schließlich zur Abtei erhoben.

gasse, dessen Glocke immer wieder weckt, weist darauf hin, daß es eine andere Dimension, eine Dimension des Göttlichen gibt; daß es die Möglichkeit gibt, im Haus Gottes zu wohnen und zu bleiben; daß es möglich ist, im „Gott-allein-genügt“[2] zu leben. Die bloße Existenz dieses Klosters ist ja auch Antwort auf viele Fragen unserer Zeit.

Dem Lärm unserer Zeit, der die Stimme Gottes unhörbar machen will, setzt es die Stille entgegen, aus der alles wächst. Bäume wachsen in der Stille – 30, 50, 100 Jahre. Der verstorbene Kardinal Höffner sagte gerne: „Durch die Jahrzehnte wachsen die Bäume in Stille – nur wenn sie umfallen, dann macht es Krach“. Was gut ist, wächst in der Stille. Und ich glaube, viel Energie wird heute im Lärm unnütz investiert.

Wieviel besser stände es auch in der Kirche, wenn wir wieder öfter still würden, um zu hören. Diese Stille ist ja nicht bloßes Schweigen oder gar Langweile. Sie ist Still-werden, um zu hören. Glauben kommt vom Hören[3]. Deshalb beginnt der heilige Benedikt seine Regel, die den Menschen auf den Weg des Evangeliums führen soll, mit dem Wort „Ausculta – horche – höre!“[4]. Wer hörend geworden ist, in dem können dann die Ströme lebendigen Wassers aufbrechen, die Gott denen verheißen hat, die sein Wort aufnehmen. Wer hörend geworden ist, wer das Wort Gottes in sich hineinsenken läßt, der kommt zwangsläufig zum Dank, zum Jubel, zum Staunen – das sind ja die Elemente des Gotteslobes. Dieser erste Dienst des benediktinischen Lebens – das Gotteslob – kann nur aus der Stille kommen und wird zur Kraft eines solchen Lebens.

Es wäre um uns in der Kirche besser bestellt, wenn wir auch in den Gremien und Verbänden erst einmal wieder still würden und hörend, um dann aus dieser Stille heraus zu begreifen und zu beraten. Heute scheinen viele unserer Zusammenkünfte eher einem Turmbauverein von Babel zu gleichen, wo alles durcheinander redet, als einer stillen, beschaulichen Gemeinschaft, in der man einander versteht – sogar ohne Worte.

Im Lärm – die Stille; sie erfüllt das Herz mit Dank und Jubel und findet Ausdruck im Lob Gottes. Auch das Gotteslob kommt ja bei uns zu kurz. Entweder wir vergessen es ganz oder „Not ist am Mann“, dann stürzen wir uns in Bitte oder Fürbitte. Dazwischen liegt ein weites Gebiet des puren Gotteslobes, der Anbetung, die wir oft vernachlässigen.

So wollen wir den Benediktinerinnen hier in unserem Fuldaer Kloster danken für den Dienst des stellvertretenden Gotteslobes, den sie uns leisten. Sie treten ja in ihren Gebeten, in ihrem Gotteslob, für uns ein. Wie Abraham für Sodom und Gomorra, so leisten sie uns den Liebesdienst des stellvertretenden Gebetes und Gotteslobes. Wir können es nicht wissen, aber wir ahnen, wieviel vielleicht anders gelaufen wäre in den letzten einhundert Jahren, wenn wir hier nicht solch einen Hort des Gebetes hätten. Auch die übrigen Gläubigen möchte ich eingeschlossen

---

[2] Vgl. Theresa von Avila, Poesía, 9: Dios solo basta.
[3] Römer 10,17.
[4] Regula Benedicti, Prologus 1.

wissen, alle stillen Beter und Beterinnen, Kranke und Leidende, die Gebet und Leid zum Himmel schicken.

Ja, wir wollen an diesem Tag das Vermächtnis des heiligen Bonifatius aufnehmen und seine Herausforderung zu erfüllen suchen. Lassen wir es uns gemeinsam tun: Sie, liebe Schwestern, indem Sie das Musterkloster sind und bleiben, das sich Bonifatius in Fulda erträumt hat. Vielleicht beten Sie sogar mal ein weiteres Musterkloster in das Bistum Fulda hinein, das ja – welch ein großer Anachronismus! – keine Benediktiner mehr hat. Und wir, indem wir versuchen, bonifatianische Musterdiözese zu werden und zu bleiben. Wir haben ja hier eine besondere Verpflichtung und einen besonderen Auftrag als Fulda im Herzen Deutschlands, auch im Herzen des katholischen Deutschlands.

So wollen wir denn die geistig-geistliche Allianz erneuern und stärken zwischen der „contemplatio“ und „actio“, zwischen Nonnengasse und Michaelsberg. Das Ganze soll uns zur höheren Ehre Gottes und in sein Reich führen. Ja, das wollen wir gemeinsam: Zeichen sein in dieser Zeit, ein Zeichen zwar, dem widersprochen wird[5], aber ein Zeichen, das allen Suchenden, allen Menschen guten Willens, den Weg weist in das Reich Gottes.

Die vierte Gewalt*

Seit Montesquieu (1689–1755) hat sich in den Staaten der westlichen Welt die Lehre von der Gewaltenteilung im Staat eingebürgert und in den Verfassungen niedergeschlagen. Es ist die klassische Dreiteilung der Gewalt, die den modernen demokratischen Rechtsstaat garantiert und funktionieren läßt: Gesetzgebende, ausübende und richterliche Gewalt sind voneinander getrennt, und die Verfassung bestimmt ihre jeweiligen Befugnisse und Grenzen, um jeden Übergriff, jeden Machtmißbrauch auszuschließen.

Nun wird in unseren Tagen immer deutlicher, daß sich neben den drei staatlichen Gewalten eine vierte Gewalt aufgebaut hat, ja die übrigen allmählich geradezu überschattet fast wie Orwells Großer Bruder: die Massenmedien – Presse, Funk und Fernsehen. Versorgen die staatlichen Gewalten uns mit Gesetzen, Verwaltung und Rechtsprechung, so versorgen die Medien uns mit dem, was inzwischen den größten Teil des bewußt gelebten Tages, insbesondere unsere Freizeit, ausmacht: mit Information und Unterhaltung.

So weit, so gut. Die modernen technischen Errungenschaften haben uns im Medienbereich enorme Möglichkeiten ins Haus gebracht. Sie können unser Leben bereichern durch Bildung, Entspannung und viele positive Impulse. Sie können unser Leben aber auch manipulieren bis hin zur praktischen Entmündigung – und das ist der springende Punkt.

---

[5] Lukas 2,34.

* Das Wort des Bischofs: Die vierte Gewalt, in: Bonifatiusbote, Nr. 44, 1. November 1987. – Nachdruck mit Reaktionen der kritisierten Medien, in: Imprimatur 21 (1988), Nr. 1, 10. Februar 1988, S. 16–22.

Drei aktuelle Beispiele seien angeführt. Wenn es einem „Moderator" einfällt, seine Sendung dadurch packend zu gestalten, daß er ein paar Würmer über die Mattscheibe und ins Hirn seiner Zuschauer jagt, ist die Reaktion der Millionen spontan[1]. Ob es sich wirklich um eine Gefahr handelte, wird sich später herausstellen, oder auch nicht, zunächst liegt ein ganzer Wirtschaftszweig am Boden, sind Zehntausende von Arbeitsplätzen in Gefahr oder endgültig verloren.

Das zweite Beispiel ist noch grausamer. Wie man einen Menschen, noch bevor überhaupt ein rechtmäßiges Verfahren eingeleitet oder die Spur eines Beweises erbracht ist, regelrecht in den Tod hetzen kann, hat uns ein übermächtiges Presseorgan demonstriert. Wenn jetzt ein Untersuchungsausschuß durch Dickicht und Nebel jeder fragwürdigen Spur und Fehlspur nachgeht, sollte man vielleicht doch die eine entscheidende Frage nicht zu klären vergessen: Wer hat dem Provokateur denn den Judaslohn bezahlt? Hat man um einer gelungenen Titelserie willen einen – zugegebenermaßen womöglich auch fehlbaren – Menschen in den Tod getrieben? „Sterben nach Plan" betitelt die exekutierende Zeitschrift[2] diesen Sieg ...

Drittens. Man kann Fische madig machen – man kann auch die Kirche madig machen. Letzteres scheint eine Spezialität des Hessischen Rundfunks zu sein und wird allmählich unerträglich. Als Bischof hört man natürlich öfter Sendungen, die die Kirche betreffen. Ich kann wohl sagen, daß ich in den vier Jahren, seit ich in Fulda bin, in den vom Hessischen Rundfunk redigierten Sendungen zu kirchlichen Themen noch nicht einen positiven oder anerkennenden Satz über die Kirche gehört habe. Das pendelt zwischen Kirchenkritik und Kirchenbeschimpfung. Als ich neulich aufwachte, wurde mir bereits im Morgenkommentar – schon am zweiten Tag der römischen Bischofssynode! – vom Hessischen Rundfunk versichert, daß ihr Resultat ein „Sammelsurium von Platitüden" sein werde[3]. In einer Talk-Show, in der die „Geheimnisse des Vatikans" enthüllt werden sollten[4], hatte man eine derart finstere Riege von Kirchenhassern[5] zusammengetrieben, daß ausgerechnet die anwesende „Spiegel"-Korrespondentin als die frömmste Frau in der Runde bezichtigt wurde. Bleibt noch die unsägliche Show, in der ein aus Bremen importierter Moderator vornehmlich Hexen, Huren und Schwule als die „Horizonte" der Kirche präsentiert[6]. Die Bezeichnung dieser Serie als „Ökumenisches Magazin" ist krasser Etikettenschwindel; denn wer denkt bei „ökumenisch" nicht an Urheberschaft von seiten der Kirchen? Wie lange noch wird der Hessische

---

1 Beitrag von Jürgen Thebrath und Wilfried Huismann: „Fischskandal" in der Monitor-Sendung des WDR vom 28. Juli 1987.

2 Der Spiegel, Nr. 43, 19. Oktober 1987, S. 17–32: Waterkantgate: Barschels Tod – Sterben nach Plan.

3 Frühkommentar von Walter Langlott am 5. Oktober 1987 im Hessischen Rundfunk zu den Beratungen der Bischofssynode, deren 7. ordentliche Generalversammlung vom 1. bis 30. Oktober 1987 in der Vatikanstadt tagte.

4 „Die Geheimnisse des Vatikans", Erstsendung im Hessischen Rundfunk („Hessen Drei dabei") am 25. September 1987.

5 Teilnehmer der Talkshow waren Dr. Karlheinz Deschner, Luitpold A. Dorn, Dr. Adolf Holl, Birgit Kraatz und Professor Dr. Uta Ranke-Heinemann.

6 Das Fernsehmagazin „Horizonte" des Hessischen Rundfunks moderierte seit 1986 Meinhard Schmidt-Degenhard, der vorher bei Radio Bremen im Regionalprogramm tätig war.

Rundfunk katholischen Christen, die ihre Kirche lieben, das Grundrecht auf faire Behandlung vorenthalten?

Damit sind wir beim Ausgangspunkt. Die staatlichen Gewalten liegen am Zügel des Grundgesetzes; der Bürger wird – auch durch den immer weiter ausgebildeten Datenschutz – vor der Willkür der staatlichen Gewalten geschützt. Wäre es nicht an der Zeit, ihn auch vor der Willkür der vierten Gewalt, der Medien, zu schützen?

Menetekel*

„Es gibt keine größere Liebe, als wenn einer sein Leben hingibt für seine Freunde“[1].

Der Verstorbene[2], den wir heute zu Grabe tragen, hat sein Leben hingegeben für uns – für uns alle, die wir in diesem Land in Frieden leben wollen, und die wir deshalb darauf angewiesen sind, daß sich immer wieder Menschen bereit finden, unseren Frieden und unsere Freiheit zu schützen, bis zum Einsatz ihres Lebens.

Der Verstorbene, Klaus Eichhöfer, hat sein Leben hingegeben für uns – und darum dürfen wir hoffen und vertrauen, daß der allmächtige Gott ihm, der so plötzlich und unerwartet vor seinen Richterstuhl treten mußte, ein gnädiger und barmherziger Richter sein wird.

Das, liebende Trauernde, ist ja das erste, wozu wir uns versammelt haben: um für unseren verstorbenen Bruder und Mitchristen zu beten, Gott anzuflehen, daß er ihn aufnehme in das ewige Leben, und dem Herrn unseren Gott das Opfer darzubringen, der seinen eigenen Sohn nicht geschont hat, sondern ihn für uns alle den Tod am Kreuze hat leiden lassen.

Unser Toter ist aber nicht eines natürlichen Todes gestorben, sondern er ist das Opfer eines feigen und heimtückischen Mordes geworden. Er ist gefallen an einer Front, die es in unserem Land überhaupt nicht geben sollte. Und darum wird dieser Tod über die persönliche Trauer der Angehörigen hinaus für uns alle zu einem Menetekel, zu einem blutigen Zeichen an der Wand, das wir enträtseln und deuten müssen, wenn wir nicht blind in den Abgrund stürzen wollen.

Gewiß, zunächst wird da deutlich, daß unser Staat die Diener seiner Ordnung nicht an die Front schicken darf, um sie dann im Stich zu lassen; daß er den Müttern und Vätern, den Frauen und den Kindern unserer Polizeibeamten nicht zumuten darf, daß sie in Todesangst auf die Rückkehr der Ihren aus ihrem dienstlichen Ein-

---

* Predigt am 11. November 1987 in Hanau beim Requiem für Klaus Eichhöfer (Bischöfliche Pressestelle Fulda); Überschrift von den Bearb. – Auszüge aus der Predigt mit scharfer Kritik bringt L. Klemm, S. 13–24.

[1] Johannes 15,13.

[2] Klaus Eichhöfer, Polizeihauptkommissar, wurde am 2. November 1987 bei gewalttätigen Auseinandersetzungen an der „Startbahn West“ des Frankfurter Flughafens von vermummten Demonstranten erschossen, ebenso der Polizeimeister Schwalm, neun weitere Beamte wurden verletzt, einer davon lebensgefährlich. Diese Vorgänge führten zu einer lebhaften Diskussion, ob die Gesetze und das geltende Vermummungsverbot ausreichten, um gegen gewalttätige Demonstranten vorzugehen.

satz warten müssen. Unser Frieden muß auch ihr Frieden sein. Oder aber: Ihre Not muß auch unsere Not sein!

Nun hört man ja bei den Politikern – aber selbst da noch nicht einmal bei allen –, es sei an der Zeit, über neue Möglichkeiten in der Gesetzgebung und in der Polizeitaktik nachzudenken. Das ist sicher fällig und überfällig, aber kann das denn alles sein? Hier geht es doch um mehr als um bloßes Taktieren.

Wir stehen doch heute vor der erschütternden Tatsache, daß der moralische Grundkonsens, den Jahrhunderte christlicher Tradition uns als selbstverständlich erscheinen ließen, heute verlorengegangen ist. Und nun hilft alles nichts – nun muß es einmal gesagt werden: An diesem Traditionsbruch, an diesem in seinen Konsequenzen noch gar nicht abzusehenden moralischen Zusammenbruch sind unsere Politiker und Parlamente nicht unschuldig.

Wer hat denn den Abschied von der Ethik und die Befreiung von der Moral begrüßt und legislativ vorangetrieben?

Erstens: Bei den Tötungsdelikten. Nach unseren Gesetzen genügt ein Beratungsschein, um ein unschuldiges Leben auszulöschen; und so werden Hunderttausende von unschuldigen Kindern jedes Jahr im Mutterleib zerfetzt. – Finanziert wird dieser Massenmord durch unsere öffentlichen Kassen. Wie stimmt das überein mit der Achtung vor der Würde und Unantastbarkeit menschlichen Lebens, die wir alle fordern?

Zweitens: Bei den Sittlichkeitsdelikten[3]. Wer hat denn den himmelweiten Unterschied zwischen Zucht und Sitte auf der einen und widernatürlicher Unzucht auf der anderen Seite gesetzgeberisch eingeebnet – und damit nicht nur moralische Blindheit, sondern auch todbringende Seuche auf uns herabbeschworen?

Drittens: Bei den politisch motivierten Delikten[4]. Wer hat denn die Gesetze geschaffen, die den Störern und Zerstörern, ja schließlich den Mördern Freiräume schaffen – die Kräfte der Ordnung aber wehrlos machen?

Viertens: Im Eherecht[5]. Seit der gefeierten Reform des Eherechts werden Schuldige und Unschuldige gleichbehandelt. Ehebruch und Grausamkeit sind rechtlich irrelevant geworden. Hunderttausende von Kindern, die aus dem warmen Nest der Familie geworfen werden, die für ihr Leben verunsichert nur allzuoft dem Haß verfallen – kümmert das unsere Gesetzgeber?

Liebe Brüder und Schwestern! Ich weiß, daß ich den Rahmen einer familiären Trauerfeier sprenge, und ich muß die unmittelbar Betroffenen herzlich bitten, mir das zu verzeihen, weil es hier eben wirklich um das Ganze geht.

---

[3] Das 1. Strafrechtsreformgesetz vom 25. Juni 1969 hatte u. a. die Strafbarkeit der einfachen Homosexualität und des Ehebruchs beseitigt.

[4] Das 8. Strafrechtsänderungsgesetz vom 25. Juni 1968 hatte den strafrechtlichen Staatsschutz zurückgenommen.

[5] Das Recht der Ehescheidung war zum 1. Juli 1977 grundlegend umgestaltet und das bislang gültige Verschuldensprinzip durch das Zerrüttungsprinzip ersetzt worden. Ein Scheitern der Ehe wird nunmehr vermutet, wenn die Ehegatten seit drei Jahren getrennt leben. Beantragen beide Ehegatten die Scheidung, so verkürzt sich diese Frist auf ein Jahr.

Denn der Marsch in das moralische Niemandsland, den unser Volk in den vergangenen zwanzig Jahren unter Führung seiner Medien und seiner Politiker angetreten hat, muß hier und jetzt angeklagt werden, muß hier und jetzt widerrufen werden.

Ja, viele fromme und beschwörende Worte haben wir gehört in den letzten Tagen von Politikern aller Farben unter dem Motto: „Es muß alles anders werden". Aber alles das werden bloße Worte bleiben, wenn Sie – und wenn wir – nicht den Mut haben, uns wieder auf die moralischen Grundlagen, ja die Herausforderungen unseres christlichen Glaubens zu besinnen.

Wir müssen wieder erkennen: Es gibt keine Äquidistanz, es gibt keine Neutralität zwischen Gut und Böse, zwischen Schuld und Unschuld, zwischen Chaos und Ordnung, zwischen Terroristen und Polizisten, zwischen Leben und Tod, zwischen Wahrheit und Wirrsinn. Wir können nicht mehr nur konstatieren, differenzieren, optieren und taktieren – wir müssen uns entscheiden.

Und die einzige entscheidende Frage, die da vor uns liegt, ist die: Sollen wir den moralischen Ausverkauf fortführen, der im geistlichen Bereich zur Hölle, im weltlichen aber nach dem sittlichen zum politischen Zusammenbruch führen wird? Oder sollen wir uns auf das Gesetz Gottes besinnen, das allein des Menschen Heil bewirken kann?

Vor eineinhalbtausend Jahren hat der heilige Augustinus gesagt: „Ein Staat ohne Gott ist im besten Fall eine gutorganisierte Räuberbande"[6]. Vor eineinhalbtausend Jahren! – Gibt es etwas, was aktueller und gültiger wäre in unserer Zeit?

Was also sollten wir tun, wenn wir die Zukunft gewinnen und nicht verlieren wollen? Dann müssen wir den Mut haben, unsere Kinder wieder die Tugenden zu lehren. In der Familie und in der Schule – die christlichen und die bürgerlichen Tugenden!

Ja und noch mehr: Wir sollten sie diese Tugenden nicht nur lehren, wir sollten sie ihnen auch vorleben: Ehrlichkeit, Treue, Selbstlosigkeit, Nächstenliebe, Tapferkeit, Dankbarkeit und Gottesfurcht.

Liebe Brüder und Schwestern! Wenn wir Klaus Eichhöfer zu Grabe tragen, wenn wir dieses Opfer moralischen Zusammenbruches in unserem Volke der Barmherzigkeit Gottes anvertrauen – sollten wir uns da nicht der Worte Christi erinnern: „Jerusalem, Jerusalem! ... Wie oft wollte ich deine Kinder um mich sammeln, so wie eine Henne ihre Küken unter die Flügel nimmt; aber ihr habt nicht gewollt. Darum wird euer Haus von Gott verlassen"[7].

Wollen wir wirklich diese gottlose Stadt, den gottverlassenen Staat – in dem die Menschen einander verachten und vernichten? Oder wollen wir in dieser Stunde in dem heiligen Entschluß aufstehen, uns wieder sammeln zu lassen als Gottes Volk – damit wir alle als Kinder Gottes untereinander Brüder und Schwestern sein können.

Täuschen wir uns nicht: Gott läßt seiner nicht spotten. Auch heute und auch uns gilt das Wort, das er zu Beginn der Heilsgeschichte an sein Volk gerichtet hat:

---

[6] Vgl. Augustinus, De civitate Dei 4,4: Remota iustitia quid sunt regna nisi magna latrocinia?

[7] Matthäus 23,37 f.

„Hiermit lege ich dir heute das Leben und das Glück, den Tod und das Unglück vor. Wenn du auf die Gebote des Herrn hörst, wenn du auf seinen Wegen gehst, dann wirst zu leben. Wenn du aber dein Herz abwendest, und dich verführen läßt, dann werdet ihr ausgetilgt werden. Leben und Tod lege ich dir vor, Segen und Fluch. Wähle also das Leben, damit du lebst, du und deine Nachkommen. Liebe den Herrn deinen Gott, höre auf seine Stimme und halte dich an ihm fest, denn er allein ist dein Leben“[8].

In der Stille*

Die Tage werden dunkler, die Natur wird kühl und kahl, ein Hauch von Schnee und Schweigen liegt in der Luft. Der Advent, die stille Zeit des Jahres, bricht an, und wir sollten uns diese Stille, zu der Natur und Kirchenjahr uns einladen, nicht so leicht entreißen lassen. Hektische Weihnachtsvorbereitungen und unzählige vorweihnachtliche Feiern können uns nur allzuleicht eine Zeit rauben, deren wir bedürfen für ein wirkliches Weihnachten und für einen guten Beginn des neuen Jahres.

Denn zum Heilsein und Ganzsein des Menschen gehört die Stille, in der allein er zu sich, zum Sinn des Ganzen und zu seinem Gott finden kann. Als der Prophet Elia einmal ganz am Ende war und nicht mehr ein noch aus wußte, da suchte er Gott am Berge Horeb im Sturm, im Beben und Feuer. Doch in keinem von diesen war der Herr. Erst in der Ruhe nach dem Sturm „kam ein sanftes, leises Säuseln“[1], und in dieser Stille traf ihn das Wort des Herrn. Auch für uns kommt der entscheidende Anstoß nicht aus pausenloser – und sei sie auch noch so frommer – Aktivität, nicht aus den spektakulären Dingen, denen wir immer wieder offen oder versteckt nachjagen. „Im Geheimen lehrst du mich Weisheit“ heißt es im 51. Psalm[2].

Diese stillen, diese „geheimen“ Stunden zu finden, das war früher sicher leichter als heute, da wir – ja schon die Schulkinder – von Terminen gejagt sind und in der verbleibenden leeren Zeit eher kraftlos in die Arme des Fernsehens sinken. Und doch, alles kommt darauf an, daß wir den Mut und die Entschlossenheit finden, diese Stunden der Besinnung notfalls geradezu herauszuschneiden aus unserem Alltag, denn nur in ihnen haben wir die Chance, in einem Augenblick das zu finden, wonach wir uns so lange vergeblich mühen und sehnen: Klarheit und Sicherheit über das, was ich tun, über das, was ich sein soll. Meinen Platz im Leben, meinen Platz in der Kirche – was zermürbende Selbstbefragung, was Diskussion bis zur Heiserkeit nicht zu erbringen vermag –, kann er mir zeigen in der Stille.

Ort und Zeit dafür können je nach den Lebensumständen des einzelnen recht unterschiedlich sein. Dem einen bietet der frühe Morgen, dem anderen eine späte Nachmittagsstunde die beste Chance. Ob auf winterlicher Wanderung oder im

---

[8] Vgl. Deuteronomium 30,15–20.
* Das Wort des Bischofs: In der Stille, in: Bonifatiusbote, Nr. 49, 6. Dezember 1987.
[1] 1 Könige 19,11–13.
[2] Vgl. Psalm 51(50), 8.

geweihten Raum einer Kirche, ob auf den Knien oder im Sessel – das Entscheidende ist, daß wir immer wieder aus dem Lärm den Weg in die Stille finden.

Gönnen wir uns also in diesen Tagen einmal den Luxus des Innehaltens, des Eingehens auf den lebendigen Gott, um seine Geschenke zu empfangen – Sinn und Sicherheit, Friede und Freude, Liebe in Fülle und Überfülle. Heben wir in aller Stille den Schatz, der all denen verborgen bleibt, die zu reich, zu aktiv, zu aufgeklärt, zu kritisch, zu gleichgültig oder zu engagiert sind, um das Kommen des Herrn in stillem Staunen zu begreifen.

Gruß aus Rom*

Nach vier Jahren in Fulda war die Zeit reif für den Ad-limina-Besuch[1], eine Reise nach Rom, die alle Bischöfe der Welt alle fünf Jahre an die Apostelgräber und Hauptkirchen in Rom, zu den verschiedenen Ämtern der Kurie und schließlich vor allem zum Papst führen. Hier gilt es, Bericht zu erstatten über das, was im eigenen Bistum lebt und wächst, und im vertraulichen Gespräch mit dem Heiligen Vater Rat, Stärkung, Anregung und Segen zu empfangen, um sie im Heimatbistum wirksam werden zu lassen.

Neben den Audienzen war es den Bischöfen vergönnt, mit dem Heiligen Vater sowohl das hl. Meßopfer zu feiern als auch zu Tisch zu sitzen. Eigenartigerweise stand im Evangelium dieses Tages: „Er ißt mit Zöllnern und Sündern"[2]. Trotzdem waren gerade diese Stunden brüderlichen Beisammenseins eine kleine Offenbarung. Den Papst in so heiterer Gelassenheit zu sehen – vielleicht gibt ihm gerade diese Fähigkeit die Kraft, die beinah unmenschliche Last des Petrusamtes zu tragen.

Freilich verheimlichte der Heilige Vater uns auch nicht seine Sorgen im Hinblick auf die Kirche in Deutschland, über deren Situation er ausgezeichnet unterrichtet ist. In der Sorge um den Glauben, die das Thema seiner Ansprache an die erste („bayerisch/fuldische") Gruppe deutscher Bischöfe mit Kardinal Wetter an der Spitze war, wies der Papst besonders auf zwei Punkte hin[3]. Einmal auf die große Verantwortung der wissenschaftlichen Theologie für die Weitergabe des Glaubens. Hier haben, nach den Worten des Heiligen Vaters „die Moraltheologen ... heute eine besonders große Verantwortung, nicht nur weil sie vor neuen schwierigen Herausforderungen stehen, sondern weil unklare oder gar falsche Lehrmeinungen im Bereich der Moral bei den Gläubigen zu besonderer Verwirrung führen – rascher und schwerwiegender als in Fragen von mehr theoretischem Charakter". Hier wies der Papst die Bischöfe an: „Seid besonders wachsam, wenn auch im Raum der Kirche moralische Verhaltensweisen ... verbreitet werden, die sich weit-

---

* Das Wort des Bischofs: Gruß aus Rom, in: Bonifatiusbote, Nr. 6, 7. Februar 1988.

[1] Vom 14. bis 16. Januar 1988.

[2] Tagesevangelium: Markus 2,13–17.

[3] Allocutio Papst Johannes Pauls II., 16. Januar 1988; Druck: Verlautbarungen des Apostolischen Stuhls, Nr. 80, S. 7–13; die folgenden Zitate ebd., S. 8.

gehend den Triebbedürfnissen der Menschen anpassen, aber die wahre Freiheit eines Christen verraten".

Kann man es deutlicher ausdrücken? Auf der einen Seite die heute propagierte Freiheit, das Böse zu wählen, auf der anderen Seite die von Christus geschenkte Freiheit, vom Bösen frei zu werden. Und die eindeutige Mahnung an die Theologen, dem Lehramt der Kirche zu dienen – und nicht daneben ein eigenes Lehramt zu entwickeln und auf dem Markt der Medien anzubieten.

Die zweite Sorge des Papstes galt der mit dem enormen Wohlstand einhergehenden Verweltlichung in unserem Land und der Gefahr, daß diese Verweltlichung auch im innerkirchlichen Raum Platz greife. Wir haben ja ein in seiner Größe und Breite einmaliges System von kirchlichen Einrichtungen und Ämtern aufgebaut. „Doch müßt Ihr ... darüber wachen, daß diese vielen Dienste ihre Gestalt, ihre innere Ordnung und ihre Richtung vom Maß des Glaubens her empfangen, damit sie nicht am Ende beziehungslos oder vielleicht sogar widersprüchlich nebeneinanderstehen und so letztlich unfruchtbar bleiben". Eine Mahnung, die es wahrhaftig zu beherzigen gilt, wenn wir daran denken, daß in den deutschen Bistümern der pastorale Apparat ständig wächst, während die Zahlen kirchlichen Lebens, Taufen, Erstkommunionen, Firmungen und Trauungen zurückgehen ...

So wollen wir uns vom Heiligen Vater ermutigen lassen und darauf achten, daß „das, was in der Kirche in den verschiedenen Bereichen geschieht, wirklich in die innerste Mitte unseres Glaubens hineinführt". Um das zu verwirklichen, hat der Papst nicht nur den Bischof von Fulda angespornt, sondern auch allen Gläubigen und besonders den Kranken und Leidenden seinen herzlichen Gruß und Segen entsandt.

Aufruf zur Buße*

Mit Beginn der Fastenzeit ruft die Kirche alle Gläubigen zu Buße und Umkehr. Wenn die Kirche zu Reue und Buße aufruft, befürchtet heute vielleicht manch einer, er solle auf den Weg der Traurigkeit, ja der Lebensfeindlichkeit geführt werden. In Wirklichkeit ist es gerade umgekehrt: Christliche Buße ist der Weg der Erneuerung des Menschen, ist Befreiung von all dem, was uns immer wieder klein und erbärmlich werden läßt, ist der Weg in die Fülle des Lebens, in die österliche Freude.

Wenn aber die Kirche uns stets neu zur Buße aufruft, dann tut sie es, weil sie unsere Not kennt, weil sie weiß, daß wir alle Sünder sind, daß wir immer wieder schuldig werden vor Gott und unseren Mitmenschen.

Wir alle unterliegen ja allen möglichen Versuchungen und Schwächen, kehren uns immer wieder von Gott ab und der Welt zu mit all ihrer Blendung, all ihren Süchten und Prahlereien.

---

* Fastenhirtenbrief 1988 des Bischofs von Fulda, 17. Februar 1988; Druck: Kirchliches Amtsblatt für die Diözese Fulda 104 (1988), Nr. 30, S. 15–17; auch Sonderdruck („am 1. Fastensonntag, 21. Februar 1988, in allen Gottesdiensten zu verlesen"). Überschrift von den Bearb.

„Das Licht leuchtet in der Finsternis, aber die Finsternis hat es nicht erfaßt“[1]. Als gläubige Christen wissen wir um diesen Kampf zwischen Licht und Finsternis, der ja mitten durch unsere eigenen Herzen geht. Immer wieder geht es darum, das Licht zu „erfassen“ und sich nicht in der Finsternis zu verstecken, geht es darum, dem Wort des hl. Paulus gerecht zu werden, der uns im Römerbrief sagt: „Gleicht euch nicht dieser Welt an, sondern wandelt euch und erneuert euer Denken, damit ihr prüfen und erkennen könnt, was der Wille Gottes ist“[2].

Dieser Mahnruf des hl. Paulus ist heute für uns deshalb besonders aktuell, weil Gebote christlicher Moral und die Maßstäbe dessen, was früher als bürgerliche Moral und Wohlanständigkeit verstanden und auch vom Staat durch Sanktionen geschützt wurde, immer weiter auseinanderlaufen. Moralische Grundsätze, die früher auch vom Gesetzgeber gestützt wurden, sind heute der Beliebigkeit preisgegeben. Denken wir nur an die großen Veränderungen im Eherecht, im Bereich von Zucht und Sitte und vor allem beim Schutz des werdenden Lebens.

Da liegt die Gefahr nahe, daß viele Menschen so argumentieren: „Was nicht bestraft wird, ist nicht verboten. Was nicht verboten ist, ist erlaubt. Was aber erlaubt ist, darauf habe ich einen Anspruch!“

Als gläubige Christen müssen wir daher erkennen, daß aus einer pluralistischen Gesellschaft keine Begründung sittlicher Normen zu erwarten ist; schon von ihrem Selbstverständnis her ist sie dazu nicht in der Lage. Für Gut und Böse im sittlichen Bereich sind für uns Christen allein die Gesetze Gottes maßgeblich, wie sie von der Kirche vorgelegt werden und, wenn es nottut, gegen jeden Ansturm des Zeitgeistes verteidigt werden müssen. Um nur ein Beispiel zu nennen: Die Abtreibung bleibt auch dann als schweres Tötungsdelikt dem Mord an die Seite zu stellen, wenn der Staat sie nicht mehr bestraft, sondern ihre Durchführung regelt und sogar über die Krankenkassen finanziert.

„Das Licht leuchtet in der Finsternis, aber die Finsternis hat es nicht erfaßt“. In jeder heiligen Messe beten wir: „Lamm Gottes, du nimmst hinweg die Sünde der Welt, erbarme dich unser“. Wir beten das aber in einer Welt, in der die öffentliche Meinung die „Sünde der Welt“ nicht mehr wahrhaben will und die deshalb auch auf das Erbarmen Gottes verzichtet. Nun ist sicher in früheren Generationen ebenso viel gesündigt worden wie heute. Der große Unterschied – um nicht zu sagen die satanische Verführung – liegt aber darin, daß man um die Tatsache von Sünde und Schuld wußte, während man sie heute aus der Welt diskutieren will. Mit dem Sündenbewußtsein steht und fällt aber auch die Verantwortung des Menschen vor Gott, seine Angewiesenheit auf das Erbarmen Gottes, das ständige Ringen um ein besseres Menschsein, das ja immer wieder nur durch den Schritt der Reue vor Gott verwirklicht werden kann. Wir kommen dann zur Trennung des Menschen von Gott und zur Herrschaft des innerweltlich Materiellen, wie sie sich heute bei uns schon weitgehend durchgesetzt hat.

Kennzeichen dafür ist die Zurückdrängung der geistigen und geistlichen Werte zugunsten einer kraß materialistischen, egoistischen und hedonistischen, d. h. an

---

[1] Johannes 1,5.

[2] Römer 12,2.

Geld, Macht, Lust und Konsum ausgerichteten Denkweise. Da zählt nur noch, was sich finanziell erfassen läßt. Menschliche Tätigkeiten, mögen sie noch so edel und lebenswichtig sein, wie etwa das Wirken der Mutter im Hause, werden mißachtet, wenn mit ihnen keine Lohnsteuerkarte verbunden ist.

Ein weiteres Kennzeichen dieses Verfalls ist die zunehmende Versklavung an immer seichtere Formen der Unterhaltung. Was lassen wir da alles über den Bildschirm in unsere Familien auf uns und auf unsere Kinder zukommen? Wird den Müttern und Vätern ihre Erziehungsrolle, die ja freie Zeit braucht, nicht Stunde um Stunde genommen? Noch nie war es wie heute möglich, sich durch einen einfachen Knopfdruck von der Wirklichkeit abzuschalten und in bunte Traumwelten einzuschalten – Traumwelten, in denen so ernste Dinge wie sittliche Maßstäbe, Gehorsam, Treue oder Opfer völlig aufgehoben zu sein scheinen. „Wir amüsieren uns zu Tode" hieß der kürzliche Bestseller eines amerikanischen Medienexperten[3]. „Wir amüsieren uns zu Tode" – wenn man das einmal wörtlich nimmt, wird es furchtbarer Ernst für uns alle.

(Aus meiner Zeit in Afrika erinnere ich mich an eine Begebenheit, von der der große Afrikaforscher Livingstone berichtete. Nach wochenlangem Marsch durch Busch und Urwald im Innern Afrikas, setzten sich die schwarzen Träger auf einmal nieder und waren durch nichts zu bewegen, weiter zu marschieren. Waren sie krank? Nein. Auch gegen Verpflegung und Bezahlung hatten sie nichts einzuwenden. Warum sollte es dann nicht weiter gehen? „Unsere Seelen sind noch nicht hier" war die Antwort. Nun müsse man warten, bis die Seelen, die bei dem scharfen Tempo zurückgeblieben seien, wieder bei den Männern wären.

Ob nicht die Fastenzeit für uns eine solche Zeit sein sollte, in der wir wieder „zu uns" kommen, in der wir gegen das weitere rasche Fortschreiten in die Sinn- und Seelenlosigkeit streiken, bis wir wieder ganz sind und unser Leben überschauen?)

Im 51. Psalm heißt es: „Ich erkenne meine bösen Taten, meine Sünde steht mir immer vor Augen"[4]. Wer seine Sünde noch sieht und seine Schuld anerkennt, in dessen Gewissen spricht noch die Stimme Gottes – und die Stimme Gottes ruft uns zur Umkehr, drängt uns, mit der sanften Energie des Liebenden zu unserem Heil. Für den gottzugewandten Menschen ist auch das Sündenbewußtsein kein schwieriges Problem. Er weiß ja, daß er nicht nur immer wieder durch kleine oder größere Sünden vor Gott schuldig wird. Vor allem spürt er, wie wenig er der unendlichen Liebe und Güte Gottes doch eigentlich durch sein Leben entspricht. Unsere Gegenliebe bleibt ja doch so oft nur bruchstückhaft. Wenn wir Gott wirklich lieben würden aus unserem ganzen Herzen, aus unserer ganzen Seele, aus all unseren Kräften – und unseren Nächsten wie uns selbst! – wie sähe da unser Leben aus? Wie sähe es in unseren Familien aus und in unseren Gemeinden?

So aber bleiben wir immer wieder hinter dem zurück, was wir mit der Gnade Gottes sein könnten. Bleiben gleichgültig oder hassen sogar, wo wir lieben müßten;

---

[3] Neil Postman, Amusing ourselves to death: public discourse in the age of show business, New York 1985 (dt. Übers.: Wir amüsieren uns zu Tode. Urteilsbildung im Zeitalter der Unterhaltungsindustrie, Frankfurt a. M. 1985).

[4] Psalm 51(50),5.

werden habgierig und neidisch, unrein und rücksichtslos. Und wenn wir einmal an unsere Unterlassungssünden denken, an das viele Gute, das durch uns geschehen könnte und doch immer wieder nicht geschieht; die vielen guten Worte, die ungesprochen bleiben, die Zeit, die wir einmal opfern könnten für einen, der auf uns wartet – und die wir dann doch lieber behalten. Wie weit sind wir da entfernt von dem, was wir sein könnten. Und mancher von uns verstrickt sich und andere auch in schwerer Schuld.

So werden wir immer wieder zu Sündern, eigentlich zu Zerrbildern dessen, was wir sein sollten als Kinder Gottes. Ein großer Theologe hat das – anläßlich seines 75. Geburtstages – einmal so ausgedrückt: „Der, der ich bin, grüßt trauernd den, der ich sein sollte"[5].

Aber solche Traurigkeit hat ihre heilsame Bedeutung, führt sie doch zur Reue und damit zum verzeihenden Gott. Der große, gerechte und allmächtige Gott, der Gott, der den Frevlern droht, den Stolzen widersteht, der die Selbstgerechten verurteilt – dieser große Gott ist dem wirklich reumütigen Sünder gegenüber, fast möchte man sagen: wehrlos – er wird ganz zum barmherzigen Gott, er nimmt ihn auf wie der Vater den verlorenen Sohn. Er heilt ihn, er liebt ihn, ja, wie man nur Wiedergefundene lieben kann.

Und damit wir armen Sünder uns nicht verlieren, sondern immer wieder diesen Weg der Umkehr zum Herrn finden, hat Christus seinen Jüngern die Vergebung der Sünden ausdrücklich aufgetragen und anvertraut in der Einsetzung des hl. Sakramentes der Buße. Hier wird Schuld nicht weggedeutelt oder relativiert. Nein, hier bekennen wir unsere Schuld, und diese Schuld ist so groß und so ernst, daß Gott seinen eingeborenen Sohn in den Tod am Kreuz geschickt hat, um sie von uns hinwegzunehmen. Aber hier wird sie dann auch wirklich von uns genommen in der Kraft und Vollmacht Gottes. Hier bleiben wir nicht bei menschlichen Worten und Versuchen, hier bleiben wir nicht stecken in einer letzten Unsicherheit, sondern hier greift Gott ein, hier wird wahrhaftig los-gesprochen. (Gott liebt dich so sehr, daß er deine Sünde von dir wegnimmt, daß er dich zu einem neuen Menschen macht.)

So ist das Sakrament der Buße eine Begegnung mit dem lebendigen Gott, das Sakrament der Befreiung, der Erlösung. Wir machen einen großen Fehler, wenn wir es nur als Last oder Zwang betrachten. Es ist auch mehr als eine Pflicht, eigentlich ein Recht, das Gott uns schenkt, ein Recht, das wir in der Kirche verwirklichen können, das Recht auf den neuen Anfang. (Wenn immer wir wieder verstrickt sind, wenn immer wir zurückgefallen sind, sollen wir diese Chance eines neuen glücklichen Anfangs in der Gnade Gottes suchen.)

Liebe Brüder und Schwestern! Die Fastenzeit beginnt, die für uns alle im Empfang der österlichen Sakramente ihre Erfüllung finden sollte. Als euer Bischof rufe ich euch von ganzem Herzen auf, in dieser Zeit einmal wahre Einkehr zu halten, die Begegnung mit Gott zu suchen und das Sakrament der Buße persönlich zu empfangen. Ein besonderes Wort der Ermutigung gilt dabei denen, die zwar von früher her wissen, was Beichten heißt, aber vielleicht schon lange Zeit ausgesetzt haben. Dann

---

[5] Karl Rahner am 4. März 1979 in der Katholischen Akademie in München.

aber auch denen, die eigentlich noch gar nicht recht wissen, was regelmäßiges Beichten heißt. Habt einmal den Mut, euch diesem Sakrament zu stellen und ihr werdet die Kraft der Befreiung entdecken, die Gott uns da schenkt.

Wo Bußgottesdienste stattfinden, sollen sie zum persönlichen Empfang des Bußsakramentes hinführen. Da in den Bußandachten aber keine sakramentale Lossprechung geschieht[6], können sie das Sakrament der Buße nicht ersetzen. Die Kraft dieses Sakramentes aber brauchen wir, wenn wir seelisch nicht verkrüppeln wollen. Ahnen wir denn überhaupt, was wir an Gnade, an Frieden und Freude für uns und unsere Familien verlorengehen lassen, wenn wir diesem Sakrament immer wieder ausweichen?

Der Mut zum erlösenden Bekenntnis wird ja überreich belohnt, denn er führt mich zu Gott. Zu dieser persönlichen Begegnung, in der ich sein Wort höre – so wie es die Menschen gehört haben, die zur Zeit Jesu durch die Menge hindurch zu ihm vorgedrungen sind –, dieses Wort, das heil macht: „Deine Sünden sind dir vergeben“[7]. „Ich will, sei rein!“[8]. „Steh auf und geh, dein Glaube hat dich gesund gemacht“[9].

Daß alle Gläubigen des Bistums Fulda in der Fasten- und Osterzeit den Mut zu diesem Schritt auf Gott hin finden und in seinen heiligen Sakramenten die ganze Freude der Befreiung erfahren, ist mein herzlicher Wunsch. Auf diesem Wege zu einem neuen, österlichen Anfang segne euch alle der allmächtige und barmherzige Gott: der Vater und der Sohn und der Heilige Geist!

Mission + Misereor*

Der Ausdruck „Entwicklungshilfe“ war noch nicht erfunden, kein Staat hatte noch ein Ministerium dafür eingerichtet, als die Kirche schon in aller Welt Schulen und Krankenhäuser baute, Lehrwerkstätten eröffnete und ländliche Genossenschaften gründete. Die Missionare, die an Afrikas und Asiens Küsten Fuß faßten, mußten denn auch zunächst einmal bauen, pflanzen, lehren – „alphabetisieren“ wie es heute heißt –, bevor sie die erste Taufe spenden konnten.

Aber auch in einer anderen, tieferen Hinsicht ist die Mission oft das erste Fundament für die Entwicklung gewesen. Die fatalistische Weltanschauung der meisten Naturreligionen ist ja nicht nur unchristlich, sondern auch entwicklungshemmend, weil der Mensch sich in ihnen hilflos der Natur und ihren gefürchteten übernatürlichen Kräften ausgesetzt sieht und nichts von den Möglichkeiten ahnt, sich von

[6] Die Vollmacht zur Generalabsolution erteilt die Kirche nur für besondere Notlagen, zum Beispiel für Schiffbruch oder bei Luftangriffen oder wenn sehr viele Gläubige beichten wollen, aber nur wenige Beichtväter da sind, was vor allem in Missionsgebieten vorkommen kann. Die Deutsche Bischofskonferenz hat am 18. September 1972 erklärt, daß die Voraussetzungen für die sakramentale Generalabsolution zur Zeit für das Gebiet der Bundesrepublik Deutschland nicht gegeben sind (Kirchliches Amtsblatt für die Diözese Fulda 88, 1972, Nr. 165, S. 82).

[7] Vgl. Matthäus 9,2; Markus 2,5; Lukas 5,20.

[8] Vgl. Matthäus 8,3; Markus 1,41; Lukas 5,13.

[9] Vgl. Matthäus 9,22; Markus 10,52; Lukas 7,50; 17,19; 18,42.

* Das Wort des Bischofs: Mission + Misereor, in: Bonifatiusbote, Nr. 10, 6. März 1988.

ihnen zu befreien. Wo zum Beispiel Brücken nicht gebaut werden können, weil man die Rache der Flußgeister fürchtet, oder wo – wie ich es selbst in Sierra Leone erlebt habe – Kindern Fleisch, Fisch und Eier vorenthalten werden, „weil sie sonst zu Dieben werden“, ist jedes gesunde Wachstum blockiert. Deshalb ist Mission, verstanden als Befreiung von unzähligen versklavenden Tabus, von jeher auch eine wertvolle Entwicklungshilfe gewesen.

Als die Entwicklungsarbeit der Kirche in Deutschland vor 30 Jahren im Bischöflichen Werk Misereor zusammengefaßt wurde, hatte dieses Werk von Anfang an den unschätzbaren Vorteil, in dem Heer von Missionaren und Schwestern, Ärztinnen und Lehrern in den einzelnen Ländern der Dritten Welt, „vor Ort“ über zuverlässige Experten zu verfügen, die für einen sinnvollen Einsatz der Mittel unerläßlich sind. Denn das hat sich ja wohl – spätestens seit dem „Tag für Afrika“ – herausgestellt: daß es viel leichter ist, 120 Millionen Mark für Afrika zu sammeln, als 120 Millionen Mark sinnvoll und zweckentsprechend an den Mann zu bringen. Organisationen, die in Afrika nicht vertreten sind und ihre Hilfsgüter über staatliche Stellen laufen lassen müssen, können oft froh sein, wenn noch die Hälfte der ursprünglichen Hilfe ihr Ziel erreicht. In vielen Fällen wird es noch weniger sein ...

Dagegen verfügen unsere Hilfswerke über das ausgedehnte Netz unserer Missionen, Schulen, Krankenhäuser und Leprastationen, über die die glückliche Ankunft der gespendeten Hilfe bis in den letzten und dichtesten Dschungel hinein garantiert werden kann. Daß zumal Misereor diesen Vorteil kräftig eingesetzt hat, zeigt sich auch in der Tatsache, daß bei Misereor bis heute nur 6,5 Prozent des gesamten Aufkommens für Verwaltung und Projektbearbeitung einschließlich der gesamten Öffentlichkeitsarbeit ausgegeben werden. Das ist eine einsame Rekordmarke – nach meiner Erfahrung gibt es auf diesem Gebiet auch Organisationen, von privaten bis zu internationalen, deren Spesen für Bürokratie und Bearbeitung näher bei 65 Prozent liegen ...

Wir dürfen stolz sein auf all das, was Männer und Frauen der Kirche in den Missionsländern der dritten Welt geleistet haben und leisten. Angesichts des immer noch so großen Elends in weiten Teilen der Welt sind wir aufgerufen, ja als Christen verpflichtet, nach all unseren Kräften zu helfen. Am besten können wir das durch Konzentration unserer Beiträge auf die Hilfswerke unserer Kirche. Wir alle kennen Mutter Teresa von Kalkutta. Denken wir daran, daß es ja noch Tausende und Abertausende solcher Mütter und Schwestern gibt und helfen wir ihnen, den Ärmsten zu helfen. Solange wir noch von „Dritter Welt“ sprechen müssen, sind wir noch nicht am Ziel – das ja sein muß, *eine Welt* zu werden, in der wir alle gemeinsam zu Tische sitzen, um Gottes Gaben dankbar zu empfangen.

Die Strafen Gottes*

Im Zusammenhang mit der Aids-Seuche ist heftig darum diskutiert worden, ob es sich dabei wohl um eine „Strafe Gottes“ handelt. Während die einen Aids als eine

---

* Das Wort des Bischofs: Die Strafen Gottes, in: Bonifatiusbote, Nr. 18, 1. Mai 1988.

natürliche Strafe Gottes für den zügellosen Sittenverfall unserer Zeit, insbesondere für die menschenunwürdigen Praktiken widernatürlicher Unzucht ansehen, berufen sich andere auf Gutachten moderner Theologen, nach denen es mit der Güte und Menschenfreundlichkeit Gottes unvereinbar sei, von Strafen Gottes zu sprechen.

Für uns erhebt sich die Frage: Gibt es Strafen Gottes schon in der Zeit unseres irdischen Lebens? Aus Schrift und Tradition ergibt sich eine dreifache Antwort.

1. Für die Heilige Schrift, zumal des Alten Testaments, ist es keine Frage, daß Gott schon in diesem Leben in vielfacher Weise lohnt und straft. Von der Vertreibung aus dem Paradies bis zur Sintflut, vom Turmbau zu Babel bis zum Untergang von Sodom und Gomorrha – wo immer sich die Menschen gegen Gott und seine Gesetze kehren, tritt Bestrafung ein. In der Geschichte des Volkes Israel ist es eine wiederkehrende Erfahrung: das Volk wird feist und fett und stürzt in Götzendienst und Unzucht, der Herr bestraft es; das Volk bekehrt sich, und Gott schenkt ihm Heil und Zukunft. Im Psalm 94 heißt es: „Begreift doch, ihr Toren im Volk! Ihr Unvernünftigen, wann werdet ihr klug? Sollte der nicht strafen, der die Völker erzieht, er, der die Menschen Erkenntnis lehrt?"[1]. Insofern ist es also schon berechtigt und sinnvoll, von Strafen Gottes zu sprechen.

Nur darf man Strafen Gottes heute nicht in der Form spektakulären übernatürlichen Eingreifens erwarten. In der Regel genügt es, wenn Gott seinen Naturgesetzen ihren Lauf läßt. Konkret: Wenn ein unmäßiger Trinker seine Leber und ein unmäßiger Raucher seine Lunge ruiniert, wenn ein untreuer Ehemann seine Frau und ein trügerischer Kumpan seine Freunde verliert, dann hat Gott hier nicht in besonderer Weise eingegriffen, sondern nur den Dingen ihren normalen Lauf gelassen. Schon im Buch der Weisheit heißt es: „Man wird mit dem gestraft, womit man sündigt"[2].

2. So richtig es also ist, daß es Strafen Gottes gibt, so unmöglich ist es aber auch für uns Menschen, den Finger zu heben und im einzelnen Fall zu bestimmen, ob hier eine Strafe vorliegt. Es gibt ja auch viel unverschuldetes Leid, Prüfungen und Heimsuchungen Gottes, die sich unserem Urteil entziehen. So sagt der Herr zu einem Kranken: „Weder er noch seine Eltern haben gesündigt ..."[3], zu einem anderen aber: „Du bist jetzt gesund geworden; sündige nicht mehr, damit dir nicht noch Schlimmeres zustößt"[4].

Ob ein Unglück oder Leid als Strafe Gottes aufgefaßt werden muß, kann eigentlich nur vom Betroffenen selbst in seinem Innersten erfaßt werden, davon gibt das ganze Buch Ijob beredtes Zeugnis.

3. Schließlich aber sind auch die Strafen Gottes nicht heillose Racheakte, sondern Ausdruck eines tiefsten Heilswillens. „Wen der Herr liebt, den züchtigt er, wie ein Vater seinen Sohn, den er gern hat"[5]. Denn Gott ruft durch die Strafe zu Ein-

---

[1] Psalm 94(93),8.10.
[2] Weisheit 11,16.
[3] Johannes 9,3.
[4] Johannes 5,14.
[5] Sprüche 3,12.

sicht und Bekehrung des sündigen Menschen. So ist vielleicht auch der Ausbruch von Aids ein Zeichen dafür, daß Gott den Menschen unserer Tage in seiner Verirrung nicht aufgibt, sondern ihn auf dramatische Weise zurückruft zur Würde der Liebe.

Unsere Vorfahren haben die „Geißeln Gottes" stets als Aufruf zur Umkehr aufgefaßt. Viele jahrhundertealte Wallfahrten geben davon Zeugnis. Begreifen auch wir die Zeichen der Zeit? Zeichen zur Umkehr!

BDKJ – was nun?*

Der gesamte Bundesvorstand des BDKJ ist zurückgetreten, weil er sich nicht mehr vom Vertrauen der Mitgliedsverbände getragen sah[1]. Wem das Pathos der nicht abreißen wollenden Erklärungen und Proteste der Betroffenen, abgegeben „im Namen von 500 000 Jugendlichen", noch in den Ohren klingt, der weiß jetzt, daß noch nicht einmal eine Handvoll von Verbandsfunktionären hinter diesen Äußerungen stand, geschweige denn „die katholische Jugend".

Wenn man dazu bedenkt, daß der Grund für die Kritik an den Vorsitzenden deren angeblich zu große Kompromißbereitschaft und mangelnde Härte in der Auseinandersetzung war, ergeben sich für die Zukunft dieser Dachverbandsspitze eigentlich recht düstere Perspektiven. Sollen die BDKJ-Sprecher noch radikaler werden? Oder hat sich dieses ganze undurchsichtige System in langen Jahren nicht schließlich doch als unbrauchbar und in dieser Form nicht mehr reparabel offenbart?

Wesentlicher als die Frage nach dem „BDKJ" als Dachverband ist für die kirchliche Jugendarbeit die nach den einzelnen Jugendverbänden. Hier ist die KJG („Katholische Junge Gemeinde") in den letzten Jahren besonders dadurch in die Schlagzeilen geraten, daß sie als Bundesverband in ständiger und gewollter Opposition zu den Mahnungen und Weisungen der Bischöfe einseitige und abwegige Positionen propagiert und ihren Diözesanverbänden aufzuzwingen sucht.

Was wir heute unter KJG verstehen, war ursprünglich der „Stamm" des BDKJ, d. h. die organisierte Pfarrjugend, neben der sich die übrigen Gliedverbände wie ND, Heliand oder Pfadfinder gruppierten. Aus dieser Stammesjugend des BDKJ mit der Satzung von 1951/52 wird dann die „Katholische Jungmänner-Gemeinschaft" mit Satzungen von 1959 und 1971 (parallel „KFG") und schließlich die „Katholische Junge Gemeinde" mit Satzungen von 1974 und 1980. Fünf neue Satzungen haben aus einem Verband, der einst als der Stamm des BDKJ von den Bischöfen „anerkannt, begrüßt und gesegnet" wurde, einen Verein werden lassen, dessen „radikale Neuorientierung" die Bischöfe wiederholt zu fordern gezwungen waren.

Um es anschaulich werden zu lassen: Am Anfang wurde zum „großen Ziel des Bundes" erklärt: „Es lebe Christus in deutscher Jugend!" Noch 1963 – zur Zeit des

---

* Das Wort des Bischofs: BDKJ – was nun?, in: Bonifatiusbote, Nr. 23, 5. Juni 1988.

[1] Vgl. Herder-Korrespondenz 42 (1988), S. 263 f.

Konzils – gilt: „Ziel aller Arbeit in der KJG ist, den Jungen zu helfen, *tüchtige katholische Männer* zu werden".

Doch 1971 ist unter „Grundlagen und Ziele der KJG" von solchen Zielsetzungen für die Mitglieder nichts mehr zu finden. Lapidar heißt es da: „Der jeweiligen Ortssituation entsprechend gehen sie ihren vielfältigen Interessen nach ...". Stets ist nun von Strukturverbesserungen und Protesten und an Stelle des Dienstes am Reiche Gottes von der Durchsetzung eigener Interessen die Rede. Schließlich wird 1980 auch das Katholizitätsprinzip endgültig fallengelassen – ohne daß sich in der Kirche irgend etwas rührt. Denn das ist ja das Unerklärliche: Da häutet sich ein Verband vom tragenden Pfeiler in der Jugendseelsorge zum politisierenden und sektiererischen Verein, da werden katholische Inhalte ersetzt durch Formalprinzipien und Konfliktstrategien aus der Mottenkiste des dialektischen Materialismus, da werden Satzungen grundlegend geändert ohne Zustimmung der Bischöfe – und im übrigen geht alles weiter wie bisher: Planstellen, Zuschüsse, kirchliche Infrastruktur ... „Hauptsache, die Kohlen stimmen", hörte ich vor kurzem aus dem Mund eines nicht mehr ganz so jungen Jugendprofis.

Die Entwicklung der letzten Jahre bei BDKJ und KJG hat gezeigt, daß die auf Bundesebene eingenisteten Referenten und Gefolgsleute für eine Neuorientierung nicht mehr gewonnen werden können. Diese muß daher von der Basis her in den Pfarrgemeinden und im Diözesanverband beginnen. Und da sieht es – Gott sei Dank! – in vielen Diözesen gar nicht so finster aus, wie man es im Blick auf die Verbandsköpfe befürchten könnte. Denn in den Pfarreien haben viele junge Christen unbeirrt weitergearbeitet, haben gesunde Jugendgruppen gebildet und geführt – und das gilt praktisch für alle Verbände. Um aber einmal bei der KJG zu bleiben: Es gibt in unserem Bistum – trotz erheblichen Mitgliederrückgangs – noch eine ganze Reihe von Gruppen, in denen gute Jugendarbeit geleistet wird. Und was die Diözesanleitung angeht, wäre doch zu erwähnen, daß sie zum Beispiel dem Drängen der Bundesleitung auf weitere „Politisierung der Kinderstufenarbeit" widerstanden und das berüchtigte „Frauenpapier" der Bundeskonferenz bereits vor dem Eingreifen der deutschen Bischöfe zurückgewiesen hat. Gerechtigkeitshalber muß auch gesagt werden, daß sie den Kontakt zu Bischof und Bistumsleitung immer gehalten hat und in all den Irrungen und Wirrungen oft zwischen alle Stühle geraten ist ... Gerade da aber muß die Heilung ansetzen, die eine grundsätzliche Entscheidung voraussetzt: Wollen die Mitglieder wirklich die *Katholische* Junge *Gemeinde* im Bistum Fulda sein oder nur diözesane Untergliederung eines „emanzipatorischen" (wie es in der neuesten Satzung heißt) Verbandes, bei dem die Deutsche Bischofskonferenz die Gefahr sieht, daß seine Mitglieder von der Zentrale „entmündigt" und „vereinnahmt" werden[2].

Als *Katholische Junge Gemeinde* im Bistum Fulda mit entsprechenden Grundlagen und Zielen wären Fortbestand und womöglich eine neue Blüte der KJG möglich. Ein solcher Diözesanverband könnte sich auch im Zusammenwirken mit den anderen Diözesanverbänden für die überfällige Neuorientierung des Ganzen in

---

[2] Erklärung der Deutschen Bischofskonferenz zur KJG, Fulda, 24. September 1987.

aller Freiheit einsetzen. Schaffen wir es? Haben wir noch ein wenig vom Mut des heiligen Bonifatius?

Uns hilft nur radikale Besinnung und Umkehr*

Die Debatte um den § 218 ist hoch emotionalisiert. Sind dabei Begriffe wie „gottlose, kindermörderische Generation“ hilfreich und dialogfördernd, oder sehen Sie darin nicht eher die Gefahr von Verhärtung und Konfrontation?

Die Gefahr der Konfrontation liegt in der christlichen Botschaft selbst. Das hat uns Christus vorausgesagt. Sie kann in der Welt nicht ohne Widerspruch bleiben. Die Angst vor solchem Widerspruch kann natürlich oft erreichen, daß keine deutlichen Worte mehr gesprochen werden. Um wieder zur Wahrheit, wieder zu den Tugenden zu kommen, die heute systematisch abgebaut werden, braucht es Anstrengungen und deutliche Mahnungen. Wenn ich sanfter, besonnener und allgemeiner formuliert hätte ...

... dann wäre ich heute nicht bei Ihnen.

So ist das. Ich predige ja häufig über Liebe, Erbarmen und vor allem über die Freude der Kinder Gottes. Die heutigen Zustände in der Welt und in der Christenheit geben aber auch Anlaß, einmal ernste Warnungen und sogar Anklagen auszusprechen.

Was werfen Sie unserer Gesellschaft denn vor?

Wir sind eines der reichsten Länder der Erde und sind trotzdem bereits seit über einem Jahrzehnt das Volk mit den wenigsten Geburten auf der ganzen Welt. Und in dieser Situation werden bei uns noch Jahr für Jahr Hunderttausende von Kindern im Mutterleib getötet – und das wegen angeblich sozialer Notlage. Wir Deutschen sind also das kinderfeindlichste, das lebensfeindlichste Volk auf der ganzen Erde. Das ist keine Situation, an die wir uns gewöhnen dürfen – nicht nur weil hier Gottes Gebote und das natürliche Sittengesetz radikal verletzt werden, sondern auch weil wir als Volk durch diesen Holocaust der Ungeborenen unsere eigene Zukunft vernichten. Unsere statistischen Daten sind schon jetzt die eines sterbenden Volkes. Wie soll das in 20 Jahren aussehen? Wer wird die Generation, die sich von Kindern befreit hat, im Alter pflegen? Oder werden die öffentlichen Krankenkassen, die jetzt die Beseitigung unzumutbaren Lebens am Anfang finanzieren, dann auch die Beseitigung unzumutbaren Lebens am Ende übernehmen und uns, wenn wir alt und grau und für unsere Mitwelt eine Belastung geworden sind, auf Krankenschein einschläfern lassen?

Unsere Zukunft ist also vor allem durch unsere Amoralität bedroht?

Ja, nicht nur durch die Dezimierung der kommenden Generation, sondern auch, was bis heute noch meist verschwiegen wird, durch die seelische Zerrüttung der

---

* Die Welt, Nr. 173, 27. Juli 1988: „Uns hilft nur radikale Besinnung und Umkehr“ (Interview: Peter Scherer).

Überlebenden. Alle verantwortlichen Ärzte und Psychotherapeuten stimmen heute darin überein, daß sich bei über drei Viertel der Frauen, die eine Abtreibung vornehmen lassen, in der Folge psychische Schäden einstellen, die bis zu schwersten Depressionen gehen und mit der Zeit oft nicht leichter, sondern unerträglicher werden. Das Kind war da, und das Kind bleibt in Ewigkeit. Hier hilft nur eine radikale Besinnung und Umkehr, ein neues Ja zum Leben in der gottgewollten Ordnung der Familie. Und diesen neuen Ansatz müssen wir auf allen Ebenen finden, von der privaten, an der Basis des Lebens, über die Medien bis hin zu den politischen und gesetzgeberischen Konsequenzen.

Manche Politiker verweisen im Zusammenhang mit der Debatte um die Reform des § 218 darauf, daß das Recht von seiner Aufgabe her allein nicht in der Lage sei, moralische Defizite im öffentlichen Bewußtsein zu beseitigen. Außerdem habe der alte Rechtszustand keinen wirksameren Schutz des ungeborenen Lebens bewirken können.

Man kann doch nicht glauben, daß die Aufhebung von Strafsanktionen ohne bewußtseinsbildende Bedeutung bleibt. Es ist doch ganz klar, daß der normale Mensch denkt, was nicht bestraft wird, ist nicht verboten, was nicht verboten ist, ist erlaubt, was erlaubt ist, darauf habe ich einen Anspruch, worauf ich einen Anspruch habe, das muß ich auch bekommen. In diesem Zusammenhang muß ich auch die Rolle vor allem der elektronischen Medien ansprechen, die mit dazu beitragen, das Rechts- beziehungsweise Unrechtsbewußtsein unseres Volkes zu pervertieren. Nehmen Sie nur die Unterhaltungssendungen. Über 90 Prozent dieser Filme beziehen ihre Spannung aus Untreue, Unzucht und Gewalt. Damit werden unsere moralischen Grundlagen systematisch abgebaut. Moral ist heute ja schon ein Schimpfwort geworden. Ohne die Wiederentdeckung der alten Tugenden werden wir aber keine Zukunft haben.

Wenn die Gesellschaft so ist, wie Sie sie beschreiben, bedeutet das nicht im Umkehrschluß auch das Eingeständnis eines gravierenden Versagens der Kirchen?

Ja, wir haben Grund, auch an die eigene Brust zu klopfen. Wir haben sicher nicht genug gebetet, sondern zuviel geredet, sicher nicht glaubwürdig genug gelebt. Die Distanz zur Kirche betrifft aber nur das müde und fett gewordene Europa und Nordamerika. Bei den jungen Kirchen in Afrika, Asien und Lateinamerika etwa sieht das ganz anders aus. Für unsere Situation gilt aber in der Tat, daß Völker auch sittlich und religiös degenerieren können.

Sie sind häufig wenig zimperlich in Ihren Formulierungen. Sehen Sie auch Grenzen in den öffentlichen Äußerungen der Kirche?

Ja, sehr viele sogar, solche, die heute gar nicht mehr beachtet werden. Zum Beispiel in allen Fragen, die die freien Bürger selber entscheiden sollten, die gar nicht den kirchlichen Auftrag berühren. Wenn Sie bedenken, wie häufig aus Kirchen heraus gesprochen wird zu tagespolitischen Fragen der Außen-, Energie- oder Wirtschaftspolitik, da könnte man sich viel größerer Zurückhaltung befleißigen. Aber dort, wo wirklich Grundwahrheiten berührt werden, wo also Recht zu Unrecht gemacht wird, da muß die Kirche sprechen.

Und bei der Reform des § 218 wurde Unrecht zu Recht gemacht?

Wenn das geltende Recht die Massentötung von ungeborenen Kindern in unserem Lande ermöglicht, dann ist entweder ein haarsträubender Mißbrauch des geltenden Rechts im Gange, gegen den die Verantwortlichen nicht einschreiten – oder aber das geltende Recht ist Unrecht. Auf jeden Fall ist der Verfassungsauftrag zum Schutze des Lebens schmählich verraten worden.

Dabei ist es ja eigentlich schon eine Ohrfeige der Geschichte, daß dieses Grundrecht überhaupt im Grundgesetz Erwähnung findet. Wie das Bundesverfassungsgericht sagt, erklärt sich die ausdrückliche Aufnahme des an sich selbstverständlichen Rechts auf Leben in das Grundgesetz hauptsächlich als Reaktion auf die Vernichtung „lebensunwerten Lebens“ durch den NS-Staat. Wir müssen uns also fragen, ob wir mit unserem staatlich finanzierten Kindertötungsgeschäft nicht sehr nahe an unsere eigene Vergangenheit herankommen und ob wir uns mit unseren über Leben und Tod entscheidenden „sozialen Indikationen“ nicht ganz bedenklich den Selektionen einer vergangenen Epoche nähern. Auch wenn Politiker über nichts zorniger reagieren als über Vergleiche mit der braunen Vergangenheit: hier wie dort maßt sich der Mensch die Entscheidung über Leben und Tod unschuldiger Menschenkinder an; hier wie dort erhebt er die Hand gegen von Gott gewolltes Leben; hier wie dort wird das Gericht Gottes ihn treffen.

Friedensnobelpreis*

Das Evangelium weist uns hin auf das große Thema der Einheit der Menschen mit ihrem Gott und untereinander. Das ist eine Einheit, die den Frieden voraussetzt. Es ist der Zustand des Friedens mit Gott und untereinander, der diese Einheit bilden kann. Ich glaube, wir dürfen es nicht nur aus dem heutigen Anlaß sagen, daß die Christen, die sich in der Ackermann-Gemeinde[1] zusammengefunden haben, sich von Anfang an dieser Einheit mit Gott und unter den Menschen verpflichtet wußten und für sie gewirkt haben. Dafür dürfen wir Gott dankbar sein.

Daß das gar nicht so selbstverständlich ist, das wird uns fast täglich demonstriert: Wie viele Entrechtete und Entwurzelte streifen auch heute noch mit Herzen voller Haß und Rachgier durch die Welt und hinterlassen ihre Blutspuren in der Geschichte.

Nicht so hier. Von Anfang an, selbst als die Wunden noch frisch waren, haben Sie die Versöhnung gesucht, den Frieden, die Einheit mit Gott und den Menschen. Für dieses Friedenswerk, das Sie da geleistet haben, hätten Sie eigentlich den Friedensnobelpreis verdient. Ja, ich glaube, Sie haben ihn verdient, und ich werde in aller

---

* Predigt am 28. Juli 1988 im Dom zu Fulda anläßlich des Bundestreffens der Ackermann-Gemeinde (Bischöfliche Pressestelle Fulda); Überschrift von den Bearb.; Textfassung leicht überarbeitet.

[1] Die Ackermann-Gemeinde wurde 1946 von heimatvertriebenen Katholiken aus Böhmen, Mähren und Schlesien in München gegründet. Namengebend ist der „Ackermann aus Böhmen“, verfaßt um 1400 von Johannes von Tepl als Prosadialog zwischen Mensch und Tod über den Sinn des Lebens.

Form den Vorschlag machen. Denn ich glaube, daß eine solche Auszeichnung für die Ackermann-Gemeinde auch ein deutlicher Hinweis für unsere Welt wäre, wo die Quellen des wahren Friedens zu finden sind.

Zurück zum Evangelium. Die Einheit – wir haben sie gesucht in der europäischen Nachbarschaft und haben da auch schon große Fortschritte erzielt. In einer oder in anderthalb Generationen ist ein ganz anderes Bewußtsein gewachsen. Wer würde heute noch hinausziehen, um die „Franzmänner" aufs Haupt zu schlagen oder den Stolz Englands zu dämpfen? Das sind Kategorien, in denen wir gar nicht mehr denken können. Da ist ein großer Fortschritt erzielt worden.

Aber meine Lieben, es geht auch um die Einheit im eigenen Volk und in der eigenen Kirche. Es sieht manchmal so aus, als würden wir im Lauf der Jahre eher Rückschritte machen. Wenn wir mit wachem Herzen ansehen, was da bei uns auf der politischen Bühne läuft, wie die politische Kultur in Gefahr gerät, wie das Ganze eigentlich nur noch ein Widerstreit von Interessen zu werden scheint, wie das politische Gegeneinander Formen annimmt, die den staatsbewußten Bürger schon zur Kritik herausfordern müssen, dann sehen wir eine Aufgabe: Mit der gleichen moralischen Kraft, mit der wir europäische Partnerschaft und gutnachbarliche friedliche Verhältnisse anstreben, müssen wir auch im eigenen Volk mehr für Einheit und Frieden tun, damit das nicht alles auseinanderfällt, wie das heute manchmal den Anschein erweckt.

Wie soll denn unsere Jugend das Gefühl der Liebe zur Heimat und für die Würde unseres Staatswesens entwickeln, wenn das Ganze sich so darstellt, als sei das nur eine Interessenbörse, wo jeder sieht, daß er oben ankommt – ein großer Selbstbedienungsladen, aus dem die einzelnen Grüppchen sich herausholen, was sie nur irgend können? Da fehlt doch etwas. Wie soll diese Einheit, die Heimat und Vaterland bildet, wachsen, wenn der Staat sich seiner moralischen Autorität immer mehr begibt und nur noch zum Sachwalter widerstreitender Interessen, zu einem großen Schlichtungsausschuß wird?

Diese Entwicklung macht sich auch in der Kirche bemerkbar. Auch da meinen manche, jetzt politische Kategorien einführen und Interessen vertreten zu müssen. Immer mehr taucht in der Kirche die Vorsilbe „selbst" auf: Da muß man „selbst" sehen, wo man bleibt, und sich den Platz in der Kirche erkämpfen.

Christus sagt: „In der Welt ist es so, da sucht jeder den ersten Platz. Bei euch soll das nicht so sein"[2]. Der erste und höchste Platz in der Kirche ist unter dem Kreuz. Man hat heute manchmal den Eindruck: während die besten Plätze bei den Gastmählern auch in der Kirche schon überfüllt sind und ein Gerangel entsteht, wird der Platz unter dem Kreuz leerer.

Auch da haben Sie eine große Aufgabe. Mit der moralischen Autorität, deren Sie nie verlustig gegangen sind, können Sie hier bildend wirken in unserem Volk und in unserer Kirche. Das ist bitter nötig.

Wenn man solche Gedanken besonders im Hinblick auf die Kirche vertritt, wird einem häufig vorgehalten, daß man konservativ sei. Nun wissen wir ja alle: „conservare" – das heißt bewahren. Es ist eigenartig, was die Natur betrifft, sind wir alle

---

[2] Vgl. Matthäus 20,26; Markus 9,35; Lukas 9,48.

konservativ geworden. Da ist uns aufgegangen, daß wir das, was uns überkommen ist, bewahren müssen und nicht mutwillig Kahlschlag und Raubbau betreiben dürfen. Aber daß das auch für das gilt, was in unserem Volk und in unserer Kirche moralisch gewachsen ist, daß das für die Tugenden gilt, das ist manchen noch gar nicht so klar. Da wird heute noch ein Kahlschlag betrieben, als wenn das keine Konsequenzen hätte. Wenn wir den Wurzelstock der sittlichen Traditionen und des moralischen Niveaus in unserem Volke herausreißen, dann gibt es keine Blüten und Früchte mehr. Wir müssen uns bewußt werden, daß wir das, was uns überkommen ist, was unsere Kirche uns weitergereicht hat von Generation zu Generation, nicht mutwillig aufs Spiel setzen dürfen.

Ehrlichkeit, Treue, Schamhaftigkeit – wie sehr werden diese sittlichen Bastionen heute abgetragen. Wenn wir nur daran denken, was die immer mächtiger werdenden elektronischen Medien da anrichten können. Und so möchte ich voller Hoffnung auf Sie sehen, auf Ihr Wirken als das Wirken von treuen, glaubwürdigen und überzeugenden Christen in unserem Land, in unserem so müde gewordenen Europa und in unserer Kirche, die jeden neuen Impuls, die das Herzblut ihrer Gläubigen braucht.

Der schwarze Tag*

Was sich am Freitag, 15. Juli, in unserem Hessischen Landtag abgespielt hat, ist wirklich kaum zu fassen[1]. Da versucht eine aus einem Fuldaer Gebetskreis hervorgegangene Gruppe, das Kind einer äthiopischen Asylbewerberin vor der Abtreibung zu retten, und wird dafür von einer ganzen Reihe von Landtagsabgeordneten in unglaublicher Weise beschimpft und besudelt. Desgleichen der Fuldaer Landrat[2], der sich nur „zähneknirschend" zu der bei uns inzwischen „rechtlich" vorgesehenen öffentlichen Hilfe zur Tötung des ungeborenen Kindes verstehen kann.

Daß der Bischof dann auch einiges abbekam, haben wohl die meisten Leser inzwischen erfahren. Dabei fällt allerdings auf, daß dieselben, die den Bischöfen vorwerfen, sich zu den Mißständen von gestern nicht lautstark genug geäußert zu haben, sie heute kritisieren, wenn sie sich zu den Mißständen der Gegenwart lautstark äußern.

---

* Das Wort des Bischofs: Der schwarze Tag, in: Bonifatiusbote, Nr. 32, 7. August 1988. – Vgl. auch Dybas Predigt am 17. Juli 1988 in Fulda-Dietershan (Bischöfliche Pressestelle Fulda).

1 Hessischer Landtag, 12. Wahlperiode, 48. Sitzung, 15. Juli 1988; Wortprotokoll: S. 2558–2573: 1. Antrag der Fraktion der Grünen betreffend eine Aktuelle Stunde (Drucksache 12/2608); 2. Dringlicher Antrag der Fraktion der Grünen betreffend christdemokratische Auseinandersetzung um den § 218 auf dem Rücken einer Asylbewerberin aus dem Landkreis Fulda (Drucksache 12/2631). – In Reaktion auf die Attacke der Abgeordneten Dr. Babel („Im liberalen Hessen ist Fulda ein schwarzes Ärgernis") bezeichnete Erzbischof Dyba am 18. Juli 1988 in einem Interview des Hessischen Fernsehens die FDP-Fraktion als „Vertreter einer Fünf-Prozent-Partei, die wie Eintagsfliegen ihre Fleckchen auf altes fuldisches Porzellan setzen, die man aber bei der nächsten Wahl wieder abwischen kann".

2 Friedrich Kramer, seit 1973 Landrat des Landkreises Fulda (CDU).

Ein großer Trost in diesen Tagen waren die Stimmen der Gläubigen. Viele haben sich geäußert, sei es an die Zeitungen, sei es direkt zum Bischof. Vielleicht interessiert es, zu wissen, daß etwa 90 Prozent der Briefe, die mich erreichten, zustimmend waren (bei der „Fuldaer Zeitung" sollen es sogar 98 Prozent gewesen sein), davon kamen sogar circa 75 Prozent aus anderen Bistümern und gut 40 Prozent von evangelischen Christen. Dank sei Gott allen guten Seelen. Doch die Wahrheit müßte man natürlich auch dann noch sagen, wenn 90 Prozent dagegen anstürmen würden.

Darf ich ein Beispiel bringen, das in seiner erlebten Menschlichkeit soviel mehr besagt, als all unser Diskutieren? Da schreibt mir eine Frau aus dem Bistum Limburg: „Als Mutter von sieben Kindern danke ich Ihnen tausendmal für Ihr Eintreten gegen den Mord der Ungeborenen im Mutterschoß! Meine Kinder sind geboren in den Jahren 1941 bis 1955. Da gab es wirkliche materielle Not, aber keine Not- und Konfliktsituation für eine werdende Mutter. Wir hatten eine gesunde Wertordnung und einen gepflegten Wortschatz: Eine Frau in guter Hoffnung kann man nicht abbrechen".

Besser kann es kein Bischof sagen.

mutter kleingeschrieben*

Seit der Januarnummer dieses Jahres 1988 änderte sich der Titel der Mitgliederzeitschrift der Katholischen Frauengemeinschaft Deutschlands (KFD) von „Frau und Mutter" in „Frau & mutter"[1]. Richtig: Frau groß, Mutter klein, und dazwischen statt des verbindenden „und" das geschäftsmäßige „&". Das kleine m ist nicht nur ein orthographischer Fehler, sondern bewußte Richtungsanzeige, über die sich unsere Frauen und Mütter doch einmal Gedanken machen sollten[2].

In einer Zeit, da in unserem Volk jedes dritte Kind im Mutterschoß umgebracht wird, da wir Christen in großer, gemeinsamer Anstrengung versuchen, dem Leben eine Chance zu geben – wird bei uns „mutter" kleingeschrieben ...

In einer Zeit, in der wir uns dagegen wehren müßten, daß die Leistung der Mütter – die mit ihren Kindern ja die Zukunft unserer Kultur, unseres Volkes und unserer Kirche sichern, in jeder Hinsicht mißachtet wird – wird bei uns „mutter" kleingeschrieben ...

In einer Zeit, die nach Mütterlichkeit geradezu schreit – mit ihrer lawinenartig ansteigenden Zahl von verhaltensgestörten Jugendlichen, die nie genug mütterliche

---

* Das Wort des Bischofs: mutter kleingeschrieben, in: Bonifatiusbote, Nr. 36, 4. September 1988. – Vgl. dazu den Fernsehbeitrag von Angelica Heinrich „ ‚mutter' kleingeschrieben" im Bayerischen Rundfunk am 6. Oktober 1988 in der Reihe „Stationen. Berichte aus dem kirchlichen Leben".

[1] Frau & mutter, Nr. 1, Januar 1988. – Vgl. Die Mona Lisa unter den katholischen Zeitschriften. 75jähriges Bestehen der kfd-Mitgliederzeitschrift. Eine Dokumentation des Jubiläumsfestes, Düsseldorf 1993.

[2] Vgl. L. Klemm, S. 57: „Ironie am Rande: In der graphischen Darstellung zuvor schrieb die Redaktion alle drei Wörter klein: ‚frau und mutter' ".

Nestwärme hatten, von Scheidungswaisen und Videowracks –, wird bei uns „mutter“ kleingeschrieben ...

Hunderte von Müttern haben mir in den letzten Wochen anläßlich der Auseinandersetzung um die Massentötung der Ungeborenen geschrieben. Was sich da offenbarte an Liebe und Lebensweisheit, an Opfermut wie an kritischem Sinn, macht jede Kleinschreibung der Mutter zur Farce. Wobei wir heute unter „Mutter“ natürlich nicht allein die Frau verstehen, die geboren hat, sondern jede mütterliche Frau, die sich den Kindern, den Ratsuchenden, den Kranken und Hilfsbedürftigen widmet. Denn die Mütterlichkeit gehört zur Wesensbestimmung der Frau, und wo sie nicht zur Entfaltung und Vollendung kommen kann, da beginnt seelische Verkrüppelung, da beginnt Degeneration in Kirche, Kultur und Volk.

Und deshalb sollten wir in der historischen Stunde, in der katholische Frauen aus Glauben und Leben offenbaren könnten, daß gerade das Frauliche und Mütterliche der Frauen zum Ganzen der Kirche und der Gesellschaft gehört, nicht auf das Trittbrett des Zeitgeistes springen und „mutter“ kleinschreiben. Deshalb möchte ich die Frauen in unserem Bistum – alle Frauen – aufrufen, sich zu wehren. Daß wir übers Jahr auch bei der KFD „FRAU UND MUTTER“ wieder ganz groß schreiben, wünscht der Kirche und allen Frauen

Ihr Bischof † Johannes

Weitergabe des Glaubens*

Wir haben eben gebetet: „Gott, du hast dem heiligen Bonifatius die heilige Äbtissin Lioba als Helferin im Missionswerk gegeben. Gib, daß auch heute der Kirche Männer und Frauen geschenkt werden, die unserem Volk den Glauben lebendig halten“[1].

Der heilige Bonifatius hatte die heilige Lioba zu Hilfe gerufen. Und diese ist ja nicht lange allein geblieben. Wenn man bedenkt, wie viele Schülerinnen der heiligen Lioba dann vom Kloster Tauberbischofsheim aus unsere ganze Gegend als Lehrerinnen bevölkert haben und was diese Schülerinnen Liobas, die dann Lehrerinnen wurden, in unserem Glauben und bei der Einwurzelung des Christentums bewirkt haben.

Nun sagen wir, wir brauchen heute Männer und Frauen, die den Glauben lebendig erhalten. Damit sind wir bei dem großen Thema der Weitergabe des Glaubens in unserer Zeit. Wir wissen, daß das zu einem ganz großen Problem geworden ist. Dazu gibt es Papiere, Kommissionen und zentrale Pastoralstellen. Eine Riesenanstrengung, die da unternommen wird zur Weitergabe des Glaubens. Aber manchmal hat man den Eindruck, daß trotz dieses Aufwands das Ganze immer schwächer und dünner wird.

Wenn wir von Weitergabe des Glaubens an die kommende Generation sprechen, dann gehört dazu zuerst eines: Wir müssen selber fest im Glauben stehen, sonst

---

* Predigt bei der Lioba-Wallfahrt des Katholischen Deutschen Frauenbundes am 27. September 1988 in Petersberg bei Fulda; Druck: Worte in die Zeit, S. 107–110.

[1] Vgl. Meßbuch (1975): 28. September, Gedenktag der hl. Lioba, Äbtissin, Tagesgebet.

können wir Glauben nicht weitergeben. Wir müssen wieder ohne Wenn und Aber glauben. Christus sagt uns: „Wer glaubt, für den ist alles möglich“[2]. Wir müssen zu diesem Glauben wieder kommen. Einmal richtig von innen „durchglauben“, was Gott geoffenbart hat und uns im Credo der Heiligen Kirche gelehrt wird. Wenn wir so im Glauben verwurzelt sind, dann können wir Glauben weitergeben. Wenn wir jedoch selbst mit einer ganzen Bürde von Wenn und Aber belastet, wenn wir selbst voller Probleme sind, dann können wir eben nur Probleme weitergeben. Wenn wir selbst unsicher sind, können wir nur Unsicherheit weitergeben. Aber wenn ich vor Gott niederknie, damit ich diesen Glauben vermittle und in diesem Glauben lebe, dann kann ich auch vom Mark des Glaubens weitergeben.

Erst einmal muß mein Glaube da sein. Dazu muß ich den Glauben natürlich kennen. Und da hapert es heute. Wir sehen, wie die Kinder heute zur Schule kommen, und wie alles, was die Religionslehrer früher von der Familie her voraussetzen konnten, auf weiten Strecken fehlt. Wo, sagen diese, soll denn der Religionsunterricht ansetzen, und dann sind sie selber wieder verunsichert. Dann sagen die Religionslehrer: ohne die Familien können wir nichts machen. Und die Familie sagt: wo bleibt der Religionsunterricht?

Wir müssen unseren Glauben kennen. Eine kleine Gewissenserforschung: Was haben wir in den letzten Jahren dafür getan, ihn etwas besser kennenzulernen? Man kann ja heute überhaupt kein Bibelzitat gebrauchen, ohne unsicher zu werden: Verstehen sie überhaupt, wissen sie, was gemeint ist? Früher wurden Anspielungen auf Zitate aus der Schrift aufgefangen. Heute fallen sie zu Boden und keiner begreift, was eigentlich zitiert wurde.

Seinen Glauben bekennen. Was können wir noch weitergeben an biblischer Geschichte, an Heiligenlegenden? Da müssen wir etwas zulegen, wir müssen unseren Glauben wieder kennen und dann müssen wir unseren Glauben bekennen.

Ich habe manchmal den Eindruck, selbst da, wo Menschen noch ihren Glauben kennen, fehlt ihnen der Mut, ihn auch zu bekennen. Manchmal mangelt es weniger an der Kenntnis als am Mut, in unserer Zeit sich auch wirklich klar zu unserem Glauben zu bekennen. Heute, in der modernen Zeit, gilt man womöglich als unmodern, als altmodisch gegenüber dem, was durch die Medien an Weltanschauung auf uns zukommt. Viele haben selbst nicht einmal mehr den Mut, den eigenen Kindern gegenüber Glauben wirklich zu bekennen. Das gehört jedoch dazu!

Herr, gib uns auch heute Frauen und Männer, die den Glauben lebendig erhalten, die sich dem Glauben öffnen, ihren Glauben kennen und bekennen und dann weitergeben an die kommende Generation.

Das ist unsere Aufgabe. Wir haben da so viele Aufgaben, als es glaubensschwache und unsichere und stolpernde Menschen gibt, zu denen wir den Glauben bringen müssen – und die wir allein lassen, so viele Menschen, die noch nicht in der Mitte des Glaubens stehen. Aufgaben in der Kirche! Wenn wir das anpacken, dann kommen wir nicht mehr auf die Idee zu fragen, was für eine Aufgabe haben wir denn eigentlich in der Kirche.

---

[2] Vgl. Markus 9,23.

So wie die erste, die den Herrn erkannt hat in der Heilsgeschichte, eine Frau war – Elisabeth –, und wie die erste, die den Menschen gesagt hat, daß es darum geht, ihm zu folgen, eine Frau war – die Gottesmutter Maria –, und wie die erste, die die große Botschaft der Auferstehung künden mußte, eine Frau war – Maria von Magdala –, so haben alle Frauen in unserer Kirche ein Erstverkündigungsrecht! Denn wir sprechen ja von Muttersprache und alle Menschenkinder sollen zuerst von ihrer Mutter das entscheidende Wort hören. Die Worte in der allerersten Kindheit, die einen Weg zu Gott eröffnen, zu einem Gottesbild, zu einem Weltbild, sind mit der Muttersprache verbunden. Wir sprechen ja auch von der Mutter Kirche, weil wir durch die Kirche die Worte Gottes hören und die Kirche uns in ihren Sakramenten Nahrung spendet.

Ich bin nicht dafür bekannt, daß ich auf falsche Weise Frauen schmeicheln möchte. Ich meine das, was ich sage, ganz ernst: sie haben ein Erstverkündigungsrecht, eine ganz große Verantwortung für die Zukunft, die Weitergabe des Glaubens in unserer Zeit, eine Aufgabe in der Kirche, jenseits von allem Platzgerangel.

Wie viele Menschen warten auf das Wort des Glaubens. Nicht nur unsere Kinder, sondern wie viele verunsicherte Mitmenschen warten darauf, daß wir Glauben kennen und Glauben bekennen. Und da wollen wir Gott danken für diese große Aufgabe, die er uns geschenkt hat, und wollen den Mut haben und uns gegenseitig Mut machen, diesen Glauben auch in unserer Zeit, ja unserer Zeit ins Gesicht hinein, zu bekennen und dem Lärm und Getöse unserer Welt das große und sichere Wort festen Glaubens entgegenzusetzen.

Die Geheimnisse*

Immer häufiger hört man von Menschen, gerade auch von Jugendlichen, die einen Kontakt zum Jenseits suchen. Die einen suchen in östlichen Heilslehren den Zugang nach innen, reisen gar bis nach Indien oder in den Himalaja, andere – wohl die weniger Geduldigen – treffen sich in magischen Zirkeln, suchen Okkultes, halten Händchen, rücken Tische oder treiben sonstigen unheiligen Unfug.

Für uns Christen sind das Irrwege und Umwege, die wir gar nicht nötig haben. Warum sollten wir Mysterien in Hinterasien oder im Nebel des Spiritismus suchen, wenn wir in die Mysterien des Rosenkranzes noch nie eingedrungen sind? Warum sollten wir Spukphantome rufen, wenn die Mutter Gottes geradezu darauf wartet, von uns angerufen zu werden? Das ist die Erfahrung so vieler Menschen durch alle Jahrhunderte: sie läßt niemanden, der sie von Herzen anruft, „unerhört".

Warum sprechen wir von den „Geheimnissen" des Rosenkranzes? Nun, weil es eben wirklich Geheimnisse sind, die sich erst im tatsächlichen Beten erschließen, dann aber einem jeden in einer ganz besonderen persönlichen Erfahrung, fast möchte ich sagen Offenbarung. Für die, denen der Rosenkranz noch fremd ist: Man muß das einfach einmal anfangen, sich einmal darauf einlassen, einen Monat

---

* Das Wort des Bischofs: Die Geheimnisse, in: Bonifatiusbote, Nr. 40, 2. Oktober 1988.

lang probieren, entdecken und genießen, denn beschreiben lassen sich solche Erfahrungen nie in ihrer ganzen Fülle.

Ob also gemeinsam oder allein als betrachtendes Gebet – der Rosenkranz führt uns an der Seite der Mutter Gottes in das Leben Jesu und eröffnet uns die großen Geheimnisse Gottes. Man kann ihn leicht beten mit dem jeweiligen Geheimnis im Sinn, und ohne zu zäh an den einzelnen Worten zu kleben.

Schon bald werden wir „Lieblingsgeheimnisse" finden, die uns den Einstieg besonders erleichtern. Etwa „Den du im Tempel wiedergefunden hast" – mit der so trostreichen Erfahrung, daß man draußen, im Leben Verlorenes, im Tempel, in der Kirche glücklich wiederfinden kann. Etwa „Der für uns mit Dornen gekrönt worden ist" – so sehr kann die Welt irren, daß sie den lebendigen und wahren Gott als einen Narren bezeichnet und verhöhnt, wie sehr muß ich da unabhängig werden von ihren Urteilen. Oder „Der uns den Heiligen Geist gesandt hat" – „uns", d. h. er sendet ihn auch mir, und vielleicht gerade jetzt, da ich zu ihm bete ... und ändert mich ... und gibt mir Kraft zum neuen Leben.

Auch das stille, „private" Beten des Rosenkranzes fügt uns ein in die große Schar der betenden Kirche, in die Schar derer, denen das Wort der Schrift gilt: „Im Geheimen lehrst du mich Weisheit"[1].

Sollten wir es im Rosenkranzmonat Oktober nicht einmal versuchen? Und vielleicht das entdecken, was uns bisher einfach gefehlt hat ...

Verrückt werden – vor Freude*

Der Herr Kardinal[1] ist heute erleichtert in die Kathedrale eingezogen – ich bin mit einem ehrfürchtigen Schauder hier eingezogen. Das hängt nicht nur mit der mir aufgegebenen Predigt zusammen, sondern auch mit alten Erinnerungen: Ich erinnere mich an einen einzigen Fall in meinem Leben, daß ich in Ohnmacht gefallen bin – und das war hier in der Hedwigs-Kathedrale. Im Winter 1937/38 hat mich mein Vater mit hierher genommen. Ich weiß nicht mehr genau, aus welchem Anlaß. Ich erinnere mich nur daran: Man stand in einer dicht gedrängten Menge; ein Berliner Dreikäsehoch und ringsum dampfende, feuchte Regenmäntel und Wintermäntel wie in einem Wald – und es nahm auch gar kein Ende. – In Tegel bin ich wieder aufgewacht.

Wenn ich das heute bedenke, ist es beinahe wie ein Alptraum: Es gehört zum Schwersten, was Bischöfe zu tragen haben, wenn Leute in der Kirche „ohnmächtig" werden. Wenn Priester in der Kirche „umfallen" – das ist sicher das Schwerste!

---

[1] Vgl. Psalm 51(50),8.

* Predigt beim Festgottesdienst mit den Priestern, Diakonen und männlichen Ordensleuten am 3. November 1988 in der St.-Hedwigs-Kathedrale in Ost-Berlin anläßlich der Festwoche „25 Jahre Altarkonsekration" (Arbeitsstelle für Zeitgeschichte im Erzbistum Berlin). Teildruck: St. Hedwigsblatt, Nr. 47, 20. November 1988: Verrückt werden – vor Freude! Textfassung leicht überarbeitet.

[1] Dr. Joachim Meisner war von 1980 bis 1988 Bischof von Berlin, seit 1983 Kardinalpriester mit der Titelkirche Santa Pudenziana.

Wenn man sieht, mit welchen Lasten, mit welchen Leiden Mitbrüder manchmal nicht fertig werden!

Ich glaube, was die Leiden des Priesters anbetrifft, so müssen wir unterscheiden: Es gibt Leiden, die uns treffen, weil wir Priester nach dem Bild Christi sind, und die uns deshalb treffen müssen. Und es gibt Leiden, die uns treffen, weil wir vom Bild Christi abweichen, vom Vollmaß Christi zurückgehen und uns von der Welt zermürben lassen. Das Leid der ersten Art ist Teilnahme am Kreuztragen Christi. Das ist Leid, das Er uns vorausgesagt hat, das apostolisch wirksam wird, das uns aber nicht verkleinert oder vernichtet. Es ist das Leid des Weizenkorns, das in die Erde fällt und stirbt und hundertfältige Frucht bringt[2]. Es gibt aber auch das Leiden, das aus dem allmählichen Sich-Entfernen vom Herrn folgt, das zerstörerisch ist, das uns Mut und Freude raubt. Ich glaube, das ist das Kriterium, wenn wir einmal feststellen wollen: „Welcher Art ist eigentlich meine Last, mein Leid, meine Bedrängnis?"

Das Leid, das Teilhabe am Leid Christi ist, bringt innerliche Freude. Es bringt die Freude mit sich, obwohl es schwer ist, obwohl es sehr schwer werden kann. Aber es ist das Leid der Apostel, die voller Freude fortgingen, weil sie gewürdigt worden waren, für den Namen des Herrn Schmach zu erleiden[3]. Es ist das Leid, von dem der Apostel Paulus sagt: „Wenn unser äußerer Mensch auch aufgerieben wird, der innere erneuert sich Tag um Tag"[4]. Diesem Leid gelten alle Verheißungen unseres Herrn. In diesem Leid ist Er bei uns und läßt uns das auch spüren. Dieses Leid ist unsere eigentliche Berufung: „Laßt uns hingehen, daß wir mit ihm sterben"[5]. In dieser Teilhabe am Kreuztragen gibt Er uns immer wieder neu die Kraft und die Gnade, die wir brauchen, um wirklich priesterlich wirksam zu sein.

Das Leid der anderen Art ist gekennzeichnet durch die Entfernung vom Herrn – sein Hauptkriterium ist doch wohl die Freudlosigkeit. Diesem Leid gelten keine Verheißungen. Der Herr ist getreu. Wer in Ihm aushält, in dem bleibt Er. Er hat uns nie verheißen, daß wir Supermänner oder Manager sein werden, die zehn, sechzehn oder zwanzig Stunden am Tag erfolgreich arbeiten können. Er hat uns nicht ein leichtes oder glückseliges Erdenleben verheißen. Übrigens nicht nur uns nicht. Ich erinnere mich an meine Jahre im Orient. Da heißt es auch bei den Mullahs, den Imamen, also gewissermaßen unseren Kollegen „von der anderen Feldpostnummer": „Auch ein Kamel, das Zucker nach Mekka trägt, muß unterwegs Disteln fressen". Auch wir werden noch manche Disteln zu fressen haben. Aber Er hat uns verheißen, daß Er bei uns bleibt, wenn wir bei ihm bleiben. Darauf sollten wir uns immer wieder einmal besinnen. Vielleicht ist eine Stunde des Gebetes, des Verweilens beim Herrn und eine Stunde der Freude darüber mehr wert als zehn Stunden Arbeit. Ganz abgesehen davon, daß nach einer Stunde Gebet oder Betrachtung und einer Stunde Freude darüber immer noch acht Stunden bleiben, in denen man tätig werden kann. Da wird jetzt manch einer vielleicht sagen: „Na ja, das ist eine etwas eigenartige Ökonomie. Das haben wir auch schon mal gehört. Im praktischen

---

[2] Vgl. Johannes 12,24.
[3] Apostelgeschichte 5,41.
[4] 2 Korinther 4,16.
[5] Johannes 11,16.

Leben sieht das ganz anders aus". Das weiß ich auch. Aber ich glaube, daß Sie spüren, was gemeint ist, was wir alle brauchen: daß wir uns fragen, wenn wir spüren: „Ich bin nicht mehr ganz in der Freude. Ich bin nicht mehr ganz zufrieden. Ich bin nicht mehr ganz in diesem göttlichen Glück. Das Schwere in meinem Leben: Woher kommt das, woran liegt das bei mir?" Dann sollten wir einen neuen Aufbruch wagen, wenn wir herausfinden, daß es ein Leid der zweiten Art ist – Leid, das wir abwerfen können, weil es unnütz und überflüssig ist. Dann sollten wir uns darauf besinnen, daß der Herr niemanden von uns über seine Kräfte versucht, daß Er uns nahe bleibt, wenn wir ihm nahe bleiben und ihn immer wieder suchen, und daß Er von uns auch keine großen Erfolge verlangt im Sinne dieser Welt. Er verlangt von seinen Knechten, daß sie treu sind; dann nennt Er sie Freunde. Aus dieser Freundschaft zu Gott soll uns die Kraft und Gnade zuwachsen, die wir für unseren Beruf brauchen. Wir können die enormen Belastungen des heutigen Priesterdaseins nicht aushalten und durchhalten, wenn wir nicht an den Quellen der Kraft dieses Berufes bleiben. Man kann nicht wie ein Funktionär oder ein Beamter oder wie ein x-beliebiger Bürger leben und zugleich als Priester glücklich sein. Das sollten wir uns immer wieder vor Augen stellen, seine Nähe suchen – mit dem Mut, den das natürlich heute kostet –, immer wieder einmal das, was uns an Aufgaben und Belastungen zuwächst, kritisch überprüfen und manches fallen lassen – damit man frei wird für das Wesentliche. Das Wesentliche ist das Priestersein in dieser Welt, und dazu gehört das Im-Herrn-Sein und das Im-Herrn-Leben. Er hat seinen Jüngern gesagt: „Das alles habe ich euch gesagt, auf daß meine Freude in euch sei und eure Freude vollkommen werde"[6] – und das nicht erst im Himmel! „Ich habe es euch gesagt, jetzt und hier, auf daß eure Freude vollkommen werde". Dann schauen wir doch einmal in unser Leben: Bin ich auf dem Weg in die immer vollkommenere Freude oder lasse ich mich zermürben?

Ich werde nie vergessen, was mir im ersten Priesterjahr, auf der ersten Kaplansstelle im Religionsunterricht passierte[7]: Es wurde die heilige Eucharistie durchgenommen, die Gegenwart Christi. Mit dem ganzen Elan eines Neupriesters, der glaubt, jetzt müsse hier was umgerissen werden, habe ich versucht, die „Realpräsenz" deutlich zu machen: Gott ist wirklich da, Gott kommt herab auf den Altar, Gott ruft uns. Da sagte ein ungefähr vierzehnjähriger Junge gegen Ende der Stunde zu mir: „Herr Kaplan, ich wollte noch mal fragen: Ist das wirklich wahr, ist da wirklich Gott?" – „Ja!" – „Und der ist wie Jesus Christus?" – „Ja!" Darauf sagte er: „Na, Herr Kaplan, dann verstehe ich eines nicht." Ich fragte: „Was?" – „Dann verstehe ich nicht, daß die Priester nicht alle verrückt werden vor Freude!"

Das müßte man sich ja wirklich einmal fragen ... Diese vollkommene Freude, in die wir hineinwachsen sollen, ist natürlich nicht nur ein Privileg. Unsere Christen, unsere Gläubigen haben ein Recht darauf, daß wir diese Freude in uns tragen. Denken wir daran! Wir sind nicht Ideologieträger im Wettbewerb, im Meinungswettstreit unserer Welt, sondern wir sind Menschen, die jeden Tag ein Stück Erde zu

---

[6] Johannes 15,11.

[7] Vgl. auch Dybas Beitrag: Verrückt vor Freude, in: Michael Müller (Hrsg.), Von der Lust, katholisch zu sein. 15 persönliche Bekenntnisse, 3. Aufl., Aachen 1993, S. 209–215.

einem Stück Himmel werden lassen, die jeden Tag mit eigenen Händen im Namen und in der Person des Herrn ein Stück Kosmos zu einem Stück Gott werden lassen.

Wir bewegen uns an der Schwelle des Allerheiligsten, ja, wir reißen den Himmel auf für die Menschen – sollte man uns das nicht anmerken? Sollte das nicht Konsequenzen haben, bis in unser Aussehen hinein? Denn das ist doch gemeint mit der Frage: „Warum werdet ihr dann nicht eigentlich verrückt vor Freude?“: Wir haben gar kein Recht, schwarzgallig und miesepetrig durch diese Welt zu laufen! Wenn wir das aber tun und wenn wir die vollkommene Freude Gottes nicht auch in unserer Person widerspiegeln, dann nehmen wir den Gläubigen und den Ungläubigen und all denen in der Mitte etwas, worauf sie einen Anspruch haben. Das sollte der Appell dieser Stunde sein, liebe Mitbruder: das unnütze und überflüssige Leid abzuwerfen, frei zu werden für das Eigentliche, das wir tragen sollen. Wir wissen, daß das ein dauernder Prozeß ist. Wir werfen immer wieder etwas ab im Bußsakrament, in der Besinnung. So wie sich aber bei den Schiffen der Seetang ansetzt, Muscheln und Kalk, so setzt sich das unnütze und überflüssige Leid immer wieder darauf. Deshalb müssen wir immer wieder zur Quelle finden. Wir müssen den Schatz im Acker finden. Wenn wir uns aber wirklich bewußt sind, daß wir den Schatz im Acker haben, dann brauchen wir auch weniger zu ackern, dann können wir den Schatz verteilen. Ja, die Last, die wir gar nicht tragen sollen, abwerfen, frei werden für die Bürde des Herrn, von der Er sagt: „Meine Bürde ist sanft und mein Joch ist leicht“[8]. Wenn uns die himmlische Freude einmal richtig berühren würde, dann würden wir allerdings verrückt vor Freude. Und damit das nicht passiert, hat Gott uns so kleine Herzen gegeben. Aber wenigstens unsere kleinen Herzen sollten wir ganz weit aufreißen und seine Freude, die Freude über unsere Berufung, da hineinlassen. Und die Freude weitertragen in unsere Gemeinden, in unsere Kirche. – „Das alles habe ich euch gesagt, auf daß meine Freude in euch sei und eure Freude vollkommen werde!“[9]

KJF*

In vielen Gemeinden fragt man sich heute – zumal nach der spektakulären Berichterstattung in den Medien – was hat es auf sich mit dieser „Katholischen Jugend im Bistum Fulda“? War die Gründung nötig?

Dazu muß man wissen, daß im früheren BDKJ die Pfarrjugendgruppen (später auch Stammesjugend oder Katholische Junge Gemeinde genannt) den Stamm oder die Mitte bildeten, die mit den Verbänden zusammen (damals etwa ND, Heliand, Quickborn u. a.) das Ganze der Einheitsorganisation bildeten. Diese Mitte ist der Kirche durch die Entwicklung der KJG zu einem eigenständigen, eng profilierten Verband verlorengegangen.

[8] Vgl. Matthäus 11,30.
[9] Johannes 15,11.
* Das Wort des Bischofs: KJF, in: Bonifatiusbote, Nr. 49, 4. Dezember 1988.

Die einseitigen, politischen und kirchenfremden Positionen der KJG-Leitung haben die deutschen Bischöfe immer wieder zu Mahnung und Aufruf veranlaßt.

So erklärten die Bischöfe im Januar 1984: „Die Bundesleitung der KJG hat das Vertrauen der Bischöfe mißbraucht. Im Interesse der kirchlichen Jugendarbeit halten die Bischöfe eine fundamentale Neuorientierung auf der Bundesebene der KJG für unerläßlich“[1].

Da jede Besserung ausblieb, mußte im Juni 1987 erklärt werden: „Der Ständige Rat der Deutschen Bischofskonferenz ist bestürzt über die von der Bundesleitung der Katholischen Jungen Gemeinde (KJG) zur Bundeskonferenz in Fulda vorgelegten Positionspapiere, insbesondere über das zum Thema ‚Frauen‘. Gerade letzteres läßt jeden Ansatz einer Neuorientierung, wie sie von den deutschen Bischöfen in den vergangenen Jahren wiederholt gefordert worden ist, vermissen“[2]. (Wohlbemerkt: da sprach nicht der Bischof von Fulda, sondern alle deutschen Bischöfe!)

Die endgültige Antwort gab die KJG uns erst in diesem Januar. Da heißt es im Bundesleitungsbericht 1988: „So wird in der KJG teilweise noch die alte Pfarrjugend gesehen. Daß die KJG in den letzten 20 Jahren in vielen Diözesen eine Entwicklung durchgemacht hat, die auch in der Standortbestimmung von 1986 ihren Ausdruck fand, weg von der Pfarrjugend hin zu einem eigenständigen Jugendverband innerhalb der Kirche mit bewußter Mitgliedschaft, wird vielfach nicht wahrgenommen. ... Manche Aussagen der Bischofskonferenz legen den Verdacht nahe, daß die KJG nach wie vor als Pfarrjugend angesehen wird“.

Deutlicher kann es wohl nicht gesagt werden. Von dieser Position haben sich auch die im September eigens ins Bischofshaus eingeladenen KJG-Gruppenleiter nicht distanzieren wollen. Da die KJG so selbst nicht mehr weiß, ob sie Fisch oder Fleisch ist und seit Jahren aus dubiosen Leitungsgremien Impulse und Schulung empfängt, ist es wohl nicht nur das Recht, sondern geradezu die Pflicht eines Diözesanbischofs, für die Neuordnung von Jugendseelsorge und Jugendarbeit auf pfarrlicher und diözesaner Ebene Sorge zu tragen. Dies um so mehr, als die im BDKJ zusammengefaßten Jugendverbände, nach den Verfallserscheinungen der letzten Jahre, bei uns nach Schätzung des Bischöflichen Jugendamtes gerade noch etwa zehn Prozent der Jugendlichen erreichen. Das ist übrigens nicht nur bei uns so. Auch im Nachbarbistum Hildesheim gehören nach Angaben des Ortsbischofs etwa 90 Prozent der Jugendgruppen nicht dem BDKJ an, sondern sind „freie“ Gruppen.

Bei dieser Sachlage gehen aggressive Äußerungen, wie wir sie von einigen Funktionären und leider auch von einem völlig desinformierten, inzwischen aber ausgelaufenen Katholikenratsvorstand hören mußten, völlig an der Wirklichkeit vorbei. Denn inzwischen hat die Gründung der KJF ja mit großem Erfolg stattgefunden und bewiesen, welche Lücke hier zu füllen war. Vom Norden bis zum Süden, von

---

[1] Pressemitteilung, 24. Januar 1984 (50. Sitzung des Ständigen Rats der Deutschen Bischofskonferenz in Würzburg-Himmelspforten, 23. Januar 1984).

[2] Pressemitteilung, 23. Juni 1987 (66. Sitzung des Ständigen Rats der Deutschen Bischofskonferenz in Würzburg-Himmelspforten, 22. Juni 1987).

Bad Sachsa, Hofgeismar und Gensungen bis zum Freigericht, haben sich Gruppen zusammengefunden und bilden bereits jetzt den zahlenstärksten Jugendverband des Bistums. Häme, verletzte Eitelkeit überzogene Monopolansprüche und die Zuflucht zu kirchenfernen Medien werden das Heranwachsen der neuen Generation katholischer Jugend nicht aufhalten können. Deshalb noch einmal an alle, welchem Verband auch immer sie nahestehen, den herzlichen Aufruf, laßt uns zusammenhalten, um gemeinsam im tiefen Glauben und in großer Freude am Reich Gottes zu bauen in unserer Zeit, in unserem Land, im Bistum Fulda.

Ein himmelschreiendes Unrecht*

Herr Erzbischof Dyba, das Trauergeläut gegen die hohe Zahl der Abtreibungen am Festtag der Unschuldigen Kinder in den Kirchen Ihres Bistums hat weit über die Grenzen der Diözese Fulda hinaus Beachtung gefunden[1]. Sind Sie mit dem Echo dieser Aktion zufrieden?

Vollkommen. Wir haben ja das erste Ziel, daß nämlich über die Tötung ungeborener Kinder hierzulande gesprochen wird, erreicht. Diese Tatsache der massenhaften Abtreibungen wird von vielen Menschen nicht mehr einfach weggesteckt. Doch es muß natürlich noch mehr erreicht werden. Bei den Gesprächen zwischen den katholischen Bischöfen und den politisch Verantwortlichen der Bundesrepublik wird von staatlicher Seite immer wieder darauf hingewiesen, daß politisch nicht durchsetzbar sei, wofür sich kein breites Rechtsbewußtsein finde. Wenn das so ist, dann dürfen wir nicht nachlassen, immer wieder darauf hinzuweisen, daß die Tötung ungeborenen Lebens ein himmelschreiendes Unrecht ist. Und wir müssen auch sagen, daß wir uns mit der jetzigen Lösung in Sachen § 218 StGB nie abfinden werden.

Nun hat es ja auch Proteste gegen Ihre Aktion gegeben. Wie beurteilen Sie diese Demonstrationen gegen das Mahnläuten?

Also, da sind nicht mehr als 20 bis 25 Frauen, die sich selber als „Die wilden Weiber gegen Dyba“ bezeichneten, durch die Straßen gezogen. Und da waren auch noch ein paar Sprühdosenschmierer, die wir hier schon kennen. Daß einige von den Frauen sich als schwangere Nonnen dargestellt haben, ist total unmöglich. Aber – die Bevölkerung insgesamt denkt ganz anders als die paar Demonstranten. Ich habe bereits auf die Ankündigung unserer Aktion hin sehr viele positive Zuschriften erhalten, und mir haben viele Menschen während der Aktion in der Fuldaer Innen-

---

* KNA, Das Interview, Nr. 93, 30. Dezember 1988: „Abtreibungen, ein himmelschreiendes Unrecht“. Erzbischof Dyba hofft auf Ausweitung der Fuldaer Mahn-Aktion (Interview: Josef Schlösser); Deutsche Tagespost, Nr. 156, 31. Dezember 1988.

[1] Zum Gedenken an die durch Schwangerschaftsabbruch getöteten Kinder hatten am 28. Dezember 1988 in allen Kirchen des Bistums Fulda die Glocken geläutet.

stadt dankbar die Hand gedrückt. Die Gegendemonstration als einen Aufstand der Frauen in Fulda darzustellen, halte ich für völlig überzogen[2].

War das Trauergeläut eine einmalige Aktion, oder wird es sich in den kommenden Jahren wiederholen?

Ich kann mir durchaus vorstellen, daß das Grabgeläut für die in dem jeweiligen Jahr abgetriebenen Kinder, die ja kein anständiges Begräbnis bekommen, sondern in den Plastikeimern auf dem Klinikmüll landen[3], fortgesetzt wird. Wir sind eines der reichsten Länder der Erde und trotzdem seit über einem Jahrzehnt schon das Volk mit den wenigsten Geburten auf der ganzen Welt. Und wenn in dieser Situation dann noch Hunderttausende von Kindern abgetrieben werden, dann zeigt das, daß wir Deutsche das kinderfeindlichste, ja, das lebensfeindlichste Volk geworden sind. Mit dieser Praxis der Massenabtreibung erheben wir aber nicht nur die Hand gegen Gott als Schöpfer des Lebens, sondern wir vernichten auch unsere eigene Zukunft als Volk, als lebensfähige Gesellschaft.

Werden andere Bistümer Ihrem Beispiel folgen?

Am vergangenen Mittwoch[4] hat ja nicht nur das Trauergeläut im Bistum Fulda, sondern auch in der Erzdiözese Paderborn stattgefunden. Ich würde es natürlich begrüßen, wenn im kommenden Jahr noch weitere Bistümer – möglichst sogar alle Diözesen – sich an der Aktion beteiligten[5].

Abtreibung ist gottlos, Aids Folge der Sünde*

Sie haben in die neue Debatte um den Abtreibungsparagraphen 218 mit starken Worten wie „gottlose und kindermörderische Generation" eingegriffen; Sie pran-

---

[2] Vgl. etwa den Artikel von bx [=Beatrix Nolte-Schunck], Frauen wehren sich gegen „Einmischung der Kirche". Mütterzentrum hatte zur Demonstration gegen Mahngeläut aufgerufen, in: Fuldaer Zeitung, Nr. 303, 29. Dezember 1988 sowie den Kommentar derselben Autorin, Dumpfer Klang, ebd.

[3] Noch 1998 berichtete die Frankfurter Allgemeine Zeitung (Nr. 167, 22. Juli 1998) darüber, daß in Berliner Krankenhäusern abgetriebene Föten sowie Fehl- und Totgeburten als Teil des Klinikmülls zu Granulat verarbeitet und im Straßenbau verwertet wurden. Abgesehen von dieser spektakulären „Weiterverwertung" entspricht die achtlose Entsorgung von Föten und Embryonen einer weitverbreiteten Praxis in Deutschland. Unterschreitet der tote Körper eines vorgeburtlich verstorbenen Menschen ein bestimmtes Gewicht (in den meisten Bundesländern fünfhundert Gramm, in einigen tausend Gramm), muß er nicht bestattet, sondern nur hygienisch einwandfrei – wie amputierte Körperteile oder gebrauchte Wundverbände auch – entsorgt werden. Eine vorsichtige Änderung der einschlägigen landesrechtlichen Vorschriften zum Bestattungswesen, die gewinnorientierte Verwertung pränatal verstorbener Körper untersagt, zeichnet sich ab.

[4] Am 28. Dezember 1988, dem Fest der Unschuldigen Kinder.

[5] Am 26. Juni 1989 beschloß der Ständige Rat der Deutschen Bischofskonferenz auf seiner 76. Sitzung in Würzburg-Himmelspforten, „für den Schutz der ungeborenen Kinder am Fest der Unschuldigen Kinder (28. Dezember) um 12.00 Uhr mittags 15 Minuten die Glocken läuten zu lassen. Sie sollen zu Gebet oder zu Andachten aufrufen".

* Bild am Sonntag, Nr. 1, 1. Januar 1989: Bischof Dyba: Abtreibung ist gottlos, Aids Folge der Sünde (Interview: Reinhold Stimpert).

gern an, daß Jahr für Jahr „Hunderttausende von Kindern wegen angeblicher sozialer Notlage umgebracht" würden. Unter den 22 katholischen deutschen Bischöfen gelten Sie als Erzkonservativer, Rechtsaußen und als Flammenschwert Gottes. Stört Sie das? Oder fühlen Sie sich geehrt?

Konservativ ist zunächst einmal nichts Negatives. Es kommt vom lateinischen „conservare" – das heißt bewahren. Wo kämen wir hin, wollten wir die ewig gültige Botschaft und Lehre Christi nicht bewahren? Im übrigen fühle ich mich dem Fortschritt der Kirche verbunden, ich denke heute an das nächste Jahrtausend. Und es ist durchaus nicht so, daß es unter den deutschen Bischöfen ernsthafte Meinungsverschiedenheiten gäbe. Vielleicht sage ich manches nur deutlicher.

Weil Sie mutiger sind als andere?

Mit Mut hat das weniger zu tun; aber vielleicht damit, daß ich 20 Jahre draußen war – in Rom, in Südamerika, fast zehn Jahre in Afrika. Da ist das Klima in der Kirche ganz anders – ursprünglicher, näher. Wenn man dann wieder heimkommt nach Deutschland, sieht man vieles klarer, was hier ein bißchen im Dunst liegt und mit für mich unverständlichen Tabus belegt ist. Da muß ich Ihnen sagen: In meiner 20jährigen Tätigkeit in der päpstlichen Diplomatie ist mir nicht so oft geraten worden: „Das darfst du aber nicht sagen", wie in meinem ersten Bischofsjahr in Deutschland. Aber das kann mich nicht davon abhalten, Wahrheiten auszusprechen – klar und deutlich.

Wo ist für Sie die Grenze, ab der sich die Kirche aus der Politik heraushalten muß?

Die Kirche darf nicht schweigen, wenn es um Grundrechte wie das Recht auf Leben – wie beim § 218 –, um Grundwahrheiten, um Religionsfreiheit geht. Ob wir dagegen unsere künftige Energie aus Wasserkraft, Kohle oder aus dem Atom gewinnen sollen, das gehört nicht auf die Kanzel – da müssen die Politiker und Fachleute abwägen und entscheiden, ob sie die Zerstörung von Landschaft durch Staudämme, die Luftverschmutzung durch Kohle oder das Kernkraftrisiko am ehesten akzeptieren können und wollen. Das gilt im übrigen auch für die Frage, auf welche Weise der Frieden am besten bewahrt oder erreicht wird.

Das heißt: Sie wären eingeschritten, wenn einer Ihrer Pfarrer von der Kanzel gegen die Nachrüstung gewettert hätte ...

Nein, das nicht. Aber so was ist im Bistum Fulda wohl auch selten vorgekommen ...

Viele Katholiken – die Andersgläubigen und Ungläubigen fast vollzählig – halten es aber auch für eine unzumutbare und vor allem unverständliche Bevormundung, daß der Papst jede Form der Empfängnisverhütung zur Sünde erklärt. Schärfer: Daß er damit in der Dritten Welt Kinder zum Hungertod verurteilt ...

Der Papst verurteilt keine Kinder zum Tode. So wird das auch in der Dritten Welt gar nicht gesehen. Ich war fast zehn Jahre in Afrika und weiß, daß man sich gegen das Quasi-Verbot von außen – „Vermehrt euch nicht!" – wehrt, weil das eher als neokolonialistische Einmischung aufgefaßt wird. Das Menschenbild ist dort anders, auch die Familie spielt da eine viel wichtigere Rolle als bei uns. Und: Unsere Erde – wenn wir sie richtig behandeln würden und die Menschen richtig miteinander umgehen würden – könnte viel mehr Menschen ernähren, als wir jetzt haben. Da muß es doch anspruchsvollere, menschlichere Möglichkeiten für die Zukunft des Menschen auf dieser Erde geben als Pillen oder Kondome.

... die bei uns zum täglichen Leben gehören, auch bei katholischen Ehepaaren ...

Das ist es ja, was wir bedenken sollten. Wir sind eines der reichsten Länder und stehen bei der Geburtenrate am Ende der Weltskala – seit mehr als zehn Jahren. Bei uns werden Hunderttausende von Kindern im Mutterleib umgebracht. Das ist eine Frage, bei der nicht nur die christliche Moral, sondern die Zukunft unseres ganzen Volkes auf dem Spiel steht. Sehen Sie mal: Wir kommen immer mehr zu der Erkenntnis, daß wir die Natur vor Eingriffen des Menschen schützen müssen, wenn sie nicht ganz zerstört werden soll. Ich glaube und hoffe, daß wir allmählich auch merken werden, daß brutale Eingriffe in die Natur des Menschen – und das ist die Abtreibung – auch den Menschen zerstören können.

Was ist denn nach Ihrer Meinung das Hauptmotiv für die Abtreibung – soziale Not oder die Einstellung: Wir wollen keine Kinder, weil wir dann nicht mehr in Urlaub fahren, kein neues Auto kaufen, keine schönere Wohnung mieten können?

Ich meine, es ist eine lebensfeindliche Grundtendenz, die sich bei uns breitgemacht hat. Man hat sich daran gewöhnt, daß man sittliche Probleme mit technischen Mitteln lösen kann. Wenn Sie sagen: Hier sind Pillen, hier sind Kondome oder Spiralen oder sonst etwas, dann brauchen Sie keine sittliche Reife mehr – die verantwortliche Entscheidung, ob Sie eine Familie gründen wollen oder nicht, fällt weg. Das führt zum manipulierten Menschen, der sich diese Existenzfragen nicht mehr stellen muß, weil sie ja scheinbar technisch zu lösen sind – aber er wird dadurch weniger Mensch. Das ist natürlich ein großes Problem, das ohne ein radikales Umdenken auch nicht gelöst werden kann. Gott sei Dank kann man sagen, daß diese lebensfeindliche Tendenz in den letzten Jahren etwas zurückgeht. Die Parole „Mein Bauch gehört mir!" hört man kaum noch. In der neuen Generation wächst eine neue Ehrfurcht vor dem Leben.

Dafür gibt es ein neues Problem: Aids. Und der Papst verbietet Aidskranken den Gebrauch von Kondomen ...

Das wird vom falschen Ende aufgezäumt. Man darf doch Aids nicht zum Anlaß nehmen, von der Kirche die Anerkennung von Kondomen zu verlangen. Aids muß umgekehrt zum Anlaß genommen werden, die Richtigkeit der Sittenlehre der Kirche anzuerkennen. Wenn sich einer an die Moral der Kirche hält, müßte es mit dem Teufel zugehen, wenn er überhaupt Aids bekommt. Und auch da muß man sagen: Wir können auf die Dauer ethische Probleme nicht mit technischen Mitteln in den Griff kriegen. Mehr als 90 Prozent der Aidskranken sind in der homosexuellen Szene zu finden. Und Sie wissen, daß die Kirche widernatürliche Unzucht – also auch gleichgeschlechtliche Beziehungen – verurteilt. Soll sie jetzt Mittel gutheißen, die den folgenlosen Umgang damit ermöglichen? Das ist nicht der richtige Ansatz.

Wenn Christus morgen wieder auf die Erde käme – was würde er predigen? Und: Würde er es im Fernsehen tun?

Das glaube ich nicht. Jesus hat die Menge oft gemieden, hat die Menschen ihn suchen lassen. Eine TV-Show wäre nicht seine Sache. Es gibt keine Mattscheibe, aus der sich eine segnende Hand streckt, aus dem Bildschirm kommt kein Kelch und keine Hostie. Predigen würde er dasselbe wie damals: „Kehrt um, das Himmelreich ist nahe“[1]. Inzwischen ist es um fast 2000 Jahre näher ...

Wofür beten Sie als Bischof am häufigsten?
Um die Gabe, immer mehr Menschen begreifen zu lassen, wie glücklich sie sein könnten, wenn sie Gott finden und sich als seine Kinder entdecken. Die Weihnachtsbotschaft der Engel im Himmel ist: „Wir verkünden euch eine große Freude“[2] und nicht: „Wir verkünden euch ein großes Problem, an dem ihr noch lange zu knacken habt“.

Sind Sie in diesem Sinne glücklich?

Ja.

Unsere Zukunft*

In seiner Schrift „Der tolle Mensch“ zeigt Nietzsche die Ausweglosigkeit des Menschen, der sich von Gott und seinen Geboten losgerissen hat: „Habt ihr nicht von jenem tollen Menschen gehört, der am hellen Vormittage eine Laterne anzündete, auf den Markt lief und unaufhörlich schrie: ‚Ich suche Gott!‘ – Da dort gerade viele von denen zusammenstanden, welche nicht an Gott glaubten, so erregte er ein großes Gelächter. ‚Ist er denn verlorengegangen?‘ sagte der eine. ‚Hat er sich verlaufen wie ein Kind?‘ sagte der andere. ‚Oder hält er sich versteckt? Fürchtet er sich vor uns? Ist er zu Schiff gegangen? Ausgewandert?‘ – so schrien und lachten sie durcheinander. Der tolle Mensch sprang mitten unter sie und durchbohrte sie mit seinen Blicken. ‚Wohin ist Gott?‘, rief er, ‚ich will es euch sagen! Wir haben ihn getötet – ihr und ich! Wir alle sind seine Mörder! Aber wie haben wir das gemacht? Wie vermochten wir das Meer auszutrinken? Wer gab uns den Schwamm, um den ganzen Horizont wegzuwischen? Was taten wir, als wir diese Erde von ihrer Sonne losketteten? Wohin bewegt sie sich nun? Wohin bewegen wir uns? Fort von allen Sonnen? Stürzen wir nicht fortwährend?‘...“[1].

Diese Worte des unglücklichen Nietzsche kamen einem mit aller Macht in den Sinn, wenn man am 28. Dezember, während des Trauergeläutes für die Opfer der Massenabtreibung, über Fuldas Straßen und Plätze ging. Denn das Geläute hatte die Geister geweckt. „Nieder mit den Moralisten“ hatten die Sprühteufel an die Stadtpfarrkirche gesprayt und damit offenbart, worum es ihnen eigentlich geht. Es geht um die Befreiung von der Moral, um das Abwerfen aller lästigen sittlichen Bindungen, aller Gebote eines „sogenannten lieben Gottes“ (Jungdemokraten).

---

[1] Matthäus 4,17.
[2] Lukas 2,10.
* Das Wort des Bischofs: Unsere Zukunft, in: Bonifatiusbote, Nr. 1, 8. Januar 1989.
[1] Friedrich Nietzsche, Die fröhliche Wissenschaft, Abschnitt 125.

Sein erstes Ziel hat das Trauergeläut voll erreicht: Man setzt sich mit dem schaurigen Geschehen wenigstens auseinander. Was wirklich auffiel: Über eine Viertelmillion zerstückelter Kinder ist man nicht bereit, sich aufzuregen, aber eine Viertelstunde Trauergeläut für diese Kinder wurde von den wilden Weibern[2] auf dem Universitätsplatz als „Psychoterror“, vom SPD-Sprecher als „Provokation des Staates“ bezeichnet. Wer die Vernichtung von Hunderttausenden von ungeborenen Kindern in Gang hält, darf heute mit vollem Verständnis für seine humane Gesinnung rechnen, wer sie anklagt, dem „fehlt Sensibilität“[3]. Verrückte Zeiten, fürwahr.

Im Grunde geht es ja nur um das eine: Dürfen wir über menschliches Leben, das uns nicht paßt, verfügen oder nicht? Die Antwort ist eindeutig: „Du sollst nicht töten!“[4] Das gilt für alles menschliche Leben, sei es im Mutterleib, sei es im hohen Alter und auch für das verletzte oder behinderte menschliche Leben. Mit der heutigen Praxis der Massenabtreibung aber erheben wir nicht nur unsere Hand gegen Gott als Schöpfer des Lebens, sondern wir vernichten unsere eigene Zukunft.

Um aber zu einer wirklichen Schicksalswende zu kommen, genügen nicht Trauer und Protest, so notwendig sie angesichts der heutigen Zustände sind. Wir alle müssen in Familien, Verbänden und Parteien mit allen Kräften darauf hinarbeiten, daß wir wieder zu einem kinderfreundlichen, familienfreundlichen, ja lebensfreundlichen Klima kommen. Wenn wir uns dem krassen Materialismus unserer Zeit ausliefern, wird er unsere Seelen, unsere Familien und unser Volk zerstören. Besinnen wir uns auf unsere Macht, die Macht, die allein garantiert, daß wir unser Leben gewinnen: „Allen aber, die ihn aufnahmen, gab er die Macht, Kinder Gottes zu werden“[5].

Im Brauchtum*

Die Sternsinger sind von ihrem Weg zu unseren Häusern und Wohnungen zurückgekehrt. Sie haben unsere Türen mit dem christlichen Segensgruß C + M + B[1] bezeichnet und als Dank Gaben für die Kinder in aller Welt einsammeln dürfen.

Und schon erwarten uns andere Bräuche, die in ihrer Regelmäßigkeit nicht unwesentlich das Lebensgefühl der Menschen in unserem Land prägen. Die Kerzenweihe am Lichtmeßtag, der Blasiussegen, Hutzelfeuer, Valentinstag und Fastnacht, aber auch der Empfang des Aschenkreuzes am Aschermittwoch zum Beginn der 40tägigen Bußzeit, das Aufhängen eines Hungertuches, das persönliche Fastenopfer, Kreuzwegandachten und Frühschichten bestimmen allein diesen kurzen Monat Februar.

---

[2] Fußnote in der Vorlage: „Selbstbezeichnung der in Fulda demonstrierenden Frauengruppe“.
[3] Zum Vorgang s. oben S. 139, Anm. 2.
[4] Exodus 20,13.
[5] Johannes 1,12.
* Das Wort des Bischofs: Im Brauchtum, in: Bonifatiusbote, Nr. 5, 5. Februar 1989.
[1] Christus mansionem benedicat; dt. Übers.: Christus segne dieses Haus.

Der phantasievolle Reigen des Brauchtums präsentiert sich wie ein Haus, in dem für alle Wechselfälle des Lebens, für Ausgelassenheit und Frohsinn gleichermaßen wie für Besinnung und Einkehr Zimmer bereitgehalten sind.

Die Wahrnehmung und Feier solcher Bräuche sind eine Art praktischer Katechismus für den, der bewußt mitfeiert und sich dabei in die Lebenswelt und Kultur des Glaubens hineinfindet. Das Kirchenjahr läßt unseren Glauben lebensfroh, aufrüttelnd, tröstend und sinnenreich anschaulich werden, ohne allzu schulmeisterlich zu sein. Es hat auch keine Angst vor den Gefühlen, die wir in der modernen Gesellschaft oft viel zu sehr verbergen, weil in ihm der Glaube nicht nur intellektuell vermittelt, sondern mit den Sinnen gelebt und erlebt wird.

Vielleicht übersieht man in der Diskussion um die „Weitergabe des Glaubens" an die kommende Generation oft diese schlichte Glaubenskatechese unserer reichen Tradition, daß wir in Prozessionen, Reimen und Gesängen, in Riten und Symbolen von einem großen Reichtum von Zeichen und Bräuchen umgeben sind, die nicht erst erfunden, wohl aber neu durchdrungen werden müssen. Mit ihnen verdunstet die Vergangenheit mit ihren Werten nicht in der Hitze geschäftig sich anpreisender Gegenwart; an der Beliebtheit und Praxis des Brauchtums in vielen Gegenden unseres Bistums sieht man andererseits, daß es keineswegs um eine Verschanzung hinter nostalgischen Erinnerungen geht, sondern vielmehr kraft seelischer Beheimatung ein Weg in eine Zukunft mit gläubiger Kultur beschritten werden kann.

So betrachtet, sind unsere Tage nicht so sehr von Terminen bestimmt, sondern von Ereignissen, die zu entdecken und zu erleben es sich lohnt. Und das macht unser Leben sinnvoll, bietet ihm Geborgenheit und innere Freude. Diese Geborgenheit gewährt auch Schutz vor der heute fast seuchenartig um sich greifenden modernen Daseinsangst, eben der „Heidenangst". Das Christentum besaß und besitzt die Kraft, in und mit all seinen Bräuchen, seien es geweihte oder selbst weniger weihevolle, immer wieder auf die eigene Mitte hinzuweisen: auf Jesus Christus, den Erlöser und Herrn, Ursprung und Ziel unseres Lebens. So betrachtet, stehen auch der Unmut des Karnevals und die Strenge der Fastenzeit nicht gegeneinander, sondern ergänzen sich zum Ganzen unseres menschlichen Daseins als erlöste Sünder.

Christliche Politik*

Von einer Politik, die sich als „christlich" bezeichnet, darf man erwarten, daß sie den Grundwerten, die in der göttlichen Schöpfungsordnung verankert sind, Geltung verschafft und daß sie die Zeichen der Zeit im Licht des Evangeliums interpretiert. Für viele Tages- und Sachfragen genügt uns der gesunde Menschenverstand, gibt es vom Evangelium her auch keine unmittelbare Handlungsanleitung. Das

* Das Wort des Bischofs: Christliche Politik, in: Bonifatiusbote, Nr. 9, 5. März 1989. – Diese Wortmeldung erfolgte im Hinblick auf die hessischen Kommunalwahlen vom 12. März 1989 (in denen die CDU landesweit schwere Verluste hinnehmen mußte).

entscheidende Kriterium ist, daß christliche Politik den Menschen stets als Ebenbild Gottes achtet und andererseits seine Verantwortung vor Gott, ja seine Verpflichtung auf die göttlichen Gebote anerkennt. Das unterscheidet sie vom Menschenbild des Marxismus, das den Menschen als bloß materielles Wesen darstellt, und vom Liberalismus, der die Unabhängigkeit des Menschen auch den Geboten Gottes gegenüber behauptet.

Besonders deutlich werden diese Unterschiede in unseren Tagen in der Auseinandersetzung um die Tötung ungeborenen Lebens. Der gottlose oder entchristlichte Mensch meint, ein Verfügungsrecht über menschliches Leben zu haben. Der Christ weiß, daß Gott allein der Herr des Lebens ist und daß es ein schreiendes Unrecht ist, die Hand gegen von Gott erwecktes Leben zu erheben.

Daß eine Mehrheit von Christen in unserem Lande nicht in der Lage ist, den elementarsten christlichen Grundsätzen Geltung zu verschaffen, hat sicherlich vielfältige Gründe. Ein sehr konkreter Faktor dabei ist aber wohl auch unser derzeit geltendes Wahlrecht. Wie oft haben wir in letzter Zeit etwa hören müssen: „Mit den Liberalen ist das nicht zu machen". Fürwahr, wenn wir in die 40jährige Geschichte der Bundesrepublik schauen – haben nicht ständig etwa 6 Prozent der Wähler bestimmen können, wer regieren darf? Und wenn dann die 6 Prozent hin und wieder zu 3 oder 4 Prozent zusammenschrumpfen, beginnt die große Ratlosigkeit. Dann muß es entweder zur großen Koalition kommen, die ja wahrhaftig eher das Gegenteil von demokratischer Machtverteilung ist, oder die großen Volksparteien sind gezwungen, ihre erklärten Ziele linken Chaoten oder rechten Stahlbesen zu opfern. Man kann ihnen nur wünschen, daß sie recht bald den Mut und die Einsicht zur fälligen Wahlrechtsreform finden. Schließlich haben alle großen und klassischen Demokratien (England, USA) die Mehrheitswahl[1], während die Verhältniswahl für die weniger stabilen und dauernd gefährdeten Länder (Lateinamerika) typisch ist. Besonders im Fall Deutschlands würde uns dann auch der enorme Gesichtsverlust erspart bleiben, den uns der „Wahlsieg" irgendeiner extremistischen Splitterpartei in aller Welt immer wieder einträgt.

Wenn ich ein solches Wort zu schreiben wage, das sicher auch manchen Widerspruch findet, dann eigentlich nur, um den zahlreichen, besonders durch die Auseinandersetzung um den Schutz des Lebens verunsicherten Christen eine Antwort zu geben, die mich immer wieder fragen, wie man denn heute überhaupt noch wählen könne. Hier gibt es eben nur einen Rat für den besorgten Christen: Wahlverdrossenheit oder Zersplitterung der Kräfte nützen nichts. Innerhalb der eigenen Partei an christlichen Grundsätzen standhaft festzuhalten, ist sicher der bessere Weg. Auf jeden Fall aber gilt: Wer eine christliche Politik ohne Wenn und Aber will, muß eine christliche Mehrheit wählen.

---

[1] Vgl. etwa Paul Lücke, Ist Bonn doch Weimar? Der Kampf um das Mehrheitswahlrecht, Frankfurt/M.–Bonn 1968.

Konkrete Hilfe*

In den Auseinandersetzungen um den Schutz des ungeborenen Lebens wird der Kirche oft vorgeworfen, daß sie zwar immer mahne, manchmal sogar die Glocken läute, aber „nichts tue", wenn es gelte, nach der erfolgten Geburt Müttern und Kindern zu helfen.

Wie ungerechtfertigt dieser Vorwurf ist, ergibt sich, wenn man sich einmal die Mühe macht, die umfassende Aktivität der Kirche und ihrer Glieder auf diesem Gebiet in Augenschein zu nehmen.

Da sind zunächst einmal unsere Frauenverbände. Der Sozialdienst Katholischer Frauen (SkF) unterhält ein ganzes Netz von fachkundiger Beratung und ehrenamtlicher Hilfestellung, die von Frauen in Not oder Bedrängnis unmittelbar in Anspruch genommen werden können. Hinter dem SkF stehen auch die Katholische Frauengemeinschaft (kfd) und der Katholische Deutsche Frauenbund (KDFB), die einmal seine Arbeit durch Sammlungen und Initiativen – wie etwa die „Aktion Babykorb" – unterstützen, dann aber auch in eigenem Engagement etwa die Kinderbetreuung alleinerziehender Eltern und Babysitterdienste organisieren sowie Wohnungen und Patenschaften vermitteln. In diesem Zusammenhang verdient auch die Initiative der KAB Erwähnung, aus ihren Gruppen ältere Ehepaare für Hilfe und Begleitung junger „Ein-Eltern-Familien" zu gewinnen. Darüber hinaus wird in vielen Pfarrgemeinden, Familienkreisen und Nachbarschaftshilfen heute konkrete Hilfe angeboten, die sich, da von den einzelnen Gläubigen geleistet, kaum auflisten läßt.

Aber auch das Bistum Fulda als solches versucht, sein Bestes zu tun. Der Bischöfliche Hilfsfonds zum Schutz des ungeborenen Lebens ist von 100 000 Mark im Jahre 1981 auf 600 000 Mark 1989 erhöht worden. Er hilft sehr oft Alleinerziehenden, Studentinnen und Schülerinnen aber auch jungen Eheleuten in unvorhergesehenen Schwierigkeiten.

Ein ganz neuer Fonds kam dadurch zustande, daß ein Pfarrer aus Bayern mir seine gesamten Lebensersparnisse überwies, um sie für das Leben einzusetzen („Fonds für das Leben"). Aus diesem Fonds, dem ich inzwischen so manche brieflich eingegangene Spende beifügen durfte, sollen vor allem Initiativen für den Schutz des Lebens, für Kinderfreundlichkeit in der Gesellschaft und Familienförderung tatkräftig unterstützt werden. Da ist jeder Beitrag in dieser entscheidenden Zeit willkommen.

Tut die Kirche etwas für den Schutz des geborenen Lebens? Wir unterhalten allein im Bistum Fulda 112 Kindergärten und 6 Kinderheime und wenden dafür im Jahr 1989 rund 7 Millionen Mark an diözesanen Zuschüssen auf.

Indem ich den vielen danke, die sich in unserem Bistum für Mütter, Kinder und Familien so tatkräftig einsetzen, hoffe ich, daß sie auf entsprechende Fragen nun auch die rechte Antwort wissen.

---

* Das Wort des Bischofs: Konkrete Hilfe, in: Bonifatiusbote, Nr. 13, 2. April 1989. – Mit ausdrücklichem Verweis auf die Bankverbindung des „Fonds für das Leben".

Streit in der Kirche?*

Selbst dem friedlichsten Kirchenzeitungsleser scheinen es unsere Blätter nun klarmachen zu wollen: Wir brauchen mehr Streit in der Kirche! Gekränkte Professoren haben Hochkonjunktur in unseren Akademien und vielen Gremien; der Ruf erschallt nach immer mehr Dialog, nach der dauernden Auseinandersetzung, ja der Konflikt müsse zum Normalzustand in unserer Kirche werden – so der Direktor der Rabanus-Maurus-Akademie[1]. Von engagiertem Streiten ist die Rede, ja eine „Kultur des Streitens" sollen wir anstreben.

Eigenartig, in der Heiligen Schrift liest man es ganz anders. Da heißt es in Jesu Fürbitte für alle Glaubenden: „Alle sollen eins sein: Wie du, Vater, in mir bist und ich in dir bin – damit die Welt glaube!"[2]. Nun mag die „Kultur des Streitens" für die Welt einen großen Fortschritt bedeuten – für die Kirche, für die Gemeinschaft der Heiligen, greift das viel zu kurz. Hier geht es um die große Einheit, und zwar nicht nur untereinander, sondern um die Einheit mit Gott und in Gott. Wann immer wir zur Feier der heiligen Eucharistie zusammenkommen, beten wir, daß wir „ein Leib und ein Geist werden in Christus"[3]. Spüren wir den himmelweiten Unterschied zwischen diesem *Zusammenkommen* und dem Zusammenkommen, um sich *aus-einander-zu-setzen*?

Als ich 1968 bis 1972 in den Niederlanden war, konnte ich das berühmte holländische „Pastoralkonzil" von Anfang bis Ende miterleben. Das war die Zeit, da man vom neu entdeckten „Pluralismus" geradezu trunken war. Ich werde nie den Beitrag eines evangelischen Vertreters vergessen, der plötzlich aufstand und sagte: „Bevor Sie Ihre Einheit aufs Spiel setzen und sich dem Pluralismus in die Arme werfen, sollten Sie uns doch einmal fragen. Wir haben über 400 Jahre Erfahrung mit dem Pluralismus – und wir wären glücklich, wenn wir auch nur einen Zipfel von der Einheit wiederhaben könnten, die Ihnen erhalten geblieben ist!".

Von der Urgemeinde heißt es in der Apostelgeschichte: „Die Gemeinde der Gläubigen war ein Herz und eine Seele"[4]. Das muß unser Ziel sein, und der Weg zu diesem Ziel wird uns in der Geheimen Offenbarung des Johannes aufgezeigt: „Wer Ohren hat, der höre, was der Geist den Gemeinden sagt"[5]. Daß damit nicht der Zeitgeist, sondern der Heilige Geist gemeint ist, ist wohl jedem klar. Dialog ist also angesagt, aber nicht in unnützen Streitgesprächen untereinander, sondern *Dialog mit Gott*. Dialog mit Gott in der Stille, im Gebet, im Empfang der Sakramente, in

---

* Das Wort des Bischofs: Streit in der Kirche?, in: Bonifatiusbote, Nr. 18, 7. Mai 1989.

1 Vgl. Johannes Becher, Tagung der Katholischen Akademie Rabanus Maurus [in Wiesbaden-Naurod]. In Liebe streiten, in: Der Sonntag, Nr. 16, 23. April 1989: „Es gehe darum, den Konflikt nicht zum Sonderfall zu machen, meinte der Direktor der Akademie, Gotthard Fuchs. Im Sinne des Taufversprechens müsse er vielmehr zum Normalfall in der Kirche werden".

2 Johannes 17,21.

3 Drittes Hochgebet (Meßbuch 1975): „Stärke uns durch den Leib und das Blut deines Sohnes und erfülle uns mit seinem Heiligen Geist, damit wir ein Leib und ein Geist werden in Christus".

4 Apostelgeschichte 4,32.

5 Offenbarung 2,7 u.ö.

Exerzitien, auf Wallfahrten … . Gott kann uns in einem Augenblick der Stille mehr offenbaren als tausend heiße Auseinandersetzungen.

„Wer meine Stimme hört und die Tür öffnet, bei dem werde ich eintreten", sagt der Herr in derselben Offenbarung[6]. Es ist die Stimme des Herrn, die Stimme seiner Kirche, die Stimme der Apostel und ihrer Nachfolger, die Stimme derer, von denen der Herr sagt: „Wer euch hört, der hört mich, und wer euch ablehnt, der lehnt mich ab"[7]. Auf diese Stimme sollen wir hören, denn nur diese eine Stimme bringt uns den Frieden mit dem lebendigen Gott – und die Einheit in der Kirche.

Überholt?*

Bei dem Versuch, für die vielen Neuzugänge an Büchern wieder einmal etwas Platz zu schaffen und vielleicht nicht mehr so Wichtiges auszusortieren, stieß ich auch auf den „Katholischen Katechismus", im grünen Einband, der in den 50er und 60er Jahren für alle deutschen Bistümer galt[1]. Der Reiz, in heutiger Zeit darin zu blättern, war zu groß …

Er beginnt mit: „Euer Bischof, den Gott als Lehrer der Wahrheit aufgestellt hat, gibt euch dieses Buch in die Hand. In ihm findet ihr die Lehre, die unsere heilige katholische Kirche im Auftrage Gottes in der ganzen Welt verkündet"[2].

Nachdem in Frage und Antwort diese Lehre vorgelegt ist, bringt er zum Schluß eine „Christliche Tages- und Lebensordnung"[3]. Darin heißt es:

1. Morgens beim Erwachen bezeichne dich gleich mit dem Kreuzzeichen, denke mit frohem Herzen an Gott und opfere ihm den neuen Tag auf: „Mein Gott, alles für Dich!" Hierauf verrichte andächtig und womöglich kniend dein Morgengebet. Versäume es nie! Wenn es dir möglich ist, nimm an der Feier der heiligen Messe teil. Keine Zeit ist besser angewandt.
2. Nun gehe fröhlich an dein Tagewerk. Arbeite fleißig und gewissenhaft.
3. Den Tag über denke gern an Gott; Gott denkt auch immer an dich. Überlege dir immer wieder, was Gott von dir will, und tue alles gern für ihn.
4. Jeden Tag hast du viele Gelegenheiten, Gutes zu tun. Gott gibt sie dir. Achte auf sie und nütze sie. Trage Gottes Liebe und Freude in die Welt.
5. Im Umgang mit anderen sei höflich, freundlich und hilfsbereit. Hüte dich besonders vor ungezogenen und lieblosen Reden. Meide schlechte Kameraden …
6. Setz dich nicht zu Tisch, ohne zu beten. Freue dich über alles, was Gott dir schenkt, aber halte Maß und sei nicht heikel. Nach dem Essen vergiß das Danken nicht.
7. Nütze deine freie Zeit. Sei niemals müßig. Nimm den Eltern Arbeit ab; sie arbeiten viel für dich. Widme dich deinen Geschwistern und hilf gerne Nach-

---

[6] Offenbarung 3,20.
[7] Lukas 10,16.
* Das Wort des Bischofs: Überholt?, in: Bonifatiusbote, Nr. 35, 3. September 1989.
[1] Katholischer Katechismus der Bistümer Deutschlands, Freiburg 1955.
[2] Ebd., S. 3.
[3] Ebd., S. 271 f. (gekürzt).

barn und Bekannten. Verbringe deine freie Zeit mit guten Kameraden und guten Büchern.

8. Ertrage geduldig Leiden und Widerwärtigkeiten. Alles Schwere opfere Gott auf; er wird es dir reichlich lohnen.
9. Feiere die Sonn- und Feiertage freudig mit. Fehle nie aus eigener Schuld bei der heiligen Messe. Gehe möglichst bei jeder Messe, die du mitfeierst, auch zur heiligen Kommunion. „Wie dein Sonntag, so dein Sterbetag!"
10. Sei wachsam gegen die Versuchungen. Gib auch im geringsten nicht nach. Solltest du einmal das Unglück haben, eine schwere Sünde zu begehen, so erwecke vollkommene Reue, bitte Gott von Herzen um Verzeihung und gehe bald zur heiligen Beichte. – Empfange regelmäßig das Bußsakrament; länger als vier Wochen soll ein junger Christ nicht damit warten.
11. Unterlasse es nie, bevor du dich zur Ruhe legst, andächtig dein Abendgebet zu verrichten. Erforsche dabei dein Gewissen und bereue deine Sünden. Bist du sehr müde, so bete etwas kürzer; aber bete immer andächtig.

Klingt das nicht alles wie aus „alter Zeit" und ist doch noch gar nicht so lange her. Und macht es nicht doch nachdenklich, wie rasant der Fortschritt aus überlieferter Ordnung in den letzten 20 Jahren gewesen ist. Ja, mancher wird sich fragen: Haben wir da eigentlich Fortschritte oder Rückschritte gemacht? Oder, vielleicht positiver: was können wir heute der Jugend an Wegweisung anbieten? Die Meinung unserer Eltern dazu würde ich wirklich gern erfahren.

Die Kirche ist längst nicht fröhlich genug*

Ein Fest wie der 60. Geburtstag ist meist Anlaß zu einer persönlichen Zwischenbilanz und zum Pläneschmieden für die Zukunft. Dürfen wir von Ihren privaten Geburtstagsgedanken etwas erfahren?

Die meiste Zeit meiner jetzt 30 Priesterjahre bin ich ja im Ausland gewesen, um die ganze Welt herum. Deshalb bin ich sehr froh, daß ich nun einen festen Ort gefunden habe. Für mich gilt: Die Zukunft ist Fulda, das Bistum Fulda, Bonifatius. Meinen Auftrag sehe ich in dem, was Papst Johannes Paul II. bei seinem Besuch[1] hier angeregt hat: daß wir in der Tradition des hl. Bonifatius einen neuen Aufbruch im Glauben wagen.

Welches war das schönste Ereignis in Ihrem bisherigen Leben, und was hat Sie am meisten betroffen gemacht?

Das schönste Ereignis in meinem Leben war der Ruf nach Fulda. Der Dienst als vatikanischer Diplomat war schon eine schöne und interessante Sache, aber eigent-

---

* Fuldaer Zeitung, Nr. 214, 15. September 1989: „Die Kirche ist längst nicht fröhlich genug". „Geburtstags-Interview" mit Erzbischof Dyba: Wie er seine Zukunft, sein Bischofsamt und die abendländische Kirche sieht (Interview: Beatrix Nolte-Schunck).

[1] Am 17. und 18. November 1980 hatte Papst Johannes Paul II. Fulda besucht. Seine damals gehaltenen Predigten und Ansprachen sind dokumentiert in: Verlautbarungen des Apostolischen Stuhls, Nr. 25, S. 106–156.

lich bin ich doch Priester geworden statt Jurist, um das Wort Gottes in der eigenen Sprache zu verkünden und nicht um als Diplomat in verschiedenen Sprachen immer nur zu schweigen. Im diplomatischen Dienst bekommt man alle drei, vier Jahre eine neue Aufgabe zugewiesen; als Bischof von Fulda habe ich eine Lebensaufgabe.

Am meisten betroffen macht mich die Unfähigkeit der Kinder Gottes hier in der Ersten Welt, sich zu freuen. Ja, das hat mich betroffen gemacht, daß alle hier in der Kirche nur Probleme sehen und Trauerarbeit. Allerdings bin ich verwöhnt worden durch den langen Aufenthalt in der Dritten Welt, aber auch für die Zweite Welt gilt: Da ist viel mehr Begeisterung für die Kirche. Mein Programm war hier, von Anfang an zu zeigen, daß wir auch heute noch als Kinder Gottes glücklich sein können. Ich habe es mir nicht so schwer vorgestellt, den Leuten klarzumachen, daß unsere Botschaft eigentlich eine freudige ist, auch da, wo sie Hingabe und Treue bedeutet.

Leiden Sie manchmal an der Kirche?

Natürlich leide ich manchmal daran. Das ist jedoch kein Widerspruch zu meiner Grundbefindlichkeit der Glaubensfreude. Selbstverständlich leide ich darunter, wenn Zwiespalt und Irrtum gesät werden, wenn Menschen, die offensichtlich den Sinn des Lebens suchen, und die Kirche, die den Sinn geben kann, nicht zusammenkommen. Bischof sein ist nicht nur Jubel, Trubel, Heiterkeit, sondern ein ganz schönes Stück vom Kreuz Christi ist dabei. Aber wir sollen und dürfen uns freuen, wenn wir am Kreuz des Herrn mittragen können.

Es gibt viele Leute, die Sie als streitbaren Bischof bezeichnen würden. Stört Sie das, oder empfinden Sie es als Kompliment?

Das ist ein ausgesprochenes Kompliment. Denn in einer Zeit wie der heutigen, in der die Kirche auf breiter Front angegriffen wird und sich auch selbst das Leben schwermacht, muß man als Bischof natürlich streitbar sein. Ein Bischof, der heute kein streitbarer Bischof ist, der merkt nicht, was los ist. Allerdings können Komplimente manchmal auch als störend empfunden werden.

Inwiefern stört das Kompliment?

Es kann ja auch nicht so freundlich gemeint sein. Es gibt Komplimente, die auch falsche Komplimente sind.

Sie versuchen, Menschen ins Gewissen zu reden. Wie kann man als Kirchenmann in einer pluralistischen Gesellschaft das Gewissen der Menschen am besten erreichen?

Es ist unsere Pflicht, den Menschen ins Gewissen zu reden. Und wer das nicht tut, der hat als Bischof ein unaussprechlich strenges Gericht zu erwarten. Freilich wird es immer schwieriger, das Gewissen der Menschen zu erreichen, weil so viele geheime Verführer[2] mit am Werk sind. Sehen Sie sich den Konsum an Bildern, Tönen und Publikationen an, die ja alle den Menschen von seinem Gewissen ablenken und es sozusagen schalldicht verpacken. Da kann das Wort Gottes nur schwer

---

[2] Vgl. Vance Packard, The hidden persuaders, New York 1957 (dt. Übers.: Die geheimen Verführer. Der Griff nach dem Unbewußten, Düsseldorf 1958).

in das Gewissen der einzelnen vordringen. Aber man kann doch auch noch aufrütteln, wenn man bloß klar genug spricht. Ich beispielsweise würde ja nicht halb soviel Widerspruch erfahren, wenn ich nicht oft – wie der Zahnarzt auf den Nerv – bei den Menschen so aufs Gewissen stoßen würde.

Und dabei nehmen Sie auch in Kauf, daß manche sich von einigen Ihrer Äußerungen provoziert fühlen?

Ja, sicher: Selbst Jesus hat man, wie im Evangelium steht[3], vorgeworfen: „Diese Rede ist hart, wer kann sie hören?“ Und da verließen ihn viele. Ich scheue nicht davor zurück, harte Wahrheiten klar zu sagen; aber es sind ja Wahrheiten, die den Menschen in die Freude und in die Liebe und in die Erlösung führen sollen. Nur die falschen Propheten haben dem Volk immer nach dem Mund geredet, die echten sind stets auf Widerspruch gestoßen. Was freilich nicht heißen soll, daß ich mich als Propheten bezeichnen möchte.

Sie benutzen gern aktuelles Vokabular, beispielsweise aus dem Umweltschutz oder dem Tennis. Welchen Stellenwert hat eine solche „sprachliche Verpackung“ bei der Verkündigung der christlichen Botschaft?

Das entspricht etwa dem Reden in Gleichnissen. Damit die Leute besser verstehen, worum es eigentlich geht, darf man Wahrheiten nicht immer nur abstrakt formulieren. Ich habe die Erfahrung gemacht, daß sich viele Dinge leichter einprägen, wenn man ein gutes, passendes Wort jenseits theologischer Terminologie findet.

Wird durch diesen aktuellen Wortschatz auch betont, wie aktuell die Botschaft ist, die darin eingekleidet ist?

Ja, natürlich! Die Botschaft hat seit Christus nie etwas von ihrer Aktualität verloren. Sie trifft die Menschen jeder Generation, aber die einzelnen Generationen wollen selbstverständlich in der Sprache ihrer Zeit angesprochen werden. Außerdem wollen wir die Leute ja auch nicht langweilen. Allerdings – bei den vielen Vorwürfen an meine Adresse: Daß sich die Leute bei meinen Aussagen langweilen würden, habe ich noch nicht gehört.

Sie verstehen sich als frohen Botschafter des Glaubens, besuchen als „Bischof zum Anfassen“ häufig die Gläubigen in den Pfarreien und feiern auch mit ihnen. Ist die Kirche fröhlich genug?

Nein, die Kirche ist bei uns natürlich noch längst nicht fröhlich genug. Sie ist es in den jungen Kirchen der Dritten Welt. Ich habe Bischofskonferenzen in Afrika erlebt, bei denen man den Eindruck hatte, da geht jetzt gleich das Dach hoch, so laut wurde gelacht. Bei uns wird Kirche leider nicht als befreiend und erlösend empfunden, sondern mehr als Belastung.

Worauf führen Sie das zurück?

Man sieht das Wesentliche nicht mehr. Man sieht nicht, daß der Mensch gerufen ist zu einer Begegnung mit dem lebendigen Gott, daß die Sakramente eigentlich

---

[3] Johannes 6,60.

Umarmungen Gottes sind, die den Menschen emporziehen sollen. Viele Leute bei uns sind so mit dem Alltäglichen beschäftigt, mit dem Wohlstand und dem Sich-Ausleben, daß man für Gott praktisch keine Zeit mehr hat. Ähnlich beschreibt es das Gleichnis vom Sämann[4], wo unter anderem von den Dornen die Rede ist, in die das Wort Gottes fällt und die es ersticken. Heute fällt leider furchtbar viel unter die Dornen des säkularisierten Lebens. Ich hoffe aber trotzdem, daß wir der Freude an Gott hier zum Durchbruch verhelfen können. Auch in der Zweiten Welt hat man es da leichter. Die Menschen dort sind vielleicht nicht besser als bei uns, aber ihre Glaubensbedingungen sind besser, weil für sie die ganzen Ablenkungen wegfallen, die wir haben.

Bischöfe werden oft als Diözesan-Oberhirten bezeichnet. Ist das Seelsorge-Bild vom Hirten und der Herde heute noch zeitgemäß?

Wenn man es richtig versteht, dann ist das Bild vom Hirten und der Herde zeitlos. Man spricht heute im Zusammenhang mit Kirche nicht gern von Hirten und vor allem von Schafen, doch das ist wirklich eine Zeiterscheinung. Im Grunde bleibt das Urbild: Der wahre Hirte ist Christus. Wir Bischöfe haben in seinem Auftrag die Herde zu schützen und in die richtige Richtung zu leiten, auch wenn wir uns dabei manchmal eher wie Schäferhunde vorkommen – aber das sind ja die treuesten Gehilfen des Hirten.

Müssen die „Schäferhunde" manchmal auch bellen?

Sie sollen nicht nur bellen, sondern sie müssen im Notfall einem schwarzen Schaf auch schon mal in die Wade beißen. Generell glaube ich, daß man dem Volk Gottes keinen Gefallen tut, wenn aus irgendwelchen modischen Rücksichten auf die Hirtenaufgabe verzichtet wird. Die Kirche ist eben keine Demokratie. Sie ist göttliche Stiftung und kein menschlicher Verein. In der Demokratie entscheidet die Mehrheit, in der Kirche dagegen die Wahrheit – wenn es sein muß, auch gegen die Mehrheit. Deshalb haben wir so viele Märtyrer, weil sie die Wahrheit behauptet haben, aber nicht die Mehrheit hatten.

Wie muß Hirtentum gelebt werden, damit es heute akzeptiert wird?

Man muß versuchen, in der Nachfolge Christi zu bleiben. Das ist das Entscheidende, egal ob man von den Menschen akzeptiert wird oder nicht. Mit dem Akzeptiertwerden ist das nämlich so eine Sache. Man kann akzeptiert werden, weil man auf dem richtigen Wege ist – man kann aber auch akzeptiert werden, gerade weil man falsche Wege weist; dafür gibt es in der Geschichte ja viele Beispiele. Außerdem ist das Christentum kein Akzeptanz-, sondern ein Bekehrungsmodell. Wir rufen auf: „Kehrt um und glaubt"[5] und nicht „Akzeptiert uns". Welche Schwierigkeiten hatte Christus damit, akzeptiert zu werden! Zum Schluß war er mutterseelenallein am Kreuz; später aber haben ihn Milliarden von Gläubigen akzeptiert.
Ich versuche so zu sein, wie ich glaube, daß Gott es von mir erwartet, mit allen Zusammenbrüchen, allen Schwächen und allen Unvollkommenheiten natürlich.

---

[4] Matthäus 13,3–8; Markus 4,3–9; Lukas 8,5–8.
[5] Markus 1,15.

Ich bemühe mich, das zu sagen, was die Botschaft Christi ist, ohne mir allzu viel Gedanken darüber zu machen, ob ich auch persönlich akzeptiert werde. Sicher ist das auch sehr schön, wenn man Anklang findet, aber das darf nicht auf Kosten der Ganzheit der Botschaft gehen.

Müssen geistliche Hirten den Schafen nachgehen, die als verirrt gelten?

Natürlich müssen sie das. Aber man soll auch an die Schafe denken, die die Herde ausmachen. Die verirrten Schafe des Evangeliums sind übrigens solche, die auf den Hirten warten, auf daß er sie heimholt. Das sind nicht diejenigen, die dauernd über den Hirten meckern. Da muß man einen deutlichen Unterschied machen. Die Schafe, die auf den Hirten warten, muß man selbstverständlich heimholen, besonders wenn es sich um verunsicherte Jugendgruppen in seiner Bistumsherde handelt.

Geistliche, insbesondere auch Bischöfe, haben Macht über Menschenherzen. Wie geht man mit ihr am besten um?

Der Macht des Wortes Gottes soll man sich schon bewußt sein. Das ist aber keine persönliche Macht, sondern eben die Macht der Botschaft, die man vertritt, die Macht der Sakramente. Das ist keine menschliche Macht, sondern Vollmacht von Christus her. Sie darf nur in seinem Namen ausgeübt werden und soll die Menschen zu ihm hinführen. Aber man soll diese Vollmacht schon voll einsetzen. Wenn man als Geistlicher beim Auftrag des Herrn bleibt, dann kann man natürlich all das fordern, was er fordert.

Professoren*

Mitte Oktober eröffnen wir an der Theologischen Fakultät in Fulda wieder feierlich das Studienjahr und immatrikulieren die neuen Studenten. Da sich in Fulda alle Theologiestudenten auch als Priesteramtskandidaten unseres Bistums oder ihres Heimatbistums auf dem Wege zum Priestertum befinden – was ja an vielen anderen Theologischen Fakultäten längst nicht mehr der Fall ist –, sind wir natürlich besonders froh darüber, daß wir hier als Ausbilder durchweg Professoren haben, die nicht nur wissenschaftlich auf der Höhe sind, sondern auch einig mit Papst und Bischöfen mit beiden Beinen in der Kirche stehen.

Daß das heute leider längst nicht mehr selbstverständlich ist, haben wir in den letzten Jahren oft genug erfahren müssen. Wie oft haben gerade Theologieprofessoren der klaren Lehre der Kirche widersprochen, haben die Gläubigen nicht im Glauben bestärkt, sondern immer wieder verunsichert, was sich natürlich besonders verheerend auf die ihnen anvertraute Generation von Theologen auswirken mußte. Zumal ja mit der Verwirrung im Lehrbereich oft auch eine Verwirrung im geistlichen und sittlichen Bereich Hand in Hand ging. So gaben in den siebziger Jahren in Holland Theologieprofessoren gleich reihenweise ihr geistliches Amt auf, nicht aber ihren Anspruch, in die Kirche hineinzutönen. Kein geringerer als Hans Urs von Balthasar hält solchen Theologen die furchtbaren Worte des Herrn entge-

* Das Wort des Bischofs: Professoren, in: Bonifatiusbote, Nr. 39, 1. Oktober 1989.

gen: „Weh euch, ihr Schriftgelehrten und Pharisäer, ihr Heuchler! Ihr verschließt den Menschen das Himmelreich. Ihr selbst geht nicht hinein; aber ihr laßt auch die nicht hinein, die hineingehen wollen“[1].

Wenn man heute aus der lebendigen Glaubensfreude der jungen Kirche in der Dritten Welt oder aus der feurigen Glaubenstreue der verfolgten und sich wieder aufrichtenden Kirche der Zweiten Welt kommt, empfindet man die Atmosphäre, die bei uns in Hörsälen und Kongressen, Konferenzen und „Erklärungen“ dauernd mutwillig erzeugt wird, als einfach erdrückend. Wir haben uns hier Zustände als normal einreden lassen, die für die Kirche völlig unannehmbar sind. In den auf den Aussagen des Zweiten Vatikanischen Konzils fußenden „Lineamenta“ für die kommende Bischofssynode heißt es über die Professoren: „Sie bilden nicht nur durch die Erfüllung ihrer eigenen Aufgabe zum Priestertum aus, sondern auch durch das Zeugnis des priesterlichen Lebens und der Einheit, das sie den Seminaristen geben“[2]. Sie fordern für die künftigen Priester Ausbilder „von vollkommener Treue gegenüber der Kirche, die beständig das Zeugnis eines priesterlichen Lebens geben“. Wenn bei uns dagegen, wie es den Anschein hat, manche Theologische Fakultäten in geradezu „holländische“ Verhältnisse abgleiten sollten, wo jeder zweite Professor den Papst angreift und selbst das Leben im Konkubinat keinen Einzelfall mehr darstellt, dann werden die Bischöfe ernsthaft überlegen müssen, ob man derart zersetzten Fakultäten noch guten Gewissens Priesteramtskandidaten anvertrauen darf, oder ob es nicht an der Zeit ist, ein klares Zeichen zu setzen.

Denn wenn das Apostolische Schreiben „Christifideles laici“ in Erinnerung ruft, daß schon „die lehrmäßige Ausbildung der Gläubigen sich in unseren Tagen mehr und mehr als dringend erweist“[3], was muß dann für die vollständige, sichere und lehrmäßig solide Ausbildung derer gelten, die berufen sind, unsere Hirten und geistlichen Lehrer zu sein und „was erst für die, die sie ausbilden sollen?“[4].

In früheren Zeiten waren die bedeutenden Lehrer der Theologie auch die bedeutenden Heiligen. Und bis in die Konzilszeit hinein hatten wir leuchtende Gestalten in Theologie, Spiritualität und Seelsorge. Die junge Generation wartet heute wieder auf solche Vorbilder, die nicht ihre eigenen Frustrationen, sondern authentisch Kirche darstellen und zur Ganzheit führen.

Auf daß sie bald wieder am Theologenhimmel auftauchen mögen, wollen wir alle von Herzen beten.

Die Völker strömen ...*

Strömende Völkerscharen haben wir alle in den letzten Wochen erlebt, ganz besonders in den Zonenrandgebieten des Bistums. Das Herz wurde einem weit, und so

---

[1] Matthäus 23,13.

[2] La formazione dei sacerdoti nelle circostanze attuali. Lineamenta (ad uso delle Conferenze Episcopali), Città del Vaticano 1989, Nr. 19.

[3] Johannes Paul II., Nachsynodales Apostolisches Mahnschreiben „Christifideles laici“, 30. Dezember 1988, Nr. 60.

[4] Lineamenta (Anm. 2), Nr. 19.

* Das Wort des Bischofs: Die Völker strömen ..., in: Bonifatiusbote, Nr. 48, 3. Dezember 1989.

manchem wurden die Augen naß, als die Grenzen sich plötzlich öffneten, nicht durch Gewalt und auch nicht durch lange Verhandlungen, sondern eigentlich fast wie durch ein Wunder. Da geschah wirklich Befreiung – nach über 40 Jahren Unterdrückung und 28 Jahren hinter Mauer und Stacheldraht. Und was sich auf der anderen Seite an spontaner Zuneigung und praktischer Nächstenliebe zeigte, war wirklich ein goldenes Blatt in der deutschen Nachkriegsgeschichte.

Wie aber wird es weitergehen, wenn der Alltag uns wieder einholt? Denn unsere Landsleute von drüben haben ja Defizite nicht nur in Südfrüchten und Unterhaltungselektronik. Nach den langen Jahrzehnten atheistischer Diktatur ist ja die große Mehrheit auch religiös ganz verarmt. Und wenn der erste Heißhunger auf Bananen und Apfelsinen gestillt ist, werden sie dann merken, daß man in einer Stadt wie Fulda am Sonntag in die Kirche geht und nicht in den Supermarkt? Können wir dazu helfen, im Gespräch oder vielleicht auch durch ein gutes Buchgeschenk?

Befreite Völkerscharen ziehen immer dahin, wo sie das Paradies vermuten. Nach der Prophezeiung des Jesaja, die wir am ersten Adventssonntag lesen, werden sie alle einmal aus dem gottlosen Irrsinn aufbrechen und zum Berg des Herrn ziehen: Zu ihm strömen alle Völker am Ende der Tage[1].

Auch wir? Oder lassen wir uns noch gefangenhalten von den Mauern unserer Selbstsucht, vom Ausreiseverbot unserer Trägheit? Der Advent ist eine Zeit wie geschaffen dafür, den Aufbruch aus Unfreiheit und Kälte zu wagen und in aller Stille dem Licht und der Wärme des göttlichen Kindes entgegenzugehen. Noch liegt er vor uns: Tag für Tag Geschenk und Anruf göttlicher Gnade.

Unrecht an die große Glocke hängen*

Das Mahnläuten findet in diesem Jahr erstmals bundesweit statt. Empfinden Sie als Initiator das als persönlichen Erfolg?

In einer so ernsten Sache kann man nicht von Erfolg sprechen. Das Läuten ist ein gemeinsames Anliegen; es freut mich natürlich, daß meine Mitbrüder im Bischofsamt das auch so sehen.

Warum halten Sie das Mahnläuten für notwendig?

Wenn wir Bischöfe mit den Politikern, mit den Gesetzgebern gesprochen haben, haben sie uns immer darauf hingewiesen, daß sie nur Mehrheiten für Gesetze finden, die dem Rechtsbewußtsein der Bevölkerung entsprechen. Aber für mangelndes Rechtsbewußtsein macht man die Kirche natürlich mitverantwortlich. Wir wollen also ein Bewußtsein dafür schaffen, daß eine derartige Massentötung von ungeborenen Kindern in einem Land, das Gott mit soviel Wohlstand gesegnet hat, ein

---

[1] Vgl. Jesaja 2,2.

* Fuldaer Zeitung, Nr. 296, 21. Dezember 1989: „Unrecht an die große Glocke hängen". Geläut für abgetriebene Kinder löst schon im Vorfeld ein großes Echo aus. FZ sprach mit Initiator Erzbischof Johannes Dyba (Interview: Beatrix Nolte-Schunck).

himmelschreiendes Unrecht ist. Als Volk bringen wir damit auch unsere eigene Zukunft um. Von dem Unrecht vor Gott ganz abgesehen.

Ist das Läuten zu einem derart sensiblen Thema als Mittel sensibel genug, um für das Anliegen der Kirche zu werben, dem ja viele Verständnis entgegenbringen?

Ich glaube, gerade die Glocken sind das geeignete Mittel. Hier wird ja nicht mit Kanonen geschossen. Das Glockenläuten ist die adäquate Ausdrucksweise der Kirche seit jeher, wenn sie ruft, wenn sie mahnt, wenn sie vor großen Gefahren warnen will. Außerdem haben die Glocken ein großes Echo. Schon jetzt nach der Ankündigung ist die Resonanz enorm. Wenn Sie das mit dem Echo auf bischöfliche Verlautbarungen vergleichen, dann werden Sie sehen, daß da ein erheblicher Unterschied besteht. Wenn die Kirche in den unseligen Zeiten des Nazi-Regimes einmal hätte läuten lassen gegen die Tötung von behinderten Kindern oder gegen die Verfolgung der Juden, wie positiv würde das heute bewertet!

Bringen Sie damit das Nazi-Regime und die Situation heute in Zusammenhang?

Die Kirche muß immer gegen Unrecht Stellung nehmen, und bei großem Unrecht muß sie ihre Mahnung auch an die große Glocke hängen. Die entsetzlich vielen Tötungen ungeborener Kinder sind das größte Unrecht, das zur Zeit bei uns geschieht.

Glauben Sie, daß am 28. Dezember auch geläutet würde, wenn Frauen in der Kirche darüber befunden hätten?

Wenn Sie darunter Frauen verstehen, die mit der Kirche denken und fühlen, dann würde ganz sicher auch geläutet. Bei der Abtreibungsproblematik ist der allgemeine Konsens zwischen Frauen und Männern, Priestern und Laien in der Kirche besonders groß. Was meinen Sie übrigens, wie geläutet würde, wenn die betroffenen Kinder darüber befinden dürften. Da wäre es mit einer Viertelstunde wohl nicht getan.

Manche kritisieren, daß das Mahnläuten kein dialogisches, sondern ein monologisches Zeitzeichen sei ...

Aber ich bitte Sie, noch bevor die erste Glocke erklungen ist, haben wir schon Tausende von Leserbriefen in allen Zeitungen unseres Landes. Der Dialog ist in vollstem Gange.

Verurteilen Sie, verurteilen die Glocken Frauen, die aufgrund der sozialen Indikation abgetrieben haben?

Weder wir noch die Glocken verurteilen, sondern alle werden zur Besinnung gemahnt. Die unmittelbar betroffenen Frauen werden, wenn sie sich über ihren Entschluß Gedanken machen, unser Zeichen verstehen. Von vielen Ärzten wissen wir, daß die Frauen sagen: „Wenn wir gewußt hätten, was das für unser ganzes Leben bedeutet, hätten wir nie die Abtreibung vornehmen lassen". Gerade an diese Frauen wenden sich die Glocken, wenn sie anzeigen, daß vor Gott Versöhnung jederzeit möglich ist.

Wenn Sie von der sozialen Indikation sprechen, dann darf man nicht nur von Extremfällen ausgehen. In Abertausenden von Fällen wird die soziale Indikation vorgeschoben und mißbraucht. Denken Sie beispielsweise an die Äußerungen von Jutta Ditfurth, daß „zwei Abtreibungen relativ wenig für ein lustvolles Geschlechtsleben" seien.

Die überwiegende Zahl der Abtreibungen würde nicht erfolgen, wenn die Männer die Schwangerschaften mittrügen. Wie kann die Kirche, wie können Sie als Protektor für die Männerseelsorge Männer zu mehr Mitverantwortung für Ungeborene aktivieren?

Ich lasse keine Gelegenheit aus, Männer auf ihre Mitverantwortung hinzuweisen. Ich habe das immer wieder und sehr deutlich getan. Nur eigenartigerweise wird das nie zur Kenntnis genommen. Ich wehre mich dagegen, daß der Kirche immer noch unterstellt wird, wir würden nur die Frauen ansprechen oder anklagen. Aber das wird gezielt so dargestellt: Es ist natürlich leichter, gegen das Läuten aufzurufen, wenn man es vorher falsch interpretiert hat.

Die Kirche versteht sich als Anwältin für das ungeborene Leben. Diese Aufgabe kann sie wohl nur erfüllen, wenn sie sich ebenso stark als Anwältin für Frauen in Not profiliert. Geschieht letzteres in ausreichendem Maße?

Niemand tut soviel für die Frauen in Not und für die Kinder, die dann zur Welt gebracht werden, wie die Kirche. Wir haben den Sozialdienst Katholischer Frauen mit seinem fachkundigen Beratungsdienst und viele Frauen- und andere Verbände, die sich sehr engagieren. Außerdem existieren zwei Diözesanfonds für Mütter in Not. Ich glaube, daß sich kaum jemand hier an uns im Bistum Fulda gewandt hat, dem nicht Unterstützung zuteil geworden wäre.

Wie steht die Kirche zu Alleinerziehenden?

Es ist natürlich nicht das Ideal, weder für die Alleinerziehende selbst, noch für die Kinder. Das Ideal einer gesunden und vollständigen Familie müssen wir natürlich aufrechterhalten. Das heißt aber nicht, daß man nicht alle Achtung vor Frauen haben muß, die diesen schweren Weg gehen, ein Kind zur Welt zu bringen und es allein aufzuziehen. Auch ihnen müssen wir helfen.

Das Jubeljahr*

Vor wenigen Monaten wurde überall im Land des 200. Jahrestages der Französischen Revolution gedacht. Für katholische Christen hatten diese Jubelfeiern einen etwas bitteren Nachgeschmack. Denn was im Juli 1789 ausbrach, war ja nicht nur ein politischer Umsturz im Zeichen von Freiheit, Gleichheit und Brüderlichkeit,

---

* Das Wort des Bischofs: Das Jubeljahr, in: Bonifatiusbote, Nr. 1, 7. Januar 1990.

sondern auch ein blutiger Aufstand der Gottlosigkeit: Gott selbst wurde – ein bis dahin unfaßlicher Gedanke – der Prozeß gemacht[1].

Niemand hätte sich vor wenigen Monaten vorstellen können, daß das „revolutionäre Jubeljahr 1989" schließlich selbst als ein Jahr geradezu atemberaubender politischer Umwälzungen in die Geschichte eingehen würde, an denen diesmal – anders als 1789 – die Kirchen und aktive Christen entscheidend beteiligt waren, bei denen nicht Gott, sondern den Gottlosen der Prozeß gemacht wurde, und die auch wenigstens in unserer unmittelbaren Nachbarschaft ohne Blutvergießen verlaufen sind. Wenn wir an die ungeheuren Blutopfer in Rumänien denken, dann haben wir allen Grund, Gott besonderen Dank zu sagen, denn er ist und bleibt der Herr der Geschichte, nicht eine noch so anmaßend sich gebärdende widergöttliche Macht.

Was sich da mit täglich steigender Dynamik vor aller Augen vollzogen hat, ist der offenbare Zusammenbruch des Marxismus als Weltanschauung wie als Wirtschaftssystem. Dieser Zusammenbruch ist so total und universal, daß sich aus den Scherben auf der Müllhalde der Geschichte nichts Neues mehr zusammenkleistern läßt. Wenn die Rumpf- und Stumpfsozialisten, die nach dem spektakulären Sturz des Politbüros in der immer noch vorhandenen Staatsbürokratie der DDR allmählich wieder das Sagen haben, meinen, irgendwo hinter den sieben Bergen bei den sieben Zwergen müsse ja nun der „wahre" Sozialismus doch noch zu finden sein – übrigens unterstützt von den linken Utopisten und Bänkelsängern in unseren Medien –, dann ist das eine große Gefahr. Nach dem Scheitern des realen Sozialismus in allen, aber auch allen von ihm befallenen Völkern – von der Sowjetunion über Osteuropa, Südostasien bis zu vielen Ländern der Dritten Welt – beweist das eine absolute Lernunfähigkeit, ja eine Verhöhnung der gepeinigten Völker. Soll denen wahrhaftig angeboten werden, weitere Jahrzehnte in eine neue sozialistische Sackgasse zu laufen? Nein, jetzt sollten wir uns auf die gemeinsamen Wurzeln unserer Kultur besinnen und daraus die Kraft für den Bau einer gemeinsamen Zukunft finden.

---

[1] Das Wort des Bischofs: Revolution, in: Bonifatiusbote, Nr. 26, 2. Juli 1989 (Auszug): „So führte die Machtübernahme der Gottlosen schon vor 200 Jahren zum ideologischen Völkermord. Und wie oft und wie schaurig hat sich das im Ablauf dieser zwei Jahrhunderte wiederholt! Andere Staaten, denken wir etwa an England, haben ohne solchen Blutrausch in zähem Ringen politische Freiheiten viel eher und beständiger erlangt. Wir Deutschen sind wohl keine geborenen Revolutionäre. Jedenfalls sind alle unsere ‚Revolutionen' von 1848 über 1918 bis 1953 irgendwie im Sande verlaufen. Immerhin haben wir Lenin auf den Zug nach Rußland gesetzt – und das sollte uns doch vielleicht bedenklich machen: Während wir im eigenen Lande aus gutem Grund jedes revolutionäre Risiko, etwa für die Freiheit und Selbstbestimmung unserer Brüder und Schwestern in Mitteldeutschland, scheuen, erwärmen sich so manche unserer ‚engagierten' Mitbürger für revolutionäre Prozesse in der weiten Welt. Je weiter weg, desto entschiedener, denn das Feuer bei den Nachbarn könnte ja übergreifen.
Die Französische Revolution und die vielen Revolutionen in ihrem Gefolge mit ihren ungezählten Millionen Opfern sollten uns eines lehren: die bessere Welt wird nie und nimmer durch das Schwert kommen, sondern nur durch die Bekehrung der Menschen. Nur wenn wir begreifen, daß wir alle Kinder Gottes sind, werden wir auch begreifen, daß wir untereinander Brüder und Schwestern sind – und das wäre die wahre und einzig zu erstrebende Revolution, die der Herzen".

Die Geschichte zeigt, daß alle Systeme, die sich im Gegensatz zu Gott etabliert haben und etablieren, früher oder später zusammenbrechen. Das sollte uns allen Mahnung sein. Denn wie im Osten Strukturen zerfallen, so kann auch bei uns alles, was auf Gottlosigkeit, Egoismus, unersättlicher Besitzgier und ungezähmter Genußsucht aufgebaut ist, von heute auf morgen ins Nichts versinken. Nachdem der ideologische Materialismus nach über 40jähriger Diktatur vor aller Augen gescheitert ist, ist das christliche Erbe in Deutschland nun vor allem vom praktischen Materialismus gefährdet. Wie weit sind wir selbst bereits von Konsumdenken oder Genußsucht versklavt? Wie weit sind wir selbst schon den Bildmedien hörig geworden, die in unsere Tage und Abende immer mehr einbrechen? Diese zunehmende Abhängigkeit raubt uns ebenso unmerklich wie unaufhaltsam unsere christliche Identität wie unsere persönliche Freiheit.

Sollten wir da nicht im kommenden Jahr auch in unserem persönlichen Leben einen Schritt in die Wahrheit wagen, einen Schritt in die Freiheit der Kinder Gottes?

Wir reichen uns die Hände*

Erfreuend und vielfältig waren die Kontakte, die unsere Gläubigen, besonders aber auch die Priester unseres Bistums, über die geöffneten Grenzen hinweg vor allem zu unseren Brüdern und Schwestern im Geisaer Land, im Eichsfeld und in Erfurt aufgenommen haben. Am reiselustigsten war auf beiden Seiten wohl die Jugend, aber auch sehr hochbetagte Geistliche machten sich auf den Weg, um alte Bekanntschaften und Verbindungen wieder anzuknüpfen. Da hielt es auch den Bischof nicht mehr daheim. Nach einem ersten Versuch bei Rasdorf und einer Stippvisite in Vacha ging es am 2. Weihnachtsfeiertag nach Heiligenstadt im Eichsfeld. 1947 war ich als Siebzehnjähriger zum letzten Mal bei Hohengandern über die Grenze gegangen – damals aber zu Fuß und jeden Augenblick nach russischen Patrouillen ausspähend. Da war es schon ein eigenartiges Gefühl, nun nach all den Jahren so bequem hinüberzufahren. Ein Grüßen und Winken die ganze Straße entlang bis nach Heiligenstadt, das sich zunächst im üblichen, aber für uns doch immer wieder unerwarteten Braunkohlendunst verhüllte.

Die ersten unerwarteten Besuche – wie schnell knüpft man wieder an, von Mensch zu Mensch, wie groß ist die Herzlichkeit und das Bemühen, einander zu verstehen. Das zeigte sich auch bei meinem Neujahrsbesuch in Erfurt, wo ich zwar noch mehr Smog, aber auch noch mehr Mitbrüder – von Hanau bis Kassel – vorfand. Und doch, die Probleme der letzten 40 Jahre waren so verschieden – auf politischem, auf wirtschaftlichem, auch auf religiösem Gebiet. Um wirklich wieder eine Sprache zu sprechen, bedarf es des unablässigen regen Austausches, bedarf es aller Mittel, die den Aufbruch im Ostteil der Diözese fördern können. Der Durst nach Informationen, nach dem gegenseitigen Kennenlernen ist groß. Deshalb heute meine Bitte an unsere Leser:

---

* Das Wort des Bischofs: Wir reichen uns die Hände, in: Bonifatiusbote, Nr. 5, 4. Februar 1990.

Leisten Sie, wenn irgend möglich, Ihren Beitrag dazu, etwa durch ein Geschenkabonnement des „Bonifatiusboten“ für Bekannte oder Verwandte, die sich wegen der ungeklärten Währungssituation noch kein eigenes leisten können. Unser Bistumsblatt kann wirklich Brücken schlagen und wird mit großem Interesse gelesen. Was christliche Publikation in der DDR angeht, ist ja die Not nicht überwunden, solange SED-Funktionäre noch immer die Papierrationen zuteilen ...

In der Hoffnung, daß so der Bonifatiusbote uns einander näherbringen möge, grüßt Sie

Ihr Bischof † Johannes

Lebenslügen*

Als „Lebenslüge der Bundesrepublik“ wurde der Wunsch zur Wiedervereinigung vor Jahr und Tag noch von Politikern bezeichnet, die sich heute in unseren Medien gern als Väter der Einheit darstellen[1]. Wundersame Wenden dieser Art gibt es in diesen Zeiten in unüberschaubarer Fülle. Viele von den raschen „Wendehälsen“ schmoren inzwischen in der Ungewißheit, ob sie von ihrer Vergangenheit nicht doch wieder eingeholt werden. „Nichts ist verhüllt, was nicht enthüllt wird ... und was ihr einander hinter verschlossenen Türen ins Ohr flüstert, das wird man auf den Dächern verkünden“, heißt es beim Evangelisten Lukas[2].

Häufig hört man die Klage: „Es ist, als ob man vierzig Jahre umsonst gelebt hätte“, aber ein beherzter Pastor gab auch die rechte Antwort auf diese Frage: „Und wenn du dich nicht von Herzen zu Gott bekehrst – dann wirst du auch die nächsten 40 Jahre umsonst leben ...“

Ja, bei aller Freude über unsere neue Freiheit, auch über die vielen neuen Demokraten, da ist der Nerv getroffen. Der neue Aufbruch, die gegenwärtige Völkerwanderung in das Gelobte Land der Zukunft, sollte ja doch vom System der Lüge hinweg zu den Ufern der Wahrheit führen – und nicht nur zum Tanz um das Goldene Kalb[3]. In diesem Sinne darf man wohl auch die Hoffnung aussprechen, daß die etlichen Millionen neuer „C“-Wähler wirklich noch entdecken, was es mit diesem „C“ eigentlich auf sich hat. Aber können wir ihnen dieses christliche Fundament denn wirklich noch präsentieren, ist es noch glaubwürdig sichtbar und spürbar in unserem gesellschaftlichen Leben?

Und wie steht es in meinem eigenen Leben? Sollte dieser ganze Umbruch, der Zusammenbruch all dessen, was auf falsche Fundamente gebaut war, nicht auch mir Anlaß sein, einmal auf Herz und Nieren zu prüfen, ob ich nicht auch in meine Lebensplanung so manche Lebenslüge mit eingewoben habe. Kann ich in Wahrhaftigkeit vor Gott bestehen, halten meine Lebensziele der Ewigkeit stand? Oder baue

---

* Das Wort des Bischofs: Lebenslügen, in: Bonifatiusbote, Nr. 13, 1. April 1990.

1 Anspielung auf Willy Brandt, der in seinen Erinnerungen (Berlin 1989, S. 153 ff.) geschrieben hatte: „Durch den Kalten Krieg und dessen Nachwirkungen gefördert, gerann die ‚Wiedervereinigung‘ zur spezifischen Lebenslüge der zweiten deutschen Republik“.

2 Lukas 12,3.

3 Vgl. Exodus 32,1 ff.

auch ich mir vieles auf, was am Tage des Herrn, in der Stunde der Wahrheit, elend zusammenbrechen muß.

Ob ich in den bewegten Wochen dieser Passionszeit 1990, in der ich so viele alte Lügen im Kampf mit dem neuen Verlangen nach Wahrheit durcheinanderwirbeln sehe, vielleicht das wahre Fundament meines Lebens finde? Gott hat mich in diese Zeit gerufen und wird mich auch aus dieser Zeit in die Ewigkeit rufen. Gibt es ein anderes Fundament? „Ihr werdet die Wahrheit erkennen, und die Wahrheit wird euch befreien“[4]. Den Mut zu dieser Wahrheit wünsche ich uns allen.

Pastorenrepublik*

Wer hätte es vor einem Jahr – als die Vorbereitungen für den 40. Jahrestag der DDR auf Hochtouren liefen – ahnen können, daß die Politbüro-Regierung der DDR innerhalb kürzester Zeit von einer Übergangsregierung abgelöst werden würde, in der ausgerechnet Pastoren und Synodale eine tragende Rolle spielen[1]. Doch wird nach der ersten Freude nachhaltige Besinnung nötig sein.

Positiv ist sicher anzumerken, daß immer wieder, wenn gottlose Systeme fallen, wenn Vertrauen maßlos enttäuscht wurde, die Menschen das Christentum und die Christen als die einzige wirklich vertrauenswürdige Alternative wiederentdecken. Wie oft geschah das allein in der Geschichte Europas in unserem Jahrhundert!

Aber werden wir dieses Mal eine bleibende Lehre aus der Geschichte ziehen? Zunächst sitzen in den großen Ministerien brave neue Leute, die nicht wissen, wie es geht, alten Apparaten gegenüber, die ihnen nicht so ohne weiteres sagen, wie es geht. Wird der Preis für die „Übergabe“ der Verzicht auf die Frage nach Schuld und Gerechtigkeit sein?

Man entdeckt da jetzt Massengräber, ja ganze Schädelstätten in der Nähe von Berlin[2] und hört mit Erstaunen, daß deren Existenz bereits unserer sozial-liberalen Regierung bekannt gewesen sei, man die Regierung Honecker aber nicht habe „in Verlegenheit bringen“ wollen. Man darf sich doch bitte einmal vorstellen, mit welchen Sturmreaktionen die Entdeckung solcher Massengräber – etwa in Chile – aufgenommen worden wäre. Man entdeckt ganze Lager von der SWAPO entführter

---

[4] Johannes 8,32.

* Das Wort des Bischofs: Pastorenrepublik, in: Bonifatiusbote, Nr. 18, 6. Mai 1990.

[1] Nach den ersten freien (und zugleich letzten) Volkskammerwahlen in der DDR vom 18. März 1990 bildete der CDU-Vorsitzende Lothar de Maizière eine breite Koalitionsregierung aus CDU, DSU, Demokratischem Aufbruch, SPD und dem Bund Freier Demokraten. Entgegen der Konfessionsstruktur der DDR-Bevölkerung bekannten mehr als zwei Drittel der 24 Regierungsmitglieder ihre Zugehörigkeit zu einer christlichen Kirche: vier Minister gehörten der katholischen Kirche an, der Regierungschef selbst sowie zwölf Minister waren Protestanten, darunter vier Theologen.

[2] Ende März 1990 wurden zahlreiche Massengräber von Insassen des früheren sowjetischen Internierungslagers Sachsenhausen bei Berlin aufgefunden. Das ehemalige Konzentrationslager war von August 1945 bis März 1950 vom NKWD als „Speziallager Nr. 7 bzw. Nr. 1“ übernommen worden. Dort fanden mehr als 12 000 Insassen den Tod.

Kinder aus Namibia[3] – mit welcher Reaktion? Sollen die im Namen des Sozialismus weltweit begangenen Verbrechen wirklich die einzigen sein, die nicht und niemals angeklagt werden dürfen? In unserem Rechtsstaat werden ja selbst Weinpanscher schon wegen Verdunklungsgefahr in Untersuchungshaft genommen; wo aber sind die führenden Stasi-Verantwortlichen? Hat man je einen Stalinisten vor Gericht gesehen?

Wenn man von Gerechtigkeit spricht, scheint es dagegen in allererster Linie um den Umtauschkurs zu gehen. Aber auch da ist zu fragen: Soll der Besitzstand derer, die sich über 40 Jahre lang aufgrund ihrer Regimehörigkeit bereichern konnten, nun so ohne weiteres 1 : 1 übertragen werden? Oder ist nicht eine Wiedergutmachung fällig zugunsten derer, die von der SED ausgegrenzt wurden? Ich kenne gerade in der Rhön und im Eichsfeld viele Familien, die wegen ihrer Treue zum Glauben auf so vieles – von der Hochschulausbildung bis zur amtlichen Laufbahn – verzichtet haben und so selbst in Ost-Mark die Summen gar nicht ansammeln konnten, auf deren Umwechslung jetzt gepocht und gepokert wird.

Fragen über Fragen – aber die erste ist doch die: daß wir uns ehrlich Rechenschaft geben vor Gott und den Menschen und daß wir unsere Zukunft, im Osten wie im Westen, nun auf dem einzig haltbaren Fundament christlicher Wahrheit bauen und nicht auf dem trügerischen Treibsand der „Errungenschaften" des theoretischen oder praktischen Materialismus. Je mutiger die Pastoren uns dazu verhelfen, desto eher werden sie auf ihren ordentlichen Platz, in ihre Kirchengemeinden, zurückkehren können.

In ungebrochener Treue zur Kirche*

„Wie im Himmel, so auf Erden" – das unterstreicht die Einheit der einen göttlichen Wirklichkeit. Himmel und Erde sollen so sehr eins sein, daß die Erde unter diesem Glanz sich erneuert.

Das Reich der Gerechtigkeit wird einmal anbrechen, und es soll nun einbrechen in unsere irdische Zeit. Wir haben den Propheten Jesaja gehört, wie er das ankündigt mit diesen klaren und deutlichen, wirklich prophetischen Worten. Wenn dieses Reich der Gerechtigkeit anbricht, sagt der Prophet, „dann wird kein Dummkopf mehr edel genannt werden und kein Schurke wird mehr für vornehm gehalten werden"[1].

---

[3] Im IGFM-Jahresbericht 1989/90 „Menschenrechte in der Welt", München 1990, zu dem Erzbischof Johannes Dyba ein Vorwort beigesteuert hatte, heißt es auf S. 227: „Zivilisten und insbesondere Jugendliche (Schulkinder) wurden auch 1988 von bewaffneten SWAPO-Einheiten aus Namibia entführt, um in Angola militärisch eingesetzt zu werden."

* Predigt am 26. Mai 1990 in der St.-Matthias-Kirche in Berlin-Schöneberg anläßlich des 90. Deutschen Katholikentags (Bischöfliche Pressestelle Fulda); Überschrift von den Bearb.; Textfassung leicht überarbeitet. – Vgl. Das Wort des Bischofs: Eine Kirche, in: Bonifatiusbote, Nr. 22, 3. Juni 1990.

[1] Jesaja 32,5.

Das ist vor dreitausend Jahren gesagt und so brandaktuell, daß es einem die Stimme verschlägt! Schauen wir in die letzten Jahre, in die letzten Jahrzehnte, in unser Jahrhundert: Wie viele Dummköpfe haben wir da edel genannt und wie viele Schurken haben wir für vornehm gehalten! Es ist doch fast nicht zu fassen, was wir uns da in diesem aufgeklärten Jahrhundert haben vormachen lassen. Von der liberalen Aufklärung über Faschismus, Nationalsozialismus, Kommunismus – was wurde da alles edel genannt und welche Schurken wurden für vornehm gehalten bis in unsere Zeit hinein! Wenn sich noch vor einem Jahr drüben jemand dagegen aufbäumte, da mußte er schwerer Verfolgung gewiß sein. Und bei uns im Westen wurde er ein „Kalter Krieger" genannt, wenn er sich gegen diese Zustände wandte.

Das ist politisch so aktuell, daß wir leicht übersehen, daß es noch eine weitere, eine gesellschaftliche Dimension gibt. Wie viele Dummköpfe werden in unserer Gesellschaft, auch heute noch, für edel gehalten und wie viele Schurken für vornehm! Wieviel Dummheit wird bei uns hoch honoriert! Denken wir doch nur an das Fernseh-Unterhaltungswesen. Was lassen wir uns da vorgaukeln, was wird da honoriert in der Gesellschaft, in den Künsten, auch in der Christenheit!

Das ist ein sehr klarer Spiegel, den Jesaja uns da vorhält. Wenn Gottes Wirklichkeit anbricht, das Reich der Gerechtigkeit, dann wird kein Dummkopf mehr edel genannt werden. Dann wird all diese Heuchelei zusammenbrechen, so wie sie zusammengebrochen ist im letzten Jahr im Osten Europas.

Unter den Diktaturen konnte man nichts dagegen tun. Nur der konnte etwas dagegen tun, der bereit war zu Heroismus und Martyrium. Jetzt aber sind wir frei. Wir können etwas dagegen tun! Das ist das Thema dieses Tages: „Das Angesicht der Erde erneuern". Wir wollen Gott danken für diese große Chance, für das Neue, das da vor uns aufbricht und in diesem anspruchsvollen Titel deutlich wird: „Wie im Himmel so auf Erden". Wir erneuern das Antlitz der Erde.

Liebe Brüder und Schwestern, das können wir natürlich nicht aus eigener Kraft, nicht aus unserem Geist, sondern es steht geschrieben: „Du sendest Deinen Geist aus ... und wirst das Angesicht der Erde erneuern"[2]. Das ist der Heilige Geist. Er soll uns ergreifen, und dann soll durch uns das Antlitz der Erde erneuert werden – im Heiligen Geist. Die Apostel, zwölf Männer aus dem Volk, haben, von diesem Heiligen Geist ergriffen, das Antlitz der Erde erneuert. Doch wir Menschen, wie oft haben wir durch die ganze Geschichte hindurch – allein in unserem Jahrhundert – das Antlitz der Erde geschändet und blutig verstümmelt, weil wir nicht vom Geist Gottes ergriffen waren, sondern von den bösen Geistern, die uns zu solchen Schandtaten getrieben haben.

Der Heilige Geist führt die Menschen zusammen. Die Geister dieser Welt reißen sie auseinander. Da müssen wir genau unterscheiden, wes Geistes Kinder wir sein wollen: Der Heilige Geist ist einer, er führt zusammen. Der bösen Geister gibt es viele, sie führen auseinander.

Als Jesus bei Gerasa die bösen Geister austrieb, da brauchte es eine ganze Schweineherde, um sie alle aufzunehmen[3]. Wie oft haben sie dem Herrn auf Erden

---

[2] Psalm 104(103),30.

[3] Vgl. Matthäus 8,28–34; Markus 5,1–20; Lukas 8,26–39.

entgegengeschrieen: „Wir sind viele. Unser Name ist Legion!“[4] Wer heute beansprucht, im Namen des Heiligen Geistes zu künden, auch dem wird entgegengeschrieen: „Wir sind viele“.

Der Heilige Geist ist einer – der bösen Geister, der Ungeister, der Zeitgeister sind viele. Das ist das Kriterium. Der Heilige Geist führt uns zusammen, die vielen, die verschieden sind. Er macht uns zu der einen, heiligen, katholischen und apostolischen Kirche. Um nichts hat Jesus eindringlicher den Vater gebeten als um die Einheit seiner Kirche und in seiner Kirche. „Vater, laß sie eins sein wie ich und du eins sind“. Und noch einmal: „Laß sie eins sein, damit die Welt glaube“[5]. Das ist auch das Kriterium der Glaubwürdigkeit. Das ist keine Uniformität. Jeder mit seinen Gaben, jeder mit seinen Talenten – aber denen des Heiligen Geistes.

Die bösen Geister, die schon im Paradies in der Schlange zu wirken begannen, sagen nicht: der Wille Gottes, sondern: dein Wille, mein Wille. Das sind viele Willen. Sie führen uns auseinander, führen uns in die Zerrissenheit – auch in der Kirche. An Tagen wie diesen, die wir jetzt erleben, kann man das spüren: Es gibt einen Geist, der uns zusammenführt, der uns die Einheit der Kirche, das Kirche-Sein erleben läßt. Und es gibt viele Geister, die auseinanderführen. Das wirkt sich auch in der Terminologie aus. Wir haben die eine, heilige, katholische und apostolische Kirche. Die Geister der Spaltung verführen uns in die „Männerkirche“ und in die „Amtskirche“, in die „Laienkirche“, in die „feministische Kirche“, in die „Kirche von oben“ und die „Kirche von unten“. Das ist ja greulich! Wer solche Begriffe gebraucht, bringt Apartheid in die Kirche, aber nicht Einheit! Einheit aber brauchen wir, Einheit, die nicht Uniformität ist, nicht Unterdrückung, sondern die aus der Vielheit der Begabungen, der Gaben und Talente das eine Volk Gottes macht.

Wir haben hier ein wunderbares Beispiel: Wir haben einen Domchor und viele verschiedene Stimmen. Manche ein bißchen leiser, manche ein bißchen lauter, manche ein bißchen höher, manche ein bißchen tiefer. Keiner singt genauso wie der andere, aber alle zusammen – das ergibt eine Harmonie. Die vielen in Chor oder Orchester – eine Harmonie, ein Jubel, ein Lob Gottes! Wenn da jeder so singen würde, wie es ihm gerade Spaß macht, dann hätten wir keine Harmonie, sondern eine Kakophonie. Dann hätten wir den Turmbau von Babel – keiner versteht mehr den anderen.

Das ist gemeint mit Einheit der Kirche. Wir wissen, daß es viele von diesen Mißstimmen und Mißstimmungen auch im Raum der Kirche gibt, vor allem in unserer mitteleuropäischen Kirche oder in der Nordamerikas. Wenn wir dagegen einmal in die Welt hinaussehen, in die Dritte Welt, in die Zweite Welt, da manifestiert sich die Kirche als Bollwerk der Freiheit und des menschlichen Fortschritts, da ist überall ein freudiger Aufbruch zu spüren. Es hat mich tief betroffen gemacht, daß mir ein Katholikentagsteilnehmer von drüben – er hat sich vorgestellt als Oberministrant aus Halle an der Saale – sagte: „Wissen Sie, ich habe in zehn Jahren, die ich Meßdiener bin bei uns drüben in der DDR, noch nicht soviel Kritik, Unzufriedenheit und Anklage gehört gegen Papst und Kirche, wie hier in anderthalb Tagen bei

[4] Markus 5,9.
[5] Johannes 17,21.

Foren, Podien und sonstwas. Das kann doch nicht wahr sein! Wir haben Kirche erlebt als das Bollwerk, wo wir menschlich und in Anstand und Würde existieren konnten".

Wir müssen uns klarmachen, welchen Geistern wir nachlaufen. Paulus sagt: „Laßt euch doch nicht hin- und herreißen von jedem Windhauch der Meinungen"[6]. Wo wirklich der Heilige Geist wirkt, der Geist der Einheit, wo wir uns als das eine Volk Gottes sehen, da bricht die Freude durch. Denken wir doch daran: Wo Christen zusammenkommen an den großen Wallfahrtsorten – Lourdes oder Fatima, sei es Medjugorje, sei es Taizé –, wo völlig verschiedene Menschen, die sich noch nie gesehen haben, zusammenkommen, weil sie Gott nahe sein wollen, da sind sie einander so nah wie sonst nirgendwo! So sollte das auch bei einem Katholikentag sein. Und so ist das auch bei den gottesdienstlichen Veranstaltungen des Katholikentages, wo wir spüren: Da ist Einheit der Kirche. Die Atmosphäre auf Theologenkongressen ist dagegen oftmals anders.

Der Heilige Geist führt uns zusammen ... Wie oft aber sagen wir: Wir kommen zusammen, um uns auseinanderzusetzen. Das ist doch eine eigenartige Terminologie. Im Heiligen Geist kommen wir zusammen, um zusammengesetzt zu werden. Er soll uns zusammensetzen, er soll uns heil und ganz machen – und dann finden wir zueinander, in der Freude, in der Einheit der einen, heiligen, katholischen und apostolischen Kirche.

So wollen wir den Heiligen Geist anflehen in dieser Stunde im Gebet, in der Stille, in der Begegnung mit dem lebendigen Gott. Wo der Heilige Geist herrscht, da sind wir einander Brüder und Schwestern, da wird die Kirche geliebt. Da gehört nicht mehr Mut dazu, für den Papst zu sein, als den Papst zu kritisieren. Wir wollen uns öffnen dem Heiligen Geist, der uns eint, der uns die Kraft gibt, unser eigenes Leben zu erneuern und das Leben unserer Familien, unserer Gemeinschaften, unserer Kirche. So soll das ein Gottesdienst des Dankes sein für die neuen Chancen, die der Herr uns geschenkt hat, ein Gottesdienst der Freude: Der Herr ist da und ruft uns. Wir beten im Kanon der heiligen Messe: „Auf daß wir ein Leib und ein Geist werden in Christus"[7]. Das wollen wir werden in dieser Stunde. Dann wollen wir in der Kraft des Heiligen Geistes mit dem Apostel Paulus rufen: „Ich kann alles in dem, der mich stärkt"[8]. „Mit meinem Gott springe ich über Wälle und Mauern"[9]. Ja, in diesem Geist werden wir das Antlitz der Erde erneuern – in der Liebe zu Christus, in der ungebrochenen Treue zu seiner Kirche.

---

[6] Vgl. Epheser 4,14.

[7] Drittes Hochgebet (Meßbuch 1975): „Stärke uns durch den Leib und das Blut deines Sohnes und erfülle uns mit seinem Heiligen Geist, damit wir ein Leib und ein Geist werden in Christus".

[8] Philipper 4,13.

[9] Psalm 18(17),30.

Aufbruch im Glauben*

In all den vergangenen Jahren haben wir bei der Eröffnung der Bonifatiuswallfahrt unserer Brüder und Schwestern hinter dem Eisernen Vorhang gedacht und haben Gott den Herrn gebeten, er möge doch einmal diese unnatürliche Grenze öffnen, damit sie wieder zum Grab des heiligen Bonifatius kommen können. Und heute, fast kommt es einem noch wie ein Wunder vor, heute sind sie da!

Ich begrüße unsere Brüder und Schwestern aus dem urfuldischen Amt Geisa, aus dem Eichsfeld, aus der thüringischen Diaspora von Apolda bis Weimar, an der Spitze unseren bischöflichen Mitbruder Joachim Wanke aus Erfurt.

Ich freue mich, daß ich an diesem Festtag auch meine bischöflichen Mitbrüder aus dem Hessenland begrüßen kann, die unserer Einladung gern gefolgt sind: den Nachfolger des heiligen Bonifatius auf dem Mainzer Bischofsstuhl, Bischof Karl Lehmann, und unseren guten Nachbarn, Bischof Franz Kamphaus von Limburg. Ich grüße aber auch alle Wallfahrer aus Stadt und Bistum Fulda, von nah und fern, die Frühaufsteher von Thalau und Dipperz sowie alle, die aus dem Norden und Süden des Bistums gekommen sind. Die Jugendgruppe, die drei Tage zu Fuß unterwegs war, genauso wie den vereinigten Bläserchor. Ich begrüße alle Verbände, die hier mit ihren Bannern im wahrsten Sinne des Wortes hinter uns stehen. Ich möchte schließlich noch die Hessentagsbesucher begrüßen, die dazugekommen sind, vielleicht sogar zufällig, weil der Strom der Wallfahrer sie angezogen und mitgenommen hat.

Willkommen alle beim Bonifatiusfest, beim Familienfest unseres Bistums, beim Hochfest unseres Glaubens!

In diesem Jahr des Heils 1990 ist das Bonifatiusfest aber in ganz besonderer Weise ein Fest des Dankes für die Befreiung unserer Brüder und Schwestern in Mitteldeutschland, für die Befreiung der Völker Osteuropas aus der Sklaverei des Kommunismus, die uns Gott, der Herr der Geschichte, in so wunderbarer Weise ohne die Schrecken eines Krieges geschenkt hat. Der Kalte Krieg geht seinem Ende zu. Ganz neue, ungeahnte Chancen tun sich für uns auf. Wo Grenzen waren, da beleben sich nun die Straßen, Mauern fallen und Brücken werden gebaut.

Ja, wir bauen eine neue Gesellschaft, ein neues Europa ohne den Alptraum der Unterdrückung, ohne den Alptraum des Krieges. Wenn wir aber gemeinsam die Zukunft unseres Volkes und die Zukunft Europas aufbauen, müssen wir aus der Vergangenheit lernen. Wenn sich in unserem von gottlosen Ideologien geprägten, von Nationalsozialismus und Kommunismus gepeinigten und besudelten Jahrhundert eines gezeigt hat, dann doch das: Was auf gottlosen Fundamenten gebaut ist, geht zugrunde. Das heißt für den Bau des deutschen Hauses: Wir dürfen von Anfang an die Grenzen von Recht und Unrecht nicht mehr verwischen und dürfen Recht und Unrecht nicht mischen. Wenn wir überhaupt eine Zukunft haben wollen, dann gehört auch dazu, daß die Kinder am Leben bleiben dürfen. Dann müssen

* Predigt am 10. Juni 1990, Bonifatiusfest, auf dem Fuldaer Domplatz vor 23 000 Menschen (Bischöfliche Pressestelle Fulda); Überschrift von den Bearb.; Textfassung leicht überarbeitet.

wir eine Gesellschaft schaffen, in der die Kinder in gesunden und glücklichen Familien aufwachsen können – und nicht in staatlichen Kinderbewahranstalten.

Bauen auf den Fundamenten des Glaubens und der christlichen Kultur, das heißt für den Bau des europäischen Hauses, daß wir diese Werte einbringen müssen und an ihnen festhalten in standhafter Treue. Ein Europa, das auf die Inspiration des Christentums verzichtet, würde nicht nur das gesamte Erbe europäischer Vergangenheit leugnen, sondern die Zukunft dem Kampf gottloser Ideologien ausliefern. Das wäre nichts anderes als ein neuer Turmbau zu Babel. Nein, wir wollen unser deutsches Haus und das europäische Haus auf den soliden Fundamenten unseres christlichen Erbes und christlichen Glaubens errichten.

Liebe Brüder und Schwestern! Der Kalte Krieg geht allmählich zu Ende. Gott sei Dank. Sollten wir da nicht auch den Kalten Krieg in der Kirche zu Ende gehen lassen? Schauen wir auf die Junge Kirche in so vielen Ländern der Dritten Welt. Diese Junge Kirche ist geprägt von stürmischem Wachstum, von geradezu anstekkender Glaubensfreude. Schauen wir auf die Kirche der Zweiten Welt, die Kirche des Ostens, die sich nach Jahrzehnten der Verfolgung und des Martyriums gerade wieder erholt, sich erhebt und neue Hymnen des Dankes und der Freude anstimmt. Und da sollen ausgerechnet nur wir uns noch in dauernden Diskussionen erschöpfen und immer neue Auseinandersetzungen entfachen? Und das in einer Kirche, in die Gott die Ströme seiner Gnade und seines Heils hineinlenkt, in der zu leben eine Freude und eine Erfüllung sein müßte! Wollen wir nicht endlich einstimmen in das Beten, Singen und Jubilieren der einen Kirche, der Weltkirche mit ihrem einen Hirten, der ja doch so Großes, so Entscheidendes für die Zukunft getan hat, die sich jetzt vor uns öffnet.

Als Papst Johannes Paul II. vor zehn Jahren auf diesem Fuldaer Domplatz gesprochen hat, hat er uns wörtlich gesagt: „Mit Bonifatius begann die Geschichte des Christentums in eurem Lande. Viele sagen, diese Geschichte neige sich ihrem Ende zu. Ich aber sage Euch: Diese Geschichte des Christentums in Eurem Land soll jetzt neu beginnen, und zwar durch Euch, durch Euer Zeugnis im Geist des heiligen Bonifatius!“[1].

Liebe Brüder und Schwestern! Ob wir diese historische Herausforderung annehmen und verwirklichen, das liegt jetzt an uns, an jedem einzelnen, so wie wir hier stehen.

Die vergangenen Jahrzehnte in Europa waren geprägt vom Njet, vom Nein, von der Verneinung der Freiheit, der Verneinung des Göttlichen, der Verneinung des Menschlichen. Alles schien unmöglich in dieser Eiszeit des Kalten Krieges. Aber vielleicht war alles nur unmöglich, weil wir uns nicht getraut haben, weil wir uns nie zugetraut haben, es möglich werden zu lassen. Aber jetzt, haben wir in diesen Tagen und Monaten nicht den Hauch der Geschichte gespürt, den Hauch eines neuen Geistes, der möglich macht, was unmöglich erschien?

---

[1] Predigt von Papst Johannes Paul II. bei der Eucharistiefeier auf dem Domplatz in Fulda am 18. November 1980; Druck: Verlautbarungen des Apostolischen Stuhls, Nr. 25, S. 151–156, hier 154.

Ich durfte vor wenigen Wochen beim Besuch des Papstes mit in Prag sein[2]. Da war er förmlich zu spüren, der Hauch dieses neuen Geistes, der Ja sagt zum Guten, der Ja sagt zu Gott. Das ist der Geist, der das Herz Davids erfüllte, als er den Ruf erhob, dessen Echo fortdauert durch alle Jahrhunderte: „Mit meinem Gott erstürme ich Wälle, mit meinem Gott überspringe ich Mauern!“[3]. Ja, meine lieben Brüder und Schwestern, das steht geschrieben schon seit Jahrtausenden. Wir müssen es nur immer wieder neu entdecken. Und wenn wir es jetzt entdecken und uns von diesem Geist bewegen lassen, dann werden wir staunen, was da noch alles möglich wird in unserem Leben.

Die Geschichte des Christentums ist nicht am Ende im Herzen Deutschlands, im Herzen Europas; der Glaube ist nicht am Ende, und die Kirche ist nicht am Ende – denn Gott ist nicht am Ende mit uns Menschen. Im Gegenteil! Mit unserer Generation macht er ja gerade einen neuen Anfang. Darum möchte ich alle von ganzem Herzen in dieser Stunde aufrufen: Öffnet euer Herz, werft alles Trennende ab und sprecht euer Ja zu diesem neuen Aufbruch im Glauben.

Liebe Brüder und Schwestern! Sagen wir ein neues Ja zueinander, ein Ja zu unserem Vaterland, ein Ja zu unseren Familien, ein Ja zum Leben, ein Ja zu unserer Kirche, die alle Stürme überdauert. Vor allem aber ein großes Ja, ein starkes Ja, ein leidenschaftliches, ein unüberhörbares Ja unserem Gott, dem Ewigen, dem Allmächtigen, dem Barmherzigen!

Option für die Armen*

Zum Tag der Katecheten hatte man heuer einen Professor aus Wien nach Fulda geladen, der der Kirche, wie das heute unter dem Stichwort „Option für die Armen“ Mode ist, wieder einmal vorwarf, sich nicht eindeutig genug auf die Seite der Armen zu stellen, ja deren Leid nicht einmal gebührend zur Kenntnis zu nehmen[1]. Ich meine, daß solch pauschale Anklage an der Wirklichkeit dessen, was in der Kirche tatsächlich geschieht, schlicht vorbeigeht. Denn die Option für die Armen wird ja doch seit Jahrhunderten in unserer Kirche tatkräftig und mit Hingabe gelebt.

Denken wir nur einmal an Franz von Assisi, an Elisabeth von Thüringen, an Vinzenz von Paul und an alle die Menschen, die in ihrem Geist die Option für die Armen vollzogen haben. Und das reicht durch alle Generationen bis in unsere Zeit: denken wir an P. Damian Deveuster, den Aussätzigenapostel von Molokai, denken wir an Mutter Teresa von Kalkutta. Eine Mutter Teresa haben wir ja nicht nur einmal, sondern viele tausendmal, Schwestern, die namenlos ihr Leben den Armen in

---

[2] Papst Johannes Paul II. besuchte am 21. und 22. April 1990 erstmals die Tschecho-Slowakei.
[3] Psalm 18(17),30.
* Das Wort des Bischofs: Option für die Armen, in: Bonifatiusbote, Nr. 26, 1. Juli 1990.
[1] Während des „Tags der Katechese“, den der Diözesanverband des Deutschen Katechetenvereins in Zusammenarbeit mit der Schulabteilung und dem Seelsorgeamt des Bischöflichen Generalvikariats am 8. Juni 1990 in Fulda durchführte, fand eine Vortrags- und Diskussionsveranstaltung mit dem Wiener Pastoraltheologen Professor Dr. Paul-Michael Zulehner statt.

aller Welt schenken. Dafür wollen wir Gott danken, und darüber dürfen wir uns auch freuen. Man tut der Kirche bitter Unrecht, wenn man die Hunderttausenden von Menschen, die in ihrem Geist und in ihrem Dienst ihr Leben für die Armen eingesetzt haben, einfach totschweigt.

Die Option für die Armen ist eben nicht erst im letzten Jahrzehnt von Boff, Dussel oder Gutierrez erfunden worden, sondern sie wurde in die Kirche eingeführt schon mit der Wahl der ersten sieben Diakone, die für Witwen, Waisen und Zurückgesetzte zu sorgen hatten.

Natürlich müssen wir diese Komponenten unseres Christseins immer wieder beleben und verstärken – aber das heißt: Option für die Armen, nicht bloß mit Worten, sondern in Tat und Wahrheit. Da nützen Theologen wenig, die gegen vierstellige Honorare ihre Federn und Zungen spitzen, da braucht es Menschen, die bereit sind, ihr Leben vor Ort einzusetzen.

Das gilt übrigens nicht nur für die Dritte Welt, sondern auch für den heimischen Bereich. Ich habe vor wenigen Tagen eine weitere Caritas-Behindertenwerkstätte in Haselstein einweihen dürfen[2]. In diesen Bereichen begegnet man doch gerade heute so vielen Menschen, die für die Armen und Benachteiligten einbringen, was sich durch keinen Tarifvertrag abdecken läßt: Liebe und Geduld, Herz und Nerven. Ist das keine lebendige Option für die Armen?

Die Heilige Schrift erlaubt uns, unser Licht nicht unter den Scheffel zu stellen Wenn wir dann also wieder einmal kritisch angefragt werden: auf diesem Geb darf die Linke ruhig wissen, was die Rechten tun[4].

Das Wort des Bischofs an den Kanzler*

Herrn
Bundeskanzler Helmut Kohl
Vorsitzender der CDU
Bundeskanzleramt
Bonn

Die Bundestagspräsidentin Frau Rita Süssmuth, Vorsitzende der Frauen-Union, hat in einem von ihr öffentlich vorgestellten Modell[1] die Freigabe der Abtreibung nach Beratung und die Streichung des § 218 vorgeschlagen, obwohl dies dem Grundgesetz und dem Urteil des Bundesverfassungsgerichtes völlig

---

[2] Die Einweihung der Caritas-Behindertenwerkstätte Nüsttal-Haselstein durch Erzbischof Dyba war am 5. Juni 1990 erfolgt.

[3] Vgl. Matthäus 5,15; Markus 4,21; Lukas 11,33.

[4] Wortspiel: vgl. Matthäus 6,3.

* Das Wort des Bischofs an den Kanzler, in: Bonifatiusbote, Nr. 31, 5. August 1990. – Dybas Schreiben datiert vom 26. Juli 1990.

[1] Rita Süssmuth, Schutz des ungeborenen Lebens im geeinten Deutschland. Ein dritter Weg, Druck u. a.: ALfA-Rundbrief, Nr. 23, 1990, S. 40–42.

zuwiderläuft[2]. Dazu ist festzustellen: Das Süssmuth-Modell ist der heimtückische Versuch, unter Mißbrauch des christlichen Etiketts der Union und ihres menschenfreundlichen Wortschatzes die in der DDR geltende, noch aus der Ulbricht-Ära stammende Fristenlösung per Beratung in der Bundesrepublik einzuführen[3].

Das Süssmuth-Modell ist Verrat an der christlichen Lehre von Schöpfung und Leben, am christlichen Wähler und an der christlichen Partei. Es entspricht dagegen ganz auffällig den von PDS und Grünen angestrebten Lösungen. Das Süssmuth-Modell ist klare Absage an alle Forderungen zum Schutz des ungeborenen Lebens, wie sie von der Kirche immer wieder erhoben und von christlichen Politikern vertreten worden sind.

Das Süssmuth Modell ist ein einseitiger und hohnvoller Schlußstrich unter die in gegenseitigem Vertrauen jahrelang geführten Verhandlungen und gemeinsamen Bemühungen um den Schutz des Lebens und der Menschenwürde in unserem Land.

Ich bitte Sie daher, Herr Bundeskanzler, sich im Namen der Christlich-Demokratischen Union von diesem Modell klar zu distanzieren.

Darauf haben vor allem diejenigen christlichen Mitbürger Anspruch, die jahrelang in Beratung und Unterstützung mit staatlichen Programmen für den Schutz und die Erhaltung menschlichen Lebens zusammengearbeitet haben. Wo alle Hoffnung auf ein verbessertes Beratungsgesetz enttäuscht und Beratung ohne Rückbindung an gesetzliche Sanktionen zur Farce wird, kann aufrechten Christen die Mitträgerschaft in einem solchen System wohl nicht mehr zugemutet werden.

Frau Süssmuth hat die Autorität ihres Amtes so schwer mißbraucht, daß ihr Rücktritt von der Union einzufordern wäre.

Schließlich bitte ich Sie, Herr Bundeskanzler, in dieser schicksalsschweren Zeit, in der in Teilen unseres Vaterlandes der Übergang vom Unrechtsstaat zum Rechtsstaat zu vollziehen ist, keine Vermischung von Recht und Unrecht zu tolerieren. Einigkeit und Recht und Freiheit hat man ganz oder gar nicht.

† Erzbischof Johannes Dyba
Bischof von Fulda

---

[2] Das Urteil des Bundesverfassungsgerichts vom 25. Februar 1975 hatte die Fristenregelung gemäß § 218a StGB in der Fassung vom 18. Juni 1974 als verfassungswidrig verworfen, da es der „verfassungsrechtlichen Verpflichtung, das werdende Leben zu schützen, nicht in dem gebotenen Umfang gerecht geworden“ sei.

[3] Die Volkskammer der DDR hatte am 9. März 1972 mit der Verabschiedung des „Gesetzes über die Unterbrechung der Schwangerschaft“ die Fristenregelung (bis zur 12. Schwangerschaftswoche) eingeführt und ein „Recht auf Abtreibung“ anerkannt. In den Verhandlungen über die Wiedervereinigung wurde um die Weitergeltung des Abtreibungsrechts der DDR besonders hart gerungen. Artikel 31 Absatz 4 des Einigungsvertrags vom 31. August 1990 verpflichtete schließlich den gesamtdeutschen Gesetzgeber zu einer Neuregelung des § 218 StGB bis zum 31. Dezember 1992. Bis dahin galt in den neuen Bundesländern das in der DDR seit 1972 geltende Recht auf Abtreibung weiter, obwohl das nach dem Urteil des Bundesverfassungsgerichts vom 25. Februar 1975 eindeutig verfassungswidrig war.

Eine Kathedrale in Afrika*

Am 10. September 1990 wird der Papst an der Elfenbeinküste die Basilika „Unserer Lieben Frau vom Frieden", das größte afrikanische Gotteshaus, einweihen[1], das ihm, zusammen mit einem Krankenhaus und einer katholischen Radiostation vom Präsidenten[2] des Landes gestiftet wurde. Jetzt bricht von allen Seiten Kritik über die „Verschwendung" und die „afrikanische Gigantomanie" los.

Nun sei gern zugegeben, daß es unsereinem in Europa fast unmöglich ist, im Nachbau des Petersdomes am Rande der Sahelzone einen Sinn zu sehen. Bevor wir uns aber zu vorschnellen Urteilen bewegen lassen, sollten wir uns nicht vielleicht doch erst einmal fragen, was ein solcher Bau für die afrikanischen Christen bedeuten kann?

Die Sahelzone bildet die Grenze zwischen dem islamischen Nordafrika und dem zum großen Teil christlichen Schwarzafrika. Ahnen wir überhaupt etwas von dem ungeheuren islamischen Expansionsdruck, der seit Jahren immer stärker auf die schwarzafrikanische Bevölkerung ausgeübt wird? Denken wir an den Sudan, das Paradebeispiel der Unterdrückung des christlichen, schwarzafrikanischen Südens, durch einen islamischen Norden? Wissen wir, wie sehr diese Unterdrükkung in den islamischen Staaten auch durch rigorose Kirchbauverbote zum Ausdruck kommt, während allenthalben mit arabischen Geldern neue und immer großartigere Moscheen erstehen? So können wir uns wahrscheinlich gar nicht vorstellen, welche Genugtuung und innere Freude Millionen von ganz armen und einfachen christlichen Afrikanern bei dem Gedanken empfinden: das größte Gotteshaus in Afrika ist nun aber doch eine katholische Kirche! Ein unübersehbares Wahrzeichen gen Norden: Hier beginnt das christliche Afrika!

Wiederum – ich gebe zu, ein solches Gefühl kann man hinter europäischen Schreibtischen nicht entwickeln, man muß schon manches Jahr unter den Betroffenen gelebt haben, um das erspüren zu können.

Auf der anderen Seite sollten wir vielleicht auch etwas selbstkritischer sein. Haben wir einmal nachgerechnet, was wir uns unsere Weltmeisterschaftsgefühle und Silvesterfeuerwerke kosten lassen? Welche Millionensummen die Produktion seichter Fernsehserien verschlingen? Und wenn zahllose Machthaber aus der Dritten Welt ihre Millionen in englischen Landsitzen, Jachten auf den Bahamas, Schweizer Nummernkonten oder einem internationalen Harem investieren, sollten wir dann ausgerechnet über den einen herfallen, der auf die – wirklich einmalige – Idee gekommen ist, seine Millionen in den Bau einer Kirche zu stecken?

---

* Das Wort des Bischofs: Eine Kathedrale in Afrika, in: Bonifatiusbote, Nr. 35, 2. September 1990. – Vgl. auch das Interview mit Stephan Robiné im „Funkjournal" der Deutschen Welle Köln am 7. September 1990.

1 Vgl. Allocutio Papst Johannes Pauls II. anläßlich der Konsekration der Basilika „Notre-Dame de la Paix" in Yamoussoukro, 10. September 1990; Druck: Acta Apostolicae Sedis 83, 1991, S. 230–236.

2 Félix Houphouët-Boigny amtierte seit der Unabhängigkeit der Elfenbeinküste im Jahre 1960 bis zu seinem Tode im Jahre 1993 als Staatspräsident.

Mit Verwunderung nimmt man daher die abwertenden Urteile der Sprecher unserer kirchlichen Hilfswerke zur Kenntnis. Daß sie nichts zu diesem Werk beigetragen haben, ist durchaus richtig, denn unsere Prioritäten liegen auf anderen Gebieten, und dies sollte schon eine ur-afrikanische Initiative bleiben. Aber wenn der Hauptgeschäftsführer eines bischöflichen Hilfswerkes den im übrigen hochverdienten Nestor der afrikanischen Staatspräsidenten in diesem Zusammenhang öffentlich einen „größenwahnsinnigen Potentaten" nennt[3], dann offenbart das eine krasse Unkenntnis der afrikanischen Mentalität und eine arrogante Bevormundung, die man an solch verantwortlicher Stelle weder vermuten noch hinnehmen sollte.

Wenn man all das Gezeter um die Kosten eines symbolhaften Kirchenbaus in Afrika hört, fragt man sich unwillkürlich, ob uns nun, nach dem Zusammenbruch des dialektischen Materialismus im Osten, im Sog des praktischen Materialismus des Westens, vielleicht ein kirchlich-sozialer Materialismus vorgespielt werden soll. Waren alle Erbauer unserer himmelstürmenden Kathedralen in Europa größenwahnsinnig? Und wie hieß doch noch der Apostel, der das Pfund echten Nardenöls für die bloßen Füße Jesu für unbegreifliche Verschwendung hielt und es lieber in 300 Denare für sozialcaritative Aufgaben umgewandelt hätte[4]?

Dem Recht in der Zukunft unseres Staatswesens einen Platz verschaffen*

Wir sind heute abend zusammengekommen, um Gott zu danken. Wir haben Anlaß zum Dank: Dank für die Befreiung unserer Brüder und Schwestern im östlichen Teil unseres Vaterlandes, für die Befreiung der Völker Osteuropas vom Zwangsjoch des Kommunismus und Dank für die Einheit, die als goldene Frucht dieser Befreiung unserem deutschen Volk geschenkt wurde.

Wenn wir in dieser Stunde danken, uns freuen und Grund zum Jubel haben, dann weil es sich gerade in einer solchen Zeit wieder einmal zeigt, daß Gott der Herr der Geschichte ist, daß am Ende die Wahrheit siegt und daß selbst unüberwindlich scheinende Unrechtssysteme in den Staub sinken, wenn Gott ihre Zeit ablaufen läßt.

Liebe Brüder und Schwestern! „Einigkeit und Recht und Freiheit für das deutsche Vaterland" singen wir in unserer Nationalhymne. Einigkeit und Freiheit sind ab morgen wiederhergestellt. Es gehört aber noch das Recht zum vollen Dreiklang. Doch das Recht ist in unserem Vaterland noch nicht wiederhergestellt. Das ist der

---

[3] Zur polemischen Kritik des Hauptgeschäftsführers von Misereor (aber auch von Repräsentanten des Caritasverbandes oder des Missionswerks Missio) am Kirchbau in Yamoussoukro vgl. u.a. Publik-Forum, Nr. 18, 7. September 1990, S. 23.

[4] Vgl. Johannes 12,3–5.

* Predigt am 2. Oktober 1990 im Dom zu Fulda bei einer Dank- und Bittandacht aus Anlaß der deutschen Wiedervereinigung (Bischöfliche Pressestelle Fulda); Überschrift von den Bearb.; Textfassung leicht überarbeitet.

eine Wermutstropfen in diesem Kelch des Jubels. Aber sollten wir Gott nicht vielleicht gerade dadurch danken für die Einigkeit und für das Geschenk der neuen Freiheit, daß wir auch das Recht wiederherstellen?

Wir sind doch ein gebranntes Volk. Zweimal allein in diesem Jahrhundert haben wir auf deutschem Boden Staatswesen errichtet, die auf Unrecht und Gottlosigkeit gründeten: das Dritte Reich und die DDR. Und beide Male hat das in einem schaurigen Zusammenbruch geendet, mit Millionen und Abermillionen von Toten, mit unabsehbaren Schäden an Körper und Seele so vieler Menschen bis hin zur Zerstörung und Verseuchung unserer Landschaft. Sollte uns das nicht zur Besinnung rufen, wenn wir jetzt die großartige neue Chance eines neuen Anfangs haben?

Wie wollen wir jetzt das deutsche Haus bauen? Wir haben es gehört in der Lesung: Man kann bauen mit wertvollem Stoff, mit Gold, Silber und Edelsteinen oder mit Holz, Heu und Stroh. Das eine wird verbrennen, das andere wird bleiben[1]. Wenn wir an die großen Möglichkeiten denken und für sie danken, dann soll das unser Vorsatz sein, daß wir dieses Mal einen Anfang setzen auf den richtigen, den bleibenden Fundamenten. Denn wir haben ja gesehen – wenn immer die Gesellschaft oder die Menschen sich gegen die Gebote Gottes wenden, stürzt früher oder später alles in sich zusammen. Bleiben werden wir nur, wenn wir auf dem Boden Gottes bauen, auf dem Boden seiner Gebote, seiner Wahrheit und seines Wortes. Denn es gibt fundamentale Wahrheiten, die der Schöpfer in seine Schöpfung gelegt hat und die wir anerkennen müssen. Wir müssen wirklich auf Gott bauen und nicht auf den Treibsand politischer Meinungen, Mächte und Mehrheiten – seien es verführte, seien es erzwungene Mehrheiten.

Meine Lieben, um das einzusehen, braucht es ja noch nicht einmal den Glauben, es braucht eigentlich nur den Verstand, der in die Geschichte schaut und sieht, daß alle Gesellschaften und Völker zugrunde gegangen sind, die die Grundwerte des Menschen: sein Recht auf Leben, sein Recht auf Würde verletzt haben.

Und so sollten wir unseren Dank an Gott für Einigkeit und Freiheit abstatten in Form unseres festen Vorsatzes, dem Recht in der Zukunft unseres neuen Staatswesens einen Platz zu verschaffen. Wir müssen für den Bau dieses deutschen Hauses und später des europäischen Hauses unsere christlichen Werte beitragen, nicht nur in Worten und Erklärungen. Wir müssen diese christlichen Werte leben und damit beweisen, daß sie Wahrheit sind und daß sie tragfähig sind.

Mit diesem Gelöbnis an Gott – wie es Christen ziemt, die dem Kaiser geben, was des Kaisers ist, und Gott, was Gottes ist[2] – wollen wir uns freuen an diesem Tag: Freuen besonders im Hinblick auf die 17 Millionen Landsleute, die endlich frei leben und sich frei entwickeln dürfen. Freuen im Hinblick auf die Völker Osteuropas, denen nun ein Silberstreif am Horizont erscheint. Freuen im Hinblick auf die Möglichkeiten, die sich uns eröffnen in einer Welt, die nicht mehr unter dem Alpdruck des drohenden Atomkriegs steht – unter dem Alpdruck, der uns jahrzehntelang niedergehalten hat –, sondern in einer Welt, in der wir in Frieden aufeinander zugehen und ganz neue Möglichkeiten der Entwicklung für alle haben.

---

[1] 1 Korinther 3,12 f.

[2] Matthäus 22,21; Markus 12,17; Lukas 20,25.

Meine lieben Brüder und Schwestern! Der Apostolische Administrator in Erfurt, Bischof Joachim Wanke, hat mich wissen lassen, daß die altehrwürdige Gloriosa des Erfurter Mariendomes heute um Mitternacht erklingen wird aus Jubel und Freude über die Befreiung und Vereinigung der Deutschen. Da werden die Glocken des Fuldaer Domes nicht schweigen! Wir werden Gott loben und danken mit allem, was wir haben: mit Herzen, Stimmen und Glocken! Und meine lieben Brüder und Schwestern, wir werden auch in Zukunft nicht schweigen und keine „stummen Hunde“[3] sein. Wir werden unsere Stimmen und unsere Glocken erschallen lassen, sei es um zu mahnen oder zu trauern, sei es zum Jubel oder zum Dank an den allmächtigen Gott.

Einheit*

In Fulda stehen wir noch unter dem Eindruck der ersten gemeinsamen Vollversammlung der Deutschen Bischofskonferenz[1], der erhebenden Schlußandacht mit so großer Beteiligung der Gläubigen und der Verbände mit ihren farbenfrohen Bannern. Zum ersten Mal seit drei Jahrzehnten konnte man wieder mit vollem Recht von den „am Grabe des heiligen Bonifatius versammelten deutschen Bischöfen“ sprechen. Man sah es den Bischöfen wahrhaftig an, wie froh sie waren, diese Tage hier erleben zu dürfen, wie froh sie auch waren über die Atmosphäre, die Fulda ihnen bot.

Die Einheit der kirchlichen Institutionen ist also erreicht[2], und dafür haben wir zu Recht ein feierliches Te Deum erschallen lassen. Die Bischöfe haben sich aber nicht nur mit der äußeren Einheit, sondern auch mit der inneren Einheit der Kirche beschäftigt und mit Sorge festgestellt, daß da doch große Defizite bestehen. Was nützt uns die großartigste kirchliche Organisation, wenn darin nicht Liebe, Freude und Begeisterung wachsen? Baut man denn eine Kathedrale, um darin politische Talkshows und Protestdemonstrationen abzuhalten, oder nicht doch, um darin Gott anzubeten, ihn zu loben und zu preisen ob seiner Güte mit uns armen Sündern, und um die Fülle seiner Gnaden in Dankbarkeit und Freude zu empfangen? Ausländer, die Deutschland besuchen, wundern sich immer wieder über die offensichtliche Diskrepanz zwischen dem Wohlstand und der Unzufriedenheit, die sie bei uns antreffen. „Die Lage ist viel besser als die Stimmung“ würden die Politiker sagen, und das trifft sicher auch auf die Kirche in Mitteleuropa zu. Wir haben in

[3] Jesaja 56,10.

* Das Wort des Bischofs: Einheit, in: Bonifatiusbote, Nr. 40, 7. Oktober 1990.

[1] Gemeinsame Herbst-Vollversammlung der Deutschen Bischofskonferenz vom 24. bis 27. September 1990 in Fulda.

[2] Am 18. September 1990 hatte die Berliner Bischofskonferenz einstimmig den Papst gebeten, die seit 1950 für den Bereich der DDR bestehende und 1976 zur „auctoritas territorialis“ erhobene Bischofskonferenz aufzulösen und ihre Mitglieder in die Deutsche Bischofskonferenz zu integrieren. Diesen Zusammenschluß der Bischofskonferenzen genehmigte die Kongregation für die Bischöfe am 24. November 1990 und approbierte zugleich das neue Statut der (erweiterten) Deutschen Bischofskonferenz vom 25. September 1990.

endlosen Auseinandersetzungen um im Grunde zweit- und dritt-rangige Probleme die Quellen der Liebe und der Freude weitgehend zugeschüttet, aus denen allein wir als Christen wirklich glücklich leben können.

„Alle sollen eins sein", bittet Jesus den Vater, „auf daß die Welt glaube"[3]. Wissen denn all die hauptamtlichen Propheten der „Streitkultur" in der Kirche, was sie den normalen Gläubigen antun? Ein Oberministrant aus Halle sagte mir in Berlin, er habe in zehn Jahren in der DDR nicht halb soviel Kritik an der Kirche gehört wie in den drei Tagen auf den Foren des Katholikentages[4]. Wenn Theologen in schier nicht mehr enden wollenden Erklärungen dem Volk nicht mehr die Heilsgeheimnisse des Glaubens, sondern dem Papst seine Fehler erklären, dann führt das nicht zu der von Christus geforderten Einheit seiner Gläubigen, sondern zu jener Zerrissenheit, die bis in die Kreise der geistlichen Diener der Kirche hinein ausschließt, daß Glaube froh macht, ansteckt und das Volk Gottes wachsen läßt.

Sollten wir für die Gottesgabe der äußeren Einheit nicht danken mit einem festen Schritt hin auf unsere innere Einheit? „Auf daß wir ein Leib und ein Gebet werden in Christus" – nicht nur im Hochgebet der heiligen Messe, sondern auch in unseren Familien, unseren Gemeinden, unserem Bistum, dem Land des heiligen Bonifatius.

Vom Ami-Dolmetscher zum Papst-Dolmetscher*

Herr Erzbischof, Sie sind in einer Großstadt wie Berlin aufgewachsen, wie war das?

Als Ur-Berliner (schon mein Vater ist 1881 in Berlin geboren) habe ich in Pankow das Licht der Welt erblickt. Schon nach einem Jahr aber zogen meine Eltern von Niederschönhausen nach Tegel, wo ich mitten im Grünen aufwuchs: nämlich in der kleinen, vom Großstadtapostel Dr. Carl Sonnenschein Anfang der zwanziger Jahre gegründeten katholischen St. Josefs-Siedlung. Schön war, daß Wald und Wiese gleich hinter unserem Haus begannen, so hatte ich reichlich Gelegenheit, auf Bäume zu klettern – das hat mir Riesenspaß gemacht. Ja und nicht nur ich fühlte mich der Natur sehr verbunden, auch meine Eltern, die einen wunderschönen Garten hatten, in dem ich als kleiner Bub häufiger helfen mußte. Allerdings: am liebsten hangelte ich auf Bäume rauf. Kaum einen habe ich unbeklettert gelassen, was natürlich mit entsprechend vielen Wunden und Abschürfungen verbunden war. Ich weiß noch genau, wenn ich samstags in die Badewanne ging, wie mir da die Knie immer so weh taten, wenn das heiße Wasser an die kaum zugeheilten Wunden kam.

Ihre Lieblingsbeschäftigung in Schule und Freizeit?

---

[3] Johannes 17,21.

[4] 90. Deutscher Katholikentag vom 23. bis 27. Mai 1990 in Berlin.

* Bonifatiusbote, Nr. 41, 14. Oktober 1990, Kinderseite: Den Krieg erlebte Johannes Dyba mit: Vom Ami-Dolmetscher zum Papst-Dolmetscher (Interview: Michael Schwab); Nachdruck: Mit Bonifatius verbunden, S. 49 f.

Recht früh habe ich angefangen, Briefmarken zu sammeln und Schach zu spielen mit meinem Vater. Weil ich so ungeduldig war und schon immer gerne wissen wollte, was in der Zeitung stand, brachte er mir schon lange vor Schulbeginn Lesen und Schreiben bei. So kam ich nach zwei Volksschuljahren mit acht bereits in die Sexta der Tegeler Humboldt-Oberrealschule. Mein Vater war übrigens Studienrat.
Viel Spaß machte mir auch die Fliegerei – Sport überhaupt, bis heute. Noch während des Krieges habe ich die A- und B-Segelfliegerprüfung machen können. Der C-Kurs wurde dann wegen der Tiefflieger und des Spritmangels abgebrochen. Einmal bin ich in einer Kuhherde notgelandet und einmal sogar mit meinem Sperrholzvogel ins Wasser geplumpst.

Was war Ihr Traumberuf?

Heute würde mancher gerne spielen können wie Boris Becker. Wir träumten damals davon, so zu sein wie unser Idol, Boxweltmeister Max Schmeling. Später wollte ich Missionar oder Flieger werden.

Wie erlebten Sie die NS-Zeit und Kriegsjahre als Schüler?

In den Berliner Schulen war das mit den Nazis anfangs gar nicht so schlimm wie in der Provinz. Nur einen einzigen „Parteigenossen" gab's in meiner Schule. Meinen Vater allerdings hatten die Nazis als einen ihrer offensten Gegner schon 1933 aus dem Amt gedrängt. Ich selbst war bis 1940 noch ein ganzes Jahr im Bund Neudeutschland[1], ehe ich dann zum Jungvolk kam. Tja, jeder wurde halt rangezogen, aber in Berlin konnte man sich sehr schön dran vorbeimogeln. Als „Pimpf" bin ich vielleicht zwei- oder dreimal bei einem Jungvolk-Zug angetreten. Stop, da fällt mir noch ein: ich bin ja sogar feierlich „entehrt" worden. Für sechs Wochen bekam ich mit meinen gerade mal elf Jahren das Halstuch wegen ungebührlichen Singens abgenommen.

Zu einem anderen Thema: haben Sie viel von der schrecklichen Bombardierung Berlins mitbekommen?

Die größte Angst bei uns Kindern während dieser Jahre war eigentlich die, daß mein Vater, der aus seiner Meinung nie einen Hehl machte, dafür ins KZ kommen könnte. Dagegen haben wir die Luftkämpfe über Berlin zuerst eigentlich eher als nächtliche Schauspiele erlebt. Morgens auf dem Schulweg sammelte man die Bomben- und Granatsplitter und hat sie anschließend dann in der Klasse getauscht. Ich erinnere mich noch genau – die besten Stücke waren die mit den kupfernen Führungsringen. In einer jener schlimmen Nächte 1943 habe allerdings auch ich Riesenangst bekommen. 19 Brandbomben gingen im Garten meines Elternhauses runter. Und auch auf Rügen, wohin wir dann mit der Kinderlandverschickung kamen, blieben wir von Angriffen nicht verschont – wegen der Nähe zu den deutschen

[1] Präzisierend dazu die freundliche Mitteilung von Dr. Felix Raabe am 13. März 2001: „Johannes Dyba hat von seiner Aufnahme in die Humboldt-Oberrealschule im Frühjahr 1938 bis zum endgültigen Verbot des Bundes Neudeutschland am 27. Juni 1939 der ND-Gruppe St. Georg Tegel-Hermsdorf angehört".

Raketenfabriken in Peenemünde. Der Krieg war eben schon sehr hart. 1944 flohen wir schließlich vor den anrückenden Russen nach Heiligenstadt (Eichsfeld), wo mein Großvater mütterlicherseits jahrzehntelang als Direktor das Gymnasium geleitet hatte.

Gibt es aus dieser Zeit noch eine bemerkenswerte Anekdote?

Ja, damals wurde ich mit 15 direkt vom Segelfliegerlager in Eisfeld (Thüringen) zum Volkssturm eingezogen. Für die Nazis waren wir praktisch das allerletzte Aufgebot noch kurz vor Kriegsende. Mein Volkssturmhaufen hatte sich jedoch ebenso schnell, wie er zusammengestellt worden war, auch schon wieder aufgelöst. In einem kleinen Zimmer an der Heiligenstädter Stadtmauer verbrachte ich die letzte Woche dieser stürmischen Zeit mit meinem Vater beim Schachspiel. Endlich rückten dann die heißerwarteten Amerikaner ein. Weil ich ganz gut Englisch sprechen konnte, machten sie mich gleich zum Dolmetscher und Telefonisten bei der Kommandantur. Bei dieser Gelegenheit lernte ich erstmals Coca-Cola und Schokoriegel kennen. Die größte Enttäuschung stand mir allerdings noch bevor: Nach drei Monaten zogen die Amerikaner ab und die Russen tauchten plötzlich in Heiligenstadt auf.

Sie hatten eine ziemlich bewegte Jugend. Wer oder was gab dann den Anstoß, Priester zu werden?

Vielleicht mein Bruder Franz. Er wollte Priester werden, fiel aber als Rekrut mit 18 Jahren 1945. Und Missionar wären wir in unseren Jugendjahren ja am liebsten alle mal geworden. In meiner Entscheidung haben mich wohl auch die Bücher von Franz Weiser beeinflußt.

Wo sehen Sie Unterschiede zwischen früher und heute?

In meiner Jugend war alles viel härter und strenger. Wir litten tatsächlich noch dauernd unter Hunger und Kälte. Andererseits hatten die jungen Menschen von damals weit mehr Vorbilder. Wenn ich mich recht erinnere, hieß es immer: „Junge, werde hart wie Stahl". Auch im katholischen Bereich eiferten wir großen Vorbildern nach: zum Beispiel dem mexikanischen Märtyrer Pater Michael Pro oder dem Apostel der Leprakranken, Pater Damian Deveuster.

Aus Ihren letzten Worten läßt sich sicher ein Wunsch an die heutige Jugend ableiten?

Natürlich. Ich würde mich freuen, wenn möglichst viele Jungen und Mädchen begreifen würden, daß sie als Kinder Gottes keine Angst vor der Zukunft zu haben brauchen und daß der Ruf Gottes das Größte ist, was einem Menschen widerfahren kann.

Eine Stimme für die Ungeborenen *

Herr Erzbischof, Sie waren bis vor kurzem der Oberhirte eines Grenzland-Bistums – jetzt werden Sie ein Bischof im Herzen von Deutschland sein. Was ändert sich für Sie und Ihr Bistum?

Wir haben uns natürlich hier in Fulda am Grabe des Heiligen Bonifatius schon immer etwas als Herz des katholischen Deutschlands empfunden. Das datiert ja schon von so langer Zeit her, daß die willkürliche Grenze, die uns in den letzten Jahrzehnten hier an den Rand verwiesen hat, dagegen ein Intermezzo ist. Natürlich war die Freude hier besonders groß, denn unser Bistum ist ja seinerzeit in der Mitte geteilt worden. Und wenn jetzt alle deutschen Bischöfe in Fulda bei den Vollversammlungen vereint sind, dann ist das natürlich ein gutes Gefühl und ein Zeichen dafür, daß wir auch im kirchlichen Bereich wieder zur Gemeinsamkeit kommen – auf der Basis des Konkordats[1], das für uns das ist, was in der Politik das Grundgesetz ist.

Waren Sie bereits in den Bistumsgebieten, die früher zur DDR gehörten, und wie verlaufen die Kontakte?

Ich habe mehrmals Besuche dort gemacht, und es gibt einen regen gegenseitigen Besuchsverkehr. Beim diesjährigen Bonifatiusfest war zum Beispiel Bischof Joachim Wanke in Fulda, während ich am 16. September zusammen mit dem Bischof von Würzburg[2] bei der Herbstwallfahrt in Erfurt war. Die Gläubigen kommen in großer Zahl nach Fulda, gerade auch aus den früher abgetrennten Teilen des Bistums. Wir tun für sie, was wir können, obwohl auch schon in all den Jahren zuvor alles, was an Hilfen möglich war, getan wurde – wenn es auch nicht immer öffentlich getan werden konnte.

Gibt es denn im seelsorgerischen oder im kirchlich-organisatorischen Bereich einen Nachholbedarf?

Einen Nachholbedarf insofern, als ein christliches und katholisches Selbstbewußtsein wieder zu wecken ist, das in den 45 Jahren unter kommunistischer Herrschaft verkümmert ist, jedenfalls in den großen Diasporagebieten. Die Religion wurde ja auf den reinen Privatraum zurückgedrängt und selbst dort noch verfolgt. Denken Sie daran, wie sehr Familien unter Druck gerieten, die ihren Kindern eine christliche Erziehung oder bessere Ausbildung zukommen lassen wollten, oder an die oft erzwungene „Jugendweihe". Da ist jetzt ein großes Aufatmen zu verspüren. Das gilt auch für den Religionsunterricht. Es wird natürlich noch eine Angleichung an

---

* Rheinischer Merkur, Nr. 44, 2. November 1990: Eine Stimme für die Ungeborenen. Die Einheit Deutschlands und die katholische Kirche: Ein Gespräch mit dem Bischof von Fulda, Johannes Dyba (Interview: G. Franz Schmeidel-Roëlmann).

[1] Gemeint sind der Vertrag zwischen dem Hl. Stuhl und dem Freistaat Preußen (Preußenkonkordat) vom 14. Juni 1929 sowie das Konkordat zwischen dem Hl. Stuhl und dem Deutschen Reich (Reichskonkordat) vom 20. Juli 1933.

[2] Paul-Werner Scheele, seit 1979 Bischof von Würzburg.

die allgemeinen deutschen und Konkordatsverhältnisse durchgeführt werden müssen.

Haben Sie genügend Priester und Laienhelfer, um diese Aufgabe erfüllen zu können?

Ich glaube, die Zahlen in beiden Teilen des Bistums entsprechen sich etwa, so daß es insofern kein Gefälle gibt.

Am 3. Oktober feierten die Deutschen die Wiedervereinigung auf der Basis eines Vertrages, in dem ungeborenes Leben zur Disposition gestellt wird[3]. Konnten Sie, der Sie stets besonders engagiert gegen die Abtreibung aufgetreten sind, da einfach mitfeiern?

Was den von Ihnen angesprochenen Vertragstext angeht, kann man eigentlich nicht von einer Einigung sprechen, sondern eher von einer gelungenen Erpressung. Nun gibt es auch bei den C-Parteien Politiker, die sagen: „Wir müssen das Machbare tun und für Mehrheiten sorgen und können Grundsätze nur soweit als möglich berücksichtigen". Aber die Frage stellt sich für uns natürlich ganz anders: Es gibt Punkte im christlichen Ethos, die stehen einfach nicht zur Disposition, die müssen wir verteidigen bis hin zum Martyrium. Dazu gehört das Gebot: „Du sollst nicht töten!"[4]. Wenn wir die vielen Texte der Heiligen Schrift bedenken, in denen Gott schon ungeborene Menschen anspricht, dann ist es natürlich von daher ganz klar, daß der Mensch vom Zeitpunkt der Zeugung an ein Geschöpf Gottes ist, gegen das wir nicht die Hand erheben dürfen. „Einigkeit und Recht und Freiheit für das deutsche Vaterland" heißt es in unserer Nationalhymne. Einigkeit und Freiheit wurden am 3. Oktober wiederhergestellt. Auch das Recht wiederherzustellen, bleibt unsere gemeinsame Aufgabe.

Da alle Bundestagsparteien diesen Einigungsvertrag mitgetragen haben, stellen sich viele Christen besorgt die Frage, wen man am 2. Dezember noch mit reinem Gewissen wählen kann[5].

Ich weiß, daß es viele Wähler gibt, die vor einem Dilemma stehen. Aber ich glaube, man muß da Erpresser und Erpreßte unterscheiden. Man sollte Politiker wählen, die sich zum Christentum bekennen, diesen Abgeordneten dann aber auch klarmachen, weshalb und wofür man sie gewählt hat. Wer seine Stimme verfallen läßt, hat auch abgestimmt. Deshalb sehe ich doch die Möglichkeit, daß christliche Stimmen verloren gehen, als große Gefahr. Ich glaube, daß die Stimmung unter überzeugten christlichen Wählern von den Parteien nicht richtig beurteilt worden ist. Und zwar,

---

[3] Artikel 31 Absatz 4 des Einigungsvertrags vom 31. August 1990 verpflichtete schließlich den gesamtdeutschen Gesetzgeber zu einer Neuregelung des § 218 StGB bis zum 31. Dezember 1992. Bis dahin galt in den neuen Bundesländern das in der DDR seit 1972 geltende Recht auf Abtreibung weiter, obwohl das nach dem Urteil des Bundesverfassungsgerichts vom 25. Februar 1975 eindeutig verfassungswidrig war.

[4] Exodus 20,13.

[5] Am 2. Dezember 1990 fanden die ersten gesamtdeutschen Wahlen zum (12.) Deutschen Bundestag statt, die Berliner wählten am gleichen Tag erstmals seit 1946 wieder ein gemeinsames Stadtparlament und befanden über die Zusammensetzung der Bezirksversammlungen.

weil die Medien, mit wenigen Ausnahmen, in der Abtreibungsdebatte selbst einseitig Partei ergriffen. *Die* Frauen oder *die* Jugend kann man für die Freigabe der Abtreibung nicht in Anspruch nehmen.
Es ist eine bedauerliche Entwicklung, daß die Aufhebung des Lebensschutzes von mehreren Parteien zur Voraussetzung ihrer Zustimmung zum Einigungsvertrag gemacht wurde und daß dieser Bluff nicht geplatzt ist. Aber damit ist die Sache noch nicht entschieden. Sonst wären wir ein Unrechtsstaat in der Nachfolge des DDR-Unrechts. Christliche Wähler sollten christlich wählen, aber sie sollen ihre Stimmen nicht nur abgeben, sondern ihre Stimmen auch erheben, wo es um Recht und Unrecht geht.

Wie werden Sie selbst Ihre Stimme erheben?

Die Stimme Fuldas wird sicher nicht verstummen, aber ich gehe davon aus, daß wir unsere Initiative für das ungeborene Leben noch erweitern zu einer Initiative, die auch Kinder und Familien umfaßt. Es soll eine größere Initiative für das Leben sein, auf einer breiten Basis, die wir dann in allen Bistümern haben werden, so wie das bereits in Österreich und Italien der Fall ist. Daher haben die Bischöfe den Aufruf zu einer „Woche für das Leben" beschlossen, die im Juni 1991 das erste Mal stattfinden soll[6].
Auf jeden Fall werden wir sehr darauf achten müssen, daß wir diesen neuen deutschen Staat nicht auf gottlosen Fundamenten aufbauen. Dieses Experiment ist ja in diesem Jahrhundert in Deutschland schon zweimal mißglückt, im Dritten Reich und in der DDR, und man sollte nicht ein drittes Mal den Aufbruch in die Gottlosigkeit wagen.

Wie Bischöfe ernannt werden*

Mehrere Bischofsernennungen der letzten Jahre haben zu Unruhe in den Medien, zu Protesten und Verwirrung auch innerhalb der Kirche geführt[1]. Viele fragen sich, wie solch eine Bischofsernennung zustande kommt, und wer daran eigentlich beteiligt ist.

Dazu muß man als erstes wissen, daß von den 2 500 Bistümern in aller Welt über 99 Prozent vom Papst völlig frei und unabhängig von früher so häufigen Mitsprache- oder Einspruchsrechten Dritter (besonders etwa der Königshäuser) besetzt werden. Nach dem Zweiten Vatikanischen Konzil gibt es zum Beispiel die Bischofswahl durch Domkapitel nur noch in einigen deutschen, Schweizer und österreichischen Bistümern. Daher können sich die Stimmen, die sich oft so lautstark gegen die Entscheidungsfreiheit des Papstes und für seine Bindung an lokale

---

[6] In gemeinsamer Verantwortung von Deutscher Bischofskonferenz und Zentralkomitee der deutschen Katholiken fand die „Woche für das Leben" erstmals vom 10. bis 16. Juni 1991 statt.
* Das Wort des Bischofs: Wie Bischöfe ernannt werden, in: Bonifatiusbote, Nr. 44, 4. November 1990.
[1] Vor allem die Umstände der Besetzung des Kölner Erzbischofsstuhles (1987–1989) sowie die Ernennung eines Koadjutors mit Nachfolgerecht für den Bischof von Chur (1988) hatten für erregte Aufmerksamkeit der Öffentlichkeit gesorgt.

Mitbestimmer erheben, keineswegs auf den Geist des Zweiten Vatikanischen Konzils berufen, sondern – ganz im Gegenteil – nur auf ausgesprochen vorkonziliare Privilegien.

Nun ist das Konkordatsrecht in Deutschland ein sehr komplexes System, das für die Erfüllung der Aufgaben der Kirche auch recht gute Voraussetzungen garantiert. Um so sorgsamer sollten daher die besonders Begünstigten, etwa die Kapitel oder die Theologieprofessoren an staatlichen Fakultäten, in der Ausübung ihrer Rechte und der Erfüllung ihrer Pflichten sein. Denn jeder Mißbrauch solcher Privilegien könnte den Eindruck hervorrufen, als ob das Ganze ebenso viele Nachteile wie Vorteile in sich berge und eher wie ein Klotz am Bein der in die Zukunft schreitenden Kirche hänge. Auf jeden Fall ist es ein widersinniges Unterfangen, solche Konkordate, wie wir sie haben, ausgerechnet gegen den Heiligen Stuhl ausspielen zu wollen.

Zurück zu den Bischofsernennungen im Normalfall. Hier informiert sich der Heilige Stuhl weltweit genauestens über mögliche Kandidaten für das Bischofsamt. Ganz regelmäßig werden alle Bischöfe eines Landes gebeten, würdige und geeignete Priester in Vorschlag zu bringen. Im Falle der Vakanz eines Bischofsstuhles kommen besondere Konsultationen im Hinblick auf den geeignetsten Kandidaten gerade für diesen Sitz hinzu. Am Ende steht gewöhnlich ein Dreiervorschlag, aus dem der Papst den bestimmt, den er nach reiflicher Prüfung für den geeignetsten hält.

Warum es manchmal so lange dauert? Das ist einmal ein Zeichen dafür, wie gewissenhaft die Vorbereitung erarbeitet wird. Nicht ganz selten sind aber auch die Fälle, in denen die erkorenen Kandidaten das Amt nicht annehmen, was – von der Öffentlichkeit unbemerkt – dann zu weiterer zeitlicher Verzögerung für die Suche nach neuen Kandidaten führt.

Ob es nicht doch besser wäre, „demokratisch" zu wählen, etwa durch Priester oder Laiengremien? Jeder, der nur ein wenig Erfahrung mit Menschen hat, weiß, wie groß da die Gefahr würde, daß Kandidaten sich selbst aufbauen, daß sich Parteiungen innerhalb der Kirche bilden und daß es nach erfolgter Ernennung dann womöglich „Sieger" und „Besiegte" in einem Bistum gäbe.

Gerade hier zeigt sich: Die Kirche ist eben kein menschlicher Verein wie jeder andere, sondern die Stiftung Christi, des Sohnes Gottes, der uns gesagt hat: „Nicht ihr habt mich erwählt, sondern ich habe euch erwählt"[2]. Die heute in der Weltkirche gültige Weise der Bischofsernennung ist die Frucht jahrtausendealter Erfahrung und Entwicklung. Ihr dürfen wir vertrauen.

Der Wehrdienst darf nicht verlorene Zeit sein*

Eigentlich, Herr Erzbischof, so haben Sie einmal erzählt, wollten Sie nach Philosophie- und Jurastudium Politiker werden. Was hat Sie dazu gebracht, Priester zu werden?

---

[2] Johannes 15,16.

* Weltbild, Nr. 26, 14. Dezember 1990, S. 10 f.: Der Wehrdienst darf nicht verlorene Zeit sein (Interview: Eugen Georg Schwarz).

Ich stand nach meinem Studium am Scheideweg, als Jurist entweder in die Politik oder in die Wirtschaft zu gehen, Parteireden zu halten oder viel Geld zu verdienen. Aber irgendwann, in stillen Heidelberger Winternächten, habe ich mir überlegt, daß man ja nur ein einziges Leben hat, das man auch nicht wiederholen kann. Als gläubiger Mensch bin ich dann zu dem Schluß gekommen, daß ich es für die höchste Chance einsetzen sollte, die einem Menschen von Gott geboten wird: das Priestertum. Also keine enttäuschte Liebe und kein Blitz vom Himmel, sondern einfache Konsequenz aus dem Glauben. Ich muß heute sagen, daß ich nicht eine Sekunde bereut habe, diesen Weg gegangen zu sein.

Sie waren bei Kriegsende 15 Jahre alt, sind selbst also kein Soldat gewesen. Welche Beziehungen haben Sie zu den Aufgaben eines Soldaten?

Ich habe den Krieg in den Berliner Bombennächten und später, praktisch noch als Kind, im Volkssturm im Eichsfeld erlebt. Doch habe ich an Kampfhandlungen nicht teilgenommen, und alles hat sich am Ende gnädig aufgelöst.
Meine neue Aufgabe als Militärbischof sehe ich in der Seelsorge an den Menschen, die in der Bundeswehr tätig sind. Vor allem denke ich da an die Wehrpflichtigen, die ja in einem Alter sind, in dem die Kirche die Verbindung zu ihnen nicht abreißen lassen darf. Diese jungen Menschen suchen nach einem Sinn ihres Lebens, die Kirche, die Militärseelsorge, kann und muß darauf Antworten geben. Die Zeit bei der Bundeswehr darf geistig und geistlich nicht zu einer verlorenen Zeit für die Soldaten werden. Das gilt natürlich auch für die Zeit- und Berufssoldaten. Darüber hinaus bieten wir allen Soldaten die Möglichkeit, am Leben der Kirche teilzuhaben.

Welche Akzente werden Sie der Militärseelsorge geben?

Ich bin erst vor wenigen Tagen ernannt worden und daher noch kein „gelernter" Militärbischof. Wie die Militärseelsorge heute geleistet werden kann, darüber werde ich mich mit meinen Mitarbeitern, dem Generalvikar, den Dekanen und den Militärpfarrern beraten müssen.
Ich darf aber wiederholen, daß ich es als vornehmste Pflicht der Militärseelsorge ansehe, Antworten auf die Fragen nach dem Sinn des Lebens zu geben. Viele Soldaten klagen darüber, daß im Dienstbetrieb zu viel Leerlauf sei. Das Wort „Gut die Hälfte seines Lebens wartet der Soldat vergebens" fordert ja dazu heraus, aus solchen Wartezeiten auch persönlich fruchtbare Denkpausen werden zu lassen.

Durch die Auflösung des Ost-West-Gegensatzes ist offenbar bei vielen Deutschen der Eindruck entstanden, Soldaten seien überflüssig geworden. Es steht zu befürchten, daß die Angehörigen der Bundeswehr auch öffentlich wieder stärker angefeindet werden. Kann die Militärseelsorge auch eine Schutzfunktion in Bezug auf den Soldaten erfüllen?

Die Militärseelsorge soll den Soldaten in die Geborgenheit Gottes nehmen. Das ist ihre vornehmste Pflicht. Sie ist sicherlich nicht dazu da, in einem vordergründigen Sinn nur seine „Kampfmoral" zu stärken.

Was wird sich ändern bei der Bewältigung der Seelsorgeaufgabe?

Ich werde mein Amt ausführen in der Kontinuität der Aufgaben meiner Vorgänger, die gute Arbeit geleistet haben. Ich finde ein Amt vor, das hervorragend funktioniert und auf dessen Zusammenarbeit ich mich freue. Ich habe nicht die Absicht, da irgend etwas zu ändern.

Nun ist die Militärseelsorge hinsichtlich ihrer bisherigen Strukturen ins Gerede gebracht worden, insbesondere von evangelischen Kreisen in Ostdeutschland, die eine Seelsorge von hauptamtlichen Militärpfarrern ablehnen. Wie beurteilen Sie solche Strömungen?

Es gibt einige evangelische Landeskirchen, denen es offenbar schwer fällt, sich aus den vergangenen Jahrzehnten, was Soldaten betrifft, zu lösen. Wir haben diese Schwierigkeiten nicht. Für uns gibt es ein Deutschland und in diesem Deutschland überall dieselben gesetzlichen Bestimmungen. Es gibt auch nur eine einzige Bundeswehr, und deshalb wollen wir auch keine Zweiklassen-Militärseelsorge einführen. Ich würde sehr bedauern, wenn wir, evangelische und katholische Kirche, keine gemeinsame Seelsorge in der Bundeswehr in Ost und West gleichgewichtig mehr machen könnten. Ich fürchte, daß dann auch unsere Glaubwürdigkeit bei den Soldaten leiden würde.

Worauf führen Sie diese Strömungen in der evangelischen Kirche zurück?

Diese Distanz zur Militärseelsorge kann man nur verstehen aus der jahrzehntelangen Auseinandersetzung zwischen Kirche und Staat in der ehemaligen DDR. Der Staat stand den Kirchen feindselig gegenüber. Die „Nationale Volksarmee“ und damit die Soldaten der DDR gaben das Machtinstrument für diesen Staat ab. Diese Aversion gegen die NVA haben einige Kreise nach der Wiedervereinigung auf die Soldaten der Bundeswehr übertragen, ohne zu bedenken, daß die Soldaten der Bundeswehr keineswegs „Speerspitze“ eines feindseligen Staates gegen die Bürger im Westen waren und sind.

Solange es die Bundeswehr gibt, solange werden wir auch die Seelsorge über Militärpfarrer in die Kasernen tragen. Wobei wir uns natürlich klar darüber sind, daß diese Seelsorge ein Angebot an die Soldaten ist, die einen solchen Ansprechpartner suchen.

Aber Kritiker des Seelsorgevertrages[1] in der Bundesrepublik malen auch immer die Gefahr an die Wand, daß der Staat über die Seelsorge Einfluß auf die Soldaten nehmen könne ...

Ich halte solche Befürchtungen für unbegründet. Seit Bestehen der Militärseelsorge 1956 hat die Kirche in völliger Freiheit und Unabhängigkeit vom Staat Seelsorge betreiben können. Das Verhältnis war und ist auf allen Ebenen gut. Das Mißtrauen,

---

[1] Vertrag der Bundesrepublik Deutschland mit der Evangelischen Kirche in Deutschland zur Regelung der evangelischen Militärseelsorge, 22. Februar 1957. In den beamtenrechtlichen Bestimmungen erhält dieser Vertrag durch das Gesetz vom 26. Juli 1957 auch für die katholischen Militärgeistlichen seine sinngemäße Anwendung. Ansonsten gilt für die katholische Militärseelsorge das Konkordat zwischen dem Hl. Stuhl und dem Deutschen Reich (Reichskonkordat), 20. Juli 1933, Artikel 27.

das gegen den SED-Staat angebracht war, ist für die Bundesrepublik und das wiedervereinigte Deutschland in keiner Weise gerechtfertigt. Wahrscheinlich brauchen jene, die heute der Militärseelsorge noch kritisch gegenüberstehen, einfach Zeit, zu erkennen, daß dieser Rechtsstaat im Westen anders als der sozialistische Unrechtsstaat im Osten Mißtrauen einfach nicht verdient.

Aber das Mißtrauen kirchlicher Kreise richtete sich nicht nur etwa gegen die NVA, sondern – vor allem in der kirchlich geprägten Friedensbewegung – gegen den Soldaten schlechthin.

Das kann ich mir nur so erklären, daß die Menschen in der DDR jahrzehntelang einer staatlichen Anti-NATO-Kampagne ausgesetzt waren. Dabei wird verkannt, daß es die Soldaten der NATO waren, die nur deshalb, weil sie da waren und ihren Dienst versahen, ohne jemals einen Schuß auf einen Gegner abgefeuert zu haben, die Auflösung des Ost-West-Gegensatzes und die Abrüstung der Militärblöcke überhaupt erst möglich machten.

Sie werden jetzt hautnahen Kontakt zu vielen Einheiten der Bundeswehr bekommen. Was interessiert Sie am meisten in der Armee?

Ich habe eine Vorliebe für die See und freue mich deshalb schon auf einen Flottenbesuch. In meiner Jugend war ich Segelflieger, seither faszinieren mich Flugzeuge, ganz besonders aber Hubschrauber. Und angesichts unserer ständig verstopften Straßen freue ich mich schon darauf, mit einem solchen Helikopter ab und zu abheben zu können ...

Eine Chance zum Dialog mit jungen Menschen*

Herr Erzbischof, der Papst hat Sie zum neuen Militärbischof für Deutschland ernannt. Welche Prozedur ging eigentlich dieser Entscheidung voraus, wie wurden Sie „Militärbischof"?

Wenn das Amt des Militärbischofs vakant wird, werden alle deutschen Diözesanbischöfe vom Apostolischen Nuntius um namentliche Vorschläge für die Wiederbesetzung gebeten. Aus den von den deutschen Bischöfen genannten Namen übermittelt dann der Nuntius einen Dreiervorschlag an den Heiligen Stuhl. Daraus ernennt der Papst den neuen Bischof, nachdem die Bundesregierung hat wissen lassen, daß sie keinerlei Bedenken gegen die Wahl hat (das ist ein ihr im Reichskonkordat eingeräumtes Recht[1]). So kommt es also zur Ernennung: Vorschlag durch die Bischöfe, Auswahl durch den Papst bei Zustimmung der Bundesregierung.

Was reizt Sie persönlich an dieser neuen Aufgabe?

Es reizt mich vor allem die große Chance, die sich hier der Kirche im Kontakt mit jungen Menschen eröffnet, die in den Pfarreien oft nicht mehr erreicht werden.

---

* Bonifatiusbote, Nr. 51/52, 23./30. Dezember 1990: Eine Chance zum Dialog mit jungen Menschen (Interview: Ernst Schlögel).

[1] Konkordat zwischen dem Hl. Stuhl und dem Deutschen Reich (Reichskonkordat), 20. Juli 1933, Artikel 27.

Gerade in diesem Alter muß die Kirche den Dialog mit den jungen Menschen suchen, um ihnen sinndeutende Zeichen für ihr Leben zu zeigen, damit die Zeit beim „Bund“ auch geistig und geistlich keine verlorene Zeit wird. Viele Wehrpflichtige klagen ja darüber, daß im Dienstbetrieb zu viel Leerlauf sei. Das Wort „Gut die Hälfte seines Lebens wartet der Soldat vergebens“ fordert ja dazu heraus, aus solchen Wartezeiten auch persönlich fruchtbare Denkpausen werden zu lassen. Vornehmste Pflicht der Militärseelsorge ist es, den Kontakt der Kirche zu den Menschen, zu den Christen in der Bundeswehr nicht abreißen zu lassen.

Nun hat ja die Bedeutung des Militärs in Deutschland wohl nicht nur zahlenmäßig abgenommen. Halten Sie unter diesen Umständen das Amt des „Militärbischofs“ noch für gerechtfertigt?

Die Militärseelsorge hat sich in über drei Jahrzehnten bewährt. Solange es die Bundeswehr gibt, solange werden wir auch die Seelsorge in der Bundeswehr haben. Diese Seelsorge ist ein Angebot an alle Soldaten, die einen solchen Ansprechpartner suchen. Daß das Interesse groß ist, zeigt das erste öffentliche Gelöbnis in Bad Salzungen[2]. Von den 280 Wehrpflichtigen haben circa 180 das Angebot wahrgenommen, sich über die religiöse Dimension ihres Dienstes Gedanken zu machen.

Wie beurteilen Sie die Situation in der evangelischen Kirche, wo der „Militärbischof“ nicht gleichzeitig Ortsbischof ist?

Ich kann nur von der Situation der katholischen Seite ausgehen. Ich halte es für richtig, daß der katholische Militärbischof gleichzeitig Ortsbischof ist, auch wenn dies eine zusätzliche Belastung mit sich bringt. Aber es wird dadurch auch deutlich, welchen Stellenwert die Kirche der Seelsorge an den Soldaten beimißt.

Ihre Zurückhaltung gegenüber neuen Pastoralreferenten im Bistum Fulda ist bekannt. Bei der Bundeswehr gibt es aber eine Reihe von Pastoralreferenten ...

... die dort, wie ich gehört habe, gute Arbeit leisten.

Eine Ihrer Hauptaufgaben wird der Aufbau der Militärseelsorge in den neuen Bundesländern sein, wo es kaum Katholiken gibt. Wie kann dort eine Militärseelsorge aussehen?

Die Zahl der zu betreuenden Soldaten spielt dabei überhaupt keine Rolle. Jesus ermahnt uns, sogar dem einen verlorenen Schaf nachzugehen. Auf jeden Fall sehen wir die Bundeswehr als eine Einheit, in der es keine „Zweiklassenseelsorge“ geben darf. So hat ja auch der Bischof von Berlin bereits der Erwartung Ausdruck gegeben, daß die Kirche diesen Dienst, diese Seelsorge überall gleichermaßen ausübt[3]. Bis spätestens Mitte 1992 will das Katholische Militärbischofsamt in den neuen Bundesländern ähnliche seelsorgliche Strukturen errichten wie in den alten Ländern. Im Unterschied dazu wird jedoch die Militärseelsorge in der ehemaligen DDR in einem wesentlich stärkeren Maße von nebenamtlichen Militärseelsorgern ausgeübt werden, also von den Ortspfarrern mit Teilzeitverträgen.

---

[2] Am 19. Oktober 1990 um 11.15 Uhr auf dem Marktplatz in Bad Salzungen.
[3] Vgl. KNA, Berliner Dienst, Nr. 211, 15. November 1990.

Ein Prälat aus Ost-Berlin[4] hat kürzlich im Fernsehen die Auffassung der Ökumenischen Versammlung in Dresden unterstrichen, wonach der zivile Friedensdienst Vorrang vor dem Militärdienst habe[5]. Wie stehen Sie dazu?

Im Rahmen der Gewaltverzichts- und Friedenspolitik, die in der Bundesrepublik Deutschland von allen demokratischen Kräften getragen wird, kommt dem Dienst des Soldaten eine real wirksame Funktion für den Frieden zu. Wir sollten nicht vergessen, daß es das westliche Bündnis war, das mit seiner klar durchgehaltenen Linie dazu geführt hat, daß der Jahrzehnte lang so bedrohliche Sowjetblock im vergangenen Jahr ohne einen einzigen Schuß die Waffen senkte. Im übrigen ist Armee nicht gleich Armee, Staat nicht gleich Staat: Eine Haltung, wie die von Ihnen angesprochene, die der NVA in der DDR gegenüber durchaus berechtigt war, ist es noch lange nicht gegenüber der Bundeswehr in einem demokratischen Staat. Der Dienst in unseren Streitkräften ist ausgesprochener Kriegsverhinderungsdienst.

Die Hauptgrundlage für die Militärseelsorge wird ja durch das Konkordat von 1933 gelegt[6]. Wäre es nicht einmal an der Zeit, das Konkordat zu erneuern?

Das Konkordat ist natürlich für uns die rechtliche Basis des Verhältnisses zwischen Kirche und Staat, und ich glaube, daß wohl alle Bischöfe mit den Regelungen des Konkordats ziemlich zufrieden sind.

Könnten Sie sich ungeachtet des Konkordats vorstellen, als Bischof auch zusätzlich für Zivildienstleistende zuständig zu sein?

Die Zivildienstleistenden gehören zu ihrer Ortskirche, für die der jeweilige Diözesanbischof unmittelbar verantwortlich ist.

Sie sind als einziger deutscher Bischof für zwei Jurisdiktionsbereiche zuständig, haben also beispielsweise zwei Generalvikare. Wie wird da die Koordination aussehen?

Das hat vor mir in München, Essen und Bamberg immer gut geklappt, und so wird es auch in Fulda sein. Wir haben sehr gut eingespielte Teams, die im Kontakt miteinander dafür sorgen, daß ihr Bischof nicht zerrissen wird.

Eine Frage muß angesichts der großen neuen Belastung vor allem die Katholiken im Bistum Fulda beschäftigen: Sehen die ihren Bischof jetzt seltener?

Die Übernahme des Militärbischofsamtes ist eben auch ein Dienst für die bischöflichen Mitbrüder. Die im Rahmen der Deutschen Bischofskonferenz anfallenden

---

[4] Vermutlich Prälat Dieter Grande, der seit 1983 Leiter der Arbeitsgruppe „Justitia et Pax" und zugleich von 1988 bis 1990 Leiter der Pressestelle der Berliner Bischofskonferenz war.

[5] Zu den Ergebnissen der Ökumenischen Versammlung der Christen und Kirchen in der DDR, die mit dem Abschluß ihrer 3. Vollversammlung am 30. April 1989 in Dresden ihre Arbeit beendete, vgl. Gerechtigkeit – Frieden – Bewahrung der Schöpfung. Die Ergebnisse der Ökumenischen Versammlungen von Dresden–Magdeburg und Basel, Leipzig 1990, hier vor allem Text 5: Orientierungen und Hilfen zur Entscheidung in Fragen des Wehrdienstes und der vormilitärischen Ausbildung.

[6] Konkordat zwischen dem Hl. Stuhl und dem Deutschen Reich (Reichskonkordat), 20. Juli 1933, Artikel 27.

Aufgaben, von der Leitung der vielen Kommissionen und Zentralstellen bis hin zum Vorsitz, müssen ja einigermaßen gerecht untereinander aufgeteilt und übernommen werden. Da haben praktisch alle Diözesanbischöfe eine zusätzliche Belastung zu tragen, und die des Militärbischofs ist vielleicht noch nicht einmal die schwerste.

Dank und Undank*

Wir Deutschen hätten an der Schwelle des Jahres 1991 wahrhaftig Grund genug, Gott aus ganzem Herzen zu danken. Da haben wir die Wiedervereinigung als rechtzeitig aufgefangenes Geschenk aus dem Zusammenbruch des Kommunismus in Osteuropa. Da haben wir einen in der Welt nunmehr fast einzigartigen Wohlstand und eine stabile demokratische Ordnung. Wer da an den Kosten herummäkelt, sollte sich einmal vor Augen halten, was eine einzige Woche Krieg in Mitteleuropa gekostet hätte.

Trotz alledem scheint der Einstieg in Freiheit und Rechtsstaatlichkeit sich doch weit schwieriger zu gestalten, als zu erwarten gewesen wäre. Die aus weitverbreiteter Unsicherheit vielerorts entstehende Unfähigkeit zu neuem Aufbruch, sei es wirtschaftlich, politisch oder auch religiös, zeigt uns eigentlich erst jetzt das erschreckende Ausmaß der Verwüstung, das Jahrzehnte „im Sozialismus" den Herzen und Hirnen der Menschen angetan haben. Da gilt es wohl noch lange, mit viel Geduld und Liebe zu helfen und zu inspirieren. Ein Irrweg ist es aber, wieder auf die alten sozialistischen „Errungenschaften" zurückzugreifen, wie das geschieht, wenn die menschenunwürdige Fristenlösung oder das Staatskinderkrippensystem wieder ins Spiel gebracht werden. Die falschen Propheten von gestern haben sich hüben wie drüben überraschend schnell erholt und feilen bereits eifrig an neuen Sprachregelungen. Kommunisten werden nicht mehr Kommunisten genannt und die unbelehrbaren Altsozialisten von Bulgarien über Rumänien bis Rußland tauchen in unseren Medien plötzlich als „konservative Kräfte" auf. Ähnlicher Trug und Schwindel vernebelt weithin die politische Landschaft in den östlichen Bundesländern.

Aber auch in der alten Bundesrepublik wird unter dem Vorwand der Rechtseinheitlichkeit (mit der ehemaligen DDR!) der Abbau von Recht und Sitte kräftig weitergetrieben. Wenn angesichts riesiger und immer noch steigender Abtreibungszahlen den ungeborenen Kindern der jetzt schon unzureichende strafrechtliche Schutz ganz genommen werden soll; wenn angesichts von Aids, wenn angesichts von sexuellem Mißbrauch von Kindern in erschreckendem Ausmaß die bestehenden Schutzvorschriften nicht etwa verstärkt, sondern im Gegenteil gestrichen werden sollen, wenn Kinder und Jugendliche zu sexuellem Freiwild gemacht werden, ist das der „Fortschritt" in eine unmenschliche Zukunft?

Gott läßt seiner nicht spotten und den Verantwortlichen für eine solch gottlose Degeneration wird der biblische Mühlstein nicht erspart bleiben[1].

---

* Das Wort des Bischofs: Dank und Undank, in: Bonifatiusbote, Nr. 1, 6. Januar 1991.
[1] Vgl. Markus 9,42.

Sollte unser Dank für das Gottesgeschenk des Friedens, für das Geschenk der wiedergefundenen Einheit, für das Geschenk der Freiheit, für das Geschenk des Wohlstandes unser Abfall in die Gottlosigkeit sein?

Auch im Gegner den Mitmenschen und Bruder sehen*

Heute wende ich mich unter dem Eindruck der kriegerischen Eskalation am Golf als Militärbischof an Sie. Ich habe von Ihren Erfahrungen gehört, die Sie in diesen Tagen in der seelsorgerlichen Begleitung der Soldaten unserer Bundeswehr und ihrer Familien machen. Diese Soldaten wenden sich mit ihren Fragen, Unsicherheiten und Sorgen an ihre Seelsorger. Auch Sie selbst erleben manchmal bedrückend eine öffentliche Diskussion über den Frieden, in der selbst Katholiken sich im klaren Widerspruch zur Lehre unserer Kirche äußern. Ich möchte Sie herzlich bitten, gerade jetzt immer wieder die Begegnung mit den Soldaten und ihren Familien zu suchen, ja, sich ihnen sozusagen „in den Weg zu stellen", um ihnen die unverkürzte Botschaft vom Evangelium des Friedens und die sich daraus ergebenden moralischen Orientierungen zu bezeugen.

Unser christlicher Glaube läßt uns realistisch mit dem Bösen in der Welt rechnen: Am 2. August hat ein gewissenloser Diktator[1] in kriegerischer Aggression ein Nachbarland überfallen, es seiner Selbstbestimmung beraubt und die Menschenrechte seiner Bürger aufs Schwerste verletzt. Die in den Vereinten Nationen zusammengeschlossene Völkergemeinschaft hat diese Aggression einmütig verurteilt und eine Reihe von Maßnahmen ergriffen, um im solidarischen Zusammenwirken aller Staaten Recht und Frieden wiederherzustellen. Diese entschiedene Solidarität der Völkergemeinschaft stärkt uns in der Zuversicht, daß die vom II. Vatikanischen Konzil geforderte absolute Ächtung des Krieges durch eine künftig von allen anerkannten Weltautorität Wirklichkeit werden kann[2]. Die führenden Repräsentanten der Staatengemeinschaft waren jetzt der Überzeugung, daß die friedlichen Mittel ausgeschöpft seien und im Sinne einer Güterabwägung von der Ermächtigung der Vereinten Nationen Gebrauch gemacht werden sollte, die internationale Rechtsordnung mit militärischen Mitteln wiederherzustellen. Soldaten aus zahlreichen Ländern, darunter auch vor allem solche aus unserer eigenen Verteidigungsallianz müssen für die Wiederherstellung der Rechtsordnung und der Freiheit eines Volkes

---

* Brief an die Militärgeistlichen und Pastoralreferenten anläßlich des Golfkrieges, 30. Januar 1991. Druck: Militärseelsorge 33 (1991), S. 180–182; „Meinen Frieden gebe ich Euch". Aufgaben und Alltag der Katholischen Militärseelsorge. Festschrift für den Katholischen Militärbischof für die Deutsche Bundeswehr Erzbischof Dr. Dr. Johannes Dyba Bischof von Fulda. Hrsg. v. Jürgen Nabbefeld, Köln 1999 (zitiert: „Meinen Frieden gebe ich Euch"), S. 116–118.

[1] Saddam Hussein el-Takriti, seit 1979 irakischer Staats-, Partei- und Regierungschef.

[2] II. Vatikanisches Konzil, Pastoralkonstitution „Gaudium et spes", 7. Dezember 1965, Nr. 82.

Leib und Leben einsetzen[3]. Sie werden zu „Dienern der Sicherheit und Freiheit der Völker“, wie es das Konzil vom Soldaten erwartet[4].

Allen für die Verteidigungsmaßnahmen Verantwortlichen muß stets gegenwärtig sein, nach Möglichkeit die Unmenschlichkeit von Kriegshandlungen zu mindern und auch im Gegner den Mitmenschen und Bruder zu sehen. Vor allem muß es Ziel der internationalen Anstrengungen sein, eine Wiederherstellung von Recht und Frieden zu ermöglichen, die die wirklichen Ursachen der zahlreichen Konflikte der gesamten Region bekämpft. Es darf kein Zurück zum „Status quo ante“ geben. Das Ziel der Politik muß ein „Mehr an Gerechtigkeit“ sein. In der öffentlichen Diskussion unseres Landes ist eine Verwirrung eingetreten, die sich als Hindernis für eine ruhige und sachlich begründete Urteilsbildung von Christen darstellt. Ich erinnere daran, daß die Bundesregierung alle Resolutionen der Vereinten Nationen mitträgt und auch auf manche Weise den militärischen Einsatz der alliierten Streitkräfte unterstützt. Für alle Deutschen ist es selbstverständlich, für die Sicherheit des Staates Israel einzutreten. Angesichts der Lasten und Opfer, die von den mit uns befreundeten Völkern und ihren Soldaten getragen werden, müssen wir Deutsche uns sehr ernsthaft fragen, ob nicht auch wir künftig in gleicher Weise für den Frieden in der Völkergemeinschaft einen Beitrag leisten müssen. Wir alle denken in diesen Tagen an die Soldaten und ihre Familien, die in der Türkei und im Mittelmeer im Rahmen unserer Rechtsordnung und sittlich erlaubter politischer Ziele Dienst verrichten. Mit allen deutschen Bischöfen hat auch der Militärbischof in der Vergangenheit immer wieder darauf verwiesen, daß der Dienst in der Bundeswehr auf der Basis unserer Rechtsordnung ein Beitrag zur Sicherung von Frieden und Freiheit und damit ethisch gerechtfertigt ist. Das gilt auch heute.

Die Aufgabe von uns Militärgeistlichen und unseren Mitarbeitern besteht in der jetzigen Situation nicht nur darin, den Soldaten diese ethischen Orientierungen zu vermitteln. Dazu gehört auch die Beratung in Gewissensfragen, auch in den Fällen, in denen er sich entscheidet, den Kriegsdienst mit der Waffe aus Gewissensgründen zu verweigern. Als Seelsorger wollen wir jede Gelegenheit nutzen, den uns Anvertrauten nahe zu sein, mit ihnen zu sprechen, sie zu stützen und sie zu tätiger Hilfe zu ermutigen. Die in Deutschland verbliebenen Soldaten der im Golf eingesetzten Streitkräfte, mehr noch die zurückgebliebenen Familien der dort kämpfenden Soldaten warten auf Taten solidarischer Hilfe. Als Militärbischof bin ich selbst Mitträger der „Aktion Friendship“, die sich zum Ziel gesetzt hat, diese Familien zu unterstützen. Es empfiehlt sich, dabei den engen Kontakt zu den Ortsgeistlichen und Pfarrgemeinden und auch zu den Militärgeistlichen der betroffenen Länder zu suchen. Unseres besonderen Dienstes bedürfen – wie zu befürchten ist – dem-

---

[3] Nach Ablauf des UN-Ultimatums hatte die Operation „Desert Storm“ der USA und ihrer militärischen Verbündeten am 17. Januar 1991 mit militärischen Angriffen auf den Irak begonnen. Nach der Befreiung Kuwaits und der bedingungslosen Anerkennung aller 12 Resolutionen des UN-Sicherheitsrates zur Golfkrise durch den Irak wurden die Kampfhandlungen am 28. Februar 1991 eingestellt.

[4] II. Vatikanisches Konzil, Pastoralkonstitution „Gaudium et spes“, 7. Dezember 1965, Nr. 79.

nächst in alliierte und deutsche Militärhospitäler zurücktransportierte verwundete Soldaten aus der Golfregion.

Der wichtigste Beitrag unseres priesterlichen Dienstes für den Frieden besteht in der Feier des Hl. Opfers und im gemeinsamen Gebet für die Gläubigen. Dabei wissen wir um die große Gemeinschaft aller Juden, Muslime und Christen, die sich im Vertrauen an den einen Gott wenden. So legen wir Zeugnis für unsere Auffassung ab, daß in unserer Welt ein „Mehr an Gerechtigkeit" möglich ist.

Liebe Mitbrüder und Mitarbeiter, in diesen bewegten Tagen bin ich Ihnen von Herzen nahe und wünsche Ihnen und den Ihnen Anvertrauten Gottes reichen Segen.

Heiliger Krieg?*

Einen „heiligen Krieg" nennt der Diktator Saddam Hussein sein Anrennen gegen die Vereinten Nationen bei Unterdrückung jeder Opposition im eigenen Lande. Da muß man doch fragen: War auch die von ihm befohlene Ausrottung der Kurden im Irak ein heiliger Krieg? War der langjährige Krieg gegen die Glaubensbrüder und Nachbarn im Iran ein heiliger Krieg? War die Einverleibung des wehrlosen Kuwait mit seinen Ölfeldern ein heiliger Krieg? Nein, selbst aus islamischem Glaubensverständnis waren sie das ebensowenig wie der gegenwärtig tobende. Denn einmal darf der „Dschihad", der Heilige Krieg, auch nach islamischem Recht nur von der religiösen Autorität, also den Mullahs, ausgerufen werden – nicht aber von irgendeinem kriegslüsternen Feldherrn. Und zum anderen gehört nach der unbestrittenen Lehre der höchsten islamischen Autoritäten – etwa an der Al-Azhar-Universität in Kairo – zum Wesen des Heiligen Krieges, daß er Gerechtigkeit wiederherstellt; er ist also kein bloßer Religionskrieg.

Obwohl Saddam Husseins Greueltaten keine dieser Kriterien erfüllen, finden seine Thesen und seine Eroberungspläne auch über den Irak hinaus ein gefährliches Echo in der fanatisierten Welt des islamischen Fundamentalismus. Ein besonders deutliches Beispiel dafür ist die Anhängerschaft der Palästinenser unter Yassir Arafat. Aber auch unter den fanatisierten Bruderschaften anderer arabischer Länder schwelen und zünden noch die Träume vom Endsieg des Islam. Daher wird nach der hoffentlich baldigen Beendigung der gegenwärtigen kriegerischen Aktionen am Golf – die übrigens selbst ein so zurückhaltender Primas von England wie der Erzbischof von Westminster als eine „tragische Notwendigkeit" bezeichnet hat[1] – die eigentliche Aufgabe erst auf uns zukommen. Nach der Entwaffnung von Amokläufern und Fanatikern werden wir ganz neue Ansätze eines Dialogs unter den Weltreligionen finden müssen. Viele verbitterte Muslime und ganze islamische Völker werden zu begreifen haben, daß sie zu einem friedlichen Zusammenleben mit den übrigen Völkern finden müssen und der Rest der Welt nicht aus „Ungläu-

---

* Das Wort des Bischofs: Heiliger Krieg?, in: Bonifatiusbote, Nr. 5, 3. Februar 1991.

[1] Vgl. [David] Se[eber], Ausweglos? Kirchliche Stimmen und Urteile zum Golfkrieg, in: Herder-Korrespondenz 45 (1991), S. 104 f.

bigen“ besteht, die es früher oder später im Namen Allahs zu unterwerfen oder auszurotten gilt.

Um aber die Verständigen, zum Dialog und zur friedlichen Zusammenarbeit Bereiten, die es ja auch gibt in all diesen Ländern, überhaupt zu Wort und Einfluß kommen zu lassen, müssen die Fanatiker „entrüstet“ werden. Unsere Verantwortung dafür ist wohl die erste sichere Erkenntnis aus den bitteren Erfahrungen dieser Tage. Die Kreuzzüge endeten 1291[2] – vor genau 700 Jahren. Daß 1991 der letzte „Heilige Krieg“ stattgefunden habe, ist unser aller Gebet, Auftrag und Verpflichtung.

Ja zu Gott und seinem Frieden*

Wir sind heute hier zusammengekommen, um in Danksagung Erzbischof Elmar Maria Kredel zu verabschieden als Militärbischof und um in einer Stunde der Besinnung und des feierlichen Gottesdienstes Gegenwart und Zukunft der Militärseelsorge und der ihr Anvertrauten unter den Segen Gottes zu stellen. Erzbischof Kredel hat über zwölf Jahre das Amt des Militärbischofs bekleidet. Will man sein Wirken würdigen, wird man an seinen Wahlspruch erinnert:

„Für Christus leisten wir Botschafterdienste“[1]. Ja, Erzbischof Kredel hat als Militärbischof in vielfältiger Weise Botschafterdienste geleistet. Er war Botschafter der Kirche, Botschafter des Evangeliums, Botschafter Gottes unter den ihm anvertrauten Soldaten. Immer und immer wieder in Arbeitstagungen, Standortbesuchen, Soldatenwallfahrten, Tagen und Wochen der Besinnung; die Vielzahl und Vielfalt der Präsenz des Militärbischofs hat mich beeindruckt wie sie in der Festschrift[2] zum Ausdruck kommt, die wir ihm gestern überreichen konnten. Aber Militärbischof sein, das heißt auch in der Öffentlichkeit einstehen für eine Aufgabe, die zur Kirche gehört, für Menschen einstehen, die zur Kirche gehören.

Lieber Mitbruder Elmar Maria! Dank für alles, was Du den Soldaten vermittelt hast an Güte und Menschenfreundlichkeit Gottes. Dank auch im Namen Deiner Mitbrüder für den Dienst, den Du uns geleistet hast mit großer Opferbereitschaft an Zeit und Kraft. Dank für die zwölf Jahre, in denen Du zwei Brustkreuze getragen hast, die eben doch Kreuze waren. Wenn ich heute das Kreuz des Militärbischofs von Dir übernehme, dann so wie man das als Christ tut. Kreuze sucht man sich nicht aus. Sie werden einem auferlegt und dann nimmt man sie an. Dann sagt

---

[2] Mit dem Verlust Akkos, der letzten christlichen Bastion in Palästina, kam die Kreuzzugsbewegung mit ihrer Forderung nach einer Befreiung der heiligen Stätten aus den Händen der Muslime zum Erliegen.

* Predigt anläßlich der Verabschiedung des Militärbischofs Dr. Elmar Maria Kredel am 15. Februar 1991 in der Bonner Münsterbasilika. Druck: Militärseelsorge 33 (1991), S. 21–24; „Meinen Frieden gebe ich Euch“, S. 17–21.

[1] Pro Christo legatione fungimur.

[2] Für Christus leisten wir Botschafterdienste. Ansprachen und Predigten des Katholischen Militärbischofs für die Deutsche Bundeswehr Erzbischof Dr. Elmar Maria Kredel 1978–1990, Red.: H.-G. Justenhoven, Bonn–Köln 1991.

man sein persönliches „Ja" dazu. So verstehe ich mein Ja zu dieser neuen Aufgabe, und ich bin froh, daß an ihrem Anfang dieser feierliche Gottesdienst steht, damit klar ist, daß auch dieser Dienst vom Altar her seine eigentliche Orientierung empfängt. Ich betone das, liebe Brüder und Schwestern, weil ich dieses Amt ja in einer ganz besonderen Zeit übernehme. Sie können sich die Flut von Fragen vorstellen, die einem Bischof von Fulda entgegenwallen, der in dieser Zeit sagt, das Amt des Militärbischofs, das nehme ich an. Fragen aller Art, von den allerernstesten bis zu den allerunsinnigsten, eine enorme Spannbreite. Die einen meinen, das Amt ist überhaupt überflüssig geworden, und andere erwarten plötzlich vom Militärbischof Schlüsse letzter strategischer Weisheit oder theologischer Entscheidung. Gegenüber all diesen vielen und vielfältigen Fragen, Anfragen und Hinterfragungen, glaube ich doch in dieser Stunde eine ganz klare Antwort schuldig zu sein, und ich will diese Antwort ohne Zögern geben. In meiner Rolle als Militärbischof identifiziere ich mich voll und ganz mit den Aussagen des II. Vatikanischen Konzils. Nicht mit dem, was heute vielerorts als sogenannter Geist des Konzils in die Lüfte geblasen wird, sondern mit den wirklichen Aussagen, und deshalb möchte ich diese Aussagen in dieser Stunde noch einmal im Originaltext zu Gehör bringen, damit man weiß, wozu wir stehen. Da heißt es im Konzilsdokument „Gaudium et spes": „Wer als Soldat im Dienst des Vaterlandes steht, betrachte sich als Diener der Sicherheit und Freiheit der Völker. Indem er diese Aufgabe recht erfüllt, trägt er wahrhaft zur Festigung des Friedens bei"[3]. Und dasselbe Konzil mahnt die Bischöfe im Konzilsdokument „Christus Dominus", daß „auf die geistliche Betreuung der Soldaten wegen ihrer besonderen Lebensbedingungen eine außerordentliche Sorgfalt verwandt werden muß", soweit das Konzil[4].

Liebe Brüder und Schwestern, hinter diese Aussage des Konzils gehen wir nicht mehr zurück! Darüber sollte in der Kirche Konsens bestehen. Ich glaube, daß die Anwesenheit des Hochwürdigsten Herrn Apostolischen Nuntius[5] als Vertreter des Papstes, von dem ich dieses Amt empfangen habe, und die Anwesenheit des Vorsitzenden der Deutschen Bischofskonferenz[6] deutlich zeigen, daß wir in der katholischen Kirche diesen Konsens aufrechterhalten. Ich sage das deshalb so deutlich, weil heute ja falsche Propheten und selbsternannte Moralprediger allerorten wie Pilze aus dem Boden schießen und deren Meinungen dem staunenden Volk sehr oft als christliche oder kirchliche Stellungnahmen kolportiert werden. Halten wir uns an die Originalaussagen der Kirche. „Allerdings", so fährt das Konzil fort, „allerdings, der Krieg ist nicht aus der Welt geschafft. Solange die Gefahr von Krieg besteht und solange es noch keine zuständige internationale Autorität gibt, die mit entsprechenden Mitteln ausgestattet ist, kann man, wenn alle Möglichkeiten einer friedlichen Regelung erschöpft sind, einer Regierung das Recht auf sittlich erlaubte Verteidigung nicht absprechen"[7]. Was heute neu ist: wir haben das erste Mal in der

[3] II. Vatikanisches Konzil, Pastoralkonstitution „Gaudium et spes", 7. Dezember 1965, Nr. 79.
[4] II. Vatikanisches Konzil, Dekret „Christus Dominus", 28. Oktober 1965, Nr. 43.
[5] Josip Uhač, von 1984 bis 1991 Apostolischer Nuntius in der Bundesrepublik Deutschland.
[6] Karl Lehmann, seit 1987 Vorsitzender der Deutschen Bischofskonferenz.
[7] II. Vatikanisches Konzil, Pastoralkonstitution „Gaudium et spes", 7. Dezember 1965, Nr. 79.

Geschichte die zuständige internationale Autorität mit den entsprechenden Mitteln, und wir sind nun, 25 Jahre nach Entstehen dieses Konzilstextes, endlich soweit, daß die Sicherung des Friedens keine bloß nationale, sondern internationale Aufgabe geworden ist. Heute, in diesen Tagen und Wochen wird uns doch allen deutlich: Gefährdung des Friedens, wo auch immer, ob in der Ostsee oder im Mittelmeer, im Golf oder an der Pfefferküste ist Gefährdung des Weltfriedens. Ja, in unserer immer mehr vernetzten Welt sind weder Umweltprobleme, noch wissenschaftliche, noch wirtschaftliche, noch Friedensprobleme mehr Einzelprobleme, sondern immer mehr Probleme der internationalen Völkergemeinschaft, und in dieser Völkergemeinschaft müssen und wollen wir unseren Beitrag leisten, auch durch und mit der Deutschen Bundeswehr. Deren Dienst im Verbund mit den freien Völkern ist ja von Anfang an Friedensdienst gewesen, und er sollte von unserer Gesellschaft als solcher honoriert werden. Dazu gehört ein gewisses Geschichtsbewußtsein. Wir sind im Bonner Münster, hier werden Cassius und Florentius als Patrone verehrt, römische Legionäre, deren Märtyrerblut als Samen des Glaubens in die rheinische Erde gefallen ist. In Fulda haben wir die Stadtpatrone Simplicius und Faustinus, dargestellt nach der Überlieferung als jugendliche römische Soldaten; es mag noch an Mauritius und Sebastian erinnert werden. Wer Soldaten ausklammern will aus dem Ganzen unserer Nation oder aus dem Ganzen unserer Kirche, zeigt einen erschreckenden Mangel an Geschichtsbewußtsein. Hier rächen sich heute natürlich die gewaltigen Defizite, die wir im Religionsunterricht, ganz besonders aber im Geschichtsunterricht der letzten Jahrzehnte gehabt haben. Denn eine Öffentlichkeit, eine Jugend ohne Verwurzelung in der Geschichte ihres Volkes, in der Geschichte ihrer Kirche, die kann man natürlich leicht auf das ideologische Glatteis locken und da Purzelbäume schlagen lassen, wie wir es heute beobachten können.

Lassen Sie mich schließlich noch ein Wort sagen zu der Angst, die sich verbreitet, die verbreitet wird und für die Deutschland in aller Welt mittlerweile sprichwörtlich zu werden droht. Ich würde es außerordentlich bedauern, wenn „the German Angst" als Fremdwort in die Sprachen unserer Nachbarvölker eingehen würde. Damit stünden wir nämlich etwas schlechter da als die Franzosen, deren „esprit" in den Sprachen der Nachbarvölker zum Lehnwort geworden ist, und auch noch schlechter als die Engländer, deren „fairness" und „sportsmenship" zum Lehnwort geworden ist.

Meine Lieben, vor über 100 Jahren sagte Bismarck: „Wir Deutschen fürchten Gott und sonst nichts auf der Welt"[8]. Heute hat man oft den Eindruck, wir fürchten zwar nicht mehr Gott, aber sonst so ziemlich alles auf der Welt! Diese buchstäblich und richtig so genannte „Heidenangst", die so viele unserer Demonstrationen kennzeichnen, ist keine christliche Tugend. Sie befällt vor allem diejenigen, die den Frieden mit Gott nicht mehr haben, die sich in Gott nicht mehr geborgen wissen. Menschen, die im Frieden Gottes leben, wissen, daß Gott allein der Herr der Geschichte ist und daß er ein Gott des Lebens ist. Sie können mit den Psalmisten

---

[8] In seiner Reichstagsrede am 6. Februar 1888: „Wir Deutsche fürchten Gott, aber sonst Nichts in der Welt; und die Gottesfurcht ist es schon, die uns den Frieden lieben und pflegen läßt".

beten: „Der Herr ist mein Licht und mein Heil. Vor wem sollte ich mich fürchten? Der Herr ist die Kraft meines Lebens. Vor wem sollte mir bangen?“[9].

Liebe Brüder und Schwestern, ich glaube, daß das eine der Hauptaufgaben unserer Seelsorge sein muß, die Kluft zu überbrücken zwischen unserem Kleinmut und der ausgestreckten Hand Gottes. Den Verunsicherten und Verängstigten die christliche Gewißheit zu geben: die, die dem Herrn angehören, gehen nicht in den Untergang. Sie gehen auf den Platz, den die unendliche Liebe Gottes ihnen bereitet hat. Und deshalb glaube ich, wir können mit einer großen Zuversicht in die Zukunft gehen.

Fern vom Unfrieden und der Verzweiflung der Gottlosen schenkt Gott uns seinen Frieden, den Frieden der Seele, die allein unser Herz frei und sicher und glücklich machen kann. Und, meine Lieben, auf diesen Frieden brauchen wir auch nicht zu warten, wie etwa auf das ungewisse Datum des allgemeinen Weltfriedens. Der Friede kann uns geschenkt sein: jetzt, wenn wir unser Herz öffnen, in dieser Stunde, da der Sohn Gottes herabsteigt und auf dem Altar unter uns erscheint. Derselbe Sohn Gottes, der seinen Jüngern gesagt hat: „Frieden hinterlasse ich euch, meinen Frieden gebe ich euch. Nicht wie die Welt ihn gibt, gebe ich ihn euch. Euer Herz erschrecke nicht und verzage nicht“[10]. Ja, laßt uns in dieser Stunde ein großes Ja sprechen zu unserem Gott, laßt uns seinen Frieden empfangen und seinen Frieden hineintragen in unsere Welt – dann haben wir die Rettung, jetzt und für unsere Zeit und in Ewigkeit.

Im Ringen um das Rechtsbewußtsein*

Die parlamentarische Staatssekretärin im Bundesgesundheitsministerium, Frau Sabine Bergmann-Pohl (CDU), hat sich für die völlige Abschaffung des § 218 ausgesprochen, „weil Frauen im Konfliktfall nicht unter Strafe gestellt werden dürfen“[1]. Ähnliche Stimmen, die wir aus SPD und FDP ja schon gewohnt sind, erheben sich nun auch aus Teilen der CDU. Das Strafrecht habe die Schwangerschaftsabbrüche nicht verhindern können, heißt es da, daher gelte es, an seiner Stelle auf bloße Beratung und eine neue Bewußtseinsbildung für das Leben zu setzen. Dabei übersehen die Vertreter der These „Keine Strafsanktion – statt dessen Bewußtseinsbildung“ geflissentlich, daß es ja gerade die gesetzliche Strafandrohung ist, die das Rechts- beziehungsweise Unrechtsbewußtsein entscheidend mitbildet.

Hat denn das Strafrecht die immens steigende Zahl von Ladendiebstählen verhindern können? Und würde es das Unrechtsbewußtsein der Diebe etwa schärfen, wenn wir daraufhin den Diebstahls-Paragraphen einfach ganz abschaffen würden?

---

[9] Psalm 27(26),1.
[10] Johannes 14,27.
* Das Wort des Bischofs: Im Ringen um das Rechtsbewußtsein, in: Bonifatiusbote, Nr. 9, 3. März 1991.
[1] K. Fesenmeier, Staatssekretärin Sabine Bergmann-Pohl: Gegen § 218, in: Neue Presse – Express, Nr. 42, 19. Februar 1991.

Verhindert das Strafrecht denn die vielen Verkehrsunfälle? Und doch veranstaltet die Polizei weiterhin fleißig Radarkontrollen und Alkoholproben – weil erst sie der bloßen Verkehrserziehung den nötigen Nachdruck verleihen. Ein Paradebeispiel für die bewußtseinsbildende Kraft der Strafnorm ist ja die Anschnallpflicht[2]: „Als es nur das Leben kostete“ – so ein südwestdeutscher Ministerpräsident[3] – „hat sich keiner angeschnallt; seit es aber 40 Mark kostet, schnallen sich alle Schwaben an“.

Wieviel Verirrung und Verwirrung auf seiten derer zu finden ist, die den strafrechtlichen Schutz des ungeborenen Lebens zwar beseitigen wollen, dann aber auch von der Kirche die Schaffung günstiger Bewußtseinsmehrheiten verlangen, hat sich bereits im Dezember 1989 eklatant herausgestellt. Denn welch Aufschrei antikirchlicher Empörung erhob sich, als bekannt wurde, daß die deutschen Bischöfe beschlossen hatten, für den Schutz des ungeborenen Lebens am Fest der Unschuldigen Kinder mittags um 12 Uhr das gewöhnliche Angelusläuten um einige Minuten zu verlängern. Als „unerträglichen Psychoterror“ und „Glockenterror“ wurde dieser Anstoß zu Besinnung auf Recht und Unrecht von den Befürwortern der Abtreibungsfreigabe mit so großem Lärm zurückgewiesen, daß selbst so mancher brave Christ eingeschüchtert wurde. War vielhunderttausendfache Kindestötung mit einigen Minuten des Mahnläutens wirklich zu scharf hinterfragt?

Die kommenden Monate und Jahre werden uns zeigen, auf welchem sittlichen und menschlichen Niveau wir uns ansiedeln werden. Im Grunde geht es um die eine Frage: Hat das Kind, von Gott im Mutterleib erschaffen, ein Grundrecht auf das Leben, oder darf die Mutter über das Leben ihres ungeborenen Kindes verfügen? Über eines müssen wir uns allerdings klar sein: Wenn wir dem Süssmuth-Modell auf dem Weg zur Fristenlösung ohne strafrechtlichen Schutz für das Leben folgen, dann genießt jede Banane in der Lebensmittelabteilung künftig mehr Rechtsschutz als ein Kind im Mutterleib. Um so mehr ist es daher zu begrüßen, daß dieser buchstäblich lebensnotwendige Rechtsschutz in einer jetzt vorliegenden gemeinsamen Erklärung der katholischen Frauenverbände[4] erneut gefordert wird.

---

[2] Gurtanlegepflicht besteht gemäß § 21 a I 1 StVO für Benutzer von Kfz-Vordersitzen seit 1976 bzw. 1978, für Benutzer von Rücksitzen seit 1984.

[3] Gemeint ist wohl Lothar Späth, von 1978 bis 1991 Ministerpräsident von Baden-Württemberg (CDU).

[4] Schreiben des Präsidiums der Arbeitsgemeinschaft katholischer Frauenverbände und -gruppen an die Abgeordneten des Deutschen Bundestages, Köln, 8. Februar 1991.

Weder die Knobelbecher noch die Heulsusen Europas*

Wenn man diese Bilder[1] sieht, werden besonders die Schattenseiten des Krieges deutlich. Empfinden Sie den Krieg dann besonders stark als unmenschlich, als unchristlich?

Es gibt wohl keinen, der von solchen Bildern nicht betroffen ist. Sie zeigen meiner Meinung nach, wie wichtig es ist, daß wir solche Entwicklungen in Zukunft rechtzeitig aufhalten, daß wir es Kriegstreibern und Massenmördern nicht gestatten, Waffenarsenale aufzubauen, daß die freie Welt sich nicht mehr zu Waffenlieferungen an solche Diktatoren hinläßt. Man müßte so früh und so deutlich wie möglich solche Entwicklungen aufhalten. Das zweite, woran ich denke, wenn ich diese Bilder sehe: Das haben die Amerikaner für Kuwait riskiert, das hätten sie 45 Jahre lang auch für Berlin riskiert. Als gebürtiger Berliner muß ich sagen: Da habe ich doch ein Gefühl der Solidarität. Die Amerikaner hätten auch für Berlin und für unsere Freiheit ihre Knochen hingehalten. Deshalb haben wir von der Militärseelsorge aus eine Aktion „friendship" gestartet. Man kann nur hoffen, daß auch die Deutschen in der Nähe solcher Krankenhäuser und Stationen sich vielleicht einmal sehen lassen und so ihr Mitgefühl zum Ausdruck bringen.

Für diese Menschen wollen Sie in der nächsten Zeit besonders viel tun, denn Sie sind nicht nur Bischof, seit einigen Tagen sind Sie auch Militärbischof. In diesem Zusammenhang zunächst die Frage: Was ist eigentlich Ihr Aufgabengebiet?

Die Berufung zum Militärbischof hat mich schon etwas überraschend getroffen. Und dann gleich in einer solchen Zeit wie dieser! Unsere Aufgabe ist es in der Militärseelsorge, den Soldaten nahe zu sein, daß sie den Kontakt nicht verlieren. ... Wir haben 99 Militärgeistliche und 11 Pastoralreferenten. Wir haben auch knapp ein halbes Hundert Geistliche, die das nebenamtlich tun. ...

Ein Begriff, der im Zusammenhang mit dem Golfkrieg immer wieder auftaucht, ist der des „gerechten Krieges". Es hat viele Christen verunsichert, daß der Papst eine relativ unklare Haltung eingenommen hat. Im Januar sprach er sich dafür aus, der Konflikt solle so schnell wie möglich beendet werden. Der Krieg sei menschenunwürdig. Im Februar sagte er, er sei kein Pazifist. Man müsse den Krieg unter dem Etikett der Gerechtigkeit und der Nächstenliebe beurteilen. Wie stehen Sie zu diesem Begriff des „gerechten Krieges"?

Ich meine, daß es jetzt nicht in erster Linie darum geht, theoretisch und theologisch zu sagen, was ein gerechter Krieg ist, was kein gerechter Krieg ist. Ich würde mich lieber um den gerechten Frieden bemühen. Den müssen wir suchen. Sehen Sie: der letzte Kreuzzug ist vor 700 Jahren zu Ende gegangen. Und jetzt sollen auf einmal

---

* Interview am 15. März 1991 in der Tele-Illustrierten des ZDF um 17.15 Uhr (Interview: Claudia Moliere) (Archiv des Katholischen Militärbischofs, Berlin); Überschrift von den Bearb.; Textfassung leicht überarbeitet.

[1] Filmbeitrag von Ulrike Eichin für die Tele-Illustrierte über vom Golfkrieg verwundete Soldaten in einem US-Hospital.

wieder heilige Kriege stattfinden? Da ist es nicht unsere Aufgabe, theoretische Rechtfertigungen zu finden.

Fragen wir andersherum: War der Krieg gegen Saddam Hussein gerechtfertigt?

Ich würde fragen: Was mußte geschehen, um größeres Unheil zu verhindern, wenn wir jetzt Kuwait brennen sehen? Hätte man ihn weiter aufrüsten lassen sollen? Hätte man die Gewalt weiter um sich greifen lassen sollen? Dann stünde heute ganz Saudiarabien in Flammen – auch sämtliche Scheichtümer. Dann wären wir zu einer noch viel größeren Katastrophe gekommen. Die Frage muß immer sein: Wie retten wir Menschenleben? Wie können wir möglichst wenig Krieg und möglichst gerechten Frieden haben?

Aber da müßten Sie sich in einem Dilemma befinden: Einerseits kann es nach christlicher Vorstellung einen Frieden ohne Gerechtigkeit nicht geben, andererseits verbietet die katholische Moraltheologie den Krieg zur Durchsetzung des Friedens.

Nein, das tut sie nicht. Sie verbietet weder den Wehrdienst noch die Verteidigung von Gerechtigkeit und Frieden. Wir haben gerade vor vierzehn Tagen in der Vollversammlung der Deutschen Bischofskonferenz ein „Wort der Bischöfe zum Golfkrieg" gesagt. Da heißt es wörtlich: Wir rufen auf „zu tätiger Solidarität mit der Völkergemeinschaft in der Verteidigung einer gerechten internationalen Ordnung"[2]. Wir Deutschen sind da in einer Sonderlage durch unsere Vergangenheit. Aber wir sollten auf die Dauer weder viel tapferer sein als die anderen noch viel feiger. Wir sollten mit unseren Verbündeten zusammen das richtige Maß finden.

Wie sehen Sie jetzt Ihre Rolle zum Beispiel im Zusammenhang mit den Soldaten, die in die Türkei[3] beordert wurden?

Da gab es viel Verunsicherung. Die Soldaten waren technisch fit und taktisch fit, wenn Sie so wollen, aber offensichtlich nicht geistig-geistlich oder menschlich-seelisch. Sie haben viel Kontakt gebraucht und waren verunsichert. Wenn auch nicht ganz so verunsichert, wie das oft in den Medien dargestellt worden ist, die in jeder Kompanie den Soldaten gesucht haben, dem eine Träne aus dem Auge lief. Man darf auch nicht vergessen, daß praktisch alle Marinesoldaten, die jetzt im Mittelmeer und in Richtung Golf unterwegs sind, ganz einfach ihre Pflicht getan haben. Wir haben eine Tendenz dazu, in der einen oder anderen Richtung zu übertreiben. Wir Deutschen sollten weder die Knobelbecher Europas sein noch die Heulsusen, wir sollten mit den anderen gemeinsam Freiheit und Recht verteidigen.

Das klingt aber sehr pazifistisch, wenn man das so hört.

Nein, nicht pazifistisch. Wenn wir Mitglieder von EG, NATO und UNO sind, dann können wir nicht, wenn es jetzt wirklich zu einem Risiko kommt, sagen: „Da

---

[2] Wort der deutschen Bischöfe zum Golfkrieg, 21. Februar 1991. Druck: Die deutschen Bischöfe Nr. 48, S. 96–101, hier 100.

[3] Im Rahmen der mobilen Einsatzreserve der NATO wurden im Januar 1991 18 deutsche Jagdbomber nach Erhac an die Grenze der Türkei zum Irak verlegt.

ziehen wir uns zurück", sondern wir sollten mit den anderen gemeinsam unseren Teil des Risikos tragen.

Was haben Sie denjenigen Soldaten geraten, die sich überlegt haben, im Zusammenhang mit dem Golfkrieg – erst da wurde einigen klar, daß aus der lästigen Pflichtübung „Wehrpflicht" blutiger Ernst werden kann – die Waffe beiseite zu legen und zu verweigern? Was haben Sie denen geraten?

Ich bin, wie gesagt, vor kürzester Zeit Militärbischof geworden und bin noch kein gelernter Militärbischof. Sie haben in dem Film[4] gesehen, daß die Militärgeistlichen engen Kontakt zu den Soldaten haben. Natürlich ist Angst eine menschliche Befindlichkeit, für die man Verständnis aufbringen muß. Aber wir wollen die Leute nicht in die Angst hineintreiben, man muß sie vom Christlichen her aus der Angst herausholen. Wir stehen in Gottes Hand.

Also der Aufruf an die Soldaten, eher in Richtung Frieden mitzuarbeiten, eher für Frieden und Entspannung nach außen einzustehen?

Wir hatten in der Vergangenheit zuviel Nationalismus. Wir waren die Krieger in Europa. Jetzt sollten wir nicht von einem Extrem ins andere fallen, sondern gemeinsam mit unseren europäischen und außereuropäischen Partnern Frieden und Sicherheit garantieren und dafür unseren Beitrag leisten.

Aus der Geschichte lernen*

Herr Erzbischof Dyba, Sie sind neuer Militärbischof der katholischen Kirche, der erste gesamtdeutsche Militärbischof. In der ehemaligen DDR gab es keine eigenständige evangelische oder katholische Militärseelsorge und somit auch keinen Militärbischof. Wäre die deutsch-deutsche Vereinigung nicht der geeignete Zeitpunkt gewesen, die Militärseelsorge insgesamt zu überdenken?

Das war ein geeigneter Zeitpunkt und wir haben sie insgesamt überdacht. Wir sind unsererseits zu dem Ergebnis gekommen, daß die bisherigen Einrichtungen eigentlich ideal sind und auf dem ganzen deutschen Gebiet so bleiben können.

Braucht die Bundeswehr die Militärseelsorge und den Militärbischof?

Ja, so wie wir die Sonderseelsorge haben für Studenten oder Krankenhäuser. Wir haben Soldaten in den verschiedensten Standorten. Sie sollten in Kontakt zur Kirche bleiben. Es sind viele junge Menschen gerade in den Jahren, in denen sie den Sinn des Lebens finden sollen. Da wollen wir ihnen durch unsere Militärseelsorge die Möglichkeit geben, den Kontakt zur Kirche zu halten.

---

[4] Filmbeitrag von Raimund Waltenberg über Militärpfarrer Rainer Schadt aus Stadtallendorf.

* Rundfunkinterview im SWF 1 am 17. März 1991 um 12.45 Uhr (Interview: Jürgen Hoeren) (Archiv des Katholischen Militärbischofs, Berlin); Überschrift von den Bearb.; Textfassung leicht überarbeitet. – Vgl. auch die Interviews mit Dyba in der „Welt" vom 26. März 1991 und der „Welt am Sonntag" vom 19. Mai 1991.

Sehen Sie keine Notwendigkeit, den Militärseelsorgevertrag[1] *neu zu überdenken, vielleicht sogar neu zu gestalten?*

Nein. Ich sagte ja bereits, wir haben das überdacht und für richtig befunden.

Die evangelische Kirche denkt in diesem Punkt anders, besonders die evangelische Kirche in der ehemaligen DDR?

Es gibt da ja leider nicht *die* evangelische Kirche, sondern es gibt eine Reihe von evangelischen Landeskirchen, die ganz unterschiedlich denken. Man kann nur hoffen, daß wir möglichst bald auch hier zu einer einheitlichen Lösung kommen.

Haben Sie denn, Herr Erzbischof, Verständnis für die kritischeren Stimmen in Sachen Militärseelsorge in der evangelischen Kirche in der ehemaligen DDR?

Warum soll man da kein Verständnis haben? Sie können ja zum Teil auch noch gar keine Beurteilungsmaßstäbe haben. Sehen Sie, die Distanz zum Staat, die man dem Dritten Reich gegenüber haben mußte oder gehabt haben sollte, oder die Distanz zur DDR können sie ja jetzt doch nicht der Bundesrepublik Deutschland gegenüber an den Tag legen. Das sind grundverschiedene Dinge, und das wird auch drüben allmählich eingesehen werden müssen.

Herr Erzbischof, wäre denn nicht die konsequente christliche und auch die katholische Haltung ein klarer, ein radikaler Pazifismus?

Nein. Ein radikaler Pazifismus würde viele Werte nicht verteidigen, die durchaus verteidigungswürdig sind.

Welche?

Sie sehen zum Beispiel in der gemeinsamen Erklärung der Bischöfe, daß da durchaus kein radikaler Pazifismus gelehrt wird. Sogar der Papst hat sich deutlich distanziert von einem radikalen Pazifismus.
Welche Werte? Zum Beispiel die Freiheit der Völker. Als radikaler Pazifist überlassen sie dagegen alles den Diktatoren und Massenmördern.

Ist denn nicht die Bergpredigt, das Gebot der Feindesliebe, das Gebot „Du sollst nicht töten" eine Richtschnur für die Christen, nach der sie gewaltlos Frieden erreichen und das Böse bekämpfen könnten?

Natürlich ist das eine Richtschnur. Aber Sie können doch nicht einfach die Fakten und die Wirklichkeit ausklammern. Sie können nicht einfach sagen „gewaltlos". Einfach gewaltlos wollte man 1938 vorgehen[2] – und man ist zu Auschwitz gekommen. Einfach gewaltlos hätte man Hitler nie vertrieben. Ich meine, die Friedensbewegung müßte da ein wenig aus der Geschichte lernen. Was mich so betroffen macht, ist diese völlige Unfähigkeit, aus der Geschichte oder aus der Wirklichkeit irgendwelche Lehren anzunehmen, statt dessen das sture Herumreiten auf Theorien.

---

[1] S. oben S. 183, Anm. 1.

[2] Anspielung auf die 1938 gescheiterte britische Appeasement-Politik gegenüber Hitlers Expansionsbestrebungen.

Herr Erzbischof, was würden Sie denn einem Bomberpiloten sagen, der mit seinem Bombenabwurf Menschen, vielleicht sogar unschuldige Zivilisten, in größerer Zahl töten kann?

Ein Bomberpilot muß sehen, was er da unter sich hat. Wenn er unter sich Dörfer hat, ein irakisches oder ein israelisches oder ein libanesisches, dann muß man sagen: Halt ein! Das ist nicht richtig. Hat er unter sich eine Raketenstellung, die Tod und Verderben losschießt, dann ist das etwas anderes. Dann kann er die sehr wohl vernichten. Hat er unter sich den Befehlsbunker eines Tyrannen oder von Kriegstreibern, hat er unter sich eine Giftgasfabrik, dann ist das was Gutes, wenn er die vernichtet. Sehen Sie, der Pilot, der Osirak, diese irakische Atomfabrik 1981 ausgelöscht hat[3] – damals hat die Friedensbewegung gesagt: „Akt der Aggression". In Wirklichkeit war das eine Wohltat für die ganze Welt, daß diese irakische Atomfabrik da verschwand. Man kann nicht so stur einfach sagen: „Du darfst nicht", sondern man muß sagen: „Was wird wodurch erreicht?" Das ist alles ein bißchen differenzierter, als daß man sagt: „Du darfst nicht".

Für Sie ist also der Krieg durchaus ein Mittel, um Gerechtigkeit herbeizuführen?

Nein, so lasse ich mir das nicht in den Mund legen. Wissen Sie, der „gerechte Krieg" ist sehr theoretisch und sehr historisch besetzt. Wir müssen in jeder neuen Lage, die sich uns bietet, so handeln, daß möglichst viel menschliches Leben gerettet wird und gerettet bleibt, ohne uns da an irgendwelchen Theorien aufzuhängen.

Herr Erzbischof, der Kriegsschauplatz am Golf hat gezeigt, welch gefährliche Folgen Waffenexporte haben können. Der Tübinger Moraltheologe Dietmar Mieth hat der Kirche geraten, Waffenexporteure mit der Kirchenstrafe der Exkommunikation zu belegen[4]. Was halten Sie denn davon?

Der Waffenexport ist eines der Dinge, worüber wir uns einig sind, daß wir da viel schärfere Maßnahmen anwenden müssen. Das sind aber politische Maßnahmen. Da sind wir uns – alle Bischöfe – einig. Eigenartig ist allerdings, daß ausgerechnet ein Moraltheologe wie Mieth plötzlich die Exkommunikation aus der Lade zieht, die wir ja nun jahrzehntelang nicht mehr angewendet haben.

---

[3] Israelische Kampfflugzeuge hatten am 7. Juni 1981 in einer als Präventivschlag deklarierten Militäraktion – zum Schutz vor möglicher Bedrohung durch irakische Nuklearwaffen – den noch im Bau befindlichen einzigen irakischen Atomreaktor „Osirak" in Tammuz bei Bagdad zerstört. Der Sicherheitsrat der UNO verurteilte einstimmig am 19. Juni die Militäraktion, ohne jedoch Schadensersatzforderungen oder Sanktionen gegen Israel zu verhängen.

[4] KNA, Inland, Nr. 50, 28. Februar 1991. Dazu freundliche Mitteilung von Professor Mieth am 12. Juni 2001: „Es ist möglich, daß dies [die Androhung der Exkommunikation] passiv geschah, im Kontext des Protestes gegen die Exkommunikation wiederverheirateter Geschiedener und im Vergleich dazu; die Androhung an Waffenexporteure schien mir biblisch angemessener. Darüber habe ich aber keine Unterlagen. Mein schriftlicher Beitrag zum Thema ‚Ethische Verantwortung und der Export von Waffen' findet sich in RHS (Religionsunterricht an höheren Schulen) 34 (1991), Heft 2, S. 82–90. Er enthält diese Zuspitzung nicht."

Der Golfkrieg hat allein die Bundesregierung über 15 Milliarden Mark gekostet. Was hätte man mit diesem Geld nicht für die Dritte Welt und für den Schutz des ungeborenen Lebens tun können? Stellen Sie sich diese Frage manchmal?

Ja natürlich, aber ich muß sagen: mit diesem Geld hat man Israel davor bewahrt, so auszusehen wie Kuwait. Man hat den Libanon davor bewahrt, so auszusehen wie heute Kuwait. Man hat den ganzen Golf – Saudiarabien und die Scheichtümer – davor bewahrt, so verseucht zu sein wie heute die Küste vor Kuwait. Und man hat einen großen Weltbrand ausgeschlossen. Ich meine, das ist eine notwendige Anlage gewesen.

Herr Erzbischof, Sie sind ja nicht nur Militärbischof, sondern auch Bischof des Bistums Fulda, das über die Grenze in die ehemalige DDR hineinreicht. Zu Ihrem Gebiet gehört auch Erfurt. Nun hat die Deutsche Bischofskonferenz eine Kommission eingesetzt, die sich mit der Frage der Neugliederung der Bistumsgrenzen befassen soll. Was soll diese Kommission eigentlich tun? Soll sie neue Grenzen ziehen?

Sie soll, wie es in dem Auftrag heißt, den Status und die Grenzen der Jurisdiktionsbezirke im Osten untersuchen. Wir haben da zum Beispiel drei Gebiete, die Rom direkt unterstellt sind[5]. Da müßte also eine Kirchenprovinz geschaffen werden, ähnlich wie wir sie hier haben.

Wären Sie für ein eigenständiges Bistum Erfurt?

Ich will den Ergebnissen der Kommission nicht vorauseilen. Das sollen wir ja gerade feststellen, was das Beste ist. Aber die große Mehrheit der Bischöfe geht davon aus, daß im Grunde die Regelung des Konkordats beibehalten werden soll.

Das heißt?

Das spricht gegen eine grundsätzliche Neuordnung. Die Frage ist jetzt: Wie kann eine Neuordnung geschehen, in der die konkordatsrechtlichen Regelungen unangetastet bleiben?

In Erfurt gab es bisher ein Theologisches Studium, eine Art Theologische Fakultät. Nun steht die Frage an: Wird man in Erfurt eine eigenständige Theologische Fakultät nach westdeutschem Muster errichten, ja oder nein?

Die Fakultät in Erfurt war sicher unter den DDR-Bedingungen eine hervorragende Lösung – aber eine Notlösung, weil die alle da eingeschlossen waren. Jetzt besteht diese Einschließung nicht mehr. Es ist alles offen und frei. Da wird man sich die Frage stellen müssen: Sollen die jetzt alle nach wie vor nach Erfurt, oder wäre es

---

[5] Gemeint sind die Bistümer Berlin und Dresden-Meißen sowie die Apostolische Administratur Görlitz. Im Zuge der Neuzirkumskription der polnischen Diözesen in den ehemaligen deutschen Ostgebieten wurde das 1930 errichtete Bistum Berlin 1972 aus der Kirchenprovinz Breslau herausgelöst und dem Hl. Stuhl unmittelbar unterstellt. Die beiden anderen Jurisdiktionsbezirke, das 1921 wiedererrichtete Bistum Meißen (seit 1979 Dresden-Meißen) sowie die 1972 errichtete Apostolische Administratur Görlitz (seit 1994 Bistum), gehörten keiner Kirchenprovinz an, sondern unterstanden seit ihrer Gründung unmittelbar dem Hl. Stuhl. 1994 wurden sie bei der Neuumschreibung der mittel- und ostdeutschen Diözesen als Suffragane der neuerrichteten Berliner Kirchenprovinz eingegliedert.

nicht auch für die Seminaristen dort ganz gut, wenn sie nach Freiburg oder Münster, München oder Regensburg, Fulda oder Würzburg, Rom oder Innsbruck gingen und sich da mal ein bißchen frische Luft um die Nase wehen lassen würden? Ob das nun genau das Richtige ist, sie nach wie vor alle nach Erfurt zu dirigieren, das wird sich erst noch herausstellen müssen. Wenn man drüben einen Standort haben will für ein gemeinsames Seminar, wäre auch zu überlegen, ob Berlin nicht eher angebracht wäre mit 300 000 Katholiken vor Ort. Denn wir haben ja nie Katholische Fakultäten in nichtkatholische Landschaften gesetzt. Wir haben keine Katholische Fakultät in Hamburg, Bremen oder Kiel, noch nicht einmal in Göttingen.

Herr Erzbischof, sehe ich das richtig, daß Sie eher dahin tendieren, die „Theologische Fakultät“ in Erfurt aufzulösen und vielleicht nach Fulda oder in eine andere Stadt zu verlegen?

Ich sagte, man muß sich das gut überlegen, ob Erfurt als Theologischer Fakultätssitz besonders günstig ist. Das hat nichts zu tun mit der Frage eines Bistums Erfurt. Ich könnte mir neue Bistümer im Rahmen einer Neuordnung unserer Bistumsgrenzen ohne weiteres vorstellen. Nur sind damit sehr schwierige konkordatsrechtliche Verhandlungen verbunden. Da müßten Länderkonkordate geschlossen werden. Das ist nicht so leicht. Da müßte man wirklich sagen: pastorale Gründe sollen maßgebend sein. Ich kann mir also durchaus vorstellen, daß man zu einer gewissen Neuregelung kommt.

Herr Erzbischof, Sie haben mehrmals die Frage des Konkordats angesprochen. Wäre es nicht grundsätzlich an der Zeit, daß das alte Reichskonkordat von 1933 neu verhandelt würde zwischen dem Vatikan und der Bundesregierung?

Ich glaube, daß die Mehrzahl der deutschen Bischöfe darin mehr Nachteile als Vorteile sehen würde.

Aber es kann doch in so einer Frage nicht nur um Nachteile und Vorteile gehen, sondern darum, ob sinnvolle Änderungen auch pastoral notwendig sind?

Dann muß man eben überlegen, wie man sinnvolle Änderungen erreichen kann, ohne die Basis des Konkordatsrechts anzugreifen.

Hätten Sie persönlich Einwände oder Ängste vor einer Neudiskussion des Konkordats?

Als Bischof von Fulda habe ich keine großen Ängste davor. Ich kann aber durchaus die Einwände verstehen, die dagegen sprechen. ...

Auf den Felsen göttlicher Wahrheit bauen*

Wir sind hier zusammengekommen, um den Segen Gottes herabzurufen auf Ihre Arbeit und Ihr Wirken im Hessischen Landtag. Wenn wir den Segen Gottes erbitten, dann heißt das, daß wir Gott anerkennen und unsere Verantwortung vor Gott anerkennen, so wie es in der Präambel unseres Grundgesetzes steht: „Im Bewußtsein der Verantwortung vor Gott und den Menschen".

Sie wissen, daß das Bewußtsein dieser Verantwortung heute etwas im Schwinden ist, daß Gott diese Anerkennung weithin und in zunehmendem Maße verweigert wird, daß Gott verschwindet in einem Säkularisationsprozeß, den manche auch noch als „befreiend" empfinden.

Ich erinnere mich da an meine afrikanischen Jahre. Ich habe in Westafrika direkt am Meer gewohnt. Da konnte man sich gleich in den Atlantik stürzen. Der hatte gleichbleibend 28 Grad, was natürlich sehr angenehm war. Aber die Einheimischen gingen nicht schwimmen. Irgendwann waren da Menschen ertrunken, und so warnten sie und sagten: Es gibt diese „Waterwitches", ganz schlimme Seehexen. Sie ziehen die Menschen auf den Grund, und dann ertrinkt man. Die allergefürchtetste war „Mama water", die Oberste dieser Seehexen. Nun bin ich da fast täglich geschwommen. Einmal habe ich unseren schwarzen Hausmeister gefragt: „Hör mal, David, ich schwimme hier schon drei Jahre, und noch nie hat mich eine Seehexe gepackt und in die Tiefe gezogen". „Ja", sagte er, „Bishop, du glaubst nicht an die. Da können sie dir auch nichts wollen. Wenn man an die nicht glaubt, dann gibt's die gar nicht." Das ist der gewaltige Unterschied zwischen Gott und den Seehexen: Wenn man an die Seehexen nicht glaubt, dann gibt's die gar nicht!

So schnell kann man sich aber von Gott nicht trennen. Gott lebt und ist da, auch wenn man nicht an ihn glaubt, auch wenn man ihn streicht in der Öffentlichkeit, in der Verfassung, in der Gesetzgebung, in den Medien oder in der Unterhaltung. Gott ist und bleibt der Herr der Geschichte. Diese Lektion sollten wir in unserer Geschichte doch zu Genüge gelernt haben. Wie oft hat man versucht, Gott zu streichen und wegzuschaffen. Von Kaiser Nero bis zur Französischen Revolution hat man immer wieder versucht, Gott zu ersetzen durch menschliche Gewalt oder was man als menschliche Vernunft ansah. Alle Reiche und Regime sind zusammengefallen in den letzten 200 Jahren. Untergegangen sind in den letzten Jahrzehnten unserer Geschichte alle Regime, die auf Gottlosigkeit gegründet waren: Wie furchtbar ist das Dritte Reich mit dem Nationalsozialismus zusammengebrochen, wie erbärmlich die DDR – realexistierender Sozialismus statt Religion.

In der Präambel des Grundgesetzes steht immerhin: Im Bewußtsein unserer Verantwortung vor Gott ... Und damit sind wir bisher gut gefahren. Das ist kein reiner Zufall. Ich meine, daß wir sehr hellhörig sein müssen, wenn uns eine Zukunft angeboten wird, die ohne Religion, ohne Christentum, ohne Gott auskommen will. Die Tendenzen sind ja auch heute sehr stark. Wir haben gerade im 118. Psalm

* Predigt am 5. April 1991 in Wiesbaden beim ökumenischen Gottesdienst zur Eröffnung der 12. Legislaturperiode des Hessischen Landtags (Bischöfliche Pressestelle Fulda); Überschrift von den Bearb.; Textfassung leicht überarbeitet.

gehört: „Besser sich zu bergen beim Herrn, als auf Menschen zu bauen, die vergehen. Besser sich zu bergen beim Herrn, als auf Fürsten zu bauen“[1]. Die Fürsten unserer Zeit sitzen natürlich nicht mehr in Barockschlössern, sondern in den Vorstandsetagen der Unternehmen und Gewerkschaften und in den Funkhäusern. Aber auch da gilt, was wir im Psalm gehört haben: „Die Rechte des Herrn ist erhoben, die Rechte des Herrn wirkt mit Macht“[2].

Ich meine, selbst wenn uns nicht Frömmigkeit dazu treibt, christliche Prinzipien ernst zu nehmen, sollte uns die Vernunft dazu bringen. Denn wir haben es doch zu oft erlebt, wie die Abwendung von Gott, die Abwendung von den christlichen Grundlagen unserer Kultur und Zivilisation in den Zusammenbruch geführt hat. Bei Matthäus heißt es im 7. Kapitel: „Wer die Worte Gottes hört und nicht danach handelt, ist wie ein unvernünftiger Mann, der sein Haus auf Sand baute“[3].

Und deshalb ist mein Wunsch für Sie an diesem Tage: Bauen Sie nicht auf den Treibsand der doch oft sehr manipulierten öffentlichen Meinung, sondern auf den Felsen göttlicher Wahrheit! Und seien Sie sicher: Der Gott, ohne den kein Haar auf Ihrem Kopf gekrümmt werden kann, hat auch die Macht und die Barmherzigkeit, Ihre Treue zu belohnen.

So wünsche ich Ihnen für die kommenden Jahre, die ja für manche von Ihnen die entscheidenden Jahre Ihres Lebens sein werden, Gottes Geist und Gottes Segen in Fülle.

Chancen für den Prozeß auf eine neue Weltordnung hin*

Vor den Augen der Weltöffentlichkeit vollzieht sich in diesen Tagen eine pogromartige Verfolgung großer Teile der irakischen Bevölkerung, insbesondere der Kurden durch die Armee Saddam Husseins. Die Alliierten des Golfkrieges greifen bisher nicht zum Schutz der verfolgten Menschen ein und verweisen auf den nur begrenzten UNO-Auftrag zur Befreiung Kuwaits. Nach mehrfachen Anläufen hat sich der Sicherheitsrat der UNO nun doch noch zum Handeln entschlossen und in der Nacht zum 6. April 1991 die Resolution 688 verabschiedet. Er „verurteilt die Unterdrückung der irakischen Zivilbevölkerung in vielen Teilen des Iraks ...“.

Die Verurteilung durch die Resolution 688 geschieht auf der Basis des Kapitels VII Artikel 39 der UN-Charta, wonach es Aufgabe des Sicherheitsrates ist, festzustellen, „ob eine Bedrohung oder ein Bruch des Friedens oder eine Angriffshandlung vorliegt“. Eine Bedrohung des Friedens ist für die Resolution gegeben, weil „die Unterdrückung der irakischen Zivilbevölkerung in vielen Teilen des Iraks ... zu einem starken Flüchtlingsstrom in Richtung auf und über internationale Gren-

---

[1] Psalm 118,6–7.

[2] Psalm 118,16.

[3] Matthäus 7,26.

* Stellungnahme zur Irak-Resolution 688 des UNO-Sicherheitsrates, 12. April 1991; Druck u.a.: KNA, Dokumentation, Nr. 27, 13. April 1991; Militärseelsorge 33 (1991), S. 365–367; „Meinen Frieden gebe ich Euch“, S. 119–121.

zen hinweg sowie zu Grenzüberschreitungen führte, was den internationalen Frieden und die Sicherheit in der Region gefährdet".

Diese Resolution ist aus der Sicht der katholischen Friedenslehre überaus begrüßenswert. Dies gilt schon deshalb, weil auf diese Weise die politische Basis für einen wirksamen Schutz der irakischen Zivilbevölkerung gelegt ist. Es steht sehr zu hoffen, daß der Sicherheitsrat die ihm zur Verfügung stehenden friedlichen und militärischen Sanktionsmaßnahmen[1] auch rechtzeitig, das heißt, bevor der Völkermord zur Vollendung kommt, ergreifen wird.

Darüber hinaus ist die Resolution 688 aus mehr in die Zukunft gerichteten Überlegungen sehr zu begrüßen. Die Resolution impliziert nämlich eine weitreichende Interpretation des in Kapitel I Artikel 2 § 7 der Charta der Vereinten Nationen kodifizierten Grundsatzes des Nichteingreifens in „Angelegenheiten, die ihrem Wesen nach zur inneren Zuständigkeit eines Staates gehören". Wenn also aus der Unterdrückung von Bevölkerungsteilen eine Bedrohung des Friedens erwächst, gehört diese Unterdrückung nicht mehr zu den inneren „Angelegenheiten". Diese Beschränkung staatlicher Souveränität im Interesse des internationalen Friedens durch den Sicherheitsrat stellt einen großen Schritt in Richtung auf eine von der katholischen Kirche schon seit Jahrzehnten immer wieder geforderte Weltautorität dar, „die über die wirksame Macht verfügt, um für alle Sicherheit, Wahrung der Gerechtigkeit und Achtung der Rechte zu gewähren"[2].

So erfreulich die Resolution des Sicherheitsrates auch ist, deckt sie doch deutlich die gegenwärtigen Grenzen der UNO auf. Noch verfügt die UNO über kein rechtlich abgesichertes Instrument, Pogrome in einem Staat zu verurteilen und gegen sie vorzugehen, wenn aus diesen kein Flüchtlingsstrom und keine Bedrohung des internationalen Friedens erwächst. Es ist deutlich, daß auf dieser Basis kein hinreichender Schutz gegen staatliche Unrechtsakte möglich ist. Das Ziel eines wirksamen Schutzes der Rechte jedes einzelnen ist jedoch inzwischen international anerkannt. „Wir werden gewährleisten" – so heißt es in der KSZE-Charta von Paris für ein neues Europa vom 21. November 1990 –, „daß dem einzelnen wirksame innerstaatliche wie internationale Rechtsmittel gegen jede Verletzung seiner Rechte zur Verfügung stehen"[3].

Das Recht auf staatliche Souveränität ist geschützt. Gerade die Geschichte des Nahen Ostens im 19. Jahrhundert zeigt, daß auch das Instrument der humanitären Intervention mißbraucht werden kann. Letztlich stellt sich hier das Problem, wie zwischen einer berechtigten und einer illegitimen Intervention unterschieden werden kann. Eine analoge Problemstellung kennt die katholische Kirche in ihrem Verhältnis zum Staat. Die Kirche besteht auf dem Recht, „auch politische Angelegenheiten einer sittlichen Beurteilung zu unterstellen, wenn die Grundrechte der menschlichen Person oder das Heil der Seelen es verlangen"[4].

---

[1] Kapitel VII Artikel 41 und 42 der Charta der Vereinten Nationen, 26. Juni 1945.
[2] II. Vatikanisches Konzil, Pastoralkonstitution „Gaudium et spes", 7. Dezember 1965, Nr. 82.
[3] Charta von Paris, 21. November 1990.
[4] II. Vatikanisches Konzil, Pastoralkonstitution „Gaudium et spes", 7. Dezember 1965, Nr. 76.

Nun kann das „Heil der Seelen" sicherlich keine Kategorie des internationalen Rechts abgeben, um so mehr jedoch die „Grundrechte der menschlichen Person". Die Menschenrechte markieren die Grenze des Rechts eines souveränen Staates auf Nichteinmischung in innere Angelegenheiten. Der Grund hierfür besteht darin, daß die Menschenrechte ihrer Natur nach vorstaatlich sind. Sie können von keinem Staat verliehen oder genommen werden. Sie gehören „ihrem Wesen nach" eben nicht „zur inneren Zuständigkeit eines Staates".

Es ist das Gebot der Stunde, alles zu tun, das völkerrechtliche Instrumentarium zur wirksamen Beschränkung der staatlichen Souveränität durch die Menschenrechte fortzuentwickeln. Die Zeit hierfür scheint heute nach dem Ende des Ost-West-Konflikts und angesichts des weltweiten Entsetzens über die irakischen Pogrome besonders geeignet zu sein. Es wäre schlimm, wenn wir heute Chancen für den Prozeß auf eine neue Weltordnung hin verstreichen ließen, so daß wir in Zeiten der Konfrontation dann wieder keine Möglichkeit haben, die Grundrechte der Menschen wirksam zu schützen.

Beratung*

Die letzten Jahrzehnte haben uns in Deutschland eine gewaltige Entwicklung auf dem Gebiet institutioneller Beratung gebracht. Heute gibt es öffentliche Beratungsstellen für so gut wie alles und jedes: Verbraucherberatung und Verweigererberatung, Schwangerschafts-und Adoptionsberatung, Ausländer- und Jugendberatung, Aids-, Sucht- und Drogenberatung, bis hin zur Sexualberatung, die in der rot-grünen hessischen Koalitionsvereinbarung[1] gerade eine spezielle Hervorhebung erfahren hat. Nun darf man in so vielfältigen Hilfsangeboten durchaus einen Fortschritt sehen, zumal in einer Welt, die mit einer ebenso vielfältigen Gesetzgebung das Leben der Menschen kompliziert hat. Aber die allumfassenden Beratungssysteme bergen auch Gefahren in sich, die wir nicht übersehen sollten.

Einmal kann das Sicherheitsnetz der sozialen Beratung eben auch wirklich zum „Netz" werden, das heißt, wenn ganz normale und natürliche Ereignisse und Belastungen im Leben grundsätzlich oder übermäßig problematisiert werden, kann das den freien Flug, den Mut zum Risiko und zu selbstverantworteter Entscheidung auch bremsen. Jedenfalls ist mir aufgefallen, daß asiatische oder afrikanische Jugendliche wesentlich eher selbständig wirken und auf eigenen Beinen stehen, als das bei uns der Fall ist.

Zum anderen fällt es kaum noch auf, wie sehr die natürlichen Berater des Menschen, Mütter und Großmütter, Väter und Großväter, Priester und Lehrer bei die-

---

* Das Wort des Bischofs: Beratung, in: Bonifatiusbote, Nr. 18, 5. Mai 1991; Druck: Worte in die Zeit, S. 124–126.

[1] Die Wahlen zum 13. Hessischen Landtag vom 20. Januar 1991 brachten einen Regierungswechsel: Die bisherigen Oppositionsparteien SPD und Grüne stellten am 10. März 1991 ihre Koalitionsvereinbarungen der Öffentlichkeit vor.

ser Entwicklung in den Hintergrund treten, mit all dem, was sie aus größerer menschlicher Nähe und Lebenserfahrung zu bieten hätten.

Schließlich ist in unserer Zeit auch die Gefahr nicht zu übersehen, daß Seelsorge und Verkündigung als bloße Beratung angeboten werden. So da, wo man nicht mehr die persönliche Sünde des Menschen sieht, die Buße, Umkehr und Vergebung braucht, sondern nur noch sozial bedingte menschliche Schwächen, die bloß Verständnis brauchen. So da, wo die Herausforderung des Evangeliums, die den Menschen treffen soll bis zur „Scheidung von Mark und Bein"[2], auf das hin, was man heute als „zumutbar" ansieht, wegberaten wird.

Wir alle sind Zeugen der unglaublichen Begriffsverwirrung, die zur Zeit in der Frage des Schutzes der ungeborenen Kinder eingetreten ist und durch die unsere verdienstvollen kirchlichen Beratungsdienste einem unerhörtem Druck von allen Seiten ausgesetzt werden. Es ist ja beschämend, daß der Grundsatz, daß keinerlei Schwangerschaftsberatung zur Tötung unschuldigen Lebens führen darf, überhaupt – und das bis in sich christlich nennende Kreise hinein – in Frage gestellt werden kann.

Die Kirche wird niemanden im Stich lassen, der wirklich Rat und Hilfe sucht, aber eines muß klar sein: Wenn die Fristentötung (hier von „Lösung" zu sprechen ist eiskalter Zynismus, der schaurige historische Reminiszenzen wachruft), wenn also die Fristentötung mit Pflichtberatung zum Gesetz werden sollte, dann wird keine kirchliche Stelle im Bistum Fulda (und wohl nicht nur hier) mehr einen „Beratungsschein" ausstellen. Denn kein Staat hat ein Recht auf die Ausstellung von Tötungslizenzen.

Was tut so ein Bischof eigentlich[*]

... den ganzen Tag? Das ist eine Frage, die nicht nur von Gläubigen und Gremien, besonders aber von Jugendlichen und Schulklassen, in den letzten acht Jahren immer wieder gestellt wurde. Pressevertreter wollten auch schon einmal über „einen Tag im Leben des Bischofs" berichten, aber bei der Planung zeigte sich dann immer, daß ja kein einzelner Tag wie der andere ist – und dann so einen Tag mit Bonbons anzureichern, das war auch nicht nach meinem Geschmack. So bin ich auf die Idee gebracht worden, am Ende dieses Monats doch für die, die es genau wissen wollen, einfach einmal meinen Terminkalender für den Mai 1991 offenzulegen. Da ist dann nichts gekünstelt, alles ist so abgelaufen, und im Lauf eines Monats kommt auch so ziemlich alles vor, was eben vorkommt ...

1. Mai mit Maisprung von Fulda – im Heereshubschrauber nach Heiligkreuztal in Oberschwaben zur „Woche der Begegnung" der in der Militärseelsorge aktiven Laien. Pontifikalamt mit Predigt, abends Empfang, Ordensüberreichung, gemütlicher Abend mit „Bischof zum Anfassen".

---

[2] Hebräer 4,12.

[*] Das Wort des Bischofs: Was tut so ein Bischof eigentlich ...?, in: Bonifatiusbote, Nr. 22, 2. Juni 1991.

2. Mai	Teilnahme an der „Zentralen Versammlung" ebendort; Themen: Militärseelsorge in den neuen Bundesländern, Golfkrieg, Woche des Lebens, Erfahrungen der Jugendoffiziere mit dem BDKJ.
5. Mai	Firmung in Steinau-Steinhaus.
6. Mai	Abends Vortrag und Gespräch im Priesterseminar.
7. Mai	Semestereröffnungsgottesdienst in München. Pontifikalamt und Predigt in der Ludwigskirche.
8. Mai	Rückkehr nach Fulda. Gespräch mit der Fuldaer Schüler-Union im Bischofshaus.
9. Mai	Bundestreffen der DPSG in Fulda. Pfadfindermesse mit Predigt in St. Andreas, Neuenberg.
11. Mai	Wallfahrt auf den Hülfensberg von Geismar/Eichsfeld aus[1]. Eine steile Strecke – das letzte Mal bin ich sie 1947 gegangen, als Siebzehnjähriger, allerdings ohne bischöflichen Ornat. Pontifikalamt mit Predigt und gemeinsam mit Bischof Wanke Einweihung des erneuerten Konrad-Martin-Kreuzes.
12. Mai	Firmung in Hanau, Hl. Geist und Mariä Namen.
13. Mai	Vormittags 600 Augsburger Pilger zur Bonifatiuswallfahrt im Dom zu Fulda. Pontifikalamt und Predigt. Nachmittags Einzelgespräche mit drei Gemeindeassistentinnen; alle sind froh in ihrem Beruf und zufrieden mit ihren Einsatzorten – das macht den Nachmittag direkt zur Erholung.
14. Mai	Morgens Sitzung des Geistlichen Rates im Generalvikariat, dann HR-Fernsehinterview für die Sendung „Parlament, Parteien, Perspektiven"[2].
15. Mai	Sprechtag in Bonn. Termine mit Gremien der Militärseelsorge, dem Staatssekretär im Verteidigungsministerium[3], dem Entwicklungshilfeminister[4] und dem Vorsitzenden des Verteidigungsausschusses des Deutschen Bundestages[5].
17. Mai	Firmung in Mackenzell.
18. Mai	Firmung in Eckweisbach.
19. Mai	Pfingstsonntag. Pontifikalamt mit Predigt im Dom.
22. Mai	Vormittags Einzelgespräche mit zwölf anstehenden Weihekandi-

---

[1] Der Hülfensberg, bis 1374 Stuffenberg genannt, ist die bedeutendste Wallfahrtsstätte des Eichsfeldes. Möglicherweise hat Bonifatius hier die legendäre Donareiche gefällt. Namengebend für den Hülfensberg ist das romanische Kreuz der Wallfahrtsstätte („Berg des Erlösers" = „Mons adjutorii seu Salvatoris Christi"). Auf Veranlassung des Paderborner Bischofs Konrad Martin entstand hier 1860 ein kleines Franziskanerkloster. Das monumentale Konrad-Martin-Kreuz wurde am 7. August 1933 eingeweiht. Wegen Baufälligkeit mußte es 1990 erneuert werden.

[2] Magazinbeitrag von Barbara Müller „Die CDU und § 218" für die Fernsehsendung PPP: Parlament, Parteien, Perspektiven am 15. Mai 1991.

[3] Gemeint ist wohl der Parlamentarische Staatssekretär (1988–1992) beim Bundesminister der Verteidigung Willy Wimmer.

[4] Carl-Dieter Spranger war von 1991 bis 1998 Bundesminister für wirtschaftliche Zusammenarbeit und Entwicklung (CSU).

[5] Fritz Wittmann war von 1971 bis 1994 MdB (CSU).

daten für Diakonat und Priestertum. Nachmittags Empfang des neuen Vorstandes des Katholischen Frauenbundes Fulda. Abends Gesprächskreis im Priesterseminar.

23. Mai Gespräch mit der Bundesgeschäftsführerin[6] des SkF über aktuelle Fragen.

24. bis 26. Mai Internationale Soldatenwallfahrt nach Lourdes. Begegnungen, Predigten und Ansprachen.

28. Mai Morgens Sitzung des Geistlichen Rates in Fulda. Nachmittags Abflug nach Rom.

30. Mai Auf Einladung des Papstes Teilnahme an der Fronleichnamsprozession in Rom.

31. Mai Tagung des Internationalen Rates der Militärbischöfe in Rom. Pontifikalmesse mit Predigt. Einkäufe für die geplünderten Kirchen von Liberia, ermöglicht durch die Spenden Fuldaer Katholiken und Leser des Bonifatiusboten.

Schließlich Rückflug nach Fulda in Vorfreude auf das 750jährige Gemeindejubiläum in Sindersfeld. Aber halt! Da sind wir schon am Anfang Juni, und hier muß nun Schluß sein.

Haben Sie gemerkt, daß hier einige Tage fehlen oder nicht ganz ausgefüllt erscheinen? Dann denken Sie an das tägliche Brot der Korrespondenz und des Aktenstudiums. Aber auch Zeiten der Stille, der Besinnung und der Erholung sind notwendig. Denn all die Predigten und Ansprachen kommen natürlich nicht „aus dem Ärmel“, sondern – allen Pfarrern zum Trost sei es gesagt – kosten auch den Bischof viele Stunden im Schweiße seines Angesichtes.

Verrückte Zeiten*

Die Hessenschau[1] berichtete dieser Tage von einer Dame aus Kassel, die ihren Wellensittich einmal in Eierschaum getunkt hatte, um damit „künstlerisch“ irgend etwas zu beweisen. Tierschützer erstatteten Anzeige, es kommt zum Gerichtsverfahren. Das endet mit Freispruch, wohl auch, weil dem Wellensittich nichts weiter passierte und er sich putzmunter präsentierte. Nun will aber der Staatsanwalt das nicht auf sich beruhen lassen und legt Berufung ein. Ein zweites Verfahren in höherer Instanz also, um den grundsätzlichen Schutz der Wellensittiche vor dem Eintauchen in Eierschaum festzustellen und Frauen, die das tun, zu kriminalisieren. Und das in einem Lande, in dem kein Staatsanwalt es mehr wagen würde, wegen der Tötung eines ungeborenen Kindes noch eine Anklage zu erheben.

Ebenfalls dieser Tage erhalte ich ein Schreiben des Magistrats der Stadt Fulda (mit mehreren Anlagen, Skizzen und Formularen), das mich davon in Kenntnis

---

[6] Bundesgeschäftsführerin des SkF war von 1980 bis 1992 Dr. Monika Pankoke-Schenk.

* Das Wort des Bischofs: Ver-rückte Zeiten, in: Bonifatiusbote, Nr. 26/27, 30. Juni/7. Juli 1991.

[1] Magazinbeitrag von Jörg-Adrian Huber „Aktionskünstlerin contra Justiz“ in der Hessenschau des Hessischen Rundfunks am 18. Juni 1991.

setzt, daß eine Eibe im Bischofsgarten nunmehr unter den Schutz des Hessischen Naturschutzgesetzes gestellt werde. „Wir ... fügen zwei Erklärungen bei, die Sie bitte ausfüllen und unterschrieben in *einer* Ausfertigung bis *spätestens* ... an uns zurückgeben wollen", heißt es dazu. Nun finde ich es rührend, wie sehr die Stadt darum bemüht ist, wie es im selben Schreiben heißt, „Einzelschöpfungen in der Natur zu schützen", und ich fühle mich durch die Entdeckung dieser wertvollen Pflanze durch die „Untere Naturschutzbehörde" geradezu geschmeichelt – jeder Schutz soll ihr zuteil werden. Obwohl man natürlich kaum umhin kann, daran zu denken, daß in den bischöflichen und klösterlichen Gärten Fuldas schon edle Baumkulturen angelegt, gehegt und gepflegt wurden, Jahrhunderte bevor man an eine hessische Naturschutzbehörde je gedacht hätte. Und was würde wohl geschehen, wenn der Magistrat Frauen in dieser Stadt mitteilen würde, daß man bei ihnen Einzelschöpfungen der Natur festgestellt habe, um deren garantierten Schutz durch persönliche Unterschrift man bäte? Würde man das nicht sofort als unerträglichen Psychoterror bezeichnen? Merken wir eigentlich überhaupt noch, in welcher Umkehrung der Werte wir leben?

Leider gilt das ja auch bis weit in den religiösen Bereich hinein. Wenn der Jesus-Kitsch eines theologischen Scharlatans wie Franz Alt[2] ebenso auf die Bestsellerlisten gerät wie die Narreteien einer Professorin Ranke-Heinemann[3], dann hat sich doch in unseren Tagen die Vorhersage des heiligen Paulus erneut erfüllt, wenn er an Timotheus schreibt: „Es wird eine Zeit kommen, in der man die gesunde Lehre nicht erträgt, sondern sich nach eigenen Wünschen immer neue Lehrer sucht, die den Ohren schmeicheln; und man wird der Wahrheit nicht mehr Gehör schenken, sondern sich Fabeleien zuwenden"[4]. In einer solchen Zeit buchstäblich ver-rückter Maßstäbe aber sind wir alle herausgefordert, für die Wahrheit einzustehen, die uns geoffenbart wurde, und das bei Kindern und Enkeln, Freunden und Bekannten, in Kirche und Gesellschaft. Und mögen wir heute als überzeugte Christen auch den Eindruck haben, eher Amboß als Hammer zu sein, denken wir an das Wort des „Löwen von Münster"[5] in schwerster Zeit: „Der Amboß hält länger als der Hammer!"

Die Akte Y*

Die Akte Y existiert im Bischofshaus seit dem 30. November des vorigen Jahres. Das Y steht nämlich (wie auf den Kfz-Schildern) für Bundeswehr. Ausgerechnet Anfang November hatte ich ja im Wort des Bischofs darüber geschrieben: „Wie Bischöfe ernannt werden"[1] – ohne freilich zu wissen, daß mir Ende des Monats eine

---

[2] Franz Alt, Jesus – der erste neue Mann, München 1989.
[3] Uta Ranke-Heinemann, Eunuchen für das Himmelreich. Katholische Kirche und Sexualität, Hamburg 1988; Nein und Amen. Anleitung zum Glaubenszweifel, Hamburg 1992.
[4] 2 Timotheus 4,3 f.
[5] Clemens August Graf von Galen, von 1933 bis 1946 Bischof von Münster.
* Das Wort des Bischofs: Die Akte Y, in: Bonifatiusbote, Nr. 31, 4. August 1991.
[1] S. oben S. 180 f.

weitere „Bischofsernennung" ins Haus stehen würde. Da der Militärbischof in Deutschland aber auf Vorschlag der Diözesanbischöfe vom Papst ernannt wird, kann das eben auch rascher gehen als bei den manchmal langwierigen Konkordatsverfahren.

Nun ist der Militärbischof als zusätzliche Aufgabe natürlich auch eine zusätzliche Belastung. Zuerst hat sie Kardinal Wendel von München getragen, dann der Bischof und spätere Kardinal Hengsbach von Essen und schließlich Erzbischof Kredel von Bamberg. Um eine naheliegende – und mir auch hin und wieder gestellte – Frage ein wenig zu entschärfen: Ich glaube, das hat den genannten Diözesen nicht geschadet. In der Deutschen Bischofskonferenz teilen sich die Bischöfe überdiözesan viele Aufgaben in Gremien, Kommissionen und Sekretariaten – da ist die Seelsorge für die Bundeswehr, die ja übrigens auch den größten einzelnen „Jugendverband" in Deutschland darstellt, die schwerste nicht.

Dazu tragen vor allem drei Gründe bei: Einmal gibt es in Bonn ein Militärbischofsamt unter Leitung eines Generalvikars, das ausgezeichnet arbeitet. Zum zweiten findet der heute meist sehr heimatnah geleistete Bundeswehrdienst im Grunde „Di – Mi – Do" statt, das heißt, in der Mitte der Woche – was die für den Bischof im Bistum so wichtigen Sonn- und Feiertage ja immer freiläßt. Und drittens – auch das darf nach den ersten acht Monaten einmal gesagt werden – macht die Arbeit in und mit den Angehörigen der Bundeswehr auch wirklich Freude. Ich habe Armeen und Militärs in vielen Ländern der Erde kennengelernt; zu unseren Bürgern in Uniform kann man sich da nur beglückwünschen.

Szenenwechsel. Telefax aus Bonn: zum Kongreß des Internationalen Katholischen Militärapostolats in Flensburg mit Vertretern aus vielen Nationen ist die Anwesenheit des Militärbischofs dringend erwünscht. Aber das ist in der ersten Juniwoche, genau zwischen Priestertag und Eröffnung der Bonifatiuswallfahrt. Für Pontifikalamt, Empfang und Ansprachen sowie Hin- und Rückreise Fulda – Flensburg stehen ganze 22 Stunden zur Verfügung. Wie ist das möglich? Antwort: durch die Hubschrauber der Bundeswehr und die Gastfreundschaft der Amerikaner in Sickels oder des BGS in der Leipziger Straße. Diesmal erwartet mich in Sickels eine ganz besondere Maschine – ein Marinehubschrauber der ehemaligen NVA aus Stralsund. Während die Bundeswehr eher kleine Hubschrauber einsetzt, in denen man gleich vorn in der Kanzel neben dem Piloten angeschnallt sitzt, haben die „Prominentenhubschrauber" von drüben große Polstersalons und drei Mann Besatzung. Es sind noch dieselben Besatzungen, die diese Maschinen schon seit 10 oder 15 Jahren fliegen; sie sind auch kaum austauschbar, weil oft die Armaturenschilder noch russisch beschriftet sind. Da gibt es dann Begegnungen ganz neuer Art. Was geht wohl in Menschen vor, die Tausende von Polit-Instruktionen hinter sich haben, jahrzehntelang kommunistischen Spitzenfunktionären gedient haben und nun plötzlich einen katholischen Militärbischof nach Lourdes oder Flensburg fliegen? Unsere Besatzung nimmt am geselligen Abend in internationaler froher Runde teil und scheint allmählich aufzutauen. Man hat wirklich den Eindruck, daß ihnen buchstäblich die Schuppen von den Augen fallen. Auf dem Rückflug geht man bei der Zwischenlandung sogar gemeinsam in die Kantine – und das auf einem

Flugplatz, dessen Kommandant mir bei der Begrüßung sagte: „Wenn Sie mit dieser Maschine vor zwei Jahren gekommen wären, hätten wir noch das Feuer eröffnet!" Da wird einem noch einmal richtig klar, wie dankbar wir eigentlich für die Entwicklung der letzten Jahre sein müßten. Und auch, daß man den jungen Leuten, die ja in das SED-System hineingeboren wurden, eine Chance geben muß, sich an Wahrheit und Wirklichkeit zu orientieren. Nicht zuletzt dazu soll auch das Angebot der Militärseelsorge – im Osten wie im Westen – dienen.

Mit Kindern leben*

Das Leitwort des kommenden Caritas-Sonntags[1] „Mit Kindern leben" ist bezeichnend für unsere Zeit. Es sollte uns nachdenklich machen, daß ein solches Leitwort, ein solcher Aufruf, überhaupt notwendig werden konnte. Denn jahrtausendelang war es ja die größte Selbstverständlichkeit, mit Kindern zu leben. Jede Generation gab das Leben an die zukünftige Generation weiter und sicherte so das Überleben aller. Wir sind nun wirklich die erste Generation der Geschichte, der die technisierte Zivilisation die Mittel an die Hand gibt, auf bequeme Weise auch ohne Kinder leben zu können – und die davon auch recht ausgiebig Gebrauch macht.

Die Verlagerung des Interesses von der künftigen auf die eigene Generation – von diversen Emanzipationsbewegungen immer noch kräftig unterstützt – hat aber unausweichliche Folgen auch für die eigene Zukunft dieser Generation. Zunächst die nüchternen Zahlen. 1910 kamen auf 50 Ältere (über 65) 340 Kinder und Jugendliche (bis 14). 1990 kamen auf 50 Ältere 50 Jugendliche, und wenn die Entwicklung sich so fortsetzen sollte, haben wir 2040 auf 50 Ältere noch 20 Jugendliche.

Nun geht es hier natürlich nicht bloß um bevölkerungspolitische Statistik, sondern um das Leben des Menschen. Wenn heute aber in unserer Generation schon jede zweite Schwangerschaft problematisiert und jede dritte abgebrochen wird, man also das Aufziehen und die Pflege von Kindern weitgehend als unzumutbar betrachtet, für wie unzumutbar wird die von uns dezimierte kommende Generation dann erst die jahrzehntelange Pflege der wachsenden Überzahl von Alten halten? Und wenn heute schon alle möglichen Bedingungen gestellt werden, um ungeborenes Leben nicht zu töten, wie werden die gesellschaftlichen Bedingungen für den Schutz alten und pflegebedürftigen Lebens in Zukunft aussehen? In einem Gespräch über den heute schon so bedrückenden Pflegenotstand sagte mir vor kurzem eine aufgeweckte Mittzwanzigerin spontan: „Tja, da muß dann eben Liebe da sein oder die Kohle muß stimmen!" Nun kann alle „Kohle" der Welt Liebe nicht ersetzen, aber da sind wir am springenden Punkt: Allein Liebe ist es, die Leben schenkt, Leben garantiert, Leben weitergibt, Elternliebe, Kindesliebe, von Generation zu Generation. Wo dieser Generationenvertrag in blindem Egoismus abgebrochen wird, entstehen keine gesunden und glücklichen Familien mehr, die das uner-

---

* Das Wort des Bischofs: Mit Kindern leben, in: Bonifatiusbote, Nr. 35, 1. September 1991; Druck: Worte in die Zeit, S. 127f.

[1] Am 29. September 1991.

setzliche Fundament für die Zukunft menschlichen und menschenwürdigen Lebens bilden; da werden die Quellen des Lebens selbst zugeschüttet. Und deshalb sollten wir als Menschen, die ihr Leben opferbereiten Eltern verdanken, als Christen und als Staatsbürger alles tun, um die Familie zu schützen und in jeder Weise zu fördern. Allerdings wird selbst die familiengerechteste Gesetzgebung den Schlüssel dafür nicht liefern können, wie das „mit Kindern leben“ aus der Kategorie sozialer Belastung in die Kategorie menschlicher Erfüllung erhoben werden kann: Kinder lieben!

Entfesselt*

Die Gruppe, die während der Schlußandacht der Deutschen Bischofskonferenz am 26. September auf dem Domplatz demonstrierte und in den Dom eindrang, gehörte dem internationalen Verband „Act up“ an, das heißt ausgeschrieben: „Aids Coalition to unleath power“. In meinem Großen Englischen Wörterbuch (Cassell's) finde ich folgende Angaben: entfesseln = unleath und Gewalt = power. Es handelt sich hier also um eine Gruppierung, die erklärtermaßen Gewalt entfesseln will – und zwar gegen die Kirche, der sie mangelnde Akzeptanz von „Schwulen“ und eine „lustfeindliche“ Haltung vorwirft. Diese Formation aggressiver und zumeist HIV-infizierter Homosexueller ist bereits durch ihre bisherigen Aktionen in den Medien bekannt geworden: In Frankfurt durch ihren Angriff auf den Dom und in Washington durch ihren Angriff auf Präsident Bush, der nur durch ein großes Aufgebot an Ordnungskräften zurück„geschlagen“ werden konnte.

So durfte eigentlich kein vernünftiger Mensch im Ernst davon ausgehen, daß diese Chaoten, sobald ihnen eine Demonstration auf dem Domplatz erlaubt war, nicht zu weiteren und gefährlicheren Störungen übergehen würden. Das war auch der Grund, weshalb ich mich persönlich gegen die Freigabe des Domplatzes an „Act up“ eingesetzt habe. Erstaunt war ich dann aber doch, mit welcher bisher unerreichten Häme ich für diese Intervention von den Lokalschreibern der „Fuldaer Zeitung“ als Gefahr für Fuldas „Image“ bezeichnet wurde[1]. Doch das sich auf „Provinzpossen“ spezialisierte Blatt wendete sich rasch: Während man sich am 26. September noch über den Bischof mokierte und die Fernsehberichte „gespannt“ erwartete, vergoß man bereits einen Tag später Krokodilstränen über die „tief verletzten religiösen Gefühle“ und den Mißbrauch des Demonstrationsrechts[2].

---

* Das Wort des Bischofs: Entfesselt, in: Bonifatiusbote, Nr. 40, 6. Oktober 1991. Vgl. L. Klemm, S. 44–47.

[1] Beatrix Nolte-Schunck, Fuldas Image leidet. Bärendienste aus dem Bischofshaus, in: Fuldaer Zeitung, Nr. 224, 26. September 1991: „So aber werden ... sich all jene bestätigt fühlen, die Fulda allzugern als Idealschauplatz für konservative Provinzpossen abtun. Ein Bärendienst aus dem Bischofshaus für die Bischofsstadt. Auf den Bericht eines Fernsehteams, das hier dreht, darf man gespannt sein“.

[2] Beatrix Nolte-Schunck, Religiöse Gefühle tief verletzt. Zum Störmanöver der Demonstranten im Dom, in: Fuldaer Zeitung, Nr. 225, 27. September 1991.

Erwartungsgemäß unterlag die Stadt Fulda (vorerst) mit ihrem zugunsten des Bistums vorgebrachten Antrag auf Freihaltung des Domplatzes vor dem Verwaltungsgericht in Kassel. In dessen Beschluß vom 26. September heißt es: „Es ist nicht ersichtlich, daß die Kundgebung auf einem Drittel des Domplatzes, die zur gleichen Zeit stattfinden soll wie die kirchliche Veranstaltung im Rahmen der Deutschen Bischofskonferenz, eine unmittelbare *Gefährdung* der öffentlichen Sicherheit und Ordnung darstellt". Wahrhaftig: „nicht ersichtlich" – aber doch wohl nur für Blinde, Weltfremde oder Voreingenommene. Und da von Gefährdungen die Rede war: Wenn randalierende Aids-Positive ein Handgemenge verursachen – kann das nicht für unbeteiligte Kirchenbesucher wirklich lebensgefährlich werden? So ist es im Dom und auf dem Domplatz zu blutenden Verletzungen gekommen. Ein angehender Priesteramtskandidat aus Bad Driburg wurde auf dem Heimweg von Act-up-Leuten blutig zusammengeschlagen, so daß er im Städtischen Krankenhaus behandelt werden mußte. Viele ältere Leute trauten sich kaum noch auf den Heimweg.

Was ich mir nach dieser Erfahrung als Bischof von Fulda erhoffe?

- ein Ende der Blauäugigkeit und Einäugigkeit bei allen Beteiligten und mehr Sinn für die Wirklichkeit;
- die Anerkennung der Tatsache, daß drei Dutzend hergelaufene Schwule nicht mehr Recht auf unseren Domplatz haben als Tausende von einheimischen Gläubigen;
- die Kenntnisnahme der Tatsache, daß es die Treue der hiesigen Bevölkerung zu ihrem angestammten Glauben ist, die den Ruf und das „Image" der Bischofsstadt Fulda begründet hat und erhält – ohne die Kirche wäre Fulda eben wirklich nur ein mitteldeutsches Provinzstädtchen;
- für 1992, da wir die 125. Wiederkehr der ersten Fuldaer Bischofskonferenz feiern dürfen, ein Zusammenwirken aller zu einem würdigen Jubiläum[3].

Ich bin auf viel Verständnis gestoßen*

Herr Erzbischof Dyba, Sie sind knapp ein Jahr Militärbischof. Daneben sind Sie Bischof von Fulda. Wie haben Sie Ihr erstes Jahr in dieser zusätzlichen neuen Aufgabe erlebt?

Ich habe in einer ziemlich bewegten Zeit als Militärbischof angefangen, die durch die Wiedervereinigung Deutschlands und den Golfkrieg geprägt war. Da kam auf mich gleich eine ziemlich stürmische Zeit zu. Aber, ich muß sagen, bei der Bundes-

[3] Den Festakt am 21. September sowie die Predigten und Reden anläßlich der Herbstvollversammlung der Deutschen Bischofskonferenz in Fulda vom 21. bis 24. September 1992 dokumentiert Michael Schwab (Red.), Fulda informiert: 125 Jahre Bischofskonferenz in Fulda. 150 Jahre Bonifatiusdenkmal, Fulda 1992.

* KNA, Interview, Nr. 57, 12. Oktober 1991: Dyba: „Ich bin auf viel Verständnis gestoßen". Militärbischof sieht nach der Wiedervereinigung viele neue Aufgaben (Interview: Gisela Heinen); Bonifatiusbote, Nr. 42, 20. Oktober 1991: „Lassen wir den evangelischen Kirchen mal ein bißchen Zeit". Fuldaer Oberhirte hofft auf Zusammenarbeit auch in östlichen Ländern.

wehr, bei den Soldaten und ihren Angehörigen bin ich doch auf viel Verständnis und Akzeptanz gestoßen, was diese Aufgabe natürlich wesentlich erleichtert. Denn wenn ein Diözesanbischof dazu noch als Militärbischof fungieren muß, ist das natürlich ein großes Opfer an Zeit. Wenn aber dann diese Zeit so ist, daß sie eigentlich nicht nervt oder entnervt, sondern ermutigt und aufbaut, dann ist das beinahe ein Stück Erholung.

Unter den Soldaten in den neuen Bundesländern gibt es kaum Katholiken. Fühlen Sie sich trotzdem für die dortigen Bundeswehrangehörigen verantwortlich?

Wir haben ein Deutschland, wir haben eine Bundeswehr, und damit haben wir für die katholische Kirche auch eine Militärseelsorge. Es gibt bereits in Norddeutschland viele sehr katholikenarme Gegenden und Standorte. Jetzt kommt neu hinzu, daß ein sehr hoher Prozentsatz der Soldaten in den neuen Bundesländern überhaupt nicht christlich, nicht getauft ist. Aber auch diese Menschen haben ein Recht darauf, überhaupt einmal zu erfahren: Was ist das eigentlich, die Kirche; was ist das eigentlich, das Christentum? Denn das ist doch wirklich ein großes Manko, daß jemand in Europa aufwächst, der bislang überhaupt keine Ahnung von der christlichen Lehre und den christlichen Traditionen hatte. Da setzt nun unser Unterricht in der Bundeswehr an. Dadurch, daß die Geistlichen und pastoralen Mitarbeiter vor Ort bei den Soldaten sind, haben die jungen Leute die Möglichkeit, das Angebot der Militärseelsorge anzunehmen. Es ist aber ein völlig freies Angebot.

Es gibt katholische Militärseelsorger in den neuen Bundesländern. Die evangelischen Kirchen dort lehnen den Militärseelsorgevertrag vorerst noch ab. Zum ersten Mal gehen die beiden großen Kirchen in Deutschland damit auf diesem Gebiet getrennte Wege.

Wir würden gerne mit ihnen gemeinsam – so wie im Westen – auch im Osten und in der Mitte Deutschlands wie bisher auf den bewährten Grundlagen die Militärseelsorge betreiben. Wir freuen uns keineswegs darüber, daß wir da jetzt teilweise allein auf weiter Flur stehen. Wir würden die Aufgaben viel lieber mit den evangelischen Amtsbrüdern gemeinsam angehen. Aber lassen wir den evangelischen Kirchen mal ein bißchen Zeit. Ich glaube, dann müßte doch irgendwann die Einsicht kommen, daß die Distanz, die etwa gegenüber dem Militär im Dritten Reich oder zu DDR-Zeiten angebracht war, in einem demokratischen Rechtsstaat wie der Bundesrepublik nicht notwendig ist.

Sie haben bei der Gesamtkonferenz der Militärgeistlichen[1] *davon gesprochen, daß man sich hierzulande – auch im noch christlich geprägten Teil Deutschlands – auf eine säkulare Gesellschaft hinentwickelt. Wo wird dann der Stellenwert von Militärseelsorge überhaupt noch liegen? Wird der Militärpfarrer nicht doch – wie er gelegentlich genannt wird – zum „Himmelskomiker" abqualifiziert werden?*

Ich glaube, daß die Bundeswehrangehörigen, die den Militärseelsorger in Anspruch nehmen – das sind übrigens nicht wenige –, ihn nicht als Komiker

---

[1] 36. Gesamtkonferenz der Militärgeistlichen und Pastoralreferenten in Bad Honnef vom 7. bis 11. Oktober 1991.

betrachten. Wir haben gerade in diesem Jahr, in dem es durch die Ereignisse am Golf mit den dazugehörigen Einsätzen alles andere als komisch zuging, erfahren, daß man sehr froh war, daß der Militärgeistliche als Ansprechpartner und Seelsorger vor Ort direkt bei den Soldaten war. Noch kann keiner voraussehen, welche kirchliche Strukturen sich künftig auflösen werden und welche nicht. Aber von allen Zahlen abgesehen, bleibt unser Auftrag, die christliche Botschaft zu verkünden – sei es in den Diözesen, in den Pfarreien, sei es bei den Soldaten.

Pax europaea*

Über vier Jahrzehnte lang hat der amerikanische Atomschirm – die „pax americana" – uns Europäer vor jedem Krieg geschützt. Da schon jeder Übergriff, etwa in Berlin, den Dritten Weltkrieg hätte auslösen können, durfte es auch solche Konflikte nicht geben. Nun aber hat sich durch den Wegfall der Ost-West-Konfrontation die politische Welt radikal verändert, und das heißt, wie Peter Glotz richtig bemerkt: Kleine Kriege sind wieder möglich. Sie sind nicht nur möglich, sie sind in Südslawien bereits ausgebrochen. Man kann die heutige Situation kaum besser beschreiben, als dies Otto von Habsburg kürzlich getan hat: „Wer hätte schon in den herrlichen Tagen des Jahres 1989, als eine Zwingburg nach der anderen fiel, gedacht, daß wir nur zwei Jahre später auf europäischem Boden Verbrechen und ein Genozid erleben müssen, das uns an Hitler, Stalin und Pol Pot erinnert, noch dazu begleitet vom mitschuldigen Schweigen jener, die nicht genug hervorheben konnten, daß die Greuel der Vergangenheit nie wiederkehren dürfen"[1].

Die Tatsache, der wir jetzt ins Auge schauen müssen, ist, daß wir auf den Sturz der Mauern, auf die Freiheit, nicht vorbereitet waren – nicht in Europa und schon gar nicht in Deutschland, das noch 1987 einen Honecker in Bonn mit Ehren und Fanfaren empfangen hat[2].

Nun stehen wir, im wahrsten Sinne „hilflos", vor dem großserbisch-kommunistischen Aggressionskrieg gegen das tapfere, aber wehrlose kroatische Volk. Alle Sitzungen, Erklärungen und „Hoffnungen" christlicher, ministerieller, europäischer Gremien helfen da ja gar nichts, verschleiern nicht einmal die „Verhöhnung Europas" (Erich Läufer).

In dieser Situation sollten wir uns auf das Zweite Vatikanische Konzil besinnen, das schon vor einem Vierteljahrhundert zur absoluten Ächtung des Krieges die Einsetzung einer Autorität gefordert hat, „die über wirksame Macht verfügt, um für alle Sicherheit, Wahrung der Gerechtigkeit und Achtung der Rechte zu gewährleisten"[3].

---

* Das Wort des Bischofs: Pax europaea, in: Bonifatiusbote, Nr. 44, 3. November 1991, mit Vermerk: „Spenden mit dem Stichwort ‚Kroatien' werden erbeten an: Deutscher Caritasverband ...".

1 Otto von Habsburg, Serbien verübt Völkermord an den Kroaten. Die Europäische Gemeinschaft wird durch ihre Untätigkeit mitschuldig am Krieg in Jugoslawien, in: Deutsche Tagespost, Nr. 121, 8. Oktober 1991.

2 Der erste und einzige offizielle Staatsbesuch Honeckers in Bonn fand am 7./8. September 1987 statt.

3 II. Vatikanisches Konzil, Pastoralkonstitution „Gaudium et spes", 7. Dezember 1965, Nr. 82.

Wie diese „wirksame Macht“ nun aufgebaut werden soll, ob deutsch-französisch oder als EG- oder Nato-Variante, ist Sache der Politiker zu entscheiden. Daß sie, so schnell wie möglich, kommen sollte, ist ein eminent christliches Anliegen, sollen wir in unserer bequemen Fernsehsesselposition nicht mitschuldig werden an Mord und Vertreibung. Für die Gewährleistung dieser „pax europaea“ sind wir aber nun selbst verantwortlich – und werden wir Deutsche uns da, aus welchen Gründen auch immer, aus der Gemeinschaft der dafür verantwortlichen Völker heraushalten können?

Aus der jetzigen Situation ergeben sich für uns wohl vor allem zwei Schlußfolgerungen:

- Anerkennung eines freien Staates Kroatien[4], weil nur diese Anerkennung internationale Stützung möglich macht, und
- Hilfeleistung für das leidende kroatische Volk, konkret für Mütter und Kinder, die von den letzten kommunistischen Kräften in Europa aus ihrer Heimat vertrieben werden. Darum bittet

Ihr Bischof † Johannes

Wir alle sind doch immer wieder Sünder*

Herr Erzbischof, tragen Sie bei diesem Interview eine kugelsichere Weste?

Nein, das tue ich nicht. Aber es ist richtig, daß mir die Polizei bei einer früheren Predigt schon einmal dazu geraten hat.

Ihre Äußerungen über Homosexuelle haben viel Kritik und auch viel Haß ausgelöst. Gottesdienste sind gesprengt, Sie selbst von Gewalttätern körperlich attackiert und bespuckt worden. In Sprechchören ist Ihnen gedroht worden: „Schlagt den Dyba tot“. Sind all diese schlimmen Ausschreitungen ein Symptom dafür, daß wir vor einer neuen Welle der Kirchenfeindlichkeit in unserem Lande stehen?

Ich glaube es schon. Wenn man sieht, in welcher Weise sich manche Medien hier hervorgetan haben, dann muß man von einer regelrechten kirchenfeindlichen Kampagne sprechen. Wer besonders klar spricht, ist natürlich auch leicht anzugreifen. So hat mir beispielsweise „Spiegel“-Herausgeber Augstein schon persönlich sogar einen neuen „Kulturkampf“ angesagt[1]. Dies alles geschieht in einer Gesellschaft, die von großer Permissivität und Pluralität geprägt ist und die deshalb auf die Botschaft der Kirche, die bestimmte Wege weist und andere ausschließt und dafür auch noch Glaubenswahrheit für sich in Anspruch nimmt, oft mit Ablehnung reagiert.

---

[4] Am 15. Januar 1992 wurden Slowenien und Kroatien, vor allem auf Betreiben Deutschlands, von der Europäischen Gemeinschaft als unabhängige Staaten diplomatisch anerkannt.

* Die Welt, Nr. 269, 18. November 1991: „Wir alle sind doch immer wieder Sünder“ (Interview: Hans-Werner Loose und Peter Scherer).

[1] Rudolf Augstein, Kulturkampf, anders, in: Der Spiegel, Nr. 20, 13. Mai 1991, S. 21: „Leute wie der Fuldaer Erzbischof Dyba ... und sein allerhöchster römischer Kriegsherr sind die Kräfte, die es in einem neuen – nennen wir es getrost so – Kulturkampf zu bekämpfen gilt“.

Ihre Gegner würden Sie am liebsten mundtot machen. Wird der Bischof von Fulda, nachdem er nun erklärt hat, die Formulierung „drei Dutzend hergelaufene Schwule" nicht mehr verwenden zu wollen[2]*, künftig nur noch verbalen Weihrauch von sich geben?*

Ich werde weiter klar, deutlich und laut sprechen. Aber natürlich werde ich mir überlegen, wie man dies tun kann, ohne unnötig zu verletzen.
Es ist richtig, daß man sich und seine Sprache immer wieder überprüfen muß. Allerdings muß ich auch das sagen: Nur mit sanften Gemeinplätzen bringen Sie nichts über. Wenn ich nur völlig Unkritisierbares von mir gegeben hätte, säßen Sie heute nicht bei mir. Es ist natürlich sehr leicht zu sagen: Bringe die Botschaft über, aber so, daß es niemandem weh tut. Sie werden auch in der Heiligen Schrift finden, daß die Botschaft polarisiert. So bezeichnet Paulus das Wort Gottes als „kraftvoll und schärfer als jedes zweischneidige Schwert"[3], und Christus selbst wird im Evangelium bezeichnet als ein „Zeichen, dem widersprochen wird"[4].

Ihnen wird immer wieder vorgeworfen, der Rechtsaußen des deutschen Klerus zu sein. Wie sehen Sie selbst Ihren Standort?

Es wird ja auch dem Papst vorgehalten, daß er am rechten Rand der Kirche stehe. Für mich steht Johannes Paul II. in der Mitte, und da stehe auch ich.

Kennt der Papst die Auseinandersetzungen um Ihre Person?

Papst Johannes Paul liest die „Welt" und dürfte deshalb genügend informiert sein.

Unserer pluralen und weitgehend säkularisierten Gesellschaft steht eine Kirche gegenüber, die keinen Millimeter von ihrer Haltung abweicht. Zum Beispiel auch in der Frage der Abtreibung. Wo steht in der Bibel geschrieben: „Du sollst nicht abtreiben"?

Es steht da: „Du sollst nicht morden"[5], also nicht ungerecht töten. Und immer wieder bezeichnet Gott den von ihm erschaffenen Menschen schon im Mutterleib als von ihm gewollt und berufen, so bei Jeremia[6] und Johannes dem Täufer[7]. Es ist also klar, daß kein Mensch seine Hand erheben darf gegen von Gott geschaffenes menschliches Leben.

Macht die Kirche denn, Herr Erzbischof, deutlich genug, daß die Verurteilung der Abtreibung eine Sache ist, der seelsorgliche Umgang mit den Frauen, die abgetrieben haben, aber eine völlig andere? Oder werden Frauen, die abgetrieben haben, einfach unbarmherzig ausgegrenzt?

---

[2] Vgl. Art. „In der Nacht und in Rage geschrieben". Erzbischof widerruft, in: Fuldaer Zeitung, Nr. 267, 16. November 1991: „Erzbischof Dr. Johannes Dyba hat sich verpflichtet, die Bezeichnung ‚drei Dutzend hergelaufene Schwule' für Mitglieder der Aids-Hilfe-Gruppe ‚Act up' nicht mehr zu wiederholen. ...".

[3] Hebräer 4,12.

[4] Lukas 2,34.

[5] Vgl. Exodus 20,13.

[6] Jeremia 1,5.

[7] Lukas 1,15.

Die Kirche verurteilt die Sünde, aber nie die Sünder. Wir alle sind doch – immer wieder – Sünder. Die Kirche muß aus ihrem Glaubensverständnis heraus aber sagen, was falsch und was richtig ist. Alle, die sich ihrer Schuld bewußt sind, die bereuen und sich dem Beichtsakrament stellen, finden in der Kirche Vergebung und Verzeihung. Frauen, die abgetrieben haben, die darüber traurig sind und das bereuen, denen begegnet Gott durch die Kirche in Verzeihung und Barmherzigkeit. Aber natürlich gehört dazu eine gewisse Disposition des Gewissens. Wenn eine Frau wie Jutta Ditfurth kommt und sich schnoddrig über ihre Abtreibungen äußert, da ist keine Möglichkeit zur Umkehr und Vergebung. Ich habe damals beim Mahnläuten immer hinzugefügt: Das ist natürlich auch ein Versöhnungsläuten. Das heißt: Die Kirche will den Frauen, die abgetrieben haben, damit sagen: Für jede Schuld gibt es Vergebung und für jede Verstrickung einen neuen Anfang.

Wie denken Sie persönlich über diejenigen, die Sie bespuckt, getreten, Ihnen den Tod an den Hals gewünscht haben? Versöhnlich, verzeihend?

Ich denke mit großer Betroffenheit an diese Angriffe zurück. Das war schon ein alptraumartiges Erlebnis. Auch hier gilt wieder: Diesen Haß und diese Hetze gegen die Kirche verurteile ich. Aber die Menschen, die sich da hineingesteigert haben, tun mir von Herzen leid. Und das sage ich ohne jede Heuchelei und ohne jede Herablassung. Ich halte sie für zutiefst unglückliche Menschen, denen man nur wünschen kann, daß sie die Heimkehr in den Frieden finden.

Kehren wir zum Thema Abtreibung zurück: Akzeptieren Sie, daß viele Frauen aus einer tiefen existentiellen Notlage abtreiben?

Für viele Frauen ist es sicher eine schwere Gewissensentscheidung. Ich glaube aber nicht, daß man sagen kann, daß es sich alle Frauen entsetzlich schwer mit dieser Entscheidung machen. Sonst hätten wir nicht über 300 000 Abtreibungen im Jahr. Es gibt Frauen, die nach einer Abtreibung wieder relativ leicht zur Tagesordnung übergehen. Aber natürlich erkennt die Kirche an, daß es auch ganz ausgefallene Notfälle gibt. Es ist jedoch eine alte Regel der christlichen Moral, daß man nicht aus außerordentlichen Notfällen allgemeingültige Regeln ableiten darf.

Wenn die Kirche ungeachtet der persönlichen und sozialen Situation der Mutter fordert, alle Kinder auszutragen, müßte sich dann nicht die „Mutter Kirche" mehr für diese Kinder engagieren?

Wer tut denn mehr für die geborenen Kinder als die Kirche? Wer hat denn mehr Kindergärten, mehr Kinderhorte als die Kirche? Wir haben doch Tausende von diesen Einrichtungen. Ich kann für das Bistum Fulda sagen: Wir haben noch keine Frau in Not zurückweisen müssen. Es stimmt einfach nicht, wenn gesagt wird: Ihr könnt zwar große Verbote aussprechen, aber für das geborene Leben tut ihr nichts. Das ist auch ungerecht gegen die vielen Frauen, die sich in der Kirche und ihren Verbänden ehren- oder hauptamtlich für Mütter und Kinder engagieren.
Ein Volk wie das unsere, das nun wirklich Gott dankbar sein müßte, daß es uns materiell besser geht als fast allen Völkern auf der Welt, sollte nun wirklich nicht so schnell soziale Gründe dafür angeben, daß Kinder nicht zur Welt kommen können.

Eines der größten sozialen Probleme unserer Erde ist die Bevölkerungsexplosion. Ist da die Haltung des Papstes verantwortlich, der global verkündet: Seid fruchtbar und mehret euch?

In den Ländern mit den höchsten Geburtenraten liegt die Zahl der Katholiken unter einem Prozent. Da kann man gar nicht mit irgendwelchen Enzykliken argumentieren. Die haben da überhaupt keinen Einfluß auf die Bevölkerungsentwicklung. Ich kenne nun hauptsächlich Afrika. Insgesamt kann man sagen: Solange es dort keine Sozial- und Rentenversicherung gibt, solange setzt man auf zahlreichen Nachwuchs in Großfamilien. Will man also die Bevölkerungsentwicklung in vernünftige Bahnen lenken, so kann man das meiner Meinung nach nur durch wirtschaftlichen und sozialen Fortschritt erreichen. Oder anders ausgedrückt: Die Lösung liegt darin, die Armut zu bekämpfen. Sie können es überall in der Welt sehen. Wenn die Armut schwindet, schwinden auch die großen Kinderzahlen. Das ist der Weg. Mit Verhütungsmitteln ist das nicht zu machen.

Wenn sich die Kirche öffentlich zur Sittenlehre zu Wort meldet, so hat man oft den Eindruck, sie erhebe sich zum moralischen Gewissen der Republik.

Die Kirche muß den Auftrag erfüllen, den sie von Gott erhalten hat. Wenn sich jetzt die Konflikte im Bereich der Moralvorstellungen häufen, dann wird damit eine Glaubenskrise deutlich. Wenn ich glaube, daß jedes menschliche Leben von Gott ins Dasein gerufen ist, dann verstehe ich auch, warum ich dagegen nicht die Hand erheben darf. Wenn ich das nicht glaube, dann sage ich natürlich, wieso kommen da ein paar Pfarrer und wollen mir sagen, was ich machen und was ich nicht machen darf. Wenn ich glaube, daß in der Eucharistiefeier Gott gegenwärtig wird und uns Menschen ruft, dann verstehe ich, weshalb die Kirche sagt: Jeden Sonntag trifft sich die Gemeinschaft zur heiligen Messe. Wenn ich das nicht glaube, dann sage ich natürlich: Was soll das denn? In der besten Ausschlafzeit am Sonntag früh soll ich auch noch zur Kirche gehen. Es ist also die Glaubenskrise, die diese Moralkrise hervorruft.

Sind wir also auf dem besten Weg hin zu einer atheistischen Gesellschaft?

So würde ich nicht formulieren. Aber sicher sind wir eine Gesellschaft, in der der christliche Glaube schwindet und von daher die aus dem Glauben heraus abgeleiteten moralischen Normen zunehmend nicht mehr akzeptiert werden.

Wenn das so ist, wie Sie sagen, muß sich die Kirche dann nicht in ihrem Anspruch zurücknehmen, in Sachen der Moral der ganzen Gesellschaft ins Gewissen reden zu wollen?

Die Kirche muß ihren Auftrag so klar wie möglich und so verständlich wie möglich formulieren. Widerspruch hat es zu allen Zeiten gegeben. Der Widerspruch ist uns von Christus vorausgesagt. Er hat uns ja gesagt: „Wenn sie mich verfolgt haben, werden sie auch euch verfolgen“[8]. Die Märtyrer der Kirche haben dieses Schicksal nicht erlitten, weil sie auf sanfte Weise Mehrheitsmeinungen verkündet haben, son-

---

[8] Johannes 15,20.

dern weil die Leute so wütend über die christliche Herausforderung waren, daß sie ihnen – wie dem heiligen Bonifatius – den Schädel eingeschlagen haben.

Wenn man sich die öffentliche Kritik anschaut, könnte man fast meinen, Sie seien der einzige Bischof der katholischen Kirche in Deutschland. Diesen Eindruck hat jetzt ein Amtsbruder von Ihnen, Kardinal Sterzinsky, verwischt, der Sie mit Äußerungen zum Zölibat in den Schlagzeilen abgelöst hat[9]. Wie stehen Sie zur Ehelosigkeit der Kleriker?

Zu den konkreten Äußerungen des Kardinals möchte ich nicht Stellung nehmen. Mir ist unklar, was gesagt worden ist und was nicht gesagt worden ist. Grundsätzlich zum Thema: Natürlich ist das Zölibatsgesetz Kirchengesetz. Aber es ist ein Gesetz als Folge einer Herausforderung Christi an seine Jünger, alles zu verlassen, sich selbst zu verleugnen und ihm so nachzufolgen. Man muß weiter sagen: Das Zweite Vaticanum hat den Zölibat bestätigt, ebenso der Papst und die Bischofssynode. Und Christus, der selbst zölibatär gelebt hat, hat gerufen zum Zölibat. Damit ist für uns die Sache entschieden. Und jede erneute Infragestellung bringt nur unnötige Verwirrung und wird den vielen Priestern nicht gerecht, die den Zölibat in Treue leben.

Tatsache ist aber auch, daß viele Kleriker unter dem Zölibat leiden, daß es in diesem Zusammenhang viele persönliche Dramen, viel Unwahrhaftigkeit und Heuchelei gibt. Würde es denn wirklich das Ideal des Zölibats mindern, wenn die Kirche zwar dabei bliebe, ihren Klerikern die Ehelosigkeit als die gewünschte Lebensform zu empfehlen, aber davon Abstand nähme, sie weiterhin zur Pflicht zu machen?

Schauen Sie sich doch mal die Kirchen an, die keinen Zölibat haben. Die sind doch keineswegs in einer besseren Verfassung. Wo wir noch 20 Prozent der Leute in der Kirche haben, haben sie in diesen Kirchen manchmal nur noch zwei Prozent. Das ist doch überhaupt kein Allheilmittel. Wir sind, das ist wahr, in einer Zeit, in der die Brunnen fallen, wo die Glaubenskraft und die Glaubensbegeisterung zurückgeht. Aber eine Reform der Kirche ist doch zu allen Zeiten von mehr Herausforderung ausgegangen, von mehr Nachfolge Christi, von mehr Hingabe – und nicht von einem Herabsetzen der Hürden. Ich glaube, wenn wir die Kirche erneuern wollen, auch gerade bei der Jugend, dann müssen wir mehr und nicht weniger fordern. Anstelle flächendeckender Löschversuche sollten wir die Menschen, und zwar die einzelnen, wieder viel mehr entflammen. Wir müssen wieder anfangen, von Mensch zu Mensch, von Herz zu Herz, von Mund zu Mund die Botschaft weiterzugeben. Die Kirche ist mir viel zu administrativ geworden. Aber wenn ich das jetzt sage, dann habe ich schon wieder alle Administrativen gegen mich aufgebracht. Ich sage es aber trotzdem.

---

[9] Berliner Morgenpost, Nr. 260, 7. November 1991: Berliner Kardinal bricht ein Tabu: Künftig Priester-Ehen? Vgl. dazu die Richtigstellung, in: KNA, Nr. 213, 8. November 1991: Sterzinsky: Äußerungen verfälscht und aus Zusammenhang gerissen. „Bei Zölibat keine Diskrepanz zwischen meiner Meinung und Lehramt".

Muß die Kirche den Weg von der Volkskirche zurück zu kleineren, aber dann wohl aktiveren Gemeinden finden? Wäre es dann nicht auch ehrlicher, auf die Kirchensteuer zu verzichten?

Ich gehöre zu denen, die nicht damit zu schrecken sind, daß die Kirchen in der Zukunft vielleicht weniger finanzielle Mittel haben werden. Zum Thema Kirchensteuer: Man muß wissen, daß wir einen außerordentlich hohen Prozentsatz unserer Mittel für soziale Zwecke innerhalb und außerhalb Deutschlands einsetzen. Und wir zahlen auch keine Managergehälter. Fiele die Kirchensteuer weg, müßten die meisten sozialen Dienste, die die Kirche jetzt für die Gesellschaft leistet, ganz vom Staat übernommen werden. Ein anderer Gedanke: Wenn die Kirche nur noch von Spenden leben müßte, hätte das natürlich den Nachteil, daß die Pfarrer einen erheblichen Teil ihrer Zeit auf die Suche nach Spenden konzentrieren müßten. Jetzt ist es so, daß sie sich voll ihrer seelsorglichen Arbeit widmen können.

Der Arbeit am Heil der Menschen also. Ein hervorragendes „Produkt“, um in der Sprache der Werbung zu sprechen. Woran liegt es aber, daß das Image dieses Produkts so schlecht ist?

Die wirklich vom Glauben Begeisterten, die in der Kirche Engagierten sind dies nicht wegen des Marketings geworden. Die allermeisten haben einen Menschen getroffen, der selber geglaubt hat, der selber entzündet war. Wir müssen uns der Illusion entheben, daß die Weitergabe des Glaubens medial bewirkt werden könnte. Das kann nur von Mensch zu Mensch geschehen.

Das ist das eine. Das andere aber ist das Ansehen der Institution Kirche als bedeutende moralisch-religiöse Instanz in unserer Gesellschaft. Da gibt es doch ein geradezu dramatisches Defizit im Bereich der öffentlichen Darstellung. Braucht die Kirche nicht gewaltig mehr Professionalität im Umgang mit Medien und Öffentlichkeit?

Was die Kirche zuallererst braucht, das ist Zusammenhalt. Und sie braucht Menschen, denen man ansieht, daß sie als Christen glücklich sind. Das ist das überzeugendste Argument. Aber wie ist der Zustand innerhalb unserer Kirche? Wir sind – jedenfalls in Mitteleuropa und in Nordamerika – in einen Zustand der Verwirrung geraten, wo Glaube aufgelöst und Autorität in Frage gestellt wird. Aber das gibt es ja nicht nur im kirchlichen Bereich. Allerdings: Die Einheit der Kirche liegt im argen. Ich meine keine uniforme Einheit, sondern die Einheit eines Orchesters, in der jeder sein Instrument spielt, aber das Ganze eine Harmonie wird.

Wie ist das Verhältnis Jugend und Kirche?

Wir leben in einer Zeit, in der sich jeder Jugendliche durch Knopfdruck von der Wirklichkeit verabschieden kann. Das macht es so schwer, diese Jugendlichen noch zu erreichen. Aber wahr ist auch, daß es viele neue ermutigende Aufbrüche von Jugendlichen hin zur Kirche gibt. Und zwar überall da, wo von ihnen wirklich etwas verlangt wird.

Ist es nicht auch ein ermutigender Aufbruch, um Ihre Worte zu gebrauchen, wenn beispielsweise ein Mann wie Eugen Drewermann unter Zuhilfenahme der Tiefen-

psychologie versucht, Menschen in ihren Leiden, Ängsten und existentiellen Zweifeln mit der Verheißung der Barmherzigkeit Gottes zu trösten? Warum kann die große ehrwürdige Kirche nicht einen theologischen Querdenker wie Drewermann in ihren Reihen ertragen?

Wir haben ihn ja lange genug ertragen. Dabei haben wir erkennen müssen, daß Drewermanns Lehren in wesentlichen Punkten nicht mit den Lehren der Kirche übereinstimmen. Deshalb mußte ihm letztlich der Lehrauftrag der Kirche entzogen werden. Niemand sagt aber etwa, daß Drewermann nicht barmherzig und mitfühlend wäre. Es geht darum, ob Drewermann innerhalb der katholischen Glaubenswahrheit bleibt.

Folgt man Ihrer Logik, wäre es doch nur konsequent, wenn Drewermann auch untersagt würde, sein Priesteramt auszuüben.

Ja, das wäre eigentlich konsequent. Daß dies nicht geschehen ist, ist ein Zeichen für die geradezu übermenschliche Geduld seines Bischofs[10]. Da Drewermann in vielem seine und nicht die katholische Lehre vertritt, sollte er selbst Konsequenzen ziehen und sich nicht als Opferlamm darstellen, das er nun wirklich nicht ist. Er ist vielmehr ein außerordentlich erfolgreicher Vermarkter seiner persönlichen Heilslehren.

Sie gehören zu den prominenten deutschen Katholiken, die nicht nur viel öffentliche Zustimmung, sondern auch immer wieder massive öffentliche Kritik ernten. Sie wollen weiter das Wort erheben, haben Sie gesagt, sich nicht einschüchtern und mundtot machen lassen. Ist Johannes Dyba also auf dem Weg zu einem Märtyrer zu werden?

Nein, das hoffe ich nicht. Schon allein deshalb nicht, weil ich in puncto Vollkommenheit noch längst nicht da bin, wo ich am Ende einmal sein möchte. Das wäre also noch viel zu früh.

Fortschritt*

„Konservativ“ genannt zu werden, war einem früher eher peinlich. Nach dem Schicksal, das die sogenannten „Fortschrittlichen“ in den letzten Zeiten erfahren mußten, ist es nicht mehr ganz so unangenehm. Auf dem Gebiet von Wissenschaft und Technik haben sich die Grenzen und Gefahren des „Fortschritts“ ja überdeutlich gezeigt. Aber auch auf politischem und gesellschaftlichem Gebiet haben Strömungen wie Marxismus und Sozialismus in all ihren Formen, die ja lange Jahre den Fortschritt geradezu zu verkörpern behaupteten, uns an den Rand des Abgrunds geführt. Am Abgrund aber ist nun wirklich jeder weitere Fortschritt tödlich.

---

[10] Der Erzbischof von Paderborn Degenhardt entzog Drewermann schließlich am 9. Januar 1992 die Predigterlaubnis; die Suspension Drewermanns vom Priesteramt erfolgte am 26. März 1992 bis auf weiteres.

* Das Wort des Bischofs: Fortschritt, in: Bonifatiusbote, Nr. 1, 5. Januar 1992; Druck: Worte in die Zeit, S. 129–131.

Es zeigt sich immer deutlicher, daß man den Fortschritt nicht so naiv wie bisher als etwas Wünschenswertes begrüßen darf, ohne zu prüfen, wovon er eigentlich „fort"schreitet und zu welchem Ziel er hinschreitet. Ein Beispiel mag das veranschaulichen. Wenn demnächst, wie bei der jetzigen Entwicklung mit Sicherheit zu erwarten ist, der bereits gefundenen sanften Babytötungspille die sanfte Einschläferungspille für Oma und Opa folgt, dann ist das rein pharmazeutisch gesehen zwar ein Fortschritt, menschlich gesehen aber ein Rückschritt in die Ära steinzeitlicher Nomaden, die beim Weiterziehen ihre hilflosen Alten im Schnee zurückließen, weil sie für den Stamm eine für unzumutbar gehaltene Belastung darstellten.

Auch dem „verlorenen Sohn" erschien der Aufbruch aus dem Vaterhaus mit prall gefüllten Beuteln sicher als ein Fortschritt. Später mußte er dann einsehen, daß der wahre Fortschritt in der Rückkehr zum Vater bestand[1].

Damit sind wir bei der Frage des Fortschritts in Christentum und Kirche. Was hier neuerdings an Fortschritten verlangt und an „Fortschrittlichem" angepriesen wird, muß ebenso kritisch geprüft werden. Wenn sich dann – wie im Fall Drewermann – herausstellt, daß die Preisgabe elementarer Bestandteile des katholischen Glaubens, ja sogar von Teilen des Credo („Empfangen vom Heiligen Geist, geboren aus Maria, der Jungfrau") als besonders fortschrittlich gilt, dann liegt, wie Reinhard Löw richtig bemerkt hat, die Konsequenz nahe, daß der fortschrittlichste Christ der ist, der sich bemüht, das Christentum und damit die Kirche überhaupt abzuschaffen[2].

Demgegenüber muß auffallen, daß die Predigt Jesu, ebenso wie die seines Vorläufers Johannes mit einem klaren „Kehrt um!" beginnt[3]. Schon den Propheten des Alten Bundes war aufgefallen, daß „Fortschritte" im politischen, kriegerischen, vor allem aber wirtschaftlichen Bereich die Tendenz hatten, das Volk Gottes vom Herrn zu entfernen. Immer wieder rufen sie daher das Volk „zurück" zum Herrn, was schon damals – wie das Schicksal so vieler Propheten zeigt – keine angenehme oder dankbare Aufgabe war.

Da das Ziel des Christseins in der Nachfolge Christi liegt, sind die fortschrittlichsten Christen die Heiligen. Daran muß sich jeder messen lassen und das muß begreifen, wer in der Kirche von Fortschritt reden will: Nur wenn ich auf Gott zugehe, ist jeder Schritt ein echter Fortschritt, entferne ich mich aber von Gott und seinen Geboten, dann habe ich allen Fortschritt hinter mir gelassen. So wünsche ich allen Gläubigen in diesem Jahre einen wirklichen Fortschritt: daß sie am Ende des Jahres Gott einen Schritt näher gekommen sein mögen – nicht nur im Ablauf der Zeit, sondern auch in ihrem ganzen Sein und Leben.

---

[1] Vgl. Lukas 15,11–32.

[2] Reinhard Löw, Fortschritt, in: Die Welt, Nr. 240, 13. Oktober 1990.

[3] Vgl. u.a. Matthäus 3,2; 4,17.

Das Reich Gottes leidet Gewalt*

Was ist für Sie das größte Unglück?
Ein Leben ohne Gott.

Wo möchten Sie leben?
Da, wo ich bin.

Was ist für Sie das vollkommene irdische Glück?
Kirchenmusik, vollendet dargeboten.

Welche Fehler entschuldigen Sie am ehesten?
Leider die eigenen.

Ihre liebsten Romanhelden?
Die Brüder Karamasow, Huckleberry Finn.

Ihre Lieblingsgestalt in der Geschichte?
Johannes der Täufer.

Ihre Lieblingsheldinnen in der Wirklichkeit?
Die Missionsschwestern bei den Ärmsten der Welt.

Ihre Lieblingsheldinnen in der Dichtung?
Die „Letzte(n) am Schafott“[1].

Ihre Lieblingsmaler?
Die alten niederländischen Meister.

Ihr Lieblingskomponist?
Beethoven.

Welche Eigenschaften schätzen Sie bei einem Mann am meisten?
Treue.

Welche Eigenschaften schätzen Sie bei einer Frau am meisten?
Treue.

Ihre Lieblingstugend?
Wahrhaftigkeit.

Ihre Lieblingsbeschäftigung?
In den Bergen wandern.

Wer oder was hätten Sie sein mögen?
Einer der Jünger Jesu.

Ihr Hauptcharakterzug?
Farbe bekennen.

---

* FAZ-Magazin, Heft 620, 17. Januar 1992, S. 18: Fragebogen Johannes Dyba, Erzbischof – Überschrift von den Bearb.

[1] Vgl. gleichnamige Briefnovelle von Gertrud von Le Fort, München 1931.

Was schätzen Sie bei Ihren Freunden am meisten?
Treue.

Ihr größter Fehler?
Ungeduld.

Ihr Traum vom Glück?
„Der neue Himmel und die neue Erde“[2].

Was wäre für Sie das größte Unglück?
Eine Gesellschaft, die das ungeborene, alte und behinderte Leben preisgibt.

Was möchten Sie sein?
Was Gott von mir erwartet.

Ihre Lieblingsfarbe?
Blau.

Ihre Lieblingsblume?
Glockenblume.

Ihr Lieblingsvogel?
Dompfaff.

Ihr Lieblingsschriftsteller
C. S. Lewis, Somerset Maugham.

Ihr Lieblingslyriker?
König David, Gertrud von Le Fort.

Ihre Helden in der Wirklichkeit?
Die Ärzte der „Cap Anamur“.

Ihre Heldinnen in der Geschichte?
Edith Stein und ihre namenlosen Gefährtinnen.

Ihre Lieblingsnamen?
Michael, Stephan, Christine.

Was verabscheuen Sie am meisten?
Bewußte Verzerrung der Wahrheit.

Welche geschichtlichen Gestalten verachten Sie am meisten?
Die ihre Hände in Unschuld waschen, z.B. Pilatus.

Welche militärischen Leistungen bewundern Sie am meisten?
Die der Nato: globaler Sieg ohne einen Schuß.

Welche Reform bewundern Sie am meisten?
Die Reform des eigenen Ich, z.B. Augustinus.

---

[2] Offenbarung 21,1.

Welche natürliche Gabe möchten Sie besitzen?
Jahrgangsweine zu erkennen.

Wie möchten Sie sterben?
Bei Bewußtsein.

Ihre gegenwärtige Geistesverfassung?
„Das Reich Gottes leidet Gewalt“[3].

Ihr Motto?
Kinder Gottes sind wir.

„... die den Ohren schmeicheln“*

Der heilige Paulus hat es uns vorausgesagt: „Es wird eine Zeit kommen, in der man die gesunde Lehre nicht erträgt, sondern sich nach eigenen Wünschen immer neue Lehrer sucht, die den Ohren schmeicheln; und man wird der Wahrheit nicht mehr Gehör schenken, sondern sich Fabeleien zuwenden“[1].

Wir leben mitten in einer solchen Zeit, und im Fall Drewermann haben wir auch den Mann, der den Ohren zu schmeicheln versteht und dessen Fabeleien den Wünschen vieler entgegenkommen.

Fabeleien? Ich hätte nicht geglaubt, daß wir dem „Spiegel“ je noch einmal für irgend etwas dankbar sein müßten, aber in Erfüllung des Schriftwortes „Die Kinder dieser Welt sind im Umgang mit ihresgleichen klüger als die Kinder des Lichtes“[2] hat er geschafft, was endlose theologische Diskussionen und Dokumentationen nicht erreicht hatten: den bodenlosen Abfall Drewermanns vom katholischen Glauben auf wenigen Seiten klar und präzise auf den Punkt zu bringen[3]. Ausgerechnet in der Weihnachtsausgabe erklärt Drewermann auf die Frage, ob Jesus einen leiblichen Vater gehabt habe: „Ja. Jesus ist gezeugt und geboren wie jeder andere Mensch auch“. Im Credo heißt es dagegen: „Empfangen durch den Heiligen Geist, geboren von der Jungfrau Maria“.

- Wir bekennen im Credo: „Er wurde für uns gekreuzigt“. Das bezeichnet Drewermann als „masochistische Implikationen“ und fährt fort: „Jesus sah in seinem Tod überhaupt keinen Sinn.“
- Weitere Drewermann-Sätze: „Jesus hat mit Sicherheit kein einziges Sakrament eingesetzt“ und „Jesus hat keine Priester eingesetzt“, und das dürfte dann wohl genügen, um auch dem letzten klarzumachen, wohin er sich begibt, wenn er einem solchen Irrlehrer folgt.

Deshalb haben die deutschen Bischöfe auch einmütig festgestellt, daß Drewermann mit diesen Äußerungen den Glauben der Kirche verlassen hat, und ihn

---

[3] Matthäus 11,12.
* Das Wort des Bischofs: „... die den Ohren schmeicheln“, in: Bonifatiusbote, Nr. 5, 2. Februar 1992.
[1] 2 Timotheus 4,3 f.
[2] Lukas 16,8.
[3] Der Spiegel, Nr. 52, 23. Dezember 1991, S. 61-74.

gefragt, wie er bei seiner Auffassung über Priestertum und Sakramente überhaupt noch die Eucharistie feiern kann.

Leute, die vom Glauben abfallen und selbstgemachte Irrlehren predigen, wird es immer wieder geben; damit müssen wir leben. Was diesen Fall so erschreckend macht, ist die Vielzahl derer, die sich von einem solchen wirren Geist heute in die Irre führen und gegen die Kirche aufhetzen lassen – und das geht in manchen Diözesen schon bis weit in die Schar kirchlicher Mitarbeiter hinein.

Vielerorts spürt man kaum noch den Zusammenhalt, der bei jedem Sportverein Selbstverständlichkeit ist; oder wer würde einem Fußballclub „Machtmißbrauch“ vorwerfen, wenn der sich von einem Spieler trennt, der dauernd ins eigene Tor schießt.

Bei uns aber wird es allmählich gang und gäbe, daß selbst Theologieprofessoren die Kirche in aller Öffentlichkeit als „totalitäres Regime“ bezeichnen. Martin Kriele, einer der klarsten Denker unserer Zeit, hat darauf hingewiesen, wie sehr sie sich damit selbst ad absurdum führen: Wie könnte ein katholischer Priester und Theologieprofessor die Kirche ohne Risiko für Leib und Leben „totalitär“ nennen, wenn sie wirklich totalitär wäre?

Jetzt ist die Stunde gekommen, zur Wahrheit zu stehen, zur Kirche und zu ihren Bischöfen.

Gaudium et spes*

„Freude und Hoffnung“ hat das Zweite Vatikanische Konzil seine Pastoralkonstitution über die Kirche in der Welt von heute im Optimismus seiner Zeit getauft[1].

Mitten im fröhlichen Treiben der Fastnacht wollen wir uns daran erinnern, daß Freude und Frohsinn legitime Ausdrucksformen unserer Gottesverehrung sind, wenn sie auch heute oft sträflich vernachlässigt werden zugunsten eher trüber, trauriger und strittiger Äußerungen.

„Auf daß meine Freude in euch ist und eure Freude vollkommen wird“ beschreibt Jesus das Ziel seiner Offenbarung[2]. Und wenn wir daran denken, daß unser aller endgültiges Ziel – und Gottes Verheißung – die vollkommene und ewige Freude ist, müßte da unser ganzes irdisches Leben als Christen nicht eigentlich eine einzige Vorschule auf die Freude sein?

Ja, die Freude und ihr kleiner Bruder, der Humor, gehören zum echten Christen wie das Salz zur Suppe, und wenn das Salz schal geworden ist, wird das Ganze ungenießbar.

Die befreiende Wirkung des Humors wird aber gerade im volkstümlichen Fastnachtstreiben deutlich. Denn der echte Humor stößt Götzen vom Thron, vor denen wir uns sonst verbeugen, er spricht Wahrheiten aus, hinter die wir sonst kei-

---

* Das Wort des Bischofs: Gaudium et spes, in: Bonifatiusbote, Nr. 9, 1. März 1992.

[1] II. Vatikanisches Konzil, Pastoralkonstitution „Gaudium et spes“, 7. Dezember 1965.

[2] Johannes 15,11.

nen Tusch setzen, er setzt menschliche Akzente, die sonst von den Zwängen gesellschaftlicher Konvention zugedeckt werden.

Deshalb freue ich mich immer wieder über den Aufbruch des Frohsinns, wenn die fünfte Jahreszeit unsere Landschaft erhellt. Wo Katholiken und Weinberge sind, hat sie ihre Hochburgen, ohne Aschermittwoch und Fastenzeit wäre sie sinnlos. Denn gerade die Teilnahme an der Freude kann auch zur Teilnahme an Hingabe und Treue motivieren – die Hochzeit von Kana, der Gang zum Ölberg, die Offenbarung der Auferstehung – all das gehört in unser Leben.

Eines aber sollte über die tollen Tage hinausreichen: daß man Christen an ihrer frohen Zuversicht erkennt, auch in den übrigen vier Jahreszeiten.

Recht auf Befreiung*

Rechte aller Art werden heute überall eingefordert, und die „Befreiung" ist so begehrt, daß ihr sogar eine eigene Theologie gewidmet wurde. Und doch scheint es, als ob immer mehr Menschen unfrei würden, manipuliert von Medienmächten, versklavt von den eigenen Schwächen, Ängsten und Abhängigkeiten. Jedenfalls sprechen die Statistiken eine Warnung aus, die uns recht nachdenklich machen sollte: Wir haben deutliche Steigerungsraten bei Kriminalität, Drogenkonsum, Unterhaltungselektronik und Beratungsbedarf in allen Sparten.

In einer solchen Atmosphäre bleiben auch gläubige Christen nicht immun. Uns aber ruft die Kirche in der Fastenzeit auf, uns aus den Schlingen zu befreien, in denen wir uns immer wieder verfangen, uns aus Schuld zu lösen, die, wenn sie auf uns lasten bleibt, unser Leben lähmt und uns seelisch wie körperlich krank machen kann. Sie bietet uns dazu das Sakrament der Befreiung an in der Vergebung der Sünden. Jeder Gläubige hat ein Recht auf die eigene persönliche Beichte, und dementsprechend sind die Priester der Kirche verpflichtet, sich dem Dienst des Beichtehörens mit besonderer Sorgfalt und Hingabe zu widmen. Hier handeln sie wirklich „in persona Christi" für den, dessen Wille es ist, alle zu heilen und immer wieder aufzurichten. Wenn wir auf Christus schauen: er vergab immer die Schuld, bevor er heilte. Ja, ohne Vergebung der Schuld ist oft gar keine Heilung möglich: Es ist das eine erlösende Wort des Herrn, das uns wieder heil und ganz werden läßt.

Ob wir überhaupt ahnen, was wir an Gnade verlorengehen lassen, an Kraft, an Frieden, an Freude für uns und unsere Familien, wenn wir diesem Sakrament immer wieder ausweichen oder wenn wir es bloß als Last oder Pflicht empfinden? Es ist ja viel mehr als das, es ist ein Recht, das Gottes unendliche Liebe uns schenkt: das Recht der Kinder Gottes auf die Befreiung von Schuld und einen neuen, glücklichen Anfang.

---

* Das Wort des Bischofs: Recht auf Befreiung, in: Bonifatiusbote, Nr. 14, 5. April 1992.

Der Familie wieder eine Chance geben*

Herr Erzbischof, von Erich Kästner stammt die Feststellung: „Die meisten Menschen legen ihre Kindheit ab wie einen alten Hut. Sie vergessen sie wie eine Telefonnummer, die nicht mehr gilt". Wie ist das bei Ihnen?

Bei mir ist das ganz anders. Ich habe eine sehr intensive Kindheit erlebt, in Berlin, wo ich 1929 geboren wurde. Ich habe die „Reichskristallnacht" mitbekommen, habe mitbekommen, wie die verhärmten Juden mit dem Judenstern auftauchten, die Gefangenenzüge, Zwangsarbeiter. Und dann die Ausbombung, die ich als waches Kind miterlebte und miterlitt. Das prägt einen doch. Nach dem Krieg dann Hunger und Kälte. Das machte mich für den Rest meines Lebens dankbar für jedes Butterbrot. Man muß dankbar sein, daß man das alles überlebt hat, und darüber, wie gut es einem jetzt doch eigentlich geht. Insofern ist die Kindheit für mich auch jetzt noch eine bedeutende Zeit.

Immer wieder wird versucht, katholischen Priestern, Bischöfen klarzumachen, sie hätten, da zölibatär lebend, in Sachen Kind, Ehe und Familie nicht mitzureden. Was halten Sie von solchen Versuchen?

Das sind ziemlich alte Hüte, die durch Wiederholung auch nicht origineller werden. Es gibt viele Gynäkologen, die nie ein Kind bekommen haben, und es gibt viele Chirurgen, denen nie etwas amputiert wurde. Trotzdem wissen die alle, was sie zu tun haben. Ich würde auch sagen, daß nach unserer Erfahrung die Gläubigen vom Priester ja keine Sexualberatung à la Erika Berger erwarten, sondern ein geistliches Wort. Sie suchen den Rat eines Menschen mit einem gewissen Abstand, der ihnen in ihrer geistlichen Not weiterhelfen kann.

Immer wieder wird auch kritisiert, die katholische Kirche kümmere sich zwar um das ungeborene Kind, nicht aber um das geborene. Gibt es denn da tatsächlich ein Nachholbedürfnis, soll da mit der diesmaligen „Woche für das Leben"[1] einiges wettgemacht werden?

Wer tut denn mehr für die geborenen Kinder als die Kirche? Wer hat denn mehr Kindergärten und Kindertagesstätten? Wir haben im kleinen Bistum Fulda über 100, in größeren Bistümern wie Köln sind es 700 bis 800. Ich glaube, man tut nicht nur der Kirche, sondern auch den vielen Frauen, die sich in der Kirche haupt- oder ehrenamtlich für die geborenen Kinder und für die Familien einsetzen, großes Unrecht, wenn man behauptet, wir würden in Sachen Abtreibung nur Verbote aussprechen, aber nichts für das geborene Leben tun. Als ich neulich bei einer Kirchweihe war[2], traten dort einzelne Vertreterinnen des Deutschen Gewerkschaftsbundes mit einem Transparent auf: „Wann weiht der Bischof einen Kindergarten?".

---

* KNA, Interview, Nr. 18, 5. Mai 1992: „Der Familie wieder eine Chance geben". Erzbischof Dyba zur „Woche für das Leben" (Interview: Peter de Groot).

1 Die „Woche für das Leben" (17. bis 24. Mai 1992) stand unter dem Leitgedanken „Für eine kinderfreundliche Gesellschaft".

2 Gemeint ist die Konsekration der St.-Bonifatius-Kirche in Maintal-Hochstadt (Filialkirche der Pfarrei Maria Königin in Maintal-Dörnigheim) am 28. März 1992.

Das ist absurd, wenn man bedenkt, wie viele Kindergärten die Kirche unterhält und wie viele der DGB, der uns hier immer besonders ermahnen zu müssen glaubt. Die Kirche hat also kaum ein Nachholbedürfnis hinsichtlich der Sorge um das geborene Kind. Vielmehr gibt es ein großes Nachholbedürfnis in der öffentlichen Meinung, sowohl was die Rolle der Kirche als auch was die Hilfen für Kinder und Kinderfreundlichkeit betrifft, und eben da soll die „Woche für das Leben“ uns weiterbringen.

Ist Deutschland, wie nicht selten gesagt wird, ein kinderfeindliches Land?

Der Vorwurf stimmt sicher. Sie brauchen nur einmal junge Eltern mit Kindern auf Wohnungssuche zu begleiten, dann wird Ihnen schlagartig klar, wie kinderfeindlich die Gesellschaft eigentlich geworden ist. Das liegt wohl in erster Linie an der Auflösung vieler sozialer Bindungen religiöser und gesellschaftlicher Art und der damit einhergehenden Freisetzung des Egoismus auf breiter Front. Wir sind hinsichtlich der Weitergabe des Lebens wie auch der Weitergabe des Glaubens die erste Generation, wo diese Weitergabe abzureißen droht. Bisher wußte jeder: Wir müssen das Leben weitergeben, wir müssen den Glauben weitergeben, um die Zukunft zu sichern. Jetzt ist beides in der Krise, und wir stehen an einem Abgrund, über den viele nicht mehr hinüberkommen; man verhält sich vielmehr so, als ob wir die kommende Generation nicht mehr brauchten: Uns geht es gut, die Rente wird bezahlt, warum sollen wir uns belasten mit der Zukunft, wir leben im Heute.
Es gibt eine Verweigerungshaltung der Zukunft gegenüber. Das hat natürlich große, nicht nur religiöse, sondern auch gesellschaftspolitische Auswirkungen. Der Egoismus wird noch verstärkt besonders durch die Werbung und die Unterhaltungsmedien. In der Werbung und in Unterhaltungssendungen ist ja kaum von Opfermut und Hingabe, mehr dafür von Sich-Ausleben die Rede. Wer sich aber dauernd nur auslebt, steht eben auch bald vor dem Aus.

In einer vom Sekretariat der Deutschen Bischofskonferenz veröffentlichten Mitteilung zur „Woche für das Leben“ wird unter Hinweis darauf, daß das Leben insgesamt kinderfreundlicher gestaltet werden müsse, mit Blick auf die Frauen für eine bessere Vereinbarkeit von Beruf und Familie plädiert. Was soll da im einzelnen verbessert werden? Sind denn Beruf und Familie für eine Mutter überhaupt sinnvoll miteinander zu vereinbaren?

Wir müssen von objektiven Daten ausgehen: Heute haben praktisch alle Frauen und Mädchen eine Berufsausbildung, heute leben alle Frauen – natürlich die Männer auch – wesentlich länger als früher. Das heißt: Ausgebildete Frauen, die eine Reihe von Jahren in der Familienphase ihren Kindern gewidmet haben – wofür wir sehr plädieren –, haben ein Recht auf Wiedereinstieg in den Beruf. Hier müssen wir von der Kirche, der Gesellschaft und der Gesetzgebung her Brücken bauen und alle Wege ebnen, damit das möglich ist. Natürlich müssen wir auch sagen, daß die Hausfrau und Mutter nicht diskriminiert werden darf. Das sind nicht Frauen ohne Beruf, sondern das ist der höchste Beruf, den es gibt. Man muß unterscheiden zwischen Beruf und Erwerbstätigkeit. Wir dürfen Frauen, die nicht nur der eigenen Familie, sondern auch der Gesellschaft diesen höchsten Dienst leisten, daß sie Kin-

der nicht nur bekommen, sondern auch erziehen, in keiner Weise gesellschaftlich herabsetzen, sondern müssen sie ihrer Leistung entsprechend anerkennen. Sie haben wirklich einen Beruf.
Noch einmal: Es muß alles dafür getan werden, Müttern einen Wiedereinstieg ins Berufsleben zu ermöglichen. Zum Kleinkind aber gehört vor allem die Mutter. Auch wenn Kindererziehung Sache der Eltern ist, so ist doch besonders in den ersten Jahren die Mutter, die das Kind geboren hat, die erste Bezugsperson. Die Frauen haben auch den ersten Verkündigungsauftrag in der Kirche. Der frühere Essener Bischof Kardinal Franz Hengsbach hat einmal gesagt, lange bevor er das erste Mal einen Pfarrer gesehen habe, habe er von seiner Mutter schon längst gewußt, daß es einen lieben Gott gebe, an den man sich wenden könne und bei dem man geborgen sei. Und wenn heute oft so getan wird, als seien bei der Erziehung eines kleinen Kindes Mütter und Väter beliebig austauschbar, dann geht das am Leben und an der Natur vorbei. Ein Säugling weiß sehr wohl zu unterscheiden, ob er sich an der Mutterbrust oder an der Brust des Vaters befindet und wird sich sehr lautstark dazu äußern.

Gerade aus dem kirchlichen Raum wird häufig nach mehr Hilfen für Familien mit Kindern gerufen, zum Beispiel nach mehr Kindergeld, nach mehr Erziehungsgeld, nach einem höheren Kinderfreibetrag. Das alles kostet Geld. Glauben Sie, daß der Staat da trotz der Kosten der deutschen Einheit noch was lockermachen kann, lokkermachen muß?

All diese Bestrebungen, Familien besserzustellen, werden von der Kirche voll unterstützt. Da muß auch noch mehr lockergemacht werden und nicht nur Pfennige, die in der Haushaltsplanung übrigbleiben. Es müßte vielmehr eine ganz neue Prioritätensetzung geben. Ich weiß, man kann nicht so ohne weiteres Milliarden fordern, sie müssen auch irgendwoher kommen. Aber das ist eben eine Frage der Priorität, und ich glaube, daß die Familie wirklich die erste Priorität haben muß, was aber zur Zeit noch nicht der Fall ist, weil sie keine starke Lobby hat. Wer die Müllabfuhr stoppen kann, hat natürlich einen wesentlich stärkeren Hebel. Was aber sollen kinderreiche Familien machen? Da muß es ein neues Bewußtsein geben. So wie die Flüsse umkippen können, so geschädigt, daß sie gar nicht mehr zu sanieren sind, so kann auch die Familie kippen. Daß Vögel ihre Jungen aus dem Nest werfen, das sehen Sie relativ selten, aber in der menschlichen Gesellschaft immer häufiger. Das betrifft natürlich die ungeborenen wie die geborenen Kinder. Denken Sie an die über 100 000 Scheidungswaisen, die wir jedes Jahr in die Gesellschaft entlassen. Allmählich bekommen wir mit, was das für ein Eingriff in deren Leben ist, was die mangelnde Treue der Eltern für die Kinder bedeutet und wie diese darunter leiden. Nun haben wir diese enorm steigenden Kriminalitätsraten. In den allermeisten Fällen steht da am Anfang ein zerrüttetes Familienleben, ein fehlendes Elternhaus. Das hat gesellschaftspolitische Folgen und verursacht ungeheure Kosten. Deshalb ist die Investition in die Familie die beste Investition, die ein Staat überhaupt machen kann. Wenn er gesunde Familien hat statt Hunderttausende von verhaltensgestörten und kriminellen Jugendlichen, dann ist das eine Rendite, die auf keinem anderen Gebiet zu holen ist.

Es fehlt aber nach wie vor die Einsicht, daß die Familie erste Priorität haben muß. Bei der hessischen Landesregierung zum Beispiel gibt es nicht die geringsten Anzeichen dafür, daß da Prioritäten für Familien oder für Hausfrauen und Mütter vorgesehen sind. Diese Einsicht vermisse ich nicht nur bei den Politikern, sondern gesamtgesellschaftlich. Deshalb verspreche ich mir von der „Woche für das Leben" starke Impulse für eine heilsame Bewußtseinsbildung in Richtung Menschlichkeit, Leben und Zukunft. Wir müssen die Familie aus der sozialen Bedrückung befreien und ihr wieder eine echte Chance geben.

Zweierlei Maß*

Im Generalvikariat wie im Bischofshaus hat es in den letzten Wochen zahlreiche kritische Anfragen zur Rolle der Kirchen in der Bewertung und Bewältigung der jüngsten sozialistischen Vergangenheit gegeben. Auf die beiden Probleme, die dabei am häufigsten genannt werden, möchte ich kurz eingehen.

Erstens: Gründe dafür, dem ehemaligen DDR-Anwalt Vogel eine Kaution von 100 000 Mark aus kirchlichen Mitteln zur Verfügung zu stellen, waren auch mir nicht ohne weiteres einsichtig. Der Bischof von Berlin, der ja die ganze DDR von innen miterlebt hat, fand einen solchen Schritt für angebracht[1]. Bevor man aber nun mit Kirchenaustritt oder ähnlichen Protesten droht, sollte man doch in Betracht ziehen, daß eine Kaution nur eine Bürgschaftsleistung ist und kein verlorener Zuschuß. In aller Regel wird diese Summe zurückerstattet – und davon geht man in Berlin offensichtlich aus. Insofern handelt es sich also nur um eine Vertrauens- oder Dankesgeste des Berliner Kardinals in Anbetracht früherer Unterstützung kirchlicher Anliegen in schweren Zeiten.

Zweitens: Wesentlich einschneidender sind die gesellschaftspolitischen Konsequenzen in dem nicht enden wollenden Fall Stolpe. Dabei liegt eine ebenso rasche wie vernünftige Lösung eigentlich auf der Hand. Noch am 10. September 1991 sagte Manfred Stolpe – einem Bericht des evangelischen Pressedienstes „idea" zufolge[2] – über den zurückgetretenen stellvertretenden CDU-Vorsitzenden Lothar de Maizière: „Es wäre wohl besser gewesen, wenn er – Schuld hin, Unschuld her – eher ins Glied zurückgetreten wäre". Und warum sollte das für Stolpe selbst auf einmal nicht gelten? Wird hier nicht auf geradezu zynische Weise mit zweierlei Maß gemessen?

Dabei waren die gegen de Maizière vorgetragenen Verdachtsmomente[3] ein bloßer Hauch gegen das, was die Gauck-Behörde nach eingehenden Ermittlungen in

* Das Wort des Bischofs: Zweierlei Maß, in: Bonifatiusbote, Nr. 18, 3. Mai 1992.

[1] Zur Erklärung Bischof Sterzinskys vom 31. März 1992 vgl. KNA, Länderdienst Ost, Nr. 64, 1. April 1992.

[2] Idea-Spektrum, Nr. 10, 4. März 1992.

[3] Der Minister ohne Geschäftsbereich im Bundeskanzleramt und frühere DDR-Ministerpräsident Lothar de Maizière war wegen des Vorwurfs zu engen Kontakts zur Staatssicherheit am 17. Dezember 1990 als Sonderminister zurückgetreten. Am 6. September 1991 legte er dann das Amt als brandenburgischer CDU-Vorsitzender und seine sonstigen Parteiämter nieder.

Sachen Stolpe vorgelegt hat. Danach steht fest, daß Stolpe den Staatssicherheitsdienst über 20 Jahre hindurch überaus pünktlich und regelmäßig mit Nachrichten und Interna aus der Evangelischen Kirche versorgt hat – wie immer man das dann nennen will –, in der FAZ spricht man von einem „prominenten Verräter“[4]. Fest steht auch, daß die Stasi ihrerseits die so reichlich sprudelnde Quelle schätzte und schützte, wo sie nur konnte.

Daß dieser Schutz aber bis heute fortdauert, sieht man an den Seilschaften derer, die sich zur Zeit für die „Entlastung“ von Manfred Stolpe anbieten. Von fünf hohen Stasi-Offizieren ist da die Rede, von PDS-Abgeordneten und von Brüdern, die selbst bis zuletzt auf die „Kirche im Sozialismus“ gesetzt haben. Geschickt profitiert man von dem überaus rasch einsetzenden Überdruß an der Vergangenheitsbewältigung – allerdings nur soweit sie den Sozialismus betrifft – und lanciert Vokabeln wie die vom „schnüffeln“ und dem doch besser „nach vorn schauen“, die auch von völlig Unbeteiligten inzwischen aufgenommen werden.

Wenn es um die Erhellung des Stasi-Staates geht, sollte man daher nicht von Schnüffelei sprechen. Das wird der schwierigen Arbeit der Gauck-Behörde nicht gerecht und baut diejenigen auf, die im breiten Windschatten Stolpes für immer ungeschoren bleiben wollen. Denn wenn es ehrenrühriger wird, die Wahrheit ans Licht zu bringen als die Wahrheit zu verschleiern, wenn es gefährlicher wird, Kollaborateure zu enttarnen als Kollaborateur gewesen zu sein, dann erfüllt sich die bedrückende Vision des biblischen Hausputzes[5]: dann werden die unreinen Geister wiederkommen und schlimmer hausen als zuvor.

Nein, Ministerpräsident Stolpe sollte nicht abgeschossen werden. Er sollte selbst „ins Glied zurücktreten“, und sei es nur aus der Einsicht heraus, daß sein Verhalten die Aufrichtung neuer und klarer moralischer Maßstäbe in einer verwüsteten Landschaft unmöglich macht. Denn der Schaden, den Stolpe „bewiesen“ sehen möchte, liegt ja nicht so sehr im Detail, nicht darin, daß er diesem oder jenem Ausreise oder Karriere vermittelt oder vermasselt hätte, sondern darin, daß er weiterhin das Land vernebelt, das so dringend auf den Durchbruch der Sonne wartet.

Die Kirche aber sollte den fatalen Eindruck vermeiden, als könne sie ohne heilsame Erschütterung aus diesem Zug durch die Wüste hervorgehen. Und sie sollte der evangelischen Regel eingedenk sein, daß dem einsichtigen und reuigen Sünder jede Vergebung und Versöhnung gebührt, daß der Verstockte aber erst in die Wahrheit zurückgeholt werden muß; und wenn das nicht gelingt, „sei er für dich wie ein Heide ...“[6].

---

[4] Fritz Ullrich Fack, Ein vernichtendes Urteil, in: Frankfurter Allgemeine Zeitung, Nr. 88, 13. April 1992.
[5] Matthäus 12,43–45.
[6] Matthäus 18,17.

Aufgeschlossenheit junger Soldaten ist größer als erwartet*

Herr Erzbischof, Sie haben in dieser Woche erstmalig die Soldaten in den neuen Bundesländern besucht. Welche Sorgen und Probleme sind Ihnen dort begegnet?

Die Soldaten, besonders die Wehrpflichtigen, teilen die Sorgen aller jungen Menschen in den neuen Bundesländern: Ob es nach ihrer Wehrdienstzeit für sie Arbeit gibt, wie ihre unmittelbare Zukunft aussieht. Die älteren ehemaligen NVA-Soldaten werden teilweise übernommen, die anderen scheiden aus. Meine Sorge ist die Minderheitensituation der Christen. Zum einen muß ihr Glaube gestärkt werden. Zum anderen kommt es in einer extremen Diasporasituation wie hier darauf an, daß es für Christen beider Konfessionen in der Kaserne von Kameraden und seitens der unmittelbaren Vorgesetzten die notwendige Toleranz gibt, die das Recht auf freie Religionsausübung sichert. Ich halte es daher für einen wesentlichen Dienst der Kirche, in die Kaserne zu den Gläubigen zu gehen. Erste Erfahrungen zeigen, daß mehr als 50 Prozent der Soldaten am Lebenskundlichen Unterricht interessiert sind und mit dem Pfarrer Kontakt aufnehmen, wenn die Freiwilligkeit ihrer Entscheidung gewährleistet ist.

Sind vor dem Hintergrund der geringen Katholikenzahl in Ostdeutschland katholische Militärseelsorger in den ostdeutschen Kasernen überhaupt „gefragt"?

Wenn Pfarrer es verstehen, zu den Menschen hinzugehen und ihnen persönlich zu begegnen, die Vielzahl der Begegnungen mit sehr unterschiedlichen Menschen auf sich zu nehmen, sind sie oft überrascht von der Aufgeschlossenheit gerade sehr junger Menschen. Mehr junge Soldaten als erwartet lassen sich ansprechen und zu Gesprächsrunden mit Pfarrern einladen. Hier leisten unsere Pfarrer derzeit eine großartige Arbeit.

Sie haben auch an der Kommandeurtagung[1] teilgenommen. Sind von der Bundeswehrführung Erwartungen an die Militärseelsorger geäußert worden? Haben Sie umgekehrt die Führung auf ungelöste Probleme hingewiesen?

Wie meine Vorgänger im Amt habe ich gerne die Einladung von Generalinspekteur Naumann angenommen, die Kommandeurtagung zu besuchen. Es war mir eine Freude, mit den katholischen Soldaten und ihren Ehefrauen in der Propsteikirche in Leipzig einen Gottesdienst zu feiern. Es war mir eine noch größere Freude, daß der Bischof von Dresden-Meißen, Bischof Reinelt, diesen Gottesdienst ebenso wie Propst Hanisch mitgefeiert haben. Auch eine Gruppe Jugendlicher kam spontan dazu; für sie waren Uniformträger in der Kirche ein ganz neues Bild. Hier in Leipzig habe ich das Bundeswehrkrankenhaus und die Truppe besucht. Bei dieser Gelegenheit habe ich darauf hingewiesen, daß eine wirkliche Integration ehemaliger NVA-Soldaten in die ganz andere Bundeswehr nur gelingt, wenn die Gewissensverantwortung des einzelnen Soldaten am Vorbild erfahrbar wird. Wer wirklich

* KNA, Interview, Nr. 94, 16. Mai 1992: „Aufgeschlossenheit junger Soldaten ist größer als erwartet". Dyba: Militärseelsorge in Ostdeutschland hat sich bewährt (Interview: Franz Jussen).

[1] Die Kommandeurtagung der Bundeswehr fand vom 12. bis 14. Mai 1992 in Leipzig unter der Leitung von Generalinspekteur General Naumann statt.

integrieren will, muß integer sein. Die ehemaligen NVA-Soldaten, die die Bundeswehr übernehmen will, können ihre Vergangenheit nicht wie eine Jacke ausziehen. Sie brauchen das Vorbild, in dem das christliche Menschenbild erkennbar wird.

Hat sich die Form der katholischen Militärseelsorge in den neuen Bundesländern bisher bewährt?

Ja, denn unsere Militärpfarrer merken jeden Tag, wie sehr sie von Soldaten gebraucht werden, die gerade jetzt nach Orientierung suchen. Da ist es gut, daß die kirchliche Unabhängigkeit gewährleistet ist und die Seelsorger jederzeit zum Soldaten in die Kaserne können.

Die katholische und die evangelische Kirche gehen in den neuen Bundesländern derzeit noch getrennte Wege. Wird dies so bleiben oder zeichnet sich eine gemeinsame Lösung ab?

Seitens der evangelischen Kirche wird noch nach einer Lösung gesucht, die den Gegebenheiten gerecht wird. Dem sollte jetzt Zeit eingeräumt werden. Für die katholische Militärseelsorge waren alle Bischöfe von Anfang an einig in der Meinung, daß in allen Bundesländern in gleicher Weise auf der bestehenden rechtlichen Grundlage das bewährte Konzept katholischer Militärseelsorge im Interesse der Menschen realisiert werden soll.

Auftrag und Selbstverständnis der Bundeswehr befinden sich im Wandel. Wirkt sich dieser Prozeß auch auf die Militärseelsorge aus?

Umstrukturierung und Neustationierung der Bundeswehr haben erhebliche soziale Folgen für die Soldaten und ihre Familien. Wir müssen versuchen, die Folgen für die Familien soweit es geht zu mildern. Es kann nicht angehen, daß die Soldatenfamilien durch Wochenendehen, hohe Mietpreise und vieles mehr allein die Kosten der Abrüstung tragen. Die Militärpfarrer versuchen hier, den Soldaten und ihren Familien bei der Bewältigung zu helfen, soweit dies geht. Ein neuer Auftrag für die Bundeswehr ist der Einsatz von 140 Sanitätssoldaten im Rahmen der friedenserhaltenden Mission der Vereinten Nationen in Kambodscha. Gemeinsam mit der evangelischen Militärseelsorge werden wir die seelsorgliche Begleitung der Soldaten bei dieser sicher nicht einfachen Aufgabe sicherstellen.

Abschied vom Rechtsstaat?*

Wenn nicht alle Zeichen trügen oder doch noch ein Wunder geschieht, werden wir in Deutschland nach der „Woche für das Leben“[1] eine parlamentarische Mehrheitsentscheidung gegen das Leben haben.

---

* Das Wort des Bischofs: Abschied vom Rechtsstaat?, in: Bonifatiusbote, Nr. 23, 7. Juni 1992.

[1] Die Deutsche Bischofskonferenz und das Zentralkomitee der deutschen Katholiken hatten 1982 die Aktion „Wähle das Leben“ begründet, deren Ziel es war, den ungenügenden rechtlichen Schutz ungeborener Kinder zu verbessern. Seit 1991 führten sie jährlich im Mai eine „Woche für das Leben“ durch, der sich 1994 auch die EKD anschloß. – S. oben S. 180, Anm. 6.

Man kann es drehen und wenden wie man will, wer das Leben der ungeborenen Kinder zur Disposition der Frau stellt, der man auch noch das moralische Rückgrat dadurch bricht, daß eine solche Tat medizinisch erleichtert, nicht strafbar, ja nicht einmal richterlich nachprüfbar und schließlich noch von der Krankenkasse finanziert wird, der stellt eine allgemeine Tötungslizenz aus.

Die Frage, ob der § 218 erhalten bleibt, ist dabei kaum noch von Interesse. In seiner heutigen, von Ausnahmen und Vorbehalten wie von Metastasen zersetzten Form bietet er kaum noch einen Schutz. Das wird auch daran deutlich, daß kein Gericht mehr wagt, ihn anzuwenden, weil sonst die ganze mediale Hölle losbricht. Wenn der § 218 abgeschafft würde, wäre die Tötung ungeborener Kinder – und daß sie Menschen sind, bezweifelt heute kein Wissenschaftler und kein Theologe mehr – nach § 211 oder § 212 als allgemeines Tötungsdelikt zu verfolgen; das Instrument der im ganzen Strafrecht geltenden „mildernden Umstände" würde hier im Einzelfall zur rechten Urteilsfindung vollauf genügen.

Bei jeder Abtreibung stirbt ein Kind, das als Geschöpf Gottes ein Recht auf Leben vom Augenblick der Empfängnis an hat. Daher kann keiner, der sich Christ nennt, gegen das grundlegendste Menschenrecht, das Recht auf Leben, „Gewissensfreiheit" beanspruchen. Wir sollten den Himmel anflehen, daß alle christlichen Abgeordneten noch einsehen, daß es besser ist, in dieser Frage einmal zu unterliegen, als für das Linsengericht der jetzigen Mehrheit auf das Erstgeburtsrecht der Wahrheit und Glaubwürdigkeit endgültig zu verzichten.

Was Frau Süssmuth und ihre Anhänger hier betreiben, ist einfach Abfall vom Glauben, und der Bischof von Münster hat vollkommen recht, wenn er hier Parallelen zum Dritten Reich markiert[2].

Was der Herausgeber des „Spiegel" dazu der Kirche ins Gesicht schleudert[3], macht besonders deutlich, wie sehr hier ein Rückfall in nationalsozialistisches Gedankengut vorliegt: Die Liquidierung von Millionen Unschuldiger ist gerechtfertigt – der Protest der Kirche dagegen Provokation und zehn Minuten Mahnläuten „Glockenterror". Besser hätte es auch „Der Stürmer"[4] nicht ausdrücken können. Möge Gott unserem Volke gnädig sein.

---

[2] Aus Protest gegen die Befürwortung der Fristenregelung bei Abtreibungen durch die Bundestagspräsidentin Süssmuth war Bischof Lettmann am 22. Mai 1992 der Festakademie zum vierzigjährigen Bestehen des Franz-Hitze-Hauses in Münster ferngeblieben, zu der die CDU-Politikerin als Festrednerin eingeladen war. In der Begründung für seinen spektakulären Schritt verwies Lettmann ausdrücklich auf seinen Vorgänger Bischof Graf von Galen, der sich für das Lebensrecht der Menschen während der NS-Zeit stark eingesetzt habe.

[3] Rudolf Augstein, Widerstand ist Pflicht, in: Der Spiegel, Nr. 22, 25. Mai 1992, S. 22: „Wir treiben unaufhaltsam auf einen Kirchenkampf zu. ... Es geht nun aber gerade darum, daß uns die Kirche nicht weiter da ‚beraten' soll, wo sie dogmatisch auf Grund liegt. Wir gönnen ihr Status und Geld, wehren uns aber vehement gegen Aktionen wie etwa den Glockenterror des Fuldaer Erzbischofs Johannes Dyba. Hier muß Schluß sein."

[4] „Der Stürmer" (1923–1945), antisemitisch-pornographische Wochenzeitschrift des fränkischen Gauleiters der NSDAP Julius Streicher.

Mit Gott versöhnt für den Frieden in der Welt*

Wenn wir uns zu dieser Eucharistiefeier beim Internationalen Soldatengottesdienst auf dem Katholikentag in Karlsruhe einfinden, dann muß unser erster Gedanke ein Gedanke des Dankes sein – des Dankes gegen Gott, der in ganz Europa Mauern und unnatürliche Grenzen eingerissen hat, die die Menschen in ihrer Gottlosigkeit errichtet hatten. Die Mauern und Grenzen, die uns trennen sollten, sind Gott sei Dank ohne einen Schuß gefallen wie die Mauern von Jericho[1]. Und ich glaube, man darf diesem Dank gegen Gott, der es ermöglicht, daß wir hier zusammenkommen, einen Dank an all die anfügen, die in jahrzehntelangem Dienst dafür gesorgt haben, daß der Kommunismus nicht über ganz Europa hereingebrochen ist, und die den Frieden in Gerechtigkeit und Freiheit durch ihre Festigkeit erhalten haben.

Es gab ja auch andere, die das Wort Frieden groß im Munde führten, oft eher in unfriedlicher Weise. Wäre es nach diesen Propheten gegangen, dann hätten wir bis an die Grenzen Europas eine Friedhofsruhe gehabt, den Frieden des sibirischen Winters. Mir hat in Lourdes einmal ein polnischer Offizier gesagt: „Ziel unserer Planspiele und Manöver war immer der Durchbruch bis nach Bonn". Und dann sagte einer unserer Soldaten: „Sehen Sie, jetzt sind Sie bis nach Lourdes durchgebrochen. Ist das nicht ein phantastischer Sieg?". Ja, ein Sieg für alle, die auch bereit waren, den wirklichen Frieden in Gerechtigkeit und Freiheit zu verteidigen. Wir dürfen Gott danken und denen danken, die jahrzehntelang keinen Dank dafür geerntet haben und ihn ... auch heute noch nicht überall ernten dürfen.

Nun stehen wir, Gott sei Dank, vor einer neuen Situation: nicht mehr Konfrontation, sondern Kooperation und Solidarität. Wir haben ein neues Modell, nicht mehr das Gegeneinander, sondern das Miteinander. Für die katholische Kirche darf ich in Anspruch nehmen, daß sie dieses Modell vorausentwickelt und vorausgelebt hat – an der Spitze für unseren Papst Johannes Paul II., der sich wie kein anderer dafür eingesetzt hat, daß diese Mauern fallen. Er hat beinahe sein Leben drangeben müssen. Was wäre denn gewesen, wenn das Attentat 1981 erfolgreich gewesen wäre[2] ? Wenn mit ihm die ganze katholische Weltkirche getroffen worden wäre, die im unterjochten Teil Europas die Märtyrer und nicht die Marionetten unterstützt hat? Darauf können wir jetzt aufbauen.

Jetzt können wir miteinander Frieden, Gerechtigkeit und Freiheit schützen. Wir spürten diesen neuen Geist schon auf der Internationalen Soldatenwallfahrt in Lourdes[3] : 20 000 Soldaten aus allen Teilen Europas, aus 18 Nationen! Heute sind wir eine kleinere Internationale Soldatenwallfahrt; immerhin aus elf oder zwölf

---

* Predigt am 19. Juni 1992 beim Internationalen Soldatengottesdienst in der St.-Michael-Kirche in Karlsruhe anläßlich des 91. Deutschen Katholikentags (Bischöfliche Pressestelle Fulda); Überschrift von den Bearb.; Textfassung leicht überarbeitet.

[1] Vgl. Josua 6,1–27.

[2] Papst Johannes Paul II. überlebte am 13. Mai 1981 („Fatimatag") in Rom das Pistolen-Attentat des türkischen Extremisten Mehmed Ali Agca. Die Hintergründe des Anschlags konnten bisher nicht zweifelsfrei geklärt werden. Der Papst führte seine Errettung auf ein Wunder der Muttergottes von Fatima zurück.

[3] Vom 20. bis 26. Mai 1992.

Nationen, die ich alle herzlich willkommen heiße. Nun wollen wir gemeinsam den Frieden, die Gerechtigkeit und die Freiheit in Europa garantieren. Und meine lieben Soldaten, dabei dürfen wir niemanden vergessen: keinen Kroaten, keinen Bosnier, keinen Herzegowiner, keinen Armenier. ... Wir können unseren Frieden, unsere Sicherheit und unsere Bequemlichkeit nicht damit erkaufen, daß wir einfach zusehen, wie andere Völkerschaften mitten in Europa blutig niedergeknüppelt werden. Deshalb ist es völlig falsch, wenn man glaubt, es gäbe für Sie keine Aufgabe mehr. Es gibt nicht mehr die Aufgabe der Konfrontation und des Gegeneinanders, sondern es gibt die Aufgabe, miteinander die Freiheit, die Gerechtigkeit und den Frieden für alle in Europa zu schaffen. Das ist eine große Aufgabe, wie wir an den Dingen sehen, die heute noch geschehen und wo sich nur Münder aber keine Hände regen, um zu helfen. Es ist eine Aufgabe, die wir noch lernen und beherrschen müssen. Aber es geht eben nicht um den Dienst an der Waffe, um anzugreifen, um zu unterjochen, um Reiche zu festigen, um Vorherrschaft, sondern um Leben zu retten, um Frieden zu stiften, um der Gerechtigkeit einen Schild zu verleihen. Das ist unsere Aufgabe der Zukunft, die rettende Funktion der Ordnungsmacht, die Ihnen anvertraut ist von Ihrem Land und in Zukunft von den Ländern Europas.

Wir haben unser Modell in Lourdes und in der Militärseelsorge der verschiedenen Länder schon vorbildlich gezeigt. Wir üben dieses Miteinander und Aufeinander-zu schon kräftig ein, und die Stimmung ist dann auch dementsprechend.

Wenn man in den tropischen Gewässern, in denen ich mich lange aufgehalten habe, auf Barrakudafang geht und einen Barrakuda nach stundenlangem Kampf endlich gefangen hat, dann findet man vorne einen kleinen Parasitenfisch. Die Engländer und Amerikaner nennen ihn „pilotfish", Lotsenfisch. Ich glaube, daß wir in der Militärseelsorge, aber auch die katholischen Soldaten diese Funktion haben sollten. „The function of pilotfish to guide the big international brass into the waters of peace and tranquillity" ...

Das sollte unsere Zukunft sein, und das ist unser Thema: „Mit Gott versöhnt für den Frieden in der Welt". Erst wenn wir uns alle als Kinder Gottes empfinden, können wir untereinander Brüder und Schwestern sein. Wenn wir nicht spüren, daß wir zu einem Reich, zu einer Familie der Kinder Gottes gehören, dann schlägt man aufeinander los und jeder sucht sich herauszuholen, was er kann. „Mit Gott versöhnt für den Frieden der Welt". Mit Gott versöhnt – das gehört dazu, das haben wir gesehen. Alle gottlosen Systeme sind zerfallen, sind Staub und Asche, angefangen vom Kaiser Nero über Robespierre bis Stalin, bis Hitler, bis zu den Systemen unserer Tage. Deshalb können wir auch die neue Stadt nicht auf solchen Grund bauen.

Versöhnt mit Gott – das ist ein Leben, das zu leben sich lohnt.

Versöhnt mit Gott – souverän durch unser Leben.

Versöhnt mit Gott – alle zusammen, all die verschiedenen Farben und Kokarden, für den einen Frieden in der Welt!

Gebet für die Abgeordneten*

Wir fordern durch das Läuten[1] auf zum Gebet für die Abgeordneten des Deutschen Bundestages. Wir glauben, daß sie das auch nötig haben. Wenn man die Bundestagsdebatte verfolgt hat, sieht man, daß sehr viele vergessen, daß keine politische Mehrheit das Recht hat, ... unschuldiges menschliches Leben für vogelfrei zu erklären und – mit welchen Formalitäten auch immer – zur Tötung freizugeben. Die katholischen Bischöfe haben, übrigens einmütig, immer die Auffassung vertreten, daß jedes menschliche Leben sakrosankt, unantastbar ist: das ungeborene Leben, das behinderte Leben, das pflegebedürftige Leben. Wir haben dafür Schelte bezogen, aber wir haben das auch schon vor fünfzig Jahren so gehalten, als in Fulda und auch an anderen Orten die behinderten Kinder aus den Heimen geholt wurden. Auch da haben wir gesagt: Menschliches Leben, ob ungeboren, ob behindert, ob alt, ist unantastbar. Wir haben vor fünfzig Jahren genausoviel Schelte dafür bezogen wie heute.

Aber wir leben ja nun in einer Demokratie, und nun muß die Politik darüber entscheiden. Sollte der Gruppenantrag nun mehrheitlich angenommen werden[2] – und damit die Fristenlösung mit Beratung –, was wollen Sie dann machen, Bischof Dyba? Wollen Sie dann jeden Sonntag gegen ein deutsches Gesetz läuten?

Darf ich das verdeutlichen? Auch damals war die politische Dominante dafür. Wenn Sie vor fünfzig Jahren gesagt hätten: das ungeborene Leben ist sakrosankt, das behinderte, auch das polnische, auch das jüdische Leben, dann hätten Sie das Konzentrationslager riskiert und Leib und Leben.

Hier geht es jetzt aber auch um Leib und Leben der Frau.

Da sieht man, wohin man kommt, wenn man menschliches Leben der politischen Mehrheitsbildung überläßt.

Leib und Leben der Frau!

Wo es um Leib und Leben der Frau geht, haben wir die medizinische Indikation immer anerkannt.

Es geht doch um psychische Notlagen der Frau. Was wollen Sie denn jetzt machen, wenn dieser Gruppenantrag durchkommt? Wollen Sie dann jeden Sonntag Ihren Protest erneuern?

---

* Interview in den „Tagesthemen" der ARD am 25. Juni 1992 (Interview: Sabine Christiansen); Druck: Imprimatur 25 (1992), Nr. 5, 10. August 1992, S. 200–202; Textfassung leicht überarbeitet.

[1] Im Bistum Fulda hatten am Morgen des 25. Juni 1992 alle Kirchenglocken 15 Minuten lang geläutet.

[2] Am 25. Juni 1992 nahm der Deutsche Bundestag den interfraktionellen „Gruppenantrag" von SPD- und FDP-Abgeordneten, der eine Fristenregelung mit Beratungspflicht vorsah (Schwangeren- und Familienhilfegesetz), mit 355 gegen 283 Stimmen bei 16 Enthaltungen an. Auch der Bundesrat stimmte am 10. Juli 1992 zu. Eine einstweilige Anordnung des Bundesverfassungsgerichts vom 4. August 1992 verhinderte zunächst das Inkrafttreten des neuformulierten Abtreibungsstrafrechts.

Nein. Man muß erst mal sehen, ob ein solches Gesetz rechtskräftig wird. Es gibt ja noch die Möglichkeit der einstweiligen Verfügung. Auch muß der Bundespräsident ein solch außerordentlich bedenkliches Gesetz erst einmal unterschreiben[3]. Und dann liegt es natürlich an uns zu sagen: auch wenn das rechtlich möglich ist, bleibt es Unrecht, unschuldiges Leben zu töten – bleibt es Unrecht, auch wenn eine Mehrheit es für rechtmäßig erklären sollte. Eine Mehrheit kann das Grundrecht auf Leben und kann auch die Wahrheit nicht außer Kraft setzen.

Kardinal Meisner wollte der CDU das C aus dem Namen streichen[4]. Würden Sie denn auch sagen, daß alle Unionspolitiker, die sich nun für den Gruppenantrag entscheiden, keine Christen mehr sind?

Ich glaube, man kann das wirklich hinterfragen, wie Kardinal Meisner das getan hat. Ich würde nicht allen Unionsabgeordneten das C absprechen. Da gibt es auch große Unterschiede. In Bayern sitzt das C bei der CSU ja noch ziemlich fest im Sattel. Wir haben die Gruppe Werner, das sind auch CDU-Leute. Ich habe, wenn ich gefragt wurde: Kann man denn bei Exponenten wie Süssmuth und Geißler überhaupt noch CDU wählen? – den Leuten, überzeugten Christen, die da meinten, sie hätten jetzt Bedenken – eigentlich immer geraten, dabeizubleiben und innerparteilich ihre Kraft auszuspielen. Wenn man bedenkt, was die FDP mit ihren fünf bis acht Prozent erreicht, müßten eigentlich sieben bis zehn Prozent aufrechte Christen auch innerhalb der CDU durch die entsprechende Sperrminorität etwas erreichen können.

Nachdenken*

375 Seiten hatte das Programm des diesjährigen Katholikentages – 1990 waren es noch „nur“ 265 Seiten. Die Flucht in die Vielheit ist unübersehbar – 1 400 verschiedene Veranstaltungen wurden den circa 40 000 Gläubigen in vier Tagen in Karlsruhe angeboten und dafür etwa 14 Millionen Mark aufgewendet. (Zum Vergleich: Popstar Michael Jackson zog schon bei seinem ersten Konzert in München 70 000 bis 80 000 Menschen ins Olympiastadion, begeisterte alle und zog noch mit fettem Gewinn ab.)

Grund genug, nachzudenken. Zunächst: Gute Impulse gingen sicher von der Halle der Bistümer aus, auch viele Stände der Verbände waren mit Liebe und Fleiß vorbereitet und wurden mit Hingabe präsentiert.

Besonders wertvoll war die in Karlsruhe erstmals in größerer Breite mögliche Begegnung mit den Christen aus dem Osten Europas. Aber bereits hier zeigten sich

[3] Dybas Hoffnungen erfüllten sich nicht. Bundespräsident v. Weizsäcker (CDU) unterzeichnete trotz der anhängigen Verfassungsklage von CDU/CSU-Bundestagsabgeordneten und des Freistaats Bayern das Schwangeren- und Familienhilfegesetz am 28. Juli 1992.

[4] Vgl. Weltbild, Nr. 13, 12. Juni 1992, S. 12 f. (Interview: Albert Herchenbach); Deutsche Tagespost, Nr. 75, 20. Juni 1992: Kardinal Meisner: Die CDU verliert das Recht, den Namen Christi zu tragen.

* Das Wort des Bischofs: Nach-denken, in: Bonifatiusbote, Nr. 27, 5. Juli 1992.

die ersten Risse. Während die Zeugnisse der osteuropäischen Christen durchweg tapfere und durchgehaltene Liebe zur Kirche kundtaten und von Leiden *für* die Kirche die Rede war, standen im Mittelpunkt der westdeutschen Äußerungen die sogenannten Leiden *an* der Kirche, die ja den Vorteil haben, schon bei äußerst geringem Schmerz ein Höchstmaß an moralischer Qualität zu verleihen. Nach all dem, was da – nicht zuletzt von kirchlichen Hauptamtlichen – an Klagen, Kritik, Wünschen und Vorwürfen zu hören war, meinte ein Christ aus Leipzig ganz verblüfft: „Von der ‚Amtskirche' habe ich hier zum ersten Mal gehört, wir dachten immer, wir wären eine Kirche – und das war unsere Stärke".

In der Tat konnte man sich oft des Eindrucks nicht erwehren, daß hier in der Abwesenheit des Mose um das goldene Kalb des Pluralismus getanzt wurde. Eine neue Stadt sollte erstehen[1]. Wo aber tausend Meinungen als gleichberechtigt präsentiert werden, wo so ziemlich alles, was der Lehre und Tradition der Kirche widerspricht, Beifall findet, wo selbst der letzte Hauch von Schwachsinn im Programm Berücksichtigung findet – während die „Aktion Leben" aus dem Katholikentag geradezu vertrieben wurde[2] –, da baut man eher an Babel als am himmlischen Jerusalem.

Viel hörte man von den notwendigen Reformen an der Kirche. Vielleicht sollte man zuerst einmal ins eigene Auge fassen, denn eine radikale Reform des Katholikentages erscheint nun doch überfällig. Ein Vorschlag für Dresden 1994: Konzentration auf das Wesentliche, 1 000 Veranstaltungen weniger und die zehn Millionen Mark, die durch den Verzicht auf Kapriolen eingespart werden, dem Aufbau der armen Kirchen im Osten zuwenden. Das wäre eine enorme Wohltat für die Kirche – im Osten wie im Westen.

Tiefpunkt deutscher Rechtsgeschichte*

Der Tag der Annahme des „Gruppenantrages"[1] markiert einen Tiefpunkt in der deutschen Rechts- und Kulturgeschichte. Wo politische Koalitionen das Grundrecht auf Leben antasten, stößt die Demokratie an ihre Grenzen. Denn mögen auch im politischen Bereich Kompromisse oft möglich und nötig sein: Zwischen Leben und Tod gibt es keinen Kompromiß. Und um das Grundrecht auf Leben aufzuheben, das nicht der Staat oder die Gesellschaft verleiht, sondern Gott der Schöpfer selbst, kann sich kein christlicher Politiker auf seine „Gewissensfreiheit" berufen.

Für die Kirche und ihre Gläubigen gilt es nun, besonders deutlich zu machen, daß Unrecht auch dadurch nicht zu Recht wird, daß es vom staatlichen Gesetzge-

---

[1] Das Leitwort des 91. Deutschen Katholikentags, der vom 17. bis 21. Juni 1992 in Karlsruhe stattfand, lautete: „Eine neue Stadt ersteht – Europa bauen in der Einen Welt".

[2] Vgl. dazu KNA, Inland, Nr. 153, 17. Juli 1992: „Katholikentag: ‚Aktion Leben' fühlt sich abgelehnt".

* Weltbild, Nr. 15, 10. Juli 1992, S. 13: Reaktionen auf die Bundestagsentscheidung.

[1] Am 25. Juni 1992 hatte der Deutsche Bundestag den „Gruppenantrag" von SPD- und FDP-Abgeordneten, der eine Fristenregelung mit Beratungspflicht vorsah (Schwangeren- und Familienhilfegesetz), mit 355 gegen 283 Stimmen bei 16 Enthaltungen angenommen.

ber her „erlaubt" wird. Die Zukunft unserer Beratungsstellen ist ungewiß. In jedem Fall wird christlich inspirierte Beratung deutlicher auf ihren ursprünglichen Ort in der Seelsorge zurückzuführen sein.

Besondere Sorge und Zuwendung muß dabei den Frauen gelten, die unter den – oft unvorhergesehenen – psychischen Folgen einer Abtreibung leiden. Sie müssen wissen, daß es keine Schuld gibt, die vor Gott nicht Vergebung finden kann. Die Kirche ist ja der Raum, in dem sie Verzeihung, Versöhnung und einen neuen Anfang erfahren können.

Den Schatz entdecken*

In diesem Jahr gedenkt man auf der ganzen Welt des 500. Jubiläumsjahres der Entdeckung Amerikas. Im Jahre 1492 war Christoph Kolumbus mit einer kleinen Flottille aufgebrochen, an Bord seiner Karavelle „Santa Maria", um den Seeweg nach Indien zu finden, und zwar in westlicher Richtung. Nach wochenlanger Fahrt wurde die Besatzung unruhig, da gab es kleine Meutereien, man war sich uneinig darüber, wie das restliche Brot verteilt werden sollte, der Schiffszwieback ging zu Ende, das Wasser wurde rationiert. Am schlimmsten war die Auseinandersetzung über den Kurs. Die einen sagten: Jetzt müssen wir nach Norden fahren, das wird hier viel zu heiß. Die anderen sagten: Nach Süden, nach Westen ist es zu weit. Und die allermeisten wollten nach Hause umkehren und nur noch das Leben retten. Nur Kolumbus wollte weiter auf Kurs bleiben. Die ganze Mannschaft war am Revoltieren. Schließlich gab man ihm ein Ultimatum: Noch drei Tage, und wenn dann kein Land in Sicht ist, kehren wir um mit dem Letzten, was wir noch haben. Am Morgen des dritten Tages hieß es: Land in Sicht! Und man ging an Land, von dem man zunächst noch glaubte, es wäre Indien. Aber man entdeckte einen ganz neuen großen Kontinent, ja man hatte eine neue Zeit entdeckt.

Mir kommt die Kirche in unserer Zeit manchmal vor wie ein Schiff, das einen großen Schatz entdecken und heben soll und auf dem es zu solchen Querelen kommt, weil sich Besatzung und Leitung des Schiffes einander den Kurs und die Verteilung der Rollen streitig machen. Und sie sehen das Ziel gar nicht mehr, das, was sie eigentlich entdecken sollen, den Schatz, den Reichtum, der da vor ihnen liegt.

Sieht es in unserer Kirche nicht ein wenig so aus, als ob wir über allen möglichen Kämpfen und Rangeleien zweiter und dritter Ordnung das ganz große Ziel aus den Augen verlieren?

Um einen Schatz zu finden, braucht man jemanden, der den Weg zeigt, der weiß, wo dieser Schatz liegt. Und das feiern wir heute am Fest der Aufnahme Mariens in den Himmel, am Fest ihrer Vollendung. Maria, die den Herrn in Leib und Leben aufgenommen hat, ist vom Herrn aufgenommen worden in seine ewige Herrlichkeit. Sie hat den Schatz gefunden, sie hat all das gefunden, was Gott ihr verheißen

---

* Predigt zum Fest Mariä Himmelfahrt am 15. August 1992 im Dom zu Fulda; Druck: Worte in die Zeit, S. 132–135.

hat, in einer unaussprechlichen Fülle und Vollendung. Und Gott hat sie uns zur Mutter gegeben, daß sie uns zu diesem Schatz hinführt, daß sie, die diesen Weg gegangen ist, all denen, die ihr vertrauen, den Weg zeigt.

Welchen Schatz entdecken wir an der Hand der Mutter Gottes? Zuallererst das Gold des wahren und festen Glaubens, des unerschütterlichen Glaubens, den sie gelebt hat. Wenn wir bedenken, in welcher menschlichen Situation sie das Wort Gottes traf: sie verstand es nicht einmal, wie das geschehen sollte – aber sie hat geglaubt. Sie ist die Krönung all der Menschen, die auf Wort und Anruf Gottes hin geglaubt haben.

Noach hat geglaubt, hat die Arche gebaut und die Welt hat ihn verlacht[1]. Und wie mögen wohl die Zeitgenossen des Abraham reagiert haben, als er aus seiner angestammten Heimat aufbrach, um auf den Ruf Gottes hin in ein Land als Nomade zu ziehen, das er überhaupt nicht kannte[2]. Und ebenso die, die auf Jesu Wort hin glaubten und für diesen Glauben in den Tod gegangen sind. Wie viele Märtyrerfeste feiern wir im Jahr! Unzählige, die für ihren Glauben in den Tod gegangen sind. Diesen Glauben finden wir, wenn wir uns von der Mutter Gottes führen lassen. Einen Glauben, der in diese Welt hineinlachen kann, der sich nicht von jedem „Monitor“ und jedem „Report“ umwerfen läßt.

Und sie führt uns zu dem Juwel der Hoffnung: Sie, die all ihre Hoffnungen erfüllt gefunden hat; sie, deren Schicksal ja unsere Hoffnung, unsere Zukunft ist, denn was an ihr geschehen ist, soll nach dem Heilsplan Gottes auch an uns geschehen. Hoffnung auf den einzigen, auf den wir hoffen dürfen. Hoffnung, von der der heilige Paulus sagt: „Ich halte dafür, daß all die Leiden der Gegenwart nichts sind gegenüber der Herrlichkeit, die einmal an uns offenbar werden wird, die Gott denen bereitet hat, die ihn lieben“[3].

Und damit sind wir bei dem eigentlichen Schatz der Liebe Gottes. Denn Hoffnung ohne Liebe wäre nur eine fromme Spekulation. Maria führt uns zu den Quellen der großen Liebe Gottes. Schon unsere eigene Existenz ist ein Beweis der Liebe Gottes. Mich gäbe es gar nicht, wenn Gott mich nicht vom Anfang her geliebt hätte! Und er will seine Liebe in mich einströmen lassen durch seine Sakramente. Er will, daß wir ihm nah sein können und deshalb schenkt er uns die Vergebung der Sünden. Er will uns immer wieder rein werden lassen, einen neuen Anfang schenken. Aber diese Gnade müssen wir entdecken, müssen wir in Anspruch nehmen. Er schenkt uns seine Liebe ganz besonders in der heiligen Eucharistie, in dieser Stunde. Das ist ein Gipfel der Liebe, der Annahme zwischen Gott und dem Menschen.

Gottes Liebe soll in unsere Herzen strömen. Und wer Gottes Liebe entdeckt hat, der kann wiederum mit dem heiligen Paulus ausrufen: „Und alles andere erachte ich als Verlust, als Unrat, als Kehricht! Nur Christus will ich besitzen und

---

[1] Genesis 6,5 ff.
[2] Genesis 12 ff.
[3] Vgl. Römer 8,18.

in ihm leben"[4]. Diesen Schatz entdecken wir, wenn wir Maria, der Mutter Gottes, vertrauen.

Kehren wir noch einmal zu dem Anfangsbild von der „christlichen Seefahrt" zurück. In der Armada Gottes schwimmt in dieser Zeit auch die Karavelle „Bistum Fulda". Und das möchte ich allen versprechen, die auf die Mutter Gottes vertrauen, die die Mutter Gottes anrufen in diesen wirren Zeiten: Solange der liebe Gott mir dieses Schifflein anvertraut, wird die Karavelle Fulda nicht irgendwelchen Irrlichtern folgen, sie wird auch nicht im Kreis um sich selbst herumfahren, sondern wir werden unserem Flaggschiff folgen, das da heißt „Santa Maria", in der festen Gewißheit, daß das der rechte Kurs ist – geradewegs in den himmlischen Hafen, unmittelbar in die ewige Herrlichkeit.

Fundamentalismus[*]

Ein Wort, das vor 100 Jahren eine Bewegung streng bibelgläubiger Protestanten in den USA bezeichnete, hat sich auf die islamischen Fanatiker Khomeinis und der Muslim-Bruderschaften in Nordafrika und schließlich gar auf radikale Grüne erstreckt: sie alle werden als Fundamentalisten bezeichnet. Zumal was die zwei letztgenannten Gruppierungen angeht, wirft man ihnen zu Recht eine bornierte Selbstsicherheit vor, die eine rationale Begründung ihrer Handlungsmaximen weithin schuldig bleibt.

Neuerdings erfährt aber der erstaunte Christ, daß auch in unserer Kirche „Fundamentalisten" ihr Unwesen treiben sollen. Eine steigende Zahl von Autoren, gerade auch katholischer Verlage, entdecken immer neue Gefahrenherde[1], und nicht wenige Akademien und Bildungshäuser suchen eifrig mit. Wenn man aber einmal näher hinschaut, wer da alles des Fundamentalismus verdächtigt wird, nicht nur die Anhänger Lefèbvres und das Engelwerk, sondern auch das Opus Dei, die Focolarini, die Schönstätter, die Legio Mariae, „Theologisches", die Evangelische Allianz und der „polnische Papst", dann wird offenbar, daß dieser Begriff wie eine Keule geschwungen wird, um ohne weitere Argumente zu erschlagen, was immer einem – vielleicht wie ein Eckstein? – im Wege steht.

Das Buch von Wolfgang Beinert trägt den enthüllenden Untertitel „Häretische Gruppen in der Kirche?"[2]. Ei, wer geht denn da auf Ketzer-Jagd? Nicht Rom und nicht Ratzinger, sondern unsere progressiven Theologen? Welch ein Fortschritt in der Kirche!

---

[4] Philipper 3,8 f.

[*] Das Wort des Bischofs: Fundamentalismus, in: Bonifatiusbote, Nr. 36, 6. September 1992.

[1] Hermann Kochanek (Hrsg.), Die verdrängte Freiheit. Fundamentalismus in den Kirchen, Freiburg-Basel-Wien 1991; Stephan Pfürtner, Fundamentalismus. Die Flucht ins Radikale, Freiburg-Basel-Wien 1991; Knut Walf, Fundamentalistische Strömungen in der katholischen Kirche, in: Thomas Meyer (Hrsg.), Fundamentalismus in der modernen Welt. Die Internationale der Unvernunft, Frankfurt/M. 1989, S. 248–262.

[2] Wolfgang Beinert (Hrsg.), „Katholischer" Fundamentalismus. Häretische Gruppen in der Kirche?, Regensburg 1991.

Im Grunde geht es wohl darum, daß jeder, der in dieser Zeit des Meinungs-Pluralismus behauptet, die *Wahrheit* zu verkünden, notwendigerweise den Vorwurf der Intoleranz, sprich des Fundamentalismus, auf sich zieht. Noch nervöser reagiert die Moderne, wenn jemand meint, seiner Wahrheit *sicher* zu sein. Das ist die Todsünde schlechthin gegen den Zeitgeist, die er nie vergeben wird.

Nun hat uns aber, der großen und eingeborenen Sehnsucht des Menschen entsprechend, die göttliche Offenbarung eine Reihe von sicheren Wahrheiten geschenkt. Und Jesus Christus, der Sohn Gottes, hat uns beauftragt, diese Wahrheit zu verkünden, wohl wissend, daß „es der Geist der Wahrheit ist, den die Welt nicht empfangen kann, weil sie ihn nicht sieht und nicht kennt – ihr aber kennt ihn, weil er bei euch bleibt und in euch sein wird“[3].

So bleibt das Dilemma: Die uns geschenkte Wahrheit ist das unerschütterliche Fundament, auf dem wir stehen, gleichzeitig aber auch der ewige Stein des Anstoßes für Ungläubige und „Aufgeklärte“, Pharisäer und Schriftgelehrte.

Nach diesen Überlegungen werde ich womöglich selbst noch unter die Anklage des Fundamentalismus geraten. Ich werde es mit Fassung tragen und frage mich dabei im stillen, wo heute die Makkabäer stünden, denen zwei Bücher der Heiligen Schrift gewidmet sind. Hätten die führenden Männer der Kirche sich an diesen Märtyrern gegen den Zeitgeist ausgerichtet, sei es im Dritten Reich, sei es in der DDR, stünden wir jetzt ganz anders in der neueren Zeitgeschichte. Sollten wir heute wirklich noch kleinmütiger sein?

Wir gehören dazu*

Wenn wir an Pfingsten den Geburtstag der Kirche feiern, dann an Allerheiligen unser aller Namenstag. Denn wir alle sind die berufenen Heiligen, das Volk, das Gott sich ausgesucht hat – seine Kinder zu sein und als seine Kinder selig zu werden.

Wenn wir uns an diesem Fest einmal bewußt werden, welch großer Familie wir angehören in der Kirche Gottes: Das sind ja nicht nur wir Jetzigen, alle Seelen der Verstorbenen gehören dazu; wir hören von Aposteln, Propheten, Märtyrern, von Chören der Engel – all das ist unsere Kirche. Und wir sind dabei.

Wir gehören zur Kirche der Apostel, die das Fundament gelegt haben, auf dem wir weiterbauen. Das heißt, daß in uns allen etwas von diesem apostolischen Geist leben muß, der Glauben weitergibt, der diesem Glauben der Apostel treu ist in unserer Zeit.

Nicht jeder von uns kann ein Prophet sein. Manchmal versuchen das zuviele auf einmal und dann kann es danebengehen. Aber daß wir den wahren Propheten gehorchen und Gefolgschaft leisten, darauf kommt es an. Als Elia von sich sagte, nur noch ein Prophet ist übriggeblieben, und er seine Stimme erhob als einsamer

---

[3] Johannes 14,17.

* Predigt zu Allerheiligen, 1. November 1992, im Dom zu Fulda; Druck: Worte in die Zeit, S. 136–138.

Rufer des Herrn, da gab es 450 Propheten des Baal, 450 falsche Propheten, die alles prophezeiten, was dem Volk gefiel, und die viel Zulauf und Beifall fanden[1]. Übertragen wir das einmal in unsere Zeit. Wieviel Propheten gibt es heute, denen das Volk zuläuft, die kommen und gehen.

Und die Märtyrer – aus ihrem Blut ist die Kirche gewachsen. Auch hier gilt: nicht jeder von uns ist zum Blutzeugnis berufen. Aber das ganz kleine Martyrium, das Zeugnis im Alltag kann auch Zeugnis sein und gibt Glauben und Hoffnung weiter. „Ihr sollt meine Zeugen sein!"[2]. Wenn wir keine blutige Christenverfolgung haben, dann heute doch eine unblutige. Da sollen wir uns einreihen unter die Zeugen des Glaubens, die Zeugen Christi!

Und die Chöre der Engel gehören dazu. Das ist eine Verwandtschaft, die wir oft vernachlässigen: Die Engel, die Gott geschaffen hat. Wir haben hier ja das Glück, daß wir einen Kirchenchor haben, der uns ahnen läßt, was uns mit den Chören der Engel bevorsteht. Aber wenn die Chöre der Engel uns einmal mit ihrem Klang erfüllen, dann hört das nie mehr auf, dann ist die Ewigkeit da. Sind wir uns dessen bewußt, daß wir, selbst wenn wir schon reif, ja sogar alt sind und auf den Tod zugehen, in unserem Leben noch ganz am Anfang stehen? Wir sind noch da, wo die Körner ausgesät unter der Erde schlummern. Erst wenn wir unser irdisches Leben aufgegeben haben, gehen wir wie das Korn auf in das ewige Leben.

Wir sind noch am Anfang, wenn wir bedenken, wer zur Gemeinschaft aller Heiligen, wer zur Familie Gottes gehört. Aber dieses Leben, so kurz es ist angesichts der Ewigkeit, ist von entscheidender Bedeutung. Denn ob wir es entwickeln und wie wir es angehen, das entscheidet unser Dasein in Ewigkeit.

Wir haben den Herrn selbst gehört, der uns in den Worten des Evangeliums von den Seligkeiten der Kinder Gottes gesprochen hat[3]. Keiner von uns wird diese Seligkeiten alle [auf] einmal verwirklichen können, aber vielleicht doch die eine oder die andere. Denn das ist der Weg ins Leben, der Weg ins Glück.

„Selig, die reinen Herzens sind, sie werden Gott schauen"[4]. In einer Welt, wo Ströme von Unflat ausgegossen werden – reinen Herzens bleiben, um Gott zu schauen! Deshalb ist uns der Blick auf Gott so oft vernebelt. Prüfen wir uns einmal, was wir ändern können, um reinen Herzens zu bleiben, so daß wir Gott schauen können.

„Selig, die Frieden stiften"[5]. Mit Ohnmacht schauen wir zu, wenn wir an Bosnien, Kroatien, Aserbaidschan denken. Da können wir kaum Frieden stiften. Aber wir können es in der eigenen Familie, am eigenen Arbeitsplatz. „Selig, die Frieden stiften, sie werden Kinder Gottes genannt werden".

Wir sind jetzt schon Kinder Gottes – wie wir es bei Johannes gehört haben[6] –, jetzt schon gehören wir zu dieser wunderbaren Familie Gottes. Und was einmal

---

[1] Vgl. 1 Könige 18,1–46.
[2] Apostelgeschichte 1,8.
[3] Matthäus 5,3–12.
[4] Matthäus 5,8.
[5] Matthäus 5,9.
[6] Die zweite Lesung am Hochfest Allerheiligen ist dem ersten Johannesbrief 3,1–3 entnommen und behandelt das Geschenk der Kindschaft Gottes.

sein wird, wenn wir in dieser Kirche aller Heiligen bleiben und Heilige Gottes werden, das können wir uns noch gar nicht vorstellen. Jeder so, wie er es kann. Jede so, wie sie berufen ist. Und das wollen wir an diesem Tage feiern, in dieser Stunde, da wir vor Gott stehen. Allerheiligen – ich bin dabei!

Zölibat – Zeichen, dem widersprochen wird*

Am Zölibat scheiden sich wieder einmal die Geister. Die einen sehen den Priester im Zölibat in seiner persönlichen Entfaltung gehemmt oder gar seiner Menschenrechte beraubt. Das stimmt zwar mit dem neuen Trend vieler Frauen und Männer, die gerade um der freien Entfaltung ihrer Persönlichkeit willen das Single-Dasein der Ehe vorziehen, ganz und gar nicht überein – aber die Gefahr besteht ja offensichtlich nicht im Egoismus des einzelnen, sondern in der Hingabe an die Kirche.

Andere meinen, durch Abschaffung des Zölibats sei dem Priestermangel abzuhelfen und die allgemeine Lage der Kirche zu verbessern. Wer das meint, sollte sich allerdings zunächst einmal in den christlichen Religionsgemeinschaften umschauen, die den Zölibat nicht haben. Sind da die Gottesdienste häufiger, die Kirchen voller? Oder herrscht da nicht eine viel größere Leere? Und wer meint, der verheiratete Priester wäre der große Ausweg für die Kirche, der soll mir im Hinblick auf die heutige Krisensituation in vielen evangelischen Pfarrhäusern auch sagen, wohin wir dann mit den geschiedenen Priestern hingehen sollen und wohin mit den zurückgelassenen Frauen?

Mehrere kirchliche Vertreter haben in jüngster Zeit geglaubt, darauf hinweisen zu müssen, daß der Zölibat ja kein Dogma und „nur" vom Kirchenrecht her geboten sei. Daran ist richtig, daß die Zölibatsfrage eine typische Entscheidungssache der Kirche ist. Nur dürfen da zwei entscheidende Punkte nicht geflissentlich übersehen werden. Einmal: Es gibt Gründe für die Ehelosigkeit des Priesters, und es gibt Gründe dagegen. Aber das muß einmal entschieden werden, weil eine endlose Zölibatsdiskussion allen Betroffenen die Grundlage ihrer Lebensentscheidung verunsichert. Wer das endlos „ausdiskutieren" will, nimmt in Kauf, daß sein Priesterseminar sich leert, bevor er damit an ein Ende gekommen ist.

Und er übersieht, zweitens, daß die Entscheidung in Wirklichkeit ja längst gefallen ist. Das II. Vatikanische Konzil, dessen Verwirklichung ja von vielen kritischen Stimmen immer wieder angemahnt wird, hat sich mit der überwältigenden Mehrheit von 2 390 zu vier Stimmen für den Zölibat entschieden als ein „lebendiges Zei-

* Frankfurter Allgemeine Sonntagszeitung, Nr. 50, 13. Dezember 1992: „Zölibat – Zeichen, dem widersprochen wird". Für Mut und Klarheit in der Kirche. Von Erzbischof Johannes Dyba. – Vgl. Brief Dybas an Seminaristen im Fuldaer Priesterseminar, in: Bonifatiusbote, Nr. 49, 6. Dezember 1992; Druck: Worte in die Zeit, S. 139–141, hier 140: „Ich will keinen von Ihnen zum Priester weihen, der den Zölibat bloß auf sich nimmt, weil das Kirchenrecht es so vorsieht. Ich will Sie nur dann zu Priestern weihen, wenn Sie den Zölibat aus Liebe zu Christus auf sich nehmen, um als Jünger Christi denen anzugehören, die all das verlassen haben, um ihm nachzufolgen".

chen der zukünftigen, schon jetzt in Glaube und Liebe anwesenden Welt, in der die Auferstandenen weder freien noch gefreit werden"[1].

Ebenso eindeutig hat sich die Römische Bischofssynode von 1971 entschieden und hinzugefügt: „Eine geringere Zahl von Priestern, die dafür dieses leuchtende Lebenszeugnis geben, wird deshalb mit größerer apostolischer Fruchtbarkeit wirken als eine größere Zahl anderer"[2]. Schließlich hat der Papst nie den geringsten Zweifel daran gelassen, daß die katholische Weltkirche am Zölibat des Priesters festhält, den sie als ein Geschenk des Heiligen Geistes gegen alle „menschlichen Schwächen und menschlichen Strategien" ansieht. Erst vor wenigen Tagen hat Johannes Paul II. vor den Vorsitzenden der europäischen Bischofskonferenz bestätigt, daß die katholische Kirche „dem Charisma treu bleibt, das sie von ihrem Herrn und Meister erhalten und angenommen hat"[3].

Wer danach heute noch so tut, als sei der Zölibat in der katholischen Kirche eine offene Frage, pinselt an Trugbildern. Natürlich wird sich niemand der Illusion hingeben, daß wir in dieser Sache nichts mehr hören werden. Der Zölibat gehört nun einmal zu den Zeichen, denen widersprochen wird. Das hat er gemeinsam mit der – viel existentielleren – hierarchischen Struktur der Kirche, ihrer Beschränkung des Weiheamtes auf das männliche Geschlecht und anderen Merkmalen, die der Kirche von Jesus Christus gegeben und von der apostolischen Tradition gewahrt und entwickelt wurden. Das alles ist Andersgläubigen ein Ärgernis und Heiden eine Torheit[4]. Das wird so bleiben, und das muß auch so sein, ja es ist uns vorausgesagt: „Wäret ihr von der Welt, so würde die Welt euch als ihresgleichen lieben. Weil ihr aber nicht von der Welt seid, sondern ich euch aus der Welt erwählt habe, darum haßt euch die Welt"[5]. Gerade der Sinn des Zölibats erschließt sich natürlich nur dem Gläubigen und näherhin dem, der Begegnung mit Gott und den Ruf Gottes erlebt hat. Wenn wir mit Menschen ohne diese Glaubenserfahrungen über den Zölibat sprechen, ist das natürlich so, als diskutiere man mit Blinden über Rembrandt oder mit Gehörlosen über Beethoven. In dieser Konfrontation also müssen wir bleiben, und diese Spannung müssen wir durchhalten ohne Fluchtversuche durch falsche Brückenschläge in den Geist dieser Welt. Wenn Johannes XXIII., den ich in seinen letzten Jahren noch aus der Nähe kennenlernen durfte, von der Öffnung zur Welt sprach – dann wollte er sie umarmen, sie an seine starke Brust ziehen und ihr aus vollen Kräften christliches Pneuma einhauchen. Was würde er zu Leuten sagen, die sich unter Berufung auf ihn von der Welt umarmen lassen, bis ihnen die letzte christliche Puste ausgeht?

Die gegenwärtige Lage der Kirche in Deutschland beschert mir fast täglich das Erlebnis des „déjà vu", denn sie gleicht fast aufs Haar der Situation der Kirche in den Niederlanden – vor 25 Jahren! Als man alles zu hinterfragen und katholische

---

[1] II. Vatikanisches Konzil, Dekret „Presbyterium ordinis", 7. Dezember 1965, Nr. 16.
[2] Römische Bischofssynode 1971, Trier 1972, Nr. 20, hier S. 63.
[3] Ansprache Papst Johannes Pauls II. anläßlich des nachsynodalen Treffens der Vorsitzenden der Bischofskonferenzen Europas im Vatikan, 1. Dezember 1992.
[4] Vgl. 1 Korinther 1,23.
[5] Johannes 15,19.

Positionen zu berennen begann, trat allerdings der halbe holländische Episkopat innerhalb weniger Jahre zurück, resignierte buchstäblich (drei Diözesanbischöfe und ein Weihbischof bei sieben Bistümern[6]) – und das etwa zehn Jahre vor der Altersgrenze. Später schrieb dann einer dieser Bischöfe in seinen Memoiren bedauernd: „Wir hätten viel eher mutiger sein sollen!"

Zölibat? 1966 hatte das Erzbistum Utrecht noch 26 Neupriester. 1991 – 25 Jahre später –, nach langen der Zölibatsdebatte gewidmeten und völlig nachwuchslosen Jahren, wieder ganze zwei. Das Beispiel Holland zeigt, daß das Versagen einer Bischofsgeneration die Kirche auf Jahrzehnte hinaus niederwerfen kann. Darum ist es für uns an der Zeit, klar zu sagen, was als Frucht der Tradition einschließlich des II. Vatikanums oder, wie Hierarchie und Weiheamt, als Wesenselement der einen, heiligen, katholischen und apostolischen Kirche nicht zur Diskussion steht und was andererseits in gemeinsamer Beratung durchaus noch verbessert werden kann.

Vor allem aber ist es an der Zeit, die Zielrichtung der ganzen kirchlichen Diskussion zu überprüfen. Sollten wir die Augen nicht endlich wieder vom eigenen Nebel zum Himmel richten? Wir haben jahrzehntelang über die Frage diskutiert: Was erwarten die Menschen heute von der Kirche? Die Frage ist frusterzeugend, denn der Erwartungen sind viele, und zum großen Teil widersprechen sie einander sogar – wir können sie überhaupt nicht abschließend beantworten. Aber das ist auch gar nicht die entscheidende Frage für unser Leben und unsere Zukunft; die lautet nämlich: Was erwartet Gott vom Menschen heute? Und diese Frage können wir beantworten: Da kann die Kirche den Menschen wirklich helfen, die in der heutigen Verwirrung auf der Suche nach Frieden, Glück und Sicherheit sind.

So viele „träumen" heute von einer Kirche in Utopia. Darf ich auch einmal träumen? Dann von einem Volk Gottes, das nicht zusammenkommt, um sich auseinanderzusetzen, sondern um „ein Leib und ein Geist zu werden in Christus"[7].

Bei den Aposteln*

„Du aber stärke deine Brüder!"[1]. Für diesen Auftrag Jesu an Petrus hat der gegenwärtige Nachfolger Petri offenbar ein ganz besonderes Charisma. Wie oft hat sich das schon wiederholt: daß Männer der Kirche, Mitbrüder, mit Sorgenfalten bei ihm einkehrten und gelöst, gestärkt und ermutigt aus dieser Begegnung kamen. In den

---

[6] Gemeint sind die Diözesanbischöfe von Groningen, Rotterdam und Roermond sowie der Weihbischof von Utrecht, die zwischen 1969 und 1972 vorzeitig resignierten.

[7] Drittes Hochgebet (Meßbuch 1975): „Stärke uns durch den Leib und das Blut deines Sohnes und erfülle uns mit seinem Heiligen Geist, damit wir ein Leib und ein Geist werden in Christus."

* Das Wort des Bischofs: Bei den Aposteln, in: Bonifatiusbote, Nr. 1, 3. Januar 1993.

[1] Lukas 22,32.

letzten Wochen durften die deutschen Bischöfe bei ihren Ad-limina-Besuchen in Rom wieder einmal diese Erfahrung machen[2].

Nach jahrelanger Konfrontation mit gehässigen Medien, unzufriedenen Funktionären und innerkirchlichen Auseinandersetzungen ist allein das Abstandgewinnen schon einmal wohltuend. Unter dem Himmel von Rom und im Schatten der Peterskuppel relativieren sich die Nabelperspektiven gereizter Ortskirchen recht bald und müssen der Gesamtschau der Weltkirche weichen, die sich gegenwärtig in einem unübersehbaren großen Aufbruch befindet. Wenn man hört, daß die Zahl der Priesterseminaristen in den jungen Kirchen Afrikas und Asiens allein von 1986 bis heute um etwa 50 Prozent gestiegen ist (von 14 000 auf 21 000), kann man eigentlich nur etwas beschämt auf die bei uns vielerorts angebotenen Schrumpfstrategien schauen.

Natürlich weiß man in der Weltkirche von unseren Malaisen; schließlich manifestiert sich die Glaubenskrise heute nirgendwo deutlicher als in dem mitteleuropäischen Reich der Übersatten, das sich von Holland rheinaufwärts in die Schweiz und bis nach Österreich erstreckt. Aber gerade angesichts dieser Bedrohung, meinte Johannes Paul II., „sollten wir, Papst und Bischöfe, mehr denn je zusammenstehen". Denn das ist ja gerade das Katholische an unserer Kirche, daß wir uns nicht von jedem Wind des Zeitgeistes auseinanderblasen lassen, sondern daß wir, allem politischen und gesellschaftlichen Druck zum Trotz, „festhalten an der Lehre der Apostel und an der Gemeinschaft ..."[3].

Daß das Band zwischen unserer Ortskirche und dem Heiligen Stuhl nicht abreißt, dafür bürgt schon die außerordentlich positive Erinnerung, die der Heilige Vater an seine Tage in Fulda[4] hegt und pflegt, und sein felsenfestes Vertrauen auf das Wirken des heiligen Bonifatius in unserer Mitte. Davon hat er mehrfach beredt Zeugnis abgelegt, und dieses Vertrauen nicht zu enttäuschen, sollte unser aller Ziel sein. ...

Euthanasie*

Jahrelang sind alle scharf zurückgewiesen worden, die vorauszusagen wagten, daß die Geisteshaltung, die die Abtreibung freigibt, mit Sicherheit auch zur Euthanasie führen würde. Jetzt ist es soweit. Am 9. Februar hat das niederländische Parlament ein Gesetz zur Euthanasie verabschiedet, das für „aktive Sterbehilfe" grundsätzlich

---

[2] Vgl. Ansprachen Papst Johannes Pauls II. aus Anlaß der Ad-limina-Besuche der deutschen Bischöfe im November/Dezember 1992; Druck: Veröffentlichungen des Apostolischen Stuhls, Nr. 108.

[3] Apostelgeschichte 2,42.

[4] Am 17. und 18. November 1980 besuchte Papst Johannes Paul II. Fulda. Seine damals gehaltenen Predigten und Ansprachen sind dokumentiert in: Verlautbarungen des Apostolischen Stuhls, Nr. 25, S. 106–156.

* Das Wort des Bischofs: Euthanasie, in: Bonifatiusbote, Nr. 10, 7. März 1993; Nachdruck: Mit Bonifatius verbunden, S. 60 f. – Vgl. Das Wort des Bischofs: Vom guten Tod, in: Bonifatiusbote, Nr. 44, 5. November 1989.

Straffreiheit vorsieht[1]. Natürlich sind Terminologie und Verpackung ähnlich menschenfreundlich, wie wir das aus der Abtreibungsgesetzgebung kennen. Von Wahlfreiheit ist da die Rede, von Würde und Schmerzfreiheit, von Sorgfaltspflicht und Meldepflicht, aber aus den parlamentarischen Untersuchungen erfährt eine erstaunte Öffentlichkeit gleichzeitig, was bereits seit Jahren in Wirklichkeit in Holland praktiziert – und jetzt legalisiert – wird.

Von 2 300 sicheren Fällen aktiver Sterbehilfe durch Todesspritze oder Giftbecher im Jahre 1990 wurden nicht einmal 1 000 gemeldet. In weiteren 1 000 Fällen fand die Euthanasie statt, ohne daß der Kranke selbst darum gebeten hatte. So besteht bei den gemeldeten Fällen die Hälfte aus behinderten Babys, Psychiatrie- und Komapatienten, „willensunfähigen" Menschen, wie es offiziell heißt. In den letzten zwei Jahren haben sich die Zahlen aber noch vervielfacht. Bei der enorm hohen Dunkelziffer („Wir helfen im Stillen") schätzt man die Zahl der wirklich getöteten Kranken inzwischen auf 10 000 bis 20 000.

Kein Wunder, daß bei Alten und Kranken, vor allem in den Pflegeheimen, Unruhe um sich greift. Um Schutz gegen alle Formen von Euthanasie zu finden, haben Katholiken die bereits zu tausenden ausgegebene CREDOCARD eingeführt. Sie ähnelt einer Kreditkarte, aber ihr Text lautet: „Der Inhaber dieser Karte ist katholisch, wünscht bei Lebensgefahr den geistlichen Beistand eines Priesters und erklärt, daß er aktiver Euthanasie niemals zustimmt".

Warum ist nun die Kirche so entschieden gegen die Euthanasie? Ist sie nicht doch als schmerzloser Ausweg in so manchen schwer belastenden Situationen empfehlenswert?

Dazu läßt sich schon aus rein menschlichen Erwägungen sagen: Ist die Euthanasie erst einmal legal, dann würde das einen sozialen Druck auf empfindsame, pflegebedürftige Schwerkranke auslösen, der im wahrsten Sinne des Wortes lebensbedrohend wäre. Wer weiß, daß er für seine Umgebung eine Belastung darstellt – soll der vor den ersten Andeutungen auf den „Ausweg" zittern müssen? Was würde das für die menschliche Atmosphäre unseres Zusammenlebens bedeuten?

Die Euthanasie ist aber darüber hinaus ein weiterer Schritt der Loslösung von Gott. Wenn Leben nur noch als lebenswert gilt, solange es produktiv, lustvoll und gesund ist, dann sind die Konsequenzen absehbar. Dann wird mit allem leidenden, kranken und behinderten Leben auch der Sinn von Opfer, Kreuz und Leid selbst ausgelöscht. Welche seelischen Dimensionen werden da eingeschläfert wie alte Hunde. Die Passion Christi wird ein einziger großer Irrtum. Wer Gott nicht mehr als Herrn des Lebens anerkennt, das er uns schenkt und das er uns nimmt, wenn er uns in seiner Güte rufen will, der überläßt sich den Finsternissen menschlicher Willkür.

---

[1] Diese Sterbehilferegelung wurde schließlich durch das von der sozialliberalen Koalition eingebrachte und von den beiden Kammern der Generalstaaten mit großer Mehrheit am 28. November 2000 und 10. April 2001 verabschiedete Gesetz über die Kontrolle der Lebensbeendigung auf Verlangen und der Hilfe bei der Selbsttötung („Wet toetsing van levensbeëindiging op verzoek en hulp bij zelfdoding") neu gefaßt. Die Niederlande sind der erste Staat, der die Tötung auf Verlangen unter bestimmten Bedingungen von Strafverfolgung gesetzlich befreit.

Wir aber wissen: „Leben wir, so leben wir dem Herrn, sterben wir, so sterben wir dem Herrn. Ob wir leben oder ob wir sterben, wir gehören dem Herrn“[2].

Ich will nicht verletzen, aber deutlich sagen, was Sache ist*

Der Vorsitzende der katholischen Bischofskonferenz, Lehmann, hat vor kurzem ungewöhnlich heftig die seiner Ansicht nach zunehmende Hetze gegen den Papst und Schmähkritik an der Kirche insgesamt angeprangert[1]. Ist die Zeit der Duldsamkeit vorbei?

Das würde ich nicht sagen, aber wir dürfen uns nicht durch diese Welle von Kritik und Häme einschüchtern lassen. Wir müssen nach wie vor sehr deutlich sagen, was wir glauben, sagen zu müssen. Es ist ja doch erstaunlich, wenn man den Zustand unserer Gesellschaft betrachtet mit dem großen Bruch der Traditionen, dem Bruch zwischen den Generationen, der großen Orientierungslosigkeit und diesem Marsch ins moralische Niemandsland, daß ausgerechnet die Institution, die noch sittliche Grundsätze halten will, so scharf kritisiert wird.

Welche Erklärung haben Sie dafür?

Ich glaube, daß unsere Zeit sehr empfindlich geworden ist gegenüber jeder Form von Autorität, die sowohl im Staat als auch in der Kirche notwendig ist. Außerdem vertragen es die Menschen beim Abbau des Wertekonsenses immer weniger, wenn die Kirche kommt und sagt: Ich verkünde dir eine Wahrheit. Wir müssen aber Wahrheiten verkünden, denn das, was wir verkünden, sind unserem Glauben nach geoffenbarte Wahrheiten Gottes. Die können wir nicht auf die gleiche Stufe stellen mit jeder beliebigen menschlichen Meinung bis hin zum letzten Hauch von Schwachsinn. Für uns ist da eine Hierarchie gegeben; der moderne Pluralismus der Meinungen sieht diese Hierarchie nicht, deshalb reagiert er so wütend auf die Botschaft, die von sich behauptet, daß sie die wahre sei.

Wie beunruhigt sind Sie über die wachsende Distanz zur Kirche?

Mich beunruhigt der Schwund der Glaubenssubstanz viel mehr als die Kirchenaustritte, die sich zumal bei uns hier noch in Grenzen halten. Sehen Sie, man kann in Deutschland mit steuerbefreiender Wirkung aus der Kirche austreten, woanders kann man das gar nicht. Stellen Sie sich mal vor, man könnte mit steuerbefreiender Wirkung aus dem Staat austreten. Was das für eine Welle gäbe, und die ersten wären womöglich dieselben Leute, die auch aus der Kirche austreten. Diese finanziellen Einbußen beunruhigen mich nicht. Der Substanzverlust im Glauben und die Orientierungslosigkeit auch zunehmend von Kreisen innerhalb der Kirche machen mir Sorgen. Der Verdruß, der die politische Gesellschaft erfaßt hat, erfaßt zum Teil

---

[2] Römer 14,8.

* Rheinische Post, Nr. 84, 10. April 1993: Ich will nicht verletzen, aber deutlich sagen, was Sache ist (Interview: Reinhold Michels).

[1] Bischof Karl Lehmann anläßlich der Eröffnung der Frühjahrskonferenz der Deutschen Bischofskonferenz am 1. März 1993 in Mülheim/Ruhr.

auch die kirchliche Gesellschaft, zumal bei denen, die zwischen Kirche und Gesellschaft keinen großen Unterschied machen und die politischen Kategorien auch in der Kirche angewendet sehen möchten. Weil das nun aber absolut nicht geht, werden von denjenigen, die das nicht sehen wollen, die sogenannten demokratischen Defizite der Kirche bemängelt.

Sie halten wahrscheinlich eine Werbekampagne, wie sie in Teilen der evangelischen Kirche überlegt wird, für abstrus?

Ich bin, wie Sie schon vermuten, eher skeptisch. Die christliche, die erlösende Botschaft kann weder als audio-visuelle Unterhaltung dargeboten, noch allgemein als Werbung an ein großes Publikum gerichtet werden. Meiner Meinung nach kann man die eigentliche Heilsbotschaft nur von Mensch zu Mensch, von Mund zu Mund, von Herz zu Herz weitergeben. Der Glauben muß selbst vorgelebt werden. Durch Parolen kommt heute kaum jemand zum Glauben, weil auch die Jugend mit Recht kritischer geworden ist.

Ihnen wird vorgehalten, Sie verstünden ihr Hirtenamt als Kampfposten. Von manchen werden Sie als erzkonservativ angefeindet. Trifft Sie das?

Wenn man klar ausspricht, was man meint aussprechen zu müssen, kommt es zu großer Empörung. Das war mir von Anfang an klar. Ich war über zwanzig Jahre im diplomatischen Dienst der Kurie. In dieser ganzen Zeit ist mir nicht so oft gesagt worden: „Das darfst Du aber nicht sagen!", wie in einem Jahr in Deutschland. Aber ich habe nun mal beschlossen, nach zwanzig Jahren Diplomatie nicht mehr so diplomatisch zu sein. Ich bin ja eigentlich Priester geworden, um das Evangelium auf gut Deutsch zu verkünden. Ich will möglichst nicht unnötig verletzen, aber doch ganz deutlich sagen, was Sache ist. Es gibt da übrigens nicht nur das Echo der Empörung und des Widerspruchs. Aus dem Echo, das wir hier empfangen, wissen wir, daß auch viele Gläubige sagen, Gott sei Dank, daß einer Dinge noch deutlich auszusprechen wagt, selbst wenn er dann „geprügelt" wird.

Einen besonderen Aufschrei im Lande gab es vor fünf Jahren, als Sie im Bistum die Glocken läuten ließen wegen der abgetriebenen, ungeborenen Kinder.

Ein Beispiel für die heute typischen Verzerrungen. Daß jedes Jahr über 300 000 Kinder im Land im Mutterleib zerstückelt werden, das darf die Gemüter nicht beunruhigen. Wenn wir aber aus Trauer und als Mahnung gegen diese Massentötung ungeborenen Lebens eine Viertelstunde die Glocken läuten, wird das als Glocken-Psychoterror betitelt. Da sind die Dinge nun wirklich auf den Kopf gestellt worden.

Müßte die Kirche, wie Heiner Geißler auf dem Katholikentag 1992 meinte, Glokken nicht auch für die Vielzahl der geborenen Kinder ohne Lebenschance läuten?

Wenn wir wegen aller Übel in der Welt die Glocken läuten würden, dürften wir gar nicht mehr aufhören zu läuten. Weshalb läuten wir für die Ungeborenen und nicht für andere Anliegen? Weil wir uns alle darüber klar sind, daß die geborenen Kinder gut behandelt werden müssen, nicht mißbraucht werden dürfen. Darüber herrscht gesellschaftlicher Konsens, wie übrigens auch darüber, daß das Morden und die

Vergewaltigungen in Bosnien schaurig sind. Wo Konsens herrscht, braucht man nicht zu läuten. Beim Thema Schwangerschaftsabbruch ist der Konsens nicht vorhanden. Die Gewissen sind eben nicht wach bei diesem unglaublichen Verbrechen.

Werden Sie wieder läuten lassen, falls das Bundesverfassungsgericht[2] demnächst die Klage gegen die neue Fristenregelung abweist?

Auch wenn künftig nicht mehr vom Staat gestraft werden sollte, gibt es schwere Sünden, die von Menschen nicht begangen werden dürfen. Menschliche Schuld gibt es auch unabhängig vom Strafgesetzbuch. Das muß die Kirche deutlich machen.

Zu den Greueltaten auf dem Balkan, Herr Erzbischof. Überkommen da den Menschen Johannes Dyba manchmal auch Glaubenszweifel, weil Gott, wenn es ihn gibt, so etwas eigentlich nicht zulassen kann?

Das ist die berühmte Auschwitz-Frage[3]. Gott respektiert die Freiheit der Menschen, er zwingt sie nicht zum Guten, er läßt eben auch manchmal zu, daß der Welt ganz schaurig klar wird, wohin die Entwicklung geht, wenn Menschen, ohne an ihre Verantwortung vor Gott zu denken, miteinander umgehen wie die wilden Tiere. Wie wollen sie die menschliche Freiheit garantieren, wenn sie nicht auch Freiheit zum Bösen ist? Alles Böse in der Welt sollte auch als Appell und Mahnung Gottes zum Guten verstanden werden.

Muß auf dem Balkan militärisch eingegriffen werden, um das Böse zu beenden?

Das muß politisch entschieden werden. Daß der Soldatendienst zur Sicherung der Freiheit der Völker vom Christlichen her grundsätzlich gerechtfertigt ist, hat schon das Zweite Vatikanische Konzil bestätigt. Die deutschen katholischen Bischöfe haben in einer Erklärung zum Golfkrieg am 21. Februar 1991 gesagt, wir seien aufgerufen zu tätiger Solidarität mit der Völkergemeinschaft in der Verteidigung einer gerechten internationalen Ordnung[4]. Wenn wir Vollmitglieder bei UNO, NATO, EG sind, können wir nicht nur die Rechte in Anspruch nehmen, sondern müssen uns auch an den Pflichten beteiligen. Die sittliche Pflicht besteht darin zu verhindern, daß ganze Völkerschaften ausgerottet werden. Als Militärseelsorger aber sage ich: Wohin unsere Soldaten von unserem demokratischen Rechtsstaat geschickt werden, dorthin werden wir sie als Seelsorger auch begleiten.

Zurück zur Gesellschaftspolitik. In Düsseldorf wird jede zweite Ehe geschieden, es gibt immer weniger Familien, immer mehr Singles. Was ist Ihr Eindruck?

---

[2] Die Entscheidung des Bundesverfassungsgerichts vom 28. Mai 1993 zum Schwangeren- und Familienhilfegesetz vom 27. Juli 1992 verwarf wesentliche Teile des Gesetzes als verfassungswidrig. Das Gericht betonte das Lebensrecht des Ungeborenen und die Rechtswidrigkeit der Abtreibung einerseits, akzeptierte aber andererseits die Fristenregelung mit Beratungspflicht als verfassungsrechtlich grundsätzlich nicht verwehrt. Die Fristenregelung mit Beratungspflicht trat bereits am 16. Juni 1993 in Kraft.

[3] Vgl. etwa Eugen Kogon/Johann Baptist Metz, Gott nach Auschwitz, 4. Aufl., Freiburg 1989.

[4] Wort der deutschen Bischöfe zum Golfkrieg, 21. Februar 1991.

Warum kommt es denn zu Hunderttausenden von Scheidungswaisen in unserer Gesellschaft, zu dem großen Elend bei den betroffenen Kindern und zu den großen finanziellen Belastungen für die Gesellschaft – denken Sie nur an die Zunahme der Verhaltensstörungen, an die Zunahme von Jugendkriminalität? Da müssen wir uns fragen: Was bedeutet eigentlich der Abschied von der Treue für die Betroffenen und für unsere Gesellschaft? Früher wurde Treue hochgehalten. Wenn Sie sich heute unsere Medienunterhaltung anschauen: 90 Prozent der Spannungsmomente in der normalen Fernsehunterhaltung – ich rede nicht einmal von Pornos – werden durch Brutalität, Unzucht und Untreue erzeugt. Untreue gilt als „in" und als interessant.Treue gilt als langweilig; sie wird in der öffentlichen Meinung lächerlich gemacht. Die Kirche, die für Treue eintritt, gilt als moralinsauer und von gestern. Das hat natürlich Auswirkungen. Wir müssen uns überlegen, ob wir uns das leisten können. Es ist unverantwortlich und unbegreiflich, daß die Kirche mit ihrem Eintreten für gesunde Familien und für sittliche Grundsätze derartig „verprügelt", ja beinahe verfolgt wird. Die Gesellschaft gräbt sich da ihr eigenes Grab. Wir befinden uns heute in einer beginnenden Degeneration. Wir sind die erste Generation, in der das Kinderaufziehen nicht als die eigentliche Aufgabe, sondern weithin als Last empfunden wird, der man besser ausweicht. Es brechen weithin ab die Weitergabe des Lebens und die Weitergabe von Glauben und sittlichen Überzeugungen.

Kann man auch von Dekadenz sprechen?

Ja, Dekadenz liegt vor, wenn die sittlichen Bastionen geschleift werden.

Wie überlebensfähig ist die an sittlichen Grundsätzen festhaltende Kirche in dieser so beschriebenen Gesellschaft?

Die Frage ist nicht, ob die Kirche überlebt, sondern, ob die Gesellschaft überlebt, wenn sie sich der sittlichen Grundlagen beraubt. Wissen Sie, wir haben schon viele Gesellschaften kommen und gehen sehen, die alle das Ende der Kirche vorausgesagt haben. Die Kirche hat sie alle überlebt. Deshalb sollte es sich diese Gesellschaft zweimal überlegen, ob sie die Institution, die oft als einzige noch für Zucht und Maß kämpft, ausschalten will.

Was halten Sie von den Forderungen nach innerkirchlichen Reformen?

Viele von den Leuten, die heute der Kirche Reformen andienen, wollen sie in den Pluralismus führen. Solche Reformvorschläge betreffen nicht das Wesentliche. Unsere Kirche bezeichnet sich als die „eine, heilige, katholische und apostolische". Sie muß sich daher immer wieder fragen, ob sie einig, heilig, katholisch und apostolisch genug ist. Ich bin dafür, radikal zu Besserungen zu kommen, wo die Kirche da nachgelassen hat. Wenn aber populäre Christen fordern, die Kirche nach politischen Kriterien zu organisieren, verkennen sie völlig den einzigartigen Charakter dieser Kirche. Die Kirche ist über 2000 Jahre eine intakte Institution geblieben, weil sie eben keine menschliche Gemeinschaft ist wie jede andere auch. Christus sagt: „Nicht ihr habt mich erwählt, sondern ich habe euch erwählt"[5]. Demokrati-

---

[5] Johannes 15,16.

sche Formen sind auf das Wesen der Kirche nicht anwendbar. In der Demokratie entscheidet die Mehrheit, in der Kirche allein die Wahrheit. Die Märtyrer und Bekenner der Kirche haben doch gerade gegen die Mehrheit die Wahrheit Gottes verkündet. In der Demokratie muß es Gewaltenteilung geben. In der Kirche hingegen gilt das Wort Christi: „Seid eins, wie ich und der Vater eins sind"[6]. In der Demokratie muß es Regierung und Opposition geben. In der Kirche soll das Volk Gottes eins sein mit den Hirten und mit Gott. Die Kirche ist eine göttliche Stiftung, deshalb ist ihre Wesensstruktur hierarchisch. Nur wenn man das begreift, kann man heute in der Kirche froh und glücklich werden. Und das ist doch unsere eigentliche Aufgabe, den Gläubigen die Geborgenheit der Kinder Gottes zu vermitteln.

Sie haben einmal selbstkritisch gesagt, es sei mehr weltlicher Geist in die Kirche eingedrungen als heiliger Geist in die Welt[7]. Wie sehen Sie das heute?

Da bezog ich mich auf die Öffnung unter Papst Johannes XXIII. Ich durfte ihn noch aus der Nähe kennenlernen in meinen ersten römischen Jahren. Wenn er sagte „sich der Welt öffnen", meinte dieser stämmige Mann: „die Welt umarmen und sie mit christlichem Geist erfüllen". Er hat nie vorausgesehen, daß bei dieser Umarmung wir die Schwächeren wären, die die Welt derart drücken könnte, daß uns die letzte christliche Puste ausgeht. Es ist natürlich viel leichter, weltlichen Geist in die Kirche zu tragen. Das meinte Johannes XXIII. aber absolut nicht mit seiner Öffnung.

Viele sagen, die Kirche müßte ihre Sprache ändern. Mehr Klarheit und Wahrheit also?

Wenn ich manchmal gefragt werde, ob ich nicht gelegentlich etwas zu scharf formuliere, kommt das daher, daß man heute auch von der Politik ein bißchen diesen Wischi-Waschi-Stil gewöhnt ist, der auch in die Kirche eingedrungen ist. Ich muß mir ja viele Vorwürfe anhören, aber einen Vorwurf habe ich noch nie einstecken müssen: daß man nicht versteht, was ich eigentlich meine. So soll es auch bleiben.

Toleranz in der Achtung, nicht Gleichmacherei*

Herr Erzbischof, bedeutet es nicht mangelndes Gottesvertrauen, daß die Volkskirche die Beiträge der Mitglieder vom Staat in Form einer Steuer einziehen läßt?

Es gibt viele Systeme, die alle ihre Vor- und Nachteile haben. Ich gehöre zu denjenigen, die Sie mit einem Wegfall der Kirchensteuer – wenn sie denn käme – nicht schrecken können. Ich meine aber, für uns ist das System gut. Andere Systeme wie in Amerika machen die Kirche bis in die Gemeinden hinein von den Spendern

---

[6] Johannes 17,21.

[7] S. oben S. 43.

* Darmstädter Echo, Nr. 84, Ostern 1993 [10. April]: Toleranz in der Achtung, nicht Gleichmacherei. Fragen an den Fuldaer Erzbischof Johannes Dyba zu Kirche, Gesellschaft, Sittlichkeit, Aids, Frauenemanzipation (Interview: Norbert Zielke).

abhängiger. Der Wegfall der staatlich eingezogenen Kirchensteuer wäre wohl doch nicht so günstig, wie sich das manche vorstellen: Die Kirche müßte zum Beispiel einen eigenen Einzugsapparat aufstellen, was mir nicht sehr sympathisch wäre. Wenn es aber doch anders kommen sollte, erfaßt mich keinerlei Panik. Manches würde vielleicht sogar leichter und ursprünglicher, wenn wir uns auf die wesentlichen Aufgaben der Kirche beschränken müßten.

Seitens der FDP und Jungdemokraten gab es Vorschläge, Kirche und Staat ganz zu trennen. Wie stehen Sie als aufrechter Katholik zur FDP?

Die kirchenpolitischen Papiere, die ja vor allem von den Jungdemokraten gekommen und gegangen sind, sind Eintagsfliegen, die nicht allzu ernst genommen werden dürften. Wenn ich die Auswirkungen solcher im Grunde kirchenfeindlicher Pläne bei den Wählern sehe, dann glaube ich schon, daß die Oberen bei SPD wie FDP diese Vorstöße mehr befürchten müssen als die Kirche.

Welche Funktionen messen Sie der Kirche in der heutigen Gesellschaft zu?

Die primäre Aufgabe der Kirche ist natürlich, die Menschen zu Gott zu führen und in die Geborgenheit, die sie als gläubige Christen haben können. Für die Gesellschaft ergeben sich daraus von alleine sehr wichtige Perspektiven. Ich würde wie Christus sagen: Suchet zuerst das Reich Gottes, alles andere wird Euch dazugegeben werden[1] : dazu gehört auch der gesellschaftliche Bonus.
Ich darf das an einem Beispiel deutlich machen. Wir predigen Treue, eheliche Treue. Wenn Sie sehen, wie weit die Treue heutzutage weggebrochen ist, als Tugend und Wertkonsens, dann hat das gesellschaftliche Auswirkungen. Wenn Treue weitgehend bricht, dann haben wir Tausende von Scheidungswaisen, viele aus dem Nest gefallene Kinder. Alle Statistiken zeigen aber, daß eine Vielzahl von kriminellen und verhaltensgestörten Jugendlichen aus zerbrochenen Ehen stammen. Das ist einfach eine Tatsache und eine enorme Belastung für die Gesellschaft.

Ein gesellschaftliches Massenphänomen ist die Krankheit Aids geworden. Wie hilft die Kirche den Aidskranken?

Wir helfen mit speziellen Einrichtungen für die Aidspatienten und den allgemeinen caritativen Einrichtungen. Aber: Das ist Hilfe, wenn das Kind in den Brunnen gefallen ist. Wir helfen natürlich besser vorher mit dem Hinweis auf Lebensweisen, die Aids ausschließen oder einschränken. Eigenartigerweise stößt diese Hilfe aber auf sehr wenig Akzeptanz.

Worin besteht diese Hilfe konkret?

Daß man darauf hinweist, daß die Lebenshaltungen, die Aids und das Fortschreiten der Aidsseuche begünstigen, auch sittlich nicht einwandfrei sind.

Aber man kann doch nicht einerseits bestimmte Verhütungsmittel aus ethischen Gründen ablehnen, und andererseits wäre eines dieser Verhütungsmittel genau das Mittel, um Aids zu verhindern.

---

[1] Matthäus 6,33.

Nein, Sie haben mich nicht verstanden. Ich sage ja nicht, man soll ein unrichtiges Verhalten risikofrei machen – man soll ein unrichtiges Verhalten unterlassen.

Ist es tatsächlich eine Hilfe zu sagen, wie Sie es getan haben, daß Aids eine Strafe Gottes und Folge unmoralischen Handelns ist?

Ich habe nie gesagt, Aids sei eine Strafe Gottes. Ich gebe Ihnen gerne den Artikel, den ich dazu geschrieben habe[2]. Sie können daraus zitieren. Darin steht, daß man nie sagen könne, daß etwas eine Strafe Gottes ist. Vor allen Dingen darf man nie auf jemanden zeigen und ihm sagen: Hier, du hast eine Strafe Gottes erfahren. Was eine Strafe Gottes ist, das ist eine Sache zwischen Gott und dem betroffenen Menschen. Und höchstens dieser Mensch selber weiß, ob er eine Strafe Gottes erlitten hat. Oder er kann es ahnen. Aber Dritte können das nie sagen.

Sie kritisieren den geistig-moralischen Verfall in unserer Gesellschaft. Können Sie ihn kurz beschreiben?

Wenn Sie ein Schlagwort wollen: Wir befinden uns in einem Prozeß der Degeneration. Unsere Generation gibt weitgehend das Leben, den Glauben und die sittlichen Grundregeln nicht mehr weiter. Daß unsere Generation die folgende weitgehend nicht mehr als ihre eigentliche Aufgabe ansieht, sondern eher als Last, führt zum Bruch zwischen den Generationen. Es gibt deshalb eine Orientierungslosigkeit der jungen Generation, vor der wir fassungslos stehen und der wir mit Polizeimaßnahmen oder therapeutischen Maßnahmen zu begegnen suchen. Die Orientierungslosigkeit mit ihren verheerenden politischen und gesellschaftlichen Folgen wäre nicht gegeben, wenn die jungen Menschen eine gute Erziehung gehabt hätten.

Sie sprechen häufig von Gottesfurcht, die ausgestorben sei. Was ist Gottesfurcht?

Respekt vor Gottes Geboten und das Bewußtsein: Ich bin vor Gott verantwortlich, für das Leben und meine Taten. Ich werde einmal zur Rechenschaft gezogen. Das hat gar nichts mit Angst zu tun. Angst ist keine Tugend, Gottesfurcht ist eine Tugend, denn da sieht man das Verhältnis Gott – Mensch richtig.

Wie verstehen Sie den Begriff Moral?

Die Moral der Kirche können Sie überhaupt nur verstehen auf der Grundlage des Glaubens. Moral ist nicht das erste, der Glaube ist das erste. Erst wenn Sie glauben, daß auch das ungeborene menschliche Leben von Gott geschaffen und gewollt ist, können Sie verstehen, daß der Mensch gegen das von Gott ins Dasein gerufene Leben nicht die Hand erheben darf.

Sind Sie für die gesellschaftliche Emanzipation der Frau?

Ja, die Kirche hat in Sachen Emanzipation der Frau, obwohl es nie anerkannt wird, eine ausgesprochene Pionierrolle gespielt. Vergleichen Sie einmal die Stellung der Frau in den verschiedenen Weltreligionen, Frau im Islam, Frau im Hinduismus, im Buddhismus, von den Naturreligionen ganz zu schweigen.

---

[2] S. oben S. 120 ff.

Nirgendwo hat die Frau eine derartige Position, und zwar zu Recht, wie im Christentum. Deshalb ist es ausgesprochen ungerecht, der Kirche immer vorzuwerfen, sie würde die Frauen unterdrücken.

Und warum gibt es dann keine Priesterinnen?

Das hat mit der Emanzipation nichts zu tun. Das hat etwas mit der apostolischen Tradition zu tun: Christus hat zu Aposteln nur Männer berufen, und diese apostolische Tradition ist für die Kirche verbindlich. Das betrifft weder die Gleichberechtigung noch die Würde der Frau, sondern die Verschiedenheit der Berufungen in der Kirche. Unsere höchste Berufung ist übrigens nicht das Amt, sondern die Heiligkeit, zu der wir alle, Männer und Frauen, in gleicher Weise berufen sind.

Einer der Gründe, weshalb Menschen aus der Kirche austreten, sind Sie selbst, Herr Erzbischof. Verliert die Kirche nicht durch die zunehmende Zahl von Austritten an gesellschaftlichem Gewicht?

Erstens ist Ihre Aussage schlichtweg falsch. Es treten im Bistum Fulda weniger Leute aus der Kirche aus als in anderen Gegenden. Zahlen belegen das. Zudem treten aus der evangelischen Kirche noch mehr Leute aus, und das kann ja wohl mit Erzbischof Dyba nichts zu tun haben.
Natürlich verlassen Leute die Kirche. Bei uns hat das noch keinerlei Ausmaße erreicht, die mich überraschen. Mich macht der Substanzverlust im Glauben viel betroffener. Es gibt im Verhältnis viel mehr Glaubensverlust als Kirchenaustritte. Und: Durch die momentanen Zahlen von Kirchenaustritten ist die Kirche viel weniger bedroht als durch die massiven Attacken in den Medien, die ja unmittelbar darauf zielen, das gesellschaftliche Gewicht der Kirche zu reduzieren. Wenn man sieht, wie die Kirchen im Fernsehen behandelt werden, dann wundert man sich nicht, daß die gesellschaftliche Akzeptanz bröckelt.

Welche Perspektiven bleiben dieser Kirche in dieser Gesellschaft?

Das würde ich eher umgekehrt sehen. Die Kirche ist auf diese Gesellschaft nicht angewiesen, die Gesellschaft aber auf die Kirche. Die Kirche hat im Lauf der Jahrtausende viele Gesellschaften überdauert, Gesellschaften kommen und gehen. Also muß man eher Angst um diese Gesellschaft haben. Denn wenn die Kirchen nicht die sittlichen Grundlagen unserer Gesellschaft garantieren, dann geht diese Gesellschaft buchstäblich zum Teufel.

Was, glauben Sie, ist Toleranz?

Daß man den anderen nicht wegen seiner Ansichten, wenn sie legitim sind, bedrängt und bedrückt. Aber ich glaube, besser als irgendeine knöcherne Definition ist der Hinweis auf das, was hinter Ihrer Frage steckt. Sehen Sie, heute haben wir die Wertehierarchie zerbrochen und ergehen uns im Pluralismus. Wenn dann jemand sagt, er habe eine Wahrheit zu verkünden, fällt er natürlich sofort unter die Anklage der Intoleranz. Wir glauben aber, daß die christliche Botschaft eine Offenbarung ewiger Wahrheiten ist und deshalb einen anderen Stellenwert besitzt als beliebige menschliche Meinungen.

Es gibt eine Toleranz in der gegenseitigen Achtung, aber nicht in der Gleichmacherei von Werten und Unwerten.

Und wieviel Toleranz braucht diese Gesellschaft?

Die Gesellschaft wird mit Toleranz allein gar nicht auskommen, sie braucht Liebe.

Das hierarchische Weihepriestertum und das gemeinsame Priestertum aller Gläubigen*

Zehn Jahre nach der Promulgation des Codex Iuris Canonici im Jahre 1983 kann man es wagen, eine erste Zwischenbilanz über die Auswirkungen des nach dem Zweiten Vatikanischen Konzil erneuerten Kirchenrechtes zu ziehen. Zugleich dürfen, ausgehend von der zu ziehenden Bilanz, Desiderata für die zukünftige Entwicklung formuliert werden. Beidem will dieses internationale Symposium des Kirchenrechts dienen. Ich bin dankbar, daß ich eingeladen wurde, zu dem Thema „Das hierarchische Weihepriestertum und das gemeinsame Priestertum aller Gläubigen“ zu sprechen. Dabei möchte ich sowohl kirchenrechtliche als auch pastorale Überlegungen anstellen.

Ich möchte in meinen Ausführungen Bilanz ziehen über die Entwicklung des Weihepriestertums und des gemeinsamen Priestertums in den letzten zehn Jahren in der Kirche und dabei vor allem die Situation in Deutschland in den Blick nehmen. Dann möchte ich Desiderata anmelden und Perspektiven aufzeichnen bezüglich einer vertiefteren Erkenntnis und aktiveren Wirksamkeit beider Arten des Priestertums in der Kirche sowie für das Zusammenwirken beider zum Wohl des ganzen Leibes Christi, der „Zeichen und Instrument“ für das Heilswirken Gottes an der ganzen Menschheit sein soll. ...

Positive Auswirkungen

In der Apostolischen Konstitution „Sacrae Disciplinae“, durch die Papst Johannes Paul II. den CIC 1983 promulgiert, sprach er den Wunsch aus, „daß die neue kanonische Gesetzgebung zu einem wirksamen Instrument wird, mit dessen Hilfe sich die Kirche entsprechend dem Geist des Zweiten Vatikanischen Konzils vervollkommnen kann“[1]. Der CIC, der nach den Worten von Papst Johannes Paul II. die Lehre des II. Vatikanischen Konzils in die kanonistische Sprache umgesetzt und

* Vortrag in der Vatikanstadt, 22. April 1993: Das hierarchische Weihepriestertum und das gemeinsame Priestertum aller Gläubigen. Kirchenrechtlich-pastorale Überlegungen. Druck: Ius in vita et in missione Ecclesiæ. Acta symposii internationalis iuris canonici occurrente X anniversario promulgationis Codicis Iuris Canonici diebus 19–24 Aprilis 1993 in civitate Vaticana celebrati, Vatikanstadt 1994, S. 809–821. Vgl. dazu Ludger Müller, in: Archiv für katholisches Kirchenrecht 162 (1993), S. 608–634, hier 628 zu Dybas Vortrag: „vermutlich im Anschluß an Ludwig Schick“. – Stark gekürzt.

[1] Johannes Paul II., Apostolische Konstitution „Sacrae disciplinae“, 25. Januar 1983.

der im vorigen Jahr durch den „Katechismus der katholischen Kirche“[2] komplettiert wurde, hat in den letzten zehn Jahren entscheidend dazu beigetragen, daß irrige Vorstellungen in vielerlei Hinsicht in der Kirche und über die Kirche aufgegeben wurden und gesunde Meinungen Platz gegriffen haben. Die klaren Aussagen des Zweiten Vatikanischen Konzils zum hierarchischen und zum gemeinsamen Priestertum, die durch den CIC zu verpflichtenden Normen geworden sind, haben viele Priester ihr hierarchisches Priestertum und viele Gläubige das gemeinsame Priestertum zum Wohl der Kirche und zur Erfüllung ihres Heilsdienstes in dieser Welt neu entdecken und aktiv leben lassen.

Positive Auswirkungen auf das Weihepriestertum

In den vergangenen zehn Jahren hat sich das hierarchische Priestertum in vielfacher Hinsicht vervollkommnet. Die Auffassungen gerade der jungen Priester sind klarer als in den Jahren unmittelbar nach dem Konzil. Die geweihten Priester verstehen sich wieder mehr als Priester gemäß der kirchlichen Tradition. Sie nehmen ihre genuinen priesterlichen Aufgaben in der Feier der Sakramente, in der Verkündigung und der Lehre sowie in der geistlichen Leitung der Gläubigen deutlicher wahr. Die Experimente der Arbeiterpriester und die politischen Aktivitäten vieler Geistlicher haben aufgehört. Der Kirchendienst wird mit Freude von den Priestern wahrgenommen und der Weltdienst den Laien überlassen.

Das Konzil und der CIC haben den Dienstcharakter des Weihepriestertums am Volk Gottes betont. Autoritäres, unkommunikatives, klerikalistisches Verhalten ist fast gänzlich verschwunden. Die geistlichen Amtsträger nehmen ihren Dienst wahr für das Volk Gottes in Demut und Bescheidenheit zum Wohl des Ganzen.

Zugleich haben die Priester, gestärkt durch Konzil und Kirchenrecht, eine gesunde Autorität und eine gesunde Selbsteinschätzung weithin wiedererlangt. Sie verstehen sich als Stellvertreter Christi, des Herrn und Hauptes seiner Kirche, durch die Christus am Volk Gottes handeln will. Dazu hat der Herr sie im Weihesakrament mit einer einzigartigen, unersetzbaren und für die Kirche unabdingbaren Vollmacht ausgestattet, die sie besitzen und ausüben sollen gemäß dem Ursprung des Wortes Autorität, das von „augere“ = vermehren kommt, zur Mehrung des Lebens und Wirkens des gemeinsamen Priestertums aller Gläubigen. Wir haben zwar weniger junge Priester und Seminaristen, aber weithin doch frömmere, kirchentreuere und mit dem Papst und den Bischöfen enger verbundene.

Nach dem Konzil warteten viele irregeleitete Priester darauf, daß der Zölibat abgeschafft würde. Unter den Priestern ist der Wert der Ehelosigkeit um Christi und seines Dienstes willen neu entdeckt worden und wird wieder mehr geschätzt. Auch dazu haben die klaren Aussagen des Konzils und des CIC beigetragen.

[2] Katechismus der katholischen Kirche (1992, dt. Ausg. 1993, editio typica 1997).

Positive Auswirkungen für das gemeinsame Priestertum aller Gläubigen

In den letzten zehn Jahren haben viele Gläubige ihr gemeinsames Priestertum neu entdeckt und üben es aus in der Kirche für die Welt. Verwaltungsräte und Pastoralräte sind in fast allen Diözesen und Pfarreien eingeführt und arbeiten gut. Viele Laien stellen sich als Kommunionhelfer, Katecheten und Religionslehrer zur Verfügung. Viele Gläubige haben sich in geistlichen Bewegungen zusammengeschlossen, um ihre Tätigkeit am Priestertum Christi aktiver leben zu können. Auch die Tätigkeit der hauptamtlichen Seelsorgehelfer und -helferinnen, die in Deutschland jetzt durchgängig Pastoralreferenten oder Gemeindereferentinnen genannt werden, darf nicht übersehen werden. Das große Engagement der Laien für die Missionstätigkeiten der Kirche muß auch erwähnt werden.

Probleme bezüglich der Unterscheidung von hierarchischem und gemeinsamem Priestertum

Es sind aber auch Defizite und Fehlentwicklungen zu konstatieren, die sich vor allem auf die Unterscheidung und Zuordnung von gemeinsamem und hierarchischem Priestertum beziehen. Die Betonung der Teilhabe aller Getauften am Priestertum Christi hat einige verleitet, die hierarchische Struktur der Kirche nicht mehr richtig zu sehen oder gar zu leugnen. Besonders die hauptamtlichen Seelsorgehelfer in Deutschland, in der Schweiz, in Holland und teilweise wohl auch in den USA, in Ländern also, in denen sich die Kirche durch ihren Reichtum solche Dienste in einer großen Zahl leisten kann – und nur von diesen Ländern spreche ich im folgenden – haben zur Nivellierung von Weihepriestertum und Priestertum aller Gläubigen bewußt beigetragen. Sie haben – teilweise mit Zustimmung der Bischöfe und ihrer engsten Mitarbeiter – Funktionen in Pfarreien und anderen Bereichen des kirchlichen Lebens übernommen, die nach katholischer Auffassung einem Priester zukommen. Nur die Spendung der Sakramente sei ihnen vorenthalten, weil sie verheiratet seien, so behaupten einige. Das Zölibatsgesetz sei der einzige Grund dafür, daß sie nicht auch diese Aufgaben übernehmen könnten.

Dadurch ist bei manchen jungen Männern, die den Priesterberuf anstrebten, eine Verunsicherung eingetreten. Einige, die Priester hätten werden können und ursprünglich auch wollten, haben sich nach dem Theologiestudium als Pastoralreferenten anstellen lassen. Gerade in den Diözesen Deutschlands, in denen viele männliche Laien nach einem vollakademischen Studium als Pastoralreferenten angestellt wurden, ist die Zahl der Neupriester deutlich zurückgegangen; Diözesen, die in dieser Hinsicht zurückhaltender waren, haben hingegen mehr Priesternachwuchs. Damit hängt auch die Abwertung des Zölibats für das hierarchische Weihepriestertum zusammen. Wiederum ist zu betonen, daß gerade hauptamtliche Laien den Zölibat häufig in Frage stellen und auch die Gläubigen in dieser Richtung beeinflussen.

Andere haben aus der Gleichheit aller Gläubigen im gemeinsamen Priestertum den Schluß gezogen, daß auch Frauen zum hierarchischen Priestertum der Kirche zuzulassen seien. Sie übersehen, daß Christus keine Gemeinschaft von Gleichgeschalteten gegründet hat, sondern eine Gemeinschaft, in der unter Führung des Heiligen Geistes von Gleichen in Würde verschiedene Dienste gemäß Veranlagung und Berufung jedes einzelnen wahrgenommen werden müssen. Übrigens, wenn ich hier den Heiligen Geist bemühe, dann weil ich glaube, daß Gott, wenn er denn Priesterinnen in seiner Kirche gewünscht hätte, das bereits dem Petrus klargemacht hätte. Genau so schnell und direkt wie er den überraschten Petrus durch Vision und den Hauptmann Kornelius wissen ließ, daß der Zugang zur Kirche nicht den Juden vorbehalten sei, sondern auch den Heiden offenstehe[3], hätte der Heilige Geist dem Petrus auch klarmachen können, daß der Zugang zum Priestertum nicht auf Männer beschränkt sei, sondern auch den Frauen offenstehe. Wie wir wissen, ist aber eine solche Intervention des Hl. Geistes nie erfolgt, weshalb wir an der von Christus grundgelegten Tradition festhalten.

Durch die Teilnahme vieler Laien an den Aufgaben der geweihten Priester ist der Weltcharakter und Weltdienst der Kirche eher vernachlässigt worden. Seit sich immer mehr in der Kirche engagierte Laien zu den Hirten zählen, „kümmern sich immer mehr Hirten um immer weniger Schafe", so haben Pastoraltheologen für Deutschland und ganz Mitteleuropa formuliert. In den letzten Jahren wurden besonders in Deutschland, aber auch in anderen Ländern, viele Theologen und Theologinnen ausgebildet, die in der Pastoral arbeiten wollten. Es wurde versäumt, Juristen, Mediziner, Politologen, Pädagogen, vor allem aber Journalisten und Medienexperten für die Kirche zu gewinnen, diese theologisch zu schulen und geistlich zu bilden, damit sie den Weltdienst der Kirche übernehmen sowie die verschiedenen Bereiche der Gesellschaft mit dem Geist des Evangeliums durchdringen und so das Reich Christi ausbreiten.

In Westeuropa und Nordamerika verliert die Kirche Terrain, weil sie sich zu sehr mit sich selbst beschäftigt hat, weil sie ihre Binnenstrukturen ausgebaut und dabei ihren apostolischen und missionarischen Auftrag vernachlässigt hat.

Wir sind ja heute weitgehend mit dem beschäftigt, wovor der Herr seine Jünger ausdrücklich gewarnt hat: dem Gerangel um die besten Plätze beim Tisch des Festmahls[4]. In der bei uns entzündeten Diskussion droht aber die gesunde Lehre und die klare Unterscheidung, was Weihepriestertum und was gemeinsames Priestertum der Gläubigen ist, vernebelt zu werden.

Dazu ein Blitzlicht aus neuester Zeit. Im Dezember 1992 beschreibt der Generalvikar eines deutschen Bistums die Lage in seinem Bistum wörtlich wie folgt[5]: „Statt des lähmenden Schreckwortes ‚Priestermangel' sprechen wir lieber von der Differenzierung verschiedener pastoraler Ämter und Dienste, welche die Gemeindeleitung nur in Zusammenarbeit leisten können. Es gibt heute nicht weniger hauptamtliche Personen in der Gemeindeseelsorge als zu den Zeiten des besten Priesternachwuchses in den dreißiger Jahren. Die Änderung besteht an sich nur darin, daß hauptamtliche pastorale Mitarbeiter faktisch Anteil an den Leitungsauf-

---

[3] Vgl. Apostelgeschichte 10.

[4] Lukas 14,7–11.

[5] Kirche im Übergang. Bericht von Generalvikar Dr. Raban Tilmann zur Lage der katholischen Kirche im Bistum Limburg, Limburg 1992, S. 11.

gaben in den Gemeinden übernommen haben. Die Ämtertheologie hat mit dieser tatsächlichen Entwicklung nicht Schritt gehalten. Das Bistum ist vorläufig an einer theoretischen Klärung der Ämtertheologie auch nicht interessiert, zum Beispiel an Antworten auf die Frage, welche und wie viele der neuen pastoralen Dienste in das Gebiet der sakramentalen Weihe einbezogen werden können und sollen. Wir wollen praktische Erfahrungen sammeln".

Derselbe Generalvikar beschreibt den Zustand seines Bistums mit „Mutation bei laufendem Betrieb". Ich frage mich dabei nur, woher das Mandat für eine solche Mutation kommt? Ich kann es weder im Zweiten Vatikanischen Konzil noch im CIC entdecken, und daher muß ich gestehen, daß ich ein solches Sammeln von Erfahrungen, denen die Ämtertheologie dann hinterherhinken soll, für außerordentlich gefährlich halte. Denn die Erfahrungen, die da gesammelt werden, sind natürlich von Diözese zu Diözese und von Region zu Region verschieden. Oft hängt es auch von der Figur des Oberhirten ab, welche ‚Erfahrungen' zu sammeln überhaupt möglich wird. Auf jeden Fall verläuft die Entwicklung uneinheitlich, gehen die Ströme auseinander.

Wie weit diese Auseinanderentwicklung in Deutschland bereits gediehen ist, wird auch an der Vorlage eines Papiers „Leitungsdienst in der Gemeinde" deutlich, das in der Deutschen Bischofskonferenz beraten wird. Es geht darum, daß Laien immer mehr mit Leitungsaufgaben in den Pfarreien betraut werden sollen, im Zusammenhang mit den Laien ist daher praktisch immer vom „Leiten" die Rede, vom „Leisten" nie und vom „Dienen" eigentlich nur im Bezug auf den Priester. Dieses Papier ist denn auch schon mehrere Male an die zuständige Kommission zurückverwiesen worden. In immer erneuten Versionen zeigt sich aber nur, wie schwer es bereits in Deutschland ist, die unterschiedlichsten Strömungen unter einen Hut zu bringen. Was für eine Diözese eine hilfreiche Grundlinie sein mag, die davor schützen soll, daß die Dämme endgültig brechen, bedeutet für eine andere vielleicht einen ganz unnötigen Kompromiß. Sehen Sie, in einem benachbarten Bistum[6] haben sich 73 der 74 Pastoralreferentinnen organisiert, zusammengeschlossen, um gemeinsam mehr Druck ausüben zu können. Solche Vereinigungen führen aber meist nicht zu solidarischem, sondern zu syndikalistischem Denken.

Da ich von „Druck" gesprochen habe: wir dürfen keinesfalls unterschätzen, welch ein Druck von den sogenannten progressiven Entwicklungen und Diözesen (selbst wenn es sich nur um progressive Desintegration handelt) auf die anderen ausgeht. Vor 20 Jahren haben die nordwestdeutschen Bistümer dem Druck von Holland her noch klar widerstanden. Heute haben die südwestdeutschen Bistümer[7] dem Druck aus der Schweiz wesentlich weniger entgegenzusetzen.

Nun bin ich allerdings der Meinung, daß wir Bischöfe an diesem Verlauf der Dinge durchaus nicht unschuldig sind. Vielerorts hat ein beinah absoluter Verzicht

---

6 Gemeint ist wahrscheinlich das Bistum Limburg.

7 Anspielung auf den umstrittenen Vorstoß der Bischöfe der Oberrheinischen Kirchenprovinz zum Kommunionempfang wiederverheirateter Geschiedener (1993), der schließlich durch die Kongregation für die Glaubenslehre am 14. September 1994 zurückgewiesen wurde.

auf die Ausübung von Autorität zu einem Vakuum geführt, in dem sich zentrifugale Kräfte aller Art tummeln und das Ganze auseinanderzureißen drohen.

Desiderata

Damit sind wir übrigens unversehens schon zum letzten Kapitel meiner Ausführungen gekommen, zu den Desiderata.

Einmal sehe ich da die Pflicht der Hirten, die ihnen von Gott verliehene Autorität – zwar maßvoll und einsehbar – aber doch rechtzeitig und in wirksamem Maß wirklich auszuüben und notfalls auch durchzusetzen. Das gehört zu ihrem Dienst am Volke Gottes. Ich weiß, daß das heute absolut unpopulär ist – aber das ist ja gerade der „circulus vitiosus": weil es unpopulär ist, wird Autorität nicht eingesetzt, und was nicht eingesetzt wird, erscheint bald obsolet und unzumutbar; wie sonst hätte es dazu kommen können, daß „Hierarchie" in unserem Lande zu einem Schimpfwort geworden ist? Hier ist auf Seite der Oberhirten eine Neubesinnung notwendig: jedenfalls können Diskussionsanalysen und die neuesten Umfrageergebnisse unter dem Arm den Bischofsstab in der Hand nicht ersetzen.

Zum zweiten müssen die Funktionen, die zum Weihepriestertum einerseits und die Funktionen, die zum gemeinsamen Priestertum andererseits gehören, klar unterschieden werden, nicht nur in der Theorie, sondern auch in der Praxis. Sowenig Bischöfe oder Priester dadurch diskriminiert sind, daß sie kein politisches Mandat annehmen dürfen, keinen Handel treiben und keine Ehe eingehen, sowenig sind Frauen oder verheiratete Männer dadurch diskriminiert, daß sie keine weihepriesterlichen Funktionen ausüben können. Sowenig eine zunehmende Laisierung des Klerus der Kirche nützt, sowenig nützt ihr eine zunehmende Klerikalisierung der Laien. Letztere hat noch den großen Nachteil, daß sie den vom Konzil erteilten Weltauftrag des Laien aus den Augen verliert und die Sonderproblematik einer aufs Ganze gesehen eher kleinen Gruppe (von Laien) übermäßig in den Vordergrund schiebt. Das Engagement der Laien soll ja wachsen, aber in der richtigen Richtung, in die Welt hinein. Das ist, gestatten Sie mir dieses Bild, wie beim Nagel vom großen Zeh: Wenn der nach außen wächst, schützt er den Zeh und damit den Körper. Wenn er in die verkehrte Richtung, nämlich nach innen wächst, dann entzündet er den Zeh und tut dem ganzen Körper weh.

Mein dritter und letzter Wunsch bezieht sich auf das rechte Zusammenwirken des Weihepriestertums mit dem gemeinsamen Priestertum im Sinne der Communio-Ekklesiologie des Zweiten Vatikanums. Das, was im Apostolischen Schreiben „Christifideles Laici"[8] so klar und umfassend dargestellt ist, sollten wir im Leben der Kirche auch verwirklichen. Das heißt, sich in einer Logik der „communio" zu bewegen, die jegliche Sichtweise der Dialektik Hierarchie – Volk Gottes hinter sich läßt.

---

[8] Johannes Paul II., Nachsynodales Apostolisches Mahnschreiben „Christifideles laici", 30. Dezember 1988; dt. Übers.: Verlautbarungen des Apostolischen Stuhls, Nr. 87.

Die Hirten sind nicht „Herren eures Glaubens, sondern Diener eurer Freude“[9]. Auf der anderen Seite stehen die Sprecher der Laiengremien nicht als gewählte Vertreter des Volkes der Hierarchie gegenüber, sowenig wie die Vorsitzenden der Verbände als Vertreter von Sonderinteressen der „Amtskirche“ gegenüberstehen. Kirche von „oben“ wie Kirche von „unten“ sind in der von Christus gewollten „communio“ nicht mehr denkbar. Das eigentliche Geheimnis der Kirche läßt sich ja nicht besser ausdrücken als in dem berühmten (und sowohl vom Zweiten Vaticanum wie von „Christifideles Laici“ aufgenommenen) Wort des hl. Cyprian: „So erscheint die ganze Kirche als das von der Einheit des Vaters und des Sohnes und des heiligen Geistes her geeinte Volk“[10].

Wenn so Kirche als „communio sanctorum“ unser Ziel ist, dann werden in dieser Kirche alle Gläubigen Aufgaben in Hülle und Fülle finden, die ihren Gaben und ihrer Berufung im Leben entsprechen. Dann wird, um mit dem hl. Paulus zu sprechen, der Fuß nicht mehr sagen, „ich bin keine Hand und das Ohr nicht mehr sagen, ich bin ja kein Auge“[11].

Wenn wir allein an all das denken, was die Frauen in unserer Kirche vollbringen, wie sie durch ihre tätige und wirksame Glaubenskraft der Basis und der Zukunft der Kirche Leben geben – dann ist es doch absurd, ein solch elementares Wirken als disqualifiziert anzusehen, nur weil es uns nicht durch priesterliche Ordination geschenkt wird, sondern unmittelbar aus der Fülle der Liebe Gottes in die Kirche einströmt. Hier ist offenbar wieder dieselbe Schlange am Werk, die Adam und Eva – die doch im Paradies wirklich alles hatten, um glücklich zu sein – eingeredet hat, das alles sei nichts, solange sie an dem einen Baum keinen Anteil hätten[12].

Wenn Kirche als „communio sanctorum“ unser Ziel ist, dann werden wir auch die richtige Steigerungsform von „Christ sein“ begreifen. Sie lautet ja nicht, wie früher von manchen versehentlich angenommen: „Laie, Priester, Bischof, Papst“ und auch nicht, wie heutzutage von manchen versehentlich angenommen: „Christ, mündiger Christ, kritischer Christ“ – nein, die wahre und einzige Steigerungsform kann natürlich nur lauten: „Christ, guter Christ, heiliger Christ“. Denn da trennt nichts mehr, das ist die gemeinsame Berufung von uns allen in die „communio sanctorum“.

Wie das Fernsehen die Kirche behandelt, ist gotterbärmlich!*

Seit Lothar Klemm sein Buch über Sie präsentiert hat, ist es still um Sie geworden: Sind Sie in letzter Zeit „verklemmt“?

---

9 2 Korinther 1,24.

10 Cyprian, De dominica oratione 23. Vgl. II. Vatikanisches Konzil, Dogmatische Konstitution „Lumen gentium“, 21. November 1964, Nr. 4; Johannes Paul II., Nachsynodales Apostolisches Mahnschreiben „Christifideles laici“, 30. Dezember 1988, Nr. 18.

11 1 Korinther 12,15.

12 Vgl. das Wort des Bischofs: Das Schlangensyndrom, in: Bonifatiusbote, Nr. 18, 2. Mai 1993.

* Frankfurter Allgemeine Sonntagszeitung, Nr. 18, 9. Mai 1993: „Wie das Fernsehen die Kirche behandelt, ist gotterbärmlich“. Erzbischof Dyba zum Sittenverfall, zur Stellung der Frau und zum Zustand der Bundeswehr (Interview: Wolfgang Wischmeyer und Cornelia von Wrangel).

Dieser Eindruck trügt, denn das Klemmsche Unternehmen war für uns eine ausgesprochene Steilvorlage. Es ist natürlich absurd, wenn ein Mann, der den Bischof noch nie gesehen hat, nach Fulda kommt und den Fuldaern, die ihren Bischof seit zehn Jahren kennen, erklären will, was sie da für einen unmöglichen Menschen haben. Entsprechend ist es honoriert worden. In Fulda hat die SPD knapp 30 Prozent ihrer Stimmen verloren[1]. Und um Klemm ist es still geworden.

Sie werden als unberechenbarer Poltergeist, als maßloser Vereinfacher, als weltfremder Kirchenfürst bezeichnet. Möchten Sie nicht mehr geliebt werden?

Wenn ich an das Echo denke, das hier in Fulda ankommt, kann ich mich überhaupt nicht über zu wenig Liebe oder Zustimmung beschweren. Der Vorwurf der Weltfremdheit ist einfach unsinnig. Sie werden kaum einen Kirchenfürsten finden, der weniger weltfremd ist als der Bischof von Fulda, der sich durch ein Vierteljahrhundert in der Welt herumgetrieben hat, hinter jeden Busch und Strauch geschaut hat.

Nun gelten Sie als Hoffnungsträger für konservative Kreise in der katholischen Kirche und wollen zurück zur gottgewollten Ordnung. Was verstehen Sie darunter?

... die von Gott geoffenbarten Wahrheiten. Das kann man nicht so in der Kürze sagen, der Katechismus braucht dafür 400 Seiten. Aber das sind natürlich die Zehn Gebote, und das ist das Credo, das sind die kürzesten Darstellungen dessen, was wir glauben und wonach wir leben sollen.

Und danach wird nicht genügend gelebt?

Daß wir vom Weg abgekommen sind, merken Sie doch auch in der Gesellschaft. Wann hatten wir je so große Zahlen von verhaltensgestörten Jugendlichen, von Kriminalität? Die Gesellschaft befindet sich in einem Zustand der Degeneration.

Woran liegt das?

Weil sich zu viele von den Grundwerten und Grundtugenden verabschiedet haben. Wir haben das erste Mal die Situation, daß eine Generation die nächste weitgehend nicht mehr als notwendig, als Sicherheit, als Aufgabe sieht, sondern eigentlich mehr als Last. Das hat natürlich enorme, nicht nur religiöse, sondern auch gesellschaftliche Folgen. Und alle Gesellschaften, die degenerierten, verschwanden. Ob das die Griechen waren – was haben sie die Homosexualität gefeiert – oder die Römer. Und als die Gesellschaft der Aufklärung degenerierte, kam die Französische Revolution.

Meinen Sie ernsthaft, Homosexualität sei Zeichen von Degeneration?

Nein. Homosexualität gibt es immer; es wird auch Kleptomanie und Nymphomanie immer geben. Das Symptom der Degeneration ist natürlich ihre gesellschaftliche Gleichstellung mit der normalen Sexualität. Wenn Sie in Frankfurt eine Amtsrichterin haben, die überhaupt nicht mehr weiß, daß Ehe eine Verbindung zwi-

---

[1] Bei den bundesweit mit Aufmerksamkeit verfolgten hessischen Kommunalwahlen vom 7. März 1993 erlitt die SPD eine schwere Niederlage, in der Stadt Fulda selbst sank ihr Stimmenanteil um mehr als ein Viertel von 31,0% (1989) auf 23,2%; seitdem regiert die CDU in Fulda wieder mit absoluter Mehrheit.

schen Mann und Frau ist, und die erst vom Landgericht darauf hingewiesen werden muß in einer Umkehrung ihrer Entscheidung, dann ist das natürlich eine alarmierende Degenerationserscheinung[2].

Sie beklagen den sittlichen Verfall. Was kann die Kirche dagegen tun?

Sie könnte dadurch positiv einwirken, daß sie ihre gesunden, sittlichen Grundsätze verkündet und die von den Medien nicht lächerlich gemacht, sondern rübergebracht werden.

Und die Politiker müßten Vorbild sein?

Nicht nur die Politiker.

Wir haben aber Politiker, die lügen und verschleiern.

Ich finde es natürlich bedauerlich, daß sich solche Fälle häufen, auch wenn sie nicht alle in einen Topf geworfen werden dürfen. Wenn schon die unberechtigte Rückerstattung von ein paar tausend Mark zum allseits begrüßten Rücktritt eines Ministers führt[3], sollte man da bewährte Stasi-Preisträger noch als Ministerpräsidenten[4] im Amt halten? Allerdings wird den linken Übertretern ja immer wesentlich mehr Verständnis entgegengebracht als den rechten.

Hat Sie der Engholm-Rücktritt[5] beeindruckt?

Engholm hat stets einen hohen moralischen Anspruch erhoben. Wenn die Exfreundin von Pfeiffer nicht alles dem „Stern" zugetragen hätte[6], würde er dies wohl heute noch tun. Er hat seine Fassade auf eine Lüge gebaut. Daher kann ich nicht verstehen, daß man jetzt sagt, wir ziehen den Hut vor Engholm. Fünf Jahre lang hat Engholm den Status des Saubermanns in Anspruch genommen und das Volk für dumm verkauft.

Zurück zum moralischen Anspruch der Kirche. Müßten Sie nicht auch stärker über Fehler in der Kirche sprechen?

Darüber wird doch nun wirklich genug gesprochen.

---

[2] Der einschlägige Beschluß des Amtsgerichts Frankfurt am Main vom 21. Dezember 1992 (Richterin Sylvia Hartmann) wurde vom Landgericht Frankfurt am Main am 22. März 1993 verworfen; vgl. NJW 1993, S. 1998 f.

[3] Nach dem Bekanntwerden einer unberechtigt in Anspruch genommenen staatlichen Umzugshilfe in Höhe von 6 390 DM bei der Verlegung seines Wohnsitzes von Berlin nach Mecklenburg-Vorpommern trat Bundesverkehrsminister Günther Krause (CDU) am 6. Mai 1993 von seinem Amt zurück.

[4] Anspielung auf den brandenburgischen Ministerpräsidenten Stolpe (SPD), der am 21. November 1978 angeblich in einer konspirativen Wohnung von einem Offizier des Ministeriums für Staatssicherheit die „Verdienstmedaille der Deutschen Demokratischen Republik" entgegengenommen haben soll. Die Veröffentlichung dieses Vorgangs führte im März 1994 zu einer Koalitionskrise in Brandenburg.

[5] Mit dem Eingeständnis, vor dem Untersuchungsausschuß des Kieler Landtags zur Barschel-Pfeiffer-Affäre des Jahres 1987 eine Falschaussage gemacht zu haben, legte der schleswig-holsteinische Ministerpräsident Engholm (SPD) am 3. Mai 1993 seine Staats- und Parteiämter nieder.

[6] Vgl. Peter Sandmeyer/Rudolf Lambrecht/Leo Müller, „Spuren legen". Die Aussagen des Zeugen Pfeiffer und andere Ungereimtheiten in der Kieler Affäre, in: Stern, Nr. 13, 25. März 1993; Michael Backhaus/Peter Sandmeyer, Flucht nach Bonn, in: Stern, Nr. 15, 7. April 1993.

Aber es müßte doch von Ihnen ein selbstkritisches Wort kommen.

Warum soll ich mit den Wölfen heulen? Ich vermisse, daß über die guten Dinge in der Kirche gesprochen wird. Sie haben doch alles voll von Galileo Galilei, diesem alten Renner in jeder Oberstufe, und von Giordano Bruno, Hexenverbrennung und von Kreuzzügen. Der letzte Kreuzzug war vor 700 Jahren. Und was ist denn in den letzten 100 Jahren gewesen? Denken Sie an unsere Missionen, da war Entwicklungshilfe noch gar nicht erfunden. Alle Welt kennt Mutter Teresa, aber Mutter Teresa gibt es bei uns zehntausendmal, auch heute noch. Wieviel Hunderttausende von jungen Menschen hat die Kirche allein im letzten Jahrhundert motiviert, nach Indien, Afrika, Südamerika zu gehen, und da unter Hitze, Seuchen und großen Entbehrungen Schulen, Krankenhäuser, Leprastationen aufzubauen.

Trotzdem kommen immer weniger Menschen in den Gottesdienst.

Ja eben, weil über die positiven Aspekte der Kirche so wenig berichtet wird. Bei einer Allensbach-Umfrage hat sich herausgestellt, daß da, wo Frauen selbst Kirche erleben, siebzig bis achtzig Prozent zufrieden sind. Bei dem, was sie nur durch die Medien vermittelt bekommen, Papst, Lehre der Kirche, Bischöfe, ist die Unzufriedenheit viel größer.

Das ist doch kein Medienproblem.

Doch. Wie der Papst heute behandelt wird, ist ein Medienproblem. Man kann natürlich nicht alle über einen Kamm scheren, aber wenn Sie mal an das Fernsehen denken, wie die Kirche da behandelt wird, ist das gotterbärmlich. Und meiner Meinung nach auch unverdient, wenn man bedenkt, was engagierte Christen auch heute noch leisten.

Hat die Umfrage nicht auch ergeben, daß gerade berufstätige und selbständige Frauen von der Kirche nichts wissen wollen?

Das würde ich so nicht sagen. Wenn eine Frau voll im Beruf steht, zumal in der Zeit der Doppelbelastung von Beruf und Kindererziehung, kann sie ehrenamtlich in der Kirche natürlich nur noch sehr beschränkt tätig sein. Aber es gibt auch heute noch das Engagement außerordentlich zahlreicher Frauen in der Kirche. Da brauchen Sie nur einmal hereinzuschauen.

Warum spielen sie keine größere Rolle?

Sie spielen eine ganz enorme Rolle. Sie bringen doch das Leben und die Zukunft in der Kirche. Sie bringen die kommende Generation, die Frauen haben in der Kirche ein Erstverkündigungsrecht. Bevor ich das erste Mal in meinem Leben einem Pfarrer begegnet bin, da habe ich doch von meiner Mutter gewußt, daß es den lieben Gott gibt, was gut und böse ist und daß wir Kinder Gottes sind.

Und warum dürfen Frauen das nicht von der Kanzel verkünden?

Alle Mitglieder der Kirche haben die gleiche Würde, aber verschiedene Aufgaben. Zum Hirtenamt hat Christus aber Männer berufen, und an diese apostolische Tradition hält sich die Kirche. Dadurch ist der gewaltige Beitrag der Frauen in keiner

Weise disqualifiziert, denn um ihren Glauben und ihre Liebe wirksam werden zu lassen, brauchen sie doch keinen amtlichen Titel.

Sie mögen wohl keine Frauen in Führungspositionen?

Ich habe überhaupt keine Schwierigkeiten damit, daß Frauen in allen Sparten mitmachen, als Künstlerinnen, als Politikerinnen, wie und wo auch immer. Wenn sie aufgrund ihrer Gaben, ihrer Talente da ankommen, auch in der Wirtschaft, finde ich das sehr gut. Ich habe nur ein bißchen Bedenken, wenn sie da lediglich „als Frauen" ankommen. Dem Feminismus stehe ich sehr skeptisch gegenüber.

Drei Fragen an den Seelsorger: Wenn ein Aidskranker von Ihnen Beistand sucht, weisen Sie ihm dann die Tür mit dem Vorwurf, er habe sich unsittlich verhalten?

Ich würde natürlich versuchen, ihm zu helfen, aber nicht durch zweifelhafte technische Ratschläge, sondern dadurch, ihn zum Sinn des Lebens zu führen. Wir helfen ja Aidskranken auch durch unsere Institutionen. Doch ist das meist eine Hilfe, wenn das Kind in den Brunnen gefallen ist. Viel mehr ist ihnen geholfen, wenn man Menschen zu Lebensweisen bringt, die Aids gar nicht erst aufkommen lassen. Und da ist unsere Hilfe oftmals nicht so sehr gefragt.

Was sagen Sie einer Frau, die ihr Kind nicht austragen möchte?

Daß das nicht recht ist und daß es Möglichkeiten gibt, ihr zu helfen. Und ich würde zumal Frauen, die ein wirklich ausgebildetes Gewissen haben, sagen, was im Falle einer Abtreibung später auf sie zukommt. Ich würde aber auch Frauen, die eine Abtreibung hinter sich haben, sagen, daß es keine Schuld gibt, die von Gott nicht vergeben werden kann. Es gibt immer einen neuen Anfang.

Und was sagen Sie einem Homosexuellen, der seinen Platz in der Kirche beansprucht?

Dann muß er seine Neigung als eine Bürde sehen, die ihm auferlegt ist. Denn homosexuelle Veranlagung ist natürlich nicht als solche sündhaft. Nur praktizierte Homosexualität ist der Natur und der Schöpfungsordnung zuwider und daher unerlaubt. Das ist klare Aussage der Bibel und der Kirche.

Als Militärbischof erkennen Sie den friedensstiftenden Dienst der Soldaten an. Sollten deutsche Soldaten außerhalb Deutschlands an UN-Aktionen teilnehmen?

Dazu gibt es eine Aussage des Konzils und eine der deutschen Bischöfe. Das Konzil sagt: „Wer als Soldat im Dienst des Vaterlandes steht, betrachte sich als Diener der Sicherheit und Freiheit der Völker"[7].

Wieweit darf dieser Dienst gehen?

Wir sind aufgerufen zu tätiger Solidarität mit der Völkergemeinschaft in der Verteidigung einer gerechten internationalen Ordnung. Das heißt natürlich, in der heutigen neuen Situation sollen wir mit allen unseren Bundesgenossen und mit den Nachbarn zusammen für Frieden und Gerechtigkeit in der Welt einstehen.

---

[7] II. Vatikanisches Konzil, Pastoralkonstitution „Gaudium et spes", 7. Dezember 1965, Nr. 79.

Wir brauchen keine Verfassungsänderung?

Das ist eine politische Frage. Für mich ist nur entscheidend: Wo unser demokratischer Rechtsstaat seine Soldaten hinschickt, da gehen die Militärseelsorger mit.

Wie ist die Stimmung bei den Soldaten?

Die Stimmung ist natürlich ziemlich schlecht, nicht wegen der Auslandseinsätze, sondern weil der Eindruck entstanden ist, als würde die Bundeswehr als eine Art Liquidationsmasse behandelt, die möglichst zu Schleuderpreisen reduziert werden müsse. Da handelt es sich um Menschen, um Familien. Dagegen ist die Militärseelsorge wohl noch selten so gefragt und akzeptiert gewesen wie jetzt.

Besonders bei jenen, die ins Ausland müssen?

Ja. Wir haben in den vergangenen 20 Monaten ungefähr siebzehn Auslandseinsätze mit Militärseelsorgern begleitet, ob nach Kambodscha oder Afrika, ob in die Türkei oder in die Adria. Es gibt da nur das Problem, genügend Militärseelsorger zu bekommen. Ich habe ja keine mobile Eingreiftruppe und muß für jeden Auslandseinsatz einen Standortpfarrer abziehen. Übrigens kann ich nur hoffen, daß die evangelischen Landeskirchen recht bald ihre Bedenken gegen die Militärseelsorge in der bisherigen Form überwinden. Man sollte jetzt nicht eine Distanz zum Staat suchen, die man besser dem Dritten Reich oder der DDR gegenüber gezeigt hätte.

Wie lang noch darf dem Krieg in Bosnien-Herzegowina tatenlos zugeschaut werden?

Man kann natürlich so lange diplomatisch verhandeln, bis es nichts mehr zu verteidigen gibt. Es wäre sicher ethisch gerechtfertigt, dafür zu sorgen, daß das Morden, die Vergewaltigungen und die Vertreibungen endlich ein Ende finden.

Auch mit militärischen Mitteln?

Auch mit militärischen Mitteln, wenn offensichtlich die anderen nicht ausreichen.

Wäre es auch gerechtfertigt, daß die Deutschen sich daran beteiligen?

Wir können doch nicht auf Dauer eine Sonderrolle beanspruchen und sagen, wir machen das mit einem Scheck ab. Wir haben Jahrzehnte davon gelebt, daß die Amerikaner und die anderen Verbündeten bereit waren, im Ernstfall ihre Knochen hinzuhalten. Deshalb steht es uns meiner Meinung nach jetzt gar nicht zu, den Spieß umzudrehen und zu sagen, ja, wenn andere gefährdet sind, können wir nichts tun. Es gab mal Zeiten, in denen waren wir viel weniger friedliebend als unsere Nachbarn. Und das waren schaurige Zeiten. Jetzt hat man manchmal den Eindruck, wir wären viel friedliebender als unsere Nachbarn, ja die einzig Friedliebenden. Ich frage mich, ob nicht die Zeit gekommen ist, genauso friedliebend zu sein wie unsere Nachbarn und Verbündeten auch.

Der Katechismus*

Nun ist er da, der erste katholische Weltkatechismus seit 1566! Von der Weltbischofssynode 1985 ist er angeregt[1] und von einer eigens dafür bestellten Kommission unter Leitung des deutschen Kurienkardinals Joseph Ratzinger erarbeitet worden – wobei etwa 1 000 Bischöfe durch ihre Vorschläge mitgewirkt haben. Es handelt sich also um einen wirklichen Universalkatechismus; nach den Worten des Vorsitzenden der Schweizer Bischofskonferenz ist er „der Schlußstein des Zweiten Vatikanischen Konzils"[2].

Auf die jetzt vorliegende deutsche Ausgabe haben wir ein wenig länger warten müssen. Das hat sich aber gelohnt, denn dafür hat sie auch ein außerordentlich ergiebiges Sachregister. Das ist deshalb so wichtig, weil ja niemand ein Glaubensbuch von 800 Seiten einfach so durchlesen kann. Nun aber kann man nach den Stichworten alles sofort finden, worüber man Auskunft haben möchte von „Aberglaube" bis „Zweifel". Kein Aspekt von Glauben und Leben fehlt da, weder „Alkohol" noch „Horoskope", weder „Euthanasie" noch „Empfängnisverhütung", weder „Solidarität" noch „Sexualität", weder „Mord" noch „Meditation". In klaren und allgemeinverständlichen Aussagen findet sich hier der Glaube der Kirche in authentischer Darstellung, auf die jeder Gläubige sich verlassen kann.

Wir würden uns natürlich nicht in Deutschland befinden, wenn sich nicht sofort ganze Schwärme von Kritikern und Besserwissern auf das Werk gestürzt hätten. Zumal wer Klarheit und Sicherheit fürchtet, vermißt hier zu viele seiner liebgewordenen Probleme, Träume und Utopien. So haben deutsche Professoren das Buch, das vom Heiligen Vater als „die Botschaft Christi, vollständig und unverkürzt", vorgestellt wurde, bereits als „uninteressant", „Rückfall in die moralische Steinzeit", „Einladung zur Inquisition" und „reines Fiasko" beurteilt. Kein Wunder, daß man in der katholischen Welt über die Einfalt und Leichtgläubigkeit, mit der bei uns so viele selbsternannte Minipäpste und Traumdenker als Autoritäten anerkannt werden, nur noch den Kopf schüttelt.

Natürlich kann ein Weltkatechismus nicht auf die lokal verschiedenen Probleme von oft durchaus vorübergehender Aktualität eingehen. Dann wäre er ja morgen schon wieder von gestern. Was er uns aber schenkt und worüber wir uns freuen können: daß in einer Zeit großer Orientierungslosigkeit und Verwirrung, da nach dem Bankrott unzähliger Ideologien kaum noch ein Mensch Wahrheit oder Sicherheit zu finden weiß, die zweitausendjährige katholische Kirche zuversichtlich und klar sagt, was ihr Glaube ist und welchen Lebenssinn dieser Glaube dem Menschen eröffnet. Das markiert seinen Wert, ja seine Notwendigkeit. Denn – ob pro oder

---

* Das Wort des Bischofs: Der Katechismus, in: Bonifatiusbote, Nr. 23, 6. Juni 1993, mit Vermerk: „Achtung! die ersten 100 Leserinnen und Leser, die quittierte Rechnungen oder Kassenbons für den Katechismus einsenden, erhalten aus dem Bischofshaus 20 Mark Barprämie".

1 Relatio finalis „Exeunte coetu secundo" zur 2. außerordentlichen Generalversammlung der Bischofssynode (24. November bis 8. Dezember 1985), 7. Dezember 1985, II B a 4.

2 Pressekonferenz mit Bischof Dr. Pierre Mamie in Bern am 17. Mai 1993 anläßlich der Vorstellung der deutschen Ausgabe des Katechismus der katholischen Kirche.

contra – er informiert darüber, was Sache ist, und wer darüber nicht Bescheid weiß, kann in Zukunft kaum mitreden.

Feiertage*

Es ist schon erstaunlich, mit welch selbstverständlicher Beflissenheit Politiker aller Couleur – selbst solche mit dem hohen C – in der Pflegeversicherungsdebatte[1] christliche Feiertage zur Verfügung stellen. Diese Feiertage sind uns in Jahrhunderten zugewachsen, sind ein Teil unserer Kultur. An vielen dieser Feiertage geht die liturgische Feier zu allgemeinem Nutz und Frommen noch nahtlos in das Volksfest über. Viele und reiche Traditionen können an diesen Tagen von Gemeinden und Familien gefeiert werden. Wer da liquidieren will, muß sich den Vorwurf des Kulturabbaus gefallen lassen.

Wenn für die Kosten der Pflegeversicherung zusätzliche Tage „geopfert" werden müssen, bieten sich Urlaubstage oder Karenztage eher an. Da wir ohnehin unbestrittene Weltmeister im Urlaubmachen und Krankfeiern geworden sind, wäre das eine Maßnahme, die womöglich sogar zu Straffung und Gesundung führen könnte.

Wenn aber unbedingt Feiertage gestrichen werden müßten, dann natürlich nicht die jahrhundertealten Feiertage (gewissermaßen unsere Ur-Urlaubstage, denn früher waren sie ja die einzigen Urlaubstage des Jahres!), sondern eher die modernen Kunstdaten. Nachdem der 17. Juni ausgerechnet der deutschen Wiedervereinigung zum Opfer gefallen ist, weiß mit dem 3. Oktober im Volk eigentlich noch keiner etwas Rechtes anzufangen. Zu fragen wäre dann auch, ob der 1. Mai – 1933 von der NSDAP zum staatlichen Feiertag erhoben und in den letzten Jahrzehnten im Osten durch Zwangsdemonstrationen belastet – nicht einfach wieder zu dem werden könnte, als was er bisher gefeiert wurde – zum Tag der Arbeit. Für den jüngst in Augsburg gemachten Vorschlag, dann doch den Pfingstmontag zum Staatsfeiertag zu erklären, spräche, so verblüffend er scheint, schließlich die Tatsache, daß der Montag ohnehin schon des Deutschen liebster Feiertag geworden ist ...

In allem Ernst: Die ganze Debatte sollte uns zu einer längst fälligen Rückbesinnung auf unsere eigentlichen Feiertage führen. Was wir an ihnen haben, wie wir sie sinnvoll erleben und erfüllen könnten – vom Weihnachtsfrieden zur Osterfreude

---

* Das Wort des Bischofs: Feiertage, in: Bonifatiusbote, Nr. 27, 4. Juli 1993; Druck: Worte in die Zeit, S. 142 f.

[1] Der Einführung der gesetzlichen Pflegeversicherung zum 1. Januar 1995 als fünfte eigenständige Säule des sozialen Sicherungssystems ging eine langjährige öffentliche Debatte voraus. Der Vorschlag, zur Finanzierung der Pflegeversicherung – Arbeitgeber und Versicherte teilen sich den Beitrag von 1 Prozent des Bruttomonatseinkommens zur Hälfte – zusätzlich auch noch Feiertage abzuschaffen, stieß auf Ablehnung bei Kirchen und Gewerkschaften. Schließlich wurde in allen Bundesländern mit Ausnahme des Freistaates Sachsen der „Buß- und Bettag" als gesetzlicher Feiertag gestrichen. Darüber hinaus wurden etwa im Erzbistum Berlin mit Wirkung vom 1. Januar 1996 das Hochfest der hl. Apostel Petrus und Paulus sowie das Hochfest der ohne Erbsünde empfangenen Jungfrau und Gottesmutter Maria als kirchlich gebotene Feiertage (zuletzt nur im ehemaligen Westteil der Erzdiözese in Kraft) aufgehoben.

zum Pfingstgeist – und wie sehr wir sie oft degradieren. Kein Wunder, daß dann kurzatmige Macher auf die Idee kommen, unser so vernachlässigtes religiöses und kulturelles Erbe als Konkursmasse für aktuelle Finanzierungslücken zu betrachten. Nein, unsere christlichen Feiertage lassen wir uns nicht nehmen. Was uns aufbauen soll, wollen wir nicht abbauen.

Noch immer für eine Überraschung gut*

Die ersten Jahre Ihres Lebens haben Sie in Berlin-Pankow verbracht. Das war von 1929 bis 1944. Haben Sie zu dieser Stadt eine besondere Beziehung erhalten?

Ja, natürlich. Sie ist meine Heimatstadt. Ich habe den Berliner Bären sogar in meinem Wappen.

Was unterscheidet Ost- und Westdeutsche am meisten?

Wir haben im Westen in einem normalen Land unter normalen Bedingungen der Freiheit mit all ihren Vorzügen und Gefährdungen gelebt. Dort hat man dagegen Jahrzehnte, seit 1961 sogar völlig eingeschlossen, in einer künstlich gemachten Welt gelebt. Das hat natürlich Spuren hinterlassen. Ich würde nicht so sehr von Ost und West reden, sondern von Wirklichkeit und Unwirklichkeit.

In weiten Kreisen der ostdeutschen Bevölkerung herrscht große Verbitterung über die heutige soziale Wirklichkeit.

Die Ursachen der Misere liegen ja in dem, was in den Jahrzehnten zuvor in der DDR gelaufen ist. Das war ja gerade für uns im Westen so enttäuschend, daß nach der Wende die unerfüllten wirtschaftlichen Hoffnungen Verbitterung ausgelöst haben und so wenig Freude über die gewonnene Freiheit sichtbar wird. Offensichtlich hat die mangelnde Freiheit kaum noch sehr viele Menschen gestört. Das ist natürlich außerordentlich bedenklich. Ein großer Teil der Wirklichkeit wurde ausgeklammert.

Sie haben schon häufig den Konsumismus in Westdeutschland kritisiert. Den gibt es jetzt auch in Ostdeutschland, nur daß er schnell an wirtschaftliche Grenzen stieß. Mit welchem Geist würden Sie die deutsche Einheit erfüllen, um den Menschen eine Identität wiederzugeben?

Das ist natürlich sehr schwer, da die Menschen in der ehemaligen DDR Jahrzehnte des offiziell verschriebenen Atheismus hinter sich haben. Für mich hat ja einer das Gefühl für Wirklichkeit verloren, wenn er Gott ausklammert.

Was stört Sie gegenwärtig am meisten in Ostdeutschland?

---

* Berliner Zeitung, Nr. 171, 24./25. Juli 1993: Erzbischof Dyba und der Durchmarsch nach Bagdad (Interview: Sascha Adamek). – Überschrift von den Bearb.

Unter anderem die Selbstverständlichkeit, mit der eine brandenburgische Sozialministerin[1] ein Recht auf Tötung ungeborener Kinder einfordert. Das ist doch unfaßbar, wie sie sich über das Urteil[2] des Verfassungsgerichtes zum § 218 empört.

Das Gericht hat gesagt, Schwangerschaftsabbrüche seien rechtswidrig, aber straffrei. Können Sie damit leben?

Es ist nicht das Urteil, das wir uns gewünscht hätten. Es läßt große Lücken offen. Aber mehr ist offenbar momentan in Deutschland vom Gesetzgeber nicht zu erwarten.

Warum glauben Sie, mit Bestrafung etwas gegen die hohen Abbruchraten tun zu können? Hat nicht die Praxis in anderen Ländern das Gegenteil bewiesen?

Was denken Sie denn, warum Verkehrsdelikte immer noch bestraft werden, obwohl man keinen deutlichen Rückgang von Verstößen sieht? Oder warum werden Ladendiebstähle bestraft? Die Strafen könnte man doch auch abschaffen und sagen: „Nach Beratung dürfen Sie weiterstehlen". So wie es jetzt ist, ist jede Banane in der Feinkostabteilung vom Recht geschützter als das ungeborene Leben im Mutterleib. Im Grunde ging es ja auch gar nicht mehr darum, Frauen tatsächlich zu strafen, sondern um das Gefühl für Recht und Unrecht.

Das klingt, als wenn es sich die Frauen bei ihrer Entscheidung zum Abbruch leichtmachten wie Ladendiebe. Ist denn nicht die Entscheidung schwer genug für die Frau, von den Folgen ganz zu schweigen?

Natürlich gibt es viele Frauen, die sich die Entscheidung schwermachen. Aber es gibt auch Frauen, die es sich leichtmachen, sonst hätten wir nicht über 300 000 solcher Fälle im Jahr. Vor allem dürfen wir nicht vergessen, wie viele Frauen hinterher darunter leiden. Fragen Sie mal die Ärzte und Seelsorger. Die Frauen sagen nie: „Ich habe da ein bißchen Zellgewebe entfernen lassen", sondern: „Mein Kind wäre jetzt auch zur Schule gegangen".

Braucht es nicht eine bessere Sozialpolitik statt Strafen? Wie oft vermieten Wohnungsbesitzer nur an ältere Ehepaare ohne Kinder? Muß Deutschland nicht zuallererst ein kinderfreundliches Land werden?

Da rennen Sie bei der Kirche offene Türen ein. Die Familie als eigentliche Keimzelle der Gesellschaft muß geschützt und gefördert werden. Dazu gehört natürlich, daß man Frauen das Aufziehen von Kindern möglich macht. Es muß gesetzliche wie finanzielle Anreize geben, daß nicht eine erziehende Hausfrau das letzte Aschenputtel ist. Erziehungszeiten müssen anerkannt werden, auch finanziell. Außerdem muß der Wiedereinstieg der Frau in den Beruf enorm erleichtert wer-

[1] Regine Hildebrandt (SPD) war von 1990 bis 1999 brandenburgische Ministerin für Arbeit, Soziales, Gesundheit und Frauen.

[2] Die Entscheidung des Bundesverfassungsgerichts vom 28. Mai 1993 verwarf wesentliche Teile des Schwangeren- und Familienhilfegesetzes vom 27. Juli 1992 als verfassungswidrig. Das Gericht betonte das Lebensrecht des Ungeborenen und die Rechtswidrigkeit der Abtreibung einerseits, akzeptierte aber andererseits die Fristenregelung mit Beratungspflicht als verfassungsrechtlich grundsätzlich nicht verwehrt.

den. Ein schlimmes Kapitel sind im übrigen die Scheidungsraten. Wir haben jährlich etwa 100 000 Scheidungswaisen, die in die Welt gestoßen werden. Das erzeugt viel Schmerz, physisch und psychisch.

Die deutsche Jugend kommt, zumindest über die Medien, in den vergangenen Monaten nur noch in Form von Brandschatzern vor. Ist da überhaupt noch etwas zu retten?

Wenn man nach Solingen[3] schaut oder Geschichten von Betonklötzen auf der Autobahn liest oder von der Gewalt an den Schulen, da haben Sie einen unheimlichen Anteil von Jugendlichen aus zerrütteten Familien. Wir müssen an die Wurzel des Übels.

Also sind gar nicht die Rechtsextremen verantwortlich?

Unsere eigentliche Krise ist die ungeheure Zahl verhaltensgestörter Jugendlicher. Das sind ja nicht Jugendliche, die eine reife Entscheidung für den Rechtsradikalismus getroffen haben. Das sind verlassene und verwahrloste Jugendliche, die sich nicht akzeptiert fühlen und unter irgendwelchen Zeichen, die als besonders auffällig gelten, ihren Frust loslassen.

Die Jugendlichen reflektieren ja kaum noch über Politik, geschweige denn Religion. Verbauen Sie sich nicht mit moralischen Maximalforderungen, etwa nach Keuschheit vor der Ehe, den Weg zur Jugend?

Bloße moralische Forderungen sind natürlich das Allerletzte. Das erste ist der Glaube, denn wer den Glauben nicht hat, dem sind unsere moralischen Forderungen natürlich unverständlich. Nach unserer Auffassung sind wir alle Kinder Gottes, von Gott gewollt, geschaffen und ins Leben gerufen. Und von Gott geliebt und akzeptiert. Wenn die Jugendlichen das erst mal wissen, dann können sie gar nicht mehr total down und out sein. Denn dann begreifen wir das Wesentliche. Glaube und Moral sind natürlich nicht um ihrer selbst willen da, sondern um den Menschen zu befreien zu einem glücklichen Leben. Dann ist Selbstverwirklichung auch nicht mehr die Abreaktion unbewußter Triebe, sondern bedeutet das zu verwirklichen, was Gott in mich gelegt hat. Was die Sexualmoral angeht, können wir nicht ständig dem Zeitgeist hinterherlaufen. Kirche ist kein Selbstbedienungsladen.

Es heißt von Ihnen, daß Sie mal Politiker werden wollten. Seit Sie zum Bischof von Fulda berufen wurden, sind Sie wiederholt mit tagespolitischen Äußerungen in die Schlagzeilen geraten. Sind Sie ein verkappter Politiker?

Meine politischen Äußerungen zielen doch eigentlich immer mehr auf Grundwerte. Aber das Temperament ist natürlich geblieben. Was bloß tagespolitische Fragen anbetrifft, habe ich immer auf die Freiheit der Kinder Gottes verwiesen. Beispielsweise die Frage, wie der Frieden zu sichern ist, ob atomar oder nicht ato-

---

[3] Am 29. Mai 1993 hatte ein Brandanschlag auf ein von einer türkischen Familie bewohntes Haus in Solingen den Tod von fünf Menschen verursacht. Der Haupttäter wurde am 13. Oktober 1995 vom Oberlandesgericht Düsseldorf zu 15 Jahren Freiheitsentzug und die drei jugendlichen Mitangeklagten zu jeweils 10 Jahren Freiheitsentzug verurteilt.

mar, durch Abschreckung oder Verzicht und Kapitulation, ist eine Frage, die die Kirche nicht entscheidet. Das müssen die Christen als Bürger selber entscheiden. Oder die Frage der Energieversorgung, ob mit Kohleverfeuerung und Ozonloch oder Atomstrom und Strahlenrisiko, muß sachlich entschieden werden. Da haben sich viele Pastoren viel zu lange eingemischt.

Seit drei Jahren sind Sie Militärbischof der Bundesrepublik. Sie halten Messen mit Soldaten ab, segnen also Menschen, deren Handwerk das Töten ist. Andererseits verurteilen Sie moralisch konsequent die Tötung ungeborenen Lebens. Ist das nicht ein Widerspruch?

Nein, das ist gar kein Widerspruch. Es gibt da kein einerseits und andererseits. Auch die Aufgabe der Bundeswehr ist ja die Verhinderung des Tötens, die Friedenssicherung. Das ist doch eins.

Die Politik diskutiert gegenwärtig die neue Rolle der Bundeswehr im Rahmen der UNO. Würden Sie auch Kampfeinsätzen der deutschen Streitkräfte etwa in Jugoslawien Ihren Segen geben?

Ich bin dagegen, daß Abertausende ermordet, gefoltert, vergewaltigt und vertrieben werden. Das heißt aber, daß wir das, so gut wir können, verhindern müssen. Das ist im Gebot „Du sollst nicht töten“[4] inbegriffen. Und wenn wir gleichberechtigtes UNO-Mitglied mit Sitz im Sicherheitsrat sein wollen, können wir uns nicht immer zurückziehen, wenn es brenzlig wird. In einer Erklärung der deutschen Bischöfe zum Golfkrieg heißt es zum Beispiel: „Wir sind aufgerufen in tätiger Solidarität mit der Völkergemeinschaft in der Verteidigung einer gerechten internationalen Ordnung“[5]. Also bloß Frieden ohne Gerechtigkeit, das führt nach Sibirien.

Der Krieg der Alliierten am Golf hat nicht nur 100 000 irakische Soldaten, sondern auch Zehntausende von Zivilisten im Irak das Leben gekostet. Und Saddam Hussein ist immer noch Präsident. Wie wollen Sie diesen Blutzoll rechtfertigen?

Ich glaube, die Amerikaner wurden schlicht gehindert, den Durchmarsch nach Bagdad zu machen. Aber schauen Sie mal, wie viele Menschen haben die Amerikaner töten müssen – Soldaten und Zivilisten –, um Auschwitz zu befreien. Das haben doch nicht die Pazifisten mit ihren Spruchbändern geschafft.

Dagegen läßt sich sagen, daß ein gewisser Saddam Hussein zunächst auch von Amerikanern, Deutschen und Franzosen aufgerüstet wurde. Er wurde doch erst zum Feind, als er gegen westliche Interessen verstieß. Müssen nicht Waffenexporte generell verboten werden?

Natürlich dürfen Leute wie Saddam Hussein nicht aufgerüstet werden. Wir brauchen viel schärfere Kriterien in Sachen Rüstungsexport. Dennoch kann schon morgen ein Verteidigungsfall eintreten, wo man auch Rüstung braucht.

---

[4] Exodus 20,13.
[5] Wort der deutschen Bischöfe zum Golfkrieg, 21. Februar 1991.

Das klingt, als ließen sich globale Konflikte vornehmlich militärisch lösen. Muß nicht gerade die Kirche in Ost- und Südosteuropa ihre Position nutzen, um auf gewaltlose Politik zu drängen?

Die katholische Kirche ist nicht nur mit einem Land verbunden, sondern mit der ganzen Welt. Das gibt uns natürlich eine gewisse Autorität zur Versöhnung. Aber es ist natürlich mit diesen aufgeregten Nationalismen auch für uns ein Problem.

Bei den katholischen Kroaten?

Ja, aber nicht nur bei denen. Es gibt aber auch positive Beispiele. Die Aussöhnung zwischen Polen und Deutschen wurde auch dadurch erleichtert, daß es auf beiden Seiten Katholiken gibt. Unsere eigentliche Botschaft heißt natürlich auch hier: Wir sind alle Kinder Gottes.

Sie haben den Deutschen wiederholt vorgeworfen, in ihrem Leben am bloßen Lustgewinn orientiert zu sein und darüber alle menschlichen Werte zu verlieren. Welche Gelüste gestehen Sie denn den Menschen, von dieser Kritik abgesehen, zu?

Jede Form von natürlichem Genuß der Schöpfung. Alles, was Gott uns geschenkt hat, nur in Zucht und Maß.

Nach einer Demonstration von Homosexuellen vor und im Fuldaer Dom 1991 sprachen Sie von „hergelaufenen Schwulen und randalierenden Aids-Positiven". Tun Ihnen nachträglich solche Äußerungen leid?

Kein Mensch will ja diese Leute herabwürdigen oder unterdrücken. Aber es ist ja wohl ein Unterschied, ob die sich hier diskret verhalten oder den Dom besetzen und eine große Krakelee veranstalten. Das hat noch nicht mal im Dritten Reich die SA gewagt. Daß man sich da erregt, ist doch natürlich, auch wenn das nicht mein normaler Sprachgebrauch ist.

Ist denn Homosexualität nicht auch eine gottgegebene und somit gottgewollte Veranlagung?

Es geht nicht um die Veranlagung, sondern um die praktizierte Homosexualität. Diese ist der Natur und der Schöpfungsordnung zuwider und daher unerlaubt. Das ist klare Aussage der Bibel und der Kirche. Außerdem ist ja die Homosexualität als unausweichliche Veranlagung doch wohl seltener als die von Menschen herbeigeführte.

Wie kann denn Homosexualität herbeigeführt werden?

Wenn Jugendliche von diesen Kreisen umworben und angeworben werden. Promiskuität ist da ja überproportional verbreitet. Da kann es sein, daß Jugendliche, die in einer bestimmten Phase damit in Kontakt kommen, sich gar nicht mehr in eine gesunde und natürliche Sexualität hineinfinden. Für die Veranlagung kann natürlich niemand etwas. Aber die homosexuelle Betätigung ist für die Kirche Sünde. Und die Anerkennung als normal wirkt gesellschaftszerstörend.

In den vergangenen 25 Jahren haben allein in Deutschland 4 000 Priester das Amt aufgegeben, weil sie heiraten wollten. Wird der Zölibat angesichts des Priestermangels irgendwann aufgehoben?

Ich halte mich lieber an die Zahl treuer Priester, und die sind doch in der großen Überzahl. Daß die sexuelle Überhitzung der Atmosphäre in einer Volkskirche Spuren hinterläßt, ist traurig, aber nicht überraschend.

Waren Sie auch einmal verliebt?

Natürlich, öfter. Als Primaner war ich sehr verknallt. Aber das waren andere Zeiten. Wenn einem da ein Mädchen in der Marienandacht zulächelte, konnte man nachts nicht schlafen. Die Schamschwelle war ungleich höher. Das erste Mal war ich schon mit sieben verliebt. Ich lag über Weihnachten im Krankenhaus Dominikusstift in Hermsdorf. Da hab' ich mich ins Christkind verliebt, das uns besuchte.

Hätten Sie nicht lieber alles gehabt, Frau, Kinder und das Priesteramt?

Nein, ich mochte noch nie halbe Sachen. Entweder eine kinderreiche Familie oder Priester werden. Ohne Zölibat wäre ich kein Priester geworden. Da hätte ich gedacht, der Kirche kannst du auch anders dienen. Doch es hat mich ein paar durchwachte Nächte gekostet, mich zu entscheiden. Das war kein Blitzschlag Gottes oder eine enttäuschte Liebe.

Welche Qualitäten muß ein Papst besitzen, der die katholische Kirche ins nächste Jahrtausend führt?

Er muß ein Vollblutkatholik sein. Ein richtiger Hirte seiner Kirche. Nicht ängstlich, sondern zielstrebig. Aber da hab' ich eigentlich großes Vertrauen in den heiligen Geist. Wenn Sie an die letzten Päpste denken, war die Kirche doch immer für eine Überraschung gut.

Könnte die nächste Überraschung ein deutscher Papst mit dem Namen Johannes Dyba sein?

Das wäre ein ausgesprochener Kardinalfehler.

Militärseelsorge*

Zum Militärbischof wurde ich am 30. November 1990 vom Heiligen Vater ernannt. Die Berufung kam für mich eigentlich sehr überraschend. Als mein Vorgänger im Amt, Erzbischof Kredel von Bamberg, mir das Brustkreuz des Militärbischofs übergab, wußte ich nur andeutungsweise, was Militärseelsorge bedeutet. Dies hat sich mittlerweile längst geändert. Die Militärseelsorger gehen auf die Menschen in der Bundeswehr zu, leben mit ihnen über den Tag in ihrem Arbeitsfeld und sind mit den gleichen Alltäglichkeiten konfrontiert wie sie. Der Militärpfarrer gehört zum Berufsalltag des Soldaten. Die meisten Menschen sind nämlich durchaus von der

---

* KNA, Katholische Korrespondenz, Nr. 33, 17. August 1993: „Meine Sorgen beginnen da, wo Familien Schaden nehmen". Der Fuldaer Erzbischof Johannes Dyba über seine Arbeit als Militärbischof.

Kirche ansprechbar, wenn sie dieser Kirche dort begegnen, wo sie arbeiten. Das ist ein großer Vorteil der Militärseelsorger, wie diese mir in persönlichen Gesprächen immer wieder bestätigen.

Der Dialog gerade mit jungen Menschen bei der Bundeswehr ist mir wichtig. In lebenskundlichen Unterrichten wie auch während der Begleitung bei Übungen bestehen ungezählte Möglichkeiten zum Gespräch; Voraussetzung ist dabei natürlich, daß die Militärpfarrer mit den Soldaten gehen und auf sie zugehen. Gerade auch in den neuen Bundesländern machen sie die Erfahrung, daß viele Wehrpflichtige aufgeschlossen sind. Ich glaube, daß wir in den alten Bundesländern realistischerweise sehen müssen, daß Glaubenspraxis und Gläubigkeit nicht wesentlich höher sind als in den neuen Bundesländern. Dies ist kein Grund zur Resignation, sondern Anlaß genug, daß wir uns als Kirche und als Christen in Deutschland fragen müssen, wie glaubwürdig und deutlich unser Zeugnis für Christus ist.

Junge Militärpfarrer, die gerade als Kaplan aus einer Pfarrei kommen, erleben ihre erste Zeit in der Militärseelsorge oft als harte Zeit. Da ist nicht mehr die Jugendgruppe oder der Bibelkreis, wo man unter sich ist. Dem Militärpfarrer begegnet der Querschnitt der Bevölkerung mit allen Überzeugungen, Meinungen, Vorurteilen und Reserven. Da muß er für Glaube und Kirche erst einmal einstehen und kann es sich nicht bequem machen. Ich habe aber zunehmend den Eindruck, daß junge Priester an dieser Aufgabe wachsen und lernen, auf Außenstehende zuzugehen.

Bei meinen Truppenbesuchen habe ich vielfältige Gelegenheiten, mit Soldaten aller Dienstgrade zu reden. In letzter Zeit höre ich immer wieder, daß die Reduzierung und Umstrukturierung der Bundeswehr in einem höheren Maße zu sozialen Belastungen für Soldatenfamilien führt. Mein Problem ist nicht, daß Soldatenfamilien versetzt werden und umziehen müssen. Natürlich hat dies Konsequenzen für die Kinder in der Schule, für Freundschaften, Arbeit und das persönliche Umfeld. Aber auch Menschen in anderen Berufsfeldern müssen sich umorientieren, wenn sie beruflich weiterkommen wollen, wenn ihre Firma umzieht oder sie die Stelle verlieren. Meine Sorgen beginnen da, wo Familien Schaden nehmen. Ich war in der letzten Zeit genug mit Soldaten zusammen, um zu wissen, daß sie und ihre Familien umzugswillig sind, wenn sie an einen anderen Standort versetzt werden. Aber gerade die mittleren Dienstgrad- und Einkommensgruppen stellen fest, daß sie besonders in Ballungsgebieten die Mieten nicht mehr bezahlen können. Bundeswohnungen können kaum zur Verfügung gestellt werden. Es bleibt dann nur noch die Wochenendehe. Dies darf aber kein Dauerzustand werden, daß Väter von ihren Frauen und Kindern auf unbegrenzte Zeit die Woche über getrennt bleiben. Jeder weiß, daß dies zu Entfremdungen, zerrütteten Ehen und Scheidungen mit den absehbaren Folgen für alle Beteiligten führen wird. Einen solchen Zustand dürfen wir nicht offenen Auges heraufziehen lassen.

Bei aller zusätzlichen Belastung, die ein zweiter Jurisdiktionsbereich neben der Diözese mit sich bringt, möchte ich hier nicht verhehlen, daß mir die Aufgabe als Militärbischof sehr viel Freude macht, ja mich manchmal sogar aufbaut und ermutigt.

Bescheinigungen werden nicht mehr ausgestellt*

Das Bundesverfassungsgericht hat mit seinem Urteil vom 28. Mai 1993 wesentliche Teile des von einer Mehrheit des Bundestages am 25. Juni 1992 beschlossenen „Schwangeren- und Familienhilfegesetzes“ für verfassungswidrig und nichtig erklärt. Das Urteil hat „das grundsätzliche Verbot des Schwangerschaftsabbruchs und die grundsätzliche Pflicht zum Austragen des Kindes“ als „untrennbar verbundene Elemente des verfassungsrechtlich gebotenen Schutzes für das ungeborene Leben“ bezeichnet und unterstrichen, daß der Schwangerschaftsabbruch für die ganze Dauer der Schwangerschaft grundsätzlich als Unrecht angesehen und demgemäß rechtlich verboten sein muß.

Des weiteren und dementsprechend hat das Bundesverfassungsgericht festgestellt, daß die Beratung im Schwangerschaftskonflikt deutlicher als bisher der Zielorientierung auf den Schutz den ungeborenen Lebens hin bedarf; damit hat es die von kirchlichen Beratungsstellen angewandten Kriterien bestätigt und Beratungskonzepten, die von einer freien Verfügbarkeit der Mutter für das Leben ihres ungeborenen Kindes ausgehen, eine Absage erteilt.

So sehr daher viele der grundsätzlichen Ausführungen der Bundesverfassungsrichter zum Schutz des ungeborenen Lebens zu begrüßen sind, desto mehr ist zu bedauern, daß dann aber praktische Verfahrenswege und Lösungen für zulässig gehalten, ja in Vorschlag gebracht werden, die jene rechtsphilosophischen Grundsätze völlig aushöhlen und den Schutz des ungeborenen Kindes auf ein Minimum reduzieren. Denn im Ergebnis läuft das Urteil auf eine Fristenregelung mit vorgeschalteter Pflichtberatung hinaus. An dieser Erkenntnis können auch terminologische Umbenennungen nichts ändern.

Wie immer man das Ganze aber auch nennen will, die vorgeschlagenen Regelungen stehen in einem unüberbrückbaren Gegensatz zu elementaren christlichen Grundsätzen. Denn eine nähere Prüfung des Urteils und seiner Begründung ergibt eindeutig:

- den generellen Verzicht auf strafrechtlichen Schutz für die ersten zwölf Lebenswochen des Kindes;
- die Anerkennung einer letztlich nicht zu hinterfragenden Entscheidungsmacht der Schwangeren über das Leben des Kindes;
- die Hinnahme der gänzlichen Schutzlosigkeit des Kindes, wenn die Frau zur Tötung entschlossen und zur Beratung nur bereit ist, um der Formpflicht Genüge zu tun;
- die Anerkennung eines Begriffes der „Unzumutbarkeit“, der natürlich flexibel dem Zeitgeist angepaßt werden und für die Zukunft unabsehbare Folgen haben kann;

---

* KNA, Dokument, Nr. 15, 29. September 1993: „Bescheinigungen werden nicht mehr ausgestellt“. Fuldaer Erzbischof Dyba zur § 218–Beratung in seiner Diözese; Das Wort des Bischofs: Erklärung des Bischofs von Fulda zur Abtreibungs-Gesetzgebung in Deutschland, in: Bonifatiusbote, Nr. 40, 3. Oktober 1993; Kirchliches Amtsblatt für die Diözese Fulda 109 (1993), Nr. 188, S. 77; Worte in die Zeit, S. 144–149; Mit Bonifatius verbunden, S. 57–59.

- die Anerkennung von Indikationen über die rein medizinische hinaus; so wirft die embryopathische Indikation bereits die Frage nach der Einstufung von behindertem als „lebensunwertem" Leben auf.

Die Diskrepanz zwischen Theorie und Praxis hat bezeichnenderweise der Vorsitzende Richter Mahrenholz in seiner „Abweichenden Meinung" selbst mit den Worten zum Ausdruck gebracht: „Maßstäbliche Schutzpflicht und praktische Schutzpflicht lassen sich nicht mehr miteinander verbinden. Insofern steht die Beratungsregelung zum Indikationsmodell des Senats quer". Wie „quer" das Ganze zum Recht steht, wird auch aus der Tatsache deutlich, daß nunmehr die Strafdrohung wegen unterlassener Beratung vor der Tötung aber ausdrücklich aufrechterhalten wird.

Das Bundesverfassungsgericht geht in seinen Vorgaben und Leitsätzen stets davon aus, daß sowohl die Beratung wie auch die von den staatlichen Organen zu erbringenden flankierenden Maßnahmen ganz im Sinn eines entschiedenen und auch wirklich „wirksamen" Schutzes des ungeborenen Lebens erbracht und geleistet werden.

Wem die schrille Urteilsschelte der da in Verantwortung zu nehmenden Minister/innen noch in den Ohren klingt, der weiß, wie sehr sich die Erwartungen der Bundesverfassungsrichter von der in unserem Staat dominierenden Wirklichkeit abheben. Weit davon entfernt, wenigstens den Linien der im Urteil angebotenen Kompromißlösung zu folgen, wurden in verschiedenen Bundesländern Sofortmaßnahmen ergriffen, um die Konsequenzen des Urteils noch in der Übergangsphase zu umgehen. Hochverschuldete Landesregierungen, die seit Jahr und Tag ihre Zuwendungen für Familien, Kindergärten und dringende soziale Anliegen einschränken, fanden plötzlich in ihren Kassen genügend Geld zur schnellen „unbürokratischen" Finanzierung von Abtreibungen. Nüchtern ist festzustellen, daß die Voraussetzungen zur Umsetzung der guten Absichten des Urteils nicht gegeben sind; eher ist das Gegenteil der Fall.

Wir leben in einem Land, dessen Parlament nach den Urteilen des Bundesverfassungsgerichts in den letzten Jahren bereits zweimal gegen die Normen des Grundgesetzes zum Schutz der Wehrlosesten seiner Bürger, der ungeborenen Kinder, verstoßen hat. Bestürzung darüber ist bei den dafür Verantwortlichen nicht erkennbar, wirksame Besserung ist weder bei der gesetzgebenden Gewalt – wie die inzwischen vorgelegten Entwürfe verschiedener Parteien zeigen – noch bei der regierenden Gewalt zu erwarten. Ich glaube daher, daß der Zeitpunkt gekommen ist, an dem wir ein deutliches Signal des Widerspruchs und der Umkehr zu setzen haben. Es ist an der Zeit, sich aus Einbindungen zu lösen, die der Würde und Freiheit der katholischen Weltkirche nicht entsprechen. Nach reiflicher Überlegung ordne ich daher an, daß im Bistum Fulda die zur staatlich zugestandenen Tötung ungeborener Kinder erforderlichen „Bescheinigungen" bei künftigen Beratungen seitens kirchlicher Stellen nicht mehr ausgestellt werden.

Das heißt nicht, daß wir aus der Beratung „aussteigen". Ganz im Gegenteil: Bei der heute in der Gesellschaft um sich greifenden Orientierungslosigkeit ist Beratung notwendiger denn je. Wir werden daher mit allen verfügbaren Kräften weiter beraten; wir werden tatkräftig helfen und heilen, wo immer uns das nur möglich ist. Geist und Inhalt unserer Beratungsarbeit müssen aber voll und ganz dem katholischen Glauben und dem göttlichen Recht entsprechen.

Im Urteil des Bundesverfassungsgerichts heißt es jedoch, die Beratung müsse „ergebnisoffen“ sein, sie dürfe weder „belehren“, noch auf die „Erzeugung von Schuldgefühlen“ zielen und selbst wenn die Abtreibung rechtswidrig sei, dürfe sie doch nicht als Unrecht behandelt werden. Ja, es findet sich dort sogar folgende Instruktion: „Über die Herausnahme des Schwangerschaftsabbruchs aus der Strafdrohung hinaus muß sichergestellt sein, daß gegen das Handeln der Frau und des Arztes von Dritten Nothilfe zugunsten des Ungeborenen nicht geleistet werden kann“. Keine Nothilfe zugunsten des ungeborenen Kindes? Hier gilt ganz einfach das Wort der Apostel: „Man muß Gott mehr gehorchen als den Menschen“[1]. Kirchliche Beratung muß sich am christlichen Glauben orientieren – aus unchristlichen Zwangsjacken müssen wir uns einfach befreien.

Es wäre natürlich ebenso wünschenswert wie gerecht, wenn das zukünftige Gesetz auch eine solche Beratung anerkennen und unterstützen würde. Tut der Gesetzgeber das nicht, so sind nicht wir es, die sich dem Dienst am Menschen verweigern, sondern es ist der Staat, der christlichen Grundsätzen die Anerkennung verweigert.

Ich bin mir dessen bewußt, daß die getroffene Entscheidung für viele Mitarbeiterinnen in unseren Beratungsstellen eine Herausforderung darstellt, für so manche aber auch eine still ersehnte Erleichterung des Gewissens. Alle aber sind aufgerufen, dem neuen Modell ihre volle Mitwirkung nicht zu versagen. Wir werden unser pastorales Bemühen auf diesem Gebiet in vollem Umfang aufrechterhalten, und ich setze da auf unsere bewährten Mitarbeiterinnen wie bisher in vollem Vertrauen. Die Frage der Akzeptanz freier katholischer Beratung kann natürlich nur die künftige Erfahrung beantworten. Dabei darf für uns in erster Linie nicht die Quantität, sondern die Qualität entscheidend sein – vor Gott gilt nicht die Menge unserer Aktivitäten, sondern allein die Werthaftigkeit unseres Tuns. Zu bedenken ist aber auch, daß eine freie katholische Beratung vielen Berufenen die Möglichkeit eröffnet, sich da einzubringen, vor allem etwa Ärzten und Apothekerinnen, Lehrerinnen und geistlichen Seelenführern, Großmüttern und Großvätern. Wo es aber um die praktische und wirksame Hilfe für Mütter und Kinder, ja für alle unsere gesellschaftlich unter Druck geratenen jungen Familien geht, sollte sich das ganze gläubige Volk einmütig und überzeugend in der Tat einbringen.

Alle Zeichen unserer Zeit, nicht nur die immense Zahl der im Mutterleib getöteten Kinder, sondern auch die erschreckend steigenden Zahlen bei den Scheidungswaisen, den verhaltensgestörten Jugendlichen, bei der organisierten wie der „privaten“ Kriminalität, bei den Exzessen der Gewalt und des politischen Extremismus deuten auf ein immer noch weiteres Vordringen materialistischer Denkweisen, auf einen immer noch fortschreitenden Abschied von Gott, Sitte und Recht in unserer Gesellschaft.

---

[1] Apostelgeschichte 5,29.

Daß Politik und Politiker die vor Jahren schon beschworene „geistige Wende“[2] nicht zu erbringen in der Lage sind, ist inzwischen wohl jedem Bürger klar geworden. Wer, wenn nicht die Kirche, kann jetzt noch die Stimme erheben, um zur Umkehr aufzurufen. Zur Umkehr zu Gott und zu seinen Geboten, die uns den Weg zum Heil zeigen, zu seinem Frieden und zu seiner Liebe, in der allein unsere Zukunft geborgen ist. Als einen solchen Ruf möchte ich mein heutiges Wort verstanden wissen.

Fulda, an St. Michael 1993

Erzbischof Johannes Dyba
Bischof von Fulda

Kommt das Jahrhundert des Friedens?*

In Kambodscha ist die Bundeswehr zu einem zweifellos humanitären Einsatz unter UN-Flagge angetreten. Sie betreibt dort ein Feldlazarett für UN-Personal, aber auch Einheimische. Wie stehen Sie aber zur deutschen Beteiligung an Frieden schaffenden und Frieden erhaltenden Einsätzen der UN?

Wenn wir Vollmitglied der UN sind, dann müssen wir nicht nur alle Rechte, sondern auch alle Pflichten wahrnehmen. Auch Einsätze zur Rettung des Friedens und zur Friedenserhaltung werden dazugehören.

Es gibt dagegen politischen Einspruch der Opposition.

Wenn wir dem folgen würden, was heute in Teilen der SPD noch gefordert wird, dann wäre die Konsequenz, daß Deutschland das einzige UN-Mitglied zweiter Klasse wäre. Wir wären dann die einzigen, die nicht voll bereit sind, UN-Mandate auch auszuführen.

Es geht darum, was die deutschen Bischöfe in der Erklärung zum Golfkrieg formuliert haben: „Wir sind aufgerufen zu tätiger Solidarität mit der Völkergemeinschaft in der Verteidigung einer gerechten internationalen Ordnung“[1].

Ihre Kritiker sagen, damit redeten Sie Kampfeinsätzen das Wort.

Es ist völlig abwegige Polemik zu sagen, es ginge um Kriegführen oder um Töten. Es geht genau um das Gegenteil, nämlich Menschen davor zu bewahren, daß sie massenweise getötet, geschändet oder vertrieben werden. Das sind die Einsätze, zu denen wir genauso bereit sein müßten, wie alle anderen Nationen auch.

---

[2] Vor allem in seinen Regierungserklärungen vor dem Deutschen Bundestag – am 13. Oktober 1982 und dann erneut am 4. Mai 1983 – hatte Bundeskanzler Kohl zu einer „Erneuerung“ aufgerufen, für die sich das Schlagwort von der „geistig-moralischen Wende“ einbürgerte.

* Weltbild, Nr. 21, 1. Oktober 1993, S. 13–18: Kommt das Jahrhundert des Friedens? Krieg als Mittel der Konfliktlösung wird international geächtet. Die UN wollen ein Völkerrecht der Solidarität. Welche Rolle spielt Deutschland dabei? (Interview: Heribert Lemberger und Günther Bading). Vgl. Das Wort des Bischofs: Geburtswehen, in: Bonifatiusbote, Nr. 36, 5. September 1993.

[1] Wort der deutschen Bischöfe zum Golfkrieg, 21. Februar 1991.

Und die Militärpfarrer sind immer dabei?

Wo dann unsere Soldaten hingeschickt werden, wird die Militärseelsorge sie begleiten. Das steht sicher außer Frage. Dazu brauchen wir gute und motivierte Militärseelsorger.

Diese neuen, für die Soldaten der Bundeswehr ungewohnten Einsätze im Ausland setzen doch wohl ein ganz anderes Selbstverständnis vom Soldat-Sein voraus als bisher?

Ein neues Bewußtsein setzt das voraus – bei den Soldaten wie bei der politischen Führung. Aber ein Bewußtsein, das nichts mit nationaler Machtpolitik zu tun hat. Es muß ein Bewußtsein der internationalen Solidarität sein. Es geht um solidarische Einsätze, um Menschenleben zu retten.

Internationale Solidarität – ist das nicht nur ein Schlagwort?

Wenn es gelingt, das alte Völkerrecht der Souveränität mit seiner Politik der Nicht-Einmischung und Abschottung zu ersetzen durch ein Völkerrecht der Solidarität, dann ist das ein internationaler Fortschritt. In vergangenen Jahrzehnten scheiterten alle Einsätze der UN im Rahmen des Gedankens internationaler Solidarität stets am Veto-Recht eines der Sicherheitsratsmitglieder.

Heute, nachdem der Kalte Krieg vorbei ist, geben die USA oder die Europäer den Ton an.

Eines muß auch bei Solidar-Einsätzen klar bleiben: Die UN darf mit solchem Handeln nicht zum Interessenswalter von Großmächten oder bestimmter Regionalinteressen werden.

Blickt man nach Somalia, dann ist dort eine ganze Menge schiefgelaufen.

Wir stehen ja mit dieser Politik noch am Anfang. Die UN werden auch noch Fehler machen. Es wird unvermeidlich noch Pannen geben, über deren Sinn man sich streiten wird. Man sieht ja heute schon die Unterschiede. Kambodscha ist ein klarer Fall klassischer humanitärer Hilfe. In Bosnien gibt es dagegen schon viele Fragezeichen. In Somalia ebenso. Ich denke, wir müssen mit großer Geduld darum ringen, daß die UN-Einsätze immer sinnvoller werden. Natürlich dürfen diese Einsätze nicht als politische Spielbälle mißbraucht werden. Unsere Soldaten dürfen nur eingesetzt werden zum Schutz des Friedens und zur Rettung von bedrohten Menschen.

Auf dem Balkan sind UN-Soldaten gestorben, in Somalia ebenfalls. Müssen deutsche Mütter künftig um das Leben ihrer Söhne in Uniform bangen?

Was sollen wir Deutschen denn den Müttern der 70 Piloten sagen, die bei der Luftbrücke für Berlin gefallen sind? Diese Frauen leben in Nebraska, in Texas oder in Schottland. Natürlich sagen diese Mütter sich: Mein Sohn mußte fallen, damit die belagerten Berliner im Winter Kohle hatten – stand das dafür? Aber Deutschland war abgeschottet und außerhalb internationaler Verantwortung. Wir haben uns darauf verlassen, daß die Amerikaner oder die Briten ihre Knochen hinhalten würden, wenn Berlin gefährdet wäre. Und jetzt sagen die Amerikaner natürlich auch, wenn UN-Einsätze beschlossen werden, dann muß Deutschland als vollwertiges Mitglied der internationalen Gemeinschaft dabei sein.

Sie haben vor kurzem deutsche Soldaten in Kambodscha besucht. Wie beurteilen Sie diesen Einsatz?

Das Lazarett heißt bei den Einheimischen „Haus der Engel“. Die Menschen kommen bis zu 300 Kilometer weit mit ihren Kranken. Es ist das einzige Haus, wo sie ohne Geld versorgt werden. Über 52 000 Menschen sind in den vergangenen drei Jahren ambulant behandelt worden. Täglich kommen zur Zeit etwa 300. Natürlich hauptsächlich UN-Personal. Aber bis an die Grenze des Möglichen wird auch die im Elend lebende Bevölkerung versorgt.

Ist das nicht doch nur der berühmte Tropfen auf den heißen Stein?

Natürlich. Aber auch das Meer besteht aus Tropfen. Die medizinische Versorgung ist in Kambodscha zusammengebrochen. Es gibt zwar das riesige Hospital „Khmer soviètique“, aber das gleicht mehr einer Müllhalde. Da sind wir dabei, wenigstens einen Flügel wieder soweit herzustellen, daß Patienten behandelt werden können.

Halten die Soldaten den Einsatz für sinnvoll?

Im Gegensatz zu vielen anderen Besuchen – sei es bei der Bundeswehr, in unseren Gemeinden oder Gremien – hat keiner von seinen persönlichen Sorgen gesprochen. Alle waren erfüllt von den Problemen und dem Elend dort. Dieser Einsatz ist so sinnvoll, daß es gleichsam mit Händen zu fassen ist.

Aber ist der Einsatz nicht auch belastend für die jungen Deutschen?

Die Stimmung ist optimal. Es fällt auf, vor allem bei den anderen UN-Kontingenten, wie eng Mannschaften und Offiziere zusammen sind. Das ist eine verschworene Gemeinschaft. Und auch der Militärseelsorger hat darin seinen wichtigen Platz.

Wie kommt eine solche optimale Stimmung zustande? Liegt es an der Aufgabe?

Zum einen. Zum anderen auch wohl daran, daß jedem dort stündlich deutlich wird, wie gut es uns in Deutschland eigentlich geht. Ich glaube, viele der Soldaten sehen ihren Einsatz nicht als ein Opfer an, sondern als große Erfahrung und Bereicherung.

Die Aufgabe in Kambodscha – ein Lazarett mit der Möglichkeit direkter Hilfe für die notleidende Bevölkerung – scheint ja auch viel sinnvoller als die der Versorgungstätigkeit für andere UN-Einheiten in Somalia.

Natürlich ist der deutsche Einsatz in Kambodscha der klassische Fall der humanitären Hilfe. Aber die anderen UN-Kontingente müssen ja auch ihre Pflichten wahrnehmen. Es kann durchaus einmal sein, daß wir Deutschen von den UN die Aufgabe bekommen, freie Wahlen zu ermöglichen oder bedrohte Völkerstämme zu schützen und dafür andere Nationen die humanitäre Aufgabe wie den Sanitätsdienst erfüllen. Als UN-Mitglied müssen wir für alle Einsätze bereit sein. Wie etwa Österreich das seit Jahren tut.

Was ist daran so vorbildlich?

Zum einen ist Österreich wirklich kein Land, dem man vorwirft, es wolle sich mit UN-Einsätzen international als Großmacht profilieren. Österreichische Soldaten haben seit 1952 an 45 UN-Einsätzen teilgenommen – im Kongo, Zypern, Syrien, Ägypten, Kurdistan, Iran, West-Sahara, Kambodscha, Somalia, Kuwait und Pakistan. Insgesamt kamen 34 000 Soldaten zum Einsatz. Das österreichische Bundesheer hatte dabei 27 Tote zu beklagen.

Hat die Kirche in Kambodscha überhaupt eine Chance?

Die Kirche beginnt in Kambodscha erst wieder zu leben. Als 1975 die roten Khmer gesiegt hatten, haben sie alle katholischen Bischöfe, alle Priester, alle Nonnen und Ordensschwestern und alle ihnen bekannten Gläubigen ermordet. Von sechs Millionen Kambodschanern wurden in wenigen Jahren zwei Millionen ermordet. Die Kirche beginnt erst jetzt wieder zu arbeiten. Der Bischof von Phnom Penh ist offiziell Sozialarbeiter bei der Caritas[2]. Jetzt beginnen die Salesianer, die Schwestern von Mutter Teresa. Man richtet Handwerker-Schulen ein, Heime, Entwicklungshilfeprojekte. Man muß dort sehr behutsam vorgehen.

Was kann man jetzt tun?

Wenn das deutsche Hospital dort aufgegeben wird, weil der UN-Auftrag erlischt, darf man die Kambodschaner nicht allein lassen. Erwartungen sind geweckt worden. Nachdem wir ein derartiges Zeichen gesetzt haben durch unser deutsches Krankenhaus – das Haus der Engel – sollte diese Arbeit in irgendeiner Weise aufgefangen werden durch unsere katholischen Kräfte vor Ort und in gemeinsamer Unterstützung durch unsere Hilfswerke, die Bundeswehr und die Politik, etwa durch das Entwicklungshilfeministerium.

Das wahre Gewissen*

Die neue Päpstliche Enzyklika „Veritatis Splendor“ (Der Glanz der Wahrheit)[1] verweist mitten in der Zeit einer großen Krise der Moral auf die fundamentale Notwendigkeit der Ausrichtung des menschlichen Gewissens an der göttlichen Wahrheit. Es geht also um das „wahre Gewissen“.

Nun leben wir heute in einer Zeit, in der man denken könnte, es sei geradezu eine Inflation von Gewissensbildung vorhanden. So ziemlich alle berufen sich auf ihr Gewissen: Gewissen gegen das Gesetz, Gewissen gegen die Institution – die höchste Instanz: mein Gewissen! Gewissensentscheidungen werden überall ins Feld geführt, und dabei driften wir immer mehr auseinander. In der Freude über die Freiheiten, die der Pluralismus uns gebracht hat, haben wir nicht darauf geachtet, daß da, wo im Namen des Pluralismus jeder Meinung, jeder beliebigen Meinung, ja

---

[2] Apostolischer Vikar von Phnom-Penh ist seit 1962 Yves-Georges-René Ramousse M.E.P.

* Das Wort des Bischofs: Das wahre Gewissen, in: Bonifatiusbote, Nr. 45, 7. November 1993.

[1] Johannes Paul II., Enzyklika „Veritatis splendor“, 6. August 1993; dt. Übers.: Verlautbarungen des Apostolischen Stuhls, Nr. 111.

jedem neuen Hauch von Schwachsinn der gleiche Rang eingeräumt wird wie alten, bewährten Wahrheiten, die Gemeinsamkeit auseinanderbricht. Das spüren wir heute alle, und das ist doch der Grund unserer Krise, all unserer lauthals beklagten „Betroffenheit“ und Ratlosigkeit. Das gemeinsame Fundament an ethischen Überzeugungen bricht auseinander, weil jeder seine eigene Gewissensentscheidung, oft nur seine eigene Beliebigkeit vor sich her trägt und sie zur unantastbaren höchsten Instanz erklärt.

Wir vergessen, daß es auch sehr trügerische und falsche Gewissensbildung und Gewissensentscheidungen geben kann und gegeben hat, die in der Geschichte viel Unheil verursacht haben. Im Namen ihres erwachten Gewissens haben die Jakobiner unzählige Menschen auf die Guillotine getrieben. 150 Jahre später wurde bei uns die „Reinerhaltung des Blutes“ propagiert. Zuerst wurden die Gewissen „gebildet“, die dann mit großer Härte bereit waren, „minderwertige“ Menschen auszumerzen.

So sehr können wir mit unserem Gewissen in die Irre gehen! Wenn wir etwa an Andreas Baader und Ulrike Meinhof denken: Denen wird doch kaum jemand absprechen, daß sie meinten, im Namen ihres Gewissens zu handeln. Aber wohin hat sie ihr irrendes Gewissen geführt? Heute sehen wir, daß jedes Jahr Hunderttausende von Kindern im Mutterleib getötet werden – und auch dafür werden „Gewissensentscheidungen“ in Anspruch genommen.

Ja, wir müssen uns wirklich kritisch fragen: Woran muß unser Gewissen sich orientieren? An der Wahrheit? An Gottes Geboten? Oder sind unsere eigenen Wünsche das Maß aller Dinge?

An den Rändern unserer heutigen Gesellschaft bewegen sich die gefährlichen „Autonomen“. Die Autonomen, wir dürfen es nicht vergessen, das ist eine Abkürzung für „autonome Gewissen“. Das menschliche Gewissen ist aber kein autonomes, sondern ein sehr sensitives und rezeptives Organ. Es ist gewissermaßen die Radaranlage unserer Seele, die die Wellen Gottes empfangen kann. Ein gesundes und funktionierendes Gewissen fängt die Impulse, die Wellen Gottes auf und führt uns über die Wellen Gottes zum Willen Gottes, zur Erfüllung der Vaterunserbitte: „Dein Wille geschehe!“[2]

Damit sind wir dann aber bei dem viel froheren Thema des wahren und guten Gewissens. Denn wenn es so funktioniert, daß wir Gottes Willen auffangen und uns daran orientieren, was Gott von uns will, dann geht es nicht mehr gegeneinander und auseinander, sondern dann empfangen wir von Gott das, was uns zusammenführt zur Gemeinsamkeit christlicher Überzeugungen, die wir heute so sehr suchen und deren Verlust sich so furchtbar in unserer Gesellschaft bemerkbar macht. Und wenn wir auffangen, wozu der Geist Gottes uns treibt, nämlich zum Wahren und zum Guten, dann können wir als Kinder Gottes auch miteinander glücklich werden.

---

[2] Matthäus 6,10.

Schwerter zu Pflugscharen oder Frieden und Utopie*

„Dann schmieden sie Pflugscharen aus ihren Schwertern und Winzermesser aus ihren Lanzen. Man zieht nicht mehr das Schwert, Volk gegen Volk, und übt nicht mehr für den Krieg“[1]. Diese Worte des Propheten Micha sind in den „Friedensdiskussionen“ vergangener Jahre verzweckt und funktionalisiert worden. Es hat den Anschein gehabt, daß ein bißchen guter Wille schon ausreichen würde, damit alle Völker ihre Schwerter in Pflugscharen umschmieden könnten. Und genau darin liegt die fatale Verkürzung dieser alttestamentlichen Prophetie. Ihr geht es um mehr.

Der Prophet Micha prangert die Gottlosigkeit und das Unrecht in der Gesellschaft seiner Zeit an und warnt vor dem Gericht Gottes, das deswegen droht. In deutlichen Worten kritisiert er die Führer seines Volkes, die „Zion mit Blut erbauen und Jerusalem mit lauter Unrecht“. Er kritisiert die korrupte Justiz; Priester „lehren gegen Bezahlung“ und „Propheten wahrsagen für Geld“. Deshalb werde die Hauptstadt in Trümmern fallen und das Heiligtum des Volkes geschleift[2].

Nachdem er mit diesen drastischen Worten dem Volk und insbesondere seiner Führung einen Spiegel vorgehalten und das Kommende prophezeit hat, verkündet der Prophet Micha neue Hoffnung. Am Ende der Tage werde Gott selbst ein Friedensreich errichten. Alle Völker werden zum Berg Zion wallfahren. Die Menschen werden sich dann an Gottes Gebote halten und so leben, wie Gott es will. Nicht mehr korrupte Richter, sondern Gott selbst werde Recht sprechen zwischen vielen Nationen und mächtigen Völkern.

Dann werde es auch keinen Krieg mehr geben: „Dann schmieden sie Pflugscharen aus ihren Schwertern und Winzermesser aus ihren Lanzen. Man zieht nicht mehr das Schwert, Volk gegen Volk, und übt nicht mehr für den Krieg“.

Diese Verheißung von der Völkerwallfahrt zum Zion am Ende der Zeiten bringt die Zuversicht des Propheten Micha zum Ausdruck, daß Gott trotz aller Kriege, Korruption, Ungerechtigkeit und Leid der Herr der Geschichte ist. Im Bild des Propheten Micha befinden sich die Menschen und Völker auf dem Weg. Ihr Ziel ist das Reich Gottes, wo wirklicher Friede herrschen wird. Auf diesem Weg sind Kriege und Konflikte aufgrund der Sündhaftigkeit des Menschen unvermeidlich.

Heißt das aber, daß alle Anstrengungen zu einer menschlichen Lösung der Konflikte überflüssig sind? Nein, denn unser Glaube verpflichtet uns geradezu, alles zu tun, das dem Frieden unter den Menschen und Völkern dient. Wir glauben, daß uns Jesus Christus zu echter Gottes- und Nächstenliebe befreit hat. Nun weiß jeder, wie schwer es schon in der Familie ist, selbst bei gutem Willen Konflikte friedlich und damit menschlich zu lösen. Die christlich abendländische Tradition hat mit dem Völkerrecht den Beginn einer gemeinsamen Rechtsordnung hervorgebracht, die ein friedliches Zusammenleben aller Völker ermöglichen kann. Grundlage des

---

* Druck: Panzer-Spähtrupp, Nachrichtenblatt Nr. 15, Dezember 1993, S. 4; Militärseelsorge 36 (1994), S. 5–7.

[1] Micha 4,3.

[2] Ebd. 3,9–12.

Völkerrechts muß die Anerkennung der individuellen und sozialen Menschenrechte sein. Nun ist allgemein bekannt, daß gerade die Mißachtung elementarer Menschenrechte häufiger Grund für die Entstehung von Kriegen und Konflikten ist: Sei es, daß ethnischen Minderheiten ihre kulturelle Identität vorenthalten wird, sei es, daß die Glaubens-, Gewissens- und Meinungsfreiheit brutal unterdrückt wird, sei es, daß der Wohlstand unter den Völkern ungerecht verteilt ist, sei es, daß Regierungen nur auf den eigenen Vorteil bedacht sind und das eigene Volk in den wirtschaftlichen Ruin treiben.

Es gehört wohl zu den ernüchternden Erfahrungen nach der Anfangseuphorie des Jahres 1990, daß die Menschheit nicht vor einer Ära des Friedens steht. Fast ohnmächtig müssen wir den überall aufbrandenden Konfliktherden zusehen. Dennoch darf auch das Kind nicht mit dem Bade ausgeschüttet werden. Erstmals in ihrer Jahrtausende alten Geschichte haben sich die Völker der Welt ein Forum geschaffen, um „künftige Geschlechter vor der Geißel des Krieges zu bewahren", wie es in der Charta der Vereinten Nationen heißt[3]. In den Lehraussagen der katholischen Kirche wie auch in den Ansprachen der Päpste wird nachhaltig der Aufbau der internationalen Organisationen unterstützt. In einem langen und mühevollen Prozeß soll erreicht werden, daß nicht nur über Frieden und Wohlfahrt der Völker geredet wird, sondern sie verwirklicht werden. Dies setzt natürlich den Willen und die Entschlossenheit aller Beteiligten voraus. Und wenn nun einer nicht mitmachen will?

Die jüngere Vergangenheit hat jedem die Augen geöffnet, daß die Völkergemeinschaft auch nach dem Ende des Kalten Krieges nicht von der Geißel des Krieges befreit ist. Der Überfall auf Kuwait, der Krieg auf dem Balkan, das Massaker am Platz des Himmlischen Friedens in Peking, der Krieg zwischen Armeniern und Aserbaidschanern sind nur einige Beispiele. Weltweit wird die Zahl der potentiellen Krisenherde derzeit auf 70 geschätzt. Wenn ein Mitglied der Völkergemeinschaft mit Krieg überzogen wird, so ist dies nicht allein Sache dessen, der Unrecht erleidet. Nur wenn die Völker in Solidarität zueinander stehen und jeden Versuch militärischer Aggression entschieden abwehren, wird der mühsame Prozeß einer Friedensordnung zwischen den Völkern eine Chance haben. Darin liegt die Notwendigkeit auch eines deutschen Beitrags zur Friedenssicherung begründet.

Im Wissen um die begrenzte Möglichkeit allen menschlichen – auch politischen – Handelns, kann der Christ getrost auf die Prophetie des Propheten Micha vertrauen, daß Gott am Ende der Zeiten alle menschlichen Anstrengungen um den Frieden vollenden wird und dann wirklich Schwerter zu Pflugscharen geschmiedet werden.

---

[3] Präambel der Charta der Vereinten Nationen, 26. Juni 1945.

Anno Domini*

Daß 1994 in Deutschland ein Superwahljahr[1] wird, hat sich inzwischen herumgesprochen. Wissen aber auch alle, daß mit dem Jahreswechsel das „UNO-Jahr der Eingeborenen-Völker“ aufhört und das „Internationale Jahr der Familie“ beginnt? Vom Beginn des „zweiten Jahrzehnts zur Bekämpfung des Rassismus“ und der „Weltdekade für kulturelle Entwicklung“ ganz zu schweigen. Dazu haben die UN-Organisationen für 1994 noch 31 weitere „Internationale Tage“ festgelegt – vom Welt-Aids-Tag bis zum Weltfernmeldetag ...

Leider schwimmt auch die Kirche ein wenig zu unkritisch auf dieser Welle mit. Das beginnt mit dem Weltfriedenstag und geht über den Tag des Buches, den Tag des Flüchtlings und den Mediensonntag in die Woche des ausländischen Mitbürgers, die Woche für das Leben bis hin zum neu erfundenen Welttag der Kranken. Sicherlich sind das alles wichtige und ehrenwerte Anliegen. Sind wir uns aber der Gefahr bewußt, die darin liegt, neben dem liturgischen Kirchenjahr ein alternatives Kirchenjahr zu etablieren?

Wenn wir über das Jahr mit seinen Hochfesten, den „Hochkollekten“ (Caritas, Misereor, Missio, Adveniat, Renovabis) und den volkstümlichen Heiligenfesten noch ein ganzes Netz von neuen Gedenktagen stülpen – werden da die Gläubigen nicht einfach überfordert und verwirrt?

So offenbart doch das Weihnachtsfest schon die Friedensbotschaft des Christentums in seiner ganzen Fülle. Bedarf es da wirklich noch eines künstlich geschaffenen „Weltfriedenstages“, von dem man auch noch nie recht wußte, an welchem Tag man ihn denn nun eigentlich unterbringen soll? Ist nicht der Pfingsttag der Tag weltweiter Kommunikation schlechthin?

Seit fast 2000 Jahren wird in der Christenheit mit großer Aufopferung für Kranke gesorgt. Viele große Orden haben sich diesem Ziel verschrieben. Bedurfte es da wirklich noch einer neuen Kommission? Und wenn wir Sankt Elisabeth oder den heiligen Vinzenz von Paul wirklich feiern, bedarf es da noch eines zusätzlichen „Welttages“?

Die Christenheit hat all die Jahrhunderte hindurch jedes neue Jahr treffsicher als das bezeichnet, was es seit der Geburt Christi ist: als „A. D.“ Anno Domini, im Jahr des Herrn leben wir. Das ist der Sinn eines jeden Jahres, das Gott uns schenkt, daß wir es ausschöpfen und zu unserer eigenen Heilsgeschichte werden lassen.

Wenn wir aber unser Jahr wirklich als Jahr des Herrn entgegennehmen und leben, dann können wir ganz sicher und beruhigt sein, daß auch all die anderen Anliegen voll zu ihrem Recht kommen – die Natur und die Kultur und alle Menschen, die ungeborenen, die schwachen, die fremden, die alten, die behinderten und die sterbenden ... Im Jahr des Herrn sind alle Tage mit ihren Nöten geborgen.

---

* Das Wort des Bischofs: Anno Domini, in: Bonifatiusbote, Nr. 2, 9. Januar 1994.

[1] 1994 fanden in Deutschland nicht weniger als 19 verschiedene Wahlgänge statt, so zum Europäischen Parlament, zum Deutschen Bundestag und zu mehreren Landes- oder Kommunalparlamenten.

Europa – wohin?*

Es war schon eine bodenlose Enttäuschung, die das Europäische Parlament in Straßburg zu Beginn des „Jahres der Familie“ den christlichen Europäern bereitet hat. Nach einer mit Mehrheit angenommenen Resolution[1] sollen auch homosexuelle Paare heiraten und Kinder adoptieren können und im übrigen normalen Ehepaaren gleichgestellt sein.

Dieser widernatürliche Unfug, den in Deutschland bereits eine feministische Amtsrichterin und ein homosexuelles Paar durchzusetzen versuchten, wurde vom Landgericht Frankfurt (Main) wie vom Bundesverfassungsgericht erst 1993 klar zurückgewiesen[2]. Danach sollte jeder vernunftbegabte Mensch wissen, daß zur Ehe Mann und Frau und zur Familie Vater, Mutter und Kind gehören. Wenn das Europäische Parlament glaubt, sich über eine so elementare Wahrheit hinwegsetzen und an den Grundfesten der Familie und der Schöpfungsordnung rütteln zu können, dann ist das schon ein schrilles Alarmzeichen.

Von wem und wohin soll das vereinigte Europa eigentlich geführt werden? Soll es sich auf den christlichen Fundamenten seiner tausendjährigen Kultur erheben – oder soll es geschichtslosen Kulturrevolutionären überlassen bleiben, das reiche Erbe Europas ihren ideologischen Utopien zu opfern?

Suchen wir ein Europa auf dem Niveau gemeinsamer Schweinemastverordnungen oder ein Europa, in dem jedes Volk das Beste seiner Kultur, seiner Erfahrung, ja auch seines Glaubens einbringt? Wollen wir uns gemeinsam zu einer neuen Höhe im Einklang mit der Schöpfungsordnung bewegen, oder soll der neue Konsens auf dem niedrigsten gemeinsamen Level zustande kommen?

Ich muß ehrlich sagen, mir graut vor der Vision eines so genormten Europas, in dem alle Höhen eingeebnet sind, in dem es keine Beter mehr gibt, sondern nur noch Konsumenten, keine Philosophen, sondern nur noch Lehrstuhlinhaber, keine Heiligen, sondern nur noch soziale Manager, keine Reinheitsgebote, sondern nur noch Marketing, und zwar Marketing für alles, für Produkte, für Werte und für Menschen.

Dieses Anliegen hat niemand deutlicher ausgedrückt als Papst Johannes Paul II., als er im Oktober 1988 den Abgeordneten des Europäischen Parlaments in Straßburg zugerufen hat: „Wenn die religiöse und christliche Grundlage dieses Kontinents in ihrer Funktion als inspirierende Quelle der Ethik und in ihrer gesellschaftlichen Wirksamkeit an den Rand gedrängt werden sollte, dann würde nicht nur das gesamte Erbe der europäischen Vergangenheit geleugnet, sondern – mehr noch –

---

* Das Wort des Bischofs: Europa – wohin?, in: Bonifatiusbote, Nr. 10, 6. März 1994.

1 Auf Initiative der deutschen Grünen-Abgeordneten Claudia Roth hatte das Europäische Parlament am 8. Februar 1994 in Straßburg eine „Entschließung zur Gleichberechtigung von Schwulen und Lesben in der EG“ mit 159 gegen 98 Stimmen bei 18 Enthaltungen verabschiedet. Diese Resolution wurde am 20. Februar 1994 von Papst Johannes Paul II. als „moralisch unannehmbar“ scharf kritisiert.

2 S. oben S. 269. Mit Beschluß vom 4. Oktober 1993 hatte das Bundesverfassungsgericht die Verfassungsklage eines Nürnberger Homosexuellen-Paares zurückgewiesen und klargestellt, daß sich der Begriff „Ehe“ im Grundgesetz auf die Lebensgemeinschaft von Mann und Frau beziehe.

wäre eine Zukunft für den europäischen Menschen – ich sage: für jeden europäischen Menschen, gläubig oder ungläubig – schwer gefährdet"[3].

Diese Mahnung des Papstes ist offensichtlich zunächst auf unfruchtbaren Boden gefallen. Um so mehr muß es unser aller Anliegen sein, die christlichen Werte und Wahrheiten in Europa einzubringen und sie notfalls mit Kraft und Selbstbewußtsein zu verteidigen. Vielleicht sollten wir auch die nächsten Europawahlen und die damit verbundene Kandidatenaufstellung etwas ernster nehmen. Wie wollen Menschen die Schöpfung bewahren, die dem Schöpfer ins Gesicht schlagen in ihrer Blindheit für die weise Ordnung, die der Schöpfer uns in ihr gegeben hat?

Da machen wir nicht mit*

Die Deutsche Bischofskonferenz hat sich deutlich vom Koalitionsentwurf zur Neufassung des § 218 distanziert. Wirkt die Kirche dennoch weiterhin in der staatlich anerkannten Schwangerschaftskonfliktberatung mit?

Natürlich wird die Kirche in allen Bistümern in der Schwangerschaftsberatung weiter mitmachen. Auch hier in Fulda sind wir ja nie aus der Beratung ausgestiegen. Wir geben nur die Bescheinigung, die als Voraussetzung für die straffreie Tötung vorgelegt werden muß, nicht mehr ab. Die Beratungstätigkeit ist seitdem bei uns keineswegs zurückgegangen. Wir haben sogar personell aufstocken müssen. Es gibt bei uns keine Frau, die ohne Hilfe davongeht.

Fühlen Sie sich durch die Entwicklung in Ihrer Entscheidung bestätigt?

Sicher. Wir werden auf keinen Fall ein Gesetz bekommen, dem wir zustimmen können. Auch dem Koalitionsentwurf und auch der Regelung des Bundesverfassungsgerichtsurteils als solchem können wir nicht zustimmen. Wenn das Verfassungsgerichtsurteil voll umgesetzt wird, bleibt die straffreie Tötung in den ersten zwölf Wochen, bleibt also eine Fristenregelung, die wir immer abgelehnt haben. Es bleiben auch die Indikationen, die z.B. behinderten Ungeborenen das Lebensrecht nehmen. Deshalb habe ich die Konsequenz schon jetzt gezogen. Für die anderen Bistümer stellt sich die Frage, wenn das Gesetz erschienen ist.

Und dann?

... werden wir eine kirchliche Beratung machen. Wir lassen uns nicht in eine staatliche Zwangsjacke einbinden, die der klaren christlichen Lehre widerspricht.

Heißt das, daß sich die katholische Kirche diesbezüglich von der Christlich-Demokratischen Union nicht konsequent vertreten fühlt?

Natürlich. Es gibt ja einen Vorschlag der sogenannten Werner-Gruppe in der Union.

---

[3] Ansprache von Papst Johannes Paul II. an das Europäische Parlament in Straßburg, 11. Oktober 1988, Nr. 11.

* Weltbild, Nr. 7, 18. März 1994, S. 12 f.: „Da machen wir nicht mit". Bischof Johannes Dyba zu § 218, Wahlen und Gewerkschaften (Interview: Peter Goldmann).

... die sich etwas mehr Unterstützung von den Bischöfen erwartet hätte.

Bei der letzten Vollversammlung lag deren einheitlicher Entwurf noch nicht vor, sonst hätte man dazu etwas sagen können. Etwas Besseres als dieses Verfassungsgerichtsurteil werden wir allerdings nicht bekommen, die Politiker müssen jetzt das Beste daraus machen. Wenn das Beste aber das Lebensrecht des Kindes preisgibt, dürfen wir uns als Kirche daran nicht offiziell beteiligen.

Was bedeutet das langfristig für die katholische Kirche?

Ich bin überzeugt, daß alle Bistümer in absehbarer Zeit keine Beratungsscheine mehr ausstellen werden. Ich halte die Voraussetzung für die Nichtausgabe von Beratungsscheinen schon jetzt für gegeben. Das ganze staatliche Abtreibungssystem wird de facto so funktionieren, daß wir da nicht mehr mitmachen können. Jedenfalls sicher nicht mit Beratungsscheinen.

Kann ein katholischer Christ unter diesen Umständen eigentlich noch CDU wählen?

Was soll er sonst wählen? Ich habe den mit der CDU Unzufriedenen immer gesagt: Droht nicht mit Austritt, sondern droht mit Eintritt und tut dann innerhalb der Union das Eure.

Es bestand die Gefahr eines großen Tarifkonflikts. Können wir uns Streiks überhaupt leisten?

Wir müssen einfach sehen, daß wir jahrzehntelang über unsere Verhältnisse gelebt haben. Und die Welt ist nicht bereit, unsere Preise zu zahlen, damit wir unser dickes Wohlfahrtspolster weiter finanzieren können. Wir müssen da zu einem ganz großen Konsens der Vernunft kommen.

Verhalten sich die Gewerkschaften vernünftig?

Da ist viel Glaubwürdigkeit verlorengegangen. Statt mit uns die Sorge um Kindergartenplätze und familiengerechte Wohnungen zu tragen, hat man die Gewerkschaftsmilliarden bei co op[1] und Neue Heimat[2] u.s.w. verheizt. Daß solche Funktionäre als soziales Gewissen auftreten wollen, ist natürlich keinem ehrlichen Beitragszahler zu vermitteln. So stehen sie Massenaustritten gegenüber und sind absolute Schlußlichter in der öffentlichen Vertrauensskala. Leider, denn verantwortliche Gewerkschaftsführer sind ganz wichtig.

---

[1] Die konsumgenossenschaftlich orientierte Unternehmensgruppe um die 1974 gegründete „co op“ AG mit Sitz in Frankfurt am Main war 1988 so hoch verschuldet, daß ein Konkurs nur durch einen außergerichtlichen Vergleich abgewendet werden konnte, in dem 143 Gläubigerbanken auf 75% ihrer ungesicherten Forderungen in Höhe von 1,8 Mrd. DM verzichteten. 1990 wurde die erheblich reduzierte Unternehmensgruppe an die Asko Deutsche Kaufhaus AG verkauft und 1992 in Deutsche SB-Kauf AG umbenannt. Mehrere „co op“-Manager wurden wegen Untreue, Bilanzfälschung und Kreditbetrugs zu mehrjährigen Freiheitsstrafen (auf Bewährung) verurteilt.

[2] Ende 1985 wurde in der Öffentlichkeit bekannt, daß der gewerkschaftseigene Konzern „Neue Heimat“ infolge krasser Managementfehler mit 17,2 Mrd. DM überschuldet war. Eine Sanierung scheiterte, so daß schließlich die Liquidation von Europas größtem Immobilien- und Wohnungsbaukonzern eingeleitet werden mußte.

Was sagen Sie einem Katholiken, der extrem links oder rechts wählt?

Wenn man sieht, was die Nazis in Deutschland hinterlassen haben, ist es einfach absurd, Leuten zu vertrauen, die da auch nur die geringste Sympathie haben. Aber man darf auch nicht immer mit zweierlei Maß messen: Den Rechten kräftig aufs Haupt schlagen, aber die linken Untaten abhaken.

Geschieht das?

Das geschieht massiv. Wenn man sieht, wie der Kandidat Stefan Heitmann auf grausamste Weise zerstückelt worden ist[3]. Und der hat nichts gesagt, was nicht vernünftig wäre. Wenn heute einer die geringste Kritik am Kandidaten Johannes Rau übt, dann wird das als unanständig dargestellt. Als hier in Fulda die Neonazis aufmarschierten, haben das alle mit Entsetzen zur Kenntnis genommen. Als linke und autonome Gruppen den Bischof von Fulda im Jahr 1991 in Marburg am Gottesdienst gehindert, durch die Stadt gejagt, bespuckt und getreten haben ..., haben Sie da einen Aufschrei gehört?

Wen erregen linke Sünden?*

Herr Erzbischof, wie kann die Kirche ihren seelsorgerischen Auftrag erfüllen, wenn immer weniger junge Menschen Priester werden wollen?

Über den Priestermangel wird viel geredet. Ich war lange in den Kirchen der Dritten Welt, wo es nicht annähernd so viele Priester gibt wie bei uns. Parallel zum Priestermangel haben wir eher einen Gläubigenmangel, einen Mangel an Menschen, die in die Kirchen gehen, den Glauben praktizieren. Jeder, der wirklich einen Priester sucht, findet auch einen. Insofern wird das Thema Priestermangel sehr stark von „interessierten Kreisen" betont, gar sorgfältig gepflegt.

Jeder, der sucht, findet, sagen Sie. War es nicht einmal so, daß die Priester auf die Menschen zugingen?

Das Angebot ist auch heute überall da. Es werden Gottesdienste gefeiert, das Pfarrhaus steht jedem Menschen offen. Doch hat sich die Seelsorge ein wenig geändert. Früher war das Wort des Pfarrers, wenn Sie an eine Dorfgemeinschaft denken, ein sehr zentrales Wort. Heute sind alle „verkabelt", sitzen stundenlang vor der „Glotze". Es ist klar, daß es auch aus diesem Grund weniger zu Gesprächen kommt. Aber doch nicht nur mit Priestern, sondern auch in den Familien. Durch den modernen „Einbruch" der Medien in die Familien hat sich im Menschen selbst viel verwandelt. Darunter leiden auch wir.

---

[3] Der von CDU und CSU als Kandidat für das Amt des Bundespräsidenten nominierte sächsische Justizminister Heitmann hatte nach heftiger Kritik in den Massenmedien an seiner Eignung am 25. November 1993 den Verzicht auf seine Kandidatur erklärt.

* Die Woche, Nr. 14, 30. März 1994: „Wen erregen linke Sünden?". Johannes Dyba, Erzbischof in Fulda und oberster Militärseelsorger der Bundeswehr über Rechtsradikale, Kampfeinsätze und die Abtreibungsreform (Interview: Thomas Eggeling).

In diesem „Superwahljahr" fällt die Zurückhaltung der katholischen Kirche auf. Früher wurde von der Kanzel dazu aufgerufen, eine christliche Partei zu wählen. Nimmt Ihre Kirche heute aus Sorge über radikale Parteien auch in Kauf, wenn die SPD gewählt wird?

Wenn ich mir die Wahlen in Niedersachsen[1] anschaue, dann denke ich, daß das Gespenst des Rechtsradikalismus sehr verstärkt an die Wand gemalt worden ist – und von vielen linken Sünden abgelenkt hat, über die sich kein Mensch aufregt. Da wurde und wird mit zweierlei Maß gemessen. Ich bin sehr zufrieden, in welch erbärmlichen Größenordnungen sich die Erfolge der Rechtsradikalen gehalten haben und halten. Wenn wir aber gegen Radikalismus sind, dann müssen wir gegen den von links und rechts sein. Das ist aber weder mit der Polizei noch mit Hirtenbriefen oder irgendwelchen Anstandsmärschen zu lösen; da muß bei der Erziehung der Kinder angesetzt werden.

Was kann die katholische Kirche dazu beitragen?

Wir werden belächelt, verspottet und verhöhnt, wenn wir versuchen, der Jugend Werte beizubringen und die Eltern zu ermahnen, sich der Erziehungsaufgabe nicht zu entziehen!

Was sind das für Werte?

Da sprechen Sie beinahe wie Pilatus: „Was ist Wahrheit?"[2]. Also, was sind Werte? Wahrheit, Treue, Glaube, Hoffnung, Liebe, Zuversicht, das sind alles Werte. Früher sagte man dazu Tugenden. Doch das ist ein wenig aus der Mode gekommen, das klingt antiquiert. Aber gemeint ist doch immer das richtige ethische Verhalten. Und das kommt nicht von alleine. Das muß durch die Erziehung, vor allem durch das Beispiel, erzeugt werden. Wenn „nur" gepredigt wird, damit ist nichts getan.

Konkret: Welchen Einfluß kann die Kirche noch ausüben?

Die katholische Kirche hat immer ein menschliches und ethisches Verhalten vorgestellt, gepredigt und gelehrt, das eben nicht in den Radikalismus und nicht in die Degeneration führt. Aber wenn wir das tun, werden wir heute in den Medien niedergemacht! Es scheint ja geradezu darauf anzukommen, daß die moralische Autorität der Kirche nicht mehr in Erscheinung treten soll. Ich denke, die Gesellschaft wird sich noch sehr wundern, wo sie mit einer solchen Haltung landet ...

Sie sprechen von „interessierten Kreisen", die den Rechtsradikalismus stilisieren. Wen meinen Sie?

Ich war neulich in Italien und wurde von einem Ihrer Kollegen um ein Interview gebeten. Der hatte keine andere Sorge als zu bemerken, daß der aufflammende Antisemitismus in Deutschland uns allen den Atem rauben müßte. Und auch hier in Fulda dieser Aufmarsch: Das ist aufgebauscht und aufgeputscht worden durch

---

[1] Die Sozialdemokraten gingen erwartungsgemäß als Sieger aus der Neuwahl des niedersächsischen Landtags am 13. März 1994 hervor; die Republikaner konnten ihren Stimmenanteil von 1,5 auf 3,7% verbessern, scheiterten aber deutlich an der Fünf-Prozent-Sperrklausel.

[2] Johannes 18,38.

die Medien. Völlig zu Unrecht. Das war ein Aufmarsch, mit dem Fulda gar nichts zu tun hat.

Die Neonazis sind in Fulda ungehindert marschiert.

Die linken Radikalen, die sind natürlich sehr daran interessiert, daß sich alle über die rechten Radikalen aufregen. Das sind zum Beispiel interessierte Kreise, die ich meine.

Dennoch: Müßte sich die katholische Kirche angesichts solcher Aufmärsche nicht lauter äußern?

Nehmen Sie doch mal bitte die Aufrufe der Kirche zur Kenntnis. Ich habe in Fulda sehr deutliche Worte dazu gesprochen. Da habe ich von „geistig wie räumlich total verirrten braunen Formationen" gesprochen, die „nach Fulda kommen, wie die Stechmücke gegen das Licht fliegt"[3]: Nehmen Sie das doch mal zur Kenntnis. Manchmal habe ich den Eindruck, die Medien nehmen nur zur Kenntnis, was sie zur Kenntnis nehmen wollen und was ihnen in den Kram paßt. Wir gehen gegen den rechten wie den linken Radikalismus gleichermaßen deutlich vor.

Zum Thema Kirchensteuer. Warum verzichtet Ihre Kirche nicht auf dieses Privileg?

Mich können Sie nicht damit schrecken, daß das Kirchensteueraufkommen zurückgegangen ist; das sehe ich auch weiter auf uns zukommen. Aber es gibt nun einmal gültige Vereinbarungen, in die man nicht so ohne weiteres eingreifen kann. Außerdem könnte die Kirche die Rolle, die sie jetzt innerhalb der Gesellschaft spielt, ohne die Kirchensteuer gar nicht wahrnehmen. Wir haben die Millionen und Milliarden doch sehr gut angelegt. Schauen Sie sich einmal unsere Kindergärten an! Fragen Sie doch mal, wie viele Kindergärten der DGB mit seinen Milliarden eingerichtet hat! Was mich wirklich betroffen macht, ist nicht der Rückgang der Kirchensteuer, vielmehr ist es der Rückgang der Glaubenssubstanz, daß die Gläubigen nicht mehr „Voll"-Gläubige sind, sondern nur noch Teilgläubige, Kleingläubige. Das halte ich für viel besorgniserregender als ein paar Mark Kirchensteuer mehr

---

[3] Predigt am 28. August 1993 bei der Friedenswallfahrt (Medjugorje-Deutschlandtreffen) in Petersberg bei Fulda (Bischöfliche Pressestelle Fulda): „Fulda steht für jahrtausendealte christliche Tradition, für Jahrtausende ungebrochener Treue zum christ-katholischen Glauben! Und ich zucke nicht zusammen, wenn dann jemand sagt: Ja, eine Bastion des Glaubens, eine katholische Bastion. Daß das, wofür Fulda steht, daß diese Bastion natürlich auch eine Provokation ist für alle Ungläubigen und Kirchenhasser, das versteht sich beinah von selbst. Und so kommen in Fulda nicht nur jedes Jahr die Bischöfe zusammen, sondern immer häufiger auch alle möglichen Irrköpfe und Wirrköpfe. Wir hatten hier nach der Bischofskonferenz auch schon einen Atheisten-Kongreß. Wir hatten Aufmärsche und Einmärsche ziemlich militanter homosexueller Organisationen und zuletzt hatten wir noch eine geistig wie räumlich total verirrte braune Formation. Solche Ungeister und Quälgeister kommen nach Fulda wie die Stechmücken zum Licht. Sie kommen, um zu protestieren gegen das, wovon sie spüren, was Fulda bedeutet. Und deshalb ist jeder Versuch infam, der diese Fulda-‚Pilger' mit Fulda zu identifizieren versucht. Für Fulda stehen die Zehntausende von Gläubigen, die an jedem Bonifatiustag auf dem Domplatz stehen, aber von unserem Fernsehen natürlich nicht bemerkt werden. Für Fulda stehen die Abertausende, die jährlich das Bonifatiusgrab besuchen, und für Fulda steht Ihr, die Ihr hergekommen seid".

oder weniger. Insgesamt treten sehr wenige aus. Das ist ein allgemeines Phänomen, daß die Menschen sich immer mehr aus ihrer sozialen Bindung herausstehlen. Daher auch der Rückgang bei den Parteien, bei den Gewerkschaften. Das Sich-verbindlich-einsetzen-wollen läßt deutlich nach. Stellen Sie sich vor, Sie könnten mit steuerbefreiender Wirkung aus dem Staat austreten! Wie viele da zum Amtsgericht laufen würden ...

Welche Mitschuld hat Ihre Kirche am Rückgang der „Glaubenssubstanz“? Oder hat sie keine?

Doch, sicher. Der größte Fehler war, daß man all die Jahre immer nur gefragt hat, was die modernen Menschen von der Kirche erwarten. Das sind natürlich vielfältige, zum Teil widersprüchliche Erwartungen; die kann man gar nicht alle erfüllen. Da kann man sich anstrengen, wie man will, da kommt man nur in Streß und Hektik. Doch die entscheidende Frage ist: Was erwartet Gott von den Menschen? Diese Frage können wir beantworten. Unser größter Fehler war, daß wir den falschen Fragen nachgelaufen sind, daß wir zu viel Apparat aufgebaut haben und uns zu wenig um die wirklich grundsätzlichen, elementaren Fragen und Antworten gekümmert haben. Es gibt doch sehr viele geistliche Aufbrüche bei uns – aber die finden außerhalb der „eingetragenen Vereine“ statt. Wir haben ein Vereinswesen innerhalb der Kirche und Aufbrüche, die noch nicht institutionalisiert sind. Und solange die nicht am finanziellen Dauertropf von Mutter Kirche hängen, haben die auch viel mehr Leben. Wir verlassen uns zu sehr auf Strukturen, auf Bürokratie, auf administrative Kirche. Zudem: Wir dürfen keine Kompromisse dort machen, wo keine gemacht werden können. Allzu viele Kompromisse lähmen die Botschaft.

Zum Beispiel?

Ich meine da auch die auf uns zukommende Abtreibungsgesetzgebung, die drei Monate lang Kinder des Lebensschutzes beraubt. Da können wir nicht mitmachen; das ist ein Kompromiß, den man aufkündigen sollte. Das Recht auf Leben bleibt dem Kind formal erhalten, aber das Leben selbst kann man ihm nehmen. Das ist eine absurde Regelung.

Sollen sich die Katholiken ihr also konsequent verweigern?

Ich bin kein Utopist, ich bin Realist. Natürlich müssen die Politiker sehen, daß sie die möglichst beste Lösung bekommen; aber wenn die besterreichbare Lösung so ist, daß sie vor Gott nicht bestehen kann und vor dem christlichen Gewissen, dann dürfen wir nicht mitmachen, können wir uns nicht in das System einbeziehen lassen. Es ist viel besser, einmal in einer Sachfrage keine Mehrheit zu bekommen, als für immer die Glaubwürdigkeit zu verlieren.

Die versucht die Kirche nun mit einer teuren Werbekampagne zu retten.

Ich sehe das mit einer gewissen Skepsis. Ich glaube nicht, daß da das Wesentliche getroffen wird. Meiner Meinung nach müßten wir mehr von Mensch zu Mensch, von Herz zu Herz überzeugen: durch unser Beispiel, unseren Glauben, unsere

Frömmigkeit – statt eine Werbung wie für Waschmittel zu betreiben[4]. Ich nehme es keinem übel, der das versucht, aber die große Wende bringt das nicht.

Sie halten also auch hier Ihre Position gegen den Trend?

Wir haben hier in Fulda sehr oft gegen den Trend gelegen und hatten meistens recht damit. Ich fände es schade, wenn eine immer größere Zahl von Menschen den Schauspieler Günter Strack für den Bischof von Limburg halten würde. Aber warum kann nicht auch in „normalen" Sendungen des Fernsehens einmal gezeigt werden, daß eine Familie betet?

Sie sind auch Militärbischof. Halten Sie Kampfeinsätze der Bundeswehr für richtig?

Sicher, wenn sie zur Rettung oder Wiederherstellung des Friedens notwendig sind. Es geht doch immer darum, Frieden zu erhalten oder wiederherzustellen und große Verbrechen zu verhindern. Insofern ist dieser Einsatz zu vergleichen mit dem bewaffneten Einsatz der Polizei.

Sie hätten auch nichts gegen einen Einsatz der Bundeswehr im ehemaligen Jugoslawien?

Ich verstehe, daß es da Bedenken gibt. Aber wenn die Vereinten Nationen bereit sind, uns als vollwertiges Mitglied aufzunehmen, dann können wir uns nicht unter Hinweis auf unsere Geschichte aus der Verantwortung heraushalten. Das ist eine Frage des Taktes und der Diplomatie. Man muß sich ja nicht gerade vordrängen. Aber wir sollten uns auch nicht drücken.

Könnte die reiche Bundesrepublik nicht Flüchtlinge großzügiger aufnehmen, Menschen, die aus sogenannten wirtschaftlichen Gründen kommen und buchstäblich nichts zu essen haben?

Natürlich könnte sie es. Aber noch besser täten wir daran, dort, wo sie nichts zu essen haben, etwas zu entwickeln. Von dem, was hier ein Asylant kostet, könnten Sie in dessen Heimat ein ganzes Dorf ernähren. Es ist das aufwendigste und unsinnigste Verfahren, die Leute zu entwurzeln, um dann hier ihr Überleben garantieren zu wollen. Vor allem aber müssen wir die, die nun hier sind, menschenfreundlich behandeln. Die katholische Kirche sagt: Behandele den Fremden als deinen Nächsten. In der Weltkirche gibt es keine Fremden. Das Beste, was wir gegen Fremdenhaß, Antisemitismus und jede Art von Radikalismus tun können, ist doch, die Menschen zu guten Christen zu machen. Christen verfolgen niemanden wegen seiner Hautfarbe oder Weltanschauung.

---

[4] Die Bistümer Limburg, Mainz, Speyer und Trier hatten im Herbst 1992 vier Werbeagenturen beauftragt, die Kommunikationswege der Kirche nach innen wie nach außen effektiver zu gestalten. Für diese Werbemaßnahmen sollten für die Dauer von drei Jahren insgesamt drei Millionen DM aufgebracht werden.

1250 Jahre Fulda: Erbe und Sendung*

Stadt und Bistum Fulda haben Anlaß zu Dank und Freude. Die Gründung des Salvator-Klosters vor 1250 Jahren ist ja unsere gemeinsame Wurzel. Wir stehen aber heute in Fulda nicht nur in der Tradition der bedeutenden Reichsabtei und hüten mit dem Grab des heiligen Bonifatius nicht nur das Gedenken an einen großen Kirchenpolitiker.

In Bonifatius und Sturmius begegnen uns doch vor allem hervorragende Zeugen und Apostel Jesu Christi, Menschen, durch die das Evangelium in unserer Geschichte Gestalt angenommen hat. Sie sind die Urheber jener Bewegung, die aus antikchristlichem Erbe in der Begegnung mit den bis dahin am Rande der Geschichte lebenden germanischen Stämmen jene Synthese geschaffen hat, die wir als christliches Abendland bezeichnen.

Der Anfang Fuldas, die Klostergründung durch Bonifatius und Sturmius, ist zunächst Geschenk gewesen. In einer Zeit gelegentlich schriller nationaler Töne sei daran erinnert, daß uns das Evangelium und auch die Werte höherer Bildung von außen, von „Fremden“ gebracht worden sind. Durch ihre Arbeit wurden wir in die Weltkirche eingebunden, in der es keine Ausländer gibt, die auch keine nationalistischen oder rassistischen Abgrenzungen kennt, sondern überall in der ganzen katholischen Weite, Offenheit und Einheit existiert.

In Bonifatius und Sturmius hat uns „besucht das aufstrahlende Licht aus der Höhe“[1]. 1250 Jahre lang hat eine unüberschaubare Zahl von Gläubigen dieses Licht empfangen, diese Botschaft übernommen und sie in ihrem Leben zu ihrem Heile verwirklicht.

Heute empfangen wir dasselbe Licht und dieselbe Botschaft. Licht aber soll man leuchten lassen und die Frohbotschaft Gottes verlangt danach, weitergegeben zu werden. So wird aus unserem Erbe unsere Sendung.

„Das Licht leuchtet in der Finsternis, und die Finsternis hat es nicht begriffen“[2], heißt es im Johannesprolog vor 1900 Jahren und doch so aktuell! Inmitten all der Irrnisse und Wirrnisse unserer Zeit ist uns die Offenbarung Gottes anvertraut, sollen wir die Wahrheit und Liebe Gottes den Menschen offenbaren. Wir haben im Evangelium die einzige Macht, die Finsternis, Zerrissenheit und Aussichtslosigkeit überwinden kann – sind wir uns dessen auch bewußt? Uns ist die Kraft des Geistes Gottes anvertraut, die die Menschen zusammenführt – die Menschen, die der Ungeist der Welt aufeinanderhetzt, nicht nur in Bosnien und Ruanda, sondern auch im eigenen Lande, auch in der eigenen Kirche.

Wenn immer wir in Fulda uns dieses Erbes würdig erwiesen haben, wurde Fulda als Träger einer Botschaft und sichtbares Zeichen weit über seine engen natürlichen Grenzen hinaus erkannt und anerkannt. Papst Johannes Paul II. hat das am 18. November 1980 auf dem Fuldaer Domplatz noch einmal bestätigt, als er sagte:

---

* Das Wort des Bischofs: 1250 Jahre Fulda: Erbe und Sendung, in: Bonifatiusbote, Nr. 23, 5. Juni 1994; Nachdruck: Mit Bonifatius verbunden, S. 64.

[1] Lukas 1,78.

[2] Johannes 1,5.

„... die Geschichte des Christentums in Eurem Land soll jetzt neu beginnen, und zwar durch Euch, durch Euer im Geist des heiligen Bonifatius geformtes Zeugnis!“[3].

Vermächtnis des 20. Juli 1944 ist Aufgabe der Militärseelsorge heute*

Am 20. Juli 1994 gedenkt unser Land am 50. Jahrestag des Attentates deutscher Offiziere auf den Diktator Adolf Hitler in besonderer Weise des Widerstandes aufrechter deutscher Männer und Frauen gegen das Gewaltregime des Nationalsozialismus. Unter jenen, die ihr Leben einsetzten und oft grausam verloren, waren nicht wenige Christen in Uniform und Zivil.

Dieser Gedenktag hat seinen Platz in der „Kirche unter den Soldaten“. Er verweist auf jene, gemessen am Gesamtumfang der Wehrmacht kleine Zahl von Offizieren, die nach oft hartem inneren Ringen mit einer bedenklichen Deutung und Praxis militärischen Gehorsams brachen, die zur jüngeren Tradition deutscher Militärgeschichte gehörten. Sie haben das Gewissen wieder in jenes Recht eingesetzt, das ihm nach Gottes Willen zukommt.

Die Motive der Angehörigen der Widerstandsgruppen, die unserem Land am 20. Juli 1944 wieder einen Platz unter den Kulturnationen erkämpften, waren unterschiedlich. Zwei verdienen m. E. besondere Erwähnung: die ethische Erkenntnis, daß in einem militärisch verlorenen Krieg sinnlose Opfer vermieden werden müssen, und das moralische Bekenntnis zu Recht und Ethos gegen einen Staat – sogar den des eigenen Vaterlandes –, der seine Bindung an das Fundament unveräußerlicher Menschenrechte und Menschenwürde abgeworfen hat.

Zu Recht wurde festgestellt, daß unsere gegenwärtige Gesellschaft in großen Teilen ethisch-moralischen Normen zunehmend indifferent gegenübersteht. Erst recht gilt das für die eigentliche Kraftquelle, aus der die moralische Erkenntnis zur Tat wird: den Glauben an Gott und seinen Sohn, unseren Erlöser Jesus Christus. Im Gedenken an die Männer des militärischen Widerstandes sollte nicht vergessen werden, daß viele unter ihnen, die wir zu Recht als Vorbilder betrachten, den letzten Schritt zur Entscheidung und – nach äußerlichem Scheitern – die Kraft für den Weg zur Richtstätte aus diesem Glauben bezogen.

Wir Christen gedenken des Todes und der Auferstehung unseres Herrn Jesus Christus in der Feier der heiligen Eucharistie. Ich bitte Sie, im Rahmen der örtlichen Möglichkeiten Standortgottesdienste zu halten, die das Lebensopfer der Blutzeugen des 20. Juli unserem Herrn in der Auferstehungshoffnung anempfehlen. Auch ökumenische Gottesdienste sind ein Zeichen des christlichen Glaubens und

---

[3] Predigt von Papst Johannes Paul II. bei der Eucharistiefeier auf dem Domplatz in Fulda am 18. November 1980; Druck: Verlautbarungen des Apostolischen Stuhls, Nr. 25, S. 151–156, hier 154.

* Schreiben an alle hauptamtlichen Militärgeistlichen und Pastoralreferenten in der katholischen Militärseelsorge, 16. Juni 1994. Druck: Militärseelsorge 36 (1994), S. 49 f.; „Meinen Frieden gebe ich Euch“, S. 122 f.

der Treue zum Gesetz Gottes, in der wir Heutigen mit jenen evangelischen und katholischen Christen damals verbunden sind.

Soldatischer Gehorsam und Gewissen gehören untrennbar zusammen. Die Kirche anerkennt, daß unser Staat, die Bundesrepublik Deutschland, diesen Grundsatz nachdrücklich vertritt. Um das Gewissen jedoch rechtmäßig zur Geltung zu bringen, bedarf es der ethischen Urteilskraft und des Unterscheidungsvermögens. Die Militärseelsorge wird immer ein Ort sein, an dem diese Kräfte gefördert, bestärkt und ermutigt werden. Ich bitte Sie daher, im Lebenskundlichen Unterricht, zumal in Lebenskundlichen Arbeitsgemeinschaften für militärische Vorgesetzte, anläßlich dieses Gedenktages Grundlagen sittlicher Bindung und christlicher Hoffnung auch im Grenzfall menschlicher Existenz zur Sprache zu bringen. Dabei kommt der Frage von Eid und Gelöbnis für uns Christen eine nach wie vor zentrale Bedeutung zu. Der 20. Juli 1944 war, obwohl die mutige Tat scheiterte, in grauer Zeit ein – wie wir heute wissen – heller Tag. Sich seiner in Opfer und ethischem Zeugnis dankbar zu erinnern, steht uns Militärseelsorgern und den christlichen Soldaten der Bundeswehr gut an. In dieses Gedenken wollen wir die Gefallenen aller Länder, die getöteten Frauen und Kinder und vor allem die Opfer jeden Terrors und aller Gewalt dieser Zeit einbeziehen.

Zur katholischen Position im Abtreibungsrecht*

1. Die Zahlen

Im Jahr 1992 fanden im Bistum Fulda rund 2 600 Schwangerenberatungen statt, davon waren 369 Schwangerschafts*konflikt*beratungen. Im Jahr 1993 stieg die Gesamtzahl der Schwangerenberatung auf 2 977, obwohl die Zahl der darin enthaltenen Konfliktberatungen auf 165 zurückgefallen war. Es kann also keine Rede davon sein, daß der Zugang zu den Frauen rapide verloren gegangen sei; ganz im Gegenteil wurden wegen der erwarteten höheren Inanspruchnahme unserer Beratungsdienste für 1994 auf Wunsch des SkF zwei Beratungsstellen personell und räumlich verstärkt. Daß die Zahl der angesprochenen Schwangerschafts*konflikt*beratungen zurückgehen würde, war natürlich vorauszusehen. Wir verlieren Frauen, die auf jeden Fall den Beratungsschein haben wollen, und gewinnen Frauen, für die eine Schwangerschaft zwar Rat und Hilfe notwendig macht, aber nicht unbedingt einen Konflikt bedeutet, der das Leben des Kindes in Frage stellt.

---

* Internationale Katholische Zeitschrift „Communio“ 23 (1994), S. 286–288: Zur katholischen Position im Abtreibungs-„Recht“. – Vorspann: „In der Ausgabe 2/94 dieser Zeitschrift hat Prälat Wilhelm Schätzler, der Sekretär der Deutschen Bischofskonferenz, in seinen Anmerkungen [S. 188–190] zu einem Artikel von Paul-Ludwig Weinacht [S. 87–96] behauptet, daß eine Schwangerschaftskonfliktberatung ohne Ausstellung einer entsprechenden Bescheinigung schnell den Zugang zu den Frauen verliere, und in diesem Zusammenhang den Rückgang der Konfliktberatungsfälle im Bistum Fulda bedauert. Als mehrfach angesprochener Urheber dieser Situation – kirchliche Schwangerenberatung ohne Ausstellung eines Beratungsscheins – möchte ich dazu Stellung nehmen“.

Um solche Zahlen richtig einordnen und werten zu können, müßten natürlich die Zahlen der anderen Bistümer daneben gesetzt werden.

- Wie viele Schwangerenberatungen und wie viele Schwangerschaftskonfliktberatungen haben stattgefunden?
- Wie viele Beratungsscheine wurde ausgegeben und wie viele dieser Beratungsscheine wurden für straffreie Abtreibungen in Anspruch genommen?

Wenn all diese Zahlen einmal auf den Tisch kämen, würden die Krokodilstränen über die Fuldaer Zahlen wohl rasch versiegen.

2. Die Beratung

Nach geltendem Recht soll die Beratung „ergebnisoffen" sein, und selbst die Richtlinien des Deutschen Caritasverbandes[1] gehen davon aus, daß in jedem Fall die „eigene und persönlich verantwortete Entscheidung" der Ratsuchenden anzuerkennen und selbst der zur Abtreibung entschlossenen Frau das Bewußtsein zu vermitteln sei, auch in Zukunft angenommen zu sein. Ein solches Verhalten ist aber mit der Lehre der Kirche unvereinbar. Denn es verschweigt, daß es sich bei der Abtreibung um ein schweres Vergehen handelt (Kardinal Höffner: „Ich bleibe dabei: Abtreibung ist Mord"[2]), daß es von der Kirche mit der Strafe der Exkommunikation geahndet wird, also dem Ausschluß aus der kirchlichen Gemeinschaft[3]. Das Zweite Vatikanische Konzil nennt die Abtreibung ein „verabscheuungswürdiges Verbrechen"[4]. Darf katholische Beratung solche lebenswichtige Information Ratsuchenden vorenthalten? Und wenn wir bei den angeführten Zitaten geradezu zusammenzucken, spüren wir da nicht, wie weit sich unsere heutige Terminologie schon den modernen Vernebelungstendenzen angepaßt hat?

Auch die Folgen einer Abtreibung werden ja in der Öffentlichkeit ganz bewußt verschwiegen, obwohl unzählige Frauen ihr ganzes Leben lang nicht damit fertig werden. Wer soll den Millionen so betroffener Frauen aber denn helfen, wer kann ihnen klarmachen, daß es keine Schuld gibt, die von Gott nicht vergeben werden kann, daß es einen neuen Anfang gibt? Wer, wenn nicht die Kirche? Wie soll sie diese große und erlösende Aufgabe aber glaubwürdig angehen, wenn sie zuvor „ergebnisoffen" beraten und bescheinigt hat?

3. Die katholische Position

Ganz so unsicher, wie es uns die Anmerkungen Wilhelm Schätzlers glauben machen wollen, sind wir inzwischen wohl nicht mehr. Schließlich hat der Vorsitzende der Deutschen Bischofskonferenz bereits am 10. Juni 1992 in aller Deutlichkeit und Öffentlichkeit erklärt: „Die Beratungsstellen können sich nicht in ein Verfahren einbinden lassen, das die Ausstellung einer Beratungsbescheinigung zu einer

---

1 „Beratung und Hilfe", DCV vom 30. Januar 1980.
2 Joseph Höffner, In der Kraft des Glaubens, Bd. 2, Freiburg 1986, S. 87.
3 Katechismus der Katholischen Kirche, Nr. 2272; can. 1398 CIC.
4 II. Vatikanisches Konzil, Pastoralkonstitution „Gaudium et spes", 7. Dezember 1965, Nr. 51,3.

wesentlichen Voraussetzung für die straffreie Tötung eines ungeborenen Menschen macht“[5].

Hinter diese beachtenswerte Erklärung von Bischof Lehmann, deren Befürchtungen (wenn auch nicht per „Gruppenantrag“, sondern per BVG-Urteil) sich so rapide erfüllt haben, sollten wir auf keinen Fall zurückgehen. Die Beratungsbescheinigung als „eine wesentliche Voraussetzung für die *straffreie* Tötung eines ungeborenen Menschen“ – das ist genau die Situation, die wir mit der im Urteil des Bundesverfassungsgerichts festgelegten Lösung bereits jetzt haben. Es wird wohl kaum jemand im Ernst annehmen, daß der Gesetzgeber daran zugunsten der ungeborenen Kinder noch Wesentliches verbessert – sofern bei der jetzigen Lage überhaupt noch in absehbarer Zeit ein Gesetz zustandekommen sollte. Daher sollte das Wort des Vorsitzenden der Bischofskonferenz eingelöst werden, bevor es sich vor der Geschichte als unwahr erweisen könnte.

Natürlich gebe ich mich nicht der Illusion hin, daß wir für ein Gesetz, das in allem dem katholischen Glaubensverständnis entspricht, heute in Deutschland noch eine Mehrheit finden. Daher mögen wir unseren politischen Einfluß in Richtung auf das „bestmögliche“ Gesetz ausüben. Wer aber zwingt uns, als Kirche in einem System mitzuwirken, das flächendeckende Abtreibungseinrichtungen und Millionen von Kindestötungen einplant und so – wie P.-L. Weinacht es trefflich formuliert – „Fleisch vom Fleische“ eines säkularen Staats zu werden?

„Rechtswidrig“ soll die Abtreibung zwar bleiben – womit sich manche trösten wollen –, aber: nachdem die Rechtswidrigkeit der Tat pflichtgemäß erklärt wurde, soll sie straffrei möglich werden – eine in der ganzen Welt noch nie dagewesene Perversion des Rechtsdenkens –, verschärft doch bisher überall die Einsicht in die Rechtswidrigkeit einer Tat die persönliche Verantwortung. Selbst Nichtjuristen sollte der in dieser „Lösung“ verborgene Zynismus in die Augen fallen: dem Kinde darf zwar das „Recht auf Leben“ nicht genommen werden, wohl aber das Leben selbst!

Ich versuche mich ungern als Prophet, aber wer die Zeichen der Zeit zu deuten versteht, darf wohl sicher sein, daß wir einmal für jeden Tag dankbar sein werden, den wir uns eher aus dieser Verstrickung gelöst haben.

In der Hoffnung auf den Herrn unterwegs zur Einheit*

Wir haben es gerade gehört: „Ich bin gekommen, um die Sünder zu berufen, nicht die Gerechten“[1]. Wie soll man das verstehen? Sollen die Gerechten, diese guten Menschen, außen vorbleiben? Das ist nur verständlich, wenn man weiß, daß es vor Gott nur Sünder gibt und keine Gerechten. Die, die sagen, sie hätten keine Sünde, die sich für gerecht halten – so sagt es uns schon Johannes in seinem ersten Brief –

---

[5] Pressemitteilungen der Deutschen Bischofskonferenz, Dokumentation, 10. Juni 1992, Nr. 6.

* Predigt am 1. Juli 1994 in der St. Petrus-Kirche in Dresden-Strehlen anläßlich des 92. Deutschen Katholikentags (Bischöfliche Pressestelle Fulda); Überschrift von den Bearb.; Textfassung leicht überarbeitet.

[1] Matthäus 9,13; Markus 2,17; Lukas 5,32.

„sie täuschen sich selbst, und die Wahrheit ist nicht in ihnen“[2]. Wer sich aber vor Gott als Sünder bekennt, dem wendet er sich zu, dem vergibt er all seine Sünden, den reinigt er von aller Schuld. Zu uns ist er gekommen, die er aus der Sünde emporhebt, zu Menschen, die wissen, daß sie immer wieder eng, klein und erbärmlich werden, und sich doch nach dem Großen, dem Ganzen, dem Heilen sehnen.

Uns wendet er sich zu, uns ist die Verheißung gegeben. Deshalb ist die allergrößte Gefahr nicht, daß man immer wieder einmal in Sünde fällt, sondern daß man die eigene Sünde, die eigene Erbärmlichkeit zur Norm erhebt und sagt: „Das ist richtig“. Solange wir aber erkennen, daß wir nicht das erreichen, was Gott von uns fordert, daß wir auf dem Weg sind, daß wir noch größer, noch heiliger, noch menschlicher und noch göttlicher werden können, solange hilft er uns, das ist seine Verheißung. Das ist unsere Hoffnung. Hoffnung, die ja schon im Glauben in die Gewißheit übergeht: Wer sich dem Herrn als armer Sünder im Bewußtsein der Schwäche und Erbärmlichkeit naht, dem hilft er auch, den führt er ins Reich, dem gelten alle Verheißungen des Herrn. In dieser Hoffnung sind wir unterwegs. Wer mit dieser Hoffnung auf den Herrn unterwegs ist, der ist unterwegs zur Einheit.

Das ist das Thema des Tages: Wir sind unterwegs zur Einheit. Wir sprechen viel von Einheit – Einheit in Deutschland. Wir haben gesehen, daß sie nicht mit einem Federstrich zu machen ist. Die Einheit der Herzen braucht viel mehr als ein Datum oder einen Vertrag.

Ich glaube, daß die Wiedervereinigung nirgendwo besser gelungen ist als bei unseren Streitkräften, als in der Bundeswehr. So schnell und wie selbstverständlich ist die Wiedervereinigung noch nicht einmal in den Kirchen gelungen, wo viele noch alte Wunden lecken. Die Opfer, die für diese Wiedervereinigung gebracht werden mußten, wurden nirgendwo so selbstverständlich angenommen und auf sich genommen wie bei der Bundeswehr: plötzliche Trennung vom eigenen Haus, der eigenen Familie, Wochenendehen oder andere Trennungen. Unterwegs zur Einheit im eigenen Land haben wir in unseren Soldaten ein Vorbild gesehen, wenn man bedenkt, wie viele Klagelieder in anderen gesellschaftlichen Gruppen angestimmt wurden. Es ist gut, daß da einmal ein Beispiel gegeben worden ist. Ich glaube, daß wir auch in Europa in den Soldaten und ihren Familien diejenigen haben, die in der Einheit im Geiste vorangehen. Das wird ja schon ganz deutlich auf der Internationalen Soldatenwallfahrt in Lourdes: Soldaten aus 25 Nationen, 20 000 Soldaten! Wer einmal erlebt hat, wie wir zusammenfinden, der wird das sobald nicht vergessen: Die verschiedenen Nationen, die verschiedenen Farben, die verschiedenen Hymnen – und doch ein Geist der Versöhnung und des Zusammengehörens. Wer das noch nicht erlebt hat, der soll zuschauen, daß er das möglichst bald einmal erlebt.

Einheit im eigenen Land, Einheit in Europa, Einheit in der Welt – damit wir nicht mehr länger eine Spaltung in die erste, zweite, dritte Welt haben. Einheit auch in der Kirche, unterwegs zur Einheit in der Kirche. Wir wissen, daß es da viele Stimmen, auch in diesen Tagen hier in Dresden gibt, von denen man sich nicht zur Einheit gerufen fühlt, sondern zu Widerspruch, manchmal zu maßlosem Wider-

[2] 1 Johannes 1,8.

spruch, zu Unbehagen an der Kirche. Unterwegs zur Einheit? Wie soll denn die Einheit in der Kirche aussehen? Christus trägt es uns auf, daß „ihr doch alle eins seid, wie ich und der Vater eins sind“[3]. So sehr sollen wir eins sein. Wie Jesus und der Vater eins sind, damit die Welt glaube. Wir sollen miteinander eins sein, damit unser Zeugnis glaubwürdig wirkt.

Wenn Sie sich einmal die Schlagzeilen und Berichte der sächsischen und deutschen Presse über den ersten Tag des Katholikentags ansehen, so ist das kein besonderes Zeugnis der Glaubwürdigkeit: „Katholiken kritisieren Vatikan“ steht da als Schlagzeile und ähnliches[4]. Wie soll denn die Einheit eigentlich aussehen? Ja, sagen einige, da kommt der Militärbischof angestiefelt, der stellt sich das so vor wie bei der Bundeswehr: „Alles hört auf mein Kommando, und jetzt ist alles eins, nun freut euch mal“. Das ist natürlich Unsinn. Es geht nicht um uniformierte Einheit. Als Beispiel kann man ein Orchester nehmen. Jeder spielt sein Instrument ganz verschieden, aber zusammen ergibt es Harmonie. Wenn jeder spielen wollte, wie es ihm gerade paßt, dann gäbe es keine Harmonie, sondern eine Kakophonie. Oder denken Sie an einen Chor. Da gibt es helle Stimmen, tiefe Bässe, ganz persönliche Stimmen – jeder singt natürlich mit seiner Stimme – aber zusammen ergibt es Symphonie, ergibt es das Lob Gottes. Das ist ein Bild für die Einheit. Es ist doch auch terminologisch Unsinn, wenn wir „zusammen“kommen, um uns „auseinander“zusetzen. Man muß sich einmal anschauen, welch große Unterschiede es in der Stimmungslage gibt. Es gibt ja auch hier auf dem Katholikentag wunderbare Gottesdienste. Gestern abend waren 3 000 beim Gotteslob; wir haben Besinnung, bei der Menschen zusammenkommen, gehalten; bei Gott werden sie miteinander eins. Vergleichen Sie mal die Stimmung bei einer Wallfahrt, wo Menschen zusammenkommen, mit der auf einem Theologenkongreß. Einheit in der Kirche finden wir, wenn wir auf Gott zugehen. Dann sind wir plötzlich auch unterwegs zur Einheit und zur Kirche. Die Kirche ist ja auch das pilgernde Volk Gottes. Zur Einheit mit Gott, das ist die Einheit, die wir eigentlich finden müßten. Einmal werden wir alle mit Gott eins sein, einmal fallen wir aus der Zeit in die Ewigkeit und in die Arme Gottes; dann können wir nicht mehr fliehen, uns entschuldigen und wegdrücken. Aber die Herausforderung, Gott zu begegnen, mit Gott eins zu werden, gilt uns ja schon jetzt, schon in dieser Stunde, jeden Tag unseres Lebens, so daß wir dann an dem Tag, an dem die Einheit perfekt wird, nicht sagen müssen: „Ach du lieber Himmel, nein, jetzt müßte ich doch eigentlich noch – halt, halt, halt!!!“, sondern daß wir sagen können: „Na endlich, wir sind doch unterwegs gewesen zur Einheit mit Gott“. In dieser Stunde, sagt er uns: „Wer mein Fleisch ißt und mein Blut trinkt, der bleibt in mir und ich in ihm, und den werde ich auferwecken am Jüngsten Tag“[5].

Liebe Schwestern und Brüder, laßt uns in dieser Stunde einen Schritt hin tun auf die Einheit mit unserem Gott, mit dem Gott, der mich geschaffen hat, mich ins Leben gerufen hat, mich gewollt hat, mich hierher geholt hat und auf mein Ja war-

---

[3] Johannes 17,21.

[4] Vgl. Sächsische Zeitung, Nr. 151, 1. Juli 1994, Titelblatt: Katholiken kritisieren den Vatikan. Streit um Frauen im Priesteramt – Tausende auf der Dresdner Kirchenmeile.

[5] Johannes 6,54.56.

tet. Und wenn ich mit ihm eins werde, wird mir die Einheit mit den Menschen, die Einheit mit dem Leben, die Ganzheit, das Heil geschenkt.

Feste feiern*

„Gaude Fulda – plaude Germania" heißt es in dem alten Hymnus: „Freue dich, Fulda – klatscht in die Hände in Deutschland!".

Wir haben uns einen Jubelmonat lang gefreut in Fulda und viele in Deutschland mit uns. Tausende von Gläubigen, den Dom überfüllend oder auf den sonnigen Domplatz ziehend, die Begegnungstage der Priester, Ordensleute und kirchlichen Mitarbeiter, das aktive Zeugnis der älteren Generation ebenso wie der strahlende Tag der Jugend unserer Schulen und schließlich die ermutigende Begegnung mit Frauen aus allen Teilen des Bistums im Dom und auf der Fuldaaue – die Bonifatiuswoche war wirklich eine Bistums-Symphonie. Im ganzen Bonifatiusmonat wurden ja Dom und Bischofshaus immer wieder vom Klang der Glocken und Lieder umbrandet, die kirchliche Feste oder die Ankunft weiterer Wallfahrten aus nah und fern ankündigten.

Unser Glaube kam wirklich zum Singen und Klingen, und man kann allen nur von Herzen danken, die mit ihren Stimmen zu der Offenbarung beigetragen haben, daß auch in unserer Zeit und in unserem Land in der Kirche Freude zu finden ist. Wie viele auswärtige Besucher haben uns bestätigt, daß ihre Tage in Fulda sie ermutigt und gestärkt haben. Gerade in einer Zeit, in der auch innerhalb der Kirche so viele Mißtöne vernehmbar werden, sollten wir immer wieder zu den Quellen der Gnade, der Kraft, des Friedens und der Freude finden, die Gott in seinem Heiligtum für uns strömen läßt.

Quellen der Gnade: „Wohin dieser Strom kommt, bleibt alles am Leben"[1].

Quellen der Kraft: „Mit dir erstürme ich Wälle, mit meinem Gott überspringe ich Mauern!"[2].

Quellen des Friedens: „Euer Herz zage nicht. Im Hause meines Vaters gibt es viele Wohnungen ... und ich gehe, euch einen Platz zu bereiten"[3].

Quellen der Freude: „Wie freute ich mich, als man mir sagte, zum Haus des Herrn wollen wir pilgern"[4].

Ja, das wollen wir auch weiterhin: in Treue im Hause des Herrn bleiben, die Feste des Herrn feiern, uns selbst zum Glück und der Welt ein Zeichen.

---

* Das Wort des Bischofs: Feste feiern, in: Bonifatiusbote, Nr. 27, 3. Juli 1994.

[1] Ezechiel 47,9.

[2] Psalm 18(17),30.

[3] Johannes 14,1–3.

[4] Psalm 122(121),1.

Unverschämt katholisch*

Ist heute die politische Situation ähnlich günstig für die Kirche wie zur Zeit des heiligen Bonifatius?

Ganz im Gegenteil! Das Wirken des Bonifatius, der Aufbau des Christentums, wurde von der Politik der fränkischen Hausmeier in jeder Weise unterstützt. Heute sind die politischen Bedingungen für unsere Kirche dagegen immer widriger geworden. Angefangen hat das mit der sozial-liberalen Gesetzgebung, der Fortführung der Säkularisierung im Straf- und im Familienrecht. Man hat sich immer weiter von christlichen Wertvorstellungen gelöst. Heute haben wir es mit einem Staat zu tun, der christliche Werte weithin nicht mehr absichert. Das muß er ja auch nicht – nur wird die Aufgabe der Kirche dadurch natürlich schwerer.

Bonifatius hat die Donareiche gefällt, um dem Christentum den Weg zu bereiten. Wo stehen diese Eichen heute?

Es wäre relativ einfach, wenn wir jetzt drastisch eine Donareiche fällen könnten. Wir haben es heute schwieriger. Denn wir haben es heute mit einem Dickicht zu tun. Einem Dickicht mit Unterholz, das Wege versperrt und überwuchert. Dieses Dickicht ist weitgehend innerkirchlich. Wir haben viel zu viel an Apparat, an Strukturen, an Funktionen. Unsere Kirche ist kein David mehr, sondern ein Goliath mit einer riesigen Rüstung. Wie wird man dazu? Dadurch, daß man immer mehr Geld und immer weniger Mut hat.

Mut – wozu?

Die Botschaft Christi in diese Gesellschaft zu tragen, wirklich Evangelium zu verkünden. Heute findet innerkirchlich die Auseinandersetzung um die Reform der Kirche statt. Daß sie sich ändern muß, das ist klar. Aber nach der Auffassung vieler sollte die Kirche im Sinne der Menschen reformiert werden, also „menschlicher" werden, sich der neuen Zeit anpassen. Wenn wir von der Reform der Kirche sprechen, so heißt das, sie muß nicht Welt-ähnlicher, sondern Christus-ähnlicher werden. In der Kirche gibt es keine Volksherrschaft. Annahme des Willens Gottes konstituiert Kirche, nicht irgendeine Versammlung. Man muß den Mut haben, das zu klären und zu erklären.

Wirken Worte nichts?

Wichtig ist das Beispiel. Man kann durch Worte oder durch Vorbilder erziehen. Die Fachleute sind sich einig: Beispiel ist effizienter. Im Bistum Fulda gibt es viel mehr Eltern, die ihre Kinder in unsere katholischen Schulen schicken wollen, als Eltern, die selbst katholisch leben wollen. Das ist Erziehung durch Worte. Es ist ein großer Unterschied, ob man Wegweiser ist, der stehenbleibt, oder ob man den Weg vorangeht. Wegweiser haben wir auch in der Politik massenhaft. Aber wirklich glaubhafte Vorbilder sind von der Politik bis hin zur Kirche Mangelware.

---

* Weltbild, Nr. 15, 8. Juli 1994, S. 26 f.: „Immer reicher, immer weniger Mut" (Interview: Klaus Kreitmeir). – Überschrift von den Bearb.

Zurück zu Goliath. Was stört Sie daran?

Die Rüstung hat Goliath gehindert, auf die einfache Herausforderung des David angemessen zu reagieren. So behindern uns heute der ganze Apparat, die unzähligen Kommissionen, die Papierflut und auch die Verbandsstrukturen. Zum Beispiel in der Jugendarbeit. Da haben wir heute einen alten Apparat, der uns Millionen kostet und eigentlich nur heiße Luft produziert. Wir haben andererseits neue Aufbrüche bei Jugendlichen – die werden nicht zur Kenntnis genommen. Viele dieser Strukturen haben sich völlig gewandelt. In den fünfziger Jahren waren BDKJ und andere Verbände Bollwerke des Glaubens. Heute befinden sich die Bundesebenen vieler Verbände in offener Gegnerschaft zur verfaßten Kirche und wirken so innerkirchlich eher zersetzend. Wenn Sie einmal die Verbandszeitschriften zur Hand nehmen, klaffen da die redaktionelle Linie und die Leserbriefe oft meilenweit auseinander; denn „Basis stimmt, Spitze spinnt" erklärte mir das eine unserer engagiertesten Frauen.

Warum ist die Kirche so dezent, so leise in ihrer Verkündigung?

Die Kirche hat eine riesige Botschaft: das Heil, das endlose Glück des Menschen. Deswegen sollte sie nicht dastehen, als würde sie alte Semmeln verkaufen. Sie muß mit mehr Selbstbewußtsein auftreten. Sie sollte unverschämt katholisch sein. „Unverschämt" ist hier nicht als Gegenteil von höflich zu verstehen, sondern von „verschämt". Wir sind zu verschämt katholisch. Dazu haben wir nicht den geringsten Grund.

Genügt es, wenn Kirche nur bewahrt, eindämmt?

Das Zeitalter der Defensive ist vorüber. Wir müssen in die Offensive. Wir müssen neue Feuer anzünden. Bis vor ein oder zwei Jahrzehnten konnte man sich noch der Meinung hingeben, man könnte durch Dämme etwas bewirken. Heute sind die Dämme völlig niedergewalzt. Die Schlammflut dringt heute in alle Wohnzimmer ein.

Welche Chance hat die Kirche im Osten?

Natürlich hat sie eine Chance. Es fragt sich nur, ob wir mit der jetzigen Ausrüstung der Kirche in der Lage sind, diese Chance wahrzunehmen. Heiden sind, so hat der PDS-Mann Gysi gesagt, Menschen, zu denen Gott noch nicht gekommen ist. Da liegt die Chance. Wir müssen hingehen! Aber die Kirche repräsentiert sich sehr schwach, wenn sie hauptsächlich damit beschäftigt ist, die Wunden der Vergangenheit zu lecken.

Die Windel und die Schöpfung*

Focus: Sie haben beide keine Kinder. Wer pflegt Sie eigentlich im Alter.

Da habe ich keine allzu große Sorge. Wir haben Schwestern in der Kirche ...

Schwarzer: Die Brüder lassen sich von den Schwestern pflegen. Wer pflegt denn da die Schwestern?

Die Brüder natürlich.

Schwarzer: Die Frage unterstellt, daß Menschen mit Kindern den Anspruch haben, im Alter von ihren Kindern gepflegt zu werden. Ich halte es nicht für redlich, mit einem solchen Kalkül Kinder zu kriegen.

Ob eigene Kinder oder nicht – wenn aber überhaupt keine Kinder mehr in ausreichender Zahl nachkommen, stellt sich schon die Frage, wer will Pflege beanspruchen, wenn ihm vorher die nachwachsende Generation völlig schnuppe war?

Schwarzer: In einer Welt, die unter Überbevölkerung leidet, mache ich mir um die Kinderzahl erst mal keine Sorgen, denn für mich muß der Mensch nicht weißer Hautfarbe und in Deutschland geboren sein. Aber wenn wir darüber reden, warum immer weniger Kinder zur Welt kommen, dann kommen wir sehr schnell zur sogenannten Frauenfrage. Das hat etwas zu tun mit ihrem wachsenden Selbstbewußtsein und der Entschlossenheit, nicht unter allen Bedingungen Mutter sein zu wollen. Wer also mehr Kinder haben will, muß die Bedingungen ändern. Die Väter müssen die Elternschaft stärker mittragen, müssen mütterlicher werden, und die Gesellschaft muß es mittragen. Die Mütter sind zu alleine.

Focus: Und staatliche Unterstützung?

Schwarzer: Der Staat fördert die Ehe mit dem Steuersplitting, das er sich 30 Milliarden Mark pro Jahr kosten läßt. Es spielt keine Rolle, ob in dieser Ehe Kinder sind. Finden Sie das eigentlich richtig?

Da haben wir auch unsere Bedenken. Wir sind dafür, daß sich dieses Ehegattensplitting stärker auf Ehen mit Kindern konzentrieren soll.

Schwarzer: Würden Sie auch Mütter und Väter mit Kindern unabhängig von der Ehe staatlich unterstützen?

Ja, es kommt in erster Linie auf die Kinder an. Aber damit gehe ich nicht von dem Idealfall der integren Vollfamilie ab. Das ist für uns: Vater und Mutter mit Kindern, die Eltern in erster Ehe verheiratet.

Schwarzer: Integer? Sie reden von Ihrem Ideal statt von der Realität. Familie, das ist für mich ein Verbund von einem oder mehreren Erwachsenen mit zu versorgenden Menschen: Kindern oder Alten. Das kann die traditionelle Familie sein, es können auch zwei Frauen oder zwei Männer mit Kindern oder mit Alten sein.

---

* Focus, Nr. 33, 15. August 1994, S. 48–51: Die Windel und die Schöpfung. Die bekannteste Feministin und der konservativste Bischof Deutschlands im Disput: Alice Schwarzer contra Johannes Dyba (Interview: Stefan Reker und Henning Krumrey).

Ich verschließe ja die Augen nicht vor der Realität. Aber das ist eben nicht richtig, das führt zu Dekadenzerscheinungen und zur Degeneration. Anomales wird als normal erklärt und Normales in Frage gestellt.

Schwarzer: Was ist denn normal?

Normal ist eine Familie mit Vater, Mutter und Kindern. Und anomal ist es, wenn ein paar Lesben oder Schwule sich künstlich Kinder machen oder adoptieren wollen.

Schwarzer: Wenn Sie wirklich mehr Kinder wollen, müssen Sie einfach mütterfreundlicher werden. Denn meine Kernthese ist: Die Familie verändert sich, weil die Frauen nicht mehr so mitspielen wie bisher.

Das veränderte Verhalten der Frauen bringt natürlich Probleme mit sich. Wir müssen den gerechtfertigten Wunsch der Frau nach einer Verwirklichung auch im Beruf mit den Ansprüchen der Familie in Einklang bringen. Aber wir dürfen Beruf nicht mit Erwerbsarbeit verwechseln. Mutter zu sein ist der höchste Beruf. Eine Frauenzeitschrift zeigte eine Frau und fünf Kinder, darunter stand: „Traumberuf Heilpädagogin". Wenn das ihre eigenen Kinder gewesen wären, dann hätte da gestanden: Diese arme, an Herd und Haus gekettete Frau. Der Unterschied ist nur die Lohnsteuerkarte. Also müssen Frauen, die ihre Kinder erziehen, von der Gesellschaft ganz anders gestellt werden.

Schwarzer: Sollen die alle ein Gehalt bekommen?

Ob Sie das nun Gehalt nennen, ob Sie es bei den Steuern berücksichtigen, ist egal. Es hat ja auch eine Reihe von Verbesserungen gegeben, aber das ist mir alles zu punktuell und zu wenig. Da muß sich grundsätzlich etwas ändern. Man darf die Förderung der Familien nicht unter Soziallasten abbuchen, sondern unter Investitionen in unsere Zukunft. Wenn wir keine Familien haben, ist unsere Zukunft Degeneration und Völkerwanderung; die Zukunft derjenigen, die hier siedeln werden, wenn wir aussterben.

Schwarzer: Das hat uns immer ganz gutgetan, daß die Völker ein bißchen gemischt werden. Ich bin mit Ihnen einig, daß es eine größere staatliche Förderung für die Erziehung von Kindern braucht. Und die Männer müssen ihre Hälfte übernehmen. Die heutigen Mütter haben zu fast 100 Prozent nicht die Absicht, auf ein Leben im Beruf und in der Welt zu verzichten. Stellen Sie sich mal vor, Ihre brillante Karriere wäre 20 Jahre lang unterbrochen worden. Da wären Sie jetzt nicht Erzbischof, dann würden Sie irgendwo in einer kleinen Pfarrei Ihre Schäfchen hüten.

Ja, wie soll denn die Familie und das Aufwachsen der Kinder erfolgen, wenn Sie die Mütter da rausnehmen wollen? Soll das der Staat machen, wie es in der DDR war?

Schwarzer: Frauen haben zwar eine Gebärmutter, aber wenn das Kind dann auf der Welt ist, meine ich, daß Männerhände genausogut Windeln waschen, kochen und trösten können wie Frauenhände.

Aber ob das Kind an der Vaterbrust dasselbe findet wie an der Mutterbrust?

Schwarzer: Die Mutterbrust wird immer dann rausgeholt, wenn die Frauen wieder zurückgedrängt werden sollen ins Haus. Das war schon nach dem Zweiten Weltkrieg so.

Sie müssen doch die Natur annehmen. Sie rebellieren noch immer gegen den Gebärzwang, dagegen, daß nun mal Frauen die Kinder kriegen. Damit müssen Sie sich abfinden, das ist die Schöpfungsordnung.

Schwarzer: Das ist eine bekannte Tatsache. Aber Windeln waschen ist nicht Teil der Schöpfungsordnung, das ist Arbeit, und die können Männerhände genauso.

Wie viele Windeln haben Sie denn gewaschen?

Schwarzer: So wenige wie Sie. Aber wir könnten das doch beide.

Focus: Hat der Feminismus dazu geführt, daß die Familienfrau sich wie der Trottel der Gesellschaft fühlen muß?

Schwarzer: Ganz im Gegenteil. Wir sind ja die ersten gewesen, die gesagt haben, wieviel eine Hausfrau und Mutter täglich wirklich arbeitet.

Die fehlende gesellschaftliche Anerkennung der Familienleistung ist ein Konstruktionsfehler unserer Gesellschaft. Das muß sich grundlegend ändern.

Schwarzer: Es gibt heute eine immer breiter werdende Minderheit von wirklich partnerschaftlich lebenden Männern und Frauen, denen es oft von der Gesellschaft schwer gemacht wird – und von den meisten Ihrer Glaubensbrüder auch. Wenn ein Mann mal zu Hause bleibt, wird er verhöhnt. Wir brauchen da neue Werte.

Familie ist für mich Biotop für Menschenkinder und Lernort des Lebens. Damit ist sie Fundament der Gesellschaft. Die verhaltensgestörten Jugendlichen kommen zu einem weit überproportionalen Anteil aus zerstörten ehelichen Verhältnissen. Diese Kinder, die von der Gesellschaft in Jugendheime übernommen werden, kosten 6 000 Mark im Monat. Eine Familie hat für ein Kind im Schnitt 800 Mark zur Verfügung, wenn's hoch kommt. Für Kinder, die aus Familien rausfallen und verhaltensgestört der Gesellschaft zur Last fallen bis hin zur Kriminalität, zahlen wir fast das Zehnfache.

Schwarzer: Genau: Biotop für Menschenkinder. Realität ist doch, daß die meisten dieser randalierenden Jungs aus Familien kommen, wo sie schon Väter sehen, die es gewohnt sind, zuschlagen zu können, weil Mütter zu schwach sind, sich zu wehren. Darum ist es so wichtig, daß in der Familie Kinder sowohl Vater wie Mutter ernst nehmen können und von beiden Liebe und Fürsorge bekommen. Nichts schützt heutzutage ein Kind mehr ...

... als Liebe und Treue der Eltern ...

Schwarzer: ... als eine starke Mutter, die nicht frustriert ist ...

... und die keine Windeln wäscht?

Schwarzer: ... die nicht ihr verhindertes Leben in Kindern und Ehemann ausleben muß, die auch würdig und stolz und souverän genug ist, daß kein Mann darauf kommt, sie zu schlagen oder gar die Kinder zu mißbrauchen.

Weshalb sind die Familien derartig benachteiligt? Das hängt doch auch daran, daß sie eben keine Lobby haben. Richtig politisch relevant werden die Familien erst, wenn wir ein Familienwahlrecht hätten. Für jeden Menschen eine Stimme.

Schwarzer: Das finde ich absurd. Also ein Mann, der zwölf Kinder zeugt, egal wer die versorgt, der hat dann zwölf Stimmen? Das ist ja wie im Fundamentalismus, wo der Familienvater alleine wählen geht.

Unfug. Jeder Mensch sollte eine Stimme haben, auch das Kind; ausgeübt durch die Erziehungsberechtigten.

Focus: Was muß denn nun konkret passieren, um die Familien zu stärken.

Schwarzer: Zum einen braucht es unbedingt gesellschaftliche Hilfe. Jedem Kind steht ein Krippen- oder Kindergartenplatz zu. Es ist wichtig, daß ein Kind auch anderen Kindern begegnet. Und dann sollte ein Kindergehalt gezahlt werden, eine erkleckliche Summe, worüber die Person verfügen kann, die das Kind erzieht.

Wir müssen die Förderung der Familien so einrichten, daß sie nicht zur Armut verurteilt sind, wenn sie sich für Kinder entscheiden. Der Entschluß zu Ehe und zu Kindern muß natürlich Privatsache bleiben. Aber eine Erzieherin eigener Kinder darf nicht schlechter gestellt werden als die Erzieherin fremder Kinder. Das ist nicht nur eine materielle Frage, sondern auch eine Frage der gesellschaftlichen Anerkennung.

Nicht davonlaufen*

Das Evangelium, das wir gehört haben, führt uns an einen kritischen Punkt im Leben und Wirken Jesu. Da sagten viele: „Diese Reden sind ja unerträglich“[1], wandten sich ab und folgten ihm nicht mehr. Was tat Jesus? Hat er gesagt: „Wartet mal, vielleicht kann ich das auch noch etwas sanfter, offener oder weltnäher sagen?“. Jesus wendet sich an die Zwölf, die noch da sind, und fragt sie: „Wollt auch ihr gehen?“[2]. Und dann haben wir die Antwort des Petrus: „Herr, wohin sollen wir gehen? Du hast Worte des ewigen Lebens“[3].

Gibt es eine Stelle im Evangelium, die aktueller ist, die mehr in unsere Zeit paßt, als die, wo die Leute dem Herrn sagen: „Deine Worte sind hart, ja unerträglich“? Die sagen doch praktisch: „Das ist ja zum Davonlaufen!“ Und das hören wir ja heute noch ziemlich oft. Wie viele sagen: „Das ist ja zum Davonlaufen in dieser Kirche, bei diesem Papst, diesem Bischof – oder auch jenem“. Auch die Pfarrer

---

* Predigt am 10. September 1994 im Dom zu Fulda für das Forum des Katholikenrates (Bischöfliche Pressestelle Fulda); Überschrift von den Bearb.; Textfassung leicht überarbeitet.

[1] Johannes 6,60.

[2] Johannes 6,67.

[3] Johannes 6,68.

bekommen was ab, das ganze „Bodenpersonal". Wie oft hören wir: „Das ist ja zum Davonlaufen!"

Aber nicht nur in der Kirche. Schauen wir einmal in die Schulen: Wie viele Schüler und Schülerinnen finden es zum Davonlaufen. Diese ganze öde Paukerei, dieser Leistungsdruck – zum Davonlaufen! Fragen Sie einmal die Lehrer, wie viele da am liebsten davonlaufen möchten und sagen: „Das ist ja wirklich nicht mehr, wie wir uns das vorgestellt hatten, das ist ja zum Davonlaufen!".

Und schauen Sie in die Ehen, wie viele finden es da zum Davonlaufen. „Dieser Kerl, das ist ja zum Davonlaufen!" „Diese Nervensäge, das ist ja nicht mehr erträglich!" Viele laufen auch davon – ein Drittel der Ehen wird geschieden.

Zum Davonlaufen – denken wir einmal an die Politik. Wie oft ist es da zum Davonlaufen. Aber was ist denn die Alternative? Was nützt denn das Davonlaufen? Das bringt nur die Kräfte der Unordnung an die Macht. Es gibt keine Alternative als die Wahlurne, wenn wir dem Guten und Vernünftigen Kraft verschaffen wollen.

Davonlaufen nützt gar nichts. Davonlaufen in der Ehe – das kann man zweimal, dreimal. Dann wird es aber ziemlich einsam. Lohnt es sich nicht doch, um das Glück der Familie, der Kinder, des Gatten zu kämpfen?

Aus der Schule kann man natürlich davonlaufen. Aber wohin denn? In die Bildungslosigkeit – ohne Erziehung, ohne Examen? Wie oft geht der Weg auf die Straße oder in die Drogenszene. Lohnt es sich nicht, die Herausforderung anzunehmen und durchzuhalten?

Und so ist es auch in der Kirche. Die, die davonlaufen aus der einen Kirche, die finden wir dann oft wieder in einer der tausend Ersatzkirchen. Irgendwo bleiben sie, wo es meist schnell dunkel wird. Über sie sagt die Schrift: „Den Quell lebendigen Wassers habt ihr verlassen, um euch Zisternen zu graben, Zisternen, die Risse haben und das Wasser nicht halten"[4]. Ja wirklich: Wer aus der Kirche davonläuft, der läuft weg vom Meer, um dann irgendwelche Schlammpfützen zu suchen.

Davonlaufen – der erste Apostel, der davongelaufen ist, war Judas. Überlegen wir einmal: Fast drei Jahre hat er in der Jüngerschaft Jesu ausgehalten. Dann ist er davongelaufen. Das hat er keine drei Tage mehr ausgehalten, sondern er ging und erhängte sich an einem Stricke. Petrus hat gesagt: „Wohin sollen wir denn gehen? Du hast Worte ewigen Lebens".

Eben haben wir in der Lesung gehört, wie Naaman, der Syrer, beinahe davongelaufen wäre, weil ihm etwas nicht paßte[5]. Zum Propheten gerufen, – der ihm sagt, was er tun soll – wird er zornig: „Ich dachte, das wäre ganz anders, er würde herauskommen und mich begrüßen und mir die Hand auflegen. Das ist ja gar nicht, wie ich mir das dachte – zum Davonlaufen! Der Weg zum Heil – nicht so, wie ich ihn mir vorgestellt habe". Wie froh wird Naaman gewesen sein, daß er doch nicht davongelaufen ist. Er fand sich geheilt wieder. Geheilt, gerettet und glücklich – weil er nicht davongelaufen war!

Wir, liebe Schwestern und Brüder, werden einmal genauso froh sein, daß wir nicht davongelaufen sind. Wenn wir uns heute hier versammeln, dann weil wir die

---

[4] Jeremia 2,13.
[5] Vgl. 2 Könige 5.

sind, die nicht davonlaufen wollen. Deshalb sind wir hier. Wir wollen nicht davonlaufen. Nicht aus der Kirche, nicht aus den Familien, auch nicht aus unserer politischen Verantwortung. Denn wir wissen, daß es zu Gott keine Alternative gibt, weil es keine Alternative gibt zur Wirklichkeit.

Natürlich können wir zeit unseres Lebens davonlaufen. Wir können fliehen vor der Wirklichkeit – in den Rausch, in den Taumel, in den Luxus. Aber einmal holt die Wirklichkeit uns ein. Wenn Gottes Ewigkeit einbricht in unsere Zeit, dann kann keiner mehr davonlaufen. Und so sehen wir beim Abendmahl die Apostel, die nicht davongelaufen sind. Und an Pfingsten die Gläubigen, die nicht davongelaufen sind. Und am Jüngsten Tag wollen wir einmal die sein, die nicht davongelaufen sind, sondern ausgeharrt haben, auch wenn es manchmal schwer wurde, auch wenn es manchmal zum Davonlaufen war.

Wie froh werden wir sein, daß wir dageblieben sind! Denn unsere Zukunft, liebe Brüder und Schwestern, ist ja nicht das Rentenalter. Unsere Zukunft ist die Ewigkeit! „Vater", hat Jesus Christus, unser Herr, gesagt, „ich will, daß alle, die du mir gegeben hast, dort bei mir sind, wo ich bin: in der Herrlichkeit, die du mir gegeben hast"[6]. Daß wir das doch einmal erkennen, worauf es eigentlich ankommt! Nicht auf die Sicherung irgendwelcher Positionen hier auf Erden. „Denn die Welt mit ihren Begierden vergeht. Wer aber den Willen Gottes tut, bleibt in Ewigkeit!"[7].

Meine Lieben, es gibt den einen Weg, der zu Gott führt, und es gibt tausend Wege zum Davonlaufen. Petrus hat für die Gläubigen aller Zeiten die Antwort gegeben: „Herr, wohin sollen wir gehen? Du hast Worte des ewigen Lebens".

Wir sind heute zusammengekommen, um diese seine Worte zu finden. Seine Worte führen ins Leben. Wir wollen sie leben in der frohen Gewißheit, Kinder Gottes zu sein, gemeinsam aber sein heiliges Volk, Volk Gottes in dieser Zeit, in unserem Land.

Von Kakteen und Mimosen*

Herr Erzbischof, wie sehen Sie im Rückblick auf den Katholikentag in Dresden Ihren Streit mit dem Zentralkomitee der Katholiken?

Mit dem ZdK hatte ich keinen Streit. Da gibt es sehr verdienstvolle ehrenamtliche Laien, die ich überhaupt nicht angegriffen habe. Ich habe einzelne Autoren des Dialogpapiers kritisiert[1]. Den Vogel schießt natürlich immer Werner Remmers ab. Wenn Sie Herrn Remmers kritisieren, dann grenzen Sie den deutschen Laienkatholizismus aus. Ich stehe gern zu allem, was ich wirklich gesagt habe.

---

[6] Johannes 17,24.

[7] 1 Johannes 2,17.

* Kirchenbote. Wochenzeitung für das Bistum Osnabrück, Nr. 36, 11. September 1994: Von Kakteen und Mimosen (Interview: Gerrit Schulte).

[1] Besonders scharf attackiert hatte Erzbischof Dyba das „Dialogpapier" des ZdK auf einer Forumsveranstaltung des 92. Deutschen Katholikentags in Dresden am 30. Juni 1994.

Haben Sie nicht doch durch Formulierungen wie „Funktionärswehwehchen“ die Gesprächspartner verletzt?

Damit habe ich sie nicht verletzt. Damit hat die Pressestelle des ZdK sie verletzt. Leute, die im Geben Kakteen sind, sollten im Nehmen nicht Mimosen sein. Die sogenannte Beleidigung kam erst dadurch zustande, daß am nächsten Tag die Pressestelle des ZdK ihre Version, in der nochmals meine Worte verschärft und verallgemeinert wurden, allen Journalisten ins Fach gesteckt hat[2].

Wo wurde verschärft?

Zum Beispiel durch Pauschalisierung. Ich habe nie das ZdK, sondern einzelne Verfasser des Dialogpapiers aufs Korn genommen. Vom ZdK hat ein großer Teil das Papier nie gelesen.

Sie stehen also zu allem, was Sie gesagt haben?

Natürlich kann man hinterher sagen, man hätte manches in der Hitze des Gefechtes nicht so scharf auszuformulieren brauchen. Aber dasselbe gilt natürlich auch für das Dialogpapier. Und das war ja keine Live-Diskussion.

Werner Remmers hat demokratiegemäßere Formen des Miteinanders in der Kirche gefordert. Er plädiert zum Beispiel für die Einrichtung von Schiedsstellen in der Kirche. Brauchen wir das?

Herr Remmers ist immer für möglichst große Projekte. Ich glaube nicht, daß wir mehr Bürokratie und mehr Apparat in der Kirche brauchen. Wir sind eine Familie, und wir sollten Auseinandersetzungen in der Familie als gute Christen beilegen. Verwaltungsgerichtsbarkeit ist nicht die Priorität in der Kirche. Bekehrung ist die Priorität. Wir hatten noch nie soviel Organisation, soviel Bürokratie und so wenig Begeisterung in der Kirche. Wir brauchen mehr Geist und weniger Apparat. Demokratie heißt Volksherrschaft, und die findet in der Kirche nicht statt. Hier entscheidet nicht die Mehrheit, sondern die von Gott geoffenbarte Wahrheit.

Weniger Apparat, was heißt das konkret? Strukturen schlanker machen?

Die grundlegenden Strukturen sind von ihrem Stifter festgelegt. Das Wesensfundament der Kirche darf nicht angetastet werden. Die Kirche hat überlebt, weil sie eben nicht nach politisch-gesellschaftlichen Kategorien organisiert ist – weil sie kein Verein ist, sondern die Kirche Gottes auf dem Felsen Petri.

Zurückschrauben also im gesellschaftspolitischen, sozialpolitischen Bereich?

Solange wir Menschen haben, die dort Christliches vermitteln können, sollten wir großzügig weiterarbeiten. In dem Moment, wo wir aus Mangel an christlich gesinnten Mitarbeitern das alles in dieser Größe nicht mehr aufrecht erhalten können, sollten wir zurückgehen. Es geht nicht um die Größe. Wir müssen den Mut haben, da zurückzunehmen, wo wir nicht mehr die Leute haben, die überzeugend diese Dienste ausüben können.

---

[2] Bericht der Nachrichtenredaktion des 92. Deutschen Katholikentags Dresden 1994, Nr. 358. Vgl. auch ZdK-Mitteilungen Nr. 420/90, 9. September 1994.

Muß die Kirche in einer kirchenfernen Gesellschaft auf die Fernstehenden zugehen?

Wie haben Jesus Christus und die Apostel das gemacht? Da wurde ein Zeichen gesetzt. Und wo die Leute merkten, da ist Botschaft, da ist Wahrheit, da ist Vollmacht, sind sie in Scharen gekommen. Viele meinen heute, sie müßten mit lechzender Zunge die Ränder entlanghetzen. Da habe ich meine Bedenken. Der Auftrag des Konzils lautet, daß wir die Welt mit christlichem Geist erfüllen und nicht, daß wir die Kirche mit weltlichem Geist erfüllen.

Wie sehen Sie den Brief[3] der Jugendseelsorger der Orden zur Sexualität?

Wir bitten in jeder Heiligen Messe darum: „Bewahre uns vor Verwirrung und Sünde“. Diese Jugendseelsorger bräuchten zunächst einmal selbst Seelsorger. Sie sind denkbar ungeeignet, um die Jugend wieder an Christus heranzuführen. Sie sind geeignet, sie an den Zeitgeist heranzuführen. Über manche Dinge und deren Auswirkungen kann man sicher sprechen. Aber wenn diese Jugendseelsorger praktizierte Homosexualität als eine Option für die Jugend verkünden, dann hat man hier Böcke zu Gärtnern gemacht. Typisch für diesen Brief ist seine Veröffentlichung, bevor ein Gespräch überhaupt gesucht wurde. Ein weiterer Versuch, die Bischöfe zu pressen und zu erpressen. Ein offener Brief ist eine Art des Dialogs, die wir zurückweisen müssen.

Die Kirche darf sich nicht totdiskutieren*

Herr Erzbischof, ein Schlager heißt: „Mit 66 Jahren, da fängt das Leben an“. Haben Sie sich für die Zeit nach Ihrem 65. Geburtstag ähnliches vorgenommen?

65 bedeutet für einen Bischof keine Zäsur. Es ist ein relativ unbedeutendes Datum. Es ist ein Tag, an dem wir danken und feiern. Dann geht es weiter wie bisher.

Mit neuen oder anderen Akzenten?

Es gibt natürlich besondere Schwerpunkte. Einer der Schwerpunkte für uns hier wird der Priesternachwuchs sein. Das ist natürlich ein Problem. Aber es kann nicht isoliert gesehen werden, sondern hat zu tun mit der Situation in Gemeinden und Familien. Wir müssen wieder zu den Quellen der Freude kommen und uns nicht totdiskutieren. Ich sehe für die nächsten Jahre einen Hauptprogrammpunkt darin, daß wir wieder zu einer Kirche werden, in der zu leben Freude macht.

---

[3] Offener Brief der „Arbeitgemeinschaft Jugendpastoral der Orden“ (AGJPO) an die Deutsche Bischofskonferenz, die Ordensobern und Ordensoberinnen in Deutschland (zu Fragen der Sexualität, insbesondere zu Empfängnisverhütung, nichtehelichen Lebensgemeinschaften und Homosexualität); Erklärung der AGJPO: Unsere Option für die Jugend am Beispiel der Sexualität, Juli 1994. Vgl. dazu Antonia Leugers, Interessenpolitik und Solidarität. 100 Jahre Superioren-Konferenz – Vereinigung Deutscher Ordensobern, Frankfurt a. M. 1999, S. 354 f.

* Die neue Bildpost, Nr. 38, 18. September 1994: Die Kirche darf sich nicht totdiskutieren (Interview: Matthias Nückel).

Nun ist die Kirche in einer schwierigen Situation. Was sind die Grundvoraussetzungen, um die Kirche sicher ins nächste Jahrtausend zu führen?

Die Grundvoraussetzung ist das Festhalten am Glauben und der Einheit. So wie die Gemeinden früher beim Brotbrechen und durch die Lehre der Apostel eins waren, so dürfen wir uns heute nicht die sakramentale Einheit und die Einheit der Lehre zerreißen lassen.

Gerade bei der Lehre gibt es immer Widersprüche, wenn man etwa die Aussagen des BDKJ, der kfd oder anderer sieht. Alle meinen offenbar, sie hätten die reine Lehre ...

Die haben natürlich nicht die reine Lehre. Sie kommen mit Anfragen, die oft von großer Ignoranz und einem Fehlen des wahren Kirchenbildes zeugen. In Richtung BDKJ werden wir in puncto Lehre sehr deutlich werden müssen. Das werden die Bischöfe auch tun.

Eine große Sorge der Kirche sind die vielen Nicht-Gläubigen und die Gleichgültigen. Wie kann man diese Menschen missionieren oder neu missionieren?

Ich glaube, man kann die Menschen nur persönlich erreichen. Ich habe eine gewisse Skepsis gegen den Einsatz von Werbemitteln auf breiter Front. Der Glaube ist nur von Person zu Person, von Herz zu Herz, von Mund zu Mund zu vermitteln. Man muß nicht Mittel einsetzen, sondern Menschen. Wirkliche Christen habe ich nur gefunden, wenn sie bekehrt waren durch die Begegnung mit anderen überzeugten Christen.

Aber Sie haben eben von der geringer werdenden Zahl der Priester gesprochen. Wird hier nicht das Problem der Kirche deutlich, einerseits Menschen zu verlieren, andererseits missionieren zu wollen?

An diesem Punkt müssen wir mit unserer Arbeit ansetzen. Es ist natürlich besser, einen überzeugten und guten Christen zu haben und einzusetzen, als zu sagen, den haben wir nicht, also bezahlen wir drei weniger gute. Sicher ist dies ein Problem, aber wir müssen mit den Menschen, die wir haben, die Neuevangelisierung beginnen. Dazu gehören natürlich auch die Priester. Sie müssen sich persönlich um die Menschen kümmern, die für den Nachwuchs infrage kommen und nicht nur den Mangel beklagen. Die Antwort auf den Priestermangel hat uns Jesus schon gesagt: „Bittet den Herrn der Ernte, daß er Arbeiter in seine Ernte sendet“[1]. Und er wird diese Bitte auch erhören. Er hat nicht gesagt, sucht Ersatz oder ihr habt Geld genug, leistet euch mal etwas. Der Ausweg aus dem Priestermangel sind Gebet und Überzeugung und nicht die Suche nach Ersatzlösungen.

Nun gibt es auch in der Kirche den Pluralismus der Gesellschaft. In Fragen der Sexuallehre oder auch des Frauenpriestertums klaffen die Meinungen weit auseinander. Wie kann die Kirche hier zur Einheit zurückfinden?

[1] Matthäus 9,38; Lukas 10,2.

Indem man als erstes unterscheidet, welches die wesentlichen Grundfragen des Glaubens sind, und welches zweit- oder drittrangige Fragen der Organisation. Hier gibt es einen alten kirchlichen Grundsatz: in necessariis unitas, in dubiis libertas, in omnibus caritas. Das heißt: im Notwendigen Einheit, im Zweifel Freiheit und in allem Liebe. Da ist uns die Übersicht wohl etwas abhanden gekommen, und deshalb haben wir in der Kirche soviel Verwirrung. In der heiligen Messe beten wir nach dem Vaterunser „und bewahre uns vor Verwirrung und Sünde". Was Sie angesprochen haben, ist nicht Sünde, aber es ist Verwirrung.

Worauf beruht die Verwirrung?

Vieles, was in Richtung „Demokratisierung" der Kirche vorgeschlagen wird, ist Ausdruck eines irrigen Kirchenbildes. Wenn man das Bild der Kirche als menschlichen Verein mit sich herumträgt, dann kommt man zu solchen Vorschlägen. Deshalb muß man bei der Frage ansetzen: Was ist Kirche? Die Kirche hat alle Jahrhunderte und Regime überlebt, eben weil sie nicht nach politischen und gesellschaftlichen Prinzipien organisiert ist, sondern als Stiftung Gottes auf dem Felsen der Einheit. Man muß erklären, warum die Kirche so sein muß, wie Gott sie gegründet hat. Diese Aufgabe fällt natürlich auch uns Bischöfen zu. In den vergangenen Jahren hat es oft an der notwendigen Deutlichkeit gemangelt. Aber die letzte Meinungsumfrage unterm Arm kann nicht den Bischofsstab in der Hand ersetzen.

Sie sind ja auch ein politisch engagierter Bischof. Kirche und Politik driften derzeit immer weiter auseinander, etwa bei der Abtreibung oder beim Asylrecht. Ist die Kirche noch ein wesentlicher politischer Faktor?

Ich glaube das schon. Die Kirche ist sehr meinungsbildend. Wir dürfen natürlich nur in Grundsatzfragen, die den Glauben und das Leben der Gläubigen betreffen, etwas sagen. Wir können nicht Zwänge auf Gebieten ausüben, in denen die Christen frei sind. Wir sollten uns davor hüten, in allzu vielen Tagesfragen mit Entscheidungsbefugnis auftreten zu wollen. Politisierende Pastoren sind schwer erträglich.

In der Abtreibungsfrage behaupten alle Politiker, sie würden das Leben schützen. Die Kirche aber hat sich auf eine Gesetzesformulierung festgelegt ...

Bei den heutigen Mehrheitsverhältnissen können wir nicht mehr damit rechnen, daß die christlichen Grundsätze zum Schutz und zur Erhaltung des Lebens Berücksichtigung finden. Damit ergibt sich dann natürlich die Frage, welche Partei kann man noch wählen.

Und wen können Christen noch wählen?

Wenn ich mit dieser Frage konfrontiert werde, sage ich: man muß erstens so richtig wie möglich wählen. Das schließt zum Beispiel für mich die Grünen aus. Deren Programm ist einfach anti-christlich. Und zweitens soll man so effektiv wie möglich wählen. Und das schließt Gruppierungen aus, bei denen eine Null vorm Komma steht, also die Splittergruppierungen.

Läuft dann alles auf die Volksparteien hinaus?

Es haben mich Leute gefragt, ob sie denn nach der schwachen Leistung in der Abtreibungsfrage aus der CDU austreten sollen. Ich habe dann immer gesagt: droht nicht mit Austritt, sondern droht mit Eintritt und wirkt dann für die wahren christlichen Grundsätze.

Aber das ist zur Zeit eben nicht der Fall ...

Politisch kann man den Abgeordneten nur sagen: erreicht das Bestmögliche. Wenn dieses Bestmögliche für Christen nicht akzeptabel ist, dann müssen wir uns von diesem System trennen. Das ist die Grundlage meiner Entscheidung für die Nicht-Ausstellung der Beratungsscheine für eine Abtreibung. Ich sehe natürlich, daß es für einen besseren Schutz des Lebens keine Mehrheit gibt. Aber die Kirche muß das ja nicht auch noch unterstützen.

Sie haben eben die Grünen als anti-christlich ausgeschlossen ...

... nicht die Grünen, sondern deren Programm. Unter den Grünen sind viele idealistisch gesinnte junge und ältere Menschen. Nur das Programm ist völlig inakzeptabel.

Gilt gleiches für die Programme von anderen radikalen Parteien wie Republikaner, PDS oder DVU?

Ich glaube nicht, daß gläubige Christen in Gefahr geraten, solche Parteien zu wählen.

Herr Erzbischof, Sie gehören nicht zu den leisen Bischöfen. Sind die anderen eher zu leise, oder sind Sie zu laut?

Ich glaube, das ist nicht eine Frage der Lautstärke, sondern der Inhalte, die Echo und Reaktionen wecken. Unsere Botschaft ist ein Zeichen des Widerspruchs. Diese Reaktionen sind dann ein Zeichen dafür, daß man ins Schwarze getroffen hat. Christus ist für seine Botschaft am Kreuz gestorben. Alle Apostel haben die Verkündigung mit dem Leben bezahlt. Die Kirche steht auf dem Zeugnis derer, die ihr Leben dafür hingegeben haben. Wenn man diese Botschaft in der heutigen Zeit richtig verkündet, erntet man keine Popularitätsrekorde, sondern Widerspruch.

Nur Widerspruch?

Nein. Das Echo zeigt, daß ich von vielen Menschen richtig verstanden werde. Auch bei Presseorganen habe ich oft mehr Zustimmung bei den Leserbriefen als im redaktionellen Teil. Von den positiven Zuschriften – das wundert mich immer wieder – kommen konstant über 50 Prozent von protestantischen Christen. Was die positiven katholischen Zuschriften angeht, so haben sich Schwerpunkte in Bayern und am Niederrhein gebildet.

Sie haben einmal in einem Fragebogen geantwortet, daß Ihr größter Fehler die Ungeduld sei. Sind Sie wirklich so ein ungeduldiger Mensch?

Ja, das stimmt schon. Aber man entdeckt dann, daß die Ungeduld manchmal auch positive Seiten haben kann. Es ist zwar ein Fehler, aber dadurch bleibt manches nicht liegen. Es gibt auch eine Geduld, die einschläfert.

Wiedervereinigung des Dekanates Geisa mit dem Bistum Fulda*

Seit dem 8. Juli 1994 gibt es wieder ein Bistum Erfurt[1], das von Bonifatius 742 schon einmal gegründet war, aber nur wenige Jahre bestand. Mit der Gründungsfeier, die am 17. und 18. September in Erfurt stattfand, wurde der letzte Schritt auf einem Weg getan, der mit der Wiedervereinigung Deutschlands begann.

Das thüringische Gebiet der Diözese Fulda, das teils 1857[2], teils 1929[3] dieser eingegliedert worden war, bildet mit dem ehemals würzburgischen Gebiet Meiningen das neue Bistum. In diesen langen Jahren der Zusammengehörigkeit waren zwischen Fulda, dem Eichsfeld und Erfurt vielfache Beziehungen entstanden. Es gab einen regen personellen, materiellen und ideellen Austausch. Besonders in den Zeiten des kommunistischen Unrechtssystems wurden alle Möglichkeiten ausgeschöpft, in Kontakt zu bleiben. Durch die Errichtung des Bistums Erfurt werden die Beziehungen gewandelt. Fulda und Erfurt werden Nachbardiözesen, beide müssen sich dem je eigenen Auftrag Christi, dem gemeinsam bonifatianischen Erbe, und den Aufgaben der Zeit in ihren Territorien stellen.

Für unsere Schwestern und Brüder im Dekanat Geisa ergibt sich eine besondere Situation. Durch die Geschichte stets mit Fulda verbunden, haben sie in den Jahrzehnten der DDR-Zeit besonders schmerzlich die Härte der un–menschlichen Grenzziehung spüren müssen. Ihre Dörfer und Gehöfte lagen zum größten Teil im Sperrgebiet. Sie hatten in dieser Zeit in ihrem Glauben eine Stütze und haben ihr reiches kirchliches Erbe bewahrt. Der Fall des Eisernen Vorhangs war für sie eine besonders große Freude. Die Katholiken des Dekanates Geisa gehören wieder ganz dem Bistum Fulda an. Dadurch ist der Tatsache Rechnung getragen, daß sie schon immer mit Fulda verbunden waren, was man auf Schritt und Tritt im Amt Geisa sieht und spürt.

Das Bistum Fulda freut sich über die volle Wiedervereinigung mit dem Dekanat Geisa. Die personellen und finanziellen Lasten, die damit gegeben sind, wollen wir gern tragen. Daher rufen wir die Katholiken des Bistums Fulda am 2. Adventssonntag zu einer Kollekte für das Dekanat Geisa auf und bitten herzlich, dabei mitzuhelfen, daß die notwendigsten Arbeiten im Dekanat Geisa recht bald abgeschlossen werden können. Am 3. Oktober, dem Tag der deutschen Einheit, werden wir in Geisa die Wiedervereinigung des Rhöndekanates mit dem Bistum Fulda feierlich begehen.

---

* Hirtenbrief zur Wiedervereinigung des Dekanates Geisa mit dem Bistum Fulda. Druck: Bischöfliche Pressestelle Fulda, Informationen, Nr. 33, 26. September 1994. Die Verlesung dieses Hirtenbriefs war für die gesamte Diözese am 2. Oktober 1994 in allen Gottesdiensten einschließlich der Vorabendmessen angeordnet.

[1] Vgl. Vertrag zwischen dem Hl. Stuhl und dem Freistaat Thüringen über die Errichtung des Bistums Erfurt vom 14. Juni 1994 (Acta Apostolicae Sedis 87, 1995, S. 145–154) und die Apostolische Konstitution Papst Johannes Pauls II. „Quo aptius" vom 27. Juni 1994 (ebd., S. 221–224).

[2] 1857 wurden die Katholiken des Großherzogtums Sachsen-Weimar dem Bistum Fulda unterstellt.

[3] Gemäß den Bestimmungen des Vertrags zwischen dem Hl. Stuhl und dem Freistaat Preußen (Preußenkonkordat) vom 14. Juni 1929 wurden das bisher zum Bistum Paderborn gehörende Kommissariat Heiligenstadt (Eichsfeld) sowie das Dekanat Erfurt dem Bistum Fulda einverleibt.

Dem neuen Bistum Erfurt wünschen wir Gottes Segen. Im Jubiläumsjahr der 1250. Wiederkehr der Gründung des Klosters Fulda wollen wir im Blick auf unseren gemeinsamen Ursprung, den heiligen Bonifatius, auch um seine Fürsprache und seinen Schutz für seine Planung Erfurt bitten. Unsere gemeinsame Patronin, die hl. Elisabeth von Thüringen, möge Fürbitte für uns beide einlegen. So werden wir als gute Nachbarn im Vertrauen auf Gottes Hilfe und Segen voll Zuversicht in die Zukunft gehen.

Mörder?*

„Diese Entscheidung ist unanfechtbar" heißt es am Ende des Urteils, mit dem die 3. Kammer des Ersten Senats des Bundesverfassungsgerichts es für zulässig erklärt, daß jemand seine Meinung „Soldaten sind Mörder" per Aufkleber in der Öffentlichkeit verbreitet[1].

Obwohl „unanfechtbar", wird die Entscheidung stürmisch angefochten, zuallererst vom gesunden Menschenverstand. Denn wenn die im Urteil enthaltene Begründung stimmen würde, dann wäre nicht einzusehen, weshalb man nicht auch die Aussage „Juristen sind Mörder" verbreiten dürfte. Hat es etwa keine Justizmorde gegeben? Oder „Ärzte sind Mörder" – töten Ärzte in unserem Land nicht vieltausendmal öfter menschliches Leben als Soldaten? Auch „Sozialisten sind Mörder" wäre als Mahnung unbedenklich, ja gerechtfertigt, denkt man an die Hekatomben von Todesopfern, die der Sozialismus in all seinen Ausprägungen in unserem Jahrhundert auf der ganzen Welt gefordert hat.

Nun ist aber für jedermann einsichtig, daß eine solche Ausübung der Meinungsfreiheit unser gesellschaftliches Klima geradezu verpesten würde. Schon diese Überlegung läßt das Soldatenurteil unsinnig erscheinen.

Wenn nun aber nur Soldaten als Mörder bezeichnet werden dürfen und Pazifisten sich solcher Methoden bedienen, dann sind sie keine Friedensstifter, sondern Brunnenvergifter. Der Auftrag der Soldaten in unserer Zeit ist es ja gerade, so entsetzliches Unrecht wie Massenmord und die Vertreibung von Minderheiten zu verhindern. Wer dafür im Auftrag des eigenen Landes oder der Völkergemeinschaft notfalls unter Einsatz seines Lebens eintritt, verdient unser aller Hochachtung. Der Schutz dieser Achtung muß aber auch durch Gesetzgebung und Rechtsprechung gesichert sein. Wenn man allerdings manche höchstrichterlichen Urteile der letzten

---

* Das Wort des Bischofs: Mörder?, in: Bonifatiusbote, Nr. 40, 2. Oktober 1994.

1 Mit dem in der Öffentlichkeit heftig umstrittenen Beschluß vom 25. August 1994 hatte das Bundesverfassungsgericht Kriterien für die rechtliche Bewertung der Aussage „Soldaten sind Mörder" verbindlich festgelegt. Der dem Beschluß zugrundeliegende Fall wurde an das zuständige Gericht zur Neuentscheidung zurückverwiesen. Nach den Kriterien des Bundesverfassungsgerichts ist mit der Formulierung „Soldaten sind Mörder" solange keine strafrechtlich zu würdigende Beleidigung verbunden, als keine bestimmte Person oder Personengruppe benannt werden kann, die durch die Aussage betroffen ist. In der Öffentlichkeit entstand der allerdings unzutreffende Eindruck, den Soldaten der Bundeswehr sei der strafrechtliche Schutz vor Beleidigungen entzogen.

Zeit betrachtet, ist man versucht, daran zu erinnern, daß Ehre, Treue und Pflichterfüllung mindestens ebenso schutzwürdig sind wie Satire, Polemik und Karikatur, für das Wohl und Wehe unseres Gemeinwesens aber wesentlich bedeutsamer.

Wie, wenn im Falle der Soldaten die Beurteilung durch Amtsgericht und Landgericht zutreffend wäre und die durch die drei Bundesrichter unzutreffend aber dafür „unanfechtbar"? Wahrlich, ein trauriges Dilemma.

Weltkirche*

Für beinah jedes Leiden gibt es ja mehr oder weniger probate Mittel. Nach dem kürzlich wiederholten Erlebnis einer Fuldaer Diözesanwallfahrt nach Rom kann ich denjenigen, die meinen, an der Kirche leiden zu müssen, als beste Kur von Herzen nur die Teilnahme an einer solchen Wallfahrt empfehlen.

Da zogen wir am Mittwoch vormittag (26. Oktober) auf den Petersplatz und fühlten uns gleich wie am ersten Pfingsttag. Statt der Parther, Meder und Elamiter gab es unter der vieltausendköpfigen Menge echte Grönländer und vom anderen Ende der Erde argentinische Kadetten, dazu österreichische Abiturientinnen, brasilianische Sängerinnen und Pilger aus vielen der neuen östlichen Nationen. Unmittelbar vor uns wurde eine vietnamesische Gruppe von einem Bischof angeführt, der in Vietnam 13 Jahre lang im Gefängnis zugebracht hatte und sich vor Glück und Freude kaum zu fassen wußte[1]. Was der wohl sagen oder überhaupt verstehen würde, wenn ich ihm von der Atmosphäre aus der ich aufgebrochen war und den vielerlei Leiden und Querelen innerhalb des deutschen „Katholizismus" erzählt hätte? Eines ist sicher, zwischen dem Erlebnis Weltkirche in Rom oder auch in den kräftig wachsenden jungen Kirchen in der Welt und dem Erlebnis unserer von den Medien verunstalteten und verunsicherten Ortskirchen im alten Mitteleuropa wird die Kluft immer größer.

Das Erlebnis einer solchen Begegnung, wie sie der Papst seinen Gläubigen unter Einsatz aller seiner Kräfte Woche für Woche anbietet, ist da von unschätzbarem Wert. Allerdings läßt es sich nur sehr schwer beschreiben – man muß es erleben. Das haben mir die Pilger, mit denen ich gesprochen habe, einhellig bestätigt. Und die kamen aus den verschiedensten Teilen unseres Bistums, von Fulda bis Kassel und von Großkrotzenburg bis Industriehof.

Wer aber nicht in der Lage ist, in nächster Zeit eine Romwallfahrt zu unternehmen, kann heute doch den Papst ganz persönlich kennenlernen und zwar in seinem einmaligen Buch „Die Schwelle der Hoffnung überschreiten"[2]. Da verläßt der

---

* Das Wort des Bischofs: Weltkirche, in: Bonifatiusbote, Nr. 45, 6. November 1994.

[1] François Xavier Nguyên Van Thuân war von 1967 bis 1975 Bischof von Nhatrang, dann Koadjutor-Erzbischof von Saigon bzw. Ho-Chi-Minh-Stadt. Nach 13jähriger Arbeitslagerhaft, davon neun Jahre in strenger Isolation, wurde er 1989 entlassen und kehrte in seine Diözese zurück. 1994 kam er an die Römische Kurie und wurde 1998 Präsident des Päpstlichen Rates „Justitia et Pax" und 2001 Kardinaldiakon.

[2] Johannes Paul II., Die Schwelle der Hoffnung überschreiten. Hrsg. v. Vittorio Messori, Hamburg 1994 [Varcare la soglia della speranza, Mailand 1994].

Papst die Kathedra und setzt sich zu uns und öffnet sein Herz. Es ist wiederum typisch für unsere Situation, daß viele Kommentatoren in Deutschland sich mit der Auswahl des Verlages beschäftigen oder aber die Themen vermissen, die im Augenblick deutsche Katholiken umtreiben. Nein, der Papst spricht da nicht von Frauenordination oder wiederverheirateten Geschiedenen, nicht von Geburtenkontrolle oder Demokratisierung der Kirche. Er spricht von dem, was für unser Leben entscheidend ist: von Heil und Unheil, von Entscheidung und Erlösung, von dem, was uns verheißen ist – und was wir durch unsere endlosen und heillosen Diskussionen glatt verpassen können.

Den langen und heilenden Atem der Weltkirche wünsche ich allen, besonders aber den aufgeregten Geistern bei uns, in diesem besinnlichen Monat. Allerheiligen und Allerseelen – uns ist das Himmelreich versprochen! Und auf dem Weg dahin sollten wir meckern? Ob wir nicht besser dem Rat des Apostels Paulus folgen: „Tut alles ohne Murren und Bedenken, damit ihr rein und ohne Tadel seid, Kinder Gottes ohne Makel“[3].

Ball verkehrt*

Wir alle haben aus der Presse erfahren, daß die Bischöfe dabei sind, ein „Gemeinsames Wort zur wirtschaftlichen und sozialen Lage in Deutschland“[1] vorzubereiten. Ein großangelegter und aufwendiger Konsultationsprozeß ist angelaufen, und viele von denen, die hinter die Kulissen schauen konnten, haben vor und nach der Bundestagswahl[2] versucht, die bereits bekanntgewordenen Ansätze nach Möglichkeit parteipolitisch auszuschlachten.

Nun ist die Beschäftigung mit sozialen Besitzständen und Arbeitslosigkeit, mit Subventionen und Entwicklungstendenzen, mit Handelsbeschränkungen und Wettbewerbsverzerrungen, mit Lohnnebenkosten und Steuerumgehungen sicher von großer Bedeutung, zumal soziale Gerechtigkeit – denken wir nur an die Familienpolitik – viel mit christlichen Grundsätzen zu tun hat. Nur stellt sich die Frage, ob die wirtschaftlichen und sozialpolitischen Problemfelder nicht in erster Linie die christlichen Laien angehen sollten, die hier ja die wahren Fachleute sind. Da könnte ich mir im Vollzug des Weltauftrages, den das Zweite Vatikanische Konzil den Laien gegeben hat, eine Federführung des Zentralkomitees der deutschen Katholiken (ZdK) recht gut vorstellen. So aber haben wir die eher paradoxe Situation, daß die Bischöfe sich mit ihrer begrenzten Kompetenz mit wirtschaftlichen und sozialen, im Grunde weltlichen Fragen abmühen, während die Laien des ZdK

---

[3] Philipper 2,14.

* Das Wort des Bischofs: Ball verkehrt, in: Bonifatiusbote, Nr. 49, 4. Dezember 1994.

[1] Zur wirtschaftlichen und sozialen Lage. Diskussionsgrundlage für den Konsultationsprozeß über ein gemeinsames Wort der Kirchen, 22. November 1994; Für eine Zukunft in Solidarität und Gerechtigkeit. Wort des Rates der Evangelischen Kirche in Deutschland und der Deutschen Bischofskonferenz zur wirtschaftlichen und sozialen Lage in Deutschland, 22. Februar 1997.

[2] Bei den zweiten gesamtdeutschen Wahlen zum Deutschen Bundestag vom 16. Oktober 1994 konnte sich die bisherige Regierungskoalition aus CDU/CSU und FDP knapp behaupten.

das Predigen übernehmen, ohne jede Kompetenz in geistliche und religiöse Fragen eingreifen und entsprechend Verwirrung stiften – ein wahrer „Ball verkehrt“.

Einen Höhepunkt dieser Fehlentwicklung bescherte uns das ZdK am 18. November 1994 mit der Forderung, den „Zwangszölibat“ abzuschaffen[3]. Das sei ja „auch im Sinne des Konzils“, wußte der Sprecher der 8. Kommission in aller Öffentlichkeit mitzuteilen. Wenn man weiß, daß das Zweite Vatikanische Konzil sich mit 2 390 gegen vier Stimmen für den priesterlichen Zölibat entschieden hat und daß diese Entscheidung von zwei nachkonziliaren Weltbischofssynoden ausdrücklich bestätigt wurde, wundert es einen, wie unbekümmert hier die Früchte des Zweiten Vatikanums vernichtet werden sollen.

Gefordert ist heute mutiger neuer Aufbau der Kirche, nicht feiger Abbau. Die Aufgabe der Laien im ZdK ist es doch wohl, christlichen Geist in unsere Gesellschaft zu tragen, nicht aber immer noch mehr weltlichen Geist in die Kirche. Wenn das Zentralkomitee dieser seiner ureigentlichen und hohen Aufgabe untreu wird, macht es sich selbst überflüssig.

Menge und Wahrheit*

In zunehmendem Maße werden in unseren Tagen Vorurteile, Vorwürfe und Anklagen gegen die Kirche und ihre Hierarchie auch quantitativ begründet. Das wird da besonders bedenklich, wo das Kriterium der Menge auch im innerkirchlichen Bereich immer selbstverständlicher angewandt wird. Ob das bei Leserumfragen geschieht, bei denen ja oft schon eine geschickte Fragestellung die erwarteten Resultate suggerieren kann, ob Gremien „einstimmig“ Forderungen stellen oder ob Verbandssprecher bei ihren Formulierungen mit dem Hinweis auf Mitgliederzahlen beeindrucken wollen – immer wird die Menge als Argument ins Spiel gebracht.

Die Menge aber hat ihren Ort und ihre Bedeutung bei allen zeitlichen, irdischen und weltlichen Dingen; da kann sie in Form der Mehrheit auch als das Entscheidende, als die zuständige Instanz fungieren. Wo es aber um das Ethische und das Religiöse, um die Wahrheit geht, die Gott uns geoffenbart hat und die seine Kirche uns lehrt, da ist jeder Mensch in seinem Gewissen vor Gott als einzelner zur Entscheidung herausgefordert, da kann die Menge nie als anrufbare Instanz gelten.

Erinnern wir uns: Die Menge des auserwählten Volkes tanzte um das Goldene Kalb, als Mose allein auf dem Berg die Gesetzestafeln erhielt, zusammen mit dem Auftrag, sie dem Volk zu verkünden[1]. Die Menge des Volkes murrte gegen Gott

---

[3] ZdK (Hrsg.), Zur Frage der kirchenrechtlich zwingenden Verbindung von Ehelosigkeit und Priesteramt, Bonn 1994. – Dieser Beschluß des ZdK wecke – laut einer Stellungnahme des Ständigen Rates der Deutschen Bischofskonferenz auf seiner 103. Sitzung in Würzburg-Himmelspforten vom 22. November 1994 – angesichts eindeutiger universalkirchlicher Festlegungen völlig unrealistische Erwartungen, die zu Verunsicherung von Priestern und Priesteramtskandidaten führe und Enttäuschungen in den Gemeinde vorprogrammiere.

* Das Wort des Bischofs: Menge und Wahrheit, in: Bonifatiusbote, Nr. 2, 8. Januar 1995.

[1] Exodus 31,18–33,6.

und den von ihm eingesetzten Hirten auf dem ganzen Zug durch die Wüste. Die Menge des Volkes schrie, von Pilatus befragt, nach der Freilassung des Barabbas und der Kreuzigung Jesu![2]

Im Hinblick auf die Rolle der Menge in der Heilsgeschichte spricht kein geringerer als Sören Kierkegaard den Satz aus: „Menge ist Unwahrheit". Und er fügt hinzu: „Frage dich selber: wagst du zu behaupten, daß die Menschen, als Menge genommen, ebenso schnell nach der Wahrheit greifen, die nicht immer gut schmeckt, wie nach der Unwahrheit, die immer lecker zubereitet ist, und gar dann, wenn dies zusätzlich mit dem Eingeständnis verbunden wäre, man habe sich betrügen lassen! Oder wagst du auch nur zu behaupten, daß die ‚Wahrheit' sich ebenso schnell verstehen läßt wie eine Unwahrheit, die keine Vorkenntnisse verlangt, keine Schule, keine Zucht, keine Enthaltsamkeit, keine Selbstverleugnung, kein bedächtiges Arbeiten!"[3].

Jeder Lehrer weiß darum, daß ein einzelner, der vor ihm steht, ganz anders ansprechbar ist, als wenn derselbe sich mitten in die Menge der Klasse oder seiner Clique stellt. Was sollen wir da erst von Menschen erwarten, die in der unabsehbaren Menge von Medieninformationen untergehen, die von anonymen, aber zweckbewußten Meinungsmachern mit dem Ziel der „Demokratisierung" der Kirche, sprich: ihrer Zurechtstutzung auf die Bedürfnisse einer allgemeinen Konsumgesellschaft, angerichtet werden?

Nein, wer in der Wahrheit bleiben will, halte sich auch heute nicht an die Menge, sondern an das Wort Gottes bei der Verklärung Jesu: „Dieser ist mein geliebter Sohn, auf ihn sollt ihr hören!"[4].

Soldaten fragen vermehrt ihren Militärpfarrer nach Sterben und Tod*

Soldaten der deutschen Bundeswehr geraten unter immer größeren psychischen Druck. Wie reagiert die katholische Kirche?

Soldaten geraten wie viele andere Menschen in Situation hoher Belastung unter großen Druck. Militärseelsorger weisen den gläubigen Menschen hier einen Ausweg im Glauben. So gilt es einerseits nicht zu flüchten, sondern standzuhalten und Belastungen zu tragen: für viele ist dies die Trennung von der Familie unter der Woche, die durch die Neustrukturierung der Bundeswehr bedingt ist. Für andere sind dies Einsätze in Kambodscha, Somalia, in der Adria, oder auf dem Luftweg nach Sarajevo, nicht zuletzt auch die Vorbereitungen hierzu. Dies sind körperliche und psychische Belastungen für Soldaten, aber auch für ihre Familien. Ich habe jedoch selbst in Kambodscha im deutschen Hospital erlebt, daß junge Soldaten

[2] Vgl. Matthäus 27,15–21; Markus 15,7–15; Lukas 23,18–24; Johannes 18,39 f.

[3] Sören Kierkegaard, Om min Forfatter-Virksomhed.

[4] Markus 9,7.

* Heinrichsblatt, Nr. 5, 29. Januar 1995: Soldaten fragen vermehrt ihren Militärpfarrer nach Sterben und Tod (Interview: Bernhard Schneider).

geradezu begeistert sind, wenn sie als UN-Soldaten wirklichen Dienst an notleidenden Menschen tun können.

Deutschlands oberstes Gericht hat Mitte 1994 bewaffnete Auslandseinsätze deutscher Soldaten außerhalb des Nato-Gebiets im Rahmen internationaler Aktionen für verfassungskonform erklärt, sofern der Bundestag mit einfacher Mehrheit zustimmt[1]. Dadurch ist das Thema „Sterben und Tod" für die Soldaten sehr nahe gerückt. Ist Verzweiflung zu spüren?

Von Verzweiflung spüre ich nichts. Eher von großem Ernst, der dem Soldatenberuf eigen ist. Dort, wo UN-Einsätze durchgeführt oder geübt werden, fragen Soldaten vermehrt ihren Militärpfarrer nach Sterben und Tod, nach dem Sinn des Lebens schlechthin an.

Zum 1. Januar 1996 soll die Wehrpflicht voraussichtlich von zwölf auf zehn Monate gekürzt werden. Gleichzeitig sollen 22 Werktage Urlaub unverändert bleiben, so daß unter dem Strich gerade neun Monate übrig sind. Das heißt, junge Männer haben nur kurze Zeit, um eine Menge militärischer Dinge zu lernen und Eindrücke zu verarbeiten. Wie können ihnen Seelsorger dabei helfen?

Es ist nicht Aufgabe der Militärseelsorger, die jungen Soldaten militärisch auszubilden. Dies ist Aufgabe der militärischen Vorgesetzten. Unsere Aufgabe ist es, im soldatischen Alltag den jungen Wehrpflichtigen zu helfen, den Weg im Glauben zu gehen oder zu finden und als Menschen und Soldaten charakterfest und anständig zu bleiben. Hierzu gehört auch das Reden über Verantwortung, Gewissen, Aufrichtigkeit und vernünftige Kameradschaft.

Ziel ist eine Truppenstärke von 340 000 Mann, davon 50 000 als Krisenreaktionskräfte. Bedeutet dies auch Stellenabbau in der Militärseelsorge?

Seit die Reduzierung der Bundeswehr von knapp 500 000 auf 370 000 und nun 340 000 Soldaten feststeht, passen wir den Umfang der Militärseelsorge an. Da jedoch gleichzeitig der Aufbau der katholischen Militärseelsorge in den neuen Bundesländern und zusätzliche Einsätze im Rahmen der UN dazugekommen sind, haben sich die Aufgaben für die gesamte Militärseelsorge wie die Belastungen für den einzelnen Militärpfarrer ganz erheblich erhöht. Die Wege, die der Pfarrer zum Soldaten fahren muß, sind teilweise zu einer wirklichen Belastung geworden.

Die evangelische Militärseelsorge ist dabei, sich neu zu strukturieren. Gibt es diese Notwendigkeit auch bei den Katholiken? Könnte man beispielsweise Effizienz gewinnen, indem man mehr ökumenische Veranstaltungen anbietet?

Wir müssen unsere Strukturen mit jeder Veränderung in den Streitkräften überprüfen, um die notwendige Nähe des Pfarrers zum Soldaten zu erhalten. Diese von uns

[1] Der Zweite Senat des Bundesverfassungsgerichts hatte am 12. Juli 1994 die Klage der SPD-Bundestagsfraktion vom 21. April 1993 gegen die Entsendung von Bundeswehrangehörigen nach Somalia zurückgewiesen und die Teilnahme deutscher Soldaten an UN-Kampfeinsätzen unter der Bedingung für zulässig erklärt, daß der Bundestag einem entsprechenden Regierungsbeschluß mit einfacher Mehrheit zustimme.

gewollte Nähe zwingt evangelische oder katholische Militärpfarrer sich gegenseitig zu helfen: Oft ist auf einem Schiff nur ein evangelischer Pfarrer, der als Seelsorger auch von katholischen Soldaten angefragt wird. Oder ein katholischer Militärpfarrer trifft in einer Kaserne einen evangelischen Soldaten, dessen Pfarrer gerade weit weg in einer anderen Ecke des Seelsorgebezirks ist.
Es ist eine gute Tradition in der Militärseelsorge, die Einheit des christlichen Glaubens dort zu praktizieren, wo dies möglich ist. Das Angebot an katholischen oder evangelischen Gottesdiensten darf darunter jedoch nicht leiden.

Wie wird eine Zusammenarbeit nicht nur über Konfessionsgrenzen, sondern auch über Ländergrenzen hinweg aussehen, wenn zum 1. Oktober 1995 der Aufbau eines Eurokorps abgeschlossen sein soll?

Es gibt bereits seit einigen Jahren eine intensive Zusammenarbeit in der Militärseelsorge über Ländergrenzen hinweg. Dazu gehört nicht nur die Konferenz der Militärbischöfe in Rom, sondern die im Alltag praktizierte Zusammenarbeit von Militärgeistlichen verschiedener Konfessionen und Nationen dort, wo es nötig und sinnvoll ist. Wir stoßen zur Zeit an Grenzen, wo die Rechte der Militärgeistlichen aufgrund nationaler Gesetzgebung zum Teil sehr unterschiedlich sind. Kaum ein Militärpfarrer hat derart viele Rechte und Freiheiten in der Kaserne wie der deutsche Militärgeistliche.

Im Sanitäts- und Militärmusikdienst sind Frauen ja bereits tätig. Und die FDP plant zudem, ihnen den Dienst mit der Waffe zu ermöglichen bis hin zur Teilnahme an internationalen Einsätzen[2]*. Benötigen Frauen eine andere Militärseelsorge als Männer?*

Dies kann ich eigentlich nicht sehen. Seelsorger sollen den Menschen die Botschaft Jesu Christi verkünden, ihnen im Alltag den Weg des Glaubens weisen, die Sakramente als Stärkung auf diesem Weg spenden und Wegbegleiter im Glauben sein.

Es fällt zusehends schwerer, mit Überzeugung Soldat zu sein. Einsparungen in der Truppe hätten vielen das Selbstbewußtsein genommen, klagt Alfred Biehle, der Wehrbeauftragte der Bundesregierung. Ferner darf laut Gerichtsurteil bedenkenlos Kurt Tucholsky zitiert werden: „Soldaten sind Mörder". Sind Soldaten nicht tragische Figuren?

Soldaten sind keine tragischen Figuren. Gerade weil sie eine belastete Vergangenheit durch die Verführung deutscher Soldaten haben, haben sich die deutschen Soldaten der Bundeswehr mit großem Ernst der ethischen Problematik ihres Dienstes gewidmet. Es kann nicht erwartet werden, daß in einer Demokratie alle Menschen den Soldatendienst als notwendig ansehen, auch dann nicht, wenn sie selber von der derart geschaffenen Sicherheit profitieren. Jedoch können sich Soldaten auch heute der Achtung und Anerkennung der überwältigenden Mehrheit unserer Bevölkerung sicher sein.

---

[2] Nach der Entscheidung des Europäischen Gerichtshofs in Luxemburg vom 11. Januar 2000 können Frauen in der Bundeswehr seit dem 1. Januar 2001 auch Dienst an der Waffe leisten.

Wundert es Sie, daß die Zahl der Wehrdienstverweigerer im Januar 1994 den Höchststand von 15 000 erreicht hat?

Dies kann nicht verwundern, da aus der ursprünglichen Gewissensentscheidung heute faktisch eine Wahlmöglichkeit geworden ist. Fragt man junge Menschen, warum sie verweigert haben, so stellt man häufig fest, daß sie nie wirklich mit der ethischen Problematik der Gewalt in unserer Welt, des Soldatenberufes, des Schutzes anderer Menschen und der Notwendigkeit politischer Gewaltüberwindung konfrontiert worden sind. Hier hat unser Schulsystem eine elementare Aufgabe von ethischer Bildung vernachlässigt.

Memento*

Bevor wir mit großen Schritten auf das Jahr 2000 zugehen, ist 1995 noch einmal ein Jahr, in dem Rückschau und Erinnerung angesagt sind. 1945 flammt noch einmal auf, das denkwürdige und erschütternde Jahr Null für die deutsche Geschichte in diesem Jahrhundert: Das Kriegsende und die Befreiung von Auschwitz stehen im Vordergrund unseres Gedenkens. Es ist gesagt worden, „nach Auschwitz" könne man nicht mehr an Gott glauben, ja nicht mehr beten[1]. Ich würde eher umgekehrt reagieren: Auschwitz hat uns gezeigt, wohin Menschen gelangen, wenn sie Gott und seine Gebote verachten und ihren eigenen Willen zum absoluten Gesetz erheben. Auschwitz hat uns gezeigt, daß in einer Gesellschaft, in der Gott vertrieben wird, auch die Verantwortung für die Würde des Menschen (in geradezu schauerlicher Weise) erlischt. Der Gottesverachtung folgt die Menschenverachtung. Das ist die ewige, wenn auch leider nicht einmalige Lektion, die Auschwitz uns lehrt. Wenn immer wir solch unseliger Geschichtstatsachen gedenken, sollten wir uns nicht damit begnügen, unseren Vorfahren an die Brust zu schlagen, sondern unsere eigene Zeit und unser eigenes Tun im Licht dieser Ereignisse und Erfahrungen bedenken. Nicht für das, was vor 500 Jahren in Amerika oder vor 50 Jahren in Auschwitz geschah, werden wir einmal zur Rechenschaft gezogen, sondern für das, was wir heute an Unrecht zulassen.

Denn, so unglaublich es der Nachwelt erscheinen mag, auch nach und trotz Auschwitz wurden die Massenmorde aus politischen und ideologischen Gründen ja fortgesetzt. Ungezählte Millionen Unschuldiger sind im Archipel GULag verschwunden, ungezählte Millionen wurden bei der kommunistischen Machtübernahme in China niedergemetzelt; vor weniger als 20 Jahren haben die Roten Khmer fast ein Drittel der Bevölkerung ihres eigenen Landes, ja die gesamte städtische Bevölkerung auf den „killing fields" bei Phnom Penh abgeschlachtet. Natürlich nimmt das nichts von dem blanken Grauen, das man im Gedenken an Auschwitz empfinden muß, nimmt das nichts von der unsagbaren Schuld der dafür Verantwortlichen, aber es ist ein Mißbrauch von Auschwitz, wenn man dahinter all die entsetzlichen Verbrechen der folgenden Jahrzehnte verschwinden lassen will. Wir

---

* Das Wort des Bischofs: Memento, in: Bonifatiusbote, Nr. 6, 5. Februar 1995.

[1] Vgl. etwa Eugen Kogon/Johann Baptist Metz, Gott nach Auschwitz, 4. Aufl., Freiburg 1989.

sollten uns aller unserer Sünden erinnern und einsehen, daß, wo immer der Mensch von Gott abfällt und den Mitmenschen sein selbstgemachtes Paradies aufzwingen will, die Hölle folgt. Nur so kann das Gedenken an Auschwitz uns wirklich verändern.

Man hat heute manchmal den Eindruck, daß unser Schuldbewußtsein um so undeutlicher wird, je näher die Schuld an unsere Generation heranreicht. Da wollen wir lieber rasch einen Schlußstrich ziehen. Was aber werden unsere Nachkommen einmal über die Generation empfinden, die mehr menschenmordende Minen in den Ländern der Ärmsten versenkt hat denn je eine Generation zuvor; was werden unsere Nachkommen über die Generation empfinden, die das erste Mal in der Geschichte die zutiefst rechtswidrige Massentötung der ungeborenen Kinder straffrei ermöglicht hat?

Herr, bewahre uns vor Verwirrung und Sünde*

In jeder Heiligen Messe bitten wir den Herrn unmittelbar nach dem Vaterunser: „Komm uns zu Hilfe mit deinem Erbarmen und bewahre uns vor Verwirrung und Sünde ...". Warum läßt uns die Kirche zuerst um die Bewahrung vor der Verwirrung und erst dann um die Bewahrung vor der Sünde bitten? Dem liegt wohl zugrunde, daß Sünden oft leichter erkennbar sind – wir können sie bereuen und aus bereuter Schuld immer wieder einen neuen Anfang in der Gnade Gottes finden. Bei der Verwirrung ist das schwieriger. Sie besteht ja oft gerade darin, daß man Recht und Unrecht nicht mehr unterscheiden kann und das Bewußtsein von Schuld und Sünde erlischt. So heißt es im ersten Brief des Apostels Johannes: „Wenn wir sagen, daß wir keine Sünde haben, führen wir uns selbst in die Irre, und die Wahrheit ist nicht in uns. Wenn wir aber unsere Sünden bekennen, ... vergibt er uns die Sünden und reinigt uns von allem Unrecht"[1].

Die Verwirrung der Geister, die die klaren Maßstäbe von Gut und Böse aus den Augen verliert, ist aber gerade das Kennzeichen unserer Zeit. Gemeinsame Grundüberzeugungen, auf denen unsere Gesellschaft erbaut wurde, bröckeln ab und fallen in sich zusammen. Viele haben den festen Boden unter den Füßen verloren, geistige und oft auch familiäre Bande zerrissen und lassen sich vom Strom der Zeit in eine ungewisse Zukunft treiben. Wäre das nicht die Stunde der Kirche, all den umherirrenden Menschen in Gottes Wort die Wahrheit, in Gottes Geboten Sicherheit und in Gottes Liebe Geborgenheit anzubieten? Wer das heute in der Kirche sucht, wird aber auch in unserer Gemeinschaft Klarheit und Sicherheit oft schmerzlich vermissen. Zwar haben wir Dialoge und Diskussionen, Umfragen und Sitzungen und vor allem immer wieder neue Papiere und Erklärungen in einem nie gekannten Ausmaß, aber geklärt, wirklich klar, erscheint immer weniger, eher neh-

---

* Fastenhirtenbrief 1995 des Bischofs von Fulda, 1. März 1995. Sonderdruck („am 1. Fastensonntag, 5. März 1995, in allen Gottesdiensten einschließlich der Vorabendmesse zu verlesen"). – Überschrift von den Bearb.

[1] 1 Johannes 1,8 f.

men die Fragen zu, und viele der neu versuchten Antworten entsprechen eher dem jeweiligen Wunschdenken, als der ewigen Wahrheit. Ja, wir erleben heute wirklich, was der Apostel Paulus im 2. Brief an Timotheus vorausgesagt hat: „Es wird eine Zeit kommen, in der man die gesunde Lehre nicht erträgt, sondern sich nach eigenen Wünschen immer neue Lehrer sucht, die den Ohren schmeicheln; und man wird der Wahrheit nicht mehr Gehör schenken, sondern sich Fabeleien zuwenden“[2].

Um in einer solchen Situation den rechten Weg zu finden hat uns Gott das Gewissen als Kompaß für die Seele gegeben. Aber sind nicht auch viele Gewissen in den Strudel des Zeitgeistes geraten? Wir scheinen ja geradezu eine Inflation von Gewissensbildung zu haben. Viele berufen sich heute auf ihr Gewissen, Gewissen gegen das Gesetz, Gewissen gegen die Institution – die höchste Instanz: Mein Gewissen! Ob aber da nicht oft eigene Wünsche, eigene Interessen, ja eigene Beliebigkeit mit dem glanzvollen Etikett der Gewissensentscheidung bemäntelt werden?

Das muß nicht unbedingt Absicht sein; das kann auch auf bloßer Selbsttäuschung beruhen. Vergessen wir nicht, daß irrige Gewissensbildung und entsprechende Gewissensentscheidungen in der Geschichte der Menschheit viel Unheil angerichtet haben. (Im Namen ihres Gewissens haben die Anführer der Französischen Revolution unzählige Menschen auf die Guillotine getrieben. „Freiheit, Gleichheit und Brüderlichkeit“ und Vernunft statt Religion, daraus entsprang das neue Gewissen. Aber was ist im Namen dieses Gewissens alles geschehen?)

Noch in der uns vorangegangenen Generation wurden in Deutschland im Namen des „völkischen“ Gewissens, das die „Reinerhaltung des Blutes“ forderte, Millionen von Juden und anderen Unschuldigen in die Gaskammern von Auschwitz getrieben. Ich erinnere mich noch sehr gut an die grausige Terminologie des Dritten Reiches, die das alles im Namen von Ehre und Gewissen forderte. Wie viele Gewissen sind da verführt und verbogen worden! (Ich bin auch selbst über die berüchtigten Todesfelder in Kambodscha gegangen, auf denen die Roten Khmer ein Drittel des eigenen Volkes, die ganze städtische Bevölkerung niedergemetzelt haben. Das war eine hohe und hehre Gewissensentscheidung in ihren Augen.) (So sehr können wir mit unserem Gewissen in die Irre gehen. Denken wir an Andreas Baader und Ulrike Meinhof. Denen wird doch kaum jemand absprechen, daß sie meinten, im Namen ihres Gewissens zu handeln. Wohin aber hat sie diese falsche Gewissensentscheidung geführt?) Und wenn heute in unserer Generation jedes Jahr Hunderttausende von Kindern im Mutterleib getötet werden, auch dafür werden ja Gewissensentscheidungen in Anspruch genommen.

Ja, so sehr können wir mit unserem Gewissen in die Irre gehen, wenn wir vergessen, daß das Gewissen kein autonomes Organ ist, sondern ein empfangendes Organ. Es ist gewissermaßen die Radaranlage unserer Seele, die die Wellen Gottes empfangen kann. Im Vaterunser sprechen wir: „Dein Wille geschehe“[3]. „Dein Wille!“ Und wenn wir uns über Autonome erregen, die sich von Gott und der Gesellschaft nichts mehr sagen lassen und völlig frei agieren, wollen wir nicht ver-

---

[2] 2 Timotheus 4,3.

[3] Matthäus 6,10.

gessen, wie viele Nischen von Autonomie wir selbst in unseren Herzen und Seelen eingerichtet haben. Wie oft wir selbst uns nicht „Deinem Willen“ öffnen, sondern doch heimlich sagen: „Mein Wille geschehe“. Wenn ich mich so vom Willen Gottes abwende und meinen eigenen Willen autonom setze, dann darf ich das nicht als eine „Gewissensentscheidung“ bezeichnen. Hüten wir uns also vor vorschnellen und selbstherrlichen Gewissensurteilen. Ganz besonders gilt das da, wo wir im heiligsten Bereich dem lebendigen Gott gegenübertreten, bei der heiligen Eucharistie. „So prüfe sich denn der Mensch“ – mahnt uns der hl. Paulus – „und dann esse er von dem Brot und trinke aus dem Kelch. Denn wer unwürdig ißt und trinkt, ... der ißt und trinkt sich das Gericht“[4].

Die beste Gewissensprüfung, zu der die Kirche uns alle in der Fastenzeit mahnt, ist die Ablegung einer guten Osterbeichte. Auch in der großen Begriffsverwirrung unserer Tage mit all ihren modischen Strömungen muß mein Gewissen sich bilden am Wahren, am Guten, an Gott und seiner Schöpfung. Die Radaranlage, die die Wellen Gottes auffängt, überträgt die Wellen Gottes in den Willen Gottes für uns.

Damit, liebe Schwestern und Brüder, kommen wir von dem schlechten Gewissen und von den Gefahren irriger Gewissensbildung weg zu einem viel froheren und beglückenderen Thema, nämlich dem des guten Gewissens. Wenn es so funktioniert, daß wir Gottes Willen auffangen und uns daran orientieren, was Gott von uns will, dann eröffnet sich eine ganz neue Dimension des Lebens, die führt uns zusammen! Wenn jeder sein eigenes will, dann geht es gegeneinander und auseinander. Wenn wir alle die Wahrheit Gottes empfangen, empfangen wir das, was uns zur Gemeinschaft führt, zu dem Fundament gemeinsamer Überzeugungen, das wir heute so sehr suchen und dessen Zusammenbruch in unserer Gesellschaft so furchtbar durchschlägt. Denn erst wenn wir uns als Kinder Gottes begreifen, werden wir untereinander Brüder und Schwestern. Und wenn wir auffangen, wozu der Geist Gottes uns treibt, nämlich zum Guten, zum Wahren, zu Liebe und Hingabe, dann können wir auch einander glücklich machen.

Gutes tun! Einander Gutes tun! Wie viele Möglichkeiten verpassen wir da in unserem Leben. Wenn wir unsere Seele, unser Gewissen Gott öffnen, gibt er uns Impulse, Anregungen und gnadenreiche Ideen in Fülle. Wieviel Gutes können wir tun! Ich glaube, unser Fegefeuer wird einmal nicht zuletzt darin bestehen, daß wir sehen, wie viele Gelegenheiten, Gutes zu tun, wir in unserem irdischen Leben verpaßt haben. Vielleicht erkennen wir dann, wie viele Arme und Leidende wir gar nicht wahrgenommen haben. Vielleicht werden dann Menschen in den Vordergrund treten, die wir immer im Hintergrund gelassen haben. Wäre das nicht der rechte Fastenvorsatz für dieses Jahr? Was können wir alles tun: durch einen freundlichen Blick, durch eine hilfreiche Hand, durch ein wenig Opfer an Zeit für einen Menschen, der das braucht. Wenn wir dann spüren, wieviel Freude wir machen, wieviel Hilfe wir geben, dann ist das Opfer an Zeit plötzlich gar kein Opfer mehr, sondern es wird uns selbst erfreuen. Dann werden wir so viel Freude haben am Gutes-Tun, daß wir wirklich einander glücklich machen und dadurch glücklicher

---

[4] 1 Korinther 11,28 f.

werden. Das ist ein Gewissen in voller Funktion, das ist die Frucht des guten Gewissens für unser Leben.

Ein guter Vorsatz*

Ein guter Vorsatz gehört zur Fastenzeit eines jeden aufrechten Christen. Die „klassischen" Vorsätze beziehen sich auf einen Verzicht beim Essen, Trinken und den Genußmitteln. Wer sie faßt, sollte sie nur deutlich formulieren. Merke: Ein Teilverzicht ist – zumal beim Rauchen und bei alkoholischen Getränken – oft viel schwerer durchzuhalten als ein ganzer.

Besondere Vorsätze können sich auch auf die Tagesgestaltung beziehen, Nachdenkzeiten, Gottesdienste oder Krankenbesuche einschließen. Eine ganz aktuelle Möglichkeit mit überraschenden Konsequenzen ist der Verzicht aufs Fernsehen während der Fastenzeit. Hier stellt sich dann heraus: Kann ich das überhaupt noch – oder bin ich schon so abhängig geworden, daß ich vom Bildschirm gar nicht mehr loskomme? Wenn ich es aber kann, werde ich ganz neue und ungewohnte Zeiten wiederentdecken. Denn was läßt sich in der gewonnenen Zeit nicht alles unterbringen: Ein abendlicher Spaziergang, Gesellschaftsspiele in der Familie oder unter Freunden, Hobbys und Basteleien, die Wiederaufnahme wegen dauernden Zeitmangels eingeschlafener brieflicher oder persönlicher Kontakte, gute und spannende Lektüre ...

Wer in der Fastenzeit einen Verzicht in sein persönliches Programm nimmt, wird rasch merken, daß jeder vernünftige Verzicht auch eine Gewinnseite hat, ob das nun ein gesunder Gewichtsverlust ist, ein klarer Kopf, gewonnene Zeit oder auch nur die Erkenntnis der eigenen Freiheitsgrenzen.

Deshalb haben selbst gebrochene Vorsätze noch etwas Gutes. Sie zeigen uns den aktuellen Stand der Dinge, was unser Wollen und Können betrifft. So können sie uns zu Demut und Geduld führen und zu größerer Nachsicht mit womöglich ebenfalls leicht verunglückten Mitmenschen. Da aber wirklich gehaltene Vorsätze soviel ermutigender sind, sollten wir lieber bescheiden und realistisch angesetzte Vorsätze halten als an zu großen ständig scheitern. Eine kleine Hilfe kann es auch manchmal sein, wenn wir unsere Umgebung (diskret) wissen lassen, was wir uns vorgenommen haben. Das hemmt dann doch die allzu leichte Übertretung.

Natürlich sollen Fastenvorsätze keine asketische Akrobatik sein, sondern uns ganz konkret einen Schritt in ein freieres, vollkommeneres und vor allem Gott näheres Leben führen. Daß Ihnen allen ein solcher Schritt zum Besseren in dieser Fastenzeit gelingt, wünscht Ihnen von Herzen

Ihr Bischof † Johannes

---

* Das Wort des Bischofs: Ein guter Vorsatz, in: Bonifatiusbote, Nr. 10, 5. März 1995.

Solidarität mit der Völkergemeinschaft*

Ausgangspunkt aller Überlegungen über den Soldatendienst ist das in der UN-Charta formulierte Ziel, die Menschheit von der Geißel des Krieges zu befreien[1]. Dahinter steht die Erfahrung der ersten Hälfte unseres Jahrhunderts mit zwei Weltkriegen, Millionen an toten Soldaten und Zivilisten und besonders im II. Weltkrieg an bis dahin ungekannten Zerstörungen von Städten, Kulturerbe von Jahrhunderten; die Schäden in den Seelen der Überlebenden können nicht einmal geschätzt werden. Wenn wir in diesem Jahr das Ende des II. Weltkriegs vor 50 Jahren begehen, so blicken wir zugleich auf das Ende eines schrecklichen Krieges, der von Deutschland ausging, und auf 50 Jahre Frieden unter dem Eis des Kalten Krieges; eine seltene Gnade hat schließlich unser geteiltes Volk vor fünf Jahren wieder geeint. Der Frost des Kalten Krieges hat uns Deutsche inmitten Europas aber während der vergangenen Jahrzehnte am Scheitelpunkt des Konflikts festgehalten und den Blick erstarren lassen, so daß wir bedeutsame Entwicklungen in der Völkergemeinschaft nur aus den Augenwinkeln gesehen haben. Hier gilt es den Blick zu weiten. Im folgenden dazu einige Bemerkungen aus Sicht der katholischen Kirche:

I. Landesverteidigung versus „out of area"

Die ersten Einheiten der Bundeswehr sind 1956 auf Beschluß der NATO aufgestellt worden, um ein Ausgreifen des sowjetischen Machtbereichs zu verhindern. Am Brennpunkt des Ost-West-Konflikts, an der innerdeutschen Grenze, standen sich auf beiden Seiten über dreißig Jahre deutsche Soldaten gegenüber. Landesverteidigung und Bündnisverteidigung waren für den deutschen Soldaten bis zur weltpolitischen Wende identisch. Das Bündnis, die NATO, hat die Landesverteidigung übernommen, und deutsche Soldaten waren ein Teil davon.

Nicht freiwillig, sondern einer sicherheitspolitischen Not wie dem Diktat der Siegermächte gehorchend, war für das westliche Nachkriegsdeutschland eine Grundkomponente herkömmlicher staatlicher Souveränität entfallen: Nicht mehr der souveräne Staat sorgte für die Sicherheit seiner Bürger nach außen, sondern die Solidarität des Bündnisses. Der eigene westdeutsche Staat war hierzu auf sich gestellt nicht in der Lage. Genauso wenig konnte das andere Deutschland, die DDR, dies von sich behaupten.

Der umgekehrte Bündnisfall, der deutsche Soldaten zur Verteidigung eines anderen NATO-Landes vorgesehen hätte, blieb bis 1989 eine vernachlässigte Denkmöglichkeit ohne reale Basis. Diese faktische Gleichsetzung von Landes- und Bündnisverteidigung bis 1989 erklärt erst den anscheinend scharfen Gegensatz zwischen „Landesverteidigung" oder „out of area"-Einsätzen, den die öffentliche Diskussion über das Thema gezeigt hat. Die Grundeinsicht, daß Deutschland – wie

---

* Vortrag an der Führungsakademie der Bundeswehr in Hamburg, 14. März 1995: Solidarität mit der Völkergemeinschaft. Zu wesentlichen Grundbegriffen der Debatte über die Beteiligung deutscher Soldaten an UN-Einsätzen aus Sicht der katholischen Friedenslehre. Druck: „Meinen Frieden gebe ich Euch", S. 106–115.

[1] Präambel der Charta der Vereinten Nationen, 26. Juni 1945.

andere Staaten auch – nicht mehr alleine für seine Sicherheit sorgen konnte, war verdeckt, weil deutsche Soldaten nur deutsche Grenzen schützten.

Die Alternative „Landesverteidigung“ oder „out of area“ existiert so gesehen nicht. In existentieller Weise auf die Bündnissolidarität angewiesen, wurde Deutschlands Solidarität von seinen Partnern bis 1989 nie wirklich eingefordert. So gesehen waren wir ein „Intensivpatient“, der sich nie klar machen mußte, daß er nicht nur Pflege empfangen kann, sondern irgendwann auch seinen Beitrag leisten muß, wenn die Solidargemeinschaft funktionieren soll.

Von hierher seien zwei weitergehende Überlegungen angestellt:

- Ist es vielleicht moralisch hochstehend, solidarisch mit aller Welt zu sein, aber politisch im eigenen Interesse äußerst unklug?
- Sollten wir uns vielleicht auf eine Solidarität in Europa im Interesse des Machbaren beschränken und anerkennen, daß in der Welt eine Vielzahl von Konflikten bestehen, mit deren Lösung wir uns überheben? Heißt es Realist zu sein, einen Damm gegen das Hochwasser der Friedensgefährdungen zu bauen, um die Überflutung draußen zu halten oder nach den Ursachen des Hochwassers zu suchen?

Um im Bild zu bleiben: Es wird zu fragen sein, ob es im eigenen Interesse klüger ist, die Dämme und Deiche möglichst hoch und stabil zu bauen oder mit allen Betroffenen gemeinsam nach den Ursachen des ständig steigenden Hochwassers der weltweiten Konflikte zu suchen, deren erste leichte Flutwellen schon das eine oder andere Mal über unsere Deichkronen geschwappt sind.

II. Nationales Interesse versus internationale Solidarität

Im Verhältnis zwischen den Staaten sind wir gewohnt, den Gegensatz zwischen den nationalen Interessen des einen Staates zu den Interessen eines anderen Staates als gegeben zu akzeptieren. Es scheint der Naturzustand zwischen den Staaten zu sein, daß „der Staat des Staaten Wolf“ ist, wie Plautus[2] über den Naturzustand zwischen den Menschen schon gesagt hat. Ist dem wirklich so?

Der Blick in die Wirklichkeit der zwischenstaatlichen Verhältnisse lehrt uns zwar, daß Staaten keine Heilige sind, aber eine Vielzahl von gegenseitigen Beziehungen eingegangen sind, die zu sehr weitgehenden Abhängigkeiten geführt haben:

Für eine vom Export abhängige Industrienation hat jeder Einbruch der Weltkonjunktur unmittelbare Auswirkungen auf die heimischen Arbeitsplätze. Dollarstürze und Yenschwankungen beeinflussen die Kaufkraft der DM. Die Auswirkungen von Umweltveränderungen im brasilianischen Regenwald, in der Antarktis oder in der Sahelzone beeinflussen unser Wasser und unsere Luft. Die modernen Kommunikationsmedien liefern uns diese und andere Informationen täglich via Bildschirm ins Wohnzimmer.

Es ist keine Frage der freien Entscheidung, ob der moderne Staat sich von anderen Staaten abhängig machen soll; die Entwicklung in diesem Jahrhundert hat die

---

[2] S. oben S. 40, Anm. 11.

Staaten in eine immer größere Abhängigkeit voneinander geführt. Der einzelne Staat ist keineswegs in der Lage, seine „Interessen wahrzunehmen und sich entsprechend zu entwickeln, da der Wohlstand und der Fortschritt des einen Staates den Wohlstand des anderen teils zur Ursache hat, teils verursacht“[3]. Die gegenseitige Abhängigkeit ist eine Tatsache geworden, die zu Konsequenzen in der internationalen Politik geführt haben.

Auf einer kaum mehr überschaubaren Anzahl von internationalen Konferenzen versuchen Politiker aller Länder, das Handeln ihrer Staaten aufeinander abzustimmen. Das Interesse des eigenen Staates soll abgestimmt werden mit den Interessen der anderen. Das angestrebte eigene Wohl soll mit dem angestrebten Wohl der anderen ausbalanciert werden. Soweit es gelingt, das allgemeine Wohl der Völker und Staaten anzustreben, entwickelt sich die internationale Gemeinschaft zum Vorteil aller weiter; jedes Volk und jeder Staat kann davon profitieren.

Der scheinbare Gegensatz zwischen dem nationalen Interesse und internationaler Solidarität, zwischen notwendigem Eigeninteresse und Gemeinwohl löst sich auf dieser Ebene auf. Die lange praktizierte Erkenntnis der innerstaatlichen Gemeinschaft, daß der Einzelne ohne die Gemeinschaft überhaupt nicht überleben kann und in seinem ureigenen Interesse auf sie angewiesen ist, greift nun auch im zwischenstaatlichen Handeln um sich. Mit einem Wort: Es wächst die Einsicht, daß die Völkergemeinschaft sich um das internationale Gemeinwohl kümmern muß.

Wenn nun die Abhängigkeit der Staaten voneinander so weit fortgeschritten ist und das Zueinander geregelt werden muß, dann stellt sich doch die Frage, nach welchen Kriterien diese internationale Ordnung aufgebaut werden soll. Dies sind Frieden und Gerechtigkeit, ohne die kein menschliches Leben in Gemeinschaft funktioniert.

III. Hoffnung auf Frieden versus Status quo

Sie mögen sich fragen, ob dieses Thema überhaupt eines ist, mit dem sich ein Christ, ein Bischof zumal, befassen soll. Wäre es nicht für einen Bischof geziemender, das Evangelium zu verkünden und sich aus politischen Fragen herauszuhalten, wie ja uns auch schon aus dem politischen Raum nahegelegt worden ist. Wer so redet, übersieht, daß die Botschaft Jesu Wesentliches für das Zusammenleben der Menschen enthält; sie ist „politisch“ bedeutsam.

Im Glauben gründet die Hoffnung, daß Friede auf Erden nicht Utopie bleibt bis ans Ende der Zeiten, sondern daß „die Menschen sich in Liebe vereinen“[4] und die Gewalt überwinden. Diese im Glauben begründete Hoffnung hat ihren Grund in der Befreiung des Menschen aus seiner tiefen existentiellen Angst – die Ursache seiner Sündhaftigkeit ist – durch die unendliche Liebe Gottes: durch Tod und Auferstehung Jesu Christi.

Angesichts der Ablehnung und Brutalität der Menschen vertraut Jesus Christus total auf die Liebe des Vaters und läßt sich ans Kreuz schlagen – in der Hoffnung

---

[3] Johannes XXIII., Enzyklika „Pacem in terris“, 11. April 1963, Nr. 131.

[4] II. Vatikanisches Konzil, Pastoralkonstitution „Gaudium et spes“, 7. Dezember 1965, Nr. 78.

auf den Vater. Wenn auch die Hoffnungen Jesu scheinbar mit ihm gestorben sind, so glauben wir Christen, daß Gott in der Auferstehung Jesu Christi gezeigt hat, daß er das Vertrauen Jesu und seine Hoffnung bestätigt und ihn so zu wirklichem, neuen Leben erweckt hat.

Nicht Haß, Gewalt und Tod sind das letzte Wort über den Menschen und seine Welt, sondern die Hoffnung auf Menschlichkeit und Friedfertigkeit in einem umfassenden Sinn. Weil wir Christen darin Jesus Christus nachfolgen, sind wir zum Engagement für den Frieden unter den Menschen verpflichtet. Darin wissen wir uns mit allen Menschen guten Willens einig.

Die christliche Hoffnung kann sich nicht auf den Sonntag beschränken, sondern will im Alltag der Menschen praktisch werden. Für das Zusammenleben der Völker heißt dies, daß wir uns auf allen Ebenen für Menschlichkeit und Friedfertigkeit einsetzen, wenn wir die Nachfolge Jesu ernst nehmen. Dies beginnt im unmittelbaren Familien- und Freundeskreis sowie im Berufsalltag und hat Auswirkungen auf die Ebene der Völkergemeinschaft.

Eine Gesellschaft, die in ihrem Inneren keinen Frieden findet, weil ihre Bürger untereinander unfähig zum Frieden sind, wird auch nach außen keinen Frieden finden. Der Frieden der Menschen untereinander ist eine wesentliche Voraussetzung für den äußeren Frieden. Zentrale Voraussetzung für den inneren wie äußeren Frieden ist die Anerkennung der Würde und Rechte des Menschen. Die Ambivalenz des Menschen, zugleich Gerechter und Sünder zu sein, erfordert eine Rechtsordnung, die ein Mindestmaß an Frieden und Gerechtigkeit garantiert.

Der Verfassungsstaat hat in einem langen Entwicklungsprozeß ein System friedlicher Konfliktregelung als Voraussetzung für den inneren Frieden entwickelt. In analoger Weise entwickelt sich weltweit das Bewußtsein über Menschenrechte, in deren Kern die Glaubens-und Gewissensfreiheit steht – das Recht, das am deutlichsten die unendliche Würde der menschlichen Person bezeichnet.

IV. Vom Völkerrecht der Souveränität zum Völkerrecht der Solidarität

Gleichzeitig ist am Beginn der Neuzeit das Völkerrecht als ein alle Menschen und Völker umfassendes Recht begründet worden. Seine Gründerväter waren Theologen der spanischen Spätscholastik, Francisco de Vitoria, Luis de Molina und Francisco Suarez, die sich sehr bewußt waren, daß das Völkerrecht ein vorstaatliches Recht sein muß, das auf den Menschenrechten aufbaut. Kein Staat durfte demnach gegen das Völkerrecht verstoßen, kein Staat war souverän über das Recht, das die ganze Völkergemeinschaft umschließt.

Dieses Erbe aus dem 16. Jahrhundert entdeckt die Völkergemeinschaft gerade wieder. Artikel 2 Absatz 1 der Charta der Vereinten Nationen spricht vom „Grundsatz der souveränen Gleichheit aller ihrer Mitglieder“, die nach dem Prinzip der Nichteinmischung in innere Angelegenheiten handelt[5]. In Spannung dazu stand die von allen Mitgliedsstaaten unterzeichnete „Allgemeine Erklärung der

[5] Charta der Vereinten Nationen, 26. Juni 1945.

Menschenrechte"[6]. Demnach stehen die Menschenrechte nicht in der Verfügungsgewalt der souveränen Staaten, sondern begrenzen deren Souveränität.

In den letzten Jahren hat hier eine wichtige Weiterentwicklung der Völkergemeinschaft stattgefunden: Die UNO-Resolutionen 688 (Kurdenhilfe) und 794 (Somalia/UNOSOM II) bedeuten einen entscheidenden Schritt zu einem Verständnis des Völkerrechts auf der Basis der Menschenrechte: Die UN anerkennt in zunehmendem Maße, daß Menschenrechtsverletzungen keine inneren Angelegenheiten des jeweiligen Staates sind, sondern Auswirkungen auf den Frieden der Gemeinschaft haben[7]. Hinter diese Entwicklung kann die UN nicht mehr zurück. Dennoch müssen sehr wohl die Folgen dieser Entwicklung bedacht werden.

Die Völkergemeinschaft hat seit 1990 mehrfach versucht, dieser gewachsenen Verantwortung gerecht zu werden. Die UN-Einsätze in Kambodscha, Somalia, Bosnien und Ruanda sind nur die spektakulären Beispiele. Es droht derzeit die Gefahr, daß die UN sich übernommen hat. Das Sekretariat des UN-Generalsekretärs ist zu klein, die Kosten für UN-Missionen überschreiten das Budget bei weitem, es gibt enorme Führungs- und Abstimmungsprobleme während der Missionen, die Zusagen der Staaten zur Unterstützung im Vorfeld der Missionen sind kaum koordinierbar. Schon heute können die Vereinten Nationen nicht überall dort eingreifen, wo akute Not herrscht. Wenn sie eingreifen, setzen sie sich zudem dem Vorwurf aus, aus egoistischen Motiven einiger mächtiger Mitgliedsstaaten zu handeln und nicht um des Gemeinwohles willen.

Die Völkergemeinschaft muß über die Akzente nachdenken, mit denen der Friedensprozeß weiter betrieben werden soll. Seit der großen Friedensenzyklika „Pacem in terris" von Johannes XXIII. spricht die kirchliche Friedenslehre in diesem Zusammenhang vom Vorrang der Friedensförderung vor der Friedenssicherung. Das heißt in dem hier diskutierten Zusammenhang, daß die Vereinten Nationen und ihre Mitgliedsstaaten stärkere Akzente auf die Vermeidung und Bekämpfung von Konfliktursachen legen müssen. Es müssen natürlich auch Potentiale zur Kriegsverhinderung oder -bekämpfung bereitgehalten werden. Aber die Förderung des Friedensprozesses durch Bildungsmaßnahmen, wirtschaftliche Entwicklung, gerechte Verteilung der Ressourcen und nicht zuletzt durch einen gerechten Welthandel haben Vorrang. Andernfalls produzieren wir mehr Ungerechtigkeiten und Konfliktursachen, als die UN jemals eindämmen kann. Am Beispiel des islamischen Fundamentalismus sei dies angedeutet.

---

[6] Die Generalversammlung der Vereinten Nationen hatte am 10. Dezember 1948 in New York die „Universal Declaration of Human Rights" verkündet, die den Charakter einer völkerrechtlich nicht bindenden Empfehlung hatte.

[7] Vgl. Stellungnahme des Katholischen Militärbischofs zur Irak-Resolution 688 des UNO-Sicherheitsrates, 12. April 1991; s. oben S. 204–206.

V. Islamischer Fundamentalismus als entwicklungspolitische Herausforderung

Es gehört zu den Standardthemen der neueren sicherheitspolitischen Analyse, zu den gegenwärtigen Sicherheitsrisiken auch den islamischen Fundamentalismus auszumachen. Da pauschale Anschuldigungen schnell blind machen, ist ein genaues und differenziertes Hinsehen erforderlich.

Neuere Untersuchungen über den islamischen Fundamentalismus weisen gewöhnlich auf zwei Dinge hin: Erstens ist die Jugend in den Ländern des Maghreb gerade besonders dann für radikale Parolen empfänglich, wenn sie für sich keinerlei Möglichkeit sieht, aus der derzeitigen Misere herauszukommen. Das Elend dieser Jugend ist Wasser auf die Mühlen der Radikalen und Öl im Feuer der Gewalt.

Wenn junge Menschen aufgrund fehlender Perspektiven in den radikalen Parolen von extremistischen religiösen Führern ihre einzige Perspektive sehen, so trägt die Völkergemeinschaft einen Teil der Verantwortung, wenn sie dieses Konfliktpotential nicht früh genug erkennt und nach Lösungen sucht.

Zweitens gibt es unter den islamischen Strömungen radikale Gruppierungen, die jeglichen Kontakt und Einfluß mit dem ihrer Meinung nach dekadenten Westen ablehnen. Aber es gibt ebenso moderate islamische Bewegungen, die aus einer islamischen Grundhaltung heraus den Dialog und das Miteinander der Kulturen und Religionen fördern.

Es ist eine Frage der politischen Klugheit, die Moderaten als eigenständige Gruppe wahrzunehmen, anzusprechen und zu unterstützen. So kann der Versuch gemacht werden, einen von vielen befürchteten Konflikt lange im Vorfeld durch tätige Solidarität zu entschärfen.

Ein weiteres Konfliktpotential, das wir überwunden glaubten und das uns in den vergangenen fünf Jahren wieder überrascht hat, ist der Drang nach staatlicher Selbstbestimmung.

VI. Selbstbestimmung statt Souveränität

Mit dem aufkeimenden Ethno-Nationalismus ist im Bereich des ehemaligen Ostblocks ein neues Krisenpotential in unser Gesichtsfeld getreten. Der Krieg im ehemaligen Jugoslawien zeigt die große Gefahr, die in dem Wiedererstarken nationaler Hoffnungen oder Träume liegt. Etwa 70 potentielle ethnische Konflikte schwelen allein in der GUS. Die Mehrheit der Volksgruppen, die ihre Souveränität anstreben, ist jedoch nicht lebensfähig. Andererseits ist das Selbstbestimmungsrecht der Völker zu respektieren. Ob allerdings die Souveränität auch der kleinsten Volksgruppe die Lösung darstellt, muß zumindest in Frage gestellt werden.

Worin ist der Unterschied zwischen Selbstbestimmung und Souveränität zu sehen? „Alle Völker haben das Recht auf Selbstbestimmung. Kraft dieses Rechts entscheiden sie frei über ihren politischen Status und gestalten in Freiheit ihre wirtschaftliche, soziale und kulturelle Entwicklung“[8]. „Souveräne Staatlichkeit ist

---

[8] Internationaler Pakt über bürgerliche und politische Rechte, 19. Dezember 1966, Artikel 1 Absatz 1.

somit nur eine mögliche Form politischer Organisation neben anderen, die ein Volk in freier Selbstbestimmung wählen kann"[9].

Dazu kommt, daß die Souveränität, im klassischen Sinne, wonach ein Staat keine Gewalt über sich anerkennt, durch die vielfache weltweite Interdependenz der Staaten faktisch aufgeweicht ist. Der Zusammenschluß der Staaten in internationalen Organisationen zeigt, daß die Völker diesen Prozeß auch aktiv betreiben.

Dieser Prozeß der Herausbildung eines internationalen oder Völkergemeinwohls ist begrüßenswert. An die Stelle der klassischen Souveränität ist nach und nach die Solidarität der Völker in der Staatengemeinschaft getreten. Die internationale Gemeinschaft organisiert sich zunehmend nach dem Prinzip der Subsidiarität: Entscheidungen, die bislang in der Kompetenz des Staates gelegen haben, werden in regionalen (OSZE, EG, ASEAN) oder internationalen Gremien (UNO, WTO, UNESCO ...) entschieden.

Für die nach Selbstbestimmung strebenden Volksgruppen Osteuropas bedeutet dies, daß an die Stelle der Souveränität einer jeden Minderheit, Volks- oder Sprachgruppe das jeweils mögliche Maß an rechtlich abgesicherter Selbstbestimmung treten muß. Scheinbar souveräne Ministaaten, die wirtschaftlich und außenpolitisch abhängig sind, haben im Zweifel weniger Selbständigkeit als „Autonome Regionen" mit vertraglich gesicherter Selbstverwaltung.

Ein föderatives System mit der Subsidiarität als Ordnungsprinzip kann sowohl das Selbstbestimmungsrecht der Völker als auch notwendige internationale Stabilität und Ordnung gewährleisten. In die Weiterentwicklung der bestehenden internationalen Strukturen mit diesem Ziel muß jedoch noch einige Energie gesteckt werden. Die entscheidende Frage dürfte dabei sein, wie ein System des „check and balance" auf der Ebene der UN entstehen kann: Wie können die internationalen Institutionen auf der einen Seite genügend Macht haben, um Kriegsverhinderung effektiv zu gewährleisten und auf der anderen Seite auch wieder einer demokratischen Kontrolle unterliegen?

VII. Fazit: Tätige Solidarität mit der Völkergemeinschaft aus nationalem Interesse

Die Entwicklung der zwischenstaatlichen Interdependenzen und die drängenden Probleme auf Weltebene machen es unumgänglich, daß internationales Gemeinwohl als Aufgabe und Chance zu sehen sind. Kein Staat kann auf Sicht ohne ein weiterentwickeltes System der Vereinten Nationen seine legitimen Interessen wahren.

Derzeit liegt es an den politisch mächtigen Staaten in der UN, daß sie ihre Verantwortung für das Ganze begreifen und im Interesse aller – aber auch in ihrem eigenen Interesse – ergreifen. Das Denken in den Kategorien herkömmlicher Souveränität hat sich überlebt. Um Frieden und Gerechtigkeit als notwendige Voraussetzung für ein Überleben der internationalen Gemeinschaft anstreben zu können,

[9] Gerhard Beestermöller, Selbstbestimmungsrecht der Völker und staatliche Souveränität, in: Wiener Blätter zur Friedensforschung 69, 4/1991, S. 44.

müssen die politisch und wirtschaftlich bedeutsamen Staaten einen ersten Schritt im Sinne der Friedensförderung auf die schwächeren Glieder der internationalen Gemeinschaft zugehen.

In diesem Kontext wird es in einem zunehmenden Maß Aufgabe der Soldaten sein, den Prozeß auf eine sich mehr und mehr herausbildende internationale Gemeinschaft, die diesen Namen verdient, durch ihren Beitrag vor einen Rückfall in Zeiten des freien Kriegsführungsrechtes abzusichern. Damit verhelfen sie dem Konzept der Kriegsverhinderung zu einer realistischen Chance. Dann werden sie mit den Worten des Zweiten Vatikanischen Konzils „Diener der Sicherheit und Freiheit der Völker"[10].

Trickkiste der Manipulation*

Welche Erfahrungen haben Sie im Umgang mit dem Fernsehen gemacht?

Alles in allem sehr „gemischte". Ich will hier nicht in Einzelheiten gehen. Aber ich habe nicht wenige Beispiele aus der Trickkiste der Manipulation und Verfälschung erlebt, die für manche Journalisten heutzutage offenbar zur handwerklichen Grundausrüstung gehören. Statements und Interviewäußerungen von mir wurden entweder gar nicht gesendet, weil sie der Redaktion nicht paßten, oder man hat sie gesendet, aber mit höhnischen Kommentaren versehen, oder sie demagogisch mit Dingen und Situationen in Zusammenhang gebracht, auf die sie nicht gemünzt waren.

Ich stehe jetzt auf dem Standpunkt: Wenn einer ehrlich meine Meinung erfahren will, dann stehe ich zur Verfügung. Aber ich stehe nicht mehr zur Verfügung als „Kontrastmittel" nach dem Muster: Frau Jepsen und Dyba, Joschka Fischer und Dyba, Rosa von Praunheim und Dyba. Neun von zehn Angeboten, mich im Fernsehen zu äußern, schlage ich mittlerweile aus. Dann wird das zehnte meist ein bißchen besser.

Aber man muß höllisch auf der Hut sein, Leuten nicht auf den Leim zu gehen, die es am liebsten haben, wenn man den Kakao, durch den sie einen ziehen, auch noch schlürft.

Die katholische Kirche insgesamt kommt in den Medien immer wieder schlecht weg. Ist das Ursache oder Symptom einer Kirchenverdrossenheit?

Man kann die Medien nicht alle über einen Kamm scheren, aber wie die Kirche im Fernsehen behandelt wird, das ist gotterbärmlich. So wie es Politikverdrossenheit und Gewerkschaftsverdrossenheit gibt, gibt es auch eine gewisse Kirchenverdrossenheit. Ich erlebe das in unseren Gremien, etwa im Pfarrgemeinderat, im Verwaltungsrat. Wenn ich mit denen zusammenkomme, dann höre ich meist erst einmal,

---

[10] II. Vatikanisches Konzil, Pastoralkonstitution „Gaudium et spes", 7. Dezember 1965, Nr. 79.

* Transparenz der Medien, Nr. 4, April 1995: Trickkiste der Manipulation. Interview: Erzbischof Dyba zur verhängnisvollen Wirkung der Medien (Interview: Wilfried Ahrens).

was die in den letzten sechs Wochen alles an Negativem über die Kirche gelesen und gesehen haben.
Dann kann ich nur mahnen: Ihr dürft euch dadurch nicht krank machen lassen, sondern ihr müßt sehen, wie man in der Kirche die Quellen der Freude findet. Was Sie in der Kirche sehen und finden, das hängt sehr weitgehend von Ihrem Charakter ab. Ein Beispiel: Wenn Sie glauben, daß jedes menschliche Wesen von Gott ins Dasein gerufen ist, daß auch das kleine Kind im Mutterleib eine Idee und ein Ruf Gottes ist, der es gewollt hat, dann verstehen Sie, daß die Kirche sagt: Kein Mensch hat das Recht, die Hand gegen ein ungeborenes Kind zu erheben. Wenn Sie das nicht glauben, dann sagen Sie: Unverschämtheit, mein Bauch gehört mir, was geht das die Kirche an. Sie können das, was an moralischen und ethischen Konsequenzen folgt, überhaupt erst begreifen, wenn Sie den Glauben haben.

Scheitert die Kirche nicht mehr und mehr, diese Botschaft zu den Menschen zu bringen; ist dieser, sagen wir: Kommunikationsmangel, nicht auch ein Versagen der Kirche?

Wir sind da sicher nicht ohne Schuld, aber nicht allein und nicht zuerst. Unsere Welt ist so voller Lärm, so voller Ablenkung nicht zuletzt durch die elektronischen Medien – das hat es in zwei Jahrtausenden nicht gegeben, das ist doch ganz neu. Es war in der ganzen Menschheitsgeschichte noch nie möglich, daß Menschen sich per Knopfdruck von der Wirklichkeit verabschieden und in eine Scheinwelt eintauchen. Die Menschen, vor allem die jungen Menschen, werden heute in einem nie gekannten Ausmaß von der Wirklichkeit abgelenkt.
Fast zwei Jahrtausende war das Abendprogramm der Jugend: Die Familie sammelte sich um Licht und Wärme, und die Mutter oder die Großmutter erzählte den Jungen Märchen und Geschichten und vermittelte ihnen das Weltbild und das Gottesbild. Erst jetzt, erst seit ganz kurzer Zeit, liegen die armen Würmer platt auf dem Bauch vor der Glotze und „ziehen" sich da alles mögliche rein. Daß da die Botschaft der Kirche unheimlich schwer anzubringen ist, kann nicht verwundern.
Natürlich müssen wir Wege finden, wie das zu verbessern ist. Die Kirche muß aus der Defensive heraus und in die Offensive. Bis vor ein, zwei Jahrzehnten konnte man sich noch der Meinung hingeben, man könnte durch Dämme etwas bewirken. Heute sind die Dämme völlig niedergewalzt. Die Schlammflut dringt in alle Wohnzimmer.

Neue Wege – vielleicht mit einem eigenen Fernsehkanal?

Das können Sie vergessen. Ich war früher auch mal traurig darüber, daß wir keinen eigenen Sender haben. Aber dann habe ich gesehen, was zum Beispiel in Holland mit einem solchen Unternehmen[1] passiert ist. Das waren schließlich die Kirchenfeindlichsten von allen, da hatten auch zu viele abgefallene Priester und Ordensleute Unterschlupf gefunden. Das wäre bei uns nicht anders.

---

[1] Katholieke Radio-Omroep (KRO), 1926 als Verein organisierte katholische Programmgesellschaft für Rundfunk und dann auch Fernsehen.

Das Problem ist: Unter dem Banner des Pluralismus sind alle Meinungen gleich. Der letzte Hauch von Schwachsinn wird mit ewigen Wahrheiten völlig gleichgesetzt. Das hat natürlich Auswirkungen. Deshalb meine ich, wir kommen in ein Zeitalter der Degeneration, im wörtlichen Sinne De-Generation. Wir geben das Leben nicht mehr weiter, oder nur noch sehr ungern, jede Schwangerschaft ist ein Riesenkonflikt und Problemfall. Wir sind eines der reichsten Länder der Erde und sind trotzdem seit fast zwei Jahrzehnten das Volk mit den wenigsten Geburten. Und in dieser Situation werden bei uns noch Jahr für Jahr Hunderttausende von Kindern im Mutterleib getötet – und das wegen angeblich sozialer Notlage.
Wir Deutschen sind also das kinderfeindlichste, das lebensfeindlichste Volk auf der ganzen Erde. Und wir geben den Glauben nicht mehr weiter. Früher war die Zukunft einer Generation die kommende Generation. Das war die große Herausforderung: Leben weitergeben, Glauben weitergeben. Heute ist die eigene Generation die Hauptsache. Fit for Fun ist das Motto, Fitneß, Money und Sex. Das ist Degeneration, das ist dieselbe Degeneration, die wir bei den Griechen hatten, es ist dieselbe Degeneration, die wir bei den Römern hatten. Es sind dieselben Erscheinungen, nur, daß es heute noch durch die überfallartige Entwicklung der Unterhaltungselektronik beschleunigt wird. Durch den modernen „Einbruch" der Medien in die Familien hat sich im Menschen selbst viel verwandelt. Darunter leiden auch wir. Auf diese Entwicklung hat die Kirche noch keine Antwort gefunden. Immer mehr Menschen führen ihr Leben so, wie sie fernsehen. Sie zappen sich durch: Gefällt mir das eine Programm nicht, zappe ich zum nächsten, gefällt mir die eine Frau nicht mehr, zappe ich mir eine neue. Niemand kommt in einem Restaurant auf die Idee, sich durch die ganze Speisekarte hindurchzuessen. Das hält keiner aus. Aber im Leben sonst, da will man nichts auslassen.

Degeneration – Ihre Prognose ist düster.

Meine Hoffnung ist die ganz junge Generation. Die Sinnfrage stellt sich immer, und je sinnloser die Umwelt erscheint, um so drängender wird sie gestellt. Und da hat allein die Kirche eine wirkliche Antwort. Nur, die Kirche hat angesichts des beschriebenen Problems zu viele Panzer, zuviel Bürokratie, zuviel Apparat. David und Goliath – wir sind Goliath geworden mit einer riesigen Rüstung. Wie wird man dazu? Dadurch, daß man immer mehr Geld und immer weniger Mut hat.
Meine Hoffnung ist: Wir werden, und sei es vom Finanziellen her, gezwungen sein, einiges, was überflüssig ist, abzureißen, und zu einem neuen Aufbruch kommen. Ich glaube, uns wird vieles weggerissen werden, auch was staatskirchliche Einbindungen betrifft, und da sehe ich die Möglichkeit, daß wirklich der Geist wieder durchbricht und daß wir uns wieder auf das Eigentliche konzentrieren können. Da vertraue ich auf Gott.

Staatstheologen*

Vor hundert Jahren schrieb Wladimir Solowjow seine berühmte „Kurze Erzählung vom Antichrist“[1]. Welch verblüffende prophetische Gabe des russischen Philosophen: kaum hat der Antichrist der Welt seine Erlösungstheorie offenbart, da „ ... sendet mir nun dieser Tage die Universität Tübingen ein Gesuch, von ihr das Diplom eines Ehrendoktors der Theologie entgegenzunehmen“. Wer die Aktivitäten diverser Mitglieder der Theologischen Fakultät in Tübingen in den letzten Jahren verfolgt hat, kann über die Parallelen nur staunen: erst nach der Vertreibung des Papstes kann die neue Universalreligion der Welt endgültig Frieden und Wohlstand bringen, selbstverständlich nach Beseitigung all der hinderlichen Bekenntnisse und nachdem eine moderne Bibelkritik die Person Jesu und die Gebote Gottes auf ein den Zeitgenossen zumutbares Maß zurückgestutzt hat.

Heute aber, da diese Forderungen von unseren Schriftgelehrten – und nicht nur in Tübingen – tatsächlich und lauthals erhoben werden, sollten wir da nicht endlich wach werden? Am deutlichsten wird einem die Vergiftung der Atmosphäre in Deutschland – hauptsächlich entlang der Rheinschiene von Holland bis in die Schweiz –, wenn man aus der Dritten Welt kommt, in der gerade heute die Kirche in ungeahnter Weise aufblüht, wächst und gedeiht; in der sie für die Armen und Elenden bei kulturellem Schwund, politischer Korruption und wirtschaftlichem Bankrott oft das einzige konkrete Zeichen der Hoffnung ist.

Bei uns aber führen theologische Selbstvermarkter das Wort, greifen Papst und Kirche an, verunsichern zahllose Gläubige und scheuen nicht einmal davor zurück, den Kirchenhassern Munition zur Verächtlichmachung der Kirche zu liefern. Da zeigt sich eine Treulosigkeit, ein Verrat gegenüber der ursprünglichen Berufung, wie er bei Staatsdienern undenkbar, bei jeder Firma, jeder Gewerkschaft, jedem Sportverein unmöglich wäre. In der ob ihrer hierarchischen Strenge gescholtenen Kirche aber ist das möglich – wieso? Weil ihre Theologieprofessoren an den Fakultäten staatlicher Universitäten unabhängig sind und lebenslänglich auf hohem Niveau alimentiert werden, ohne jede Rücksicht darauf, ob sie ihrem Auftrag nachkommen, die Lehre der Kirche zu verkünden, oder ob sie diese Lehre ablehnen, angreifen oder lächerlich machen. Ja selbst wenn sie, wie mehrfach geschehen, aus der Kirche austreten und nur noch gegen die Kirche agieren, ist nach geltendem Recht der Staat (das heißt der Steuerzahler) verpflichtet, nicht nur sie, sondern auch noch ihre Ersatzmänner zu finanzieren.

Bei aller Reverenz vor den vielen, die ihre Pflicht erfüllen, der Mißbrauch dieser Rechtsstellung hat inzwischen einen Umfang und eine Wirkung in der Öffentlichkeit erreicht, daß es berechtigt erscheint, die Frage nach der Überprüfung des gan-

---

* Frankfurter Allgemeine Zeitung, Nr. 81, 5. April 1995: Fremde Federn: Johannes Dyba: Staatstheologen.

[1] Wladimir Sergejewitsch Solowjow, Drei Gespräche über Krieg, Fortschritt und das Ende der Weltgeschichte mit Einschluß einer kurzen Erzählung vom Antichrist, Petersburg 1899–1900; dt. Ausg. u.a. von L. Müller: Die kurze Erzählung vom Antichrist, München–Freiburg 1968.

zen Systems zu stellen. Dies auch im Hinblick auf unsere Verantwortung gegenüber dem theologischen Nachwuchs.

Kaum hatte ich dieses Tabu aber einmal angerührt, da hörte ich von hoher Warte, daß ein Eingriff in diesen Gral „den Anfang vom Ende einer wissenschaftlichen Theologie" bedeuten würde. Das klingt zunächst beeindruckend. Wenn man dieses Argument aber wirklich ernst nehmen wollte, müßte man folgerichtig zu dem Schluß kommen, daß es in den letzten zwei Jahrtausenden nirgendwo – mit Ausnahme Deutschlands im vergangenen Jahrhundert – wissenschaftliche Theologie gegeben hat oder geben konnte: Nie und nirgendwo gab es ja je die Voraussetzungen unserer heimischen Konkordate. Da bleibt nüchtern zu konstatieren, daß man sich hier an einem alten preußischen Konkordatszopf festhält, der, wie alle Zöpfe der Geschichte, früher oder später abgeschnitten wird.

Bei so viel Verdruß einen Trost: Die meisten deutschen Startheologen, von Küng bis Lehmann, haben nicht an staatlichen, sondern an rein kirchlichen Fakultäten ihre theologische Ausbildung empfangen, bis hin zum Doktorhut. Auch der Vorsitzende unserer Glaubenskommission, Kardinal Wetter, gehört dazu, ebenso wie der herausragende Fachtheologe unter den Bischöfen der neuen Bundesländer, Joachim Wanke, und der in Fulda unvergessene Berliner Kardinal Alfred Bengsch.

Um so unverständlicher ist es daher, daß gerade in der krassen Diaspora der ehemaligen DDR so intensiv an die Errichtung neuer staatlicher Theologischer Fakultäten gedacht wird. Der Bedarf im wiedervereinigten Deutschland ist mehr als gedeckt. Qualifizierte Theologieprofessoren sind ausgesprochen rar und Theologiestudenten noch viel rarer. In dieser Situation den Regierungen der neuen Bundesländer mit ihren durchschnittlichen fünf bis acht Prozent katholischer Bevölkerung Katholische Fakultäten mit den bereits beschriebenen kostspieligen Konkordatsprivilegien aufnötigen zu wollen, erscheint mir nicht als ein sinnvolles Vorgehen.

Was die Zukunft der Kirche in Deutschland betrifft: Wir tragen inzwischen die Rüstung des Goliath. Sie lähmt uns zunehmend. Werden wir den Stein des David wiederfinden, bevor wir in die Knie gehen?

Tatsachen gegen Vorurteile*

Wer sich als Christ nach dem Erscheinen der Enzyklika „Evangelium vitae"[1] einer öffentlichen Diskussion stellt, etwa einer Talk-Show des Fernsehens, steht vor Erfahrungen, für die er starke Nerven braucht.

Wer ein System vertritt, das die Massentötung von ungeborenen Kindern ermöglicht und dafür die flächendeckende Bereitstellung entsprechender Einrichtungen vorsieht, wird als fortschrittlich, vernünftig und die Würde der Frau respektierend anerkannt und ist lauter Zustimmung sicher. Wer gegen die Tötung

* Rheinischer Merkur, Nr. 16, 21. April 1995: „Tatsachen gegen Vorurteile". Von Johannes Dyba.

1 Papst Johannes Paul II., Enzyklika „Evangelium vitae", 25. März 1995; dt. Übers.: Verlautbarungen des Apostolischen Stuhls, Nr. 120.

von nunmehr immerhin täglich fast 1 000 Ungeborenen im Mutterleib in unserem Lande eintritt, dem wird in schrillen Tönen Unbarmherzigkeit vorgeworfen, und seiner Verurteilung als Feind der Freiheit und klerikaler Finsterling wird er nicht entgehen.

Die Botschaft des Papstes, der nicht zögert, die Abtreibung unschuldiger Kinder Mord zu nennen[2], hat unsere gegenwärtige Situation in ihrer ganzen Misere blitzartig erhellt. Sie beleuchtet aber auch die immer weiter auseinanderreißende Kluft zwischen der christlichen Lehre von den Geboten Gottes und dem, was heute bei uns schon gängige Praxis ist und morgen Gesetzgebung sein wird. Denn das ist ja der fundamentale Gegensatz: Entweder wird anerkannt, daß Gott allein Herr über Leben und Tod ist, dann ist jedes menschliche Leben unantastbar, oder aber der Mensch maßt sich an, über Leben und Tod zu entscheiden, dann kann jedes menschliche Leben verfügbar, ja sogar „unzumutbar" werden, wenn und insoweit gesellschaftliche Strömungen es so wollen.

Auf drei Vorwürfe gegen die Lehre des Papstes möchte ich einmal besonders eingehen, weil sie heute zu den beliebtesten gehören und auch gläubige Katholiken verblüfft zurücklassen.

1. Die päpstlichen Vorbehalte gegen die künstliche Empfängnisverhütung treiben die Zahl der Abtreibungen ja noch in die Höhe.

Tun Sie das wirklich? Ich glaube, wir müssen doch davon ausgehen, daß es in dieser Frage im großen und ganzen drei Gruppen gibt. Die erste kümmert sich überhaupt nicht um die Ansichten des Papstes. Man verhütet mit allen Mitteln, und wenn es trotzdem „passiert", wird zumeist abgetrieben. Für diese Gruppe gilt der vom Papst erhobene Vorwurf der Wegmach-Mentalität, der Verhütung wie Abtreibung umfaßt. Eine zweite Gruppe, die sicher auch viele gläubige Christen umfaßt, glaubt, in ihrer sozialen und familiären Situation auf künstliche Verhütungsmittel bei der Empfängnisverhütung nicht verzichten zu können und meint auch in ihrem Gewissen, sie anwenden zu können. Tritt hier aber doch eine ungeplante Schwangerschaft ein, so wissen diese Menschen zwischen Verhütung und Abtreibung sehr wohl zu unterscheiden und schrecken vor letzterer in ihrem Gewissen zurück. Für eine dritte Gruppe schließlich, deren Gewissen so ausgebildet ist, daß sie dem Papst auch in Fragen der Empfängnisverhütung folgt, käme eine Abtreibung nie auch nur von weitem in Frage. Fazit: Wie immer man also zu den Vorgaben des Papstes in Fragen der Empfängnisverhütung stehen mag, ihm erhöhte Abtreibungszahlen anzulasten, ist ebenso unfair wie unsinnig.

2. Die Lehre des Papstes verschuldet Überbevölkerung und den Tod vieler Kinder in der Dritten Welt.

Hier müssen wir einfach mal die Tatsachen sprechen lassen. Zunächst: In den riesigen Ländern Asiens, die mit ihren Milliarden den Hauptanteil der Weltbevölkerung ausmachen, also China, Indien, Pakistan, Indonesien und andere, ist der katholische Bevölkerungsanteil verschwindend gering und liegt weithin noch

---

[2] Papst Johannes Paul II., Enzyklika „Evangelium vitae", 25. März 1995, Nr. 2.

unter zwei Prozent. Diese wirklich hohen Zahlen haben also mit Papst oder Enzykliken überhaupt nichts zu tun.

In Afrika, das ich aus eigener langjähriger Erfahrung kenne, sind zwei Faktoren für die Bevölkerungszahlen ausschlaggebend. Einmal ist noch eine Mentalität vorherrschend, die einen Mann, der nicht jedes Jahr mindestens ein Kind vorweisen kann, als gesellschaftlich irrelevant, um nicht zu sagen tot betrachtet. Zum anderen ist da, wo keinerlei Alters- oder Invalidenversicherung existiert, ja wo infolge von ständig aufeinanderfolgenden Staatsbankrotten an ein irgendwie geartetes soziales Netz überhaupt nicht gedacht werden kann, die Großfamilie die einzig denkbare Altersvorsorge. So gab es ja auch bei uns noch hohe Kinderzahlen bis zur Jahrhundertwende. Erst das Greifen der mit der Bismarck-Ära beginnenden Sozialgesetzgebung hat bei uns die Geburtenzahlen rapide sinken lassen. Das ist ein Phänomen, das sich heute in allen Schwellenländern der Welt wiederholt: Steigende Entwicklung bewirkt beinahe automatisch sinkende Geburtenziffern. Es gilt also, den armen Ländern Entwicklung zu ermöglichen, die Armut auszurotten, nicht die Armen. Und das katholische Lateinamerika? Abgesehen davon, daß auch hier viele der für alle unterentwickelten Länder maßgeblichen Kriterien gelten, ist darauf hinzuweisen, daß gerade in dieser überwiegend christlichen Weltregion die Geburtenrate in den vergangenen Jahrzehnten stärker gefallen ist als in allen anderen Entwicklungskontinenten. Wer also heute noch, wie der blinde „Spiegel“, den Papst anklagt, eine „tödliche Familien- und Bevölkerungsplanung“ zu betreiben[3], tut dies entweder böswillig oder aber in völliger Unkenntnis der Tatsachen.

3. Wie kann man angesichts von Aids noch gegen Kondome sein?

Die Ansicht, daß der Gebrauch von Kondomen wirksam und auf Dauer von Aids schütze, ist ein von interessierten Kreisen propagierter Trugschluß, der schon Millionen Menschen geradezu in die Aids-Falle getrieben hat. Vor kurzer Zeit wies mich ein afrikanischer Bischof noch auf die Tatsache hin, daß in kein Land der Welt mehr Kondome geliefert worden seien als nach Uganda und daß es kein Land mit einer höheren Aidsinfizierung gebe. Warum? Abgesehen davon, daß Arme in der Dritten Welt aus purer Geldnot Kondome häufig wiederverwenden, gilt überall und auch bei uns: Die falsche Sicherheit, die den Menschen vorgegaukelt wird, man könne das übliche promiskuitive Sexualverhalten ruhig fortführen, wenn man nur Kondome anwendet, führt mit eher größerer Wahrscheinlichkeit zur Ansteckung. Denn die Fehlerquote, sei es durch die bekannten Produktmängel, sei es durch „menschliches Versagen“, führt unweigerlich einmal zu Ansteckung. Erfahrungstatsachen legen den Verdacht nahe, daß man bei der Verwendung von Kondomen zwar etwas später, aber trotzdem an einer HIV-Infektion erkranken kann; eben weil man im Vertrauen auf Kondome dazu verführt wurde, auf die einzige wirklich wirksame Hilfe gegen Aids zu verzichten: die Treue zum seinerseits treuen Partner.

Das Auftreten von Aids hätte uns wahrhaftig zu einer radikalen Besinnung führen müssen: Woher kam das? Wer hat, nach dem sonst überall anerkannten Verursacherprinzip, die Verantwortung dafür? Wie können wir Unschuldige wirksam

[3] Der Spiegel, Nr. 15, 10. April 1995, S. 251.

schützen? Nichts dergleichen hat stattgefunden. Statt dessen war Vernebelung an allen Fronten angesagt, angefangen bei der damaligen Bundesgesundheitsministerin[4].

Damit sind wir aber wieder beim Hauptthema der Enzyklika Johannes Pauls II., die dem bei uns besonders fortgeschrittenen moralischen Verfall, der schließlich zu einer Kultur des Todes zu führen droht, ihr „Evangelium des Lebens" entgegensetzt. Da gibt es einen Satz, der allein schon das Ganze, das Unvergleichliche der christlichen Botschaft offenbart: „Der Mensch ist zu einer Lebensfülle berufen, die weit über die Dimensionen seiner irdischen Existenz hinausgeht, da sie in der Teilhabe am Leben Gottes selber besteht"[5]. Welche Welten liegen zwischen einer solchen Schau der Wirklichkeit und dem, was bei uns ohne jedes Gespür für den übernatürlichen Wert und die Würde des Menschen geplant und betrieben wird. Da werden noch so gut gemeinte Kompromisse von unserer Seite her nicht mehr möglich sein, weil einfach der früher einmal weithin gemeinsame Boden weggezogen wurde. Da werden klare Entscheidungen nötig sein. Die deutschen Bischöfe fragen sich in ihren „50-Jahres-Erklärungen" zum Kriegsende heute beklommen: Wie konnte es dazu kommen, daß dem damaligen Unrecht nicht ein einziger Aufschrei entgegengesetzt wurde? Nun, wir können an den unterschiedlichen Reaktionen deutscher Bischöfe vor einem halben Jahrhundert – es gab ja auch solche, auf die wir uns heute mit Stolz und Erleichterung berufen – nichts mehr ändern.

Uns ist die Gegenwart anvertraut und der Kampf mit der Hydra des Unrechts von heute. Was werden wir hinterlassen? Ein leuchtendes, eindeutiges und einhelliges Zeugnis für das Evangelium des Lebens oder Trauermaterial für Erklärungen unserer Nachfolger in 50 Jahren?

50 Jahre nach Kriegsende*

Wir haben uns hier fünfzig Jahre nach Kriegsende zu einem Gedenkgottesdienst, zu einem Versöhnungsgottesdienst versammelt. Wir haben uns versammelt unweit eines Ortes, an dem das Leid, das Nationalsozialismus und Zweiter Weltkrieg über uns und viele Völker gebracht haben, noch einmal monatelang schaurige Blüten des Hungers und des Todes entfaltet hat. Warum haben wir uns hier versammelt? Nicht, um uns aus dem sicheren Abstand von fünfzig Jahren in einem heimlichen Schauer an dem Elend der damaligen Zeit zu weiden, gewissermaßen als nostalgische Gaffer am Rande der Zeitgeschichte und schon gar nicht, um abzurechnen oder aufzurechnen, wozu heute manche sich versucht fühlen. Wenn du zwei von den Meinen erschlägst und ich erschlage zwei von den Deinen, dann ist das nur in der Mathematik Satans ausgeglichen. In Wirklichkeit sind das dann vier Erschla

[4] Gemeint ist wohl Rita Süssmuth (CDU), die von 1985 bis 1988 Bundesministerin für Jugend, Familie und Gesundheit war.

[5] Papst Johannes Paul II., Enzyklika „Evangelium vitae", 25. März 1995, Nr. 2.

* Predigt anläßlich eines Gedenkgottesdienstes 50 Jahre nach Kriegsende am 27. April 1995 in Remagen: „Herr, Du hast Wunden gerissen, Du wirst uns auch verbinden"; Überschrift von den Bearb. Druck: „Meinen Frieden gebe ich Euch", S. 48–50.

gene. Unrecht kann man nie subtrahieren, Unrecht kann man nur addieren und anhäufen.

Liebe Brüder und Schwestern! Wir haben uns versammelt, um uns zu besinnen auf das, was da geschehen ist, auf unsere Geschichte und ihre Bedeutung für uns heute. Da führt uns das Wort des Propheten Hosea, das wir gerade gehört haben, auf die Spur: „Herr, Du hast uns geschlagen, Du wirst uns auch heilen, Du hast Wunden gerissen, Du wirst uns auch verbinden!"[1]. Ja, der Herr hat Wunden gerissen, schwere Wunden. Aber das Unheil ist ja nicht aus heiterem Himmel auf uns herabgekommen. Dem ist ja ein beispielloser Abfall von Gott vorausgegangen und die Errichtung einer absoluten Herrschaft des Menschen über den Menschen. Da, wo Menschen die Herrschaft Gottes anerkennen, da sind sie als Kinder Gottes auch in ihrer Würde anerkannt, in ihrer Ebenbildlichkeit, da sind sie Brüder und Schwestern. Aber da, wo Menschen der absoluten Herrschaft anderer Menschen, die nicht mehr in der Verantwortung vor Gott stehen, unterworfen sind, da werden die einen maßlos aufgeblasen und die anderen werden zu Gefangenen und Sklaven, werden niedergetreten, zerstampft und vernichtet. Wo aber immer unschuldiges Blut zum Himmel schreit, da bleibt die Strafe des Himmels nicht aus. Wir selbst haben sie auf uns herabgezogen. Es heißt aber weiter: Du, der Du unsere Wunden gerissen hast, wirst uns auch verbinden, wirst uns auch heilen, gibst uns das Leben zurück, richtest uns wieder auf. Ja, das ist die unendliche Barmherzigkeit Gottes. Selbst denen, die ihn verraten und verkauft haben, die ihn verlassen haben, verspottet und verhöhnt, schenkt er einen neuen Anfang. Er gibt uns immer wieder die Chance der Rückkehr, der Umkehr, der Wiedergeburt und dafür, daß uns dieses Geschenk Gottes in so reichem Maß zuteil geworden ist, wollen wir heute ihm danken.

Das Ende des Krieges schien ja das Ende unseres Volkes zu sein. Erst nach dem 8. Mai 1945 begriffen die meisten, daß die Niederlage den Weg in eine bessere Zukunft für unser Volk freigemacht hat. Die Erinnerung an diese Niederlage ist damit auch der Tag des Dankes an die Völker der freien Welt, die unser Volk und seine Nachbarn von der Zwangsherrschaft Hitlers befreit haben und uns in der Not der Nachkriegsjahre beigestanden haben, geholfen haben zu einem beispiellosen Aufbau; uns in die Gemeinschaft der freien Völker aufgenommen haben. Dank auch dafür, daß unsere Soldaten in die Kameradschaft des Bündnisses aufgenommen wurden. Dank vor allem für Hilfe und Stütze auf dem Weg der Abkehr und der Umkehr, für so vielerlei Akte und Gesten der Vergebung und Versöhnung. Ich denke hier an die vielen Begegnungen mit unseren Soldaten, die im Ausland üben und ihren Dienst tun. Ich denke an die offenen Arme, mit denen uns die Militärseelsorger in den Ländern unserer ehemaligen Kriegsgegner aufgenommen haben. Ich denke an die Einladung an die deutschen Soldaten, erstmals 1958 an der Internationalen Soldatenwallfahrt in Lourdes teilzunehmen, ein Symbol dieser Aufnahme, Vergebung und Versöhnung.

So darf ich heute meinen Dank an die anwesenden Militärbischöfe aus Frankreich und Großbritannien[2], an den Vertreter des Militärbischofs der US-amerikani-

---

[1] Hosea 6,1.
[2] Michel Dubost und Francis Joseph Walmsley.

schen Streitkräfte aussprechen, als Vertreter ihrer Streitkräfte und Vertreter ihrer Länder. Aus Feinden und Gegnern sind Verbündete und Freunde geworden. Für dieses Geschenk können wir nicht genug danken.

Liebe Brüder und Schwestern, unser Dank kann sich am besten ausdrücken in dem Versprechen an Gott und an alle Menschen guten Willens, daß wir auf diesem Weg treu voranschreiten wollen. Unsere Zukunft wollen wir miteinander aufbauen, und wenn wir in der Kirche vom Miteinander sprechen, dann ist Gott der Erste, der mit dabei sein muß. Das Miteinander in der Kirche ist nie ein Miteinander unter uns Gott gegenüber, sondern zum wahren Miteinander kommen wir nur, wenn Gott mitten unter uns ist und wirkt. So wollen wir unsere Zukunft auf Gottes Geboten aufbauen. Denn das haben wir ja nun wirklich in unserem Jahrhundert gelernt: Gottlosigkeit führt immer in den Abgrund. Daran wollen wir denken, wenn wir gemeinsam das „Vereinte Deutsche Haus“ aufbauen, wenn wir gemeinsam an dem neuen „Haus Europa“ bauen und wenn wir neue, lichtvolle, gemeinsame Wege für die Völkergemeinschaft finden wollen. Ja, Herr, wir danken Dir für fünfzig Jahre friedlichen Aufbaus, fünfzig Jahre geprägt von Versöhnung und Freundschaft. Unser Dank soll unsere Treue sein zu unserem Gott, der uns wieder aufgerichtet hat, der unsere Wunden verbunden hat.

Der Prophet kündet dann im Namen Gottes: Er unser Gott, er kommt so sicher wie das Morgenrot. Am Ende aller Zeit, am Ende meiner Zeit kommt er, so sicher wie das Morgenrot. Und dann, liebe Schwestern und Brüder, soll er uns nicht als Feinde finden, nicht als Herren und Knechte, nicht als Jäger und Gejagte, als Verfolger und Verfolgte, sondern er soll uns finden als Freunde, als Brüder und Schwestern, als Kinder Gottes.

Unsere Zukunft ist die Ewigkeit*

Ich begrüße ganz herzlich alle Teilnehmerinnen am Bundeskongreß des Vereins katholischer Lehrerinnen in Deutschland. Ich glaube, Ort und Zeit sind sehr günstig. Sie sind nach Fulda gekommen – nun wieder mitten in Deutschland – so wie es ja Fuldas einziger Ruhm und einziger Ehrgeiz ist, immer mitten in der Kirche zu sein. Und dann der Tag der heiligen Katharina von Siena. Sie war wirklich das Wunder und die geistige Großmacht des 14. Jahrhunderts. Wer weiß noch etwas von Gregor XI. und Urban VI.? Und dann von Klemens VII.? Selbst Johanna von Neapel und Karl von Frankreich erregen uns nicht mehr allzusehr. Katharina von Siena ist wirklich der Lichtblick in einem sonst ziemlich trübseligen Jahrhundert. Und diese Frau ist mit 33 Jahren gestorben. Ihr kirchlicher Rang war „Mitglied im Dritten Orden des heiligen Franziskus“. Was hat sie bewirkt in der Kirche!

---

* Predigt am 29. April 1995 im Dom zu Fulda anläßlich der Bundesversammlung des Vereins katholischer deutscher Lehrerinnen (Bischöfliche Pressestelle Fulda); Überschrift von den Bearb.; Textfassung leicht überarbeitet.

In der Oration haben wir gerade gehört: Sie hat die Leiden der Kirche mitgetragen. In diesem Dienst ist ihre Liebe zu einem lodernden Feuer geworden[1]. Wir müssen den Unterschied bedenken: Viele sagen heute, wie entsetzlich sie an der Kirche leiden. Zwischen „an der Kirche leiden" und „die Leiden der Kirche mittragen und darin sich verzehren in immer größerer Liebe" ist ein gewaltiger Unterschied!

So wie sie gewirkt hat in ihrer Zeit – mit den Gaben, die Gott ihr geschenkt hat –, so sollen und wollen Sie wirken in unserer Zeit, mit all den Gaben und Möglichkeiten, die Sie haben – auch die Leiden der Kirche mittragen. Das tun Sie und haben Sie getan, wie Ihre Geschichte beweist. Und deshalb ist ja auch in der heutigen kirchlichen Landschaft Ihr Verband ein wirklicher Trost für die, die manchmal in der Kirche und mit der Kirche leiden. In der Kirche steht der Verein katholischer Lehrerinnen heute wirklich als ein schattenspendender Baum. Ich wünsche ihm viele neue Knospen, Blüten und Früchte.

Jetzt haben Sie sich das Thema und die Aufgabe vorgenommen: Zum Frieden erziehen. Eigentlich müßte das ja ziemlich einfach sein. Wer gestern an der Bundestagssondersitzung „50 Jahre Frieden und Neuanfang" teilgenommen hat – das war ja eine allgemeine Übereinstimmung von Dregger bis Joschka Fischer und von Gysi bis Kinkel! Alle haben geklatscht und applaudiert, so etwas Einmütiges hat man noch nie gesehen! Alle waren begeistert für Frieden, Toleranz und Menschlichkeit und all die guten Ziele. Wenn wir uns da alle so enorm einig sind und so für den Frieden begeistern, dann muß man sich natürlich fragen: Wieso klappt denn das nicht? Ich habe den Bundestag noch nie derartig unisono applaudieren sehen – und schon, wenn die Abgeordneten ihr tägliches Geschäft wiederaufnehmen, hakken sie wieder aufeinander los.

Und wie es in der Welt aussieht mit dem Frieden – trotz all der Konferenzen und Verhandlungen, obwohl der „kalte Krieg" beendet ist und die Machtblöcke und die Machtsphären so nicht mehr bestehen – wir alle wissen: der Friede ist gefährdet. Die Menschen morden einander nach wie vor. Wo alle den Frieden auf den Lippen haben, breiten die Kriege sich aus. Und woran liegt der Grund dieses Versagens in unserer Welt? Ich glaube, wir müssen den Grund wirklich finden in der Gottferne und Gottlosigkeit der modernen Welt und des modernen Menschen.

Schon seinen Propheten läßt der Herr sagen: „Für die Gottlosen gibt es keinen Frieden"[2]. Jesaja, der große Friedensprophet, sagt das ganz deutlich. Da mögen sie noch so viel schreien und verhandeln, diskutieren und demonstrieren – ohne Gott gibt es keinen Frieden! Das haben wir immer wieder gesehen. Denn erst in der Anerkennung Gottes begreifen wir uns als Kinder Gottes, begreifen wir, daß wir untereinander Brüder und Schwestern sind. Kinder Gottes sind Geschwister und gehören zur selben Familie. Auch das sagt uns Jesaja: „Dann werden sie sagen: Zum Berg des Herrn wollen wir gehen, auf seine Worte wollen wir hören"[3]. Dann kommt das berühmte „Dann schmieden sie Pflugscharen aus ihren Schwertern und

---

[1] Vgl. Meßbuch (1975): 29. April, Gedenktag der hl. Katharina von Siena, Tagesgebet.
[2] Jesaja 48,22.
[3] Jesaja 2,3.

Winzermesser aus ihren Lanzen"[4]. Nicht umgekehrt! Nicht dadurch, daß man mal etwas umschmiedet, sondern durch die Umkehr im Geiste. Dann ist das andere ein Geschenk Gottes, wie wir auch an Weihnachten sagen: „Ehre sei Gott in der Höhe und Friede auf Erden den Menschen"[5]. In dieser Reihenfolge, das ist nicht umkehrbar.

Wie können wir aber in der Erziehung erreichen, daß die Menschen, die uns anvertraut sind, sich als Kinder Gottes begreifen, wo sie doch immer innerweltlicher werden in der modernen Gesellschaft, in der sie leben? Da möchte ich Sie gerne auf einen Satz verweisen, der in der neuen Enzyklika des Papstes „Evangelium vitae" ziemlich am Anfang steht: „Der Mensch ist zu einer Lebensfülle berufen, die weit über die Dimensionen seiner irdischen Existenz hinausgeht, da sie an der Teilhabe am Leben Gottes selber besteht"[6]. Weit über unsere irdische Existenz hinaus im Blick auf die Teilhabe am Leben Gottes! Das ist vielleicht eine Sprache, die heute schwer verständlich ist. Ich will es einmal etwas konkreter machen, versuchen etwas auszumalen. Wir alle haben doch die Dimensionen unseres Lebens im Auge, wir planen, wir überlegen unser Leben voraus. Nehmen Sie einen Jungen in der Schule. Er will vielleicht Pilot werden. Er sieht sich doch schon als Kapitän der Lufthansa in einem Jumbo über den Wolken schweben. Diese Zielvorstellung beflügelt sein ganzes Dasein. Dann hält er sich fit, macht ein gutes Abitur. Bei der Eignungsprüfung sieht er zu, daß alle Voraussetzungen stimmen. Nehmen Sie ein Mädchen. Sie kann besonders gut singen und sieht sich schon als große Opernsängerin oder vielleicht auch als Rockstar mit der ersten Goldenen Schallplatte. Dann tut sie doch alles – sie nimmt Gesangsunterricht usw. – damit diese Zielvorstellung erreicht werden kann.

Wenn die Menschen reifer werden, sehen sie vor sich das Haus, das sie bauen wollen mit Frau, Kindern und Familie. Unsere Zielvorstellungen beflügeln uns doch! Die Wintersportler malen sich aus, wie das ist, wenn man das erste Mal mit den Kindern rodelt oder wenn zum ersten Mal Skier unter dem Weihnachtsbaum liegen. Andere wollen reisen und malen sich die fremden Länder aus. Oder technisch Begabte verbohren sich in die Technologie und sehen sich vielleicht schon als Nobelpreisträger. Auch die Älteren wollen wir nicht auslassen. Sie sehen den Ruhestand vor sich und viele überlegen schon: Wie kann man vielleicht eine doppelte Rente bekommen, eine Absicherung oder Zusatzversicherung oder irgendwie noch eine Quelle. Daß man dann auch fit ist, daß wir einen sorglosen Ruhestand haben und das doch auch noch richtig genießen können.

Zielvorstellungen, die uns beflügeln! Da setzt nun die Frage ein, die hier steht: Warum planen wir denn unser irdisches Leben für diese Zeit so gut – und planen nicht weiter? Wir sind ja viel weiter, viel höher berufen. Unsere Zukunft sind doch nicht die paar Jahre Ruhestand, Rente oder Pension. Unsere Zukunft ist die Ewigkeit, die ewige Glückseligkeit! Wir werden einmal im Glück schwimmen! Der Herr hat keinen von uns erschaffen, den er nicht ewig glücklich machen will. Und

---

[4] Jesaja 2,4.
[5] Lukas 2,14.
[6] Papst Johannes Paul II., Enzyklika „Evangelium vitae", 25. März 1995, Nr. 2.

diese Zielvorstellung sollte uns nicht beflügeln? Da sollten wir nicht darauf planen? Uns darauf freuen?

In Kassel gibt es von der „Documenta" eine Darstellung eines Menschen, der aufsteigt: „Skywalker". Wenn man im kirchlichen Bereich auf den Himmel hinweist, gilt man als ziemlich rückständig. Wenn die Kunst das macht und „Himmelsstürmer" sagt, dann ist das großartig. Wir haben in der Kirche ja viele Leute, die „an die Decke gehen". Aber die Decke ist nicht die Grenze, da fängt es erst an! Skywalker: „Mit dir erstürme ich Wälle, mit meinem Gott überspringe ich Mauern!"[7]. Es geht höher, weiter! Und darauf, auf die ganz große Freude, soll ich mich vorbereiten. Das zu begreifen, das klarzumachen – da muß ich doch alles loswerden, was mich immer klein, erbärmlich und schmutzig werden läßt. Denken Sie an Angelus Silesius, der sagt: „Gott, weil er groß ist, gibt am liebsten große Gaben. Ach, daß wir Armen nur so kleine Herzen haben!"[8].

Das müßte unsere Vorbereitung sein. Unsere Herzen zu erweitern, daß sie bereit werden für das Große, für das Heilige, für die Dimensionen, die wir vielleicht noch gar nicht entdeckt haben. Was kann da in meinem Leben womöglich alles noch besser werden? Was habe ich noch gar nicht entdeckt, das noch zu entdecken wäre: das Mehr an Liebe, an Gelassenheit, an Großzügigkeit, an Frieden, an Abenteuer des Glaubens in der Entdeckung Gottes. Und die Freude darüber, daß Er mich gerufen hat.

Ich meine, wenn wir das selbst erleben und begreifen, wenn wir das den uns Anvertrauten weiterschenken, wenn wir ihren Blick dafür zu öffnen suchen, was es alles noch zu entdecken gibt, dann leisten wir den größten Dienst am Frieden dadurch, daß wir wirkliche Christen erziehen, die wissen, daß sie Kinder Gottes sind. Wenn es nur um die Aufteilung des Irdischen geht, bleiben wir immer Konkurrenten, Drohende und Bedrohte: Was ich habe, kannst du nicht haben. Aber wo wir gemeinsam das große Ziel anstreben, da sind wir alle Mitpilger. Das Ziel können wir alle gemeinsam erreichen. Und je mehr der eine hat, desto mehr hat auch der andere, desto mehr können wir verschenken.

Wir haben ja in der Schule oft gehört: „Non scholae, sed vitae discimus"[9] – Wir lernen nicht für die Schule, sondern für das Leben. Bringen Sie doch der Jugend bei, daß dieses Leben nicht bloß das irdische Leben ist, sondern das ewige Leben! Dimensionen, die weit über das hinausgehen, worin wir immer wieder mit den Füßen hängenbleiben.

Sicher, der Alltag des Unterrichts – so werden Sie mir vielleicht sagen –, der ist schwer und Predigen ist leicht. Aber worum es mir geht, ist, daß wir den Jungen und Mädchen, die wir einmal auf die große Reise schicken wollen, eben nicht nur beibringen, wie man etwa Schiffe bauen kann, wie man Nägel einklopft, Planken und Spanten einsetzt und so weiter, sondern daß wir die Sehnsucht auf das große weite Meer – und was dahinter liegt – in ihnen entzünden. Dann werden sie das, was für diese Reise nötig ist, schon von selbst suchen und finden. Die Zielvorstel-

---

[7] Psalm 18(17),30.
[8] Angelus Silesius, Der Cherubinische Wandersmann III,201.
[9] Vgl. Seneca, Epistulae morales 106,12.

lungen, die unsere Jugend beflügeln sollen, die müssen richtig sein! Sie müssen weit über ihre irdische Existenz hinausgehen.

Wir alle wollen gemeinsam auf diese Reise gehen in dem wunderbaren Bewußtsein, daß Gott uns alle emporheben wird, daß „wo ich bin, auch ihr seid“[10]. Diese Sehnsucht wollen wir nicht erlöschen lassen.

Berufen?*

Wenn ich daran denke, welch unendliche Bereicherung und welch tiefinneres Glück ich erfahren durfte, nachdem ich – nach Jahren des Suchens – zur Priesterweihe hinzutrat, kann ich kaum verstehen, daß es in unserem Priesterseminar noch freie Plätze gibt. Wenn ich dann aber sehe, was heute aus allen Kanälen auf die Jugend losgelassen wird, welche Werte ausgelöscht und welch neue „Frohbotschaften“ in der Welt ertönen, dann wundert man sich beinah, daß doch immer wieder junge Menschen zu uns finden. Zwischen diesen beiden Polen, dem Ruf Gottes in der Stille und dem lauten Lärm in der Welt, entscheiden sich heute geistliche Berufungsgeschichten. Tatsache ist, daß Christus der Herr heute wie zu allen Zeiten Menschen in seine unmittelbare Nähe und Nachfolge ruft. Tatsache ist aber auch, daß die Widerstände, die sich diesem Ruf entgegenstellen, heute stärker denn je geworden sind. Das beginnt schon mit den wesentlich kleiner gewordenen Familien. So ist heute der Sohn, der Priester werden will, oder die Tochter, die einen Ruf zum Ordensleben verspürt, oft der einzige Sohn oder die einzige Tochter, auf die man für die Zukunft der Familie gesetzt hat und die man nicht gern „hergeben“ will. Auch widerspricht ein solcher Weg ganz und gar den irdischen Wunschvorstellungen unserer Medienwelt. Im Gegensatz zum früheren Respekt werden heute ja auch geistliche Männer und Frauen in ihrer Würde oft herabgesetzt. Mutter Teresa läßt man allenfalls noch gelten – daß es aber auch heute noch an die hunderttausend solcher Frauen in aller Welt gibt, daß die Kirche auch heute noch unzählige Tausende von Jugendlichen motiviert, sich an den Elendsfronten der Welt selbstlos einzusetzen, wo hört und sieht man das bei uns überhaupt noch? Anstatt darüber froh und selbstbewußter zu werden, schlägt sich die bewußt propagierte Geringschätzung geistlicher Berufe auch in so manchen unserer Gemeinden nieder. Hier sollten unsere Gemeinden, die doch immer wieder einen eigenen Pfarrer oder den Einsatz von Ordensschwestern verlangen, einmal ihr Gewissen erforschen. Natürlich kann man geistliche Berufe nicht „machen“, heute weniger denn je. Sehr wohl aber kann man darauf achten, daß bei uns nicht eine Atmosphäre entsteht, die solche Berufe entmutigt und schon im Keim erstickt.

Den Priestermangel hat übrigens der Herr schon vorausgesehen, wenn er sagte: „Die Ernte ist groß, aber es gibt nur wenig Arbeiter“. Was aber empfiehlt er uns in dieser Situation? Zu resignieren oder Ersatzlösungen zu erfinden? Ganz im Gegen-

---

[10] Vgl. Johannes 14,3.

* Das Wort des Bischofs: Berufen? Zum Welttag der Geistlichen Berufe, in: Bonifatiusbote, Nr. 19, 7. Mai 1995.

teil ruft er uns zu: „Bittet also den Herrn der Ernte, Arbeiter für seine Ernte auszusenden!“ [1].

Je mehr der Mangel spürbar wird, desto mehr sollten wir den Rat des Herrn befolgen und um so inständiger um geistliche Berufe bitten. Und es sollte keinen jungen Christen geben, der nicht wenigstens einmal in seinem Leben in sich hineingehört hat, ob Christus nicht vielleicht auch ihn in seine Nähe und Jüngerschaft ruft. Es wäre die größte Chance für Zeit und Ewigkeit.

Freiheit der Wissenschaft nicht mißbrauchen*

Sie sind bekannt für offene Worte. Kürzlich haben Sie die Kirche in Deutschland mit Goliath in einer lähmenden Rüstung verglichen ...

Die Kirche ist eben in den letzten Jahrzehnten sehr in die Breite gewachsen und hat institutionell enorm zugelegt.

Obwohl die Basis immer schmäler wird ...

Ich will mal so sagen: Wir sind nicht in die Höhe gewachsen oder in die Tiefe, sondern in die Breite. Wir hatten noch nie so viel Bürokratie und noch nie so viel hauptamtliches Engagement. Auf der anderen Seite ist die Beteiligung am kirchlichen Leben und die Begeisterung nicht entsprechend gewachsen. Das ist eine offenkundige Diskrepanz bei uns: Sehen Sie, ich bin natürlich ein bißchen verwöhnt; ich war über zehn Jahre in der Kirche in der Dritten Welt, die mit großer Armut und mit ganz wenig kirchlichem Apparat auskommt, aber wo eine enorme Begeisterung herrscht, wo die Zahl der Taufen ebenso steigt wie die der geistlichen Berufe. Alle wesentlichen Zahlen nehmen da zu, nur bei den unwesentlichen Zahlen hapert's. Bei uns ist es umgekehrt. Man muß sehen, daß die Stimmung bei uns in der Kirche in keiner Weise repräsentativ ist für das, was in der Weltkirche vor sich geht. In vielen Ländern wächst die Kirche geradezu explosiv.

Zuviel Bürokratie und kirchlicher Zentralismus ist einer der Kritikpunkte in einem Papier des Zentralkomitees der deutschen Katholiken über mangelnden Dialog in der deutschen Kirche ...

Da beißt sich die Katze in den eigenen Schwanz. Das ist das soundsovielte Papier über Papiere. Da wird bemängelt, daß wir zu wenig Dialog führen. Also mehr Dialog als wir Bischöfe kann man überhaupt nicht führen. Aber ich führe keinen Dialog über Dialogpapiere, sondern ich führe Dialoge mit den Gläubigen an der Basis über Dinge, die uns auf den Nägeln brennen, über das Wesentliche, das heißt: Bekehrung, neuer Anfang, Gegenwart Gottes, Gottesdienste. Wir haben eine Flut von Papieren, wir sind richtige Papierfabriken geworden. Das beeindruckt mich überhaupt nicht.

---

[1] Matthäus 9,37 f.

* General-Anzeiger, Nr. 32029, 25./26. Mai 1995: „Freiheit der Wissenschaft nicht mißbrauchen“ (Interview: Hajo Goertz).

Können Sie sich denn vorstellen, daß es mehr als bisher praktische Mitverantwortung von Laien in dieser Kirche und für diese Kirche geben kann?

Das muß man sehr differenziert sehen. Die Mitverantwortung im kirchlichen Leben wird dadurch wahrgenommen, daß ich mich bekehre, daß ich ein lebendiges Glied des Leibes Christi werde. Durch mehr Heiligkeit, durch mehr Vollkommenheit, mehr Frömmigkeit. Das ist die wesentliche Mitverantwortung aller Christen. Man darf die Mitverantwortung nicht, wie es heute so gerne geschieht, auf Pöstchen und Ämterchen, auf Titelchen, Funktionen und Institutionen beschränken. Das wird alles viel zu äußerlich gesehen. Mitverantwortung, das heißt mit der Kirche leiden, nicht an der Kirche leiden, wie das heute Mode ist. Heute leiden Leute an der Kirche, die von der Kirche fünfstellige Gehälter bekommen. Wenn die dann Vorträge darüber halten, wie sie an der Kirche leiden müssen, dann habe ich dafür kaum Verständnis.

Da sind wir bei der Kritik, die Sie jüngst an den Universitätstheologen geübt haben[1]. Was stört Sie an der wissenschaftlichen Unabhängigkeit der Theologie?

Ich habe überhaupt nichts gegen die Freiheit der Wissenschaft, nur darf sie nicht mißbraucht werden. Ich habe von Mißständen geredet, in den Antworten ist überhaupt nur von den Besitzständen die Rede. Das ist ganz typisch. Umfang und zum Teil auch das Niveau der Reaktionen zeigen deutlich, daß es höchste Zeit war, das einmal zu thematisieren. Ich habe überhaupt nichts gegen das bestehende staatskirchenrechtliche System, wenn es funktioniert. Das ist der springende Punkt.

Bei den theologischen Fakultäten an staatlichen Universitäten funktioniert es nicht?

Da funktioniert es schon seit Jahren nicht. Ich rede jetzt nicht von den Extremfällen, die kaum noch ernst genommen werden, die aber bei uns wohlbestallte Professoren und Dekane katholischer Fakultäten bleiben. Der Papst kann doch heute kein Wort mehr äußern, auf welchem lehramtlichen Niveau auch immer, ohne daß sofort ein deutscher katholischer Theologieprofessor ihm widerspricht, alles besser weiß und womöglich die „verkürzte Sicht“ des Papstes noch mit seinem polnischen Ursprung in Zusammenhang bringt. Da haben wir uns an Zustände gewöhnt, an die man sich einfach nicht gewöhnen darf. Dieser Widerspruch erfolgt ja nicht nach monatelangem Studium; sondern am Tag der Veröffentlichung eines päpstlichen Dokuments finden Sie sofort ein, zwei, drei deutsche Professoren, die es besser wissen. Das ist einfach lächerlich.

Man hat Ihnen einen „Rundumschlag“ vorgeworfen; die Dekane der theologischen Fakultäten wehren sich gegen „pauschale und diffamierende Äußerungen“.

Natürlich! Aber auf das, was ich wirklich gesagt habe, gehen die Herren gar nicht ein, sondern sie kommen mit unglaublichen Unterstellungen. Man muß sich das

---

[1] S. oben S. 345 f.

vorstellen: Der Dekan einer theologischen Fakultät wirft mich sogar mit Adolf Hitler in einen Topf[2].

Sie wollen die Theologie also nicht aus den Universitäten ausgegliedert sehen?

Das System kann bleiben, wenn es nicht dauernd mißbraucht wird. Aber wenn es ständig Mißstände erzeugt, dann muß man auch das System selbst in Frage stellen, denn an der Ausbildung unseres Priester- und Lehrernachwuchses hängt die Zukunft der Kirche.

Wie läßt sich Ihre Forderung konkret umsetzen?

Wenn der Staat nur bezahlt und die Kirche kriegt bloß Kritik und Häme, wenn dabei nur gewisse Herren Professoren profitieren, dann geht das so natürlich nicht. Das Beste wäre natürlich, alle würden ihren Auftrag ernst nehmen. Wenn ich den Auftrag übernehme, die Lehre der Kirche dem Priester- und Lehrernachwuchs zu verkünden, dann soll ich ihnen die Lehre der Kirche nahebringen und nicht meine eigenen Lehren, wenn sie der Lehre der Kirche zuwiderlaufen. Das können sie zwar auch, aber dann sollten sie den Anstand haben, ihren Auftrag, die Lehre der Kirche zu vermitteln, zurückzugeben. Ich will das System nicht um des Systems willen abschaffen, wenn es funktioniert. Mein Anliegen war es, ein deutlich hörbares Signal zu geben: Wir sind jetzt am Ende der Fahnenstange, so geht es nicht weiter. In dieser Art mit der Lehre der Kirche und dem Papst umzuspringen, steht den Theologieprofessoren nicht zu.

Sie haben erklärt, man müsse „alte Zöpfe des Konkordats" abschneiden ...

... das werden alte Zöpfe, wenn sie nicht mehr in die Zeit passen. Dieses System ist ja lange gut gegangen, hat lange gepaßt. Wenn es jetzt aber nicht mehr paßt, dann werden es Zöpfe. Das waren vorher keine!

Fürchten Sie nicht, wenn man irgendwo anfängt zu schneiden, daß dann die ganze konkordatäre Basis des Staat-Kirche-Verhältnisses fraglich wird?

Nein, man kann ohne weiteres Dinge, wo sich Mißbräuche bilden, unterscheiden von Elementen, die richtig sind. In dem Zusammenhang ist mir ja vorgeworfen worden: Wie können Sie denn gegen diese Regelung an den staatlichen Fakultäten sein, wenn Sie gleichzeitig bei der Militärseelsorge für die Zusammenarbeit von Staat und Kirche sind? Da sieht man ja, daß die Leute überhaupt nicht unterscheiden. Bei der Militärseelsorge klappt es, und bei den Fakultäten klappt es nicht. Das ist der Unterschied. Mein Anliegen ist es, sicher auch im Sinn der vielen Theologieprofessoren, die treu ihrem Auftrag nachkommen und deshalb kaum in den Medien in Erscheinung treten, daß alle wieder zur Vernunft finden und sich nicht Arroganz und Intoleranz paaren. Wenn ich den Auftrag annehme, die Lehre der Kirche dem

---

[2] Professor Elmar Klinger, Dekan der Katholisch-Theologischen Fakultät Würzburg, hatte sich im KNA-Interview, Nr. 41, 6. Mai 1995, wie folgt geäußert: „Erzbischof Dyba befindet sich mit seiner Auffassung in erstaunlicher Gesellschaft. Der letzte, der die theologischen Fakultäten an deutschen Universitäten abschaffen wollte und dies vereinzelt auch durchgeführt hat, war Adolf Hitler."

Nachwuchs zu künden, dann ist eine gewisse Demut notwendig. Es ist etwas grundlegend anderes, ob ich theologische Forschung betreibe oder ob ich den Glauben der Gläubigen in Gefahr bringe. Massive Kritik an der Lehre der Kirche und am Papst festigt eben nicht den Glauben, sondern zersetzt ihn.

Wenn Sie das Staat-Kirche-Verhältnis an diesem Punkt überprüft wissen wollen, fürchten Sie nicht – aus kirchlicher Sicht – „unheilige Allianzen" mit politischen Kräften, die die Konkordate überhaupt in Frage stellen?

Ich stelle das Konkordat nicht in Frage. Ich stelle diese Regelung in Frage, wenn sie nicht mehr funktioniert. Mir wäre es viel lieber, wir kämen durch die Einsicht der Professoren und ihre Loyalität zur Kirche dazu, daß das Ganze bleiben könnte, als daß wir da irgendwelche Schnitte machen müßten. Und wenn mir dann vorgeworfen wird, mein Problem wäre die Freiheit des Wortes – das ist ja nun völlig absurd. Ich bin so sehr für die Freiheit des Wortes, daß ich sie sogar hin und wieder in Anspruch nehme, und ich erwarte, daß auch ein Bischof die Freiheit des Wortes in Anspruch nehmen darf, ohne daß er gleich niedergemacht wird.

Zum Kommunionempfang*

Gelegentlich gibt es auch heute noch Aufrufe, in denen die Handkommunion leidenschaftlich abgelehnt und dringend dazu aufgefordert wird, zur Mundkommunion zurückzukehren[1]. Was ist davon zu halten?

Zunächst ist daran zu erinnern, daß die Mundkommunion nie „abgeschafft" worden ist; durch entsprechende Instruktionen von 1969[2], 1973[3] und 1985[4] wurde aber in den Ländern, deren Bischofskonferenzen darum gebeten hatten, die Erlaubnis erteilt, die Kommunion auch in der Weise zu spenden, daß den Gläubigen die Hostie in die Hand gelegt wird. Diese Form ist übrigens keine moderne Erfindung, sondern war bereits im 4. Jahrhundert so üblich[5].

Ob Mundkommunion oder Handkommunion – die Hauptsache ist, daß der Kommunionempfang in Ehrfurcht vor dem heiligen Sakrament und in würdiger Weise geschieht.

---

* Das Wort des Bischofs, Zum Kommunionempfang, in: Bonifatiusbote, Nr. 23, 4. Juni 1995; Deutsche Tagespost, Nr. 69, 10. Juni 1995: Das Wichtigste: Ehrfurcht vor dem Sakrament. Erzbischof Dyba erinnert daran, daß die Kommunion mit der Hand oder dem Mund gleichwertig ist.

1 Vgl. etwa den Aufruf von „Sanctus", der „Eucharistischen Bewegung zur Verherrlichung Gottes", in: Frankfurter Allgemeine Zeitung, Nr. 10, 12. Januar 1995.

2 Instruktion der Kongregation für den Gottesdienst „Memoriale Domini", 29. Mai 1969.

3 Instruktion der Kongregation für die Disziplin der Sakramente „Immensae caritatis", 29. Januar 1973.

4 Notifikation der Kongregation für den Gottesdienst über die Handkommunion, 3. April 1985: „7. Die Gläubigen sollen nicht gezwungen werden, die Handkommunion zu praktizieren; jeder kann frei entscheiden, auf welche Art er kommunizieren möchte".

5 Diese herrschende Lehre kritisiert Martin Lugmayr, Handkommunion. Eine historisch-dogmatische Untersuchung, Buttenwiesen 2001.

Dazu gehört bei der Handkommunion, daß beide Hände in Brusthöhe zu einer Schale geformt werden, auf die die Hostie gelegt wird. Dazu gehört das deutliche „Amen", mit dem man auf die Formel „Der Leib Christi" antwortet; dieses Amen ist eine Bekräftigung des Glaubens an die Gegenwart Christi in der Eucharistie. Dazu gehört der achtsame und unmittelbare Verzehr der eucharistischen Gabe vor der Rückkehr zum Platz.

Wer aus welchen Gründen auch immer beide Hände nicht frei hat, etwa Fahnenträger oder Kommunikanten mit Traglasten oder einer anderen Behinderung, sollte daher die Form der Mundkommunion wählen.

Zur Freiheit der Wahl, die den Gläubigen zusteht, gehört aber auch, daß sie beide Formen kennengelernt haben. Daher sollten die Kinder im Kommunionunterricht mit beiden Arten des Kommunionempfangs vertraut gemacht werden. Es ist auch durchaus sinnvoll, wenn, wie es mancherorts geschieht, die feierliche Erstkommunion noch gemeinsam als Mundkommunion empfangen wird.

Das Allerwichtigste ist aber, daß die Gläubigen wegen der vom einzelnen gewählten Form des Kommunionempfangs keinen Groll gegeneinander im Herzen tragen. Hier sollen wir uns nicht übereinander erheben, sondern einander auferbauen; wer knien will, der knie, wer die Hände ausstrecken will, der strecke die Hände aus.

Im würdigen Empfang der heiligen Kommunion sollen wir ja ein Leib werden in Christus. Erst in dieser Einheit können wir das Wort des Herrn wirklich begreifen und glaubwürdig bezeugen: „Ich bin das lebendige Brot, das vom Himmel herabgekommen ist. Wer von diesem Brot ißt, wird in Ewigkeit leben"[6].

An den Grenzen der Glaubwürdigkeit*

Der Kirche wird oft der Vorwurf gemacht, sie wolle ihre Moralvorstellungen dem staatlichen Gesetzgeber aufzwingen. Aber auch abgesehen davon, daß das Lebensrecht ungeborener Kinder nicht katholisches Sondergut ist, sondern ein allgemeines Menschenrecht, geht der Vorwurf ins Leere. Denn kein Bischof macht sich heute noch die Illusion, daß man in unserer pluralistischen Gesellschaft eine parlamentarische Mehrheit für alle Moralauffassungen der katholischen Kirche haben könne. Da darf man auch von christlichen Abgeordneten nur das Bestmögliche verlangen.

Nur: wenn das „Bestmögliche" zu den Mindestnormen der katholischen Morallehre in diametralem Widerspruch steht, darf die Kirche ein solches Ergebnis nicht durch ihre Beteiligung mittragen. Diese Unterscheidung zwischen dem, was von Politikern, und dem, was von der Kirche erwartet werden kann, ja erwartet werden

---

[6] Johannes 6,51.

* Frankfurter Allgemeine Zeitung, Nr. 172, 27. Juli 1995: Erzbischof Johannes Dyba: An den Grenzen der Glaubwürdigkeit; Bonifatiusbote, Nr. 32, 6. August 1995.

muß, ist für die Beurteilung der Situation nach der Verabschiedung der neuen Schwangerschaftskonfliktgesetzgebung von außerordentlicher Bedeutung[1].

Die Widersprüchlichkeiten in dem neuen Gesetz sind offensichtlich. Einerseits werden Zitate aus dem Karlsruher Urteil übernommen und positive Aussagen zum Lebensschutz gemacht, auf der anderen Seite werden Verfahren ermöglicht, die dem hohnsprechen. Bei näherem Hinsehen entpuppen sich die „positiven" Klauseln und Vorgaben als reine Rhetorik; die sind nicht einklagbar und nach dem heutigen Erfahrungsstand auch mit Sicherheit nicht durchsetzbar. Hier ist offenbar ein Zynismus am Werk, der in der „Abschaffung" der bisher hierauf begrenzten embryopathischen Indikation durch ihre Hinüberführung in die unbegrenzte medizinische Indikation einen makabren Höhepunkt erreicht. Wer auf kirchlicher Seite solch plumpe Manöver als Teilerfolge bewertet, mit denen man „leben" könne, muß sich entweder Komplizenschaft oder ein lebensgefährliches Maß an Naivität vorwerfen lassen.

Auch die Interessenlage bestehender Systeme mag dazu führen, der neuen Konstellation nicht auf den Grund zu gehen und entsprechende Konsequenzen zu ziehen. Wer aber wie bisher weitermachen will, obwohl nun schon die zu erwartende „Gefahr der Beeinträchtigung des seelischen Gesundheitszustandes der Frau" das Lebensrecht des Kindes auslöschen kann, der sollte sich fragen, ob er die Hand dafür ins Feuer legen kann, daß seine Beratungskräfte die Ratsuchenden auch in jedem Fall auf die durchaus zu erwartenden physischen und psychischen Folgeerscheinungen einer Kindestötung aufmerksam machen.

Wer trotz alldem im gewohnten System weiterarbeiten will, muß dann aber auch – wie übrigens schon vom Karlsruher Urteil gefordert – Zahlen und Daten auf den Tisch legen. Wie viele Schwangerschaftskonfliktberatungen haben stattgefunden? Wie viele Scheine wurden danach ausgestellt? Wie viele Kinder sind auf Grund dieser Scheine straflos getötet worden? Wenn diese Zahlen einmal vorliegen, wird uns das Händewaschen vielleicht etwas schwerer fallen.

Dazu kommt ein weiteres: Inzwischen gibt es bei uns bereits Millionen betroffener Frauen, von denen eine unabsehbare Zahl darunter zutiefst leidet, manchmal ein ganzes Leben lang. Wer soll diese Frauen denn beraten, wer soll ihnen klarmachen, daß es keine Schuld gibt, die von Gott nicht vergeben werden kann, daß es einen neuen Anfang gibt? Kann diese immense Aufgabe glaubwürdig von denen übernommen werden, die die Frau zuvor mit einem Beratungsschein ausgerüstet haben?

Wir stoßen hier überall an Grenzen der Glaubwürdigkeit. Das aber ist eine logische Konsequenz der neuen Gesetzgebung. Wir müssen uns darüber klar werden, daß der 29. Juni 1995, der Tag der Verabschiedung des Gesetzes im Bundestag, uns einen epochemachenden Einschnitt brachte:

---

[1] Der Bundestag hatte am 29. Juni 1995 den interfraktionellen Entwurf des „Schwangeren- und Familienhilfeänderungsgesetzes" mit 485 gegen 145 Stimmen bei 21 Enthaltungen angenommen und der Bundesrat am 14. Juli 1995 zugestimmt. Das Gesetz wurde dann am 21. August 1995 publiziert.

- Erstmals wird klar dekretiert: Nicht Gott als Schöpfer ist Herr des Lebens, sondern der Mensch ist Herr über das Leben seiner Kinder.
- Erstmals in unserer Rechtsgeschichte wird bestimmt, daß Unrecht straffrei ausgeübt werden darf, wenn die Mehrheit der Gesellschaft es so will.

Welche Rechtsgüter werden die nächsten Opfer sein, wenn dieser Damm einmal gebrochen ist? Welches Sittengesetz soll dann noch bestehen können?

In unserer heutigen Situation ist es nur noch die katholische Kirche, die ein weithin sichtbares Signal setzen kann.

Einer Gesellschaft, die dabei ist, die Grundlagen zu zerstören, die allein ihr Überleben garantieren – auch ihr Überleben als demokratische Gesellschaft – sind wir ein solches Signal auch schuldig.

Das erste Signal sollte sein, daß die Kirche sich in ein System, das die rechtswidrige Abtreibung ungeborener Kinder „flächendeckend" ermöglicht, nicht mehr einbinden läßt. Wir sind offensichtlich dafür vorgesehen, mit unseren Beratungsscheinen die Feigenblätter für die Blößen dieses Unrechtssystems zu liefern. Da kommt der Hinweis auf die durch unsere Beratung im staatlichen System möglicherweise noch zu erreichenden Randfälle. Das ist gewiß eine Frage der Güterabwägung. Aber hat unsere Alibifunktion denn nicht die Wirkung, daß sie das Rechtsbewußtsein einlullt und dadurch die Zahl der Abtreibungen insgesamt erhöht? Wer sich den Regeln des Systems fügt, distanziert sich nicht vom Unrecht, sondern paßt sich ihm an. Mit Leuten, die nur dabeisein wollten „um Schlimmeres zu verhindern", haben sich die Unrechtssysteme unseres Jahrhunderts stets arrangieren können.

Schließlich geht es nicht darum, daß die Kirche aus der Beratung „aussteigen" soll. Ganz im Gegenteil: wir müssen mit allen Kräften weiterhin beraten und vor allem helfen. Die nunmehr fast zweijährige Erfahrung im Bistum Fulda zeigt, daß auch ohne Ausstellung von Beratungsscheinen die kirchlichen Beratungsstellen gut weiterarbeiten können. Zwar geht die Zahl der sogenannten Schwangerschaftskonfliktberatungen deutlich zurück: wer nur eine rasche Bescheinigung für die Abtreibung sucht, kommt nicht mehr zu uns. Aber die Gesamtzahl der Schwangerenberatungen ist seither sogar noch gestiegen und ebenso der Einsatz von Beraterinnen.

Die rein kirchliche und von unchristlichen staatlichen Zwangsvorgaben befreite Beratung – wie sie auch der Hl. Stuhl weltweit wünscht – ist also möglich, und alle Voraussetzungen dazu sind bei uns gegeben.

„Wo blieb der Aufschrei der Kirche!" hieß es in zahlreichen Gedächtnisfeiern dieses Jahres. Wollen wir die Zeit für den Aufschrei abermals verpassen? Heute, da wir die Freiheit haben, unserem Glauben und Bekenntnis entsprechend zu handeln?

Stunde der Wahrheit*

Eine Reihe von Ereignissen hat die katholischen Christen in Deutschland in letzter Zeit durcheinandergeschüttelt. Proteste und Aktionen, Urteile und Fehlurteile, die gesetzliche Freigabe der Abtreibung und zuletzt der überraschende Kruzifix-Beschluß des Bundesverfassungsgerichts[1].

Diese Entscheidung und die Reaktionen darauf haben wie ein Blitzstrahl die deutsche Landschaft erhellt. In diesem Licht zeigt sich uns ein Land, das überdeutliche Spuren der Entchristlichung aufweist. Tatsächlich hat die vor über zwei Jahrzehnten einsetzende Entchristlichung unserer Gesetzgebung, unserer Medien, unserer Gesellschaft mit der Wiedervereinigung ein neues Tempo und eine beklemmende Brisanz erhalten. Diese Entwicklung läßt Staat und Kirche auseinanderdriften. Viele Modelle der Zusammenarbeit zum Wohle der Menschen, die möglich waren, solange der Staat sich christlich-abendländischer Tradition verpflichtet wußte, entfallen, wenn diese gemeinsame Basis nicht mehr vorhanden ist. Wir sollten uns da keine Illusionen machen: Die neuen Bundesländer zum Beispiel sind weder christlich noch abendländisch, sondern nach einem halben Jahrhundert staatlich verordneter Gehirnwäsche mehrheitlich (75 bis 80 Prozent) heidnische Länder, und auch in Berlin, Bremen oder Hamburg sieht es mit der Erinnerung an das christliche Abendland nicht viel besser aus.

---

* Das Wort des Bischofs: Stunde der Wahrheit, in: Bonifatiusbote, Nr. 36, 3. September 1995. – Vgl. Das Wort des Bischofs: Wer gehört zum Abendland?, in: Bonifatiusbote, Nr. 40, 1. Oktober 1995: „Mein ‚Wort des Bischofs' vom 3. September ... hat viele Gemüter, besonders auch in den neuen Bundesländern, in Aufregung versetzt. Die kritische Frage danach, was noch als ‚christliches Abendland' zu bezeichnen sei, wurde mancherorts völlig zu Unrecht als Verurteilung aufgefaßt, während es doch nur um eine nüchterne Tatsachenfeststellung mit exakt vorgelegten Zahlen ging. Zu einem solchen Mißverständnis kann es natürlich nur kommen, wenn man nicht weiß, daß das ‚christliche Abendland' ein Kulturbegriff ist und kein geographischer. ... Konstituierendes Element des christlichen Abendlandes ist aber die Zugehörigkeit zur römischen Kirche – so wie für das Morgenland die Zugehörigkeit zur byzantinischen Kirche (beziehungsweise später zum Islam) typisch war. ... Im übrigen ist ja der Anstoß zur Betroffenheit, die da zum Ausdruck kam, durchaus positiv zu bewerten. Es ist ja zu begrüßen, daß man sich Gedanken über die eigene Identität macht – auch daß plötzlich so viele dazugehören wollen, bei denen man mit dem Hinweis auf die zu erhaltenden Werte des christlichen Abendlandes bisher eher ein spöttisches Lächeln erwarten durfte. Warum verletzt sein? Wer zum christlichen Abendland gehören will, ist ja jederzeit von Herzen willkommen. Nur muß man sich dann auch die Elemente und Werte zu eigen machen, die dazugehören, und das beginnt mit der Taufe und dem christlichen Bekenntnis. Nur wohlklingende Titel zu reklamieren, ohne die entsprechende Substanz zu erbringen, das wäre Etikettenschwindel. Damit ist auch schon gesagt, daß die leider sehr geschrumpfte Zahl der treuen Christen in den genannten Gebieten nicht betroffen ist. Daß ihr Staatswesen sich von den Werten christlich-abendländischer Kultur so radikal abwandte, haben sie ja nicht bejaht, sondern erleiden müssen. ..."

1 Der 1. Senat des Bundesverfassungsgerichts hatte in einem Beschluß vom 16. Mai 1995 mit 5 zu 3 Richterstimmen auf Klage des anthroposophischen Elternpaares Ernst und Renate Seler aus dem oberpfälzischen Reuting die Vorschrift der Schulordnung für die Volksschulen in Bayern von 1983 (§ 13 Absatz 1 Satz 3: „In jedem Klassenzimmer ist ein Kreuz anzubringen") „mit Artikel 4 Absatz 1 des Grundgesetzes für unvereinbar und nichtig" erklärt, da es gegen die Freiheit verstoße, nicht zu glauben.

Das ist zunächst einmal nüchtern festzustellen. Dann erhebt sich die Frage, was die Kirche in dieser Situation tun soll. Was wir bisher erleben, ist eine ausgesprochen defensive Strategie, die vor allem auf die Verteidigung aller einmal besetzten Positionen, Institutionen, Pfründen, Systeme und Apparate abzielt. Das sind aussichtslose Fassadengefechte, die höchstens kurze Aufschübe gewähren können. Denn Zinnen und Befestigungen, die nicht mehr von einer Vielzahl von motivierten Gläubigen bemannt sind, kann man auf die Dauer nicht halten.

Nein, nicht in solch hoffnungslosen Positionskämpfen liegt die Zukunft der Kirche in Deutschland, sondern in einer radikalen Umkehr zu einer offensiven Neuevangelisierung. Wir müssen nicht gesellschaftliche Positionen verteidigen, sondern neue Christen gewinnen. Nicht begehren, sondern bekehren! Und das können wir nicht, indem wir viel Geld einsetzen und Public-Relations-Büros Propaganda machen lassen. Das können wir nur durch das Glaubenszeugnis überzeugter Christen, von Mensch zu Mensch, von Mund zu Mund, von Herz zu Herz. Da gibt es bereits neue Aufbrüche, gerade auch bei der Jugend. Während die sich aber in Ländern wie Italien, Frankreich, Spanien und selbst den USA frei und hoffnungsvoll entwickeln, besteht bei uns die Gefahr, daß sie unter den Bleidächern der alteingeführten Institutionen kaum zur Entfaltung kommen. Auch hier sollte sich unser Augenmerk endlich vom bloß Institutionellen auf das Inhaltliche richten.

„Löscht den Geist nicht aus!" mahnt uns der heilige Paulus[2]. Da schlägt nun die Stunde der Wahrheit. Wenn das Kruzifix-Urteil uns aufgeweckt hat, hat Gott auf krummen Linien wieder einmal gerade geschrieben.

Keine Lizenz zum Töten*

Vom 25. September an beschäftigt sich die Deutsche Bischofskonferenz mit der Frage, ob angesichts der neuen gesetzlichen Grundlagen für Abtreibungen die Kirche in vollem Umfang im staatlichen Beratungssystem bleibt. Sie sind dagegen. Warum?

Die neue Regelung kann nicht akzeptiert werden, weil sie eine Fristenregelung ist, die durch eine Pflichtberatung auf einzigartige Weise kaschiert wird: Dem ungeborenen Kind darf zwar das Recht auf Leben nicht genommen werden, wohl aber das Leben selbst. Die Regelungen verkehren den rechtsphilosophischen Grundsatz, wonach das Wissen um die Rechtswidrigkeit eines Tuns die Verantwortlichkeit erhöht, in sein Gegenteil: Über die Widerrechtlichkeit der Abtreibung aufgeklärt, darf ich sie straflos begehen. Man übertrage dies einmal auf ein anderes Rechtsgut, etwa das Eigentum. Was würden wir zu einer Regelung sagen, die das Stehlen straffrei macht, wenn der Täter sich vorher bescheinigen läßt, daß er sich über die

---

[2] 1 Thessalonicher 5,19.

* Die Welt, Nr. 206, 4. September 1995: „Wir Bischöfe dürfen keine Lizenz zum Töten ausstellen" (Interview: Martina Fietz). – Zur Intervention von Bundeskanzler Kohl am 8. September 1995 wegen dieses Interviews vgl. M. Spieker, S. 243 f.

Widerrechtlichkeit des Diebstahls hat aufklären lassen? Hier wird die Grenze elementaren Rechts überschritten, indem es heißt, etwas ist zwar widerrechtlich, aber weil die Mehrheit es will, dürft ihr es tun. Das Absurde, das Makabre dieser Regelung ist ja noch gar nicht richtig deutlich geworden. Wenn man hier einen sittlichen Wert aushebeln kann, wer weiß, welche Grundwerte morgen durch Mehrheitsbeschluß aufgehoben werden.

Muß die Kirche aber nicht gerade deshalb im Beratungssystem bleiben – und auch Beratungsscheine ausstellen, was im Bistum Fulda seit 1993 nicht mehr geschieht –, um die Unentschlossenen zu erreichen?

Das ist eine Frage der Güterabwägung. Aber selbst wenn die Beratung nach bestem Wissen und Gewissen erfolgt ist, wird der Beratungsbescheinigung vom Gesetz doch die Funktion einer Tötungslizenz zugewiesen, ob die Beratenden das wollen oder nicht. Und Tötungslizenzen dürfen wir nicht ausstellen. Soweit dürfen wir uns als Kirche nicht in dieses System einbinden lassen, wenn wir glaubwürdig bleiben wollen. Zu der Frage, ob wir nicht doch etwas erreichen könnten: Wie viele Abtreibungen werden denn stattfinden, weil die Leute meinen, das System sei annehmbar, da die Kirche es akzeptiere? Damit erhöhen Sie doch die Zahl der Abtreibungen weit über das hinaus, was man vielleicht bei Einzelfällen von Schwankenden noch erreichen könnte. Denn unsere verbalen Vorbehalte wird niemand mehr zur Kenntnis nehmen. Wir sind hier auf einem Feld, auf dem man nicht saldieren darf. Wir haben keine Universalverantwortung für alle, die nicht zu uns kommen und die vielleicht kämen, sondern wir haben Verantwortung für die Frauen, die kommen. Dabei geht es mir nicht primär um die Frage der Kooperation – also um die mögliche Schuld oder Mitschuld im Einzelfall. Darüber kann die Moraltheologie streiten. Für mich geht es um die Glaubwürdigkeit der Kirche. Ein solches System, das 350 000 Abtreibungen im Jahr hervorbringt, dürfen wir nicht mittragen.

Ist ein generelles Nein zur Ausstellung der Beratungsscheine denn die einzige Chance, in der Ablehnung der Abtreibung glaubwürdig zu bleiben?

Jetzt ist die Gelegenheit zu sagen: Bei dieser gesetzlichen Regelung ist keine Gemeinsamkeit mehr möglich. Das ist aber auch tatsächlich die letzte Chance der Kirche, sich in Würde aus einem System zu verabschieden, das flächendeckende Abtreibungen vorsieht und ermöglicht. Denn Gesellschaft und Kirche entwickeln sich hier ja nicht aufeinander zu, sondern immer mehr auseinander.

In Ihrem Bistum werden keine Beratungsscheine mehr ausgestellt. Dennoch wird weiter beraten. Hat das noch Sinn?

Ich habe mich im September 1993 zu diesem Schritt entschlossen. Und 1994 hatten wir keinen Rückgang zu verzeichnen – im Gegenteil, entgegen aller Voraussagen kamen fünf Prozent mehr Frauen. Wir hatten 1993 unter dem alten System mit Beratungsschein 2 977 Beratungsfälle und im vergangenen Jahr 3 125. Es stimmt also gar nicht, daß Frauen nicht mehr kommen, wenn sie keinen Beratungsschein bekommen können. Wer von Anfang an einen Beratungsschein haben will, kommt natürlich nicht. Aber Unsichere kommen weiterhin. Ich meine, es wäre einer Frau zuzumuten, auch ein zweites Mal zu einer Beratung zu gehen, wenn wir sie nicht überzeugen können. Es heißt doch immer, keine Frau mache sich die Entscheidung leicht.

Wie können Ihre Beratungsstellen denn helfen?

Wir betreuen ja die Frauen nicht nur während der Schwangerschaft. Wir helfen ihnen, an die Hilfsfonds heranzukommen, unterstützen sie aber manchmal noch über Monate und selbst Jahre nach der Geburt – etwa durch die „Aktion Babykorb" für die Erstausstattung. Dabei zeigt sich immer wieder eine paradoxe Lage: Das Land Hessen bezahlt pro ausgestelltem Beratungsschein 150 Mark. Das ist eine regelrechte Kopfquote. Das rasche Ausstellen eines Scheins wird so honoriert, während die umfassende Hilfe unserer Beratungsstellen mit höchstens 80 Mark pro Fall bedacht werden darf. Ist es kein Dienst an der Gesellschaft, wenn wir Frauen, die die Kinder austragen, begleiten, ihnen helfen und sie stützen? Und das sollten wir auch als Bischöfe insgesamt sagen: Wir beraten und wir helfen intensiver denn je. Aber wir stellen die Tötungslizenzen nicht mehr aus. Und dieser Dienst an der Gesellschaft kann vom Staat genauso subventioniert werden.

Bislang stehen Sie allein. Glauben Sie, daß Sie Verbündete in der Bischofskonferenz finden werden?

Der Vorsitzende, Karl Lehmann, hat am 10. Juni 1992 gewarnt: „Die Beratungsstellen können sich nicht in ein Verfahren einbinden lassen, das die Ausstellung einer Beratungsbescheinigung zu einer wesentlichen Voraussetzung für die straffreie Tötung eines ungeborenen Menschen macht"[1]. Ähnlich deutliche Äußerungen liegen von den Kardinälen Meisner[2] und Wetter[3] vor. Das sollte nun eingelöst werden.

Hatten Sie denn von den Unionspolitikern eine konsequentere Haltung erwartet?

Ja und nein. Die Initiative der Gruppe um den Abgeordneten Hubert Hüppe hatte schon unsere volle Sympathie[4]. Daß nur so wenige Abgeordnete sie unterstützt haben, hat mich enttäuscht. Nur mache ich da einen Unterschied: Christliche Politiker dürfen sagen: wir müssen das Bestmögliche erreichen. Für die Kirche, die nicht zeitlichen Mehrheiten, sondern zeitloser Wahrheit verpflichtet ist, gilt aber ein ganz anderer Verpflichtungsgrad. Der zwingt uns zum Bekenntnis und zu Konsequenzen, wo die Gebote Gottes elementar verletzt werden. Aufgabe der Kirche muß es doch auch sein, den vielen Frauen, die unter einer erfolgten Abtreibung leiden, zu erklären, daß es keine Schuld gibt, die von Gott nicht vergeben wird, daß es einen neuen Anfang gibt. Können das Beraterinnen übernehmen, die der Frau zuvor einen Schein ausgestellt haben? Das ist unglaubwürdig.

---

[1] Pressemitteilungen der Deutschen Bischofskonferenz, Dokumentation 10. Juni 1992, Nr. 6.

[2] Vgl. Deutsche Tagespost, Nr. 77, 29. Juni 1995.

[3] Vgl. Deutsche Tagespost, Nr. 79, 4. Juli 1995.

[4] Deutscher Bundestag, 13. Wahlperiode, Drucksache 13/395: Dieser Gesetzentwurf sah Strafbefreiung bei Abtreibungen nur nach medizinischer und kriminologischer Indikation vor.

Wie steht es um den Zusammenhang von Abtreibung und Sterbehilfe? Ist das Bewußtsein dafür da?

In zunehmendem Maße. Betrachten Sie doch allein den flexiblen Begriff „Unzumutbarkeit". Was ist unzumutbar? Die Antwort ist völlig dem Zeitgeist unterworfen. Und wenn es heute unzumutbar ist, ein Kind auszutragen, kann es morgen unzumutbar sein, Schwerkranke und Alte bis zum Ende zu pflegen.

Sehen Sie eine Entwicklung wie in Holland voraus, wo Menschen Ausweise bei sich tragen, auf denen dokumentiert wird, daß sie keine Sterbehilfe wünschen?

Das wird auf uns zukommen. Die Entwicklung geht dahin, die Unzumutbarkeit immer weiter auszudehnen. Recht auf Fun, auf Spaß – dahin geht der Trend. Und dabei wird vieles unzumutbar, was bisher zu den Hauptaufgaben des Lebens gehört. Unter den im „Fit for fun"-Programm empfohlenen Sportarten suchen Sie das tägliche Kreuztragen vergebens. Hier zeigen sich Degenerationserscheinungen im wahrsten Sinne des Wortes: Die eine Generation hängt die andere ab. Heute gilt Hingabe an die zukünftige Generation weitgehend als unzumutbar. An erster Stelle steht die Selbstverwirklichung. Plärrende Kinder passen da nicht ins Bild. Das Leben wird nicht mehr weitergegeben und der Glaube auch nicht. Man sieht das eigene Wohlbefinden als Hauptaufgabe.

Wie kann hier wieder ein anderes Wertebewußtsein geschaffen werden?

Wir müssen die christliche Botschaft wieder mehr vermitteln – nicht näher an die Welt, sondern näher an Gott heran. Heute wird oft der Eindruck erweckt, das Christentum sei eine Lehre mit einem dicken Gesetzbuch und furchtbar vielen Geboten und Verboten. Das ist aber doch nicht das Wesentliche des Christentums. Das Eigentliche ist die Begegnung mit dem lebendigen Gott. Wenn wir es schaffen, zu dieser Erfahrung zu führen, dann erst werden Gesetze und Lehre verständlich. Tennisbegeisterte Mädchen kommen doch nicht zu dem Sport, weil sie die Statuten des Deutschen Tennisbundes toll finden. Jungen spielen doch nicht gern Fußball, weil sie die Abseitsregel begeistert. Sie haben Steffi Graf oder Jürgen Klinsmann gesehen und sagen: „Das will ich auch machen".

Durch persönliche Erfahrung und Begeisterung müssen wir Gott finden. Wenn wir mit moralischen Regeln anfangen, machen wir uns bei Menschen, die nicht glauben, natürlich nur verhaßt. Man kann das Abtreibungsthema auch hier zum Beispiel nehmen: Wenn ich glaube, daß jedes menschliche Leben von Gott ins Dasein gerufen wurde, ist klar, daß ich meine Hand nicht gegen dieses Geschöpf Gottes erheben darf. Wenn ich das aber nicht glaube, stehe ich fassungslos vor einer Kirche, die mir in mein Privatleben hineinreden will.

Kann das umstrittene Kruzifix-Urteil des Bundesverfassungsgerichts[5] zu einer neuen Wertediskussion führen?

Das Urteil war wie ein Blitz, der eine finstere Landschaft erhellt hat. Denn die Entchristlichung unserer Gesellschaft und unserer Gesetzgebung ist ja nun schon jahr-

[5] S. oben S. 363, Anm. 1.

zehntelang in vollem Gang. Ich persönlich bin von dem Urteil zur Freigabe der Abtreibung viel betroffener gewesen als von diesem, weil seine Konsequenzen – im Gegensatz zum Kreuz-Urteil – weitgehend übersehen wurden.

Kann man zur Tagesordnung übergehen?

Die Art und Weise der Richterwahl beim Bundesverfassungsgericht ist völlig verfehlt. Hierüber sollte man nachdenken. Von einem Richter verlangt man in erster Linie, daß er unparteiisch ist. Und je höher das Gericht, desto unparteiischer sollte es sein. Nun werden ausgerechnet unsere höchsten Bundesrichter von den Parteien gewählt. Man sollte statt dessen überlegen, ob man nicht die Präsidenten der Oberlandesgerichte oder die Dekane der juristischen Fakultäten in den Wahlprozeß einbeziehen könnte.

Welche Konsequenzen müssen die Kirchen aus dem Urteil ziehen?

Es ist sicher ein Aufruf zur Gewissenserforschung: Was tun wir gegenüber der Entchristlichung? Und da sehe ich die Gefahr, daß die Kirchen und die kirchlichen Vertreter in einem dauernden Rückzugsgefecht alte Privilegien, Vorstellungen, Rechtspositionen, Fassaden behaupten wollen, daß sie versuchen, alles noch aufrechtzuerhalten, ohne deutlich genug zu fragen: Sind denn da noch Inhalte? Es geht nicht darum, jetzt irgendwelche Kreuzpositionen zu halten, sondern die Leute zu überzeugen, daß das Kreuz ein Heilszeichen ist. Die Überzeugung muß wachsen. Dann bleiben auch die Kreuze.

Wäre die strikte Trennung von Kirche und Staat ein Heilmittel?

Man konnte und kann auf vielen Gebieten zum Wohle der Menschen zusammenarbeiten. So ist bei uns Kultur entstanden. Allerdings: Bei der rapiden Entchristlichung der Gesellschaft sind viele Möglichkeiten der Zusammenarbeit nicht mehr gegeben. Wenn sittliche Werte nicht mehr vom Gesetzgeber geschützt werden, können wir die Menschen nur noch schwer von ihrer weiteren Gültigkeit überzeugen. Die Basis für „joint ventures“ von Staat und Kirche wird damit kleiner.

Heißt das, daß auch die Grundlage für den Einzug der Kirchensteuer schwindet?

Vor 130 Jahren hat man noch geglaubt, ohne Kirchenstaat wäre das Papsttum gar nicht zu erhalten. Heute sind wir froh, daß es den alten Kirchenstaat nicht mehr gibt. So radikal kann sich das ändern. Ich will hier nicht mit der Axt in den Wald gehen. Aber ich sehe, daß die Entwicklung auf eine weitergehende Trennung von Staat und Kirche zuläuft.

Dabei können Sie mich mit einem Wegfall der Kirchensteuer überhaupt nicht schrecken. Ich bin viel betroffener über den Verlust an Glaubenssubstanz als über finanzielle Einbußen. Natürlich ist jeder Austritt schmerzhaft. Aber oft ist das nur die Konsequenz aus einem Glaubensverlust, der längst vorher stattgefunden hat. Nochmals: Ich will die Diskussion nicht forcieren. Aber ich sehe es kommen und bin nicht erschrocken. Denn da stellt sich uns eine neue Herausforderung: Wir müssen uns auf das Wesentliche besinnen. Unsere Antwort dürfen nicht Rückzugsgefechte und große Tiraden und Klagen sein, sondern aktive Neuevangelisierung. Wir müssen Gläubige gewinnen. Das sehe ich vernachlässigt. Wenn ich denke, was wir alles an unwesentlichen und zum Teil schädlichen Verkrustungen abbauen müßten, wenn wir wesentlich weniger Mittel zur Verfügung hätten ...

Welche Verkrustungen möchten Sie loswerden?

Durch die Strukturen und Systeme, die wir in Deutschland haben, die es aber auf der ganzen Welt nicht gibt, versagt den Verantwortlichen oft die Stimme. Hauptsache scheint zumeist, es bleibt möglichst viel erhalten. Das wird dann als Erfolg angesehen. Wir müssen die Substanz erneuern und nicht die Fassade unbedingt halten, wenn sie von der Substanz her nicht mehr gerechtfertigt ist. Wir haben viel mehr Krankenhäuser als katholische Schwestern. Wir haben viel mehr Kindergärten als überzeugte katholische Erzieherinnen. Und wir können nicht die Fassaden in dieser Größe und Breite aufrechterhalten, wenn wir sie nicht mit gläubigen Christen füllen können. Da bin ich für eine neue Ehrlichkeit.

Wollen Sie denn den breiten Rückzug – etwa auch bei den theologischen Fakultäten an staatlichen Hochschulen?

Nein. Ich möchte aber, daß unsere Fakultäten ihre eigentliche Aufgabe wieder in den Mittelpunkt stellen: Sie sollen den Menschen den Glauben erklären und sie nicht dauernd verunsichern.

Viele Menschen fühlen sich von Grundsätzen der Kirche abgestoßen – etwa dem Zölibat.

Der Grund für den Zölibat ist die Ganzhingabe an den göttlichen Ruf und Auftrag. Da sagt ja schon Christus: „Wer es fassen mag, der fasse es“[6]. Es wäre schlimm, wenn alle zölibatär wären. Wir brauchen eine große Mehrheit von christlichen Familien. Wer aber den Ruf hört, der soll ihm folgen.

Der Vorwurf lautet aber, zölibatär lebende Menschen seien wirklichkeitsfremd.

Das ist unsinnig. Dann dürfte kein Chirurg, der nicht beinamputiert ist, Beine amputieren. Natürlich darf der zölibatär lebende Mensch nicht einsam sein. Und er muß in der ständigen Gegenwart Gottes leben. Da ist man nie einsam. Erst wenn das abbricht, wird der Priester zu einem armen und einsamen Menschen, der bald weltlichen Trost sucht. Das Geheimnis, Priester zu sein, ist, es ganz zu sein. Ist man es halb, wird man vor Gott und der Welt ein armes Würmchen. Es gab doch zu Beginn auch verheirateten Klerus. Aber die Menschen sind zu den Mönchen gegangen, weil sie diese ernst nahmen. Dort haben sie ihre Gaben abgegeben, wodurch die Klöster immer größer und reicher wurden, während der verheiratete Klerus verarmte. Übrigens: Jetzt wird die Priesterehe gefordert in einer Zeit, in der die Pastorenehen in die Krise geraten sind. Die Scheidungsrate bei den Pastorenehen hat die allgemeine Ehescheidungsrate erreicht, teilweise sogar schon übertroffen. Es ist ja nicht so, daß plötzlich die Pastoren alle zu kleinen Teufeln geworden wären. Die sind genauso wie vorher. Nur gibt es keine Frauen mehr, gerade bei den Emanzipierten, die in die Rolle der Pastorenfrau schlüpfen wollen. Das ist eine Rolle, die der emanzipierten Frau zuwider ist.

---

[6] Matthäus 19,12.

Weil sie mit Dienen zu tun hat?

Ja. Und weil die Erwartungen der Gemeinde eben die sind, mit dem Pastor haben wir auch seine Frau gratis dabei.

Halten Sie es denn generell für ausgeschlossen, daß ein verheirateter Mensch sich so auf Gott konzentrieren kann, wie es für ein Priesteramt nötig ist?

Nein. Es gibt Verheiratete, die stärker auf Gott konzentriert sind als manche Priester. Es gibt sicher viele arme Witwen, die im Himmel höher sitzen als manche Renaissance-Päpste. Es kommt also nicht auf Amt und Position an. Das gilt auch für die Frauenordination.

Warum keine Frauen ins Priesteramt?

Die Ämter sind in der apostolischen Kirche nun einmal den Aposteln und ihren Nachfolgern übertragen. Doch ist das ganze Thema eigentlich überflüssig. In Ewigkeit kommt es nur auf die Frage an: Wie sehr hast du Gott und deine Mitmenschen geliebt? Das ist die entscheidende Hierarchie. Und selbst auf der Erde kommt den Frauen in der Kirche doch die Erstverkündigung zu. Ich verstehe gar nicht, warum die Diskussion sich so stark auf das Priesteramt konzentriert. Lange bevor ein Kind einen Priester bewußt erlebt, weiß es in 98 Prozent der Fälle von der Mutter, daß es einen lieben Gott, daß es Gut und Böse, Wahrheit und Lüge, Vertrauen und Haß gibt. Bis es da zum ersten Mal einen Schwarzrock gesehen hat, sind die Grundlagen doch gelegt. Für diesen mütterlichen und erzieherischen Auftrag brauchen die Frauen doch keinen besonderen kirchenamtlichen Titel.

Dennoch gilt die Kirche als frauenfeindlich.

Ursprünglich hat die Kirche geglaubt, nur Juden würden berufen, keine Heiden. Diesen Irrtum hat der Heilige Geist sofort berichtigt. Wenn man nur zufällig vergessen hätte, Frauen mitzuweihen, hätte der Heilige Geist doch auch sofort eingegriffen. Wir glauben eben, daß die apostolische Tradition nicht von ungefähr kommt. Vielleicht hat der liebe Gott das aus Liebe zu den Kindern so geregelt. Im übrigen: Kennen Sie auch nur eine einzige Weltreligion, in der die Frau einen höheren Platz einnimmt als im Christentum?

Der Ruf nach einem Kirchenvolksbegehren dringt von Österreich nach Deutschland.

Die da erhobenen Forderungen sind ja alte Hüte. Im Grunde sind es reformatorische Forderungen. Deshalb heißt ja auch der häufigste Vortragstitel bei Drewermann: Wir fordern die 450 Jahre vorenthaltene Reformation. Ein Volksbegehren ist politisch, kommt von der Basis her. Volk Gottes werden wir aber dadurch, daß wir auf Gott hören und Gott folgen und nicht dadurch, daß wir Gott wählen. Christus sagt: „Nicht ihr habt mich erwählt, sondern ich habe euch erwählt“[7]. Er hat die grundlegenden Strukturen der Kirche festgelegt, die wir in apostolischer Tradition bewahren. Aber wir haben immer wieder, gerade bei christlichen Politikern und

[7] Johannes 15,16.

Politikerinnen, die naheliegende Gefahr, daß sie die Kategorien, die für die Gesellschaft gut und gültig sind, auch in die Kirche einbringen wollen. Dabei übersieht man, daß die Kirche kein Menschenwerk, sondern göttliche Stiftung ist, ein Mysterium, in dem es gilt, Gottes Willen anzunehmen, nicht den eigenen Willen durchzusetzen. Nicht im „Begehren" der vielen, sondern im „Bekehren" zu dem Einen liegen Heil und Erneuerung des einzelnen wie der Kirche.

Soldaten eine Heimat bieten*

Inwieweit ist katholische Seelsorge in „atheistisch-säkularer Umwelt" möglich?

Wir haben die Erfahrung gemacht, daß weit über den niedrigen Prozentsatz katholischer Soldaten hinaus, die Arbeit und die Dienste der Militärseelsorge angenommen werden. Der Geistliche ist ja zunächst ein Ansprechpartner für die menschlichen Sorgen der Soldaten, der Lebenshilfen geben soll. Als zweites Angebot gibt es den lebenskundlichen Unterricht und die Weiterbildung überhaupt, in der christliche Grundwerte vermittelt werden sollen. Denn wenn jemand vom Christentum nichts weiß, ist das nicht nur ein religiöses, sondern in Mitteleuropa auch ein kulturelles Defizit. Schließlich und drittens kann sich der Soldat an den Militärseelsorger wenden, wenn er den Wunsch hat, in den Glauben eingeführt zu werden.

Die ostdeutsche Diaspora-Situation verlangt für die evangelische und die katholische Kirche nach einer ökumenischen Seelsorge. Der evangelische Militärgeneraldekan Erhard Knauer bezeichnete vor dieser Tagung die „ökumenische Offenheit als Grundvoraussetzung für die Akzeptanz von Kirche unter Soldaten". Können Sie das unterschreiben?

Ich bin besorgt über den andauernden internen Streit in der evangelischen Kirche über den Militärseelsorgevertrag. Die Debatte um die Gültigkeit des Vertrags von 1957 gefährdet die ökumenische Gemeinsamkeit, die in den alten Bundesländern gewährleistet ist. Evangelische Soldaten müssen die gespaltene Haltung ihrer Kirche zur Militärseelsorge als Diskriminierung ihres Berufs verstehen. Über diese Schieflage bin ich nicht glücklich. Pastoral gibt es zwar in der Militärseelsorge mehr ökumenische Gemeinsamkeit als im allgemeinen. Aber wir machen keine Einheitsseelsorge, sondern haben ganz klar unser katholisches Angebot.

Der Leiter des Katholischen Militärbischofsamtes, Generalvikar Jürgen Nabbefeld, sieht wegen des akuten Priestermangels auf Dauer die effiziente Militärseelsorge ohne stärkere Einbindung der „Kompetenz der Pastoralreferenten" nicht mehr gewährleistet. Welchen Stellenwert messen Sie der Laienarbeit in der Seelsorge bei?

Wir haben 150 Pfarrhelfer und acht Pastoralreferenten. Der Bedarf an Seelsorgern ist damit natürlich nicht gedeckt, aber wir können nach dem staatlichen Schlüssel nicht beliebig viele einstellen.

---

* Rheinischer Merkur, Nr. 42, 20. Oktober 1995: Soldaten eine Heimat bieten (Interview: Ansgar Oswald).

Und die Aufgaben der Militärpastoral sind seit der Wiedervereinigung schwieriger und die Herausforderungen größer geworden, obwohl die Sollstärke der Bundeswehr letztendlich sich auf 340 000 Soldaten reduziert. Gleichzeitig haben wir aber auf einem größeren Staatsgebiet im Gegensatz zur alten Bundesrepublik statt 140 Seelsorgebezirken nur noch ungefähr 90. In den neuen Bundesländern sind von den 40 Militärseelsorgern 35 nebenamtlich tätig, die neben ihrer Tätigkeit als Gemeindepfarrer auch in der Militärseelsorge engagiert sind.
Als völlig neue Herausforderung kommt die Begleitung von Auslandseinsätzen hinzu. Damit bekommt die Militärseelsorge eine neue Dimension.
Personell haben wir keine Reservebank von Priestern, sondern müssen auf die Standortpfarrer zurückgreifen. Für diese Zeit bleibt dann die Seelsorgestelle in der Heimat vakant.

Vakant sind ohnedies einige Stellen in Ostdeutschland. Führt nicht der Bedarf an zusätzlichen Militärgeistlichen zu Unmut bei Ihren bischöflichen Mitbrüdern und zu einer unzumutbaren Doppelbelastung der Gemeindepfarrer?

Natürlich stehe ich in einem dauernden Ringen mit meinen Mitbrüdern, die auch gerne gute Geistliche in den Pfarreien haben. Aber der Priestermangel in den Diözesen und der Militärseelsorge wird gleichmäßig getragen. Für die Gemeindegeistlichen ist die nebenamtliche Tätigkeit in der Militärseelsorge eine echte Bereicherung. Das haben mir in diesen Tagen viele bestätigt. In den Kasernen kommen die doch mit einem Personenkreis in Berührung, der aus ihren Pfarreien längst verschwunden ist.

Zerbrechliche Gefäße*

Mit Bestürzung und Trauer haben wir in letzter Zeit vermehrt von Fehltritten katholischer Priester bei uns wie in anderen Ländern hören müssen. Der Schaden, der da von einem einzigen angerichtet werden kann, ist unermeßlich und stellt in unserer Mediengesellschaft die aufopfernde Treue der vielen Seelsorger einfach in den Schatten.

Ich möchte dazu auch einmal persönlich sagen, daß die Fälle eines psychischen oder moralischen Zusammenbruchs von Priestern das mit Abstand schwerste Kreuz im Leben eines Bischofs sind. Dazu gehört auch die oft qualvolle Verantwortung bei der gerechten Beurteilung und Behandlung gefallener Mitbrüder, die in Reue einen neuen Anfang suchen.

Vorschnell wird oft der Zölibat als Auslöser solcher Krisen benannt. Nun ist zu sagen, daß der Priester zweierlei Bürden und Leiden kennt. Die einen muß er tragen, weil er so ist, wie er sein soll. Der Anstoß der Welt an der Botschaft Christi trifft alle, die diese Botschaft leben und verkünden. Die anderen wälzen sich auf

* KNA, Dokumentation, Nr. 38, 3. November 1995: „Zerbrechliche Gefäße". Fuldas Erzbischof Dyba zu „Fehltritten" katholischer Priester; Das Wort des Bischofs: Zerbrechliche Gefäße, in: Bonifatiusbote, Nr. 45, 5. November 1995.

ihn, wenn er nicht so ist, wie er sein sollte. Von denen – da erkenne jeder sich selbst – sollte er sich befreien.

Während aber das Tragen der priesterlichen Bürde in der Nachfolge Christi dem Priester vom Herrn her auch immer wieder neue Kraft und Gnade zuwachsen läßt, brechen bei den Belastungen, die uns überkommen, weil wir uns vom Herrn entfernen, alle diese Stützen weg. So ist nicht der Zölibat der Auslöser eines solchen Zusammenbruchs, sondern der Bruch des Zölibats. Oder hätte schon jemand wegen der vielen bekannt gewordenen Fälle von Kindesmißbrauch durch Ehegatten und Väter die Abschaffung von Ehe und Familie verlangt?

Im 2. Korintherbrief beschreibt der heilige Paulus die dem Priester anvertrauten Gaben und Aufgaben und fährt dann fort: ‚Diesen Schatz tragen wir in zerbrechlichen Gefäßen ...‘[1]. Und weil gerade in unserer Zeit diese zerbrechlichen Gefäße so rauh und rücksichtslos behandelt werden, sollte es das Anliegen aller Gläubigen sein, schonend und fürsorglich mit ihnen umzugehen.

Es ist ja so leicht, sich über kleinere oder schwere Mißgriffe von Priestern zu entrüsten – aber wer das tun will, sollte sich auch ehrlich fragen: Vermitteln wir unseren Pfarrern und Kaplänen in den Gemeinden denn heute wirklich noch das Gefühl, daß ihr priesterliches Dasein, ihr Für-uns-Dasein, hoch geschätzt wird? Oder werden unsere Seelsorger nicht gerade auch in den Gemeinden weithin entmutigt durch eine ätzende Dauerkritik, die sich aus „Bild-Zeitung“, Drewermann und Fernsehsendungen speist, nicht aber aus Fasten und Gebet, Opfer und Treue.

Ich stehe nicht an, allen in unserem Bistum, die je durch einen Priester verletzt wurden, mein inständiges Bedauern auszusprechen und sie um Entschuldigung zu bitten. Aber bessern und heilen können wir nicht, indem wir mit den Wölfen heulen, sondern nur, indem wir gemeinsam unsere Priester als Schatzträger Christi in unser Gebet und in unsere Liebe aufnehmen und sie zugleich als zerbrechliche Gefäße nach besten Kräften schützen.

Den Sonntag feiern*

Die Frage der Sonntagsarbeit auch in Industriebetrieben stellt sich uns immer drängender. Grundsätzlich ist man sich zwar einig darüber, daß der Sonntag als Ruhetag frei von weltlichen Geschäften gehalten werden sollte. Aber wie früher auf dem Lande ein heranziehendes Gewitter, das die Heuernte zu vernichten drohte, eine Ausnahmeregelung zuließ, so gilt heute der drohende Arbeitsplatzverlust infolge durchgehaltener Ruhezeiten als Grund für die Erteilung einer Ausnahmegenehmigung für die Sonntagsarbeit.

Alle Anzeichen weisen darauf hin, daß sich diese Entwicklung bei steigender internationaler Konkurrenz noch fortsetzen wird. Um so wichtiger ist es daher, hier nicht zu falschen Alternativen wie „Arbeit oder Gottesdienst“ zu kommen. Wer, um seinen Arbeitsplatz zu erhalten, am Sonntag einen Schichtdienst leisten

---

[1] 2 Korinther 4,7.

* Das Wort des Bischofs: Den Sonntag feiern, in: Bonifatiusbote, Nr. 49, 3. Dezember 1995.

muß, dem bietet die Kirche heute in Vorabendmessen oder sonntäglichen Abendmessen ausreichende Möglichkeiten, trotzdem als Christ am Sonntagsgottesdienst der Gemeinde teilzunehmen. Gerade wer auch am Wochenende zur Arbeit gehen muß, sollte sich da nicht einfach isolieren und den Sinn des Sonntags nehmen lassen.

Wie weit wir die Sonn- und Feiertage in Zukunft noch verteidigen können? Das hängt natürlich entscheidend davon ab, ob die Mehrzahl der gläubigen Christen sie als solche überhaupt noch mitfeiert. Wenn der Sonntag von einer Mehrheit nur noch als letzter Ausschlaftag nach einem anstrengenden Wochenende angesehen wird, steht er bald schutzlos zur Verfügung einer auf immer weitere Rationalisierung bedachten Wirtschaft. Und die Feiertage sind auf die Dauer nur dann schutzwürdig, wenn sie auch ihrem ursprünglichen Sinn entsprechend gefeiert werden. Die Abschaffung des Buß- und Bettages sollte uns da ein mahnendes Beispiel sein.

Vor allem aber müssen wir bedenken, daß wir an jedem Sonn- und Feiertag ohne Gottesdienstbesuch eine Einladung des Herrn an uns ausgeschlagen haben. Er schenkt uns den Sonntag, damit wir an einem Tag zur Besinnung kommen, zu Gebet und Danksagung und zur Begegnung mit Gott in heiliger Feier. Wie werden wir unsere vielen Ausreden einmal begründen können? War das alles soviel wichtiger als Gott? Und wenn ich für die Ewigkeit auf Gott baue und auf Gott vertraue, kann ich da jetzt sein Angebot ausschlagen, seine Gegenwart fliehen?

Wenn wir im Advent die Ankunft des Herrn erwarten, sollten wir uns seinem Wort stellen: „Ich stehe vor der Tür und klopfe an. Wer meine Stimme hört und die Tür öffnet, bei dem werde ich eintreten und wir werden Mahl halten, ich mit ihm und er mit mir“[1].

Wir müssen uns befreien*

Seit Herbst 1993 werden in Ihrem Bistum keine „Scheine“ mehr ausgestellt. Bleiben seitdem die Frauen weg?

Uns wurde vorausgesagt, daß die Frauen ausbleiben würden. Das hat sich als absolut falsch herausgestellt. Die Zahl der ratsuchenden Frauen ist im ersten Jahr nach dem Verzicht auf den Schein im Bistum um fünf Prozent gestiegen und jetzt im zweiten Jahr nochmals um einen noch höheren Prozentsatz. Das sind Zahlen, die ich vom Sozialdienst katholischer Frauen bekomme; die sind sehr ermutigend und zeigen, daß es der richtige Schritt war.

Andere Bischöfe befürchten, daß ohne Schein gerade Frauen in Konfliktsituationen wegbleiben könnten?

Das sind Befürchtungen, die wir in Fulda bereits widerlegt haben. Es war mehr als nötig, daß ein Bistum Vergleiche möglich macht. Es zeigt sich, daß wir hier diesel-

---

[1] Offenbarung 3,20.

* Weltbild, Nr. 2, 5. Januar 1996, S. 19: Wir müssen uns befreien (Interview: Klaus Kreitmeir).

ben Zuwachszahlen haben wie die anderen Bistümer, die im staatlichen System beraten.

Stehen Sie mit Ihrer Meinung allein?

Nein! Sie können sicher davon ausgehen, daß eine Reihe von Bischöfen für den Ausstieg aus dem staatlichen System ist. Aber viele meiner Amtsbrüder meinen, daß dafür eine Mehrheitsentscheidung nötig wäre. Übrigens hat der Vorsitzende der Bischofskonferenz, Bischof Lehmann, den Grundsatz ja schon 1992 zutreffend aufgezeigt, als er sagte: „Die Beratungsstellen können sich nicht in ein Verfahren einbinden lassen, das die Ausstellung einer Beratungsbescheinigung zu einer wesentlichen Voraussetzung für die straffreie Tötung eines ungeborenen Menschen macht“[1].

Viele Bischöfe und katholische Laienorganisationen befürchten, das Feld denen zu überlassen, die nicht für das Leben beraten.

Diese Befürchtungen zeigen doch, daß das System nicht stimmt. Man traut ihm auf katholischer Seite nicht. Wenn andere Scheine ausstellen, denen – ob die Beratenden das wollen oder nicht – vom Gesetz die Funktion einer Tötungslizenz zugewiesen wird, dann sollen die das tun, wir nicht. Es geht um die Glaubwürdigkeit der Kirche. Das ist ungleich höher anzusetzen als Anerkennung und Finanzierung durch ein staatliches System, das flächendeckend Abtreibung vorsieht und ermöglicht.

Haben die christlichen Abgeordneten versagt?

Es wäre natürlich gut, wenn ein Gesetz den katholischen Moralvorstellungen entspräche. Aber ich sehe ein, daß wir dafür keine Mehrheit bekommen. Also kann ich damit leben, daß die Abgeordneten das bestmogliche Gesetz machen. Aber für die Kirche gilt natürlich etwas anderes. Wenn das „bestmögliche“ Gesetz nicht das Minimum christlichen Anspruches erfüllt, dann darf die Kirche da nicht mitmachen. Das ist nicht nur eine Frage der Logik, sondern auch des Mutes.

Werden kirchliche Beratungsstellen vom Staat unterstützt?

In Hessen haben wir die absurde Situation, daß zum Beispiel „Pro familia“ für jeden Beratungsschein, den sie in einer Viertelstunde ausgestellt hat, 150 Mark kassiert. Unsere Stellen beraten und helfen den Frauen zwei Monate, sechs Monate, ja manchmal bis zu zwanzig Monate, stellen aber keinen Schein aus. Für ihre umfassende Tätigkeit erhalten sie zwischen 60 und 80 Mark. Das ist eine Ungerechtigkeit sondergleichen. Denn so honoriert der Staat die Tötung, aber nicht den Schutz des Lebens.

Warum fällt den deutschen Bischöfen der Ausstieg so schwer?

Weil bei uns die staatskirchenrechtlichen Bindungen so stark sind. Liberale Abtreibungsgesetze gibt es auch in anderen Ländern, zum Teil noch liberalere als bei uns. Aber nirgends auf der Welt gibt es eine derartige Einbindung der Kirche – da sind

[1] Pressemitteilungen der Deutschen Bischofskonferenz, Dokumentation, 10. Juni 1992, Nr. 6.

wir ganz allein. Daher sollten wir uns auch mit Blick auf die Weltkirche aus diesem Zwangssystem befreien.

Sie sind also der Überzeugung, daß die Entscheidung der Kirche für den Ausstieg fallen wird?

Die Kirche hat ihre Entscheidung längst getroffen, das sehen Sie an der päpstlichen Enzyklika „Evangelium vitae"[2]. Auch die deutsche Bischofskonferenz wird über kurz oder lang hier eine klare Entscheidung treffen müssen. Ich halte jedes weitere Zaudern für unglücklich, weil wir als Kirche immer noch weiter an Glaubwürdigkeit verlieren.

Weltautorität*

Darf eine Regierung, wie offensichtlich bei den Blauhelmaktionen geschehen, Soldaten in einen UN-Einsatz schicken, wenn Auftrag und politische Mittel nicht übereinstimmen?

Es ist nicht Sache der Kirche, über politische Fragen zu urteilen. Einsätze der Bundeswehr beschließt die Bundesregierung und müssen vom Bundestag gebilligt werden. In einem eventuellen Grenzfall wäre auch nicht allein der Militärbischof gefragt, sondern die Deutsche Bischofskonferenz.

Trotzdem kann ich mir vorstellen, daß unsere Leser die persönliche Meinung des Militärbischofs interessiert. Zum Beispiel zu der Situation um Srebrenica[1]. Da mußten Blauhelme Grausamkeiten und Morde mit ansehen und konnten nicht eingreifen, weil sie selbst schutzlos waren und der politische Auftrag sie daran hinderte.

In ethischer Hinsicht ist für mich nicht vorstellbar, daß ein offensichtlich schweres Kriegsverbrechen, das gegen die Menschenwürde zumal von Zivilisten verstößt, tatenlos hingenommen werden darf. Wir Deutschen haben aus unserer Geschichte Erfahrungen und Vorgaben, die uns in dieser Hinsicht besonders sensibel machen.

Müssen Soldaten jetzt militärisch und psychologisch anders ausgebildet werden als bisher?

Natürlich sind die menschlichen und psychischen Herausforderungen durch neuartige Formen der Belastung anders als bisher. Für die Militärseelsorge als Dienst der Kirche ist hier von besonderer Bedeutung, daß Soldaten moralisch urteilsfähig sind, auch in Extremsituationen. In diesem Bereich müssen sich Grundsätze und

---

[2] Johannes Paul II., Enzyklika „Evangelium vitae", 25. März 1995; dt. Übers.: Verlautbarungen des Apostolischen Stuhls, Nr. 120.

* Kompaß, Nr. 2, 5. Januar 1996, S. 4–6: Dyba fordert Weltautorität (Interview: Heribert Lemberger).

[1] Das Massaker an über Zehntausend muslimischen Zivilisten nach der Eroberung Srebrenicas durch bosnische Serben im Juli 1995 (vor den Augen niederländischer Blauhelmeinheiten) gilt als der größte Massenmord in Europa nach dem Zweiten Weltkrieg.

Praxis der Inneren Führung bewähren, die in der Bundeswehr schon lange Geltung haben.

Was kann der Militärpfarrer beitragen, daß der Soldat auch in Extremsituationen seelisch nicht kaputtgeht?

Grenzsituationen lassen sich nicht vorwegnehmen. Allerdings kann nicht nur in der militärischen Ausbildung, sondern auch in der geistigen Auseinandersetzung eine Vorbereitung geleistet werden. Es kann sicher nicht Aufgabe des Militärseelsorgers sein, die „Wehrkraft" der Truppe zu stärken. Aber jeder Pfarrer ist jederzeit bereit, einfach Seelsorger zu sein.

Das kann aber doch nicht alles sein?

Die bisherigen Erfahrungen von Militärgeistlichen in der seelsorglichen Begleitung bei Auslandseinsätzen werden im Katholischen Militärbischofsamt sorgfaltig ausgewertet und berücksichtigt. In diesem Jahr findet eine gemeinsame Fortbildungs-Veranstaltung für Militärgeistliche beider Kirchen zum Thema „Seelsorge in Extremsituationen" statt.

Und was geschieht mit Soldaten, die den Einsatz seelisch trotzdem nicht verkraftet haben?

Wir Militärseelsorger sind offiziell gebeten worden, zusammen mit dem Sanitätsdienst und den Truppenpsychologen bei der Behandlung der Folgen von Kampf-Streß mitzuwirken. Das tun wir natürlich auch. Das ist doch selbstverständlich.

Werden eigentlich auch die Familien der Soldaten betreut?

Aber ja. Gerade die Angehörigen sind oft von der psychischen Belastung der Soldaten mitbetroffen. Militärgeistliche beteiligen sich deshalb an der Familienbetreuung von Einsatzverbänden.

Wohin muß sich die UNO entwickeln?

Papst und Gesamtkirche haben das Projekt UNO von Beginn an positiv beurteilt und begleitet. Die Pastoralkonstitution des Zweiten Vatikanischen Konzils fordert eine Weltautorität[2], die wirksam für Frieden und Gerechtigkeit eintreten kann.

Reichen dafür Soldaten aus?

Nein. Dazu gehört auch ein entsprechender Gerichtshof, der zum Beispiel Kriegsverbrechen aburteilen kann.

Geht das alles auf eine Art Weltregierung hinaus?

Ganz und gar nicht. Allerdings müssen alle Staaten mithelfen und mit eigenen Ansprüchen und Interessen zurückstecken. Dies gilt auch für Deutschland.

In der kirchlichen Friedenslehre spricht man immer vom Vorrang der Friedensförderung vor der Friedenssicherung. Davon ist in der Öffentlichkeit wenig zu hören. Auch die Kirchen bleiben weitgehend stumm. Müssen Probleme nicht im Vorfeld

---

[2] II. Vatikanisches Konzil, Pastoralkonstitution „Gaudium et spes", 7. Dezember 1965, Nr. 82.

gelöst, also politischer und wirtschaftlicher Druck ausgeübt werden, bevor nur noch militärische Mittel möglich sind?

Im internationalen politischen Raum rangiert Friedensgestaltung ja immer vor militärischen Mitteln. Beide christlichen Kirchen haben diese Unterscheidung und die Vorrangigkeit der Friedensförderung immer wieder öffentlich dargelegt. Dies gilt auch für den aktuellen Konflikt im ehemaligen Jugoslawien.

Und wenn dies nicht ausreicht?

Welche Mittel tatsächlich geeignet sind, einen aktuellen Konflikt einzudämmen, zu begrenzen und schließlich zu lösen, läßt sich nicht generell beantworten. Manchmal ist auch die sachgerechte und rechtzeitige Androhung militärischer Mittel geeignet, eine Eskalation zu verhindern. Davon unberührt bleibt der Grundsatz, daß der Einsatz militärischer Mittel immer als „ultima ratio" anzusehen ist.

Müssen die deutschen Soldaten nicht umdenken von Landesverteidigung zu Einsätzen für die internationale Sicherheit?

Manche Soldaten haben Schwierigkeiten, sich auf die neue sicherheitspolitische Lage einzustellen. Sie fragen, ob der von ihnen geleistete Eid auch die neuen Aufgaben beinhaltet. Unbeschadet der rechtlichen Betrachtung der soldatischen Pflichten kann aus kirchlicher und ethischer Sicht nur betont werden, daß sich Soldaten, wie das Zweite Vatikanische Konzil lehrt, als „Diener der Sicherheit und Freiheit der Völker" verstehen sollen[3]. Bei aller Betonung der neuen Aufgaben bleibt aber die Landesverteidigung die Hauptaufgabe der Gesamtstreitkräfte.

Beschäftigt sich die Bundeswehr in Ausbildung und Politischer Bildung zu wenig mit dem Aspekt Perspektive Weltfrieden?

Die Bundeswehr befaßt sich seit Jahren intensiv mit Fragen der internationalen Sicherheit. Es wäre jedoch wünschenswert, wenn hier das „Friedensverständnis" noch umfassender behandelt würde. Dazu gehören vor allem Fragen der Gerechtigkeit und der Entwicklung.

Danken*

Es muß 1942 oder 1943 gewesen sein. Ich hatte unsere Tageszeitung in jugendlichem Wissensdurst von vorn bis hinten durchgelesen und alles, aber wirklich alles was da stand, bezog sich auf den Krieg. Da fragte ich meinen Vater, ob es denn auch im Frieden Zeitungen gäbe und über was die denn dann schreiben könnten?

Inzwischen haben wir 50 Jahre Frieden genießen dürfen und leben in einem in Deutschland noch nie dagewesenen Wohlstand. Wer aber in diesen Tagen bei uns Zeitung liest, sollte meinen, daß wir vor Katastrophen, Gefahren und Ungerechtigkeiten ohne Zahl bedroht seien, vor denen pausenlos gewarnt, gegen die dauernd

---

[3] II. Vatikanisches Konzil, Pastoralkonstitution „Gaudium et spes", 7. Dezember 1965, Nr. 82.
* Das Wort des Bischofs: Danken, in: Bonifatiusbote, Nr. 1, 7. Januar 1996.

protestiert und denen mit immer neuen Forderungen entgegengetreten werden muß.

Warum gibt es eigentlich bei so viel Anlaß zu persönlicher Zufriedenheit soviel veröffentlichte Unzufriedenheit? Eine Unzufriedenheit – die uns Menschen friedlos hält.

Ich meine, wenn wir Gott für all das, was er uns in unserem Leben geschenkt hat, wirklich von Herzen danken würden, wäre das der entscheidende Schritt in den inneren Frieden. Dankbare Menschen sind friedliche Menschen und nur mit Menschen, die den inneren Frieden haben, kann man auch den äußeren Frieden aufbauen.

Für das rechte Christsein aber ist Dankbarkeit die unersetzliche Grundhaltung. Von Gott erschaffen, erlöst und in sein Reich gerufen, gilt für uns die Inspiration der Schrift: Dankt für alles; denn das will Gott von euch! Dankt dem Vater mit Freude! Hört nicht auf zu danken![1] Und aus solcher Dankbarkeit kommen Christen zusammen, um in der höchsten Form des Gottesdienstes, der heiligen Eucharistie, wortwörtlich „Danksagung“ zu feiern.

Schon bei den Urchristen fiel auf, daß Dankbarkeit unmittelbar zu Freude und Frieden führt und das „Freut euch zu jeder Zeit“ eigentlich erst ermöglicht. Sie unterscheiden sich dadurch von den Heiden, die Gott nicht danken[2].

Im Laufe meines Lebens habe ich übrigens so oft erfahren, daß dankbare Menschen auch weitaus gesünder sind als ihre unzufriedenen Mitmenschen, daß da mit Sicherheit ein christlicher Sonderbonus auf uns wartet.

Wer also noch keinen festen Vorsatz für 1996 gefaßt hat, sollte diesen versuchen: Jeden Tag einmal darüber nachdenken, wofür ich Gott in meinem Leben dankbar sein darf, von den natürlichsten bis zu den übernatürlichsten Gaben, dann danken – und genießen, wie der tägliche Schmerz nachläßt.

Fels in der Brandung*

Lesen Sie gern in der Bibel?

Ja, besonders da, wo ich das Wort Gottes als unmittelbaren Ruf in das eigene Leben verstehen kann.

Was gefällt Ihnen an der Kirche?

Daß sie ein Fels in der Brandung ist; daß man im Schifflein Petri selbst in den größten Stürmen weiß, daß man den sicheren Hafen erreichen wird; daß die Kirche der Acker Gottes ist, in dem wirklich jeder seinen Schatz finden kann.

Was nicht?

Daß man ihre Ausgänge nicht besser beleuchtet ...

---

[1] 1 Thessalonicher 5,18; Kolosser 1,3.12.

[2] Vgl. Römer 1,21.

* Fragebogen, in: Christ in der Gegenwart im Bild, 7. Jahrgang, Heft 3, März 1996, S. 38. – Überschrift von den Bearb.

Welche Heiligen und welche Heilige mögen Sie?

Johannes den Täufer, der für die Wahrheit den Kopf hingehalten hat; die heilige Elisabeth, die hier in unserem Land einmal die ganze Christusnachfolge verwirklicht hat.

Eine Gestalt aus der Kirchengeschichte?

Bonifatius und Petrus Canisius, die aus der Weltkirche kamen und der Kirche in Deutschland wieder auf die Beine halfen.

Und aus der Gegenwart?

C. S. Lewis, der uns einen Schatz an Weisheit hinterlassen hat, den wir gegenwärtig (wieder) entdecken sollten.

Sollten die Gottesdienste so bleiben, wie sie sind, oder soll es weitere Reformen geben?

Der Gottesdienst der Kirche hat niemals in so kurzer Zeit so viele Änderungen erfahren; deshalb kommt es jetzt darauf an, nicht atemlos weiter zu verändern, sondern zu verinnerlichen und das Mysterium wiederzufinden.

Halten Sie es für wichtig, daß man jeden Sonntag zum Gottesdienst geht?

Ja. An dem Tag, da Gott uns an seinen Tisch lädt und der uns deshalb ganz als freier Tag geschenkt wird, sollten wir ihm absagen?

Soll der Zölibat der Weltpriester aufgehoben werden?

Das Denken der Menschen konzentriert sich immer mehr auf das Hier und Jetzt. Der Zölibat dagegen ist ein Zeichen für die kommende Wirklichkeit. Nie war er so notwendig wie heute.

Und Frauen die Priesterweihe erhalten?

Das wäre ein Bruch mit der gesamten apostolischen Tradition der Kirche, in der wir sicher geborgen sind. Und wenn ich sehe, in welcher Gesellschaft das propagiert wird, erkenne ich keinen Wink des Heiligen Geistes.

Welches Kirchenlied singen Sie sehr gern?

„Großer Gott, wir loben dich“[1] – „Zieh an die Macht, du Arm des Herrn“[2] ; und früher auch: „Fest soll mein Taufbund immer stehen“[3] (bevor einzelne Worte unnötigerweise geändert wurden und die singende Gemeinde daraufhin jahrelang auseinanderbrach).

Möchten Sie einen Theologen, eine Theologin nennen, den oder die Sie sehr schätzen?

---

[1] Gotteslob (1975), Nr. 257 (Text: Ignaz Franz 1771, Melodie: Heinrich Bone 1852).

[2] Gotteslob (1975), Nr. 304 (Text: Friedrich Oser 1865, Melodie: Melchior Vulpius 1609).

[3] Dieses Lied (Text: Christoph Bernhard Verspoell 1810, Melodie: C. J. Bierbaum 1826) wurde nicht in den Stammteil des Einheitsgesangbuches „Gotteslob“ übernommen; erheblich überarbeitet gelangte es als Nr. 897 in den Fuldaer Anhang zum Gotteslob (1975).

Romano Guardini; C. S. Lewis; Hans Urs von Balthasar; und wenn es erlaubt ist, einen Lebenden zu nennen: Joseph Ratzinger, wegen seiner menschenfreundlichen Klarheit.

Wann, glauben Sie, wird die ökumenische Einheit aller Christen und Kirchen kommen?

Die Einheit ist eine Gabe, die der Herr vom Vater erbeten hat. So wird Einheit dann sein, wenn Gott den Kairos[4] gegeben sieht.

Welchen besonderen Wunsch haben Sie an die Kirche?

Daß sich die Emmaus-Erfahrung in ihr vielfältig wiederholt[5]: trotz Niedergeschlagenheit auf dem Weg bleiben, den Funken nicht auslöschen, das Wort Gottes und im Brechen des Brotes die Gegenwart des Herrn erfahren. – Und die überflüssigen Bürden abwerfen!

Kirche interessant machen?*

Techno-Party in der Kirche. Mitte Februar war es in der evangelischen Hamburger Katharinenkirche soweit: der „Disco-Papst" schickte seinen „Barbarenfürst" als Hohenpriester für die nächtliche „Techno-Messe", bei der 2 000 Techno-Fans und dazu 600 Medienleute bei Eintrittspreisen von 60 Mark bis in den Morgen hinein stampften und tanzten.

Hauptpfarrer Denecke freute sich über die ungewöhnlich volle Kirche. „Wir wollen einfach Menschen erreichen, die sonst mit der Kirche nichts am Hut haben", wird er zitiert.

Es ist vielleicht ganz gut, daß in Hamburg einmal das Ende der Fahnenstange sichtbar und allen deutlich geworden ist, wohin die Anpassung der Kirche an den Zeitgeist führt. Denn auch bei uns wird doch immer wieder einmal die Versuchung spürbar, den Gottesdienst durch Zugeständnisse an den Erlebnishunger der Menschen „interessanter" zu machen. Viele Eltern, Lehrer und Pfarrer kennen ja das ungute Gefühl nur zu gut, das sie befällt, wenn Kinder und Jugendliche den Unterricht oder den Gottesdienst ablehnen, weil er ihnen „zu langweilig" erscheint. Um diesem Gefühl der Machtlosigkeit zu entkommen, scheint es dann doch sehr naheliegen, daß man zeitgemäße Ablenkungen und immer wieder „etwas Neues" anbietet – oder „gestaltet", wie es in der neueren Liturgiesprache so schön heißt.

Nur kann diese Rechnung nicht aufgehen. Denn Kindern, aber auch Erwachsenen, die mehrere Stunden täglich vom Fernsehen mit Unterhaltungsimpulsen, bunten Bildern und schnellen Gags verwöhnt werden, hat der Pfarrer – wenn sie mit ähnlichen Erwartungen in die Kirche kommen – nicht viel zu bieten. Ob der schuli-

---

[4] καιρός = die geeignete, passende Zeit.

[5] Vgl. Lukas 24, 13–35.

* Das Wort des Bischofs: Kirche interessant machen?, in: Bonifatiusbote, Nr. 9, 3. März 1996; Deutsche Tagespost, Nr. 28, 5. März 1996: „Techno" am Altar? Erzbischof Dyba: Erlebnishunger wird schnell zur Versuchung.

sche Unterricht einmal ganz vom Fernsehen übernommen werden kann, wozu sich Perspektiven in den USA zeigen, wollen wir dahingestellt sein lassen.

Die Botschaft der Kirche aber kann ihrem innersten Wesen nach nicht in der Form gefälliger Unterhaltung vermittelt werden. Denn der Ruf Jesu: „Bekehrt euch!"[1] fordert den Menschen zur Umkehr auf, fordert ihn auf, sich selbst hinzugeben, nicht sich gut zu unterhalten. Und wenn der Ruf Jesu sich fortsetzt: „denn das Himmelreich ist nahe", dann zeigt er, was die Kirche allein verkünden kann und muß.

In unserer Kirche, in unserem Gottesdienst – und das ist das Einzigartige – künden und finden wir die Gegenwart Gottes! Wer das „Geheimnis des Glaubens", mit dem wir den Höhepunkt der Eucharistiefeier bezeichnen, einmal begriffen hat, oder besser, von ihm ergriffen worden ist, dem kann es nie mehr langweilig werden, denn der hat den Einstieg in das Abenteuer des Glaubens gefunden, das Leben in der Gegenwart Gottes.

Das sollten wir begreiflich machen, natürlich auch durch gute Predigten, dazu sollten wir hinführen, natürlich auch durch zu Herzen gehende Kirchenmusik, aber nicht davon ablenken durch kirchenfremde Unterhaltungselemente.

Wir sollten nicht versuchen, mit Speck Mäuse zu fangen, auch nicht, um Kirchen zu füllen. Uns ist aber aufgegeben, dafür zu sorgen, daß Gläubige auch heute in der Kirche das Bleibende finden, das Ewige, den, der war und der ist und der kommen wird. Den, zu dessen Ehre all unsere Kirchen gebaut wurden.

Ostern erleben*

Wenn man die Gebete, Lieder und Psalmen der Kirche zur Osterzeit hört, dies Aufbrausen von Licht und Leben, Sieg, Freude und Glorie, in dem ein Halleluja ins andere schwingt, sollte man meinen, die Christenheit befände sich in einem einzigen großen Jubel. So sagt es ja auch der Hymnus des Ostertages: „Siegesfreude füllt unsere Seele ganz!"[1].

Aber wir alle wissen, daß die Christen unserer Tage in ihrer Mehrzahl alles andere als jubilierende Christen sind. Woher kommt diese Kluft zwischen dem Triumph der österlichen Chöre und der Verdrossenheit der Christen in unserem Land und unserer Zeit? Was entspricht eigentlich der Heilswirklichkeit mehr, der Osterjubel oder unsere angekratzte Befindlichkeit?

Ich glaube, wir müssen zur Erklärung dieses Phänomens begreifen, daß schon seit der Auferstehung Christi auch immer gewaltige anti-österliche Kräfte in der Welt wirksam waren. „Er kam in sein Eigentum, aber die Seinen nahmen ihn nicht an"[2]. Es ist Mysterium des Bösen, daß die Menschen, so wie sie den menschgewordenen Sohn Gottes abgelehnt, getötet und begraben haben, auch den Auferstande-

---

[1] Matthäus 4,17.

* KNA, Wort zum Sonntag, Nr. 14, 26. März 1996: Ostern erleben.

[1] Stundenbuch (1978): Osterzeit, Lesehore, Hymnus 1.

[2] Johannes 1,11.

nen immer wieder aus der Welt schaffen wollen. An seine Stelle wollten die römischen Kaiser und viele Diktatoren der Folgezeit ihre eigene uneingeschränkte Herrschaft setzten, Aufklärung und Französische Revolution aber das, was sie „Vernunft“ nannten. Wie oft wurde der auferstandene Christus endgültig für tot erklärt – auch und gerade im 20. Jahrhundert – und doch haben Gläubige auf der ganzen Welt immer wieder Ostern gefeiert.

Auch in unserer Zeit wollen doch viele Gott wegschaffen aus unserem Leben, aus Kunst und Kultur, aus Erziehung und Gesetzgebung. In den Medien erleben wir eine geradezu unaufhörliche Aggression gegen den Auferstandenen und die Kirche, die ihn repräsentiert. Die falschen Propheten, die der Herr seinen Jüngern vorausgesagt hat, erleben wir doch heute in Masse, und die Tatsache, daß sie „wirken, um womöglich selbst die Auserwählten irrezuführen“[3], ist eine weit in die Kirche hineinreichende Realität. So ist die Zeit gekommen, „in der man die gesunde Lehre nicht erträgt, sondern sich nach eigenen Wünschen immer neue Lehrer sucht, die den Ohren schmeicheln“[4]. Wenn es nach einigen heute bestsellernden Theologieprofessoren ginge, brauchten wir 1996 ja gar kein Ostern mehr feiern, weil es nie einen Sohn Gottes und erst recht keine Auferstehung gegeben haben soll[5].

Das alles erklärt die große Zahl der Christen, bei denen heute schon irgendeine Schmähsendung falscher Monitoren oder eine Talkshow ausreichen, um sie im Glauben zu verunsichern und ihnen den Stolz auf ihre Kirche und die Freude am Christsein zu nehmen.

Aber keine Angst, wir werden in diesem und in jedem Jahr wieder Ostern feiern, denn der Auferstandene ist da, mitten unter uns. Und so wie er den Frauen am Grabe und später den Aposteln erschienen ist, und sie zu Zeugen seiner Auferstehung gemacht hat, so erscheint er auch heute und zu allen Zeiten immer wieder Menschen seiner Gnade, die aus der Begegnung mit dem lebendigen Gott zu Zeugen seiner Auferstehung, seiner fortwährenden Gegenwart werden.

Denken wir an die Jünger von Emmaus, die in ihrer großen Verunsicherung die Worte des Herrn hörten und ihn dann beim Brechen des Brotes erkannten[6]. Wer sich so der Stimme des Herrn öffnet, der kann sie auch heute hören. Allerdings nur, wenn er die unsäglich lärmenden Stimmen der Welt einmal wortwörtlich „abschaltet“. Gelingt uns das noch an diesem oder jenem Abend? Dann kann die Begegnung mit dem Auferstandenen auch uns zu dem Ostererlebnis führen, von dem die Jünger bezeugten: „Brannte nicht das Herz in uns ...?“[7].

Begegnung mit dem lebendigen Gott, Befreiung von aller Schuld durch sein Wort der Lossprechung, Vereinigung mit ihm im österlichen Sakrament – wenn wir

---

[3] Matthäus 24,24.

[4] 2 Timotheus 4,3.

[5] Anspielung auf die 1994 in der Öffentlichkeit vielbeachtete Kontroverse um den evangelischen Göttinger Exegeten Gerd Lüdemann, der behauptete, Jesu Grab sei nicht leer gewesen; vgl. etwa Ulrich Ruh, Umstrittene Auferstehung, in: Herder-Korrespondenz 48 (1994), S. 217–219.

[6] Vgl. Lukas 24, 13–35.

[7] Lukas 24,32.

das erleben, werden wir neu erfahren, was Osterjubel ist. Da werden wir begreifen, daß all die Siegesfreude in uns ganz wahr und wirklich werden kann.

Dem Frieden zu dienen ist immer mit Risiken verbunden*

Auch beim schönsten Urlaubswetter ist der Dienst der deutschen Soldatinnen und Soldaten im ehemaligen Jugoslawien kein Urlaub. Und nicht jeder von ihnen, der eine Waffe trägt, ist gleich ein Rambo, auch wenn manche Ewiggestrigen einen solchen Vergleich nicht scheuen.

Von den Soldaten ist „Einsatz" gefordert. Das gilt für sie in gleicher Weise wie für jeden Sportler, der sich für seinen Erfolg einsetzt. Jeder Arzt setzt sich für seine Kranken ein, jeder Lehrer für seine Schüler, ja jeder Hotelier für seine Gäste und jeder Militärpfarrer für seine Soldaten. Ebenso setzen sich übrigens die Zivilpfarrer ein für die „Restfamilien" in den Pfarreien.

Für die Soldaten bedeutet der Einsatz konkret: Dienst rund um die Uhr. Ohne die Nähe von Frau und Familie oder Freundin auskommen. Sich in einer unfriedlichen Welt zurechtfinden. Ständig eine Waffe zum Selbstschutz tragen. Kein Komfort, von manchen Medien dafür auch noch Prügel einstecken und in seinem Dienst hinterfragt werden. Mit Fragen konfrontiert werden, die bislang weit weg lagen oder sogar verdrängt wurden. Wer sich dem multinationalen Einsatz für den Frieden in der Welt stellt, entscheidet sich für die Verteidigung von Werten wie Menschenwürde und Menschenrechte: für andere – aber auch unter Einsatz des eigenen Lebens. Dem Frieden zu dienen ist immer mit Risiken verbunden, denn es gibt keinen irdischen Frieden ohne das ständige Risiko des Aufloderns der Gewalt.

Welche Erfahrungen machen Soldaten bei einem solchen Einsatz? Ihnen wird oft bewußt, daß es noch eine andere als die mit den Sinnen erfaßbare Wirklichkeit gibt. Der Spruch „Ich glaube nur das, was ich sehe" wird schnell beiseite gelegt, wenn Sehnsucht und Hoffnung, Treue oder Tapferkeit als Realitäten erfahren werden, die zum Leben gehören. Selbst Freiheit und Gerechtigkeit werden gerade dann, wenn sie schmerzlich vermißt werden, zu solchen Realitäten. Auch aus diesen Gründen sehen manche Soldaten ihren Dienst an Ort und Stelle als humanitären Einsatz.

Deshalb begleiten Militärpfarrer sie in ihrem Einsatz. Hier werden Kirche und Glaube bis hin zur Suche nach dem Sinn des Lebens angefragt und gefordert. Sprüche machen kann jeder, Antworten zum Leben geben kann an Ort und Stelle oft nur der Militärpfarrer. Was bedeuten zum Beispiel unsere zahllosen, oft fast hysterischen Diskussionen um die eigene Lebensqualität und ihre Gefährdung für Menschen, die nichts mehr haben als das Leben, das auch noch ständig in Gefahr ist? Im Grunde nichts. Für dieselben Menschen bedeutet es dagegen sehr viel zu wissen, da gibt es Menschen, die mir zu helfen bereit sind.

---

* Frankfurter Allgemeine Sonntagszeitung, Nr. 14, 7. April 1996: „Dem Frieden zu dienen ist immer mit Risiken verbunden". Ostern im ehemaligen Jugoslawien: Erfahrungen der deutschen Soldaten. Von Johannes Dyba.

Und was hat das alles nun mit Ostern zu tun? Ich denke, sehr viel, weil viele Soldaten in ihrem Einsatz eine Passion erleben, ob in Kambodscha, Somalia oder Ex-Jugoslawien. Und ebenso eine Art Auferstehung, wenn sie nach alldem wieder die Heimat erreichen und – wie es mir viele versichert haben – oft als „ganz andere" Menschen. Was haben sie erfahren? Daß es eine Hoffnung gibt über alle Hoffnungslosigkeit und irdische Hoffnung hinaus. Diese Hoffnung hat einen Namen, den manche erst in Gefahr und Einsamkeit wiederfinden: Gott!

Sodom und Gomorrha rücken uns wieder näher*

Werden Vorschläge zur alternativen Lebensform – neben der Ehe –, einer Öffnung gegenüber den Praktiken Homosexueller und einer Liberalisierung der Sexualität in der katholischen Kirche Berücksichtigung finden?

Nein. Die Grundaussagen der Kirche zu diesen lebenswichtigen Themen ergeben sich aus Schrift und Tradition und haben in der Gegenwart im neuen Katechismus der Weltkirche ihren Niederschlag gefunden[1]. Sie sind heute notwendiger denn je, da Sodom und Gomorrha uns wieder näherrücken.

Wie bewerten Sie die Tatsache, daß in der katholischen Kirche der Gottesdienstbesuch prozentual deutlich höher liegt als in der evangelischen Kirche, die Zahl der Kirchenaustrittswilligen dagegen um etwa die Hälfte niedriger?

Der Hauptgrund ist sicherlich der Glaubensschwund in unserer Zeit. Das bereitet mir auch weit mehr Sorge als zurückgehende Kirchensteuererträge. Was den Gottesdienstbesuch betrifft, so führt der in der katholischen Kirche zentrale „communio"-Gedanke natürlich eher zur Gemeinschaftsbildung durch die Eucharistie als die Lutherschen Axiome „sola fide" und „sola scriptura".

Halten Sie die Berichterstattung in den Medien für politisch ausgewogen und der Kirche bzw. den Fragen des Glaubens gegenüber aufgeschlossen?

Zur Zeit sehe ich zwei Korrekturmöglichkeiten: Kurzfristig müßte bei vernünftigen Leuten die Abschaltquote erheblich ansteigen – langfristig müßten wir für Nachwuchs aus christlichem Milieu auch in diesen Sektoren sorgen.

Geht der Totalverfall der christlichen Werte vor allem im Fernsehen auch zu Lasten der Kirchenvertreter in den Aufsichtsgremien, wurde zu wenig protestiert?

Natürlich wurde auch zu wenig protestiert; aber Proteste, hinter denen kein deutliches Wertebewußtsein aktiver Schichten von Gläubigen steht, werden immer weniger ernstgenommen. Deshalb gilt es in erster Linie, dieses Werte- und Rechtsbewußtsein wieder zu schaffen.

---

* Arbeitskreis Christlicher Publizisten, Nr. 3: Mai/Juni, 1996, S. 5: Sodom und Gomorrha rücken uns wieder näher. Der ACP stellte dem Erzbischof von Fulda, Dr. Johannes Dyba, Fragen zur Zeit, die seinen persönlichen Glauben betreffen.

[1] Vgl. Katechismus der katholischen Kirche, Nr. 2331–2400.

Die Leser unseres Magazins interessieren sich vor allem für Ihren Werdegang: Wie, wann und auf welche Weise wurden Sie Christ, haben Sie persönlich erfahren, daß die Bibel ein Buch der Tatsachen ist, eine lebensverändernde Kraft enthält?

Ich habe meinen Glauben schon mit der Muttermilch empfangen und die Bedeutung unseres Bekenntnisses ist mir in jungen Jahren während des „Dritten Reiches" schon klar geworden. Als frischgebackener Referendar in Heidelberg habe ich dann aber aus meinem Glauben die Konsequenzen gezogen, einmal richtig durchgeglaubt, und mich dann zum Priestertum entschlossen. Seitdem ist die Bibel mein tägliches Brot.

Jenseits von Lob und Furcht*

„Nicht Menschenlob, nicht Menschenfurcht soll uns bewegen"[1] war der Wahlspruch des Bischofs von Münster, Clemens August Graf von Galen[2]. Vor vier Wochen wurde seines 50. Todestages von Rom bis Münster und in ganz Deutschland feierlich gedacht. Auch Bundespräsident, Bundeskanzler und der Vorsitzende der Deutschen Bischofskonferenz fanden erhebende Worte des Lobes für den „Aufschrei des Gewissens" dieses „Verteidigers der Menschenwürde und Anwalts kirchlicher Freiheit". Soviel des Lobes für charakterfeste Grundsatztreue sollte uns in unserer so überaus anpassungsfreudigen Zeit vielleicht aber auch etwas nachdenklich werden lassen.

Als „katholisch bis auf die Knochen und treudeutsch" hat der Gefeierte sich selbst oft bezeichnet. Wie würde ein Gläubiger, wie würde ein Bischof, der das heute täte, in Deutschland dastehen?

Bischof von Galen hat das Leben der behinderten Kinder und Pflegepatienten verteidigt und, was man von Staats wegen damals als „Gnadentod" bezeichnete, laut als „Mord" angeklagt.

Dafür hat er damals sein Leben aufs Spiel gesetzt, und dafür loben wir ihn heute. Warum eigentlich gerade ihn? Offensichtlich doch wohl, weil er der einzige war, der das Unrecht an die große Glocke hängte.

Bei anderer Gelegenheit sagte dieser Bischof von Münster: „Der liebe Gott hat mir die Stellung gegeben, die es mir zur Pflicht machte, das Schwarze schwarz und das Weiße weiß zu nennen". Und wiederum: wenn das heute einer wagte, würde das nicht als unerträgliche „Schwarzweißmalerei" verurteilt von all unseren ach so pluralistischen und toleranten Zeitgenossen in Staat und Kirche?

Fazit: Es hat für uns nicht viel Sinn, den „Löwen von Münster" in Festreden zu preisen, wenn wir nicht auch heute bereit sind, „katholisch bis auf die Knochen" zu sein und Schwarzes schwarz und Weißes weiß und die Massentötung Unschuldiger Mord zu nennen.

---

* Das Wort des Bischofs: Jenseits von Lob und Furcht, in: Bonifatiusbote, Nr. 18, 5. Mai 1996.

[1] Nec laudibus, nec timore.

[2] Vgl. die umfassende Quellenedition von Peter Löffler (Bearb.), Bischof Clemens August Graf von Galen. Akten, Briefe, Predigten 1933–1946, Bd. I–II, 2. Aufl., Paderborn 1996.

Sankt Bonifatius*

Wenn wir in Fulda den heiligen Bonifatius verehren, fühlen wir uns keineswegs nur als „Grabeshüter“. Vielmehr spüren wir die Verpflichtung, die sein Vermächtnis uns auferlegt und erkennen – wie wir es im Jubiläumsjahr 1994 bekannt haben – daß sein Erbe unsere Sendung ist[1]. Den Glauben, den er bekannt und unseren Vorfahren gebracht hat, den wollen wir auch heute mutig und deutlich bekennen und uns so der vielen Generationen unserer Väter und Mütter würdig erweisen, die diesen Glauben so viele Jahrhunderte hindurch treu bewahrt und vor allem weitergegeben haben.

Wer einmal in der Bonifatiusgruft war, wird die Figur des Heiligen nie vergessen, der den Deckel seines Sarkophags anhebt und den Eindruck erweckt, als wolle er heute wiederum zu uns kommen und zu uns sprechen. Was er uns heute sagen würde, können wir leicht erkennen, wenn wir beachten, was zeit seines Lebens seine Botschaft war.

Das Wirken des heiligen Bonifatius hatte ja drei Ziele: Er wollte in wirren und unbändigen Zeiten die Kirche in Germanien ordnen und festigen; er wollte das Band der Einheit mit dem Heiligen Stuhl in Rom ganz fest knüpfen; er wollte in heidnischen Gebieten den christlichen Glauben ausbreiten.

Wenn wir heute den heiligen Bonifatius verehren, dürfen wir nicht vergessen, gegen wie viele Widersprüche, Anfeindungen und Enttäuschungen er in seiner Zeit zu kämpfen hatte. In seinen Briefen kommt das immer wieder deutlich zum Ausdruck. So, wenn er an seinen Freund, den Bischof Daniel von Winchester, schreibt: „Denn für uns gibt es nach dem Wort des Apostels[2] nicht bloß ‚außen Kämpfe und innen Ängste‘, sondern auch innen außer der Angst Kämpfe, vor allem immer wieder durch falsche Priester und Heuchler, die Gott widerstreben, sich selbst ins Verderben stürzen und die Leute durch viele Ärgernisse und mancherlei Irrlehren verführen, indem sie nach dem Wort des Propheten[3] zu den Völkern sagen: Friede! Friede! und ist doch kein Friede“[4]. Sicher würde er heute seine Nachfolger darauf hinweisen, daß gute Hirten nicht nur zu guter Weide und zu klarer Quelle führen, sondern auch den Wölfen wehren müssen, besonders denen, die in Schafspelzen in die Herde eingedrungen sind.

Die klare und aufrechte Linie des heiligen Bonifatius führte ihn dreimal nach Rom, wo er vom Stellvertreter Christi auf Erden Auftrag und Vollmacht annahm. Sein Wirken für die Einheit der Kirche hat maßgeblich die Fundamente für das Wachsen der christlich-abendländischen Kultur im Europa der folgenden Jahrhunderte gelegt. So ist er ein „Apostel der Deutschen“, dessen Geist durch und durch europäisch war und uns den Weg in die gemeinsame Zukunft weisen kann.

---

* Das Wort des Bischofs: Sankt Bonifatius, in: Bonifatiusbote, Nr. 22, 2. Juni 1996.

1 S. oben S. 301 f.

2 2 Korinther 7,5.

3 Jeremia 6,14.

4 Bonifatius an Bischof Daniel von Winchester, 742–746.

Bei allen kirchenpolitischen Mühen und Erfolgen ist aber sein flammender Missionsgeist nie erloschen. Wie wäre es sonst zu erklären, daß er in hohem Alter noch nach Friesland aufbrach, um Neuland für den Glauben zu gewinnen. Dort ist er am 5. Juni 754 auf einer Firmreise bei Dokkum mit 52 seiner Gefährten erschlagen worden.

In seine Lieblingsstiftung Fulda wurde er nach seinem ausdrücklichen Willen heimgetragen. Aber der Geist des Heiligen „ruht" nicht nur – er hat viele Generationen angespornt und begeistert, die ihm in die Seligkeit des Himmels gefolgt sind, und heute schaut er auf uns, „die wir noch ringen ..."[5].

Je näher wir im Zentrum sind, um so besser*

Herr Erzbischof, worin besteht die größte Herausforderung für die Christen im immer mehr verweltlichten Deutschland?

Wir müssen als Kirchen zum Wesentlichen unseres Auftrages zurückfinden. Nicht mehr soziale, gesellschaftspolitische, organisatorische Fragen dürfen weiter im Vordergrund stehen. Vor lauter Aktionismus vergessen wir Gott. Wir haben noch nie einen so breiten amtlichen Apparat und gleichzeitig noch nie so wenig Begeisterung in der Kirche gehabt wie gegenwärtig bei uns. Ständig wird unter den Christen versucht, eine bessere Gesellschaft zu schaffen, um dann immer wieder enttäuscht festzustellen, daß dazu die Kraft nicht reicht. Statt dessen wäre es besser, wir sorgten in den Kirchen dafür, daß unsere Mitglieder gute Christen werden, denn gute Christen können am besten die Gesellschaft erneuern.

Sie haben das „Volk Gottes" in Deutschland als „fett und feist" bezeichnet. Führt Wohlstand zur Trägheit?

Natürlich. Wohlstand schafft viele Versuchungen, Gott zu verlassen, die man in der Armut gar nicht hätte. Schauen Sie sich das Alte Testament an: Wann immer das auserwählte Volk „fett" wurde, trieben sie Unzucht und fielen vom Herrn ab. Und das wiederholt sich natürlich in der Geschichte der Menschheit. Wann immer dagegen Menschen in Not geraten, flehen sie Gott an.

Worin sehen Sie heute eine der Hauptversuchungen?

Wir können uns zum ersten Mal in der Geschichte der Menschheit per Knopfdruck von der Wirklichkeit verabschieden und uns in eine Scheinwelt versetzen durch das Fernsehen oder über Computerspiele. Wenn früher ein junger Mann in Bayern über die Stränge schlagen wollte, mußte er sich erst einmal eine Leiter besorgen. Heute braucht einer nur ein x-beliebiges Erotikprogramm einzustellen und befindet sich als Pascha im Harem. Die Freiheit, zwischen 30 Programmen wählen zu können, wird für viele zur Unfreiheit, weil sie süchtig nach diesen Scheinwelten

---

[5] Bonifatiuslied, in: Gotteslob. Katholisches Gebet- und Gesangbuch für das Bistum Fulda (1975), Nr. 891 (Text und Melodie: Fuldaer Gesangbuch 1778).

* Idea-Spektrum, Nr. 25, 19. Juni 1996, S. 24–27: Je näher wir im Zentrum sind, um so besser (Interview: Helmut Matthies und Rainer Straub).

geworden sind. Jahrhundertelang bestand das Abendprogramm in den Familien daraus, daß man zusammensaß und sich über Erlebtes austauschte oder Geschichten erzählte. Auf diese Weise wurde die neue Generation geprägt. Heute liegen die armen Würmer vor der Glotze und erhalten ein Menschenbild, das Gott erbarmt.

Warum ist dann aber die katholische Kirche in ihrem Engagement im Fernsehen wesentlich aktiver als die evangelische?

Ich bewege mich hier selbst immer auf des Messers Schneide. Auf der einen Seite nehme ich manchmal an Talkshows teil, auf der anderen Seite weiß ich, wie nötig das Abschalten, das Besinnliche ist und sehne mich danach. Ich will auch nicht grundsätzlich das Fernsehen in Frage stellen. Nur sollten wir unseren Fernsehkonsum beherrschen und uns nicht versklaven lassen.

Auch die katholische Kirche leidet unter geringer werdendem Gottesdienstbesuch. Wie wollen Sie die Kirchen wieder voller kriegen?

Auf jeden Fall nicht dadurch, daß wir ständig etwas Neues anbieten und mit irgendwelchen Gags, Tricks und Showeinlagen Menschen zu gewinnen versuchen. Das ist letztlich Etikettenschwindel. Wer eine Show erleben will, soll auch in eine wirkliche Show gehen. Statt dessen sollten wir das Wesentliche des Gottesdienstes deutlich machen: In der heiligen Messe erfahren die Menschen die höchstmögliche irdische Gemeinschaft mit Gott. Wie viele Menschen laufen heute irgendwelchen esoterischen Zirkeln nach. Schon wenn ein Tisch ein bißchen knarrt, dann sind sie ganz high und meinen, mit dem Jenseits in Kontakt getreten zu sein. Wir sind aber als Katholiken davon überzeugt, daß wir in der heiligen Messe in die Gegenwart Gottes eintreten und mit ihm Gemeinschaft haben. Interessanteres kann es doch auf Erden gar nicht geben! Ich halte auch überhaupt nichts davon, die Liturgie ständig zu ändern. Das führt nur zur Verwirrung. Wir sollten sie vielmehr immer wieder erläutern und vor allen Dingen durch eine engagierte Beteiligung mit Leben füllen, wobei ich mir durchaus vorstellen kann, daß neben dem traditionellen Sonntagsgottesdienst Treffen stattfinden, wo der Lobpreis einen besonderen Schwerpunkt bildet. Wir erleben hier an der katholischen Basis vor allem unter der Jugend sehr positive geistliche Aufbrüche.

Manche Protestanten blicken oft neidisch auf die Geschlossenheit der katholischen Kirche. In den letzten 20 Jahren aber bietet auch sie ein immer zerrisseneres Bild ...

Natürlich wirken dieselben Tendenzen, die in der Gesellschaft seit dem großen Traditionsbruch von 1968 allgemein bestimmend sind, auch auf die katholische Kirche ein. Man sieht das am besten an dem Versuch, die katholische Kirche demokratisieren zu wollen.

Was ist daran Verwerfliches?

Demokratie heißt Volksherrschaft. Doch in der Kirche soll Gott herrschen. In Johannes 15,16 heißt es: „nicht ihr habt mich erwählt, sondern ich habe euch erwählt“. Sagte das Bundeskanzler Kohl, würden alle lachen, weil es nicht stimmt. Aber für die Kirche stimmt es. Hier ist nicht die Mehrheit bestimmend, sondern die Wahrheit. Schauen Sie sich die Märtyrer an, die jetzt seliggesprochen werden sollen. Da ist Dompropst Lichtenberg. Er war unter den 27 Dompröpsten im Dritten Reich der einzige, der öffentlich für die Juden gebetet hat. Heute ist man glücklich über diesen einen! Weil die Märtyrer eine kleine Minderheit waren, hat man sie totgeschlagen. Das Reden von einer „Kirche von unten" im papstkritischen Katholizismus ist ein Widerspruch in sich. Kirche geschieht immer von oben, von Gott her. Die erste Kirche von unten war der Turmbau von Babel, als man meinte, den Himmel aus eigener Kraft erreichen zu können.

Im Blick auf die Abtreibung werden Sie als extremer Streiter betrachtet, weil Sie als einziger Bischof den Schwangerschaftsberatungsstellen Ihrer Diözese verboten haben, Beratungsscheine auszustellen, die notwendig sind, damit eine legale Abtreibung erfolgen kann. Warum folgen Ihnen nicht die anderen 26 Diözesanbischöfe in Deutschland?

Alle katholischen Bischöfe sind engagiert für den Schutz ungeborener Kinder. Es gibt durchaus auch noch weitere Bischöfe, die gegen die Ausstellung von Beratungsscheinen sind. Aber sie meinen, sie könnten dies nicht im Alleingang tun, da müßte es einen Mehrheitsbeschluß der Bischofskonferenz geben. Und hier wird natürlich auch ein großer Druck aus dem politischen Bereich auf die Kirche ausgeübt, weiterhin Beratungsscheine auszustellen. Dabei wird vergessen, daß wir uns damit – ob wir es wollen oder nicht – letztlich als Handlanger für ein System einspannen lassen, das Hunderttausende von rechtswidrigen Abtreibungen jährlich ermöglicht. Darauf sollte die Kirche verzichten.

Ihre Kritiker sagen, wenn Stellen nicht bereit sind, Frauen, die sich nach ausführlicher Beratung doch entschließen, ihr Kind abzutreiben, einen Schein auszustellen, dann kämen bald überhaupt keine Frauen mehr.

Es ist genau das Gegenteil der Fall! Obwohl ich selbst mit einem Rückgang der Beratungen gerechnet habe. Jetzt aber stellen wir fest, daß in unserer Diözese sich in den Jahren 1994 und 1995 jeweils sogar noch fünf Prozent mehr Frauen haben beraten lassen als zuvor. Und natürlich handelt es sich dabei auch um Konfliktberatungen, denn Frauen, die in ihrer Schwangerschaft keine Probleme oder Konflikte sehen, suchen keine Beratungsstelle auf, sondern freuen sich, daß sie guter Hoffnung sind. Andererseits warte ich immer noch darauf, daß mir von den anderen Bistümern endlich mitgeteilt wird, wie viele Abtreibungen daraufhin straflos stattgefunden haben. Diese Zahlen bleiben bisher alle im Dunkeln. Vergessen wir nicht: In einem der reichsten Länder der Welt, also in Deutschland, werden jedes Jahr 300 000 Kinder daran gehindert, auf die Welt zu kommen. Hier muß man deutliche, dramatische Zeichen setzen. Uns wird immer wieder vorgeworfen, zum schrecklichen Unrecht im Dritten Reich zu sehr geschwiegen zu haben. Doch wer schreit noch über das schreckliche Unrecht der Gegenwart?

Welche Bedeutung hat es eigentlich, daß Papst Johannes Paul II. in einem Brief an die Deutsche Bischofskonferenz eindeutig Ihre Haltung unterstützt hat?

Das ist das bestversteckte Dokument des letzten Jahres! Aber ich muß, wenn es um eine Frage der Güterabwägung geht, auch abweichende Überlegungen respektieren.

Der Papst und auch Sie haben eine Neuevangelisierung Europas gefordert. Geht es da nicht eigentlich nur darum, mehr Katholiken zu gewinnen?

Es geht nicht um mehr Mitglieder, auch nicht um mehr Kirchensteuerzahler, sondern darum, daß mehr Menschen zum Glauben an Jesus Christus kommen. Zur Zeit verdunstet doch der Glaube. Dabei ist jeder Bürger irgendwie auf der Suche. Von daher haben wir doch große Chancen der Evangelisation.

Wie soll die Evangelisation aussehen?

Die überzeugendste ist sicher die von Mensch zu Mensch. Wer in seinem Herzen selbst entflammt ist von Christus, kann am besten den Glauben weitervermitteln. Dabei müssen wir auch immer wieder betonen, was wesentlich ist. Viele sehen ja den Glauben als ein großes Lehrbuch mit vielen Dogmen an oder als ein dickes Gesetzbuch mit furchtbar vielen Geboten und Verboten. Das ist aber nicht der Kern des Glaubens. Der Kern unseres Glaubens ist eine Tatsache: daß Gottes Sohn Mensch geworden ist, uns durch seinen Tod am Kreuz erlöst hat und nach seiner Auferstehung bei uns ist, alle Tage, bis ans Ende der Welt. Also in einem Satz: Gott ist da und ruft mich!

Doch warum ist dann eigentlich noch Maria notwendig? Warum soll ich sie bitten, bei Jesus Christus „ein gutes Wort" für mich einzulegen?

Das wird von keinem Katholiken verlangt. Aber es gibt eben marianisch geprägte Katholiken, für die das Gebet zu Maria eine Hilfe ist.

Welche Bedeutung hat Maria für die offizielle katholische Kirche?

Sie ist nicht, wie manchmal immer noch im Protestantismus behauptet wird, eine Miterlöserin. Erlösung haben wir allein durch Jesus Christus. Aber schauen Sie sich doch im Neuen Testament an, welche einzigartige Stellung dort Maria hat! Wenn beispielsweise Christus am Kreuz zum Jünger Johannes sagt: „Sieh da, deine Mutter"[1]. Und wenn Jesus Gottes Sohn ist, dann ist Maria auch die Mutter Gottes. Gerade die dem Wort Gottes so verbundenen Evangelikalen sollten nicht die Stellen im Neuen Testament über Maria überlesen! Ich denke auch beispielsweise an Lukas 1: „Gepriesen bist du unter den Frauen ... Selig bist ..."[2]. Martin Luther hat diesen Gruß an die, wie er sagte, „zarte Gottesmutter" zeitlebens von Herzen mitgebetet.

Evangelische Kritiker sagen, wenn ich zu Maria wie zu Jesus als Sohn Gottes bete, dann handele es sich geradezu um Spiritismus ...

Ich selbst gehöre keiner besonderen marianischen Bewegung an. Aber ich weiß, daß viele der engagiertesten Christen durch das Vorbild Mariens im Glauben zu Christus geführt worden sind.

---

[1] Johannes 19,27.
[2] Lukas 1,42.45.

Was die Ökumene sehr hindert, ist der Anspruch des Papstes, in Lehrfragen unfehlbar zu sein. Warum geht man davon aus, daß ein Mensch hier übermenschlich ist, weil er nicht irren kann?

Das Unfehlbarkeitsdogma[3] wird im Protestantismus häufig mißverstanden. Es ist in den 126 Jahren, seit es verkündet wurde, erst ein einziges Mal von einem Papst in Anspruch genommen worden, 1950, als es um die leibliche Aufnahme Marias in den Himmel ging[4]. Vor dieser Entscheidung hat der Papst in der ganzen Welt bei allen Bischöfen nachgefragt, Übereinstimmung bei diesem Thema festgestellt und dann dieses Dogma verkündet. Überhaupt sollte man die Unfehlbarkeit nicht so sehr als menschliches Attribut sehen, sondern als Gewißheit der Kirche, daß der Heilige Geist sie nie in die Irre gehen läßt.

Wie beurteilen Sie den Stand der evangelisch-katholischen Beziehungen? Stagniert die Ökumene?

Die erste Phase ist erfolgreich abgeschlossen: Wir erkennen einander als Brüder und Schwestern an. Das ist nach den heftigen Auseinandersetzungen in den letzten Jahrhunderten ein positiver Schritt. Was eine Wiedervereinigung der Kirchen angeht, kann ich sie mir schlecht vorstellen als Frucht menschlicher Verhandlungen. Sie wird kommen, wenn Gott selbst den Zeitpunkt schenkt. Dabei sollte die Vorbereitung darauf am besten so verlaufen: Je näher wir uns alle im Zentrum, Jesus Christus, befinden, um so eher treffen wir uns ...

Haben Sie Wünsche an die EKD im Lutherjahr?

Ich wünschte mir, daß die lutherische Kirche Luther ernster nehmen würde. Dann wären wir in manchen Punkten viel näher beieinander. Wer erinnert beispielsweise an seine eindeutige Gegnerschaft der Frauenordination? Luther hat in seinen Tischreden gesagt, er würde lieber den Leibhaftigen auf der Kanzel sehen als „die Weiber". Eine lutherische Bischöfin ist also ein Widerspruch in sich. Andererseits verstehe ich nicht, daß lutherische Kirchen, die sich ja vehement gegen die Heiligenverehrung wehren, oft den Eindruck erwecken, als ob sie Luther nun doch noch heiligsprechen wollten. Vielleicht wäre das Lutherjahr sogar ein guter Anlaß, sich von einigen seiner schlimmsten Aussagen gegen das Papsttum, die Bauern oder die Juden endlich zu distanzieren.

---

[3] I. Vatikanisches Konzil, Dogmatische Konstitution „Pastor aeternus", 18. Juli 1870 (dt. Übers.): „Wenn der Römische Bischof ‚ex cathedra' spricht, das heißt, wenn er in Ausübung seines Amtes als Hirte und Lehrer aller Christen kraft seiner höchsten Apostolischen Autorität entscheidet, daß eine Glaubens- oder Sittenlehre von der gesamten Kirche festzuhalten ist, dann besitzt er mittels des ihm im seligen Petrus verheißenen göttlichen Beistands jene Unfehlbarkeit, mit der der göttliche Erlöser seine Kirche bei der Definition der Glaubens- oder Sittenlehre ausgestattet sehen wollte; und daher sind solche Definitionen des Römischen Bischofs aus sich, nicht aber aufgrund der Zustimmung der Kirche unabänderlich".

[4] Die Apostolische Konstitution Papst Pius' XII. „Munificentissimus Deus" vom 1. November 1950 definiert das Dogma von der leiblichen Aufnahme Mariens in den Himmel. Der Dogmatisierung war eine Befragung des Weltepiskopats vorausgegangen.

Und was ist mit den Mißständen, die Luther in der katholischen Kirche angeklagt hat?

Natürlich gab es Mißstände, aber sie sind doch praktisch weithin verschwunden. Ich frage mich, ob sich Luther unbedingt mit den Fürsten hätte verbünden müssen, also zu einer politischen Bewegung werden mußte, was dann zu einer Spaltung der Kirche führte. Hätte sich Luther eher wie der Reformator Franz von Assisi verhalten, wäre uns das vermutlich erspart geblieben.

Der Papst wird offiziell mit Heiliger Vater angeredet. Jesus Christus selbst aber gebietet, daß man geistlich nur ihn Vater nennen soll[5] ...

Auch ein Katholik muß den Papst nicht mit Heiliger Vater anreden. Diese Bezeichnung hat sich einfach eingebürgert. In vielen englischsprachigen Kirchen werden alle Geistlichen mit „Vater" angesprochen. Und im übrigen müßte man dann auch biblisch in anderer Weise konsequent sein. Jesus sagt ja auch, man solle nur ihn Lehrer nennen[6]. Und auch im Protestantismus spricht man von allen möglichen Leuten als Lehrer.

Was wäre der Hauptgrund für Sie, nicht evangelisch werden zu können?

1. Ich fühle mich in meiner Kirche sehr wohl. 2. In welche der Hunderte von unterschiedlichen lutherischen, reformierten, unierten, pfingstkirchlichen, evangelikalen, baptistischen usw. usf. Kirchen sollte ich denn eintreten? Und diese Zerrissenheit ist eben schlicht auch eine Folge der Einführung des synodal-demokratischen Prinzips im Protestantismus. Da kann sich immer wieder eine neue Mehrheit finden, die sagt: Wir machen das jetzt anders, und schnell ist eine neue Kirche gegründet. 3. Uns wird immer gesagt, wir sollten doch protestantischer werden. Doch was ist so faszinierend am Protestantismus und seinen vielen Reformen in den letzten Jahrzehnten? Die Kirchen sind leerer, die Austritte höher. Warum sollten wir also die 306. reformierte Kirche werden?

Und warum sollte jemand katholisch werden?

Weil er dann zurückkehrt zur Einheit. Ursprünglich waren wir ja alle mal katholisch. Aber ich achte es, wenn jemand einer anderen Kirche angehört und sich dort geistlich gut beheimatet weiß.

Was erwarten Sie vom Papstbesuch? Der Papst wird ja im Protestantismus immer wieder als das große Hindernis der Einheit gesehen.

Wir sind davon überzeugt, daß das Papsttum seinen Ursprung hat in dem, was Jesus dem Petrus zusagte. Deshalb wird es eine Einheit mit der katholischen Kirche nicht geben ohne den Papst. Ob das Papsttum bei einer eventuellen Wiedervereinigung der Kirchen in seinem äußeren Erscheinungsbild so aussehen muß wie jetzt, ist ein ganz anderes Thema. Bei allem, was man kritisch zum Papst sagen kann, sollte man gerade als Deutscher bedenken, daß es die Wiedervereinigung ohne ihn vermutlich nicht gegeben hätte. Stellen Sie sich einmal vor, der Papst wäre 1981

---

[5] Matthäus 23,9.

[6] Matthäus 23,10.

beim Attentat getötet worden. Dann hätten die Polen nicht mehr das Symbol ihres Freiheitskampfes gehabt, und die Solidaritätsbewegung wäre nicht entstanden, die der erste Funke im Kampf gegen die sozialistischen Diktaturen war. Denn ohne den polnischen Anstoß sind auch die Reformbewegungen im gesamten Ostblock unvorstellbar. Gorbatschow hat schon Recht, wenn er erklärt, daß der Papst einen entscheidenden Anteil an der Revolution im Ostblock hatte. Ich selbst schätze den Papst aus zahlreichen Begegnungen, weil er durch und durch echt ist, identisch mit dem, was er sagt.

Sie sind wegen Ihres Einsatzes gegen die Abtreibung schon mehrfach bespuckt und getreten worden und haben hier auch kaum Solidarität von evangelischen Amtskollegen erfahren. Was empfinden Sie dabei?

Ich suche nicht die Auseinandersetzung. Und ich halte auch immer wieder Gewissenserforschung, ob ich nicht irgendwo angeeckt bin, wo es nicht notwendig war. Aber da, wo es mir vom Gewissen her als notwendig erscheint, muß ich es tun, weil ich mich als Bischof vor Gott einmal verantworten muß für das, was ich getan und was ich unterlassen habe. Im übrigen entspricht das auch der Tradition des heiligen Bonifatius, der uns stets ermahnt hat, keine „stummen Hunde“[7] zu sein.

Rat und Hilfe*

„Totgesagte leben länger“, heißt es.

Die kirchlichen Beratungsdienste des SkF im Bistum Fulda, die von den großen Medien im Herbst 1993 schon einmal öffentlich beerdigt wurden, leben, weben und wirken in voller Kraft weiter – ja, sie breiten sich sogar noch aus. Nach Bad Soden-Salmünster[1] eröffnen wir nun wieder eine neue Beratungsstelle für Schwangere und Familien im und für das altfuldische Amt Geisa.

Das ist mir ein willkommener Anlaß, vor allem unseren Beraterinnen und allen verantwortlichen Mitarbeiterinnen und Mitarbeitern in der Diözese bei SkF und Caritas einmal von Herzen Dank zu sagen für ihre vortreffliche und einsatzfreudige Arbeit.

Sie haben so gut beraten und geholfen, daß selbst nach dem Verzicht auf die Ausgabe von Beratungsscheinen – allen Unkenrufen zum Trotz – die Zahl der Frauen, die die Beratungsstellen im Bistum Fulda aufgesucht haben, noch ständig gestiegen ist: Um ca. 5% im Jahre 1994 und dann noch einmal um ca. 5% im Jahre 1995, und diese Entwicklung dürfte sich konsolidieren.

Damit haben wir im Bistum Fulda den Beweis erbracht, daß auch eine kirchliche Schwangerenberatung ohne Ausstellung von Beratungsbescheinigungen möglich ist.

---

[7] Jesaja 56,10.

* Ansprache bei der Einweihung einer neuen kirchlichen Beratungsstelle für Schwangere und Familien am 1. Juli 1996 in Geisa (Bischöfliche Pressestelle Fulda); Überschrift von den Bearb.

[1] Am 30. Oktober 1995 war in Bad Soden-Salmünster ein eigenständiger SkF-Ortsverein – der fünfte im Bistum Fulda – mit einer Beratungsstelle für Schwangere und Familien gegründet worden.

Unsere Entscheidung ist getroffen, und unsere Zahlen liegen klar zutage. In den anderen deutschen Bistümern steht die Entscheidung über die Zuordnung der kirchlichen Beratungsstellen zur staatlichen Regelung noch an. Wie der Heilige Vater den deutschen Bischöfen geschrieben und vor wenigen Tagen in Paderborn noch einmal persönlich gesagt hat, muß diese Entscheidung mit großer Sorgfalt im Bewußtsein unserer Verantwortung vor Gott und den Menschen vorbereitet und dann gefällt werden[2]. Dabei darf sich die Kirche – auch darauf hat der Papst verwiesen – nicht in ein Verfahren einbinden lassen, das das Leben ungeborener Kinder letztlich doch straflos preisgibt.

Manche verweisen noch auf die zu erwartenden Länderrichtlinien. Die werden eher unterschiedlich ausfallen. Wie wenig wir aber in der Frage des Lebensschutzes letztlich auf staatliche Stellen vertrauen können, zeigt sich dieser Tage wieder in Brandenburg. Da hört man von einer ultimativen Forderung der Ministerin Hildebrandt zur Abänderung kirchlicher Richtlinien[3]. Ich erwarte nicht, daß ausgerechnet in Berlin, wo wir gerade den Dompropst Lichtenberg für seinen tapferen Widerstand selig gesprochen haben[4], der Kardinal vor der Ministerin in die Knie gehen wird. Ich hoffe, er wird eine Antwort finden, auf die wir auch in weiteren 50 Jahren noch stolz sein können.

Nun aber wollen wir unsere neue Beratungsstätte hier in Geisa einweihen. Mögen hier alle Mütter in Not und mit Sorgen Rat und Hilfe finden und Gottes Segen und Kraft für ihr Ja zu den Geschöpfen Gottes.

Liebe Beraterinnen, das Bistum Fulda steht hinter Ihnen!

Armut?*

Objektiv gesehen, ist Deutschland nach wie vor eines der reichsten Länder der Welt. Regelmäßig werden Zahlen veröffentlicht, die Milliarden zunächst bei den Ausgaben für Ferntourismus zeigen.

Wenn man aber die Gewerkschaften oder so manche Sprecher des Caritasverbandes hört, dann grassiert bei uns die bittere Armut. Will die Regierung mit ihrem

---

[2] Ansprache von Papst Johannes Paul II. bei seinem dritten Pastoralbesuch in Deutschland vor den Mitgliedern der Deutschen Bischofskonferenz im Collegium Leoninum in Paderborn am 22. Juni 1996, Nr. 9.

[3] Die Drohung der Ministerin Hildebrandt, den vier Schwangerschaftsberatungsstellen der Caritas im Land Brandenburg die staatliche Anerkennung zu entziehen, wenn die „vorläufigen bischöflichen Richtlinien für katholische Schwangerschaftsberatungsstellen" nicht bis zum 15. Juli 1996 geändert würden, wurde nachträglich dementiert; vgl. KNA, Länderdienst Ost, Nr. 80, 16. Juli 1996.

[4] Am 23. Juni 1996 hatte Papst Johannes Paul II. im Rahmen einer Meßfeier im Berliner Olympiastadion die beiden Glaubenszeugen aus der Zeit des Nationalsozialismus Bernhard Lichtenberg und Karl Leisner als Märtyrer selig gesprochen.

* Das Wort des Bischofs: Armut?, in: Bonifatiusbote, Nr. 31/32, 4./11. August 1996.

Sparpaket[1] tatsächlich die Armen noch ärmer und die Reichen noch reicher machen? Ist eine Zurücknahme der in den letzten Jahren gewaltig angeschwollenen Sozialleistungen um ganze 2,3 Prozent wirklich das „Ende des Sozialstaates"?

Ich meine, ehe man bei uns von „Armut" spricht, sollte man sich erst einmal in der Welt kundig machen. Ich habe in über zehnjähriger Arbeit in der Dritten Welt erfahren, was Armut wirklich ist und erfahre es immer neu durch die Mitarbeit bei Misereor. Noch bevor aber die 2,3prozentigen Kürzungen bei den Sozialleistungen überhaupt eingetreten sind, haben wir bei Misereor schon eine Kürzung um über das Doppelte, nämlich 5,5 Prozent vollzogen. Werden hier zweierlei Armutsmaßstäbe angelegt? Wenn der Präsident des Deutschen Caritasverbandes, Herr Prälat Puschmann, uns sagt, daß wir in Deutschland von Armut bedroht sind und der Hauptgeschäftsführer von Misereor, Herr Prälat Herkenrath, uns zu verstehen gibt, daß wir eigentlich fett und feist seien und viel mehr an die Armen der Dritten Welt abgeben könnten, wer hat da recht?

Oder sind beide durch die Arbeit im jeweiligen Interessenbereich betriebsblind geworden? Beim Diplomatischen Dienst hat man für solche Fälle ein probates Mittel: man gibt die Chance zu neuen Erfahrungen. Wie wäre es also, wenn Prälat Puschmann ein oder zwei Jahre die Geschäftsführung von Misereor übernähme. Dann würde er erfahren, was wirklich Armut ist. Umgekehrt könnte Prälat Herkenrath an der Spitze des Deutschen Caritasverbandes uns wahrscheinlich zu vielen neuen Einsichten und nicht unbeträchtlichen Einsparungen verhelfen.

Zeigt im Grunde die heutige Auseinandersetzung nicht doch unsere wirkliche Armut auf? Abgesehen von den jungen Familien, die keine Lobby haben und trotzdem nicht von Armut sprechen, sind wir wahrhaftig nicht arm an Geld – aber sind wir nicht doch arm an Bescheidenheit, arm an Zufriedenheit, arm an Opferbereitschaft und Nächstenliebe geworden?

Ein afrikanischer Student sagte es einmal so: Man hat in Deutschland den Eindruck, als ob die Leute sich gerade alle satt gegessen hätten – aber es hat ihnen nicht geschmeckt!

Sollten wir Gott nicht auf den Knien für das danken, was er uns in den vergangenen 50 Jahren hat erreichen lassen – und die nun notwendigen Korrekturen unseres Übermaßes nicht mit blindem Entsetzen, sondern aus christlicher Dankbarkeit, mit Fassung und Anstand vollziehen?

---

[1] Die Regierungsparteien CDU, CSU und FDP hatten sich am 25. April 1996 auf ein „Programm für mehr Wachstum und Beschäftigung" verständigt, das Bundeskanzler Kohl am 26. April 1996 im Deutschen Bundestag vorstellte. Wegen dieses Sparprogramms der Bundesregierung kam es zu zahlreichen Protesten, die ihren Höhepunkt mit der Großkundgebung der Gewerkschaften in Bonn am 15. Juni 1996 erreichten.

Gott will die Menschen glücklich machen*

Herr Dyba, ich habe Ihnen etwas mitgebracht.

So?

Das ist ein Foto aus dem Magazin der „Süddeutschen Zeitung". Es zeigt eine Parfümflasche, die ein Künstler für Sie entworfen hat. Der Name des Dufts: „Eau Gott". Können Sie darüber lachen?

Das ist geschmacklos. Wenn man den Namen Gottes für so etwas mißbraucht, ist das eine lästerliche Äußerung.

Dann mögen Sie auch nicht den Slogan dazu: „Für den Mann, der unbeirrbar ja und amen sagt"?

Wenn einer sagt, ich sage unbeirrbar ja und amen, da hätte ich nichts dagegen. Es kommt aber darauf an, wozu man ja und amen sagt. Aber hier wird der Name Gottes mißbraucht.

Sie sollen ja ein Freund guter Witze sein.

Von *guten* Witzen.

Auch von Klerikerwitzen. Stimmt das? Erzählen Sie doch mal einen guten Klerikerwitz.

Das kann man nur aus der Situation heraus, aber nicht auf Bestellung. Doch, mir fällt einer ein. Da sitzt nach einer internationalen Theologenkonferenz ein gemischtes Theologenpublikum im Jet. Ein Triebwerk fällt aus, dann noch eins. Der Pilot sagt: „Sie müssen damit rechnen, es geht in den Atlantik, bereiten Sie sich also auf das Jenseits vor". Da beginnt der Rabbi mit dem Todespsalm, der Moslem rollt seinen Teppich aus und die evangelischen Pastöre sagen auch Psalmen. Zwei irische Patres, katholisch natürlich, sitzen ebenso in der Maschine. Stößt der eine den anderen an und sagt: „Hör mal, John, die machen hier alle was Frommes, wir müssen auch etwas Frommes machen". Da sagt der: „Okay Jack, gib Deinen Hut, wir machen Kollekte".

Und das von einem Bischof! Sonst ist es um den Humor in der Kirche nicht so gut bestellt.

Ja. Mir wird oft vorgeworfen, daß ich das alles etwas zu fröhlich sehe. Das ist eine typische Entwicklung hier bei uns, aber nicht nur in der Kirche, sondern in der Gesellschaft. Wir haben ja nun wirklich den Weltrekord an Selbstmitleid und Weinerlichkeit. Das greift natürlich auch auf die Kirche über.

Wie wirkt sich das aus?

* WOM Journal, Journal Frankfurt, Nr. 233, 1.–14. November 1996 (Interview: Joachim Wehnelt); Überschrift von den Bearb.

Daß wir nicht die Freude der Kinder Gottes leben, sondern uns dauernd mit irgendwelchen Problemen und Ängsten konfrontiert sehen. Aber das ist ja gerade nicht meine Botschaft.

Sondern?

Meine Botschaft oder mein Wahlspruch ist: Kinder Gottes sind wir. Wenn man das begriffen hat, dann freut man sich darüber. Die Engel sagen an Weihnachten: Wir verkünden euch eine große Freude! Wenn man manche Christen hier sieht, dann denkt man, die Engel hätten verkündet: Seht her, wir verkünden euch ein großes Problem, an dem Ihr noch lange zu knacken haben werdet. Das Eigentliche der Botschaft ist die Freude darüber, daß Gott da ist und daß Gott den Menschen begegnen will und daß Gott die Menschen glücklich machen will. Das ist alles.

Grund zur Freude hat gerade die katholische Kirche nicht. Der Trend ist, daß immer mehr Katholiken aus der Kirche austreten.

Ja, und diesen Trend werden Sie zunächst nicht aufhalten. Er betrifft aber auch gar nicht nur die Kirche, erst recht nicht nur die katholische. Sehen Sie, bei den Gewerkschaften sind viel mehr ausgetreten als bei den Kirchen.

Aber jeder einzelne Austritt müßte Sie doch beunruhigen.

Nein, das sehe ich nicht als so erschreckend an. Das sind ja nur Leute, die ihren Glauben verloren haben und dann die Konsequenzen ziehen. Was mich betroffen macht, ist, daß viele Menschen überhaupt ihren Glauben verlieren in dieser modernen Gesellschaft.

Welche Gründe sehen Sie?

Alles läuft nach der Devise: fit for fun, und das ist nicht unsere Botschaft. Die Botschaft der Kirche ist Hingabe, Opfer, Liebe. Unsere Botschaft ist nicht Spaß, unsere Botschaft ist Wahrheit und Liebe und vor allen Dingen: Gott ist da, und man kann Gott begegnen. Das ist unsere Botschaft. Wir müssen doch keinen Popularitätsrekord aufstellen.

Das tun Sie auch nicht. Ein Grund: In Ihrer Firma sind keine weiblichen Führungskräfte gestattet.

Aber nein, bei uns haben die Frauen das Erstverkündigungsrecht!

Was heißt das?

Gucken Sie mal, bevor ein Mädchen oder ein Junge das erste Mal einen Schwarzrock sieht, weiß es doch längst von seiner Mutter, daß es einen lieben Gott gibt, was gut und böse ist. Nur kriegen die Mütter dafür keinen Stempel und kein Diplom und keinen Titel. Aber das ist der ursprüngliche Auftrag, den haben sie direkt von Gott, das muß man mal sehen.

Aber sobald es um die Organisation Kirche geht, sagen Sie nein.

Wir sagen nicht nein, sondern das ist seit 2000 Jahren so.

Deshalb muß das auch so bleiben?

Ja, das unterscheidet uns ja gerade von den evangelischen Kirchen. Sehen Sie mal, wir betrachten uns als eine Kirche, die von Christus, dem Sohn Gottes gegründet wurde und der ihr die Wesensprinzipien grundgelegt hat. Und wir sagen, wir bleiben bei der Lehre der Apostel, deshalb nennen wir uns die eine, heilige, katholische und apostolische Kirche. Davon gehen wir nicht ab.

Haben Sie Angst vor Reformen, weil die Kirche sonst auseinanderfällt wie einst die Sowjetunion?

Nein, wir fallen ja gar nicht auseinander! Sehen Sie mal, alles ist in den letzten tausend Jahren auseinandergefallen, außer der katholischen Kirche. Wir haben jetzt fast das Jahr 2000. Von dem, was im Jahr 1000 gesellschaftliche Wirklichkeit war, gibt es nichts mehr. Völker, Reiche, Karolinger, alles ist gekommen und gegangen, es gibt nur noch die katholische Kirche mit dem gleichen Papst, mit dem gleichen Evangelium, mit der gleichen Hierarchie. Wir bleiben, und die anderen kommen und gehen.

Damit sie bleiben konnte, hat sich die katholische Kirche mit der Nazi-Regierung im Dritten Reich verbündet.

Das ist ein weitverbreiteter Irrtum! Die katholische Kirche hat sich gewehrt bis zum Schluß. Und wenn Sie sich mal die Mühe machen und sich die Ergebnisse der Reichstagswahlen ansehen: Überall, wo katholische Bevölkerung lebte, hatten die Nazis am wenigsten Stimmen.

Sie reden von den Katholiken in den Gemeinden. Ich rede aber von der Amtskirche. Sie verabschiedete ein regierungsfreundliches Konkordat.

Die Amtskirche hat Enzykliken gegen die Nazis geschrieben[1]! Sicher, daß nicht alle Bischöfe so mutig waren, wie sie hätten sein können, kann man leicht verurteilen, wenn man Ihrer Generation angehört.

---

[1] Die erste und bisher einzige in deutscher Sprache abgefaßte Enzyklika Pius' XI. „Mit brennender Sorge" vom 14. März 1937 war nicht nur als „Wort der Wahrheit und der seelischen Stärke" für die deutschen Katholiken gedacht. Allen, die in „Ausübung ihrer Hirtenpflicht Leid und Verfolgung tragen mußten ... – für manche bis in die Kerkerzelle und das Konzentrationslager hinein" sprach der Papst „Dank und ... Anerkennung" aus. Darüber hinaus wurde die bisherige Kirchenpolitik des Regimes unmißverständlich kritisiert; ein „Vernichtungskampf" sei durch den „Anschauungsunterricht der vergangenen Jahre" offensichtlich geworden. Der staatliche Konkordatspartner habe die „Vertragsumgehung, die Vertragsaushöhlung, schließlich die mehr oder minder öffentliche Vertragsverletzung zum ungeschriebenen Gesetz des Handelns gemacht". Rassegedanken, Führerprinzip und Totalitarismus wurden in direkten oder indirekten Formulierungen als mit der katholischen Glaubenslehre unvereinbar verworfen. Die unmittelbare Reaktion des Regimes zeigte, daß diese Enzyklika als öffentlicher kirchlicher Protest verstanden wurde. Druckereien, die die Enzyklika hergestellt hatten, wurden entschädigungslos enteignet, Ordinariate und Generalvikariate durchsucht, schließlich die sistierten Sittlichkeitsprozesse gegen Priester und Ordensangehörige auf Anordnung Hitlers unverzüglich wiederaufgenommen. Vgl. umfassend Dieter Albrecht, Der Notenwechsel zwischen dem Heiligen Stuhl und der deutschen Reichsregierung I–III, Mainz 1965–1980 sowie Bernhard Stasiewski/Ludwig Volk, Akten deutscher Bischöfe über die Lage der Kirche 1933–1945 I–VI, Mainz 1968–1985.

Hätte sich die Kirche nicht stärker einmischen müssen?

Das Eigenartige ist, wenn wir heute als Kirche uns kraftvoll in die Politik einmischen, dann werden wir scharf kritisiert. Aber daß wir uns vor fünfzig Jahren nicht kraftvoll genug in die Politik eingemischt haben, das wird uns jetzt zum Vorwurf gemacht. Ja, was ist denn jetzt richtig?

Die Gleichsetzung von Drittem Reich und heute ist doch völlig verniedlichend. Der Machtausbau der Kirche ging unvermindert voran. Sogar Sie halten das nicht nur für positiv. Sie hat sogar nach Ihrer Meinung „zuviel Apparat aufgebaut". Woran machen Sie das fest?

Es hat noch nie so viele Hauptamtliche in der katholischen Kirche Deutschlands gegeben wie heute. Als ich 1960 aus Köln wegging, nach Rom, Südamerika und so weiter, bestand das Sekretariat der deutschen Bischofskonferenz aus dem Generalvikar von Köln. Als ich wiederkam, hatten die an die hundert Angestellte bei zehn Kommissionen und Zentralstellen. Sie haben also eine gewaltige Bürokratie wie nirgendwo auf der Welt. Mit so viel kirchlichem Apparat tun sie ja auch viel Gutes, aber es ist ein gewaltiger Apparat, und dem entspricht nicht die Stimmung. Wir hatten noch nie so viele Hauptamtliche, und wir hatten selten so eine miese Stimmung.

Bei viel Geld geht es auch um Prunk in der katholischen Kirche. Sie wohnen in einem sehr schönen Haus, es gibt zahlreiche prunkvolle Kirchen.

Das ist doch kein Prunk. Religion ist doch auch ein Stück Kultur.

Ein Kulturträger mit Heilsbotschaft ...

Die Kirche hat doch die Kultur hierhergebracht! Als die Kirche nach Germanien kam, haben sich unsere Vorfahren noch ihren Hintern an der Eiche gerieben. Und dann kam die Kirche und mit der Kirche die Kultur. Wenn Sie sich das alles wegdenken, dann sind Sie sehr schnell in unserer Zeit, dann haben Sie aber zwischen den Steinzeitbeilen und Picasso nicht mehr viel.

Sie äußern sich auch zu anderen Themen pointiert ...

... zu ausgewählten Themen.

Ein ausgewähltes ist die steigende Zahl von Scheidungen. Dies sei der Grund, so sagen Sie, daß es immer mehr verhaltensgestörte Kinder und Jugendliche gebe.

Ja.

Was ist denn mit den Kindern, die durch die Kirche geschädigt wurden?

Wie bitte?

Zum Beispiel durch die Aussage „Onanie ist schädlich".

Also hören Sie mal! Wir haben doch ganz andere Probleme, als wenn Leute womöglich zu keusch sind. Denken Sie nur an den massenweisen Kindesmißbrauch, an die völlige Liberalisierung der Pornographie, an den Abbau der Schamgrenzen bis zum Schwachsinn. Da geht die Saat auf. Das sind größere Probleme, als wenn irgend jemand zu fromm oder zu keusch erzogen wurde. Da machen Sie sich aber wirklich in die falsche Richtung Gedanken.

Durchaus nicht. Vielmehr gehen einige Lehren der Kirche in die falsche Richtung. Ein weiteres Beispiel: die Hölle. Jetzt mal im Ernst: Glauben Sie persönlich, daß es eine Hölle gibt?

Aber selbstverständlich.

Wo ist sie denn?

Das ist doch kein geographischer Begriff! Die Hölle ist nichts mit Feuer, Geißeln und gehörnten Teufeln, die Sie in den Bauch beißen. Die Hölle ist Gottferne auf ewig. Wenn Sie also Gott hätten akzeptieren können und Gott Sie berührt hat, Sie haben aber trotzdem gesagt: „Nein, das will ich nicht", und haben die scheußlichsten Verbrechen begangen, dann kann Ihnen zustoßen, daß Gott Ihre Entscheidung ernst nimmt und sagt: „Gut. Du fällst in die Ewigkeit, aber nicht in die Liebe Gottes, sondern in die Gottesferne".

Und das von einem „liebenden" Gott.

Ich predige hier nicht Schwefel und Höllenfeuer, sondern die Liebe Gottes, das Angebot Gottes an den Menschen, ihn zu erkennen.

Offensichtlich will er aber nicht alle so, wie sie sind. Praktizierte Homosexualität sei der Natur und der Schöpfungsordnung zuwider, sagen Sie.

Ja sicher.

Wie kommen Sie darauf?

Sie wissen doch, was in der Natur männliches und weibliches Prinzip sind. Daß zu einer Ehe Mann und Frau gehören, zu einer Familie Mann und Frau und Kind. Eine Selbstverständlichkeit. Das ist doch eine moderne Perversion, daß das jetzt auf einmal nicht mehr so sein soll.

Was ist daran pervers, wenn sich zwei Männer oder zwei Frauen lieben?

Die Aussage der Bibel etwa im Buch Levitikus[2] oder im Römerbrief[3] ist da ganz eindeutig. Allerdings muß man da unterscheiden. Erstens, ob es denn wirklich als natürliche Anlage da ist. Dann ist das keine Sünde, sondern eine Fehlanlage.

Wieso Fehlanlage?

Weil die Natur auf Erhaltung des Lebens angelegt ist. Aber da müssen wir natürlich ganz woanders anfangen. Wir können Ungläubigen keine Moral lehren. Sehen Sie, wenn Sie den Glauben hätten, wenn Sie an die Offenbarung Christi glaubten, dann wüßten Sie auch, was unnatürlich ist.

Da habe ich von Ihnen, dem wortgewandten Prediger, aber mehr erwartet.

Nein, es geht nicht um wortgewandt, es geht hier um die Wahrheit. Wenn Sie die Wahrheit nicht verstehen, kann ich auch nichts machen. Sehen Sie mal, wenn das natürlich wäre, dann könnte die Welt ja aussterben. Sie wissen ja, daß Homosexuelle das Leben nicht weitergeben können.

---

[2] Levitikus 20,13.

[3] Römer 1,26 f.

Das ist der entscheidende Punkt?

Nein, einer von mehreren. Aber er weist Sie darauf hin.

Aber Herr Dr. Dyba, Sie haben bis jetzt doch auch kein Leben weitergegeben, oder haben Sie ein Kind?

Nein, ich habe auf Ehe und Familie um meiner Berufung willen verzichtet. Abartigkeit ist eben keineswegs die einzige Alternative zur Ehe. Sie müssen doch nur natürlich, übernatürlich und widernatürlich auseinander halten.

Als die Frankfurter Schwulengruppe Act Up Ihren Gottesdienst störte, haben Sie wiederholt von „drei Dutzend hergelaufenen Schwulen" geredet.

Ja, ich habe gesagt, die haben den Dom und den Gottesdienst gestürmt: Das hat ja noch nicht mal die SA gemacht im Dritten Reich. Und gegen so was bin ich.

Der Psychiater Peter Brieger[4] *hat einmal gesagt: „Um das Thema Homosexualität scheint sich Dybas ganzes Denken zu drehen."*

Das ist ja Quatsch. Ich habe das Thema nicht gebracht. Sie bringen das Thema. Also, jetzt reicht es mir langsam. Die Schwulen haben hier gezielt in terroristischer Weise den Gottesdienst gesprengt. Finden Sie das richtig? Bevor Sie mir nicht antworten, antworte ich Ihnen auch nicht. Finden Sie es richtig, daß organisierte, gewalttätige Schwule Kirchen stürmen, während der Gottesdienste?

Protest ist richtig, Gewalt ist falsch.

So war es aber! Die sind sogar verurteilt worden. In Marburg haben die zugeschlagen, sie haben Polizisten verletzt, die Kirche besetzt, mich durch die Stadt gejagt und skandiert: „Schlagt das Schwein tot." Aber mir reicht das jetzt. Ich möchte jetzt die frohe Botschaft haben und nicht die ganzen Schweinereien.

Machen wir einen Schnitt. Sie bezeichnen Abtreibung gerne als „Kinder-Holocaust".

Daß keine kleinen Kinder umgebracht werden im Mutterleib, ja, dafür bin ich.

Sehen Sie nicht auch die individuellen, persönlichen Umstände, die dafür sprechen könnten zu sagen: Ja oder Nein?

Daß Frauen in eine schwierige Lage kommen können, das sehe ich natürlich, das sehe ich in unseren Beratungsstellen ganz deutlich. Nur wird ihnen nie gesagt, daß Frauen mit einem wirklich ausgeprägten Gewissen hinterher unter Umständen viel länger und viel mehr leiden als vorher.

Diese Reaktion muß aber nicht sein.

Sehen Sie, wenn Sie glauben, daß jedes Kind im Mutterleib ein Schöpfungsakt Gottes ist, dann verstehen Sie, daß wir sagen: Kein Mensch hat das Recht, das Menschenleben auszulöschen. Wenn Sie das aber nicht glauben und die Schwanger-

---

[4] Vgl. die Glosse von Peter Brieger, Dyba und die Apokalypse, in: Frankfurter Rundschau, Nr. 6, 8. Januar 1992.

schaft mehr als einen Betriebsunfall sehen, dann sind Sie natürlich entsetzt. Dann sagen Sie, wie kann die Kirche sich anmaßen zu sagen, was ich hier tun soll.

So ist es.

Verstehen Sie, die Voraussetzung, und das ist von ganz großer Bedeutung, liegt einfach darin, daß den Leuten Moralgebote und -verbote um die Ohren gehauen werden, die sie gar nicht verstehen können – weil sie nicht glauben.

Das fällt bei der katholischen Kirche auch schwer.

Darf ich das mal an einem Beispiel versuchen klarzumachen. Jungs, die zum Fußball kommen, sind begeistert, weil sie Spiel und Spieler gesehen haben. Dann lernen die natürlich auch die Regeln wie die Abseitsregel. Aber haben Sie schon mal einen Jungen gesehen, der sich für Fußball begeistert hätte, weil er die Abseitsregel kennengelernt hat? Das kommt hinterher.

Sie wollen die Kirchengesetze also nicht so in den Vordergrund stellen.

Eben! Man versucht oft, den Leuten erst mal die Abseitsregeln um die Ohren zu schlagen. Und dann wundert man sich, wenn sie sagen: Was soll das denn? Das ist ja meine Botschaft: Erst das Abenteuer des Glaubens kennenlernen, das Spiel mit Gott, die Begegnung mit Gott. Die Regeln kommen dann ganz von selbst. Sehen Sie, das ist doch ganz was anderes als all die modernen Reizthemen. Und wenn ich da ein bißchen temperamentvoll werde, wissen Sie, die dauernden Pillen und Kondome und Schwule, das ist doch nicht das Thema. Das Thema ist: Gott ist da, und du kannst ihm begegnen.

Bei Ihren Glaubensbrüdern und -schwestern hört sich das oft viel weniger enthusiastisch an.

Deshalb habe ich so wenig Verständnis für Leute, die in der Kirche sind und bloß maulen und es als Gefängnis empfinden. Dann sollen sie lieber was anderes machen. Es ist doch völlig abartig, in der Kirche zu sein und nicht froh und glücklich werden zu wollen.

Sie fordern mehr Konsequenz ...

Ich wurde mal gefragt, was ich denn an der katholischen Kirche auszusetzen habe.

Was denn?

Daß die Ausgänge so schlecht beleuchtet sind. Also Leute, die wirklich nichts damit anzufangen wissen – wir sind kein Gefängnis, bei uns sind die Türen offen.

Sie fühlen sich aber offensichtlich in der Kirche wohl. Das sah in Ihren jungen Jahren gar nicht so aus.

Ich wollte eigentlich Jurist werden oder Politiker. Ich habe Jura studiert. Doch als ich damit fertig war, dachte ich: Wenn das alles stimmt, was du glaubst, dann ist das natürlich eine Herausforderung, ganz für Gott da zu sein. Und es ist vielleicht abenteuerlicher als Paragraphen, Verträge und Mandate.

Für die Kirche waren Sie in der halben Welt, von Ägypten bis Zaïre. Was war das schönste Ereignis in Ihrem Leben, wenn Sie so zurückblicken?

Da gibt's natürlich sehr viele. Ein sehr dramatisches und bewegendes Ereignis hatte ich in Liberia 1981. Der Diktator Samuel Kanyon Doe wollte zehn Studentenführer erschießen, weil sie Politik gemacht hatten. Die Erschießung war für 13 Uhr angesagt. Die Familien waren schon zum Abtransport der Leichen aufgefordert worden. Und dann ist es mir gelungen, mit ihm ein Gespräch unter vier Augen zu führen. Danach ging ich los, und wir liegen alle am Radio und am Fernsehen und dachten: „Was passiert jetzt den zehn jungen Menschen?" Und um halb eins kommt der Regierungssprecher und sagt: „Das Todesurteil ist abgewandelt worden in Freispruch. Die Gefangenen können alle mit ihren Familien nach Hause!" Da kommen mir heute noch die Gefühle in Wallung.

Verständlich. Heute haben Sie mit solchen Problemen nichts mehr zu tun, sondern mit anderen. Sie kamen ins Kreuzfeuer der Kritik. Es gab staatsanwaltliche Ermittlungen gegen Sie, weil Sie einen Pfarrer nicht suspendierten, obwohl er Meßdiener mehrmals sexuell mißbraucht hat[5].

Jede Staatsanwaltschaft muß bei Anzeigen ermitteln. Solche Ermittlungen werden aber auch regelmäßig wieder eingestellt, wenn sich herausstellt, daß kein Tatbestand vorliegt.

Das Gericht, das den Pfarrer verurteilte, klagte an: „Hätte der Dienstherr rechtzeitig und durchgreifend den Angeklagten an weiterer Gemeindearbeit gehindert, wäre es nicht zu weiteren Vorfällen gekommen".

Ja, „hätte"! Wenn ich von den Verfehlungen des Pfarrers gewußt hätte, hätte ich ihn natürlich sofort aus der Gemeindearbeit genommen. Ich bin da eher für Strenge bekannt.

Sie haben also nichts versäumt?

Bei all meiner Betroffenheit und meinem Bedauern über das Vorgefallene, da habe ich ein vollkommen reines Gewissen. Aber das ist natürlich das Schlimmste, was einen Bischof treffen kann: Wenn einer seiner Priester strauchelt und schuldig wird. Es tut mir auch leid, daß über einen solchen Fall die vielen hundert Priester, die gut ihre Pflicht erfüllen, nicht mehr wahrgenommen werden.

Sie sind gerade 67 Jahre alt geworden. Welchen Traum wollen Sie sich noch erfüllen – Papst werden?

Nein, nein. Ich bin sehr zufrieden in Fulda. Wenn ich noch einen Wunsch oder Traum habe, dann eine Renaissance der Freude in der Kirche.

---

[5] Vgl. „Keine zweite Chance mehr". Der Fuldaer Erzbischof Dr. Johannes Dyba äußert sich über sexuellen Mißbrauch von Kindern und Jugendlichen durch katholische Geistliche, in: HNA, Nr. 274, 23. November 1996 (Interview: Axel Welch).

Von offenen und verschlossenen Türen*

Man hört heute häufig die meist mit Pathos vorgetragene Meinung, daß viele Türen, die das Zweite Vatikanische Konzil zur Welt hin geöffnet habe, nun allmählich wieder geschlossen würden. Es käme zu einem „Winter in der Kirche". Sich zahllos wiederholende Akademietagungen warnen in besorgten Tönen vor dem Rückzug aus der modernen Welt in ein kirchliches „Ghetto". Tatsächlich zeigen sich viele Christen von der nachkonziliaren Entwicklung enttäuscht, wenn auch aus verschiedenen Gründen: die einen bedauern die vorschnelle Aufgabe traditioneller Güter und den Abschied von der gewohnten Geborgenheit in der Kirche; den andern ging alles nicht schnell und weit genug, und sie sehen selbst in der völlig legitimen kritischen Prüfung der bisherigen Entwicklung die Gefahr einer Restauration.

Dabei werden Gedanken und Erinnerungen in mir lebendig, über die ich heute einmal sprechen möchte.

Zunächst habe ich das Zweite Vatikanische Konzil von Anfang an aus nächster Nähe miterleben dürfen. Da ich auch Papst Johannes XXIII. in meinem ersten römischen Dienstjahr (und seinem letzten) noch als sein Dolmetscher kennenlernen durfte, möchte ich einmal deutlich sagen: Wenn Johannes XXIII. „Fenster und Türen aufstieß" und seine Arme zu einer großen Öffnung ausbreitete, dann wollte dieser kraftvolle, optimistische und begeisternde Mann die ganze Welt an seine Brust drücken, um ihr die Nähe und Wärme des Christentums zu schenken. Die Welt christlicher zu machen, war sein ausgesprochenes Ziel, nie aber, die Kirche weltlicher zu machen. Daß sich dagegen Gläubige vom Geist der Welt umarmen lassen würden, bis ihnen die letzte christliche Puste ausging, wäre ihm unvorstellbar gewesen. Soviel zu denen, die, nach Ablegung der geistlichen Kleidung, „im Geiste des Konzils" Forderungen in Bezug auf eine bequemlichere christliche Lebensführung stellen, die den Reformideen Johannes' XXIII., wie sie auch in seinen vorbereitenden Ausführungen zum Konzil ersichtlich sind, diametral zuwiderlaufen. Wer das Zweite Vatikanische Konzil verwirklichen will, sollte sich die Originaltexte zu Herzen gehen lassen und den Namen des Konzils nicht für wirre eigene Vorstellungen mißbrauchen.

Wenn ich dagegen die heutige Lage betrachte, so sehe ich doch eher zahlreiche offene Türen. Wir haben die Türen zur Welt weithin geöffnet, die Türen zu Kunst, Kultur und Wissenschaft; die Türen zur wirtschaftlichen, sozialen und internationalen Wirklichkeit; die Türen zu Staat und Gesellschaft ebenso wie die Türen zu Ausgegrenzten und allen nur erdenklichen Randgruppen; die Türen zu Solidarität, Toleranz, Dialog und überhaupt allem, was irdisch ist. Nur – und das fällt mir auf – nur eine Tür wird von heute tonangebenden Kreisen in der Kirche geradezu hermetisch verschlossen gehalten: die Tür ins Jenseits. Entweder weil man Angst vor dem Jenseits hat, soweit es sich um Hölle oder Fegefeuer handeln könnte. Da wird ja selbst der, der nur vorsichtig an ganz gesicherte Bibeltexte oder Jesusworte zu

* Das Wort des Bischofs: Von offenen und verschlossenen Türen, in: Bonifatiusbote, Nr. 44, 3. November 1996.

erinnern wagt, schon als Fundamentalist niedergeknüppelt. Aber warum, um Himmels willen, darf man nicht einmal die Tür zum Himmel öffnen? Etwa weil dann das ganze Gezerre um vordergründige, vorletzte und im Grunde verderbliche Geschäfte schlagartig an Bedeutung verlieren würde?

Christus sagt uns: „Suchet zuerst das Reich Gottes und seine Gerechtigkeit und dies alles wird euch dazugegeben werden"[1].

Und wer jenseits dieser Tür steht, sagt uns der Heilige Geist in der Geheimen Offenbarung: „Siehe, ich stehe vor der Tür und klopfe an. Wenn jemand meine Stimme hört und die Tür öffnet, will ich bei ihm einkehren und das Mahl mit ihm halten und er mit mir"[2].

So viele offene Türen, so viele, die in der Vergänglichkeit enden. Eine verborgene, die zum Herrn, zur Ewigkeit führt. Daß wir alle sie in diesem Allerheiligen- und Allerseelenmonat finden und öffnen mögen, wünscht Ihnen

Ihr Bischof † Johannes

Liebe Schwestern und Brüder*

In einigen unserer Gemeinden sind ebenso fruchtlose wie kräfteraubende Diskussionen über die Anwendung der „inklusiven" Sprache in der Liturgie und insbesondere über die Form der Anrede bei den Lesungen entstanden. Da die Einmütigkeit in Sinn und Praxis eine wichtige Voraussetzung für den Frieden in den Gottesdienst-Gemeinden ist, möchte ich, daß wir im Bistum Fulda zu einer gemeinsamen Lösung kommen.

Wo immer es bei dem liturgisch-redaktionellen „Brüder!", wie es in unseren Lektionaren am Beginn vieler Lesungen steht, Schwierigkeiten gibt, sollte die Anrede vor den eigentlichen Schrifttext gezogen werden.

Im Falle einer Lektorin würde es also heißen: „Liebe Brüder und Schwestern! Wir hören eine Lesung aus dem Brief des heiligen Paulus an die ...". Dann folgt unmittelbar der Text der Lesung ohne weitere Anrede.

Im Falle eines Lektors hieße das dann entsprechend: „Liebe Schwestern und Brüder! Wir hören eine Lesung aus ..." und desgleichen.

Ich meine, daß diese Lösung nun wirklich allen gleichermaßen gerecht wird.

Was das Problem der „inklusiven Sprache" im kirchlichen Raum als solches angeht, muß uns immer vor Augen stehen, daß die innerkirchliche Entwicklung zu mehr Einheit führen muß, nicht aber zu neuen Trennungen und „Apartheiden". Starre Formalitäten und angestrengt durchgezählte Kontrollen auf „correctness" in jeder nur vorstellbaren Hinsicht können dem Herzen die Freiheit zum Eingehen auf das wirkliche Geheimnis blockieren. Uns muß immer klar bleiben, daß das

---

[1] Matthäus 6,33.
[2] Matthäus 3,20.
* Das Wort des Bischofs: „Liebe Schwestern und Brüder", in: Bonifatiusbote, Nr. 48, 1. Dezember 1996.

Wort Gottes grundsätzlich an jeden und alle ohne Ansehen der Person gerichtet ist[1].

Geglückte Beispiele für „inklusive" Sprachkorrekturen haben wir ja im neuen „Gotteslob" schon viele. Etwa wenn wir im Lied 168 *einander* beistehen, statt nur dem *Bruder* beizustehen oder aus dem brüderlichen Mahl ein österliches Mahl wird[2].

Grenzen für die Sprachkosmetik setzen allerdings die Schönheit und Würde der deutschen Sprache („Bürger-innensteige"?) und vor allem die heilige Dreifaltigkeit. Vor Gott dem Vater, dem Sohn und dem Heiligen Geist können wir alle nur niederknien und anbeten.

Eine „Christa" am Kreuz, „Freundin Geist, du ..." oder die Rückkehr vom Mysterium zum Mythos, indem die „Mutter Erde" als göttlich beschworen wird, sind reine Verirrungen.

So hoffe ich, daß wir im Bistum Fulda den Weg zur gottesdienstlichen Sprache, die alle mit einschließt und das Mysterium intakt läßt, mit Einsicht in die Zusammenhänge, mit gutem Willen und notfalls auch einem Quentchen Humor gemeinsam finden werden.

Bewußte Irreführung der Öffentlichkeit*

Das Plädoyer von Walter Bayerlein „Kein Rückzug ins Getto" wirkt schon deshalb auf weite Strecken hin plausibel, weil darin Positionen vertreten werden, die gar nicht in Frage stehen. Alle Katholiken in unserem Land sind sich völlig einig in dem Anliegen, Frauen in Schwangerschaftskonfliktsituationen beizustehen, sie zu beraten und mit allen zur Verfügung stehenden Mitteln zu helfen[1].

Aus dem gleichen Grund ist es dann aber auch ebenso unfair wie irreführend, vor dem „Ausstieg" aus der Schwangerenberatung oder dem „Rückzug ins Getto" zu warnen, den überhaupt niemand vorhat. Kontrovers ist einzig und allein die Ausstellung des Beratungsscheines, von dem Bayerlein behauptet, daß er „ausschließlich" die Tatsache der erfolgten Beratung bestätigt. Wenn das von einem Nichtjuristen käme, könnte man es als Ignoranz entschuldigen. Von einem gestandenen Juristen wie Bayerlein ausgesprochen, ist das die blanke Unwahrheit und

---

[1] Galater 3,28.

[2] Gotteslob (1975), Nr. 168 und 534.

* Rheinischer Merkur, Nr. 50, 13. Dezember 1996: Bewußte Irreführung der Öffentlichkeit. Erzbischof Johannes Dyba antwortet auf die Thesen von Walter Bayerlein. – Vgl. dazu die Erklärung des Geschäftsführenden Ausschusses des ZdK vom 17. Januar 1997, in: ZdK-Mitteilungen, Nr. 462/97, 17. Januar 1997.

[1] Im Rheinischen Merkur, Nr. 47, 22. November 1996, hatte Bayerlein für einen Verbleib der Kirche in der staatlichen Schwangerenkonfliktberatung votiert. Er sehe darin eine „besonders wichtige Chance" für die Kirche, „echte Konfliktberatungen zugeführt zu bekommen". Mit einem Rückzug aus dem System versage man dagegen den „pastoral geforderten Beistand" und lade „schwere Schuld auf sich". Durch die Ausstellung des Beratungsscheins werde „ausschließlich die Tatsache der erfolgten Beratung bestätigt", die Abtreibung als solche jedoch keineswegs gebilligt.

eine bewußte Irreführung der kirchlichen Öffentlichkeit. Denn der Richter Bayerlein weiß natürlich ganz genau, daß die Vorlage des Beratungsscheines von der heute gültigen Abtreibungsgesetzgebung her die Voraussetzung für die Gestattung der straflosen Kindestötung ist.

Damit wird er vom Gesetz zur Tötungslizenz gemacht, und zwar ganz unabhängig davon, ob die Beraterinnen das wollen oder nicht. Wir gehen ohne weiteres davon aus, daß unsere Beraterinnen für das Leben beraten und die Abtreibung überhaupt nicht wollen; deshalb trifft die Anklage auch nicht sie, sondern die kirchlichen Institutionen, die sie zur Ausstellung solcher Bescheinigungen stellenweise unter dem Druck der Angst um ihren Arbeitsplatz veranlassen.

Wie fadenscheinig es ist, sich an die „bloße" Bestätigung der Beratung zu klammern, ergibt sich im übrigen schon aus der Tatsache, daß wir sonst Beratungen ja auch nirgendwo zu bescheinigen haben. Weder Ehe noch Familien, noch alle sonstigen kirchlichen Beratungen müssen bescheinigt werden, lediglich diese Beratung, eben weil ihre Bescheinigung die straflose Tötung des Kindes ermöglicht.

Und eben das ist der Kern der Frage, den Bayerlein in seinen sonst so breiten Ausführungen ebenso absichtsvoll wie trickreich umgeht: Darf sich die Kirche, die sich zur Ablehnung der Abtreibung bekennt, zur Erfüllungsgehilfin für eine gesetzliche Regelung machen, die flächendeckend rechtswidrige Abtreibungen in Deutschland ermöglicht?

Dabei waren sich die deutschen Bischöfe 1992 noch völlig einig, und der Vorsitzende der Deutschen Bischofskonferenz erklärte in aller Öffentlichkeit: „Die Beratungsstellen können sich nicht in ein Verfahren einbinden lassen, das die Ausstellung einer Beratungsbescheinigung zu einer wesentlichen Voraussetzung für die straffreie Tötung eines ungeborenen Menschen macht"[2].

Eben solch ein Verfahren ist aber Gesetz geworden, und eben deshalb können wir uns nicht darin einbinden lassen. Wären wir bei dieser Erkenntnis und dieser Erklärung geblieben, gäbe es heute klare Verhältnisse und nicht den geringsten Konflikt unter uns. Wie aber ist das dann weitergegangen? Zunächst hieß es, man müsse nun die Entscheidung des Bundesverfassungsgerichtes abwarten[3]. Nachdem das erwartete Urteil am 28. Mai 1993 ergangen war, hieß es, man müsse nun die neue Gesetzgebung abwarten, stellte aber noch einmal ausdrücklich fest, daß die Kirche sich nicht an dieser gesetzlichen Beratung beteiligen könne, die dem göttlichen Gebot „Du sollst nicht töten"[4] zuwiderlaufe. „Aus diesem Grund kann sie kein Gesetz gutheißen, das die Tötung des ungeborenen Kindes zuläßt"[5].

Als schließlich Ende Juni 1995 ein Gesetz verabschiedet wurde, bei dem „von einem Rechtsschutz für das Lebensrecht ungeborener Kinder nicht mehr gespro-

---

[2] Pressemitteilungen der Deutschen Bischofskonferenz, Dokumentation, 10. Juni 1992, Nr. 6.

[3] Eröffnungsreferat von Bischof Lehmann bei der Herbstvollversammlung der Deutschen Bischofskonferenz am 21. September 1992 in Fulda zum Thema „Beratung zwischen Lebensschutz und Abtreibung".

[4] Exodus 20,13.

[5] Erklärung der Deutschen Bischofskonferenz zur aktuellen Auseinandersetzung um die Änderung des Schwangeren- und Familienhilfegesetzes, 9. März 1995, Pressemitteilungen der Deutschen Bischofskonferenz 1/1995, Anlage 6.

chen werden könne"[6], da es „der Tötung Ungeborener Tür und Tor öffnete"[7], hieß es, die Entscheidung sei nun auf der Vollversammlung der deutschen Bischöfe im Herbst 1995 in Fulda zu treffen.

Zu dieser Vollversammlung schrieb Papst Johannes Paul II. den deutschen Bischöfen einen Brief, in dem er mit außerordentlicher Deutlichkeit darauf hinwies, daß, im Gegensatz zur bisherigen Rechtslage, „die Beratungsbescheinigung nun de facto die alleinige Voraussetzung für eine straffreie Abtreibung" geworden sei. Darüber hinaus weist er die Bischöfe ausdrücklich auf die Erklärung ihres Vorsitzenden vom 10. Juni 1992 hin, die er wörtlich zitiert[8]. Aber auch diese letzte goldene Brücke wird nicht beschritten, vielmehr heißt es jetzt, die Entscheidung müsse nach Gesprächen deutscher Bischöfe in Rom getroffen werden. Nach den Gesprächen in Rom wird die immer wieder angekündigte Entscheidung aber wiederum, nunmehr ein fünftes Mal, aufgeschoben[9]. Jetzt, so heißt es, müßten zunächst einmal die Richtlinien der Bundesländer abgewartet und geprüft werden. Da aber die Richtlinien in den verschiedenen Ländern verschieden ausfallen und vor allem mit dem „unannehmbaren" Bundesgesetz ja konform gehen müssen, worauf soll da gewartet werden?

Am Beispiel Brandenburgs weist Bayerlein ja selbst nach, daß auch die Länderrichtlinien kein Anlaß zur Entscheidung gegen den staatlichen Zwang sein können: Egal ob Bayern oder Brandenburg, wir bleiben beim alten. So führt er als Vorturner der „political correctness" in Bonn und Bayern das Zentralkomitee gewissermaßen am Nasenring zu einer „einmütigen" Entscheidung, die wohl nun den Bischöfen als Alibi und Ersatz für die seit 1992 angekündigte Entscheidung dienen soll.

Aber: Sind hier die Grenzen der Glaubwürdigkeit nicht längst überschritten? Wie sollen Gläubige mit wachem Gewissen noch kirchliche Vertreter verstehen, die seit Jahr und Tag ein Abtreibungsgeschehen de facto in Gang halten, das sie gleichzeitig verbal vehement ablehnen?

Dabei geht es auch ganz anders. Die SkF-Beratungsstellen im Bistum Fulda beraten und helfen Frauen, die durch ihre Schwangerschaft in Schwierigkeiten geraten sind, seit dem 29. September 1993, ohne eine Beratungsbescheinigung auszustellen. Entgegen allen Unkenrufen und Falschmeldungen sind die Frauen aber nicht „weggeblieben", sondern wir hatten nach den offiziellen Zahlen des SkF im Jahr 1994 circa fünf Prozent mehr Beratungsfälle (statt circa 50 Prozent weniger, wie uns vorausgesagt worden war!), 1995 einen weiteren Zuwachs um fünf Prozent und können schon jetzt für 1996 von einem mindestens ebenso hohen Zuwachs ausgehen.

Die Beratung ohne Ausstellung eines Beratungsscheines (das heißt nach § 2 SFHG) ist also möglich und durchaus ausreichend. Zudem liegen die Zahlen, die unsere Beratungstätigkeit im Bistum Fulda betreffen, für jedermann zur Einsicht

---

6 Bischof Kasper, in: Deutsche Tagespost, Nr. 79, 4. Juli 1995.

7 Kardinal Meisner, in: Deutsche Tagespost, Nr. 77, 29. Juni 1995.

8 Johannes Paul II., Brief an die deutschen Bischöfe, 21. September 1995.

9 Herbst-Vollversammlung der Deutschen Bischofskonferenz vom 25. bis 28. September 1995 in Fulda.

offen, während sie in allen anderen Bistümern bis heute der Öffentlichkeit nicht zugänglich gemacht werden. Wie aber will man zu einer gerechten Beurteilung der Situation und entsprechender Entscheidung kommen, wenn überhaupt nicht bekannt wird, wie viele Beratungsscheine ausgegeben und wie viele rechtswidrige Kindestötungen daraufhin erfolgt sind?

Fulda steht übrigens nicht allein, sondern weiß sich eins mit der Praxis in der Kirche der ganzen Welt. Es gibt ja so manche Länder mit einer noch weitaus liberaleren Abtreibungsregelung als der unsrigen, aber überall werden staatliche Stellen (das heißt also die Gesundheitsämter) für das staatliche System tätig.

Nirgendwo läßt sich die Kirche so darin einbinden wie bei uns. Fast makaber mutet es an, wenn Bayerlein die gesellschaftliche Situation in Deutschland mit der in anderen Ländern für nicht vergleichbar erklärt. Ja wahrhaftig, wir haben ein System, in dem dem Kind zu keinem Zeitpunkt das „Recht auf Leben" genommen werden darf, sondern nur das Leben selbst. Perfekter geht es nicht. Nur kann doch niemand von uns wollen, daß es wiederum heißt: „Der Tod ist ein Meister aus Deutschland"[10].

Walter Bayerlein hat nicht nur im „Rheinischen Merkur" für die weitere Einbindung der Kirche in die staatliche Abtreibungsregelung plädiert und die entgegengesetzte Meinung als „ethisch unvertretbar" bezeichnet. Er hat gleichzeitig auch vor dem Landeskomitee der Katholiken in Bayern eine weitere Entscheidung als „schwere Schuld" bezeichnet und hinzugefügt: „Man würde vielleicht eine juristisch reine Weste haben, aber zugleich blutige Hände". Blutige Hände? Nein, dies ist nicht die Zeit für weitere Winkelzüge, für weitere Rückzüge aus der Wahrheit und Klarheit, die uns einmal einten. Jetzt geht es darum, daß die Kirche in Deutschland einer offensichtlich verwirrten und zum Tode hin driftenden Gesellschaft nicht noch die Steigbügel hält, sondern daß sie ein deutliches Zeichen für die Unantastbarkeit des Lebens setzt – selbst wenn sie dadurch wiederum zum Stein des Anstoßes wird.

Wie die Menschen Kinder Gottes werden können*

In Heinrich Bölls Novelle „Nicht nur zur Weihnachtszeit" besteht eine alte Dame darauf, jeden Tag Weihnachten zu feiern, und bringt dadurch ihre Familie und nähere Umgebung in Bedrängnis. Aber was hier in tragischer Komik aufklingt, ist es nicht doch ein Urwunsch des Menschen, wie wir ihn auch in so manchen Kriegstagebüchern des Ersten wie des Zweiten Weltkrieges finden? Wenn da von den Waffenstillstandspausen am Weihnachtsabend berichtet wird, von der plötzlichen, stummen Übereinstimmung der Soldaten auf beiden Fronten, nun doch einmal dem Menschlichen, dem Christlichen, dem Frieden Raum zu geben.

---

[10] Paul Celan, Todesfuge.

* Frankfurter Allgemeine Zeitung, Nr. 300, 24. Dezember 1996: Zum Weihnachtsfest. Wie die Menschen Kinder Gottes werden können. Von Erzbischof Johannes Dyba.

Wobei die Frage uns ebenso klar wie ungelöst vor Augen bleibt: Muß das so sein? Einen Tag Frieden und 364 Tage Krieg, Kampf, Unfriede? Warum ist das die Regel geworden, inzwischen auch in modernen Friedenszeiten: einen Tag Weihnachten und 364 Tage Alltagskampf und Aufeinanderlosschlagen? Dabei ist der Urwunsch des Menschen nach Frieden, Liebe und Geborgenheit kein unerfüllbarer Wunsch, sondern gerade die Sehnsucht, die Gott mit der Menschwerdung seines Sohnes endlich erfüllen will.

Der Grund, der diese Vereinigung Gottes mit seinen Menschen immer wieder vereitelt, ist schon im Prolog des Johannesevangeliums angegeben: „Er kam in sein Eigentum, aber die Seinen nahmen ihn nicht auf“[1]. Ja, an der Ankunft des Herrn auf der Erde scheiden sich die Geister, damals wie heute. Das stolze Jerusalem kann im göttlichen Kind das Heil nicht erkennen. Die Reichen verschließen ihre Häuser, und die Mächtigen veranstalten sogar ein Blutbad unter den Kindern, um das eine Kind zu vernichten, das die neue Epoche des Reiches Gottes eröffnet[2]. Die Hirten und die Weisen aber finden das Heil, Menschen also, die entweder einfach geblieben sind oder den Weg zur einfachen Klarheit letzter Einsicht wiedergefunden haben. So erfüllen sich die Worte des Johannesevangeliums seit nunmehr fast 2000 Jahren. Menschen, die vom Drang des Blutes bestimmt sind, vom Willen des Fleisches und vom Wollen des Mannes, können das Heil nicht finden. Heute haben wir modernere Bezeichnungen für diese Haltungen, von der Eigenbestimmung, der Autonomie, der Selbstverwirklichung bis zur „Mündigkeit“ der Christen.

So werden wir zutiefst weihnachtsunfähig. Denn Kern dieser neuen Frohbotschaft ist es ja gerade, daß Gott ein Menschenkind geworden ist, damit wir Kinder Gottes werden. Kinder! „Mündige“ Leute, die selbst Bescheid wissen, werden den Zugang nie finden. „Wer das Reich Gottes nicht annimmt wie ein Kind, der wird nicht hineinkommen“, heißt es im zehnten Kapitel des Markusevangeliums[3].

„Allen aber, die ihn aufnahmen, gab er die Macht, Kinder Gottes zu werden“[4]. Kind Gottes werden, wie ist das möglich? Heute wie damals dadurch, daß ich erkenne, daß Gott da ist – wirklich da ist –, und begreife, daß er mich liebt, daß er mich gewollt und darum ins Dasein gerufen hat, daß er mich bei meinem Namen ruft, weil ich dabeisein soll, wenn er sein Reich und seine Herrlichkeit vollendet. Wer das einmal begreift, dessen Seele wird zu einem einzigen Ja, zu einem einzigen Jubelschrei vor Gott.

Und wie kann ich das begreifen? Alle biblische Verkündigung und die geistlichen Meister aller christlichen Jahrhunderte verweisen uns da auf eines: auf die Stille des eigenen Herzens. Das Herz still werden lassen, das heißt aber alles loslassen, was es hierhin oder dorthin treibt, denn „das Reich Gottes ist in euch“, steht im siebzehnten Kapitel des Lukasevangeliums[5]. So sagt es auch der heilige Augustinus in seinen Bekenntnissen: „Und siehe, du warst innen und ich war draußen, und da

[1] Johannes 1,11.
[2] Vgl. Matthäus 2,15–18.
[3] Markus 10,15.
[4] Johannes 1,12.
[5] Lukas 17,21.

suchte ich nach dir"[6]. Desgleichen Angelus Silesius in seiner unvergleichlichen Sprache: „Christ mein, wo läufst du hin? Der Himmel ist in dir. Was suchst du ihn dann erst bei eines andern Tür?"[7]. Schließlich seine unvergeßliche Weihnachtspredigt in einem Satz: „Wird Christus tausendmal zu Bethlehem geboren – und nicht in dir; du wärest doch verloren"[8]. Das ungastliche Bethlehem ist die Welt, unser Herz aber soll die Krippe sein, die das göttliche Kind aufnimmt.

Wem das alles zu fromm und abgehoben erscheint, der braucht sich nicht zu wundern. Er gehört zu den 99 Prozent der Christen, denen die eigenen Wünsche und Begierden, Pläne, Absichten und Ambitionen sofort wieder das Herz besetzen und die Angst einflößen, sie verlören kostbare Möglichkeiten ihres Lebens, wenn sie sich auf solch ein Abenteuer mit Gott einließen. Das ist die letzte Versuchung vor der Entscheidung, eine Versuchung, die viele einschüchtert, obwohl es doch ganz anders ist: Wer den Sprung in die Arme Gottes wagt – wirklich abspringt –, der landet nicht in Verzicht, Langeweile oder asketischer Starre, sondern in einer vorher ungekannten Fülle des Lebens. Leben in der Gegenwart Gottes, das führt in eine solche Sicherheit, eine solche Geborgenheit, eine solche Freude, daß wir die staunende Frage des Augustinus[9] wiederholen werden: Warum so spät erst?

Aber nun ist es nie mehr zu spät, denn die Qualität unserer Zeit wandelt sich völlig. Zeit ist mir nicht mehr Ablauf in die Vergänglichkeit, auf Krankheit, Alter und Tod zu, sondern meine Zeit wird zum Teil der Ewigkeit. Meine Zeit, mein Werken und Schaffen, mein Lieben und Erleben ist nicht mehr Produktion von Vergangenheit, sondern fließt in die Zukunft ein, in den Willen Gottes und wird in dem nie mehr endenden Augenblick zur Ewigkeit, da ich ihn schaue, wie er ist. Kind Gottes sein heißt in der Gegenwart Gottes leben schon jetzt auf Erden, heißt aus einer unbeschreiblichen Vorfreude heraus leben.

Als durch und durch katholischer Christ muß ich gestehen, daß ich immer wieder überrascht war, wie viele evangelische Christen ich auf dieser Seite des Ufers fand. Aber vielleicht wird ja auch die ersehnte Einheit der Christen einmal eher dadurch zustande kommen, daß wir einander in der Nähe des Herrn finden, als durch viele Theologenkongresse und Verhandlungsrunden. Denn die eigentliche Antwort finden wir in der Gnade, nicht in der Lehre; aus der Sehnsucht des Herzens, nicht aus dem Verstand; aus der Zwiesprache mit Gott, nicht aus Gesprächen über ihn.

Weihnachten – was soll es für uns sein? Einen Tag Frieden „feiern" oder für all meine Tage den Frieden finden? In den Narnia-Märchen[10] von C. S. Lewis können Kinder durch ihren alten Kleiderschrank hindurch in die jenseitige Welt eintreten. Ein Märchen? Mit Weihnachten wird das Wirklichkeit: Ich kann an jedem Tag, ja in

---

[6] Augustinus, Confessiones X 27, 38.
[7] Angelus Silesius, Der Cherubinische Wandersmann I,298.
[8] Angelus Silesius, Der Cherubinische Wandersmann I,61.
[9] Vgl. Augustinus, Confessiones X 27, 38.
[10] Vgl. den siebenbändigen Zyklus der Narnia-Geschichten: The Lion, the Witch and the Wardrobe, 1950; Prince Caspian, 1951; The Voyage of the Dawn Treaders, 1952; The Silver Chair, 1953; The Horse and his Boy, 1954; The Magician's Nephew, 1955; The Last Battle, 1956.

jeder Stunde meines Lebens durch die Wände meines Alltags in die Gegenwart Gottes treten. Er ist da.

Mit dem „Spiegel" leben*

Ein Bekenntnis zu Anfang: Seit meiner Rückkehr nach Deutschland (1983) bin ich Abonnent des „Spiegel". Ich weiß sehr wohl, daß man aus der Fülle der Informationen und angeblich sicheren Recherchen längst nicht alles glauben oder für bare Münze nehmen darf, will man sich nicht völlig aufs Glatteis führen lassen.

Doch habe ich gefunden, daß man den „Spiegel" auch mit großem Nutzen zitieren kann. Wenn er etwa unsere „schamlose Gesellschaft" als „ein Volk im Schweinestall" sieht und herausfindet: „Die Tendenz zur Barbarei ist deutlich erkennbar auch im ehedem so reinlichen deutschen Fernsehen", das die Gossenprosa in den bürgerlichen Wohnstuben heimisch gemacht habe[1], dann kommen solche Feststellungen als „Spiegel"-Zitate einfach eher an als entsprechende Originalworte deutscher Bischöfe.

Oder wer hat es vermocht, Rita Süssmuth zu veranlassen, sich für ein Titelbild[2] ein Riesenkondom über das Haupt ziehen zu lassen und damit eine ganze Epoche zu markieren?

Sein Meisterwerk hat der „Spiegel" allerdings im Fall Drewermann abgeliefert. Was man in Paderborn in monatelangen Unterredungen und endlosen Protokollen nicht zustande brachte, das hat der „Spiegel"[3] kurz und prägnant auf wenigen Seiten dokumentiert: Drewermanns glatte Leugnung zentraler Glaubenswahrheiten wie der Jungfrauengeburt und der Auferstehung Jesu und die Bezeichnung unseres Glaubensbekenntnisses als Aberglauben.

Bei den oft treffenden Beiträgen zur deutschen Nachkriegsmoral finde ich es besonders bedauerlich, daß der „Spiegel" ausgerechnet die eine Institution, die sich dieser Degeneration immer wieder entgegenstellt, stets bis aufs Blut bekämpft hat. Es mag genügen, auf die ausgesprochenen Schmähtitel zu vielen christlichen Hochfesten hinzuweisen. Verständlich wird das erst, wenn man zur Kenntnis nimmt, daß der Herausgeber des „Spiegel" ganz persönlich an einem Kirchenhaß festhält, der wohl aus schwarzen Löchern in seiner Vergangenheit stammt und inzwischen zunehmend krankhafte Züge anzunehmen scheint[4].

---

* KNA, Im Gespräch, Hessen 1, 4. Januar 1997: „Krankhafte Züge und ein Meisterwerk". Vor 50 Jahren – am 4. Januar 1947 – erschien erstmals „Der Spiegel". Von Erzbischof Johannes Dyba. – Vgl. Der Spiegel, Nr. 2, 6. Januar 1997, S. 14: Mit dem SPIEGEL leben.

1 Die schamlose Gesellschaft. Das Geschäft mit Sex und Gewalt, in: Der Spiegel, Nr. 2, 11. Januar 1993 (S. 164–170: „Ein Volk im Schweinestall"; S. 170–173: „Das Gewissen hat versagt").

2 Der Spiegel, Nr. 7, 9. Februar 1987, Titelblatt.

3 Der Spiegel, Nr. 52, 23. Dezember 1991, S. 61–74.

4 Vgl. P[eter] B[oenisch], Ein „goldenes" Schäflein weniger. „Spiegel"-Augstein trat heimlich, still und leise aus der Kirche aus, in: Bild am Sonntag, 19. Juli 1970. Tatsächlich war – nach freundlicher Auskunft des Bistumsarchivs Hildesheim – Augstein bereits am 2. Dezember 1968 in Hamburg aus der katholischen Kirche ausgetreten.

Wo Kirche so behandelt wird, geht es ihren Vertretern, soweit sie nicht stumm bleiben, nicht besser. Nach einschlägigen Untersuchungen sind Papst Johannes Paul II., die Kardinäle Ratzinger und Meisner sowie der Verfasser dieses Artikels die mit Abstand am häufigsten und schärfsten angegriffenen Männer der Kirche. Allerdings ist man da ja in guter Gesellschaft. Als Studenten in Bonn lasen wir fast wöchentlich, daß der Herausgeber des „Spiegel" Konrad Adenauer unbeirrbar für einen sklerotischen, dementen Greis hielt, der die Chancen der Zeit verpaßte und Deutschland in den Abgrund führte. Es genügt, die „Jens Daniel"-Tiraden der fünfziger Jahre nachzulesen.

Da die kurze Hoffnung auf eine vernünftige Behandlung der Kirche im „Focus" geplatzt ist wie eine Seifenblase, werden wir wohl mit dem „Spiegel" weiterleben müssen. Daher ein Bekenntnis auch zum Schluß: Wenn eine gütige Fee mir drei Wünsche freistellen würde, wäre einer davon sicher die Bekehrung von Rudolf Augstein. Na, ist das kein guter Geburtstagswunsch?

Homosexuelle als Priester?*

Aufsehen hat der Augsburger Theologieprofessor Hanspeter Heinz mit einem Plädoyer für die Aufnahme Homosexueller in den Priester- und Ordensstand erregt, sowie vor allem mit der Behauptung, daß mindestens 20 Prozent aller Priester homosexuell seien[1]. Wer eine solche Zahl den Medien in den Rachen wirft und dabei selbst zugibt, nicht zu wissen, woher sie stammt, betreibt natürlich weder Theologie noch sonst eine Wissenschaft, sondern nur eine publikumsträchtige Besudelung des priesterlichen Standes, wie sie vom Priesterrat in Augsburg denn auch mit Recht zurückgewiesen wurde.

Gegenüber zunehmenden Versuchen, auch von seiten organisierter aber in der Anonymität bleibender „schwuler" Priester in einigen Diözesen, homosexuelle Seelsorger als normal einzuführen, muß klar festgestellt werden, daß eindeutig homosexuell geprägte Männer die für die Priesterweihe erforderliche Eignung nicht besitzen. Dafür seien im folgenden drei Gründe genannt:

Erstens: Vom katholischen Priester wird im Zölibat der Verzicht auf Ehe und Familie verlangt. Da es sich dabei um hohe Güter handelt, ist das ein großes Opfer, das aber vom homosexuellen Menschen gar nicht gebracht werden kann. Für ihn handelt es sich ja eher um den Rückzug in eine Männergesellschaft. Das würde, mit all der damit verbundenen Problematik, übrigens auch schon für seine Aufnahme in ein Priesterseminar gelten.

Zweitens: Wenn behauptet wird, Homosexuelle könnten ja doch ebenso wie heterosexuelle Männer enthaltsam im Zölibat leben, dann vergißt man, was uns die Erfahrung dazu lehrt. Wenn nämlich heterosexuelle Priester einmal am Zölibat scheitern, dann landen sie beim Standesamt – heute oft noch von Sympathiekund-

---

* Das Wort des Bischofs: Homosexuelle als Priester?, in: Bonifatiusbote, Nr. 2, 12. Januar 1997.

[1] Hanspeter Heinz, Homosexuelle und geistliche Berufe. Ein pastoraltheologischer Zugang, in: Stimmen der Zeit 214 (1996), S. 681–692.

gebungen aus der Gemeinde begleitet. Wenn aber homosexuelle Priester daran scheitern, landen sie wegen des dann oft verletzten Jugendschutzes meist beim Staatsanwalt – unter dem blanken Entsetzen des Gemeinde. Und das ist absolut nicht dasselbe.

Schließlich und drittens aber: Die katholischen Gläubigen in unseren Gemeinden müssen klar wissen, woran sie sind. Wenn wir sowohl normal veranlagte, als auch homosexuelle Priesteramtskandidaten aufnehmen, dann wird doch bald das große Rätselraten beginnen mit allen möglichen Unsicherheiten und Verdächtigungen. Da bleiben wir doch lieber fest bei der alten katholischen Regel: bei uns werden nur solche Männer zu Priestern geweiht, die auch das Zeug zu gesunden und guten Familienvätern hätten. Ich gehe zwar davon aus, daß das in der ganzen Kirche gilt, aber im Hinblick auf den gegenwärtigen Diskussionsstand wollte ich es doch schon einmal ausgesprochen haben, damit die Gemeinden im Bistum Fulda wissen, woran sie sind und daß sie auch in Zukunft die Seelsorger bekommen sollen, die sie wohl zu Recht auch erwarten.

Gott ist in liebender Gegenwart da*

Sagen Sie mal, Johannes Dyba, warum verliert das Christliche so an Bedeutung?

Die Bedeutung Gottes hängt nicht davon ab, wie viele Menschen ihn bedeutend finden. Aber bei uns nimmt das Interesse in der Tat ab, und das hängt, glaube ich, an zwei Faktoren. Zum einen geht es uns zu gut. Das war schon im Alten Testament so, daß das auserwählte Volk, wenn es fett und feist geworden war, von Gott abfiel und alle möglichen Abgöttereien und Unzucht betrieb, und wenn es wieder harte Zeiten gab, fanden sie zu Gott zurück. Not lehrt beten, sagt der Volksmund. Wir sind zu satt geworden, um noch transzendente, in den Himmel reichende Interessen zu haben.

Das Klima in den westlichen Gesellschaften ist aber eher religionsfreundlich, überall rennen Sinnsucher herum, nur Christen wollen sie halt nicht werden.

Das hängt mit dem zweiten Teil meiner Antwort zusammen. Wir haben ja eine Botschaft, die vom Menschen den Einsatz des Lebens erfordert, also: nicht sich ausleben, sondern das Leben einsetzen, Gott erkennen und anerkennen. Jesu Schlüsselsatz lautet: „Wer sein Leben gewinnen will, wird es verlieren, wer aber sein Leben verliert um meinetwillen, wird es gewinnen für die Ewigkeit“[1]. Mit diesem Satz kann ein normaler Mensch heutzutage nichts mehr anfangen. Aber das ist eben die große Alternative. Ist unser Leben ein Einsatz für das Eigentliche, Größere, Ewige, oder muß man aus dem Leben möglichst rauskonsumieren, was geht und solange es geht? Was Sie Sinnsuche nennen, muß heutzutage natürlich auch vor allem Spaß machen, das suggeriert der Zeitgeist.

---

* Focus, Nr. 14, 29. März 1997, S. 80–84: Sagen Sie mal, Johannes Dyba, warum verliert das Christliche so an Bedeutung? (Interview: Michael Klonovsky); Überschrift von den Bearb.

[1] Matthäus 10,39.

Wer ohne Gott lebt, führt also ein lasterhaftes Schmarotzerleben?

Nein, das will ich damit nicht gesagt haben. Ich sage nicht, die Christen sind fromm, die anderen lasterhaft, aber ich sage: Heute ist das Fett- und Feistsein allgemein. Das führt nicht zum Sinn des Lebens, sondern zum Sichausleben, und wenn Sie diesem Kurs folgen, dann haben natürlich bestimmte Dinge überhaupt keinen Sinn mehr: Krankheit ist dann ein Betriebsunfall, Leid hat keinen Sinn, Alter hat keinen Sinn und Tod schon mal gar nicht.

Hatte Tod je mehr Sinn?

Für uns Glaubende ist der Tod der Beginn des ewigen Lebens, und damit fängt alles erst an. Es ist eine völlig andere Perspektive, ob Sie sagen: Ich gehe zu auf Krankheit, Alter, Tod, und dahinter ist die absolute Sinnlosigkeit, oder ob Sie glauben, daß Sie auf das ewige Leben, auf Gott zugehen.

Das ist ja das Alleregoistischste: sich auch noch einreden, daß man ewig lebt.

Ich rede mir das nicht ein, ich erfahre das. Ich wäre ja nie Priester geworden, wenn ich nicht erfahren hätte, daß Gott da ist. Auf solche Momente kann man ein Leben bauen. Das ist eine Erfahrung, wie es andere Erfahrungen gibt – keine Theorie.

Wenn der Glaube nicht selig machen würde, würde er nicht geglaubt werden, sagt Nietzsche. Falsch?

Wenn man mit Menschen darüber spricht, die dafür absolut keinen Zugang haben, ist das sehr schwer. Das ist, als ob Sie einem Tauben von einer Sinfonie erzählen. Wir kennen ein Leben in der Gegenwart Gottes, und wenn Sie mal die große christliche Literatur nehmen, dort ist die Rede von „Gotteserfahrung". Wenn die Begegnung mit dem lebendigen Gott stattgefunden hat, weiß man überhaupt erst, worum es eigentlich geht.

Heute ist das immer weniger Menschen möglich – wird Gott inzwischen sozusagen weggezappt?

Aus der Welt nicht, aber aus dem Bewußtsein. Aber nicht nur die Kirche verliert Leute; Gewerkschaften und Parteien verlieren ja noch erheblich mehr. Es ist ein gesellschaftliches Phänomen: Keiner möchte sich binden, sondern sich alle Optionen frei halten. „Religio" aber heißt Bindung. Die Religion verlangt vom Menschen die Entscheidung für Gott und ein Leben mit Gott. Das ist absolut nicht nach dem Geschmack der modernen Welt, in der alles möglichst unverbindlich und spaßig zugehen soll, wo kein Sinn mehr für Opfer oder Hingabe existiert. Jahrhundertelang war für eine Generation die kommende Generation die Hauptaufgabe. Heute ist für viele das eigene Wohlbefinden zehnmal wichtiger. Die Weitergabe des Lebens ist nicht mehr selbstverständlich, und natürlich auch die Weitergabe des Glaubens nicht. Ich klage die Leute nicht an: Sie sind in eine solche Welt hineingeboren. Früher bekamen sie ja par force ihre Sinngebung mit durch Familie, Schule, Konfession, heute dagegen praktisch nichts.

Also: Heute ist der Christ der Aussteiger?

Ganz so weit ist es nicht, es gibt ja auch hier noch einen ganzen Anteil Volkskirche.

Kardinal Ratzinger spricht davon, die Kirche müsse sich vielleicht von der Idee der Volkskirche verabschieden und eher auf Minderheiten abzielen. Kehrt das Christentum in die Katakomben zurück?

Wissen Sie, wir sind eine Weltkirche. Ich war über 20 Jahre im Ausland: Die jungen Kirchen in der Welt verzeichnen ein beinahe explosives Wachstum. Es gibt Länder, etwa in Afrika, da kommen wir mit der Taufe nicht nach. Das stärkste Wachstum hatten wir zur Zeit in Korea. Da sind die Leute enorm stolz darauf, daß sie katholisch sind.

Und wenn die früher oder später dort ankommen, wo wir sind?

Ich bin aufgewachsen in einer Zeit, wo wir dauernd hörten: Mit der Kirche ist es vorbei, Deutschland erwache! Dann kam 1945, und auf einmal war die Kirche wieder ganz groß da; wir hatten Zulauf wie noch nie. Nach der Wende 1989 war der Satz, den ich am häufigsten gehört habe: „Wer hätte das gedacht?" In einer Predigt in den neuen Ländern[2] habe ich das zum Anlaß genommen und gesagt: „Wenn Sie jetzt so weiterleben, als wenn es Gott gar nicht gibt, dann steht Ihnen noch einmal bevor, diesen Satz zu sagen".
Wenn Sie mal zurückschauen: Was im Jahr 1000 gesellschaftliche Wirklichkeit war, ist alles verschwunden. Das einzige, was noch genauso da ist, mit Credo, Papst und Evangelium, ist die Kirche. Kaiser, Könige, Regime, Parteien – alles ist gekommen und gegangen, nur die Kirche ist geblieben, obwohl sie hundertmal totgesagt wurde. Nehmen Sie Voltaire: „Écrasez l'infâme!" Wo ist Voltaire mit seiner ganzen Aufklärung geblieben? Die Kirche ist da. Robespierre! Die Vernunft auf den Altar! Wo ist er geblieben? Die Kirche ist da. Der arme Nietzsche ist verrückt geworden, weil seine ganzen Theorien nicht stimmten ...

Nein, weil kleine Mikroben sein Hirn zerstört haben.

Na ja, zufällig. Dann haben die Kommunisten die Kirche für tot erklärt. Vor zehn Jahren konnten Sie in Berlin noch Marxismus-Leninismus studieren. Heute lacht man darüber.

Gehen wir noch mal weitere tausend Jahre zurück, so um das Jahr null. Damals waren vielleicht Jesus und später Paulus Zeitgeist, und Johannes Dyba wäre Pilatus ...

... das wohl kaum ...

... der die Ordnung gegen den neuen Zeitgeist verteidigt?

Jesus war die Minderheit, er wurde verurteilt. Das Volksbegehren sagte: Barabbas![3]

Ja, aber jeder Zeitgeist fängt an irgendeinem Punkt an.

Nein, nein, genau umgekehrt! Jesus ist verworfen worden, er war die Minderheit und endete am Kreuz, und zur Minderheit gehöre ich auch, hier in Deutschland,

---

[2] Bei einem Standortgottesdienst, an dem auch Soldaten der polnischen 12. mechanisierten Division teilnahmen, in der Kirche St. Josef und Lukas in Neubrandenburg am 9. November 1994.

[3] Vgl. Matthäus 27,15–21; Markus 15,7–15; Lukas 23,18–24; Johannes 18,39 f.

zum Teil auch in der Kirche. Also in Sachen Lebensschutz zum Beispiel trete ich gegen eine Mehrheit an.

Würden Sie bitte zu den folgenden Personen je einen Satz sagen: Heiner Geißler.

67 Jahre und kein bißchen weise.

Eugen Drewermann.

Ein professioneller Träumer.

Madonna.

(lacht): Welche denn?

Mike Tyson.

Seit Max Schmeling interessiere ich mich nicht mehr fürs Boxen.

Hat Homo sapiens Gott vielleicht nur erfunden auf seine Bedürfnisse hin, die sich jetzt geändert haben, so daß Gott wieder abtreten muß?

In Kairo hat mir mein Friseur, ein stämmiger Moslem, erzählt, er habe eben einen Landsmann von mir bedient, der habe behauptet, es gäbe keinen Gott. Ja, so was Verrücktes, sagte er. Und die Sonne? Und die Blumen? Und die Kinder?

Alles blindes Walten der Natur.

Das ist Blödsinn. Blindes Walten erzeugt nur Zerstörung. Ich jedenfalls habe das Christentum erlebt als die Möglichkeit, wirklich glücklich zu werden. Daß viele das nicht so sehen, ist offensichtlich und tut mir leid. Ich sagte ja schon, wer keine Gotteserfahrung hat, für den ist das alles Theorie, aber man kann Gott natürlich auch finden, wenn man ihn sucht, und dann wird das alles zur Erfahrung. Wie am Anfang: Die Zeugen der Auferstehung haben das Ereignis bezeugt und weitergegeben. Und so geht das bis heute.

In einem jüdischen Witz erklärt die Lehrerin der Klasse, daß eine ägyptische Prinzessin Mose als Baby aus dem Nil gefischt habe. Darauf der kleine Itzig: „Behauptet sie".

Und die Tausenden und Abertausenden Märtyrer, die für den Glauben ihr Leben eingesetzt haben? Die haben das nicht bloß für irgendwelche Behauptungen getan, die hatten Selbsterfahrungen und Erlebnisse, die sie dazu bestimmt haben. Aber wenn einer nicht glaubt, dann glaubt er eben nicht. Trotzdem glaubt er natürlich auch etwas, zum Beispiel an einen Urknall. Ein Schöpfergott hat Sinn, aber was ist denn das für eine Erklärung. Am Anfang war gar nichts, das ist dann explodiert, und dann war alles da?

Warum immer diese Vermessenheit, für alles Erklärungen anbieten zu wollen?

Jeder versucht doch, den Sinn des Lebens zu finden.

Warum muß man einer sterblichen Kreatur so etwas Unverschämtes wie Sinn einreden?

Weil die Menschen so angelegt sind, weil sie Gott so geschaffen hat, daß sie den Sinn wollen. Sie sind auf Gott hin geschaffen. Nehmen Sie aus der Kultur alles raus, was mit Gott zu tun hat, dann gäbe es keine Kathedralen, keine Madonnen, keine Pyramiden und und. Es gibt einen Urdrang des Menschen zu Gott.

Glauben Sie, daß Moses am Sinai die Gesetzestafeln in Empfang genommen hat?

Ja, warum soll ich das nicht glauben?

Glauben Sie, daß Hagen von Tronje im Odenwald Siegfried von Xanten hinterrücks ermordet hat?

(lacht): Wissen Sie, für uns ist die Bibel Offenbarung. Daß man das nicht alles wörtlich nimmt, ist ja mittlerweile jedem vernünftigen Menschen klar. Es kommt darauf an, was da ausgesagt ist. Daß Gott dem Menschen Gesetze gegeben hat, das soll der Mensch begreifen.

Manche denken bei der Lektüre des Pentateuch eher an Orwells „Big brother is watching you". Ist dieser Aufseher Ihr Gott?

Was heißt hier Aufseher? Gott ist in liebender Gegenwart da.

Und warum will er unentwegt die anderen austilgen, warum strotzt das Alte Testament nur so vor Vernichtungsbefehlen und Ausrottungsdrohungen?

Gott hat das Volk allmählich dahin geführt, wo er es haben wollte, und wurde dabei immer sanfter. Außerdem: Die zehn Gebote sind doch wohl nicht menschenfeindlich.

Es ist fraglich, ob die zehn Gebote universell gemeint waren oder nur intern gelten sollten. David etwa freit um seine Braut mit den Vorhäuten von 200 erschlagenen Philistern, in Jesajas Blutphantasien wird ein Volk nach dem anderen ausgetilgt, ja es gibt in der Bibel ganze Kapitel „gegen die Völker".

Es ist ja ein legitimes Anliegen, daß das Böse vernichtet werden soll, so wie Hitler vernichtet werden mußte. Und die Philister haben das Volk Israel ja ziemlich gepiesackt. Aber ich bin kein Spezialist für das Alte Testament, die Botschaft, die uns aufgetragen ist, ist das Neue Testament, und das sieht ja nun ganz anders aus.

Kreuztragen als erste Christenpflicht?

Ja, aber dieses Kreuz tragen, das begeistert, das ist die innere Freude, am Schicksal Christi teilzunehmen. Christen, die sich nicht freuen, sind die allerärmsten. Das ist ja nicht der Weg in die Sklaverei und den Untergang, sondern zur Befreiung. Hier beginnt das Geheimnis des Glaubens, das sich eben nicht jedem erschließt, aber jedem, der guten Willens danach sucht, wird Gott das erschließen. Übrigens: Wenn Sie sterben, meinen Sie, am Himmelstor steht Drewermann? Oder Nietzsche? Oder Voltaire? Wenn aber einer an den lebendigen Gott glaubt, dann kommt er in der Ewigkeit gut an.

Es bleibt immer noch die Möglichkeit der Apokatastasis: Gott wird auch den Ungläubigen vergeben; das ist, sagt Heinrich Heine, sein Beruf.

Wer weiß? Aber sehen Sie: Wenn ich unrecht habe, dann habe ich mein Leben lang daran geglaubt, darauf gehofft, dann sterbe ich wohlgemut, und dann geht es mir wie jedem anderen auch. Wenn Sie aber unrecht haben, und es geht hinterher weiter, dann könnten Sie eine böse Überraschung erleben. Wäre ich ein Spieler, würde ich deshalb schon in jedem Fall auf Gott und das Christentum setzen.

Die Stimmung war noch nie so miserabel*

Sie sind gerade aus Bosnien zurückgekommen. Ist es nach Ihren Eindrücken noch zu früh, die Bosnien-Flüchtlinge nach Hause zu schicken?

Die Rückführung, die für beide Länder notwendig ist, muß sinnvoll vorbereitet werden. Man kann nicht einfach Quoten abrufen ohne Rücksicht darauf, was die Menschen dort vorfinden. Es dürften nicht wieder ethnische Konflikte ausbrechen und die Rückkehrer in Häusern leben, die gleich wieder hochgehen. Man muß genau planen, wo sich welche Volksgruppen niederlassen können. Das muß jetzt geschehen, solange die SFOR-Truppen noch den Schutzschild bieten. Da setzt ja auch der Sinn des Papstbesuches an[1]. Wir sagen, einerseits machen die SFOR-Kräfte einen Militärfrieden möglich. Aber der eigentliche Friede und das Zusammenleben können nur durch eine radikale Umkehr der Herzen erfolgen. Wenn der Haß bleibt, können Sie keine friedliche Entwicklung erwarten.

Vergessen wir die Schrecken, die dort geschehen sind, nicht allzu leicht?

Nun ja, wir haben eben eine schnellebige Zeit ...

... oder reden wir nur noch über „unsere Schrecken", nämlich übers Geld?

Wenn Sie über Schrecken sprechen, dann liegt zunächst einmal nahe zu fragen, weshalb wir die Schrecken von vor 50 Jahren immer noch möglichst in den Vordergrund spielen müssen und uns an den Schrecken, die danach geschehen sind und bis heute geschehen, vorbeimogeln, was ja in Frankfurt auch ein Thema ist.

Haben Sie die Wehrmachtsausstellung[2] schon gesehen?

Nein. Ich weiß, daß da schlimme Dinge stattgefunden haben. Da brauche ich keine Ausstellung. Wenn man in den fünfziger, sechziger Jahren Beichtvater war, da kam es immer wieder vor, daß sich Männer erst mit zehn Jahren Abstand erinnerten und damit nicht fertig wurden, was sie damals als reine Befehlsausführung getan hatten. Ich kenne diesen Konflikt aus dem Beichtstuhl. Außerdem habe ich den ganzen

* Frankfurter Allgemeine Sonntagszeitung, Nr. 16, 20. April 1997: „Die Stimmung war noch nie miserabler". Erzbischof Johannes Dyba zum Zustand der Kirche (Interview: Cornelia von Wrangel und Peter Lückemeier).

1 Papst Johannes Paul II. besuchte am 12. und 13. April 1997 Sarajevo.

2 Hannes Heer/Klaus Naumann (Hrsg.), Vernichtungskrieg. Verbrechen der Wehrmacht 1941 bis 1945. Ausstellungskatalog, Hamburg 1995. – Wegen Bildmaterials mit unzutreffenden und ungenauen Bildunterschriften wurde diese umstrittene Wanderausstellung 1999 zurückgezogen und zwei Jahre später völlig neugestaltet.

Krieg miterlebt, die Gefangenenzüge und auch, wie die Gefangenen behandelt wurden.

Plädieren Sie dafür, das Thema ruhen zu lassen?

Nein, das ist ein Teil der Geschichte. Diese Geschichte ist aber weitergegangen. Nach 1945 hatten wir die Massenmorde im Archipel GULag, den ungeheuren Massenmord in China, die Dezimierung einer ganzen Bevölkerung in Kambodscha. Und was tun wir da? Den Russen gewähren wir Verständnis und Hilfe, da zeigt sich keine Spur von Anklage; vor den chinesischen Unterdrückern wird gekatzbuckelt, und über den Völkermord in Kambodscha wird auch keine Ausstellung veranstaltet. Überall also die Bereitschaft, zu vergessen und sich zu versöhnen – warum soll da nur der eigenen geschundenen und mißhandelten Landser-Generation immer wieder ins Grab nachgetreten werden? Ich habe den Eindruck, daß man hier die Verbrechen der Nazi-Herrschaft dazu mißbraucht, alle Greuel des Sozialismus bis zum heutigen Tage dahinter zu verstecken.
Ich komme ja gerade von unserem SFOR-Kontingent. Da sind unsere Soldaten endlich in der Gegenwart. Wir waren einmal viel kriegerischer als die anderen. Das waren entsetzliche Zeiten. Dann sind wir auf einmal diejenigen gewesen, die mit moralischen Zeigefingern allen den Frieden beibringen wollten. Wir sollten also weder die Knobelbecher noch die Heulsusen Europas sein, sondern unsere Verantwortung wahrnehmen wie alle anderen auch. Im übrigen läge es beim Hause Reemtsma näher, an eine Ausstellung über die Unterstützung Hitlers durch deutsche Industrielle, über Kriegsgewinne und die Erzeuger millionenfachen Lungenkrebses zu denken.

Zurück zum Zustand Deutschlands: Wie beschreiben Sie ihn?

Es ist schon auffallend, bei einem so großen materiellen Wohlstand eine so große Unzufriedenheit vorzufinden. Ich war 23 Jahre im Ausland, auch lange in der Dritten Welt. Ich habe dort Menschen erlebt, denen es viel schlechter geht, die aber viel fröhlicher sind. In Südamerika oder Afrika, wo wirkliche Armut herrscht. Und das setzt sich – was mich besonders trifft – in der Kirche fort. Woanders ist man stolz darauf, daß man zur Kirche gehört, und auf die Leistungen der Kirche, die Hospitäler, die Schulen, die Befreiung, die durch das Christentum erfolgte. In manchen Ländern, die in Korruption und Diktatur versinken, ist die Kirche der Hoffnungsanker, das einzige, was wirklich noch funktioniert.

Nun wird die Kirche in Deutschland vielleicht auch Mitarbeiter entlassen müssen ...

... das wäre ja bedauerlich, aber die Kirche in Deutschland hatte noch nie ein solches Heer von Hauptamtlichen, und noch nie – das muß doch zu denken geben – war die Stimmung miserabler. Wie kommt es denn, daß bei so vielen Mitarbeitern das Image der Firma so erbärmlich ist?

Welche Kur empfehlen Sie der Firma?

Ich bin dafür bekannt, daß ich den Standpunkt vertrete, wir hätten viel zu viele Apparate und zuviel Bürokratie. Wir müssen die Frohe Botschaft verbreiten und alles tun, daß sie begriffen wird und die Menschen in der Kirche glücklich werden.

Ich sehe nicht, daß bei unserem System die Menschen in der Kirche glücklicher sind als etwa in den jungen Kirchen der Dritten Welt oder woanders, wo man nicht annähernd so viele Hauptamtliche hat. Was haben wir für Kommissionen, für Gremien, für Zentralstellen, für Sekretariate. Das ist Elefantiasis! Aber in dem Moment, in dem ich das sage, habe ich natürlich die ganze Bürokratie gegen mich, all die Referenten und Professoren. In mehr als 20 Jahren in der Vatikanischen Diplomatie, die wirklich ein glattes Parkett ist, ist mir nicht so oft nahegelegt worden: „Das darfst du aber nicht sagen" wie in einem Jahr in Deutschland. Was hier der „political correctness" nicht entspricht, ist „Fundamentalismus".

Dann ist es eine Chance für die Kirche, wenn sie weniger Geld hat?

Die Kirchensteuereinnahmen werden wesentlich drastischer sinken, als wir das bis jetzt voraussehen. Aber mich können Sie damit überhaupt nicht schrecken. Wir müssen wesentlich ärmer werden, bevor wir wieder reicher werden. Aber reicher werden, wo es zählt. Nämlich in Glaube und Begeisterung. Was mich betroffen macht, ist, daß wir dauernd an Glaubenssubstanz verlieren, nicht daß wir an Kirchensteuer verlieren.

Macht es Sie betroffen, daß die Kirche an Mitgliedern verliert?

Mitglieder verlieren wir gar nicht so viele. Wir verlieren Gläubige. Leute, die wirklich glauben.

Das liegt ja auch an der Kirche.

Das liegt sicher auch an der Kirche, die sich allen möglichen Aufgaben zugewendet und dabei ihre eigentliche Aufgabe vernachlässigt hat. Sehen Sie, wir alle sind Kirche. Gott ist da. Er kennt uns. Wir sind Kinder Gottes. Das ist eine ganz große Chance, dem lebendigen Gott zu begegnen, in der Gegenwart Gottes zu leben. Das soll auch in der Liturgie zum Ausdruck kommen.

Brauchen wir da nicht in der Liturgie eine Erneuerung?

In der Liturgie soll man dem lebendigen Gott begegnen, nicht menschlichen Rollenspielen. Viel zu viele, auch bei unseren Pfarrern, überlegen sich: Was kommt an? Und nicht, worauf kommt es an! Wir haben doch das Eigentliche und das Wesentliche zur Weitergabe des Lebens, zur Weitergabe des Glaubens, alles problematisiert. Das Evangelium überliefert, wenn einer das Reich Gottes findet, dann ist das, als ob ein Mann in einem Acker einen Schatz findet. Der ist ganz aufgeregt und außer sich vor Freude. Und wir ackern und ackern, laufen tausend Mal über den Acker, nur, wir finden den Schatz nicht.

Und was muß geschehen, damit die Schatzsuche wieder erfolgreich wird?

Die Kirche muß sich wieder auf ihr Proprium, auf die Frohe Botschaft konzentrieren. Sie darf nicht zur Papierfabrik werden, Papiere ausstoßen bis zum Geht-nicht-mehr, sondern lieber weniger. Sie muß deutlicher Zeugnis geben für die Gegenwart Gottes. Daß die Chance und die Umkehr zu Gott die größte Freude ist, die man überhaupt finden kann.

Jetzt aber ganz praktisch: Was sollte die Kirche streichen, Stellen der Hauptamtlichen, Pastoralreferenten oder Kindergärtnerinnen? Sollen das dann Ehrenamtliche machen?

Nein. Wir brauchen gar nicht alle Aufgaben wahrzunehmen, die heute von der sozialen Gesellschaft ohnehin wahrgenommen werden. Wir sollten nur so viele Krankenhäuser, Kindergärten, Schulen und sonstige soziale Institutionen betreiben, wie wir sie auch mit überzeugten Christen besetzen können. Wir haben heute viel mehr Stellen als wirklich gläubige Christen. Wir sollten auch nur da Seelsorge betreiben, wo wir wirkliche Seelsorger haben. Da sollten wir ehrlich sein.

Apropos ehrlich: In Ihrer Verkündigung sind Sie sehr von Erlösungsgewißheit geprägt, reden gern von Kindern Gottes – eine sympathische, freundliche Theologie. In Ihrem öffentlichen Erscheinungsbild sind Sie das Rauhbein. Wie paßt das zusammen?

Ja, das müssen Sie Ihre Kollegen fragen. Denn immer, wenn ich eine rauhbeinige Äußerung mache, wird die aufgenommen, im Echo vervielfacht, pauschalisiert, verschärft – und dann geht's los. Wenn ich über Liebe, Freude und Friede predige, finde ich das nicht wieder. Ich stehe gerne für alles ein, was ich sage und meine. Dafür lasse ich mich notfalls prügeln. Was manchmal wehtut, ist, wenn man verzerrt wiedergegeben wird.

Ein paar Ihrer Äußerungen sind umstritten. Ihr Wort „Kinder-Holocaust" etwa oder von den „dahergelaufenen Schwulen".

Wenn Sie ein völlig verlorengegangenes Unrechtsbewußtsein wieder wachrütteln wollen, müssen Sie auch einmal zu starken Worten greifen. Wir gehen davon aus, daß Abtreibung Mord ist. Hunderttausendfache Abtreibung ist also Massenmord. Und was ist Holocaust?

Das war staatlich geplanter Massenmord.

Ist das nicht staatlich geplant? Die Gesetzgebung schreibt flächendeckend Abtreibungseinrichtungen vor. Und die Sache mit den „hergelaufenen Schwulen" wird mir wohl lebenslänglich anhängen. Da wird immer so getan, als wollte ich die Homosexuellen verfolgen. Das ist unsinnig. Aber wenn sie den Dom in Fulda stürmen, sich auf dem Domplatz wie Wilde benehmen, in Marburg und in Berlin beim Papstbesuch dasselbe machen ...

... aber „hergelaufene Schwule"?

Schwule nennen sie sich selber. Und aus Fulda waren sie nicht. Als ich im August 1993 aus gegebenem Anlaß von „hergelaufenen Rechtsradikalen" auf dem Domplatz gesprochen habe, hat sich niemand aufgeregt[3]. Also, Homosexuelle wird es immer geben. Sie müssen ihren Raum haben und dürfen nicht diskriminiert werden. Aber ich bin gegen jede Gewalttätigkeit, gegen gewalttätige Linksradikale genauso wie gegen gewalttätige Rechtsradikale oder gewalttätige Schwule.

---

[3] S. oben S. 298, Anm. 3.

Aber Sie wissen doch, daß zwischen zehn und 25 Prozent Ihrer Priesterkollegen Homosexuelle sind.

Das ist eine durch nichts bewiesene Behauptung. Kein Mensch kennt Zahlen. Wenn einer diese Anlage spürt, aber priesterlich seelsorgerlich wirken will, muß er sich genauso beherrschen wie ein Heterosexueller auch. Wir gehen aber davon aus, daß wir ganz normal veranlagte Menschen für das Seminar aufnehmen. Das ist immer die katholische Ansicht gewesen. Und das sehen Sie auch in allen Verlautbarungen der Kirche.

Wenn ein Priester etwas mit einer Frau hat und die Gemeinde schweigt, dann sagt der Bischof in der Regel auch nicht ...

Das wird gesagt. Das kann ich von mir nicht behaupten.

Er läßt ihn also kommen. Und was sagt er ihm?

Bei mir würde jedem, der das Problem hat, die Stunde der Wahrheit schlagen: Bleibst du dabei, bleibst du nicht dabei? Ich habe das nie anders gehandhabt.

Sie verzichten im Zweifelsfall lieber auf einen guten Priester?

Ja. Wenn einer zu mir kommt und sagt, ich kann nicht mehr, dann würde ich versuchen, den Übergang in ein bürgerliches Dasein zu erleichtern. Ich würde das außerordentlich bedauern, aber ihm helfen. Es gibt aber auch Fälle, bei denen einer jahrelang ein Doppelleben führt, dann auf einmal als Ankläger auf der Kanzel steht und sich mit großspurigen Vorwürfen gegen die Kirche verabschiedet. Dafür, daß in die Hand, die ihn jahrelang gefüttert hat, noch kräftig gebissen wird, habe ich weniger Verständnis.

Früher sagte man, schlechte Zeiten seien gut für die Kirche. Anscheinend ist die Not noch nicht groß genug ...

Haben wir denn jetzt Not? Wir haben eine hohe Arbeitslosigkeit, das ist richtig. Aber wenn man sich andererseits einmal ansieht, was und wofür Deutsche Unsummen ausgeben, was sie auf ihren Konten horten. Natürlich gibt es auch Armut. Relative Armut wird es immer geben. Es werden immer welche die letzten zehn Prozent und die letzten 20 Prozent sein. In einer Wohlfahrtsgesellschaft, in der Drogen zu Fehlverhalten verführen, die Unterhaltungselektronik die Menschen zu Sklaven macht, die Bindungslosigkeit und der Verlust von Zucht und Maß groß ist, wird das zu einer neuen Form von Armut und Abhängigkeit führen. Diesen Menschen müssen wir natürlich helfen. Aber zu sagen, wir sind arm dran? Wie gesagt, ich war mehr als zehn Jahre in der Dritten Welt. Wenn ich da die Maßstäbe anlege, dann ist es geradezu makaber, hier von Armut zu sprechen.

Herausforderung Jugend*

Zum 50. Gründungstage ist zwar von verschiedensten Stellen her versucht worden, den alten Lorbeer des BDKJ noch einmal blank zu putzen, aber man kann wirklich nur hoffen, daß die jetzt Verantwortlichen sehen, daß hier ein neuer Aufbruch angesagt ist. Unter der Devise „Es lebe Christus in deutscher Jugend" ist der Verband seinerzeit angetreten – aber an die Stelle des viel beschworenen Dienstes am Reiche Gottes trat in den letzten 25 Jahren eigentlich nur noch die „Vertretung vielfältiger eigener Interessen".

Die Jahre vor dem Jubeljahr 2000 sollten uns da der Stunde der Wahrheit näher bringen. Die Begegnung mit Jesus Christus, dem Sohn des lebendigen Gottes, ist das Ziel unseres Jahres 1997 – und hier ist die Jugend, der die Zukunft ja gehören soll, doch in erster Linie herausgefordert. Die Jugend ist ja doch nicht die Zeit, in der man die unter Erwachsenen üblichen Verteilungskämpfe imitieren sollte, sondern die Jugendzeit ist dem Menschen geschenkt, um seine Ideale und Vorbilder zu finden. Wenn wir den Ruf des Herrn in der Jugend nicht hören, wenn der Aufbruch zu Christus nicht in der Jugend stattfindet – ja wann denn sonst? Und so sollten jetzt aufbrechen alle, die sich irgendwo vergraben haben. Aufbrechen zu Christus, der sie ruft, um sie in die Fülle des Lebens zu führen.

Zu einem besonderen Aufbruch hat Papst Johannes Paul II. die Jugend der Kirche aufgerufen: zur Teilnahme am Weltjugendtag in Paris im August dieses Jahres. Ich erinnere mich noch mit Freude der großen Bekenntnistage der Jugend in Fulda, zu denen ich 1946 und 1947 aus dem Eichsfeld her gepilgert war. Das gibt es in der Weltkirche auch heute wieder. Und in diesem Jahr nicht in großer Ferne – wie 1993 in Denver oder 1995 in Manila, sondern gleich nebenan, gerade einen guten Pilgerweg weit in Frankreich.

Ich freue mich, daß unser Jugendamt alle Vorbereitungen getroffen hat, um auch einer größeren Anzahl von Jugendlichen die Teilnahme an diesem großen Ereignis zu ermöglichen. In der Begegnung mit dem Heiligen Vater und untereinander mit der Jugend vieler Völker und Nationen erleben wir da Weltkirche in der Freude am Reiche Gottes. Die bisherigen Teilnehmer an den Jugendtagen des Papstes haben eine solche Begeisterung ausgestrahlt, daß wir uns das nicht entgehen lassen sollten. Also meldet euch in Scharen – und dann auf Wiedersehen in Paris!

Eine heilige Stätte*

Man weiß nicht, ob man lachen oder weinen soll an einem solchen Tag. Weinen über die Untat, die hier in der Nacht zum 11. Mai 1996 geschehen ist[1], oder sich

---

* Das Wort des Bischofs: Herausforderung Jugend, in: Bonifatiusbote, Nr. 18, 4. Mai 1997.

* Predigt am 19. Mai 1997 bei der Einweihung der wiederaufgebauten Wallfahrtskapelle St. Maria auf dem Gehilfersberg bei Rasdorf (Bischöfliche Pressestelle Fulda); Überschrift von den Bearb.

[1] Die Wallfahrtskapelle auf dem Gehilfersberg, ein Bau von 1675, war 1996 durch Brandstiftung zerstört worden; die Täter konnten nicht ermittelt werden. Vgl. Dybas Predigt am 14. Mai 1996 auf dem Gehilfersberg (Bischöfliche Pressestelle Fulda): „Die letzten niedergebrannten Kirchen

freuen darüber, daß der starke Glaube der Gläubigen in diesem Land, ihre heilige Ungeduld, ihre große Opferbereitschaft und das Zusammenwirken aller Verantwortlichen dazu geführt haben, daß wir nun, ein Jahr und acht Tage danach, dem Herrn diese neue, heilige Stätte weihen können. Ich glaube, das ist ein Rekord, der in unserer Zeit, die ja viele Kirchen verkommen läßt, wohl einmalig dasteht.

Wir haben es gehört in der Lesung[2]: Der Herr ist an diesem Ort – und ich wußte es nicht. Ja, hier ist wirklich eine heilige Stätte – und sie wußten es nicht. Hoffentlich wußten sie es nicht, die diese Stätte niedergebrannt haben, und taten es nur aus Mutwillen und nicht aus teuflischer Absicht. Wenn sie es nicht wußten, wird das Gericht, das sie erwartet, leichter ausfallen.

Eine heilige Stätte, Stätte der Begegnung mit dem lebendigen Gott – und wir wissen es! Und alle Welt soll wissen, daß sich durch solche Attentate unser Glaube nicht unterkriegen läßt, ja, er wird höchstens noch stärker.

Liebe Brüder und Schwestern! Die Brandstiftung an solchen Kirchen ist ja in unserer Zeit, in unserem Lande doch Gott sei Dank selten. Aber eine andere „Brandstiftung“ ist viel ausgebreiteter. Eine Brandstiftung, die heilige Stätten vernichtet. Ich denke an die Brandstiftung der öffentlichen Meinung, in den Medien, in Funk und Fernsehen, diese Vernichtungskampagne gegen heilige Werte, wo Glaube und Gehorsam abgelehnt, Anstand, Sitte und Schamhaftigkeit lächerlich gemacht werden. Ja, selbst die einfachste Ehrfurcht vor dem Heiligen soll uns noch in den eigenen Wohnstuben ausgetrieben werden. Vernichtung des Heiligen und statt dessen Tanz um das Goldene Kalb. Wer Augen und Ohren hat in dieser Zeit, der weiß, was gemeint ist.

Nun kann man sicher jeden Schmäh mit Schmähung beantworten und jede Verächtlichmachung mit Verachtung. Aber viel besser, christlicher, wirksamer ist es natürlich, wenn wir selbst lebendige Zeugen sind, durch unser Leben und unser Beispiel bezeugen, daß die Kirche auch heute noch, auch in unserem Land der Ort ist, wo wir Gott finden und wo wir einander finden. Daß Kirche der Ort ist, wo wir empfangen, was wir Menschen doch alle heimlich ersehnen. Wo wir empfangen können den Frieden, den die Welt nicht geben kann; die Sicherheit derer, die in das Volk Gottes gerufen und erlöst sind; den Sinn des Lebens, das ja kein Arme-Sün-

---

habe ich am Beginn dieses Jahres bei einem Besuch auf dem Balkan gesehen, im ehemaligen Jugoslawien, wo ich die deutschen Soldaten, die da eingesetzt sind, besucht habe. Und ich muß sagen, ich hätte es nicht für möglich gehalten, daß der Haß der Menschen gegen die Kirche auch so nah in unserer Heimat seine Opfer suchen würde. Was hier in der Nacht zum 11. Mai passiert ist, ist Zeichen eines Nein zu Gott, zu seiner Kirche, zu seinen Geboten; ein flammendes Nein des Menschen zum Willen Gottes. Dieses Nein zu Gott ist dann auch ein Nein zu seinem Frieden und ein Nein zu seinem Segen. Und dieses Nein, dieser Abfall von Gott, hinterläßt im Großen wie im Kleinen eben immer nur Asche, Schutt und Trümmer. Liebe Brüder! Wir werden den Wallfahrtsort wieder aufbauen ... Ein Mahnmal, das uns mahnen wird, den Gefahren unserer Zeit zu widerstehen ... So wollen wir uns in dieser Stunde im Gebet vereinen, vor Gott treten und ihn bitten um Vergebung und Umkehr für Gottlose und Brandstifter überall auf der Welt und um seinen Segen für uns, unsere Kinder und Kindeskinder. Der Himmel bewahre uns davor, dem Glauben an Gott, unseren Herrn, je untreu zu werden. Der Gehilfersberg ist ein Vorort des Glaubens in unserer Heimat – und er wird es bleiben!“.

[2] Genesis 28,16 f.

der-Leben sein soll, sondern Leben als einmalige Chance, als ganz großer Wurf, als das, was wir erträumt haben von Jugend auf. Leben in der Gegenwart des lebendigen Gottes – in seiner Kirche, da ist es uns geschenkt und gegeben.

Der heilige Petrus hat uns aufgerufen in seinem ersten Brief: „Laßt euch als lebendige Steine auferbauen zu einem geistlichen Haus"[3]. Wir sind die lebendigen Steine, aus denen seine Kirche erbaut ist. Und Christus ist der Eckstein, der Stein, an dem sich viele stoßen werden, wie es in der Schrift heißt: der Stein des Anstoßes, des Widerspruchs[4].

Liebe Schwestern und Brüder! Gottlose Spötter kommen und gehen. In allen Jahrhunderten hat es das gegeben, jetzt eben verstärkt durch die heutigen Möglichkeiten der Medien. Sie kommen und gehen. Das Volk Gottes aber bleibt! Der Glaube an Gott bleibt, weil unser Gott bleibt, wenn all diese Gottlosen vergangen sind! Selig, wer in der Treue zu Gott bleibt, in der Treue, in der Menschen in den vergangenen Jahrhunderten zum Gehilfersberg gekommen sind und hier Begegnung mit Gott erfahren haben, Heil erfahren haben. Und heute stehen wir hier vor Gott: Herrgott, wir stehen vor dir und weihen dir erneut diese Stätte!

Aber wir wissen natürlich, daß der Herr mehr noch als auf die Übergabe und Weihe dieser Stätte auf die Übergabe und Weihe unserer Herzen wartet. Herr, wir weihen dir in dieser Stunde auch unsere Herzen! Laßt uns in der Treue zu dir bleiben und schenke uns deine Gnade und deine unendliche Liebe für unser Leben, für unsere Familien, für unsere Häuser, für unser Land, für unser Volk. Laßt uns nicht gottlos werden, sondern laßt uns treu bleiben wie die Generationen unserer Vorfahren, die heute bei dir sind in deiner Herrlichkeit und sich darüber freuen, daß sie ihrem Gott treu geblieben sind.

Liebe Brüder und Schwestern! In dieser heiligen und feierlichen Stunde wollen wir uns alle wieder aufs neue Gott weihen an dieser Stätte, damit wir als Kinder Gottes in der Freude des Herrn auf dem Pilgerweg bleiben, der uns durch unser Leben in die Herrlichkeit des lebendigen Gottes führt, uns alle miteinander.

Aus dem Dilemma klare Konsequenzen ziehen*

Immer wieder wird behauptet, in Fulda sei der „Ausstieg" aus der Schwangerenberatung vollzogen worden und es gebe „offensichtlich überhaupt keine Konfliktberatungen mehr".

Diese Behauptungen sind völlig falsch. Das Bistum Fulda ist nie aus der Beratung „ausgestiegen", sondern seine SkF verzichten seit 1993 lediglich auf die Ausstellung des sogenannten Beratungsscheines, der nach der neuen Abtreibungsgesetzgebung für die straffreie Tötung des ungeborenen Kindes verlangt wird.

---

[3] Vgl. 1 Petrus 2,5.

[4] Vgl. Römer 9,32.

* Das Wort des Bischofs: Die Wahrheit über die Schwangerschafts(konflikt)beratungen in Fulda, in: Bonifatiusbote, Nr. 22, 1. Juni 1997; Deutsche Tagespost, Nr. 64/65, 27. Mai 1997: Aus dem Dilemma klare Konsequenzen ziehen.

Allen Mutmaßungen und Unkenrufen zum Trotz, hat sich dieses Fuldaer Modell kirchlicher Beratung in den folgenden Jahrzehnten hervorragend bewährt.

Die Zahl der ratsuchenden Frauen ist nie zurückgegangen – wie uns lauthals prophezeit wurde –, sondern im Gegenteil noch angestiegen.

So hatten wir:

1992	2795 Beratungsfälle (einschließlich derer mit Beratungsschein)
1993	2977 Beratungsfälle (von hier ab ohne „Schein"-Ausstellung)
1994	3125 Beratungsfälle
1995	3288 Beratungsfälle
1996	3356 Beratungsfälle

und 1997 sind unsere Beratungsstellen nach Auskunft des SkF weiterhin voll ausgebucht. Unsere Beraterinnen haben uns auch wissen lassen, daß sich die Beratungsklientel im großen und ganzen nicht geändert hat. Es handelt sich natürlich bei der Mehrzahl auch hier um Fälle mit Konflikten und Schwierigkeiten, denn wo diese nicht vorhanden sind, wird eine Frau wohl kaum eine Beratungsstelle aufsuchen.

Aufschlußreich dürften in diesem Zusammenhang auch einige Vergleiche sein. So standen 1995 den 3 288 Beratungsfällen in den 5 Beratungsstellen des hessischen Teils des Bistums Fulda nur 2 845 Beratungsfälle in den 9 Beratungsstellen des hessischen Teils des Bistums Limburg gegenüber – obwohl dort weiterhin Beratungsscheine ausgegeben werden.

Die aktive Beratungstätigkeit in Fulda zeigt sich auch an den vom Land Hessen gezahlten Unterstützungen für die Beratungsstellen der Diözesen.

Im Jahr 1995 erhielten in Hessen

Bistum Limburg	124 650 DM
Bistum Mainz	99 990 DM
Bistum Fulda	157 480 DM

Es werden also in vergleichbaren Bistümern, die nach staatlicher Vorschrift Beratungsscheine ausstellen, keineswegs mehr Frauen erreicht als bei uns.

Besonders kraß ist die Lage im Erzbistum Berlin. Dort ist der prozentuale Anteil der kirchlichen Schwangerschaftskonfliktberatungen in letzter Zeit von 1,4% auf 0,7% gesunken. 0,7% – obwohl der Schein angeboten wird –, wer will da noch von effektiver Beratung sprechen, die „alle" Frauen erreicht?

Übrigens machen auch in Hessen die katholischen Schwangerschaftskonfliktberatungen nur 5,2% aller Schwangerschaftsberatungen aus, wie es die Familienministerin Nimsch am 22. April 1997 bekanntgab.

Gleichzeitig kritisierte sie zwar die „Bischöflichen Richtlinien", sprach ihnen aber jede praktische Bedeutung ab; bei den katholischen Beratungsstellen in Hessen sei ja noch kein einziger Fall von Verweigerung der Ausgabe des Beratungsscheines unter Hinweis auf die bischöflichen Richtlinien vorgekommen. Daher solle hier – so erklärte die Ministerin vor dem Hessischen Landtag – auch nicht erneut problematisiert werden – „beim Schwangerschaftsrecht ist vielmehr z. Zt. Konsolidierung gefordert".

Diese Konsolidierung des Unrechtssystems durch kirchliche Beratungsstellen honoriert das Land Hessen dann ebenso wie andere Bundesländer durch Toleranz, Anerkennung und finanzielle Beihilfen.

Die so geleistete Hilfe zur Konsolidierung steht aber in krassem Widerspruch zu dem Grundsatz, den der Vorsitzende der Deutschen Bischofskonferenz am 10. Juni 1992 beschworen hat: „Die Beratungsstellen können sich nicht in ein Verfahren einbinden lassen, das die Ausstellung einer Beratungsbescheinigung zu einer wesentlichen Voraussetzung für die straffreie Tötung eines ungeborenen Menschen macht“[1]. Das wurde zwar gesagt, als die jetzige Regelung noch nicht in Sicht war. Die jetzige Regelung hat aber genau das aktualisiert, was hier angesprochen ist, denn der Beratungsschein ist nun mehr denn je zur wesentlichen Voraussetzung für die straffrei zugelassene Abtreibung geworden.

95% der Abtreibungen werden heute nach Vorlage des Beratungsscheines vorgenommen, nur noch für 5% der Abtreibungen werden Indikationen (medizinische oder kriminologische) in Anspruch genommen.

Wer dieses System für das „bessere“, ja womöglich für das einzige „pastoral verantwortbare“ hält, muß das dann aber auch wirklich belegen können. Jedes Bistum sollte angeben, wie viele Beratungsscheine in Anspruch genommen und ausgestellt wurden. Wo diese Zahlen nicht auf den Tisch kommen, bleibt alles Gerede über die Effektivität der Beratung unter staatlichen Zwangsvorlagen unbewiesene Behauptung und von Eigeninteressen gesteuertes Wunschdenken.

Daß eine freie kirchliche Beratung mit Erfolg möglich ist, hat sich im Bistum Fulda klar gezeigt. Daher sollte man sich endlich aus dem eingestandenen Dilemma befreien und klare Konsequenzen ziehen.

Priestermangel?*

Im Bistum Fulda konnten wir im Bonifatiusmonat Juni dieses Jahr vier Priester und sieben Diakone weihen, die, so Gott will, im nächsten Jahr zur Priesterweihe anstehen. Das ist ein Geschenk Gottes, für das wir von Herzen dankbar sein dürfen. Danach werden die Weihezahlen voraussichtlich vorerst zurückgehen, während die Zahl der in den Ruhestand ziehenden Priester deutlich höher ist. Herrscht bei uns Priestermangel?

Ich glaube, daß ein Blick in die Geschichte uns da die Maßstäbe etwas gerade rücken kann. Überfluß und Mangel waren nämlich beständig wechselnde Erscheinungen in der Geschichte der Kirche und speziell im Bistum Fulda.

Zur Zeit der Neuumschreibung der Diözese (1821) zählte das Bistum 70 Pfarreien und 109 Priester bei knapp 100 000 Katholiken. Die gesamte Diözesanverwaltung (einschließlich des Seminars und der Theologischen Lehranstalt) fand im Gebäude des heutigen Priesterseminars Platz. Die Bedürftigkeit des neuen Anfangs wurde aber zum Nährboden einer langsam wachsenden Volkskirchlich-

---

[1] Pressemitteilungen der Deutschen Bischofskonferenz, Dokumentation, 10. Juni 1992, Nr. 6.

* Das Wort des Bischofs: Priestermangel?, in: Bonifatiusbote, Nr. 27, 6. Juli 1997.

keit, zum Ausgangspunkt erneuter Frömmigkeit, missionarischer und caritativer Aktivitäten gesellschaftlicher Wirksamkeit und großer Treue zum Heiligen Stuhl. In diesem katholischen Milieu nahmen auch die Priesterberufe wieder zu.

Einen erneuten Einbruch brachte die Zeit des Kulturkampfes (1872–1880). Das Bistum verwaiste nach dem Tod des Bischofs Kött[1] (dessen Nachlaß wegen einer nicht bezahlten Geldstrafe gepfändet wurde!), das Priesterseminar wurde geschlossen, die Klöster aufgehoben und zahlreiche Geistliche verloren ihre Wirkungsmöglichkeit. So war um 1881 das Bistum ohne Bischof, es lebte noch ein Domkapitular; und etwa ein Drittel aller Seelsorgestellen waren vakant oder ohne Priester.

Doch wiederum wuchs aus der Erfahrung der Not der Geist der Gemeinschaft und der Frömmigkeit. Nach Beendigung des Kulturkampfes stiegen die Zahlen wieder an, und 1910 meldet der Fuldaer Realschematismus 151 Pfarreien, etwa 240 Priester und 61 Seminaristen.

Drei große Veränderungen standen der Diözese aber noch bevor: die Neuumschreibung 1929 (Frankfurt an Limburg, Thüringen an Fulda), der Flüchtlingsstrom von 1945/46 und die Trennung der Diözese nach Ost und West.

Und heute? Wir würden zwar gerne noch viel mehr Priester einsetzen und müssen auch eine gewisse Überalterung des Klerus feststellen. Aber was das zahlenmäßige Verhältnis von Geistlichen zu Gläubigen angeht, stehen wir nicht so schlecht da, unter den hessischen Bistümern sogar an erster Stelle. Denn auf einen Diözesanpriester (Weltpriester) kommen im Bistum Fulda 1324 Gläubige, dagegen im Bistum Mainz 1757 und im Bistum Limburg sogar 2130 Gläubige.

Was sich in diesen Zahlen auch widerspiegelt, ist die in den letzten zwei Jahrzehnten gemachte Erfahrung, daß der vermehrte Einsatz von Pastoralreferenten als Ersatzpriester in den Gemeinden den Priestermangel nicht behebt, sondern eher noch zementiert.

Das was wir heute komplex als „Priestermangel“ ansehen, hat vor allem drei Gründe.

Einmal die zurückgehende Zahl von geistlichen Berufen bei uns (weltweit ist sie schon wieder steigend). Zum zweiten die nach dem Zustrom der heimatvertriebenen Katholiken erfolgte Gründung vieler kleiner Seelsorgestellen und Filialkirchen in vorher nicht katholischen Gebieten des Bistums. Nach dem Ausscheiden der entsprechenden heimatvertriebenen Priester sind diese nicht mehr zu ersetzen. Und drittens eine gewisse „Servicementalität“ auf seiten der Gläubigen: trotz ständig sinkender Kirchenbesucherzahlen glaubte man Zahl und Häufigkeit der heiligen Messen immer noch erhöhen zu müssen. Die Fuldaer Synode von 1924 sieht noch den einen gemeinsamen Pfarrgottesdienst mit Predigt als Regel an. Dem stehen heute drei Sonntagsgottesdienste als Regel gegenüber, ja es gibt sogar noch konkurrierende Vorabendmessen in benachbarten Pfarreien.

Wenn also in Zukunft die Zahl der in der Pfarrseelsorge einsetzbaren Priester noch zurückgeht, werden die kleineren Filialen auf dem Lande sich auf die größeren Pfarreien hinbewegen müssen, in denen die regelmäßige Feier der heiligen

---

[1] Der Fuldaer Bischof Christoph Florentius Kött verstarb am 14. Oktober 1873.

Messe gewährleistet ist. Das ist bei der heutigen Mobilität auch durchaus (und meistens in zehn bis fünfzehn Minuten) möglich. Keinem wird ja wie früher zugemutet, in aller Herrgottsfrühe stundenlang durch den Schnee zu stapfen, um zur heiligen Messe zu kommen.

Wem das schwerfällt, der sollte bedenken, daß die Konzentration auf die eucharistiefeiernde Gemeinde mit Priester und sakralem Raum viel eher dem ursprünglichen Idealbild der Kirche entspricht als Veranstaltungen in versprengten Grüppchen und ebensowenig privat zelebrierende Priester.

Von jeher wurde die Gemeinde in der Kirche durch die gemeinsame Feier der heiligen Eucharistie begründet. Das soll im Bistum Fulda auch so bleiben. Dafür stehen uns – Gott sei Dank – in unserem Bistum genügend Priester zur Verfügung. Und daß das so bleibt, darum wollen wir Gott von Herzen bitten, so wie er selbst es uns geboten hat: „Die Ernte ist groß, aber es gibt nur wenig Arbeiter. Bittet also den Herrn der Ernte, daß er Arbeiter in seine Ernte sende“[2].

Bitten wir wirklich so, daß Gott uns erhören kann?

Aufgeschobene Entscheidungen*

Sehr geehrter Herr Kronenberg!

Da Sie mich in einer erneuten Stellungnahme zur Schwangerenberatung persönlich ansprechen[1], werden Sie dafür Verständnis haben, daß ich Ihnen auch öffentlich eine Antwort gebe.

Ich bin eigentlich erstaunt darüber, daß Ihnen bei soviel Engagement in dieser Sache zwei grundlegende Tatsachen noch gar nicht aufgegangen zu sein scheinen.

Einmal die Tatsache, daß sich eine zunehmende Zahl nachdenklicher Christen fragt, wieso die Kirche in Deutschland durch ihre praktische Mitwirkung eine gesetzliche Abtreibungsregelung ermöglicht und in Gang hält, von der sie zum wiederholten Male feierlich erklärt hat, daß sie unannehmbar sei und daß wir uns mit ihr „nie abfinden“ würden.

Zum anderen sprechen Sie von „Gewissensentscheidungen“. Daß Sie meine Gewissensentscheidung vom 29. September 1993 anerkennen, nehme ich dankbar zur Kenntnis. Nur ist Ihnen dabei völlig entgangen, daß weitere Gewissensentscheidungen in dieser Sache noch nicht stattgefunden haben. Vielmehr heißt es in dem Hirtenbrief der deutschen Bischöfe vom 26. September 1996, daß diese Entscheidung in den „meisten Bistümern noch offen“ ist und weiter wörtlich: „Die

---

[2] Matthäus 9,37–38; Lukas 10,2.

* Dyba an Kronenberg, 8. Juli 1997. Druck: Deutsche Tagespost, Nr. 83, 10. Juli 1997: „Aufgeschobene Entscheidungen“.

[1] Der Generalsekretär des Zentralkomitees der deutschen Katholiken hatte im hauseigenen Informationsdienst (Salzkörner, Nr. 3, 30. Juni 1997) gefragt: „Weder die Deutsche Bischofskonferenz noch das Zentralkomitee der deutschen Katholiken haben der Gewissensentscheidung von Erzbischof Dyba den Respekt versagt, als er sich für einen Ausstieg entschied. Wann tritt Erzbischof Dyba öffentlich dafür ein, daß die Gewissensentscheidungen anderer Bischöfe und Laien ebenfalls respektiert werden? Dem Gewissen gehorchen – diese Pflicht gilt für alle“.

endgültige Entscheidung wird in diesen Bistümern im Einvernehmen mit dem Heiligen Stuhl zu treffen sein“[2]. Wir haben es also nicht mit gegensätzlichen Gewissensentscheidungen zu tun, sondern mit einer Gewissensentscheidung und im übrigen mit aufgeschobenen Entscheidungen, die im Einvernehmen mit dem Heiligen Stuhl noch zu treffen sein werden. Wie der Heilige Stuhl in dieser Sache denkt, dürfte auch Ihnen – nach Ihren bisherigen Reaktionen zu urteilen – hinlänglich bekannt sein.

Papst Johannes Paul II. hat es den deutschen Bischöfen in seinem Schreiben vom 21. September 1995 schriftlich und in seiner Ansprache in Paderborn vom 22. Juni 1996 mündlich erklärt. Das Ausbleiben dieser Entscheidungen führte dann zu unserem Treffen mit dem Heiligen Vater am 27. Mai dieses Jahres. Wenn der Papst uns voraussichtlich in Kürze[3] im Sinne von Lukas 22,32 eine Entscheidungshilfe geben wird, werden wir sie wohl zuletzt und endlich dankbar annehmen. Es wäre daher gut, wenn Sie aufhören würden, die Atmosphäre weiter zu belasten, denn dann werden alle Ihre Aufregungen, Erklärungen und Papiere Schnee von gestern sein. Denn daß deutsche Bischöfe die Einheit mit der Weltkirche gefährden werden, um in einem in sich widersprüchlichen Abtreibungssystem eingebunden zu bleiben, werden wohl auch Sie nicht ernstlich annehmen wollen.

Johannes Dyba
Erzbischof.

Triumph der Hoffnung*

Sie kamen zu Hunderttausenden aus allen Himmelsrichtungen, und die skeptischen Pariser erlebten ihr blaues Wunder. Fünfhunderttausend Jugendliche im besten Alter empfingen den Papst in Paris und über eine Million verabschiedeten ihn drei Tage später[1].

Aber das „wie“ geht noch über das „wieviel“ hinaus. Mit welchem Jubel, mit welcher Herzlichkeit, ja man möchte fast sagen, liebevoller Zärtlichkeit der Papst von der Jugend empfangen wurde, das wird jedem unvergeßlich bleiben, der diese Tage miterlebt hat.

„Le Triomphe de Jean Paul II“ verkündeten die Schlagzeilen der großen Pariser Blätter, und die ganze Hoffnung der jungen Generation kam in dem Ruf einer jungen Mexikanerin zum Ausdruck, der blitzschnell zum Sprechchor wurde: „Heiliger Vater, mit dir werden wir die Erde verändern!“

---

[2] Gemeinsamer Hirtenbrief der deutschen Bischöfe zur ethischen Beurteilung der Abtreibung „Menschenwürde und Menschenrechte von allem Anfang an“, 26. September 1996, verlesen in den Gottesdiensten am 12. und 13. Oktober 1996; Druck: Die deutschen Bischöfe, Nr. 57.

[3] Tatsächlich wurde der (zweite) Papstbrief an die deutschen Bischöfe zur Schwangerschaftskonfliktberatung, über den die Öffentlichkeit seit Herbst 1997 spekulierte, erst am 11. Januar 1998 ausgefertigt.

* Das Wort des Bischofs: Triumph der Hoffnung, in: Bonifatiusbote, Nr. 35, 31. August 1997.

[1] Anläßlich des XII. Weltjugendtags vom 19. bis 24. August 1997 in Paris, der unter dem biblischen Motto: „Meister, wo wohnst du? Kommt und seht!“ stand.

Wenn man aus dem kirchlichen Klima Deutschlands kommt und dann mitten in der Kirche durch ein solches Bad von Freudentränen gezogen wird, entdeckt man ganz neue Aspekte.

Einmal: es sind weise alte Menschen, denen diese Jugend zuströmt, Johannes Paul II., Mutter Teresa, Frère Roger von Taizé ... Es sind reife Menschen, die sich von der Welt nicht haben beflecken lassen, die sich nicht anpassen, sondern in urapostolischer Klarheit die Wirklichkeit Gottes verkünden und das Ganze fordern.

Die Jugend aber spürt, daß sie hier nicht wieder bloß manipuliert oder gekauft werden soll, sondern daß sie hier die Quellen der Wahrheit finden kann. „Herr, wohin sollen wir gehen? Du hast Worte des ewigen Lebens“[2]. Da geht es dann um die Gegenwart Gottes, seinen Ruf, die Liebe, die Hingabe, die Erfüllung menschlichen Lebens in Gott. Da sind wir meilenweit von den Steinen des Anstoßes entfernt – mitten in den Quellen der Freude, aus denen das Alleluja und Hosanna der glücklichen Entdecker aufsteigt.

So hat das Weltjugendtreffen deutlich gezeigt, daß auch auf einer Massenveranstaltung alle „ein Herz und eine Seele“[3] sein können. Wenn das gemeinsame Ziel die Begegnung mit dem lebendigen Gott ist, dann finden wir in ihm auch einander in einem Meer von Freude.

Ganz anders ist das allerdings, wenn wir zusammenkommen, um uns „auseinanderzusetzen“, wenn nicht Gott und unsere Hingabe im Mittelpunkt stehen, sondern unsere eigenen Forderungen und Wünsche, die in endlosen Diskussionen gegeneinander durchgesetzt werden wollen. Da geht es dann wirklich auseinander, wie wir es gerade in unserem Lande immer wieder schmerzlich erfahren.

Paris hat gezeigt, daß es auch ganz anders geht. Daraus sollten wir auch für unsere Katholikentreffen lernen. Statt einen aufgeplusterten und kostspieligen „Markt der Möglichkeiten“ zu organisieren, bei dem dann auch alle Unmöglichkeiten untergemischt werden, sollten wir vielleicht doch eher zu einem gemeinsamen „Fest des Glaubens“ kommen, das uns zur Einheit in Christus führt.

„Bleibet hier; wachet mit mir. Wachet und betet!“[4] war das Leitmotiv des eindrucksvollen Kreuzweges, den die Fuldaer Jugendlichen gemeinsam mit der Gemeinde von Lagny sur Marne bei Paris gingen. Stimmung und Ton hallen noch lange nach. Es kann nicht immer ein großes internationales Festival sein. Aber lassen sich solche kleineren Treffen und Pilgerwege nicht auch im eigenen Bistum immer wieder verwirklichen? Wir haben ja schon gute Ansätze, wenn wir an Baunatal und Amöneburg, Fulda und Petersberg, Ahl und viele der alten Pilgerziele im Bistum denken.

Daß hier unsere Jugend zu neuen Aufbrüchen und Entdeckungen kommt, ist mein herzlicher Wunsch.

---

[2] Johannes 6,68.
[3] Apostelgeschichte 4,32.
[4] Matthäus 26,38.41.

Frauen in der Kirche*

In diesen Tagen richtet sich unser Blick in besonderer Weise auf große Frauen in der Kirche. Das Jubeljahr der Hildegard von Bingen hat gerade begonnen, die Liobawoche haben wir gebührend begangen. Von bleibender Bedeutung ist die jetzt vom Papst verkündete Erhebung der Heiligen Theresia vom Kinde Jesu, der „kleinen heiligen Theresia", zur Kirchenlehrerin[1].

Gerade in unserer Zeit, in der sich alle Welt Gedanken über die Rolle der Frau in der Kirche macht, ist es überraschend zu entdecken, daß diese neue Kirchenlehrerin die Lösung des Problems für sich schon gefunden hatte.

Lassen wir sie, die voller Unruhe und Verlangen nach ihrem Platz in der Kirche suchte, in ihrer Selbstbiographie wirklich selbst zu uns sprechen: „Im 12. Kapitel des ersten Korintherbriefes las ich, daß nicht alle zugleich Apostel, Propheten und Lehrer sein können, daß die Kirche aus verschiedenartigen Gliedern besteht und daß das Auge nicht zugleich Hand sein kann[2]. Das war eine deutliche Antwort, aber sie konnte mein Verlangen nicht stillen und mir den Frieden nicht bringen. Ich fuhr fort zu lesen und gab keine Ruhe. Da fand ich eine Stelle, die mir Erleichterung brachte: ‚Strebt nach den höheren Gnadengaben! Ich zeige euch jetzt noch einen anderen Weg, einen, der alles übersteigt'[3]. Der Apostel gibt zu bedenken, daß die höheren Geistesgaben nichts sind ohne die Liebe und daß diese Liebe vorzüglicher ist; denn sie ist der Weg, der sicher zu Gott führt. Da bot mir die Liebe einen Angelpunkt für meine Berufung. Ich erkannte, daß der Leib der Kirche zwar aus verschieden gearteten Gliedern besteht und daß an diesem Leib kein notwendiges und vornehmes Glied fehlt. Ich sah, daß die Kirche ein Herz hat und daß dieses Herz von Liebe brennt. Ich sah ein, daß die eine Liebe die Glieder der Kirche zur Tätigkeit antreibt, und wenn die Liebe erlischt, keine Apostel mehr das Evangelium verkünden und keine Märtyrer mehr ihr Blut vergießen werden. Da wurde mein Herz trunken von höchster Freude, und ich rief aus: Jesus, meine Liebe, endlich habe ich meine Berufung gefunden: Mein Beruf ist die Liebe! Ja, ich habe meinen Platz in der Kirche gefunden. Du hast ihn mir gegeben, mein Gott. Im Herzen der Kirche, meiner Mutter, will ich die Liebe sein, und so werde ich alles sein, und meine Sehnsucht wird gestillt"[4].

Die Liebe als Berufung der Frau in der Kirche ist uns ja auch in der Gegenwart von Mutter Teresa von Kalkutta in einzigartiger Weise vorgelebt worden. Was hat sie bewirkt und verändert, wie vielen Menschen Heil und wie vielen Frauen ihre Berufung geschenkt!

Ja, wenn wir einmal in die Geschichte der Kirche schauen – alle großen und heiligen Frauen kannten nur ein Thema: Die Liebe zu Gott und zum Nächsten, und in der Verwirklichung dieser Liebe sind sie groß geworden und haben Kirche und

---

* Das Wort des Bischofs: Frauen in der Kirche, in: Bonifatiusbote, Nr. 40, 5. Oktober 1997.

1 Johannes Paul II., Apostolisches Schreiben „Divini Amoris Scientia", 19. Oktober 1997.

2 1 Korinther 12,28.12.21.

3 1 Korinther 12,31.

4 Thérèse de l'Enfant-Jésus, Manuscrits autobiographiques (Selbstbiographische Schriften): Brief an Schwester Marie du Sacré-Cœur, 8. September 1896.

Welt über die Maßen bereichert. Das ist auch heute möglich – aber eben nur, wenn man Gott und seine Liebe zum Thema seiner Berufung macht.

Wer aber immer nur sich selbst und die eigenen Wünsche und Forderungen zum Thema macht, wird weder seinen wahren Platz, noch Friede und Freude in der Kirche finden.

Von Bonn nach Berlin*

Welche Struktur hat das Katholische Militärbischofsamt in Bonn?

Es geht um meine Kurie, das heißt die kirchliche zentrale Leitungsbehörde für die Katholische Militärseelsorge. Katholisches Militärbischofsamt (KMBA) heißt der Anteil dieser Kurie, der auch staatliche Verwaltungsaufgaben wahrnimmt, und darum als Bundesoberbehörde eingerichtet wurde. Außerdem gehören zur Kurie das Kirchliche Archiv, das Haus des Katholischen Militärbischofs mit meinem Bonner Amtssitz, und die Katholische Soldatenseelsorge, eine öffentlich-rechtliche Anstalt, die die Vermögensverwaltung des Militärbischofs wahrnimmt. Diese vier Anteile der Kurie bilden eine untrennbare Einheit. An der Spitze der Kurie steht mein Generalvikar Prälat Jürgen Nabbefeld.

Wieviel Mitarbeiter sind im KMBA beschäftigt?

Für 37 Bedienstete sind staatliche Dienstposten eingerichtet, 28 Mitarbeiter werden aus kirchlichen Mitteln bezahlt.

Welche Aufgaben hat das Amt?

In der Kurie werden Leitungs-, Planungs- und Verwaltungsaufgaben für die gesamte Katholische Militärseelsorge wahrgenommen. Ich verstehe meine Kurie als Dienstleistungsunternehmen für die Militärseelsorge.

Seit wann besteht das Amt?

Die Kurie wurde am 16. März 1956 errichtet, die staatliche Errichtung des Militärbischofsamtes folgte am 10. April 1956.

Sie plädieren – ebenso wie Verteidigungsminister Volker Rühe – für den Umzug des Amtes nach Berlin, obwohl Bonn nach dem Berlin/Bonn-Gesetz erster Dienstsitz des Verteidigungsministeriums bleibt. Was sind Ihre Gründe?

Die Kurie soll nach Berlin verlegt werden, weil die staatskirchenrechtlichen Grundlagen das ausdrücklich vorsehen. In den Päpstlichen Statuten für unsere deutsche Militärseelsorge heißt es ausdrücklich, daß der Militärbischof seine Kurie „am Sitz der Bundesregierung" errichtet[1]. Nachdem der Bundestag den Regierungssitz nach Berlin verlegt hat, muß ich auch meine Kurie dort errichten. Welt-

---

* General-Anzeiger, Bonn, Nr. 32 767, 31. Oktober 1997: „Der Umzug ist ein massiver Eingriff in die Lebensplanung" (Interview: Bernd Leyendecker). – Überschrift von den Bearb.

1 Päpstliche Statuten für den Jurisdiktionsbereich des Katholischen Militärbischofs für die Deutsche Bundeswehr, 23. November 1989, Artikel 6.

weit ist es üblich, daß die jeweiligen zentralen Einrichtungen der Katholischen Militärseelsorge sich am Sitz der Regierung befinden, um mit Parlament und Regierung die notwendigen Kontakte pflegen zu können.

Welche Nachteile ergäben sich aus Ihrer Sicht, wenn das Amt in Bonn bliebe?

Ich bin angesichts der Rechtslage nicht frei in meiner Entscheidung, aber auch die sachlichen Gründe liegen auf der Hand. Die Kurie hält nicht nur Arbeitskontakte mit dem Verteidigungsministerium, sondern braucht auch die Nähe zu dessen Leitung. Auch enge Kontakte zum Parlament sind unverzichtbar. Wir brauchen die Nähe zum Katholischen Büro und zur Nuntiatur. All das setzt die Lage am Regierungssitz voraus.

Wem gehört das Gebäude, in dem das „Bonner Amt" untergebracht ist?

Die Kurie ist derzeit in vier Gebäuden untergebracht. Die beiden Häuser an der Adenauerallee sind vom Bund bereitgestellt, weitere Liegenschaften befinden sich im Besitz des kirchlichen Vermögens der Militärseelsorge.

Was würde – falls der Umzug stattfände – mit dem Gebäude passieren?

Über die beiden staatlich bereitgestellten Häuser befindet der Bund. Eines davon ist vom Erzbistum Köln angemietet, das andere gehört dem Bund. Hinsichtlich unserer eigenen Gebäude in der Kaiser- und der Joachimstraße ist vorgesehen, sie möglichst an einen kirchlichen Träger zu verkaufen.

Wie hoch wären die Kosten für den Umzug des Amtes nach Berlin?

Die eigentlichen Umzugskosten lassen sich jetzt noch nicht schätzen.

Wer muß das neue Gebäude in Berlin finanzieren?

Die Päpstlichen Statuten sehen vor, daß der Bund für meine Kurie am Sitz der Bundesregierung ein geeignetes Haus zur Verfügung stellt. Er trägt darum auch die entsprechenden Kosten. Insgesamt können Sie davon ausgehen, daß Staat und Kirche das Gesamtprojekt mit der gebotenen Sparsamkeit realisieren werden. Ich will keinen „Prunkbau an der Spree".

Gäbe es im Fall eines Umzugs einen Sozialplan für die Bonner Mitarbeiter und können diese mit Finanzhilfen für den Umzug rechnen?

Genau das ist der Fall: Bundesbedienstete des KMBA werden wie die anderen betroffenen Mitarbeiter der Bundesverwaltung behandelt; für Mitarbeiter auf kirchlichen Dienstposten werde ich, soweit das geht, analog verfahren. Das habe ich vor wenigen Tagen allen meinen Bonner Mitarbeitern nochmals persönlich zugesichert.

Wann ist mit der endgültigen Entscheidung „Umzug – ja oder nein" zu rechnen?

Aus meiner Sicht ist die Angelegenheit entschieden. Die Rechtsgrundlagen sind klar und die notwendigen Gespräche zwischen Bundesregierung und katholischer Kirche sind seit 1991 im Gang. Die Vertreter der Stadt Bonn und die Bonner Bundestagsabgeordneten haben die Anliegen der Region nachdrücklich zur Geltung gebracht. Deshalb wurde ein weiteres Gespräch mit Kanzleramtsminister Bohl geführt. Alle Beteiligten haben sich die Entscheidung nicht leicht gemacht.

Wann sollte, wenn es dazu käme, der Umzug stattfinden?

Das hängt vom Termin der Bereitstellung des Berliner Gebäudes ab. Ich denke im Laufe des Jahres 2000 oder Anfang 2001. Dann wird im Interesse aller Beteiligten sofort umgezogen.

Gibt es in Berlin schon ein entsprechendes Domizil?

Der Verteidigungsminister hat mir in Berlin-Mitte, Am Weidendamm / Ecke Planckstraße, ein Haus angeboten, das ich von Lage und Größe her für sehr geeignet halte.

Können Sie die Sorgen Ihrer Bonner Mitarbeiter wegen des geplanten Umzugs nach Berlin nachempfinden? Und: Wie reagieren Sie darauf?

Selbstverständlich. Es ist ein massiver Eingriff in die Lebensplanung der Mitarbeiter und ihrer Familien. Eine solche Situation verlangt von uns Christen, in Glauben und Vertrauen die gegenwärtigen und künftigen Herausforderungen, die mit der gottgeschenkten Wiedervereinigung unseres Vaterlandes verbunden sind, mutig anzunehmen. Wir müssen nach vorne blicken und dürfen nicht übersehen, welche Lasten unsere Landsleute in den neuen Bundesländern viele Jahre lang tragen mußten.

Wer muß die Umzugsentscheidung treffen?

Die Umzugsentscheidung wurde im Konsens zwischen katholischer Kirche und Bundesregierung auf der Grundlage des geltenden Rechts getroffen. Jetzt geht es um ihre Realisierung.

Das Evangelische Kirchenamt bleibt in Bonn, am ersten Dienstsitz des Verteidigungsministeriums. Können Sie diese Entscheidung nachempfinden?

Auch hier ist die Rechtslage entscheidend. Der evangelische Militärseelsorgevertrag zwischen der Bundesrepublik und der Evangelischen Kirche in Deutschland sieht ausdrücklich vor, daß das Evangelische Kirchenamt für die Bundeswehr „am Sitz des Bundesministeriums für Verteidigung eingerichtet" wird[2]. Die evangelische Seite folgt ganz schlicht ebenso wie ich, indem sie in Bonn bleibt, den staatskirchenrechtlichen Bestimmungen. Allerdings hat man da wohl nicht vorausgesehen, daß der Sitz des Verteidigungsministeriums und der Sitz der Bundesregierung einmal auseinanderfallen könnten.

---

[2] Vertrag der Bundesrepublik Deutschland mit der Evangelischen Kirche in Deutschland zur Regelung der evangelischen Militärseelsorge, 22. Februar 1957, Artikel 14.

Nestwärme der Familie ist das Biotop für die Kinder*

Der aus Neuss stammende, ehemalige Erzbischof von Köln, Kardinal Frings, hatte Sie als deutscher Kandidat für die Päpstliche Diplomatenakademie ausgewählt ...

... ja, und das ist nicht meine einzige Beziehung zu Neuss. Beim Abschiedsbesuch von Konrad Adenauer im Vatikan[1] habe ich mich sehr gut mit seiner heute längst in Neuss lebenden Tochter Libet Werhahn unterhalten. Außerdem wäre ich in den sechziger Jahren beinahe einmal Pfarrer an St. Marien geworden. Als ich sieben Jahre in Rom gewesen war und nach Buenos Aires versetzt wurde, da dachte ich: Menschenskinder, sollst du das anfangen oder sollst du nicht lieber wieder in die Seelsorge gehen? Im Erzbistum war damals gerade St. Marien in Neuss freigeworden, aber im Vatikan bekam ich von höchster Stelle gesagt: „Mach so was nicht, es müssen alle mal raus". Nach Exerzitien habe ich dann beschlossen, doch zu tun, was auf mich zukam. Dabei hatte ich die Marienkirche schon einmal besucht, morgens bei einem Schülergottesdienst. Und noch eine weitere Verbindung zu Neuss habe ich: Mein erstes Auto trug eine Neusser Nummer. Als mir in Rom meine Vespa geklaut worden war, haben mir Bundesbrüder von der Heidelberger Verbindung im Cartellverband (der katholischen Studentenverbindungen) einen noch fast neuen Opel Kadett mit NE-Kennzeichen geschenkt, den sie bei einer Neusser Firma günstig bekommen hatten. Mit dem bin ich dann durch Rom gekurvt.

In Neuss steht die Lebensschutz-Diskussion am 13. November im Zeichen der Familie, und Sie sind gerade vom pastoraltheologischen Kongreß zum zweiten Weltfamilientag in Rio de Janeiro[2] zurückgekehrt. Welchen Stellenwert räumen Sie der Familie ein?

Wir bleiben dabei: Die Familie ist das Muster des Zusammenlebens überhaupt. Ihr kann man nichts an die Seite stellen. Da kann man nicht sagen: Andere Lebensformen sind gleich gut oder austauschbar. Das Ideal bleibt die gesunde, glückliche Familie. Wir sind besorgt, daß alle Frösche und Kröten ihr Biotop haben, aber wir vergessen dabei oft genug, daß das Biotop für Kinder die Nestwärme der Familie ist. Das ist nicht vergleichbar mit unvollkommeneren Formen des Zusammenlebens.

Stellt die Kirche denn jetzt die Familie mehr in den Mittelpunkt ihres Interesses als früher?

Für meinen Geschmack immer noch zu wenig. Ich habe zum Beispiel schon 1990 fürs Familienwahlrecht plädiert, bei dem die Eltern für jedes Kind eine zusätzliche Stimme bekommen. Da hieß es gleich: Das geht nicht, und es kam eine ganze Reihe von Bedenkenträgern. Da haben wir das bei den Pfarrgemeinderatswahlen einfach gemacht. Es ist wunderbar gegangen, und allmählich werden jetzt auch andere

---

* Neuß-Grevenbroicher Lokal-Zeitung, Nr. 260, 8. November 1997: „Nestwärme der Familie ist das Biotop für Kinder" (Interview: Thilo Zimmermann).

[1] Vgl. Allocutio Papst Pauls VI. an Konrad Adenauer, 17. September 1963; Druck: Acta Apostolicae Sedis 55, 1963, S. 756 f.

[2] Der 2. Weltfamilientag fand vom 1. bis 5. Oktober 1997 in Anwesenheit des Papstes in Rio de Janeiro statt.

Stimmen laut, die ein Familienwahlrecht fordern. Kinder kann man viel zu leicht vernachlässigen, solange sie keine eigene Stimme haben. Wie rasch und entscheidend würden sich die Gewichte zugunsten der Familien verschieben, wenn Eltern auch für ihre Kinder das Wahlrecht ausüben könnten! Man muß einfach irgendwie anfangen. Früher war auch das Wahlrecht für Frauen oder Besitzlose undenkbar.

Was können, ja müssen Kirche und Staat denn mehr für die Familien in unserem Land tun?

Wir sollten auf allen Ebenen Familien fördern: vom Evangelium, das die Familie als gottgewollte Form menschlichen Zusammenlebens beschreibt, bis zu den staatlichen Förderungen. Da sind nicht Almosen gefragt nach dem Motto „Wenn was im Haushalt bleibt, kriegen es Familien". Die Familie muß erste Priorität genießen. Das ist ein Milliardenpaket, aber ohne glückliche Familien haben wir keine zukünftige Generation, die das Ganze trägt, und damit sind dann all die anderen Milliarden-Investitionen und -Subventionen in den Sand gesetzt.

Erblicken Sie einen Zusammenhang zwischen der vernachlässigten Familienpolitik auf der einen sowie der hohen Scheidungsrate und der geringen Kinderzahl auf der anderen Seite?

Das hängt sicher zusammen. Vor allem aber darf es nicht so sein, daß der, der Kinder hat, dadurch in die Armut getrieben wird, wie das heute bei uns praktisch der Fall ist. Wenn einer 60 000 Mark verdient und Single ist, dann hat er netto vielleicht 32 000 Mark. Wenn aber einer drei Kinder hat, denen die Mutter sich widmet, dann bleiben von 60 000 zwar rund 48 000 Mark. Aber die sind für fünf statt die 32 000 für einen. Das ist überhaupt kein Vergleich. Und oft lebt der eine Single noch mit einem anderen zusammen, und dann potenziert sich dieser Vorteil noch. Allerdings darf man nicht nur merkantil denken. Kinder rechnen sich in Glück, Freude und Liebe. Im Grunde ist Familie ein Glücksgeheimnis, das entdeckt man, oder man entdeckt es nicht.

Aber viele weichen in andere Formen des Zusammenlebens aus.

Wenn sich die Familien alle zu Singles auflösen, dann wird das eine elende Gesellschaft. Wie wird sich das denn auswirken, wenn die Singles alt werden? Man kann schön den Partner wechseln, wenn man jung und drahtig ist. Irgendwann hört das jedoch auf, und dann war man Lebemann, aber man hat ausgelebt. Die Familie dagegen wird sich durchsetzen. Wenn man die Geschichte sieht, sind das immer Wellenbewegungen. Ich kann mir gut vorstellen, daß die nächste Generation ganz anders über die Familie denkt. Wir sind auch schnell weggekommen von der Promiskuität und sexuellen Revolution in den sechziger Jahren. Längst hat Treue wieder einen ganz anderen, viel höheren Stellenwert bei den Jugendlichen als vor zehn oder zwanzig Jahren.

Entspricht es denn den Bemühungen der Kirche für die Familie, wenn in den Bistümern die Zahl der Kindergartenplätze abgebaut wird?

Das sind Sachzwänge, wenn das Geld nicht mehr da ist. Es gibt sicher keiner gerne Kindergartenplätze auf. Wenn wir aber angesichts unseres Engagements fürs ungeborene Leben gefragt werden, was wir fürs geborene Leben tun, dann kann ich nur fragen: Wer hat denn die Kindergärten? Wir haben sie! Oft wird gerade von gewerkschaftlicher Seite kritisch nachgefragt. Die Gewerkschaften haben mit ihren Milliarden spekuliert, wir haben Kindergärten gebaut. Mir ist kein gewerkschaftseigener Kindergarten bekannt. Deshalb ist von dieser Seite überhaupt keine Kritik berechtigt. Ich bin sicher, da wird nichts aufgegeben, was gehalten werden kann. Aber Geld drucken kann die Kirche auch nicht. Vieles, auch in den Krankenhäusern und Altenheimen, haben wir früher mit ehrenamtlichem Engagement gemacht. Aber das wird immer schwieriger. Die barmherzigen Schwestern werden immer weniger und für jede, die da ausfällt, müssen wir mindestens drei zivile Kräfte einstellen. Wir bekommen außerdem dauernd kostentreibende neue Bestimmungen aufgestülpt. Dieses Land leistet sich Regelungen, die zwar höchst fortschrittlich und großzügig sind, die aber von niemandem mehr finanziert werden können, weder von den Kommunen, noch von den Ländern, noch von den Kirchen.

Fuldas katholische Schwangerschaftskonflikt-Beratungsstellen stellen keinen für die Abtreibung nötigen Schein aus, den Sie „Lizenz zum Töten" nennen. Kritiker werfen Ihnen vor, die Kirche damit ins Abseits zu stellen, wo es um Leben und Tod geht.

1992 hat der Vorsitzende der Deutschen Bischofskonferenz in einer offiziellen Erklärung folgendes gesagt: „Die Beratungsstellen können sich nicht in ein Verfahren einbinden lassen, das die Ausstellung einer Beratungsbescheinigung zu einer wesentlichen Voraussetzung für die straffreie Tötung eines ungeborenen Menschen macht"[3]. Dieser Auffassung waren wir damals alle, und dieser Auffassung bin ich heute noch. Heute ist diese Bescheinigung die einzige Voraussetzung zur straffreien Tötung, denn die Indikation ist weggefallen. Wir stellen keine Scheine aus, weil sie vom Gesetz zur entscheidenden Voraussetzung für die straffreie Tötung des ungeborenen Kindes gemacht werden, ganz unabhängig vom Willen der Beraterinnen. Mit der flächendeckend straffreien Gratis-Abtreibung werden wir uns niemals abfinden. Weshalb sollten wir denn da als Erfüllungsgehilfen einer Regelung auftreten, die wir – und zwar alle Bischöfe – entschieden ablehnen. Das ist doch absurd. Durch die Ausstellung von Beratungsscheinen wird dieses System verharmlost und stabilisiert. Das Unrechtsbewußtsein wird eingeschläfert. Wer in einer katholischen Stelle diesen Schein bekommt, dem ist doch dann nicht mehr klarzumachen, daß das himmelschreiendes Unrecht ist.

Wie ist es möglich, daß diese Auffassung nicht vorbehaltlos in der Bischofskonferenz geteilt wird?

Mit meinen Bedenken stehe ich unter meinen Mitbischöfen gar nicht so alleine – gerade auch im Erzbistum Köln nicht –, nur warten die wohl noch auf Mehrheiten oder weltkirchliche Entscheidungen. Wir sind da in einer Staat-Kirche-Zwickmühle. Kirche und Staat sind in Deutschland sehr verbunden, das hat Vorteile, aber

[3] Pressemitteilungen der Deutschen Bischofskonferenz, Dokumentation, 10. Juni 1992, Nr. 6.

auch Nachteile. Einen Nachteil wie den, daß der „political correctness" zuviel Ehrfurcht entgegengebracht wird. Wer sich nicht dran hält, der bekommt selbst im eigenen Lager eins aufs Haupt. Und auch in der Abtreibungsfrage spielt diese „political correctness" eine große Rolle. Es heißt, bei der Ausstellung des Scheins erreiche man mehr noch unentschiedene Frauen, und wenn man es nicht selbst mache, stellten andere den Schein aus. Das ist doch wohl das niedrigste Niveau moralischer Entschuldigung. Wenn ein Damm bricht, muß ich ihn wieder aufrichten und nicht unten am Ufer stehen und warten, ob ich womöglich noch einen Unglücklichen an Land ziehen kann. Außerdem bleiben die Frauen nicht weg in unseren Beratungsstellen. Das Gegenteil ist der Fall. Die Zahl der Ratsuchenden steigt bei uns jedes Jahr um fünf Prozent, und wir bieten prozentual gesehen die größte Hilfe für Mütter in Notlagen an. Wir brauchen die Beratungsstellen also. Es gibt Millionen von Frauen, die manchmal ein Leben lang leiden unter einem Abtreibungssyndrom. Wir müssen sie auffangen und ihnen sagen: In Gottes Barmherzigkeit ist ein neuer Anfang möglich. Wie können wir das aber tun, wenn wir fünf Monate zuvor einen Schein ausgestellt haben, der die Abtreibung erst möglich machte? Das ist doch unglaubwürdig. Ich bin kein Utopist. Wir werden im Bundestag nie mehr eine Mehrheit für katholische Moralvorstellungen bekommen. Daher können christliche Politiker nur dem Bestmöglichen zustimmen. Wenn das aber im krassen Widerspruch zu den christlichen Grundwerten steht, dann darf sich die Kirche daran nicht beteiligen. Tut sie es doch, dann sind die Parteien von links bis rechts aus ihrem moralischen Rechtfertigungsnotstand heraus. Dann sind sie den schwarzen Peter los, und wir lassen uns ihn zuspielen. Ich habe einmal mit dem Bischof von Straßburg[4] in Frankreich darüber gesprochen. Er hat erzählt, wie bei ihnen beraten und geholfen wird. Und dann habe ich gefragt, ob er auch Beratungsscheine ausstellen lasse. Er hat zum Himmel geguckt und gesagt: „Auf solch eine Idee kann man nur in Deutschland kommen".

Sie sind Militärbischof der deutschen Bundeswehr, und die ist stark ins Gerede gekommen wegen Gewaltvideos und angeblich rechtsextremer Tendenzen[5]. Teilen Sie die Befürchtung, daß sich die Bundeswehr zum Negativen entwickelt?

Man sollte sich davor hüten, von Einzelfällen zu schnell zu pauschalen Verurteilungen zu kommen. Da haben ein paar Bundeswehrangehörige in ihrer Freizeit idiotische Videos gedreht. Gucken Sie sich doch einmal an, welche Filme im deutschen Fernsehen im Abend-und Nachtprogramm gezeigt werden. Da werden Frauen ausgepeitscht und vergewaltigt und verkauft. Was da an Gewalt und Entwürdigung des Menschen gezeigt wird, hat noch nie stürmische Proteste ausgelöst. Im Gegenteil, dieselben Fernsehanstalten, die das zeigen, richten ihre moralischen Zeigefinger auf unreife junge Menschen, die sie vielleicht selbst erst zu ihrem Fehlverhalten motiviert haben. Ich will das nicht verharmlosen, was da geschehen ist, aber wer

---

[4] Gemeint ist wohl Charles Amarin Brand, von 1984 bis 1997 Bischof von Straßburg, seit 1988 Erzbischof.

[5] Im Juli 1997 hatten die Medien über rechtsradikale Vorfälle bei der Bundeswehr berichtet, die in der Öffentlichkeit für Aufsehen sorgten.

weiß, wie viele Leute unglaubliche Videos drehen? Nur, wenn sie Angehörige der Bundeswehr sind, dann ist plötzlich die Republik in Gefahr.

Ihr Kölner Amtsbruder Kardinal Meisner hat sich vor wenigen Wochen einmal kritisch mit den modernen Gestaltungsformen des Gottesdienstes auseinandergesetzt und festgestellt, daß dort oft „mehr Aktion als Passion" herrsche. Sein Vorwurf gipfelte in den Worten: „Was wird da nicht alles geschwätzt"[6]. Sehen Sie es ähnlich?

Ich habe da schon Verständnis für ihn. Wir haben den Menschen und das Menschliche inzwischen so sehr in den Mittelpunkt gestellt. Wir sagen: Die Gottesdienste müssen interessanter werden, man muß sich etwas einfallen lassen, damit die Leute kommen. Aber warum sind die Gottesdienste denn nicht mehr interessant? Weil die Leute die Gegenwart Gottes vergessen haben! Wenn ich wirklich begreife, was in der Wandlung geschieht, daß jetzt Gott gegenwärtig wird und ich ihm begegnen kann in der heiligen Messe, dann ist das doch der Kern. Die Meßfeier muß das Geheimnis der Eucharistie begreifbar machen. Natürlich ist es gut, wenn Menschen sich beteiligen und die Kinder singen und die Eltern kommen, aber das Eigentliche ist die Erfahrung der Gegenwart Gottes. Es gibt eine Geschäftigkeit in unseren liturgischen Feiern, die vom Eigentlichen ablenkt. Wenn die Menschen nicht wieder begreifen, daß die Gegenwart Gottes das wunderbare Mysterium der Meßfeier ist, dann ist alles andere ein Laienspiel. Da hat Kardinal Meisner vollkommen recht. Wenn man das sagt, ist jedoch die Gefahr groß, daß man viele Gutwillige, die sich kräftig beteiligen, vor den Kopf stößt. Man sollte daher das eine tun, und das andere nicht lassen.

Wie würden Sie Ihr Anliegen in der Welt von heute skizzieren?

Ich will mich aufs Wesentliche unseres Glaubens und nicht auf die dritt- und viertklassigen Reizthemen konzentrieren. Das Wesentliche ist doch: Gott begegnen, als Kinder Gottes glücklich sein. Und dann höre ich: Du willst doch in die Sakristei zurück, du bist ein Fundamentalist. Das ist doch blanker Unsinn. Es wäre höchste Zeit, sich auf das Wesentliche zu konzentrieren, in der Kirche die Quellen der Freude zu suchen und zu finden, statt immer nur die Steine des Anstoßes.

Sie werden oft als erzkonservativer Außenseiter hingestellt, der die Gläubigen aus der Kirche treibt. Wie leben Sie mit diesem Vorwurf?

Dieser Vorwurf ist leicht zu erheben, widerspricht aber völlig den Tatsachen. Wir haben einen höheren Kirchenbesuch als unsere Nachbarbistümer. Und wir haben deutlich weniger Kirchenaustritte als woanders. Wir haben im Priesternachwuchs natürlich Mangel wie überall, aber es geht uns weitaus besser als vielen anderen. Ich erblicke neue Aufbrüche bei den Wallfahrten, bei der Jugend und bei vielen Gebetskreisen. Treue zur Kirche hat noch immer mehr gebracht als feige Anpassung. Ich sehe durchaus neue Zeichen der Hoffnung.

---

[6] Lothar Schröder, „Was wird da nicht alles geschwätzt". In seinem Buch „Die Heilige Messe" kritisiert Kardinal Meisner Gottesdienste, in: Rheinische Post, Nr. 201, 30. August 1997.

ad personam*

Warum sind Sie Christ?

Weil ich im katholischen Glauben aufgewachsen bin und das Leben in der Kirche mich von Jugend auf begeistert hat.

Welche Ereignisse haben Ihren Glauben geprägt?

Im Elternhaus das Zeugnis meiner Eltern. Wir waren eine ziemlich temperamentvolle Familie. Aber wenn Vater und Mutter von der Beichte zurückkamen, war immer alles wie neu. Das hat in uns Kindern einen enormen Eindruck von der Kraft des Glaubens hinterlassen und uns eine ganz große Sicherheit gegeben. Später waren weniger Ereignisse als Gebete, Gedanken und Besinnungen für meinen Glauben prägend.

Kennen Sie Glaubenszweifel und wie gehen Sie damit um?

Ich schäme mich fast zu gestehen, daß ich davon im Grunde verschont geblieben bin. Ich finde die Gegenwart Gottes so spürbar, daß mir jeder Gedanke, der davon trennen könnte, absurd erscheint. Natürlich tauchen auch kritische Fragen auf, aber dann erscheinen mir die Antworten der Kirche immer wieder mit Abstand plausibler und einleuchtender als das, was sonst so auf dem Markt der Möglichkeiten angeboten wird.

Was bedeutet Beten für Sie?

Sich in die Gegenwart Gottes versetzen. Seinen Blick suchen und aushalten, bis er wieder in die Sendung des Lebens führt.

Haben Sie ein spirituelles Vorbild und was beeindruckt Sie an diesem Menschen?

Mein Namenspatron, Johannes der Täufer, hat mich immer sehr beeindruckt, vor allem in der Treue zu seiner Sendung, ohne Rücksicht auf sein persönliches Schicksal. Andere spirituelle Vorbilder hat mir Gott im Laufe des Lebens geschenkt, etwa den unvergeßlichen Heidelberger Studentenpfarrer Richard Hauser. Manche leben aber noch und möchten sicher kaum genannt sein.

Was ist Ihre Lieblingsstelle in der Bibel?

Das Wort Jesu zu dem Verbrecher an seiner Seite: „Wahrlich, heute noch wirst du mit mir im Paradiese sein“[1].

Wer ist Ihr Lieblingstheologe und warum?

Eigentlich habe ich einen Lieblingstheologen in jeder Epoche. Bei den Vätern Augustinus, im Mittelalter Thomas a Kempis, in der Neuzeit John Henry Newman und heute Joseph Ratzinger wegen der großen Klarheit, die sein Werk auszeichnet. Allerdings haben mir auch die theologischen Schriften von C. S. Lewis außerordentlich viel gegeben.

---

* Deutsche Tagespost, Nr. 135, 8. November 1997, S. 5: ad personam Johannes Dyba.

[1] Lukas 23,43.

Welche Herausforderung sehen Sie auf die Kirche zukommen und wie soll die Kirche ihr begegnen?

Die Kirche hat den Auftrag – im Zweiten Vaticanum noch einmal klar umrissen – die Welt mit christlichem Geist zu durchdringen. Statt dessen sehen wir in vielen westlichen Ländern breite Einbrüche weltlichen Geistes bis in die Kirche hinein. Das gilt es zu erkennen, die Geister zu unterscheiden und sich mit großem Mut aus Umklammerungen zu lösen, die uns im Grunde hindern, unseren eigentlichen Auftrag zu erfüllen: die Menschen zur Umkehr zu rufen.

Wofür arbeiten Sie in der Kirche vor allem?

Als Bischof von Fulda liegt mir natürlich am Herzen, daß unser ganzes Bistum das Vermächtnis des heiligen Bonifatius auch heute lebt: Treue zur Lehre der Apostel, Mut zum Bekenntnis und Gemeinschaft mit dem Nachfolger Petri. Darüber hinaus ist es mir ein Anliegen, katholische Positionen klar und öffentlich zu vertreten. Schließlich aber komme ich, Gott sei Dank, auch immer wieder in direkten Kontakt mit Priestern, Jugendlichen und so manchen Suchenden. Da ergeben sich oft neue Impulse und Sendungen inmitten der Kirche.

Mit welcher Kirche (Gebäude) fühlen Sie sich am meisten verbunden?

Mit der Michaelskirche in Fulda[2].

Welche Lektüre liegt auf Ihrem Nachttisch?

Meist etwas von C. S. Lewis. Zur Zeit aber zur Abwechslung die gerade erschienenen „Zehn Argumente“ von Hans Conrad Zander[3].

Was sehen Sie im Fernsehen am liebsten?

Naturfilme.

Wobei können Sie am besten entspannen?

Beim Schwimmen, Wandern und bei einem guten Glas Wein. Klassische Musik höre ich auch sehr gern, nur gibt sie mir eher Anregung als Entspannung.

Dunkle Tage?*

Die römische Instruktion über die Mitarbeit der Laien am Dienst der Priester[1], die ja im Grunde nur die nach dem Zweiten Vaticanum geltenden Regeln erneut bekräftigt, hat in Deutschland enorme Emotionen ausgelöst. Da muß man sich doch fragen, wie es eigentlich zu einer solchen Massenreaktion kommen konnte.

---

[2] Nach seinem Tod wurde Erzbischof Dyba hier aufgebahrt und dann am 28. Juli 2000 in der Johanneskapelle des Fuldaer Doms beigesetzt.

[3] Hans Conrad Zander, Zehn Argumente für den Zölibat, Düsseldorf 1997.

* Das Wort des Bischofs: Dunkle Tage?, in: Bonifatiusbote, Nr. 49, 7. Dezember 1997. – Vgl. dagegen ZdK-Mitteilungen Nr. 475/97, 9. Dezember 1997.

[1] Instruktion zu einigen Fragen über die Mitarbeit der Laien am Dienst der Priester, 15. August 1997; dt. Übers.: Verlautbarungen des Apostolischen Stuhls, Nr. 129.

Leider wurde die Instruktion von einigen kirchlichen Würdenträgern schon am Tage vor ihrer Veröffentlichung mit negativen Vorzeichen wie „schmerzlicher Vorgang“ oder „voreilig“ bedacht, was den nachfolgenden Protest natürlich erheblich erleichterte.

Dann aber ließen die sofortigen Stellungnahmen des Präsidenten des Zentralkomitees deutscher Katholiken, Professor Meyer, sowie die seines Generalsekretärs die Öffentlichkeit aufhorchen. Da wurde doch nicht nur von einem dunklen Tag gesprochen, da wurde wortwörtlich zum Widerstand gegen die Weisung des Heiligen Vaters aufgerufen – und das im Namen angeblicher Treue zum Zweiten Vatikanischen Konzil.

Der Generalsekretär des ZK[2], ein hochbezahlter kirchlicher Angestellter, hämmerte das den Mitgliedern des Hauptausschusses in einer sieben Seiten langen eigenen Instruktion noch einmal in die Köpfe und forderte sie auf, sich nicht nur in einzelnen Punkten dem Dokument entgegenzustellen, sondern dem gesamten Geist!

Selbst in der von Dauerkritik aufgeheizten Atmosphäre des deutschen Katholizismus hat es eine solch schamlose Beleidigung des Heiligen Vaters und eine solch perfide Irreführung der Gläubigen noch nicht gegeben.

Die Medien taten das Ihre, wenn sie dem Bischof von Fulda das Reizwort von den „Laienspielscharen“ unterschoben. Wie so etwas zustande kommt, möchte ich doch kurz berichten. Unmittelbar nach Bekanntwerden der Instruktion kam eine Vertreterin der dpa zu mir, um sich darüber zu informieren. Da ich auf erhebliche Verständnislücken stieß, habe ich versucht, ihr die heilige Messe zu erklären, daß nämlich ihr wesentlicher Kern in der Vergegenwärtigung des Herrn in der heiligen Wandlung und in der Vereinigung der Gläubigen mit dem auferstandenen Herrn zu finden sei – nicht aber in den äußeren Rahmenbedingungen, wie etwa der Qualität der „Band“, denn das heilige Meßopfer sei eben ein Mysterium des Glaubens und nicht irgendeine Laienspielaufführung.

In der dpa-Meldung war dann von heiliger Messe oder Mysterium überhaupt nicht mehr die Rede, es wurde nur noch, völlig konträr zum Zusammenhang, von Laienspielern gesprochen. Sofort gab es die ersten irritierten Reaktionen.

Als mich die ARD dann aufforderte, für die Tagesschau am Abend eine Erklärung abzugeben, tat ich das gerne in der Hoffnung, damit jedes Mißverständnis ausräumen zu können. Ich durfte also eine Minute lang vor der Kamera erklären, wie nötig die Kirche aktive Laien braucht, hatte aber die Rechnung ohne den Wirt gemacht; da sich die gewünschte Polemik in meinen Worten nicht fand, wurde sie mir einfach anmoderiert: „Der Bischof von Fulda aber spricht von einer Laienspielgruppe, die in der Kirche nicht gebraucht wird“. Solch gezielte Manipulation reicht dann aber, wie das Echo zeigt, um die Volksseele kochen zu lassen.

Das nüchterne Fazit: die Menschen – und leider auch so viele einfache und ehrliche Mitarbeiter an der Basis – haben sich massenweise aufgeregt, aber nicht über die Instruktion, deren Text sie ja gar nicht gelesen hatten, sondern über das, was Zentralkomitee und Massenmedien ihnen darüber berichtet haben.

---

[2] Dr. Friedrich Kronenberg war von 1966 bis 1999 Generalsekretär des Zentralkomitees der deutschen Katholiken.

Darüber hinaus hat offensichtlich auch kaum einer gemerkt, daß die normalen Laien überhaupt nicht betroffen waren, sondern nur das kleine Grüppchen hauptamtlicher Laien; und von denen auch nur diejenigen, die versuchen, klerikale Ämter und priesterliche Funktionen zu imitieren. Das sind aber in Deutschland 0,01 Prozent der Laien, sage und schreibe: ein Hundertstel Prozent!

So ist jeder Anlaß gegeben, wieder friedlich zu werden, die Scharfmacher zurückzuweisen und den gemeinsamen Aufruf der deutschen Bischöfe zu beherzigen: „Deshalb sind nicht Aufrufe zu Boykott und Widerstand angesagt, sondern vertrauensvolle Zusammenarbeit in der Gemeinschaft der Weltkirche“[3].

Wir sind im freien Fall*

Herr Erzbischof, die Zahl der Gläubigen sinkt beharrlich. Im deutschen Osten sind die Kirchenchristen nur noch eine kleine Minderheit. Ist Deutschland bald eine heidnische Republik?

Zumindest sind wir auf dem Weg dahin. Eigenartig ist, daß da, wo der Wille der Kirche zur Anpassung an den Zeitgeist besonders deutlich wird, die Austrittszahlen weit höher sind als da, wo die Kirche noch eigenes Profil zeigt.

Wie etwa in der Diözese Fulda?

Bei uns treten jedenfalls weniger Leute aus, und auch die Gottesdienste sind besser besucht als anderswo. Es wird in Talk-Shows öfter mal gesagt: Bischöfe wie Dyba treiben die Leute aus der Kirche. Tatsächlich ist das Gegenteil der Fall. Aufhalten können die Kirchen den Abwärtstrend nur, wenn sie sich auf ihre wesentliche Botschaft besinnen und den Mut haben, dem Zeitgeist entgegenzutreten. Oder, etwas gefälliger ausgedrückt: indem sie die Alternative aufzeigen, nach der viele Menschen heute suchen. Es ist ja nicht so, als wenn weniger Bedarf an Spiritualität bestünde, viele haben nur die Kirche, so, wie sie sich darstellt, satt.

Dazu gehören offenbar auch die Politiker. Der politische Einfluß der Kirchen geht inzwischen gegen Null.

Da bin ich anderer Auffassung. Wir haben in den letzten drei Jahrzehnten viel mehr an Glaubenssubstanz verloren als an gesellschaftspolitischem Engagement. Das ist ja gerade unser Dilemma. Der katholischen Kirche ging es doch mit dem Staat nie besser als in der Bundesrepublik. Wenn Sie mal den Kanzler und den Vorsitzenden der Bischofskonferenz nebeneinander sitzen sehen, dann scheinen die voll zufrieden.

---

[3] Erklärung des Ständigen Rats der Deutschen Bischofskonferenz zur Instruktion über die Mitarbeit der Laien am Dienst der Priester, Würzburg-Himmelspforten, 25. November 1997.

* Der Spiegel, Nr. 52, 22. Dezember 1997, S. 69–73: „Wir sind im freien Fall“. Der Fuldaer Erzbischof Johannes Dyba über das Verhältnis von Staat und Kirche sowie den Werteverfall in Deutschland (Interview: Peter Wensierski und Ulrich Schwarz).

Aber in entscheidenden Fragen hört weder der praktizierende Katholik Helmut Kohl noch sein randständiger Glaubensbruder Oskar Lafontaine auf sie.

Da muß man unterscheiden. Bei der Zusammenarbeit zwischen Staat und Kirche gibt es meiner Meinung nach drei Felder, auf denen die Kooperation reibungslos klappt. Die Militärseelsorge ist sehr erwünscht; sie vermittelt christliche Werte, was etwa im Hinblick auf die rechtsradikalen Vorkommnisse bei der Bundeswehr sinnvoll ist. Bei Schulen und Kindergärten wird unsere Mitarbeit geradezu gefordert. Auch für die Entwicklungshilfe sind die Kirchen mit ihrem Netzwerk von Missionaren, Hospitälern und Schulen unverzichtbare Partner.

Und wo beginnen die Probleme?

Ein Musterbeispiel für die problematische Verfilzung von Staat und Kirche sind die theologischen Fakultäten. Solange die Theologen, die einen Lehrauftrag von der Kirche bekommen, ihr gegenüber loyal sind, ist es in Ordnung, wenn der Staat diese Fakultäten finanziert. Wenn aber die Loyalität zu wünschen übrig läßt und die staatliche Besoldung eines Professors dazu führt, daß er seinen kirchlichen Auftrag verrät, dann ist das sehr problematisch. Die staatlichen theologischen Fakultäten sind uns im vorigen Jahrhundert ja doch als Kuckucksei des Kulturkampfes ins Nest gelegt worden. Vor 100 Jahren waren alle Bischöfe für rein kirchliche Fakultäten. Heute haben sie sich so daran gewöhnt, daß sie staatliche Fakultäten herrlich finden. Obwohl wir bereits viel zu viele haben, wollten sie gar in der Diaspora der neuen Bundesländer, völlig am Bedarf vorbei, noch neue gründen.

Sie plädieren für die Auflösung aller theologischen Fakultäten an staatlichen Unis?

Nein, meine erste Option ist, daß die Lehrer der Theologie loyale Diener der Kirche sind. Es gibt sehr gute Theologieprofessoren – aber die Zahl derer unter ihnen, die Menschen im Glauben verunsichern und eigene Lehren verbreiten, ist in der Bundesrepublik zu hoch. Deshalb müssen wir Konsequenzen ziehen. Auch den Staat kommt der jetzige Zustand auf Dauer zu teuer: Wenn, wie beispielsweise in Tübingen, ein Professor nach dem anderen die kirchliche Lehre über Bord wirft, aus der Kirche austritt und heiratet, muß der Staat nicht nur die alle weiterbezahlen bis an ihr seliges Ende, sondern auch ihre Nachfolger, welche die Kirche benennt.

Mit Ihrer Kritik befinden Sie sich in bester Gesellschaft mit den Heiden.

Es gibt Sachfragen, die sind richtig oder falsch. Daß zwei mal zwei vier ist, stimmt bei Guten und Bösen.

Und wo hört nach der mathematischen Logik die Zusammenarbeit zwischen Kirche und Staat endgültig auf?

Dafür ist das Paradebeispiel die Abtreibungsgesetzgebung. Noch 1992 hat der Vorsitzende der Deutschen Bischofskonferenz feierlich erklärt[1], daß wir Bischöfe uns nie in ein Verfahren einbinden lassen dürfen, das die Ausstellung eines Beratungsscheins zu einer wesentlichen Voraussetzung für die straffreie Tötung ungeborener

---

[1] Bischof Karl Bischof Lehmann, in: Pressemitteilungen der Deutschen Bischofskonferenz, Dokumentation, 10. Juni 1992, Nr. 6.

Kinder macht. Ich bin bei diesem richtigen Standpunkt geblieben und habe daraus die Konsequenzen gezogen. Wir im Bistum Fulda beraten, aber wir geben keine Beratungsscheine mehr aus, weil diese Papiere praktisch Persilscheine für die straffreie Tötung ungeborener Kinder sind. Ich bedaure es außerordentlich, daß die anderen Bischöfe – selbst jene, die im Grunde meiner Meinung sind – da noch auf Mehrheitsentscheidungen oder weitere „Machtworte" warten.

Warum weigern sich Ihre Mitbrüder? Sie sind der einzige Oberhirte, der sich aus dem staatlichen Beratungssystem verabschiedet hat.

In der deutschen Kirche dominiert eine fatale Sucht nach staatlicher Anerkennung und staatlicher Subventionierung. Die fällt für die Schwangerenberatung natürlich weitgehend weg, wenn wir keine Beratungsscheine ausstellen. Andere argumentieren, wenn wir Beratungsscheine ausstellen, könnten wir eventuell noch ungeborene Kinder retten. Wir in Fulda haben uns 1993 ausgeklinkt, und entgegen allen Voraussagen kommen mehr Frauen als vorher in unsere Beratungsstellen.

Nicht nur die anderen Bischöfe lassen Sie in dieser Frage im Stich.

Es ist auffällig, daß die Abtreibung der einzige Fall ist, in dem von der CSU bis zur PDS alle Parteien unisono dafür sind, daß die Kirche mitmacht. Das Motiv ist ganz klar: Dann sind die den Schwarzen Peter los. Die Politiker können sagen: Was wollt ihr denn? Die Kirche ist bei der vorgeschriebenen Schwangerenberatung doch mit von der Partie. Da braucht kein christlicher Demokrat, geschweige denn sonstwer, sich noch für die Abtreibungsgesetze zu rechtfertigen. Es bleibt das Paradox, daß die Bischöfe die staatliche Regelung feierlich ablehnen und zugleich durch ihre Kooperation überhaupt erst ermöglichen.

Wäre für die Kirche eine radikale Trennung vom Staat nicht die sauberste Lösung?

Nein, weil es, wie gesagt, Felder gibt, auf denen die Zusammenarbeit nützlich und sinnvoll ist. Aber wir hätten längst mehr Distanz schaffen müssen. Die stärkere Säkularisierung des Staates hat mit der Ehegesetzgebung begonnen: Da ist bei Scheidungsverfahren die Schuldfrage herausgenommen worden. Solange der Staat christliche Rechtsauffassungen und christliche Moralauffassungen noch schützte, war eine viel breitere und engere Zusammenarbeit möglich. Wo diese Übereinstimmung wegfällt, wird natürlich Joint-ventures von Staat und Kirche immer mehr der Boden entzogen. Diese Entwicklung wird sich fortsetzen.
Ich fordere Trennung da, wo sich die Zusammenarbeit nicht mehr bewährt. Weshalb aber sollen wir jetzt plötzlich alle katholischen Kindergärten und alle katholischen Schulen schließen? So radikal ist die Trennung auch anderswo nicht. Selbst in den USA gibt es Militärseelsorge.

Solange die Kirche in bestimmten Bereichen mit dem Staat kooperiert, wird er immer versuchen, sie auch in anderen Bereichen, siehe Abtreibung, für sich in Anspruch zu nehmen. Eine radikale Trennung von Kirche und Staat wie in den USA enthebt den Staat dieser Versuchung.

Amerika hat eine andere Geschichte und eine andere Kultur.

Auch die Bundesrepublik Deutschland ist ein weltanschaulich pluralistisches Gemeinwesen und kein katholischer Gottesstaat.

Die zunehmende Säkularisierung der bundesrepublikanischen Gesellschaft hat für die Kirche zur Folge, daß es zunehmend schwieriger für sie wird, ihre Moralauffassung plausibel zu machen, da die Gesetze immer noch heidnischer werden. Wenn Ehebruch, wie es früher war, rechtliche Sanktionen zur Folge hat, ist es klar, daß Ehebruch ein Unrecht ist.

Aber der weltanschaulich neutrale Staat hat doch gar kein Recht, über die Moral seiner Bürger zu richten.

Ich konstatiere ja nur, was Realität ist. Aber diese Realität hat zur Konsequenz, daß nur noch wir übrigbleiben, um plausibel zu machen, was Recht ist. Wenn die eheliche Treue den Staat nicht mehr interessiert – früher hat sie ihn interessiert –, dann sind nur noch wir da, um den Menschen deren Wert klarzumachen.

Ist der Ruf nach dem Staat als Moralapostel nicht ein Armutszeugnis für die Kirchen? Die haben offenbar nicht mehr die Kraft, die Gesellschaft von ihren Wertvorstellungen zu überzeugen.

Die Vertreter der Kirche bemühen sich heute vor allem um ihre gesellschaftliche Präsenz und Relevanz. Dazu haben wir einen aufgeblähten Apparat, der dauernd Papiere produziert, die kaum einer zur Kenntnis nimmt. Wir sind eine wahre Papierfabrik geworden. Früher haben die Generalvikare von Köln oder München das Sekretariat der Bischofskonferenz nebenher wahrgenommen, heute hat sie ein eigenes Sekretariat mit über hundert Mitarbeitern. Früher hatten wir keine Kommissionen, heute 14. Die alle müssen ihre Daseinsberechtigung nachweisen, in dem sie Papier produzieren. Bei all dieser Geschäftigkeit ist offensichtlich das Gefühl dafür abhanden gekommen, daß das Eigentliche verlorengeht – der Glaube im Volk. Da sind die Verluste enorm.

Hängt diese Entwicklung möglicherweise auch damit zusammen, daß die Kirche zuviel Geld hat?

Das kommt natürlich dazu. Bestimmte Entwicklungen sind überhaupt nur möglich, weil wir in Deutschland finanziell so günstig gestellt sind. Eine ganze Reihe sozialer Dienste ist nur bei diesem Kirchensteuersystem zu finanzieren. Denken Sie an die Kindergärten. Aber die Kehrseite ist: wir haben auch Geld übrig für Entwicklungen, die in anderen Ländern so gar nicht möglich wären. Wir haben beispielsweise einen viel zu aufgeblähten Apparat. Stellen Sie sich mal vor, wenn all die Tausende Hauptamtlichen für die Kirche ein lebendiges Zeugnis ablegen würden, dann stünden wir großartig da, dann wäre die Stimmung in der Kirche eine andere.

Wie ist denn die Stimmung?

Die ist miesepetrig, von Unzufriedenheit, Kritik und Mäkelei geprägt, nicht zuletzt, weil viele Mitarbeiter sich nicht mit der Kirche identifizieren. Es gehört heute kein Mut dazu, innerhalb der katholischen Kirche den Papst zu kritisieren. Mut gehört dazu, zum Papst zu stehen. Das ist bezeichnend für den Zustand der

Kirche. Auch der „Spiegel“ wirkt fleißig dabei mit, daß die Stimmung nicht besser wird.

Zumindest beim Geld ist Hoffnung. Die Kirchensteuereinnahmen gehen drastisch zurück.

Mich können Sie damit nicht schrecken. Das Rückgrat der Kirche ist für mich nicht die Kirchensteuer, sondern der Glaube der Gläubigen. Deshalb sollten wir uns im Blick auf die Zukunft der Kirche nicht so sehr darauf konzentrieren, alte Privilegien zu verteidigen, sondern darauf, junge Gläubige zu gewinnen.

In der deutschen Kirche ist der Glaube der Gläubigen an die Entrichtung der Kirchensteuer gekoppelt. Wenn der deutsche Katholik aus irgendeinem Grund seinen Obolus verweigert, wird er exkommuniziert.

Dieses Junktim zwischen Kirchenmitgliedschaft und Kirchensteuer gibt es in der Tat nur in Deutschland. Ich rechne damit, daß sich das im Zuge der europäischen Einigung ändert. Ein Wegfall der Kirchensteuer in ihrer jetzigen Form führt vielleicht sogar zu einer Erneuerung der Kirche. Ich fordere nicht die Abschaffung der Kirchensteuer. Aber ohne sie überlebt die Kirche auch. Vor 130 Jahren konnten sich Katholiken nicht vorstellen, daß es ohne einen Kirchenstaat gehen würde. Heute geht es uns ohne Kirchenstaat besser als mit Kirchenstaat. Wir dürfen uns nicht so sehr auf diese alten, verkrusteten Strukturen verlassen. Wenn die Zahl der Gläubigen in der Kirche, vor allem die der jungen Gläubigen, steigt, dann haben wir Zukunft.

Die jungen Gläubigen zahlen oft keine Kirchensteuer, aber teilweise immense Summen für irgendwelche Wochenendseminare bei obskuren Sekten.

Sehen Sie: Wenn wir denen klarmachen könnten, daß sie Gott und das Abenteuer des Glaubens bei uns ohne diese horrenden Summen erfahren können! Es gibt auch in der Kirche charismatische Aufbrüche, kleinere Gruppen, Gebetskreise, bei denen das möglich ist. Doch diese Gruppen haben es schwer, wenn sie nicht den alteingesessenen kirchlichen Verbänden angehören. Der deutsche Verbandskatholizismus hat zu viele Bleidächer, unter denen alles Neue zu ersticken droht. Nach der Wende haben wir es als befreiend empfunden, daß die vielen Zentralkomitees im Ostblock verschwunden sind. Heute gibt es Zentralkomitees eigentlich nur noch im chinesischen Kommunismus und im deutschen Katholizismus. Beides sind Anachronismen, die sind nicht demokratische Gremien, und bei beiden gibt es Macher, „Erste Sekretäre“, die bestimmen, wo es langgeht.

Also laufen die Leute der Kirche zu Recht weg?

Nein, eben nicht zu Recht, sondern zu Unrecht, weil sie nicht entdeckt haben, was sie in der Kirche für ihr Leben entdecken können.

Die Kirche selbst kann es ihnen offenbar nicht mehr vermitteln.

Wer sucht, der findet, heißt es in der Schrift[2]. Das ist auch heute noch richtig. Wir müssen es den Jungen nur etwas deutlicher machen.

Und was finden die Leute, nicht nur die jungen, dann in der Kirche?

Gott, den Sinn des Lebens, die abenteuerliche Alternative des Evangeliums – all das, was die Menschen bei Sekten und Esoterik vergeblich zu finden hoffen. Statt dessen entdeckt die Gesellschaft zur Zeit aber nur, daß es mit ihr entsetzlich bergab geht. Jetzt wird in allen möglichen Sonntagsreden von Politikern nach Werten geschrieen. Wo sollen die denn herkommen? Die wachsen weder auf Bäumen noch finden Sie die auf der grünen Wiese. Werte kommen aus dem Glauben. Wenn Sie den Glauben über Bord werfen, gehen die Werte, die dieser lebendige Glaube erzeugt hat, mit über Bord. Das merkt man allerdings erst nach einer Weile. Aber auf einmal stehen alle fassungslos da und sagen: Wenn alle nur Egoisten sind und keine Nächstenliebe mehr da ist und alle wie bei der Krankenkasse nur etwas herausbekommen wollen und keiner mehr einzahlen will, als er entnimmt, dann geht das nicht.
Der Werteverfall hat seinen Preis: Früher dauerte ein Flug nach London mit einer Propellermaschine zwei Stunden. Heute dauert die Reise mit all den Sicherheitsmaßnahmen, trotz Düsenjet, eine halbe Stunde länger. Warum? Weil das moralische Tabu gefallen ist, daß Flugzeuge nicht entführt werden dürfen. Unser ganzes System geht in die Brüche, weil ganz selbstverständliche Tugenden, die aus dem Glauben und aus der christlichen Nächstenliebe erwuchsen, aufgegeben wurden.

Nochmals: Auch die Kirche ist offenbar nicht mehr fähig, diese Werte zu vermitteln.

Weil wir uns in einem Prozeß der gesellschaftlichen Degeneration befinden. Das kommt ja immer wieder vor. Denken Sie an Athen oder Rom. Diese Degeneration berührt dann auch die Kirche.

Und was macht ein Mensch, der mit dem christlichen Glauben nichts am Hut hat?

Er muß überzeugte Christen kennenlernen. Wenn wir unsere eigenen Gläubigen erst mal wieder zu überzeugten und glühenden Christen machen würden, dann trügen auch die christlichen Ideale wieder. Was meinen Sie, wie oft mir weltliche Experten sagen: Sie haben ein tolles Produkt, aber ein lausiges Marketing. Ich werde Ihnen jetzt mal ein Marketing verschreiben, damit Ihr Produkt wirklich an den Mann kommt. Gelder haben Sie ja. Das ist natürlich alles Schwachsinn, so wie das Flipper-Logo[3] für den nächsten Katholikentag, denn bei uns ist das Marketing selbst das Produkt.

---

[2] Matthäus 7,8; Lukas 11,10.

[3] Das Logo für den 93. Deutsche Katholikentag, der vom 10. bis 14. Juni 1998 in Mainz stattfand, zeigt unter dem Leitwort: „Gebt Zeugnis von unserer Hoffnung!" einen Delphin, der sich aus dem Wasser in luftige Höhen schwingt. Zu der lebhaften Debatte über das Delphin-Logo vgl. u.a. die Glosse von [Christian] Gey[er], Knuddelkirche, in: Frankfurter Allgemeine Zeitung, Nr. 279, 1. Dezember 1997 sowie das Interview mit Bischof Karl Lehmann, in: Deutsche Tagespost, Nr. 68, 4. Juni 1998.

Ist die Vorstellung, daß gute Christen durch ihr bloßes Gut-Sein die Gesellschaft friedlicher und gerechter machen, nicht allzu naiv?

Nein. Wir müssen so viele gute Christen machen, wie wir können. Gute Christen machen dann gute Gesellschaftsordnungen und gute christliche Politik.

Gehört zu christlicher Politik nicht auch Toleranz gegenüber Andersdenkenden und Minderheiten, wie etwa gegenüber Schwulen? Sie gelten als eingefleischter Homosexuellenfeind.

Ich grenze die überhaupt nicht aus. Ich habe mich öffentlich bloß gegen gewalttätige, organisierte Schwule geäußert. Es ist doch ganz klar, daß man Menschen, die homosexuell veranlagt sind, nicht deshalb ausgrenzen kann. Gegen organisierte Schwule, die Kirchen besetzen und Gottesdienste überfallen und gewalttätig werden, wehre ich mich genauso, als wenn das Rechtsradikale wären.

In der Bundesrepublik leben außer 55,2 Millionen Kirchenchristen 24,2 Millionen Agnostiker, Gläubige aller möglichen Couleur und Ungläubige, dazu 2,5 Millionen Muslime. Glauben Sie wirklich, daß Sie in dieser pluralistischen Gesinnungsgesellschaft den Wertekonsens von vorgestern wiederherstellen können?

Ich glaube, daß die Situation noch schlimmer werden wird, bevor sie besser werden kann. Die Gesellschaft leidet ja generell daran, daß die gemeinsamen Grundlagen, ganz unabhängig vom katholischen Glauben, immer weiter auseinanderbrechen. Wir sind im freien Fall und überlegen: Wie schaffen wir es, daß das Ganze trotzdem funktioniert? Es gibt nur zwei Möglichkeiten, wenn die Entwicklung so weitergeht: Entweder unsere Gesellschaft verfällt in eine politische Barbarei oder aber sie erkennt, daß sie zu ihrem gemeinsamen Fundament, zum Christentum, zurückkehren muß. Die dritte Möglichkeit ist, daß der Islam uns überrennt.

Die Kirche wie zu Zeiten des Heiligen Römischen Reiches Deutscher Nation als moralische Klammer?

Es sieht jetzt nicht danach aus, weil wir uns, auch in der Kirche, im Prozeß der Auflösung befinden. Was mir als Katholik große Hoffnung gibt, ist der Zustand der Weltkirche. Die mitteleuropäischen Kirchen, da sind die Schweiz und die Niederlande inbegriffen, sind nicht der Nabel der Welt. Wir hatten jahrzehntelang zuwenig Mut und zuviel Geld. In Amerika, Afrika und Teilen Südostasiens haben die Christen ein ganz anderes Selbstbewußtsein. Da nimmt die Zahl der Gläubigen enorm zu. Deshalb bin ich fest davon überzeugt, daß die Kirche in naher Zukunft doch wieder als das Zeichen der großen Hoffnung erkannt wird.

Kultur des Todes*

Nachdem unser Bundesverfassungsgericht (BVG) den Ehrenschutz und den Lebensschutz für ungeborene Kinder praktisch abgeschafft hat, soll nun nach

---

* Das Wort des Bischofs: Kultur des Todes, in: Bonifatiusbote, Nr. 1, 4. Januar 1998.

einem Beschluß des Ersten Senats des BVG ein Kind, das wider Erwarten doch noch das Licht der Welt erblickt, als Schadensfall gelten[1].

Ein erschütternder Fall in Oldenburg wirft ein bezeichnendes Licht auf die angesprochene Situation. Ein Kind, das zu Beginn des siebenten Monats der Schwangerschaft anläßlich einer mit Abtreibung kombinierten Entbindung getötet werden sollte, kommt trotzdem lebend zur Welt, wird zum Sterben beiseite gelegt und zehn Stunden lang nicht versorgt.

Erst „als sich der Kleine Stunde um Stunde ins Leben kämpft"[2] und die Ärzte das nicht mehr mitansehen können, beginnt man, das Kind zu betreuen und am Leben zu erhalten. Nun aber verlangt die Rechtsanwältin der Eltern von den Ärzten Schadensersatz und Schmerzensgeld dafür, daß das Kind am Leben blieb. Nach dem neuesten Spruch des BVG auch zu Recht.

Welche verheerenden „praktischen" Konsequenzen diese Rechtsprechung nach sich ziehen muß, liegt auf der Hand. Wo Schadensersatz für eine Geburt oder die Erhaltung des Lebens eingefordert werden kann, werden viele Ärzte künftig, um jedes Haftungsrisiko zu vermeiden, natürlich in all solchen Fällen von vornherein zur Abtreibung raten. Das Kind am Leben zu lassen, könnte kostspielig werden, der Tod ist da doch die weitaus preiswertere Lösung. Wohin sind wir da geraten? Wo bleibt da die im Grundgesetz verankerte Würde des menschlichen Lebens?

Ist hier nicht wahr geworden, wovor Papst Johannes Paul II. in seiner Enzyklika „Evangelium vitae" so eindringlich warnt, wenn er sagt, „daß wir einer ... Wirklichkeit gegenüberstehen, die man als wahre und ausgesprochene Struktur der Sünde betrachten kann, gekennzeichnet von der Durchsetzung einer Anti-Solidaritätskultur, die sich in vielen Fällen als wahre ‚Kultur des Todes' herausstellt". Ja, so der Papst weiter: „Wenn man die Dinge von diesem Gesichtspunkt her betrachtet, kann man in gewisser Hinsicht von einem Krieg der Mächtigen gegen die Schwachen sprechen: das Leben, das mehr Annahme, Liebe und Fürsorge verlangen würde, wird für nutzlos gehalten oder als eine unerträgliche Last betrachtet und daher auf vielerlei Weise abgelehnt. Wer durch seine Krankheit, durch seine Behinderung oder, noch viel einfacher, durch sein bloßes Dasein den Wohlstand oder die Lebensgewohnheiten derer in Frage stellt, die günstiger dastehen, wird zunehmend als Feind angesehen, gegen den man sich verteidigen bzw. den man ausschalten muß"[3].

Das aber verwirklicht sich nun Schritt um Schritt vor unseren Augen. Wenn die in unseren Parlamenten verbliebenen Christen jetzt nicht aufwachen und den Schutz des Lebens weiterhin als eine Angelegenheit einer Minderheit von lästigen Eiferern ansehen, können sie auch weiter schlafen bis zu dem Tag, da sie selbst als

---

[1] Zum Beschluß des 1. Senats des Bundesverfassungsgerichts vom 12. November 1997 vgl. M. Spieker, S. 48.

[2] Markus Krischer, „Mir kommen die Tränen". Ein Kind überlebte die Unterbrechung der Schwangerschaft. Nun wollen die Eltern klagen, in: Focus, Nr. 52, 20. Dezember 1997, S. 22; vgl. Stephanie Badenheuer, Eltern und Ärzte geschockt: Tim überlebte seine Abtreibung, in: Deutschland-Magazin, Nr. 12, Dezember 1999, S. 12 f.

[3] Johannes Paul II., Enzyklika „Evangelium vitae", 25. März 1995, Nr. 12.

kostenträchtige Alte, Behinderte oder sonstwie unzumutbare Schadensfälle von der künftigen Gesellschaft entsorgt werden.

Denn wenn die Entwicklung so weiter geht, werden wir bald nicht mehr in der selbstverständlichen Geborgenheit eines Rechtsstaates leben. Daher sollten wir alle endlich erwachen, von den Trittbrettern eines Zuges abspringen, der geradewegs in die Kultur des Todes fährt, und mit einer ganz neuen Entschlossenheit für das Recht auf Leben, für unsere Zukunft kämpfen.

Jetzt mit Mut und Einsicht entscheiden*

Die Bischöfe wollen ein Expertengremium einsetzen, das über das Wie der Umsetzung der päpstlichen Weisung gründlich beraten soll. Wäre es nicht einfacher, Ihr Fuldaer Modell (Beratung: ja, Scheinvergabe: nein) ohne Bedenkenträgerei zu übernehmen?

In der Tat. Wenn man nicht mehr weiter weiß, beruft man einen Arbeitskreis. Ich bin der Auffassung, daß wir weder neue Gremien, noch monatelange Erörterungen mehr brauchen. Die Bischöfe haben sich ja nun doch schon jahrelang intensiv mit diesem Thema befaßt. Wir kennen die Meinungen der Experten, der Juristen, der Beraterinnen in- und auswendig. Wir haben ausführlich mit dem Papst darüber gesprochen, und man braucht nur des Lesens kundig zu sein, dann fällt einem aus dem Papst-Brief die klare Lösung ja regelrecht entgegen: weiter beraten, noch intensiver helfen und keine Beratungsscheine mehr ausstellen.

Das tut der SkF im Bistum Fulda seit viereinhalb Jahren mit großem Erfolg. Entgegen allen Unkenrufen ist die Zahl der ratsuchenden schwangeren Frauen nicht zurückgegangen, sondern seit 1993 Jahr für Jahr um circa fünf Prozent gestiegen. Unsere SkF-Beraterinnen bestätigen übrigens, daß es sich praktisch um die gleiche Klientel handelt, und – das ist besonders bemerkenswert – sowohl die Pro-Familia – als auch die Diakonie-Beratungsstellen haben öffentlich wissen lassen, daß unser Verzicht auf den Beratungsschein bei ihnen keinerlei Zuwachs ausgelöst habe.

Aus anderen Bistümern hört man kritische Stimmen zu Ihrem Fuldaer Modell.

Natürlich sind das keine Schwangerschafts-Konfliktberatungen im Sinne des Gesetzes mehr, weil diese ja zur Ausstellung des Scheins verpflichten; da sind wir nicht auf 0,8 oder 0,4 Prozent abgesunken, wie immer wieder behauptet wird, sondern auf 0,0 Prozent, weil Scheinberatungen nicht mehr angeboten werden. Unsere Beratungen sind einfach Schwangerschafts-Konfliktberatungen im Sinne des Lebens, denn Frauen kommen ja zur Beratung doch nur, wenn sie Schwierigkeiten oder Konflikte haben; anderenfalls sind sie einfach guter Hoffnung und freuen sich auf ihr Kind.

Wir sollten also nicht so tun, als müßten wir das Rad neu erfinden. Jedes Kind hat doch inzwischen begriffen, worum es geht. Wir brauchen Einsicht und etwas Mut,

* Rheinische Post, Nr. 49, 27. Februar 1998: § 218–Beratung: Dyba drängt Bischofskollegen „Jetzt mit Mut und Einsicht entscheiden“ (Interview: Reinhold Michels).

um diese Einsicht in der Kirche umzusetzen. Die Kraft zur Lösung kommt aus dem Gebet und dem Glauben, nicht aus Hinhalte-Taktik und der Lobby der Interessenten.

Das Fuldaer Modell wird von vielen als Beratungsmodell 2. Klasse eingestuft. Was sagen Sie zur Forderung zahlreicher katholischer Beraterinnen, sie müßten auf dem gleichen Level beraten können wie die nicht-katholischen Stellen auch. Anderenfalls gingen die Frauen in ihrer Not woanders hin?

Auf dem gleichen Level wie die nicht-katholischen Stellen auch? Um Gottes willen, wir müssen natürlich auf einem viel höheren Level beraten. Auf dem Level der Zehn Gebote und der Lehre der Kirche, für die das Leben heilig ist und die Abtreibung ein „verabscheuungswürdiges Verbrechen" – so das Zweite Vatikanische Konzil und der Katechismus der Weltkirche[1] –, nicht aber auf dem lausigen Level der deutschen Abtreibungsgesetzgebung, die von allen deutschen Bischöfen mehrfach als niemals annehmbar gebrandmarkt wurde. Um uns wieder auf diesen, auf den der Kirche einzig würdigen Level zu heben, hat der Papst ja seinen empfehlenden Brief von 1995 und seinen entscheidenden Brief von 1998 an die deutschen Bischöfe geschrieben. Wenn mit „gleichem Level" aber die staatliche Anerkennung und Finanzierung unserer Scheinausstellung gemeint ist, dann gilt hier das Wort des Evangeliums: „Ihr könnt nicht Gott dienen und zugleich dem Mammon"[2].

Die evangelische Kirche hat in einer Mischung aus Respekt vor der Konsequenz der Haltung Roms und Distanz zu den Schlußfolgerungen reagiert. Wie beurteilen Sie das?

Es ist gut, daß die Stimme des Papstes auch über die katholische Kirche hinaus immer wieder die Gewissen wachruft. So sprachen Bischöfe der evangelischen Kirche von heilsamer Nötigung und Herausforderung des Gewissens. Aber wir sollten auch daran denken, daß in der ganzen Weltkirche diese Herausforderung des Papstes an die deutschen Bischöfe wahrgenommen wurde. Auch ihr Jawort von Würzburg wurde mit Erleichterung vermerkt. Deshalb sollten wir nicht den Eindruck erwecken, als ob aus diesem Ja ein Jein werden könnte. Wir sollten endlich die „unheimlichen Gradwanderungen", von denen Bischof Lehmann sprach, beenden und auch nicht mehr „mit schmutzigen Händen" im „Dilemma" nach der „Quadratur des Kreises" suchen, wie andere Vorschläge lauten. Kein Mensch in der Welt wird verstehen, daß die deutschen Bischöfe nicht fähig sein sollen, ihr Jawort in die Tat umzusetzen, und zwar jetzt und nicht später. Gute Vorsätze, die mit „später" beginnen, sind ja immer schon tot.

Der SPD-Politiker Bahr hat einmal angesichts der Diskussion über die Neutronenbombe (sie zerstört Lebewesen, läßt Gebäude unbeschädigt) von einer Perversion des Denkens gesprochen. Gehört es nicht auch zu den Perversionen des Denkens

---

[1] II. Vatikanisches Konzil, Pastoralkonstitution „Gaudium et spes", 7. Dezember 1965, Nr. 51,3; Katechismus der katholischen Kirche, Nr. 2271.

[2] Matthäus 6,24.

und Redens hierzulande, Gegner der Abtreibung mit einem Schuß Häme als „Lebensschützer-Fraktion“ zu etikettieren?

Ja, Sie haben recht. In vielen anderen Ländern stehen die Bischöfe an der Spitze der Pro-Life-Bewegungen, während die Lebensschützer bei uns oft nur als lästige Mahner oder Eiferer betrachtet werden. Das hat natürlich wieder mit der Einmaligkeit der Situation in Deutschland zu tun. Auch woanders – selbst in katholischen Ländern – gibt es ja zum Teil noch liberalere Abtreibungsgesetze. Aber nur bei uns hat sich die Kirche in das System einbinden lassen. So ermöglicht sie praktisch, was sie theoretisch aufs schärfste ablehnt. Und da beginnt der Schwund der Glaubwürdigkeit.

Im übrigen ist die „Perversion des Denkens“ schon im Urteil des Bundesverfassungsgerichts und der folgenden Gesetzgebung programmiert. Die Abtreibung bleibt danach rechtswidrig, darf aber, wenn man sich darüber hat beraten lassen, straffrei und mit öffentlicher Unterstützung vorgenommen werden. Das heißt: In Deutschland darf dem Kind das Recht auf Leben nicht genommen werden, sondern nur das Leben selbst. Wahrhaftig: „Der Tod ist ein Meister aus Deutschland“[3].

Sie haben schon früh „Flagge gezeigt“ und die nun veröffentlichte dringende Empfehlung des Papstes im Bistum Fulda vorweggenommen. Fühlen Sie sich manchmal wie ein einsamer Rufer in der Wüste? Sind Ihnen im Grunde katholische Laumänner, in welcher Funktion auch immer, verdächtiger als offene Kirchengegner?

Vor mir hat schon Bischof Lehmann „Flagge gezeigt“, als er im Juni 1992 öffentlich erklärt hat: „Die Beratungsstellen können sich nicht in ein Verfahren einbinden lassen, das die Ausstellung einer Beratungsbescheinigung zu einer wesentlichen Voraussetzung für die straffreie Tötung eines ungeborenen Menschen macht“[4]. Die Einsicht war also schon da, nur hat man sich all die Jahre um die auf der Hand liegenden Konsequenzen gedrückt. So war ich 1993, als der Schein praktisch zur einzigen Voraussetzung für die widerrechtliche Tötung des Kindes gemacht wurde, allerdings der einzige, der die Ausstellung solcher Scheine sofort unterbunden hat. – Einsamer Rufer? Wissen Sie, ich bin im Einklang mit der ganzen Weltkirche von Afrika bis Brasilien und von den USA bis Rom. Absolut einmalig war allein die deutsche Praxis auf diesem Gebiet. Im übrigen ist der „einsame Rufer“ in Deutschland so eine Sache für sich. Bei uns hat man ja die Angewohnheit entwickelt, sich für das Verhalten der Mehrheiten von vor 50 oder 500 Jahren demonstrativ an die Brust zu schlagen – dagegen aber sich der Ausnahmen, die quer zum Trend standen, zu rühmen. Mit dem Schuldbekenntnis für die Massentötungen von gestern rette ich aber kein Leben mehr. Jetzt gilt es, sich der Massentötung von heute mutig und klar entgegenzustellen.

Sie stehen bei vielen im Verdacht, den sogenannten schroffen Kurs Roms, vor allem Kardinal Ratzingers, ohne Wenn und Aber auf deutsche Verhältnisse übertragen zu wollen. Unterdessen fordern viele Geistliche mehr Emanzipation der Ortskirchen.

---

[3] Paul Celan, Todesfuge.

[4] Pressemitteilungen der Deutschen Bischofskonferenz, Dokumentation, 10. Juni 1992, Nr. 6.

Der sogenannte schroffe Kurs Roms ist der Kurs der ganzen Weltkirche in Sachen Schutz des Lebens, von dem allein die Kirche in Deutschland gewaltig abgedriftet ist. Ich habe das bei meiner Teilnahme am Welt-Familien-Kongreß Anfang Oktober in Rio de Janeiro wieder eindrucksvoll erfahren. Wohin sind wir überhaupt gekommen, wenn wir den Papst nicht mehr in der Mitte der Kirche sehen, sondern am rechten Rand? – Emanzipation der Ortskirche? Werfen Sie einmal einen Blick in die Geschichte, und Sie werden sehen, daß alle Ortskirchen, die sich von Rom emanzipierten, sich zu Tode vervielfältigt haben. Bei dem miesepetrigen Zustand der Kirche in Deutschland möchte man ihr eher noch mehr Impulse aus der Weltkirche und Inspiration durch den Papst wünschen. Eine Provinzkirche, die von selbsternannten Lokalmatadoren gesteuert würde, wäre wohl bald an einem unrühmlichen Ende.

In den vergangenen Wochen meldeten sich auch Menschen, die nicht zu den böswilligen Kritikern der Kirche gehören, zu Wort: Sie fürchten, daß sich die Kirche nicht nur aus der Konfliktberatung zurückzieht, sondern prinzipiell auf Abstand zur Gesellschaft, wie sie nun einmal ist, geht. Soll die Kirche nicht von dieser Welt sein?

Also, da brauchen Sie bei mir überhaupt keine Angst zu haben. Wenn ich für eine radikale Trennung von Kirche und Staat wäre, hätte ich sicher nicht das Amt des Militärbischofs in Deutschland übernommen. Aber man muß da unterscheiden. Es gibt Gebiete, auf denen ist die Zusammenarbeit der Kirche mit dem Staat fruchtbar und heilsam, etwa bei Kindergärten, Schulen, Pflegeeinrichtungen und eben bei der Militärseelsorge, insbesondere im Hinblick auf junge Soldaten in kritischen Einsätzen. Dann gibt es Gebiete, auf denen die Zusammenarbeit gut sein kann, wenn sie klappt, und beiden Seiten schaden kann, wenn die notwendigen Voraussetzungen nicht mehr erfüllt werden. Ein Beispiel dafür bieten die staatlich finanzierten Lehrstühle der Theologie. Wo die staatliche Durchfinanzierung bleibt, obwohl der kirchliche Lehrauftrag nicht mehr erfüllt wird, ist niemandem geholfen.
Ganz und gar unmöglich wird die Zusammenarbeit aber auf den Gebieten, auf denen sich der säkularisierte Staat von den für uns unaufgebbaren christlichen Grundgeboten völlig verabschiedet hat. Und das gilt natürlich für die bei uns flächendeckend eingeführte Ermöglichung straffreier und öffentlich finanzierter Abtreibung. Hier darf die Kirche in keiner Weise als Erfüllungsgehilfin mitwirken.

Beten*

Fasten und Beten treten in der Schrift wie im Lebensvollzug der Kirche fast immer gemeinsam auf, als menschliche Haltungen der Hinwendung zu Gott, die einander bestärken und fruchtbar werden lassen.

Da wir zum Fasten zu Beginn der Fastenzeit schon aufgerufen wurden, und viele sicherlich auch kleinere und größere Vorsätze gefaßt haben, möchte ich heute noch ein Wort zu unserem Beten sagen.

---

* Das Wort des Bischofs: „Beten“, in: Bonifatiusbote, Nr. 9, 1. März 1998.

Gewiß müssen wir feststellen, daß die Gebetskultur der Generation(en) vor uns dem Ansturm des modernen Lebens mit seinen tausenderlei Ablenkungen nicht standgehalten hat und weitgehend verlorengegangen ist. Das betrifft insbesondere die einmal selbstverständlichen „täglichen" Gebete am Morgen, am Abend und zu den Mahlzeiten, aber auch das gemeinsame Gebet in und mit der Familie.

Vieles auch, was nur noch Gewohnheit war und keine lebendige Wurzel mehr hatte, ist mit abgestorben. Ohne wirkliches und überzeugtes Beten aber stirbt auch der Glaube und die religiösen Vollzüge kommen in die Gefahr, zu bloßen Formalitäten zu werden. Das persönliche Gebet zu Gott ist die Grundvoraussetzung für ein wahres und freudvolles Christsein. Und vielleicht liegt die Ursache für die weithin so freudlose bis feindselige Stimmung bei manchen Christen unserer Zeit daran, daß zu viele das Beten verlernt haben, daß sie zwar noch über Gott, aber nicht mehr mit Gott reden.

Da sind die 40 Tage der Fastenzeit die Chance zu einem neuen persönlichen Durchbruch. Wie beginnen? Das zeigt uns der Herr am Beispiel des Zöllners im Tempel[1]. Der fängt bei Null an, erklärt Gott nichts wie der Pharisäer, sondern überläßt sich ganz der Macht und dem Erbarmen Gottes: „Herr, sei mir Sünder gnädig!" So beginnt das Gebet – nicht mit einer Diskussion, sondern mit einer Kapitulation in den Willen Gottes: „Herr, du weißt alles, du weißt auch, daß ich dich suche; du weißt auch, daß ich nicht weiß, wie ich beten soll ...". Das ist die Situation, die der heilige Paulus im Römerbrief beschreibt: „Wir wissen ja nicht, was rechtes Beten ist. Da tritt der Geist mit seufzendem Flehen für uns ein, das sich gar nicht in Worte fassen läßt. Der aber die Herzen kennt, weiß, was der Geist begehrt ..."[2].

Daß ich „nicht beten kann", ist also eigenartiger Weise gar kein Grund, nicht sofort damit anzufangen. Es genügt ja, für Gott bereit zu sein, mich Gott zu öffnen und die Stimme des Geistes in meiner Seele zu erwarten. Denn „wer anklopft, dem wird aufgetan"[3], und wer Gott im Gebet sucht, von dem läßt er sich auch finden.

Zu den Voraussetzungen für ein gutes Gebet noch drei Hinweise. Einmal muß ich *Zeit* haben für die Begegnung mit Gott. Wann schenke ich ihm diese Zeit im Laufe meines Tages? Sie wird sich als die beste Investition meines Lebens herausstellen.

Zweitens müssen *Ort* und *Haltung* stimmen. An Orten gibt es viele, vom „stillen Kämmerlein" bis zu den Bergesgipfeln. Und welche Körperhaltung paßt zu mir, vor Gott?

Schließlich kann auch ein *Sprungbrett* in das Gebet hilfreich sein, etwa in Form einer Anrufung, die mein Verlangen zum Ausdruck bringt, oder eines Wortes aus der Heiligen Schrift, das mich besonders getroffen hat. Als Urtyp aller Stoßgebete gilt das unübertroffene „Jesus, Sohn Gottes, erbarme dich meiner!"

Alles bisher Gesagte betraf allerdings nur den Anfang des Gebetes. Wie es dann weitergeht, wenn der Geist eingreift, das Abenteuer der Begegnung mit dem lebendigen Gott, die unendliche Freude des einander Erkennens – das kann ich nicht

---

[1] Lukas 18,9–14.
[2] Römer 8,26.
[3] Matthäus 7,8; Lukas 11,10.

beschreiben, weil Gott da für jeden seine eigenen Überraschungen hat – das müssen Sie selbst erleben. In dieser Fastenzeit?

Die Kirche kann nur mahnen*

Der Vorsitzende der Deutschen Bischofskonferenz, der Mainzer Bischof Karl Lehmann, hat mit Blick auf die Arbeitslosigkeit Rat- und Konzeptlosigkeit der Politik beklagt. Aber müssen die beiden großen christlichen Kirchen nicht auch mehr tun? Der Vorsitzende der Christlich-Demokratischen Arbeitnehmerschaft, Rainer Eppelmann, hat gefordert, die Kirchen sollten mit ihrer „moralischen Autorität" als Moderatoren zu einem neuen Beschäftigungsgipfel einladen. Kann Kirche das?

Nein. Die Bischöfe sollen bei ihren Leisten bleiben. Das können Fachleute besser. Die Kirche kann immer nur mahnen, daß man das Richtige tun soll. Aber sie kann keine konkreten Lösungsvorschläge bieten. Im Sozialwort[1] gehen wir ja schon sehr weit. Aber da sucht sich natürlich auch jeder das heraus, was ihm paßt. Der Sinn der Sache ist, daß wir immer wieder mahnen, daß Lösungen gesucht werden, die der Not der Menschen entsprechen. Wie die im einzelnen aussehen, ist Sache von Fachleuten.

Aber was spricht denn dagegen, daß Bischöfe etwa an der Seite von Arbeitslosen auf die Straße gehen und protestieren?

Das klingt für mich ein bißchen nach Populismus. Natürlich stehen wir an der Seite derer, die in Not sind. Aber wenn wir keine konkreten wirklichen Lösungen haben, dann müssen wir auch ein bißchen bescheiden sein. Wir können nicht Politiker oder Wirtschaftsfachleute ersetzen.

Aber Sie würden sich deutlich an die Spitze der in Not Geratenen stellen, ein Zeichen setzen ...

Sie müssen doch etwas erreichen können. Was haben die Arbeitslosen denn davon? Was ist denn Kirche? Kirche sind wir – sind die katholischen und evangelischen Christen, und die sollen sich an die Seite der Arbeitslosen stellen. Arbeitslose haben etwas davon, wenn geteilt wird, wenn ihnen geholfen wird. Die Christen – wo immer sie sind, ob Geschäftsleute, ob Arbeitgeber, ob Nachbarn, ob Familienangehörige – müssen sehen, wie sie Arbeitslosen eine Chance geben können. Die einzelnen Christen müssen Zeichen geben. Menschliche Zeichen. Erklärungen, Papiere von höchsten Stellen, seien sie staatlich oder kirchlich, gibt es genug.

Die Deutsche Bischofskonferenz sucht derzeit nach Wegen, wie die Schwangerschaftskonfliktberatung neu geregelt werden kann, nachdem der Papst gebeten hat,

---

* Hessische/Niedersächsische Allgemeine, Nr. 54, 5. März 1998: Dyba: Die Kirche kann nur mahnen (Interview: Ekkehard Maaß).

[1] Für eine Zukunft in Solidarität und Gerechtigkeit. Wort des Rates der Evangelischen Kirche in Deutschland und der Deutschen Bischofskonferenz zur wirtschaftlichen und sozialen Lage in Deutschland, 22. Februar 1997.

keine Beratungsscheine mehr auszustellen, wie sie vom Gesetzgeber verlangt werden. Es wird befürchtet, daß Frauen, die über Abtreibung nachdenken, beim Ausstieg aus der Scheinvergabe katholische Beratungsstellen erst gar nicht mehr aufsuchen werden. Anders als in anderen Bistümern werden im Bistum Fulda schon lange keine Beratungsscheine mehr ausgestellt. Ist dies der einzige Weg, der eingeschlagen werden kann?

Es ist das, was nahe liegt. Wir beraten seit viereinhalb Jahren ohne Ausgabe von Beratungsscheinen. Und es hat sich bewährt. Wir haben entgegen allen Unkenrufen, die Frauen würden nicht mehr kommen, in all den Jahren steigende Zahlen von ratsuchenden Frauen gehabt. Und ich habe sowohl von den evangelischen Beratungsstellen wie von Pro Familia gehört, daß, als wir aufhörten, die Beratungsscheine auszustellen, sie keinen spürbaren Zuwachs hatten. Aber ich will mich jetzt nicht hinstellen und sagen: „alle so wie Fulda", da müssen die anderen schon selbst drauf kommen.

Die Deutsche Bischofskonferenz will eine Arbeitskommission einsetzen, die neue Wege prüfen soll[2]*. Was erwarten Sie von dieser Kommission?*

Aus Fuldaer Sicht brauchen wir keine Kommission. Wir wissen ja schon, wie es geht. Aber eine Kommission kann natürlich auch noch darüber verhandeln, wie Beratung auch ohne die Ausgabe von Beratungsscheinen unterstützt werden kann. Denn dem Staat und der Gesellschaft muß natürlich auch daran liegen, daß den Müttern und den Kindern geholfen wird. Wir dürfen nicht in erster Linie die Ausstellung von Beratungsscheinen finanzieren, sondern das Austragen von Kindern. Denn sie sind die Zukunft unserer Gesellschaft.

Im Kreuz ist das Heil*

Vor seiner Passion, bei seinem Einzug in Jerusalem, feierte das Volk den Herrn noch, viele waren um ihn mit Hosianna und Palmzweigen. Im Abendmahlssaal, als es Nacht wurde, waren es noch zwölf, die bei ihm waren, darunter aber schon ein Verräter. Unter dem Kreuz sind dann nur noch die treuesten der Frauen und Johannes da. Und die Menschen, die bis unter das Kreuz treu bleiben, sind die wahren Repräsentanten der Menschheit vor Gott, damals und zu allen Zeiten. Durch sie ist die Verbindung Gottes zu den Menschen nie ganz abgerissen, wenn auch alle anderen ihn verließen und flohen.

Das sind die Menschen, die das Geheimnis des Opfertodes Christi erkannt und ihr Schicksal mit seinem Schicksal vereint haben. Er wollte uns durch seinen Tod erlösen: ohne das Kreuz Christi gäbe es kein Heil und ohne die Annahme des Kreuzes Christi gibt es auch für dich und mich kein Heil und keine Auferstehung mit ihm.

---

[2] Zu der von der Frühjahrsvollversammlung der Deutschen Bischofskonferenz in Bad Honnef, 2. bis 5. März 1998, eingesetzten Arbeitsgruppe „Schwangerschaftskonfliktberatung" und deren Bericht vom 14. Januar 1999 vgl. M. Spieker, S. 146ff.

* Das Wort des Bischofs: „Im Kreuz ist das Heil", in: Bonifatiusbote, Nr. 14, 5. April 1998.

Warum wir über den Kreuzweg gehen müssen? Weil der Sohn Gottes alle die in seine Herrlichkeit emporheben will, die ihn wirklich lieben. Und diese Liebe beweist sich nur in der ganzen Hingabe: „Wer mein Jünger sein will, der verleugne sich selbst, nehme sein Kreuz auf sich und folge mir nach!“[1]

Diesen Weg zum Kreuz als den Anfang des Heils zu finden, sind wir aber aufgerufen in einer Welt, die damals wie heute die Botschaft vom Kreuz als ein Ärgernis, ja die letzte Torheit ansieht. „Fit for fun“ zu werden, das Leben in vollen Zügen zu genießen solange das geht, ist die Devise, und dazu paßt das Kreuztragen ja nun überhaupt nicht. Sind wir als Christen also einem traurigen Schicksal ausgeliefert?

Oder ist nicht das Schicksal derer, die nur im Genuß, im Spaß und Sich-Ausleben den Sinn des Lebens sehen, unendlich viel trauriger als das unsrige? Denn das alles geht ja auf das Ende zu, auf Alter, Gebrechlichkeit und Tod. Wenn nur die Lust Sinn machte und Leiden und Opfer, Treue und Hingabe in einem Leben keine Größen waren – was für ein erbärmliches Ende steht dem Menschen dann bevor, wenn das alles ihm entfällt und er sich „ausgelebt“ hat. Für jeden wird dann die Verheißung Christi einmal unwiderruflich wahr: „Wer sein Leben gewinnen will, wird es verlieren; wer aber sein Leben um meinetwillen verliert, wird es gewinnen“[2]. Der wird es gewinnen!

Wir haben also keinen Grund zur Traurigkeit, wenn wir unser Kreuz auf uns nehmen, denn auf diesem Weg gehen wir an der Seite Christi in das Heil. Das Weizenkorn meines irdischen Lebens[3] verkommt und verkümmert nicht, sondern es gibt sich hin und geht auf in unendlicher Freude.

In der Kirche regiert nicht die Mehrheit*

Herr Erzbischof, in letzter Zeit wurde von Ihnen wiederholt teilweise recht scharfe Kritik am Zentralkomitee der deutschen Katholiken (ZdK) laut. Es entsteht der Eindruck, daß Ihr Verhältnis zum ZdK grundlegend gestört ist. Stimmt das?

Nicht mein Verhältnis zum ZdK ist gestört, sondern das Verhältnis der tonangebenden Herren im ZdK zur römisch-katholischen Kirche. Der Präsident, Hans Joachim Meyer, und einige andere Funktionäre haben ein völlig falsches Verständnis ihrer Rolle. Die ursprüngliche Aufgabe des ZdK bestand immer darin, sich für die Verwirklichung katholischer Grundsätze in der Gesellschaft einzusetzen. Jetzt macht es genau das Gegenteil: die Grundsätze einer säkularisierten Welt in die Kirche hineintragen.

Lassen sich denn Kirche und Welt so auseinanderdividieren?

Natürlich. Die Kirche soll die Welt durchdringen wie ein Sauerteig, die Kirche soll die Welt verchristlichen. Die Kirche darf sich dabei aber nicht selbst verweltlichen.

---

[1] Markus 8,34.
[2] Matthäus 10,39.
[3] Vgl. Johannes 12,24.
* Weltbild, Nr. 8, 9. April 1998, S. 16–19: In der Kirche regiert nicht die Mehrheit. Was Erzbischof Johannes Dyba, Fulda, über das ZdK denkt und was ihm wirklich wichtig ist (Interview: Roland Krabbe).

Das hat das Zweite Vaticanum in seinen Aussagen über die Aufgaben der Bischöfe und den Weltauftrag der Laien klar zum Ausdruck gebracht. Die Vorgaben dieses Konzils gilt es aber zu verwirklichen und nicht in Frage zu stellen. Das Zweite Vaticanum hat sich mit 2 390 gegen vier Stimmen für die Beibehaltung des Zölibats ausgesprochen. Dies ist eine Entscheidung der Weltkirche. Da kann das ZdK doch nicht einfach den Priesterzölibat in Frage stellen. Und der Präsident des ZdK kann auch nicht gegen Entscheidungen des Papstes zum „Widerstand“ aufrufen.

Können Sie denn Herrn Meyer nicht zugestehen, daß er nicht aus Lust und Laune protestiert, sondern sich seinem Gewissen verpflichtet fühlt?

Es ist ja heute zur großen Mode geworden, sich für jede persönliche Meinung auf sein Gewissen zu berufen, um einer objektiven Wertung auszuweichen. Gewissen können aber auch irren. Dem irrenden Gewissen schuldet das Lehramt der Kirche Belehrung und das Priesteramt Vergebung. Das Leitungsamt der Kirche aber schuldet ihm Zurechtweisung. Das Gewissen eines katholischen Christen muß sich natürlich an Glauben und Tradition der Kirche orientieren. Das haben die deutschen Bischöfe dem ZdK in ihrer Erklärung vom 25. November 1997 auch einmütig entgegengehalten, in der es heißt: „Deshalb sind nicht Aufrufe zu Boykott und Widerstand angesagt, sondern vertrauensvolle Zusammenarbeit in der Gemeinschaft der Weltkirche“.

Heißt das, daß ich als Katholik kein Recht habe, eine Entscheidung des Papstes zu kritisieren?

Das kommt ganz auf die Art der Entscheidung an. Einer Entscheidung in Sachen des Glaubens und der Sitten schulden die Gläubigen religiösen Gehorsam[1]. In anderen Fragen kann man auch verschiedener Meinung sein. Das Problem ist aber, daß unsere gesellschaftliche Krise, dieser Individualismus, der keine Bindungen und keine Autorität mehr anerkennen will, auf die Kirche übergesprungen ist. Weil man die Kirche als menschliche Institution ansieht, trägt man politische und gesellschaftliche Konflikte in die Kirche hinein. Wenn ich hingegen die Kirche als das anerkenne, was sie ist, nämlich eine Stiftung Gottes, weiß ich, daß Gott uns zur Einheit in der Kirche aufruft, nicht zu Zwietracht und Spaltungen. In der Kirche regiert nicht die Mehrheit, sondern die Wahrheit. Und die ist heute dieselbe wie vor 2000 Jahren. Man kann über vieles diskutieren und verschiedener Ansicht sein, aber in den wesentlichen Fragen des Glaubens und der apostolischen Tradition ist sich die Kirche immer treu geblieben.

Es war zu lesen, daß Sie mit Ihrer Meinung auch in der Bischofskonferenz ziemlich alleine sind. Stichwort: Schwangerschaftskonfliktberatung.

Ja. Wir sind uns alle völlig einig, daß wir die Beratung fortsetzen, ja sogar verstärken müssen. Ebenso unsere materielle Unterstützung für die Mütter in Not. Ich bedauere allerdings, daß man sich nicht zu einem sofortigen Verzicht auf die Ausstellung des Beratungsscheins entschlossen hat. Das wäre nach dem Papstbrief

---

[1] II. Vatikanisches Konzil, Dogmatische Konstitution „Lumen gentium“, 21. November 1964, Nr. 25.

möglich und meines Erachtens der richtige Weg gewesen. Machen wir uns nichts vor: Wenn die Frauen von einer katholischen Beratungsstelle den Schein kriegen, dann glauben viele, daß sie ihn auch benutzen dürfen. Das ist der sozialethische Aspekt: Die Abstumpfung des Unrechtsbewußtseins führt zu der gewaltigen Zahl von Abtreibungen, die wir heute haben.

So eindeutig sehen Ihre Amtsbrüder das aber nicht.

Ja, und gerade deswegen mußte der Papst sie ja auch schon zweimal an die in der Weltkirche geltenden Grundsätze wie an die eigenen früheren Erklärungen erinnern. Und deshalb müssen sie jetzt auch darüber beraten, wie sie der ausdrücklichen Bitte des Papstes Folge leisten und aus dem von ihnen selbst so genannten „Dilemma“ herauskommen können. In Fulda haben wir dieses Dilemma nicht, weil wir schon seit 1993 in die Praxis umgesetzt haben, was der Papst jetzt von allen fordert: keinen Schein auszustellen, aber sonst alle Möglichkeiten der Beratung und Hilfe auszuschöpfen.

Genau dieser Weg, so Ihre Kritiker, würde aber dazu führen, daß die Frauen nicht mehr zu den kirchlichen Beratungsstellen kommen.

Diese immer wieder verbreitete Annahme wird durch die Tatsachen glatt widerlegt. In unserem Bistum haben wir seit 1993 sogar einen Zuwachs an Beratungsgesprächen von jährlich fünf Prozent.

Auch bei Schwangerschaftskonfliktberatungen?

Ich möchte das endlich einmal klarstellen: Natürlich sind wir in Fulda bei den Schwangerschaftskonfliktberatungen im Sinne des Gesetzes (§§ 5–7) – also mit der Pflicht zur Ausstellung des Scheins – auf null Prozent gegangen, denn wir stellen keine Scheine mehr aus. Aber wir beraten trotzdem weiter, auch im gesetzlichen Rahmen (§ 2), und unsere Beraterinnen vom Sozialdienst katholischer Frauen (SkF) sagen ganz klar, daß sich die Klientel der Frauen, die zu ihnen kommen, nicht verändert hat. Umgekehrt haben „Pro Familia“ und die evangelische Diakonie gemeldet, daß sie seit unserer Entscheidung keinen Zuwachs verzeichnen. Ich kann also nur wiederholen: Es funktioniert.

Auch in anderen ethischen Fragen wird die Stimme der Kirche in der Gesellschaft immer weniger gehört. Ist die Gesellschaft so schlecht geworden, oder macht die Kirche etwas falsch?

Das ist eine Folge des Glaubensverlustes. Werte wachsen doch nicht auf den Bäumen. Wenn Sie den Glauben verlieren, verlieren Sie auch die Werte. Heute geht alles in Richtung „fit for fun“, Spaß, schnelles Glück, Leistung. Opferbereitschaft oder Hingabe sind doch völlig „out“. Darum ist es völlig unsinnig, Menschen in unserer Gesellschaft, die nicht glauben, Moralgesetze predigen zu wollen. Das bringt gar nichts. Sie müssen erst das Fundament legen. Und das ist der Glaube. Konkret: Wenn Sie glauben, daß jedes Kind im Mutterleib eine Schöpfung Gottes ist, von Gott gewollt und ins Dasein gerufen, dann begreifen Sie auch, daß Sie gegen diesen Schöpfungsakt nicht die Hand erheben können. Wenn jemand das nicht glaubt und meint, dieses Zellgebilde im Mutterleib sei bloß ein unerwünschter Zufall, dann kann er natürlich auch nicht verstehen, warum die Kirche gegen eine Abtreibung ist. Moralische Forderungen können Sie nur an Menschen stellen, die glauben.

Manche sind der Ansicht, die Kirche verkauft sich nur zu schlecht.

Nein. Wir müssen bessere und überzeugtere Christen werden. Viele sagen, die Kirche bräuchte ein besseres Marketing. Die südwestdeutschen Bistümer haben ja Millionen in eine Marketingkampagne gesteckt. Und hat es was gebracht? Nein, wir können uns unser Image nicht kaufen. Bei uns sind Produkt und Marketing dasselbe. Bei uns müssen Werbung und Wirklichkeit übereinstimmen; alles andere wäre Heuchelei. Wir sollen den Glauben weitergeben, und das geht nur von Mensch zu Mensch, von Herz zu Herz.

Soll sich die Kirche folglich auch aus dem Bundestagswahlkampf[2] *heraushalten? Viele erwarten, daß sie mehr Flagge zeigt.*

Wie denn? Die Kirche soll bloß nicht in den allgemeinen Chor der Phrasendrescher einstimmen. Mit pauschalen Anklagen ist niemandem geholfen, und den Schlüssel zur Lösung der Arbeitslosigkeit hat die Kirche natürlich auch nicht gefunden. Sie soll sich nur in den Fragen einmischen, zu denen sie von ihrem Auftrag her etwas zu sagen hat. Sie soll zur Erneuerung des Glaubens aufrufen und Gottes Segen erbitten.

Der Erzbischof Dyba, wie ihn die Öffentlichkeit kennt, scheint von keinem Glaubenszweifel angefochten zu werden. Stimmt dieser Eindruck?

Ich habe von Haus aus einen starken Glauben mitbekommen. Ich weiß, daß es Gott gibt und daß er seine Kirche leitet, weil ich die entsprechenden Erfahrungen mit Gott gemacht habe. Aber wenn Sie heute sagen, Sie verkünden die Wahrheit, gelten Sie gleich schon als intolerant. Heute ist es auch in der Kirche modern geworden, zu zweifeln und keine Antworten zu haben. Damit treibt man suchende Menschen aber hinaus zu denen, die falsche Antworten und Sicherheiten vermarkten.

Sie lieben drastische Worte und Vergleiche. Sind Sie immer glücklich damit?

Warum soll ich nicht deutlich sprechen? Das liegt wahrscheinlich auch daran, daß ich 20 Jahre draußen war, meist in den jungen Kirchen der Dritten Welt. Und da redet man eben eine andere Sprache: „Euer Ja sei ein Ja, euer Nein ein Nein; alles andere stammt vom Bösen", heißt es in der Schrift[3]. Hierzulande wird „political correctness" oft übertrieben. Glauben Sie mir: Meine eigentliche Botschaft ist nicht die Kirchensteuer oder das ZdK, sondern das Abenteuer des Glaubens. Das einzige, was jetzt und in Ewigkeit mein Schicksal entscheidet, ist doch, wie nahe ich dem Herzen Gottes bin. Da zählt nicht Frau oder Mann, nicht Titel oder Rang,

---

[2] Die Wahlen zum 14. Deutschen Bundestag vom 27. September 1998 brachten einen Regierungswechsel: Die bisherigen Oppositionsparteien SPD und Grüne bildeten eine neue Bundesregierung.

[3] Matthäus 5,37.

sondern nur das klare Ja in der Einfalt des Herzens. Wenn ich das klarmachen kann, dann bin ich glücklich.

Der Anfang der Weisheit*

Der Anfang aller Weisheit ist die Gottesfurcht. So lehrt es uns die Heilige Schrift in ihren Psalmen und Weisheitsbüchern[1].

In der Tat, ob unbefangene Menschen das erste Mal Gott begegnen oder ob Suchende das erste Mal etwas vom Wesen Gottes spüren: ihr erstes und natürliches Empfinden ist die staunende Furcht vor dem Großen, dem ganz Anderen, dem eigentlich Unnahbaren, das sich ihnen nun offenbart.

Und es ist gut, daß der Mensch Gott in dieser Furcht naht, denn sie ist das erste Band zwischen ihm und seinem Schöpfer, ein unvollkommenes Band zwar noch, aber doch das Band, das ihn in die Liebe Gottes ziehen wird, die wahre Haltung Gott gegenüber. Daß die Furcht Gottes das Tor zu seiner Liebe ist, ja ihr den Weg ebnet, erfahren wir immer wieder aus der Heilsgeschichte. „Fürchte dich nicht", sagt Gott dem von ihm erwählten Propheten, „denn ich bin mit dir"[2]. „Fürchte dich nicht, Maria, denn du hast bei Gott Gnade gefunden"[3]. Und zu Petrus: „Fürchte dich nicht, von jetzt an wirst du Menschen fangen"[4]. So auch zu seinen Jüngern: „Fürchte dich nicht, du kleine Herde, denn der Vater hat beschlossen, euch das Reich zu geben"[5].

Das „Fürchte dich nicht" geht jeder Berufung zu Höherem, jeder Einladung in die Gemeinschaft mit Gott voraus. Das heißt aber, daß Gott die Menschen erwählt, an den Menschen sein Heil wirkt, die in Furcht und Zittern vor ihm stehen, sei es Mose, sei es die arme Frau aus dem Volke.

Mit selbstzufriedenen, hochmütigen Menschen kann Gott nichts anfangen, allenfalls kann er in seiner Barmherzigkeit ihre stolzen Herzen brechen, damit sie seiner Liebe doch noch teilhaft werden können.

Bis die Liebe die Furcht austreiben kann ist es also gut, daß sie besteht.

Wenn heute bei uns so wenig Erkenntnis Gottes, so wenig Liebe, so wenig Sendung erfahrbar wird, – ob es nicht auch daran liegt, daß die wahre Gottesfurcht geschwunden ist und damit der Zugang zum Herzen Gottes? Denn nun zeigt sich, daß der moderne Mensch, der die feste Burg der Furcht Gottes verlassen hat, von tausend neuen innerweltlichen Ängsten angefallen wird: Angst vor politischen und wirtschaftlichen Krisen, Angst vor Krankheit, Alter und Einsamkeit, Angst vor dem Tod und Angst vor dem Leben, vor dem Kind, vor der Bindung, Angst vor Umweltverseuchung, vor Aids, Angst vor Atom, vor Hormon, vor Ozon ...

---

* Das Wort des Bischofs: Der Anfang der Weisheit, in: Bonifatiusbote, Nr. 18, 3. Mai 1998.

1 Psalm 111(110),10; Sprüche 1,7.

2 Deuteronomium 20,1.

3 Lukas 1,30.

4 Lukas 5,10.

5 Lukas 12,32.

Vor 120 Jahren sagte Bismarck: „Wir Deutsche fürchten Gott und sonst nichts auf der Welt“[6]. Heute hat sich das offensichtlich in das Gegenteil verkehrt. Die Deutschen fürchten zwar nicht mehr Gott, aber sonst so ziemlich alles auf der Welt.

Ja, der Verlust der Gottesfurcht und die krebsartig wuchernde Menschenfurcht haben uns kleiner, blinder, erbärmlicher werden lassen, unfähig, die Herrschaft Gottes über unser Schicksal zu begreifen. Die Allmacht dessen, der uns in seiner Liebe gesagt hat: „Fürchtet euch nicht vor denen, die den Leib töten, die Seele aber nicht töten können, sondern fürchtet euch vor dem, der Seele und Leib in das Verderben der Hölle stürzen kann“[7].

Diese Furcht ist der Anfang der Weisheit, die uns in die erlösende Liebe Gottes führt.

Die Unterscheidung der Geister ist angesagt*

Pfingsten ist das Fest des Heiligen Geistes, der die Menschen verbinden will. Wie wirkt er eigentlich Ihrer Meinung nach: von oben, von unten, aus dem Amt, aus der Breite der Gläubigen, und welche Vorstellung haben Sie von der verbindenden Kraft des Geistes?

Erstes Kriterium für den Heiligen Geist ist, daß er sich nicht selbst widerspricht. Ein Stimmengewirr, ein Tohuwabohu ist nicht Zeichen des Heiligen Geistes. Wie Pfingsten uns weiter zeigt, offenbart Gott sich durch den Geist natürlich von oben, beauftragt durch Christus die Apostel: Gehet hin in alle Welt und lehret alle Völker und tauft sie, und „wer euch hört, der hört mich“, so heißt es im Lukas-Evangelium[1]. Die Offenbarung konkretisiert sich im kirchlichen Lehramt, im Glauben, im Credo, in den Evangelien der Kirche. Das Bild der Einheit im Heiligen Geist ist das Bild dieser pfingstlichen Kirche – in ihr empfangen wir den Heiligen Geist und nicht von unten, nicht von links und nicht von rechts.

Wirkt er nicht auch in allen Getauften?

Natürlich wirkt er in den Gläubigen, wenn sie die Frohbotschaft weitertragen, aber nicht im Widerspruch. Im murrenden Volk Gottes, das wir oft genug haben, wirkt er nicht ...

... aber doch im suchenden Volk Gottes, das um die Wahrheit ringt ...

... das sich der Wahrheit öffnet. Ich kann nicht dadurch die Wahrheit suchen, indem ich das Lehramt ablehne und sage, ich suche mir meine eigene Wahrheit.

---

[6] In seiner Reichstagsrede am 6. Februar 1888: „Wir Deutsche fürchten Gott, aber sonst Nichts in der Welt; und die Gottesfurcht ist es schon, die uns den Frieden lieben und pflegen läßt“.

[7] Matthäus 10,28.

* Kirchenbote. Wochenzeitung für das Bistum Osnabrück, Nr. 22, 31. Mai 1998: „Die Unterscheidung der Geister ist angesagt“ (Interview: Gerrit Schulte).

[1] Lukas 10,16.

Dennoch: Die Wahrheit muß doch im gemeinsamen Bemühen aller Getauften in die jeweilige Zeit übersetzt werden.

Natürlich. Der Auftrag an die Apostel bleibt ja auch. Und alle Gläubigen, Getauften, Gefirmten sind aufgerufen, die Botschaft in ihrer Zeit zu bezeugen. Aber schon bei Matthäus heißt es: Hütet euch vor den falschen Propheten, die wie harmlose Schafe zu euch kommen, in Wirklichkeit aber reißende Wölfe sind[2]. Und bei Paulus im zweiten Brief an Timotheus heißt es: Es werden Zeiten kommen, in denen man die gesunde Lehre nicht erträgt, sondern sich nach eigenen Wünschen immer neue Lehrer sucht, die den Ohren schmeicheln[3]. – Diese Zeit ist da! Die Unterscheidung der Geister ist angesagt. Nicht jeder Geist ist Heiliger Geist.

Wie steht es um die Einheit mit Blick auf die Bischöfe?

In den wesentlichen Fragen, was göttliche Offenbarung, was Kirche angeht, sind wir einer Meinung.

In der Öffentlichkeit ist der Eindruck von Zwietracht zumindest beim Thema Schwangerenkonfliktberatung deutlich geworden.

Ja, leider!

Sie schwimmen gegen den Strom und haben die Einrichtung einer Arbeitsgruppe der Bischöfe zum Papstbrief kritisiert, nachdem die zuvor in Ihrer Abwesenheit einstimmig eingerichtet worden war.

Halt, halt! Die erste gemeinsame Stellungsnahme stammt von 1992. Damals hat der Vorsitzende der Bischofskonferenz erklärt: „Die Beratungsstellen können sich nicht in ein Verfahren einbinden lassen, das die Ausstellung einer Beratungsbescheinigung zu einer wesentlichen Voraussetzung für die straffreie Tötung eines ungeborenen Menschen macht“[4]. Da waren wir uns einig. Von dieser Einigkeit sind der Vorsitzende und die Mehrheit der Bischöfe abgegangen. Sie haben sich einbinden lassen. Wir haben im Bistum Fulda, als das Gesetz kam, die Ausstellung der Beratungsscheine eingestellt, wie es der Papst den Bischöfen nun schon zweimal nahegelegt hat. Wir haben kein „Dilemma“, keine „Gratwanderung“ und suchen nicht die „Quadratur des Kreises“. Wir haben eine hieb- und stichfeste Lösung, die den Problemen gerecht wird und der Bitte des Papstes entspricht. Wenn man mir also sagt: Sie schwimmen gegen den Strom, ist das eine falsche Optik. Ich sehe keinen Strom, ich sehe nur einen Chor der „Ratlosen“, wie der Vorsitzende der Bischofskonferenz gerade selbst erklärt hat.

Aber die Konfliktberatungen liegen nun in Ihrem Bistum unter einem Prozent.

Das ist doch Unsinn. Wir sind in Fulda bei den Schwangerenkonfliktberatungen im Sinne des Gesetzes mit der Pflicht zur Ausstellung des Scheins nicht unter einem Prozent, sondern bei Null. Wenn Sie keinen Schein mehr ausstellen, können Sie unter dieser Rubrik natürlich auch nichts eintragen.

---

[2] Matthäus 7,15.

[3] 2 Timotheus 4,3.

[4] Pressemitteilungen der Deutschen Bischofskonferenz, Dokumentation, 10. Juni 1992, Nr. 6.

Frauen, die wirklich abtreiben wollen, erreichen Sie also nicht mehr?

Das heißt doch nicht, daß wir keine Konfliktberatungen mehr haben. Meine Beraterinnen des Sozialdienstes katholischer Frauen sagen mir: 1. Die Beratungsklientel ist seit 1993 praktisch die gleiche geblieben. 2. Die Beratungsfälle nehmen von Jahr zu Jahr zu. Wir hatten allein 1997 eine Zunahme von 7,7 Prozent gegenüber dem Vorjahr. Unsere Beratungsstellen sind voll ausgebucht. Keine Zunahmen der Beratungstätigkeit infolge unserer Umstellung verzeichnen nach eigener Aussage Pro Familia, Diakonie und Arbeiterwohlfahrt. Die aktive Beratungstätigkeit zeigen auch die vom Land Hessen gezahlten Zuschüsse. Fulda hat 1995 deutlich mehr erhalten als die Bistümer Limburg und Mainz. Es werden also in vergleichbaren Bistümern, die nach staatlicher Vorschrift Beratungsscheine ausstellen, keineswegs mehr Frauen erreicht als bei uns. Im übrigen lagen dem Papst ja beide Optionen vor. Er hat sie ernsthaft geprüft und kommt zu der ausdrücklichen Bitte: Beratet weiter, aber verzichtet auf die Ausstellung des Scheins. Wir sehen uns also völlig im Einklang mit dem Papst und seinen Schreiben von 1995 und 1998.

Das interpretiert die Mehrheit der Bischöfe anders.

Ich habe selbst stundenlang mit dem Papst darüber gesprochen. Es ist völlig klar, was er meint. Der Papst spricht vom Beratungsschein als dem Schlüssel zur Abtreibung. Und wir dürfen ihn ausgeben? Es gibt kein Land, in dem die Kirche sich so in den Abtreibungsmechanismus einbinden läßt wie wir. Haben wir uns einbinden lassen: Ja oder Nein?

Zwischenzeitlich hat es ein Urteil des Bundesverfassungsgerichtes gegeben und eine gesetzliche Regelung, die in der Beratung keinen Abtreibungsmechanismus, sondern einen Lebensschutzmechanismus sieht.

Ich will Ihnen jetzt mal sagen, wie das in der Praxis aussieht. 1996 fanden in einem westdeutschen Bistum 973 Konfliktberatungen statt. In 146 Fällen wurde die Beratungsbescheinigung nicht in Anspruch genommen. Da bleiben 827 Fälle, in denen unschuldige Kinder rechtswidrig im Mutterleib getötet werden konnten, weil die Ausstellung und Vorlage eines kirchlichen Beratungsscheins dieses Vorgehen straffrei ermöglicht hat. Der Papst sagt: Mit dieser Praxis verdunkeln wir die Glaubwürdigkeit der Kirche. Wer diese Praxis weiterführen will, muß dafür nun persönlich die Verantwortung übernehmen.

Kommen wir zu einem anderen Konfliktfeld: dem Zentralkomitee der deutschen Katholiken. Sie haben es mit dem Zentralkomitee der chinesischen Kommunisten verglichen ...

... ach, wissen Sie, den Vergleich habe ich auch schon auf dem Katholikentag im Beisein von ZdK-Mitgliedern mit großem Heiterkeitserfolg genannt. Das ZdK hat eine sehr gute Rolle gespielt in der Geschichte des Verbandskatholizismus. Aber wir müssen heute kritisch fragen: Geht neuer Wein in alte Schläuche? Wir haben viele alte Schläuche in Deutschland. Mein Hauptinteresse gilt aber gar nicht den alten Schläuchen, ich will mich da auch gar nicht auf das ZdK fixieren lassen. Mir ist das ZdK eigentlich völlig schnuppe. Was wir brauchen, ist nicht ein neuer Katholizismus, sondern katholischer Glaube. Die Erneuerung der Kirche kommt auch nicht durch Komitees, Kommuniqués, Kommissionen oder Papiere zustande, sondern durch glaubende, hoffende, betende und opferbereite Menschen. Hier sind ganz neue Aufbrüche notwendig, die nicht aus der Schwerfälligkeit subventionierter Besitzstände kommen können, sondern nur aus der Kraft des Geistes. Aufbrüche, wie sie ja in Gebetskreisen und neuen geistlichen Gemeinschaften, der zunehmenden Wallfahrtsbewegung und dem Aufblühen des Hospizdienstes schon sichtbar werden.

Sie sprachen vom Katholikentag. Sie haben den Aufruf der Bischofskonferenz zur gerade stattgefundenen gemeinsamen Kollekte abgeändert.

Sie sind doch für Pluralismus und Freiheit in der Kirche. Ich habe die Kollekte freigestellt. Wer dazu beitragen wollte, konnte das. Wer der armen Kirche in der Dritten Welt etwas zukommen lassen wollte, gab dafür.

Aber man versteht das als Distanzierung.

Ich sehe nicht ein, warum ich zur Finanzierung eines Programms verpflichten soll, bei dem Leute wie Bischof Gaillot als offizielle Ehrengäste auftreten. Das tausendfältige Programm ist größtenteils sehr innerweltlich und absolut nicht jedermanns Sache.

Werden Sie denn teilnehmen?

Natürlich werde ich dabei sein. Besonders bei den Soldaten, bei der Gemeinschaft katholischer Männer und natürlich bei unseren Familien.

Gegen die gottlose Gesellschaft*

Herr Erzbischof, eines der Themen, das derzeit am heftigsten in unserer Gesellschaft debattiert wird, ist der Werteverfall. Welche Erklärung hat die Kirche für dieses Phänomen?

Werte wachsen nicht auf der grünen Wiese, sondern ergeben sich aus dem Glauben. Wir haben aber den Glauben zum Großteil verlorengehen lassen, der Glaube ist verdunstet. Und jetzt auf einmal kommen die Leute und fragen: „Wo sind die Werte? Ohne Werte geht es nicht". Wer an Gott glaubt und diesen Glauben lebt, der verwirklicht die Werte, die sich aus diesem Glauben ergeben: Nächstenliebe, Treue, Opferbereitschaft. Wenn ich mich als Kind Gottes begreife, dann sind für mich alle anderen Kinder Gottes Brüder und Schwestern. Wenn ich mich als Individualisten sehe, ja als Egoisten, dann sind die anderen Konkurrenten oder Feinde. Und die Werte gehen baden.

---

* Freie Presse, Chemnitzer Zeitung, Nr. 134, 12. Juni 1998: Gegen die gottlose Gesellschaft. Erzbischof Johannes Dyba: Der Verlust des Glaubens führt auch zum Verlust der Werte – Von Mistkäfern und Bienen in der Kirche (Reihe: Denk' ich an Deutschland ...) (Interview: Andreas Fettig und Johannes Fischer).

Welche Auswirkungen hat das?

Ein Beispiel: So wie wir heute darauf achten, daß die Frösche Tümpel und Teiche als Biotop haben, so muß man auch das Biotop der Kinder, die Familie, hegen. Und wenn wir das nicht tun, dürfen wir uns nicht wundern, wenn die Kinder kriminell und drogenabhängig werden. Der Glaube an das eigene Fortkommen, der Hedonismus und materielle Egoismus sind das absolute Gegenteil von Glauben an Gott. Betrachten wir mal den Begriff der „Selbstverwirklichung“: Irgendwie wollen das ja heute alle – sich selbst verwirklichen. Selbstverwirklichung ist für Christen aber nicht der Ellenbogeneinsatz auf Kosten der anderen. Da wir glauben, daß Gott jeden einzelnen von uns gewollt hat, heißt Selbstverwirklichung, daß ich Gott anerkenne und das verwirkliche, was Gott mit mir vorhatte, als er mich schuf.

Welche Strategien kann die Kirche dem Glaubensverlust entgegensetzen?

Das ist eine interessante Frage. Ich kriege ja öfters Angebote von Leuten, die sagen: „Die Kirche hat doch ein wahnsinnig gutes Produkt. Aber sie hat ein lausiges Marketing. Lassen Sie uns der Kirche ein gutes Marketing verpassen“. Das erinnert mich an das britische Königshaus, das sich vor kurzem ein Kommunikationsbüro eingerichtet hat. Damit wollen die aber nicht ihr Verhalten verändern, womit sie ja ihren Ruf verspielt haben, sie wollen nur in der Öffentlichkeit besser rüberkommen. Das geht bei der Kirche nicht. Bei uns müssen Wirklichkeit und Werbung übereinstimmen. Sonst ist es Heuchelei, und das merken die Leute bald.

Kirchliche Diskoveranstaltungen für Jugendliche gehen also in die falsche Richtung?

Das ist eine harmlose Geschichte. Aber blödsinnig. Die Kirche ist nicht durch alternative Freizeitangebote groß geworden. Wer so etwas macht, glaubt letztlich nicht mehr, daß die eigentliche Botschaft, das Wort Gottes, reicht. Also macht man irgendwelchen Remmidemmi. Die Strategie, nach der Sie fragen, ist aber eigentlich ganz einfach: Wir brauchen gute Christen, die Gott und seine Botschaft erkannt haben und das weitergeben – von Mensch zu Mensch, von Herz zu Herz. Imagekampagnen sind Schall und Rauch.

Die Ideen der Aufklärung – das Selbstbewußtsein des Individuums, der Glaube, der Mensch könne sein Schicksal selbst bestimmen – das alles hat unsere Gesellschaft nachhaltig geprägt, macht es den Leuten aber mitunter schwer, naiv zu glauben. Ist die Kirche – gerade die katholische –, die so streng an Dogmen und Hierarchien festhält, noch zeitgemäß?

Wo ist denn die Aufklärung geblieben? Da kam Voltaire und sagte: Löscht die niederträchtige Kirche aus. Dann kamen die französische Revolution und Robespierre: Er wollte die Kirche mit der Guillotine vernichten. Und dann haben sie in Paris auf den Altar der Nation die Göttin der Vernunft gesetzt – die Spitze der Aufklärung. Wo ist Voltaire geblieben, wo Robespierre? Die Kirche ist da, und nach der Revolution war sie stärker und lebenskräftiger als vorher.

Die Gefahr, daß Menschen mit der Kirche nichts mehr anfangen können, weil sie zu unflexibel ist, sehen Sie also nicht?

Die Tatsache, daß die Kirche an Dogmen festhält, sichert seit 2000 Jahren ihren Bestand. Betrachten Sie doch mal, was vor 1000 Jahren geschichtliche Wirklichkeit war. Davon ist nichts mehr übrig. Kaiser, Könige, Reiche und Kulturen, ganze Völkerschaften. Es gibt nur noch die katholische Kirche, mit demselben Evangelium, demselben Credo, mit denselben Dogmen. Wo gibt es denn so etwas noch?

Viele Christen glauben an die Gegenwart Gottes, aber sie fühlen sich von ihrer Kirche nicht mehr vertreten, weil sie Dinge wie die jungfräuliche Geburt oder die Wiederauferstehung nur schwer glauben können. Und irgendwann sagen sie: Ich empfinde mich als Christ, ich bete zu Gott, aber mit der Kirche und ihren Dogmen will ich nichts mehr zu tun haben.

Na ja, da spielt natürlich oft auch Bequemlichkeit eine große Rolle. In der Kneipe bei einem Glas Bier über den Glauben zu diskutieren, das ist einfach. Wenn ich wirklich daran interessiert bin, Gott zu begegnen, dann muß ich auch wissen, wo. Ich begegne ihm in der Stille, ich begegne ihm im Wort Gottes. Fragen Sie diese Leute mit den vielen Zweifeln, wann sie das letzte Mal ein Evangelium gelesen haben in Stille und Besinnung.

Auch daran glaubt nicht jeder, selbst wenn er sich Christ nennt. Kritiker sagen, die Bibel sei nicht Gottes Wort, sondern eine Legendensammlung, die ja in der Tat lange Zeit nach dem Tode von Jesus aufgeschrieben worden ist.

Ja, wenn Sie die Bibel so lesen, wenn Sie sich dauernd in der Rolle des Kritikers wiederfinden, dann sind Sie ganz arm dran, weil Sie vom Wesentlichen nichts begreifen. Das Wesen der Bibel ist, daß sie uns Gott und seine Liebe offenbart, dem können Sie mit Literaturkritik nicht beikommen. Bleiben Sie Kritiker und Sie können sicher sein, daß Sie das Glück, das die Kirche auch bieten kann, niemals finden werden. Wie ja auch die Pharisäer und Schriftgelehrten vor lauter Kritik die Botschaft Jesu nicht verstanden haben.

Also: nicht soviel fragen, keine kritischen Diskussionen? Muß so der wahre Christ beschaffen sein?

Mit Diskussionen kommen wir nicht zum Glauben. Wenn ich das schon höre bei innerkirchlichen Debatten: Wir kommen zusammen, um uns „auseinanderzusetzen“! Das ist eigentlich Irrsinn. Wir kommen doch zusammen, um gemeinsam Gott zu finden und zu preisen und zu danken.

Vielen reicht das nicht. Und manche treten vielleicht auch deshalb aus der Kirche aus.

Was mich betroffen macht, ist nicht die Zahl der Abgänge. Die Zahl der Zweifler ist weitaus größer. Sie zahlen immer noch Kirchensteuer, aber der feste Glauben schwindet. Da müssen wir ansetzen: Die Menschen müssen in der Kirche wieder das Eigentliche finden, also nicht ein besseres alternatives Freizeitprogramm. Die eigentliche Herausforderung ist, sich als Kind Gottes zu begreifen und die Möglichkeiten, die da sind, auszuschöpfen. In der Kirche gibt es sehr viele Quellen der Freude. Man muß sie natürlich suchen, man muß die Bibel lesen, man muß die Vergebung der Sünden, die Befreiung im ureigensten Sinne, die Begegnung mit dem lebendigen Gott in der Kommunion erleben. Ich kann die Quellen der Freude in der Kirche finden, ich kann aber auch dauernd über die Steine des Anstoßes stolpern. Die gibt es natürlich auch. Und heute sind bei uns leider zu viele Leute, die über die Steine des Anstoßes stolpern, anstatt die Quellen der Freude zu suchen. Und die Leute, die am allerärmsten dran sind, das sind die, die Christen sind und sich darüber ärgern.

Gibt es denn keinen Unterschied zwischen dem, der sich ärgert, und dem, der hinterfragt?

Kennen Sie das Mistkäfer-Syndrom? Stellen Sie sich vor, Sie sehen einen Garten im Juni, üppig grün, mit Blüten, Blumen, Bäumen und Früchten. Jetzt kommt ein Mistkäfer dahin, und Sie können sicher sein, in jedem Garten, mag er noch so aufgeräumt sein, findet er etwas, das faul ist, das stinkt, etwas Verwesendes. Für den Mistkäfer besteht die Welt eben aus Mist. Wenn in denselben Garten eine Biene fliegt, die weiß sich kaum zu fassen über so viele Blüten und Nektar. Sie saust hierhin und dahin und freut sich. Und so ein Garten ist die Kirche. Die Kirche hat wunderbare Angebote. Sie ist aber auch eine Kirche der Sünder. Da sind Dinge, die faul sind, und da sind auch Dinge, die stinken. Jetzt kommt es natürlich auf Sie an, worauf Sie sich stürzen wollen.

Es gibt auch Menschen, die Freude daran haben, die Blumen genau zu untersuchen – und den Misthaufen natürlich auch.

Ach, du lieber Himmel, dann sind Sie aber kein Gartenfreund. Nehmen Sie die Rose, was sagt sie aus? Das ist eine Freudenbotschaft der Natur. Das Wesen einer Rose ist ihr Duft und ihre Schönheit. Was macht der Biologe daraus? Wenn die Rose von einem Botaniker entblättert wird, hört sie auf, eine Quelle der Freude zu sein.

Naturerlebnis und Naturerkenntnis – das eine schließt das andere doch nicht aus!

Sie müssen doch sehen, was in den Dingen an Botschaften und Herausforderungen liegt. Nehmen wir als anderes Beispiel die Berge. Was ist die Aussage der Berge, der Gipfel: das Berauschende, Majestätische. Wenn ich jetzt denke, das ist eine Schiefer- oder Sandsteinformation, dann finden wir uns auf einem ganz anderen Niveau wieder. Und wenn ich spüre, die Kirche lädt ein, Gott zu begegnen, Jesus kennenzulernen, dann können Sie mir mit dem ganzen kritischen Apparat gestohlen bleiben. Lehrbücher, Dogmen, Gebote, Gesetzesbücher und Rituale – das ist alles nicht das Herz des Christentums, nicht das Wesen. Das Wesen läßt sich in sieben Worten sagen: Gott ist da und er liebt Dich! Es gibt niemanden, den Gott nicht gewollt hat. Vor aller Zeit hat Gott die Idee von einem Menschen gehabt, von Ihnen, von mir. Die Idee hat ihm gefallen. So einen Menschen muß es geben. Und darum hat er mich geschaffen. Wer das erkannt hat, der kann eigentlich gar nicht down und out sein. Denn Gott ist die Liebe und will das Glück jedes Menschen, jetzt und auf ewig.

Aber was tun Sie mit den Kritikern und Zweiflern, wie hilft die Kirche denen?

Denen versuche ich klarzumachen, daß ich natürlich kein kritikloses Christentum will. Nur haben die Engel uns in der Weihnachtsnacht eine „große Freude“ verkündet und kein „großes Problem“[1]. Und mit der Hinterfragerei kann man es natürlich auch übertreiben: Man kann auch soviel Lebensmittelanalyse betreiben, daß man nicht mehr zum Essen kommt. Man muß sich auf das Wesentliche konzentrieren. Die Kirche muß in den Fragen, die für das Heil des Menschen entscheidend sind, deutlich sprechen und Gottes Botschaft anbieten. Daraus ergeben sich Verhaltensweisen, die Frieden und Sicherheit ins Leben bringen.

Frieden und Sicherheit ist das, was der Gesellschaft derzeit offenbar fehlt. Sollte die Kirche sich stärker einmischen, wenn diese Gesellschaft Entscheidungen fällt?

Die Kirche muß nicht für alle gesellschaftlichen und politischen Tagesfragen eine Antwort haben. Die Kirche kann nicht die bessere Sozialpolitik und die bessere Arbeitsmarktpolitik machen.

Die Tätigkeit der Kirche sollte sich also im wesentlichen auf die private Sphäre beschränken?

Auf die Sphäre, die über das Heil der Menschen entscheidet. Das Glück hängt nicht von Gesetzen ab oder davon, ob Kohl oder Schröder regiert.

Die Kirche ist nicht die einzige Institution, die Glück anbietet. Andere gehen zur Yoga-Übung. Unsere Gesellschaft ist vielfältig.

Der Pluralismus ist es aber auch, der jeden modernen Hauch von Schwachsinn auf dieselbe Stufe mit uralten Weisheiten stellt. Diese Gleichmacherei ist ein Punkt, der es der Kirche sehr schwer macht.

Wenn das Phänomen der Gleichmacherei ein Ergebnis unserer pluralistischen Gesellschaftsform ist, dann ist am Ende auch der Verfall der Werte im System angelegt?

Wissen Sie, es gibt viele Systeme – einige praktikable, viele unsinnige – und ich könnte mir auch durchaus Alternativen zu unserem jetzigen vorstellen. Aber eigentlich interessiert mich diese Frage kaum. Die Systeme kommen und gehen. Und keines kann einem Menschen wirklich Sicherheit und Glück geben. Denn so wie ich die Menschen kenne, ist doch die persönliche Erfüllung viel entscheidender. Und was das Schicksal des Menschen für jetzt und in der Ewigkeit entscheidet, ist, daß er den Sinn seines Lebens erkannt hat. Für uns heißt das, daß er Gott erkannt hat, und daß er dann unabhängig von allen ökonomischen und gesellschaftlichen Systemen auf ewig glücklich werden kann. Das ewige Glück, das Heil des Menschen, hängt also nicht davon ab, unter welchem System er gelebt hat.

Das klingt ja beinahe so, als ob es der Kirche gleich ist, in welcher Gesellschaft Christen leben?

Es gab in der Geschichte immer Gesellschaften, die irgendwann verschwunden sind. Und unsere Gesellschaft befindet sich mitten in der Degeneration. Entweder wir besinnen uns auf unsere christlichen Fundamente oder die Gesellschaft geht

---

[1] Vgl. Lukas 2,10.

den Bach runter. Denn Moral ist nicht nur eine Größe des Geistes, sie sichert auch die wirtschaftliche Basis einer Gesellschaft. In einer unmoralischen Gesellschaft, in der es keine Tabus und keine Verläßlichkeit mehr gibt, kann kaum noch jemand seiner Zukunft sicher sein. Wenn Individualismus und Egoismus sich weiter verbreiten, christliche Nächstenliebe und Opferbereitschaft verlacht und verworfen werden, dann werden wir ein Volk von alten einsamen Egoisten, die das System noch ein bißchen weiterbezahlen können mit Erbschaften, aber dann stehen wir bald vor dem Aus.

Und die Kirche hat keine Gesellschaftsmodelle, wo sie sagt, das ist unsere Vorstellung von einem sozial gerechten Staat?

Nein, das haben wir ein paarmal versucht und uns dabei die Finger verbrannt. Das ist die Freiheit der Kinder Gottes. Wir als Kirche müssen sagen, wo das Heil des Menschen ist, seine ewige Bestimmung, sein Glück. Und wo das angetastet wird, die Menschenwürde, die Religionsfreiheit, da müssen wir uns zu Worte melden – und das tun wir ja. Aber wir können nicht in politischen Tagesfragen sagen, wir wissen es besser. Da dürfen wir nicht zu oft intervenieren, die Pfarrer dürfen nicht persönliche Meinungen vor das Wort Gottes stellen.

Aber ausgerechnet beim Thema Abtreibung und Sexualität, da mischt sich die Kirche wieder sehr in die Angelegenheiten von Gottes freien Kindern ein.

Bei der Abtreibung ist das was ganz anderes. Das ist wieder eine Sache des Glaubens. Wenn ich glaube, daß jedes Kind im Mutterleib von Gott gewollt und ins Dasein gerufen ist, dann weiß ich, daß ich gegen dieses Geschöpf Gottes nicht meine Hand erheben darf. Wenn ich aber glaube, daß dieses Kind bloß ein „Verkehrsunfall“ ist, ja, dann frage ich natürlich, warum mischt sich die Kirche bei diesem Thema ein? Wir können unsere moralischen Forderungen nicht Leuten predigen, die nicht glauben. Erst aus dem Glauben werden unsere sittlichen Forderungen verständlich. Sonst ist das, als ob Sie vor Gehörlosen eine Symphonie aufführen wollen.

Zur vollkommenen Freude hat Christus uns berufen*

Warum ist das Kreuz das Zeichen unserer Hoffnung? Weil Christus am Kreuz unsere Erlösung bewirkt hat. So intoniert die Kirche in der heiligen Woche der Erlösung das „O crux, ave, spes unica“ – „Gegrüßt seist du, heiliges Kreuz, unsere einzige Hoffnung“[1]. Wir dürfen nicht vergessen, daß der Erlösungstod am Kreuz nicht der ursprüngliche Heilsplan Gottes war. Ursprünglich hatte Gott den Menschen das Paradies geschenkt; das war der ursprüngliche Heilsplan. Im Paradies sollten die Menschen in Dankbarkeit und Freude leben, glücklich allzeit in der Gegenwart Gottes. Aber in Ungehorsam und Selbstbehauptung haben die Menschen Gott zu hintergehen versucht und ihr eigenes Unglück verschuldet, Sünden-

---

* Predigt am 12. Juni 1998 in St. Peter in Mainz anläßlich des 93. Deutschen Katholikentags; Druck: „Meinen Frieden gebe ich Euch“, S. 65–67.

[1] Venantius Fortunatus, Hymnus „Vexilla regis prodeunt“.

schuld und Tod über sich gebracht und das Paradies verloren. Nur die unerforschliche Barmherzigkeit Gottes hat der Menschheit eine zweite Chance geben wollen. Er sendet seinen Sohn. Der ist Mensch geworden, hat uns den Vater verkündet, ist wiederum verworfen worden und hat dann in dieser Großtat der Liebe den Tod am Kreuz auf sich genommen, den Erlösungstod. Er hat den Tod besiegt, er ist auferstanden und hat uns den Weg zum Himmel wieder eröffnet. Er hat uns den Heiligen Geist geschenkt, der uns *in* seiner Kirche und *durch* seine Kirche in sein Reich führen soll.

Und nun, liebe Schwestern und Brüder, liegt es an uns, dieses göttliche Angebot anzunehmen in Dankbarkeit und Freude, und uns von Gott ins Leben führen zu lassen, in das Leben bei Gott, das kein Ende mehr nehmen soll. Oder wollen wir wiederum in Ungehorsam und Selbstbehauptung uns von Gott losreißen, Schuld auf uns laden und den Weg zum Tod beschreiten? Nein, der Sohn Gottes hat uns den Weg in das Himmelreich wieder geöffnet. Das hat er uns ganz deutlich verkündet in seinen Verheißungen: Daß es für uns möglich sein soll, ihn und das Heil zu finden, zu leben und auf immer glücklich zu werden. Diese Verheißungen sind besonders deutlich im Johannesevangelium, wo es da heißt: „Ich bin gekommen, damit sie das Leben haben und es in Fülle haben“[2]. Oder: „Wer an mich glaubt, der hat das ewige Leben“[3]. „Wer mein Fleisch ißt und mein Blut trinkt, der bleibt in mir und ich in ihm, und den werde ich auferwecken am Jüngsten Tage“[4]. Oder dann diese wunderbare Verheißung vor seinem Abschied von dieser Welt: „Ich gehe, um einen Platz für euch vorzubereiten. Wenn ich gegangen bin und einen Platz für euch vorbereitet habe, komme ich wieder und werde euch zu mir holen, damit auch ihr dort seid, wo ich bin“[5]. Das ist unsere Hoffnung: seine Verheißungen, die uns das Leben schenken. Und er wird sie wahr machen, wie er alle seine Verheißungen wahr gemacht hat. Gottes Wort ist Wirklichkeit. Er hat seine Verheißungen wahr gemacht, der Messias ist gekommen, er hat den Erlösungstod am Kreuz für uns auf sich genommen, er ist auferstanden, er hat uns den Heiligen Geist gesandt, er lebt fort in seiner Kirche, er trifft uns durch sein Wort, er umarmt uns in seinen Sakramenten. Er hat seine Verheißungen wahr gemacht, sie sind Wirklichkeit für unser Leben. Das ist unsere Hoffnung: die Verheißungen Gottes – die ja dann weitergehen über das bereits Verwirklichte hinaus in die Ewigkeit. Am Schnittpunkt zwischen dem schon Verwirklichten und dem Zukünftigen lebe ich, entscheide ich mich für den Glauben, für die Hoffnung, für die Liebe, für Ihn.

Diese Verheißungen Gottes, wir wissen es, werden von der Welt oft verlacht. Sie sind den einen Ärgernis, den anderen Torheit, von den Zeiten der Apostel bis in die Gegenwart. Für uns aber, die dem Wort glauben, sind sie Wirklichkeit, Kraft Gottes. Und so dreht sich das Ganze: Wo *dies* Wirklichkeit Gottes ist, kann ich als Gläubiger mit einer ganz großen Souveränität die trügerischen Hoffnungen der Welt verlachen, die ja alle einmal aufgehen werden in Schall und Rauch, ins Nichts,

---

[2] Johannes 10,10.
[3] Johannes 11,25 f.
[4] Johannes 6,54.56.
[5] Johannes 14,3.

in der Stunde, da Gottes Ewigkeit einbricht in unsere Zeit. Ja, wir sollen uns nicht von den Hoffnungen der Welt ablenken und verblenden lassen, wenn wir die ganz große Hoffnung haben. Wir sind nicht die Nachhut der gesellschaftlichen Entwicklung, als die wir heute oft dargestellt werden. Liebe Brüder und Schwestern, wir sind die Zukunft, wir sind die Vorhut, denn unsere Hoffnung hat Zukunft. Was ist denn die Zukunft der Ungläubigen in dieser Welt? Ihre Zukunft ist das Rentenalter, mit oder ohne Zusatzversicherung, Alter, Krankheit, Tod, Grab, Ungewißheit. Die Zukunft des Gläubigen ist die Ewigkeit, die ewige Seligkeit. Für uns beginnt das ganz große Abenteuer des Lebens mit dem Tode. Wer mit Ihm in den Tod geht, wird mit Ihm auferstehen. Ja, unsere Zukunft ist ewige Seligkeit, ein Platz im Himmel. Wir haben es gerade gehört, von Gott selbst verheißen und in seiner Liebe für uns vorbereitet. Nachdem der Herr all diese Verheißungen den Menschen offenbart hatte, hat er den Seinen gesagt: „Das alles habe ich euch gesagt, auf daß meine Freude in euch sei, und eure Freude vollkommen werde"[6]. Zur vollkommenen Freude hat Christus uns berufen, und nicht erst einmal weit weg ins Jenseits – jetzt, da ich sein Wort begreife, da sein Blick mich trifft, da ich ihm begegne, da soll diese Freude mein Herz erfüllen.

Liebe Schwestern und Brüder, damals haben viele Pharisäer und Schriftgelehrte, die nur dauernd diskutieren, hinterfragen und streiten wollten, das gar nicht begriffen und sind an der Freude und am Heil glatt vorbeigelaufen. Solche armen Menschen gibt es auch heute noch. Aber viele einfache Menschen haben ihn sofort begriffen. Die Fischer vom See Genezareth und die da auf die Bäume geklettert waren, um den Propheten zu sehen, die Frauen, die ihn von der ersten Stunde an bis unter das Kreuz begleitet haben – die haben begriffen. Sie haben gestaunt und haben geglaubt. Diese Menschen haben die Kirche über das Erdenrund hin verbreitet.

Liebe Brüder und Schwestern, es gibt wirklich nur eine Hoffnung und die heißt Gott. Wer diese Hoffnung gefunden hat, an dem wird die uralte Verheißung wahr: „Du, Herr, läßt mich erstrahlen, du machst meine Finsternis hell. Mit dir erstürme ich Wälle, mit meinem Gott überspringe ich Mauern"[7]. Überspringen wir also die Mauern der Gleichgültigkeit und der Hoffnungslosigkeit! Springen wir in die Arme Gottes! Dann wird Freude unser Herz erfüllen. Die Freude an Gott wird stärker sein als alle Widrigkeiten und Erbärmlichkeiten, die sich uns im Leben entgegenstellen. Die Freude an Gott wird uns durch das ganze Leben führen, bis in die Ewigkeit, wo alle Hoffnungen in einem Maß erfüllt werden, das selbst der Heilige Paulus nur noch stammelnd beschreiben kann: „Was kein Auge geschaut, kein Ohr gehört hat, was keines Menschen Herz sich überhaupt vorstellen kann, das hat Gott denen bereitet, die ihn lieben"[8].

---

[6] Johannes 15,11.
[7] Psalm 18(17),30.
[8] 1 Korinther 2,9 (vgl. Jesaja 64,3).

Aus dem Stau in die Nachfolge*

Wir hatten in diesem Sommer sieben Priesterweihen und Primizen. Die Freude und Anteilnahme im Dom und in den feiernden Gemeinden war groß und ging durch das ganze Bistum.

Wir haben auch sieben neue Diakone weihen dürfen, so daß wir hoffnungsvoll in das nächste Jahr blicken können. Damit das aber so bleibt und wir in unsere Gemeinden immer wieder junge Kapläne und Pfarrer entsenden können, müssen wir gemeinsam in unseren Familien und Gemeinden für eine Atmosphäre sorgen, die geistliche Berufungen ermutigt und fördert. Denn da bläst uns der Wind zur Zeit ja eher ins Gesicht. Und das nicht nur aus der Welt, die im Taumel allseits angestachelter Genußsucht geistlichen Werten und Lebensentscheidungen verständnislos bis ablehnend gegenübersteht, sondern leider auch aus manchen innerkirchlichen Gefilden, in denen sich Unsicherheit und Mutlosigkeit breit gemacht haben. Da wird aus manchen Diözesen ein „Weihestau" gemeldet, was auf verunsicherte Kandidaten weist, die vor einer endgültigen Entscheidung zurückschrecken.

Es sind aber auch ausgesprochene „Berufungskiller" am Werk, so wenn – bis in unsere kirchlichen Medien hinein – Leute zu Wort kommen, die das Aussterben der Priester ankündigen, wenn nicht durch Aufhebung des Zölibats und Frauenordination Abhilfe geschaffen würde. Abgesehen davon, daß durch die Erfüllung solcher Wünsche die Voten des Zweiten Vatikanischen Konzils nicht verwirklicht, sondern verraten würden (die Konzilsväter standen einmütig zum Zölibat!), hat sich doch inzwischen auch überdeutlich gezeigt, daß der massierte Einsatz von Laientheologen als Ersatzpfarrer den Priestermangel eben nicht behebt, sondern zementiert.

Von Holland angefangen bis hinunter in die Schweiz befinden sich doch heute gerade die Diözesen in den größten pastoralen und Nachwuchsnöten, die diesen Weg gegangen sind. Ein Weg, der innerhalb der Weltkirche ohnehin nur den drei bis fünf Prozent der reichsten Kirchen möglich ist und der dazu verführen kann, sich vom katholischen Priestertum freizukaufen.

Unser Herr Jesus Christus forderte von denen, die ihm nachfolgen wollten, „alles, was du hast"[1] – und billiger ist es auch heute nicht zu haben. Deshalb liegt die Lösung nicht in einer Aufweichung des katholischen Priestertums, sondern in seiner Wiederbelebung, wie sie in weiten Teilen der Weltkirche heute bereits mächtig im Gange ist. Dazu gehört aber ein neues Gefühl dafür in unseren Familien, daß eine geistliche Berufung ein einzigartiges Gnadengeschenk Gottes ist. Dazu gehört, daß das Gebet um Priester- und Ordensberufe in all unseren Gemeinden wieder seinen festen Platz bekommt.

„Die Ernte ist groß, aber es gibt nur wenige Arbeiter. Bittet also den Herrn der Ernte, Arbeiter für seine Ernte auszusenden!"[2]. So sieht der Herr die Lösung des

---

* Das Wort des Bischofs: Aus dem Stau in die Nachfolge, in: Bonifatiusbote, Nr. 36, 6. September 1998.

[1] Lukas 18,22.

[2] Matthäus 9,37–38.

Priestermangels. Denn wenn wir wirklich von Herzen bitten, wird er uns erhören und aus dem „Stau“ wieder in den jubelnd fließenden Strom seiner Kirche führen.

Pest oder Cholera*

Wenn man die Aussagen der führenden Politiker der großen Parteien in den letzten Wochen ernst nimmt, dann ist eines klar: Wir werden entweder von unreifen Regierungsunfähigen regiert werden oder von ausgelaugten Zukunftsunfähigen oder von einer Kombination aus beiden. Da hätten wir also die Wahl zwischen Pest und Cholera.

Was die einen über die anderen im Wahlkampf abgesondert haben, das hat Auswirkungen auf die Wertschätzung der politischen Klasse beim Volk; das war kollektiver Selbstmord. Aber ich habe als Bischof (natürlich) soviel Gottvertrauen, daß ich trotzdem zur Wahl gehe. An die neue Regierung, ganz gleich welcher Couleur, habe ich zwei Wünsche:

1. Wir sind ein vergreisendes Volk von Individualisten und Egoisten, die ihre Altersversorgung vom Staat erwarten. Schon ein Blick auf die demographische Entwicklung zeigt, daß das nicht gehen kann. In dieser Situation erwarte ich von der Regierung, daß die Förderung der Familie absolute Priorität hat. Für ein Kind aus einer normalen Familie wendet unser Staat zur Zeit etwa 400 bis 500 Mark im Monat auf. Für aus dem Nest gefallene Kinder – Scheidungswaisen, verhaltensgestörte oder kriminelle Kids – etwa das Zehnfache, 4 000 bis 5 000 Mark, von Exzessen wie Erlebnisreisen für Serientäter ganz zu schweigen. In den USA gibt es schon Kommunen, die zahlen Prämien für eheliche Treue, weil die sich volkswirtschaftlich bezahlt macht.

2. Vom Bundespräsidenten bis zu jedem Sonntagsredner rufen plötzlich alle nach den Werten in unserer Gesellschaft. Wo sind die denn geblieben? Jahrzehntelang wurden die Werte, die wir in unserer von den Wurzeln her christlichen Gesellschaft mal hatten, etwa Nächstenliebe, Treue, Opferbereitschaft, verhohnepipelt und niedergemacht. Die Fernsehunterhaltung bezieht ihre Spannungsmomente heute zu 95 Prozent aus Untreue, Unzucht und Gewalt. „Der Ehrliche ist der Dumme“ ist der treffende Titel eines Bestsellers[1]. Da gehen die Werte natürlich zum Teufel.

Lebensmittel, Medikamente, Castor-Transporte werden scharf überprüft. Ich kenne keinen, der von Castor-Strahlen geschädigt worden ist, wohl aber Hunderttausende, die von Fernsehausstrahlungen seelisch beschädigt worden sind. Da wird menschliche Substanz vergiftet und zerstört, im Namen der Freiheit. Ein Reinheitsgebot haben wir in Deutschland zwar für Bier, aber nicht für die Massenkommunikation. Eine Kindergärtnerin muß eine mehrjährige Ausbildung absolvieren, bevor ihr zehn Kinder anvertraut werden, aber im Fernsehen, dem täglich Millio-

* Der Spiegel, Nr. 40, 28. September 1998, S. 42: Pest oder Cholera. Von Johannes Dyba.
[1] Ulrich Wickert, Der Ehrliche ist der Dumme. Über den Verlust der Werte, Hamburg 1994.

nen Kinder ausgesetzt sind, kann jeder ungebildete Komödiant sittliche Maßstäbe niedertrampeln, da regt sich kein Widerstand.

Doch eine Regierung, die dem Einhalt gebietet, die es wagt, die Ursachen des Werteverfalls und der sittlichen Verwahrlosung ähnlich zu bekämpfen wie verdorbene Lebens- oder Arzneimittel, die braucht bisher ungekannten Mut.

Natürlich muß auch unser Sozialsystem reformiert werden, denn inzwischen ist allen klar, daß wir auf Dauer nicht mehr ausgeben dürfen als reinkommt. Aber dazu äußern sich sicher genug andere, vom Bundesbankchef Tietmeyer bis zu Herrn Westerwelle.

Für die Kirche als solche sehe ich keine bedrohliche Entwicklung voraus, egal, wie die neue Regierung aussehen wird. Die Kirche kann sich in offener Konfrontation ebenso gut behaupten wie in schleichender Umarmung.

Und schließlich: Was ich selber wähle? Als ich das 1994 gefragt wurde, habe ich noch gesagt: „Zum Sonntagsbraten wähle ich am liebsten Kohl, leicht abgebrüht". Dieses Mal fallen mir eigentlich keine Scherze mehr ein.

Glaube und Werte*

Im Verlauf des langen Wahlkampfes wurden von vielen Seiten her alarmierende Defizite in unserer Gesellschaft aufgedeckt und angeklagt. Enorme Defizite nicht nur in den öffentlichen Kassen bis hin zu den Renten- und Versorgungsfonds, die uns eine sorgenfreie Zukunft ermöglichen sollten, sondern auch im sittlichen und sozialen Verhalten der Menschen, die diese Gesellschaft bilden. Steigende Kriminalität und Unsicherheit in den Städten, Orientierungslosigkeit und Hoffnungslosigkeit schon bei vielen Heranwachsenden, steigende Zahlen bei Scheidungen und Scheidungswaisen, gesteigerte Ansprüche allenthalben mit einer Kostenexplosion im Gesundheits- und Sozialhilfewesen, so als wären wir tatsächlich ein Volk von armen, kranken Invaliden – und demgegenüber eine stetig fallende Geburtenrate.

Wer immer die Ursachen dieser Fehlentwicklung untersucht, kommt zu der Entdeckung, daß uns die Werte abhanden gekommen sind, deren Verwirklichung früher dafür gesorgt hat, daß die Gesellschaft sich normal und frei entwickeln konnte – unter anderem dafür, daß unser Volk sich aus der bitteren Nachkriegszeit in Wohlstand und Würde erheben konnte. Vom Bundespräsidenten bis zum letzten Sonntagsredner – alles schreit plötzlich wieder nach „Werten".

Aber wo sollen die denn herkommen? Sie wachsen ja nicht auf der grünen Wiese politischer Phantasien. Die Werte, die unsere christlich-abendländische Gesellschaft intakt gehalten haben, sind ja doch Früchte des Glaubens und der entsprechenden Erziehung – früher hießen sie übrigens noch Tugenden. Wenn der Glaube schwindet, schwinden natürlich auch die sittlichen Haltungen, die in diesem Glauben, letztlich in der Überzeugung einer persönlichen Verantwortung vor Gott, begründet waren: Treue, Wahrhaftigkeit, Ehrlichkeit, Nächstenliebe, Opferbereit-

* Das Wort des Bischofs: Glaube und Werte, in: Bonifatiusbote, Nr. 40, 4. Oktober 1998; Nachdruck: Mit Bonifatius verbunden, S. 62 f.

schaft, Selbstbeherrschung und Reinheit der Gedanken sind ja keine Haltungen, die dem Menschen von selbst zufallen, sondern sie müssen von Generation zu Generation weitergegeben werden durch Wort und Beispiel.

Wir aber haben diese Werte seit vielen Jahren vernachlässigt, um einen heidnischen Hedonismus zu genießen, der menschliche Bindungen auflöst und letztlich im Individualismus, im Egoismus und im Zusammenbruch des sozialen Solidarsystems endet.

Wenn wir heute nach Werten rufen, fordern wir da nicht die Erfüllung von Idealen ein, für deren Erkenntnis und Akzeptanz wir sträflich wenig getan haben? Mit welchem Recht wollen wir Treue und Ehrlichkeit verlangen, wenn wir die Medien die Menschen in eine Unterhaltungswelt locken lassen, deren Spannungselemente zu über 90 Prozent aus Untreue, Unzucht und Brutalität bestehen und die Tugenden, deren wir so dringend bedürfen, durch zynische Quotenfänger und halbseidene Animierdamen im Fernsehen Tag und Nacht lächerlich machen lassen? Wie können wir die Erfüllung notwendiger Pflichten erwarten, wenn wir zu diesen Pflichten nicht erziehen? Schon Wilhelm Busch wußte: „Tugend will ermuntert sein, Bosheit kann man von allein“.

Wenn man als Mann der Kirche in dieser Richtung mahnt, wird man schnell als autoritärer Moralapostel gebrandmarkt. Aber wir müssen uns doch endlich einmal ernsthaft fragen, ob der Verzicht auf Autorität mit all seinen sozialen Konsequenzen in Zukunft überhaupt noch bezahlbar ist, ob die moderne Entmachtung der Erzieher in Familie, Schule und Kirche uns den erhofften Zielen näher gebracht hat. Wenn wir die kommende Generation nicht mehr zum Glauben und seinen Werten führen, sondern nur zum heute so beliebten Markt der Möglichkeiten, der ja, wie wir aus Erfahrung wissen, so leicht in den Markt der Unmöglichkeiten umschlägt – wenn wir die Anstrengung scheuen, durch eigenes Vorbild unseren Glauben weiterzugeben, lassen wir da die kommende Generation im Grunde nicht allein? Wer heute allein läßt, wird morgen allein gelassen. Allein lassen und allein gelassen werden ist aber das Gegenteil von der Gemeinschaft, die wir brauchen, um leben zu können.

Das ist die Herausforderung der Stunde: Wir müssen erneut klar werden lassen, daß wir auf einem gemeinsamen Fundament bleiben müssen, in einem Grundkonsens und in einer Verpflichtung auf Werte, die nicht in abänderbarem Recht, sondern im Naturrecht, ja in der Schöpfungsordnung Gottes selbst verankert ist. Dabei sind wir nicht Nachhut der Vergangenheit, sondern Vorhut der Zukunft. Denn wenn wir den Dingen auf den Grund gehen, zeigt sich, daß gerade die uralten christlichen Regeln von Selbstbeherrschung, von Zucht und Maß die Verhaltensweisen sind, mit denen wir auch heute und in Zukunft bestehen können.

Zynisch und absurd*

Sehr geehrte Frau Bogner,

Sie haben den deutschen Bischöfen unter dem 6. Oktober 1998 als presseoffenen Brief eine Resolution zur Schwangerenkonfliktberatung zukommen lassen[1], die wohl eine ebenso offene Antwort verdient.

In Ihrer Darlegung führen Sie unter anderem aus, daß die Erfahrungen katholischer Beratungsstellen zeigen, daß Mädchen und Frauen, die sich in einem Schwangerschaftskonflikt befinden, nicht mehr in katholische Beratungsstellen kommen, wenn diese eine Pflichtberatung nicht mehr mit einem Beratungsnachweis bestätigen. Wo haben Sie diese Erfahrung machen können? In den 26 Diözesen, die bisher stets Beratungsnachweise ausgestellt haben, doch offensichtlich nicht. Und im Bistum Fulda, das seit fünf Jahren keine Beratungsnachweise ausstellt, haben wir genau die gegenteilige Erfahrung gemacht. Seit der Beschränkung auf die Schwangerenberatung ohne Beratungsschein ist die Zahl der Rat und Hilfe suchenden Frauen in Schwierigkeiten und Konflikten nicht zurückgegangen, sondern Jahr um Jahr um fünf Prozent gestiegen, im letzten Jahr (1997) um sieben Prozent.

Um diesen Andrang zu bewältigen, haben wir zwei neue Beratungsstellen eingerichtet – davon eine in Thüringen – und zusätzliche Beraterinnen eingestellt. Davon wurden Sie auch in Kenntnis gesetzt. Ich darf Sie daher bitten, derartig krasse Unwahrheiten, nicht mehr in der Öffentlichkeit zu verbreiten. Denn das setzt auch die aufopfernde und hochqualifizierte Arbeit der SkF-Beraterinnen im Bistum Fulda völlig ungerechtfertigt herab.

Am 10. Juni 1992 erklärte der Vorsitzende der Deutschen Bischofskonferenz: „Die Beratungsstellen können sich nicht in ein Verfahren einbinden lassen, das die Ausstellung einer Beratungsbescheinigung zu einer wesentlichen Voraussetzung für die straffreie Tötung eines ungeborenen Menschen macht“[2].

Papst Johannes Paul II. erklärt in seinem Brief an die deutschen Bischöfe vom 11. Januar 1998: „Es ist nicht zu übersehen, daß der gesetzlich geforderte Beratungsschein, der gewiß zuerst die Pflichtberatung sicherstellen will, faktisch eine Schlüsselfunktion für die Durchführung straffreier Abtreibungen erhalten hat“ und dadurch die Beraterinnen „in den Vollzug eines Gesetzes verwickelt, der zur Tötung unschuldiger Menschen führt und vielen zum Ärgernis gereicht“. Der Papst fährt dann fort: „Deshalb möchte ich Euch, liebe Brüder, eindringlich bitten, Wege zu finden, daß ein Schein solcher Art in den kirchlichen oder der Kirche zugeordneten Beratungsstellen nicht mehr ausgestellt wird“.

Der Ständige Rat der Deutschen Bischofskonferenz hat daraufhin am 26. Januar 1998 einstimmig erklärt: „Wir werden dieser Bitte Folge leisten“.

---

* Dyba an Bogner, 12. Oktober 1998. Druck: Deutsche Tagespost, Nr. 124, 13. Oktober 1998: Dyba antwortet den Frauengruppen; Überschrift von den Bearb.

1 Schreiben der Arbeitsgemeinschaft katholischer Frauenverbände und -gruppen an die deutschen Bischöfe, Köln, 6. Oktober 1998; vgl. Deutsche Tagespost, Nr. 122, 8. Oktober 1998.

2 Bischof Karl Bischof Lehmann, in: Pressemitteilungen der Deutschen Bischofskonferenz, Dokumentation, 10. Juni 1992, Nr. 6.

Daß Sie jetzt behaupten, daß die Ausstellung der Beratungsscheine die „Möglichkeit nachhaltiger Wertevermittlung“ eröffne, ist nach all dem und nach Abertausenden von Kindstötungen auf diese Scheine hin eine ebenso zynische wie absurde Aussage. Sprechen Sie da wirklich im Namen der katholischen Frauen an der Basis? Im Namen der unzähligen Frauen, die als Betroffene unsäglichen Leiden unterworfen sind, die ihnen keine Beratungsstelle vorausgesagt hat? Wo es um schwerwiegende Gewissensfragen geht, bei denen auch die Einstellung der Mitglieder von Frauenverbänden keineswegs einheitlich ist, sollten Sie Ihre Stellung als Vorsitzende nicht dazu mißbrauchen, die Bischöfe unter Druck setzen zu wollen.

Hochachtungsvoll
Johannes Dyba
Erzbischof von Fulda

Ein Umzug nach Berlin*

Ich hätte nie geglaubt, daß ich den Umzug des Militärbischofsamtes von Bonn nach Berlin einmal zum Thema dieser Kolumne machen würde. Aber die Fehlinformationen und Verleumdungen, die zu diesem Thema von der „Monitor“-Sendung am 15. Oktober[1] in die Welt gesetzt und von der „Kirche von unten“ begierig aufgegabelt und kolportiert wurden, haben doch zu einiger Verwirrung selbst im Kirchenvolk geführt, wie mir das eine Reihe von Anfragen auch aus Pfarrgemeinderäten bewiesen hat.

Was hat es also auf sich mit diesem Umzug? Tatsache ist, daß die Päpstlichen Statuten für die Militärseelsorge von 1989 klar bestimmen: „Der Militärbischof errichtet seine Kurie am Sitz der Bundesregierung, entsprechend den Vorschriften des kanonischen Rechts[2]. Dort wird die Bundesregierung die erforderlichen Diensträume bereitstellen. Auf die Beschaffung eines geeigneten Hauses soll Bedacht genommen werden“[3].

Der Sitz der Bundesregierung ist aber nun nicht mehr Bonn, sondern Berlin. Diese Entscheidung hat jedoch nicht der katholische Militärbischof getroffen, sondern der Deutsche Bundestag[4], seinerzeit maßgeblich beeinflußt durch die Abgeordneten Schäuble und Kohl.

Auf das Angebot der Übernahme einer geeigneten Immobilie[5] durch das Bundesverteidigungsministerium einzugehen, war also kein Willkürakt, sondern die

---

* Das Wort des Bischofs: Ein Umzug nach Berlin, in: Bonifatiusbote, Nr. 49, 6. Dezember 1998.

1 Beitrag von Jo Angerer und Wilfried Prill: „Steuermillionen für Militärbischof“ in der „Monitor“-Sendung des WDR vom 15. Oktober 1998.

2 Cann. 469–471 CIC.

3 Päpstliche Statuten für den Jurisdiktionsbereich des Katholischen Militärbischofs für die Deutsche Bundeswehr, 23. November 1989, Artikel 6.

4 Vgl. Beschluß des Deutschen Bundestags zur Vollendung der deutschen Einheit, 20. Juni 1991.

5 Vgl. Monica Sinderhauf, Geschichte des Hauses „Am Weidendamm 2“, in: Am Weidendamm 2. Die Kurie des Katholischen Militärbischofs in Berlin. Hrsg. v. Katholischen Militärbischofsamt, Berlin 2000, S. 8–20.

Erfüllung einer vertraglichen Verpflichtung zwischen der Bundesrepublik und dem Heiligen Stuhl. Daß die Umfunktionierung einer alten Kasernenanlage zu einem modernen Bürohaus einschließlich dienstlicher Unterkünfte natürlich entsprechende Kosten verursacht, ist wohl selbstverständlich und wird bei keiner anderen Behörde in Frage gestellt. Der Rechtslage entsprechend trägt der Bund die Kosten in einer Höhe von zehn Millionen Mark; die darüber hinausgehenden Kosten, insbesondere für den speziell kirchlichen Bedarf werden aus kirchlichen Mitteln beglichen, wofür im übrigen die entsprechenden Immobilien in Bonn veräußert werden. Für die evangelische Militärseelsorge gelten übrigens ganz andere vertragliche Vereinbarungen, die auch in den neuen Bundesländern noch keine volle Anwendung finden.

Wenn also ein solch normaler Vorgang wie dieser Umzug, so dargestellt wird, als ob die „Eitelkeit“ des Militärbischofs den Steuerzahler mit 20 Millionen Mark belaste, um ihm eine „Zweitwohnung“ in der Nähe des Bundeskanzlers in Berlin zu verschaffen, so sind da einfach Verleumder am Werk. Nachdenklich macht nur, wie rasch und leichtfertig doch viele Menschen – die sich beim Glauben in der Kirche so schwer tun – bereit sind, jeder antikirchlichen Hetze Glauben zu schenken.

Heiligkeit und Sünde. Die katholische Kirche an der Jahrhundertwende*

Das Jahr 2000 präsentiert sich uns als christliches Datum. Denn es ist ja das Jahr 2000, weil wir von der Geburt Jesu Christi an mit eins zu zählen begonnen haben. Das war die Zeitenwende, die uns die Kirche brachte.

Sie hat sich aus kleinsten Anfängen schon im ersten Jahrtausend auf der ganzen Welt ausgebreitet, und wenn wir im Jahr 2000 auf das Jahr 1000 zurückschauen, machen wir eine überraschende Feststellung: Von der gesellschaftlichen Wirklichkeit des Jahres 1000 ist heute alles vergangen – Reiche und Herrschaften, Ideologien, Gesellschaftsformen, ja sogar ganze Völker. Nur noch die Kirche ist da: mit dem gleichen Papsttum und der gleichen Apostolischen Sukzession.

Alles andere ist verändert und vergangen, die Kirche ist da, ob im Jahre 1000 oder 2000. Das ist deshalb um so beachtlicher, als sie ja in diesem Jahrtausend doch ungefähr tausendmal totgesagt worden ist.

Das begann mit den römischen Kaisern und zog sich über Jahrhunderte mit Bekämpfung, Verfolgungen und Abspaltungen hin in immer neuen Varianten. Auch die Aufklärung vermeinte, der Kirche den Todesstoß zu geben. Unvergessen bleibt Voltaires „Écrasez l'infâme!“.

Wo aber ist die Göttin der Vernunft geblieben? Wo Robespierre? Die Kirche aber erhob sich mit neuer Kraft aus dem Blut der Märtyrer. Immer wieder totge-

* Der Spiegel, Nr. 50, 7. Dezember 1998, S. 170 f.: Standpunkt: Heiligkeit und Sünde. Die katholische Kirche an der Jahrhundertwende. Von Erzbischof Johannes Dyba (Das Jahrhundert der Imperien: Der Vatikan und die Weltkirche).

sagt, immer vom gerade herrschenden Zeitgeist verlacht und verspottet – und dann verschwindet der in den Müllkippen der Geschichte, aber die Kirche ist da.

Es gibt also – das ist unser erstes Fazit – nichts Dümmeres als Voraussagen, die den Untergang der Kirche betreffen. Und doch, wie oft hört man das: „Wenn die Kirche jetzt nicht auf unsere Wünsche eingeht, wenn sie sich jetzt nicht der modernen Zeit anpaßt, dann hat sie ausgespielt, dann wird das ihr Ende sein" ... und so weiter.

Nein, wir brauchen uns über den Bestand der Kirche in der Zukunft keine allzu großen Sorgen zu machen, denn Gott hat sie gegründet und ihr verheißen, daß er bei ihr bleiben wird bis ans Ende der Welt. Wenn dem lieben Gott das Welttheater hier unten nicht zuviel wird, wird die Kirche im Jahre 3000 mit demselben Evangelium, demselben Credo und einem Papst und Apostelnachfolgern dabeisein, wenn nach den Schreiern von heute kein Hahn mehr kräht.

Dabei ist der Weg der Kirche durch die Zeit ja kein reiner Triumphzug gewesen. Da der Herr seine Kirche Menschen anvertraut hat, Menschen mit freiem Willen, mit Fehlern und Schwächen, ist sie auch immer eine Kirche der Sünder gewesen, von Anfang an.

Heilig ist sie von ihrem Ursprung her, heilig ist ihr Auftrag, heilig sind die ihr anvertrauten Sakramente und Heilsgaben, aber sie weiß auch: „Diesen Schatz tragen wir in zerbrechlichen Gefäßen"[1]. Zu ihrem Hochzeitsmahl drängen sich auch solche, die kein hochzeitliches Gewand tragen und schließlich hinausgeworfen werden[2]; ja selbst der über das Gesinde des Herrn gesetzte Knecht kann verworfen werden[3].

So bestürzend es ist, daß wir im Erscheinungsbild der geschichtlichen Kirche Heiligkeit und Sünde zugleich finden, ist doch klar erkennbar, daß die Heiligkeit ihr Wesensgrund ist, die Sünde aber eine Wirklichkeit, die ihrem Wesen widerspricht. Sowenig der Tanz um das Goldene Kalb[4] dem Wesen des auserwählten Volkes entsprach, sondern ihm vielmehr widersprach, sowenig können die „Sünden" der Kirche die Göttlichkeit ihrer Stiftung, die Wahrheit ihrer Offenbarung und die erlösende Wirkung ihrer Sakramente je aufheben.

Der Tanz um das Goldene Kalb war übrigens eine sündhafte Anpassung der Auserwählten an die sie umgebenden Mehrheiten. Und so sind auch die sündhaften Abfälle der Kirche immer da entstanden, wo man dem Druck ausgebreiteter Massenneurosen (etwa beim Hexenwahn) oder mächtiger Herrschaften nicht mehr standgehalten hat. Eigenartig erscheint dabei allerdings, daß ausgesprochen häufig gerade diejenigen, die der Kirche ein Versagen durch Anpassung in der Vergangenheit vorwerfen, heute lauthals ihre Anpassung an den modernen Zeitgeist fordern.

So ergibt sich als zweites Fazit, daß selbst die Sünden und die Sünder in der Kirche ein beredtes Zeugnis für ihren göttlichen Ursprung ablegen; denn wäre sie nur

---

[1] 2 Korinther 4,7.
[2] Matthäus 22,11 ff.
[3] Matthäus 24,45 ff.
[4] Exodus 32,1 ff.

ein menschlicher Verein, wäre sie mit dieser Geschichte längst untergegangen wie alle anderen menschlichen Gesellschaften auch.

Dabei ist das zu Ende gehende Jahrhundert, das mag manchen vielleicht überraschen, das Jahrhundert des bei weitem größten Wachstums der Kirche seit dem 1. Jahrhundert. Die Zahl ihrer Mitglieder hat sich mehr als verdreifacht und wird zur Jahrtausendwende die Milliardenmarke überschreiten. Überdurchschnittliche Zuwächse haben wir vor allem in den Ländern der Dritten Welt. So stieg die Zahl der Katholiken in Afrika von 1,7 Millionen zu Beginn des Jahrhunderts auf 110 Millionen an seinem Ende. Das ist ein Vielfaches des allgemeinen Bevölkerungswachstums.

Große Zuwächse gab beziehungsweise gibt es auch in Nordamerika sowie im asiatischen und pazifischen Raum. In Neuseeland etwa stieg die Zahl der Katholiken von 50 000 zu Beginn des Jahrhunderts auf rund 450 000, und zur Zeit verzeichnen wir die stärksten, ja geradezu turbulente Zuwächse in Südkorea. Auch bei den Priester- und Ordensberufen gab es kräftige Aufwärtsentwicklungen. Betrug die Zahl der einheimischen Priester in Afrika um 1900 noch einige wenige Dutzend, so ist sie bis heute auf rund 14 000 angewachsen.

Dem entsprach ein großer Einsatz der Kirche in den Ländern der Dritten Welt, wobei neben der Mission gewaltige Leistungen auf dem Bildungssektor sowie im Gesundheitswesen erbracht wurden. In vielen Ländern waren die ersten und oft einzigen Schulen die Missionsschulen, auch Hospitäler und Leprastationen kamen erst mit der Kirche ins Land. Das war weltweite Entwicklungshilfe durch Männer und Frauen der Kirche, Jahrzehnte bevor man bei uns Ende der fünfziger Jahre die „Entwicklungshilfe“ überhaupt erst entdeckte.

Von Mutter Teresa weiß heute die ganze Welt. Dabei wird oft übersehen, daß es Zehntausende solcher Schwestern und Brüder gibt, die sich, von der Kirche motiviert und ausgesandt, in allen Ländern der Welt für die Ärmsten der Armen einsetzen.

Ich habe in langen Jahren in Afrika viele von Kriegen zerfetzte, von Diktaturen unterdrückte und von unausrottbarer Korruption weißgeblutete Länder kennengelernt, in denen die Kirche mit ihren Werken als das einzige Zeichen der Hoffnung angesehen wird.

Was haben dieser Bilanz der Kirche die nichtchristlichen, atheistischen, ideologischen Erlösungsbewegungen dieses Jahrhunderts entgegenzusetzen? Vor allem die größten Massenmorde aller Zeiten, die alles geschichtlich bisher Dagewesene um das Hundertfache übertreffen. Mehr als 150 Millionen unschuldige Menschen wurden niedergemetzelt.

Nach dem Ende des Nationalsozialismus mit seinen Hekatomben von Opfern ging die Massenvernichtung von Menschen für den „Sieg des Sozialismus“ ja weiter, vor allem in der Sowjetunion und in China, bis hin zur Ausrottung der gesamten gebildeten und städtischen Bevölkerung in Kambodscha. 100 Millionen Tote hat uns allein der Kommunismus beschert. Eine Zahl, die die Nationalsozialisten womöglich auch erreicht hätten, wenn sie nicht als Verlierer nach zwölf Jahren schon ausgeschieden wären.

Wir haben Gottes Gesetze verlassen und tanzen zur Zeit wieder um das Goldene Kalb. Das ist aber auch ein Tanz auf dem Vulkan, denn wir verschleudern bereits das Erbe unserer Tradition, und der bevorstehende Ausbruch wird auch kirchliche Strukturen verändern, vor allem jene, die sich von der säkularisierten Gesellschaft besonders in Dienst nehmen lassen.

Aber das ist keine Gefahr für die Kirche. Vor 200 Jahren waren meine Vorgänger in Fulda noch Fürstbischöfe und regierten das Land. Das haben wir verloren – hat es der Kirche geschadet? Vor 130 Jahren war der Papst noch Oberhaupt eines Kirchenstaates, mußte ein Heer unterhalten und Todesurteile bestätigen. Heute beschränkt sich seine weltliche Souveränität praktisch auf Diplomatie und Philatelie – hat das dem Papsttum geschadet?

Das Drama des Gleichnisses vom verlorenen Sohn[5] wiederholt sich immer wieder. Auch heute werden noch viele das Vaterhaus verlassen, um in der weiten Welt der Möglichkeiten ihr Erbe zu verprassen. Aber viele, die den Schweinekram dann satt haben, werden zurückkehren. Wichtig ist, daß das Vaterhaus immer da ist. Die Sehnsucht des Menschen nach dem Sinn des Lebens, nach Größe, nach Glück, nach Geborgenheit wird nie aufhören – nur die Kirche kann sie erfüllen. Nur sie kann ihn in Dimensionen des Lebens führen, die weit über seine irdische Existenz hinausgehen.

Ist die Kirche ein Imperium? Die Antwort findet sich eingegraben im Granit des Obelisken, der auf dem Petersplatz emporragt wie ein mahnender Finger, der zum Himmel weist und zu dessen Füßen schon die Christen im Zirkus des Nero von den Bestien zerrissen wurden: „Christus vincit, Christus regnat, Christus imperat“[6].

Schein-Lösung*

Herr Erzbischof, sind Sie mit den jüngsten Bischofsberatungen zum Thema Schwangerenkonfliktberatung zufrieden?

Nein, ich bin nicht zufrieden damit, wie die Mahnungen des Papstes, auf die kirchliche Vergabe von Beratungsscheinen an Schwangere zu verzichten, in der Deutschen Bischofskonferenz behandelt werden. Jetzt in Lingen wurde die Entscheidung wieder aufgeschoben[1]. Dabei hätten wir schon 1995 – nach der ersten diesbezüglichen Bitte des Papstes – eine Lösung finden können. Die katholischen Stellen

---

[5] Vgl. Lukas 15,11–32.

[6] Christus siegt, Christus regiert, Christus herrscht.

* Fuldaer Zeitung, Nr. 54, 5. März 1999: „Schein-Lösung“ im Sinne des Wortes. Fuldas Erzbischof Johannes Dyba äußert sich erstmals öffentlich zum Ergebnis der Bischofstagung im emsländischen Lingen (Interview: Bea Nolte-Schunck).

[1] Auf der Frühjahrsvollversammlung der Deutschen Bischofskonferenz, die vom 22. bis 25. Februar 1999 in Lingen tagte, beschlossen die Bischöfe mehrheitlich einen „Beratungs- und Hilfeplan“ sowie die Neuformulierung der Beratungsbescheinigung, während eine Minderheit um Erzbischof Dyba (nach M. Spieker, S. 150, Anm. 124: auch die Diözesanbischöfe Braun, Degenhardt, Meisner und Mixa sowie 13 Weihbischöfe) die dringliche Bitte des Papstes vom 11.

im Bistum Fulda vergaben seit 1993 keine Scheine mehr. 1996 wurde in einem Hirtenbrief der Bischöfe betont, daß für die anderen deutschen Diözesen eine Entscheidung über den Verbleib im staatlichen Beratungssystem noch aussteht und mit Rom abzustimmen sei. Es geschah wieder nichts. 1998, nach dem zweiten Papstbrief, wäre nun endlich die Entscheidung fällig gewesen. Statt dessen wurde erst wieder einmal eine Arbeitsgruppe[2] gegründet.

Sind die unterschiedlichen Ansichten in der Deutschen Bischofskonferenz zur Konfliktberatung eine Zerreißprobe für das Gremium?

Hoffentlich nicht. Wir im Bistum Fulda wissen uns auf jeden Fall in Harmonie mit Papst und Weltkirche. Die Ausgabe dieser fragwürdigen Beratungsscheine sollte von keinem Bischof in Deutschland zur Zerreißprobe hochstilisiert werden.

Wie beurteilen Sie den Beratungs- und Hilfsplan als Kompromißvorschlag, der in Lingen dem Vernehmen nach eine Mehrheit gefunden hat?

Dieser mehrheitliche Vorschlag, das Modell III der Arbeitsgruppe, ist praktisch ein Beratungsschein alter Art mit Beigaben, vor allem Hilfszusagen für die Schwangeren. Ich halte den Beratungs- und Hilfeplan für ein undurchsichtiges, in sich widersprüchliches Konstrukt. Entweder er berechtigt zu einer straffreien Abtreibung, was an der bisherigen Regelung nichts ändert und damit eine glatte Verneinung der päpstlichen Bitte bedeutet. Oder er kann nicht für Abtreibungen verwendet werden. Dann braucht man ihn gar nicht auszustellen, sondern könnte die Hilfen, die ohnehin schon geleistet werden, auch auf einem Merkblatt verbindlich zusagen. Dann wäre es ein Angebot für alle Frauen, nicht nur für die, die auf dem Schein bestehen. So ist der neue Vorschlag keine Lösung, sondern im wahrsten Sinne des Wortes eine Schein-Lösung. Die von Bischof Lehmann geleitete Arbeitsgruppe hat uns jedenfalls überhaupt nicht weitergebracht, sondern für ein Jahr zusätzlicher Unsicherheit und Begriffsverwirrung gesorgt. Im übrigen ist es zu einfach, wenn man sagt, die Kirche stehe nur fur die Beratung und Hilfe, während für die Abtreibung allein die Frau verantwortlich sei. Der Papst betont zu Recht, daß der Beratungsschein der Schlüssel zur Abtreibung ist. Wer diesen Schlüssel aushändigt, der hat auch damit zu tun, wenn andere dann den Weg zur Abtreibung aufschließen.

Wie stehen Sie zur Haltung Ihres Limburger Amtsbruders Franz Kamphaus, der mit seinem Bistum offensichtlich auf jeden Fall in der Konfliktberatung bleiben will?

Meines Erachtens ist diese Haltung vollkommen falsch. Ich bin der Überzeugung, daß die Kirche sich nicht als Erfüllungsgehilfin an der Vollstreckung der deutschen Abtreibungsgesetzgebung beteiligen darf.

Januar 1998, in den katholischen Beratungsstellen einen „Schein solcher Art" nicht länger auszustellen, aber in der Beratung hilfesuchender Frauen auf wirksame Weise präsent zu bleiben, durch die Entscheidung in Lingen unterlaufen wähnte. Vgl. etwa Patrick Bahners, Schlecht beraten. Die Bischöfe wahren den Schein und verwirren die Begriffe, in: Frankfurter Allgemeine Zeitung, Nr. 44, 22. Februar 1999.

[2] S. oben S. 460, Anm. 2.

Wie werden Sie reagieren, falls Papst Johannes Paul II. dem Beratungs- und Hilfeplan zustimmen wird?

Ich kann mir beim besten Willen nicht vorstellen, daß der Papst einem Übel, das er seit Jahren ausdrücklich abzustellen bittet, jetzt zustimmen wird. Ganz sicher stimmt er dem Beratungs- und Hilfeplan nicht zu. Aber es gibt in dem Bericht der Arbeitsgruppe ja auch das Modell II, das Beratung und Hilfe ohne Scheinausstellung vorsieht und der Fuldaer Praxis entspricht. Dem kann der Papst – wie bereits eine nicht unbedeutende Reihe von Bischöfen – sicher zustimmen.

Welche Rolle spielt Kardinal Ratzinger beim aktuellen Konsultationsprozeß in Rom?

Er ist nicht irgendein Kardinal, der sich da einmischt. Die Glaubenskongregation, der er als Präfekt vorsteht, ist in dieser Angelegenheit zuständig, weil es um die Glaubens- und Sittenlehre der Kirche geht. Das hat gerade auch Kardinalsstaatssekretär Sodano ausdrücklich bestätigt. Die Glaubenskongregation aber hat schon im November 1995 einstimmig befunden, daß die Mitwirkung der Kirche an der Vollstreckung der deutschen Abtreibungsgesetzgebung moralisch unzulässig ist. Im übrigen sind die Stellungnahmen Kardinal Ratzingers vom Papst ausdrücklich approbiert worden.

Nach Darstellung der Frankfurter Allgemeinen Zeitung[3] suchten nur fünf Prozent der Frauen, die sich in den Jahren 1995 bis 1997 an die katholische Schwangerenberatung im Bistum Fulda wandten, das Gespräch während der ersten zwölf Schwangerschaftswochen, in denen eine Abtreibung straffrei ist. Hat sich durch den Verzicht der Diözese auf den Schein die Klientel Ihrer Beratungsstellen verändert?

Wenn wir keine Scheine mehr ausgeben, können wir natürlich unter der Rubrik Konfliktberatung mit der Verpflichtung zur Scheinausgabe nichts mehr eintragen. Aber das heißt natürlich nicht, daß Tausende von Frauen, die zu uns kommen, keine Konflikte oder Probleme hätten. So berichten unsere Beraterinnen vom SkF denn auch, daß es praktisch die gleiche Klientel ist, die aber jedes Jahr noch wächst. Wer argumentiert, daß unsere Beratungen meist nach der zwölften Schwangerschaftswoche stattfinden, der muß wissen, daß in der Akte jeweils die letzte Beratung vermerkt ist. Weil wir zum Leben beraten, tun wir es meist bis zur Geburt, manchmal darüber hinaus. Wer uns aus unserer ideellen und materiellen Hilfe nach der zwölften Schwangerschaftswoche einen Vorwurf macht, der argumentiert makaber: Woanders überleben viele Kinder die ersten drei Monate im Mutterleib gar nicht, weil Beratungsstellen durch die Scheinvergabe dazu beigetragen haben, daß sie da bereits getötet sind. Oft rühmen sich diejenigen, die 75 Prozent der ratsuchenden Frauen den Schein aushändigen, daß sie eine Anzahl von Kindern gerettet haben. Das tun wir natürlich auch. Aber wer spricht von den abertausend im Mutterleib getöteten Kindern?

---

[3] Daniel Deckers, Ein „Beratungs- und Hilfeplan" anstelle des Scheins?, in: Frankfurter Allgemeine Zeitung, Nr. 44, 22. Februar 1999.

Wie soll es in puncto Konfliktberatung weitergehen?

Das steht im „Gotteslob“ in der dritten Strophe des ökumenischen Liedes Nummer 637. Wer da sucht, der findet die Lösung[4].

Schicksalsfragen*

Warum muß ich ausgerechnet jetzt krank werden – wer hat sich diese Frage im Laufe seines Lebens noch nicht stellen müssen? Warum mußte es ausgerechnet mich treffen? So fragen sich Menschen, die Opfer schwerer Unfälle oder eines lebensbedrohenden Unglücks geworden sind. Warum trifft es gerade mich? Mit dieser Warum-Frage kann man sich – übrigens auch schon bei weniger grausamen Rückschlägen des Alltags – wirklich foltern bis zur völligen Erschöpfung.

Der jüdische Wissenschaftler Viktor Frankl, Begründer der sogenannten Logotherapie, hat als Häftling im Konzentrationslager Auschwitz nicht vor der düsteren Mauer der Warum-Frage kapituliert, sondern, als seine Situation mit einem „Warum?“ nicht mehr zu klären war, die Frage gestellt: „Wozu?“[1] Wer aber die Wozu-Frage stellt, öffnet die Tür zum Sinn dessen, was ihm zugestoßen ist, er quält sich nicht mit dem, was vergangen ist, sondern schaut in die Zukunft. Für den gläubigen Menschen, der sein Schicksal in Gottes Hand weiß, ist es besonders wichtig, nicht beim klagenden oder anklagenden „Warum?“ zu bleiben, sondern auf die Sinnfrage zu kommen. Wozu hat Gott das jetzt gesandt oder zugelassen? Wie oft eröffnen sich etwa erst in einer Krankheit ganz neue Aspekte und Einsichten für mein Leben. Einsichten, die ich vielleicht im Streß und Rausch des Alltags jahrelang von mir geschoben habe. Oder wie oft haben herbe persönliche Enttäuschungen Menschen erst die Augen für eine nüchterne und klare Standortbestimmung geöffnet.

Manchmal wird an außerordentlichen Beispielen klar, zu welch segensreichen Entwicklungen selbst zunächst nur grausam erscheinende Einschnitte im Leben führen können. Der als „Superman“ durch die Lüfte fliegende amerikanische Schauspieler Christopher Reeve brach sich bei einem Reitturnier 1995 buchstäblich das Genick. Man erwog schon, in seinem hoffnungslosen Fall die Apparate abzuschalten. Aber die Liebe seiner Frau offenbarte sich da als lebensrettend und gab ihm Mut zu einer Rückkehr in „mein zweites Leben“, wie er es nannte. Während er früher als Schauspieler und Sportsmann eher das unbekümmerte Leben eines Playboys führte, wuchs er im Rollstuhl als Mensch über sich selbst hinaus. Er gründete ein eigenes Forschungsinstitut für Lähmungen und Rückgratsverletzungen, das schon überraschende Erfolge aufzuweisen hat und der Viertelmillion Quer-

---

[4] Gotteslob (1975), Nr. 637 (Text: Georg Thurmair 1948, Melodie: Erhard Quack 1948): „3. daß wir allen Zeugnis geben, / die da sind und doch nicht leben, / sich betrügen mit dem Schein. / Laßt den Blinden uns und Tauben / Herz und Zunge aus dem Glauben, / aus der Liebe Zeugen sein“.

* Das Wort des Bischofs: Schicksalsfragen, in: Bonifatiusbote, Nr. 10, 7. März 1999.

[1] Viktor E. Frankl, ... trotzdem Ja zum Leben sagen. Ein Psychologe erlebt das Konzentrationslager, 4. Aufl., München 1979.

schnittsgelähmten in aller Welt Hilfe und neue Hoffnung gibt. „Wenn mein Unfall für etwas gut war, dann für all diese Behinderten auf der Welt“, sagt er heute.

All unser Leid hat einen Sinn. Vielleicht wird es uns zwingen, bewußter zu leben, uns selbst zu erkennen, unsere Grenzen zu entdecken, Illusionen rechtzeitig loszuwerden und auf den Willen Gottes endlich einzugehen. Sein Wille aber ist mein Heil.

Eine geistliche Übung für die Fastenzeit: Nach dem Wozu fragen bei allem, was mir entgegenkommt und so den Plan Gottes für mein Leben entdecken und in seiner Nähe die Fülle der Geborgenheit und des Friedens.

Durch die Wände des Alltags in die Gegenwart Gottes gehen*

Herr Erzbischof, warum sollen wir heute noch an Gott glauben?

Weil es ihn gibt. Heute wie seit Ewigkeiten. Weil er sich den Menschen offenbart – zumindest jenen, die nach dem Sinn des Lebens suchen. Es ist aber heute schwieriger geworden, Gott zu erkennen, weil wir so sehr abgelenkt werden.

Welche Ablenkung meinen Sie?

Ich denke an die Unterhaltungs-Industrie. Als ich Student war, ging ich oft abends im Mondschein spazieren. Der Schnee knirschte unter den Sohlen, irgendwo in der Ferne schlug ein Hund an. Dann habe ich über Gott nachgedacht, über mich und den Sinn meines Lebens. Heute schalten die Leute abends den Fernseher ein und das Denken aus. Wer durch 30 Fernsehkanäle zappt, vergißt Gott. In den Kinderzimmern, in den Altenheimen – überall läuft heute der Fernseher. Wir werden von Reizbildern verfolgt, werden süchtig danach.

Was unternimmt die Kirche gegen die Übermacht der Unterhaltung?

Würde die Kirche heute sagen: „Schluß mit dieser ganzen Unterhaltungs-Industrie!“ – sie würde sich lächerlich machen. Wir müssen klein und ehrlich beim einzelnen Menschen beginnen. Unsere Botschaft geht von Herz zu Herz, von Mund zu Mund, von Mensch zu Mensch. Oft kommen Werbeleute zu mir und sagen: „Ihr von der Kirche habt doch ein super Produkt: ewiges Leben, Gott. Aber ihr macht ein lausiges Marketing“. Sie bieten an, eine große Werbekampagne für uns zu entwerfen. Das klingt plausibel. Aber es ist völliger Unsinn! Bei uns sind Marketing und Produkt eins. Vor einiger Zeit haben einige Bistümer eine Werbekampagne durchgeführt. Ich erinnere mich, daß danach eine Umfrage gemacht wurde. Das Ergebnis: 45 Prozent der Menschen hielten den Schauspieler Günter Strack für den Bischof von Limburg. Und 38 Prozent waren empört, daß er nicht Kardinal geworden ist.

---

* Reader's Digest. Das Beste, April 1999, S. 106–114: Warum noch an Gott glauben, Herr Erzbischof? (Interview: Markus Reiter und Christoph Fasel); Überschrift von den Bearb.

Vielleicht waren die Menschen enttäuscht, weil die Werbung mehr versprach, als die Kirche halten konnte.

Das denke ich nicht. Wir haben ein großartiges Angebot. Viele junge Menschen sind auf der Suche nach dem Abenteuer des Glaubens. Sie gehen aber oft esoterischen Rattenfängern auf den Leim; sie warten, bis irgendein Tisch anfängt zu knarren oder sie Omas Stimme hören. Dabei sind sie blind für die Gegenwart des lebendigen Gottes! Mein Lieblingsautor C. S. Lewis hat wunderschöne Märchen geschrieben. Darin gehen Kinder durch die Rückwand eines alten Kleiderschranks in ein Phantasieland. Sie erleben dort viele Abenteuer, kommen zurück und sind wieder in ihrem eigenen Leben. Das ist ein großartiges Bild. Wir können dieses Abenteuer des Glaubens erleben, wenn wir durch die Wände unseres Alltags in die Gegenwart Gottes gehen.

Bei der Abenteuerreise hapert's manchmal mit den Reisebegleitern. Ist das Bodenpersonal Gottes, die Priester, zu schlecht?

Es ist nie gut genug. Wir sind ja keine Heiligen. Ich wünsche mir, daß die Kritiker selber zum Personal werden. Warum kommen sie nicht, wenn sie besser predigen können?

Die Kirche hat ja einige Hürden eingebaut, zum Beispiel den Zölibat.

Ich erläutere Ihnen das an meiner Biographie: Ich war Jurist, wollte Politiker werden. Ein Waschmittelkonzern in Düsseldorf hatte mir meinen Traumjob als Wirtschaftsjurist angeboten. Sie hätten mir sogar erlaubt, mich für ein politisches Mandat zu bewerben. Was Besseres kann mir gar nicht passieren, dachte ich zuerst. Dann kamen Bedenken: Wenn du das Angebot annimmst, mußt du den Rest deines Lebens dafür sorgen, daß dieser Konzern mehr Seifenpulver verkauft als die Konkurrenz. Ich habe zu mir gesagt: Du hast nur ein Leben, du glaubst an Gott. Ich dachte nach und entschied mich, Priester zu werden. Gäbe es den Zölibat nicht, wäre ich ein guter katholischer Familienvater geworden, aber kein Priester. Der Zölibat war eine Herausforderung, eine besondere Hürde. Ich mußte mich prüfen, wie ernst es mir mit meinem Wunsch war.

Haben Sie Verständnis für Menschen, die nicht an Gott glauben können?

Ja. Viele wurden in einen Lebensalltag geboren, in dem sie kaum eine Chance hatten, Gott kennenzulernen. Ich sehe das bei meinen Besuchen bei der Bundeswehr in den neuen Ländern. Die Rekruten dort sind völlig unbeleckt, wenn es um Christentum und Kirche geht. In Brandenburg fragte kürzlich ein junger Soldat den Pfarrer: „Wieso sind wir eigentlich immer die schlechteren Christen, bloß weil wir Atheisten sind?“ Die Kirche muß diese Menschen erneut auf die Sinnfrage aufmerksam machen.

Hilft denn eine Rückkehr zu alten Werten – wie Solidarität, Mitgefühl und Verantwortung?

Heute ruft jeder, vom Bundespräsidenten bis zum letzten Sonntagsredner, nach Werten. Aber Werte kommen aus dem Glauben. Wenn ich keinen Glauben habe,

habe ich auch keine Werte. Dann verlieren wir den Sinn für die Relationen. Wenn Sie die Leute nach ihrer größten Zukunftssorge fragen, reden sie von der Rente. Aber die Zukunft ist nicht das Rentenalter. Die Zukunft ist die Ewigkeit.

Für viele Menschen nicht. Laut der Exklusiv-Umfrage von „Das Beste“ glauben rund 30 Prozent der Katholiken und über 50 Prozent der Protestanten nicht an ein Leben nach dem Tod.

Daran sehen Sie, wie verelendet diese Gesellschaft ist.

Überrascht Sie das Ergebnis?

Nein. Was heißt schon Katholik oder Protestant? Die werden ja nur gezählt, weil sie Kirchensteuer zahlen. Ich mache mir wenig Sorgen über die Kirchenaustritte. Was mich besorgt macht, ist der Rückgang in der Substanz des Glaubens. Weil der weltliche Lärm derart groß wird, vergessen viele Gott.

Macht es Sie nicht nachdenklich, daß drei Viertel der Deutschen die Sexualmoral der katholischen Kirche für zu streng halten? Bei den Evangelischen sind es dagegen nur drei Prozent.

Nein, im Gegenteil, das ist ein wunderbares Ergebnis. Ich freu mich darüber.

Wieso denn das?

Wenn es bei den Katholiken drei Prozent wären, hieße das doch: Wir sind viel zu lasch. Sie sollten unterscheiden zwischen Moral und Strafrecht. Beim Strafrecht haben wir Mindestgebote. Wenn man die übertritt, folgen Verurteilung und Strafe. Die kirchliche Moral nennt Ideale. Sie weiß, daß alle Menschen Sünder sind, daß keiner das Ideal voll erfüllen kann. Aber wenn der Sünder bereut, wird ihm vergeben.

Nehmen wir ein Beispiel: Masturbation. Die Kirche hält sie für eine Sünde, 98 Prozent der Menschen machen es trotzdem. Ist ein so hohes Ideal sinnvoll?

Gegenbeispiel: Mindestens 98 Prozent der Menschen lügen. Soll das deshalb keine Sünde sein? Das Gebot der Reinheit bedeutet doch: Jugendliche müssen Selbstbeherrschung lernen und dürfen nicht wie die Kaninchen oder die Schimpansen ihrem Trieb folgen. Wenn Sie solche Gebote streichen, kann jeder machen, was er will. Welche Maßstäbe sollen dann noch gelten?

Noch ein Anlauf: Was sollen Paare machen, deren Ehe zerbricht? Zusammenbleiben, nur weil die Kirche es fordert?

Die Partner sollen möglichst sehen, daß die Ehe nicht scheitert. Heutzutage heiraten viele junge Menschen aus vorübergehender oder plötzlicher Leidenschaft. Sie nehmen die Ehe nicht ernst genug.

Was aber sollen sie tun, wenn es doch zum Bruch gekommen ist?

Wenn sie sich trennen, ist das noch keine Sünde vor der Kirche. Erst wenn sie mit jemandem anderen zusammenleben, ist dies Ehebruch. Die Ehe ist ein Sakrament; man kann sie nur einmal verschenken. Das ist die Krux mit unserer modernen Gesellschaft: Sie erzieht nicht mehr zur Treue und zur Bindung.

Verstehen wir Sie jetzt recht? Die Kirche muß sich nach Ihrer Ansicht der modernen Gesellschaft verweigern?

Sie soll sich nicht dem Zeitgeist anpassen. Heute ist der Druck sehr groß, sich anzubiedern. Aber die Kirche hat in den letzten zweitausend Jahren die gegenteilige Erfahrung gemacht. Heute sind wir stolz auf diejenigen, die sich nicht angepaßt haben. Ich habe das miterlebt. Als ich in Berlin zur Schule ging, hieß es: „Deutschland erwacht. Die Zeit der klerikalen Dunkelmänner ist vorbei. In zehn Jahren gibt es in der Kirche nur noch zahnlose alte Weiber ...". Einige Jahre später gab es das ganze Tausendjährige Reich nicht mehr – und die einzige moralische Autorität, die wieder zum Vorschein kam, war die der Kirche.

Könnten Sie vielleicht eine Sackgasse nennen, in die die Kirche geraten ist, als sie sich angepaßt hat?

Ich halte es für eine Sackgasse, wenn sich die Kirche am Abtreibungs-System beteiligt. Wir müssen beraten und helfen, aber wir dürfen keine Beratungsscheine ausstellen. Eines Tages wird man sagen: Gut, daß die Kirche stark geblieben ist.

Ihnen ist also nicht bang um die Zukunft der katholischen Kirche?

Überhaupt nicht. Die größte Kraft für die Kirche kommt übrigens aus der Dritten Welt. Wenn ich in Freetown oder Monrovia in Afrika spazieren ging, winkten die Menschen auf der anderen Straßenseite und riefen: „Hallo, Father. Ich bin auch katholisch!" Da kann ich in Kassel lange rumlaufen, bis mir so was passiert. In Afrika und Lateinamerika leben die Menschen in Armut – und die innerkirchliche Stimmung ist „Halleluja". Wir leben im Wohlstand und jammern. Wir sollten von der Dritten Welt den Lebensmut und den Optimismus lernen.

Hilfe für die leidenden Völker auf dem Balkan*

Herr Erzbischof, militärische Verteidigung hat die Kirche stets als sittlich erlaubt betrachtet. Sind diese Luftangriffe[1], unter denen ja auch viele unschuldige Menschen leiden, nach Ihrer Ansicht noch mit der kirchlichen Lehre vereinbar, die auf Jesu Friedensgebot gründet?

Die kirchliche Friedenslehre vertritt in der Tat seit Pius XII. die Auffassung, daß grundsätzlich nur ein Verteidigungskrieg im strikten Sinne sittlich erlaubt sein kann. Diese Position „gerechter Verteidigung" setzt allerdings voraus, daß die internationale Völkergemeinschaft, repräsentiert durch die Vereinten Nationen,

---

* Bonifatiusbote, Nr. 16, 18. April 1999: Interview mit Erzbischof Johannes Dyba (Fulda) zum Krieg auf dem Balkan. Militärseelsorger durch die Pfarreien unterstützen (Interview: Ernst Schlögel); Überschrift von den Bearb.

[1] Nach dem Scheitern internationaler Friedensbemühungen in dem seit Anfang 1998 von Jugoslawien gegen die Kosovo-Albaner geführten Krieg begann die NATO am 24. März 1999 mit Luftangriffen auf Ziele in Serbien und Montenegro. Erst im Juni 1999 lenkte das jugoslawische Regime ein. Zur Sicherung des labilen Friedens rückten 50 000 KFOR-Soldaten im Kosovo ein.

einem ihrer zentralen Aufträge gerecht wird: wenigstens die Respektierung grundlegender Menschenrechte zu gewährleisten und zu verhindern, daß innerstaatliche Konflikte sich zur Gefährdung des Friedens in einer ganzen Region oder gar weltweit auswachsen können.
Es ist unseren europäischen Ländern gemeinsam mit den USA nicht gelungen, den Weltsicherheitsrat zur Erteilung eines Mandates zu bewegen – eines Mandates, das notfalls auch militärische Maßnahmen beinhaltet. So fordert das Zweite Vatikanische Konzil den Aufbau und die Stärkung der Weltautorität, die erfolgreich einen Frieden sichern kann, der nicht dem Machtgebot eines Starken entspringt, vielmehr mit Recht und eigentlich ein Werk der Gerechtigkeit ist[2]. Das Konzil brandmarkt ausdrücklich jene Taten als Verbrechen, wie sie jetzt im Kosovo unter Leitung der jugoslawischen Regierungsautorität begangen werden. In diesem Zusammenhang mahnt das Konzil die Soldaten: „Wer als Soldat im Dienst des Vaterlandes steht, betrachte sich als Diener der Sicherheit und Freiheit der Völker. Indem er diese Aufgabe recht erfüllt, trägt er wahrhaft zur Festigung des Friedens bei“[3]. So werden auch die Soldaten unserer Bundeswehr durch ihre „tätige Solidarität mit der Völkergemeinschaft in der Verteidigung einer gerechten internationalen Ordnung“[4] dem Auftrag des Konzils gerecht.

Nun hat der Vatikan in einem Papier unter anderem als Vorbedingung für einen Einsatz von Waffen genannt, daß ihr Gebrauch nicht Übel hervorruft, die schwerer sind als das Übel, das eliminiert werden soll. Aber sind nicht genau diese Übel eingetreten – denken Sie an die Folgen der Luftangriffe und die Zunahme der Vertreibung oder gar Ermordung von Albanern?

Ob die gegen die jugoslawische Führung eingesetzte Militärstrategie der NATO tatsächlich geeignet ist, die erklärten politischen Ziele – Wahrung und Schutz der Menschenwürde und Schutz grundlegender Menschenrechte der albanischen Mehrheitsbevölkerung Kosovos, die Möglichkeit der Rückkehr aller Flüchtlinge und die Herstellung einer Friedensordnung in der Region – zu erreichen, unterliegt nicht der Beurteilung durch den Militärbischof. Hier tragen Politiker und militärische Befehlshaber eine schwere Verantwortung.
Wer jedoch die brutale Vertreibungspolitik Belgrads als Folge der Militäroperation der NATO hinstellt, verkennt Ursache und Wirkung. Im Schatten des Krieges werden offensichtlich längst geplante, verbrecherische Aktionen der serbischen Führung verwirklicht. Hier stellt sich eher die Frage, ob die Völkergemeinschaft nicht schon früher und auch – selbst militärisch – nachhaltiger hätte handeln müssen.

Zum ersten Mal sind ja deutsche Soldaten an einem solchen Einsatz beteiligt. Wie kümmern sich Seelsorger um die betroffenen Soldaten, was können Sie Angehörigen sagen?

---

[2] Vgl. II. Vatikanisches Konzil, Pastoralkonstitution „Gaudium et spes“, 7. Dezember 1965, Nr. 78.
[3] II. Vatikanisches Konzil, Pastoralkonstitution „Gaudium et spes“, 7. Dezember 1965, Nr. 79.
[4] Wort der deutschen Bischöfe zum Golfkrieg, 21. Februar 1991.

Katholische wie übrigens auch evangelische Militärpfarrer sind bei den deutschen Soldaten in Mazedonien und Piacenza, bei dem Tornado-Verband, aber auch bei den SFOR-Friedenstruppen in Bosnien-Herzegowina. Ich bin mit ihnen über meine Bonner Kurie, das Katholische Militärbischofsamt, aber auch direkt in ständigem Kontakt. Belastend für unsere Soldaten ist gegenwärtig vor allem die Ungewißheit über die weitere Entwicklung, vor allem aber die unmittelbare, leibhafte Begegnung mit dem vielfachen Flüchtlingselend der Vertriebenen. Die Soldaten tun das Menschenmögliche, um sofort vor Ort zu helfen. In dieser Situation sind sie froh, daß im Militärpfarrer ein treuer Begleiter, Gesprächspartner und auch Beter bei ihnen ist. Den Familien zu Hause fehlt nicht nur der Ehemann, Sohn oder Vater. Die Angst vor Gefährdung und die Ungewißheit des Kommenden drücken hart – zumal die ältere Generation, die den Zweiten Weltkrieg noch miterlebt hat. Ich würde mir sehr wünschen, daß die Arbeit unserer Militärseelsorger in der Heimat, die sich um die Soldatenfamilien zu kümmern versuchen, durch die Pfarreien unterstützt wird. Das gilt aber nicht nur für die Soldatenfamilien. Bei vielen Menschen werden angesichts der Fernsehbilder grausame Erinnerungen an die Bombennächte wieder wach.

Ist denn dort ein friedliches Zusammenleben der Menschen nach den Ereignissen der letzten Jahre und Monate noch vorstellbar?

Genau das steht auch im Mittelpunkt der Sorge unseres Heiligen Vaters! Wie können wir wieder zum Frieden zurückfinden, der ja längst – und zwar durch eine verbrecherische Politik der in Belgrad herrschenden Alt-Kommunisten – verloren ist? Zuerst sage ich: Wir müssen intensiv um Frieden beten. Denn wirklicher Frieden, der diesen Namen verdient, kommt nur als Geschenk des Auferstandenen zu uns. Wir Christen in Ost und West müssen uns demütig dieser Wahrheit des Glaubens immer wieder neu vergewissern. Weil ich davon überzeugt bin, hoffe ich auch fest darauf, daß die Völker des Balkans nach allem Leid zu einem neuen Miteinander finden können. Das setzt aber auch dort die Bereitschaft zu Vergebung und Anerkennung gleicher Rechte für alle voraus. Nur dann kann die Politik der Völkergemeinschaft in dieser Region mehr zustande bringen als zerbrechliche Waffenstillstände. Und alle Völker Europas, auch die Russen, müssen dabei helfen – nicht zuletzt dadurch, daß die leidenden und mißbrauchten Völker des früheren Jugoslawien in Recht, Demokratie und wirtschaftlicher Entwicklung Europas ihre Zukunft sehen lernen.

Geburt der neuen Weltordnung*

Das Zweite Vatikanische Konzil fordert in seiner Pastoralkonstitution über die Kirche in der Welt von heute „Gaudium et spes" die Ächtung jeglichen Krieges. Doch war man auch realistisch genug, zu dekretieren: „Das erfordert freilich, daß eine von allen anerkannte öffentliche Weltautorität eingesetzt wird, die über die wirksame Macht verfügt, um für uns alle Sicherheit, Wahrung der Gerechtigkeit und Achtung der Rechte zu gewährleisten"[1]. Solange es aber diese „wünschenswerte Autorität" noch nicht gibt, und die Kriege auch noch nicht aus der Welt geschafft sind, spricht das Konzil vom Recht der Staaten, für ihre Verteidigung – wenn alle friedlichen Möglichkeiten erschöpft sind – auch militärische Mittel einzusetzen, und fordert die internationalen Gremien wiederholt zur gemeinsamen Sicherung des Friedens in der Welt auf.

Der Wunsch des Konzils hat sich inzwischen erfüllt. Wir haben eine „öffentliche Weltautorität" in Form der Vereinten Nationen, deren Sicherheitsrat in besonderer Weise mit der Wahrung des Friedens in der Welt beauftragt ist. Die „wirksame Macht" hat sich indes wohl eher bei der NATO angesiedelt, so daß eine faire und förderliche Zusammenarbeit dieser beiden Organisationen für die Förderung der Gerechtigkeit und des Friedens in der Welt von größerer Bedeutung ist.

Auf dem Weg von der Dominanz der vielen einzelnen Souveränitäten zur Dominanz weltweit übergreifender Solidarität, auf dem wir uns politisch, militärisch und völkerrechtlich befinden, wird der Kosovo-Konflikt historisch wohl einmal als eine besonders schmerzhafte Geburtswehe der neuen Ordnung unter den Völkern erscheinen[2]. Bisher hat man Massenvertreibungen als Maßnahmen der Bevölkerungspolitik hingenommen. So im vorigen Jahrhundert die Vertreibungen im Kaukasus durch das christliche Rußland. Zu Beginn dieses Jahrhunderts dann die Vertreibung der Armenier durch das Osmanische Reich. Schließlich wurde – zu einer Zeit, als man bereits die neue Rechtsordnung der UNO proklamierte auch die Vertreibung der Deutschen aus den Ostgebieten als zulässig angesehen. Und in neuester Zeit hat sich die Weltöffentlichkeit die Massenmorde und Vertreibungen in Ruanda wie in Bosnien angesehen, ohne wirksam einzugreifen.

Daß jetzt aber die Vertreibung einer Bevölkerung so gut wie einstimmig als ein schweres Verbrechen gegen die Menschenrechte angesehen und darüber hinaus mit militärischen Sanktionen beantwortet wird, ist eine historische Zäsur. Wir haben hier Neuland betreten. Wenn daher das Prinzip richtig ist, Massenmorde und Massenvertreibungen sowie andere blutige Menschenrechtsverletzungen nicht mehr ungehindert geschehen zu lassen, dann gewinnt eine neue internationale Solidarität Gestalt. Dann muß gemeinsam nach den besten Wegen gesucht werden, wie die „wirksame Macht" der öffentlichen Weltautorität so eingesetzt werden kann, daß

---

* Die Welt, Nr. 98, 28. April 1999: Geburt der neuen Weltordnung. Von Johannes Dyba (Gastkommentar).

[1] II. Vatikanisches Konzil, Pastoralkonstitution „Gaudium et spes", 7. Dezember 1965, Nr. 82.

[2] Vgl. bereits Das Wort des Bischofs: Geburtswehen, in: Bonifatiusbote, Nr. 36, 5. September 1993.

sie ihr humanitäres und friedensstiftendes Ziel erreicht, ohne dabei über das Unvermeidliche hinauszugehen. Da stehen wir am Anfang. Erfahrungen und Vergleichsmaßstäbe sind rar. Statt schneller Patentrezepte gemischt aus Entsetzen, Betroffenheit und ideologischer Rechthaberei wird es wohl eher einer gewissen Geduld bedürfen gegenüber denen, die nun in der Verantwortung stehen.

Wie gesagt, wir befinden uns in den Geburtswehen, aus denen eine ganz neue Gestalt internationaler Verantwortung und Einsatzbereitschaft als Voraussetzung für ein von Unterdrückung, Vernichtung und Vertreibung freies Zusammenleben der Völker hervorgehen soll. Daß diese Aufgabe nicht nur im Kosovo, sondern in einem weiten Rahmen, ja, man darf sagen, global angegangen wird, zeigt auch das neu erarbeitete strategische Konzept der Allianz, das die NATO soeben auf ihrem Jubiläumsgipfel in Washington vorgestellt hat. Damit stellt sich das Bündnis den völlig veränderten Sicherheitsrisiken der Gegenwart, in der ja regionale Krisen geradezu wie Pilze aus dem Boden schießen. Hier ist bei allen Partnern Mitarbeit angesagt, wobei man auch bei sicher nicht ausbleibenden Fehlern oder Kurzschlüssen nicht vorschnell aufgeben, sondern beharrlich die Strategie verwirklichen und in der Praxis vervollkommnen sollte, die das Entstehen zukünftiger Konflikte frühzeitig ortet und deren Ausbreitung durch rechtzeitiges Eingreifen verhindert.

Die Bundeswehr hat in den vergangenen zehn Jahren so viele völlig neue Erfahrungen gesammelt und hervorragend verarbeitet, daß sie für diese Aufgabe und ihren Anteil an der internationalen Friedenssicherung die besten Voraussetzungen mitbringt. Allen aber, die ihr angehören und daran mitwirken, sagt das Konzil: „Wer als Soldat im Dienst des Vaterlandes steht, betrachte sich als Diener der Sicherheit und Freiheit der Völker. Indem er diese Aufgabe recht erfüllt, trägt er wahrhaft zur Festigung des Friedens bei“[3].

50 Jahre Grundgesetz*

Als im Mai 1949 das Grundgesetz für die Bundesrepublik in Kraft trat, wurde es von den deutschen Bischöfen in mehreren Punkten scharf kritisiert. Das betraf insbesondere die Vorenthaltung des Elternrechts auf freie Schulwahl für ihre Kinder an öffentlichen Bekenntnisschulen und die sogenannte „Bremer Klausel“[1] als Ausnahme von der Verpflichtung zum schulplanmäßigen Religionsunterricht. Immerhin hat der Parlamentarische Rat[2] aus dem völligen Zusammenbruch eines gottlosen Systems doch die Lehren gezogen, die Präambel des Grundgesetzes mit den Worten beginnen zu lassen: „Im Bewußtsein seiner Verantwortung vor Gott und den Menschen“. Und die christlichen Wurzeln und Vorgaben unserer Verfassungs-

---

[3] II. Vatikanisches Konzil, Pastoralkonstitution „Gaudium et spes“, 7. Dezember 1965, Nr. 79.

* Das Wort des Bischofs: 50 Jahre Grundgesetz, in: Bonifatiusbote, Nr. 18, 2. Mai 1999.

[1] Die sogenannte „Bremer Klausel“ des Grundgesetzes (Artikel 141) nimmt diejenigen Bundesländer von der verfassungsrechtlichen Garantie des Religionsunterrichts (Artikel 7 Absatz 3 Satz 1) aus, in denen am 1. Januar 1949 eine andere landesrechtliche Regelung bestand.

[2] Vgl. etwa Michael F. Feldkamp, Der Parlamentarische Rat 1948–1949. Die Entstehung des Grundgesetzes, Göttingen 1998.

und Rechtsprinzipien haben auch in vielfacher Hinsicht Niederschlag in der neuen Verfassung gefunden, so auch das Recht auf Leben und körperliche Unversehrtheit[3]. Damit wurde auch das Leben ungeborener Kinder gesetzlich geschützt. So werden auch Ehe und Familie unter den besonderen Schutz der staatlichen Ordnung gestellt[4].

Man darf im Rückblick wohl auch feststellen, daß uns die ersten Jahrzehnte unter dem Grundgesetz ein friedliches Zusammenleben, wirtschaftlichen Aufbau und demokratische Normalität ermöglicht haben, wie sie uns in Deutschland in dieser Dauer wohl noch nie geschenkt waren.

Nun wäre es aber außerordentlich zweifelhaft, um nicht zu sagen unwahrscheinlich, daß ein Parlamentarischer Rat, der heute eine Verfassung für die Bundesrepublik Deutschland zu entwerfen hätte, das Grundgesetz noch ausdrücklich in Gott verankern würde. Der vor 50 Jahren vorhandene, und selbst vor 40 Jahren noch bestehende gemeinsame Grundkonsens ist doch durch den großen Traditionsbruch von „68“ und die folgende Gesetzgebung mit einschneidenden Veränderungen im Sittlichkeitsrecht, im Scheidungsrecht und bei den Persönlichkeitsrechten weitgehend abgebrochen worden.

Am deutlichsten wurde das beim Lebensrecht der ungeborenen Kinder, das ja durch Rechtsprechung und Gesetzgebung der letzten Jahre zugunsten vordrängender feministischer Freiheitsrechte praktisch völlig preisgegeben wurde und nur noch durch die Vorgabe einiger Formalien simuliert wird.

Das Grundgesetz selbst kann zwar kaum verändert werden, da der Gesetzestext als solcher durch die hohen Mehrheiten, die zur Verfassungsänderung nötig sind, geschützt wird. Trotzdem geschieht die wirksame Rechtsveränderung und Rechtsverletzung einfach und fast unbemerkt durch eine dem Zeitgeist angepaßte Interpretation der Gesetzestexte. Das ist beim Lebensrecht – demnächst mit Sicherheit auch der Alten und Kranken – ebenso wie beim „besonderen Schutz von Ehe und Familie“ der Fall. Wie kann von einer besonderen Förderung der für unsere Zukunft lebenswichtigen Familien noch die Rede sein, wenn jede homosexuelle Liaison ihr gesetzlich gleichgestellt wird?

Wir werden in Zukunft deutlicher darauf achten müssen, daß der Segen der Toleranz nicht vom Fluch der Dekadenz abgelöst wird.

Vor 50 Jahren forderten die deutschen Bischöfe: „Das christliche Volk wird eine Änderung des Grundgesetzes erstreben müssen“[5]. Heute feiern wir das Grundgesetz und sind froh, wenn es uns wenigstens in der jetzigen Gestalt erhalten bleibt. Das zeigt, wie bescheiden wir geworden sind. Sollten wir aber nach 50 guten Jahren jetzt die letzten gemeinsamen Werte einem zügellosen Multikulti-Pluralismus zum Opfer fallen lassen, um dann einen neuen Zusammenbruch als Nation zu erleben? Wer, wenn nicht die Kirchen, ist berufen, in dieser entscheidenden Zeit eine *christli-*

---

[3] Artikel 2 Absatz 2 Grundgesetz.

[4] Artikel 6 Absatz 1 Grundgesetz.

[5] Erklärung der deutschen Bischöfe nach Annahme des Grundgesetzes der Bundesrepublik Deutschland, 23. Mai 1949.

che Leitkultur aufrechtzuerhalten, die dem Besten unseres gemeinsamen Erbes entspricht?

Etikettenschwindel und Heuchelei*

Der Vorsitzende der Deutschen Bischofskonferenz, Bischof Lehmann, wollte Ihnen, wie er gesagt hat, „Brücken bauen". Heißt das, daß das Bistum Fulda, das ja schon lange keine staatlichen Beratungsscheine mehr ausfertigt, nunmehr Scheine mit dem entsprechenden Aufdruck „nicht zur Durchführung straffreier Abtreibungen" ausstellen wird?

Aber nein. Diesen Etikettenschwindel machen wir natürlich nicht mit, sondern wir bleiben in Fulda bei unserer ehrlichen und erfolgreichen Praxis: Beratung ja, dazu umfassende Hilfe; aber keine Ausstellung von Scheinen, die den Zugang zur Abtreibung eröffnen.

Ihr Standort ist also auch weiterhin weit weg von Zeitgeist und juristischen Sophistereien? Oder anders gefragt: Der Bischof von Fulda verharrt im deutschen Episkopat in seiner Außenseiterrolle?

Dazu möchte ich zwei Dinge sagen. Einmal: Ich werde in mehr oder weniger kurzer Zeit vor Gott in der Ewigkeit stehen. Da werde ich doch jetzt keine Zeit mehr dazu verschwenden, faulen Kompromissen nachzujagen oder um Mehrheiten, in welchen Gremien auch immer, besorgt sein. Die Stunde ist da, um Gottes Botschaft – und dazu gehören auch seine Gebote – in Klarheit und Wahrheit zu verkünden. Zum anderen wissen wir ja, daß auch Bischof Lehmann anfangs die jetzt vorgetragene „Lösung" für unmöglich hielt. Seine ursprünglichen Gewissensbedenken sind ja erst unter den mephistophelischen Ratschlägen seiner Haus- und Hofjuristen[1] zerbröselt.

Hatten Sie aber nicht selbst den Beschluß des Ständigen Rats zunächst begrüßt?

Ich habe der Erklärung vom 22. Juni nicht zugestimmt, sondern mich der Stimme enthalten. Was meine erste Erklärung vom 22. Juni angeht, die noch eine gewisse Hoffnung ausdrückte, so bezog sich die auf den vom Ständigen Rat unmittelbar vorher verabschiedeten Text, nicht aber auf die späteren Presseerklärungen Bischof Lehmanns und schon gar nicht auf die in seinem „Spiegel"-Interview vom 28. Juni präsentierte Lösung[2]. Was da ausgeführt wurde, läuft der Intention des Papstbriefs

---

* Die Welt, Nr. 183, 9. August 1999: Etikettenschwindel und Heuchelei mache ich nicht mit (Interview: Peter Scherer).

[1] M. Spieker, S. 170: „Das zielte offensichtlich auf Ernst-Wolfgang Böckenförde, Peter J. Tettinger und Christian Starck. Böckenförde trug zwar die Hauptverantwortung für die Ergebnisse der Arbeitsgruppe ... und davor schon für das Beratungskonzept des Bundesverfassungsgerichtes, aber eine Interpretation des Papstbriefes, wie sie Bischof Lehmann ... propagierte, hatte er zwar skizziert, aber gerade nicht empfohlen". Anders Christian Geyer, Lehmanns Mephisto, in: Frankfurter Allgemeine Zeitung, Nr. 183, 10. August 1999.

[2] Der Spiegel, Nr. 26, 28. Juni 1999, S. 58–62.

diametral entgegen und ist auch weder durch die Erklärung des Ständigen Rats noch durch den Kommentar des Staatssekretariats des Heiligen Stuhls oder den Brief des Apostolischen Nuntius gedeckt.

Ein massiver Vorwurf.

Leider wahr. Der Ständige Rat redet ausdrücklich davon, daß „die rechtliche und moralische Qualität dieses Dokuments unzweideutig wird". Bei der von Bischof Lehmann propagierten Lösung ist aber dem entgegen die Zweideutigkeit geradezu einprogrammiert. Ebenso unterstreicht der Kommentar des Staatssekretariats die Forderung des Heiligen Vaters, „damit die Verwendung des Scheins als Zugang zur Abtreibung nicht möglich ist". Und auch der Brief des Nuntius geht davon aus, daß mit dem bekannten Zusatz „Diese Bescheinigung kann nicht zur Durchführung straffreier Abtreibungen verwendet werden" jede Zweideutigkeit behoben ist. Im übrigen verweist er auf die Möglichkeit der Beratung nach § 2 des Schwangeren- und Familienhilfeänderungsgesetzes (SFHG) sowie auf die des gänzlichen Aussteigens aus dem staatlichen Beratungssystem.

Diesen Intentionen wird also die jetzt gefundene „Scheinlösung" nicht gerecht?

Absolut nicht. Wer die Zweideutigkeit nicht abschaffen, sondern sie geradezu einfordern und instrumentalisieren will, kann sich ehrlicherweise nicht auf den Papst und seine erwähnten Sprecher berufen. Der Papst sagt: „Entscheidend für die Wertung des Vorschlags ist die Frage, ob der am Ende stehende Text weiterhin die Verwendung des Scheins als Zugang zur Abtreibung gestattet. Wäre dies der Fall, so stünde er im Widerspruch zu meinem Schreiben". Lehmann dagegen sagt, „daß durch die Interpretation, die wir gegeben haben, die Angst unbegründet ist, der Schein könne unwirksam sein und gar nichts taugen". Dazwischen liegt doch ein Abgrund. Hier wird der Papst auf den Kopf gestellt.

Ein Abgrund, in den die ethische und theologische Glaubwürdigkeit der katholischen Kirche Deutschlands abgestürzt ist?

In der Tat. Hier liegt meine Hauptsorge. Wenn wir den Leuten auf einem Gebiet, auf dem es um Leben und Tod geht, sagen: Nehmt nicht ernst, was wir da schreiben; wenn wir dem Staat sagen: Nimm bloß nicht für bare Münze, was wir da erklären – welche Glaubwürdigkeit wollen wir denn da auf anderen Gebieten der Verkündigung noch in Anspruch nehmen? Wer wird denn von Bischöfen, die eine offensichtliche Heuchelei präsentieren, noch ein geistliches Wort oder, mehr noch, eine verpflichtende Botschaft entgegennehmen?
Die ganze hierzu vorgetragene Argumentation nimmt doch nicht Maß an Aposteln und Propheten, sondern an Pharisäern und Schriftgelehrten. Und in dieser Einschätzung stehe ich ja nun wirklich alles andere als alleine da. Denken Sie an die noch nie da gewesene Lawine an Kritik, die über die deutschen Bischöfe in den letzten Wochen niedergegangen ist. Die seriösesten Kommentatoren reagierten mit Hohn, Spott und Verachtung – die einfachen Gläubigen waren fassungslos, und viele schämten sich. Diese Scheinlösung hat die Gefahr eines Tumors am Leib der Kirche, der rapide all ihre Glaubwürdigkeit auffrißt. Deshalb müssen wir da einen

Schnitt machen, bevor die katholischen Moralaussagen hier zu Lande zu einem Scherzobjekt degenerieren.

Das heißt also, daß Sie eine offizielle Korrektur der „Scheinlösung" durch die Deutsche Bischofskonferenz fordern?

Die Deutsche Bischofskonferenz in ihrer Gesamtheit hat sich mit dem Thema nach dem dritten Papstbrief noch gar nicht auseinandergesetzt. Es war der Ständige Rat, der am 22. Juni eine entsprechende Erklärung abgegeben hat und der dann verschiedene Interpretationen durch Bischof Lehmann gefolgt sind. Ich gehe also davon aus, daß sich die im September in Fulda tagende Herbstvollversammlung der Bischofskonferenz mit dem gesamten Komplex noch einmal neu auseinandersetzen muß, zumal auch nicht wenige Bischöfe inzwischen über die ganzen Folgewirkungen und Zuspitzungen erschüttert sind.
Eine neue Debatte ist vor allem deshalb notwendig, weil nach den bisherigen Diskussionen die ernste Befürchtung besteht, daß trotz des Zusatzes auf den Scheinen das ganze Gegenteil des Papstwunschs bewirkt werden könnte. Auch machen allgemeine Verwirrung und Rechtsunsicherheit eine abermalige Befassung mit dem Thema erforderlich. Ich votiere nachdrücklich dafür, daß wir nun endlich den immer deutlicher vorgetragenen Willen des Papstes auch wirklich befolgen, wie wir es übrigens vor Jahr und Tag bereits versprochen haben.

Auch eine Bund-Länder-Kommission hat das Thema im Herbst auf der Tagesordnung. Welche Erwartungen knüpfen Sie an die Beratungen der staatlichen Gremien?

Kommt es zu einer Anerkennung des Scheins mit dem entsprechenden Aufdruck, wäre die Intention des Papstes völlig unterlaufen. Damit könnten die katholischen Beratungsstellen die Scheine nach dem Willen des Papstes nicht mehr ausstellen. Denn dann wären es nicht mehr „Scheine einer anderen Art", die also ausdrücklich nicht den Zugang zur Abtreibung eröffnen. Honoriert der Staat aber den vom Papst zum Ausdruck gebrachten Willen und erklärt die Scheine mit Zusatzaufdruck für nicht gesetzeskonform, braucht man den Schein gar nicht. Dann genügt der Beratungs- und Hilfeplan, ein Angebot, das sich an alle Frauen richtet.
Die dritte Möglichkeit wäre, daß es in Deutschland einen Flickenteppich in der Schwangerenkonfliktberatung gibt: Einige Länder könnten sagen: Wir machen da nicht mehr mit; andere könnten beide Augen zudrücken. Dann würden wir wahrscheinlich zu dem absurden Ergebnis kommen, daß die am wenigsten vom Christentum geprägten Länder und Landesregierungen dem Willen des Papstes entsprechen und ausgerechnet die allerchristlichsten Länder und Regierungen den Papst zum Narren halten würden.

Besteht bei all dem Wirrwarr und der Rechtsunsicherheit nicht die Gefahr, daß dann überhaupt keine Frauen mehr katholische Beratungsstellen aufsuchen werden?

Da haben wir im Bistum Fulda in sechs Jahren Praxis ohne Schein ganz andere Erfahrungen gemacht. Entgegen allen Unkenrufen ist ja die Zahl der ratsuchenden

Frauen wie auch die der Beraterinnen seither noch ständig gestiegen. Diese Angst ist also unbegründet. Andererseits hat die Bundesvorsitzende des Sozialdienstes katholischer Frauen (SkF) erklärt, daß infolge des Personalmangels Jahr für Jahr in vielen Beratungsstellen viele Frauen abgewiesen werden müßten. Frauenärztinnen aus Ballungsgebieten haben mich wissen lassen, daß da oft die „Eilfälle", die – von ihrem Umfeld gepreßt – den Schein haben wollen, den Frauen vorgezogen werden, die ihr Kind austragen wollen und einer längeren und intensiveren Beratung bedürfen. Da würden dann also endlich Kapazitäten frei für eine wirklich dem Leben dienende Beratung.

Könnte das unselige Dilemma, in das sich die deutsche Kirche in ihrem mißglückten Spagatversuch zwischen Zeitgeist und Papsttreue selbst hineinmanövriert hat, nicht auch ein geeigneter Anlaß dafür sein, neu über das bei uns ja traditionell sehr enge Verhältnis zwischen Kirche und Staat nachzudenken?

Es gibt in Deutschland in vielen Bereichen eine sehr segensreiche Zusammenarbeit. Beispiele: Schule, Kindergärten, Militärseelsorge. In anderen könnte die Zusammenarbeit ebenfalls fruchtbar sein, wenn die Voraussetzungen dafür stimmen würden. Beispiel: die theologischen Fakultäten. Aber dann gibt es natürlich auch Gebiete, auf denen wir uns nicht in eine Kooperation mit dem Staat einlassen sollten, zum Beispiel bei der Abtreibung. Wenn wir es dennoch tun und durch eine kompromittierende Anpassung Zweifel an unserer Haltung nähren, dann fördern wir selbst den Ruf nach globaler Trennung, die nicht notwendig ist.

Im Zusammenhang mit der Diskussion um die Einführung der Abtreibungspille Mifegyne ist die Haltung der katholischen Kirche aber doch sehr eindeutig.

Auch ich teile natürlich die Ablehnung dieses Tötungsmittels, wie sie von verschiedenen anderen Bischöfen zum Ausdruck gebracht worden ist[3]. Nur frage ich mich, was diese Ablehnung nützt, wenn ich gleichzeitig bereit bin, die Bescheinigungen auszugeben, die für die Anwendung dieser Tötungspillen erforderlich sind.

Sie meinen also, daß gerade bei Mifegyne die Unhaltbarkeit der Scheinvergabepraxis besonders deutlich wird?

Genau so ist es. Infolge der notwendigen Sofortanwendung bleiben da ja nur noch wenige Tage zwischen der Gewißheit der Schwangerschaft und der Anwendung des Mittels. Mehrere Tage davor muß aber der Schein ausgegeben sein. Das alles muß also in einem Schnellverfahren geschehen, das die vom Bundesverfassungsgericht vorgesehenen Bedenkfristen eindeutig unterläuft.
Bedenken Sie einmal, was die Bischöfe da den Beraterinnen zumuten, etwa bei der Gesetzeslage in Nordrhein-Westfalen. Entweder die Beraterin hält sich an die Landesvorschriften und gibt den Schein im Schnellverfahren aus, selbst wenn es, aus Zeitnot oder weil die Frau keinerlei Gründe anzugeben bereit war, zu gar keiner echten Beratung gekommen ist. Dazu muß sie dann auch noch über praktische Hilfen zur Vornahme der Abtreibung informieren.

---

[3] Vgl. etwa Erklärung Kardinal Meisners zur Einführung des Kindestötungspräparates „Mifegyne" in Deutschland vom 22. November 1999. Hrsg. v. Presseamt des Erzbistums Köln.

Und wenn sie sich so verhält ...

dann tut sie etwas, was die Kirche als unsittlich verurteilt und sie persönlich in schwere Schuld stürzt. Tut sie das aber nicht und hält sich allein an die kirchlichen Richtlinien, dann ist mit der Scheinausgabe eine Falschbeurkundung verbunden. Und in solch eine Lage sollen wir katholische Beraterinnen bringen? Und was muten wir katholischen Ärzten eigentlich zu, denen solche Scheine vorgelegt werden?

Wenn die Kirche, wie Sie ja selbst eingestanden haben, bei der Abtreibungsdebatte dabei ist, ihrer Glaubwürdigkeit schwersten Schaden zuzufügen, dann könnte sie sich doch eigentlich gleich auch große Widerstandsversuche etwa gegen die Sonntagsarbeit sparen.

Mir geht es darum, den Dammbruch zu schließen und ihn nicht zu einem allgemeinen Dammbruch werden zu lassen. Die eine Fehlleistung darf nicht Anlaß dafür sein, auch an allen anderen Fronten den Mut sinken zu lassen. Speziell zur Sonntagsfrage: Es ist wichtig, hier zu keinen falschen Alternativen wie Arbeit oder Gottesdienst zu kommen. Es sollte daher nicht in erster Linie um die Verteidigung eines Verbotskatalogs gehen, sondern um die Aufforderung, den Sonntag zur Begegnung mit Gott, mit der Familie und der Schöpfung zu nutzen. Wenn hier die Prioritäten klar sind, dann werden wir auch zu einer vernünftigen Gestaltung der Sonn- und Feiertage kommen.

Werte, Worte, Taten*

Ethik und „Werte“ sind ein großes Gesprächsthema geworden. Im öffentlichen wie im akademischen Leben hat die große Suche nach Werten allerorten begonnen. Dabei wird viel Ausgefallenes und Anormales in den Vordergrund geschoben, viel bisher Selbstverständliches aber argwöhnisch in Frage gestellt, so daß man den Eindruck hat, daß Unsicherheit und Begriffsverwirrung immer noch wachsen.

Man kann eben viel über Werte diskutieren, aber das bringt nichts, wenn man nicht gleichzeitig bereit ist, die Werte – früher als Tugenden bekannt – auch selbst im Leben zu verwirklichen. Das sagt die berühmte „Nachfolge Christi“ schon im ersten Kapitel: „Was nützt es mir, wenn ich die Reue lehrsatzmäßig definieren kann, aber keine Reue empfinde?“[1]. Ein deutscher Schriftsteller sagt dasselbe noch etwas fröhlicher: „Es gibt nichts Gutes, außer: man tut es“[2].

Auch die Suche nach den Werten, die wir verwirklichen sollen, ist für uns Christen gar keine so schwere Aufgabe. Wir finden sie alle in der Heiligen Schrift und besonders gut herausgestellt in den Briefen des heiligen Paulus. Er nennt Liebe und

---

* Das Wort des Bischofs: Werte, Worte, Taten, in: Bonifatiusbote, Nr. 36, 5. September 1999.

[1] Thomas a Kempis, De imitatione Christi I 1 9: „Opto magis sentire compunctionem, quam scire eius definitionem“.

[2] Erich Kästner, Moral, in: Dr. Erich Kästners lyrische Hausapotheke.

Güte, Gerechtigkeit und Wahrhaftigkeit, Sanftmut und Geduld, Treue, Friede und Freude, und schließlich Selbstbeherrschung und Standhaftigkeit.

Wie würde unsere Umwelt sich ändern, wenn wir diese Werte im eigenen Leben verwirklichen würden? Aber nur so, durch das eigene Beispiel, kann man sie der kommenden Generation einpflanzen, einer Generation, die zwischen moralischer Heuchelei und gelebtem Zeugnis sehr gut zu unterscheiden weiß.

Woher aber die Kraft nehmen zur Verwirklichung dieser Werte? Diese Kraft kommt aus dem Glauben. Im Glauben an die Nähe und Barmherzigkeit Gottes weiß ich mich ihm verantwortlich für die Verwirklichung des Guten in meinem Leben. Im Glauben erfahre ich die Impulse des heiligen Geistes, die mich in die Liebe und die Treue, den Frieden und die Freude führen.

Selbst unser Grundgesetz beruft sich für die Rechtfertigung seiner elementaren Wertaussagen auf das „Bewußtsein der Verantwortung vor Gott und den Menschen".

Wer sich nur sich selbst gegenüber verantwortlich weiß, für den bleibt als Wert oft nur der eigene Vorteil, und wo sich solche „Singles" häufen, kann keine Solidargemeinschaft überleben.

So hat der Abbau der Moral in unserer Zeit nicht nur persönliche und religiöse Folgen, sondern auch enorme Konsequenzen für die Gesellschaft. Jede Erfahrung lehrt uns ja, daß dem moralischen Bankrott stets der finanzielle und politische Bankrott gefolgt sind, bei Einzelpersonen ebenso wie bei ganzen Völkern.

Ich stehe nicht im Abseits*

Was erwarten Sie von dem Gespräch[1] der Bischöfe mit dem Papst?

Ich erwarte, daß endlich eine klare Entscheidung getroffen wird, die schon längst ansteht. Die Bischöfe haben schon im Januar 1998 den Papst wissen lassen, daß sie seiner Ansicht folgen werden. Das Ganze ist nur dauernd verschleppt worden. Da sind natürlich enorme Pressure-groups am Werk bei den Trägerverbänden und den politischen Organisationen. Daß die katholische Kirche da weiter mitmachen soll, ist der einzige Punkt, bei dem sich alle Parteien von der CSU bis zur PDS einig sind. Und warum? Weil sie alle nicht auf dieses Feigenblatt, dieses moralische Alibi verzichten wollen: „Die Kirche macht ja mit. Also können wir es weiter machen".

Das Bistum Fulda stellt keine Beratungsscheine aus?

---

* Berliner Morgenpost, Nr. 252, 15. September 1999: „Ich stehe nicht im Abseits". Bischof Johannes Dyba über Schwangerenberatung, Demokratie in der Kirche und Homosexualität (Interview: Stefan Seewald).

[1] Am 15. September 1999 wurden die Kardinäle Meisner, Sterzinsky und Wetter sowie der Vorsitzende der deutschen Bischofskonferenz Lehmann von Papst Johannes Paul II. in Castel Gandolfo zu einem Gespräch empfangen. Das Gesprächsergebnis wurde in einem von den Kurienkardinälen Ratzinger und Sodano gemeinsam unterzeichneten Brief vom 18. September 1999 den deutschen Bischöfen mitgeteilt.

Wir machen das seit sechs Jahren und haben damit gute Erfahrungen gemacht. Die Unkenrufe, wenn wir keine Scheine mehr ausstellen, kommen die Frauen nicht mehr, haben sich als völlig unrichtig erwiesen. Wir hatten jedes Jahr fünf bis sieben Prozent mehr Frauen. Wir mußten die Beratungsstellen ausbauen. Worum es mir geht, ist die Masse der Abtreibungen. Die ist auf das mangelnde Unrechtsbewußtsein zurückzuführen. Verbal verurteilt die Kirche die Abtreibung entschieden als schwerstes Verbrechen. Wenn sie sich aber gleichzeitig in das System einbinden läßt und es mit der Ausstellung der Scheine am Laufen hält, geht ihre Glaubwürdigkeit zugrunde.

Warum sind Sie gegen eine Modernisierung der Kirche?

Modern ist kein Wesensmerkmal der Kirche. Der Kirche ist es eigen, auf das Ewige zu verweisen, auf die bleibenden Werte, nicht auf das, was sich anpaßt. Ich weiß, daß uns das oft vorgeworfen wird, aber die Kirche muß sich für das Gute und Wahre einsetzen, aber nicht für das Moderne. Was ist heute modern? Schamlosigkeit und Korruption. Wir sollen natürlich die modernen Menschen erreichen mit unserer Sprache. Aber die Botschaft darf nicht modern sein.

Und Demokratie in der Kirche?

Demokratie ist Volksherrschaft, da entscheidet die Mehrheit und es gibt Gewaltenteilung. Das ist auch richtig so. In der Kirche aber hat Gott uns erwählt. Hier herrscht nicht die Mehrheit, sondern die Wahrheit. Kirche ist in ihrer Wesensstruktur hierarchisch, eine Stiftung Gottes. Erst wenn man das begreift, kann man in der Kirche glücklich sein.

Wie sehen Sie die Rolle der Frau in der Kirche?

Die Kirche hat immer einen bedeutenden Beitrag für die Emanzipation der Frau geleistet, was nicht anerkannt wird. Betrachten Sie die Rolle der Frau in anderen Weltreligionen wie Islam oder Buddhismus, ganz zu schweigen von den Naturreligionen. Da war das Christentum geradezu eine Befreiung. Hier stieg die Frau zu gleicher Würde auf. Daß es keine Priesterinnen gibt, hat nichts mit verweigerter Emanzipation zu tun. Das Amt hat Christus nur Männern übergeben.

Sie geraten immer wieder mit Äußerungen zu gleichgeschlechtlichen Beziehungen in die öffentliche Diskussion.

Das ist mir gar nicht lieb. Ich suche diesen Diskurs nicht. Homosexualität ist von der Natur her eine fehlerhafte Anlage. Die praktizierte Homosexualität wird von der Bibel und der Kirche als widernatürlich verurteilt[2]. Sie widerspricht den Geboten Gottes. Natürlich soll man Homosexuelle nicht ausgrenzen oder sie diskriminieren. Aber sie sollten sich auch etwas diskreter verhalten.

Wie reagieren Ihre Kollegen im Bischofsamt auf Ihre kontroversen Äußerungen?

---

[2] Vgl. u.a. Levitikus 18,22; Römer 1,26 f.; 1 Korinther 6,9 f.; 1 Timotheus 1,10; Katechismus der katholischen Kirche, Nr. 2357–2359.

So manche Amtsbrüder sagen mir: „Gut, daß das endlich mal jemand gesagt hat". Aber sie tun es nicht öffentlich. Da ist eine eigenartige Scheu. Auch viele Persönlichkeiten des öffentlichen Lebens geben mir Recht, aber hinter vorgehaltener Hand. Die würden sich eher die Zunge abbeißen als das auch offen zu sagen. Andere sind nicht meiner Meinung. Was die Reaktionen von normalen Gläubigen angeht, bin ich eher verwöhnt. Da erfahre ich, daß ich nicht im Abseits stehe.

Warum ist Ihr Bild in der Öffentlichkeit dennoch negativ?

Ich halte mich nicht an die „political correctness". Ich bin frei. Ich will nichts mehr werden und brauche keine Mehrheiten. Das gibt einem eine große Freiheit. Da leiste ich mir den Luxus, zu sagen, was gesagt werden sollte oder wozu sich andere nicht trauen.

Ihre Haltung den Medien gegenüber ist eher kritisch. Aber Sie benutzen sie auch.

Das ist eine Gratwanderung. Natürlich braucht man die Medien. Andererseits ist das Unterhaltungsprogramm auf einem Niveau, das die Schamgrenzen immer weiter heruntersetzt. Da benutze ich die Medien schon mal, um den Leuten zu sagen: Ich habe da eine Taste, mit der man abschalten kann.

Welche Rolle muß die Kirche in Zukunft in der Gesellschaft spielen?

Sie muß die Frohe Botschaft Gottes verkünden. In der Kirche muß man die Quelle der Freude finden können. Danach kommt erst alles Politische und Soziale, was sich heute so in den Vordergrund drängt. Die Kirche ist nicht auf die Gesellschaft angewiesen, sondern die Gesellschaft auf die Kirche. Die Kirche hat viele Gesellschaften überdauert. Man muß eher Angst um die moderne Gesellschaft haben. Wenn die Kirche nicht die sittlichen Grundlagen garantiert, geht die Gesellschaft buchstäblich zum Teufel. Da ist ihre Aufgabe, zu sagen, daß Menschen Gott verantwortlich sind, wie es in der Präambel des Grundgesetzes steht. Dieses Bewußtsein ist gewaltig geschwunden. Der Schwund der Grundwerte wie Wahrhaftigkeit und Treue richtet inzwischen gewaltigen Schaden an. Die Kirche muß darauf hinweisen, daß Unmoral nicht nur das Religiöse betrifft, sondern die Gesellschaft zerstört.

„Donum mortis"*

Wenn denn die deutschen Bischöfe sich jetzt aus der Einbindung in das gesetzliche Abtreibungssystem lösen, das flächendeckend straffreie und staatlich geförderte Abtreibungen ermöglicht, dann tun sie das nicht auf ein plötzliches und unvorhergesehenes „Diktat" aus Rom hin, sondern machen endlich wahr, was sie seit Jahren als kirchlichen Standpunkt verkündet haben.

Muß man denn wirklich noch einmal daran erinnern, daß der Vorsitzende der Deutschen Bischofskonferenz, Bischof Karl Lehmann, am 10. Juni 1992 erklärte: „Die Beratungsstellen können sich nicht in ein Verfahren einbinden lassen, das die

* Das Wort des Bischofs: „Donum mortis", in: Bonifatiusbote, Nr. 40, 3. Oktober 1999.

Ausstellung einer Beratungsbescheinigung zu einer wesentlichen Voraussetzung für die straffreie Tötung eines ungeborenen Menschen macht"[1]. Damals waren sich die Bischöfe darüber noch alle einig, und wenn sie bei dieser Linie geblieben wären, hätten wir uns all die zermürbenden Auseinandersetzungen der letzten Jahre erspart.

Muß man daran erinnern, daß die Vollversammlung der Deutschen Bischofskonferenz im Jahr 1995 – dem Jahr, in dem die heute gültige Regelung Gesetz wurde – noch einstimmig erklärt hat: „Der Staat hat kein Verfügungsrecht über menschliches Leben und kann ein solches Recht auch niemandem einräumen, nicht der Mutter und auch nicht dem Arzt. Der Staat kann und muß eine gesetzliche Beratung einrichten, ... sie darf aber nicht mit dem Angebot oder dem Rat zur Tötung des Kindes verbunden sein. Die Kirche kann sich nicht an einer gesetzlichen Beratung beteiligen, die dem göttlichen Gesetz ‚Du sollst nicht töten' zuwiderläuft"[2].

Trotz dieser klaren Erkenntnis hat man sich dann aber doch in das gesetzliche System einspannen lassen. Das erst hat zur Bitte des Papstes an die deutschen Bischöfe geführt, zwar die Beratung und Hilfe für schwangere Frauen in Konfliktsituationen weiterzuführen und eher noch zu intensivieren, aber die Ausstellung von Scheinen einzustellen, die den Weg zur straffreien Abtreibung eröffnen. Als der Papst diese Mahnung und Aufforderung im Januar 1998 erneuerte, hat der Ständige Rat der Deutschen Bischofskonferenz am 26. Januar wiederum einstimmig beschlossen: „Wir werden dieser Bitte Folge leisten"[3].

Nun, da es endlich so aussieht, als sollte ihr von Seiten der Bischöfe wahrhaftig Folge geleistet werden, tut sich Erstaunliches. Da versammeln sich Spitzenfunktionäre des politischen Katholizismus in Deutschland wie die Bischöfe in Fulda und gründen am 24. September 1999 ihre Stiftung „Donum vitae", die die Konfliktberatung übernehmen und die Scheinausgabe weiterhin garantieren will. Wenn man sich die Politiker ansieht, die da als Gründerinnen und Schirmherren auftreten, wird einem klar, was da eigentlich vor sich geht. Die Politiker sagen sich: Wenn die römisch-katholische Originalkirche uns das moralische Alibi für das Abtreibungs-Unrecht in Deutschland nicht mehr geben will, dann müssen wir uns eben selbst eine Kirche schaffen, die das tut. Und so kommt es zu dem unglaublichen Beginnen der politischen Handlanger jedweder Couleur im Präsidium der Zentralkomitees, gegen den Papst und an den Bischöfen vorbei eine Art Parallelkirche aufzubauen, in der dann auch eine andere Moral und politkonforme ethische Grundsätze gelten, die ermöglichen sollen, was am Felsen Petri zu scheitern droht.

Nun wird immer wieder angeführt, man könne durch das Angebot des Beratungsscheins Kinder schwankender Mütter doch noch retten. Natürlich gibt es das, übrigens auch in scheinfreien Beratungsstellen. Aber wenn wir auf die Hunderttausende abgetriebener Kinder schauen, wie viele Tausende von ihnen werden

---

[1] Pressemitteilungen der Deutschen Bischofskonferenz, Dokumentation, 10. Juni 1992, Nr. 6.
[2] Vollversammlung der Deutschen Bischofskonferenz in Fulda vom 25. bis 28. September 1995.
[3] 119. Sitzung des Ständigen Rats der Deutschen Bischofskonferenz in Würzburg-Himmelspforten, 26. Januar 1998.

getötet, weil das Bewußtsein dafür erloschen ist, daß es sich bei der Abtreibung um ein „verabscheuungswürdiges Verbrechen“[4] handelt. Und ist es ein Wunder, daß dieses Unrechtsbewußtsein schwindet, wenn es den Schein dafür ja auch bei kirchlichen Stellen gibt? Noch ungeheuerlicher aber wird die Mitverantwortung bei den Zehntausenden von Fällen, in denen der kirchliche Schein den Weg in den Tod eröffnet hat.

Ein Unternehmen, dessen Zielobjekt der Schein zur straffreien Abtreibung ist, „Donum vitae“ (Geschenk des Lebens) zu nennen, offenbart die geistige Verwirrung seiner Urheber. Dabei wäre „Donum mortis“, Geschenk des Todes, die wahrhaftige Bezeichnung für den Beratungsschein, denn seine Funktion ist es doch, die Tötung des Kindes im Mutterleib zu ermöglichen und das nicht, ohne auch dem Gewissen der Mutter einen tödlichen Stoß zu versetzen.

Genug. „Eure Rede sei: Ja, ja – nein, nein. Alles Weitere ist vom Übel“[5]. Nachdem wir jahrelang „alles Weitere“ hatten, laßt uns doch endlich zum klaren „Ja!“ kommen, zu dem Ja, das uns aus faulen Kompromissen und verkehrten Einbindungen befreit, zu dem Ja, das uns zur Einheit in der Weltkirche führt. Laßt uns mit diesem befreienden Ja zum Nachfolger Petri das neue Jahrtausend beginnen!

Woher sollen die Werte kommen, wenn der Glaube fehlt?*

Ihre Diözese stellt keine Beratungsscheine mehr aus. Was tut sie statt dessen und wie reagieren die hilfesuchenden Frauen?

Wir bleiben in Fulda bei unserer ehrlichen und erfolgreichen Praxis: Beratung ja, dazu umfassende Hilfe, aber keine Ausstellung von Scheinen, die den Zugang zur Abtreibung eröffnen. In sechs Jahren ohne Schein haben wir damit sehr gute Erfahrungen gemacht.

Entgegen allen Unkenrufen ist nämlich die Zahl der ratsuchenden Frauen wie auch der Beraterinnen seither ständig weiter gestiegen. Wurden 1992 diözesanweit (mit Schein) 2 795 Beratungsfälle gezählt, waren es im vergangenen Jahr (ohne Schein) 3 827 Beratungsfälle. Unsere Beraterinnen haben festgestellt, daß es sich nach wie vor um die gleiche Klientel handelt.

Wie wird in Ihrer Diözese beraten? Und wie finanzieren Sie Beratung und Hilfe?

Die Beratungsstellen des Sozialdienstes katholischer Frauen im Bistum Fulda erfüllen eine umfassende Beratungs- und Hilfetätigkeit. Ausgehend vom christlichen Menschenbild orientieren sie sich am Schutz des ungeborenen Kindes und nehmen die ratsuchenden Frauen in ihren Sorgen und Nöten an und sie nehmen sie

---

[4] II. Vatikanisches Konzil, Pastoralkonstitution „Gaudium et spes“, 7. Dezember 1965, Nr. 51,3; Katechismus der katholischen Kirche, Nr. 2271.

[5] Matthäus 5,37.

* Deutschland-Magazin, Nr. 12, 1. Dezember 1999, S. 8–11: Woher sollen die Werte kommen, wenn der Glaube fehlt? (Interview: Nadira Hurnaus).

ernst. Schließlich ist – angesichts heute in der Gesellschaft um sich greifender Orientierungslosigkeit – Beratung notwendiger denn je.
Wir beraten daher mit allen verfügbaren Kräften und helfen tatkräftig, wo immer das nur möglich ist. Neben der individuellen Beratungstätigkeit wurden beispielsweise über die Diözese Fulda allein in den Jahren 1995 und 1996 fast 2,6 Millionen Mark und im Jahr 1997 an die drei Millionen Mark aus der Bundesstiftung „Mutter und Kind – Schutz des ungeborenen Lebens" und in den genannten Jahren jeweils 1,2 Millionen Mark aus dem Bischöflichen Hilfsfonds „Mütter in Not" an Rat- und Hilfesuchende weitergeleitet.

Dennoch wird behauptet, daß die Frauen nicht mehr in „Dybas scheinlose Beratung" kommen.

Die Behauptung, daß die Beratungsstellen im Bistum Fulda von Frauen im Schwangerschaftskonflikt nicht mehr aufgesucht würden, wird zwar immer wieder aufgestellt, entspricht aber nachweislich nicht den Tatsachen. Die Zahlen habe ich ja eben genannt.
Unsere Beratungstätigkeit stützt sich auf das Schwangeren- und Familienhilfeänderungsgesetz und darin auf Artikel 1 § 2 des Gesetzes zur Vermeidung und Bewältigung von Schwangerschaftskonflikten in der Fassung vom 25. August 1995.
Unter der Rubrik „Schwangerschaftskonfliktberatung" der §§ 5 bis 7 können wir natürlich keine Eintragungen machen, weil für diese die Ausstellung von Scheinen Voraussetzung ist. Das bedeutet keineswegs, daß bei uns nicht auch Frauen im Schwangerschaftskonflikt beraten werden und umfassende Hilfe erfahren. Darunter befinden sich allerdings auch Frauen, die schon einen Beratungsnachweis haben. Diese Frauen entscheiden sich für den Weg in eine unserer kirchlichen Beratungsstellen, weil sie die hohe Qualität unserer Arbeit schätzengelernt haben.

Die angestrebte totale Vernichtung „unwerten Lebens" während des menschenverachtenden Nazi-Regimes ist – so der gesamtgesellschaftliche Konsens in Deutschland – ein historischer GAU. Ist die gegenwärtige deutsche Abtreibungspraxis, die ebenso mutwillig „lebensunwertes Leben" vernichtet, nun das humanistische Gegenteil: Ein notwendiges Zeichen von Freiheit, Gerechtigkeit und Nächstenliebe?

Natürlich nicht, im Gegenteil. Wenn es heute unzumutbar ist, ein Kind auszutragen, kann es morgen unzumutbar sein, Schwerkranke und Alte bis zu deren Ende zu pflegen. Die Entwicklung geht dahin, die „Unzumutbarkeit" immer weiter auszudehnen. Aber wir dürfen dem Zeitgeist nicht unterliegen. Hier gilt das Wort der Apostel: „Man muß Gott mehr gehorchen als den Menschen"[1].
Mit der neuen Abtreibungsgesetzgebung wurde zum ersten Mal dekretiert: Nicht Gott als Schöpfer ist Herr des Lebens, sondern der Mensch ist Herr über das Leben seiner Kinder. Erstmals in unserer Rechtsgeschichte wurde bestimmt, daß Unrecht straffrei ausgeübt werden darf, wenn die Mehrheit der Gesellschaft es so will.

---

[1] Apostelgeschichte 5,29.

Welche Rechtsgüter werden die nächsten Opfer sein, wenn dieser Damm einmal gebrochen ist? Welches Sittengesetz soll dann noch bestehen können?

Wer kann und soll dieser Entwicklung Einhalt gebieten?

In unserer heutigen Situation ist es nur noch die katholische Kirche, die ein weithin sichtbares Signal setzen kann. Einer Gesellschaft, die dabei ist, die Grundlagen zu zerstören, die allein ihr Überleben garantieren – auch das Überleben als demokratische Gesellschaft –, sind wir ein solches Signal schuldig.
Jetzt geht es darum, daß die Kirche in Deutschland einer offensichtlich verwirrten und zum Tode hin driftenden Gesellschaft nicht noch die Steigbügel hält. Vielmehr muß sie ein deutliches Zeichen für die Unantastbarkeit des Lebens setzen – selbst wenn sie dadurch wiederum zum Stein des Anstoßes wird.

Ob in Politik, Gesellschaft oder Kirche: Immer weniger Deutsche sind gegen Abtreibung. Warum?

Weil auch hier das Unrechtsbewußtsein immer mehr schwindet. Über die Widerrechtlichkeit der Abtreibung aufgeklärt, darf ich sie straflos begehen.
Man übertrage diese einmal auf andere Rechtsgüter. Dies führt doch zwangsläufig dazu: Was nicht verboten ist, ist erlaubt; was erlaubt ist, darauf habe ich einen Anspruch. Und diese Entwicklung wird noch verstärkt, da viele meinen, wenn die Kirche dieses System akzeptiert, muß es doch annehmbar sein.

Hat die deutsche Einheit diesen Trend forciert?

Zweifellos. Kardinal Meisner hat sich hierzu ja sehr deutlich geäußert[2]. Ich teile diese Auffassung.

Haben aber nicht schon davor die bundesdeutschen Regierungen die Weichen gestellt? Und gehörten nicht auch die C-Parteien dazu, die so ihr Bekenntnis zum Christentum ad absurdum geführt haben?

Kein Bischof macht sich heute noch die Illusion, daß man in unserer pluralistischen Gesellschaft eine parlamentarische Mehrheit für alle Moralauffassungen der katholischen Kirche haben könne. Da darf man auch von christlichen Abgeordneten nur das Bestmögliche verlangen. Nur: Wenn das „Bestmögliche" zu den Mindestnormen der katholischen Morallehre in diametralem Widerspruch steht, darf die Kirche ein solches Ereignis nicht durch ihre Beteiligung mittragen.
Diese Unterscheidung zwischen dem, was von Politikern, und dem, was von der Kirche erwartet werden muß, ist für die Beurteilung der Situation nach der neuen Schwangerschaftskonfliktgesetzgebung von außerordentlicher Bedeutung. Es gibt andere Länder, die noch liberalere Abtreibungsgesetze haben. Aber es gibt kein

---

[2] Interview Kardinal Meisners mit Jean Michel Alberts, in: Deutsche Tagespost, Nr. 36, 25. März 1999: „Bei der Wiedervereinigung Deutschlands gab es zum großen Teil leider immer nur Koalitionen des Negativen ... Die jahrzehntelangen Erfahrungen mit der Fristenregelung bei der Abtreibung in der DDR haben sich mit ähnlichen Tendenzen in der alten Bundesrepublik verbunden und so das neue Abtreibungsgesetz geschaffen, das uns heute so große Schwierigkeiten bereitet. Die Koalitionen des Positiven sind weitgehend ausgeblieben".

anderes Land, in dem die Kirche sich in diesen Abtreibungsmechanismus einbinden läßt.

Aber selbst die bayerische CSU-Sozialministerin Bärbel Stamm war empört über den Ausstieg der katholischen Kirche aus der Schwangerenberatung.

Man sollte die Kirche nicht drängen oder gar zwingen wollen, in der Abtreibungsregelung Erfüllungsgehilfe des Staates zu sein. Das kann nur schaden und bekommt weder der Kirche noch den politischen Parteien. Zur Zeit haben wir ja die absurde Situation, daß der einzige Punkt, wo sich alle Parteien – von der CSU bis zur PDS – einig sind, der ist, daß die Kirche dieses moralische Alibi für die Abtreibung liefern soll.
Positionen, wie sie von der ehemaligen Bundestagspräsidentin und dem Mitglied des Zentralkomitees deutscher Katholiken, Professor Rita Süssmuth, oder von dem CDU-Abgeordneten Hermann Kues der Kirche gegenüber vertreten werden, mögen für Abgeordnete interessant sein, werden aber viele einfache gläubige Christen der CDU entfremden.
Ich bin der Ansicht, daß das fehlende Unrechtsbewußtsein zu abertausenden Abtreibungen führt und daß die Kirche dieses Unrechtsbewußtsein nicht wesentlich eindämmt. Zwar verurteilt sie verbal die Abtreibungen, aber praktisch wirkt sie an dem flächendeckenden Abtreibungssystem in Deutschland mit. Nach dem Beschluß des Ständigen Rates der Deutschen Bischofskonferenz in Würzburg vom 22. November wird das ja nun aufhören.

Dieser neueste Beschluß ist auf allgemeine parteiübergreifende Entrüstung gestoßen. Befürchtet die Katholische Kirche nicht ihrerseits, daß sie sich den Menschen entfremdet?

Wir ernten immer da Hohn und Spott und haben die meisten Mißerfolge, wo wir unsere moralischen Gebote Leuten predigen, die keinen Glauben haben. Erst aus dem Glauben werden unsere sittlichen Forderungen verständlich. Sonst ist das so, als ob man vor Gehörlosen eine Symphonie von Beethoven aufführen wollte.
Dies gilt auch und gerade in der Abtreibungsfrage. Verständnis für den kirchlichen Standpunkt setzt auch hier Glaube voraus. Wenn ich glaube, daß jedes Kind im Mutterleib von Gott gewollt und ins Dasein gerufen ist, dann weiß ich, daß ich gegen dieses Geschöpf Gottes nicht meine Hand erheben darf. Wenn ich aber glaube, daß dieses Kind bloß ein „Verkehrsunfall“ ist, ja, dann frage ich natürlich, warum mischt sich die Kirche hier in mein Privatleben ein.

Also ist für einen Christen jedes Leben heilig?

Wenn Gott Herr über Leben und Tod ist, dann ist menschliches Leben sakrosankt, unantastbar vom allerersten Anfang im Mutterleib bis zum Tod. Vor der Geburt und nach der Geburt. Unantastbar ist dann auch das alte Leben, das behinderte Leben, das eigene Leben, das Gott uns geschenkt hat und das er uns einmal wieder nimmt, um uns in das ewige Leben zu führen.

Diese Meinung scheint in Deutschland nicht sehr weit verbreitet zu sein. Wohin wird das führen?

Wenn der Mensch sich zum Herrn über Leben und Tod erhebt, dann wird menschliches Leben verfügbar, von Mehrheiten und Kompromissen abhängig. Wohin das führen kann, haben wir in gottlosen Gesellschaften schon in vielen Zeiten gesehen. Dies führt dann nicht nur zu einer Gott verachtenden, sondern auch zu einer Menschen verachtenden Gesellschaft. In der ist dann keiner mehr sicher, ob sein Leben morgen nicht schon für nicht mehr wünschenswert erachtet und für unzumutbar erklärt wird. Wenn es heute „unzumutbar" ist, das Kind im Mutterleib leben zu lassen, kann es morgen schon „unzumutbar" werden, die schwerbehinderte Oma weiter zu pflegen.

Noch nie ging es in Deutschland so vielen Menschen wirtschaftlich wie rechtlich so gut wie heute. Dennoch gelten Kinder in unserem Luxusstaat als „Armutsfaktor Nummer 1". Sind Kinder inzwischen zum – mehr oder eher weniger rentablen – Wirtschaftsgut degradiert?

Wie wir heute mit dem Leben, mit Kindern, ja überhaupt mit Familien umgehen, nehmen wir den eigenen Untergang in Kauf. Unsere Zukunft ist nur dann gesichert, wenn genügend gesunde und glückliche Menschen in der kommenden Generation nachwachsen. Gesunde und glückliche Kinder kommen aber nur aus gesunden und glücklichen Familien! Diese dauernde Favorisierung von unfruchtbaren Lebensentwürfen, von egoistischen Singles, von schwulen und lesbischen Verhältnissen, von liberaler Abtreibungspraxis – das alles schafft kein Leben für die Zukunft. Das bahnt einer „Kultur des Todes" den Weg, wie Papst Johannes Paul II. sagte[3]. Man kann aus konturenloser Toleranz auch sehr schnell in die Dekadenz abgleiten.

Daß Flüsse, Seen, ja Meere „umkippen" können, wissen wir. Eine konventionelle Sanierung ist dann nicht mehr möglich. Vielleicht könnte bei uns auch die Institution Familie ähnlich umkippen. Dann wüchsen nicht mehr genug junge Menschen aus gesunden Verhältnissen nach, die noch selbst willens und in der Lage sind, das Leben weiterzugeben. Die sind dann wie Vögel, die den Nestbauinstinkt verloren haben.

Wie kann man diese Entwicklung aufhalten oder ihr gar entgegenwirken?

Wir müssen zu einem neuen positiven Ansatz kommen. In bisher noch gar nicht vorgesehenem Ausmaß müssen wir die Bildung gesunder und glücklicher Familien fördern. Und zwar nicht nur ideell, sondern auch materiell.

Die finanzielle Erdrosselung kinderreicher Familien hierzulande ist ein Unrecht, das wir uns nicht leisten können. Wir dürfen die Familien nicht mehr länger als Bettler und Bittsteller behandeln, sondern als die Garanten der Zukunft, der kommenden Generation. Wenn wir die Familien nicht retten, dann sind all die Milliarden-Investitionen für wissenschaftliche und technische Projekte in den Sand gesetzt.

---

[3] Vgl. Papst Johannes Paul II., Enzyklika „Evangelium vitae", 25. März 1995, Nr. 12.

Wir sorgen uns um alle möglichen Biotope: Die Familie ist das Biotop für Menschenkinder. Und wenn wir die Familie vernichten, vernichten wir unsere eigene Zukunft.

Geht der Verfall der Familie nicht einher mit einem ganz allgemeinen Werteverfall?

Alles schreit heute plötzlich wieder nach Werten. Aber wo sollen die denn herkommen? Die wachsen ja nicht auf der grünen Wiese der Phantasien. Die Werte, die unsere christlich-abendländische Gesellschaft intakt gehalten haben, sind ja Früchte des Glaubens und der entsprechenden Erziehung. Früher hießen sie übrigens noch Tugenden.

Deutschland leidet also unter einem Glaubens- und Tugendverlust?

Natürlich. Und wenn der Glaube schwindet, schwinden naturgemäß auch die sittlichen Haltungen, die in diesem Glauben begründet waren, letztlich in der Überzeugung einer persönlichen Verantwortung vor Gott: Treue, Wahrhaftigkeit, Ehrlichkeit, Nächstenliebe, Opferbereitschaft, Selbstbeherrschung und Reinheit der Gedanken sind ja keine Tugenden, die dem Menschen von selbst zufallen. Sie müssen vielmehr von Generation zu Generation durch Wort und Beispiel weitergegeben werden.

Woher rührt der Verlust dieser Tugenden, dieser Werte? Und wohin wird er uns letztlich führen?

Wir haben diese Werte seit vielen Jahren vernachlässigt, um einen heidnischen Hedonismus zu genießen. Dieser löst jedoch die menschlichen Bindungen auf und endet letztlich im Individualismus, im Egoismus und im Zusammenbruch des sozialen Solidarsystems.
Früher war die Zukunft und die große Herausforderung einer Generation die kommende Generation. Heute ist die eigene Generation die Hauptsache. „Fit for Fun" ist das Motto. Das ist De-Generation im wörtlichen Sinne.

In welchem Zusammenhang steht die Abtreibung mit dieser De-Generation?

Wir geben das Leben nicht mehr weiter, oder doch nur sehr ungern. Jede Schwangerschaft wird zum Konflikt und Problemfall. Und wir geben den Glauben nicht mehr weiter. Wenn wir aber die kommende Generation nicht mehr zu den großen Idealen unseres christlichen Glaubens und unserer christlichen Kultur führen, sondern nur zum heute so beliebten Markt der Möglichkeiten – der ja, wie wir wissen, so leicht in den Markt der Unmöglichkeiten umschlägt, wenn wir die Anstrengung scheuen, durch eigenes Vorbild und Beispiel unseren Glauben weiterzugeben und statt dessen sagen, „Such' dir deinen Glauben selbst aus", lassen wir da die kommende Generation im Grunde nicht allein?
Wer heute jedoch allein läßt, wird morgen allein gelassen. Allein lassen und allein gelassen werden ist aber das Gegenteil von der Gemeinschaft, die wir brauchen, um leben zu können.

Ein Ruf zur Gemeinsamkeit*

Am 22. November hat der Ständige Rat der Deutschen Bischofskonferenz den Weisungen des Heiligen Vaters gemäß beschlossen, in den katholischen Beratungsstellen keine Beratungsnachweise mehr auszugeben. Ein Beschluß, der den Weg dahin eröffnet, in der Frage des Lebensschutzes wieder zu einer gemeinsamen Praxis in allen Diözesen zu kommen. Von vielen Gläubigen wurde er sicherlich mit Erleichterung und Freude aufgenommen, da er das Ende eines langwierigen Streites darstellt, der nicht nur viele Kräfte gebunden, sondern auch zahlreiche Menschen in ihrem Glauben verunsichert hat.

Zugleich werden nach diesem Beschluß aber auch die Stimmen wieder lauter, die den Verzicht auf eine Ausgabe des Beratungsscheines mit dem Ende der Beratung, zumindest einer effektiven Beratung gleichsetzen.

Neben der überaus positiven Erfahrung in unserem Bistum ist es der Blick auf die frühere gemeinsame Praxis, der zeigt, daß derlei Befürchtungen vollkommen gegenstandslos sind. In ihrem Hirtenwort zum Schutz des ungeborenen Lebens vom 25. April 1973 stellten die deutschen Bischöfe fest: „Insgesamt gibt es bereits 432 Beratungsstellen mit 552 hauptamtlichen und 1 476 ehrenamtlichen Mitarbeitern, außerdem 214 Heime für Kinder und Mütter mit 14 910 Plätzen. Auch die katholischen Verbände haben bereits Hervorragendes geleistet. So hat der Sozialdienst katholischer Frauen in den letzten Jahren 3 000 bis 4 000 Frauen jährlich geholfen, die ohne diese Hilfe die Abtreibung als Ausweg aus ihrer Situation betrachtet hätten. Man kann davon ausgehen, daß durch die caritativen Verbände der beiden Kirchen (Caritas-Verband, Diakonisches Werk, Eheberatungsstellen, Telefonseelsorge u.a.) jährlich in mehr als 30 000 Fällen eine Abtreibung verhindert wurde“[1].

Diese Zahlen müßten jedem die Augen öffnen, der sich dessen bewußt wird, daß es zur Zeit dieses Hirtenwortes weder Beratungspflicht noch Beratungsscheine gab. Allein durch die Qualität der Beratung und Hilfe, verbunden mit dem eindeutigen Zeugnis für die Unantastbarkeit des Lebens, wurden damals genauso viele Frauen erreicht wie heute. Damit ist aber auch das Argument ad absurdum geführt, daß ohne das Angebot eines Scheines Frauen nicht mehr erreicht und Kinder nicht mehr gerettet werden könnten. Nicht Panikmache ist also jetzt angebracht, sondern das gemeinsame Bemühen aller verantwortlichen Kräfte zu Beratung und Hilfe, ohne elementaren christlichen Geboten den Boden zu entziehen.

So heißt es auch in dem Hirtenbrief: „Damit können wir uns aber nicht begnügen. Die deutschen Bischöfe haben deshalb beschlossen, die Hilfe zu verstärken, nicht zuletzt durch die Bereitstellung zusätzlicher kirchlicher Finanzmittel. Darüber hinaus bedarf es der tätigen Unterstützung durch unsere Gemeinden“. Und: „Wir können dieses Hirtenschreiben nicht schließen, ohne an die Freude erinnert zu haben, die ein Kind in die Familie bringt ... Es darf nicht dahin kommen, daß wir

---

* Das Wort des Bischofs: in: Ein Ruf zur Gemeinsamkeit, in: Bonifatiusbote, Nr. 49, 5. Dezember 1999.

[1] Hirtenschreiben der deutschen Bischöfe zum Schutz des ungeborenen Lebens, 25. April 1973.

blind werden für die Hoffnung und das Glück, das neugeborenes Leben ausstrahlt“[2].

Maß und Mittel unseres Einsatzes für das Leben darf nicht die Vorgabe und Anerkennung des Staates sein, sondern die vom Glauben an die gottgeschenkte Würde des Menschen geleitete tätige Nächstenliebe, die sich zum Ziel setzt, nicht nur konkreter Not abzuhelfen, sondern eine umfassende Kultur des Lebens zu schaffen.

Politischer Wechselbalg unter den legitimen Kinder kirchlicher Caritas*

Lange wurde darüber gestritten, ob sich die katholische Kirche aus der staatlichen Schwangerenberatung ausklinken muß. Die Sache ist entschieden. Hat die Diskussion der Kirche geschadet?

Der ganze Prozeß hat geklärt, daß es für die Kirche zu einer unerträglichen Belastung führt, wenn sie sich in die Ausführung von Gesetzen einbinden läßt, die christlichen Moralgesetzen widersprechen. Das wenigstens sollte uns als positive Erkenntnis bleiben.

Der Flurschaden, den die Angelegenheit in der Kirche hervorgerufen hat, ist doch nur deshalb so groß geworden, weil man die Sache so lange hingeschleppt und alle möglichen und unmöglichen Scheinlösungen und Sackgassen ausprobiert hat. Den Verantwortlichen mußte schon seit Jahren die Entscheidung des Papstes und der Weltkirche klar erkennbar sein.

Die katholischen Laien wollen die Beratungsarbeit fortführen. Warum sind Sie ein Gegner der Initiative des Zentralkomitees der deutschen Katholiken, die unter dem Namen „Donum vitae“ (Geschenk des Lebens) versuchen will, so viele Menschen wie möglich zu retten?

Die Entscheidung des Papstes gilt für alle Katholiken gleichermaßen, da gibt es keine Unterschiede zwischen Bischöfen und einfachen Gläubigen. Aber auch ganz abgesehen von der Frage des offenen Widerspruches zu den Weisungen des Papstes, halte ich das Vorgehen bei „Donum vitae“ für ausgesprochen unseriös. Wie kann man denn eine Spendenkampagne starten, die Millionenbeträge erbringen soll, obwohl man noch keine feste Organisation hat, noch keine Beraterinnen und noch keinerlei Anerkennung? Das ist auch innerkirchlich völlig kontraproduktiv. Denn die da akquirierten Beträge werden woanders fehlen. Bei der Caritas? Jetzt in der Weihnachtszeit bei Adveniat? Schließlich muß man fragen: Was soll mit den Spenden denn geschehen, wenn das Ganze nicht zum Tragen kommt, weil unsere bisherigen Trägerorganisationen weiterarbeiten?

---

[2] Ebd.

* Rhein-Zeitung, Nr. 292, 16. Dezember 1999: Erzbischof Dyba hält Vorgehen von „Donum vitae“ für unseriös (Interview: Martin Lohmann). – Überschrift von den Bearb.

Sollen die Millionen dann zurücküberwiesen oder für Verwaltung und Werbung verbraten werden? Wer übernimmt dafür die Verantwortung? Eine Zeit, in der CDU-Honoratioren äußerste Mühe haben, frühere Spendenpraktiken zu klären[1], ist ja wohl kaum der geeignete Augenblick für christliche Politiker, innerkirchliche Anderkonten zu eröffnen und unter der Schar der legitimen Kinder kirchlicher Caritas einen politischen Wechselbalg aufzuziehen.

Droht durch die unterschiedliche Sicht und die verschiedenen Überzeugungen eine Spaltung der Kirche in Deutschland? Ist die katholische Kirche in Deutschland noch katholisch?

Ich kann mir beim besten Willen nicht vorstellen, daß sich verantwortliche Vertreter der katholischen Kirche in Deutschland den widerrechtlichen und von uns allen verurteilten deutschen Abtreibungsbestimmungen enger verbunden fühlen als der Einheit der Kirche. Eine Trennung aus einem solchen Grunde wäre der Schritt aus der katholischen Kirche in irgendeine staatsangepaßte Kirche, die als Erfüllungsgehilfin des Zeitgeistes zu funktionieren hätte.

Haben Sie Verständnis dafür, daß der Vorsitzende der Deutschen Bischofskonferenz und Mainzer Bischof Karl Lehmann immer noch versucht, eine andere Lösung zu entdecken als die von Rom vorgeschriebene?

Nein, nicht das geringste, zumal eine Fortsetzung dieses unsinnigen Widerstandes das bevorstehende Heilige Jahr ganz unerträglich und verderblich belasten würde.

Nicht Verteidigung alter Privilegien, sondern Gewinnung von neuen Gläubigen*

Exzellenz, hatten Sie bei Ihrem Morgengebet heute ein besonderes Anliegen?

Ich hatte die üblichen Fürbitten, bat Gott darum, die Kranken und Sterbenden zu trösten und ihnen beizustehen. Leider habe ich vergessen, ihn darum zu bitten, daß das Interview mit „Bunte“ den Menschen die Augen öffnen möge. Aber das kann ich ja morgen noch nachholen.

Hoffentlich ist das nicht zu spät.

Nein, Gott kann auch im nachhinein noch helfen. Er ist allmächtig.

Wie sprechen Sie mit Gott? Und wie antwortet er?

---

[1] Nach Enthüllungen über illegale Finanzierungspraktiken des früheren CDU-Schatzmeisters Kiep sowie der hessischen CDU hatte auch der ehemalige Bundeskanzler Kohl am 30. November 1999 die Führung verdeckter Parteikonten eingeräumt und dafür die politische Verantwortung übernommen; er trat als Ehrenvorsitzender der CDU am 18. Januar 2000 zurück. Am 2. Dezember 1999 setzte der Deutsche Bundestag einen Untersuchungsausschuß zur Spendenaffäre ein.

* Bunte, Nr. 52, 23. Dezember 1999, S. 93–95: Billard mit dem Bischof. Johannes Dyba, 70, Erzbischof von Fulda, ist der Abtreibungsfeind Nr. 1. Warum bringen Sie alle Frauen gegen sich auf, Exzellenz? ‚Bunte‘ fand es heraus (Interview: Michael Kneissler). – Überschrift von den Bearb.

Wenn man sich Stille nimmt und zu sich kommt, kommt man auch zu Gott. Man muß sich vor Gott stellen und seinen Blick aushalten. Ich mache das am liebsten vor dem Abendessen. Morgens sind wir alle voller guter Vorsätze, da ist es leicht. Aber abends warten die Versuchungen auf uns. Und deshalb stelle ich mich abends dem Blick Gottes – der heilt, kräftigt und hält mich auf dem richtigen Weg. Wenn ich etwas Unsinniges vorhabe, dann kann ich Gottes Blick nicht standhalten. Da mache ich dann lieber eine Kurskorrektur.

Eigentlich wollten Sie ja Politiker oder Jurist werden. Hat Gott sich da auch eingemischt?

Ja, aber das war kein Blitzschlag. Ich studierte damals in Heidelberg und mit 24 hatte ich das Gefühl, Gott ist da, er ruft mich.

Was hat er gerufen?

Er rief mir zu: Du hast nur ein Leben. Willst du das wirklich als Politiker oder Wirtschaftsjurist verbringen? Und ich habe mir gedacht: Okay, wenn man drei Leben hätte, dann könnte man ja sagen, ich werde einmal reich, einmal schön und einmal fromm. Aber wir haben nur ein Leben. Und deshalb habe ich für mich die Konsequenz gezogen und bin nach Bonn ins Priesterseminar gegangen.

In Sachen Frömmigkeit mußten Sie da vermutlich noch einiges lernen.

Ich war ein junger, lustiger Student in Heidelberg, kein Oberministrant oder so was. Und als ich dann im Priesterseminar war, mußte ich morgens zu einer Zeit aufstehen, in der ich in Heidelberg normalerweise ins Bett gegangen bin.

Fing das dann mit dem Zölibat sofort an oder gibt's erst mal eine Art Karenzzeit?

Nein, das gibt's nicht. Aber ich hatte mir die Freiheit erhalten, die Liebe zu Gott zu wählen. Natürlich war ich als Student öfter mal verknallt. Aber ich habe mich niemals so weit eingelassen, daß ich irgendwelche Verpflichtungen gehabt hätte.

Nochmals andersherum gefragt: Wenn Sie eine Frau wären, wären Sie dann noch jungfräulich?

Ja. Ich hatte die Freiheit, mich für Gott zu entscheiden. Ich war immer ein sehr freiheitsliebender Mensch.

Wenn Sie mal wieder besonders provozierend waren, ruft Gott Ihnen dann gelegentlich zu: Bruder Johannes, mußt du die Klappe so weit aufreißen?

Nein, Christus selbst hat sehr harte und klare Worte gebraucht.

Aber Sie sind nicht Christus!

Ich glaube, daß heute viel mehr gesündigt wird durch tausend kleine Feigheiten und durch Sich-Raushalten als durch klare und harte Worte. Das Reich Gottes wird bei uns doch nicht durch eine deutliche Sprache verraten. Es wird dadurch verraten, daß sich keiner mehr traut, ganz klar die Offenbarung und die Botschaft auszusprechen.

Ein Vorwurf an Ihre Bischofskollegen?

Das ist ein Vorwurf an alle, die aufgerufen wären, ganz klar das Evangelium zu verkünden. Und sich manchmal aus Bequemlichkeit und zu viel Diplomatie schonen. Und ich schone mich nun mal nicht.

Einer Ihrer Bischofskollegen hat kürzlich geklagt: „Bruder Johannes, immer wenn du da bist, gibt es Streit“[1].

Wir können doch nicht in einer friedlichen Atmosphäre Hunderttausende von Kindern im Mutterleib töten. Da muß es Streit geben, Gott sei Dank. Und da hätte es auch beim Abtransport der Juden im Dritten Reich Streit geben müssen. Und da hätte es bei der Hexenverbrennung Streit geben müssen. Daß es Streit gibt, ist nicht schlimm. Viel schlimmer ist es, wenn man als Bischof zu konsens- und anpassungsbedürftig ist.

Passen sich Ihre Kollegen an, weil Sie Angst davor haben, anderenfalls Macht, Privilegien und den warmen Regen der Kirchensteuer zu verlieren?

Das möchte ich ihnen nicht unterstellen. Aber Tatsache ist doch, daß wir mehr Kirchensteuerzahler haben als Gläubige. Ich will die Kirchensteuer nicht abschaffen. Aber die Zukunft der Kirche liegt nicht in der Verteidigung alter Privilegien, sondern in der Gewinnung neuer Gläubiger. Ich habe keine Angst, Privilegien zu verlieren. Ich habe Angst, Gläubige zu verlieren.

Verprellen Sie nicht Gläubige, wenn Sie Frauen, die abtreiben, als Mörderinnen bezeichnen? Das ist doch Diffamierung!

Ich habe nie eine Frau als Mörderin bezeichnet.

Sie nennen Abtreibung Massenmord.

Das Zweite Vatikanische Konzil sagt, es ist ein verabscheuungswürdiges Verbrechen, das eigene Kind im Mutterleib zu töten[2]. Das ist eine schwere Sünde, die die Exkommunikation nach sich zieht.

Aber keine Frau tut das freiwillig und mit leichtem Herzen, sondern eine Abtreibung ist immer mit seelischen Schmerzen verbunden.

Da gebe ich Ihnen Recht. Gerade weil die meisten Frauen darunter leiden, dürfen wir ihnen den Schein nicht geben. Mein Vorwurf richtet sich gegen die Tat, nicht gegen die Frau. Ich weiß wohl, wie oft die Männer schweren Druck auf schwangere Frauen ausüben. Und wenn eine Frau, allein gelassen in ihrer äußersten Not, nicht mehr ein noch aus weiß und abtreibt, dann bin ich überzeugt, daß Gott sie nicht aus seiner Barmherzigkeit fallen läßt. Es gibt keine Sünde, die von Gott nicht vergeben wird, wenn ich sie bereue.

Haben Sie schon eine Frau exkommuniziert, weil sie die Schwangerschaft abgebrochen hat?

---

[1] Der Spiegel, Nr. 9, 1. März 1999, S. 30, wußte zu berichten, daß Bischof Luthe (Essen) Erzbischof Dyba auf der Vollversammlung der Bischöfe in Lingen im Februar 1999 angegriffen hatte: „Seitdem du hier zugehörst, gibt es Unfrieden in der Konferenz“; vgl. M. Spieker, S. 183.

[2] II. Vatikanisches Konzil, Pastoralkonstitution „Gaudium et spes“, 7. Dezember 1965, Nr. 51,3.

Nein, das ist im Kirchengesetz automatisch vorgesehen[3]. Aber es kommt auf die näheren Umstände an: Sie können nur eine freiwillige und vorsätzliche Tat mit einer Sanktion belegen. Und wer will denn im Einzelfall richten, in welchem Zustand die Frau war? Das weiß allein der liebe Gott. Vor ihn muß die Frau treten. Mit ihm muß sie ins Reine kommen.

Peter Glotz, der Vordenker der SPD, hält Sie für gefährlich, weil Sie Ihre Gegner verletzen.

Das ist doch ein Kompliment! Wollen Sie denn, daß die Jünger Christi in unserer verwirrten und stürmischen Zeit ungefährlich sind? Was wären das für Jünger? Das wären ja Kastraten. Die Botschaft Christi ist für die Welt, die sich von Gott abwenden will, natürlich gefährlich. Christus hat doch gesagt: „Ich bin nicht gekommen, den Frieden zu bringen, sondern das Schwert"[4] „Ich bin gekommen, Feuer auf die Erde zu werfen. Und was will ich, als daß es brenne"[5]. Es ist notwendig, Unrecht anzuprangern. Und wenn das polarisiert – ja dann, in Gottes Namen.

Haben Sie manchmal Angst vor der eigenen Courage?

Angst will ich das nicht nennen, aber manchmal ist es mir sehr unangenehm, daß ich mich wieder exponieren muß. Ich würde genauso gern wie viele Mitbrüder auch mal im Rudel bleiben und mich schonen. Aber das ist nicht mein Charakter. Und Gott hat mir ziemlich gute Nerven gegeben.

Haben Sie schon mal gesündigt?

Jeder sündigt. Aber ich spreche darüber mit meinem Beichtvater und nicht mit „Bunte".

Bischöfe sündigen hoffentlich ein bißchen weniger als andere ...

Das wollen wir hoffen. Aber im Fegefeuer wird uns klar werden, was man noch alles an Gutem hätte tun können. Und was man an Liebe und Vollkommenheit noch hätte verwirklichen müssen. Und was man eben aus Schwäche, Eigensinn oder Dummheit nicht gemacht hat. Und dann steht man da und sagt sich: Menschenskind, was hast du doch für Chancen gehabt in deinem Leben.

Müssen auch Sie durchs Fegefeuer?

Da komme ich wohl nicht drum herum.

Und können Sie dann melden: Ich habe meine Chancen richtig genutzt?

Ich kann sagen: Ich habe das Beste gewollt. Leider habe ich es nicht immer geschafft. Aber stellen Sie sich mal vor, wenn ein Bischof sagen würde: Ich sündige

---

3 Can. 1398 CIC/1983; dt. Übers.: „Wer eine Abtreibung vornimmt, zieht sich mit erfolgter Ausführung die Tatstrafe der Exkommunikation zu". Tatstrafe heißt, daß die Abtreibende automatisch durch das Begehen der Straftat und nicht erst durch das Urteil eines Bischofs aus der Gemeinschaft der Kirche ausgeschlossen wird.

4 Matthäus 10,34.

5 Lukas 12,49.

überhaupt nicht, ich bin vollkommen, ich bin fromm. Das wäre ja ein unausstehlicher Langweiler. Oder?

Sein und Scheinen*

Die Älteren unter uns erinnern sich noch daran, wie uns die Allgegenwart und Allwissenheit Gottes vorgestellt wurde: „Ein Auge ist, das alles sieht, auch was in finstrer Nacht geschieht".

Nun hat das „Auge Gottes" nicht stets nur Gefühle der Sicherheit und der sanften Geborgenheit ausgelöst, sondern so manche wohl auch gestört, die dieses ewige Gesehenwerden als eine Einschränkung ihrer Freiheit empfunden haben. Dieses Zeichen sollte doch in den Menschen die Gottesfurcht – nach der Bibel der „Anfang der Weisheit"[1] – wach halten und sie vor frevelhaftem Tun zurückschrekken lassen.

In unseren Tagen scheint das Auge Gottes kaum noch jemanden zu beeindrukken, aber die Emanzipation von der Gottesfurcht hat nicht die Freiheit, sondern die Menschenfurcht wachsen lassen. Wie sehr fürchten heute alle im öffentlichen Leben stehenden Menschen doch die Allgegenwart und Allwissenheit der Massenmedien. Diese Entwicklung aber pervertiert menschliches Denken und Handeln von Grund auf. Es kommt nicht mehr darauf an, gut zu sein, sondern gut zu erscheinen; nicht darauf kommt es an, ob mein Tun vor Gott oder vor meinem Gewissen gut oder böse ist, sondern vielmehr darauf, wie es in der Öffentlichkeit bewertet wird. Damit hat die Klugheit die Güte als erste Tugend abgelöst. Und so erklärt sich auch, was in den letzten Monaten offenbar geworden ist. Es gibt kaum noch ein Schuldbewußtsein, sondern nur noch Ärger über Dummheiten, die zu unliebsamen Entdeckungen führen.

Es geht hier keineswegs darum, auf diese oder jene mit dem Finger zu zeigen, sondern darauf hinzuweisen, daß wir es hier mit einer ebenso allgemeinen wie gefährlichen Entwicklung zu tun haben, die uns alle zu erfassen droht. Deshalb sollte ich mich, bevor ich mich über andere empöre, auch erst einmal demütig und ehrlich selbst prüfen, wonach ich mein eigenes Handeln ausrichte – daran, ob es vor Gott Bestand haben kann, oder danach, wie es von den Menschen beurteilt wird? Und bei Gott macht es keinen Unterschied, ob es offen oder im Verborgenen geschieht, ob es herauskommt oder nicht, denn er kennt mein Herz.

Darum hat er seine Jünger auch so eindringlich ermahnt: „Hütet euch vor der Heuchelei. Denn nichts ist verborgen, was nicht bekannt würde. Darum wird man alles, was ihr im Finsteren gesprochen habt, beim hellen Lichte verkünden"[2].

Also doch das „Auge Gottes"? Ja, aber nicht als Drohung, sondern als Zeichen der liebenden Gegenwart Gottes in meinem Leben und als sicherer Kompaß in trügerischen Zeiten.

---

* Das Wort des Bischofs: Sein und Scheinen, in: Bonifatiusbote, Nr. 10, 5. März 2000.

[1] Psalm 111(110),10; Sprüche 1,7.

[2] Lukas 12,3.

Zur Teilhabe am Leben Gottes berufen*

Wir haben das Heilige Jahr 2000 am Weihnachtsfest eröffnet mit der Botschaft des Johannes-Evangeliums: „Das wahre Licht, das jeden Menschen erleuchtet, kam in die Welt. Er war in der Welt, und die Welt ist durch ihn geworden, aber die Welt hat ihn nicht erkannt. Er kam in sein Eigentum, aber die Seinen nahmen ihn nicht auf. Allen aber, die ihn aufnahmen, gab er Macht, Kinder Gottes zu werden“[1]. Das liegt nun 2000 Jahre zurück und ist doch aktuell wie zu den Zeiten der Apostel und Evangelisten.

Auch heute wird ja der Schöpfer der Welt von vielen nicht erkannt, wird der Herr und Erlöser der Welt in seiner Welt von so vielen nicht aufgenommen. Auch heute sind die Menschen zur Entscheidung aufgerufen, gilt uns die große Herausforderung, ja die Einladung der uns suchenden Liebe Gottes: Allen aber, die ihn aufnahmen, gab er Macht, Kinder Gottes zu werden.

Und das ist der Ruf der Kirche an jeden von uns, das ist der Sinn eines Heiligen Jahres: das Kind-Gottes-Sein, das mir in der Taufe geschenkt wurde, in bewußter Entscheidung zu erneuern und in meinem Leben zu verwirklichen.

Nun liegt für den erwachsenen Christen die Unschuld der Taufgnade ja oft in weiter Ferne. Wieder ein „Kind“ Gottes werden, wie soll das gehen? Selbst der weise Nikodemus stammelte da hilflos von einer Rückkehr zum Mutterleib[2]. Nein, der Weg zur Erneuerung, zum Kind-Gottes-Sein, das uns in der Taufe geschenkt wurde, führt über die Umkehr zu Gott, dem Ruf des Herrn folgend: „Die Zeit ist erfüllt, das Reich Gottes ist nahe. Kehrt um und glaubt an das Evangelium!“[3]. Diese immer wieder erneute und erneuernde Bekehrung erfolgt durch das Bekenntnis von Schuld und Sünde, durch Reue und Vorsatz und die Lossprechung im Sakrament der Buße. Wir wissen, daß der Empfang dieses Sakramentes in den letzten Jahrzehnten drastisch zurückgegangen ist. Mit dem Abwerfen der Verantwortung des Menschen vor Gott schwindet auch das Sündenbewußtsein. Wie Adam und Eva will der moderne Mensch sich selbst vom Baum der Erkenntnis pflücken, was ihm paßt. Zwar offenbart sich dann schließlich nur seine Nacktheit, aber im Gegensatz zu Adam und Eva schämt sich der moderne Mensch ihrer nicht mehr, sondern prahlt eher noch mit ihr in seiner gottfernen Verblendung.

Liebe Brüder und Schwestern, gehen wir zu den Quellen zurück und hören wir wiederum den hl. Apostel und Evangelisten Johannes, wenn er uns in seinem ersten Brief offenbart: „Wenn wir sagen, wir haben keine Sünde, so betrügen wir uns selbst und die Wahrheit ist nicht in uns. Bekennen wir aber unsere Sünden, so ist er treu und gerecht. Er vergibt uns die Sünden und macht uns rein von allem Unrecht“[4].

---

* Fastenhirtenbrief 2000 des Bischofs von Fulda, 8. März 2000; Druck: Kirchliches Amtsblatt für die Diözese Fulda 116 (2000), Nr. 35, S. 15–17 („am 1. Fastensonntag, 12. März 2000, in allen Gottesdiensten – einschließlich der Vorabendmesse – zu verlesen“); Überschrift von den Bearb.

[1] Johannes 1,9–12.

[2] Vgl. Johannes 3,4.

[3] Markus 1,15.

[4] 1 Johannes 1,8–9.

Ja, liebe Brüder und Schwestern, er, unser Herr und Gott, macht uns rein von allem Unrecht, wenn wir es vor ihm bekennen. Und das darf nicht das „Bekenntnis“ des Pharisäers sein: „Herr, ich danke dir, daß ich so bin, wie ich bin!“, sondern das des Zöllners: „Herr, sei mir armem Sünder gnädig!“[5].

Eine solche Gesinnung wird immer dann möglich, wenn man sich der Nähe, der Größe und Heiligkeit Gottes bewußt wird – und seines Rufes in mein Leben hinein. Gott wartet ja in seiner unendlichen Liebe in jeder Stunde meines Lebens auf meine Hinkehr zu ihm, um mich zu erneuern, um mich als sein Kind anzunehmen, ja zu umarmen und aufleben zu lassen. Jeder aber, der in dieser Fastenzeit den Weg zu Gott im Empfang der Sakramente gefunden hat und vielleicht auch noch der Gnadengabe des Ablasses im Jubeljahr teilhaft geworden ist, soll dann auch in österlicher Freude das Jubeljahr mitfeiern. Mitfeiern, d. h. aber nicht nur an besonderen äußerlichen Feierlichkeiten teilnehmen, sondern ganz eintauchen in den Jubel, in die persönliche Befreiung, die wir in unserer Kirche finden können.

Als Kinder Gottes leben, das heißt den Weg der Jünger Christi mitgehen, seine Worte hören und aufnehmen, seine Nähe und Gegenwart suchen und schließlich seine Werke tun. Wir können Gott nur verstehen, wenn wir uns wirklich seinem Wort öffnen. Er hat es uns in der Hl. Schrift geschenkt.

Wenn wir bedenken, mit wie vielen Informationen wir uns von den Medien tagtäglich beladen lassen – Informationen, heute aktuell und morgen vergessen, Informationen, die für unser Leben völlig nebensächlich, wenn nicht gar schädlich sind, und wie selten wir dem Wort Gottes eine Chance geben, so ist es kein Wunder, wenn wir den Schatz im Acker nicht finden. Wie viele ackern und ackern, aber sie ackern nur an der Oberfläche und gehen nicht in die Tiefe, wo der Schatz, wo Erleuchtung, Wahrheit und Sicherheit zu finden wären. Ganz konkret: Warum öffne ich im Heiligen Jahr nicht einmal das Neue Testament und lese wenigstens ein Evangelium einmal vollständig? Im Gegensatz zum täglichen Informationsmüll ist ja hier jedes Wort Gottes Wort, reine Wahrheit und pure Wirklichkeit. Ein atemberaubendes Buch, wenn man bedenkt, daß in den Verheißungen Christi ja auch meine eigene Zukunft glasklar vorausgesagt ist, im Gegensatz zu den unzähligen Schwindelvoraussagen von Scharlatanen und Geschäftemachern.

Als der hl. Augustinus noch mühselig seinen Weg suchte, vernahm er eine Stimme, die sagte: „Nimm und lies!“[6]. Er nahm die Heilige Schrift und las sie; und sie hat ihn aus Zweifeln und Zerrissenheit in die strahlende Sicherheit der Kinder Gottes geführt.

Kinder Gottes suchen die Nähe und Gegenwart Gottes und fliehen nicht immer wieder in Ausreden, Aktivitäten oder ihren Terminkalender.

Schon durch den Propheten Jeremia hat Gott uns versprochen: „Sucht ihr mich, so findet ihr mich. Wenn ihr von ganzem Herzen nach mir fragt, lasse ich mich von euch finden“[7]. Wo finden wir ihn? Da, wo wir uns einmal sammeln, in der Stille der

---

[5] Vgl. Lukas 18,11.13.

[6] Augustinus, Confessiones VIII 12,29: „Tolle, lege; tolle, lege“.

[7] Jeremia 29,13 f.

Betrachtung, der Anbetung. Im gut vorbereiteten Empfang der Sakramente, vor dem Allerheiligsten, in den Exerzitien.

Es ist schon eigenartig, daß selbst Menschen, die über Einsamkeit oder das Ausbleiben von Besuchern klagen, so selten auf die Idee eines Besuches bei Gott kommen, der doch immer auf sie wartet. Dagegen kenne ich nicht wenige alleinstehende ältere Menschen, die häufiger die Gottesmutter zu Gast haben, die ihnen im Rosenkranzgebet Trost, neuen Mut und ein sinnerfülltes Leben schenkt.

Auch unsere Heiligen sind eine inspirierende Gesellschaft, besonders für die Jugend, der es heute an überzeugenden Vorbildern mangelt. Wer sucht, findet auch hier Helden und Heilige, die uns auf abenteuerlichen Wegen in die Nähe Gottes führen können.

Schließlich können wir als Kinder Gottes am Werk der Liebe und Erlösung unseres Herrn teilnehmen. Auch hier zeigt uns Johannes, der Lieblingsjünger Jesu, den rechten Weg: „Wir wollen einander lieben, denn die Liebe ist aus Gott und jeder, der liebt, stammt von Gott und erkennt Gott"[8]. – „Meine Kinder, wir wollen nicht mit Wort und Zunge lieben, sondern in Tat und Wahrheit"[9].

Liebe Brüder und Schwestern: Lieben in Tat und Wahrheit! Welche Chancen tun sich uns da auf in diesem Jahre des Heils, wie viele Möglichkeiten in vergebender, in helfender, großzügiger und selbstloser Liebe tätig zu werden? Das muß nun ein jeder für sich entdecken, wo er durch seine Liebe heilen kann, in der Familie, in der Nachbarschaft, am Arbeitsplatz oder bei Einsamen und Vergessenen. Wenn wir alle in Tat und Wahrheit soviel lieben würden, wie wir lieben könnten, würde das nicht ein Heiliges Jahr, das uns alle heiler macht?

Ich möchte schließen mit zwei Worten unseres Hl. Vaters, die mich als Bischof von Fulda in den letzten Jahren besonders berührt und begleitet haben. „Mit Bonifatius begann gewissermaßen die Geschichte des Christentums in Eurem Land. Viele sagen, diese Geschichte neige sich jetzt ihrem Ende zu. Ich sage Euch: Diese Geschichte des Christentums in Eurem Land soll jetzt neu beginnen, und zwar durch Euch, durch Euer im Geist des heiligen Bonifatius geformtes Zeugnis!"[10]. Ist darin nicht unser Auftrag für das kommende Jahrhundert enthalten? Werden wir seine Erfüllung im 21. Jahrhundert erleben?

Das zweite Wort, das uns alle betrifft, findet sich in der Enzyklika „Evangelium vitae": „Der Mensch ist zu einer Lebensfülle berufen, die weit über die Dimensionen seiner irdischen Existenz hinausgeht, da sie in der Teilhabe am Leben Gottes selber besteht"[11]. Ja, liebe Brüder und Schwestern, zur Teilhabe am Leben Gottes selbst sind wir berufen.

---

[8] 1 Johannes 4,7.

[9] 1 Johannes 3,18.

[10] Predigt von Papst Johannes Paul II. bei der Eucharistiefeier am 18. November 1980 auf dem Domplatz in Fulda; Druck: Verlautbarungen des Apostolischen Stuhls, Nr. 25, S. 151–156, hier 154.

[11] Papst Johannes Paul II., Enzyklika „Evangelium vitae", 25. März 1995, Nr. 2.

Die Kirche überlebt auch ohne Kirchensteuer*

Ein Kernpunkt der jüngsten Vollversammlung der Bischofskonferenz war die Schwangerenkonfliktberatung. Wie beurteilen Sie die Aktivitäten von Donum vitae?

Donum vitae ist ein unseriöser Verein. Wir haben unsere bewährten Beratungs- und Trägerorganisationen. Rita Waschbüsch hat 1992 als ZdK-Vorsitzende im Vorfeld des Gesetzes von einer geplanten Perversion der Beratungsarbeit gesprochen. Und jetzt will sie als Präsidentin von Donum vitae hauptamtlich diese Perversion organisieren.

Sie sind nicht gegen Beratung, Sie sind gegen Scheine?

Ich bin gegen die Ausgabe von Scheinen, die den Weg zur Abtreibung öffnen. Wir können doch nicht mit dafür verantwortlich sein, daß ein System der Massentötung, das wir verbal auf das Empörteste ablehnen, funktioniert.

Warum ist es nicht in Ordnung, wenn katholische Laien Scheine ausstellen?

Es gibt keine unterschiedliche Moral für Bischöfe und für Laien. Damit würden Laien zu Gläubigen dritter Klasse.

Das mit Spannung erwartete Schuldbekenntnis „Mea Culpa“[1] wurde kontrovers diskutiert. Wie schätzen Sie den Schritt des Papstes ein?

Ich finde es richtig und wertvoll, daß der Papst darauf hinweist, daß die Christenheit immer aus der Liebe Christi sich hätte motivieren müssen, daß das oft nicht geschehen ist und daß wir daraus Lehren ziehen. Die Gefahr ist, daß dies als Keule gegen uns geschwungen wird.

Was macht Ihnen die größte Sorge in der katholischen Kirche in Deutschland?

Das ist die Freudlosigkeit, die damit zusammenhängt, daß wir mehr in die institutionelle Breite gehen als in die Höhe und die Tiefe.

Die Zahl der Gläubigen sinkt. Was bedeutet das für die Werteordnung in unserer Gesellschaft?

---

* Rhein-Zeitung, Nr. 66, 18./19. März 2000: Erzbischof Dyba: Die Kirche überlebt auch ohne Kirchensteuer (Interview: Martin Lohmann, Edgar Konrath und Markus Kratzer).

1 In einer feierlichen Messe am 1. Fastensonntag, dem 12. März 2000, hatte Papst Johannes Paul II. im Petersdom in Rom (durch Vertreter der Römischen Kurie) 1. allgemeine Schuld, 2. Schuld im Dienst der Wahrheit, 3. Sünden gegen die Einheit des Leibes Christi, 4. Schuld im Verhältnis zu Israel, 5. Schuld für die Verfehlungen gegen die Liebe, den Frieden, die Rechte der Völker, die Achtung der Kulturen und der Religionen, 6. Sünden gegen die Würde der Frau und die Einheit des Menschengeschlechtes sowie 7. Sünden auf dem Gebiet der Grundrechte der Person bekannt und Gott dafür um Vergebung gebeten. Mit dieser historisch einmaligen Vergebungsbitte distanzierte sich das Oberhaupt der Kirche von jenem Teil der Kirchengeschichte, der durch Fehler und Irrtümer, selbst durch Vergehen und Verbrechen geprägt ist und in den Augen vieler auch die Gegenwart belastet. Vgl. dazu etwa Konrad Repgen, Kirche, Schuld, Geschichte. Eine aktuelle Ortsbestimmung, in: Die neue Ordnung 53 (1999), S. 293–301.

Schlimmer ist für mich, daß die Glaubenssubstanz auch bei den Mitgliedern schwindet. Die Kirche in Deutschland muß sich viel mehr auf die Kernfragen des Glaubens besinnen.

Kann die katholische Kirche überhaupt Werte vermitteln – und wie tut sie das?

Natürlich, sie muß die Frohe Botschaft verkünden. Denn Werte kommen aus dem Glauben. Sie wachsen nicht auf Bäumen.

Aber ist das nicht zu theoretisch?

Nein, die Werte sind ja schon im Schoß der Familie verankert, der Glaube an das Gute, Ehrlichkeit, Gerechtigkeit, Liebe.

Woran krankt unsere Gesellschaft?

Sie hat weithin den Bezug zur Transzendenz, zu Gott, zur Ewigkeit verloren. Die Generation heute ist nicht besser oder schlechter als frühere. Nur heute, in unserer Medienwelt, kann sich jeder viel leichter in eine Scheinwelt versetzen, sich aus der Wirklichkeit verabschieden.

Wie stehen Sie zu einer radikalen Trennung Kirche/Staat?

Für eine radikale Trennung bin ich nicht. Es gibt doch Gebiete, wo die Zusammenarbeit gut und fruchtbar ist, etwa in der Erziehung oder auf dem sozialen Sektor.

Könnte nicht der Wegfall der Kirchensteuer eine Chance für die Kirche bedeuten?

Ich will mir die Kirchensteuer nicht wegwünschen, aber sie ist wohl ein auslaufendes Modell, denken wir an das zusammenwachsende Europa oder an Datenschutzbestimmungen. Ein Wegfall schreckt mich nicht, die Kirche wird auch ohne Kirchensteuer überleben.

Muß sich die Kirche zum elitären Verein entwickeln?

Wir sollten weder hohe noch niedrige Mitgliedszahlen anpeilen. Aber wir müssen das Abenteuer des Glaubens wieder enthüllen, dann können wir Gott die Zahlen überlassen.

Wo stehen wir auf dem Weg zur christlichen Ökumene?

Die erste Phase haben wir geschafft. Wir bekämpfen uns nicht mehr und behandeln uns als Brüder und Schwestern. Die zweite Phase hin zu einer Wiedervereinigung funktioniert nicht auf dem Weg eines kleinsten gemeinsamen Nenners. Da müßten wir alle dem Herrn näher kommen. Und wenn wir dem Herrn nahe sind, werden wir uns dort treffen. Aber Ökumene brauchen erst einmal die evangelischen Kirchen untereinander[2].

---

[2] Fortsetzung des Interviews:
Spontan zu: Johannes Paul II.? Völlig o.k. / *Karl Lehmann?* Er will es vielen recht machen. / *Hermann Josef Spital?* Ein suchender Bischof. / *Franz Kamphaus?* Ich wünsche ihm, daß er bald das Licht am Ende des Tunnels sieht. / *Hans Küng?* Ein Jammer, daß dieses große Talent durch Hybris so unbrauchbar geworden ist. / *Eugen Drewermann?* Man sollte für ihn und seine Anhängerinnen beten. / *Rita Waschbüsch?* Ist von der Paula zur Saula geworden. / *Rudolf*

Mensch, werde wesentlich!*

Der heilige Augustinus sagte einmal, das Leben sei ein Kampf zwischen dem Wesentlichen und „einem Sturm von frivolen Gefühlen“[1]. Das sagte er wohlbemerkt vor über 1600 Jahren als es noch keine Medien-Milliarden-Industrie zur Dauerproduktion von frivolen Gefühlen gab.

Heute ist das Wort des Augustinus ein wahrer Spiegel auch für unsere Zeit. Wenn wir einmal kritisch in unseren gesellschaftlichen Alltag schauen: Schlagen wir nicht allenthalben das Wesentliche im Namen des Bedeutungslosen nieder und nehmen das Bedeutungslose wichtig?

Wie viele Menschen lassen sich Tag um Tag von Bedeutungslosigkeiten unterhalten, die die Konsumgesellschaft am laufenden Band produziert, in einem schier endlosen Zeitvertreib. Was leisten wir uns da eigentlich, wenn wir Zeit totschlagen oder vertreiben? Es ist doch die kurze und unwiederbringliche Zeit, die Gott uns auf Erden schenkt, um in ihr den Sinn unseres Lebens zu finden. Den können wir aber nur jenseits aller Supermärkte und allen Fernsehens in der Wirklichkeit unserer eigenen Seele finden, in der Begegnung mit dem lebendigen Gott. Gott staunend zu erkennen und von seiner Liebe ergriffen zu leben, das ist das eigentliche Abenteuer, in dem sich unser Leben und unser ewiges Schicksal entscheidet, das ist das „Wesentliche“. Das gibt es nicht im Internet, sondern nur in der Stille. Ja, das Wesentliche ist still, will gesucht sein, kommt, bereichert und bleibt auf immer. Das Bedeutungslose lärmt, drängt sich auf, vergeht und läßt uns verarmt zurück.

Zu dieser großen Unterscheidung ruft uns die Kirche in der Fastenzeit. „Bedenke, o Mensch ...“ hieß es am Aschermittwoch, und bedenken sollten wir wahrhaftig, ob wir uns vom breiten Strom der Bedeutungslosigkeiten immer wieder von Gott wegtreiben lassen oder ob wir in entschiedenen und selbst bestimmten Schritten auf ihn zugehen. Ohne Gewissenserforschung geht das nicht. Wie sieht es in meinem Alltag aus? Wie viele Stunden, tätige oder stille, werden mir zu Stufen in die Gegenwart Gottes? Und wie viele „flüchtige“ Stunden trennen mich immer wieder von ihm, werden zu verlorenen Zeiten? Ist Gott die Wirklichkeit in meinem Leben, wirklicher als alle Dinge, die sich mir entgegendrängen?

Scharping? Ein sehr gewissenhafter Politiker. / *Pro Familia?* Setzen Sie das „Pro“ in Anführungszeichen. / *Bundeswehr?* Verdienstvolle Truppe. / *ZdK?* Verfehlt zu oft das Thema. / *Axt Gottes?* Bonifatius. / *Johannes Dyba?* Mir geht es eigentlich unverdient gut.

* Das Wort des Bischofs: Mensch, werde wesentlich!, in: Bonifatiusbote, Nr. 14, 2. April 2000.

[1] Vgl. Augustinus, De civitate Dei 15,5: „pugnant ergo inter se mali et mali; item pugnant inter se mali et boni ...“.

Anpasserei schadet*

Freuen Sie sich auf den Katholikentag[1], Herr Erzbischof?

Ich halte die Entwicklung beim Katholikentag für sehr bedenklich. Das Programm hat mittlerweile 547 Seiten, und es wird alles geboten: Christliches und Vernünftiges. Aber da wird auch jeder Hauch von Schwachsinn uralten Wahrheiten gleichgestellt.

Welchen Schwachsinn meinen Sie?

Auf dem letzten Katholikentag[2] trafen sich Frauen zum Bodypainting, das finde ich nicht gerade eine besondere Form von Gottesdienst. Und daß abgefallene Priester mit ihren Frauen da aufmarschieren, ist auch nicht gerade sehr erbaulich.

Alles Christen, die die Begegnung suchen.

Dann sollen sie als Christen kommen, als bekennende oder reuige, aber nicht den Abfall von der Kirche propagieren, die Kritik am Papst und den Abbau des Konzils. Man sollte die positive Vielfalt der Kirche zeigen und nicht Degenerationserscheinungen.

Vielleicht finden manche Leute die Freude an ihrem Glauben im Bodypainting.

Bodypainting ist Bodypainting und Glauben ist Glauben. Sie können doch nicht Äpfel mit Birnen vergleichen.

Sie treten beim Katholikentag in Hamburg exakt einmal auf. Ist das noch Ihr Katholikentag?

Noch vor zehn Jahren habe ich beim Katholikentag an großen Diskussionen teilgenommen und bei Hauptgottesdiensten gepredigt. Die spätere Entwicklung hat aber das Interesse auf beiden Seiten merklich abkühlen lassen.

Sie fühlen sich von den Laien, die den Katholikentag veranstalten, rausgemobbt?

Die Veranstalter sind weniger pluralistisch, als es den Anschein hat. Wo tausend Meinungen als gleichberechtigt präsentiert werden, wo ziemlich alles, was Lehre und Tradition der Kirche widerspricht, Beifall findet, wo die „Aktion Leben" geradezu vertrieben wurde[3], da baut man eher am Turm von Babel als am himmlischen Jerusalem.

Einerseits ist es Ihnen zu viel, andererseits zu wenig Pluralismus. Was denn nun?

Es ist ein sehr gezielter Pluralismus. Was dem Zentralkomitee nicht paßt, hat kaum eine Chance.

---

* taz, die tageszeitung, Nr. 6 156, 31. Mai 2000, S. 3 f.: Anpasserei schadet (Interview: Bascha Mika und Bernhard Pötter).

1 Der 94. Deutsche Katholikentag fand vom 31. Mai bis 4. Juni 2000 in Hamburg statt.

2 Der 93. Deutsche Katholikentag fand vom 10. bis 14. Juni 1998 in Mainz statt.

3 S. dazu oben S. 242. – Die 1979 gegründete Aktion Leben e.V. war – nach eigenen Angaben – 1980 und 1982 und dann wieder seit 1998 auf den Deutschen Katholikentagen vertreten.

Trotzdem kommen sehr viele Gläubige. Das Bedürfnis nach Großveranstaltungen mit religiösem Charakter ist groß.

Deshalb sollte man da Besseres und Aufbauenderes bieten. 80 Prozent von dem, was da passiert, hat mit dem Glauben doch nichts zu tun und könnte auf jeder beliebigen Großveranstaltung stattfinden. Und auch ein Jahrmarkt, zu dem Politiker kommen und sich produzieren dürfen. Insgesamt gibt es mindestens so viele Veranstaltungen gegen die Kirche wie für sie.

Kritik an der Kirche ist ja noch keine Kritik am Glauben. Oder setzen Sie Kirche und Glauben gleich?

Die Kirche lebt den authentischen Glauben vor. Sehen Sie mal, wir haben ein Glaubensbekenntnis, das ist dasselbe wie vor tausend Jahren. Reiche sind gekommen und gegangen, alles hat sich verändert, außer der katholischen Kirche. Die katholische Kirche ist da, mit demselben Evangelium, mit demselben Credo, mit demselben Papst, mit derselben apostolischen Sukzession, das ist ja nicht zufällig.

Nicht ganz richtig. Wir haben inzwischen viele christliche Kirchen.

Ich sage ja, alles hat sich geändert, nur die katholische Kirche ist geblieben. Wir haben inzwischen über 300 evangelische Kirchen. Warum sollen wir als katholische Kirche die 301. werden?

Alle berufen sich darauf, das wahre Wort Gottes zu verkünden.

Schön, das können sie ja. Und wir haben ja auch die Ökumene. Aber es gibt nur eine katholische Kirche, die so bleibt, wie sie ist.

Warum glauben Sie eigentlich, das Monopol auf den wahren Glauben zu haben?

Weil ich die Offenbarung Gottes im Evangelium habe und weil ich eine persönliche Berufung erfahren habe. Mit dem Zweiten Vatikanischen Konzil sage ich: In der katholischen Kirche ist die Kirche Jesu Christi verwirklicht. Alle reformierten Kirchen haben sich erst im Lauf der Zeit von ihr getrennt.

Aber selbst in der katholischen Kirche ist man nicht einer Meinung. Feministische Theologinnen zum Beispiel ...

Also wissen Sie, feministische Theologie, das ist ja nun Schwachsinn. Feministisch ist doch kein Wort, das zu einer Wissenschaft paßt. Oder gibt es auch feministische Mathematik? Daher bin ich natürlich auch gegen maskulinistische Theologie.

Die wird aber betrieben.

Ach, das behaupten Sie jetzt. Die feministische Theologie ist ungefähr gleichzeitig mit dem Kaugummi aus Amerika zu uns gekommen.

Glauben Sie nicht, daß die Theologie männerdominiert ist, wenn Männer seit 2000 Jahren die Bibel auslegen?

Theologie wurde auch von Frauen betrieben.

Aber von der katholischen Kirche nicht akzeptiert.

Nicht akzeptiert? Was Sie da reden, ist einfach Unsinn. Wir haben große Kirchenlehrerinnen, zwei Katharinas, zwei Theresas ...

Ja natürlich. Und die haben sich häufig im Widerspruch zu Rom befunden. Katharina von Siena hat den Papst ähnlich kritisiert, wie es heute unbotmäßige Theologen machen.

Das wird heute behauptet. Aber sie war voll im Einklang mit der Kirche, und ganz im Gegenteil zu den heutigen Kritikern war ihr Anliegen die Stärkung des Papstes, nicht seine Schwächung.

Das sagt man jetzt. Wer weiß, wie man den renitenten Theologen Eugen Drewermann in tausend Jahren betrachten wird.

Die Drewermänner von vor tausend Jahren, da weiß kein Mensch mehr was von.

Warum dürfen Frauen in der Kirche nicht die gleiche Rolle spielen wie Männer?

Weil wir eine apostolische Kirche sind. Wir bleiben bei der Praxis Christi und der Lehre der Apostel. Und Christus hat nun mal Männer zu Aposteln und Priestern berufen und nicht Frauen.

Das ist aber historisch nicht belegt. Außerdem: Zu Zeiten Christi war die Gesellschaft in Palästina extrem patriarchal. Kein Wunder, daß in der Bibel nichts von Frauen als Aposteln steht. Aber wenn Sie die Bibel schon wörtlich nehmen, da könnte man genauso gut einwenden, daß Jesus auch keinen Polen zu seinem Nachfolger berufen hat, sondern nur Juden aus Israel.

Das ist jetzt unter Ihrem Niveau. Er hat ja auch keine Brillenträger wie Sie und mich berufen.

Ja, eben. Und weil dieses Argument so dumm ist, muß man doch einsehen, daß die Entscheidung für Männer nur in einem historischen Kontext zu verstehen ist.

Über diese gesellschaftlichen Verhältnisse hat sich Jesus hinweggesetzt bis zur Kreuzigung. Und wenn es je eine Frau gegeben hat, die mit Recht hätte sagen können, „das ist mein Fleisch, das ist mein Blut“[4], dann wäre es Maria gewesen. Und sie ist nicht zum Priestertum berufen worden.

Schade eigentlich.

Nein, gar nicht schade! Ich glaube eigentlich, das hat er aus Liebe zu den Kindern gemacht, damit die Frauen Zeit für sie haben und mit ihrer Liebe den Glauben an sie weitergeben können. Die heilige Theresa von Lisieux hat geschrieben: „Meine Rolle ist die Liebe, weil ohne die Liebe das Herz der Kirche nicht schlägt“[5].

Und die schlägt bei den Frauen intensiver als bei den Männern?

Ja, und das Priesteramt ist nicht das Höchste. Das Höchste und das Entscheidende für unser ewiges Schicksal ist die Heiligkeit. Die entscheidet sich danach, ob wir Gott geliebt haben und den Nächsten wie uns selbst. Da wird sich mancher Papst

---

[4] Vgl. Matthäus 26,26.28; Markus 14,22.24; Lukas 22,19.20.
[5] S. oben S. 434.

und Bischof noch umsehen, wenn es dann soweit ist, wieviel völlig kleine und unbekannte Frauen da vor ihm im Himmel sitzen.

Das glauben wir Ihnen sofort. Aber bleiben wir noch ein bißchen auf der Erde. Sie sagen, der Katholikentag zeige nicht die Zukunft des Glaubens und der Kirche. Wo liegt die denn?

Das Rückgrat der Kirche ist der Glaube der Gläubigen. Der Glaube muß von Mensch zu Mensch weitergegeben werden. In Deutschland ist die Kirche sehr in die Breite gewachsen und nicht in die Tiefe. Was wir brauchen, ist ein klares katholisches Profil. Nichts schadet der Kirche mehr als Anpasserei.

Ist kirchliche Anpasserei der Grund für den Mitgliederschwund?

Ja, in Deutschland schrumpft die Kirche, aber auf vielen Kontinenten wächst sie stürmisch.

Vor allem bei den Armen. Es heißt ja, Not lehrt beten. Offensichtlich haben wir hier zu wenig Not.

Das war schon beim Volk Gottes so, in Israel: Wenn sie fett und feist wurden, sind sie abgefallen vom Glauben, haben ums Goldene Kalb getanzt, sich der Unzucht und dem Luxus hingegeben. Gucken Sie mal, wie ernst wir die Religion genommen haben nach dem Zweiten Weltkrieg.

Würden Sie also diesem Land ein bißchen mehr Not wünschen?

Ich wünsche niemandem etwas Schlechtes. Aber ich würde mir wünschen, daß es ohne solche Nöte zu einer heilsamen Besinnung kommt.

Ist der Rückzug der Kirche aus der gesetzlichen Schwangerschaftsberatung, den Sie vehement betrieben haben, solch eine heilsame Besinnung? In Ihrem Bistum gibt es seit 1993 keinen Beratungsschein mehr. Wie viele Kinder sind denn dadurch in Fulda gerettet worden?

Wer will das denn nachweisen? Ich kann nur sagen: Bei uns haben dieselben Beratungsstellen weitergearbeitet. Und die Zahl der Rat suchenden Frauen hat seitdem jedes Jahr um fünf bis sieben Prozent zugenommen.

Aber Frauen, die abtreiben wollen, gehen jetzt gleich zu Pro Familia.

Pro Familia hatte in Fulda keinerlei Zuwachs. Wir bieten Beratungen und Hilfe an. Und Frauen, die unbedingt abtreiben und den Schein haben wollen, die werden bei uns nicht bedient – die sollten aber von der Kirche auch gar nicht bedient werden. Denn Abtreibung ist für die Kirche Mord.

Damit lassen Sie notleidende Frauen aber im Stich. Können Sie sich denn eine Situation vorstellen, in der eine Abtreibung gerechtfertigt ist?

Ja, die medizinische Indikation, wenn das Leben der Mutter in Gefahr ist. Aber nicht, wenn der Urlaub auf Mallorca oder die Anzahlung für einen größeren Wagen auf dem Spiel steht.

Was für ein Frauenbild haben Sie eigentlich?

Ein so hohes, daß ich die Würde der Frau nicht an dem Recht festmache, ihr eigenes Kind zu töten. Die Feministin Jutta von Ditfurth hat gesagt: „Ich habe zwei, drei Abtreibungen hinter mir, das ist relativ wenig für ein fröhliches Geschlechtsleben".

An anderer Stelle ist Ihnen das Tötungsverbot nicht so wichtig. Sie sind Militärbischof und befürworten, daß Soldaten in den Krieg geschickt werden.

Ich ertappe Sie bei einem absurden Gedankengang nach dem anderen. Deutsche Soldaten gehen nicht zum Töten irgendwohin, sondern weil die Einsätze Massenvergewaltigungen und Massentötungen verhindern sollen.

Warum sagen Sie dann nicht, daß das Töten im Krieg gerechtfertigt sein kann, aber nicht für einen Christen?

Das fünfte Gebot bezieht sich ausschließlich auf ungerechtes Töten, daß wir uns recht verstehen.

Das ist eine Definitionsfrage: Bei der Abtreibung sagt die Kirche, das Leben ist heilig. Punkt.

Ja.

Aber im Krieg erkennt die Kirche angeblich übergeordnete Gründe an: Selbstverteidigung, Schutz der Schwachen. Und deswegen darf man da töten. Das sind zwei völlig verschiedene Meßlatten.

Keineswegs. Sowohl im Krieg wie auch sonst ist ungerechtes Töten gemeint.

Und wer definiert, was ungerechtes und was gerechtes Töten ist?

Die objektive Situation und das Gewissen.

Gibt es nicht auch in einigen Abtreibungsfällen solch eine Notwehr?

Notwehr wo? Vor einem unschuldigen Kind, das ist doch keine Notwehr. Keine Frau hat das Recht, über das Leben eines Kindes zu entscheiden. Das ist ja gerade die Lehre der Kirche: Gott ist der Herr des Lebens. Das ist eine Frage des Glaubens: Jedes Kind ist von Gott ins Dasein gerufen, und deshalb darf man es nicht töten. Aber es ist ganz klar, daß Frauen in einer großen Notlage sein können, nicht mehr ein noch aus wissen und dann abtreiben lassen. Und ich bin überzeugt, daß die Barmherzigkeit Gottes auch diese Frauen auffangen wird. Es gibt keine Sünde, die Gott nicht vergibt.

Wir sind alle Sünder. Im Augenblick ist es in der katholischen Welt ja en vogue, sich zu entschuldigen, ein Mea culpa zu sprechen. Der Papst, die brasilianische Bischofskonferenz, der Erzbischof von Los Angeles[6], der deutsche Jugendbischof[7], alle haben um Verzeihung gebeten.

Ich fühle mich vom Papst da sehr gut vertreten.

---

[6] Roger Michael Mahony, seit 1985 Erzbischof von Los Angeles, seit 1991 Kardinalpriester.
[7] Franz-Josef Hermann Bode, seit 1995 Bischof von Osnabrück.

Sie sind ja ein begnadeter Polemiker, und es gibt viele Menschen, die sich von Ihnen verletzt fühlen: Schwule, das Zentralkomitee der katholischen Laien, die Frauen. Hören wir auch mal ein Mea culpa von Erzbischof Johannes Dyba?

Wenn sich durch mich jemand verletzt gefühlt hat, dann tut mir das leid. Es ist aber, das wissen Sie als Medienmenschen genauso gut wie ich, sehr schwer, eine klare Aussage zu machen, ohne daß sich irgend jemand auf die Zehen getreten fühlt. Als Mitarbeiter der taz wissen Sie das vielleicht besser als andere. Gucken Sie sich mal den Wortschatz meines Namenspatrons, Johannes des Täufers, an. Sie werden sehen, dagegen bin ich noch ein Waisenknabe. Wenn ich eine klare Position beziehe, ist das auch ein Stein des Anstoßes. Dafür weiß bei mir jeder, wo er dran ist.

Ein Christ sollte ja auch demütig sein. Wo üben Sie sich denn in dieser Tugend?

Öffentlich demütig ist ja schon nicht mehr demütig. Aber ich will Ihnen mal sagen, so heiter ist das gar nicht, wenn Sie öffentlich anderer Meinung sind. Das hat Tucholsky auf den Punkt gebracht: „Nichts ist schwerer und nichts erfordert mehr Charakter als sich im offenen Gegensatz zu seiner Zeit zu befinden und laut zu sagen: Nein". Was meinen Sie, wie schön das wäre, in so eine Bischofsversammlung zu gehen und mal mit dem Rudel laufen zu können.

Sind Sie ein Märtyrer?

Nein. Weil ich dafür viel zu viel Echo aus dem gläubigen Volk erhalte. Wenn ich irgendwo auftauche, werde ich dank Margarethe Schreinemakers und Sabine Christiansen furchtbar oft erkannt. Dann kommen viele, drücken mir die Hand und sagen: Menschenskind, lassen Sie sich nicht unterkriegen. 50 Prozent meiner „Fanpost" kommt übrigens von evangelischen Christen. Die sagen: Ach, hätten wir doch auch so einen.

In den Medien spielen Sie die Rolle des bösen katholischen Buben. Leiden Sie unter diesem Image?

Ja, dieses Image ist sehr dauerhaft. Aber es passiert oft, daß Leute mich persönlich kennen lernen und sagen: „Nein, das darf doch nicht wahr sein, das können Sie doch gar nicht sein, oder haben Sie jetzt Kreide gefressen?" Für alles, was ich sage, lasse ich mich auch gerne verhauen, das macht mir nichts, da habe ich sehr gute Nerven. Aber wenn mir ungerechterweise etwas angehängt wird, wenn verfälscht, verkürzt oder verschärft wird und ich zum Buhmann aufgebaut werde, dann tut es weh, muß ich sagen. Darunter leide ich auch. Aber damit muß ich leben. Wir sind überhaupt nur da, weil Gott uns gewollt hat. Gott hatte vor langer Zeit die Idee von einem Menschen, so wie ich es bin. Und die Idee hat ihm gefallen. Und da hat sich Gott gesagt, so einen müßte es mal geben. Und dann hat er mich ins Dasein gerufen.

Sie machen sich jetzt sehr klein. Immerhin haben Sie es im letzten Jahr geschafft, die Bischofskonferenz beim Konflikt um die Schwangerschaftsberatung umzudrehen. Sie gelten als der verlängerte Arm des Vatikans und waren sehr mächtig bei diesem Riesenkrach zwischen den deutschen Bischöfen und Rom. Wie wichtig ist Ihnen Macht?

Ich will doch keine Macht ausüben. Aber in einer solchen Sache muß das Richtige getan werden. Überlegen Sie mal, wie diese innerkirchliche Auseinandersetzung der Kirche geschadet hat! Also das war ja schaurig, diese Servilität der Bischöfe gegenüber der Politik!

Es war doch eher die Servilität der Bischöfe gegenüber Rom.

„Du aber stärke deine Brüder“[8] – das ist das Amt des Papstes. Ich habe das den Bischöfen vor Jahr und Tag gesagt, das geht nicht durch.

Herr Bischof, Sie sind ja ein leidenschaftlicher Mann. Haben Sie denn auch geheime Leidenschaften?

Ich sammele Lithographiekarten und früher habe ich klassische Briefe gesammelt. Und na ja, ich schwimme leidenschaftlich gerne, Landschaftsschwimmen.

Landschaftsschwimmen?

Ja. In Seen, im Meer, in Lagunen und Strömen.

Als Sie dem Papst zum ersten Mal vorgestellt wurden, hatten Sie auch eine Badehose an.

Das stimmt, und er auch. Das war beim Schwimmen am Strand von Ostia. Wir haben uns draußen im Meer das erste Mal gesehen, als uns beiden das Wasser bis zum Hals stand. Das war, kurz bevor er zum Papst gewählt wurde. Leider hat mich da meine Intuition völlig verlassen, denn wenn ich geahnt hätte, daß er zehn Wochen später Papst sein würde, dann hätte ich natürlich gerne etwas Prophetisches gesagt. Oder wenigstens was Frommes. Aber ich dachte: „Na ja, du sitzt hier auch am Strand und spielst im Sand und wirst wohl auch nicht gerade Papst werden“.

Sein ist die Zeit und die Ewigkeit*

Das Leitmotiv dieses Katholikentages ist, wie wir wissen, „Sein ist die Zeit“. Das soll uns bewußt werden lassen: die Zeit, die wir leben, ist ein Geschenk Gottes. Das Leitmotiv, das aus der Osterliturgie[1] kommt, hat eine Fortsetzung: „Sein ist die Zeit *und die Ewigkeit*. Sein ist die Macht und die Herrlichkeit von Ewigkeit zu Ewigkeit“. Da erst haben wir das Ganze. Die Zeit ist ja nur ein Detail in unserem Leben. Zu meinem Leben gehört ganz wesentlich die Ewigkeit. Deshalb wollen wir in dieser Stunde einmal innehalten und eine Standortbestimmung vornehmen. Wir sind ja hier der Marine sehr nahe. Ein guter Kapitän bestimmt – ich weiß nicht wie oft

[8] Lukas 22,32.
* Predigt am 2. Juni 2000 in der Domkirche St. Marien in Hamburg anläßlich des 94. Deutschen Katholikentags (Bischöfliche Pressestelle Fulda); Überschrift von den Bearb.; Textfassung leicht überarbeitet.
[1] Vgl. Meßbuch (1975): Die Feier der Osternacht, Bereitung der Osterkerze.

am Tag –, wo er ist und wohin er will. Das machen wir auch. Woher komme ich? Wo bin ich? Wohin gehe ich?

Woher komme ich? Daß ich jetzt da bin, das war nicht meine Idee. Das war die Idee eines anderen. Jeder von uns kann sagen: Vor aller Zeit hatte Gott einmal die Idee von einem Menschen, so wie ich es bin. Und die Idee hat ihm gefallen. Da hat Gott sich gesagt: „So einen Menschen müßte ich eigentlich mal schaffen". Einen Menschen wie dich und mich müßte es einmal geben. Deshalb hat er uns ins Dasein gerufen. Wir kommen aus der Liebe Gottes von Anfang an. Er hat mich gewollt, er hat mich ins Dasein gerufen. Das ist mein Ursprung.

Wohin gehe ich eigentlich? Was ist meine ewige Bestimmung? Schon ganz am Anfang, im ersten Buch der Bibel heißt es, daß Gott den Menschen schuf als sein Ebenbild[2]. Als göttliche Ebenbilder hat er uns geschaffen, damit wir einmal am göttlichen Leben teilhaben, an diesem Stromkreis der Freude des dreieinigen Gottes und seiner Liebe. Wir sollen nicht verschwinden. Wir sollen als Ebenbilder an Gottes Leben teilhaben.

Wir haben gerade Himmelfahrt gefeiert[3]. Da denken wir natürlich an das Wort des Herrn, an seine Jünger im Johannesevangelium: „Im Hause meines Vaters sind viele Wohnungen. Ich gehe, um euch einen Platz zu bereiten"[4]. Himmelfahrt! „Wenn ich dann gegangen bin und euch einen Platz bereitet habe, dann werde ich wiederkommen. Ich nehme euch zu mir, damit auch ihr seid, wo ich bin!"[5].

„Damit auch ihr seid, wo ich bin" – das ist nach Gottes Willen unsere ewige Bestimmung. Das ist meine Zukunft, meine Bestimmung in Ewigkeit. So sind wir aus dem Quell der Liebe Gottes gerufen und sollen einmal in der Fülle der Liebe Gottes leben. Jeder Mensch lebt zwischen diesen beiden Polen der Ewigkeit. Dazwischen liegt die Zeit meines Lebens, die mir gegeben ist, damit ich der göttlichen Liebe, die mich ins Dasein gerufen hat und mich in die Ewigkeit emporheben will, meine Liebe als Antwort geben kann. Denn Gott will keinen durch seine Liebe zwingen. Die Zeit meines irdischen Lebens ist mir als Chance gegeben, Gott mein Ja zu sagen, meinen Dank und meine Liebe zu zeigen. Die Zeit meines irdischen Lebens ist mir gegeben als Saatgut für das ewige Leben. So wie es der Herr gesagt hat: „Wenn das Weizenkorn nicht in die Erde fällt und stirbt, bleibt es allein. Wenn es aber stirbt, wenn es aufgeht, dann bringt es viele Frucht"[6]. „Wir säen in Vergänglichkeit, um Ewigkeit zu ernten"[7].

Nun wird ja heute viel von Selbstverwirklichung gesprochen, die in unserem Leben stattfinden soll. Die Selbstverwirklichung hat in unserer Gesellschaft viele Formen. Man kann sie unter Bewegung der Ellenbogen auf Kosten der anderen voranbringen. Dann haben wir eine Gesellschaft der Egoisten, der Konkurrenten, der Gegner. Besteht die eigentliche Selbstverwirklichung, die uns aufgegeben ist,

---

[2] Genesis 1,27.
[3] Am 1. Juni 2000.
[4] Johannes 14,2.
[5] Johannes 14,3.
[6] Vgl. Johannes 12,24.
[7] Vgl. 1 Korinther 15,51.

nicht darin, daß wir die Idee verwirklichen, die Gott von mir hatte, als er mich schuf, weshalb er mich wollte? Sie zu verwirklichen und wahr zu machen, heißt das nicht, die vielen Talente, die vielen Gaben, die Gott mir gegeben hat, zu entwickeln und zu verwirklichen? Sogar die Schwächen spielen da eine Rolle, in deren Überwindung ich ja reif und stark werden soll. Die einen hat er gerufen, gesunde und glückliche Familien zu gründen, die anderen sind vielleicht in die unmittelbare Nachfolge des geistlichen Berufes gerufen. Dem einen hat er mehr technische Fähigkeiten gegeben, dem anderen künstlerische, wieder einem anderen mehr fürsorgliche. Das ist ganz verschieden. Jeder soll in seinem Leben die Talente verwirklichen, die Gott ihm geschenkt hat. Nur eines hat er uns allen gemeinsam geschenkt, den Größten und den Kleinsten, den Unscheinbarsten und denen, die von sich reden machen: ein Herz, um zu lieben. Wir alle haben ein Herz, das die Liebe Gottes verwirklichen soll. Das ist das erste und höchste und, wenn man so will, das einzige Gebot, weil alle anderen von ihm abhängen. „Du sollst den Herrn, deinen Gott, lieben, aus deinem ganzen Herzen, aus deiner ganzen Seele, aus all deinen Kräften und deinen Nächsten wie dich selbst“[8]. Das ist der Kompaß für die Zeit unseres irdischen Lebens.

Liebe Brüder und Schwestern, überlegen wir einmal, wie sähe mein Leben aus, wenn ich das verwirklichen würde? Überlegen wir einmal, wie sähe die Welt aus, wenn wir alle das verwirklichen würden? Ja, wenn wir an unser Leben denken und an die Möglichkeiten verwirklichter Liebe, die noch vor uns liegen, dann kann das ein abenteuerliches Leben werden. Das Leben des Christen muß alles andere als langweilig sein. Zum Abenteuer des Glaubens, zum Abenteuer der Liebe, zur Vollendung sind wir gerufen. Sein ist die Zeit und die Ewigkeit. Noch ist mir die Zeit der Gnade gegeben, um die Ewigkeit zu gewinnen. Jede Stunde, jeder Tag ist Geschenk Gottes. Aber wie oft verlieren wir die Ewigkeit, die auf uns zukommt, aus den Augen und verlieren uns an die Zeit und in die Zeit, bleiben in Sackgassen und Nischen der Zeit hängen und sind dann auf einmal, manchmal wesentlich älter, auf der Suche nach der verlorenen Zeit.

Liebe Brüder und Schwestern, wenn wir auf dem Weg in die Wirklichkeit, in die Ewigkeit sind, dann kommt es ja so wenig auf das Vergängliche an. Das Kriterium ist, daß ich mir immer wieder die Frage stelle: Was bleibt und was vergeht? Der berühmte Bischof von Münster, Graf von Galen, der Löwe von Münster, hat auf seine Firmbildchen hinten draufgeschrieben: „Was nicht ewig ist, das ist nichts“. Sehr westfälisch, deutlich, knorrig gesagt! Aber da steckt Wahrheit dahinter: „Was nicht ewig ist, das ist nichts“. Oder etwas diplomatischer: Wir können viele vergängliche Nichtigkeiten in unserem Leben mit einer heiteren Souveränität, ich möchte beinahe sagen: mit Nichtachtung strafen. Dann sparen wir uns viel Ärger, der ganz umsonst war, und gewinnen Zeit für die Freude am Wesentlichen. Die heilige Theresa von Avila hat das auf den Punkt gebracht: „Nichts soll dich ängstigen, nichts dich erschrecken, alles vergeht. Gott allein bleibt derselbe. Nichts fehlt dem, der Gott hat“. Und dann den berühmten Schlußsatz, der um die Welt gegangen ist –

[8] Matthäus 22,37.39.

eigentlich zu schade, um zu übersetzen: „Dios solo basta"[9]. Gott allein ist mehr als genug, um das Herz vor Freude bersten zu lassen.

Deshalb wollen wir nicht traurig sein, liebe Schwestern und Brüder, daß die Zeit einmal ganz vergeht, sondern Freude soll unser Herz erfüllen, daß die Ewigkeit schon angefangen hat in unserem Leben. Gott hat mich ins Leben gerufen, damit ich nie mehr verschwinde in irgendeiner dunklen Gruft, sondern daß ich ewig und selig lebe. So wollen wir in dieser Stunde dem Herrn von Zeit und Ewigkeit begegnen und ihm danken. Herr, ich danke Dir, daß du da bist, daß ich da bin. Ja, Herr, Dein ist die Zeit und die Ewigkeit. Dein ist die Macht und die Herrlichkeit. Und ich bin auch Dein, in Deiner Zeit, in Deiner Ewigkeit, in Deiner Seligkeit.

Fulda steht für Klarheit[*]

Im Juni 1992 konnte der Vorsitzende der Deutschen Bischofskonferenz die einhellige Meinung der deutschen Bischöfe zur Abtreibungsgesetzgebung noch wie folgt zusammenfassen: „Die Beratungsstellen können sich nicht in ein Verfahren einbinden lassen, das die Ausstellung einer Beratungsbescheinigung zu einer wesentlichen Voraussetzung für die straffreie Tötung eines ungeborenen Menschen macht. Die konkrete Ausgestaltung der ‚Pflichtberatung' ist nur noch eine Karikatur dessen, was Beratung wirklich sein soll"[1].

Noch schärfer urteilte die Vorsitzende des Zentralkomitees. Sie sprach von „Etikettenschwindel", „Alibifunktion" und nannte die Zwangsvorlage einer Beratungsbescheinigung eine „Perversion der Beratungsarbeit"[2].

Leider haben sich die deutschen Bischöfe unter dem Druck der politischen Instanzen dann aber doch in dieses Verfahren zur flächendeckenden Ermöglichung rechtswidriger Abtreibung einbinden und die dazu nötigen Beratungsscheine ausstellen lassen.

In Fulda sind wir dagegen bei der ursprünglichen Einsicht geblieben und haben deshalb ab September 1993 keine Scheine dieser Art mehr ausgestellt. Allen Unkenrufen zum Trotz hatten unsere bewährten Beratungsstellen des Sozialdienstes katholischer Frauen (SkF) danach auch keinerlei Rückgang zu verzeichnen. Ganz im Gegenteil ist die Zahl ratsuchender Frauen von Jahr zu Jahr gestiegen, so daß noch zusätzliche Stellen eingerichtet und die Hilfsmaßnahmen erweitert wurden, wobei auch die staatlichen Zuschüsse entsprechend weiter flossen.

Es besteht daher heute absolut kein Bedarf an zwielichtigen neuen Beratungsstellen, in denen unerfahrene Beraterinnen sich als politisches Druckmittel mißbrauchen lassen. So sollte sich auch die CDU in Hessen gründlich überlegen, ob sie

[9] Theresa von Avila, Poesía, 9.

[*] Das Wort des Bischofs: Fulda steht für Klarheit, in: Bonifatiusbote, Nr. 23, 4. Juni 2000.

[1] Bischof Lehmann, in: Pressemitteilungen der Deutschen Bischofskonferenz, Dokumentation, 10. Juni 1992, Nr. 6.

[2] Rita Waschbüsch, Bericht zur Lage vor der Vollversammlung des ZdK am 17. Juni 1992, in: Berichte und Dokumente 83 (1992), S. 9f.

in diesen Status quo mit Maßnahmen eingreifen will, von denen die Regierung Eichel in vornehmer Zurückhaltung stets Abstand genommen hat.

Die Sanktionen, die Ministerpräsident Peter Müller und seine Regierung gegen den Bischof von Speyer verhängt haben, bloß weil dieser der Lehre der Kirche auf dem Gebiet des Lebensschutzes folgt, sind alarmierend und werden, wenn sie Schule machen, weitreichende Konsequenzen haben[3].

Fünf Jahre lang, von 1995 bis 1999, haben der Papst persönlich wie die zuständigen Organe des Heiligen Stuhles in einer ganzen Reihe von Briefen und persönlichen Treffen und Gesprächen den deutschen Bischöfen mit zunehmender Dringlichkeit vor Augen gehalten, weshalb diese bisherige Praxis nicht fortgeführt werden kann: Unser Gesetz fördert ja auf der einen Seite den Lebensschutz durch Beratung. Gleichzeitig hebt es ihn aber wieder auf, wenn es durch den Nachweis der Beratung den Weg zur rechtswidrigen Tötung des Kindes eröffnet.

Wegen dieser Widersprüchlichkeit des Gesetzes, das de facto die Tötung unschuldiger Menschen zuläßt, kann die Kirche an diesem zentralen Teil des Gesetzes nicht mitwirken. Denn die Kirche macht sich sonst zum Mitträger des Gesetzes in seiner Ganzheit. Diese Kooperation ist mit ihrem moralischen Auftrag und mit ihrer Botschaft unvereinbar. Daher spricht der Papst auch von „offenkundigen lehramtlichen Implikationen“[4]. Es trifft einfach nicht zu, daß es in dieser Frage bloß um Güterabwägung gehe und zwingende moralische Normen nicht berührt seien. Das Gegenteil ist richtig. Deswegen handelt es sich auch nicht um einen Eingriff in die pastorale Kompetenz der Ortsbischöfe, deren Stimme der Papst immer sehr ernst genommen hat, sondern um eine Feststellung lehrmäßiger Natur. Hier hat der Papst von der Cathedra Petri her zu uns gesprochen.

Nach all dem jahrelangen Zögern, das sich in zahllose Sackgassen und Scheinlösungen verrannte – immer zwischen Ja und Nein pendelnd – bis hin zu den unhaltbaren Beschlüssen von Lingen[5] und Würzburg[6], lag dann im Herbst 1999 endlich eine endgültige Entscheidung für alle vor[7]. Da wäre nichts wünschenswerter gewe-

---

[3] Ebenso wie das Saarland stellten dann im Laufe des Jahres 2001 auch die meisten anderen Bundesländer die staatliche Förderung für alle Schwangerschaftsberatungsstellen in kirchlicher Trägerschaft ein oder reduzierten ihre Zuwendungen.

[4] Papst Johannes Paul II. an die deutschen Bischöfe, 11. Januar 1998, Ziffer 5 sowie Kommentar, Ziffer 5.

[5] Auf der Frühjahrsvollversammlung der Deutschen Bischofskonferenz, die vom 22. bis 25. Februar 1999 in Lingen tagte, hatten die Bischöfe mehrheitlich einen „Beratungs- und Hilfeplan“ und die Neuformulierung der Beratungsbescheinigung beschlossen.

[6] Der Ständige Rat der Deutschen Bischofskonferenz beschloß auf seiner 126. Sitzung am 21. und 22. Juni 1999 in Würzburg-Himmelspforten unter dem „Trommelfeuer der öffentlichen Kritik“ (M. Spieker, S. 165) einstimmig – mit Enthaltung Erzbischof Dybas –, den erklärenden Zusatz in die kirchliche Beratungsbescheinigung aufzunehmen: „Diese Bescheinigung kann nicht zur Durchführung straffreier Abtreibungen verwendet werden“. – Nach anfänglicher Kritik gaben die meisten Bundesländer zu verstehen, sie würden die kirchlichen Beratungsscheine auch weiterhin als Voraussetzung für eine straffreie Abtreibung anerkennen und den päpstlich geforderten Zusatz als nicht rechtsverbindlich ansehen.

[7] Der Ständige Rat der Deutschen Bischofskonferenz hatte auf seiner 128. Sitzung am 23. November 1999 in Würzburg-Himmelspforten erklärt: „Im Laufe des Jahres 2000 werden wir ... eine Neuordnung der katholischen Beratung im Sinne der Weisung des Papstes durchführen“.

sen, als ihre gemeinsame, zügige Umsetzung, schon um das Heilige Jahr 2000 von diesem ganzen Zwist befreit aufatmend feiern zu können. Paderborn hätte das gute Beispiel sein können[8], wenn man die sechsjährigen Erfahrungen des SkF in Fulda schon ignorieren wollte. Aber nein, nun wird das ganze Jubeljahr 2000 erst noch mit Komplikationen, Konzessionen und Aufschüben überzogen[9].

Wenn man aber der Caritas und dem SkF die Ausgabe der Scheine untersagt, sie bei „Donum vitae" jedoch dulden oder sogar heimlich fördern will, wird die an Schizophrenie grenzende Haltung der letzten Jahre doch weiter fortgesetzt. Dann bleiben uns die Verschleierung des Unrechtsbewußtseins, die innerkirchliche Spaltung und der rasante Schwund an Glaubwürdigkeit auch weiterhin erhalten. Sollen, ja dürfen wir uns und unseren Gläubigen das antun? Oder ist es nicht höchste Zeit, uns endlich aus der „Quadratur des Kreises" zu befreien, vielmehr den Kreis mit dem Papst und der Weltkirche wieder zu schließen und gemeinsam das „Evangelium des Lebens" in seiner Fülle zur verwirklichen? Wir brauchen jetzt Klarheit, Wahrheit und Gemeinsamkeit. Möge der heilige Bonifatius, der Apostel der Deutschen, uns dazu ein mächtiger Ansporn, Helfer und Fürsprecher sein.

Glauben erneuern, Treue bekennen, Gottes Segen empfangen*

Heute am Bonifatiusfest 2000 wollen wir im christlichen Herzen Deutschlands, am Grab des Heiligen Bonifatius, unseren Glauben erneuern, unsere Treue bekennen und auf die Fürsprache des Apostels der Deutschen den Segen des Allerhöchsten empfangen.

Glauben im Jahre 2000: In zweitausend Jahren hat sich der christliche Glaube aus dem kleinen Samenkorn zu dem gewaltigen Baum entwickelt, den Jesus von Nazareth den Seinen vorausgesagt hat. Ja, der Glaube an den menschgewordenen Sohn Gottes, der Glaube an den dreieinigen Gott – uns von Gott geoffenbart, von den Aposteln und Evangelisten bekannt und in die Welt getragen –, die Jahrtausende haben ihn nicht erschüttern können! Wir beten heute dasselbe Credo wie vor tausend Jahren. Und wir beten den gleichen Herrn an, dem sich vor zweitausend Jahren die Fischer von Galiläa zu Füßen geworfen haben.

---

8 Erzbischof Degenhardt kündigte mit seinem Hirtenbrief vom 13. Dezember 1999 an, daß die Beratungsstellen seines Erzbistums vom 1. Januar 2000 an zwar in vollem Umfang weiter beraten, aber keine Beratungsscheine mehr ausstellen würden.

9 Trotz der Aufforderung des Papstes vom 20. November 1999 an den Vorsitzenden der Deutschen Bischofskonferenz, Bischof Lehmann, er möge sich für „eine einheitliche Lösung" einsetzen, weil er es „in einem hohen Maß für schädlich halte", in einer so wichtigen Angelegenheit innerhalb desselben Episkopats „zwei verschiedene Vorgehensweisen" zu akzeptieren, dauerte es noch bis zum 1. Januar 2001, ehe die katholischen Beratungsstellen – mit Ausnahme der Diözese Limburg, der eine weitere Fristverlängerung bis zum 30. Juni 2002 zugebilligt wurde – die Ausstellung von Nachweisen, die zur straffreien Durchführung der Abtreibung verwendet werden konnten, unterließen.

* Predigt am 4. Juni 2000, dem Bonifatiusfest, auf dem Fuldaer Domplatz (Bischöfliche Pressestelle Fulda); Überschrift von den Bearb.; Druck: Kinder Gottes sind wir, S. 103–105; Mit Bonifatius verbunden, S. 51–53.

Liebe Brüder und Schwestern! Was wir heute feiern können, ist die Erfüllung des Schriftwortes bei Johannes: „Was aus Gott geboren ist, überwindet die Welt" und „Das ist der Sieg, der die Welt überwindet: unser Glaube!"[1]. Wie oft hat man versucht, ihn auszurotten, von den römischen Kaisern über die Potentaten aller Zeiten bis hin zu den Massenmördern des letzten Jahrhunderts. Sie alle konnten den Glauben nicht ausrotten. Nur Ströme von Märtyrerblut konnten sie fließen lassen, die aber dann immer wieder zum Samen für eine neue Blüte des Glaubens geworden sind. Und wie oft hat man versucht, menschliches Wollen und menschliche Weisheit an die Stelle des Glaubens zu setzen. Die großen Ideologien unseres letzten Jahrhunderts, die den Glauben zum Aberglauben, ja zu Märchen machen wollten, wo sind sie geblieben? Der Glaube aber erstarkt und breitet sich aus über den ganzen Erdkreis. Und wenn immer uns eine sogenannte Aufklärung im Glauben verunsichern und die Göttinnen der Vernunft auf die Altäre heben will, sollten wir uns daran erinnern, daß die erste Aufklärung der Menschen schon von der Schlange im Paradies an Adam und Eva betrieben wurde. Und wir wissen, welche Folgen das hatte.

Vor zwölfeinhalb Jahrhunderten ist Bonifatius in unser Land gekommen und hat den Glauben erneuert und auf ein festes, kirchliches Fundament gestellt. Zwölfeinhalb Jahrhunderte – das sind über 40 Generationen, die den Glauben hier bekannt und gelebt haben. Über 40 Generationen, ja die feiern heute alle mit! Wie werden sie sich freuen, daß sie zu ihrer Zeit den Glauben bewahrt haben! Wie werden sie sich freuen, daß wir heute hier den Glauben feiern! Wie werden sie für uns bitten, daß auch wir den Glauben bewahren und einmal im Reich Gottes alle vereint sein werden!

Liebe Schwestern und Brüder! Wenn ich vom zweitausendjährigen Triumph des Glaubens gesprochen habe, heißt das nicht, daß es nicht immer wieder auch schwere Krisen, ja Glaubensabfälle, gegeben hat, denn den Glauben kann man ja nicht einfach weitergeben von Generation zu Generation so wie ein Haus oder den Dom von Fulda. Jede Generation muß ihn aufs neue in freier Entscheidung annehmen! Und daß wir uns heute in Deutschland in einer Krise des Glaubens befinden, daß viel Glaubenssubstanz verlorengegangen ist, wird wohl niemand bestreiten können. Viele meinen heute beliebig auswählen zu können, was sie glauben möchten. Wir hören von Umfragen mit ziemlich bestürzenden Zahlen und Ergebnissen. Ja, der Zeitgeist reibt sich bis zur Empörung an einer ganzen Reihe von Glaubenslehren. Und da, liebe Brüder und Schwestern, sind wir am entscheidenden Punkt. Das ist nichts Neues. Das hat es immer gegeben. Selbst Jesus hat das erfahren. Nach einer Rede in der Synagoge von Kafarnaum – so berichtet das Johannesevangelium – sagten viele seiner Jünger, die ihm zuhörten: „Was er sagt, ist unerträglich! Wer kann das anhören?"[2] Und viele zogen sich zurück und folgten ihm nicht mehr. Da

---

[1] 1 Johannes 5,4.
[2] Johannes 6,60.

fragte Jesus die Zwölf: „Wollt auch ihr weggehen?“[3]. Simon Petrus aber antwortete ihm: „Herr, zu wem sollen wir gehen? Du hast Worte des ewigen Lebens“[4].

„Unerträglich! Wer kann das noch anhören?“ Wie oft hören wir das heute. Sind wir da nicht mitten in unserer Zeit? Und so kommt auch auf dich, du gläubiger Christ, der dramatische Augenblick zu, in dem die Geister sich scheiden. Mit den anderen unerträglich finden, was einem nicht paßt? Weggehen? „Aber wohin denn?“, sagt Petrus. Was können die aufgeregten Besserwisser von heute denn garantieren? Und wenn sie sich verlaufen haben, dann stehst du mutterseelenallein da und hast den Boden unter den Füßen verloren. Oder: auf den vertrauen, an den glauben, dessen Worte ins ewige Leben führen, selbst wenn ich sie manchmal nicht verstehe. Sogar die Mutter Gottes hat manchmal seine Worte nicht verstanden. Aber sie hat geglaubt, sie ist ihm gefolgt! Und so ist aus dieser kleinen gläubigen Frau die Regina coeli[5] geworden.

„Wohin sollen wir gehen? Du hast Worte des ewigen Lebens“. In der Antwort des Petrus wird der Glaube zur Treue. Und jeder von uns muß sich entscheiden, ob er den überkommenen Glauben abstreifen oder ihm die Treue halten will. Danach entscheidet sich unser Schicksal. Und jeder, der heute hier auf den Domplatz gekommen ist, um seinen Glauben zu erneuern, der gibt dem Herrn die Antwort des Petrus, reiht sich da ein und bekennt ihm seine Treue.

Wer aber in allen Versuchungen und Anfechtungen unserer Zeit seinem Glauben treu bleibt, dem gelten auch alle Verheißungen des Herrn an seine Getreuen: „Wer mich vor den Menschen bekennt, zu dem werde auch ich mich bekennen vor meinem Vater im Himmel“[6]. Welche Chance haben wir da, von Gott angenommen und aufgenommen zu werden! „Wer an mich glaubt“, sagt der Herr, „hat das ewige Leben; und den werde ich auferwecken am jüngsten Tage“[7]. Ja, wer in diesem Leben durch dick und dünn treu bleibt, der wird einmal das Wort des Herrn hören: „Komm, du guter und getreuer Knecht. Du bist im Kleinen treu gewesen. Nun will ich dir Großes anvertrauen. Geh ein in die Freude deines Herrn“[8]. Und darum wollen wir treu sein. Nicht wegen der Vergangenheit, sondern wegen unserer Zukunft, wegen der Ewigkeit. Weil wir erkannt haben, die Treuen werden bleiben, wenn die Untreuen in Furcht und Zittern vergehen.

Und deshalb, meine lieben Pilger, lohnt es sich, treu zu sein. Und deshalb dürfen wir in Fulda stolz sein auf unsere lange Tradition der Treue zum Glauben. An unserer Generation liegt es nun, an Euch allen hier, daß die Treue zum Glauben auch weiterhin der Ruhm Fuldas bleibt. Daß wir alle beweisen, daß es auch in unserem Land und auch in unserer Zeit möglich ist, im Glauben zu leben und glücklich zu sein in der Hand des Herrn.

---

[3] Johannes 6,67.
[4] Johannes 6,68.
[5] Himmelskönigin.
[6] Matthäus 10,32.
[7] Vgl. Johannes 6,40.47.
[8] Matthäus 25,21.

Darum, liebe Brüder und Schwestern, wollen wir unseren Glauben erneuern und ihn in Treue bekennen. Dann werden wir auch den Segen empfangen, den der Herr seinen Treuen schon auf Erden zuteil werden läßt in ungeahnter Großzügigkeit. Den Segen der Befreiung von Sünde und Schuld, den Segen eines immer wieder neuen Anfangs in seiner Gnade, den Segen seiner Gegenwart, den Segen seines Geistes, der uns – deren Leben doch so oft flach am Boden verläuft –, immer wieder zum Schöneren, zum Größeren, zum Höheren emporreißt.

Ja, Herr, segne uns, damit wir dir nie untreu werden, bis wir jubelnd in dein Reich einziehen. Segne unsere Familien, segne unserer Mütter und werdenden Mütter und die Frucht ihres Leibes. Segne unsere Häuser, segne unsere Städte und Dörfer, unsere Schulen und Arbeitsstätten. Segne alle, die Verantwortung tragen in unserem Lande, daß sie sich ihrer Verantwortung vor Gott und den Menschen immer bewußt bleiben. Segne unsere Kranken und Leidenden, die Verzweifelten und Hoffnungslosen.

Ja, liebe Brüder und Schwestern, so wollen wir heute hier ein Zeichen setzen, unseren Glauben erneuern, unsere Treue bekennen und Gottes Segen empfangen! Ja, mehr noch: Als aufrichtige Gläubige selbst zum Segen werden für alle Wankenden und Schwankenden und Kleingläubigen unserer Zeit. „Das ist der Sieg, der die Welt überwindet: unser Glaube!“ Das Bekenntnis dieses Glaubens wollen wir jetzt vom Domplatz zu Fulda emporschallen lassen, daß man es hört, im Himmel und auf Erden: Credo! Credo! Credo! Amen.

Jetzt den Papstwillen umsetzen!*

Nach den nochmaligen Erläuterungen der schon seit Jahren bekannten Position des Papstes durch Kardinalstaatssekretär Sodano[1] kann doch nun wirklich niemand mehr sagen, daß die Weisung von Johannes Paul II. nicht klar genug wäre.

Das denke ich auch. Damit ist weiteren Argumentationen à la Meyer, Waschbüsch, Bayerlein oder Schavan der Boden entzogen. Das waren schon bisher wilde Interpretationen der klaren Weisungen des Papstes. Damit sollte jetzt aber endgültig Schluß sein, wenn man sich einen letzten Rest intellektueller Redlichkeit bewahren will. Wir brauchen einen neuen Anfang mit gemeinsamen Richtlinien kirchlichen Handelns. Kategorien von Siegern oder Verlierern sind fehl am Platz. Notwendig ist, daß wir uns endlich aus den „Quadraturen des Kreises“ und allen Irrungen und Wirrungen befreien. Nach all den Jahren schlimmer Auseinandersetzungen sollten wir nicht versuchen, weiter Zeit zu schinden, sondern jetzt im ganzen katholischen Deutschland den Willen des Papstes schlüssig und effektiv umsetzen.

---

* Die Welt, Nr. 155, 6. Juli 2000: „Jetzt den Papstwillen umsetzen!“. Erzbischof Dyba: Untersagung der Schwangerenberatung ist bindend (Interview: Peter Scherer).

[1] Kardinal Sodano an die deutschen Bischöfe, 20. Oktober 1999; Druck u.a.: M. Spieker, S. 176–180.

Doch gibt es offenbar Kräfte in der Führung der katholischen Kirche dieses Landes, die immer dringlicher wiederholte päpstliche Weisungen wie den Sodano-Brief lieber zurückhalten wollen.

Ich bedauere es sehr, daß das Schreiben des Kardinalstaatssekretärs, das er ausdrücklich im Auftrag des Papstes abgefaßt hat, nicht veröffentlicht wurde. Die Folge war, daß es in der katholischen Kirche Deutschlands weitere Debatten und Auseinandersetzungen gegeben hat, die auf der Grundlage der Klarstellungen dieses Briefes gar nicht mehr möglich gewesen wären.

Haben wenigstens Sie als Mitglied des Ständigen Rates der Bischofskonferenz den Sodano-Brief bekommen?

Nein, auch mir ist er nicht zugegangen. Das ist schon eine eigenartige Informationslage. Bislang wurden die Bischöfe über alle relevanten Vorgänge informiert. Daß wir jetzt auf verschiedenen Informationsniveaus gehalten werden, das halte ich für außerordentlich bedauerlich.

Welche Konsequenzen hat der Sodano-Brief für Donum vitae, also jene Organisation katholischer Laien, die künftig die vom Staat geforderten Beratungsscheine als Voraussetzung für eine Abtreibung ausstellen will?

Wir brauchen, was Donum vitae, also das „Geschenk des Lebens", angeht, keine zusätzliche Organisation, die den Kindern das Leben „schenkt". Es genügt vollauf, wenn diese neuen Helfer den Kindern im Mutterleib das Leben nicht per Beratungsschein nehmen. Die Moralgebote und die kirchliche Lehre gelten in gleichem Umfang für Laien, die sich zu Recht auf ihr allgemeines durch Taufe und Firmung empfangenes Priestertum berufen, wie für Papst, Bischöfe und Priester. Wenn man jetzt sagen würde: Die Laien können das machen, was das Lehramt für die Kirche als unzulässig bezeichnet hat, wäre das doch eine moralische Amputation der Laien, die ich nie mitmachen würde. Sie sind eben nicht Gläubige dritter Klasse. Wir sitzen alle in einem Boot. Um es klar zu sagen: Ich bin nicht bereit, aus öffentlichen kirchlichen Mitteln über das Zentralkomitee der Katholiken Donum vitae oder ähnliche verwerfliche Aktionen finanziell zu unterstützen.

Warum fordert die Amtskirche dann nicht Donum vitae offiziell auf, dieses Projekt unverzüglich einzustellen?

Da haben Sie natürlich Recht. Das wäre eine dankenswerte Aufgabe für den Vorsitzenden der Deutschen Bischofskonferenz. Und zwar auch im Interesse unserer bewährten Beratungsträger Caritas und Sozialdienst katholischer Frauen.

Das Schreiben von Kardinal Sodano stammt vom 20. Oktober 1999. Aber noch immer werden mit Ausnahme der Bistümer Köln, Paderborn, Speyer und Fulda in den übrigen Diözesen weiter von kirchlichen Stellen staatliche Beratungsscheine ausgestellt.

Ich habe die Hoffnung, daß zunächst die Mitbrüder in Bayern endlich ein klares und deutliches Wort auf der Basis der offenbar gewordenen weltkirchlichen Entscheidung sprechen werden und ihre moralische Autorität einsetzen. Bisher mußte man eher den Eindruck haben, daß in Bayern Frau Stamm und Herr Glück die Orientierung auch für das kirchliche Handeln vorgeben. So kann das natürlich nicht bleiben. Die Hirten der Kirche müssen die Grundsätze moralischen Handelns den Politikern klar machen und nicht umgekehrt.

Wie ist Ihre Prognose? Wird die katholische Kirche Deutschlands bis zum Jahresende in ihrer Gesamtheit das Ausstellen von Beratungsscheinen eingestellt haben?

Das halte ich für selbstverständlich.

Gilt Ihre Einschätzung auch für das Bistum Limburg?

Dafür wollen wir mal beten.

Importierte Lustknaben*

Recht ist es, Gleiches gleich und Ungleiches ungleich zu behandeln. Gleiches ungleich oder Ungleiches gleich zu behandeln schafft dagegen Unrecht. Das ist der elementare Webfehler des Gesetzentwurfs[1]. Da eine beliebige Freundschaft oder Partnerschaft sich von Ehe und Familie mit all ihren Lasten und Pflichten wesentlich und absichtsvoll unterscheidet, ist es Unrecht, sie gleichzustellen.

Volker Beck sagt, daß er mit seinen Vorstellungen vor 20 Jahren noch ausgelacht worden wäre. Das stimmt, weil vor 20 Jahren noch jedes Kind wußte, daß zur Ehe Mann und Frau gehören und ein gleichgeschlechtliches Paar, das sich im Standesamt zwecks Eheschließung eingefunden hätte, für geistesgestört erklärt worden wäre. Die natürliche Ordnung der Dinge hat sich inzwischen aber nicht geändert, nur die ideologische Vernebelung der letzten 20 Jahre hat allzu vielen Leuten den klaren Blick auf die Schöpfungsordnung entzogen.

Die vorgesehene Gleichstellung widerspricht aber nicht nur der Natur, sondern auch unserer Verfassung. Das Grundgesetz stellt in Artikel 6 Ehe und Familie unter den „besonderen“ Schutz des Staates[2]. Das „Besondere“ ist das Gegenteil von Gleichstellung. Verfassungsrechtlichen Anspruch auf die Fürsorge der Gemeinschaft gibt das Grundgesetz den Müttern. Von importierten Lustknaben zum Bei-

---

* Der Spiegel, Nr. 28, 10. Juli 2000, S. 77: „Importierte Lustknaben“. Der Fuldaer Erzbischof Johannes Dyba über das rot-grüne Gleichstellungsgesetz. – Vgl. auch Dybas Streitgespräch mit Volker Beck, in: Der Spiegel, Nr. 29, 17. Juli 2000, S. 86–89.

[1] Die erste Lesung hatte am 7. Juli 2000 stattgefunden. In Hinblick auf die Zustimmungspflicht des Bundesrates wurde der Gesetzentwurf schließlich im Rechtsausschuß des Bundestags aufgespalten. Mit den Stimmen von SPD und Bündnis 90/Grünen bei mehrheitlicher Enthaltung der PDS verabschiedete der Bundestag am 10. November 2000 gegen die Stimmen von CDU/CSU und FDP (letztere mit einigen Enthaltungen) das „Gesetz zur Beendigung der Diskriminierung gleichgeschlechtlicher Gemeinschaften: Lebenspartnerschaften“ (vom 16. Februar 2001), das am 1. August 2001 in Kraft trat, sowie das „Gesetz zur Ergänzung des Lebenspartnerschaftsgesetzes und anderer Gesetze (Lebenspartnerschaftsergänzungsgesetz)“, das dagegen am 1. Dezember 2000 im Bundesrat keine Zustimmung fand; es befindet sich zur Zeit (auf Antrag der Koalitionsfraktionen vom 8. Dezember 2000 und gegen die Stimmen der CDU/CSU) im Vermittlungsausschuß.

[2] Artikel 6 Absatz 1 Grundgesetz.

spiel ist nicht die Rede, abgesehen davon, daß die Koppelung eines Zuzugs- und Bleiberechts an eine homosexuelle Liaison Erpressung Tür und Tor öffnet.

Die besondere Förderung von Ehe und Familie hat unsere Verfassung natürlich nicht ohne Grund vorgesehen, sondern weil von gesunden und glücklichen Familien unser aller Zukunft abhängt. Wenn der Nachwuchs ausbleibt und keine starke neue Generation mehr heranreift, dann sind all die Milliardeninvestitionen für wissenschaftliche und technische Zukunftsprojekte in den Sand gesetzt. Wir haben die Familien bisher eher zu wenig gefördert. Wenn wir jetzt die Weitergabe des Lebens mit all den damit verbundenen Mühen mit dem Verzicht auf seine Weitergabe gleichstellen, sägen wir den Ast ab, auf dem wir einmal sitzen wollen.

Kurzum: Die Verabschiedung dieses Gesetzes wäre eine Verabschiedung von der Schöpfungsordnung, eine Aushöhlung des Grundgesetzes und ein weiterer fataler Schritt in die Degeneration – im wörtlichsten Sinne des Wortes.

Anhang

Mein Lebens- und Bildungsgang*

Am 15. September 1929 wurde ich als Sohn des Studienrates Felix Dyba und seiner Gattin Johanna, geb. Brüll, zu Berlin geboren.

Schon sehr frühzeitig beschäftigte ich mich mit den Dingen, die mich umgaben, und mein Vater war voller Stolz, als ich ihn, vierjährig, fragte, warum denn die Luft so ganz klein zerhackt sei, daß man sie nicht sehen könne. Solche und ähnliche Probleme beschäftigten mich in dieser Zeit sehr stark. Ich erinnere mich noch heute, wie ich halbe Nächte darüber gegrübelt habe, wie es möglich sei, ein fahrendes Rad zu photographieren, das in dauernder Bewegung ist, während es auf dem Bilde doch stehend erscheint, und wie lange man ein Streichholz immer wieder in zwei Teile schneiden könne, bis endlich nichts mehr da sei. Gleichzeitig begann ich mit Begeisterung und großem Eifer Schach zu spielen. Die Zeitung, die täglich ins Haus kam, interessierte mich ungemein, und mit 5 Jahren konnte ich mühelos lesen und schreiben. Sechsjährig wurde ich in die 21. Volksschule zu Berlin-Tegel eingeschult. Da ich aber durch meine private Vorbildung den Altersgenossen weit überlegen war, gelang es mir nach einigen Probetagen, sofort in das 2. Schuljahr eingewiesen zu werden. Auch hier konnte ich an der Spitze der Klasse bleiben, und als es begabten Schülern möglich gemacht wurde, schon nach dem dritten Volksschuljahre in die Oberschule überzutreten, konnte ich, achtjährig, nach nur 2 Volksschuljahren in die Klasse I der Humboldt-Oberschule zu Berlin-Tegel eintreten.

Nun begann für mich in der Schule eine fruchtbare Zeit. Bekam ich damals, 1½–2 Jahre jünger als meine Klassenkameraden, auch nicht gerade immer in Fleiß oder Betragen ein „Sehr gut" oder „Gut", so doch meistens in den wissenschaftlichen Fächern. Schon früh entwickelte ich mich zum Sprecher unter meinen Kameraden.

Anders war die Entwicklung daheim. Mein Vater war 1933 endgültig aus dem Schulbetriebe entlassen worden, weil er als Aktivist der Friedensbewegung bekannt war und der N.S.D.A.P. nicht beitrat. Nun konnte ich es anfangs nicht recht verstehen, warum er den so „siegreichen" Krieg absolut ablehnte, ja daß nicht einmal die „Sondermeldungen" Eindruck auf ihn machten, er mir schließlich sogar verbot, in die H.J. einzutreten.

Als ich jedoch älter wurde, lernte ich sehr bald seine Gründe erkennen und anerkennen, und noch heute danke ich meinen Eltern für die Sorgfalt und Liebe, mit der sie mich vor den Wahnsinnsideen des „Dritten Reiches" bewahrt haben. Doch stand ich mit meinen Anschauungen fast allein, und da sich bei mir schon damals eine gewisse Redegewandtheit bemerkbar machte, war ich bald als „Hetzer" verschrieen, denn die Debatten über den Krieg als Hauptthema wurden meist sehr hitzig.

---

* Staatliches Gymnasium „J. G. Lingemann" Heiligenstadt/Eichsfeld. Archiv. – Dybas eigenhändiges Anschreiben datiert vom 20. April 1947: „Das Thüringische Ministerium für Volksbildung bitte ich um Zulassung zur Reifeprüfung Juni 1947 und füge diesem Gesuch meinen selbstgeschriebenen Lebens- und Bildungsgang bei".

Dann begann ein großer Einschnitt in mein jugendliches Leben. Während ich bis dahin einer der körperlich Stärksten unter meinen Kameraden gewesen war, erkrankte ich im Oktober 1942 an einer schweren toxischen Dipht[h]erie, die mich den Tod streifen ließ und in ihren Nachwirkungen schwere Lähmungserscheinungen hervorrief. Herz, Atmungs- und Verdauungsorgane, Arme, Beine, ja selbst die Augen wiesen erhebliche Störungen auf. Ich machte dann im April 1943 eine Kur im Herzbad Kudowa, die mich wieder einigermaßen auf die Beine brachte. Leider habe ich noch heute Beschwerden, besonders einen Herzfehler, die von jener Krankheit herrühren.

Der große Schicksalsschlag stand unserer Familie jedoch noch bevor. Im planmäßigen Zuge der gefürchteten Novemberangriffe 1943 auf Berlin konnte auch unser Vorort seinem Schicksal nicht entgehen. Ich werde nie den Abend des 26. Novembers 1943 vergessen, an dem wir zusammengepfercht im Luftschutzkeller jede Sekunde den sicheren Tod erwarteten, von dem wir nur inständigst hofften, er möge ein schneller sein, während ringsum Bomben und Minen niederheulten und die Häuser eines nach dem anderen zusammenfielen. Es begann für mich ein neues Leben in der Nacht, in der ich, auf dem Boden unseres Hauses stehend, die mir so lieb gewordene engere Heimat niederbrennen sah. – Am nächsten Tage mußten wir aus unserem schwerbeschädigten Hause ausziehen, um uns mit dem, was uns an Wäsche und Hausrat noch übrig geblieben war, eine neue Heimat zu suchen. Mir blieb nichts anderes übrig, als in das K.L.V.-Lager unserer Schule in Binz auf Rügen nachzufahren. Hier hatte ich es in dem hundertprozentigen H.J.-Betrieb nicht leicht, ja mußte im April 1944 schließlich auch der H.J. beitreten, um nicht aus dem Lager hinaus- und obdachlos auf die Straße gesetzt zu werden.

Gegen Ende des Krieges hatten meine Eltern nach vielen Irrfahrten in Heiligenstadt/Eichsfeld, der Geburtsstadt meiner Mutter, eine vorläufige Bleibe gefunden, wohin ich im Dezember 1944 nachfuhr. Ich war bereits vom Frühjahr 1941 bis Juli 1942 in Heiligenstadt gewesen, wo ich mich an der Schule, die mein Großvater Dr. Johannes Brüll 32 Jahre hindurch bis 1917 leitete, sehr gut eingelebt hatte. Hier besuchte ich nun die Schule bis zu dem Einmarsch der Amerikaner und arbeitete dann eine Zeitlang auf der amerikanischen, später auf der russischen Kommandantur. Hierbei kamen mir die Sprachkenntnisse, die ich mir neben dem Schulunterricht auch durch Selbststudium erworben hatte, sehr zugute. Bei Wiederaufnahme des Schulunterrichts ging ich wieder auf die Schulbank zurück und durchlief die Klassen 11 und 12.

Meinen alten Auffassungen treu, setzte ich mich von Anfang an aktiv in der Freien Deutschen Jugend ein, in der ich im März 1946 wie im März 1947 als Kreisschulungsreferent in die Kreisleitung gewählt wurde. Die F.D.J.-Betriebsgruppe Oberschule, die ich im Frühjahr 1946 ins Leben rief und deren Leiter ich bis heute noch bin, war die erste Gruppe dieser Art in Heiligenstadt.

Ich hoffe nun, ohne Schwierigkeiten das Abitur zu bestehen, um mich dann, wenn irgend möglich, dem Studium der Rechte zuwenden zu können; denn ich glaube, daß auch auf diesem Gebiete beim Aufbau unseres neuen Staates noch sehr viel zu tun bleiben wird.

Johannes Dyba

Lebenslauf*

Am 15. September 1929 wurde ich, Johannes Felix Nikolaus Dyba, als drittes von vier Kindern des Studienrates Felix Dyba und seiner Ehefrau Johanna, geb. Brüll, zu Berlin geboren. Ich wurde – wie meine Geschwister – aus kirchlicher Ehe geboren und katholisch getauft und erzogen.

Ab 1936 besuchte ich die 21. kath. Volksschule und ab Ostern 1938 die Humboldt-Oberschule in Berlin-Tegel. Da unser Haus in Berlin durch einen Bombenangriff im November 1943 schwer beschädigt wurde, zog die Familie nach Heiligenstadt/Eichsfeld, wo ich auch im Juni 1947 das Abitur ablegte.

Im Herbst 1947 mußte ich die Sowjetzone aus politischen Gründen verlassen und immatrikulierte mich ab W.S. 1947–48 an der Phil.-Theol. Hochschule in Bamberg, zunächst als Gasthörer für Philosophie, ab S.S. 1948 als ordentlicher Studierender der Rechtswissenschaft. 1949 erhielt ich durch Vermittlung des amerikanischen Außenministeriums ein Stipendium der Duke University, Durham, N.C. zum besonderen Studium des Völkerrechts. Ich besuchte diese Universität dann im Herbstsemester 1949 und Frühjahrssemester 1950 und nahm an entsprechenden Vorlesungen und Übungen teil. Anschließend besuchte ich einen Kursus des Instituts für internationale Verwaltung an der Universität Denver/Colorado über die Verwaltung der Vereinten Nationen und kehrte nach mehreren Reisemonaten, in denen ich Gelegenheit hatte, die Vereinigten Staaten, sowie Teile Mexikos und Kanadas kennenzulernen, im Herbst 1950 nach Deutschland zurück. Ich setzte darauf meine juristischen Studien an der Universität Heidelberg fort; hier habe ich auch im Juni 1952 die Erste Juristische Staatsprüfung (Referendarexamen) abgelegt. Gegenwärtig arbeite ich bei Professor Dr. Walter Jellinek in Heidelberg an einer Dissertation aus dem Völkerrecht, meinem juristischen Lieblingsfeld, und zwar über den „Einfluß des Krieges auf die internationalen Verträge".

Schon früh galt mein hauptsächliches Interesse dem öffentlichen, insbesondere dem politischen Leben. So bin ich im Mai 1946 der C.D.U. beigetreten und habe seitdem folgende Funktionen ausgeübt:

1946/47 – Mitglied des engeren Landesvorstandes der „Jungen Union" in Thüringen (Landesjugendausschuß der C.D.U. in Thür.),
– Stadtjugendsekretär und Ortsleiter der „Freien Deutschen Jugend" (F.D.J.) in Heiligenstadt/Eichsfeld.
– Mitglied der Kreisleitung der F.D.J. als Referent für Schulung und Propaganda.
– Landesdelegierter der F.D.J. in Thüringen.

* Erzbischöfliches Theologenkonvikt Collegium Albertinum, Bonn. Archiv. – Dybas eigenhändiges Anschreiben datiert: Heidelberg, 9. Januar 1953.

Zu der Tätigkeit in der F.D.J. muß gesagt werden, daß sich Anfang 1946 die Pläne der sowjetzonalen Machthaber noch nicht so klar überschauen ließen. Damals war die F.D.J. die einzig erlaubte „überparteiliche“ Jugendorganisation, in der wir glaubten, den christlich-demokratischen Einfluß geltend machen zu müssen. Als die kommunistische Herrschaft auch in der F.D.J. durchbrach, behielt ich meine Ämter im Einverständnis mit der C.D.U. und den katholischen Jugendgruppen bei; dadurch konnten wir unsere eigene, mehr und mehr illegale, Arbeit weitgehend decken. Doch brachte der Spätsommer 1947 mit der Gleichschaltung der ostzonalen C.D.U. auch hier so radikale Veränderungen, daß ich mich nach vorübergehender Festnahme genötigt sah, die Sowjetzone zu verlassen.

1948/49 – Mitglied der C.S.U.; Vorstandsmitglied der Europa-Union in Bamberg.
– Mitglied des Allg. Studentenausschusses (AStA.) an der Phil.-Theol. Hochschule.

1951 – Vorsitzender des Ringes Christlich-Demokratischer Studenten an der Universität Heidelberg; Vorsitzender des Forum Politicum.
– Mitglied des C.D.U.-Kreisvorstands.

1952 – Mitglied des Bundesvorstandes des Ringes Christlich-Demokratischer Studenten (R.C.D.S.) als Referent für gesamtdeutsche Fragen und Pressereferent.

Nun hatte ich die Absicht, die juristische Laufbahn einzuschlagen; nach Erreichung einer angemessenen Lebensgrundlage wollte ich mich dann nach Möglichkeit in der Politik betätigen. Doch tauchte während der Vorbereitungszeit auf das erste Staatsexamen der Gedanke an das Priestertum immer häufiger in mir auf; ich kam ohne Beeinflussung durch irgendeinen äußeren Anlaß zu der Überzeugung, daß mich eine weltliche Laufbahn, wie sie auch ausfallen möge, nie ganz ausfüllen oder befriedigen könnte. So war es mir eines Tages klar, daß ich das Priestertum erstreben müsse und ich hoffe fest, dieses hohe Ziel mit Hilfe der göttlichen Gnade zu erreichen.

Mein bisheriges Studium habe ich aus selbsterworbenen Mitteln finanzieren können. Nachdem ich dazu nicht mehr in der Lage sein werde, sind meine Eltern bereit, die Kosten der theologischen Ausbildung zu tragen. Mein siebzigjähriger Vater bezieht in Berlin eine Pension, während meine Mutter noch als Lehrerin tätig ist. Mein um drei Jahre älterer Bruder, der in den Jesuitenorden einzutreten beabsichtigte, ist seit Januar 1945 an der Ostfront vermißt und wahrscheinlich gefallen. Von den beiden Schwestern ist eine verheiratet und beim Bundespostministerium in Frankfurt/M. tätig, die jüngere besucht noch das Lyzeum und ist daheim bei den Eltern. Ich darf mit einem monatlichen Fixum von etwa 130 Mark rechnen und denke, die darüber hinaus anfallenden besonderen Kosten durch Ferienarbeit zwischen den ersten Semestern decken zu können.

Johannes F. Dyba

Bibliographische Notizen

Veröffentlichungen von Johannes Dyba (Auswahl)

Der Einfluß des Krieges auf die völkerrechtlichen Verträge. Heidelberg, Diss. iur. 29. März 1954. XIV, 102 Bll. [masch.].

Die Gründe für die einseitige Aufhebung von internationalen Verträgen und Konkordaten, Rom, Diss. iur. utr., Lateran-Univ. 1962, 207 Bll. [masch.].

Kirchliches Amtsblatt für die Diözese Fulda 99, 1983 – 116, 2000.

Das Wort des Bischofs, in: Bonifatiusbote. Kirchenzeitung für das Bistum Fulda 1986–2000.

Geistige Grundlagen der europäischen Einigung, Melle 1988 (Straßburger Gespräche, H. 17), 20 S.

Verordnungsblatt des Katholischen Militärbischofs für die Deutsche Bundeswehr 26, 1990 – 36, 2000.

Worte in die Zeit. Predigten, Ansprachen, Beiträge. Im Auftrag des Bischöflichen Domkapitels hrsg. v. Werner Kathrein, Frankfurt a. M. 1994, 151 S.

Veröffentlichungen über Johannes Dyba

Festschriften, Gedenkschriften und Monographien

Feier der Bischofsweihe des neuernannten Apostolischen Pro-Nuntius und Titularerzbischofs Johannes Dyba im Hohen Dom zu Köln am 13. Oktober 1979 [Köln 1979], 24 S.

Pawlowski, Harald (Hrsg.), Erzbischof Dyba und die Theologie der Befreiung. Mitschrift einer Fernsehsendung des Hessischen Rundfunks, Frankfurt/M. 1985, 31 Sp.

Klemm, Lothar, Gnadenlos intolerant. Bischof Johannes Dyba, Marburg 1993, 80 S.

„Meinen Frieden gebe ich Euch". Aufgaben und Alltag der Katholischen Militärseelsorge. Festschrift für den Katholischen Militärbischof für die Deutsche Bundeswehr Erzbischof Dr. Dr. Johannes Dyba Bischof von Fulda. Hrsg. v. Jürgen Nabbefeld, Köln 1999, 427 S.

In Respekt und Dankbarkeit. Der 70. Geburtstag von Erzbischof Dr. Dr. Johannes Dyba, Bischof von Fulda, Katholischer Militärbischof für die deutsche Bundeswehr, am 15. September 1999. Hrsg. v. Jürgen Nabbefeld, Katholisches Militärbischofsamt, Bonn 1999, 62 S.

Sonderausgabe: Bonifatiusbote. Kirchenzeitung für das Bistum Fulda, 30. Juli 2000, 8 S.

Kinder Gottes sind wir. Zum Gedenken an Erzbischof Johannes Dyba, Bischof von Fulda 1983–2000. Im Auftrag des Bischöflichen Domkapitels hrsg. v. Werner Kathrein, Fulda 2001, 108 S.

Mit Bonifatius verbunden – den Menschen zugetan! Zur Erinnerung an Leben und Wirken von Erzbischof DDr. Johannes Dyba und Bischof Prof. Dr. Dr. h.c. Eduard Schick, Hrsg.: Magistrat der Stadt Fulda, Red.: Michael Schwab u.a., Fulda 2001, 112 S.

Zeitungsartikel und Beiträge (Auswahl)

Angelstein, Martin, Ein welterfahrener Mann. Der neue Bischof von Fulda heißt Dr. Johannes Dyba, in: Frankfurter Rundschau, 6. Juni 1983.

Angelstein, Martin, Die FDP legt sich mit dem Fuldaer Bischof an. Diskussion über den Paragraphen 218 wird schärfer, in: Frankfurter Rundschau, 20. Juli 1988.

Angelstein, Martin, Verkünde das Wort – und sei es ungelegen. Johannes Dyba, streitbarer Bischof von Fulda. Das Verhältnis von Kirche und Staat, in: Frankfurter Rundschau, 10. September 1988.

Angelstein, Martin, Dyba und kein Ende. Der Fuldaer Bischof ist wieder in den Schlagzeilen, in: Frankfurter Rundschau, 22. Oktober 1991.

Binder, Elisabeth, Ein frommer Streiter aus Berlin. Erzbischof Johannes Dyba ist wegen seiner konservativen Ansichten umstritten, jetzt wird er 70 und blickt zurück, in: Der Tagesspiegel, 5. September 1999.

Biskup, Harald, Mit flotten Sprüchen in alle Fettnäpfchen? Fuldaer Bischof gilt als möglicher Nachfolger Kardinal Höffners, in: Kölner Stadt-Anzeiger, 8. Januar 1986.

Bräuning, Peter M., Poltriger Oberhirte, in: Neue Zeit, 4. September 1993.

Brieger, Peter, Dyba und die Apokalypse. Wie ein Psychiater den Erzbischof an Silvester erlebte, in: Frankfurter Rundschau, 8. Januar 1992.

D[eckers], D[aniel], Wortgewaltig und polemisch. Zum Tod von Erzbischof Johannes Dyba, in: Frankfurter Allgemeine Zeitung, 24. Juli 2000.

Dorn, Luitpold A., Nuntius, wo der Pfeffer wächst. Erzbischof Johannes Dyba vertritt den Vatikan in vier afrikanischen Staaten, in: Der Sonntag, 12. Juni 1983.

Dorn, Luitpold A., Ratlosigkeit über eine Wahl, in: Deutsches Allgemeines Sonntagsblatt, 26. Juni 1983.

Drobinski, Matthias, Der Spalter mit der sanften Stimme, in: Die Zeit, 14. April 1995.

Drobinski, Matthias, Gottes fröhlicher Fundi. Die Lust, seine Gegner zu bekämpfen und zu bewirten – zum Tod des Fuldaer Erzbischofs Johannes Dyba, in: Süddeutsche Zeitung, 24. Juli 2000.

Droste, Wiclaf, danke, dyba, in: Die Tageszeitung, 28. Juli 2000.

Facius, Gernot, Glocken für die Kinder, in: Die Welt, 31. Dezember 1988.

Facius, Gernot, Keine Zwei-Klassen-Seelsorge, in: Die Welt, 11. Dezember 1990.

Fleischmann, Günter, Fuldaer Erzbischof beleidigt Homosexuelle. Dybas Geschichte, in: Neues Deutschland, 29. Juli 1993.

Frank, Joachim, Johannes Dyba ist tot. Ein streitbarer Kopf mit spitzer Zunge. Lust am öffentlichen Widerspruch prägte Leben des Bischofs, in: Mitteldeutsche Zeitung, 24. Juli 2000.

Friud, Nico, Vor den Grenzen die Augen verschlossen. Er widersetzte sich der Degeneration der Gesellschaft und merkte nicht, daß er in seiner Rücksichtslosigkeit selber ein Stück dazu beitrug – zum Tode von Erzbischof Johannes Dyba, in: Berliner Zeitung, 24. Juli 2000.

Gatz, Erwin, Art.: Dyba, Johannes, in: Ders. (Hrsg.), Die Bischöfe der deutschsprachigen Länder 1945–2001. Ein biographisches Lexikon, Berlin 2002, S. 231–233.

Gehlen, Martin, Der Poltergeist des Herrn. Johannes Dyba, der schärfste Prediger gegen Abtreibung und Homosexualität, ist tot, in: Der Tagesspiegel, 24. Juli 2000.

Glotz, Peter, Johannes der Vorläufer. Johannes Dyba, Erzbischof von Fulda, fordert die katholische Kirche auf, die Umsetzung des neuen Abtreibungsparagraphen zu boykottieren, in: Die Woche, 15. September 1995.

Groot, Peter de, „Unverschämt katholisch“. Fuldas Erzbischof Johannes Dyba 65, in: KNA, 14. September 1994.

Groot, Peter de, Ein Mahner. Erzbischof Johannes Dyba überraschend verstorben, in: KNA. Porträt, 25. Juli 2000.

Groppe, Lothar, Der „Löwe von Fulda" wird uns allen fehlen. Unbeirrbar ging er seinen Weg, in: Der 13., 13. September 2000, S. 19 f.

Hövelmann, Gerd H., Ansichtskarten aus dem bischöflichen Album: Sammlung Dr. Dyba bei Raith, in: Deutsche Briefmarken-Zeitung, Heft 23, 9. November 2001, S. 33.

Hünermann, Peter, In die katholische Kirche ist ein grober Keil getrieben worden. Zum ersten Mal in 150 Jahren wird eine Gruppe von Bischöfen von einem anderen Bischof öffentlich des Glaubensabfalls angeklagt, in: Süddeutsche Zeitung, 15./16. April 1995.

Jestaedt, W., Pronuntius zum Bischof von Fulda ernannt. Am Fest des heiligen Bonifatius bekanntgegeben. Dr. Dyba als deutscher Vatikandiplomat in Westafrika tätig, in: Deutsche Tagespost, 7. Juni 1983.

Kaiser, Marc, Lunch mit Johannes Dyba. Der Katechismus ruft nach Frankenwein. Der Fuldaer Erzbischof schimpft auf die halbseidenen Säue im Fernsehen und beichtet öfter, als ihm lieb ist, in: Weekend. Financial Times Deutschland, 24. März 2000.

Kathrein, Werner / Dieter Wagner, Erbe und Sendung, I: Das Bistum Fulda im 19. und 20. Jahrhundert, Straßburg 1998.

Kerkloh, Werner, Der Pronuntius aus Berlin-Tegel, in: Petrusblatt, 26. Oktober 1979.

Kluger, Michael, Auf der Kanzel ein Löwe – im Beichtstuhl ein Lamm. Wenn Sittenprediger Dyba gegen die feiste und fette Dekadenz wettert, in: Frankfurter Neue Presse, 29. September 1993.

Krauel, Torsten, Streiter wider die Zumutungen der Konsensgesellschaft. Ein Kulturkämpfer, der mit seiner Leidenschaft oftmals provozierte / Zum Tode von Bischof Johannes Dyba, in: Die Welt, 24. Juli 2000.

Kreitmeir, Klaus, Vom urberliner Jungen zum Weltenbürger / Im Dienst der Kirche um die Welt, in: Kompaß, 8. März 1991.

Kunze, Berthold, Freund und Bundesbruder „Exzellenz" – Zur Bischofsweihe von Johannes Dyba, FreB, ArH –, in: Heidelberger Arminenblätter, Nr. 95, Oktober 1979, S. 1–4.

Kuschel, Dietmar, Den Blick auf das Wesentliche gerichtet, in: Deutsche Tagespost, 14. September 1989.

Kuschel, Dietmar, Ohne Schnörkel für die Soldaten. Der Fuldaer Erzbischof Johannes Dyba ist zugleich der katholische Militärbischof für die Bundeswehr – Ein Portrait, in: Rheinischer Merkur, 28. Juni 1991, Merkur Extra, S. II.

Leinweber, Josef, Johannes Dyba (seit 1983), in: Ders., Die Fuldaer Äbte und Bischöfe, Frankfurt a. M. 1989, S. 187 f.

Lippold, Frank E., Streitbar und konsequent, in: Berliner Morgenpost, 17. Juli 2000.

Löwe, Hartmut, „Gelegentlich habe ich ihn beneidet". Mit großem Zeremoniell wurde Johannes Dyba am Freitag beigesetzt, in: Rheinischer Merkur, 4. August 2000.

Löwenstein, Isabelle, Damit die Basis wieder souverän wird. Erzbischof Dyba begründet, warum er die Arbeit der Jugendverbände in Fulda auf eine neue Grundlage stellen will, in: Deutsche Tagespost, 5. Oktober 1989.

Lohmann, Martin, Abtreibungen. Unkultur, in: Rheinischer Merkur, 29. Juli 1988.

Lohmann, Martin, Grund zur Aufregung? Erzbischof Dyba und die Homosexuellen, in: Rheinischer Merkur, 25. Oktober 1991.

Lohmann, Martin, Manipulation, Haß und Gewalt. Angriffe auf Bischof Johannes Dyba, in: Rheinischer Merkur, 15. November 1991.

Lüc[kemeier, Peter], Er ist streitbar und strahlt Lebensfreude aus. Der fromme Mann Dyba, in: Frankfurter Allgemeine Sonntagszeitung, 20. April 1997.

Matussek, Matthias, Die Axt Gottes, in: SPIEGEL-Reporter, Nr. 11, November 1999, S. 108–111.

Matussek, Matthias, Bischof Johannes Dyba (1929–2000), in: Andreas Herzig / Burkard Sauermost (Hrsg.), ... unterm Himmel über Berlin. Glauben in der Stadt, Berlin 2001, S. 195 f.

Mick, Günter, Ein Kirchenkampf in Hessen. Hessische Sozialdemokraten greifen „gnadenlos intolerant" die Katholiken an, in: Frankfurter Allgemeine Zeitung, 19. Februar 1993.

Miesen, Karl-Jürgen, Reizfigur des Episkopats. Fuldaer Erzbischof Dr. Johannes Dyba wird 65, in: Rheinische Post, 13. September 1994.

Mika, Bascha, Das Portrait: Erzbischof Dyba. Der Glöckner von Fulda, in: taz, 15. September 1994.

Müller, Rudolf, Ein schwarzes Ärgernis. Mit starken Sprüchen gegen alles, was wider den katholischen Stachel löckt, bringt der Fuldaer Erzbischof Johannes Dyba sogar die CDU in Verlegenheit, in: Stern, 28. Juli 1988.

Pawlowski, Harald, Leutselig auf schmalen Bierbänken. Meine Erlebnisse mit Bischof Johannes Dyba, in: Publik-Forum, 28. Juli 2000, S. 37 f.

Platen, Heide, Zum Chef gerufen. Der katholische Bischof Johannes Dyba ist tot. Er starb gestern 70jährig in Fulda. Er war einer, der mit Lust provozierte – nicht nur Knaben. Ein Nachruf, in: Die Tageszeitung, 24. Juli 2000.

Pokatzky, Klaus, Im heiligen Zorn für den Herrn. Der fromme Bischof Johannes und seine nicht mehr ganz so fromme Stadt Fulda, in: Die Zeit, 20. Dezember 1991.

Pucher, Paul, Wir Heulsusen, in: Frankfurter Neue Presse, 28. März 1991.

Reifert, Gerhard, Charmant und diplomatisch – überzeugt und fröhlich. Johannes Dyba, der neue Bischof von Fulda, war zuletzt in Westafrika tätig, in: KNA. Das Portrait, 6. Juni 1983.

Reiter, Markus, Schweigen ist nicht seine Stärke. Der Erzbischof von Fulda, Johannes Dyba, ist immer für einen Eklat gut. Jetzt zog er über „randalierende Aidspositive" her. Die Staatsanwaltschaft prüft, ob Straftatbestände erfüllt sind, in: Deutsches Allgemeines Sonntagsblatt, 25. Oktober 1991.

Renz, Uwe, Granitsteine in Pudding verpackt. Erzbischof Dyba am Bodensee: Harte Worte in unterhaltsamem Gewand, in: Katholisches Sonntagsblatt, 22. September 1996.

Roll, Evelyn, Die Sanftmut des großen Polarisierers. Der Erzbischof von Fulda gilt als Rechtsaußen seiner Kirche, dessen fundamentalistische Ansichten katholische Geistliche wie Laien spalten, in: Süddeutsche Zeitung, 28. Dezember 1993.

Rollik, Wolfgang, In allen Sprachen schweigen. Vatikandiplomat Johannes Dyba wurde im Hohen Dom seiner Heimatdiözese Köln zum Bischof geweiht, in: Kirchenzeitung für das Erzbistum Köln, 19. Oktober 1979.

Ross, Jan, Ein Radikaler. Zum Tode des Fuldaer Erzbischofs Johannes Dyba, in: Die Zeit, 27. Juli 2000.

Scherer, Peter, Den Bischof packte der heilige Zorn ... , in: Die Welt, 21. Dezember 1987.

Scherer, Peter, „Deutsche sind in der Welt das kinderfeindlichste Volk". Bischof Dyba warnt vor Holocaust durch Abtreibungen, in: Die Welt, 27. Juli 1988.

Scherer, Peter, Dybas Alleingang brüskiert Bischöfe. Das Bistum Fulda stellt künftig keine Beratungsscheine mehr nach Paragraph 218 aus, in: Die Welt, 30. September 1993.

Scherer, Peter, Johannes Dyba, ein Löwe auf der Kanzel. Bekennermut in Zeiten der Sowohl-als-auch-Diskurse – Der Fuldaer Erzbischof wird 65, in: Die Welt, 15. September 1994.

Scherer, Peter, Bischof Dyba fordert mehr Anerkennung für die Truppe, in: Die Welt, 9. November 1998.

S[cherer], P[eter], Ein Leben zum Schutz der Wahrheit. Der Fuldaer Erzbischof Johannes Dyba feiert heute seinen 70. Geburtstag, in: Die Welt, 15. September 1999.

Schick, Ludwig, Art.: Dyba, Johannes, in: Lexikon für Theologie und Kirche, 3. Aufl., Bd. 11, Freiburg u.a. 2001, Sp. 65.

Schilder, Peter, Richtig durchglauben, in: Frankfurter Allgemeine Zeitung, 16. August 1984.

S[childer], P[eter], Johannes Dyba 60, in: Frankfurter Allgemeine Zeitung, 15. September 1989.

Schönemann, Tyll, Fromme Hetzer, in: Die Woche, 7. Februar 1997.

Spieker, Manfred, Kirche und Abtreibung in Deutschland. Ursachen und Verlauf eines Konflikts, Paderborn u.a. 2000.

Strack, Christoph, Nicht nur in Fulda reißt Dybas Tod eine Lücke. Kirche verliert eine Stimme, die kaum ersetzbar ist, in: Die Welt, 26. Juli 2000.

Thrauthig, Michael, Der Fuldaer Erzbischof Johannes Dyba ist tot. Ein frommer Kämpfer mit scharfer Klinge. Für seine Gegner ist er der „Ayatollah von der Rhön" gewesen. Anderen galt er als mutiger Bekenner und Beispiel von Standhaftigkeit. Johannes Dyba hat polarisiert wie kaum ein anderer Mann der Kirche, in: Stuttgarter Zeitung, 24. Juli 2000.

Trost, Franz-Josef, Fuldaer Elefant im Porzellanladen. Neue Bischöfe: Wird sich der Kurs der Bischofskonferenz ändern?, in: Publik-Forum, 18. November 1983.

Waschbüsch, Alfons, Erzbischof Dyba wird 60 Jahre alt. Kein Mann diplomatischer Unverbindlichkeit, in: KNA. Das Portrait, 14. September 1989.

Waschbüsch, Alfons, Ein Mann mit diplomatischer Schule. Fuldaer Erzbischof Johannes Dyba wird neuer Militärbischof, in: KNA. Das Portrait, 29. November 1990.

Weigand-Angelstein, Gabriele / Monika Wendel, Ein unerschrockener Streiter und Buhmann zugleich. Nachruf. Johannes Dyba unerwartet an einem Herzversagen gestorben. Der Fuldaer Erzbischof polarisierte wie kein anderer die Debatte über religiöse Themen in Deutschland. Er bekannte sich dazu, „den Kopf für das hinzuhalten, was ich sage", in: General-Anzeiger, 24. Juli 2000.

Zauzich, Maria-Christine, Nicht als Aufseher, in: Frankfurter Allgemeine Zeitung, 15. Oktober 1979.

Zauzich, Christine, Frischer Wind aus Monrovia. Johannes Dyba ist ein unkonventioneller Kirchendiplomat, in: Rheinischer Merkur, 10. Juni 1983.

Zauzich, Christine, Mit Freude gegen die Angst. Den Oberhirten zeichnet Eindeutigkeit aus, in: Rheinischer Merkur, 16. Dezember 1983.

Zewell, Rudolf, Militärbischof. Dybas Abschied, in: Rheinischer Merkur, 21. Juli 2000.

Zewell, Rudolf, Johannes Dyba – ein beharrlicher Mahner, in: Rheinischer Merkur, 28. Juli 2000.

Zips, Martin, Kämpfer gegen die moralische Erosion. Fuldas Erzbischof Johannes Dyba wird 70 Jahre alt, in: Süddeutsche Zeitung, 15. September 1999.

Register

In diesem kombinierten Personen-, Orts- und Sachregister bleiben die „nomina sacra“ und der durchgängig vorkommende Name „Dyba, Johannes“ unberücksichtigt. Sämtliche zeitgenössische Autoren sind zur besseren Übersicht einem gleichlautenden Lemma untergeordnet.

Corrigenda

S. 10: St.-Josephs-Siedlung
S. 19: Fußnote 37: S. 231–233, hier 232.
S. 25: Abraham a Sancta Clara
S. 168: Fußnote 2: Tschechoslowakei
S. 253: Fußnote 1: Frühjahrsvollversammlung
S. 255: Fußnote 2: Die Entscheidung des Bundesverfassungsgerichts vom 28. Mai 1993 verwarf wesentliche Teile des Schwangeren- und Familienhilfegesetzes vom 27. Juli 1992 als verfassungswidrig.
S. 324: 4. Absatz: wenn ich ihm von der Atmosphäre, aus der ich aufgebrochen war, und den vielerlei Leiden
S. 387: Friede! Friede! Und doch ist kein Ende
S. 518: Passen sich Ihre Kollegen an, weil sie Angst davor haben ...
S. 532: als Mitarbeiter der „taz“ wissen Sie das
S. 532: daß Leute mich persönlich kennenlernen und sagen
S. 533: Also, das war ja schaurig

Register

S. 556: Abraham a Sancta Clara
S. 557: Augstein, Rudolf (Pseud.: Jens Daniel) (1923–2002)
S. 581: Nguyen ... (1928–2002)
S. 582: „Petrusblatt“ 553 [anstatt 554]
S. 585: Schick, Eduard (1906–2002), ..., 33, 551 [anstatt 552]
S. 587: Stolpe ..., 2002 Bundesminister für Verkehr und Bauwesen
S. 588: Thüringen 14 ..., 549 [anstatt 549 f.]
S. 589: Tschechoslowakei 39, 168
S. 590: Zoliborz [über dem Z befindet sich ein Punkt!]